[F]amilie Kennedy

[M]argaret M. Kennedy
18.7.1855–2.4.1929

∞ John Thomas Caulfield
1861–12.7.1937

Patrick Joseph Kennedy
14.1.1858–18.5.1929

∞

Mary Augusta Hickey
6.12.1857–20.5.1923

Francis Benedict Kennedy
11.3.1891–14.6.1892

Mary Loretta Kennedy
6.8.1892–18.11.1972

Margaret Louise Kennedy
22.10.1898–14.11.1974

Eunice Mary Kennedy
10.7.1921

∞ R. Sargent Shriver
9.11.1915
5 Kinder, 8 Enkel

Robert Francis Kennedy
20.11.1925–6.6.1968

∞ Ethel Skakel
11.4.1928
11 Kinder, 14 Enkel

Edward Moore Kennedy
22.2.1932

∞ 1. Virginia Joan Bennett
9.9.1936
3 Kinder

∞ 2. Victoria Reggie
26.2.1934

Patricia Kennedy
6.5.1924

∞ Peter Lawford
7.9.1923–24.12.1984
4 Kinder, 9 Enkel

Jean Ann Kennedy
20.2.1928

∞ Stephen Edward Smith
24.9.1927–19.8.1990
4 Kinder

Die Frauen der Kennedys

Laurence Leamer

Die Frauen der Kennedys

Aus dem Amerikanischen
von Christine Neugebauer
Martina Reitz und
Renate Weitbrecht

C. Bertelsmann

Dieses Buch erschien 1994 unter dem Titel
»The Kennedy Women«
bei Villard Books/Random House, Inc., New York.

Für Joy Harris
und Bob Tavetian

Umwelthinweis:
Dieses Buch und der Schutzumschlag
wurden auf chlorfrei gebleichtem Papier gedruckt.
Die vor Verschmutzung schützende Einschrumpffolie
ist aus umweltschonender und recyclingfähiger PE-Folie.

1. Auflage

Umschlaggestaltung: Evelyn Schick
unter Verwendung eines Fotos von dpa.
Satz: Dr. Ulrich Mihr GmbH, Tübingen
Druck und Bindung: Wiener Verlag
Made in Austria
ISBN 3-570-12144-5

Inhalt

1

»When Irish Eyes Are Smiling«

Rose Fitzgerald Kennedy, eine kleine knorrige Gestalt, saß in einem Rollstuhl am Fenster und blickte durch die halb geöffnete Jalousie auf die 370 Gäste hinunter, die im Juli 1990 zur Feier ihres einhundertsten Geburtstages zusammengekommen waren. Rose sprach seit ihrem Schlaganfall im April 1984 nur noch selten. Aber wenn ihr einziger noch lebender Sohn, Senator Edward Moore »Ted« Kennedy, Sonntag abends mit Freunden im Wohnzimmer alte irische Lieder sang, hellte sich ihre Miene auf und in ihren Augen schimmerte der Funke des Wiedererkennens.

An diesem Nachmittag blickte Rose gedankenverloren auf den Rasen hinter ihrem weitläufigen, mit Schindeln verkleideten Haus in Hyannis Port auf Cape Cod. Hier hatten ihre Kinder einst ausgelassen Football gespielt: Joe jr., der älteste, der leichtfüßig jeden Paß erlief, der magere John F., genannt »Jack«, der den Ball hoch in den Sommerhimmel drosch, und Robert F. »Bobby«, der seine Gegner häufig ins Leere laufen ließ. Aber auch ihre älteren Töchter spielten mit. Die temperamentvolle Kathleen, die ihre Brüder vergötterte und sich beim Spiel nicht darum scherte, was sich für ein Mädchen gehörte, und die hagere, tolpatschig wirkende Eunice, die ebenfalls wie ein Junge spielte und so ehrgeizig kämpfte wie alle anderen. Die einzige, die sich zurückhielt und oft nur zuschaute, war Rosemary, die hübsche Rosemary. Und während die Kinder spielten, saß Joseph P. Kennedy sen., Roses Mann, auf dem Balkon im ersten Stock und beobachtete das Treiben.

Rose erinnerte sich auch an die Jahre, als Jack Präsident gewesen war, insbesondere an die Wochenenden, an denen er mit seinem

Diensthubschrauber auf dem Rasen landete und dann, das Haar zerzaust vom Wind der Rotoren, mit ausgreifenden Schritten zum Haus herüberkam, wo die Familie ihn bereits erwartete. Bei schönem Wetter waren sie oft vollzählig versammelt: Eunice und ihr Mann Sargent Shriver, der Direktor des Friedenskorps, Patricia »Pat« mit ihrem Mann, dem Filmstar Peter Lawford, Bobby, der Justizminister, und seine Frau Ethel, Jean und ihr Mann Steve Smith, Roses jüngster Sohn Ted mit seiner schönen jungen Frau Joan und eine ganze Schar von Enkelkindern.

Rose hatte ihr Leben der Familie und dem Glauben gewidmet. Sie war eine Frau, die von vielen verehrt wurde, und Mutter einer Familie, wie sie es in der Geschichte der Vereinigten Staaten kein zweites Mal gegeben hat. Ihr Mann, der Enkel irischer Einwanderer, war Botschafter in Großbritannien und einer der reichsten Männer Amerikas gewesen. Einer ihrer Söhne hatte es zum Präsidenten gebracht, drei zu Senatoren. Ihre Töchter hatten berühmte und erfolgreiche Männer geheiratet, ihre Söhne Frauen aus bestem Hause. Und fast alle Kennedys hatten eine maßgebliche Rolle im öffentlichen Leben gespielt.

Aber über den Rasen in Hyannis Port waren auch Menschen gegangen, die schwer an der Bürde ihrer Pflicht trugen; Geistliche, die Hiobsbotschaften und Beileidsbezeugungen überbrachten, ein Sohn und eine Tochter, die unter der Last der Schreckensmeldungen fast zusammenbrachen, und Dienstboten, die hinter vorgehaltener Hand unerhörte Geschichten erzählten, die alles in Frage stellten, wofür die Familie in Roses Augen stand. Rose hörte, was sie sagten, und suchte Trost im Glauben. Manchmal aber fragte sie sich, ob die Kennedys nicht zu viel gewagt hatten, ob sie in ihren Träumen nicht über das hinausgegangen waren, was dem Menschen erlaubt war. »Wir hatten alles«, sagte Rose. »Geld, Talent und harmonische Beziehungen zueinander. Wir waren stolz auf unser gutes Aussehen. Wir hatten so viel von allem, daß es einfach nicht so bleiben konnte.« Doch meist schob sie solche Gedanken beiseite und richtete den Blick wieder nach vorn.

***

In dem rosa-weiß gestreiften Zelt sahen sich die Geburtstagsgäste einen 20minütigen Film über Roses Leben an. Es war ein strahlender, sonniger Tag, und Licht flutete in das Zelt, so daß die Bilder auf der

Leinwand verwaschen wirkten wie verblichene Fotografien aus einer fernen, halbvergessenen Zeit. Es waren Bilder aus dem Bostoner North End, wo Rose am 22. Juli 1890 geboren worden war, Bilder von ihrem Vater, dem jähzornigen und unverwüstlichen John »Honey Fitz« Fitzgerald, und schließlich Bilder von ihr selbst, zunächst als hoffnungsvoller Teenager, dann als junge Mutter mit den ersten ihrer insgesamt neun Kinder.

Rose war in einer Welt aufgewachsen, in der Heim und Herd der angestammte Platz der Frau waren. Ihre Lebenszeit umspannte die gesamte Epoche des modernen Amerika: Sie begann, als Frauen zum ersten Mal für ihr Wahlrecht stritten, und reichte bis in eine Ära, in der sich eines ihrer 28 Enkelkinder, Kathleen Kennedy Townsend, um einen Sitz im Kongreß bewarb. »Ihre Söhne sind alle Politiker geworden«, fragte David Frost sie in dem Film. »Warum haben Sie Ihre Töchter nicht gedrängt, ebenfalls in die Politik zu gehen?« Rose antwortete: »Ich finde, ihre wichtigste Aufgabe ist die Familie. Und beides läßt sich nur schwer miteinander vereinen.«

Am Ende des Films erklang eine alte Aufnahme von »When Irish Eyes Are Smiling«, und dazu huschten Bilder über die Leinwand, die alle eine lächelnde Rose zeigten. Sie lächelte als junges Mädchen auf einer Seereise nach Europa. Sie lächelte an der Seite ihres Vaters. Sie lächelte, als sie mit Kathleen und Rosemary auf eine Audienz beim englischen Königspaar wartete. Und sie lächelte als Witwe an Teds Seite. Immer lächelte sie. Die Zuschauer waren gerührt. Viele weinten oder kämpften mit den Tränen.

* * *

Doch daneben gab es auch Fotos, die niemals entwickelt, Szenen, die niemals fotografiert worden waren. Rose war dazu erzogen worden, nie zu verzagen oder zurückzublicken, und diese Selbstdisziplin hatte sie an ihre Töchter und Söhne weitergegeben. Ihre Autobiographie *Alles hat seine Zeit* macht deutlich, was Geschichte für sie war: ein Flickenteppich aus wundervollen Augenblicken in leuchtenden Farben, Tragödien in Schwarz und bunten Szenen aus dem Familienleben – Augenblicke, an die sie sich erinnern wollte. Doch die Geschichte, die sie in ihrem Buch erzählte, verstellt den Blick auf die Vielschichtigkeit des Lebens, das sie und alle anderen Kennedy-Frauen führten. Diese andere Geschichte wurde von ihr verleugnet, ignoriert, verdrängt oder gar nicht zur Kenntnis genommen. Gemeint ist die Geschichte der Kennedy-Frauen, die vor ihrer Geburt begonnen hatte und sich im Leben ihrer Enkelinnen fortsetzen würde, eine Geschichte, die nicht nur für Rose verlorengegangen war, sondern bis zu einem gewissen Grad für alle Frauen.

Diese andere Geschichte begann in Irland mit der Geburt der ersten Kennedy, Bridget Murphy. Obwohl von ihrer Familie vergessen, ist Bridget die Stammutter der Kennedys. Sie legte mit ihrem Leben und ihrem Vermächtnis den Grundstein zu einer ganzen Dynastie. Mit ihr beginnt die eigentliche Kennedy-Saga.

2

Bridgets Reise

Oh, Ihr tapferen irischen Mädchen,
es ist recht, Euch tapfer zu nennen,
denn des Ozeans stürmische Wellen
waren Euch nur die geringste Gefahr.

Das irische Bauernmädchen
von Charles Joseph Kickham

Bridget Murphy lief in der Stadt Wexford über Straßen, über die in den vergangenen zwei Jahrtausenden Angehörige verschiedenster Völkerschaften gezogen waren. Wie es ihre Vorfahren schon vor Jahrhunderten getan hatten, saßen alte, in Strickschals gehüllte Frauen rings um die mittelalterliche Stierkampfarena und verkauften Fisch aus Weidenkörben. An Markttagen kamen die Bauern aus der Umgebung mit ihren Wagen in die Stadt, fuhren durch die Stadttore und tauchten in die Gassen ein, die so schmal waren, daß die Bauern mit ausgestreckten Händen die Häuserwände berühren konnten. Ihre Frauen brachten sie nur selten mit. Meist standen sie, mit denselben schwarzen Anzügen aus Wolle bekleidet, die sie bei der Feldarbeit trugen, in Grüppchen beisammen und redeten über Politik und die Ernte.

Bridget wurde 1821 in der Grafschaft Wexford an der Südostküste Irlands geboren. Seit Jahrhunderten wurde die Insel von den Engländern beherrscht, und zweifellos hörte Bridget schon als Kind Geschichten über den Kampf ihrer Landsleute gegen die Fremdherrschaft. Insbesondere der große Aufstand von 1798 war in der Erinnerung der Bevölkerung noch sehr lebendig. In jenem Jahr waren 30 000 Männer aus der Grafschaft in der Armee der Aufständischen mitmarschiert, und die Englandtreuen hatten nicht ganz unrecht, wenn sie behaupteten, Wexford sei ein Rebellennest. Als die Truppen der Loyalisten in die Stadt einrückten, war die Brücke über den Stanley River noch rot vom Blut der Protestanten, die tags zuvor dort niedergemetzelt worden waren. Doch die Sieger nahmen bittere Rache. Sie hängten die Rebellenführer, schlugen ihnen die Köpfe ab und pflanzten sie auf Pfählen vor dem Gerichtsgebäude auf. Viele Aufständische wurden in Strafkolonien nach Neusüdwales in Australien deportiert oder an den König von Preußen als Sklaven verkauft. Doch Wexford blieb eine widerspenstige Grafschaft in einem widerspenstigen Land.

Auf dem fruchtbaren Boden der Grafschaft gediehen verschiedene Feldfrüchte. Im Sommer wehten sanfte Winde von den Hügeln herab und strichen über die vollen Ähren auf den Weizen- und Roggenfeldern, und überall auf den Weiden graste Vieh. Die Landschaft glich einem grünen Flickenteppich, dessen einzelne Flicken von Baumreihen und Steinmauern umsäumt wurden. Da die Bauern verschiedene Feldfrüchte anbauten, litt Wexford nicht unter den schlechten Kartoffelernten und den anschließenden Hungersnöten, die zwischen 1845 und 1849 zu einer starken Dezimierung der Bevölkerung führten. Von acht Millionen Iren starb damals ungefähr eine Million, und weitere eineinhalb Millionen wanderten aus.

Doch mit den Hungersnöten kamen Krankheiten, und von ihnen blieb auch Wexford nicht verschont. Und noch ein Schicksalsschlag traf Wexford und ganz Irland: Die britischen Herren und ihre Günstlinge vertrieben die Kleinbauern und Pächter von ihrem Land. Dazu berichtete ein Priester: »Auch wenn wir von dem schrecklichen Leid, das den Westen Irlands heimgesucht hat, teilweise verschont geblieben sind, so erleben wir doch jeden Tag, wie die Hütten der Armen dem Erdboden gleichgemacht und ihre Bewohner mittellos in die Welt hinausgejagt werden.« Viele Vertriebene, die kein Geld hatten, um auszuwandern, endeten in den Armenhäusern, trostlosen Unterkünften, die oft zu Häusern des Todes wurden. Im Januar 1849 beherbergte das Wexforder Armenhaus 863 Bedürftige, in der Mehrzahl Frauen und Kinder.

Von den Straftätern, die im selben Monat in Wexford vor Gericht gestellt wurden, waren fast die Hälfte Frauen. Die meisten hatten harmlose Diebstähle begangen. Eine Kartoffeldiebin wurde zu drei Monaten Gefängnis verurteilt, davon eine Woche in Einzelhaft. Eine andere, die eine Gans gestohlen hatte, wurde für sieben Jahre nach Australien deportiert.

* * *

Bridget Murphys Name taucht weder im Kirchenbuch noch in den Gerichtsakten auf, doch vermutlich führte sie ein ähnliches Leben wie die meisten Irinnen. Mit 27 Jahren war sie noch unverheiratet, wie damals jede dritte Frau ihres Alters und jeder zweite Mann. Frauen und Männer lebten voneinander abgesondert, als seien sie nicht nur unterschiedlichen Geschlechts, sondern völlig unterschiedliche Wesen. Zur Kirche ging man gewöhnlich getrennt: Männer mit Männern, Frauen mit Frauen. Wenn Ehepaare, was selten genug vorkam, gemeinsam den Markt, eine Beerdigung oder Nachbarn besuchten, so folgte die Frau ihrem Mann in gebührendem Abstand. In der Öffentlichkeit redeten sie sich in der dritten Person an. Die aus dem Volk stammenden irischen Priester waren Bauernsöhne und schöpften bei ihren Predigten ebenso aus ihrer Lebenserfahrung wie aus der Bibel. »Liebe ist zumeist etwas Teuflisches«, sagten sie, »ein heimtückisches und abscheuliches Gift, das junge Seelen auf den Pfad ewiger Verdammnis locken soll.«

Nur wenige kosteten von dem süßen Gift. Liebeleien zwischen jungen Männern und Frauen waren selten. Unabhängig von ihrem Alter wurden unverheiratete Frauen »Mädchen« und unverheiratete Männer »Jungen« genannt, und so wimmelte es in Irland von 40- und 50jährigen »Jungen«. Sie bestellten die Felder ihrer Väter und hatten auch sonst nach deren Pfeife zu tanzen. Wenn sich ein Vater zur Ruhe setzte, bestimmte er einen seiner Söhne zum Erben des Hofes und enterbte dadurch die anderen. Und natürlich suchte sich der Auserkorene sogleich eine Braut mit Mitgift.

Die Braut erwartete ein arbeitsreiches Leben. Sie mußte den Ehemann und die Schwiegereltern bedienen, die Kinder versorgen und darüber hinaus ihre täglichen Pflichten erfüllen. Im Frühjahr, wenn gesät wurde, ging sie zusammen mit ihrem Mann aufs Feld. Heu machen beispielsweise war jedoch allein ihre Aufgabe. Wenn sie es gewendet, zusammengeharkt und zu Haufen aufgetürmt hatte, kehrte sie auf den Hof zurück, molk die Kühe, fachte das Feuer im Herd an und setzte Kartoffeln auf. Wie erschöpft sie auch sein mochte, ihr Mann dachte gar nicht daran, ihr bei der »Frauenarbeit« zu helfen. Nicht von ungefähr schrieb ein Zeitgenosse: »Frauen werden in Irland eher als Arbeitstiere denn als vernunftbegabte Wesen behandelt.«

Und doch war dieses beschwerliche Leben der Traum eines jeden Mädchens. Bridget aber hatte keine Mitgift, und ohne Mitgift bestand kaum Aussicht, jemals einen Mann zu finden. Mit einer guten Schulbildung hätte sie Nonne werden oder als Hilfe im Haus eines verheirateten Bruders ein Auskommen finden können. Aber sie konnte nur wenig lesen und schreiben, und so hätte sie ihr Weg sicherlich in die Fabriken von Manchester und Lancashire oder in den Dienstbotentrakt eines Londoner Hauses geführt. Eine Möglichkeit stand ihr freilich noch offen, und das war die lange, gefährliche Reise nach Amerika.

***

Am 20. März 1849 schiffte sich Bridget auf der *Washington Irving* ein, die von Liverpool aus nach Amerika fuhr. Das Schiff war vollbesetzt mit Familien, Ehepaaren, Junggesellen und 49 ledigen Frauen in Bridgets Alter. Während aus den anderen europäischen Ländern überwiegend Männer nach Amerika auswanderten, waren von den irischen Emigranten über die Hälfte Frauen, viele davon wie Bridget alleinstehend. Die meisten hofften, im Haus eines wohlhabenden Amerikaners eine gute Stellung zu finden. Als Kapitän Daniel Pupton sie aufforderte, in der Passagierliste ihren Beruf anzugeben, trugen alle, selbst ein elfjähriges Mädchen, dasselbe ein: »Dienstbotin«.

Pro Person standen nur zwei Quadratmeter zur Verfügung. Der Kapitän hatte die Frauen im hinteren Teil untergebracht, um sie durch die Familien und Ehepaare in der Mitte von den unverheirateten Männern im vorderen Teil zu trennen. Allerdings fürchteten sie sich weniger vor den irischen Junggesellen als vielmehr vor den Seeleuten. Der Heimathafen der *Washington Irving* war zwar Boston, doch amerikanische Seeleute waren zu einer Atlantiküberquerung auf einem Einwandererschiff in der Regel nicht bereit, und so bestand die Mannschaft aus schwedischen und englischen Matrosen, Kanaken aus der

Südsee, Laskaren aus Ostindien und allerlei Gesindel aus allen Häfen der Welt. Sie hatten harte Arbeit zu leisten, doch selbst die tägliche Schufterei, der Rum und drohende Prügelstrafen konnten die Matrosen nicht davon abhalten, die Frauen im Laderaum zu belästigen.

Die meisten Frauen an Bord verteidigten ihre Ehre mit Zähnen und Klauen. Doch einige gaben sich den Matrosen hin, oft nur für ein bißchen Zucker, den sie über ihre Hafergrütze streuen konnten. Alte Werte und Überzeugungen wurden mit einemmal zu einer hinderlichen Last und einfach über Bord geworfen.

Auf jedem Auswandererschiff forderte der Tod seinen Tribut. So konnte das sogenannte Schiffsfieber ausbrechen, bei dem es sich vermutlich um eine Form von Typhus handelte, aber auch Pocken oder Cholera waren nicht selten, und Ruhr grassierte auf fast jedem Schiff. Im Durchschnitt starben rund sechs Prozent der Passagiere auf See. Ihre Leichen wurden ins Meer geworfen, ohne daß jemand ein Gebet oder einen Segen gesprochen hätte.

Eines Morgens lernte Bridget an Deck einen Bauern aus der Grafschaft Wexford kennen. Der junge Mann hieß Patrick Kennedy, war 26 Jahre alt und stammte aus dem Städtchen Dungastown, nur fünf Meilen von New Ross entfernt. Seine Familie bewirtschaftete dort 80 Morgen Land und wohnte in einem weißgetünchten, strohgedeckten Häuschen, das genauso aussah wie alle anderen in der Gegend. Patrick trug zwar den Namen seines Vaters, doch nicht er, sondern sein älterer Bruder John sollte später einmal den Hof erben. Er hätte dem Beispiel seines jüngeren Bruders James folgen und in New Ross ein Stück Land pachten können. Statt dessen hatte er sich zur Auswanderung entschlossen. Nicht Hunger und Not trieben ihn nach Amerika, sondern der Wunsch nach einem neuen, besseren Leben.

In Wexford hätte sich Bridget niemals so mit einem Mann unterhalten können, wie sie es jetzt mit Patrick Kennedy tat. Auf dem Schiff gab es keinen Priester, der Liebespaaren nachspionierte, und keine Eltern, die einen Mann daran hindern konnten, sich ihr zu nähern.

Den Frauen in Wexford wurde nicht der Hof gemacht, und meist kannten sie die Männer kaum, die sie heirateten. Bridget verbrachte auf der *Washington Irving* mehr Zeit mit Patrick, als sie es mit einem Verlobten in Wexford je gekonnt hätte. Und einen besseren Mann als ihn hätte sie kaum finden können. Er war groß, sah gut aus, hatte blaue Augen und rotbraunes Haar, und im Unterschied zu ihr konnte er gut lesen und schreiben. Mit ihm an ihrer Seite würde sie in der Neuen Welt nicht auf sich allein gestellt sein. Sie war zwei Jahre älter als er und besaß eine innere Stärke, die ihnen helfen konnte, in Amerika Fuß zu fassen.

Da es in Boston nicht genügend Liegeplätze für die vielen Einwandererschiffe gab, steuerte die *Washington Irving* am 21. April 1849, nach 32 Tagen Überfahrt, an den von Menschen wimmelnden Kais vorbei zum anderen Ende des Hafens. Dort, am Zusammenfluß von Charles und Mystic River und eine Meile vom eigentlichen Boston entfernt, lag Noddle Island oder Ost-Boston. Dieser Teil der Stadt war erst kürzlich entstanden, und die Fassaden der Lagerhäuser waren noch nicht mit einer schwarzen Rußschicht überzogen.

Bridget wurde am Hafen bereits von ihrem Cousin Patrick Barron erwartet. Er war Böttcher und verdiente als Facharbeiter recht gut. Für einen irischen Einwanderer war er erfolgreich, was freilich nicht bedeutete, daß er sich mehr als ein kleines Zimmer in einem Mietshaus leisten konnte. Doch für eine Verwandte fand sich immer ein Plätzchen. Und bestimmt konnte er auch Bridgets neuen Freund Patrick bei sich aufnehmen. Der irische Familiensinn war in der Neuen Welt nicht verlorengegangen. Bridget konnte sich auf ihren Cousin verlassen, so wie sich andere eines Tages auf sie würden verlassen können.

Als sie die staubige Straße entlangging, die vom Kai wegführte, betrat Bridget eine Welt, in der ihr praktisch alles bis auf die Sprache fremd war. Sie kam aus einem Land, in dem man die Geschichte in Jahrhunderten maß und dessen Landschaft von Wiesen und Feldern geprägt war. Noddle Island war 25 Jahre zuvor noch reines Weideland gewesen. Nun aber sah Bridget nur Häuser und Lagerhallen, wohin sie auch blickte, und sie hörte das Dröhnen von Ambossen, das Pfeifen von Dampfmaschinen und die Rufe von Arbeitern. Ost-Boston entwikkelte sich mit rasantem Tempo zu einem Industriegebiet. Die Mittelschicht fand hier preiswerte Häuser, Mittellose und Arbeiter lebten zusammengepfercht in den tiefergelegenen Vierteln rund um die Kais, Stahlkochereien, Fischlagerhäuser und Anlegestellen – dort, wo vor einigen Jahren noch Sumpfland gewesen war.

***

Die großen Industrieunternehmen stützten sich auf das Kapital der Yankees und in zunehmendem Maße auch auf die Arbeitskraft irischer Einwanderer. So waren im Jahr 1850 bereits 82 Prozent der ungelernten Arbeiter in Boston Iren. Iren waren billiger als Bauernburschen aus New Hampshire oder Kaufmannssöhne aus Massachusetts, und für so manchen Industriellen hatten sie noch einen weiteren Vorzug: Sie waren beliebig austauschbar, denn es gab zu viele von ihnen.

Der *Boston Pilot,* die führende irisch-katholische Zeitung, beschwor die Einwanderer Woche für Woche, Boston zu verlassen. Das Blatt wußte nur einen Rat, und den verkündete es unmißverständlich: »Bleibt nicht an der Küste, sondern zieht sofort weiter ins Landesinnere.«

Doch im Westen bestand kein Bedarf an Stubenmädchen, Köchinnen und Näherinnen, und für eine unverheiratete Irin waren die neuen Siedlungsgebiete wenig verlockend. Und was Bridget anging, so hatte sie in Ost-Boston Verwandte, die nicht nur ihr, sondern auch ihrem Patrick weiterhelfen konnten.

***

Am 26. September 1849, fünf Monate nach ihrer Ankunft in Amerika, nahmen Bridget und Patrick für zwei Penny Fahrgeld die Fähre nach Boston. Für Neuankömmlinge war die Überfahrt immer ein Ereignis, doch für die beiden war dieser Tag noch aus einem anderen Grund etwas ganz Besonderes: Sie wollten heiraten. Bridgets Cousin Patrick und eine Freundin namens Ann McGowan begleiteten sie als Trauzeugen. Die beiden Paare gingen vom Fährhafen in den Stadtteil North End, in dem die meisten irischen Einwanderer lebten. Die Straßen in Ost-Boston waren schon trostlos, aber hier sah es noch viel schlimmer aus. Bridget und Patrick konnten froh sein, daß sie auf der anderen Seite der Bucht wohnten.

Die Türme der Heilig-Kreuz-Kathedrale überragten den Schmutz und das Gewimmel in der Franklin Street. Pater John J. Williams, der Priester, der die Trauung vornahm, stammte aus Boston. 1820 hatten in der gesamten Diözese nur 3500 Katholiken gelebt, doch in den vergangenen Jahren waren Scharen von Iren in die Gründerstadt geströmt, und inzwischen war ihre Zahl auf 34 000 angestiegen.

Bridget hatte Glück, denn ihr frischgebackener Ehemann fand einen guten Job. Während seine Landsleute um Arbeit anstanden und sich darum schlugen, vierzehn Stunden am Tag schuften zu dürfen, vermittelte ihm Patrick Barron, der Cousin seiner Frau, eine feste Stelle als Böttcher.

Bridget blieb zu Hause in der kleinen Wohnung, die das Paar gemietet hatte. Viele Irinnen wanderten zwar alleine aus und arbeiteten in Küchen, Gasthäusern und Fabriken, doch sobald sie verheiratet waren, kehrten sie an den Herd zurück. Knapp zwei Jahre nach der Trauung, am 9. August 1851, bekam Bridget ihr erstes Kind. Schon am nächsten Tag brachten sie ihre Mary in die St.-Nicholas-Kirche. Auch Joanna, ihre zweite Tochter, die am 27. November 1852 zur Welt kam, wurde dort getauft. Gut ein Jahr später, am 4. Januar 1854, ließen sie ihren Sohn John taufen, doch John lebte nur ein Jahr und acht Monate und starb am 24. September 1855 an einer Krankheit, die als Cholera infantum angegeben wird – eine Geißel der Armen. Zu diesem Zeitpunkt hatte Bridget bereits eine weitere Tochter zur Welt gebracht. Sie hieß Margaret und war ebenfalls in St. Nicholas getauft worden.

***

In den Wintermonaten arbeitete Patrick von früh bis spät, und wie die meisten Iren beschloß er den Tag vermutlich mit Freunden in seiner Stammkneipe. Die Erziehung der Kinder war allein Bridgets Aufgabe, und eine schwere obendrein.

In Irland gab die Mutter ihr ganzes Wissen an die Tochter weiter, und so hatte auch Bridgets Mutter einst von ihrer Mutter gelernt, wie sie sich und ihre Kinder am besten schützen konnte. Hier aber, in Ost-Boston, sah sich Bridget Unwägbarkeiten gegenüber, die in ihrer Heimat unbekannt gewesen waren. In Irland hätte sie sich nicht darum sorgen müssen, wovon sie die wöchentliche Miete oder das Brot und Fleisch im Laden bezahlen sollte. Ein Wochenlohn schien sich in Boston in nichts aufzulösen. Die Milch, die von den Kaufleuten aus offenen Fässern geschöpft wurde, war oft mit Wasser verdünnt oder mit den Resten vom Vortag vermischt. Die Kupfertöpfe, die Hausierer verkauften, eigneten sich vorzüglich zur Zubereitung von Gemüse und Sauerkraut. Ließ man die Speisen jedoch zu lange im Topf, bildete sich eine Metallverbindung, an der sich die ganze Familie vergiften konnte. Halbstarke belästigten Bridgets Kinder, und kleinen Mädchen drohte zusätzliche Gefahr von gutgekleideten Onkeln, die sie einluden, in ihre Kutschen zu steigen und mit ihnen »eine nette Spazierfahrt nach Chelsea oder anderswohin zu unternehmen«.

Darüber hinaus hatte Bridget für das Eheglück Sorge zu tragen: Irischstämmigen Frauen wurde in Ehefibeln und religiösen Zeitschriften, aber auch von ihren Priestern eingeprägt, daß die Verantwortung für die Ehe vor allem auf ihren Schultern ruhe. Wenn der Ehemann als Säufer endete oder die Kinder auf die schiefe Bahn gerieten, so gab die Kirche allein der Frau die Schuld. Und das bedeutete ewige Schande. »Welches Menschenkind benötigt so viel Weisheit wie eine Mutter und Ehefrau?« fragte der *Boston Pilot.* »Sie, die Mutter, lenkt die Familie auf der wichtigsten Wegstrecke, und wenn sie fehlt, stürzen die Ihren über die Klippen der Zeit in den Abgrund der Ewigkeit ... und durch die Ewigkeit hallt die entsetzliche Kunde von einem Kind, das verloren ward durch die Nachlässigkeit der eigenen Mutter!«

Bridget und Patrick zogen mit ihrer wachsenden Familie häufig um, blieben aber stets in ihrem Viertel und konnten nur mit Mühe ihren bescheidenen Lebensstandard halten. Zu ihrem Haushalt gehörten neben den drei Töchtern auch die 18jährige Mary Roach und ein sechsjähriger Junge namens Michael O'Brien. Irische Einwanderer teilten ihre Wohnung häufig mit Fremden oder Verwandten, und möglicherweise hatte Bridget eine Untermieterin aufgenommen, um die Miete bezahlen zu können. Genaues wissen wir nicht. Jedenfalls war sie die Herrin im Haus. Hier hatte sie mehr zu sagen als Patrick in der Böttcherei.

Als Katholikin glaubte Bridget, daß Gott ihr weitere Kinder schenken würde, wenn es sein Wille war, vielleicht sogar einen Sohn, um den erlittenen Verlust auszugleichen. Es wurde von ihr erwartet, daß sie nicht nur mit Patrick schlief, um weitere Kinder zu bekommen, sondern auch, um ihm ihre Zuneigung zu beweisen und seine »Fleischeslust« zu befriedigen. In den überfüllten Wohnungen war Sex für die meisten Einwanderer verstohlener Beischlaf in tiefster Nacht. Und nach einem damaligen katholischen Eheratgeber auch gut so. Er riet den Gläubigen, den Akt möglichst schnell und zügig zu vollziehen, um seine »Dringlichkeit zu mindern, seine Macht zu zerstören und seine Widerwärtigkeit zu verdeutlichen«.

Bridget wurde bald wieder schwanger. Falls sie ihre fünfte Schwangerschaft mit gemischten Gefühlen aufnahm, so wurden doch alle ihre Zweifel durch die Geburt eines gesunden Stammhalters ausgeräumt. Sie und Patrick brachten den am 14. Januar 1858 geborenen Jungen nicht wie die anderen Kinder nach St. Nicholas, sondern in die neue Mutterkirche von Ost-Boston, die Erlöserkirche. Die Iren mochten ihren Lebensunterhalt als Stubenmädchen, Diener, Straßenbauer und Barkeeper verdienen, doch ihre Messen zelebrierten sie im prächtigsten Gotteshaus der Insel. Der sechzig Meter hohe Kirchturm überragte alle Mietskasernen, Schornsteine und Fabriken. Und sonntags, wenn die 900 Kilo schwere Glocke erklang, füllten 1800 Gläubige die Holzbänke und blickten andächtig hinauf zu den nußbraunen Schnitzereien, den bunten Glasfenstern, dem Hochaltar und den Heiligenfiguren und lauschten den vollen Klängen der großen Orgel.

An jenem Wintertag betraten Bridget und Patrick das neugotische Steingebäude jedoch nicht, weil ihr Sohn noch nicht getauft war. Statt dessen klopften sie an das Portal und warteten dort mit den Taufpaten auf den Priester. Father Patrick Healy, der bereits Balsam, Öl, Salz und Wasser vorbereitet hatte, öffnete ihnen, bekleidet mit einem weißen Chorrock und einer purpurroten, bestickten Stola. Am Eingang fragte Father Healey die Eltern, welchen Namen sie für ihren Sohn gewählt hatten. Iren gaben ihren Namen als Zeichen der Verbundenheit mit der Vergangenheit gewöhnlich von Generation zu Generation weiter. Patrick war stolz auf den Namen, den er trug und den sein Vater vor ihm getragen hatte, und so nannten sie ihren Sohn Patrick Joseph Kennedy. Um ihn von seinem Vater zu unterscheiden, riefen sie ihn kurz »P. J.«.

***

Im Spätherbst, als die ersten Stürme über die Stadt hinwegfegten, zeigte Patrick erste Symptome einer Tuberkulose. Die Krankheit, damals noch Schwindsucht genannt, war eine Geißel der Großstadt und die häufigste Todesursache. Über 20 Prozent aller Todesfälle gingen auf ihr Konto. Und was noch schlimmer war: Sie raffte in erster Linie nicht die ganz Jungen oder die Alten dahin, sondern Männer und Frauen, Mütter und Väter, die mitten im Leben standen. Die meisten Opfer forderte sie in den überfüllten Armenvierteln mit ihren feuchten, übelriechenden und schlecht geheizten Wohnungen. Von den 784

Einwohnern Bostons, die ihr 1858 erlagen, waren 408 irische Einwanderer. Die Schwindsucht selbst war zwar nicht erblich, möglicherweise aber die Anfälligkeit dafür. Patricks Tuberkulose war der erste Hinweis darauf, daß seine Nachkommen zu Krankheiten neigen würden. Er war 35 Jahre alt und erst seit neun Jahren in Boston, doch laut Statistik lebten irische Einwanderer in Amerika durchschnittlich ohnehin nur 14 Jahre.

Patricks Krankheit schritt unerbittlich fort. Sein Körper welkte dahin, sein Puls raste, und mit seinen rosig glühenden Wangen bot er ein Zerrbild gesunder Frische. Er verlor an Gewicht, seine Augen leuchteten unnatürlich hell, und lichte Momente wechselten mit dumpfer Apathie.

Während ihr Mann mit dem Tode rang, begriff Bridget plötzlich, welches Schicksal ihr drohte. Ost-Boston war voll von Witwen, aber von den Liedern und Geschichten, in denen die Iren sie besangen, wurden ihre Kinder nicht satt. An der Anlegestelle der Fähre und rund um Maverick House, das größte Hotel, sah man täglich bettelnde Witwen, eine Hand ausgestreckt und mit der anderen ein Kind haltend. In ihren schwarzen Trauerkleidern boten sie ein Bild des Jammers und der Verzweiflung.

Patrick hatte sich fast zehn Jahre lang abgerackert, und doch wußte Bridget, daß er ihr nicht mehr hinterlassen würde als vier Kinder, das Kruzifix an der Wand, einige wertlose Möbelstücke, Töpfe und Pfannen, ein paar Dollar und die Rechnung für sein Begräbnis.

Patrick Kennedy starb am 22. November 1858.

* * *

Bridget schickte nach dem Priester und verständigte Nachbarn und Bekannte. Der Leichnam ihres Mannes wurde mit der Fähre nach Boston und von dort nach Cambridge gebracht, wo er auf dem katholischen Friedhof neben seinem Sohn bestattet wurde. Bridget war fast mittellos. Wenn in Ost-Boston ein Mann starb, ließen seine Kollegen für die Hinterbliebenen gewöhnlich den Hut herumgehen. Doch die Bewohner der Holzhäuser hatten schon so viele Menschen sterben sehen, daß ihr Mitleid selten lange anhielt.

Patricks Witwe suchte verzweifelt nach einer Möglichkeit, selbst Geld zu verdienen. Sie wußte, was ihren Kindern bevorstand, wenn sie sie in ein Findelhaus gab. Der zehn Monate alte P. J. würde protestantisch erzogen werden, denn bis 1879 durften katholische Geistliche staatliche Einrichtungen noch nicht einmal betreten. Die Priester in den Gemeinden berichteten von »Waisenzügen«, die Kinder in das protestantische Hinterland brachten, wo sie ohne Wissen vom rechten Glauben erzogen wurden. Die Kirche hatte zwar mit dem Aufbau verschiedener sozialer Einrichtungen begonnen, doch die Sterberaten in den katholischen Findelhäusern war sehr hoch. Außerdem erhielten die Heime ständig Briefe von katholischen Farmern, die sie baten, ihnen »geistig und körperlich gesunde« Jungen zu schicken. Und wenn die Acht- bis Zehnjährigen schließlich bei ihnen eintrafen, so wurden sie nicht mit offenen Armen empfangen, sondern mit einem leeren Milcheimer oder einer Schaufel unverzüglich an die Arbeit geschickt. Ihre drei Töchter hätte Bridget in das Heim St. Vincent schikken können, das von den Barmherzigen Schwestern geleitet wurde. Solange die Mädchen fromm waren und brav zur Messe gingen, störte es die Nonnen nicht, daß fast alle als Dienstboten oder Fabrikarbeiterinnen endeten.

Bridget wollte weder ihren Sohn noch ihre Töchter weggeben, also mußte sie sich schnell eine Arbeit suchen. Überall auf der Straße sah sie Frauen, die von der schweren Arbeit in den Fabriken gezeichnet waren. Näherinnen, oft noch jünger als sie, trugen blaue Brillen, um ihre Augen zu schonen, die sie sich beim Nähen verdorben hatten. Andere, die etwas älter waren, hatten schadhafte Zähne, weil es in den Fabriken üblich war, die Fäden statt mit der Schere mit den Zähnen durchzutrennen. Viele hatten Narben an den Händen von Verletzungen, die sie sich an Knopf- oder Nähmaschinen zugezogen hatten.

Bridget sah für sich nur eine Möglichkeit: Sie mußte eine Stellung in einem amerikanischen Haushalt annehmen. Da sie mit sieben anderen Familien in einem Mietshaus wohnte, konnte sie ihre Nachbarn bitten, auf die siebenjährige Mary, die sechsjährige Joanna und die dreijährige Margaret aufzupassen, und die älteren Mädchen mußten mithelfen, ihren kleinen Bruder zu hüten.

Die Mehrzahl der berufstätigen Irinnen in Ost-Boston arbeitete zumindest zeitweise in den Häusern der Yankees. Schon 1850 waren 60 Prozent der Hausangestellten irische Einwanderer, und die Bostoner sahen in ihnen einen Menschenschlag, der gewissermaßen zum Dienen geboren war. Den späteren Generationen der Kennedys war dieser

Abschnitt in Bridgets Leben so unangenehm und peinlich, daß sie ihn nur selten erwähnten. Die Irinnen verrichteten die Arbeit, für die sich gebürtige Amerikanerinnen zu fein waren. 1870 kam in Boston nahezu auf jede dritte Familie ein Dienstbote; das waren mehr als in jeder anderen Stadt im Norden.

Mit ihren 37 Jahren war Bridget schon recht alt, um sich noch in das Heer der irischen Stubenmädchen, Köchinnen, Kindermädchen und Näherinnen einzureihen. Ihr Name ging übrigens auf eine irische Schutzheilige zurück, und da er in ihrer Heimat einer der beliebtesten Frauennamen war, wurde er in Boston bald zum Synonym für Stubenmädchen oder Dienerin. Wenn die wohlhabenden Bürger also von ihrer »Bridget« sprachen, so meinten sie damit ihr Dienstmädchen. Bridget wußte das und hatte möglicherweise deshalb keine ihrer Töchter nach sich benannt, weil sie sie nicht mit einem Namen belasten wollte, der für irische Ohren inzwischen fast wie ein Schimpfwort klang. Es war schon schlimm genug, daß ihr Familienname Murphy Anlaß zu spöttischen Bemerkungen bot: »Murphies« war in der Stadt der gängige Ausdruck für Kartoffeln.

Vielen Irinnen klebte sozusagen noch die Ackerkrume an den Schuhen, und in der Hauswirtschaft waren sie eher unerfahren. Kaum ein Bostoner, der nicht mit einer Geschichte von *seiner* Bridget und ihren oftmals hilflosen Versuchen aufwarten konnte, im amerikanischen Alltag zurechtzukommen. Viele blieben ein Leben lang bei einer Familie, und ihre Herren empfanden für sie eine ähnliche Zuneigung wie für ein geliebtes Haustier. »Lizzie ähnelte den Haussklaven, die einem bei den griechischen Dramatikern oder bei Racine begegnen«, schrieb der Bostoner Historiker Samuel Eliot Morison. »Sie war treu und loyal, immer auf den Ruf der Familie bedacht und hatte stets einen guten Rat oder ein altes Sprichwort parat.«

Die wenigsten Arbeitgeber begriffen, daß ihre irischen Dienstboten zutiefst unter ihrer Einsamkeit litten. Manchmal führte die Einsamkeit zu schweren psychischen Erkrankungen. Noch 1908, als die Einwanderungswelle aus Irland längst abgeebbt war, bevölkerten mehr Iren als Angehörige anderer Nationalitäten die Nervenanstalten, und zwei Drittel von ihnen waren Frauen.

* * *

Bridget und die anderen Frauen machten in den Häusern der Yankees ganz neue Erfahrungen und erwarben ein Wissen, das ihre Männer, Väter und Brüder nicht besaßen. Sie übernahmen die Umgangsformen ihrer Arbeitgeber und wurden so schneller zu Amerikanern als die Männer, eingebürgert nicht durch ein Stück Papier, sondern durch ihr Verhalten. Und was noch wichtiger war: Sie konnten ihren Kindern Dinge über eine Welt beibringen, von der ihre Männer und Väter kaum etwas wußten.

Schließlich kündigte Bridget ihre Stelle als Hausmädchen und nahm eine Arbeit in einem Kurzwarenladen an. Das Geschäft lag in der Border Street Nr. 25 in Ost-Boston, nur einen Block von der Anlegestelle der Fähre entfernt, die Tag für Tag Tausende nach Boston und wieder zurück brachte. Die Dienstmädchen, Köchinnen, Näherinnen und Ladenmädchen schauten gern im Laden vorbei und kauften Zwirn, Stoff, einen Fingerhut oder ein Stück Spitze.

Nach einiger Zeit hatte Bridget so viel gespart, daß sie den kleinen Laden kaufen konnte – eine außergewöhnliche Leistung für eine Frau, die nicht einmal schreiben konnte. Ihre Kundschaft bestand hauptsächlich aus Frauen, und tatsächlich konnte ein Spaziergänger den Eindruck gewinnen, daß in dem bescheidenen Einwandererviertel nur Frauen und Kinder lebten. Dies lag daran, daß mehr Männer als Frauen auf der Suche nach Arbeit die Stadt verließen und daß viele Ehefrauen ihre Partner überlebten. Selbst der Seelsorger in der Nachbarschaft war meist kein Priester, sondern eine Nonne, denn sogar die Organisation der katholischen Kirche bestand in der Mehrzahl aus Frauen. Gegen Ende des Jahrhunderts gab es ungefähr viermal so viele Nonnen wie Priester. Sie predigten zwar nicht von der Kanzel, doch sie leiteten Schulen und wohltätige Einrichtungen und nahmen mehr Anteil am täglichen Leben der irischen Bevölkerung als die Priester.

* * *

Da Frauen nicht in Wirtshäuser gingen, wurden die kleinen Geschäfte zu ihren Treffpunkten. Bald nahm Bridget Lebensmittel und Fleischwaren in ihr Sortiment auf. Und da Lebensmittelgeschäfte oft mehr Whiskey als Brot verkauften, darf man vermuten, daß auch bei Bridget Alkohol über die Theke ging.

Schließlich erwarb sie das gesamte dreistöckige Doppelhaus, in dem sich ihr Laden befand. Wieder hatte sie einen Erfolg errungen. Sie war nun eine vermögende Frau, was so selten vorkam, daß sie im Kaufvertrag als »Witwe Kennedy« eingetragen wurde, gleichsam als Erklärung, wieso eine Frau eigene Geldmittel besaß. Ihr Geschäft war bescheiden, und nach den Maßstäben der alteingesessenen Familien war sie immer noch arm. Und doch war sie von allen irischen Immigrantinnen, die damals in Ost-Boston lebten, eine der erfolgreichsten, wenn nicht sogar die erfolgreichste. Um so verwunderlicher ist es, daß die Geschichte ihres Erfolges, der ohne große persönliche Opfer nicht möglich gewesen wäre, weitgehend in Vergessenheit geraten ist. Selbst die Familie Kennedy erinnert sich heute kaum mehr an sie.

***

Bridget nahm Nick Flynn, einen obdachlosen Jungen, bei sich auf, der ihrem Sohn P. J. ein Bruder wurde, den er nie gehabt hatte. Die erste Kennedy in Amerika zeigte so zwei Eigenschaften, die später fast zum Markenzeichen der gesamten Familie werden sollten: Sie war großzügig, zumindest in den Augen ihrer Kundschaft, und sie war eine tüchtige Geschäftsfrau.

Sie schickte P. J. auf die katholische Heilig-Herz-Schule, um ihn von schlechten Einflüssen fernzuhalten. Aus finanziellen Gründen konnte sie nur eines ihrer Kinder auf eine nicht-staatliche Schule schicken, und ihre Wahl fiel wie selbstverständlich auf ihren Sohn. Sie hatte zwar bewiesen, daß es auch eine Frau zu etwas bringen konnte, doch auf P. J. ruhten all ihre Hoffnungen und Ambitionen für die Zukunft.

»Betrachtet den Jungen, dem die Schwestern ein glückliches Zuhause bereiten«, schrieb der *Boston Pilot.* »Sie begleiten ihn als Spielkameradinnen und Freundinnen durch die Kindheit, erwarten ihn, wenn er aus der Schule kommt, und erweisen ihm unentwegt Liebesdienste. Betrachtet seine Erfolge im Leben, auf der Universität, im Beruf, und ihr erkennt den Unterschied zwischen ihm und einem Jungen, der keine Schwestern hat, die ihn anspornen, die ihm verzeihen, wenn er einmal auf die schiefe Bahn gerät, und ihn auf den rechten Weg zurückführen.« Bridgets Töchter fanden es ganz natürlich, daß ihr kleiner Bruder bevorzugt wurde. Das war damals allgemein üblich, und nicht nur bei Amerikanern irischer Abstammung. Den Kennedys ging diese Haltung in Fleisch und Blut über und wurde als ein wichtiger Teil ihres Erbes von Generation zu Generation weitergereicht.

Als Bridgets Töchter alt genug waren, suchten sie sich eine Arbeit. Mary wurde Schneiderin, und Joanna landete in einer Jutefabrik in Ost-Boston. Die Arbeit in diesen Fabriken war so anstrengend, daß ein Schriftsteller schrieb: »In einer noblen Gegend sollten Einladungen ebenso schnell verschickt werden, wie in einer Baumwollspinnerei gearbeitet wird.« Die erste Generation der Frauen aus der Arbeiterschicht wurde zum Dienen erzogen. Diese Erziehung war festgeschrieben im *Handbuch für junge Katholikinnen, speziell für diejenigen, die sich ihren Lebensunterhalt selbst verdienen,* einem beliebten Werk des Priesters George Dehon, das 1868 erschien und in den folgenden drei Jahrzehnten 30 Auflagen erlebte. Für Mädchen, die in die Spülküche, an den Webstuhl und hinter die Ladentheke verbannt waren, fand der Priester aufmunternde Worte: »Wenn ihr dem unangenehmsten und strengsten Vorarbeiter der Fabrik unterstellt seid oder die schwierigste alte Dame zur Herrin habt, die je auf Erden weilte, wenn ihr schwer arbeiten müßt, wenig verdient, schlechtes Essen bekommt und nie ein Wort des Dankes hört, so ist mir das gleich«, erklärte George Dehon. »Ich bin fest entschlossen, euch zu der Einsicht zu bringen, daß alles zu euerem Besten ist und nicht besser sein könnte ... Wenn die Arbeit euch schwerfällt und ihr es leid seid, den ganzen Tag am Webstuhl zu stehen oder an der Nähmaschine zu sitzen, die Fußböden zu schrubben, Kleider zu waschen oder Geschirr zu spülen, so denkt nur: ›Ich tue das alles für meinen Herrn Jesus Christus.‹«

Die Mädchen wurden dazu erzogen, »das Glück ihres Ehemanns zu fördern« und ihm beizustehen, wenn er »der Arbeit überdrüssig« war, ohne seine Sicht der Dinge jemals in Frage zu stellen. Father Dehon überschrieb ein Kapitel mit »Vorzüge eines Lebens der Erniedrigung und Unterwerfung« – das entsprach seinem Ideal vom Leben einer jungen Christin.

Viele junge Irinnen hörten oder lasen solche Ratschläge zwar, doch das hieß nicht, daß sie ihnen auch unbedingt Glauben schenkten oder sich nach ihnen richteten. Gleichwohl wurde ihnen die Botschaft so oft gepredigt, in der Kirche ebenso wie im eigenen Wohnzimmer, daß es fast unmöglich war, sich ihr ganz zu entziehen. Das eine oder andere blieb hängen und nährte Schuldgefühle und Selbstzweifel. Die Folge war, daß sich viele Frauen selbst die Schuld an den Mißerfolgen in ihrem Leben gaben.

***

P. J. besuchte die Lyman Public School in Ost-Boston und arbeitete anschließend als Schauermann am Hafen. Im Gedenken an seinen Vater nannten ihn die älteren Männer »Pats Junge«. Aber sein Vater war gestorben, als P. J. zehn Monate alt gewesen war. Alles, was er war, verdankte er seiner Mutter und seinen Schwestern. Sie hatten ihn erzogen und nach Kräften unterstützt. Für seinen Chef mochte er so aussehen wie ein ganz normaler Ire mit blauen Augen und heller Haut. In Wahrheit war er von einem anderen Schlag als seine Kollegen. Schon daß er Abstinenzler war, unterschied ihn von den anderen Schauerleuten, die abends in den Kneipen ihren Lohn vertranken. Doch seine Mutter hatte ihn nicht nur zur Enthaltsamkeit erzogen, sondern auch stets davor gewarnt, auf seine Mitmenschen herabzublicken. Diese Lektion hatte er besonders gut gelernt, und obwohl er nicht trank, hielten ihn die anderen nicht für einen Schwächling oder Spielverderber.

Über zehn Jahre lang hatte Bridget ihren Laden geführt und ständig erweitert. Jetzt konnte sie ihrem Sohn unter die Arme greifen. Für einen Mann mit bescheidenem Kapital war eine Kneipe der sicherste Weg, zu Geld zu kommen – solange er seinen Verdienst nicht vertrank oder seine Freunde freihielt. Im Gasthaus verkehrten nur Männer, und Bridget konnte nicht darauf hoffen, jemals selbst ein Lokal zu besitzen. Zweifellos kannte sie die Gefahren des Alkoholismus, und sicherlich wußte sie auch, daß Kneipenwirte von der Kanzel herab verurteilt wurden. Sollte ihr Sohn also ein Lokal führen, mußte sie sich auf Vorwürfe und Schmähungen von einem Teil der irischen Gemeinde gefaßt machen. Aber vermutlich hatte sie selbst schon Alkohol verkauft, und sie war eine Frau mit einem ausgeprägten Geschäftssinn.

Als in Ost-Boston eine Kneipe zum Verkauf stand, war P. J. einer der Interessenten. Bridget hatte jahrelang gespart, und nun half sie bei der Finanzierung des Lokals, das ihr Sohn in der Elbow Street eröffnete. Dieses Geld, das sie an ihrer weiblichen Kundschaft verdient hatte, bildete den finanziellen Grundstock der späteren Kennedy-Dynastie.

Im Jahr 1882 wurde P. J. im Bostoner Handelsregister als Händler von »Lagerbier« geführt. Er war damals 24 Jahre alt. Bald erwarb er ein zweites Lokal unten an den Hafendocks von Ost-Boston. Außerdem kaufte er Anteile am Maverick House, dem bekanntesten Hotel der Insel. Und schließlich eröffnete er gemeinsam mit John J. Quigley, einem Wasserinspektor, einen Großhandel für Spirituosen.

In seinem Lokal behielt P. J. im Auge, was um ihn her geschah. Er hörte zu, was die Leute redeten, denn als erfolgreicher Geschäftsmann trug er sich mit dem Gedanken, in die Politik zu gehen. Er besaß nicht die angeborene Rednergabe, die Iren im allgemeinen nachgesagt wurde. Überhaupt redete er nicht gerne in der Öffentlichkeit. Trotzdem beeindruckte er die Leute von Ost-Boston, und im Jahr 1885 kandidierte er für einen Sitz im Senat von Massachusetts – und gewann. Im Januar 1886 trat er 28jährig sein Amt an.

Bridget war inzwischen über 60 Jahre alt und damit bereits älter als die meisten Frauen in ihrem Stadtteil. Ihr Sohn hatte seinen Platz in der Gesellschaft gefunden und zählte zu den erfolgreichsten jungen Iren in Ost-Boston. Alle ihre Kinder waren jetzt aus dem Haus. Als erste hatte Joanna geheiratet, den kaufmännischen Angestellten und Maschinisten Humphrey Mahoney. Die beste Partie hatte Margaret gemacht, denn ihr Mann John Thomas Caulfield besaß ein Restaurant in der Stadt. Und Mary hatte einen kürzlich eingewanderten Arbeiter namens Lawrence Kane geheiratet.

Jetzt war P. J. an der Reihe. Doch statt sich unter den Töchtern der Fabrikarbeiter oder den jungen Frauen umzusehen, die in den Laden seiner Mutter kamen, machte er Mary Augusta Hickey den Hof. Mary hatte an der Notre Dame Academy studiert und war eine fromme und gebildete junge Dame. Eine Heirat mit ihr konnte ihm die Türen zu den führenden Kreisen in Ost-Boston öffnen.

Am 23. November 1887 stand Mary Augusta neben P. J. vor dem Altar der hölzernen neugotischen Heilig-Herz-Kirche. Bridget sah zu, wie die beiden das Ehegelübde ablegten. Fast 40 Jahre war es jetzt her, daß sie mit Patrick und zwei Freunden die Kathedrale betreten hatte, um selbst zu heiraten. Damals hatte es keine Blumen gegeben, in den Bankreihen hatten keine Honoratioren gesessen, und kein Politiker hatte seine Glückwünsche überbracht wie heute.

P. J. heiratete eine Frau, die ihm ähnlich war. Beide waren in Amerika geboren, sprachen ohne irischen Akzent und hatten Hände, die nicht rauh und schwielig waren von der Arbeit in der Fabrik oder in der Küche. Mary Augusta konnte sich eigene Hausmädchen und Köchinnen leisten und ein Leben führen, wie es Bridget nur aus dem Blickwinkel einer Dienstbotin kannte.

Das junge Paar zog in ein Fachwerkhaus in der Meridian Street, nur ein paar hundert Meter von der Wohnung entfernt, in der Bridget und Patrick kurz nach ihrer Ankunft in Boston gewohnt hatten. Die Meridian Street war eine Prachtstraße mit gediegenen Wohnhäusern und den besten Geschäften von Ost-Boston. Ein Großteil der Straße war geteert und von Bürgersteigen gesäumt, so daß die Anwohner im Frühjahr und Herbst nicht mehr durch Schlamm zu stapfen brauchten.

Schon bald nach der Hochzeit wurde Mary Augusta schwanger. Am 6. September 1888 lag sie in ihrem Schlafzimmer im ersten Stock, während die Dienstmädchen die Treppe hinauf und wieder hinunter huschten und heißes Wasser, Bettücher und Decken brachten. Sie gebar einen gesunden Jungen.

Bridget war inzwischen bettlägerig, und so konnte sie das Haus in der Border Street nicht verlassen, um sich ihren Enkel im Haus ihres Sohnes anzusehen. 30 Jahre zuvor hatte sie P. J. in den Armen gehalten und auf den Friedhof in Cambridge getragen, wo Patrick begraben war. Es waren harte Jahre gewesen, aber sie hatte ein Geschäft aufgebaut und ihre Kinder großgezogen. Alle ihre Töchter waren unter der Haube, und P. J. hatte es weiter gebracht, als sie sich jemals erhofft hatte. Und nun hatte er selbst einen Sohn, Joseph Patrick, genannt Joe, der eines Tages eine eigene Familie gründen und den Namen Kennedy weitervererben würde.

Bridget Murphy Kennedy starb am 20. Dezember 1888 im Alter von 67 Jahren. Zum ersten Mal stand ein Artikel über sie in der Zeitung. Der *Argus-Advocate* würdigte sie in einem Nachruf als »eine gütige Frau mit vielen noblen Eigenschaften. Ihr Tod ist ein schmerzlicher Verlust für die Gemeinde.«

Bridget hatte auf ihren Platz im Familiengrab auf dem Friedhof in Cambridge verzichtet, damit zwei ihrer Enkelkinder dort beerdigt werden konnten. Statt dessen wurde sie auf dem Heilig-Kreuz-Friedhof in Malden bestattet, außerhalb der Stadt, weit weg von Patrick Kennedy, den sie vor so vielen Jahren auf einem Schiff kennengelernt hatte.

3

Die Hannons und die Fitzgeralds

Schon als kleines Mädchen hielt sich Josephine Hannon, genannt Josie, vor allem an ihre Familie und an Menschen, die wie sie katholisch waren. Diese Haltung hatte man ihr als Kind irischer Einwanderer, die in South Acton mühsam ihren Lebensunterhalt verdienten, früh eingeprägt. In dem kleinen Dorf eine Stunde außerhalb von Boston galten die Hannons als Außenseiter. Sie gehörten nicht nur zu den ärmsten Bewohnern, sondern waren auch eine von nur drei oder vier katholischen Familien. Ihre Farm lag abseits vom Dorf in einem kleinen Tal und war nur über eine Brücke zu Fuß zu erreichen. Ihr zweistöckiges Haus hatte kleine Fenster und ein winziges Wohnzimmer und war die Art von Behausung, in der die Leute im Winter auf warmes Wetter warteten, damit sie einen Großteil des Tages wieder im Freien verbringen konnten.

Josie war die beste Schülerin in der örtlichen Grundschule. Sie kam niemals zu spät und versäumte auch während Grippewellen und Schneestürmen wie im Winter 1870/71 niemals den Unterricht.

Eines Tages trugen ihr die Eltern auf, auf ihre kleine Schwester Elizabeth und deren Freundin aufzupassen. Sie hatte das bereits unzählige Male getan, und so achtete sie nicht groß darauf, als die beiden Mädchen an den zugefrorenen Teich hinunterliefen. Wäre es an diesem Tag kälter gewesen, wäre Josie älter und ihr Vater in der Nähe gewesen, dann wäre nichts geschehen. Doch die Sonne schien, Josie war erst acht Jahre alt, und ihr Vater arbeitete draußen auf dem Feld. Das Eis brach ein, und Josies Schwester und deren Freundin ertranken. Ihr Vater war halb verrückt vor Trauer und Wut und konnte nicht begreifen, was geschehen war. Er trug die beiden toten Mädchen ins Haus, und ihre kleinen, leblosen Körper lagen wie ein stiller Vorwurf im Wohnzimmer.

Zwei Kinder der Hannons waren bereits an Krankheiten gestorben, und die Familie sollte noch mehr Tragödien erleben. Einige Jahre später begleitete Josies Mutter ihren 13jährigen Sohn John Edmond zum Bahnhof. Er verfing sich mit einem seiner hochgeschnürten Schuhe in den Eisenbahnschienen.

Während er versuchte, sich zu befreien, tauchte in der Ferne der Zug auf. Hilflos mußte die Mutter zusehen, wie der Zug ihren Sohn überfuhr und ihm den Unterschenkel abtrennte. Dennoch heiratete Edmond später und gründete eine Familie. Seine beiden älteren Brüder dagegen verfielen dem Alkohol und starben beide in jungen Jahren.

Josie wurde durch diese Erlebnisse innerlich hart gegen menschliches Leid und wuchs zu einer verschlossenen jungen Frau heran. Sie zeigte nie offen ihre Gefühle, sondern verbarg sie wie Zeichen ihrer Verletzlichkeit, Schwäche und Scham, die sie im übrigen als typisch weibliche Eigenschaften ansah.

Eines Sonntags im Herbst 1878 spülte die 13jährige Josie gerade in der Küche das Geschirr, als ein eleganter junger Mann hereinstolzierte und auf sie einzureden begann. Er hieß John Fitzgerald, war fünfzehn Jahre alt und ihr Cousin zweiten Grades. Er war zur Farm herausgekommen, um seine Verwandten auf dem Land zu besuchen, die frische Landluft zu genießen und Äpfel zu pflücken. Mitten in seinem Monolog drehte sich Josie plötzlich um und rannte nach oben in ihr Zimmer. Ob nun aus Schüchternheit oder aus Ärger über »das herablassende Verhalten des Städters«, wie Fitzgerald selbst später vermutete, jedenfalls tauchte sie an diesem Tag nicht wieder auf.

Am Abend, als Fitzgerald mit dem Zug nach Boston zurückfuhr, träumte er von Josie, ihrem seidig schimmernden dunklen Haar und ihren spöttischen blauen Augen. Sie blickte so selbstbewußt in die Welt, wie er es bei einem Mädchen vom Land nur selten gesehen hatte. »Ich wußte gleich bei unserer ersten Begegnung, das sie die Richtige ist«, erinnerte er sich Jahre später. In den folgenden elf Jahren kam er häufig zurück. Die meiste Zeit spazierte er mit Josie über die Felder oder saß mit ihr unten am Fluß und erzählte ihr von seinem erfolgreichen Leben in Boston.

Fitzgerald war am 11. Februar 1863 in North Boston als dritter von neun Brüdern geboren worden. Er arbeitete sich aus ärmlichen Verhältnissen nach oben und verklärte seinen Aufstieg zu einer Art Heldenlegende, die zur Grundlage der Familiengeschichte und zum Lebensmodell seiner Nachkommen werden sollte. Sein Vater, der irische Einwanderer Thomas Fitzgerald, hatte zunächst als Farmarbeiter und später als fliegender Händler im Bostoner Stadtteil North End seinen Lebensunterhalt bestritten. Im November 1857 heiratete er Rosanna Cox, deren Eltern ebenfalls aus Irland stammten, und sechs Jahre später eröffnete er mit seinem Bruder James einen kleinen Lebensmittelladen in der Hanover Street.

Ihr Sohn John kam mit fünf Jahren in eine staatliche Schule. Er erinnerte sich an den ersten Tag: »Ich saß vor unserem Haus in der Hanover Street und jammerte, weil ich barfuß zur Schule gehen sollte. Ich wollte nicht. Es regnete seit Tagen, und meine Strümpfe waren so naß, daß ich sie unmöglich anziehen konnte. Trotzdem mußte ich gehen, ob mit Schuhen oder ohne, ob mit trockenen oder nassen Strümpfen.« Als Sohn einfacher Krämer trieb sich Fitzgerald viel in North End herum. Er verkaufte an den Straßenecken Zeitschriften, spielte in der Hanover Street Baseball und rannte am Fort Hill Square mit Jungen um die Wette, die einen Kopf größer waren als er. Seine kleinen Füße flitzten so schnell über die Pflastersteine, daß er immer gewann. Später wechselte er an die Boston Latin School, eine der besten staatlichen Schulen in Amerika, und 1884 wurde er zum Medizinstudium in Harvard zugelassen – eine außergewöhnliche Leistung für den Sohn irischer Einwanderer.

Neun Monate später starb Fitzgeralds Vater im Alter von 55 Jahren an einer Lungenentzündung. Seine Mutter war damals schon sechs Jahre tot, und seine beiden Schwestern waren schon im Säuglingsalter gestorben. In der Saga des John F. Fitzgerald nahm der Tod seines Vaters epische Ausmaße an. »Ich fühlte mich für meine Brüder verantwortlich und kam zu dem Schluß, daß ich ihnen außerhalb der Universität von größerem Nutzen sein könnte«, erzählte er. »Deshalb gab ich das Medizinstudium auf und bewarb mich um eine Stelle bei der Zollbehörde. Ich kümmerte mich um das Haus. Da wir keine Schwester hatten, stellten wir eine Haushälterin ein. Es gelang mir, die Jungen fünfzehn Jahre lang zusammenzuhalten.«

Gerührt erinnerte sich Fitzgerald daran, wie er seine »sechs Brüder versorgte, ihnen die Gesichter wusch, ihnen beim Anziehen half und sie zur Schule schickte«. Seine älteren Brüder, James und Thomas J., waren damals bereits erwachsen. Einiges deutet darauf hin, daß er ihnen insgeheim grollte, da sie ihre häuslichen Pflichten vernachlässigten. Doch welche Streitigkeiten die Brüder untereinander auch haben mochten, in der Öffentlichkeit hielten sie fest zusammen. Fitzgerald hatte etwas von einem Dichter, und er wäre sicherlich der letzte gewesen, der an der Heldenlegende seiner Familie gekratzt hätte.

* * *

Über zehn Jahre lang fuhr Fitzgerald immer wieder mit der Fitchburg-Linie zur Farm der Hannons hinaus und besuchte Josie. Sein hartnäckiges Werben um die arme Bauerntochter war die romantischste Unternehmung seines Lebens und ein unerklärlich weltfremder Zug an einem Mann, der sich sonst durch unerbittlichen Realitätssinn, Eigennutz und ungezügelten Ehrgeiz auszeichnete. Daß er ausgerechnet Josie den Hof machte, war auch in anderer Hinsicht bemerkenswert. Fitzgerald war der geborene Politiker. Er wog Menschen und ihren möglichen Nutzen für ihn so sorgfältig ab, wie seine Eltern in ihrem Laden in der Hanover Street Fleisch gewogen hatten. Doch beim »Wiegen« von Josie muß er wohl etwas mit dem Daumen nachgeholfen haben, denn sie konnte ihn weder gesellschaftlich noch wirtschaftlich weiterbringen. Aber sie war nun einmal die Frau, die er heiraten wollte.

Josie mochte ihren Verehrer sehr und sah in einer Ehe mit ihm die Chance, dem tristen Dorfleben zu entfliehen und mit einem Mann zusammenzuleben, dem eine vielversprechende Zukunft winkte. Allerdings stand ihrem Glück noch ein großes Hindernis im Weg. Sie und John F. waren Cousins zweiten Grades, sie hatten denselben Urgroßvater, James Fitzgerald. Lange Zeit hatte die katholische Kirche eine Ehe zwischen »Blutsverwandten dritten Grades« verboten, und noch im 19. Jahrhundert betrachtete sie eine solche Verbindung als Inzest, sofern das Paar vor der Trauung nicht um Dispens gebeten hatte. Doch zum Glück für die beiden war ihr Fall unter der Kategorie »geringfügige Ehehindernisse« einzuordnen, und Dispens wurde für gewöhnlich nach einer »Spende für wohltätige Zwecke« erteilt.

Zunächst mußte Fitzgerald jedoch die Hannons überzeugen. »Jede Woche, wenn er zu Besuch kam, brachte er den Brief von einem Priester seiner Gemeinde mit, in dem versichert wurde, daß eine Ehe zwischen ihm und Josie in den Augen der Kirche rechtmäßig sei«, sagte Mary Hannon Heffernan, eine Cousine von Rose. »Trotzdem war die Familie dagegen. Und nicht nur aus kirchenrechtlichen Gründen. In Wahrheit ging es ihr um etwas anderes. Sie fürchtete, Josie könnte geistig zurückgebliebene oder schwächliche Kinder bekommen, wenn sie innerhalb der Familie heiratete.«

Es dauerte etwa zwei Jahre, bis Fitzgerald die Hannons endlich soweit hatte, daß sie in die Ehe einwilligten. Erst danach ging er zu Erzbischof Williams in Boston und hinterlegte die übliche Spende von einem Dollar, worauf die Kirche am 7. September 1889 den offiziellen Ehedispens erteilte. Knapp zwei Wochen später standen Josie und Fitzgerald in der St.-Bernhard-Kirche im nahen Concord vor dem Traualtar und legten im Beisein von Freunden und Verwandten das Ehegelübde ab.

***

Am 22. Juli 1890 kam Josies Tochter Rose Elizabeth zur Welt, mitten in einem drückend heißen Sommer. Die kleine Rose liebte ihre Mutter und wußte, wie sehr sie an ihr und ihrer Schwester Agnes hing, die zwei Jahre nach ihr zur Welt gekommen war. Das kleine Haus in der Garden Court Street Nr. 4 in Boston war eine Festung gegen alles Böse in der Welt. Von klein auf entwickelte Rose im Gegensatz zu ihrer eher mürrischen Mutter eine positive Einstellung zum Leben. In dieser Beziehung schlug sie ganz nach ihrem Vater.

Wenn Fitzgerald ins Zimmer stürmte und die kleine Rose in die Arme nahm, war es ihr, als ob das Leben selbst zur Tür hereinspazierte. Er liebte seine Tochter über alles. Zwar brachen irische Männer selten in Jubel aus, wenn ihnen eine Tochter geboren wurde. Doch Fitzgerald war ohne Mutter oder Schwestern aufgewachsen, und durch alles, was er sagte und tat, gab er seiner Tochter das Gefühl, etwas ganz Besonderes zu sein. »Ich glaube, ich kam ihm wie ein Wunder vor«, erinnerte sich Rose später. »Und daran hat sich eigentlich nie etwas geändert.«

***

Rose war noch keine zwei Jahre alt, als ihr Vater Senator von Massachusetts und Bezirkschef der Demokraten in North End wurde. Damit begann ihre Erziehung zur Politikerfrau. Fitzgerald gehörte mehr Organisationen und Vereinen an als jeder andere im Bostoner Norden und war wegen seiner zahlreichen Aktivitäten abends selten zu Hause. Wenn er nicht im Irischen Klub war, dann beim Verein der Forstwirte, bei den Rittern der Heiligen Rose oder bei Parteiversammlungen der Demokraten.

Rose war von dem aufregenden Leben ihres Vaters fasziniert, doch ihre Mutter konnte der Politik wenig abgewinnen. Sie verabscheute die Klüngelei, das scheinbar ziellose Palaver und das endlose Defilee von Geschäftsleuten und Witwen, die ihren Mann um Gefälligkeiten baten. Um dies alles von ihrer Familie fernzuhalten, erklärte Josie das Haus in der Garden Court Street zu ihrem Reich und verbot ihrem Mann, politische Freunde, Anhänger, Postenjäger und Bittsteller mitzubringen.

Die kleine Rose bemerkte bald, daß ihre Mutter nur selten mit ihrem Vater ausging, und wenn, dann gewöhnlich nur zu wichtigen gesellschaftlichen Ereignissen, bei denen ihr Erscheinen Pflicht war. Zu solchen Anlässen trugen die Eltern ihre eleganteste Garderobe. Sie waren ein schönes Paar, aber ihre Ehe war auch ein sichtbarer Beweis für die These, daß Gegensätze sich anziehen.

Selbst im Abendanzug konnte jedermann Fitzgerald ansehen, daß er ein Mann der Tat war. Sein pralles, rotbackiges Gesicht, seine Kampfeslust und seine Selbstsicherheit wiesen ihn als Erfolgsmenschen aus. Er saß praktisch nur still, wenn aus offiziellem Anlaß Fotos von ihm gemacht wurden. Und selbst dann fiel es ihm schwer, eine würdevolle staatsmännische Pose einzunehmen. Oft hatte man den Eindruck, er werde gleich eine Rede halten oder ein Lied anstimmen. Er hatte schmale zusammengepreßte Lippen und eng zusammenstehende Augen, glattes, in der Mitte gescheiteltes Haar und eine Nase, die groß genug war, um zu erschnüffeln, aus welcher Richtung der politische Wind wehte. Im Vergleich zu ihm strahlte Josie unerschütterliche Ruhe aus. Sie besaß Würde und Haltung, als stammte sie von einer Adelsfamilie und nicht von armen irischen Bauern ab. Fitzgerald war 1,65 Meter groß, wirkte aber kleiner, und obwohl Josie nur 1,60 Meter maß, ließ ihr aristokratisches Auftreten sie größer erscheinen. Für Rose war sie »eine vollkommene Schönheit«. Ihr Teint war sehr hell und ihr Haar schwarz wie Ebenholz, ihr Gesicht schmal, die Nase lang und gerade. Sie wog nur etwas über 50 Kilo und hatte die Figur eines Mannequins, was ihre Garderobe bestens zur Geltung brachte.

Josie war nicht nur hinreißend schön, sie hatte auch einen ausgeprägten Sinn für Eleganz. Sie sprach nur sehr wenig, aber gerade diese scheue Zurückhaltung verlieh ihr eine geheimnisvolle Aura. Sie brauchte nicht mit der Frau des Krämers und der Tochter des Grundbesitzers zu plaudern, um die politische Karriere ihres Mannes zu fördern. Sie wirkte wie eine der vornehmen protestantischen Damen aus der Beacon Street, und das war für Fitzgeralds Image außerordentlich wichtig. Möglicherweise hätte sie ihre Schüchternheit etwas abgelegt, wenn Fitzgerald auf dem jährlichen College-Ball, den er als Organisator zu *dem* gesellschaftlichen Ereignis der wohlhabenden Katholiken gemacht hatte, ein paar Walzer mit ihr getanzt und ihr beim Austausch der üblichen Höflichkeiten zur Seite gestanden hätte. Doch der Ball der Collegestudenten war *sein* Ball. Er mußte Kontakte knüpfen, Geschäftsleute bei Laune halten und deren Frauen umschmeicheln.

Fitzgerald spann seine politischen Fäden auf dem Tanzparkett. Besonders gut verstand er sich auf das andere Geschlecht. Frauen durften zwar nicht wählen, aber durch sie kam er an die Stimmen ihrer Männer und Brüder heran. Als Junggeselle hatte er die hübschen Mädchen stets links liegenlassen, weil er auf ihren Tanzkarten nur einer von vielen gewesen wäre. Statt dessen hielt er sich an die Mauerblümchen und wirbelte sie auf seinen flinken kleinen Füßen durch den Saal. Er erzählte ausnahmslos jeder, daß sie die Schönste im Saal sei, und erstaunlicherweise glaubten sie ihm alle. »Er hat mich mit Hilfe der Frauen besiegt«, erinnerte sich sein demokratischer Rivale im Wahlkreis. »Jedesmal, wenn ich zu ihnen nach Hause ging und versuchte, ihnen die Wahrheit zu sagen, legten sie los: ›Johnny Fitz hier, Johnny Fitz da.‹ Ich kam überhaupt nicht mehr zu Wort.«

Fitzgerald betörte junge Mädchen und Witwen, und beileibe nicht nur auf der Tanzfläche. Wie sich Josie ihre Ehe auch vorgestellt haben mag – so jedenfalls nicht. Im Laufe der Jahre legte sich ein bitterer Zug um ihren Mund. Doch wenn sie beim College-Ball in einer Ecke stand und auf ihren Mann wartete, ließ sie sich nicht anmerken, daß sie nicht immer stolz und glücklich war, die Frau des bekanntesten Nachwuchspolitikers in North End zu sein.

Glaubt man den Berichten, so sprach Josie nie über ihre Eheprobleme. Sie zog es vor, nicht zu sehen, was sie nicht sehen wollte, und nicht zu fühlen, was sie nicht fühlen wollte. Sie verleugnete nicht nur ihre emotionalen Bedürfnisse, sondern auch einen Teil ihrer Geschichte und ihres Lebens. Sie hatte in Boston eine erstaunliche Entwicklung durchgemacht und sich von einem schüchternen Bauernmädchen in eine elegante Dame verwandelt, die den Auftritten ihres Mannes Glanz verlieh. In der Öffentlichkeit blickte Josie scheinbar vertrauensvoll zu Fitzgerald auf, doch innerlich wahrte sie Distanz zu ihm. Im Jahr 1894 gewann Fitzgerald, mit seinen 31 Jahren ein ungewöhnlich junger Kandidat, einen Sitz im amerikanischen Kongreß. Er ging nach Washington und ließ seine Familie zurück. Die kleine Rose kam durch diese Karriere schon sehr früh mit Politik in Berührung. »Ich war erst fünf Jahre alt«, erinnerte sie sich später, »da sagte mir mein Vater schon: ›Steh gerade und befolge die Anweisungen der Fotografen. Sie tun auch nur ihre Arbeit.‹« Doch solche Ermahnungen waren überflüssig. Rose genoß es, hinter ihrem Vater auf einem mit Flaggen geschmückten Rednerpodium zu stehen. Sie liebte den politischen Rummel.

Bei jeder sich bietenden Gelegenheit erzählte der Politiker Fitzgerald Geschichten über die heroischen Leistungen seiner Familie und seines Volkes. Rose glaubte seine Geschichten und gab sie später an ihre eigenen Kinder weiter. Fitzgerald sprach stets mit dramatisch-bewegter Stimme, einerlei, ob er vor einem großen Publikum stand, Wähler in ihren Wohnungen aufsuchte oder mit seiner Tochter an der Hand durch die vertrauten Straßen von North Boston spazierte. Er erzählte von der großen Hungersnot in Irland und von den verstörten und verarmten Menschen, die in das historische Viertel North End geströmt waren. Der elegante Kirchturm der Christuskirche, der von Copp's Hill in den Himmel ragte, war der älteste in der ganzen Stadt. Und auch das 1676 erbaute Fachwerkhaus, in dem Paul Revere gelebt hatte, stand noch. Auf dem Friedhof lagen die Puritanerführer Cotton, Increase und Samuel Mather begraben, deren Leben untrennbar mit der Geschichte der Stadt verknüpft war. Und auch Bostons Docks und Werkstätten, Geschäfte und Kontore befanden sich in North End.

Als die Iren kamen, gingen die alteingesessenen Familien, und aus North End wurde das erste städtische Elendsviertel in Amerika. Die Iren besaßen kein Kapital, nur ihre Wählerstimmen. Aber dieses redselige Volk mit seinem Hang zum Fabulieren hatte eine Begabung für die Politik und lernte schnell und gründlich. Im Jahr 1880 waren bereits 60 Prozent der 362839 Einwohner Bostons Einwanderer oder deren Kinder. Sie bildeten eine große Wählergruppe, und Wählerstimmen bedeuteten Macht. 1885 wurde Hugh O'Brien als erster Ire zum Bürgermeister der Stadt gewählt.

***

Die Bürger irischer Abstammung waren auch Fitzgeralds politisches Kapital. Er lobte die Tugenden seines »dear old North End« so oft, daß man seine Bewohner bald »Dearos« nannte. Dann aber schwappten neue Einwandererwellen nach Boston, und die Mehrheitsverhältnisse verschoben sich. In North End lebten nun mehr Italiener als Iren und fast ebensoviele Juden. Dennoch blieb es Fitzgeralds Hochburg, und noch Jahrzehnte später, als die große Mehrheit der Iren längst fortgezogen war, blieb der Wahlbezirk fest in irischer Hand.

Fitzgerald wußte, daß er North End immer als sein eigentliches Zuhause betrachten würde, doch nun war es für ihn, den ehrgeizigen jungen Abgeordneten, an der Zeit, in eine bessere Gegend zu ziehen, möglicherweise in eine der neuen Vorstädte oder einen anderen Teil Bostons. Was Josie anging, so hatte sie sich in North End ohnehin nie wohlgefühlt. Sie sehnte sich nach ihrer Familie in South Acton und dem geruhsamen Landleben. Wie niemals zuvor oder später machte sie ihre Ansprüche geltend und bestand darauf, daß die Familie nach Concord Junction zog, einen Ort 20 Meilen außerhalb Bostons und unweit der Farm ihrer Eltern. »Als sich meine Mutter erst einmal in den Kopf gesetzt hatte, nach Concord zu ziehen, konnte sie nichts mehr davon abbringen«, erinnerte sich Rose. »Vater fiel die Entscheidung schwer, denn er wollte sich nicht dem Vorwurf aussetzen, seinem Wahlkreis und seinen Wählern den Rücken zu kehren. Aber er merkte, wieviel es Mutter bedeutete, und so gab er schließlich nach.«

***

Rose war vollkommen auf ihren Vater fixiert. In der Schule oder beim Spielen rief sie so oft »Vater sagt dieses« und »Vater sagt jenes«, daß man ihr den Spitznamen »Vater sagt« gab. Sie entwickelte eine idealisierte Sicht der Männerrolle. In ihren Augen stürmten große Männer wie ihr Vater hinaus in die Welt, errangen dort Erfolge und kehrten für kostbare, intensiv erlebte und gefühlvolle Augenblicke in ihre Familien zurück. Fitzgeralds hektisches Kommen und Gehen war eine extreme Form der typischen Vaterrolle im 19. Jahrhundert. »Junge Frauen zogen aus der Kultur und aus ihrer familiären Situation die Lehre, daß sie von den Männern wenig emotionale Unterstützung oder Verständnis erwarten durften«, schrieb Nancy M. Theriot in ihrer Studie über Mütter und Töchter im 19. Jahrhundert. »Die Rolle des Mannes in der Familie bestand darin, das Geld zu verdienen. Er stellte die Verbindung zur Außenwelt her und herrschte als Patriarch über den Haushalt. Er hielt sich in der Familie auf, war aber kein Teil von ihr.«

Wenn ihr Vater zu Hause war, genoß Rose jeden Augenblick des Wochenendes. Am Sonntagmorgen fuhr die Familie mit der Kutsche ins drei Meilen entfernte Concord zur Messe. Die Familie ließ den Kirchgang nie ausfallen, gleich wie spät Fitzgerald am Vorabend zu Bett gegangen war oder wie schlecht das Wetter auch sein mochte.

Die Pferde trabten in östliche Richtung, und in der Ferne schien die große goldene Kuppel der Unitarier-Kirche von Concord aus dem Boden zu wachsen. Schon rumpelte die Kutsche über die ungeteerte Hauptstraße, die hohe, schattenspendende Bäume säumten, vorbei an dem gelben Thoreau-Alcott-Haus, in dem der Philosoph und Schriftsteller Henry David Thoreau gestorben war, und vorbei an Dove Cote, dem schindelverkleideten Haus, in dem die Autorin Louisa May Alcott gelebt hatte. Hinter der Bücherei und dem Rathaus bog sie in die Bedford Street ein und hielt vor der St.-Bernhard-Kirche, in der Josie und Fitzgerald einst geheiratet hatten. Die Kirche war von Universalisten erbaut worden, dann aber heruntergekommen und 1863 schließlich von der Erzdiözese Boston gekauft worden. Den Protestanten im Ort hatte die Vorstellung nicht behagt, daß Kruzifixe und Heiligenfiguren in ihre Gemeinde Einzug halten sollten. Doch im Sezessionskrieg hatten Iren an der Seite ihrer Söhne gekämpft, und so waren die Stadtväter bereit, ihnen eine eigene Kirche zuzugestehen.

Anfangs hatten die Farmer, die an Markttagen in die Stadt kamen, den schwarzgekleideten katholischen Priester noch mit offenem Mund bestaunt. Doch inzwischen war er ein gewohnter Anblick, was allerdings nicht bedeutete, daß Katholiken voll akzeptiert wurden. Jahrzehntelang wurde z. B. keiner von ihnen in den Schulbeirat gewählt. Ein protestantischer Geistlicher forderte seine Gemeindemitglieder gar dazu auf, sich in die Wahllisten einzutragen, um den Papisten eins auszuwischen, und ihren katholischen Bediensteten mit Entlassung zu drohen, falls sie sich zur Wahl aufstellen ließen.

Für Josie war die Kirche neben der Familie die zweite Konstante in ihrem Leben: Die lateinische Messe hätte sie in der gleichen Form auch in jeder anderen katholischen Kirche hören können.

Der Abgeordnete Fitzgerald und seine Familie saßen neben irischen Dienstmädchen und Arbeitern mit schwieligen Händen, doch an diesem heiligen Ort und in diesem Moment waren alle gleich. Das arme Dienstmädchen, das sich im Haushalt einer protestantischen Familie abrackerte, fand im Gottesdienst ebenso Trost wie Josie und ihre Töchter. Und nicht nur das. Der Glaube war für sie ein romantisches und geheimnisvolles Erlebnis, das sie der Wirklichkeit entrückte und ihnen ein erhebendes Gefühl gab.

Rose bemerkte, daß sich Männer und Frauen in der Kirche unterschiedlich verhielten, zumindest ihre Eltern. Während nämlich ihre Mutter mit gesenktem Kopf dasaß und ganz in Kontemplation versunken war, ließ ihr Vater den Blick durch die Bankreihen schweifen, als wollte er die Versammelten zählen. »Er war so mit weltlichen Dingen beschäftigt, daß er die Religion als etwas Selbstverständliches hinnahm, ohne sich viel Gedanken darüber zu machen«, sagte Rose Jahre später. »Der Besuch des Gottesdienstes – und ich sehe darin ein Zeichen von Liebe und keinen Frevel – war für ihn eine Gewohnheit, die ihm Gelegenheit gab, nicht nur mit Gott in Kontakt zu treten, sondern auch mit vielen Freunden und Wählern.«

Nach der Messe fuhr die Familie in der offenen Kutsche aufs Land hinaus. Rose kam sich vor wie in einer »Theaterloge auf Rädern«, und Fitzgerald erging es sicher nicht anders. Die Zügel fest im Griff, grüßte er jeden, der auch nur in Rufweite kam.

In ihrer äußeren Erscheinung besaß Rose Züge beider Elternteile. Sie war nur 1,55 Meter groß und damit kleiner als ihre Mutter und besaß deren zierlichen Körperbau. Ihre Nase war markant, aber weder so lang wie die ihrer Mutter noch so breit wie die ihres Vaters. Sie hatte große und lebhafte azurblaue Augen, dichte braune Locken und den klaren Teint ihrer Mutter. Außerdem hatte sie deren langes, energisches Kinn, ein Merkmal, das sie den folgenden Generationen vererben sollte.

Rose war unbestritten eine auffallend hübsche Erscheinung – aber nur, solange sie nicht neben ihrer Schwester Agnes stand. Denn obwohl sie einander verblüffend ähnlich sahen – was dadurch noch verstärkt wurde, daß sie häufig die gleichen Kleider trugen –, fiel der Blick immer zuerst auf Agnes. Rose war sieben und Agnes fünf Jahre alt, als Fitzgerald sie einmal ins Weiße Haus mitnahm und dem damaligen Präsidenten McKinley vorstellte. McKinley nahm eine Blume aus dem Knopfloch an seinem Revers und überreichte sie Agnes mit den Worten: »Ich möchte diese Blume dem hübschesten Kind schenken, das ich je gesehen habe.« Zwar mußte sich Rose damit abfinden, daß ihre kleine Schwester hübscher war, doch sie war ohnehin nur selten eifersüchtig auf ihre Geschwister. Wie vielen Menschen gelang es ihr später als Erwachsene, einen scheinbaren Nachteil in einen Vorteil umzumünzen. Sie begriff, daß sie nicht nur zu lächeln und mit den Wimpern zu klimpern brauchte, um ihren Weg zu machen. »Ich wußte schon damals«, erinnerte sie sich später, »daß ich nur durch Arbeit etwas aus mir machen konnte.«

Schon in jungen Jahren besaß Rose ein feines Gespür für soziale Unterschiede, und so dürften ihr die versteckten Beleidigungen der alteingesessenen Bürger von Concord nicht verborgen geblieben sein. Wie sehr sie dazugehören wollte, wird daran deutlich, daß sie später erzählte, sie habe ihre Kindheit in Concord verbracht. In Wirklichkeit hatte die Familie nicht in der Stadt selbst, sondern im Vorort Concord Junction gewohnt. Für die Bewohner bestand da ein großer Unterschied. Concord war einer der historisch bedeutsamsten Orte in Amerika, ein malerisches neuenglisches Städtchen, das von einer »Atmosphäre der Selbstzufriedenheit geprägt war«. Die neue Nachbarsiedlung hingegen ähnelte nach Meinung des *Concord Enterprise* eher den Städten im Westen und hatte mit dem »ruhigen, ehrwürdigen Concord« nichts gemein. Concord Junction war ein pulsierendes Handels- und Industriezentrum, und an der Bahnstation hielten die Züge dreier verschiedener Eisenbahnlinien.

Rose besuchte die West Concord Public School, die nur ein paar hundert Meter von ihrem Haus entfernt lag. Das zweistöckige, weiße Fachwerkhaus war zu Beginn des Jahrhunderts erweitert und renoviert worden und verfügte über neun Klassenzimmer, die 190 Schüler aufnehmen konnten. Die Pulte der fünf Lehrerinnen waren in dieser modernen Schule sogar mit elektrischem Licht ausgestattet. Es war eine Welt, in der Frauen dominierten. Die Lehrerinnen waren alle ledig und hätten sofort ihre Stellung verloren, wenn sie geheiratet hätten. Während ihr Jahresverdienst durchschnittlich 545 Dollar betrug, verdienten ihre männlichen Kollegen mehr als das Dreifache, Fitzgerald gar das Zehnfache. Rose hatte zwar einen der prominentesten Bürger im Ort zum Vater, doch in der Schule war sie eine Außenseiterin. Während sie selbst aus einem gutbetuchten irischen Elternhaus kam, stammten ihre irischen Klassenkameraden ausnahmslos aus armen Arbeiterfamilien und mußten sich in der Schule sehr anstrengen, damit sie später ihr Auskommen fanden.

Die Fitzgeralds blieben in Concord Junction meist unter sich und verkehrten privat nur mit Katholiken. Rose behielt ihre Jugend in guter Erinnerung: »Es waren wundervolle Jahre mit all den Annehmlichkeiten, die das Leben in einer neuenglischen Kleinstadt so befriedigend machen ... Es waren Jahre der Heiterkeit und des Friedens, der gutnachbarlichen Beziehungen und des Familienglücks.« Vermutlich dachte sie auch deshalb so gern an die Zeit in Concord Junction zurück, weil ihre Mutter dort glücklich war. Eine ihrer frühesten Erinnerungen war, wie ihre Mutter einmal von einem Ausritt nach Hause kam: »Ihr wundervolles langes Haar fiel ihr offen über den Rücken. Das Pferd hatte sie beim Galoppieren so durchgeschüttelt, daß alle Haarnadeln herausgefallen waren.«

Inzwischen wohnte auch Josies Mutter in der Nähe. Sie war Anfang 1900 aus South Acton weggezogen und hatte in der Highland Street ein Haus gemietet. Außerdem lebte ihr Bruder John Edmond bei den Fitzgeralds. Er half gelegentlich aus und fuhr John Francis Fitzgerald Jr. oder Eunice, die Jüngste, in der Kutsche spazieren.

Josie hatte viel Zeit für Rose und ihre Geschwister und verbrachte viele Stunden damit, sie im Glauben zu unterweisen. Da ihre Kinder nicht in die Sonntagsschule gingen, war Josie ihre eigentliche Religionslehrerin. In South Acton war sie fast ausschließlich unter Protestanten aufgewachsen, und ihr Glaube war stark genug, um sich in einem Klima der Gleichgültigkeit und Anfeindungen zu behaupten. Diesen Glauben gab sie an ihre Töchter weiter.

Zu dieser Unterweisung gehörte es, daß Josie ihre Kinder in der Fastenzeit abends in einen besonderen Raum des Hauses führte, in dem ein kleiner, mit Frühlingsblumen geschmückter Marienschrein stand. Josie drehte dann die Gaslampe herunter, so daß es dunkel im Raum wurde, und die Familie kniete nieder, und Josie sprach ihren Kindern den Rosenkranz vor.

Rose blieb auf den Knien liegen, bis sie schmerzten. »Manchmal fragte ich mich, wozu das alles gut sei, das Knien und Studieren, das Auswendiglernen und Beten«, erinnerte sie sich. »Aber mit der Zeit verstand ich es und empfand Dankbarkeit.« Das Geheimnis des Rosenkranzes zog sie in seinen Bann, und wie andere katholische Kinder sah sie in ihm »Urbilder, die mich Gott, Christus und Maria näherbrachten«. Im Gebet war Platz für ihre Freuden, Sorgen und Zweifel. Dies wurde die Quelle ihres lebenslangen Glaubens, nicht die intellektualisierte Religion eines Augustinus oder Thomas von Aquin, nicht die Theologie, wie sie die Kirchenväter lehrten, sondern das, was Rose einfach »das kostbare Geschenk des Glaubens« nannte.

In den Sommermonaten fuhr Rose mit ihrem Einspänner in die Stadtbücherei nach Concord und lieh sich dort Romane aus, die sie selbst später als »moralisierend, erhebend und sentimental« bezeichnete. Ihr Lieblingsbuch war der berühmte Jugendroman *Kleine Frauen* von Louisa May Alcott, einer aus Concord stammenden Autorin. Vermutlich sah Rose in den Figuren des Romans ein romantisch verklärtes Abbild ihrer eigenen Familie. Der Vater, ein gewisser Mr. March, arbeitete in Washington und tauchte im Roman ebensoselten auf wie Roses Vater in Concord Junction. Louisa May Alcott schrieb: »Für einen Außenstehenden schienen die fünf tüchtigen Frauen den Haushalt zu führen«, und nicht anders war es bei Josie und ihren Töchtern. Dennoch war Mr. March »das Oberhaupt der Familie, ihr Gewissen, Halt und Tröster«. Und in gewisser Weise traf das auch auf Roses Vater zu.

Die Frauen dieses Romans lebten in einer Welt, in der Selbstverleugnung belohnt wurde, auf Kummer unweigerlich Freude folgte und gute Taten sich von selbst auszahlten. Die Töchter der Familie March hatten alle Mühe, ihre Spontaneität, Unternehmungslust und Aggressivität unter Kontrolle zu bekommen, bevor sie schließlich wohlerzogene junge Damen wurden. Die jungen Leserinnen schwärmten besonders für Jo, das Alter ego der Autorin, ein sehr lebhaftes, energisches und temperamentvolles Mädchen. An einer Stelle sagt die Mutter zu ihr: »Ich ärgere mich jeden Tag, Jo. Aber ich habe gelernt, es nicht zu zeigen.«

Josie bestärkte Rose in den Lehren, die sie aus *Kleine Frauen* zog, und verschiedene Formen der dort gepredigten Selbstdisziplin begleiteten sie schließlich durch ihr ganzes Leben. Sie durfte sich nie gehenlassen. Sie mußte ein geordnetes Leben führen und stets gepflegt erscheinen. Sie mußte sich weiterbilden und unterordnen. Und wenn sie einmal versagte, wurde sie von ihrer Mutter bestraft. Auch diese Aufgabe übernahm Josie und nicht ihr Mann – ein Grund mehr für Rose, ihren Vater anzubeten.

Im Sommer 1900 erklärte Fitzgerald nach drei Amtsperioden im Kongreß seinen Rücktritt. Josie wußte weder etwas über die internen Querelen und Machenschaften, die ihn zu diesem Entschluß bewogen hatten, noch kannte sie seine Zukunftspläne. Sie glaubte, daß er nun endlich mehr Zeit mit der Familie verbringen werde. Doch dem war nicht so. Fitzgerald blieb ein seltener Gast zu Hause und verbrachte die meiste Zeit in Boston. Er kaufte die erfolglose katholische Wochenzeitung *The Republic* und verwandelte sie in ein florierendes Unternehmen. Doch auf Dauer konnte ihn die neue Aufgabe nicht befriedigen. Martin Lomasney, einer der mächtigsten irischen Politiker und sein früherer Förderer, riet ihm dringend, nach Boston zu ziehen, wenn er dort eine politische Zukunft haben wolle. Josie war über fünf Jahre in Concord Junction glücklich gewesen. Dort war ihr Zuhause, ihr Leben. Und wenn sie jetzt nach Boston zurückkehrte, dann nicht in ein bescheidenes Viertel im Norden der Stadt, sondern in eine neue Welt, in der sie als Gattin eines Prominenten einer Vielfalt gesellschaftlicher Verpflichtungen nachzukommen hatte. Das war zwar nicht das Leben, das sie sich wünschte, doch ihr Mann bestand darauf, und so blieb ihr nichts anderes übrig, als ihm zu folgen. Sie wußte, daß sich ihr Leben von Grund auf verändern würde. Und was die 13jährige Rose anging, so erwartete sie in Boston ein neues aufregendes Leben voller Abenteuer.

* * *

Fitzgerald kaufte in Dorchester, einer vornehmen Vorstadt im Norden, die erst kürzlich eingemeindet worden war, ein geräumiges Haus. Das neue Heim der Fitzgeralds in der Welles Avenue Nr. 37 war ein Traum. Es stand auf einem Hügel, der die dreistöckigen Häuser der Vorstadtgemeinde überragte, fernab vom Ruß, Rauch und Lärm Bostons, und bot einen wunderbaren Ausblick auf die Dorchester Bay und die smaragdgrünen Inseln im Hafen. Das Grundstück war etwa vier Hektar groß, und eine Auffahrt führte in eleganten Schwüngen zum Eingang der Villa, einem freundlich wirkenden Gebäude mit Türmchen und einem Mansardendach. Die Räume, darunter ein Musikzimmer, ein Salon und ein Billardzimmer, besaßen hohe Decken und Parkettfußböden. Sie waren mit viktorianischen Möbeln eingerichtet und mit dicken Teppichen ausgelegt. Beides galt im Boston der Jahrhundertwende als Zeichen des gesellschaftlichen Erfolgs.

Das Buntglasfenster über der Veranda trug die gälische Inschrift »Shawn a Boo« (John der Kühne). Und es war in der Tat ein kühner Schritt von John F. Fitzgerald, daß er im Februar 1904 dieses Haus kaufte. Er hatte den Kaufvertrag auf Josies Namen ausstellen lassen und machte sie damit für die Hypothek über 10 500 Dollar haftbar, die er für den Erwerb der 16 400 Dollar teuren Immobilie aufgenommen hatte. Geschäft und Politik waren Männersache. Josie dachte vermutlich nicht darüber nach, ob sich ihr Mann eine solche Villa überhaupt leisten konnte oder warum der Kaufvertrag auf ihren Namen lautete. All das war nicht ihre Sache. Sie war Hausfrau und Mutter und hatte sich um ihre drei Töchter, ihre beiden heranwachsenden Söhne und den kleinen, 1904 geborenen Frederick zu kümmern. Sie lebte nun in Dorchester, einem der nobelsten Vororte Bostons, und die Männer ihrer Nachbarinnen waren Geschäftsleute, Bankiers und Rechtsanwälte. Wie sie sich das dortige Leben auch vorgestellt haben mag, sie dürfte schwerlich mehr Zeit mit ihrem Mann verbracht haben als in Concord Junction. »Er kam selten zum Essen nach Hause, wenn überhaupt«, erinnerte sich Rose.

Vielleicht hätte Josie mehr von ihrem Mann gehabt, wenn sie ihm erlaubt hätte, Kollegen und Freunde mit in die Welles Avenue zu bringen. Aber das Haus war ihr Reich, und Fitzgeralds Politikerleben endete an ihrer Türschwelle. Hin und wieder mußte sie ihn zu einem öffentlichen Auftritt begleiten. Bei solchen Anlässen war sie stets tadellos gekleidet und frisiert und präsentierte sich als eine spröde, stille Frau, deren Zurückhaltung jedoch immer häufiger als Snobismus und Unfreundlichkeit ausgelegt wurde.

***

Rose hatte nicht die Verschlossenheit ihrer Mutter geerbt. Sie stellte sich gerne der neuen Welt. Jeden Tag ging sie zu Fuß zur Dorchester High School, die mit ihren 24 Klassenzimmern die größte gemischte Schule der Stadt war, ein gelbes Backsteingebäude, schmucklos wie eine Fabrik. Am ersten Schultag machte Rose eine erstaunliche Entdeckung, die für solche Einrichtungen in Boston typisch war: Weil viele Jungen die High School vorzeitig verließen und ins Berufsleben wechselten, gab es in ihrer Klasse doppelt so viele Mädchen wie Jungen. Rose gehörte der ersten Generation von Frauen an, die in großer Zahl eine Schulbildung erhielten. Sie lasen die gleichen Bücher wie die Jungen, und ihre Kenntnisse und Ziele reichten weit über die ihrer Mütter hinaus. Und was ihre berufliche Zukunft anging, so hatten sie zumindest eine Möglichkeit täglich vor Augen: Die Lehrkräfte an der Schule waren fast ausnahmslos Frauen.

In der Pubertät hatte Rose zwei unterschiedliche weibliche Vorbilder. Da war zunächst ihre Mutter, die ihr Haus und ihre Kinder versorgte, eine Frau, die von der lauten und vulgären Welt der Politik und des Geschäftslebens nichts wissen wollte und eine innere Distanz zu ihrer Umgebung wahrte. Und ihr gegenüber standen die Lehrerinnen, Frauen, die beschlossen hatten, einen Beruf zu ergreifen und einige Jahre oder ihr ganzes Leben der Vermittlung von Wissen zu widmen und dafür auf eine Heirat zu verzichten. Die meisten waren irischer Abstammung. Ihre Mütter hatten sich noch als Dienstmädchen in den Häusern der Reichen verdingen müssen.

Rose hatte an fünf Tagen in der Woche fünf Stunden Unterricht. Nachmittags schleppte sie dicke Bücher über das amerikanische Regierungssystem nach Hause, über alte und neue Geschichte, Rhetorik und Rechtschreibung, Algebra und Geometrie, dazu Stücke von Shakespeare, Essays von Samuel Johnson und Ralph Waldo Emerson, Dickens' *Eine Geschichte zweier Städte* sowie französische Sprachlehren und Stilkunden. Sie erhielt eine fundierte Ausbildung, die zusätzlich von Musik- und Sportunterricht begleitet wurde.

Zwar war sie eine durchaus passable Sportlerin, doch jungen Frauen war eine sportliche Betätigung außerhalb der Schule nicht erlaubt. Die liebste Beschäftigung der Mädchen nach der Schule war die Tanzstunde, die jeden zweiten Freitagnachmittag an der High School stattfand. Die Lehrerinnen führten Aufsicht, so daß es so gesittet und vornehm zuging wie bei einem Teekränzchen. Für ihr Leben gern hätte

Rose daran teilgenommen. »Aber ich durfte nicht«, erinnerte sie sich. »In der Politik war mein Vater zwar ein großer Neuerer, aber was die Erziehung seiner Tochter anging, hätte sich schwerlich ein konservativerer Vater finden lassen.« Bei den Fitzgeralds hatte der Vater stets das letzte Wort. Es war undenkbar, sich seinen Anordnungen zu widersetzen, mit ihm zu streiten oder weinend zur Mutter zu laufen.

***

Fitzgerald hatte seit jeher davon geträumt, Bürgermeister von Boston zu werden. Im September 1905, zwei Monate vor den Vorwahlen der Demokraten, starb der populäre Bürgermeister Patrick A. Collins im Alter von 51 Jahren an einer akuten Gastritis. Fitzgerald war erst eineinhalb Jahre zuvor nach Boston zurückgekehrt und stand auf der Liste seiner möglichen Nachfolger weit unten. Dennoch gab John der Kühne seine Kandidatur für das Amt bekannt.

Rose genoß den Wahlkampfrummel, doch ihr Vater wollte, daß sie sich abseits hielt. Männer wie Fitzgerald befürchteten, daß Frauen ihre Weiblichkeit verloren und sich »die Röcke schmutzig machten«, wenn sie das Wahlrecht erhielten und die politische Arena betraten. »Wußten Sie, daß mein Vater mir nie erlaubte, über Politik zu sprechen?« gab Rose Jahrzehnte später zu. »Er sagte, *ein* Politiker in der Familie sei genug.«

Sie und ihre Mutter sahen aus der Ferne zu, wie Fitzgerald seine Basis in North End verließ und in den Wahlkampf zog. Seine Anhänger bahnten ihm zu Fuß oder im Auto den Weg und posaunten seinen Namen in alle Himmelsrichtungen. Wenn das rote Auto des Kandidaten durch die Stadt knatterte, folgten ihm stets zwei andere, vollbesetzt mit Journalisten und Stenographen, die jedes Wort von ihm festhielten. Der 42jährige Fitzgerald war ein Energiebündel. Tag und Nacht unterwegs, hastete er von Termin zu Termin und hielt mit donnernder Stimme sechs und mehr mitreißende Reden an einem Abend. Noch gab es weder Rundfunk noch Fernsehen, und der Wahlkampf fand vor allem auf der Straße statt. Keiner der Kandidaten sparte mit Beleidigungen, verbalen Attacken und vollmundigen Versprechungen. Doch keiner hatte eine solche Ausstrahlung wie der »kleine Napoleon«, wie man Fitzgerald nannte. Wenn er auf dem Podium stand, schleuderte er seine Vorwürfe wie Blitze in die Menge. Er verhöhnte seine Gegner und beschimpfte sie als Handlanger der Industriebosse, warf sich stolz in die Brust und prahlte damit, was er alles für die Stadt tun werde.

Das einzige, was Fitzgerald zum perfekten Großstadtpolitiker fehlte, war eine Gattin, die neben ihm auf dem Podium saß und bewundernd zu ihm aufblickte. »Ich kümmere mich überhaupt nicht um Politik, ich gehe nicht einmal zu den Versammlungen meines Mannes«, sagte Josie. »Wir haben nie viel über Politik gesprochen, und er hat mir verschwiegen, was für häßliche Dinge über ihn verbreitet wurden. Wir versuchen, die Politik aus unserem Privatleben herauszuhalten. Öffentliche Aufgaben übernehme ich nur bei kirchlichen Veranstaltungen oder ähnlichem. Das gesellschaftliche Leben ist mir nicht so wichtig. Wenn ich könnte, würde ich ein zurückgezogenes häusliches Leben führen. Das wäre mir am liebsten.«

Rose blieb dem Wahlkampf zwar fern, aber natürlich erfuhr sie von den Anschuldigungen gegen ihren Vater. So behaupteten seine Gegner, er habe Arbeiter auf die Straße setzen lassen, weil sie ihn nicht unterstützten. Außerdem habe er in seinen sechs Jahren im Kongreß »an keiner Zeile im Gesetzbuch mitgearbeitet«. Sein Geld erhalte er von der Industrie, von den Bostoner Verkehrsbetrieben und von den Gas- und Elektrizitätswerken. Selbst *The Sacred Heart Review,* eine von Roses Lieblingszeitschriften, stimmte in der Chor der Kritiker ein und warf ihm vor, er betreibe einen »schwunghaften Handel mit dem Katholizismus. Er hat die Stirn, als offizieller Vertreter der Katholiken an die Bostoner Geschäftsleute heranzutreten.«

Auch Lomasney, sein einstiger Förderer, wandte sich von ihm ab. Während der Vorwahlen nannte er ihn einen »glitschigen Aal« und einen Mann, der »Familien und Freunde entzweit«. Und selbst P. J. Kennedy, sein alter Verbündeter in der sogenannten Strategiekommission, hatte sich auf die Seite seiner Gegner in der demokratischen Partei gestellt. Kaum waren die Vorwahlen jedoch vorüber, fielen sich die beiden Männer in die Arme und waren wieder Freunde.

Wirklich verlassen konnte sich Fitzgerald nur auf seine Familie. Henry, sein jüngster Bruder, hatte den Sitz im Senat von Massachusetts übernommen, den Fitzgerald früher innegehabt hatte. Jim, einer seiner älteren Brüder, der drei Bars und das Bunker Hill Hotel besaß, unterstützte ihn im Wahlkampf mit guten Ratschlägen und traf heimliche Arrangements für ihn. Alle Brüder halfen nach Kräften. Sie waren die Treuesten der Getreuen.

Fitzgerald vertraute seinen Brüdern mehr als allen anderen, dennoch kümmerte er sich um jede Kleinigkeit des Wahlkampfes selbst. Vor den Vorwahlen waren die *Post* und der *American*, zwei Zeitungen mit großer demokratischer Leserschaft, darangegangen, Fitzgerald und seinen Hauptrivalen Edward J. Donovan in einer Artikelserie ausführlich zu porträtieren. Beide Männer waren katholisch und stammten aus kinderreichen irischen Familien. Beide waren intelligente Politiker und gewandte Redner und hatten sich durch den Parteiapparat nach oben gearbeitet. Als Donovan von einem Reporter des *American* nach seiner Frau und seinen vier Kindern gefragt wurde, antwortete er unwirsch: »Weder meine Frau noch meine Kinder kandidieren für ein öffentliches Amt. Daher kann es für die Öffentlichkeit kaum von Interesse sein, etwas über sie zu erfahren oder Fotos von ihnen zu sehen. Ich führe den Wahlkampf und nicht meine Familie.« Drei Wochen später fragte ein anderer Journalist des *American* Donovan, ob er der Zeitung nicht wenigstens ein Foto der Familie zum Abdruck zur Verfügung stellen könne. »Nein, kommt nicht in Frage«, beschied er knapp. »Ich halte nichts von dieser Art Wahlkampf. Ich bin der einzige in der Familie, der sich um ein Amt bewirbt. Ich gedenke, meine Privatsphäre auch im Wahlkampf zu schützen.«

Fitzgerald war zwar dagegen, daß seine Frau und seine Töchter wählen durften, und diskutierte mit Frauen grundsätzlich nicht über Politik, aber er war nur allzugern bereit, den Reportern von seinen Lieben zu erzählen und der *Post* ein Familienfoto zu überlassen. Kurz vor den Vorwahlen brachte das Blatt die Porträts der beiden Kandidaten. Über dem Artikel zu Donovan war ein großes Foto von seinem Haus abgedruckt. Auf der anderen Hälfte der Seite, über dem Artikel zu Fitzgerald, prangte ein Gruppenbild, das ihn mit Josie und ihren sechs Kindern zeigte. Ein Foto, das mehr zu Herzen ging als jedes andere, das an diesem Tag in der Presse erschien.

***

Fitzgerald gewann die Vorwahlen nicht zuletzt deshalb, weil er sich im Wahlkampf als wunderbarer Ehemann und Vater präsentierte, um den sich eine fröhliche Schar fotogener Kinder drängte. So war es nur natürlich, daß er auch während der Kampagne zur eigentlichen Wahl einen Reporter der *Post* zu einem Interview mit seiner Familie in sein

Wohnzimmer einlud. Bei dem Gespräch saß Fitzgerald im Kreis seiner Lieben, als bedauere er es, das traute Heim verlassen und sich in die politische Arena begeben zu müssen. Zu dem Reporter sagte er: Falls er jemals den Eindruck bekomme, daß die Politik seinem Familienleben im Wege stehe, werde er es vorziehen, »in der politischen Versenkung zu verschwinden«. Josie hörte zu und sagte selbst nur wenig. Sie empfand solche Termine als quälend, doch mittlerweile gehörte es zu ihren ehelichen Pflichten, daß sie sich, umringt von ihren Kindern, als treue Gattin präsentierte. Und in ähnlicher Weise wurde von Rose erwartet, daß sie die nette, wohlerzogene Tochter spielte. Doch anders als ihre Mutter genoß sie es, im Mittelpunkt der Aufmerksamkeit zu stehen. Für sie war das alles ein Riesenspaß. Der Reporter bescheinigte ihr und ihrer jüngeren Schwester, daß sie »sehr hübsch« seien, und Josie nannte er »eine gutaussehende Frau mit jugendlicher Ausstrahlung«. Die weiblichen Mitglieder der Familie gaben keine politischen Kommentare ab, nur der achtjährige John Jr. äußerte seine Meinung. »Papa wird Bürgermeister von Boston«, sagte er, während sein plötzlich bescheiden gewordener Vater ihn anstrahlte. »Und dann wird er Gouverneur von Massachusetts. Und dann Präsident der Vereinigten Staaten.«

Der Artikel kam so gut an, daß Fitzgerald sein Haus in den kommenden Wochen noch mehrfach der Presse öffnete. Die *Post* brachte sogar einen Artikel über Rose und Agnes. (»Für Präsident McKinley waren sie die Schönsten.«) Die Reporter zeichneten das Bild einer ungetrübten Familienidylle. Glaubte man ihren Artikeln, so verkörperten die Fitzgeralds die »ideale amerikanische Familie«.

Josie ertrug dies alles schweigend. Selbst ihr Haus war nun nicht mehr tabu. Es war zu einer Bühne geworden, auf der sie und ihre Kinder die Rolle spielten, die von ihnen erwartet wurde. Sie konnte und wollte dagegen nicht mehr aufbegehren.

Am Wahltag, dem 12. Dezember 1905, traf sich Josie mit Freundinnen in der Stadt. Dort erreichte sie die freudige Nachricht, daß ihr Mann die Wahl gewonnen hatte. Die Frauen beschlossen, den Sieg im Young's, dem besten Restaurant Bostons, zu feiern. Kaum hatten sie dort Platz genommen, da kam auch schon Fitzgerald in das Lokal gestürmt und versprühte sofort gute Laune. Eigentlich wollte er in einem Nebenzimmer mit seinen Anhängern feiern. Doch Josie bat ihn, sich ihrer kleinen Runde anzuschließen. Sie hatte ihn seit Wochen kaum zu Gesicht bekommen und hoffte auf einen fröhlichen Abend im engen Freundeskreis.

Als Frau des zukünftigen Bürgermeisters hatte sie den besten Tisch mit Blick auf den Court Square bekommen. Nicht lange, und draußen blieben die ersten Passanten stehen, sahen herein und glotzten Fitzgerald an. Vor Stunden noch ein ganz gewöhnlicher Kandidat, war er für die Leute jetzt eine prominente und faszinierende Persönlichkeit. Josie hatte die öffentliche Aufmerksamkeit – die aufdringlichen Blicke beim Kirchgang, die Fotografen bei den Wahlveranstaltungen, die Fragen, die die Leute ihnen zuriefen – seit jeher nur schwer ertragen, aber das hier ging zu weit. Immer mehr Schaulustige blieben draußen stehen und spähten durch das Fenster herein. Bald waren es Hunderte. Josie kam sich vor wie ein Affe im Zoo. Schließlich stand sie auf und verließ mit Fitzgerald das Lokal. Lauter Jubel schlug ihnen entgegen.

Die Frau des neugewählten Bürgermeisters mußte mit den Reportern reden, die sich an der Eingangstür drängten. »Ich bin froh, daß es vorbei ist«, sagte sie. »Die Kinder werden nun wieder öfter ihren Vater sehen und mit ihm zusammensein können. Im Wahlkampf haben sie ihn, außer an den Sonntagen, nur selten zu Gesicht bekommen. Sie haben sich auf den Tag gefreut, an dem die Wahl vorüber ist. Jetzt werden wir wieder mehr von ihm haben.«

* * *

Was Bürgermeister John F. Fitzgerald seiner Frau auch versprochen haben mochte, er war ein Mann, der keine Einladung ausschlagen konnte. Tagsüber arbeitete er lange im Rathaus. Danach fuhr er mit seinem Wagen kreuz und quer durch die Stadt, hastete von Abendessen zu Abendessen, von Tanzveranstaltung zu Tanzveranstaltung, von Liebesaffäre zu Liebesaffäre. Ein Reporter, der offensichtlich eine Vorliebe für Statistik hatte, zählte in Fitzgeralds ersten beiden Amtsjahren »1500 Tanzveranstaltungen, 200 Picknicks, 1000 Versammlungen, 3000 Reden und 5000 Mädchen, die stolz darauf sein konnten, mit ›Fitzy‹ getanzt zu haben«.

Einwohner von Ost-Boston sahen die blaue Limousine des Bürgermeisters »in gespenstischer Fahrt von einem Stadtteil zum anderen rasen«. An anderen Abenden wurde der Wagen auf den Panoramastraßen gesichtet, »besetzt mit einer lemurenhaften Gruppe von Ausflüglern und der strahlenden Erscheinung des Bürgermeisters von Boston neben dem Steuer«.

»Ich mag hübsche Mädchen, kluge und weniger kluge«, erzählte Fitzgerald einem Reporter der *Boston Post.* »Der Bürgermeister hatte schon immer eine Schwäche für hübsche Mädchen«, räumte John H. Doyle, der Vorsitzende des Straßenbauausschusses, einem Journalisten der *Post* gegenüber ein, als der Bürgermeister einmal auswärts zu tun hatte. »Die Damen alter Schule sind nichts für ihn. Er zieht die hübschen vor ... Es schmeichelt seiner Eitelkeit, wenn die männlichen Angestellten im Rathaus interessiert ein schönes Gesicht oder eine blonde Lockenpracht registrieren.«

Josie wahrte die notwendige Diskretion und blieb seinen Amtsräumen und seinen abendlichen Pflichtterminen fern. »Fitzgerald war wirklich in Josie verliebt«, sagte Geraldine Hannon, eine von Roses Cousinen. »Sonst hätte er nicht so lange gewartet, bis sie endlich heiraten konnten. Aber merkwürdigerweise bändelte er danach mit jeder Frau an, die ihm über den Weg lief. Mit jeder. Er war ein richtiger Schürzenjäger.«

Doch es gab auch Anlässe, bei denen sich die First Lady des katholischen Boston einfach sehen lassen mußte. Und dazu gehörte der erwähnte alljährliche College-Ball. In den ersten Jahren von Josies Ehe hatten noch Kaufleute in schlecht sitzenden Abendanzügen, mollige Hausmütterchen und Versicherungsvertreter, die auf der Jagd nach Kunden waren, den Saal gefüllt. Doch nun erlebte sie ein neues katholisches Boston, das seine Nische in der Gesellschaft gefunden hatte. Im Februar 1906 besuchten rund 2000 Menschen den Ball in der Symphony Hall, dem Kulturtempel der alteingesessenen Familien. Fitzgerald und Josie führten die Polonaise an. Die Katholiken imitierten immer noch unsicher die Protestanten und waren stolz darauf, daß ihre Polonaise länger war als die der »echten« Bostoner. Sie suchten durch Masse wettzumachen, was ihnen an Klasse noch fehlte. Die Crème de la crème an diesem Abend bestand aus Politikern und Stadtbediensteten, die sich ihre höhere Bildung bei der Arbeit in den Wahlkreisen erworben hatten. Doch unter den Gästen weilten auch einige echte College-Studenten, und das war das beste Indiz für den gesellschaftlichen Aufstieg der irischstämmigen Amerikaner.

Im folgenden April war die Symphony Hall Schauplatz eines feierlichen Banketts, dem die Bostoner Katholiken große Bedeutung beimaßen, denn der Ehrengast war ein Priester: William H. O'Connell. Der neubestellte Koadjutor des todkranken Erzbischofs Williams sollte bald der neue Bischof von Boston werden.

Ein halbes Jahrhundert lang war Erzbischof Williams die große Symbolfigur der Kirche gewesen, und in der einen oder anderen Form hatte er auf das Leben fast aller Anwesenden im Saal Einfluß genommen. Er war es auch gewesen, der Fitzgerald und Josie die Heiratsdispens erteilt hatte. Außerdem gehörte er zu den letzten Überlebenden jener Tage, als die große Hungersnot in Irland Tausende von Auswanderern nach Boston getrieben hatte. Inzwischen lebten in Boston sogar mehr Iren als in Dublin. Sie stellten im religiösen wie im politischen Leben der Stadt eine Macht dar.

O'Connell war der erste hohe kirchliche Würdenträger, zu dem Josie und Rose engeren Kontakt pflegten. Er sollte in den folgenden 40 Jahren eine wichtige Rolle im Leben der Familie spielen. Der Sohn irischer Einwanderer hatte die gedrungene Gestalt eines Kesselschmieds und ein Gesicht, das zugleich kämpferisch und hochmütig wirkte. Er liebte gutes Essen, erlesene Weine und politische Intrigen. O'Connell verkörperte die konservativsten Strömungen des Katholizismus und mühte sich nach Kräften, die Bostoner Katholiken auf seinen Kurs einzuschwören, insbesondere prominente Familien wie die Fitzgeralds.

An jenem Abend waren die oberen Ränge und Logen im Konzertsaal dicht mit Frauen besetzt, darunter auch viele Nonnen in schwarzen Kutten. Überhaupt spielten Frauen in der Diözese des Bostoner Erzbischofs eine wichtige Rolle, denn es gab dreimal so viele Nonnen wie Priester, und auch das Personal der karitativen Einrichtungen bestand überwiegend aus Frauen.

Fast alle prominenten Katholikinnen aus Boston waren anwesend, zweifellos auch Josie und Rose und vermutlich sogar Agnes. Pünktlich um sechs Uhr betraten die Männer in schwarzen Abendanzügen den Saal und nahmen an Tischen Platz, die jeweils für acht oder neun Personen gedeckt waren. Dann folgten, unter stürmischem Beifall, O'Connell und die anderen Ehrengäste, darunter der japanische Gesandte, Richter, Generäle, ehemalige Botschafter, ein Senator, ein Gouverneur und Bürgermeister Fitzgerald. Die Würdenträger nahmen auf einer erhöhten Tribüne Platz.

Über 2000 Frauen drängten sich auf den Rängen und sahen schweigend zu, wie die 500 Männer festlich tafelten. Während im Parkett Schildkrötensuppe, frischer Lachs, gefüllte Täubchen und zum Nachtisch Pudding, Eis, Erdbeeren, Kuchen, Käse und Kaffee serviert wurden, mußten sich die Frauen mit einem bescheidenen Büffet begnügen, das in einem Nebenraum im ersten Rang für sie aufgebaut worden war. Das entsprach der Rolle, die ihnen die Kirche zugedacht hatte.

* * *

Die seltenen Gelegenheiten, bei denen Bürgermeister Fitzgerald mit seiner ältesten Tochter zusammen war, gerieten meist zu einem öffentlichen Spektakel. So auch Roses Schulabschlußfeier im Juni 1906, bei der er vor den Schulabgängern und ihren Angehörigen eine Rede hielt. Dieser Festakt war ein denkwürdiges Ereignis. Mit ihren 15 Jahren war sie die jüngste Schülerin, die an der High School in Dorchester jemals die Prüfung abgelegt hatte. Wochenlang hatten sich ihre Klassenkameradinnen auf den großen Tag vorbereitet. Seit ein paar Jahren war es Mode, daß die Schulabgängerinnen darin konkurrierten, welche das schönste Abschlußkleid trug. Oft brachten sie nicht nur Blumensträuße, sondern ganze Körbe voll Blumen mit. Als Zeichen ihrer Freigebigkeit verteilten sie Anstecknadeln und Broschen an ihre Klassenkameradinnen. Einige ältere waren sogar dazu übergegangen, ihre Klassen zu teuren Diners einzuladen, die über 250 Dollar kosteten.

Rose hätte ein ebensoteures Kleid wie ihre Freundinnen tragen können, und zweifellos hätte ihr das große Freude gemacht. Aber sie hatte auch eine ernsthaftere Ader. Sie hatte begriffen, daß jeder öffentliche Auftritt von ihr einer politischen Aussage gleichkam. Deshalb trug sie, als sie die Aula betrat, ein einfach geschnittenes, langärmeliges Musselinkleid, ohne jeden Anstecker und ohne jedes Accessoire. Ihr einziger Schmuck war eine weiße Schleife im Haar. Deutlich hob sie sich von den anderen jungen Frauen ab, die sich in hocheleganten Kleidern aus kostbaren Stoffen präsentierten. Ihr bescheidenes Kleid, ihre stolze Haltung und ihr feierliches Auftreten, dies alles vermittelte das Bild einer ernsten und intelligenten jungen Frau, die einen ausgeprägten Sinn für Werte besaß. Ein Reporter der *Post* fotografierte sie bei der Zeremonie. Er fragte sie danach, warum sie gerade dieses einfache

Kleid ausgesucht habe, und schrieb am nächsten Tag in der Zeitung darüber. Die einfache Geste, ein schlichtes Kleid aus Musselin zu tragen, war die erste politisch motivierte Handlung in ihrem jungen Leben.

Bevor Fitzgerald die Zeugnisse überreichte, hielt er eine kurze Rede. Der *Dorchester Beacon* berichtete: »Er wies darauf hin, daß er als erster Bürgermeister die Ehre habe, der eigenen Tochter das Zeugnis zu überreichen. Seine Tochter hatte mit Auszeichnung bestanden und war die drittbeste ihrer Klasse, und er gab freimütig zu, daß sie erheblich besser abgeschnitten habe als er zu seiner Zeit.«

Wäre Rose ein Junge gewesen, hätte Fitzgerald wahrscheinlich in aller Öffentlichkeit mit ihren schulischen Leistungen geprahlt und ihr eine glänzende Zukunft vorausgesagt. Deshalb genügte es ihm nicht, daß die Zeitung nur ihr Foto brachte und ihre schulischen Leistungen und ihre Bescheidenheit lobte. Kurz und gut, er überredete einen befreundeten Journalisten, der für ein anderes Blatt arbeitete, unter der Überschrift »Schönste Schulabgängerin?« ihr Bild abzudrucken und darunter zu schreiben: »Ihre Schulfreunde sind sich einig, daß sie nicht nur die jüngste und schönste Absolventin ihrer Schule ist, sondern auch die attraktivste im ganzen Bundesstaat.«

Als Rose das Bild sah, fühlte sie sich so gedemütigt, daß sie in Tränen ausbrach. Sie glaubte, daß ihre Freundinnen sie nun verabscheuen würden. Zu Unrecht, wie sich herausstellte. Die anderen hielten trotz der Albernheit ihres Vaters zu ihr. Sie und Rose planten, im Herbst auf die High School in Dorchester zurückzukehren und den einjährigen Vorbereitungskurs für das College zu besuchen. Aber zunächst kam der Sommer.

***

Schon als Kind hatte sich Rose immer auf den Tag gefreut, an dem ihre Familie mit dem Schnellzug von Boston nach Maine fuhr, um in Old Orchard Beach Urlaub zu machen. Diesmal, im Sommer 1906, hatte ihr Vater ein Haus am Strand gemietet, das sogenannte Bleak House. Es galt als »eines der schönsten Ferienhäuser von ganz Old Orchard«. Außerdem ließ Fitzgerald seinen Chauffeur mit dem großen Dienstwagen des Bürgermeisters nachkommen, so daß die Familie äußerst stilvoll die Strandpromenade entlangfahren konnte.

In Old Orchard Beach verbrachte Rose mehr Zeit mit ihrem Vater als sonst im ganzen Jahr. Hier wuchs und vertiefte sich ihre Liebe zu ihm. Er verkörperte für sie den idealen Mann.

Rose und Fitzgerald gingen jeden Tag an den Strand und badeten mit anderen Urlaubern im Meer. Wenn der Fahrer sie über die Küstenstraße chauffierte, thronte Rose wie eine Königin neben ihrem Vater. Der Bürgermeister und seine Nobelkarosse erregten hier ebensoviel Aufsehen wie das Riesenrad am Strand. Eines Nachmittags fuhren sie an einem Sportplatz vorbei, auf dem Profis Baseball spielten. Fitzgerald ließ den Fahrer anhalten, sprang aus dem Wagen und löste einen der Werfer ab. Als er das Feld wieder verließ, hatte er bei sieben Innings sechzehn Männer »ausgemacht«.

Rose kam sich vor wie in einer Theateraufführung, in der ihr Vater die Hauptrolle spielte. Sie lernte von ihm, daß man das Leben in vollen Zügen genießen konnte, und sie sah, daß Männer das auch taten. Natürlich war auch ihre Mutter mit nach Old Orchard Beach gekommen, aber sie saß meist nur »in einem großen Schaukelstuhl auf der Veranda, den sie wie alle Mütter so aufgestellt hatte, daß sie die Kinder beim Spielen im Wasser beobachten konnte«. Als der Massachusetts Redberry Club zu seinem alljährlichen Baseballspiel mit anschließendem Picknick am Strand einlud, warf ihr Vater natürlich für das Bostoner Team und gegen die Mannschaft von außerhalb der Stadt. Einer seiner Mitspieler war Patrick J. Kennedy, ein rundlicher Geschäftsmann mit Schnauzbart. Er war nicht mehr der Jüngste und alles andere als eine Sportskanone, so daß seine Teamkollegen schon froh waren, wenn es ihm gelang, den Ball zu fangen. Das Spiel endete mit einem knappen Sieg der Bostoner. Während des Spiels hatten die Frauen das Essen vorbereitet, und nun eilten die hungrigen Spieler zu den Maiskolben, Hummern und Muscheln, die in einer Grube am Strand gegart wurden.

In diesem Sommer, vielleicht sogar bei dem Baseballspiel, lernte Rose den Sohn von Patrick J. Kennedy kennen. Rose erinnerte sich nicht mehr daran, daß sie Joseph P. »Joe« Kennedy zuvor schon einmal getroffen hatte, und zwar bei einem Picknick der Familien in Old Orchard Beach im Jahre 1895. Damals war sie erst fünf Jahre alt gewesen, und Joe sieben. Aber diese zweite Begegnung sollte die 16jährige Rose nie mehr vergessen.

»Old Orchard wird in meiner Erinnerung immer ein zauberhafter

Ort bleiben«, sagte Rose Jahrzehnte später, »denn dort haben wir uns ineinander verliebt, Joe und ich.«

***

Joe war ein sympathischer und beliebter junger Mann, groß, schlacksig, mit roten Haaren. Je mehr er Rose von sich erzählte, um so mehr fühlte sie sich an ihren Vater erinnert. Joe ging auf die Boston Latin School, dieselbe renommierte Schule, die auch ihr Vater besucht hatte. Er war zwar ein schlechterer Schüler und mußte sogar das Abschlußjahr wiederholen, aber genau wie ihr Vater besaß er besondere Führungsqualitäten. Er war Klassensprecher, Oberst seines Kadettenregimentes und zudem ein ausgezeichneter Baseballspieler. Joe war aber auch ein *guter* Katholik und fungierte unter anderem als Schriftführer bei den Jahresversammlungen der Mariä-Himmelfahrts-Kirche in Ost-Boston. In der ganzen Stadt hätte sich schwerlich ein junger Mann finden lassen, der besser zu Rose paßte und ihrem Vater ähnlicher war.

Joe war von Rose ebenso angetan wie sie von ihm. Kaum waren die Familien wieder in Boston, lud er sie zum ersten Tanztee des neuen Schuljahres in die Boston Latin School ein, einer Nachmittagsveranstaltung, die mit den Tanzstunden in der Dorchester High School vergleichbar war. Doch obwohl Rose inzwischen ein Jahr älter geworden war, wollte ihr Vater nichts davon hören.

Rose hatte nur selten Gelegenheit, die Abenteuerlust, die sie von ihrem Vater geerbt hatte, auch auszuleben. Sie war eine energische, willensstarke und selbstbewußte junge Frau. Und sie sehnte sich danach, mit Joe zusammenzusein und mit ihm zu reden. Sie beschloß, sich mit ihm zu treffen, obwohl sie wußte, welches Risiko sie damit einging. Und zwar nicht nur, weil ihr Vater dagegen war oder weil sie als Tochter des Bürgermeisters ständig beobachtet wurde. Viel schwerer wogen die Warnungen der Kirche.

Rose hatte sich bisher nie über den Willen ihres Vaters hinweggesetzt. Ihre Mutter konnte sie nicht um Rat fragen, denn sie wußte, daß sie ihr Vorhaben nicht gebilligt hätte. Und selbst wenn, so hätte sie sich niemals gegen ihren Vater durchgesetzt.

So begann Rose, sich mit Joe nur heimlich zu treffen. Dies war die erste und auch die einzige erfolgreiche Rebellion ihres Lebens. Die Heimlichtuerei war herrlich, und daß sich ihre Verabredungen so schwer arrangieren ließen, machte sie nur noch aufregender. Wenn die Fitzgeralds übers Wochenende nach Concord Junction fuhren und Josies Familie besuchten, setzte Joe ein Baseballspiel zwischen der Boston Latin High School und der Concord High School an. Rose interessierte sich plötzlich für Vorträge außerhalb der Schule, und Joe erging es ebenso. Unter dem Vorwand, zu arbeiten, trafen sie sich in der Stadtbücherei, und auch ihre Freunde beteiligten sich an der Verschwörung und luden sie gemeinsam zu Parties ein.

Rose und Joe entdeckten bei ihren Gesprächen viele Gemeinsamkeiten. Beide waren sie Kinder von Politikern und in wohlhabenden Familien aufgewachsen. Sie sprachen ohne jeden irischen Akzent, und an ihren Schuhen klebte keine irische Erde mehr. Anders als die Kinder anderer Katholiken hatten sie staatliche High Schools besucht und dort einen Einblick in das Leben außerhalb der katholischen Gemeinde erhalten. Und beide steckten voller Tatendrang.

Joe behandelte Rose stets mit ausgesuchter Höflichkeit und war so brav wie ein Chorknabe. Er war unter Frauen aufgewachsen und besaß ein feines Gespür für das, was sich gehörte. Rose war die Tochter des Bürgermeisters und somit, was ihre soziale Stellung anging, eines der begehrenswertesten katholischen Mädchen in ganz Boston. Es war undenkbar, sich ihr gegenüber ungebührlich zu verhalten.

***

Rose fand Geschmack an diesen ersten Kostproben des Erwachsenenlebens. Und ihr Vater war dann doch kein solcher Despot, daß er ihr verboten hätte, im nächsten Frühjahr mit Joe einen Ball an der Dorchester High School zu besuchen. Rose genoß nicht nur ihre Beziehung zu Joe, sondern auch andere Ausflüge in die Welt der Erwachsenen. So reiste sie im März mit ihrem Vater, ihrer Schwester Agnes und einigen anderen Mitgliedern der Familie, jedoch ohne ihre Mutter, in einem privaten Eisenbahnwaggon nach Philadelphia. Ihr Vater hatte sie gebeten, eine Aufgabe zu übernehmen, für die normalerweise ihre Mutter zuständig gewesen wäre, nämlich ein Schiff zu taufen.

Rose schlüpfte so leicht in diese neue Rolle, als hätte sie nie etwas anderes getan. Gelassen stand sie in Philadelphia am Hafenbecken, um unter den Augen bedeutender Persönlichkeiten aus der Stadt und aus New York die *Bunker Hill* zu taufen. Die eigentliche Zeremonie hatte noch nicht begonnen, da begann das Schiff, ins Wasser zu gleiten. Die Ehrengäste sprangen ängstlich zur Seite. Rose aber beugte sich schnell vor und schmetterte die Flasche Champagner gegen den Rumpf des Schiffes. Die Menge spendete ihr bewundernd Beifall. Sie hatte ihre Sache besser gemacht, als es selbst ihr stolzer Vater von ihr erwartet hätte. »Aber das war doch gar nichts«, sagte sie vier Jahre später dazu. »Das Schiff löste sich zwar früher als erwartet, doch ich hatte die Flasche ja schon in der Hand. Ich wußte, daß es Unglück bringt, wenn ein Schiff ungetauft vom Stapel läuft – also zerschmetterte ich die Flasche. Jeder vernünftige Mensch hätte das getan.«

Daß die jungen Frauen ihrer Generation ein ganz anderes Leben führten als frühere Generationen, war Rose durchaus bewußt. Sie selbst fuhr beispielsweise regelmäßig allein mit der Straßenbahn in die Stadt, was für ihre Mutter im selben Alter undenkbar gewesen wäre. Und in der Innenstadt gab es jetzt viele Kaufhäuser, in denen Frauen einkaufen und gemeinsam zu Mittag essen konnten. Manche Linien fuhren unterirdisch, und die Waggons der neuen Hochbahn waren voll von Arbeiterinnen, die in den Fabriken Kleider nähten, wie sie Rose in den Warenhäusern kaufte. Spät in der Nacht brachte die Straßenbahn übrigens andere Fahrgäste nach Hause: das Heer der Putzfrauen, die für zwanzig Cents die Stunde jeden Abend vier Stunden lang die großen neuen Bürogebäude reinigten.

Wenn Rose an berufstätige Frauen dachte, dann hatte sie freilich keine Arbeiterinnen, Putzfrauen, Dienstmädchen, Näherinnen oder Wäscherinnen vor Augen. Die Frauenseiten der Zeitungen waren voll von Artikeln über Frauen, die im Berufsleben standen, doch die Tätigkeiten, die sie ausübten, waren ganz andere: Sie rahmten Bilder, führten Teestuben und Wäschereien, züchteten Pilze, waren Bauunternehmerinnen, Ärztinnen und ähnliches.

Rose nahm sich fest vor, von den Möglichkeiten, die ihr die moderne Welt bot, Gebrauch zu machen. »Ich wollte eine Freidenkerin werden, eine Dichterin, jemand, der die Grenzen des Machbaren erweitert«, sagte sie später. Doch mit ihrem idealistischen Weltbild rüttelte sie in keiner Weise an den Grundfesten der Gesellschaft. Die Frauen, die tatsächlich die Grenzen des Erlaubten überschritten, führten ein wagemutiges Leben und liefen Gefahr, dafür aus der Gesellschaft ausgestoßen zu werden. Sie übten einen Beruf aus, befürworteten Geburtenkontrolle, engagierten sich in sozialen Hilfswerken, nahmen sich sexuelle Freiheiten heraus, demonstrierten für das Frauenwahlrecht und versuchten, die Kirchen zu reformieren.

Rose wußte ebensowenig über diese Welt wie ihre Freundinnen, die sich um sie geschart hatten und die wie sie nach der High School studieren wollten. Ihre beste Freundin war Ruth Evans. Sie war katholisch und hatte eine Klosterschule in Frankreich besucht, zählte zu ihren Vorfahren aber auch anglo-irische Protestanten. Eine andere, Vera Legg, war eine »waschechte Protestantin«, wie ihre Schwiegertochter später sagte. Die dritte engere Freundin war die irischstämmige Marguerite O'Callaghan.

Als Rose beschloß, sich am Wellesley College einzuschreiben, nahmen sich ihre drei Freundinnen vor, es ebenfalls dort zu versuchen. Rose hoffte, in Wellesley mehr über die veränderte Situation der Frauen im 20. Jahrhundert zu erfahren. Das renommierte College lag in einer idyllischen Umgebung am Lake Waban, 30 Kilometer westlich von Boston. Für eine junge Katholikin war die Wahl dieses Instituts nicht nur ungewöhnlich, sondern auch gewagt, denn die Kirche betrachtete säkulare Erziehung mit tiefem Argwohn.

Die Kirchenführer sorgten sich zwar auch um ihre jungen Männer, doch ihre Hauptsorge galt den jungen Frauen: Nicht genug damit, daß viele nach dem Studium nicht heirateten, obendrein stand auch zu befürchten, daß sie in ihrer Arglosigkeit schädlichen geistigen Einflüssen erlagen.

Wellesley war ursprünglich in der Absicht gegründet worden, »eine christliche Gesinnung zu fördern und die Mädchen zu christlichen Arbeiterinnen auszubilden«. Mittlerweile hatte das College seine Ziele weiter gesteckt, aber für eine Katholikin war der protestantische Geist am Institut deutlich zu spüren, und die christliche Studentengruppe war eine mächtige Vereinigung.

Was Rose betraf, so sah sie dem Studium in Wellesley mit hohen Erwartungen entgegen. Sie schloß das Vorbereitungsjahr ab, füllte die Aufnahmeanträge für das College aus und brachte die langen Julitage damit zu, ihre Garderobe herzurichten und mit ihren Freundinnen Pläne zu schmieden.

***

Vor dem geplanten Umzug nach Wellesley fuhr Rose im August 1907 ein letztes Mal mit ihrer Familie in die Sommerferien nach Old Orchard Beach im Bundesstaat Maine. Diesmal wohnten die Fitzgeralds im Old Orchard House, dem größten Hotel am Platz, das auf einer kleinen Anhöhe über der Stadt lag.

An einem Donnerstagabend, es war kurz nach sieben Uhr, schauten Rose und ihre Familie gerade auf die reichverzierten Hotels in der Stadt hinunter, auf deren Türmchen die amerikanische Flagge wehte. Da sahen sie, wie am Nebengebäude des Hotel Emerson Flammen aus einem Fenster schlugen. Wie später bekannt wurde, hatten durch die Unachtsamkeit eines Dienstmädchens die Vorhänge Feuer gefangen. Das Emerson war, wie alle Hotels in der Stadt, ein Holzhaus und durch die Sommersonne so ausgetrocknet, daß es wie Zunder brannte. Innerhalb von Minuten stand es in Flammen. Von ihrem Aussichtspunkt am Old Orchard House aus beobachteten Rose und ihre Familie, wie das Feuer um sich griff und die Flammen von einem Hotel zum anderen sprangen. Die Gebäude fingen so schnell Feuer, als seien sie aus Stroh. Zwei, fünf, zehn wurden von den Flammen erfaßt, und schließlich wütete in der Stadt ein gewaltiger Großbrand. Von panischer Angst ergriffen, schleppten Sommerfrischler und Strandhausbesitzer ihre Habe an den sicheren Strand: Tische, Matratzen, Kleider, Kisten, Truhen und vieles andere mehr.

Der Tatmensch Fitzgerald konnte dem Drama nicht länger unbeteiligt zusehen und eilte hinunter in die Stadt. Rauch hing wie dichter Nebel über der Grand Avenue, und die Flammen fraßen sich immer weiter. Fitzgerald lief gerade den Bürgersteig auf der Straßenseite entlang, die das Feuer noch nicht erfaßt hatte, als der Drugstore von Horrigan und Abbott explodierte. Teile eines Sodabehälters flogen durch die Luft. Der größte Metallbrocken verfehlte nur knapp seinen Kopf, und Splitter zerkratzten ihm das Gesicht. Als er sich umdrehte, sah er, daß der Mann, der eben noch neben ihm hergerannt war, blutüberströmt auf der Straße lag. Das Geschoß hatte ihm regelrecht den Kopf weggerissen. Auch ein zweiter Mann, der in der Nähe gestanden hatte, war tödlich getroffen worden.

Fitzgerald hatte den Tod an seinem Kopf vorbeizischen hören. Aber er besaß Mut, die nobelste Charaktereigenschaft, die er geerbt hatte, und eilte weiter, indem er nach links und rechts Kommandos zur Feuerbekämpfung rief.

Die Flammen sprangen über die Straße und erfaßten das Geschäftsviertel. Ein schmaler Feuerstreifen fraß sich bereits den Hügel hinauf in Richtung des Old Orchard House. Schaulustige Urlauber behinderten die Arbeit der Löschkräfte und wichen erst zurück, als Bewohner der Stadt sie mit Knüppeln bedrohten.

Rose und die anderen standen immer noch auf dem Hügel und beobachteten durch den dichten Rauch die Flammen. Noch konnten sie sich sicher fühlen. Gäste anderer Hotels, die vor dem Feuer geflüchtet waren, hatten sich zu ihnen gesellt und starrten fassungslos auf das sich ausbreitende Inferno. Mittlerweile brannte eine 20 Hektar große Fläche. Und dann geriet sogar das Old Orchard House in Gefahr. Rose sah zu, wie das Seashore Feuer fing, das letzte Hotel vor dem Old Orchard. Nun trennte sie nur noch die Bahnlinie von den Flammen. Fitzgerald kehrte zurück, nahm sich aber noch die Zeit, mit einem Reporter des *Boston Journal* zu telefonieren. »Es ist fürchterlich«, sagte er. »Unser Haus ist noch nicht unmittelbar bedroht, aber wir müssen jeden Moment damit rechnen, daß es Feuer fängt, und wir bereiten uns darauf vor, es jederzeit zu verlassen.«

Rose und ihre Familie packten ihre Sachen. Während sie mit Tausenden anderen Urlaubern flohen, unternahm die Polizei einen letzten, verzweifelten Versuch, das Feuer zu stoppen: Sie sprengte die Bahnstation. Die Explosion erschütterte die Stadt, doch danach entspannte sich die Lage, denn das Feuer fand keine Nahrung mehr.

In den frühen Morgenstunden kehrten die Fitzgeralds in ihr Hotel zurück. Der 30 Hektar große Ferienort bestand nur noch aus verkohlten, qualmenden Ruinen. Von den 18 Hotels der Stadt waren nur das Boyden und das Old Orchard House übriggeblieben. 60 Ferienhäuser und 20 Restaurants und Geschäfte waren den Flammen zum Opfer gefallen. Mindestens drei Menschen waren ums Leben gekommen. Nur ein geringer Teil der 5000 Feriengäste, die durch das Feuer obdachlos geworden waren, hatte in den beiden verschont gebliebenen Hotels Unterschlupf gefunden. Die meisten kampierten mit den wenigen Habseligkeiten, die sie hatten retten können, draußen am Strand, wo sie wegen der empfindlichen Kühle am Morgen eng zusammenrückten. Der Strand glich einem Müllplatz: Überall lagen Möbel, Kleider und andere Gegenstände. Als die Flut kam, ergriff sie Tische, Kästen und Matratzen und trug sie hinaus aufs Meer.

Das Feuer hatte nicht nur die Häuser zerstört, sondern es hatte Rose auch für immer der Möglichkeit beraubt, an den Ort zurückzukehren, an dem sie so viele wunderbare Sommer verbracht hatte. Die Asche war noch warm, als die Stadtväter bereits vollmundig versprachen, ein neues Old Orchard Beach aufzubauen. Sie hielten tatsächlich Wort, doch die Stadt wurde nie wieder das, was sie einmal gewesen war, und der Ferienort erlangte nie wieder seine alte Bedeutung. Auch die Fitzgeralds reisten in diesem Sommer ab, um nie wieder zurückzukehren.

Sensibel wie Rose war, dürfte die Katastrophe sich tief in ihr Bewußtsein eingegraben haben. Sie war ihre erste Begegnung mit der Tragik und Wechselhaftigkeit des Lebens. Doch von ihrer Mutter, von anderen Frauen aus ihrem Umfeld und von den Priestern ihrer Kirche hatte sie gelernt, alles Ungewisse und Negative beiseite zu schieben. Sie durchmusterte ihre Erinnerungen und sortierte alle Erlebnisse aus, die sie als häßlich oder traurig empfand. Sie riß quasi die betreffende Seite aus dem Buch ihres Lebens und warf sie weg. Jene schreckliche Nacht war eine solche Erinnerung, und wenn sie Jahrzehnte später an Old Orchard Beach zurückdachte, so sprach sie immer nur von einem »angenehmen Ort«, von »Salzwasser, Sonne und freundlichen Menschen«. Die Feuersbrunst freilich, die das Städtchen zerstört hatte, in dem sie mit ihrer Familie so idyllische und fröhliche Tage verlebt hatte, erwähnte sie nie.

4

Die Tochter des Bürgermeisters

Eines Tages im September 1907, als Rose gerade die Koffer fürs College packte, traf ihr Vater an einer Straßenecke zufällig Bischof O'Connell. Der alte Erzbischof John Williams war erst kürzlich gestorben, doch O'Connell hatte die Erzdiözese bereits fest im Griff. Er hatte sich ehrgeizige Ziele gesteckt: Er wollte ein katholisches Boston schaffen und die Stadt in eine neue Ära führen, in der die katholische Mehrheit nicht nur in der Politik, sondern auch in allen moralischen Fragen die Richtung vorgab. Zur gleichen Zeit, als er diese Botschaft verbreitete, waren die Zeitungen voller Anschuldigungen gegen den katholischen Bürgermeister, und Fitzgerald hatte bereits erste Konsequenzen gezogen. Er hatte sich von seinem alten Freund Michael Mitchell losgesagt, ihn zum Rücktritt von seinem Posten als Chef der Haushaltsabteilung gezwungen und die ganze Verantwortung auf ihn abgewälzt. Dennoch war es ihm nicht gelungen, sich von jedem Verdacht reinzuwaschen, und selbst O'Connell hatte durchblicken lassen, daß er seiner Wiederwahl ablehnend gegenüberstehe.

Im Gespräch mit dem Bischof erwähnte Fitzgerald beiläufig, daß seine geliebte Tochter Rose nach Wellesley gehen werde. Kaum hatte er den Satz beendet, da begann der Bischof, ihn heftig deswegen zu kritisieren. O'Connell war empört. Erst ein paar Tage zuvor, am 7. September, hatte Papst Pius X. in der Enzyklika Pascendi die »Modernisten« verurteilt und den Humanismus, den Säkularismus und die Evolutionstheorie attackiert. Der neue Bischof verstand die Kirche als eine mächtige Armee, und der General, dem er unbedingte Treue geschworen hatte, hatte seine Befehle ausgegeben. Und nun schickte der Bürgermeister, ohne auch nur um priesterlichen Rat gebeten zu haben, seine Tochter in einen Hort des Modernismus, in eine Schule, die für ihre protestantische und humanistische Gesinnung berüchtigt war. Katholische Kinder gehörten auf katholische Schulen!

O'Connell war ein ebenso gerissener Politiker wie Fitzgerald. Der Kern seiner Argumentation war nicht, daß Rose ihren Glauben verlieren würde, wenn sie in Wellesley studierte, sondern daß die katholischen Wähler das Vertrauen in Fitzgerald verlieren könnten. Er erinnerte daran, daß Rose keine Katholikin wie jede andere sei. Als Tochter des Bürgermeisters habe sie Vorbildfunktion.

Hätte Fitzgerald das Gefühl gehabt, daß der Glaube seiner Tochter in Wellesley Schaden nehmen könnte, hätte er ihr sicher nicht erlaubt, dort zu studieren. Tatsächlich aber billigte er ihre Entscheidung. Er hatte eine optimistische Einstellung zum Leben und begrüßte es, wenn Menschen weiterkommen wollten. Außerdem vertraute er Rose und war überzeugt, daß sie ihm Ehre einlegen würde. Kurzum, er hätte O'Connell sagen können, daß er sich um den Glauben seiner Tochter nicht zu sorgen brauche. Doch er lauschte den Argumenten des Bischofs in diesem Moment nicht als pflichtbewußter Vater, sondern als Bürgermeister. Und als Bürgermeister steckte er mitten in einem Wahljahr und obendrein in großen Schwierigkeiten.

***

Für Rose waren es Tage großer Vorfreude. Während sie packte, traf sie sich ein paarmal heimlich mit Joe und nahm Abschied von ihren Freunden, um rechtzeitig am 1. Oktober 1907 das Studium in Wellesley aufzunehmen.

Eines Sonntagabends, eine Woche vor ihrer geplanten Abreise, rief Fitzgerald sie und ihre Mutter zu sich ins Wohnzimmer. Rose fiel auf, daß ihr Vater vor Aufregung zitterte. Er sprach über Politik, und Rose lehnte sich beruhigt zurück. Dann aber wechselte er plötzlich das Thema und erklärte, er und Josie seien zu der Überzeugung gelangt, daß sie für ein Studium in Wellesley noch zu jung sei.

Fitzgerald war in zweifacher Hinsicht unehrlich. Wichtige Entscheidungen, die nicht den Haushalt betrafen, traf er immer allein. Wenn er also jetzt in Josies Namen sprach, dann mogelte er und zeigte damit nur, wie unwohl ihm bei der Sache war. Außerdem log er, wenn er behauptete, Rose sei zu jung. Damit wollte er Rose nur schonend beibringen, daß sie niemals nach Wellesley gehen würde, jetzt nicht und auch später nicht.

Fitzgeralds Entscheidung verfolgte Rose ihr ganzes weiteres Leben. Noch 1969 erzählte sie einem Fremden auf einer Party: »Sie hätten mich in Wellesley genommen, und ich wollte auch gehen, aber damals legte man sich nicht mit dem eigenen Vater an.« Und weitere zehn Jahre später, im Alter von 90 Jahren, erzählte sie der Historikerin Doris Kearns Godwin: »Am meisten bedauere ich, daß ich nicht aufs Wellesley College gegangen bin. Darüber war ich mein Leben lang ein wenig traurig.«

Rose stellte sich selbst als duldsame und gleichmütige junge Frau dar, die sich widerspruchslos in die Entscheidung ihres Vaters fügte. So wollte sie von der Welt gesehen werden. Doch ihrer Nichte Kerry McCarthy erzählte sie eine ganz andere Geschichte: »Es gab damals ein Riesengezeter, es war zum Verrücktwerden. Ich war noch jahrelang wütend auf meine Eltern. Ich war böse auf die Kirche. Ich liebte meinen Vater, aber ich verzieh ihm nie, daß er mich damals nicht gehen ließ.«

***

Für Bischof O'Connell und Fitzgerald kam für die Erziehung eines Mädchens aus der katholischen Oberschicht nur ein Orden in Frage: die Nonnen vom Heiligen Herzen. Viele prominente Katholiken hatten ihre Töchter auf die Klosterschule geschickt, angefangen bei Hugh O'Brien, dem ersten irischstämmigen Bürgermeister, bis hin zu John Boyle O'Reilly, dem Herausgeber des katholischen *Boston Pilot.*

Der Heilig-Herz-Orden genoß hohes Ansehen. Er war im Gefolge der Französischen Revolution gegründet worden, als man Priester und Nonnen aus dem Land vertrieb, Kirchen in Brand steckte und das kirchliche Erziehungssystem auflöste. Zu Beginn des 19. Jahrhunderts richtete die Gründerin des Ordens, Madeleine Sophie Barat, in Frankreich eine Reihe von Internaten für die Töchter der Oberschicht ein. Anfangs blieben sie auf Frankreich beschränkt, doch mittlerweile gab es auch welche in anderen Ländern, so etwa im englischen Roehampton nahe London, in mehreren Städten in den Vereinigten Staaten und in den Niederlanden.

Während ihre Freundinnen ins College aufbrachen, fuhr Rose mit der Straßenbahn in die Commonwealth Avenue in Back Bay, einem noblen und vorwiegend von Protestanten bewohnten Bostoner Viertel. Dort betrat sie die beiden Reihenhäuser, aus denen die Klosterschule vom Heiligen Herzen bestand. Die Einrichtung hatte wenig Ähnlichkeit mit den Schulen, die Rose bisher kennengelernt hatte. Die Räume in den vierstöckigen Gebäuden waren reich möbliert, und überall herrschte eine eigentümliche Stille.

Die meisten Schülerinnen stammten aus wohlhabenden katholischen Familien und waren in Klosterschulen erzogen worden. Rose war mit keiner befreundet. Die Klassen bestanden aus acht bis zehn Schülerinnen, und die Mädchen arbeiteten unter ständiger Aufsicht der Nonnen, die sie nicht mit »Schwester«, sondern mit »Mutter« anzureden hatten.

Der Tag begann mit einer Morgenandacht, und auch vor jeder Unterrichtsstunde wurde gebetet. Die Mädchen durften nur in den Pausen sprechen, oder wenn sie im Unterricht etwas gefragt wurden. Da die Schule keinen Hof hatte, verließen sie in der halbstündigen Pause das Gebäude und marschierten zu dem mit Bäumen bepflanzten Mittelstreifen der Commonwealth Avenue hinüber, einer Art Miniaturpark auf der eleganten Durchgangsstraße. Nach Meinung der Nonnen waren die Bewohner von Back Bay »dem Katholizismus feindlich gesinnt«, deshalb standen sie hinter den Fenstern und wachten aus der Ferne über ihre Schülerinnen, während sie Ball spielten.

Die Erziehung im Kloster war ähnlich streng wie in einer jesuitischen Einrichtung. Rose besuchte eine spezielle Oberstufenklasse, die in vieler Hinsicht dem ersten Jahr am College ähnelte. Das erklärte Ziel der Anstalt war, »für junge Katholikinnen dasselbe zu leisten wie Wellesley für Nicht-Katholiken«. Rose belegte eine stattliche Anzahl von Fächern. Einige hatte sie bereits in Dorchester studiert wie etwa römische und griechische Geschichte, Latein und Französisch als Schriftsprache. Andere stellten für sie eine neue Herausforderung dar, darunter Psychologie, Logik, Geschichte und Literatur des Mittelalters, Französisch als gesprochene Sprache. Von Psychologie oder mittelalterlicher Geschichte hatte sie keine Ahnung, und das gesprochene Französisch war für sie nur ein Schwall von unverständlichen Worten, doch wäre es ihr nie in den Sinn gekommen, zu Fitzgerald zu gehen und sich zu beschweren. »Ich hätte Vater nie Vorhaltungen gemacht«, sagte sie später.

* * *

Rose überließ ihre Erziehung nicht allein den Nonnen. Sie fuhr auch in das Neuengland-Konservatorium in der Huntington Avenue und nahm Klavierunterricht. Einerseits war das Konservatorium ein seriöses Institut, an dem Berufsmusiker ausgebildet wurden, andererseits wurden dort auch viele junge Damen unterrichtet, für die Musik nur ein Zeitvertreib war. Viele lernten kaum mehr als die sogenannte »Tausend-Dollar-Melodie«. Damit war ein Klavierstück gemeint, mit dem junge Damen im Salon der Familie Gäste unterhalten konnten, insbesondere potentielle Verehrer, während ihre Väter darüber nachsannen, ob sich die Investition auch gelohnt habe. Obwohl man mit Belustigung von der »Tausend-Dollar-Melodie« sprach, galt sie doch als ein Symbol des gesellschaftlichen Aufstiegs.

Auch Rose besuchte das Konservatorium zum Teil deshalb, weil sich ihr Vater davon einen Prestigegewinn versprach. Doch das war nicht der einzige Grund. Sie ging gern in die Klavierstunden und übte fleißig unter Anleitung von Alfred de Voto, dem Pianisten der Bostoner Symphoniker. In beiden Halbjahreszeugnissen erhielt sie die Bestnote.

Rose streifte oft allein durch die Stadt. Sie besuchte Kurse, Matineen der Bostoner Symphoniker oder Vorträge und traf sich, wann immer es sich einrichten ließ, mit Joe, der sein Abschlußjahr an der Bostoner Lateinschule wiederholen mußte. Ihr bisheriger Werdegang wies viele Gemeinsamkeiten auf, doch mittlerweile führte Joe das weitaus interessantere Leben. Im Herbst würde er nach Harvard gehen, wo die amerikanische Elite studierte. Rose hingegen würde bei den Nonnen bleiben müssen, obwohl sie ein viel größeres Interesse an der Wissenschaft hatte als Joe. Er war ein Mann der Tat und im Grunde genommen gar kein richtiger Student. Und doch erhielt er Zugang zu einer Welt, die Rose verschlossen bleiben sollte, weil Fitzgerald und die Kirche es so wollten.

Auf dem Weg zur Schule und zurück nach Hause hörte Rose, wie Zeitungsjungen an den Straßenecken die neuesten Schlagzeilen ausriefen. Meist ging es um die jüngsten Anschuldigungen des Untersuchungsausschusses gegen die Finanzpolitik ihres Vaters oder um seine letzte Wahlrede. Oft war auch von seinem alten Freund Mitchell die Rede. Früher, als Rose noch ein Kind gewesen war, war ihr Mitchell immer wie ein »großer, gemütlicher Teddybär« erschienen, der polternd in ihr Haus kam und Süßigkeiten an die Kinder verteilte. Inzwischen war er ein unerwünschter Gast. Wenig später wurde er der Bestechlichkeit überführt, zu einem Jahr Zwangsarbeit verurteilt und für immer mundtot gemacht. Für Rose existierte er nicht mehr. Wie laut die Zeitungsjungen seinen Namen auch rufen mochten, Rose lernte, nicht hinzuhören. Der Untersuchungsausschuß erhob immer neue Vorwürfe. Doch Rose lernte auch, die Schlagzeilen nicht zu sehen, wie dick sie auch sein mochten. Im Oktober unternahm George Koch, ein Beamter der Haushaltsabteilung, unmittelbar nach seiner Aussage vor dem Finanzausschuß einen Selbstmordversuch. Er hatte zugegeben, Geschenke angenommen und für das Doppelte des marktüblichen Preises Steinplatten gekauft zu haben. Fitzgerald hatte ihn vom Dienst suspendiert.

Für viele Einwohner Bostons stand der Name Fitzgerald inzwischen für Korruption und Vetternwirtschaft. Am Abend des Wahltags stürmte und regnete es. Fitzgerald sah aus dem Fenster seines Büros. Auf dem Platz vor dem Rathaus hatten sich 500 Menschen versammelt. Sie riefen spöttisch seinen Namen und feierten seine Niederlage gegen den republikanischen Kandidaten George Albee Hibbard.

Als die unruhige Menge das Rathaus umringte, wurde Fitzgerald von einem Anhänger gefragt: »Was planen Sie für die Zukunft?«

»Wir hatten kürzlich eine Besprechung«, antwortete er. »Dabei haben wir mit den Vorbereitungen für die nächste Wahl begonnen.«

Selbst in der Niederlage blieb Fitzgerald unbekümmert und kämpferisch. In den folgenden Monaten beschäftigte er sich hauptsächlich damit, seine Verwaltung gegen den Vorwurf der Korruption zu verteidigen. Als der Finanzausschuß mit den Untersuchungen fortfuhr, erklärte er: »Die sollen mich ruhig ausquetschen. Mir kann das nur recht sein.«

Im Dezember, kurz bevor er sein Amtszimmer räumte, mußte er als erster Bürgermeister in der Geschichte der Stadt vor einer Anklagejury erscheinen. Er schwor, daß er die Verträge, durch welche die Stadt geprellt worden war, in völliger Unkenntnis der wirklichen Sachlage unterschrieben habe. Am Ende konnte man Fitzgerald trotz umfangreicher Ermittlungen nichts nachweisen. Der Ausschuß kam in seinem Abschlußbericht zu dem Ergebnis: »Tausende von Bürgern aus allen sozialen Schichten, reiche wie arme, sehen nichts Schlechtes darin, von der Stadt Geld zu nehmen, ohne dafür die volle Gegenleistung zu erbringen.«

Fitzgerald wurde zwar nicht verurteilt, doch den Verdacht, der auf ihm lastete, konnte er nie ganz zerstreuen, denn er war mittellos in die Politik gegangen und verließ sein Amt als reicher Mann. Fitzgerald war ein typischer Politiker seiner Zeit, und es ist sehr wahrscheinlich, daß er sich aus dem Stadtsäckel bedient hat.

***

Als Ex-Bürgermeister hatte Fitzgerald nun mehr Zeit für seine Familie. Es war ihm nicht verborgen geblieben, daß seine älteste Tochter zahlreiche Verehrer hatte. Doch er glaubte, den idealen Mann für seine Rose bereits gefunden zu haben. Er hieß Hugh Nawn und war der Sohn seines Freundes Harry Nawn, der ein florierendes Bauunternehmen führte. Fitzgerald schaute abends oft bei den Nawns vorbei, die in derselben Straße wohnten, und saß mit Harry in der Küche, redete mit ihm über Politik, trank heiße Schokolade und aß Brote, die dick mit Erdnußbutter bestrichen waren. Er fühlte sich dort fast wie zu Hause. Fitzgerald hatte den jungen Hugh heranwachsen sehen. Er war ein prächtiger Bursche: höflich, respektvoll und intelligent. Er studierte in Harvard und sollte eines Tages das Geschäft seines Vaters übernehmen.

Auf den ersten Blick war Joe ebenfalls ein würdiger Bewerber. P. J. Kennedy, sein Vater, war nicht so wohlhabend wie Harry Nawn, dafür aber ein sehr erfolgreicher Geschäftsmann und Politiker. Gewiß, Fitzgerald hatte gelegentlich Streit mit ihm, aber das kam vor in der Politik. Und schließlich hatte ihn P. J. bei seiner erfolglosen Wiederwahlkampagne unterstützt.

Joe hatte ebenfalls glänzende Zukunftsaussichten, aber Fitzgerald mochte ihn nicht. Er war seiner Meinung nach nicht der Richtige für Rose, und Fitzgerald war fest entschlossen, die Beziehung zwischen den beiden zu unterbinden. Der ehemalige Bürgermeister war zwar ein glänzender Redner, doch konnte er sich nie dazu durchringen, mit Rose ein offenes Wort über Joe zu sprechen. Herzensangelegenheiten waren in der Familie tabu. Fitzgerald wollte das Beste für seine Tochter, aber er konnte die Sache mit Joe nicht direkt angehen. Statt dessen behalf er sich mit Tricks, wie er sie in der Politik anwandte. Mal versuchte er, Rose und Joe räumlich voneinander zu trennen, mal versuchte er, seine Tochter durch andere Verehrer abzulenken. Und als alle Versuche nichts fruchteten, verbat er dem jungen Mann kurzerhand sein Haus in der Welles Avenue.

»Ich war ebenso in Joe verliebt wie er in mich«, erinnerte sich Rose. »Und als ich meinen Eltern sagte, daß ich ihn heiraten würde, schickten sie mich nach Europa. Es war dumm von mir, überhaupt etwas zu sagen. Er hatte mir noch gar keinen Heiratsantrag gemacht. Er wußte, daß er noch zu jung war. Aber ich fand das alles sehr romantisch.«

Fitzgerald erklärte, er werde mit seiner Frau und seinen beiden Töchtern Rose und Agnes eine zweimonatige Europareise unternehmen und die beiden Mädchen anschließend im Heilig-Herz-Kloster im niederländischen Blumenthal unterbringen. Dort sollten sie ein Jahr studieren. Rose war beinahe 18 Jahre alt, aber sie wurde genausowenig um ihre Meinung gefragt wie ihre jüngere Schwester.

Fitzgerald hatte mehrere Gründe für seinen Entschluß. Einmal wollte er Rose Zeit geben, Joe zu vergessen, zum anderen wollte er seine Töchter von den andauernden Skandalen um seine Person fernhalten. Und es gab noch einen weiteren Grund: Fitzgeralds Ansehen hatte stark gelitten, und dem Ruf der Familie konnte es nur förderlich sein, wenn er seine Töchter auf ein exklusives Internat des Heilig-Herz-Ordens in Europa schickte, denn das taten nur die vornehmsten katholischen Familien. Am liebsten hätte er sie in Roehampton bei London untergebracht. Aber dort bedeutete es gar nichts, die Tochter des ehemaligen Bürgermeisters von Boston zu sein. Mädchen, die in Roehampton angenommen werden wollten, stammten entweder aus einer alten englischen Katholikenfamilie oder waren, wenn sie aus dem Ausland kamen, Töchter von Diplomaten, hohen Offizieren oder Adeligen. Die *Boston Post* schrieb, daß »beide Mädchen sehr ehrgeizig sind und eine Vorliebe für musische Fächer haben« und daß die Klosterschule bereits »zahlreiche Töchter bekannter Familien aus allen Teilen der Welt« ausgebildet habe.

Die Erziehung, die Rose in Blumenthal erhielt, war im religiösen wie kulturellen Sinn europäisch geprägt. Die Klosterschule war nicht mit Wellesley und Harvard vergleichbar, doch für Rose war allein schon die Reise dorthin ein Abenteuer.

* * *

Am 18. Juli 1908 stand Rose mit ihrer Mutter und ihrer Schwester in Boston am Landungssteg und wartete auf Fitzgerald. Er war noch im Quincy House, aß dort zu Mittag, ließ sich rasieren und plauderte mit seinen Brüdern und alten Freunden. Im Hafen stiegen derweil Rauchfahnen aus den Schornsteinen der *Cymric* in den bewölkten Himmel und signalisierten, daß der Überseedampfer abfahrtbereit war. Am Pier standen mehrere hundert Menschen: Freunde, Anhänger, Priester und ehemalige Beamte der Stadtverwaltung. Fast alle wollten durch ihr Kommen demonstrieren, daß sie in diesen schwierigen Zeiten zu Fitzgerald hielten. Joe befand sich nicht unter der Menge, dafür aber sein Vater, P. J. Kennedy.

Josie, Rose und Agnes ließen sich mit einer Barkasse an Bord der *Cymric* bringen. Sie waren es gewohnt, auf Fitzgerald zu warten. Wenig später standen sie nervös an Deck des Dampfers und beobachteten die Pier. Sie warteten zehn, dann zwanzig Minuten, schließlich eine halbe Stunde, ohne daß Fitzgerald aufgetaucht wäre. Dann sahen sie, wie zwei Schlepper von der Pier ablegten. In dem einen saß Fitzgerald, und in dem anderen annähernd 50 Freunde von ihm, die ihm letzte Abschiedsgrüße zuriefen und winkten, als er an Bord des Dampfers ging. Dann fuhr die *Cymric* los. Rose und Agnes wedelten mit Taschentüchern, und der Ex-Bürgermeister stand neben ihnen und schwenkte eine amerikanische Flagge.

Am 22. Juli 1908 – Rose feierte an diesem Tag ihren 18. Geburtstag – führte sie ihr Vater ins Zwischendeck, wo die weniger gut betuchten Passagiere untergebracht waren. Unter ihnen waren viele irische Einwanderer, die ihre letzten Dollars zusammengekratzt hatten, um ihre ursprüngliche Heimat zu besuchen. Rose sah den krassen Unterschied zwischen diesen düsteren, beengten Quartieren und den eleganten Salons der ersten Klasse. Dennoch hinterließ der Besuch bei ihr anscheinend keinen tiefen Eindruck. Jedenfalls widmete sie ihm nur eine kurze Notiz in ihrem Tagebuch. Auch den Moment, als sie zum ersten Mal die irische Küste erblickte, hielt sie nicht ausdrücklich fest.

Fitzgerald war ein Tourist, der seinesgleichen suchte. Einerlei ob in England, Deutschland oder Frankreich, er eilte von Kirche zu Kirche, von Museum zu Museum und hakte alle Sehenswürdigkeiten ab, als seien sie Punkte auf einer Inventarliste. Am 22. August hielt ihr Zug für ein paar Minuten auf dem Weg nach Genf. Rose nutzte die Gelegenheit, eine Ansichtskarte zu kaufen und ihrer Tante Emily Hannon ein paar Worte zu schreiben. Sie kritzelte, sie finde alles »prima«. Das war einer ihrer Lieblingsausdrücke, und sie benutzte ihn häufig, wenn sie nach Hause schrieb. Ihre Karten verraten nicht, ob sie Heimweh nach Boston hatte und was sie empfand, wenn sie an Blumenthal dachte. Selbst die letzte Karte an ihren Onkel John Hannon klingt unbeschwert: »Wir sind jetzt in Interlaken. Es ist wunderschön hier, auf den Bergen direkt vor uns liegt Schnee. In knapp zwei Wochen sind wir in Blumenthal. Wie ich mich freue!«

Rose war eine eifrige Briefeschreiberin, und die vielen Karten und Briefe, die sie nach Amerika schickte, waren der Beginn einer Gewohnheit, die sie ihr Leben lang beibehielt. Und noch eine weitere Gewohnheit begann sich abzuzeichnen, nämlich die, sich nie zu beschweren. Weder ihre Karten noch ihre persönlichen Aufzeichnungen verraten etwas von der Angst und Unsicherheit, die sie empfunden haben muß. Schließlich wurde sie in eine Welt verpflanzt, die ihr völlig fremd war.

Die Fitzgeralds fuhren nach Vaals, eine Stadt im Osten der Niederlande, unweit der Grenzen zu Deutschland und Frankreich. Die schmale Straße schlängelte sich durch eine Landschaft, die an »niederländische Maler und flämische Mystiker« erinnerte. Und inmitten dieser Szenerie stand das dreistöckige Gebäude, das unter dem Namen Blumenthal bekannt war.

Andere Frauen, die auf einem Internat des Heilig-Herz-Ordens waren, berichten von einem tränenreichen Abschied an ihrem ersten Tag. Nicht so Rose. Sie sprach niemals über den Abschied von ihren Eltern, die sie nun monatelang nicht mehr sehen sollte. Sie hatte gelernt, ihre Gefühle zu beherrschen, und gestand ihren Eltern und wohl auch sich selber nicht ein, daß sie Angst hatte.

Rose hatte zwar bereits ein Jahr an einer Klosterschule studiert, aber jetzt war sie auf einem Internat in Europa. Und das war etwas völlig anderes. »Das Konvent in Blumenthal war für sie eine ganz neue Erfahrung«, sagte Schwester Gabrielle Husson, eine Nonne vom Heiligen Herzen.

Kaum hatten Agnes und Rose das Kloster betreten, wurde ihnen eine Nummer zugeteilt. Unter den Zöglingen waren deutsche Adelige, die draußen in der Welt mit Freifräulein oder Durchlaucht angeredet wurden, und Mädchen, die die Namen berühmter deutscher und französischer Familien trugen. Aber hier war jede nur eine Nummer, ob sie nun die Tochter eines Herzogs oder eines ehemaligen Bürgermeisters war. Eine Nonne führte Agnes und Rose in die Kleiderkammer, wo für jede ein numerierter Spind bereitstand. Obwohl Rose bei ihrer Abschlußfeier ein schlichtes Kleid getragen hatte, schwärmte sie für elegante Kleider aus Seide und Satin. Alle diese Sachen mußte sie jetzt wegschließen, zusammen mit Büchern und anderen Besitztümern, die den Nonnen unpassend erschienen. Ein anderes Mädchen, das etwa zur gleichen Zeit wie Rose eintraf, brachte eine alte englische Bibel mit, eine King James Bibel aus dem Jahre 1611. »Sie dürfen dieses Buch nicht unbeaufsichtigt lesen«, verfügte die für die Kleiderkammer zuständige Nonne, nahm ihr die Bibel weg und drückte ihr dafür Erbauungsliteratur in die Hand, die eine junge Christin auf ein demütiges Leben vorbereiten sollte. Die Nonnen waren sich der Launen und Stimmungen ihrer Zöglinge bewußt. Rose und Agnes waren weit weg von zu Hause, und so erlaubten sie ihnen, ein gemeinsames Zimmer zu beziehen, einen Teppich auszubreiten und ein paar Bilder aufzuhängen. Rose schmückte den kahlen Raum mit einer Fotografie ihres Vaters, das ihn an der Seite von Vizepräsident Charles Warren Fairbanks zeigte. Auf ihren Nachttisch stellte sie ein Foto von Joe.

Bald waren die beiden Fitzgerald-Töchter kaum noch von den anderen Studentinnen zu unterscheiden. Die meisten waren Deutsche, und Deutsch war neben Französisch auch die Sprache, die im Kloster gesprochen wurde. Einige Mädchen stammten aus Frankreich und aus Irland, nur vier aus den Vereinigten Staaten.

Die Studentinnen hätten genügend Gesprächsstoff gehabt, aber die Klosterregeln ließen keinen Raum für das ausgelassene Geschnatter junger Mädchen. »Wir unterhalten uns abends noch ein wenig, wenn wir uns zum Schlafengehen fertigmachen«, schrieb Rose im Oktober ihrer Mutter. »Bei den Mahlzeiten haben wir dazu kaum Gelegenheit. Nur beim Frühstück dürfen wir uns ein paar Minuten unterhalten. Bei den anderen Mahlzeiten wird vorgelesen, mittags auf deutsch, abends auf französisch, und wir müssen still sein. Inzwischen habe ich mich daran gewöhnt, aber am Anfang fiel es mir sehr schwer.«

* * *

Vor dem Morgengrauen läuteten die Glocken und riefen die Nonnen zum Gottesdienst. Und zehn vor sechs ertönte die Klingel in dem Gebäudeflügel, in dem Rose und Agnes schliefen. Beim ersten Klingeln standen die Mädchen auf, knieten vor ihren Betten nieder, falteten die Hände und beteten mit geschlossenen Augen. »Cœur sacré de Jésus, Cœur immaculé de Marie«, intonierte eine Nonne auf dem Korridor. »Je vous donne mon cœur«, antworteten die Mädchen im Chor.

Dann falteten sie sorgfältig ihre Nachthemden zusammen und steckten ihre schmutzige Wäsche in einen Wäschesack. Sie hatten genau 35 Minuten Zeit, sich zu waschen und anzuziehen. Selbst das Baden war genauestens geregelt. Die Sittsamkeit erforderte es, daß sie dabei spezielle Badekleider aus Baumwolle trugen. Die Regeln gaben vor: »Anstand und Sittsamkeit sind Tugenden, die von den Studentinnen jederzeit als ihr höchstes Gut gehütet werden müssen. Sie dürfen nie vergessen, daß jederzeit und überall die Augen Gottes und die Augen ihrer Schutzengel auf ihnen ruhen. Daher müssen sie sich hinter einem Vorhang an- und auskleiden.«

Schweigend schlüpften die jungen Frauen in ihre langärmeligen schwarzen Kleider, ihre schwarzen Strümpfe und schwarzen Schuhe. Die Haare mußten sie zu Zöpfen flechten und mit schwarzen Bändern zusammenbinden. Und wenn sie paarweise zum Morgengebet oder zur Messe gingen, trugen sie Schleier. Sie machten einen Knicks vor dem Altar und setzten sich dann in die Bankreihen. Die Nonnen ließen sie nie aus den Augen und erwischten jede, die hinter den gefalteten Händen tuschelte, wieder einnickte oder sich noch ein wenig reckte und streckte. Die *Religieuses* notierten jeden Verstoß.

Beim Frühstück saßen die Mädchen aufrecht am Tisch, aßen schweigend und hörten der Lesung einer Nonne zu. Für Ablenkungen war keine Zeit. Sie sollten keine »besonderen Freundschaften« entwickeln und einander weder berühren noch umarmen. Der Tag wurde durch Gebete gegliedert. Er begann morgens mit dem »lever« und endete abends um halb neun mit dem »prière et coucher«. Auf selbständiges Arbeiten folgte der Unterricht, dann eine Pause, wieder selbständiges Arbeiten und Unterricht, dann das Mittagessen, eine Pause und wieder Unterricht. Jeder Augenblick des Tages war reglementiert. Selbst die Stunden, in denen die Mädchen alleine lernen sollten, waren in Abschnitte von zehn oder fünfzehn Minuten unterteilt, so daß jedes Mädchen in seiner Zelle wie ferngesteuert eine vorgeschriebene Tätigkeit nach der anderen ausführte.

Der Tagesablauf war teilweise den Gepflogenheiten in Saint Cyr nachempfunden, jenem Mädchenstift, das Ludwig XIV. und Madame de Maintenon, seine treue Geliebte, 1684 gegründet hatten, um Töchter aus dem verarmten Adel zu Mustern an Sittsamkeit zu erziehen. Standesgemäß verheiratet, sollten sie den verlotterten Hof in Versailles wieder zu einem Hort der Tugend machen. »Lernt gehorchen, denn ihr werdet euer Leben lang gehorchen müssen«, brachte Madame de Maintenon ihren Zöglingen bei.

Ihr wichtigster Ratgeber war Bischof Fénelon, dessen Methoden und Schriften schon früh in den Lehrplan des Heilig-Herz-Ordens aufgenommen wurden. Wie die Humanisten vor ihm, mißtraute auch Fénelon dem weiblichen Geschlecht und glaubte, daß selbst junge Mädchen dem Laster anheimfielen, wenn sie nicht streng überwacht würden. Als Gegenmittel empfahlen die Humanisten ungewürzte Speisen, grobe Kleidung und harte Betten. Außerdem sollten die Mädchen nur vorgeschriebene Texte lesen. Man mußte mit allen Mitteln versuchen, sie zu disziplinieren.

***

In den ersten Wochen war Rose vollauf damit beschäftigt, den Tagesablauf und die religiösen Rituale kennenzulernen und sich im Französischen zu üben. Sie versuchte zu verstehen, was die Nonnen beim Mittag- und Abendessen auf deutsch und französisch vorlasen, gab auf Agnes acht, die noch weniger begriff als sie, und beobachtete aufs Genaueste diese neue Welt. Immerhin sollte ihr hiesiger Aufenthalt ein ganzes Jahr dauern, eine Ewigkeit für eine 18jährige. Ihre irische Mitschülerin Mary Magiore Colum, die spätere Schriftstellerin, weinte sich oft in den Schlaf. Aber für Rose war es unvorstellbar, den Eltern ihr Leid zu klagen oder sie gar darum zu bitten, sie nach Hause zu holen, ganz gleich wie niedergeschlagen sie auch war. Die Nonnen lasen ihre Briefe und zensierten sie, und falls sie es gewagt hätte, sich abfällig über ihr Leben in Blumenthal zu äußern, so wäre das sicherlich auf sie zurückgefallen.

Ende November bat sie ihre Eltern brieflich um die Erlaubnis, ihre Post direkt abzuschicken, ohne daß die Nonnen sie vorher lasen. Doch selbst in diesem Brief klagte sie nicht über die Ungerechtigkeit, in ein einsames Kloster verbannt worden zu sein, sondern ließ ihrer Ironie freien Lauf. Eine ihrer Lehrerinnen hatte ihr erzählt, daß *Die*

Elenden, Victor Hugos großartiger Roman über das revolutionäre Frankreich, von der Kirche auf den Index gesetzt worden sei, weil es sich um ein »ungemein gottloses Buch« handele.

»Ich weiß, daß wir eine englische Ausgabe zu Hause haben«, schrieb Rose, »und ich habe mir überlegt, ob Ihr sie nicht vielleicht vernichten wollt. Es sieht nicht besonders gut aus, so ein Buch in unserer Bibliothek zu haben. Das Buch stellt gesellschaftliche Zustände übertrieben dar, deshalb ist es so schlimm. Ihr seht, ich bin mehr oder weniger mit seinem Inhalt vertraut. Glücklicherweise habe ich nicht in Erfahrung gebracht, welcher Grad der Exkommunikation einem Menschen droht, der es bereits gelesen hat.«

Auch später, als die Nonnen ihre Briefe nicht mehr lasen, beschwerte sich Rose nicht. Das war nicht ihre Art. Das Äußerste, was sie sich gestattete, waren Zeilen wie: »Ein Jahr dauert ja nicht ewig. Dann komme ich nach Hause und brauche nie wieder wegzugehen.«

Noch Jahre später sollte sich Rose an »das Gefühl der Einsamkeit« erinnern, das sie empfand, wenn sie an »einem naßkalten Morgen erwachte und kein anderes Geräusch hörte als das Rascheln der Kleider von Dutzenden Mädchen, die in Dutzenden Räumen hinter Dutzenden Vorhängen ihre Morgenröcke auszogen. Im Winter war es morgens so kalt, daß ihre Hände »blaurot anliefen«. Rose litt monatelang unter einer Halsentzündung. Aber den anderen Mädchen erging es nicht besser. Fast alle kämpften mit hartnäckigen Erkältungen, und einige hatten sogar Frostbeulen an den Händen. Wenn sie im Morgengrauen auf dem harten kalten Steinfußboden in der Kapelle knieten, waren sie oft noch müde – und sie waren immer noch müde, wenn sie in den ungeheizten Klassenzimmern saßen.

Rose stellte keine der unzähligen Regeln in Frage, und sie versuchte auch nicht, sie zu umgehen. Sie gehörte nicht zu denen, die einen verbotenen Roman einschmuggelten, ihre Straßenschuhe einfach unter dem Bett liegen ließen, ihren Schleier für die Kapelle unachtsam zusammenlegten oder gar die Unverfrorenheit besaßen, beim Gang durch den Flur mit der Nachbarin zu flüstern. Jeder Verstoß wurde von aufsichtführenden Schwestern, den *Surveillantes,* pflichtbewußt notiert.

Die Nonnen überwachten die Mädchen freilich nicht wie Gefängniswärterinnen, sondern wie Führerinnen, die sie auf ihrer spirituellen Reise begleiteten und ihnen Selbstdisziplin beibrachten. Sie versuchten, eine Generation junger Frauen heranzuziehen, die »stark und fest entschlossen waren, in ihrem Leben etwas für Gott zu tun«. Die strenge Welt des Klosters übte auf die meisten Mädchen eine starke psychologische Wirkung aus. Alles Weltliche war verpönt. Das einzige Ventil, das ihnen für ihre Gefühle und Leidenschaften blieb, war der Glaube.

***

Rose wußte, was von ihr erwartet wurde, wie sie denken und fühlen sollte, aber sie konnte nicht verhindern, daß sie sehnsuchtsvoll an Boston und ihre Eltern dachte. »Wir hatten fürchterliches Heimweh«, erinnerte sie sich 1911. »Zu Weihnachten schickten wir Telegramme nach Boston, aber wir waren ja durch einen Ozean getrennt. Wäre einem Mitglied der Familie etwas zugestoßen, hätten wir ihn überqueren müssen, um nach Hause zu kommen – ein schrecklicher Gedanke, finden Sie nicht auch?«

Rose waren die leidenschaftlichen religiösen Gefühle fremd, die das Klosterleben hervorrufen konnte. Um aber Teil des emotionalen Geflechts in Blumenthal zu werden, hätte sie sich selbst verleugnen und völlig in der religiösen Erfahrung verlieren müssen. Das konnte sie nicht. Trotzdem hielt sie sich für eine gute Katholikin.

Im November schrieb sie ihrer Mutter: »Wenn ich mich wie ein Engel benehme, wird aus mir vielleicht eine Anwärterin und später ein richtiges Marienkind. Das ist die höchste Ehre, die einem Kind vom Heiligen Herz zuteil werden kann. Also werde ich in den kommenden Monaten ein Muster an Vollkommenheit sein.« Ein Kind Mariens zu werden war die größte religiöse Verpflichtung, die ein Mädchen in Blumenthal eingehen konnte, es sei denn, sie beschloß sogar, Nonne zu werden. Die Marienkinder sollten ihren Glauben in die Welt hinaustragen und als Ehefrauen, Mütter und Mitarbeiterinnen in Wohlfahrtseinrichtungen Aufgaben übernehmen, die in Klöstern lebende Nonnen nicht wahrnehmen konnten. Und doch berichtete Rose so unbekümmert von ihrem Vorhaben, als gehe es nur darum, sich für einen Lateinkurs einzuschreiben.

In den schwierigen Herbstmonaten zerbrach sich Rose weniger über ihren Glauben den Kopf als vielmehr über ihre Weihnachtsferien. Sie schrieb ihrem Vater einen Brief und bat ihn darin um Erlaubnis, in Begleitung einer Aufsichtsperson Berlin und andere deutsche Städte zu besuchen. Sie und Agnes »hüpften vor Freude an die Decke«, als er sein Ja gab.

Am Neujahrsabend saßen Rose und Agnes in einer Loge der Berliner Oper, ganz in der Nähe der Kaiserin und des Kronprinzen. Sie hatten die Passe aus dem Ausschnitt ihrer mädchenhaften Kleider entfernt, weil sie auch einmal dekolletierte Kleider tragen wollten. Rose bewegte sich so selbstsicher in dieser romantischen Welt der Fürsten und Wohlhabenden, der vornehmen Damen und adeligen Herren, als gehöre sie dazu.

***

Rose und Agnes kehrten Anfang Januar nach Blumenthal zurück, als dort eines der wichtigsten Ereignisse des Jahres bevorstand: die alljährlichen Exerzitien. Drei Tage lang herrschte im Kloster absolutes Schweigen, es wurde kein Unterricht abgehalten. Die Studentinnen besuchten jeden Tag drei Predigten, lasen Erbauungsliteratur, beteten Rosenkränze, gingen zur Beichte und dachten unablässig über die ewigen Mysterien Gottes nach.

Und zum ersten Mal fühlte Rose, wie sie in einer religiösen Erfahrung aufging. 50 Jahre später erklärte sie dazu: »Es entsprach nicht meinem Naturell, längere Zeit Außenseiterin zu bleiben.« Sie dachte nicht mehr an Boston oder ans Reisen. »Nun, da ich von allem getrennt war, verstand ich mit einemmal, wie viele Dinge ich bisher als selbstverständlich hingenommen hatte, ohne darüber nachzudenken – wunderschöne Dinge wie den blauen Himmel, die Sterne bei Nacht, das Zwitschern der Vögel und blühende Bäume. Durch dieses gesteigerte Bewußtsein Gottes und seiner Schöpfung fand ich mehr innere Ruhe als jemals zuvor.«

Rose hatte sich der religiösen Erfahrung geöffnet, die Blumenthal zu vermitteln hatte, und ihr Glaube vertiefte sich. Darüber hinaus faßte sie einen Vorsatz für ihr weiteres Leben. »Ich beschloß, ihnen allen zu vergeben«, sagte sie Jahre später. »Meinem Vater, dem Bischof, der Kirche, der Politik. Ich wollte nicht mehr gegen meinen Glauben ankämpfen, sondern ihn verteidigen und wirklich ein Marienkind werden. Und ich wollte Joe heiraten, ganz gleich was die anderen dazu meinten.« Nach ihrer Vorstellung gehörte alles zusammen: ihr Glaube, ihre Zukunft und Joe. Und als Kind Mariens, so glaubte sie, konnte sie das alles haben.

Doch um ein Marienkind zu werden, mußte sie ein untadeliges und vorbildliches Leben führen. Sie war ehrgeizig, und nun, da ihre ursprünglichen Pläne durchkreuzt und vereitelt worden waren, richtete sie ihre Anstrengungen auf ein anderes Feld, nämlich den Wettstreit um Tugend und Glauben. »Als ich nach Blumenthal kam und sah, unter welch schwierigen Bedingungen ich dort würde leben müssen, hätte ich aufbegehren können«, erklärte Rose später. »Aber ich sagte mir: ›Wenn du schon keine von Amerikas neuen Denkerinnen und Frauenführerinnen werden kannst, dann wirst du eben ein führender Kopf in der Kirche, eine der imponierendsten Frauen deines Glaubens.‹«

Die Klosterschule erstickte Roses Überschwang und Führungsqualitäten nicht. Im Februar, als der Geburtstag ihres Vaters näherrückte, beschloß sie mit Agnes, Fudge (eine Art Karamelbonbons) zu kochen und ihrem Vater zu schicken. »Wir erhielten im Kloster auch Kochunterricht und durften die Küche benutzen«, erinnerte sich Rose drei Jahre später. »Alle Mädchen – und auch die Kochlehrerin – schauten mit großen Augen zu. Das, was wir unserem Vater schicken wollten, packten wir in eine Schachtel, und den Rest verteilten wir an die Mädchen. Sie sagten, so etwas Gutes hätten sie noch nie gegessen. Und die Kochlehrerin bat uns sogar um das Rezept. Ich schätze, demnächst wird ganz Deutschland unser Fudge essen. Wir haben dort auch breite Haarbänder und breite Schnürsenkel eingeführt.«

* * *

Margaret Finnegan, eine von Roses amerikanischen Freundinnen, beobachtete einmal, wie Rose eine Stunde lang beichtete. Sie wunderte sich, daß Rose so viele Sünden begangen haben sollte, doch in Wahrheit handelte es sich natürlich nur um kleinere Vergehen aus Stolz und Eitelkeit, die draußen in der Welt allenfalls als Schönheitsfehler galten, von den Nonnen aber dramatisiert wurden. Gut zu sein hieß, sich in Selbstdisziplin zu üben und zu lernen, seine Gefühle zu beherrschen und zu verleugnen.

Im Mai wurde Rose zum Marienkind ernannt. Und in dieser Eigenschaft legte sie eine Reihe von Gelübden ab. Obwohl sie eine privilegierte Erziehung genossen hatte, gelobte sie, »Entsagungen mit Mut und Geduld zu ertragen« und sich durch »Gebete, Wachsamkeit und eine bestimmte Form der Kasteiung« zu wappnen. Ferner schwor sie, »sich in schwierigen Augenblicken am Beispiel der Mutter Gottes aufzurichten und Leid so zu ertragen, wie sie es tat, als sie am Fuß des Kreuzes stand«.

In Blumenthal lernte Rose, daß ihr Geschlecht ein Kreuz zu tragen hatte, und sie war dazu bereit, ihren Teil der Last auf sich zu nehmen. »Neben den Gebeten, der Hingabe an Gott und dem häufigen Empfang der Sakramente wurde uns auch die praktische Umsetzung der Religion im täglichen Leben gelehrt«, erinnerte sich Rose. »Vor allem aber wurde uns ein unerschütterliches Vertrauen in die Weisheit und Güte Gottes in die Herzen gepflanzt, so daß wir uns an ihn wenden können, wenn uns die Tragödien des Lebens zu überwältigen drohen.«

Die Kinder vom Heiligen Herzen stammten aus wohlhabenden und privilegierten Familien, und doch wurden sie bei ihrer Erziehung auf Tragödien vorbereitet, die sie moralisch und religiös auf die Probe stellen konnten. Während andere Gläubige hofften, daß ihr Gott sie mit guten Gaben überschüttete, erwarteten die Klosterschülerinnen Unglück und Sorge, als könnten sie nur dann ihre Treue zum Schöpfer unter Beweis stellen. Mutter Stuart formulierte die Vorstellungen des Ordens am prägnantesten: »Jede, die den Orden liebt, weiß, daß sie noch nicht wahrhaft geglaubt hat, solange sie ihr Credo nicht in einer Zeit des Zweifels gesprochen hat. Sie hat auch nicht wahrhaft gehofft, solange sie nicht gegen alle Hoffnung gehofft hat. Und nicht wirklich geliebt, solange sie nicht ihr Hab und Gut weggegeben und dies im nachhinein nicht bereut hat. Sie hat nicht gedient, solange sie nicht unter überwältigenden Schwierigkeiten gedient hat. Und sie hat auch nicht Gottes Lob gesungen, solange sie nicht in finsterer Nacht gesungen hat.«

Rose wollte nicht mehr in Wellesley studieren. Für sie als Marienkind wäre es jetzt tatsächlich unmöglich gewesen, ein College zu besuchen, das nicht von der katholischen Kirche geführt wurde. Doch sie hatte nicht die Absicht, der Welt zu entsagen. Im April antwortete sie auf einen Brief ihres Vaters, in dem er ihr vorgeschlagen hatte, sie und ihre Schwester sollten ein zweites Jahr in Blumenthal anhängen: »Es wäre ein zu großes Opfer für Euch und für uns, wenn wir ein oder zwei weitere Jahre hier blieben.« Rose war bereit, Blumenthal zu verlassen und wieder in Boston zu leben. Sie war immer noch eine junge Frau, die schöne Kleider und Stoffe liebte. Einmal, vor einer Abschlußfeier, klagte sie, sie habe »nichts anzuziehen«, und freute sich dann über alle Maßen, als sie ein weißes Kleid und schwarze Wildlederschuhe geschenkt bekam. Schließlich hatte sie kein Armutsgelübde abgelegt. Es machte ihr Spaß, sich gut anzuziehen, zu tanzen, zu lachen und sich zu vergnügen.

Rose war immer noch ehrgeizig, aber ihre Ambitionen zielten nun in eine andere Richtung. Ihr Glaube und ihr Frauenbild waren untrennbar miteinander verschmolzen. Der katholische Glaube prägte künftig ihre Vorstellung von der weiblichen Rolle in der Gesellschaft. Sie träumte von einem großen Haus mit Dienern, in dem Abendgesellschaften stattfanden, von einem Haus mit Kindern, die von Kindermädchen beaufsichtigt wurden, von einem Haus, in dem selbst Bischöfe und Kardinäle bewirtet wurden.

Rose glaubte, daß sie eines Tages Joe heiraten, eine Familie gründen und ein Leben als katholische Ehefrau und Mutter führen würde. Und falls ihr Vater sich erneut um das Amt des Bürgermeisters bewerben sollte, beabsichtigte sie, ihrer Mutter im Haushalt zur Hand zu gehen, auf ihre jüngeren Geschwister aufzupassen und ihnen bei den Schularbeiten zu helfen. »Ich könnte zu Hause eine Menge lernen«, schrieb sie ihrer Mutter. »Zum Beispiel, wie man einen Erzbischof empfängt, wie man ihm schreibt und vieles andere mehr. Ach, übrigens, Miriam [Finnegan] behauptet, daß man spezielles Briefpapier braucht, wenn man ihm schreiben will.«

Ein Jahr zuvor hätte Rose vor allem daran gelegen, dem Bischof ihre Ideen auseinanderzusetzen. Jetzt galt ihre Hauptsorge dem Papier, auf dem man ihm schrieb.

***

Im Sommer 1909 kam Fitzgerald nach Blumenthal und holte seine Töchter ab. Rose erinnerte sich, wie er ihr »mit Tränen in den Augen und ausgebreiteten Armen« entgegeneilte. Obwohl er für die Bürgermeisterwahl im Herbst kandidierte, hatte er sich die Zeit genommen, ohne Josie nach Europa zu reisen und seine Töchter auf der Heimreise zu begleiten. »Es klingt vielleicht paradox«, meinte Fitzgerald später, »aber ich habe mit meiner Familie wohl mehr Zeit auf Reisen verbracht als in meinem Haus. Unsere Reisen machten mir großen Spaß.«

Als der Liniendampfer *Cymric* am 20. August in Charlestown anlegte, stand Josie an der Pier und begrüßte ihre Töchter, die sie ein ganzes Jahr nicht gesehen hatte. »Unsere Mutter hatte Tränen in den Augen«, schrieb Rose in ihrer Autobiographie. »Sie war schrecklich einsam gewesen.« Josie hatte auch ihren Mann seit zwei Monaten nicht gesehen, doch Fitzgerald hatte jetzt keine Zeit für sie. Er begrüßte sie kurz, sagte den wartenden Reportern ein paar Worte und verschwand dann mit seinen Mitarbeitern. Nach einem Bericht der *Boston Post* ging er auf einen Ball in Quincy, wo er »mit jedem hübschen Mädchen tanzte, das einen Partner suchte«.

Ohne ihre beiden ältesten Töchter war Josie das Haus halbleer erschienen. Und nun, da sie endlich wieder da waren, kandidierte ihr Mann erneut für das Bürgermeisteramt und kam praktisch nur noch nach Hause, um das Hemd zu wechseln. Wieder sah sich Josie der lästigen Aufmerksamkeit der Öffentlichkeit ausgesetzt.

Wie viele andere Frauen ihrer Generation war Josie von klein auf dazu erzogen worden, der Welt ein lächelndes Gesicht zu zeigen. Sie hatte immer fröhlich zu sein und die Familie mit ihren Alltagsproblemen zu verschonen. Wenn ihr Mann abends schlechtgelaunt von der Arbeit kam, dann war es ihre Aufgabe, »ihn zu beobachten ... und herauszufinden, wie sie ihn aufheitern konnte«.

Josie konnte nicht darüber reden, warum es ihr so schwerfiel, die glückliche Ehefrau zu spielen, und warum sie voller Bitterkeit war. Dieses Unvermögen, über ihr Innenleben zu sprechen, war ein Verhaltensmuster, das ihre Eltern aus der alten Heimat mitgebracht hatten und das nicht nur Josie, sondern auch die ganze übrige Familie geprägt hatte. Auf Außenstehende wirkten die Fitzgeralds wie eine offenherzige und fröhliche Familie, aber wie bei vielen irischstämmigen Amerikanern war diese Offenheit nur Fassade.

Kaum jemand zeigte Mitgefühl mit Josie oder erkannte auch nur an, daß sie sich in einer bedauernswerten Lage befand. Selbst ihre Nichte, Geraldine Hannon, nannte sie später eine »unzufriedene Person. Mag sein, daß sie an Fitzgeralds Seite manches ertragen mußte. Aber Josie konnte man es nie recht machen. In der ganzen Familie war niemand so wie sie. Ich mochte sie nicht besonders. In Gesellschaft wirkte sie kühl und reserviert.« Andere waren noch strenger in ihrem

Urteil über diese Frau, die scheinbar eine privilegiertes Leben führte. Sie nannten sie ein »Ekel« und eine Frau, die »Trübsinn verbreitete«.

***

Im September war Fitzgerald fast jeden Abend bis nach Mitternacht auf Wahlveranstaltungen. Wenn er dann am nächsten Morgen gegen neun erwachte, brachte Rose ihm die Morgenzeitungen. Sie sah zu, wie er die Seiten überflog und die Artikel las, die ihn betrafen. Er wurde aller möglicher Vergehen bezichtigt. Mal warf man ihm vor, er habe eine Versammlung seines Gegners gestört, dann hieß es wieder, er habe »in die Stadtkasse gegriffen«. Böswillige Anschuldigungen dieser Art schienen Fitzgerald nichts auszumachen, manchmal schlief er sogar noch einmal für ein paar Minuten ein, bevor er endgültig aufstand. Rose kam niemals in den Sinn, daß an den Vorwürfen etwas dran sein könnte. »Ich nahm mir an ihm ein Beispiel«, schrieb sie später. »Ich fand mich damit ab, daß man Klatsch, üble Nachrede, Verleumdungen und sogar Schmähungen in Kauf nehmen muß, wenn man im öffentlichen Leben steht.«

In Blumenthal hatte Rose oft an Joe gedacht, und wenn sie sich jetzt mit ihm in Boston traf, hatte sie das Gefühl, daß ihre Liebe die Trennung überdauert hatte. Joe wurde durch sein Studium stark in Anspruch genommen, und da es sich für ein anständiges Mädchen nicht gehörte, abends regelmäßig seinen Kavalier zu treffen, sahen sie sich seltener, als es Rose lieb gewesen wäre.

Ende September schickten ihre Eltern sie nach New York in ein Internat des Heilig-Herz-Ordens. Dort, in der 133. Straße, sollte sie den letzten Schliff erhalten. Die Lehranstalt war 1847 aus Lower Manhattan in ein Dorf namens Manhattanville verlegt worden. Seitdem hatte sich die Metropole ausgedehnt und war gewissermaßen um die Schule herumgewachsen. Das Gelände war von hohen Bäumen umsäumt und nur durch ein Tor zu betreten. In der Schule selbst war das Leben fast ebenso reglementiert wie in Blumenthal.

Rose paßte in dieses Institut, als sei es für sie gemacht. Sie kannte den Tagesablauf, die Rituale und den Lehrplan so genau wie ihren Rosenkranz. Jeden Morgen ging sie schweigend durch lange, enge Korridore zur Kapelle, machte einen Knicks vor der Mutter Oberin und hörte die Messe. Später saß sie in der Bibliothek zwischen überquellenden Bücherregalen unter einem Porträt des Papstes oder vertrat sich die Beine auf dem Grundstück, auf dem eine Vielzahl religiöser Statuen standen. Sie studierte Deutsch und Latein, die Weltgeschichte von 1453 bis 1789 und Literatur der Shakespeare-Zeit – und nicht etwa amerikanisches Englisch, die jüngere Geschichte der Vereinigten Staaten oder Literatur der Gegenwart.

Bischof O'Connell hatte in Boston Sexualaufklärung im Unterricht verboten und als »gottlose Modeerscheinung« verdammt. Diese Einschätzung wurde nahezu von der gesamten Priesterschaft der katholischen Kirche geteilt. In Manhattanville war das einzige Fach, in dem der menschliche Körper überhaupt auftauchte, die sogenannte Körperkultur. Die Schülerinnen lernten alles über die richtige Haltung, gute Ernährung und die tödlichen Gefahren von Alkohol, Morphium und Tabak. Wenn ein neugieriges Mädchen fragte, warum Jungen in den Stimmbruch kamen, wurde sie fachgerecht über jedes Detail informiert, nur nicht darüber, daß dieses Phänomen etwas mit der eintretenden Geschlechtsreife zu tun hatte. Letztlich erfuhren die Mädchen fast nichts über das Thema Sexualität und betraten die Welt der Erwachsenen in dieser Hinsicht so bedauernswert unwissend wie einst ihre Mütter und Großmütter. Rose war 19 Jahre alt und wußte nichts von den Männern.

* * *

Im Januar fuhr Rose nach Boston und nahm an der letzten Wahlkundgebung ihres Vaters in der Faneuil Hall teil. Das Publikum wartete ungeduldig auf das Erscheinen des Kandidaten. Einer von Fitzgeralds Helfern trug zur Besänftigung der Menge das Lied »Süße Adeline« vor. Da traf Fitzgerald ein. Unter lautem Beifall eilte er zur Bühne. Er kannte das Lied, denn Rose hatte es ihm beigebracht, und so stimmte er in den Refrain mit ein. Natürlich rief ein Anhänger: »Laßt den Bürgermeister den Refrain alleine singen!«

Fitzgerald stellte sich hin und fing an zu singen:

Süße Adeline, meine Adeline
Nachts, meine Geliebte,
Sehn' ich mich nach Dir.
In all meinen Träumen

Erstrahlt Dein Gesicht.
Du bist die Blume meines Herzens,
Süße Adeline.

Die Zuhörer jubelten, und das Lied wurde zu Fitzgeralds Erkennungsmelodie. Für Rose sollte es immer *sein* Lied bleiben, und schon wenige Akkorde weckten in ihr die schönsten Erinnerungen an ihren Vater.

Nach monatelangem Wahlkampf siegte Fitzgerald in einem dramatischen Kopf-an-Kopf-Rennen mit nur 1402 Stimmen Vorsprung. Er war zum zweiten Male Bürgermeister Bostons geworden. Im Februar saß Rose erneut in der Faneuil Hall und sah zu, wie ihr Vater vereidigt wurde. Im Parkett hatten sich 2000 Menschen versammelt, und vor den Eingängen drängten sich weitere 500. Es war die größte Menge, die in Boston jemals der Vereidigung eines Bürgermeisters beiwohnte. Fitzgerald wurde mehrfach in seiner Rede unterbrochen. Anschließend fuhr Rose mit dem Zug zurück nach New York, zurück in das abgeschiedene Leben an der Heilig-Herz-Akademie.

Es war beileibe nicht so, daß Rose die ganze Zeit nur gebetet oder geträumt hätte. Im Gegenteil, sie arbeitete in den folgenden Monaten sehr hart. Bei der Jahresabschlußfeier im Juni 1910 erhielt sie einen Preis als Beste ihres Kurses in den Fächern Deutsch und Literatur.

Zwei Jahre lang hatte Rose nun im Kloster gelebt, getrennt von Joe und weit weg von dem Leben, das sie eigentlich führen wollte. Sie hatte gehorcht und durchgehalten. Einen Monat vor ihrem 20. Geburtstag ging sie zum letzten Mal durch das schmiedeeiserne Tor des Internats. Sie war ein Marienkind und eine Frau, die, wie sie selbst es ausdrückte, nun bereit war, »in vollem Umfang am Leben der Erwachsenen und den Gefahren und Freuden der Welt teilzunehmen«.

***

Als älteste Tochter des Bürgermeisters stand Rose unangefochten an der Spitze der jungen Katholiken in Boston. Doch das gesellschaftliche Leben der Stadt wurde immer noch von den Protestanten beherrscht. Deren Welt kannte Rose vor allem aus den Gesellschaftsseiten der Zeitungen, von denen die meisten Bostoner Blätter zwei hatten, eine für Protestanten und eine für Katholiken.

Die politische Macht hatten die alteingesessenen Bostoner zwar verloren, doch nach wie vor kontrollierten sie private gemeinnützige Einrichtungen, in denen sich traditionsgemäß vor allem Frauen engagierten, so etwa die Gemäldegalerie, den Kinderschutzbund, das Vincent Memorial Hospital und die Konzertgesellschaft. Diese Einrichtungen konnten mit ihren städtischen Pendants oft nicht nur mithalten, sondern übertrafen sie sogar. Die Protestanten achteten darauf, daß sie fest in ihrer Hand blieben. Nie wären sie auf die Idee gekommen, Rose zu bitten, dem Ausschuß der Konzertgesellschaft beizutreten oder eine wichtige ehrenamtliche Aufgabe im Vincent Memorial Hospital zu übernehmen.

Die alteingesessenen Bostoner trafen verschiedene Vorkehrungen, um die Iren gesellschaftlich auszugrenzen. Unter anderem gründeten sie Clubs, zu denen katholische Iren keinen Zutritt hatten. Jahre später sagte Fitzgerald: »Diese Stadt braucht einen Club, in dem die Blaublütigen gemeinsam mit uns zu Mittag essen.«

Doch mit den sozialen Schranken, welche die protestantische Oberschicht errichtete, grenzte sie nicht nur die Vulgarität, sondern auch die Vitalität aus. Und ohne Energiespritzen verlor sie ihren Elan. Die Klasse, aus der einst die Väter der Demokratie hervorgegangen waren, sorgte sich jetzt darum, wer in welchen Club aufgenommen werden durfte. Nachfahren der unerschrockenen amerikanischen Geschäftsleute, die einst die Weltmeere befahren hatten, zählten heute ihre Dividenden und machten sich Gedanken über die Höhe der Steuern. Und die Intellektuellen, zu denen früher Geistesgrößen wie der Historiker Parkman oder der Schriftsteller Emerson gezählt hatten, beschäftigten sich heute mit Familienstammbäumen oder träumten vom antiken Griechenland.

In puncto Erziehung und Bildung war Rose den typischen Bostoner Debütantinnen weit voraus. Dennoch wurde sie nicht zu deren Sommerfesten eingeladen. Sie selbst behauptete später, ihr sei das gleichgültig gewesen. Sie habe sich »weder ausgeschlossen noch minderwertig« gefühlt, noch habe sie ihre eigenen Leute als weniger kultiviert empfunden: »Ein Besucher aus London, Paris, Berlin oder aus dem Weltall hätte ohnehin keinen Unterschied entdecken können.«

Rose hatte sich hohe gesellschaftliche Ziele gesteckt, und auch wenn sie es niemals zugegeben hätte: Die Katholiken imitierten die Protestanten, und nicht etwa umgekehrt. Rose und die anderen Frauen ihrer Schicht waren sich sehr wohl bewußt, wie sie nach außen wirkten. Sie versuchten, die Vorbehalte gegen ihren Glauben zu überwinden und mit dem Klischee vom ständig betrunkenen, schlampigen Iren aufzuräumen. Weder Rose noch Joe tranken Alkohol, und in Sachen Kultiviertheit schlugen sie und ihre Kreise die alteingesessenen Bostoner um Längen. Sie waren feine Leute, feiner noch als die protestantische Elite.

Das bedeutendste gesellschaftliche Ereignis in Roses jungem Leben sollte ihre Einführung in die Gesellschaft am 2. Januar 1911 werden. Seit Monaten bereiteten sie und ihre Mutter alles sorgfältigst dafür vor. Es war Mode geworden, aus diesem Anlaß immer kostspieligere Empfänge zu geben. Im Jahr 1907 hatte das Fest einer jungen Dame im Hotel Somerset die Eltern 25 000 Dollar gekostet. Bei einer anderen Festivität im Jahre 1909 waren 1100 Gäste mit einem viergängigen Menü bewirtet worden, zu dem sie allein für 2000 Dollar Champagner tranken.

Fitzgerald war zwar wohlhabend, doch einen solchen Aufwand konnte er sich nicht leisten, und selbst wenn, so hätte dies seinem politischen Image geschadet. Also entschied die Familie sich für eine bescheidenere Feier: einen Empfang in ihrem Haus in Dorchester.

Am Neujahrstag 1902 wurden dort Dutzende von Blumensträußen abgegeben. Eine Journalistin wartete im Empfangszimmer, um mit Rose über den Empfang am nächsten Tag zu reden. Gleich darauf kam Rose die Treppe heruntergesprungen. Zierlich und schmal gebaut, wirkte sie in ihrem strengen schwarzen Kleid mit einem weißen Kragen wie eine 16jährige. »Oh, ich bin schon 20!« rief sie errötend. »Ist das nicht furchtbar alt für eine Debütantin? Zumindest kommt es mir so vor, wenn ich höre, wie andere Mädchen erzählen, wieviel Spaß sie hatten, seitdem sie 18 sind – zwei ganze Jahre, die mir fehlen! Eigentlich hätte ich schon vor zwei Jahren in die Gesellschaft eingeführt werden sollen, aber damals ging ich zum Studieren nach Europa und – meine Mutter meint, davon hätte ich mehr gehabt als von Parties. Wie auch immer, jetzt bin ich jedenfalls Debütantin. Ich weiß nicht, wie ich es beschreiben soll …« Rose suchte mit hochgezogenen Augenbrauen nach den richtigen Worten. »Aber es kommt mir so vor, als ob alles in Blüte steht!«

Rose war jugendlich beschwingt und strahlte dennoch eine gewisse Würde aus, während sie über ihre Ausbildung und ihre Zukunftspläne sprach. »Machen Sie aus mir keinen Ausbund an Tugend«, warnte sie die Reporterin. »Ich möchte nur eine Weile meinen Spaß haben – und dann würde ich gerne an einem sozialen Projekt mitarbeiten. Außerdem bin ich neulich in den Beschaffungsausschuß der Stadtbibliothek aufgenommen worden, und ich finde die Arbeit dort hochinteressant. Besonderen Spaß macht es mir, herauszufinden, an welchen Büchern Kinder Freude haben. Dabei hilft mir die Meinung meiner kleinen Geschwister. Und dann möchte ich mich, wie bereits gesagt, sozial engagieren. Ich möchte den Menschen helfen, denn ich finde, solange man für andere nichts tut, ist man nicht viel wert.«

Während die Journalistin mitschrieb, dachte sie, daß Rose eine ganz andere Lebensphilosophie habe als die meisten anderen Debütantinnen. Erst als die Sprache darauf kam, was Rose auf dem Fest tragen würde, verschwand die Philosophin.

»Warten Sie einen Augenblick.« Rose schwang sich aus ihrem Sessel, rannte nach oben und erschien einen Augenblick später mit einem Kleid über dem Arm. »Mutter meint, es sei aus Crêpe de Chine«, erklärte sie und strich über den Stoff. »Das Oberteil ist bestickt, wie Sie sehen, ich weiß nicht, wie man das nennt. Und – schauen Sie – der Kragen ist im Nacken gelb unterlegt und steht ein wenig hoch. Die Ärmel sind kurz. Sehen Sie, es ist recht einfach geschnitten. Und, oh ja, es hat eine kleine Schleppe, das hatte ich noch nie an einem Kleid.«

An Roses großem Tag herrschten morgens frühlingshafte Temperaturen. Es war sonnig und warm. Der Empfang sollte um halb fünf beginnen, und als dieser Zeitpunkt näherrückte, saß Fitzgerald in seinem gepolsterten Lehnstuhl und beobachtete angespannt die Betriebsamkeit um ihn her. Josie dagegen schritt ruhig durch das Haus, denn sie wußte, daß alles bestens vorbereitet war. Dabei fiel ihr Blick auf Rose, deren Wangen vor Aufregung und Vorfreude glühten. Schnell wandte Josie die Augen ab, und ein Schatten der Traurigkeit huschte über ihr Gesicht.

Es hatte gerade zu regnen begonnen, da trafen die ersten Gäste ein. Das Haus, das sie betraten, erinnerte an ein Gewächshaus. Die Wände waren mit Lorbeerzweigen geschmückt, und auf dem Boden breitete sich ein Blütenmeer aus: Rosen, seltene Orchideen, Maiglöckchen, Veilchen, Narzissen, Gartenwicken, Nelken und auch ein paar Palmen. Inmitten dieser bunten Pracht stand Rose, in der Hand einen Strauß aus Veilchen und Maiglöckchen, die Bescheidenheit und Reinheit symbolisierten. Sie trug keinen Schmuck, und dies war sehr unüblich in einer Zeit, in der man gern zeigte, was man besaß. Dicht hinter ihr stand Josie. Sie wirkte so jugendlich, daß man sie für Roses ältere Schwester hätte halten können. Sie trug ein Kleid aus schwarzer Spitze und weißem Satin, das scharf mit dem weißen Kleid ihrer Tochter kontrastierte.

Rose bereitete jedem Gast einen warmen, herzlichen Empfang. Sie fand für jeden ein paar persönliche Worte und lachte dabei manchmal fröhlich auf. Ihr selbstsicheres Auftreten war so beeindruckend, daß der *Boston Globe* Vergleiche aus der klassischen Mythologie bemühte. »Zauberkraft funkelte in ihren Augen, die ebenso glänzten wie ihr kohlrabenschwarzes Haar«, schrieb der Reporter. »Aber es war nicht die Zauberkraft der Circe, die auf einem Podest zu ihrer Rechten stand, sondern die von Petrarcas unsterblicher Laura, deren Marmorbüste sich zur Linken der Debütantin befand.« Rose zu Ehren hatte der Stadtrat seine übliche Montagnachmittagssitzung verschoben, und viele Politiker mischten sich unter die Gäste. Einige hielten es für den Gipfel der Kultur, eine Gabel von einem Messer unterscheiden zu können, doch Rose empfing sie mit derselben Freundlichkeit, mit der sie ihre besten Freunde begrüßte. Auch vornehmere Männer aus der Politik waren geladen, etwa der designierte Gouverneur und verschiedene Senatoren von Massachusetts, ein Kongreßmitglied sowie Ärzte, Priester und andere Honoratioren.

Rose hatte zwar auch ihre Freunde eingeladen, doch wurde das Fest nicht nur für sie gegeben. Es war ein gesellschaftliches und politisches Ereignis und wichtig für die Karriere ihres Vaters. Die Gästeliste, die über 500 Namen umfaßte, war mit Sorgfalt und Kalkül zusammengestellt worden. Und das sollte auch künftig so bleiben. Fast zu allen späteren Familienfesten wurden nicht nur Angehörige und Freunde geladen, sondern auch Bekannte, Anhänger, Politiker und Leute, die der Familie einmal nützlich gewesen waren oder es einmal sein könnten.

Rose hatte ein paar ihrer besten Freundinnen gebeten, bei der Bewirtung der Gäste zu helfen. Sie schenkten an kleinen Tischchen im Salon aus silbernen Kannen Tee und heiße Schokolade aus und boten Süßigkeiten und Kuchen an. Einige von ihnen studierten in Radcliffe, Wellesley oder am Trinity College, darunter auch Ruth Evans und Marguerite O'Callaghan. Eine hatte Rose in Blumenthal kennengelernt.

Auch Fitzgerald kümmerte sich um die Gäste. Er füllte ihre leeren Tassen, stellte sie einander vor und schüttelte Hände. Einige Gäste verweilten nur solange, wie es die Höflichkeit erforderte, andere blieben mehrere Stunden. Es herrschte eine fröhliche Stimmung, und einem Beobachter fiel auf, »daß sich jeder wohl zu fühlen schien«. Anders als sonst bei den Katholiken ahmte man nicht verkrampft die Protestanten nach, sondern erfüllte ein amerikanisches Ritual mit irischer Freundlichkeit und Gastfreundschaft.

Später, als die älteren Gäste gegangen waren, versammelten sich Rose und ihre Freunde in dem geräumigen Kinderzimmer im zweiten Stock. Überall standen kleine Weihnachtsbäume, Zweige hingen von der Decke, und ein riesiger mechanischer Weihnachtsmann nickte unentwegt vergnügt mit dem Kopf. Zwölf Paare setzten sich zu Tisch, die gebildete junge Elite des katholischen Bostons. Neun der jungen Männer studierten in Harvard. Auch Hugh Nawn war anwesend, jener junge Mann, den Fitzgerald für einen würdigen Verehrer seiner »Rosie« hielt. Nach dem Abendessen wurde ein kleiner Ball veranstaltet. Doch um den ersten Tanz bat Rose weder Hugh noch Joe, sondern Frank Sullivan. Auch er war ein Anwärter auf die Hand der Bürgermeistertochter.

Roses Einführung in die Gesellschaft war die wichtigste Nachricht am nächsten Tag. Als sie erwachte, prangte ihr Bild auf den Titelseiten der Morgenzeitungen. Obwohl sie noch müde war, verbrachte sie die nächsten Stunden des regnerischen Tages damit, ihre Blumen an die Patienten verschiedener Krankenhäuser zu verteilen.

Was Rose aus Nächstenliebe und sozialer Verantwortung tat, ließ sich zwar nicht mit dem vergleichen, was jene Frauen und Nonnen leisteten, die ganztags in den Bostoner Wohlfahrtseinrichtungen arbeiteten. Doch auch Rose übernahm karitative Aufgaben nicht nur, um ihre Tage auszufüllen. Als Marienkind und Absolventin einer Akademie des Heilig-Herz-Ordens fühlte sie sich dazu verpflichtet. Sie fuhr mit der Straßenbahn nach North End und brachte italienischen Kindern, die in derselben Gegend wohnten, in der ihr Vater aufgewachsen war, das Nähen bei. Außerdem half sie in verschiedenen Wohlfahrtseinrichtungen und erteilte Religionsunterricht in der Sonntagsschule.

***

Eines Abends, Mitte Februar, stand Rose am Südbahnhof und wartete auf ihren Vater, den sie nach Palm Beach begleiten sollte. Die Lokomotive des *Federal Express* spie Dampf, der Zug war abfahrtbereit. Rose verabschiedete sich von ihrer Mutter, ihrer Schwester Agnes und den drei jungen Männern, die ihretwegen zum Bahnhof gekommen waren: Hugh, Joe und Joes Zimmergenosse Bob Fisher.

Eigentlich hätte sich Rose auf die Reise ins sonnige Florida freuen müssen. Statt dessen war sie verzweifelt, denn während sie im Süden weilte, fand in Harvard Joes College-Ball statt. Sie hatte sich bei ihrem Vater überschwenglich für die Einladung nach Palm Beach bedankt, ihm dann aber erklärt, daß sie bereits verbindlich zugesagt habe, Joe auf den Ball zu begleiten. Doch Fitzgerald hatte ihren Einwand als belanglos beiseitegewischt und darauf bestanden, daß sie mit ihm kam. Rose war 20, doch wenn ihr Vater ein Machtwort sprach, gab es keine Widerrede. Und so stand sie nun auf dem Bahnsteig und hoffte auf »eine größere Katastrophe«, einen verheerenden Schneesturm, einen Lagerhausbrand oder irgend etwas anderes, das ihren Vater veranlassen würde, die Reise zu verschieben, so daß sie den Ball besuchen konnte.

Fitzgerald kam immer zu spät und war stets in Eile. Seit Jahren beobachtete Rose, wie er mit seinem Auto in halsbrecherischem Tempo durch die Straßen raste, auf fahrende Züge sprang oder ein Pferdegespann über die Hügel von Concord jagte. Immer wieder forderte er das Schicksal heraus. Erst vor ein paar Wochen war ein Mann in sein Büro gestürmt, hatte nach ihm verlangt und damit gedroht, »hier endlich mal aufzuräumen«. Der Mann, vermutlich ein Geistesgestörter, der den Bürgermeister ermorden wollte, mußte von zwei Polizisten überwältigt werden. Der Zwischenfall war eigenartig und unerklärlich. Fitzgerald tat ihn mit einem Schulterzucken ab, und auch Rose dachte über solche Dinge lieber nicht nach.

Fünf Minuten vor der planmäßigen Abfahrt des Zuges kam Fitzgerald schließlich den Bahnsteig entlanggerannt. Für lange Abschiedsszenen blieb keine Zeit mehr. Er schüttelte den Männern in seiner Begleitung die Hände und sagte Josie Lebewohl. Dann wandte er sich einer Gruppe von Frauen zu, die eigens gekommen waren, um sich von ihm zu verabschieden, und küßte eine nach der anderen. »Verwandte«, flüsterte er einem Reporter zu und widmete sich wieder seiner angenehmen Pflicht. Obwohl sich der Zug bereits in Bewegung setzte, sprang er erst auf den Pullmanwagen, als er auch noch die letzte Frau geküßt hatte. Die *Boston Post* meldete am nächten Tag, er habe »in der Disziplin des Damenverabschiedens einen neuen Rekord am Südbahnhof aufgestellt«.

Rose wäre zwar lieber bei Joe geblieben, doch wenn sie mit ihrem Vater zusammen war, vergaß sie gewöhnlich alles andere. So auch diesmal. Noch bevor der Zug New Haven in Connecticut erreichte, hatte der Bürgermeister aus den Schlafwagenschaffnern einen Chor gebildet, der in endlosen Wiederholungen den Refrain von »Süße Adeline« schmetterte.

Am nächsten Tag legten Fitzgerald und Rose in Washington einen Zwischenstopp ein. Rose war die Begleiterin, die ihre Mutter nie hatte sein können. Sie war nun erwachsen, und die Kollegen und Anhänger ihres Vaters bewunderten sie und hörten ihr gern zu. Das Mittagessen nahm sie mit ihrem Vater und Senator Crane im Restaurant des Senats ein, und am Nachmittag begleitete sie Fitzgerald ins Weiße Haus zu Präsident William Howard Taft. Da ihr Vater wußte, wie kostbar die Zeit eines Präsidenten war, erhob er sich bereits nach wenigen Minuten wieder. Doch Taft meinte liebenswürdig: »Ich habe nicht allzuoft das Vergnügen, in meinen Amtsräumen ein hübsches junges Mädchen zu begrüßen. Wir wollen Sie noch ein wenig hierbehalten.«

***

Palm Beach, das Rose im Februar 1911 zum ersten Mal besuchte, war damals der exklusivste Ferienort in ganz Amerika. Der legendäre Unternehmer Henry Morrison Flagler hatte die Stadt 1894 aus dem Boden gestampft. Die 24 Kilometer lange und kaum mehr als einen Kilometer breite Insel war durch mehrere Brücken mit der Ostküste Floridas verbunden. Hier konnten wohlhabende Leute aus Amerika und Europa ungestört überwintern. Und damit sie auch wirklich ungestört blieben, hatte die Gemeinde ein nächtliches Ausgangsverbot über die arme schwarze Bevölkerung verhängt.

Für einen Mann wie Fitzgerald kam nur ein Hotel in Frage, nämlich das Royal Poiniana, das mit seinen sieben Stockwerken und 2000 Zimmern als das größte Urlaubshotel der Welt galt. Hier stiegen die Reichen und Prominenten ab, vom unbedeutenden Sproß des Hochadels bis zu wohlhabenden Geschäftsleuten. Rose liebte es, sich unter

Menschen zu bewegen, die Abstammung, Ruf oder Geld adelte. Auch ihr Vater fühlte sich in einer solchen Umgebung wohl. Hier konnte er mit den oberen Zehntausend verkehren, Kontakte knüpfen und Werbung in eigener Sache betreiben. Der kleine Johnny Fitz aus North End hatte es weit gebracht.

Rose verbrachte die Tage mit ihrem Vater nicht anders als in Old Orchard Beach, mit dem Unterschied freilich, daß hier alles größer und eleganter war. Der eitle Fitzgerald zog sich mehrmals täglich um. Er hatte so viele Koffer mit nach Florida gebracht, daß ein Beobachter mutmaßte, er habe seinen gesamten Hausrat eingepackt. Seine neue Garderobe umfaßte unter anderem mehrere weiße Anzüge aus feinem Wollstoff, weiße Flanellhosen mit lavendelfarbenen Streifen, einen Spazierstock aus Bambusrohr und einen zweiten aus Schwarzdorn, sechs Paar blauviolette Socken und Krawatten im selben Farbton, eine rote Krawatte, eine rote Fliege, rosa Sockenhalter, sechs grellbunte Hemden, beige Handschuhe und, wie der Bürgermeister selbst meinte, einen »Knüller« von einer Golfausrüstung.

Nach einem Tag, der ausgefüllt war mit Schwimmen und anderen Vergnügungen, schlüpfte Fitzgerald in seinen Abendanzug und besuchte mit Rose die Tanzveranstaltung im Ballsaal des Hotels. Seine Tanzkarte war fast ebenso schnell voll wie die seiner Tochter. »Mann, jetzt müßte man unten am Strand sein«, stöhnte Fitzgerald nach einem schnellen Tanz. »Findest du nicht auch, Rose?«

»Ein kühles Bad wäre angenehm«, antwortete Rose. »Aber ich amüsiere mich hier köstlich.«

Pünktlich um Mitternacht stimmte die Kapelle die amerikanische Nationalhymne an. Konfetti rieselte auf die Gäste nieder, und Tauben flatterten zur Decke des Saals auf. »Das ist der tollste Ball, den ich je erlebt habe«, schwärmte Fitzgerald, als der Abend sich dem Ende zuneigte. Allerdings bezog sich seine Bemerkung nicht auf die Schönheit und Eleganz der Veranstaltung, sondern auf handfestere Dinge. »Überlege dir nur einmal, wieviel Millionen und Abermillionen Dollar heute abend auf der Tanzfläche versammelt waren. Und ich meine nicht nur die Juwelen und teuren Abendkleider, sondern die Leute. Wohin man auch sah, lauter Millionäre.«

So eindrucksvoll die Tage in Palm Beach auch waren, Rose dachte immer noch an Joe und an den Ball, den sie versäumte. Doch mit ihrem Vater konnte sie nicht darüber sprechen. Er hatte ihr deutlich gesagt, was er von Joe hielt. Und nun versuchte er, sie von ihm wegzulocken. Nein, sie konnte nicht über ihre Gefühle sprechen. Sie mußte ihre Unzufriedenheit für sich behalten und so tun, als sei sie glücklich.

* * *

Nach ihrer Rückkehr nach Boston traf sich Rose wieder heimlich mit Joe. Wenn sie gemeinsam auf dem Scarboro Pond Schlittschuh liefen, trug sie sogar einen Schleier, damit sie niemand erkannte. Auf Tanzveranstaltungen trug Joe Phantasienamen wie »Sam Shaw« in Roses Tanzkarte ein und tanzte dann den ganzen Abend mit ihr. Sie amüsierten sich köstlich über diesen Spaß. Wenn ihre Mutter und andere gesetzte Damen am Rand des Parketts saßen, achtete Rose darauf, daß sie wenigstens ein- oder zweimal mit einem anderen tanzte, vorzugsweise mit Hugh Nawn. Dabei dirigierte sie ihren nichtsahnenden Partner in Richtung ihrer Mutter, um sicherzugehen, daß sie auch gesehen wurden. »Die anderen Tänze ließen wir aus«, erinnerte sich Rose. »Wir versteckten uns hinter Topfpalmen oder unter den Arkaden, und bei schönem Wetter gingen wir hinaus auf die Terrasse oder in den Garten. Diese Spaziergänge gehören zu meinen schönsten Erinnerungen. Ich ging Hand in Hand mit ›Sam Shaw‹ durch die laue Nachtluft, während aus der Ferne Musik und fröhliches Gelächter an mein Ohr drangen.«

Es war eine romantische Zeit. »Ich hatte all diese Bücher gelesen, in denen steht, daß das Herz über den Verstand regieren soll«, entsann sich Rose. »Ich war sehr romantisch veranlagt, daran besteht kein Zweifel.« Und doch ließ sie sich nie zu vorschnellen Handlungen hinreißen. Rose wäre nicht die Tochter von John F. Fitzgerald gewesen, wenn sie bei aller Romantik nicht ein gewisses Maß an kühler Überlegung bewahrt hätte. So erklärte sie: »Ich traf mich nicht nur mit Joe. Ich wollte auch andere Jungen kennenlernen und anhand meiner Gefühle für sie herausfinden, ob ich Joe wirklich liebte.«

Joe schien ein vorbildlicher junger Mann zu sein. Zwar vertrat er wie sein Vater den Standpunkt, daß Beten hauptsächlich etwas für Frauen sei, doch häufig blickte er so unschuldig und ehrfürchtig in die Welt wie ein Chorknabe. Und regelmäßig machte er sich bei Wohltätigkeitsveranstaltungen der Kirche und ähnlichen Gelegenheiten nützlich. Er verkörperte das Ideal eines jungen Katholiken, war immer freundlich und in höchstem Maße respektvoll.

5

»Eine glänzende Zukunft«

Joe war der einzige Sohn seiner Mutter. Vom Tag seiner Geburt an hatte ihn Mary Augusta geformt, unterrichtet und angetrieben und versucht, seine Geschicke zu lenken. Mary Augusta war eine stolze und herrische Frau, die den Ehrgeiz hatte, in die privilegierten und wohlhabenden Kreise Bostons aufzusteigen. Und wenn ihr das mit Hilfe ihres Mannes nicht gelang, dann eben mit Hilfe ihres Sohnes.

Ihre Familie, die Hickeys, waren kultivierte und hochmütige Leute, die der Welt mit einem gewissen Zynismus begegneten. Mary Augusta selbst soll eine »erstaunlich kluge Frau« gewesen sein. Um sich Joes Vater, P. J. Kennedy, zu angeln, soll sie alle möglichen Tricks angewandt haben. Zum ersten Mal sah sie ihren zukünftigen Ehemann von ihrem Wohnzimmer in Ost-Boston aus. Sie dachte gerade darüber nach, wen sie wohl heiraten würde, als ihr ein junger Mann auffiel, der mit ausgreifenden Schritten zielstrebig die Straße entlangging. Sie brachte in Erfahrung, daß er Patrick Joseph Kennedy hieß und ein paar Gaststätten und einen Spirituosen-Großhandel besaß. »Er hat eine glänzende Zukunft vor sich«, bemerkte einer ihrer Brüder, und die anderen nickten zustimmend.

Mary Augusta hörte zu und sagte nichts, aber sie merkte sich jedes Wort. Sie nahm es zur Kenntnis, wenn P. J. Kennedys Name in der Zeitung stand, und sah ihm nach, wenn er an ihrem Fenster vorbeiging. Kurz nach seiner Wahl in den Senat von Massachusetts kam er ebenfalls vorüber. Er hatte sich einen Bart wachsen lassen, den er stolz zur Schau trug. Er wirkte zehn Jahre älter und ebenso gesetzt wie ihr Vater und die Männer seiner Generation. Jahre später erinnerte sich Mary Augusta liebevoll daran, daß sie seit jenem Tag »hinter ihm her war«.

P. J. hatte außer zu seiner Mutter und seinen Schwestern keinen Kontakt zu Frauen. Unter den Bostoner Iren galt es als Zeichen von Männlichkeit, sich nicht für Frauen zu interessieren. Als der legendäre Politiker James Curley mit 32 heiratete, rühmte er sich, »keine Zeit für Freundinnen« gehabt zu haben. In den Flitterwochen besuchte er mit seiner Braut Parteifreunde. Martin Lomasney, ein einflußreicher Politiker, der ungefähr in P. J.s Alter war, prahlte: »Ich habe nie geheiratet, hatte nie eine Affäre und war nie auf einer Hochzeit.«

P. J. hatte aber nicht nur Vorzüge. Er war Kneipenwirt, und dieses Gewerbe war selbst unter den Iren nicht besonders angesehen. Mary Augustas Vater hatte bei ihrer Geburt noch »Arbeiter« als seinen Beruf angegeben, doch mittlerweile war er zum »Unternehmer« aufgestiegen, und die Hickeys hatten ihre bescheidene Herkunft längst vergessen. Mary Augusta hätte auf einen anderen Mann warten können, aber sie wußte selbst, daß Frauen wie sie keine große Auswahl hatten. Am 6. Dezember 1857 geboren, ging sie bereits auf die 30 zu. Die Amerikanerinnen ihrer Generation heirateten im Durchschnitt mit 22, fünf Jahre früher als noch ein Jahrhundert zuvor. Wenn sie keine alte Jungfer werden wollte, mußte sie bald vor den Traualtar treten. P. J. war vielleicht nicht der ideale Ehemann, aber ihm stand eine »glänzende Zukunft« bevor, und genau das war es, was sie wollte.

Mary Augusta war eine gutaussehende Frau mit zierlicher Nase, heller Haut und dichtem braunen Haar. Nur ihr forschender Blick wollte nicht so recht zu ihrem würdevollen Auftreten passen. Mit ihren 1,70 Meter war sie einen halben Kopf größer als die meisten Frauen ihrer Zeit, und beim Sitzen und Gehen hielt sie sich stets kerzengerade. Sie spielte Klavier, sang im Kirchenchor und hatte eine höchst eindrucksvolle Stimme. Als tief religiöse Frau strebte sie nicht einfach nur nach Reichtum, sondern nach Respekt und Ansehen. Und als Ehefrau und Mutter würde sie ihren Haushalt fest im Griff haben, ihre Kinder religiös erziehen und in ihrem Heim eine kultivierte Atmosphäre verbreiten.

Als P. J. mit Mary Augusta zum Traualtar schritt, trat er gewissermaßen in die Fußstapfen seines Vaters. So wie die ältere Bridget sich ihren Patrick ausgesucht hatte, so hatte sich Mary Augusta den um einen Monat jüngeren P. J. geangelt. Zweifellos hätte er eine Braut finden können, die zehn Jahre jünger war und ihm mehr Kinder hätte schenken können, aber eine jüngere Frau hätte wahrscheinlich nicht Mary Augustas Charakterstärke, Zielstrebigkeit und Ehrgeiz besessen.

***

Am 6. September 1888 brachte Mary Augusta ihren ersten Sohn zur Welt. Drei Tage später wurde der Junge in der Erlöserkirche getauft, in der auch P. J. getauft worden war.

In irischen Familien wurde der Erstgeborene gewöhnlich nach dem Vater benannt, aber Patrick Joseph Kennedy ließ seinen Sohn auf den Namen *Joseph Patrick* taufen. Es ist anzunehmen, daß er stolz auf seinen Namen war und ihn gerne an seinen Sohn weitergegeben hätte. Aber wie die meisten irischstämmigen Frauen der zweiten Generation dachte und fühlte Mary Augusta amerikanischer als ihr Mann und wollte ihrem Sohn nicht einen typisch irischen Namen aufbürden. Sie waren jetzt Amerikaner.

***

Am 11. März 1891 gebar sie einen zweiten Sohn. Er erhielt den Namen Francis Benedict, starb aber schon mit fünfzehn Monaten an Diphtherie. Er wurde an der Seite seiner Großmutter Bridget beerdigt. Die Trauer um ihn wurde etwas gemildert, als Mary Augusta am 6. August 1892 ihre erste Tochter, Mary Loretta, zur Welt brachte. Erst sechs Jahre später gebar sie ihr letztes Kind, Margaret Louise.

P. J. war tagsüber fast nie zu Hause, und abends traf er sich mit Geschäftspartnern, Freunden, Priestern und Politikern. Auch sonntags war er meist mit Kumpanen und Parteifreunden unterwegs, und in späteren Jahren segelte er oft mit seiner Yacht *Eleanor* für einen Tag nach Nantasket hinüber. Das Haus war Mary Augustas Reich. Zunächst lebten die Kennedys in einem bescheidenen Heim in der Meridian Street, doch im Juni 1894 übersiedelten sie in die Webster Street. Das Haus, das sie für 5275 Dollar kauften, war zwar das kleinste in der Straße, lag dafür aber in einer der vornehmsten Gegenden von Ost-Boston. Zu ihren Nachbarn gehörten ein Kongreßabgeordneter, der Direktor der Fährbetriebe, der Vorsitzende des Stadtrats und andere lokale Größen.

»Sie [Mary Augusta] sah sich immer als Mitbegründerin einer Dynastie …«, schrieb die *Boston Post* Jahre später. »Sie war die Hausherrin und herrschte über ihr kleines Reich mit Weitblick und Güte.« Gleichwohl achtete sie unnachgiebig auf Disziplin und übernahm auch die Bestrafung der Kinder. P. J. hingegen war ein gutmütiger Vater. Sein Sohn Joe behielt ihn als einen »ruhigen und zurückhaltenden Mann« in Erinnerung, »der nie seine Stimme erhob und nie mit mir schimpfte«.

Joes Mutter war nicht nur für die Überwachung des Personals und die Erziehung der Kinder zuständig, sie war gewissermaßen auch die Seele des Hauses. Nach Meinung der Zeitschrift *The Sacred Heart* gehörte es zu den Pflichten der Frau, »durch ihr Vorbild zu zeigen, daß Fröhlichkeit die erste Christenpflicht ist«. Und so sah man Mary Augusta stets lächelnd und vergnügt. Ihr ganzes Leben war darauf ausgerichtet, die Karriere ihres Mannes zu fördern und dem Namen der Familie Ehre zu machen.

Sie mußte zwar nicht selbst kochen, Betten beziehen und Teppiche klopfen, aber sie hatte das Personal zu beaufsichtigen, das diese Arbeiten verrichtete. Auf ihr Geheiß mußte stets eine frische Muschelsuppe oder ein anderer Eintopf auf dem Herd köcheln, damit sie P. J. etwas auftischen konnte, wenn er nach Hause kam. Und eine neue Köchin lernte schnell, daß sie auch wirklich frisch meinte, wenn sie frisch sagte.

Der Waschtag war für Mary Augusta kein Schreckgespenst wie für viele andere Hausfrauen. In wohlhabenden Häusern wie dem ihren wusch man die Wäsche gewöhnlich nicht selbst, sondern gab sie in eine Wäscherei oder stellte eine Tageskraft dafür ein. Häufig waren es Witwen, die dafür sorgten, daß die Kragen und Manschetten ihres Mannes in einem ebenso makellosen Weiß erstrahlten wie die Tischdecken und Servietten.

Mary Augusta kümmerte sich intensiv um das Wohl ihres Mannes. Wenn sie bemerkte, daß er abgespannt war, organisierte sie für ihn eine Reise. Frank Lally, sein bester Freund, war nicht verheiratet und jederzeit abkömmlich. Gemeinsam mit seinen Schwestern Jenny und Lottie entwarf Mary Augusta eine Reiseroute für die beiden Männer. Ihre Urenkelin Kerry McCarthy erinnert sich später: »P. J. erzählte, er sei immer völlig ahnungslos gewesen. Erst als man seinen Überseekoffer oder andere Gepäckstücke lüftete und seine Garderobe bereitlegte, wußte er, daß er verreisen würde.« Ohne seine Frau reiste P. J. nach Europa, quer durch Amerika oder nach Florida.

Mary Augusta selbst hatte kein Interesse, fremde Länder und Gegenden kennenzulernen. Ihr genügte die Reise, die sie aus dem provinziellen Ost-Boston in die bessere Gesellschaft führte. Sie betrachtete die Reisen, die Erfolge und die Leistungen ihres Mannes wie ihre eigenen.

Der wichtigste Raum im Haus der Kennedys war der Salon. Er war das Symbol für Mary Augustas Schalten und Walten. Selbst nach viktorianischen Maßstäben war er mit Möbeln und Nippes regelrecht vollgestopft. Die liliengeschmückte Tapete war kaum zu sehen, so dicht hingen die Bilder: Porträts verehrter Vorfahren, Landschaftsbilder und andere Gemälde. An den Wänden standen zudem noch schwere Sessel, und vor den Fenstern hingen Spitzengardinen.

Oft versammelte sich die Familie im Halbkreis um das Klavier und sang Lieder. P. J. liebte besonders Volksweisen aus Irland oder Hawaii und Kirchenlieder. Musik hatte für die Kennedys dieser Generation dieselbe große Bedeutung, die sie auch für ihre Nachkommen haben sollte. Musik verband und hielt die Familie zusammen. Mary Augustas kräftige Stimme übertönte alle anderen und trug die Melodie.

Auch die Stimmen ihrer unverheirateten Schwestern Margaret und Catherine waren öfter in dieser Runde zu hören. Margaret hatte gesundheitliche Probleme und starb nach Auskunft des Totenscheins 1902 an einem »Herzklappenfehler«. Catherine wohnte zusammen mit ihrem ebenfalls unverheirateten Bruder, Dr. John Hickey, in einem großen Backsteinhaus in Winthrop mit Blick aufs Meer. Sie lebten wie die Fürsten und beschäftigten eine Reihe von Dienstboten. Wenn ihr Chauffeur sie zu den Kennedys gebracht hatte, saßen sie im Salon und verkörperten eine vornehme Welt jenseits von Politik und Geschäftemacherei.

Dem jungen Joe konnte nicht verborgen bleiben, daß bei diesen Treffen nicht alle Freunde und Verwandte gleich gerne gesehen waren. Catherine zum Beispiel fühlte sich in der Gesellschaft von Mary Augustas Schwager Humphrey Mahoney nicht sonderlich wohl. Mahoney war Maschinist und gehörte deshalb nicht zum engeren Kreis der Familie. Auch Tom Barron, der Sohn des Mannes, der Bridget und Patrick Kennedy nach ihrer Ankunft in Boston geholfen hatte, wurde nicht voll akzeptiert. Barron hatte in der Getränkebranche nicht recht

Fuß fassen können, und P. J. half ihm aus der Patsche, indem er seine Firma kaufte und ihn als Vertreter weiterbeschäftigte. Barron machte unzählige Überstunden, ruinierte seine Gesundheit für P. J. und starb relativ jung.

Im Unterschied zu Josie Fitzgerald identifizierte sich Mary Augusta mit dem Erfolg ihres Mannes und betrachtete es als ihre Pflicht, seine Karriere zu fördern. Ja, sie hatte sogar viel ehrgeizigere Pläne als P. J. und bedrängte ihn, sie zu verwirklichen. Ihr Mann war in Ost-Boston eine einflußreiche Persönlichkeit, und sie registrierte es mit Genugtuung, daß ständig Bittsteller in ihren Salon kamen: arme Witwen, die P. J. davor retten sollte, sich prostituieren zu müssen, arbeitslose Väter, die nach einer Anstellung in der Stadt suchten, irische Unternehmer, die Schwierigkeiten mit alteingesessenen Bostoner Geschäftsleuten hatten, Stubenmädchen und Köche, die von ihren Arbeitgebern um ihren Lohn geprellt wurden, mittellose junge Männer, die Lehrer werden wollten oder sich zum Priesteramt berufen fühlten. P. J. nahm sich für jeden Zeit, griff dem einen oder anderen auch finanziell unter die Arme und wußte meist einen Rat. In jenen Tagen erwarb er sich seinen Ruf als selbstloser Hüter der Gemeinschaft. Später kehrten die Leute wieder, denen er einen Gefallen erwiesen hatte, und die meisten fragten: »Wie kann ich das jemals wiedergutmachen?« Seine Antwort war immer dieselbe: »Beten Sie für meine Mutter.« Daß er außerdem bei der nächsten Wahl fest mit ihrer Stimme rechnete, verstand sich von selbst, aber das schien wenig genug, gemessen an dem, was er für sie getan hatte.

Not hält sich nicht an Bürostunden, und so kamen die Hilfesuchenden oft auch während der Mahlzeiten zum Haus der Kennedys. »Sage ihnen, daß wir gerade beim Essen sind«, riet Mary Augusta ihrem Mann.

P. J. ging hinaus, steckte aber gleich darauf den Kopf zur Eßzimmertür hinein: »Ihr werdet wohl ohne mich weiteressen müssen.« An vielen Abenden blieb sein Stuhl leer, und Joe schwor sich, nie ein Leben zu führen, bei dem er auf den leisesten Wink hin springen mußte.

Sein Vater war einer der klügsten Männer in Ost-Boston. Er häufte in aller Stille ein Vermögen an, ohne daß die Öffentlichkeit Anstoß daran nahm. Er war mit Unterstützung der Alkohollobby in den Senat gewählt worden. Er kämpfte für sie gegen Gesetze, die den Alkoholverkauf einschränkten, und sie zeigten sich anscheinend dadurch erkenntlich, daß sie seinem Getränkegroßhandel die Belieferung der größten Hotels in Boston überließen. Als Mitglied im Verkehrsausschuß wußte er, wo der Bau neuer Straßen und Abwasserkanäle geplant war, und das waren ungemein nützliche Informationen für einen Mann, der sich zunehmend im Immobilienhandel engagierte. Nach zwei Legislaturperioden legte P. J. sein Amt nieder, ohne dadurch freilich an politischer Macht zu verlieren. Er blieb weiterhin Mitglied im Bostoner Strategieausschuß, der aus den vier einflußreichsten Iren der Stadt, den Chefs der Wahlbezirke, bestand. Einer von ihnen war John F. »Honey Fitz« Fitzgerald.

Von 1889 an kaufte und verkaufte P. J. innerhalb von 20 Jahre über 30 Liegenschaften. P. J. konnte sehr großzügig sein, wenn eine arme Witwe hilfesuchend an seine Tür klopfte, doch andererseits betrieb er bei seinen Immobiliengeschäften mehrere Zwangsvollstreckungen, zu deren Opfern auch eine Witwe zählte. Sein Schwager und einer seiner Geschäftspartner besaßen Bestattungsunternehmen und verhalfen ihm zu Informationen. Außerdem hatte er ein geradezu unheimliches Talent, Grundstücke zu günstigen Preisen zu erwerben, insbesondere dann, wenn er mit Anwälten verhandelte, die als Testamentsvollstrekker fungierten.

P. J. fühlte sich in den Hinterzimmern der Macht wohler als im Licht der Öffentlichkeit. Weder bei seinen Geschäften noch in der Politik ließ er sich gern auf die Finger sehen. Selbst Wahlbetrug kam vor. An einem Wahltag begleitete Joe seinen Vater und hörte, wie ein Gefolgsmann ihm zuraunte: »Ich habe heute schon 128mal gewählt.« Und der Tag war noch nicht vorüber. Joe erinnerte sich später gern an diese Geschichte und erzählte sie stets mit einer Mischung aus Amüsement und Sarkasmus. Damals begriff er, daß es hinter den Kulissen der heilen Welt seiner Mutter eine andere Welt gab, in der dunkle Machenschaften an der Tagesordnung waren.

P. J. verdankte einen Teil seines Erfolges der Fähigkeit, seine Kontakte geschickt zu nutzen und ältere und wohlhabendere Männer zu seinen Förderern zu machen. So verschaffte ihm John H. Sullivan, einer der mächtigsten Wirtschaftsführer in Ost-Boston, einen hohen Posten in der Columbia Trust Company. Der untersetzte Geschäftsmann war eine wichtige Größe in der demokratischen Partei, und P. J. hatte vermutlich den Auftrag, seine Interessen in der Bank wahrzunehmen.

P. J. wurde Aufsichtsratsmitglied und später sogar Präsident der Bank. In dieser Eigenschaft konnte er einer Witwe Geld für den Kauf eines Hauses leihen, das sie sonst nirgends bekam. Gleichzeitig war die Bank aber auch an der gewerblichen Entwicklung und am Wohnungsbau beteiligt, und auf die Interessen kleiner Leute wurde da wenig Rücksicht genommen. In einer Gaststätte neben der Bank wurden Kredite ausgehandelt, und Gerüchten zufolge mußten die Kreditnehmer illegale Provisionen bezahlen. Außerdem unterhielt die Bank enge Kontakte zur demokratischen Stadtverwaltung. Während Fitzgeralds zweiter Amtsperiode wurde Geld aus der Stadtkasse auf zinslose Konten überwiesen und dann von der Bank zu saftigen Zinsen verliehen. P. J. war über diese Machenschaften voll im Bilde, dennoch schenkte er auf dem Weg ins Büro den anderen Fahrgästen in der Straßenbahn ein gütiges Lächeln. Er kannte Ost-Boston und wußte besser als die meisten, wie man hier zu Geld kam.

***

Mary Augusta sah es nicht gern, daß P. J. immer wieder seine Beziehungen zu Iren spielen lassen mußte, um Erfolg zu haben. Ihr Sohn sollte das später nicht nötig haben. Sie wünschte sich Joes Erfolg mit einer Inbrunst, die in der Familie Kennedy zur Legende wurde. »Sie steuerte und unterstützte den Aufstieg ihres einzigen Sohnes«, sagte Mary Lou McCarthy über ihre Großmutter. »Sein Triumph sollte der Höhepunkt ihres Lebens sein. Sie war felsenfest davon überzeugt, daß er seinen Weg machen würde.«

Joe wagte es nicht, die Erwartungen seiner Mutter in Frage zu stellen. »Die Berufswahl überließ sie ihm«, sagte Kerry McCarthy über ihre Großmutter. »Sie sagte zu ihm: ›Du kannst ins Bankgeschäft gehen. Du kannst Politiker oder Unternehmer werden. Aber wofür du dich auch entscheidest, du mußt es richtig machen, mein Junge. Du wirst es schaffen.‹«

Mary Augusta unterrichtete ihren Sohn von klein auf in den Grundlagen des Katholizismus. Sie selbst war zutiefst religiös, und ihre beste Freundin war eine Nonne. Überhaupt waren Nonnen und Priester häufig zu Gast bei den Kennedys. Gemeinsam lasen sie am Hausaltar die Messe.

Mary Augusta schickte Joe und seine Schwestern auf eine kirchliche Grundschule, an der Schwestern des Ordens Notre Dame de Namur unterrichteten. Später wechselte Joe an eine Schule, die von den Xavier-Brüdern geführt wurde. Bei den Nonnen lernte Joe, wie man zu sitzen und zu gehen hatte, denn Hängeschultern und Spreizfüße, Hohlkreuz und Hühnerbrust galten als Folge einer »nachlässigen Erziehung durch Eltern und Lehrer«. Außerdem trichterte man ihm ein, seinen Eltern niemals zu widersprechen, seinen Vater stets respektvoll mit »Vater« anzureden und in Gegenwart seiner Mutter Hut oder Mütze abzunehmen.

Als katholische Mutter wachte Mary Augusta über die Tugend ihres Sohnes und brachte ihm geschliffene Manieren bei, durch die er sich von den vielen neuen Einwanderern – Russen, Juden, Polen, Italienern und Deutschen – unterscheiden sollte. Niemand durfte an einem falschen Wort erkennen, daß er der Sohn eines Iren war, der noch dazu mit Spirituosen handelte, eine Beschäftigung, über die Protestanten wie Katholiken die Nase rümpften.

Mary Augusta schloß ihre Kinder nicht oft in die Arme. Das gehörte sich nicht. Speziell Söhne konnten durch ein Übermaß an Zuwendung zu Schwächlingen erzogen werden. Die Zeitschrift *The Sacred Heart Review* riet denn auch: »Seid so höflich zueinander, wie ihr es allen anderen Damen oder Herren gegenüber wäret, und laßt euch durch Ungezwungenheiten in der Familie nicht die guten Manieren verderben.«

Das Frauenbild, das Joe zu Hause vermittelt bekam, prägte seine späteren Beziehungen zu anderen Frauen. Er war von Frauen umgeben, die ihn bedienten und darin offenbar auch die Erfüllung ihres Lebenszwecks sahen. Sie verwöhnten ihn, aber sie erwarteten auch, daß er reiche Beute mit nach Hause brachte. Wie er das anstellte, war ihnen anscheinend gleichgültig, das gehörte nicht zu ihrer Welt. Darauf beschränkte sich sein Wissen über die Frauen und seine Mutter. Außerdem ahnte er wohl, daß sie ihm ihre Liebe entziehen könnten, wenn er ihre Hoffnungen enttäuschte.

Als er zwölf Jahre alt war, beschloß Mary Augusta, daß er sich sein Taschengeld fortan selbst verdienen müsse. Ein gewöhnlicher Job war für ihren Joe aber nicht gut genug, und so verschaffte sie ihm eine Stelle als Botenjunge des beliebtesten Hutladens der Stadt. Seine Aufgabe bestand darin, den vornehmen Damen der protestantischen Gesellschaft ihre neuen Hüte ins Haus zu liefern. »Wenn dich jemand nach deinem Namen fragt«, riet ihm seine Mutter, »sagst du ›Joseph‹.« Sein Rufname Joe klang ihr zu irisch und zu gewöhnlich.

Wenn Joe alle Hüte ausgetragen hatte, verkaufte er Zeitungen. Die Welt der Zeitungsjungen hatte ihre eigenen Gesetze. Rabauken und Schlägertypen, Waisen und Kinder armer Leute durchstreiften die Straßen und versuchten, ihre Ware an den Mann zu bringen. Nicht selten kam es vor, daß sie einem Neuling die Zeitungen wegnahmen, ihn von seiner Straßenecke verjagten oder gar verprügelten. In diesem rauhen Geschäft lernte Joe Dinge, die ihm die Nonnen nicht beigebracht hatten. Und anders als viele irische Eltern der zweiten Generation wollte Mary Augusta, daß ihr Sohn diese Dinge lernte – und er lernte sie gut.

Joe erkannte, daß in den Einwanderervierteln eine erbitterte Konkurrenz herrschte und daß man sich mit allen Mitteln verteidigen mußte. »Jede Gruppe von Einwanderern begegnete den Neuankömmlingen mit Abneigung und Mißtrauen«, sagte er Jahre später. »Die Engländer behaupteten: ›Die Iren halten den Sonntag heilig und reißen sich alles unter den Nagel, was sie kriegen können.‹ Die Engländer und die Iren mißtrauten den Deutschen, weil sie ›zu hart arbeiteten‹. Und alle zusammen mochten die Italiener nicht, die ihrerseits auf die Slawen herabblickten.«

Die Kennedys kannten den Haß der militanten Protestanten auf die Katholiken aus eigener Erfahrung. Am 4. Juli 1895, als Joe sechs Jahre alt war, marschierten Tausende von Mitgliedern eines antikatholischen Schutzbundes durch Ost-Boston. Es kam zu einem Tumult. In der Straße, in der Bridgets alter Laden lag, feuerte ein Protestant mit einer Pistole auf eine Gruppe von Katholiken und erschoß zwei Männer. Anstatt sein Bedauern über den Vorfall auszudrücken, sagte ein Baptistenpfarrer von der Kanzel: »Möge Gott bald den Tag kommen lassen, an dem kein katholischer Priester mehr auf diesem Kontinent weilt.«

* * *

Joe wuchs mit einer tiefen Abneigung gegen die protestantische Elite auf. Ein weiterer Zug an ihm war seine Geschäftstüchtigkeit, die man bei einem Mädchen als moralisch verwerflich angesehen hätte. Joes bester Freund, Ronan Gray, hatte eine Taubenzucht. Für gebratene

Täubchen war durchaus ein Markt vorhanden, aber das Futter für die Tiere verschlang bereits den größten Teil des erhofften Profits. Da hatte Joe eine Idee. Sie holten ein paar Vögel aus dem Taubenschlag, versteckten sie unter ihren Hemden, fuhren mit der Fähre in die Stadt und gingen in den Park. Dort ließen sie die Tiere fliegen. Dann kehrten sie nach Ost-Boston zurück, und wenig später fanden sich auch die Tauben wieder ein, allerdings in Begleitung zweier wilder Artgenossen, die die Jungen umgehend verkauften. Das Geld teilten sie sich – jedesmal. An diesem Beispiel lernte Joe, daß er mit einem schlauen Einfall genausoviel verdienen konnte wie Gray mit all der Arbeit im Taubenschlag.

Joe wurde in dem Glauben erzogen, er sei etwas Besseres als die Nachbarjungen, und als er älter wurde, schickte ihn Mary Augusta an die Bostoner Lateinschule auf der anderen Seite der Bucht. Sie galt als die beste staatliche Schule in Amerika. »Bildung ist keine Last«, pflegte seine Mutter zu sagen, ein Ausspruch, an den er sich noch Jahre später erinnerte. So wie sie ihn auf die Straße geschickt hatte, damit er sich gegen die Söhne der Armen behauptete, so steckte sie ihn jetzt in eine Klasse, in der er sich mit den Söhnen der Privilegierten messen sollte.

Joe wuchs in zwei getrennten Welten auf. Sonntags, wenn er die Messe in der Erlöserkirche besuchte, war er ein frommer junger Mann, und im Salon seines Elternhauses bewies er tadellose Manieren. Auf der Straße und auf dem Sportplatz hingegen war er ein Heißsporn und Draufgänger, der nur an den Sieg dachte. Er wußte genau, was er wollte: ein Leben in Wohlstand und Erfolg. Er stand mit beiden Beinen fest auf dem Boden. Mit der abstrakten Politik konnte er wenig anfangen. Er interessierte sich vor allem für Geld: Wie und wo kam man an Geld heran und was fing man damit an. Im Jahrbuch seiner Schule wurde ihm prophezeit, er werde sein Vermögen »auf höchst ungewöhnliche Weise verdienen«.

Er war kein guter Schüler. Dennoch war Mary Augusta fest entschlossen, ihn nicht auf das neue katholische Boston College zu schikken, das am äußersten Ende der Commonwealth Avenue entstand. Und darin ließ sie sich auch durch den neuen Bischof O'Connell nicht beirren, der wünschte, daß katholische junge Männer katholische Universitäten besuchten. Ihr Sohn sollte nach Harvard gehen und dort Seite an Seite mit der Bostoner Elite arbeiten und leben.

P. J. rief Freunde an, deren Söhne ebenfalls in Harvard studierten, und bat sie, ein Auge auf Joe zu haben. Er wußte, wie reizbar sein Sohn war. Joe mochte seine Empfindlichkeit vielleicht vor anderen verbergen, doch ihm konnte er nichts vormachen. P. J. zweifelte an der Fähigkeit seines Sohnes, sich ohne fremde Hilfe durchzubeißen.

Trotz der Zweifel seines Vaters begriff Joe schnell, daß es in Harvard vor allem auf Geld und Macht ankam. Die Söhne der protestantischen Elite, die an der Universität dominierten, konnten nur deshalb über literarischen Fragen brüten, weil ihre Großväter Handelsschiffe in den Orient geschickt und damit einen Reichtum erworben hatten, der heute sicher in Wertpapieren angelegt war. Joe selbst lernte am College auch nicht eifriger als an der High School. Obwohl sein Vater reich genug war, ihm eine ausgezeichnete Ausbildung zu finanzieren, wollte er lieber Geld verdienen. Zusammen mit einem Freund kaufte er einen alten Reisebus. Sie hatten die Idee, Stadtrundfahrten durch Boston zu veranstalten. Joe erkannte schnell, daß sie vor allem einen guten Standplatz für ihren Bus brauchten, am besten direkt vor dem Südbahnhof. Doch dafür brauchte man eine Lizenz. Joe wandte sich in der Sache an Fitzgerald, und der besorgte ihm die Lizenz, obwohl er ihn als Verehrer seiner Tochter nicht besonders schätzte. Binnen zwei Jahren verdienten die beiden jungen Männer die stolze Summe von 10000 Dollar. »Sein Freund machte die Arbeit, und Joe steckte das Geld ein«, erinnerte sich Henry O'Meara, einer seiner engsten Freunde.

Doch Joe wollte nicht nur Geld verdienen, er strebte auch nach gesellschaftlicher Anerkennung. In Harvard wurde man danach eingestuft, welchem Studentenclub man angehörte, und für Joe bestand keinerlei Aussicht, in einen der renommierten protestantischen Clubs aufgenommen zu werden. Sein Zimmergenosse Bob Fisher, der Mitglied in einem solchen Club war, warnte ihn, daß die Snobs dort nur darauf warteten, daß er einen Fehler beging, der ihn als taktlosen und vulgären Iren entlarvte. Eine überflüssige Warnung, denn Joe achtete auch so ganz genau darauf, was er tat. Die meisten Kommilitonen mochten vielleicht den Eindruck haben, er sei in Harvard gut aufgenommen worden, doch er selbst war alles andere als zufrieden. Er empfand einen tiefen Groll darüber, daß es ihm nicht gelang, in den inneren Kreis der protestantischen Elite vorzustoßen.

Im Umgang mit den Bostoner Iren hatte Joe freilich einen Trumpf im Ärmel: seine Beziehung zur Tochter des Bürgermeisters. Es ließ ihm keine Ruhe, daß Fitzgerald versuchte, ihn von seiner Tochter fernzuhalten. Einmal drehte er sogar verärgert Roses Bild mit dem Gesicht zur Wand, was ihn allerdings nicht davon abhielt, sich weiter mit ihr zu treffen. So wie sie sollte die Frau sein, die er einmal heiraten würde. So wie seine Mutter.

Joe hatte gelernt, Frauen in zwei Sorten zu unterteilen, in die einen, die man heiratete, und die anderen, mit denen man seinen Spaß hatte. Er steckte voller sexueller Bedürfnisse, und er hatte vor, sie in vollem Umfang zu befriedigen. Arthur Goldsmith, einer seiner Kommilitonen, beschrieb ihn rückblickend als »vergnügungssüchtigen Begleiter und Frauenhelden«. Mit Goldsmith fuhr er in das Theaterviertel in der Bostoner Innenstadt. Für manche Harvardstudenten gab es kaum etwas Aufregenderes als ein Tête-à-tête mit einer »Schauspielerin«. Im Amerika der Jahrhundertwende verwies diese Berufsbezeichnung auf eine Halbwelt der Laster und Abenteuer.

An einem schönen Frühlingstag im Jahr 1912 begleiteten Arthur und Joe zwei hübsche Tänzerinnen aus dem Musical *Pink Lady* auf eine beliebte Rollschuhbahn. Sie fuhren Arm in Arm mit ihnen im Kreis, als Joe plötzlich Rose vorbeirollen sah. »Er konnte sich noch einmal herausreden«, entsann sich Goldsmith.

***

Nun, da Joe in Harvard studierte, hielt Mary Augusta die Zeit für gekommen, aus Ost-Boston fortzuziehen. Es ließ sich dort nicht mehr gut leben. Immer mehr Fabriken und Werkstätten wurden in den Ostteil der Stadt verlagert, weil sie sonst das alte Boston verschandelt hätten.

Die Kennedys kauften in der Washington Avenue Nr. 97 in Winthrop ein geräumiges, zweistöckiges Fachwerkhaus, von dessen Fenstern aus man den Atlantik sehen konnte. Das Zehntausend-Seelen-Städtchen war eine völlig andere Welt als Ost-Boston. Hier suchte man vergebens nach irischen Kneipen, denn wie in den meisten anderen Vorstädten – von einem Historiker »Stätten des Triumphs auf der moralischen Landkarte« genannt – war der Ausschank von Alkohol verboten. In Winthrop gab es weder jüdische Straßenhändler, die ihre Karren durch die Stadt schoben und Gemüse, Eis oder Öl verkauften, noch Italiener, die vor ihren Lebensmittelgeschäften standen oder an den Straßenecken Akkordeon spielten.

Sonntags konnte Joe Freunde aus Harvard mit nach Hause bringen, ohne daß sie das Gefühl hatten, in eine irische Enklave einzudringen. Nachmittags schlenderten sie in ihren blauen Anzügen die Strandpromenade entlang, und abends nahmen sie an dem großen runden Tisch im Eßzimmer Platz, legten sich Servietten aus feinstem Leinen auf den Schoß, tranken Wasser aus Kristallkelchen und aßen von Limoges-Porzellan. Aufgetischt wurde habhafte amerikanische Hausmannskost: große Platten mit Schinken und Hühnerfleisch, dampfende Schüsseln mit Baked Beans und Körbe mit frischgebackenem Brot. Die ganze Familie war versammelt: P. J., der liebenswerte und untersetzte Familienvater, Mary Augusta, die Hausherrin, rundlich und würdevoll, das von grauen Strähnen durchzogene Haar streng zurückgekämmt, dann die Töchter Mary Loretta und Margaret, beide wohlerzogene junge Damen, und schließlich Joe, der Harvardstudent und Stolz der Familie, ein junger Mann, dem eine erfolgreiche Zukunft winkte.

Anzügliche Witze oder derbe Späße waren an diesen Abenden ebenso verpönt wie Wein oder andere alkoholische Getränke. Im Haus und in der Kirche vertraten Joe und seine Familie strengste Moralprinzipien und einen katholischen Puritanismus. Aber neben dieser von Frauen dominierten Welt gab es noch die Welt der Männer, in der beinahe alles erlaubt war. Dort konnte Joe sich ausleben, und er fühlte sich sehr wohl mit dieser Zweiteilung.

Nach dem Abendessen ging die Gesellschaft in den Salon. Mary Augusta nahm in ihrem Schaukelstuhl, P. J. in seinem Lieblingssessel Platz. Joe und seine Freunde gruppierten sich um den Stutzflügel von Steinway und sangen Lieder, während Loretta sie begleitete.

Joe konnte zwar kaum den Ton halten, doch er übertönte alle anderen. Er stimmte »Danny Boy«, »Peg O'My Heart« und neuere Lieder aus *Pink Lady* an, darunter »My Beautiful Lady«, »The Kiss Waltz« und »Donny Did, Donny Don't«. Er hatte seiner Familie erzählt, er habe »das Musical zusammen mit Kommilitonen in New York gesehen«, und seine Mutter hätte sich niemals träumen lassen, woher er die neuen Schlager so gut kannte. Er war ihr Joe. Er würde eine glänzende Karriere machen, doch sie ahnte nicht, was alles dazu gehörte.

6

Die schönste Liebesgeschichte des Jahrzehnts

Ende Juni des Jahres 1911 schiffte sich Rose gemeinsam mit ihrem Vater und Agnes nach Europa ein. Joe blieb allein zurück. Er war etwas beunruhigt, denn Hugh Nawn, Fitzgeralds Wunschkandidat für die Hand seiner Tochter, war ebenfalls mit von der Partie. Fitzgerald unternahm die Reise mit der Handelskammer auch deshalb, um Rose von dem jungen Kennedy wegzulocken.

Eines Abends fuhr Rose gemeinsam mit Hugh auf einem Schiff von Wien aus die Donau hinunter. Während das Mondlicht auf dem Wasser schimmerte, drehten sie sich zu den Klängen des Walzers »An der schönen blauen Donau«. Alles paßte perfekt, die Musik, der Fluß – alles bis auf Hugh. Dabei war er ein junger Mann mit einem vorbildlichen Charakter. Er würde eines Tages in die Firma seines Vaters eintreten und ein vorhersagbares, anständiges Leben führen. Joe hingegen war der Sohn eines Machtmenschen, dynamisch und wild entschlossen, Karriere zu machen. Er war wie ihr Vater. In einer Ehe mit ihm würde Rose sicherlich mehr in der Öffentlichkeit leben und häufiger Gelegenheit haben, die Fähigkeiten zu nutzen, die sie als ihre Stärken betrachtete.

Während ihres Aufenthalts in Europa lernten Rose und Agnes verschiedene junge Männer kennen. Ein Gerücht drang nach Boston, das Josie beunruhigt haben dürfte: Angeblich hatte ein deutscher Baron ein Auge auf eine ihrer Töchter geworfen. Für Agnes waren diese kleinen Flirts die Glanzpunkte ihrer Reise. Rose dagegen war ernsthafter. Sie studierte die Stellung der Frau in der europäischen Gesellschaft.

Sie wußte, daß sie privilegiert war, und je mehr sie von Europa sah, desto glücklicher war sie, Amerikanerin zu sein. »Die untergeordnete Position der Frauen im Ausland im Vergleich zu Amerika macht mich zutiefst betroffen«, erklärte sie einem Reporter der *Boston Post*. »Es ist eine Tatsache, daß die Frauen dort schwerer arbeiten müssen als die Männer hier. Es ist eine Schande, wie Frauen mancherorts in Europa behandelt werden.« Auf der Eisenbahnfahrt von Frankreich nach Ungarn schaute Rose aus dem Fenster und beobachtete, daß dreiviertel der Feldarbeit von Frauen verrichtet wurde. In Deutschland und Österreich fiel ihr auf, daß entlang den Bahnlinien Frauen arbeiteten: Sie stemmten Schwellen, schlugen Bolzen ein und schleppten Ziegelsteine. Je weiter die Reise nach Osten führte, desto schlimmer wurden die Zustände. In Budapest räumten Mädchen, die nicht älter waren als fünfzehn, Baumschnitt und Gartenabfälle aus den Parks, und Rose sah eine Frau, die zusammen mit einem Hund einen Milchkarren zog, während ihr Mann, ein Pfeifchen schmauchend, hinterherlief und sein Gespann antrieb.

Mit England lernte Rose ein Land kennen, in dem es eine starke Bewegung für die Einführung des Frauenwahlrechts gab. Im Juni waren 40000 bis 60000 Demonstrantinnen durch London gezogen. Als ein Journalist Rose nach ihrer Meinung über die englischen Frauen fragte, antwortete sie, sie habe sich »noch kein klares Bild von den Suffragetten« gemacht – eine höfliche Umschreibung für »kein Kommentar«.

Rose sympathisierte zumindest teilweise mit den Frauen, die für politische Gleichberechtigung eintraten, doch sie wollte ihren Vater nicht in Verlegenheit bringen. Fitzgerald überschüttete die Frauenrechtlerinnen in den Staaten regelmäßig mit Spott und nannte sie transparenteschwingende Ziegen, die besser zu Hause geblieben wären, statt Menschenketten zu bilden und stundenlang den Verkehr aufzuhalten. Besonders gerne erzählte Fitzgerald von einer Frauenrechtlerin, die im Rathaus auf einen Termin bei ihm wartete. »Was wollt ihr Suffragetten eigentlich?« fragte Willie, der Bürojunge, auf einen Besen gestützt. »Wir wollen das Land ausmisten«, antwortete ihm die Frau. »Wirklich?« fragte Willie. »Dann nehmen Sie doch meinen Besen und fangen gleich hier damit an, solange Sie warten.« Und laut Fitzgerald tat sie das auch.

Rose wußte sehr wohl, daß nicht nur ihr Vater gegen das Frauenwahlrecht war, sondern auch die Kirchenführer. Sie befürchteten, es könnte die Frauen von Heim und Herd weglocken. So schrieb die einflußreiche katholische Zeitschrift *America:* »Eine Frau, die an die niederen Instinkte des Mannes appelliert, sollte sich auf den Ausbruch eines Vulkans gefaßt machen. Nur wenn sie moralisch über dem Manne steht, kann sie sich vor ihm sicher fühlen. Nur dann wird sie von ihm verehrt und kann ihm hilfreich sein, nicht aber, wenn sie ihm gleichgestellt ist.«

Selbst wenn es Rose gewagt hätte, sich gegen ihren Vater und die Kirche aufzulehnen, wäre sie von einigen Suffragetten nicht gerade mit offenen Armen empfangen worden. In Boston standen an der Spitze der Bewegung überwiegend gebildete Protestantinnen, die den irischstämmigen Amerikanern häufig mit kaum verhohlener Verachtung begegneten. Diese Damen forderten zwar für sich selbst das Wahlrecht, doch konnten viele die Vorstellung kaum ertragen, es auch ihren Dienstmädchen zuzubilligen – denn die würden ihre Stimmen wahrscheinlich Leuten wie John F. Fitzgerald geben. Aus diesem Grund befürwortete Margaret Deland, eine Autorin und prominente Frauenrechtlerin, für bestimmte Männer und Frauen ein eingeschränktes Wahlrecht. »Wir haben durch die Stimmen der Patricks schon genügend erleiden müssen«, schrieb sie im März 1910 im *Atlantic.* »Mit dem allgemeinen Frauenwahlrecht würden auch noch die Bridgets hinzukommen.«

Rose akzeptierte es, daß sich ihre politische Rolle darauf beschränkte, ihren Vater zu unterstützen. »Wünschen Sie sich manchmal, ein Mann zu sein, damit Sie wie Ihr Vater in die Politik gehen könnten?« fragte sie ein Reporter.

»Ja, manchmal schon«, entgegnete Rose. »Aber ich kann ja mitwirken und tue es auch. Ich begleite meinen Vater häufig. Bei der letzten Versammlung vor seiner Wiederwahl war ich auch dabei. Wie Sie sehen, macht es mir Spaß, auch wenn ich kein Mann bin. Ich glaube, eine Frau kann viel aus ihrem Leben machen, wenn sie will. Wenn sie möchte, kann sie sich für die wirklich wichtigen Dinge interessieren.«

Mitte August kehrte Rose von ihrer Europareise nach Boston zurück. Sie freute sich darauf, Joe wiederzusehen und wieder in ihre Rolle als Tochter des Bürgermeisters zu schlüpfen. Seit ihrer Rückkehr aus Manhattanville hatte sie die Erfahrung gemacht, daß sie bei öffentlichen Anlässen oftmals im Mittelpunkt des Interesses stand. Im vergangenen Juni hatten die Fitzgeralds aus Anlaß eines Gemeindefestes zum 281jährigen Bestehen von Dorchester der Allgemeinheit ihr Grundstück geöffnet. Für die jungen Frauen, die Lose verkauften, Kuchen schnitten und mit den Kindern Eierlaufen veranstalteten, verkörperte Rose das Ideal einer jungen Katholikin, deren Anweisungen sie gerne folgten. Rose selbst verkaufte Ansteckblumen. Sie trug ein langes weißes Sommerkleid wie alle anderen. Doch wenn es einen Preis für den extravagantesten Hut gegeben hätte, so hätte sie ihn sicherlich gewonnen: Sie trug ein aufsehenerregendes Modell mit breiter Krempe und Rüschen.

Wer in der Hoffnung gekommen war, die Villa selbst betreten zu können, wurde enttäuscht. Nur gute Bekannte durften die Absperrungen passieren. Eine wachsende Menge schlenderte über den Rasen und erfreute sich an den dargebotenen Vergnügungen. Die Frauen der Familie Fitzgerald hatten zwar mit einem großen Andrang gerechnet, doch niemand hatte voraussehen können, daß es 3000 Besucher sein würden, die sich auf »den belebtesten achttausend Quadratmetern außerhalb von Coney Island« drängten, wie der *Boston American* schrieb.

Viele Besucher redeten fast ehrfürchtig mit dem Bürgermeister und seiner Familie, und immer wieder kam die Sprache auf Fitzgeralds legendären Aufstieg, der ihn von den kopfsteingepflasterten Straßen in North End auf diesen Besitz in Dorchester geführt hatte. In seinen Wahlkämpfen hatte Fitzgerald nicht nur mit der Saga von »Honey Fitz« um Stimmen geworben, sondern auch mit seiner mustergültigen Familie. Und so waren viele nicht nur seinetwegen in der Welles Avenue eingefallen, sondern auch um seine Frau und seine Kinder kennenzulernen. Selbst *Cosmopolitan*, eine der beliebtesten Zeitschriften im Land, widmete Josie und ihren Töchtern einen Artikel, der zu einer wahren Lobeshymne geriet, und nannte sie »die eigentliche Quelle seiner [Fitzgeralds] Inspiration und nie versiegenden Energie ...«

Als Politikerfrauen hatten Rose, ihre Mutter und ihre Schwester nur eine öffentliche Funktion: Fitzgeralds Karriere zu fördern und sein Image zu verbessern. Sie hatten sich der Aufgabe verschworen, den Anschein einer vornehmen, kultivierten Familie zu erwecken, die das katholische Lebensideal verkörperte. Rose wußte, daß sie nie jemanden hinter diese Fassade blicken lassen durfte und alles vermeiden mußte, was diesem Bild widersprach. So war ihr Vater in Wahrheit kein Freund der feinen Küche. »Wenn nicht irgendein Prinz oder Herzog zum Essen erwartet wurde, war Fitzgerald mit Corned beef und Kohl vollauf zufrieden«, erzählte die Köchin Catherine Coffee. »Nur wenn hochgestellte Persönlichkeiten zu Besuch kamen, aß er gefüllte Ente und Gänseleberpastete.«

An diesem Junitag aber wehte kein Geruch von Corned beef und Kohl vom Haus herüber. Und wenn Josie, perfekt gekleidet und frisiert, hoch erhobenen Hauptes über den Rasen eilte, war ihr nicht anzumerken, wie schwer es ihr fiel, solche öffentlichen Aufgaben zu übernehmen. Ganz anders Rose. Sie hatte ein abgeschiedenes Leben hinter Klostermauern geführt und blühte jetzt in der Öffentlichkeit richtig auf. Sie wußte genau, wie jeder einzelne zu begrüßen war. Sie sprühte vor Charme, und wenn sie manchmal ein wenig zu »königlich« erschien und ihre Höflichkeit etwas herablassend wirkte, so blieb dies den meisten verborgen.

Immer mehr Menschen strömten auf das Grundstück, denn das Fest der angesehensten Familie des katholischen Boston bot eine günstige Gelegenheit, um Kontakte zu knüpfen. Hier konnte der Junggeselle eine passende Braut finden, der aufstrebende junge Geschäftsmann seine Visitenkarte unter die Leute bringen oder eine ledige Katholikin neue Bekanntschaften schließen. Die Party war zukunftsweisend für das Leben von Rose und ihrer Familie. Viele Anhänger folgten ihr nicht etwa deshalb, weil ihnen Fitzgeralds Politik besonders am Herzen lag, sondern aus rein gesellschaftlichem Ehrgeiz. Der Tag sollte kommen, an dem Menschen fast jedes Opfer brachten und jede Anstrengung unternahmen, um in Roses Heim eingeladen zu werden, an dem sie stundenlang Schlange standen, nur um ihr die Hand zu schütteln.

***

Das Gartenfest wurde von einem karitativen Frauenverein der Gemeinde St. Mark's veranstaltet, einer der vielen Organisationen, der Rose angehörte. Diese Frauenvereine waren wichtige soziale Institutionen. Junge Frauen aus der Oberschicht traten der Junior League, dem Vincent Club oder so ehrbaren Einrichtungen wie Nähkreisen bei, in denen man sich einmal die Woche traf und für die Armen nähte. Meist blieben die Damen ihr ganzes Leben lang Mitglieder. Um die

Jahrhundertwende hatten die Katholiken begonnen, dem Beispiel der Protestanten nachzueifern und eigene Clubs zu gründen, in denen man sich weiterbildete und gemeinnützige Zwecke verfolgte. Die Zeitschrift *America* beschrieb sie folgendermaßen: »Sie sollen nicht nur den einzelnen Mitgliedern oder der Gruppe nützen, sondern lebendige Zentren des Katholizismus sein, von denen das Licht der Wahrheit und die Wärme der Nächstenliebe bis in die hintersten Winkel der Erde strahlt.« Trotz ihrer Zurückhaltung in der Öffentlichkeit übernahm Josie eine führende Rolle im katholischen Vereinsleben. Sie war ein wichtiges Mitglied in der Katholischen Frauenliga und lud die Damen des Abbotsford Club zum Mittagessen in ihr Haus, um mit ihnen die Veranstaltungen im Winter zu planen.

Rose nahm diese Clubs in gewisser Weise sogar noch ernster als ihre Mutter. Josie spielte gelegentlich eine Partie Whist im Dorchester Club, doch Rose bezeichnete Kartenspielen als »Zeitverschwendung« und sprach ihm »jeden erzieherischen Effekt« ab. Sie zog es vor, den Deutschen Club oder die Alliance Française zu besuchen und ihre Sprachkenntnisse zu vervollkommnen. Sie ging auch in einen Nähkreis, in dem sie Kleider für die Armen nähte, statt zu plaudern. Außerdem gehörte sie dem Abbotsford Club an, der Theaterabende veranstaltete, deren Erlös wohltätigen Zwecken zufloß.

Kurz nach ihrer Rückkehr aus Europa hatte Rose mit ihren Freundinnen den »Ace of Clubs« gegründet. Das erklärte Ziel des Vereins war, »das Interesse seiner Mitglieder an sozialen, weiterbildenden, kulturellen und wohltätigen Aktivitäten zu fördern«. Jahre später gab Rose ihrer Schwiegertochter Joan gegenüber zu, daß sie den Club teilweise nur deshalb ins Leben gerufen hatte, weil sie der protestantischen Junior League nicht habe beitreten können. Mitglied konnten nur Frauen werden, die schon einmal ins Ausland gereist waren, eine Bedingung, die die Exklusivität des Clubs garantierte.

Rose verstand den Ace of Clubs als ein Forum für anspruchsvolle Diskussionen. Die jungen Damen trafen sich jeden Dienstagnachmittag im Hotel Somerset und hörten einen Vortrag. Vida Scudder, eine Professorin aus Wellesley, sprach über Franz von Assisi, und Katherine Conway, Autorin und Gegnerin des Frauenwahlrechts, über »italienische Einflüsse auf die englische Literatur«. Die Vorträge über diese schwierigen Themen hätten genausogut an einer Universität stattfinden können. Wenn Rose über den neuen Club sprach, nahm ihre Stimme einen ernsten Ton an: »Nach den Vorträgen trinken wir Tee und reden über die Sehenswürdigkeiten der Orte, über die die Redner gesprochen haben. Auf diese Weise werden wir uns der Bedeutung des Reisens zum Zwecke der Weiterbildung noch mehr bewußt.«

Rose war sich nie perfekt genug und übte ständig Selbstkritik. Außerdem besaß sie eine pädagogische Ader, die sie gerne herunterspielte. »Halten Sie mich nicht für eine Heilige«, warnte sie einen Journalisten. »Ich gehe gern tanzen oder sehe mir gern Shows an, wie jedes andere junge Mädchen. Aber man kann aus einem Club etwas so Wertvolles machen, daß es eine Schande wäre, wenn wir dort einfach nur Karten spielten.«

Ihrer Meinung nach sollte man das Leben nicht mit oberflächlichen Vergnügungen vergeuden. »Teekränzchen langweilen mich«, erklärte sie. Die katholische Kirche verlangte von den Frauen, daß sie mit ihrer Zeit mehr anfingen als sich zu amüsieren. Rose war erfüllt von diesem Ethos und glaubte, das Beste aus sich und den Menschen in ihrer Umgebung machen zu müssen. Sie saß nie untätig herum. »Ich habe genug von den Bridgeklubs und Nähkreisen«, sagte sie. »Sie langweilen einen schnell, und man selbst hat wenig davon, drei Stunden geopfert zu haben.«

Als Rose zum ersten Mal vor dem Club sprechen sollte, erschien sie mit Perlen behängt, als könne der Schmuck ihr die Autorität verleihen, die ihr noch fehlte. Eine Freundin riet ihr, die Perlen abzulegen. Rose tat es und hielt dann ihre kurze Rede.

»Wie war ich?« fragte sie hinterher. »Habe ich die richtigen Sachen gesagt?« Sie fragte die Freunde ständig nach ihrer Meinung und lernte so von ihnen.

Roses Club wurde der führende Verein für junge katholische Frauen aus gutem Haus. Einige traten ihm tatsächlich bei, weil sie an den Themen interessiert waren. Da Rose aber die Tochter des Bürgermeisters war, wollten viele nur aus gesellschaftlichen Erwägungen Mitglied werden. Rose erinnerte sich: »Selbst ein Kreis ernsthafter junger Damen konnte nicht umhin, einige gesellschaftliche Veranstaltungen ins Leben zu rufen. Unser alljährlicher Wohltätigkeitsball war sehr beliebt. Es gab lange Wartelisten.«

* * *

Rose versuchte zwar, ihren Wirkungskreis zu erweitern, aber wohin sie auch ging und was sie auch tat, sie kam nie über das katholische Milieu hinaus. Selbst bei den Tanzveranstaltungen im Hotel Somerset lernte sie keinen einzigen jungen Protestanten kennen. Zwei- oder dreimal machte ein protestantischer Verehrer seine Aufwartung. Doch ihre Eltern »begrüßten ihn kühl und nahmen ihm jede Hoffnung. Sie glaubten, daß die Kirche sie für eine eventuelle Mischehe verantwortlich machen würde, und das wollten sie nicht auf sich nehmen.«

Rose wußte, daß der eigentliche Kopf des Katholischen Boston nicht ihr Vater, sondern Erzbischof William O'Connell war. Seit jenem Jahr, als er ihren Vater bedrängt hatte, ihr das Studium in Wellesley zu verbieten, hatte er die Katholiken in der Stadt fest unter seine Kontrolle gebracht. Als Kirchenführer vertrat er eine ausgesprochen konservative Sicht von der Rolle der Frau, deren Aufgabe für ihn vor allem darin bestand, Söhne zur Welt zu bringen und zu gläubigen Katholiken zu erziehen. »Diese vortrefflichen Frauen kennen die Opfer, die ihnen der wahre Katholizismus abverlangt«, rühmte er die katholischen Mütter. »Sie folgen edelmütig und vorbehaltlos den strengen Forderungen eines unerschütterlichen Glaubens. Das Buhlen um öffentliche Ämter oder das jämmerliche Verschachern von Prinzipien für eine vorübergehende Popularität werden niemals in den Herzen von Männern Wurzeln schlagen, deren Mütter lieber hungern, als daß sie von ihrem Glauben lassen.«

Die Fitzgeralds und fast alle Bostoner Katholiken jubelten, als Papst Pius X. O'Connell zu einem der drei neuen amerikanischen Kardinäle ernannte. Diese Ernennungen, insbesondere die O'Connells, stellten einen Sieg der Konservativen dar, der die Haltung der Kirche gegenüber den Frauen, der Familie und dem gesellschaftlichen Wandel auf Jahrzehnte hinaus prägen sollte.

So wie die Bevölkerung von Boston in Katholiken und Protestanten zerfiel, die weitgehend getrennt voneinander lebten, so war die katholische Kirche in zwei Hälften gespalten, die oft unabhängig voneinander ihren Glauben praktizierten: Männer und Frauen. Aus diesem Grund planten die Gläubigen der Stadt zwei große Festakte, um O'Connells Rückkehr aus Rom zu feiern: Ein Bankett für die Herren und einen Empfang für die Damen, die beide im Hotel Somerset stattfinden sollten.

Die 700 Gäste beim Damenempfang stellten laut Presse die »größte

Versammlung von Frauen in der Geschichte der Stadt« dar. Josie hatte die große Ehre, den Vorsitz zu übernehmen. Der große Ballsaal war nicht nur dekoriert, sondern von Grund auf renoviert worden. Die Wände waren mit weißer Seide bespannt, und überall erstrahlten gelbe Blumen. Die einzigen anwesenden Männer neben den Geistlichen waren die Musiker der Bostoner Symphoniker, die an einem Ende des Saales ernste Musik spielten. Am anderen Ende stand, inmitten von Palmen, ein großer scharlachroter Thron. Davor nahm der Kardinal die Glückwünsche der Frauen entgegen, die beinahe zwei Stunden lang in einer langen Schlange an ihm vorüberzogen.

Nach dem Defilee begann der Kardinal mit seiner Ansprache. Zehn Tage zuvor hatte er im selben Saal zu den führenden Männern des katholischen Boston gesprochen und neuen, selbstbewußten Katholizismus gefordert, der zur bestimmenden Kraft der Stadt werden sollte. Das waren gewagte neue Töne gewesen. An die Frauen richtete er eine ganz andere Botschaft. Sein zentrales Thema war die Pflicht. Er sprach weder von Veränderung noch von einer erweiterten Rolle der Frauen in dieser neuen katholischen Gemeinschaft, sondern von Dingen, die in seinen Augen ewige Gültigkeit besaßen.

»Jede Christin sollte zwei Dinge ständig im Herzen tragen«, erklärte er väterlich. »Erstens das Wohl ihres Gatten und ihrer Kinder, oder, falls sie nicht verheiratet ist, das ihrer nächsten Verwandten. Deren Glück muß ihre heiligste Pflicht sein – eine Pflicht, die sie nicht umgehen kann, nicht einmal unter dem Vorwand, sie müsse sich um andere Mitmenschen kümmern. Zweitens muß sie jeden Tag, nach Erledigung ihrer ersten Pflicht und bevor sie sich gestattet, an sich selbst zu denken, etwas für einen anderen Menschen tun, der nicht zu ihrer unmittelbaren Umgebung zählt, und zu dessen Glück beitragen, und sei es auch noch so wenig.«

Rose lauschte dem Rat des Kardinals. Für sie waren es nicht einfach Worte, sondern tiefempfundene Wahrheiten, die Grundlage ihres Lebens. O'Connell war ihr Kardinal. Er vertrat ihre Kirche und ihren Glauben, und sie wollte das von ihm verkündete Leben der Hingabe und der Aufopferung leben. Sie blickte zu O'Connell auf und sah in ihm den Mann, dessen Worte und Urteile ihrem Leben eine klare Richtung gaben.

Rose unterschied nicht zwischen öffentlicher und privater Moral. Für sie gab es keinen Freiraum, in dem sie ohne die strengen Vorgaben ihres Glaubens hätte leben können. Der Kardinal und ihr Vater dachten anders. Beide wußten, daß die Worte und die Taten eines Mannes oft zweierlei Dinge waren, und sie sahen darin kein Zeichen von Scheinheiligkeit, sondern von Lebensklugheit. O'Connell verlangte von den katholischen Männern, daß sie hinausgingen in eine moralisch ambivalente Welt und sich dort Macht und Einfluß verschafften, während ihre Frauen zu Hause blieben und sich ihre moralische und körperliche Reinheit bewahrten.

Rose wußte aus der Tagespresse und aus religiösen Publikationen, daß die Welt da draußen neu und gefährlich war. Und auch ihr Vater warnte sie. Jeden Abend strömten die Söhne und Töchter irischer Dienstboten, Arbeiter und Büroangestellter mit anderen Vergnügungssuchenden in die Tanzpaläste. In diesen rauchverhangenen und schummerig beleuchteten Sälen probierten junge Frauen neue Wege aus, mit ihrer Freizeit, ihren persönlichen Bedürfnissen und ihrer Sexualität umzugehen. Diese jungen Leute nutzten ihre Freiheit nach eigenem Gutdünken, aber in den Augen des Kardinals und des Bürgermeisters sowie anderer führender Persönlichkeiten bevorzugten sie geschmacklose Vergnügungen. So tanzten Männer und Frauen auf eine Art zusammen, die aus den Bars und Bordellen des Sündenpfuhls San Francisco stammte und seit einigen Jahren immer mehr in Mode kam. Sie drehten sich nicht mehr zu den ruhigen Klängen eines Walzers, bei dem sich die Partner kaum berührten. Jetzt tanzte man engumschlungen Tango oder Modetänze wie den berüchtigten »Boston« oder wippte gar im »Turkey-trot«, den ein Polizeispitzel mit folgenden Worten beschrieb: »Die Obszönität der Bewegungen steigert sich noch, wenn die Hände der Tänzer von den Schultern zu den Hüften wandern.«

Joe kannte diese verpönten Tänze, aber Rose fragte ihn nicht, woher. Für sie war es völlig normal, daß Männern mehr Freiraum zugestanden wurde als Frauen. »Man durfte sich nur von dem Mann küssen lassen, den man heiraten würde«, erklärte Rose. »Darauf legte mein Vater sehr großen Wert. Er sagte, meine Mutter habe es auch nicht anders gehalten.«

* * *

Fitzgerald hielt es für seine Pflicht, seine Rosie und alle anderen Frauen in der Stadt vor dem Zerfall der öffentlichen Moral zu schützen.

Er ließ die Tanzpaläste polizeilich überwachen und zensierte unnachgiebig Stücke, die er für unanständig hielt, inbesondere wenn Frauen darin auf eine Weise dargestellt wurden, die er als unschicklich empfand. Während seiner zweiten Amtsperiode verfügte er, daß Oscar Wildes Stück *Salomé* abgesetzt wurde. Besonders mißfiel ihm ein Stück namens *Damaged Goods,* das von einer Frau handelt, die unwissentlich einen Mann heiratet, der an Syphilis erkrankt ist. Obwohl 30 Zeilen gestrichen wurden, die er als anstößig empfand, ließ er sich nicht erweichen, die Aufführung zu gestatten.

Er warnte Rose davor, sich *Der Herr der westlichen Welt* von J. M. Synge anzusehen. Rose gehorchte ihrem Vater fast immer, doch diesmal setzte sie sich über seinen Willen hinweg. Sie hatte viel von dem Stück gehört, und sie wußte auch von der literarischen Renaissance im damaligen Irland. Außerdem wollte sie den ersten Auftritt der Abbey Players, der berühmten Dubliner Theatertruppe, nicht versäumen. So kam es, daß sie bei der Premiere im November 1911 direkt neben dem Orchestergraben des Plymouth Theater in der Bostoner Innenstadt saß.

Hinter der Bühne stand die eindrucksvolle Gestalt von William Butler Yeats. Der berühmte irische Autor hatte bei der Inszenierung Regie geführt und machte sich darauf gefaßt, daß das Stück in Boston einen ähnlichen Skandal auslösen würde wie bei der Uraufführung in Dublin. Dann öffnete sich der Vorhang und gab den Blick auf eine bescheidene Hütte im westlichen Irland frei. Die Szene wirkte äußerst idyllisch, doch sofort begannen die Zuschauer in den oberen Rängen zu zischen. Und dann ertönte von oben ein dumpfes Geräusch, das ein Theaterkritiker als Buhen identifizierte, eine neue, aus England stammende Mißfallensäußerung. Die Damen und Herren im Parkett dagegen spendeten herzlichen Applaus.

Das Theater war voll von Prominenten, die ihre Abende normalerweise nicht bei solch rauhen Spektakeln verbrachten. In der zweiten Reihe saß die 71jährige Isabella Stewart Gardner, die große Dame der Bostoner Gesellschaft und eine legendäre Kunstmäzenin. »Wenn sie anfangen, die Bühne zu bewerfen, kriegen wir es ab«, warnte sie ein Begleiter. »Vielleicht sollten wir uns lieber weiter nach hinten setzen.« Doch das war nicht nötig. Nachdem zwei Störenfriede von den Rängen verwiesen worden waren, konnte die Aufführung weitergehen.

Der Bürgermeister hatte einen Mitarbeiter in die Vorstellung geschickt, um herauszufinden, ob das Stück zensiert werden sollte. Anders als sonst entzündete sich der Aufruhr diesmal nicht an der Darstellung der Frauen. In *Der Herr der westlichen Welt* wird die Geschichte des jungen Iren Christie Mahon erzählt, der glaubt, seinen tyrannischen Vater erschlagen zu haben. Er flieht in ein Dorf an der Küste und erzählt den Bewohnern von seiner Tat. Sie feiern den Tyrannenmörder als Helden. Erst als im letzten Akt Christies Vater wieder auftaucht, den Kopf in Bandagen, wenden sich die Dorfbewohner gegen ihren einstigen Helden und wollen ihn hängen.

Synge, der selbst bei den Bauern im Westen Irlands gelebt hatte, entlarvte in seinem Stück die Heuchelei und Selbsttäuschung, die sich hinter der Beredsamkeit der Iren mitunter verbargen. Natürlich war das Stück eine Satire, und Synge verriet genausowenig die Iren, wie Mark Twain die Amerikaner verraten hatte. Dennoch empfanden einige irischstämmige Zuschauer das Stück als Beleidigung und buhten, zischten und riefen höhnische Kommentare. Viele standen auf, als sie genug hatten, stapften aus dem Theater und wetterten gegen das »erniedrigende Schauspiel«, das »jeder öffentlichen Moral spottet«.

Rose applaudierte nicht, aber sie zischte auch nicht. Angesichts der alles andere als schmeichelhaften Darstellung der Iren wand sie sich unbehaglich in ihrem Sessel, und sie errötete bei den Kraftausdrücken, die sie zu Hause nie gehört hatte. Obwohl ihre Familie bereits in der dritten Generation in Amerika lebte, schmerzte es sie, wie großmäulig und ungeschlacht die irischen Bauern geschildert wurden. Sie wußte, daß das Stück ein Kunstwerk war. Dennoch fühlte sie sich zutiefst beleidigt.

Einmal, bei einem rüden Wortwechsel auf der Bühne, drehte sie den Kopf zur Seite, als habe sie eine Ohrfeige bekommen. Da fiel ihr Blick auf Mrs. Gardner. Jeder in Boston kannte die reiche Erbin als »Mrs. Jack«. Keine Frau konnte sich mit ihr vergleichen. Roses Vater nahm sie gelegentlich zu einem Baseballspiel mit, und dann saß sie neben ihm auf der Tribüne und gab laute Kommentare zum Spiel ab wie die Zuschauer auf den billigen Plätzen. Mrs. Gardner fühlte sich auf einem Sportplatz ebenso zu Hause wie in ihrer Loge in der San Carlo Opera. Sie lebte in einem palastähnlichen Haus am Fenway, in dem Meisterwerke von Raffael bis Rembrandt hingen. Dort hielt die große Kunstmäzenin Hof. Kardinal O'Connell war regelmäßig bei ihr zu Gast. Mrs. Gardner glaubte zwar an eine natürliche Überlegenheit von Kunst und Kultur, aber sie hielt einen Sieg des Eishockeyteams von Harvard, für das sie sich begeisterte, für genauso wertvoll wie ein Werk von Loeffler, das der Komponist speziell für eine Aufführung in ihrem Musikzimmer arrangierte. Der amerikanische Maler John Singer Sargent malte 1888 ein Porträt von ihr. Er zeigte sie in einem strengen schwarzen Gewand vor einer Wandbespannung aus Damast, deren Muster ihr Haupt wie ein Glorienschein umgibt. Jedes Element des Porträts wirkte korrekt, angefangen von ihrem Gesicht über ihre sittsam gefalteten Hände bis hin zum Schnitt des Kleides und ihrem berühmten Perlenschmuck. Doch der Gesamteindruck war so beunruhigend, so versteckt erotisch, daß das Bild in Boston nur einmal öffentlich ausgestellt worden war und jetzt unter Verschluß in einer Galerie hing, wo es nur von »Mrs. Jack« und ihren engsten Freunden betrachtet werden konnte. Obwohl inzwischen 20 Jahre älter geworden, besaß sie immer noch etwas, das Männer aus dem Gleichgewicht brachte und so manchen Unzufriedenen denken ließ: »Ich hätte mich doch mehr trauen sollen.«

Mrs. Gardner nahm an der vulgären Sprache und dem derben Humor des Stückes keinen Anstoß. Im Gegenteil, sie amüsierte sich köstlich und applaudierte ab und zu an Stellen, bei denen Rose verlegen den Blick senkte. Rose war immer der Meinung gewesen, sie sei ebenso kultiviert und weltoffen wie Isabella Gardner. Jetzt erkannte sie, daß sie sich getäuscht hatte. Rose kam sich vor, als habe sie einen Berg erklommen, nur um oben festzustellen, daß hinter ihm ein noch viel höherer Gipfel aufragte.

Nach der Vorstellung schritt Mrs. Gardner durch den Seitenflügel ins Foyer und blieb dort einen Augenblick lang stehen, ein strahlendes Lächeln auf den aristokratischen Zügen. »Es war einfach großartig«, sagte sie, als wolle sie es die ganze Welt wissen lassen. »Ein grandioser Erfolg.« Darauf ging sie zum Intendanten hinüber und erklärte ihm: »Ich habe jeden Moment der Aufführung genossen.« Erst dann verließ sie das Theater und fuhr in ihr prächtiges Haus zurück.

Auch Rose kehrte der Menge im Foyer den Rücken und trat durch den Seitenausgang hinaus in die kühle Herbstluft. Sie kehrte nach Dorchester zurück, in ein Haus, das ihr nicht mehr ganz so großartig, und in ein Leben, das ihr nicht mehr ganz so aufregend erschien wie noch ein paar Stunden zuvor.

***

Rose war nicht nur die prominenteste junge Katholikin der Stadt, sie hatte auch mehr und mehr Josie als Gastgeberin und Begleiterin an Fitzgeralds Seite abgelöst. Obwohl die Ehe ihrer Eltern in der Presse gerühmt wurde, sah man die beiden nur noch selten zusammen. Josie war immer noch auf ihr jugendliches Aussehen und ihre Mannequin-Figur stolz, doch in Wahrheit war sie zu mager und hatte eingefallene Wangen.

Rose war glücklich, die Rolle der »Politikerfrau« zu übernehmen, die ihre Mutter nicht mehr ausfüllen wollte. Auch wenn Josie solche Aufgaben gerne ihrer Tochter überließ, machte die neue Rollenverteilung das Zusammenleben der Fitzgeralds in emotionaler und psychologischer Hinsicht noch schwieriger. Für Rose war es eine wundervolle Zeit, und natürlich erwartete sie, daß ihr späteres Eheleben genauso sein würde. Was Josie anging, so fühlte sie sich, ohne es freilich auszusprechen, möglicherweise doch um etwas betrogen, wenn ihr Mann und ihre älteste Tochter gemeinsam von den Reisen, Versammlungen und Auftritten zurückkamen, die nun nicht mehr Teil ihres Lebens waren.

Eines Abends kam Elizabeth Burt, eine Reporterin der *Boston Post,* ins Haus der Fitzgeralds und erklärte Josie, sie sei beauftragt, für die Sonntagszeitung einen Artikel über die Familie zu schreiben. Josie betrachtete ihr Heim als ihr privates Reich, als die einzige Bühne in ihrem Leben, auf der Fitzgerald nicht das Sagen hatte. In der Öffentlichkeit hatte sie sich seinen Wünschen untergeordnet und ihm geholfen, sein Image auf Hochglanz zu polieren. Sie hatte sogar Reportern erlaubt, ihren Salon zu betreten, um Interviews mit ihr zu machen, was ihr unsäglich schwergefallen war, aber sie wollte ihr Leben nicht auch noch vor den Lesern der Sonntagszeitungen ausbreiten.

Kurz darauf stürmte der Bürgermeister ins Haus. Josie führte die Reporterin in den Salon. »Ich wußte nicht, daß Sie kommen würden, sonst hätte ich mich darauf vorbereitet«, erklärte Josie. »Mr. Fitzgerald hat mir kein Wort davon gesagt. Das sieht ihm ähnlich.«

Fitzgerald spürte, daß sich ein Gewitter zusammenbraute. Normalerweise verkniff sich Josie im Beisein Fremder spöttische und sarkastische Bemerkungen. Das erlaubte sie sich nur, wenn sie alleine waren. Eine Ablenkung tat not: »Rose, stelle doch bitte das Grammophon an«, warf Fitzgerald ein, »das wird uns aufmuntern.«

Rose zog das Grammophon auf und tanzte mit ihrem Vater einen altmodischen Walzer. Sie spielte bereitwillig ihre politische Rolle und wußte, wie man sich der Öffentlichkeit im besten Licht präsentierte. Doch während sie noch tanzte, bemerkte sie den »harten Gesichtsausdruck, den eiskalten Blick und das seltsame Lächeln« ihrer Mutter, und da wurde ihr klar, daß ihrem Vater ein unangenehmer Abend drohte. Und es wurde in der Tat ein denkwürdiger Abend in der Geschichte der Familie, und zwar in zweifacher Hinsicht: Zum ersten Mal setzte Josie das Image von der heilen Familie aufs Spiel, das sie eigentlich schützen und pflegen sollte, und zum ersten Mal schlüpfte Rose unauffällig in die Rolle der Hausherrin und übernahm die Aufgabe, das öffentliche Bild der Familie zu bewahren.

Der Walzer war zu Ende, und Rose zog ihren Vater hinüber ans Klavier. Er sang »Row! Row! Row!«, eine neue Ballade, und gab dann »Süße Adeline« zum Besten. Durch seine Darbietung verhinderte er, daß Josie erneut in Klagen ausbrach.

Doch er konnte nicht den ganzen Abend singen. Also lenkte er die Familie durch ein paar Spiele ab, die zudem den Vorteil hatten, die Konversation mit Josie einzuschränken. »Wir haben einen recht schönen Besitz, Miss Burt«, erklärte Fitzgerald. »Leider ist es schon so dunkel, daß man vom Garten nicht mehr viel sieht.«

Josie warf einen Seitenblick auf ihren Mann. »John, es ist wirklich angenehm, daß du hier bist«, sagte sie, und ihr Tonfall wurde sarkastisch. »Und es freut mich, daß du von diesem Abend Fotos machen läßt. Ich werde eines davon rahmen lassen. Ich werde eine Karte darüber anbringen und darauf schreiben: ›Aufgenommen an dem einzigen Abend in der Woche, den er zu Hause verbringt.‹«

Das traf den Bürgermeister wie ein Schlag. »Miss Burt wird noch denken, ich vernachlässige meine Familie, wenn du so weiterredest«, versuchte er die Situation zu retten. Und an die Journalistin gewandt, fuhr er fort: »Ich verbringe jeden Sonntag zu Hause, Miss Burt, und ich treffe mich mit jedem Familienmitglied mindestens einmal pro Woche in der Stadt.«

Fitzgerald versuchte es mit der Strategie, die ihn schon oft aus heiklen Situationen gerettet hatte: »Ich bin ein Familienmensch, und das liegt daran, daß ich so viele Geschwister hatte. Ich habe mich um sie gekümmert und für sie eingekauft. Ich war Vater und Mutter in einer Person ... Ich habe für die Mädchen sogar Hüte und Mäntel gekauft und mir nichts dabei gedacht.«

»Sie haben sicher wie angegossen gepaßt«, warf Josie ein. Sie lächelte höhnisch bei der Vorstellung, wie Fitzgerald durch die Damenabteilung eines Bekleidungshauses schlenderte. »Ich wäre nicht im mindesten überrascht, wenn er mir ein Kostüm mitbrächte«, sagte sie, ohne darauf zu achten, wie unerfreulich es werden konnte, wenn die Reporterin ihre Worte so wiedergab. »Er ist zwar nur an wenigen Abenden in der Woche zu Hause, aber ich gebe gern zu, daß er recht häufig an uns zu denken scheint.«

»Recht häufig!« rief Fitzgerald, erstaunt darüber, wie wenig seine Frau seinen Einsatz für die Familie zu schätzen wußte. »Ihr kommt doch andauernd bei mir in der Stadt vorbei. Und Sie wissen selbst, Miss Burt, daß ich niemals ohne Mitglieder meiner Familie verreise.«

Die Reporterin notierte sich pflichtschuldigst die Worte des Bürgermeisters, dann verließ sie, in Gedanken bereits an dem Artikel bastelnd, die Familie. Rose lag an diesem Abend noch lange wach. Sie schämte sich für das Benehmen ihrer Mutter und bedauerte ihren Vater, der das alles hatte ertragen müssen. Es kam ihr überhaupt nicht in den Sinn, daß ihre Mutter gar kein so glückliches Leben führte, wie es schien, und daß ihre Ausfälligkeiten möglicherweise gerechtfertigt waren. Am nächsten Morgen beim Frühstück erwähnte niemand den unerfreulichen Abend, und wie üblich taten alle so, als sei überhaupt nichts gewesen.

Am Sonntag studierte die Familie die *Boston Post* besonders genau. Auf jede Bemerkung Josies kamen mehrere ihres Mannes. Sein Charme hatte den Abend gerettet. »Der Bürgermeister zeigte mir jeden noch so kleinen Winkel, der von Interesse hätte sein können«, schloß die Journalistin ihren Artikel, »und als ich sein Haus verließ, hatte ich herausgefunden, warum so viele Menschen seine Nähe suchen. Er ist in vielerlei Hinsicht ein Gewinn für die Stadt.«

* * *

Auch wenn Rose ihren Vater gern zu offiziellen Anlässen begleitete, so lagen sie sich doch immer noch wegen Joe in den Haaren. Fitzgerald wollte sie unbedingt davon abbringen, sich weiter mit ihrem Verehrer zu treffen. Er konnte sehr verschlagen sein, und so hielt er seiner Tochter keine langen Gardinenpredigten, sondern versuchte, sein Ziel auf indirektem Weg zu erreichen. »Er machte mir weder Szenen noch

Vorhaltungen«, erinnerte sich Rose. »Statt wie Napoleon Befehle zu erteilen, besann er sich auf die Macht der Vernunft. Er wies dezent darauf hin, daß ich in einer ungewöhnlich glücklichen Lage sei, daß mir alle Möglichkeiten offenstünden ... Ich war völlig verunsichert. Oft weinte ich heimlich und versuchte, mein Gleichgewicht wiederzufinden.«

Joe hatte im Juni 1912 sein Studium in Harvard abgeschlossen und in der Verwaltung der Columbia Trust, der Bank seines Vaters, eine Stelle angenommen. Nach nur drei Monaten gab er den Posten auf und wurde Bankprüfer. Für einen jungen Mann war das ein beachtlicher Start ins Berufsleben, aber Fitzgerald zeigte sich unbeeindruckt und versuchte weiterhin, Rose dazu zu bewegen, Joe nicht mehr zu treffen.

Für Rose bedeutete es ein fürchterliches Dilemma, zwischen den beiden Männern, die sie am meisten liebte, hin- und hergerissen zu werden. Sie war inzwischen 23 Jahre alt und damit alt genug, um zu heiraten und eine Familie zu gründen. Doch ihr Vater legte ihr immer noch Steine in den Weg.

Anfang Dezember 1913, mitten in der Wiederwahlkampagne ihres Vaters, traf im Hause der Fitzgeralds ein Brief ein, der die Machtverhältnisse dort für immer verschob. Der Brief war schwarzumrandet und an Josie adressiert. Der Absender drohte, die Beziehung ihres Mannes zu einer Zigarettenverkäuferin namens »Toodles« an die Öffentlichkeit zu bringen, falls er sich nicht aus dem Wahlkampf zurückzog. Als Fitzgerald an diesem Abend nach Hause kam, erwartete ihn Josie an der Tür. Neben ihr stand Rose, deren volle Unterstützung sie hatte. Rose war zwar dazu erzogen worden, die bestehende Doppelmoral zu akzeptieren, aber dieser Brief stellte alles in Frage, wofür sie und ihre Mutter lebten.

Fitzgerald las den Brief und beteuerte seine Unschuld. Aber als Politiker wußte er, was der Brief bedeutete. Sein Hauptrivale im Wahlkampf war der irische Kongreßabgeordnete James Curley. Curley, ebenfalls Demokrat und elf Jahre jünger als er, war in denselben Elendsvierteln aufgewachsen wie er und verkörperte den Neid, den Ehrgeiz und die Wut eines Milieus, das Fitzgerald schon beinahe vergessen hatte. Curley war durchaus in der Lage, die irischen Wähler auf seine Seite zu bringen und ihn bei der Wahl zu überflügeln.

Fitzgerald war tatsächlich unschuldig. Ein Jahr später sollte in einem Prozeß ans Licht kommen, daß er dem Mädchen beim Tanzen

Komplimente ins Ohr geflüstert und sie geküßt hatte, ein Vergehen, das er tausende Male begangen hatte. Mehr steckte nicht hinter dem berüchtigten Toodles-Skandal, soweit er Fitzgerald betraf. Aber an diesem Abend hörte Josie nicht auf ihn. Sie hatte nicht gewollt, daß er sich erneut zur Wahl stellte. Über 20 Jahre lang hatte sie sich damit abgefunden, daß er so gut wie nie zu Hause war. Nun aber wollte sie endlich das Privatleben führen, auf das sie Anspruch zu haben glaubte.

In dieser Nacht, in der Fitzgerald lange wachlag und darüber nachgrübelte, welche Möglichkeiten ihm blieben, brannte in der Innenstadt die Pension Arcadia nieder. 28 Menschen starben, 44 wurden verletzt. Stundenlang stapfte der Bürgermeister durch die verkohlten Ruinen und inspizierte andere Pensionen, bis er schließlich erschöpft zusammenbrach und nach Hause gebracht werden mußte.

Die Ärzte verordneten ihm strikte Bettruhe. Curley setzte seine Kampagne fort und lehnte es ab, auch nur einen Tag auszusetzen, obwohl drei weniger aussichtsreiche Kandidaten eine dreitägige Wahlkampfpause einlegten. Curleys Taktik war, Fitzgerald durch Indiskretionen von seinem Stuhl zu verdrängen, und so kündigte er eine Reihe von Vorträgen an, in denen er den Bürgermeister mit berühmten Männern aus der Geschichte vergleichen wollte. Fitzgerald war es gewohnt, daß man ihn der Korruption bezichtigte. Das kümmerte ihn nicht mehr. Curley aber gab seinen Vorträgen Titel wie »Große Geliebte der Geschichte: Von Kleopatra bis Toodles« oder »Lebemänner der Geschichte: Von Heinrich VIII. bis zur Gegenwart«. Das war etwas anderes. Curley attackierte sein Privatleben und das Image, das er von seiner Familie, seinem Heim und seiner Ehe mühevoll aufgebaut hatte. Seine Schmähreden würden Schande über die ganze Familie bringen. Fitzgerald blieb nur der strategisch geschickte Rückzug, der es ihm erlaubte, seine Kräfte zu schonen, damit er sich, wie geplant, in zwei Jahren um einen Sitz im US-Senat bewerben konnte.

Am 17. Dezember gab Fitzgerald bekannt, daß er sich aus gesundheitlichen Gründen aus dem Wahlkampf zurückziehe. Josie war erleichtert, Rose aber sah in dem Rückzieher ihres Vaters eine beschämende Niederlage. Sie hatte ihren Vater vergöttert, und nun mußte sie erleben, wie er bei der ersten großen Herausforderung die Waffen streckte. Noch Jahre später sprach sie von »Ebbe und Flut« im Leben eines Mannes. Vorsehung, Schicksal und Bestimmung waren für sie keine abstrakten Begriffe, sondern lebendige Kräfte von großer Bedeutung. Ihr Vater war vor einem Kampf davongelaufen, und nun war es sein Schicksal, daß er den Boden, den er freiwillig geräumt hatte, nie wieder zurückgewinnen würde. In Roses Augen wurde er nie wieder der Mann, der er einmal gewesen war.

Fitzgeralds Einfluß auf seine Tochter schrumpfte, und so konnte er sie nicht länger daran hindern, den Mann zu heiraten, den sie liebte.

***

An einem Herbstmorgen im Jahr 1914 stand Rose neben Joe in Kardinal O'Connells Privatkapelle und legte ihr Ehegelübde ab. Die kleine Kirche war ein Schmuckstück, und Rose wirkte darin wie ein passender Juwel. Sie trug ein bodenlanges, weißes Tüllkleid mit einer weißen Schleppe aus Brokat und einen Spitzenschleier, und in der Hand hielt sie ein Bukett aus Maiglöckchen und Orchideen.

In der Kapelle waren die drei Männer versammelt, die ihr Leben geprägt hatten: Kardinal O'Connell, ihr Vater und Joe. Daß der Kardinal an diesem 7. Oktober persönlich die Trauung vornahm, bewies, daß die Fitzgeralds immer noch die führende katholische Familie Bostons waren, auch wenn Fitzgerald als Bürgermeister abgedankt hatte.

Für Joe war die Hochzeit bereits der zweite große Triumph binnen kurzer Zeit. Zu Anfang des Jahres war er Präsident der Columbia Trust Company geworden und nun mit seinen 25 Jahren der jüngste Bankpräsident in den Vereinigten Staaten. Ein Konkurrenzunternehmen hatte versucht, die Columbia Trust zu übernehmen, aber er und sein Vater hatten bei Verwandten Geld gesammelt und das Gebot überboten. In einem bemerkenswerten Akt des Vertrauens hatten ihnen Mary Augustas Brüder Charles, James und John sowie ihre Schwester Catherine große Summen an Erspartem geliehen. Diesen Erfolg verdankten sie einzig und allein Mary Augusta. Erst mit diesem Kapital konnte Joe andere Verwandte, Freunde und Bekannte sowie einen protestantischen Bankier zu weiteren Einlagen überreden und so die Bank übernehmen. Joe verstand sich schon damals glänzend darauf, menschliche Schwächen auszunutzen. Er verzeichnete einen großen Machtzuwachs. Die Stellung, die er nun einnahm, war so bedeutend, daß Fitzgerald nicht mehr umhin konnte, als ihn als Schwiegersohn zu akzeptieren.

Joe heiratete nicht einfach nur eine Frau, sondern eine gesellschaftliche Stellung, die ihn über die meisten seiner Altersgenossen erhob. Auch wenn seine stolze Mutter es niemals zugegeben hätte: Die Fitzgeralds waren bedeutender als die Kennedys, und Joe nahm an diesem Morgen in gewisser Weise genauso Roses Namen an wie sie den seinen. Auch daß O'Connell sie traute, wertete die Hochzeit in Joes Augen auf. »Ich wollte immer von einem Kardinal getraut werden, und so kam es dann auch«, erinnerte sich Joe später. Der Himmel war bewölkt gewesen, als die Hochzeitsgesellschaft die Kapelle betreten hatte, doch als das neuvermählte Paar den Wohnsitz des Kardinals verließ, kam die Sonne zum Vorschein. Die Trauung hatte im engsten Familienkreis stattgefunden, und erst auf der Treppe vor dem Besitz stellten sich Rose und Joe den Pressefotografen. Die meisten Reporter interessierten sich nur für die Fitzgeralds, nicht für die Kennedys. Einige behandelten sogar den Bräutigam fast wie einen Eindringling, während sie die Bilder schossen, die am nächsten Tag die Titelseiten der führenden Zeitungen schmücken sollten. Der Fotograf der *Boston Post* machte ein Foto von Fitzgerald, Josie und Rose und bat nicht einmal Joe dazu. Rose wirkt auf dem Bild lustlos und blickt von ihren Eltern weg. Der Reporter des *Boston Globe* ließ die Neuvermählten alleine posieren. Und die 24jährige Rose, die schon unzählige Male abgelichtet worden war und dabei fast immer professionell und gelassen gelächelt hatte, schenkte ihm an diesem Morgen, an der Seite ihres frischgebackenen Ehemannes, ein strahlendes Lächeln, das verriet, wie überschwenglich glücklich sie war.

Nach der Trauung fand in der Welles Avenue ein Empfang statt, zu dem fast nur »Verwandte« geladen waren. Nun konnten sich die Familien näher kennenlernen. Joe mochte von der Presse übergangen worden sein, doch die Kennedy-Frauen ließen sich von den Fitzgeralds nicht die Schau stehlen. Mary Augusta trug ein atemberaubendes Kleid aus braungrauem Crêpe de chine mit silberner Einfassung und dazu einen Hut, der mit einer Straußenfeder geschmückt war. Ihre Töchter Mary Loretta und Margaret trugen exquisite Modelle aus Samt, Seide und Spitzen.

Bei dem Empfang hatte Rose ausgiebig Gelegenheit, den Diamantanhänger vorzuführen, den sie von ihrem Mann, dem Bankpräsidenten, geschenkt bekommen hatte. Sie hatte zwar viele Freunde, doch nur sehr wenige waren eingeladen worden, um mit ihr die »schönste

Liebesgeschichte des Jahrzehnts« zu feiern, wie die *Boston Post* sich ausgedrückt hatte. Für einen Mann von Fitzgeralds Stellung und Ehrgeiz fiel die Hochzeit seiner Erstgeborenen beschämend bescheiden aus. Möglicherweise hatten sich Joe und Rose tatsächlich eine Feier im kleineren Kreis gewünscht, wie Rose später behauptete, doch bei den Fitzgeralds hatten Familienfeste meist auch eine öffentliche Funktion zu erfüllen. Das Fest, das die Familie bei der offiziellen Einführung ihrer Tochter in die Gesellschaft gegeben hatte, hatte zu den größten gehört, das jemals für eine katholische Debütantin ausgerichtet worden war, und so hatte eigentlich jedermann eine aufwendige Hochzeit erwartet.

Doch Fitzgerald vertraute seine Tochter nur widerstrebend Joe Kennedy an, und selbst jetzt, beim Hochzeitsempfang, war er verbittert und mürrisch. Er mochte Joe nicht, und als Schwiegersohn mochte er ihn noch weniger. Irgendwann beim Empfang verlor er die Nerven und schrie Joe sogar an. Die anderen Gäste hörten die lauten, barschen Stimmen der beiden und drehten sich zu ihnen um. Doch Bräutigam und Schwiegervater kümmerten sich nicht um die Zuschauer und setzten ihren Streit fort. Rose stand schweigend daneben. Joe war ihr Ehemann und nach allem, was sie gelernt hatte, war es jetzt ihre Pflicht, ihm beizustehen, aber Fitzgerald war immer noch ihr Vater. Da zog sie sich plötzlich den Ehering vom Finger und legte ihn auf den Kaminsims. Ein Streit hatte ihr den Hochzeitstag verdorben, ein schlechtes Omen. In der ersten Krise ihrer Ehe hatte sie sich auf die Seite ihres Vaters gestellt, und das war ein weiteres schlechtes Omen für die »schönste Liebesgeschichte des Jahrzehnts«.

Für die Gäste, ob sie nun Kennedy oder Fitzgerald hießen, war der Auftritt ungeheuer peinlich. Keiner von ihnen sprach später mit Außenstehenden darüber. Auch Rose hüllte sich in Schweigen, und in ihrer 448 Seiten starken Autobiographie widmete sie dem Tag, der der glücklichste ihres Lebens hätte sein sollen, ganze zwei Sätze. Als sie und Joe in die Flitterwochen aufbrachen, die sie im Greenbriar Hotel in White Sulphur Springs, West Virginia, verbringen wollten, trug sie ihren Ehering wieder. Unterdessen unterhielt sich Fitzgerald »ausgelassen« mit den draußen wartenden Reportern.

***

Nach den Flitterwochen kehrte Rose in ein neues Leben zurück, das sie als Mrs. Joseph P. Kennedy in Brookline beginnen sollte. Für ein Paar mit ihren gesellschaftlichen Ambitionen kam nur eine Gemeinde wie Brookline in Frage. Nur in einer solchen Vorstadt konnten sie einen Lebensstil pflegen, wie ihn Joes Eltern angestrebt hatten, als sie von East Boston nach Winthrop gezogen waren, und Roses Familie, als sie sich in Dorchester niedergelassen hatte.

Wenige Jahre zuvor hatte Brookline noch als exklusivste Gemeinde im Bostoner Umland gegolten. Das *Harper's Magazine* sprach sogar von »der wohlhabendsten Stadt der Vereinigten Staaten. Ihr Jahreseinkommen liegt noch über dem des gesamten Bundesstaates New Hampshire«.

Joe hatte kurz vor der Hochzeit für 6500 Dollar in der Beals Street No. 83 ein Haus gekauft und zusammen mit Rose eingerichtet. Nach den Flitterwochen zogen sie ein. Joe fuhr jeden Morgen mit seinem neuen Ford Modell T zur Arbeit und kam abends in ein Neubauviertel zurück, das nach Meinung des Architekten Frederick Law Olmstedt »eine gelungene Synthese aus Urbanem und Natur« darstellte. Große alte Eichen und Ulmen säumten die Straßen, und die Stadtplaner hatten sogar große Parks und Wäldchen bestehen lassen. Andererseits lag die Gemeinde an der Endstation der Straßenbahnlinie, die entlang der Beacon Street aus Boston herausführte, so daß Rose für die Fahrt in die Innenstadt nur eine halbe Stunde brauchte.

Das zweistöckige, holzverkleidete Haus stand in einer Gegend, in der man nur selten das Knattern eines Automotors hörte, dafür umso häufiger ein Hämmern, wenn Neueingezogene ihre Bilder aufhängten. Die gegenüberliegende Straßenseite war unbebaut, ebenso das Nachbargrundstück. Beim Betreten des Hauses gelangte man zunächst in einen schmalen Flur, von dem rechts ein Wohnzimmer abging, das mit einem Orientteppich ausgelegt und mit Polsterstühlen und einem Sofa möbliert war. Links befand sich das Eßzimmer mit dem üblichen Tisch nebst Stühlen sowie dem silbernen Besteck und dem silbernen Teeservice, das sie zur Hochzeit bekommen hatten. Am Ende des Flurs lag die Küche mit einem schwarzen Kohle- und Gasherd, Spülsteinen und einem Arbeitstisch. Die Hausherrin verbrachte hier nur wenig Zeit. Die Küche war das Reich der Hausangestellten. Im ersten Stock befanden sich das Schlafzimmer mit zwei Betten, ein Kinderzimmer und eine kleine Kammer, die als Gästezimmer und Arbeitszimmer für Rose diente. Im ganzen Haus gab es nur ein Badezimmer, das die Familie und die Dienstboten gemeinsam benutzten. Das Dachgeschoß beherbergte zwei kleine Zimmer für das Kindermädchen und die junge Irin, die ihnen als Köchin und Mädchen für alles diente.

In der Beals Street lebten die Kennedys mit Menschen zusammen, die aus derselben Gesellschaftsschicht stammten wie sie. Allerdings waren die meisten eine Generation älter. Für sie stellte die Beals Street nicht den Anfang, sondern den Höhepunkt ihres Strebens dar. Zu den Nachbarn gehörten Protestanten, Iren, Italiener und mehrere Juden, darunter auch ein gewisser Benjamin Stern, ein Möbelhändler, in dessen Küche koscher gekocht wurde. Die meisten waren aus ähnlichen Gründen hierhergezogen wie Joe und Rose. Sie wollten den Stereotypen entgehen, die mit ihrer Abstammung verbunden wurden, und Teil des schicken Brookline werden, das durch ihr Kommen jedoch zunehmend von seinem Schick verlor. Je mehr Leute wie die Kennedys sich hier ansiedelten, desto mehr Mitglieder der Elite zogen fort, so daß die Neuankömmlinge schließlich selbst das Flair zerstörten, an dem sie hatten teilhaben wollen. Derselbe Mechanismus war auch in Winthrop und Dorchester am Werk.

In der Beals Street wohnten Kaufleute, Angestellte, Zigarrenfabrikanten und andere Geschäftsleute. Joe war der einzige Bankier, und darauf war Rose ungemein stolz. Seit sich die reichen Protestanten aus ihren waghalsigen Unternehmungen zurückgezogen und auf die Verwaltung ihres Vermögens verlegt hatten, war der Beruf des Bankiers im Ansehen enorm gestiegen. Der über 1,80 Meter große Joe trug die typische Kleidung eines Bankiers: Homburg und streng geschnittene dunkle Anzüge, dazu eine randlose Brille, die vorn auf seiner Nasenspitze saß. Doch unter dieser korrekten Hülle steckte ein drahtiger Mann mit dem kraftvollen Gang eines Sportlers, ein Mann, der auch die Gesetze der Straße kannte.

***

Rose war die Frau eines Bankiers, und sie machte schon bei der Einrichtung ihres Hauses deutlich, daß Kultiviertheit für sie ein unbedingtes Muß war. Im Wohnzimmer ließ sie ein Klavier aufstellen, das Symbol schlechthin für Bildung und Kultur. Was die bildende Kunst anging, hatte sie keinen eigenen Geschmack. Sie hatte auf ihren Europareisen viele Meisterwerke gesehen und hängte Drucke von Frans Hals und Rembrandt auf. Das Wohnzimmer schmückten auch Bilder von ihr, ihrem Vater und ihrer Familie, denn man kannte sie in Boston immer noch als die Tochter des Bürgermeisters. Im Eßzimmer aßen sie und Joe mit silbernem Besteck von feinstem Porzellan. Die irische Köchin verdiente sieben Dollar die Woche, einen Dollar mehr als in ihrer vorigen Stellung. Aber Kochen und Putzen waren nicht ihre einzigen Aufgaben. Zu den Mahlzeiten zog sie ein schwarzes Kleid an, legte eine weiße Schürze um und bediente die Kennedys bei Tisch mit der Beflissenheit eines Kellners im Hotel Somerset.

In Roses Haus dominierten nicht reine Gebrauchsgegenstände, die sie vom Verdienst ihres Mannes gekauft hatte, sondern Stücke, die sie mit ihrer Familie oder mit Freunden verbanden. So trank sie Tee aus Tassen mit Kleeblattmuster, die ihr Sir Thomas Lipton geschenkt hatte. Beim Abendessen wurde oft Porzellan aus Limoges aufgelegt, das ihre Schwägerin in mühevoller Kleinarbeit Stück für Stück von Hand bemalt hatte. Im Gästezimmer, in dem manchmal Freunde von Joe übernachteten, waren die Bettbezüge mit den irischen Emblemen, Harfe und Kleeblatt, einem Leuchtturm und einem Riesenhirsch verziert. Fitzgerald hatte sie auf einer Reise nach Irland erstanden und sie den Frischvermählten geschenkt, um sie an ihre irische Abstammung zu erinnern.

***

Rose hatte sich noch gar nicht richtig eingelebt, da wurde sie auch schon schwanger. Sie war zwar immer im Ace of Clubs tätig, traf sich mit ihren Freunden und besuchte häufig ihre Eltern in Dorchester. Doch ihr Alltag hatte sich dramatisch geändert. Während Joe morgens früh zur Arbeit ging und manchmal erst spät am Abend zurückkehrte, verbrachte sie den Großteil des Tages allein mit den Dienstboten in der Beals Street. Rose betrachtete die Mutterschaft als eine heilige Aufgabe, aber ihre Erziehung hatte sie nicht darauf vorbereitet, was es in dieser zunehmend verwissenschaftlichten Welt bedeutete, schwanger zu sein oder ein Neugeborenes zu versorgen. Ihre Vorfahren hatten bei einer bevorstehenden Geburt eine Hebamme ins Haus gerufen. Geburtshilfe war reine Frauensache gewesen. Inzwischen aber übernahmen fast ausschließlich männliche Ärzte mit einer entsprechenden Ausbildung diese Aufgabe, und die meisten Kinder wurden in Kliniken entbunden.

Rose verbrachte die letzten Wochen ihrer Schwangerschaft mit Joe in einem geräumigen Strandhaus, das sie für ihren Sommerurlaub in Hull gemietet hatten. Sie ging am Strand spazieren und spielte abends Klavier. Viele werdende Mütter verbrachten damals ihren letzten Schwangerschaftsmonat ruhend im Bett, doch dafür besaß Rose einfach zu viel Energie.

Am Morgen des 25. Juli 1915 setzten die Wehen ein. Joe benachrichtigte die beiden Ärzte Dr. Frederick L. Good, einen der führenden Bostoner Geburtshelfer, und seinen Assistenten Dr. Edward J. O'Brien, der hauptsächlich für die Narkose zuständig war. Eine Krankenschwester befand sich bereits vor Ort, und das Kindermädchen der Kennedys sollte ihr assistieren. Als die Ärzte eintrafen, hatte die Schwester im Strandhaus bereits alle notwendigen medizinischen Instrumente bereitgelegt.

Die Wissenschaft propagierte damals die »schmerzlose Geburt«, also versetzten die Ärzte Rose mit Äther in einen Dämmerschlaf, was nicht ungefährlich war, manchmal zu Komplikationen führte und einige Patientinnen auch schon das Leben gekostet hatte. Der Äther bewirkte, daß Rose sich hinterher kaum an die Geburt erinnern konnte.

Während Rose oben in ihrem Bett lag und Joe nervös im Wohnzimmer saß, spielte Fitzgerald draußen am Strand mit seinem Sohn Fred und wartete auf die Geburt seines ersten Enkelkinds. Kurz nach zehn erschienen die beiden Ärzte und verkündeten Joe: »Ein Junge, ein gesunder strammer Junge, neun Pfund schwer.«

»Es ist ein Junge!« rief jemand hinüber zum Strand. »Ein Junge!« rief Fitzgerald und lief ins Haus. Wenig später bat er einen wartenden Reporter herein und erklärte: »Ich bin der glücklichste Mann auf der Welt.« Rose hatte ihre Pflicht erfüllt, und die Schwester brachte den Neugeborenen herunter, so daß sich Fitzgerald mit Joe jr. auf dem Arm fotografieren lassen konnte. »Na, habe ich zuviel versprochen?« fragte Fitzgerald triumphierend und sah auf das gewickelte Kind. »Was haltet ihr von ihm? Ist er nicht das schönste Baby, das jemals das Licht der Welt erblickt hat? Sieht er nicht genau wie sein Großvater aus?«

Das Kind brüllte, und die Schwester nahm es ihm ab. »Ich fühle mich so wohl und jung wie nie zuvor«, erklärte der ehemalige Bürgermeister, als habe er selbst das Kind zur Welt gebracht. »Natürlich wird er eines Tages Präsident der Vereinigten Staaten, das haben seine Eltern schon beschlossen. Und er wird in Harvard studieren, in der Football- und der Baseballmannschaft der Universität spielen und alle akademischen Ehren erringen. Dann wird er ein Industriekapitän und anschließend für zwei oder drei Amtszeiten Präsident. Was danach kommt, steht noch nicht fest.«

***

Als Rose vollends aus ihrer Narkose erwachte, gab ihr die Schwester den Säugling. »Wenn eine Mutter ihr erstes Baby in den Armen hält«, sagte Rose später, »gehen ihr Gedanken durch den Kopf, die ihr Herz mit Ehrfurcht erfüllen. Ihr ist ein Kind anvertraut worden, das sie formen und auf das sie positiv einwirken soll – was für eine Herausforderung, was für eine Freude ... Das Kind verläßt sich auf ihr Urteil, und ihre Worte beeinflussen es nicht nur für einen Tag oder einen Monat oder ein Jahr, sondern sein ganzes Leben lang, vielleicht noch bis in künftige Generationen hinein.«

Gemäß der katholischen Lehre war die Mutterschaft für Rose eine heilige Pflicht. Als Mutter zu versagen bedeutete, Gott zu enttäuschen. Rose fühlte, daß jedes ihrer Worte und jede ihrer Handlungen sich auf die Entwicklung ihres Sohnes auswirken konnten, und diese Vorstellung war für sie nicht nur eine aufregende Herausforderung, sondern erfüllte sie auch mit Furcht.

Jahrhundertelang hatten Mütter ihr Wissen über Kindererziehung, eine Mischung aus Aberglauben, Volksweisheiten und nützlichen Ratschlägen, von Generation zu Generation weitergereicht. Nun, im 20. Jahrhundert, hatten wissenschaftlich ausgebildete Fachkräfte diese Aufgabe übernommen, und die bürdeten jungen Müttern ein ganz neues Maß an Verantwortung auf. Rose und Joe vertrauten stets auf den Rat von Experten, so auch bei der Kinderpflege. Die unangefochtene Autorität auf diesem Gebiet war zu jener Zeit Dr. L. Emmett Holt, der Verfasser des populären Ratgebers *The Care and Feeding of Children* (Die Pflege und Ernährung von Kindern). Jahre später dachte Rose darüber nach, daß sie, als sie vor dem Problem stand, ein Kind aufzuziehen, sich nicht nur an das erinnerte, was sie von ihrer Mutter gelernt hatte, sondern auch in Büchern Rat suchte und »die neuesten

Tips von Kinderpsychologen studierte«. Die Vorstellungen von Dr. Holt und den anderen Verfechtern moderner Kinderpflege waren damals genauso Allgemeingut, wie es die von Dr. Benjamin Spock für eine spätere Generation sein sollten.

Das Kind schlief in einer weißen Korbwiege in dem kleinen Kinderzimmer im Obergeschoß. Das Kindermädchen übernahm stundenweise die Pflege, aber Rose blieb die letzte Autorität bei allen Fragen. Die Verfügungen der Halbgötter in Weiß waren ebensostreng wie die der Kirche. So war in einem bekannten Buch zur Kinderpflege zu lesen: »Mangelnde Genauigkeit der Mutter ist an den meisten Schwächen schuld, die wir bei Kindern entdecken ... Die Mutter muß alles, was sie für ihr Kind tut, regelmäßig tun. Sie darf es niemals auch nur eine Minute später füttern, baden oder schlafen legen.«

Regelmäßigkeit war der Schlüsselbegriff. Nach Dr. Holt sollte das Baby tagsüber alle zwei Stunden und in der Nacht zweimal exakt zur selben Zeit gefüttert werden. Rose befolgte die Anweisungen der Experten peinlichst genau und teilte das Leben ihres Kindes auf die Minute genau ein. Obwohl ihr das Kindermädchen half, war ihr Tagesablauf streng geregelt.

Zu Beginn ihrer Ehe war Rose noch überschwenglich, offenherzig und voller Wärme gewesen. Trotz aller Versuche ihrer Mutter, sie zu bändigen, und trotz der Erziehung durch die Nonnen des Heilig-Herz-Ordens hatte sie sich diese Eigenschaften bewahrt. Nun aber war sie selbst Mutter und nahm sich unbewußt Josie und andere irische Mütter dieser Generation zum Vorbild. Nach Meinung dieser Frauen bewies man die Liebe zu seinem Kind nicht dadurch, daß man sie zeigte, sondern zurückhielt und wie Süßigkeiten nach dem Essen als Belohnung für gutes Benehmen austeilte. Ein Teil von Rose hätte den kleinen Joe sicher gerne in die Arme geschlossen oder stundenlang mit ihm gespielt, aber die Experten verboten ein solches Verhalten. »Die junge amerikanische Mutter ist geradezu vernarrt in ihr Kind«, schrieb Katherine G. Busbey 1910 in *Home Life in America.* »Das hat zwar etwas sehr Romantisches und Rührendes, ist aber in vielerlei Hinsicht schädlich.«

Dr. Holt beschrieb genauer, worin die Gefahr bestand, der man die Säuglinge durch zuviel Liebe aussetzte: »Sie werden nervös und reizbar, schlafen schlecht und leiden auch in anderer Hinsicht.« Von der Mutter wurde erwartet, daß sie ihre Gefühle im Zaum hielt. Falls das Kind häufig an Koliken litt, sollte sich »die Mutter mehr im Freien bewegen, weniger Fleisch essen und versuchen, ihre Gefühle unter Kontrolle zu bekommen. Und sie sollte vermeiden, sich Sorgen zu machen.«

Joe jr. war ein kräftiges Kind. Er entwickelte sich in der Beals Street prächtig und schien die Weisheiten von Dr. Holt zu bestätigen. Ein Jahr nach seiner Geburt war Rose erneut schwanger. Diesmal entschied sie sich, das Kind im eigenen Schlafzimmer zur Welt zu bringen. Wieder reiste Dr. Good an, und am 29. Mai 1917, um drei Uhr nachmittags, brachte Rose ihren zweiten Sohn zur Welt, der nach seinem Großvater John Fitzgerald Kennedy genannt wurde. Wieder stand sie unter Betäubungsmitteln, so daß sie sich nur schwach an die Geburt des Jungen erinnern konnte, der von der Familie »John F.« genannt wurde. Der Säugling hatte blaue Augen und war kleiner als sein Bruder bei der Geburt gewesen war. Er war ein kränkelndes Kind, das alle Kinderkrankheiten bekam, vom Keuchhusten bis zu den Masern.

***

Rose machte sich jedoch nicht nur über ihren kränklichen Sohn Sorgen. Im April hatten die Vereinigten Staaten Deutschland den Krieg erklärt. Patriotismus war nun erste Bürgerpflicht, und jeder trug seinen Teil bei. Fitzgerald hielt in der Dorchester High School eine Rede über das Rote Kreuz. Roses jüngerer Bruder, Tom, schloß sich dem amerikanischen Expeditionskorps an und kämpfte in Frankreich. Auch Roses jüngere Schwester Eunice wollte sich nützlich machen, weil sie hoffte, ihr Bruder würde dann wohlbehalten nach Hause zurückkehren, und trat dem Roten Kreuz bei.

Eine Million Männer machten sich bereit, mit dem Expeditionskorps im Ersten Weltkrieg zu kämpfen. Joes Freunde aus Harvard meldeten sich alle freiwillig und fuhren im Sommer 1917 zur Offiziersausbildung nach Plattsburg im Bundesstaat New York. Joe hingegen trat im September eine Stellung als Manager in den Schiffswerften der Bethlehem-Stahlwerke am Fore River an. Sein Jahresgehalt betrug 15 000 Dollar. Als er einige Monate später eingezogen werden sollte, bat er die Einberufungsbehörde um Freistellung vom Wehrdienst, damit er seinen »kriegswichtigen« Posten weiter versehen könne. Sein Antrag wurde abgelehnt, aber sein Chef ließ seine Beziehungen spielen und sorgte dafür, daß er nicht in den Krieg ziehen mußte.

Einige Harvard-Absolventen des Jahrgangs 1912 blieben auf den Schlachtfeldern, und diejenigen, die zurückkehrten, waren auf Männer wie Joe nicht gut zu sprechen. Rose jedoch weigerte sich, zur Kenntnis zu nehmen, daß sie einen Mann geheiratet hatte, den einige seiner Altersgenossen für einen Feigling hielten. In ihrer Erinnerung hatte Joe die Stellung bei Bethlehem Steel *vor* Amerikas Kriegseintritt angetreten – und nicht danach, um dem Militärdienst zu entgehen. Rose sah die Welt durch eine rosa Brille. Joe war für sie ein mutiger junger Mann, ja, sie empfand es als eine Heldentat, daß er die Produktion der Werften auf eine Rekordhöhe trieb und sich dabei ein Magengeschwür holte. Tatsächlich hatte Joe seine Arbeit dort kaum aufgenommen, als Tausende von Werftarbeitern in Streik traten, weil sie versprochene Lohnerhöhungen nicht erhalten hatten. Ohne lange zu fackeln drohte Joe den Streikenden mit Entlassung. Die Schiffswerften waren für die amerikanischen Kriegsanstrengungen von zentraler Bedeutung, und ein junger Unterstaatssekretär der Marine, Franklin D. Roosevelt, schaltete sich persönlich ein und befürwortete die Lohnanhebung. Joes schroffes Vorpreschen hatte die Arbeiter befremdet und kostete ihn das Vertrauen seiner Vorgesetzten. Er wurde unvermittelt auf einen Posten abgeschoben, auf dem er keine Verfügungsgewalt hatte.

Rose war mit einem romantischen Idealbild aufgewachsen, wie ein Ehemann zu sein hatte. In ihrer Welt gab es keinen Platz für einen Mann, der kläglich versagt hatte. Joe versuchte, dem Bild zu entsprechen, das Rose von ihm hatte, und war dabei in seiner Rolle ebenso gefangen wie sie in der ihren. Bei ihrer Hochzeit hatte sich Rose auf die Seite ihres Vaters gestellt, und auch jetzt, bei der bisher größten Niederlage seines Lebens, war er allein. Joe muß die Schande seines Mißerfolgs schwer getroffen haben, doch niemand war da, um ihn zu trösten und wieder aufzurichten. Seine Mutter hatte ihn in die Welt hinausgeschickt, damit er Erfolg haben sollte, sein Vater wollte einen Sohn, der hart im Nehmen war, und Rose war nur eine Ehefrau.

Unter der Woche hatte Rose nur wenig von ihrem Mann. Er kam erst spät abends, wenn die Kinder schon schliefen, nach Hause und war meist zum Umfallen müde. Von seiner Arbeit erzählte er Rose fast nichts. Er ließ sich nicht dazu herab, mit ihr geschäftliche Dinge zu besprechen, und so wurden sie für Rose schnell zu unwichtigen Details.

Bei ihrer Heirat hatte Rose fast nichts von den Männern gewußt. Sie hatte zwar mit vielen Verehrern getanzt und mit einigen auch geflirtet, trotzdem waren die Männer für sie letztlich unbekannte Wesen geblieben. Dennoch war ihr ganzes Leben darauf ausgerichtet gewesen, zu heiraten und eine Familie zu gründen. Es war, als hätte man sie theoretisch zur Köchin ausgebildet, ohne sie je kochen zu lassen, und dann eines Tages in die Küche geführt und von ihr erwartet, daß sie eine gute Mahlzeit zustande brachte.

Nun schlief sie zwar mit einem Mann in einem Zimmer, aber dieser Mann lebte in einer Welt, die außerhalb ihrer Reichweite war. Sie hatte weder etwas über die intimen Seiten des Ehelebens noch über das komplizierte Geben und Nehmen gewußt, das das Zusammenleben mit einem Mann erforderlich macht.

Am meisten mochte Rose die Wochenenden, an denen Joe gewöhnlich zu Hause war. Freitag abends spielten sie oft mit ihren Freunden Marie und Vin Greene eine Partie Bridge und ließen sich Eis von Murray's in der Boylston Street kommen. Samstags gab es zum Abendessen kräftig gewürzte Baked Beans. Joe liebte klassische Musik, und so fuhren sie nach dem Essen in die Stadt zur Symphony Hall, die ganz in der Nähe des Neuengland-Konservatoriums an der Huntington Avenue lag, wo Rose Klavierunterricht genommen hatte. Sonntags gingen sie natürlich zur Kirche und besuchten danach vielleicht Mary Augusta und P. J. Kennedy in Winthrop. Mary Augusta wog inzwischen fast zwei Zentner und war so dick, daß es ihr, wie sich Rose erinnerte, »schwerfiel, auf den Beinen zu sein.«

***

Roses Bruder Tom kam zwar unversehrt aus Frankreich zurück, doch Eunice, Roses Schwester, hatte sich bei ihrer Arbeit für das Rote Kreuz eine Tuberkulose zugezogen. Sie kämpfte tapfer gegen die Krankheit an, verlor aber zusehends an Kraft und Energie, obwohl sie immer wieder zur Kur ins Lungensanatorium von Saranac fuhr.

Mit dem Ende des Krieges ging in den Werften der Bethlehem-Stahlwerke die Arbeit aus. Joe versuchte, Aufträge für Zivilschiffe an Land zu ziehen. Im Frühjahr 1919 hatte er einen Termin bei Galen Stone, einem bedeutenden Bostoner Börsenmakler und Präsidenten einer Schiffahrtslinie. Bei seiner Ankunft erfuhr er, daß Stone gerade aufgebrochen war und mit dem Zug nach New York fahren wollte. Joe rief sich ein Taxi und saß während der vierstündigen Zugfahrt nach New York neben Stone. Er bekam den Auftrag zwar nicht, doch dafür wurde ihm zwei Wochen später ein Managerposten bei Hayden, Stone & Co. in Boston angeboten. Das Jahresgehalt von 10000 Dollar, das er dort bekam, wurde bald zu einem reinen Zubrot für ihn, als er Zutritt zu den »verschworenen und geheimniskrämerischen Kreisen der Börsenspekulanten« erhielt, »in denen sich alles um Absprachen und Pools, um Insiderinformationen und wilde Spekulationen drehte ...«, wie *Fortune* schrieb.

Rose hatte an der Welt außerhalb der Beals Street und Brookline keinen Anteil mehr. Frauen, die nur wenig jünger waren als sie, führten inzwischen ein Leben, das die Nonnen von Manhattanville als unmoralisch verurteilt hätten. Die *New York Times* schrieb: »Die amerikanische Frau hat ihren Rocksaum weiter nach oben verschoben, als der Anstand gebietet.« Aber auch in puncto Zurückhaltung und Bescheidenheit wurden Grenzen überschritten. Die freizügigen zwanziger Jahre begannen, wie sie F. Scott Fitzgerald in seinem Roman *Diesseits vom Paradies* von 1920 so lebendig beschrieben hat. Frauen rauchten Zigaretten, rollten ihre Strümpfe herunter, tranken Alkohol in sogenannten »Flüsterkneipen« und verbrachten übermäßig viel Zeit auf den Rücksitzen von Automobilen.

Die Zeitschrift meldete auf der Titelseite, in Amerika habe es »Sex« geschlagen, und als Joe den Glockenschlag vernahm, wußte er, daß es auch Zeit für ihn war. Der Mann, der als Harvard-Student mit einer Schauspielerin eisgelaufen war, hatte immer noch eine Schwäche fürs Theater. »Ich hoffe, Du hast gutaussehende Mädchen in Deiner Truppe, die wild darauf sind, die führenden Iren Bostons kennenzulernen«, schrieb er dem Theatermanager Arthur Houghton, mit dem er sich angefreundet hatte. »Ich habe hier eine Meute, die mit Frischfleisch gefüttert werden muß.«

Wenn er mit Rose über seine Pläne sprach, erwähnte er das »Frischfleisch« nicht. »Er erzählte, er werde sich mit Arthur Houghton eine Show ansehen oder etwas in der Art, und ich sagte, fein, und das war alles«, sagte Rose. Vielleicht wurde erst später ein Schürzenjäger aus ihm, aber schon jetzt spielte er mit dem Gedanken. Rose vermied alles Dunkle und Negative, sie weigerte sich, die Schattenseiten des Lebens zu sehen, solange sie nicht mit ihnen konfrontiert wurde. »Ich hatte gehört, daß Tänzerinnen lustig, aber boshaft seien und, was das schlimmste war, anderen Frauen die Ehemänner wegnähmen«, erzählte Rose. »Aber nichts Schockierendes passierte. Ein Grundzug meiner Beziehung zu Joe war, daß wir einander ohne weiteres vertrauten. Wenn sich ihm die Gelegenheit bot, mit Theaterleuten auszugehen, dann erzählte er mir das und ging. Er log mir nie etwas vor, und ich zweifelte nie an seinen Motiven oder an seinem Verhalten.«

Wozu hätte sie ihren Mann herausfordern sollen? Man hatte ihr beigebracht, ihrem Mann und der Kirche zu gehorchen. In ihrer Macht stand es nur, die Tatsachen entweder zu akzeptieren oder zu verleugnen. Joe war ein energiegeladener Mann und strebte mit derselben Vitalität nach sexueller Erfüllung wie nach Geld und Erfolg. Auch er war mit manchem nicht zufrieden, und gelegentlich beklagte er sich sogar im Beisein von Freunden, was für Rose unerträglich peinlich gewesen sein muß. Eines Abends, als sie mit den Greens Karten spielten, kam das Gespräch auf Sex. »Schau, Rose, deine Vorstellung, in der Liebe gehe es nur um Fortpflanzung, ist einfach falsch«, sagte Joe. »Davon war vor dem Traualtar nicht die Rede. Das hat weder der Priester behauptet, noch steht es in der Bibel. Und wenn du in diesem Punkt nicht etwas offener wirst, werde ich mit unserem Priester darüber reden.«

Joe war kein Mann, der leichtfertig über intime Fragen seines Ehelebens sprach, und daß er es hier sogar vor guten Freunden tat, zeigt nur, wie ausgeprägt Roses sexuelle Zurückhaltung gewesen sein muß und wie sehr ihre Ehe darunter litt. Ähnliche Klagen konnte man von vielen katholischen Männern hören, deren Frauen das Ehebett als Ort der Zeugung und nicht als Ort des Vergnügens betrachteten. Zudem glaubten die Frauen, Sex sei während der Menstruation und während der Schwangerschaft nicht erlaubt. Da Rose in dreizehn Jahren achtmal schwanger war, war es Joe in den frühen Jahren ihrer Ehe wahrscheinlich die halbe Zeit nicht gestattet, mit seiner Frau zu schlafen.

Rose verstand ihr Leben als ein kompliziertes Geflecht aus Aufgaben und Pflichten, und sie wollte sich nicht nachsagen lassen, sie sei ihren Pflichten als Ehefrau nicht nachgekommen. Jahrzehnte später, als Joes Untreue allgemein bekannt war, sprach sie mit einer jungen Verwandten über ihre Sexualität und zeigte dabei für die Bedürfnisse ihres Mannes und vielleicht sogar ihre eigenen mehr Verständnis, als Außenstehende vermuteten. Gleichwohl hatte ihr Liebesleben eine prüde Förmlichkeit. »Sie erklärte uns, wie man sich dem Ehemann gegenüber verhalten sollte«, erinnerte sich Kerry McCarthy, eine Nichte, der Rose vertraute. »Im Schlafzimmer sollte eine Chaiselongue stehen. Die Frau sollte ihre Seidenstrümpfe und ihren Morgenmantel darauf legen und sich in eine Decke wickeln, damit alles bereit war, wenn der Mann hereinkam.«

***

Rose hatte einen Problemfall in ihrer Familie, aber sie wurde sich dessen nur langsam bewußt. Im September 1918, als sie unmittelbar vor der Geburt ihres dritten Kindes stand, schwappte gerade eine Grippewelle über das Land, die Spanische Grippe, wie sie nach ihrem vermeintlichen Herkunftsland hieß. Die Krankheit nahm oft einen tödlichen Verlauf, erfaßte schließlich ungefähr ein Viertel der amerikanischen Bevölkerung und forderte mehr als eine halbe Million Menschenleben. Die Börse mußte geschlossen werden, da viele der dort Beschäftigten erkrankt waren, und in manchen Städten verlangte die Verwaltung, daß in der Öffentlichkeit ein Mundschutz getragen wurde. In Boston herrschten panikartige Zustände, und die Bürger befolgten die Ratschläge der Gesundheitsbehörden, »sich möglichst wenig anzustrengen und größere Menschenansammlungen zu meiden«. Die Ärzte hatten so viele Kranke zu behandeln, daß Dr. Good sich verspätete, als das dritte Kind der Kennedys zur Welt kommen sollte. Wie damals üblich, hatte die Krankenschwester Anweisung, die Geburt hinauszuzögern, bis der Doktor kam. Offiziell wurde dies mit medizinischen Gründen gerechtfertigt, doch der eigentliche Grund war, daß der Arzt nur dann sein volles Honorar erhielt, wenn er bei der Geburt anwesend war. So hielt die Schwester also den Kopf des Kindes zurück, bis Dr. Good ins Schlafzimmer eilte. Erst dann gebar Rose ihre erste Tochter. Sie nannten sie Rose Marie Kennedy. Die Familie rief sie »Rose« oder »Rosie«, außerhalb der Familie wurde sie als »Rosemary« bekannt.

Einige Monate später bemerkte Rose, daß ihre Tochter ebenso wie John F. nicht die Vitalität und Energie von Joe jr. zu haben schien. Sie begann sich zu fragen, ob mit Rosemary etwas nicht in Ordnung sei. Rosemary brauchte für alles extrem lang und lernte nur mühsam krabbeln, laufen und sprechen. Sie war ein hübsches Mädchen mit grünen Augen, die ohne Blinzeln in die Welt blickten. Als sie im Winter mit ihren Brüdern auf die verschneiten Straßen hinausging, alle drei dick eingepackt gegen die Kälte, konnte sie ihren Schlitten nicht selbst lenken. Rose widmete ihrer Tochter besonders viel Zeit und unterrichtete sie. »Ich versuchte, geduldig zu sein«, sagte sie später. »Ich war betroffen und begann zu begreifen, aber es bereitete mir noch keine quälenden Sorgen, teilweise wohl deshalb, weil ich mir etwas vormachte.«

Rose versuchte zu verstehen, was passiert war. »Niemand weiß es genau«, erzählte Eunice Kennedy Shriver, Rosemarys jüngere Schwester. »Aber wir vermuten, daß der Arzt zu spät kam und die Entbindungsschwester das Kind nicht zur Welt kommen ließ. Er kam zu spät. Ich weiß nicht, wo er war, jedenfalls war er nicht da. Die Schwester wußte nicht, was sie tun sollte, also tat sie nichts, um die Geburt einzuleiten. Das kommt auch heute noch vor. Im entscheidenden Augenblick war einfach nicht genügend Sauerstoff da.«

Rosemary war wahrscheinlich ein Opfer der modernen, von Männern dominierten Medizin. Trotz all der wissenschaftlichen Fortschritte meinten einige Ärzte, ihre Fehlbarkeit unter einem Deckmantel der Allmacht verbergen zu müssen. In den meisten Fällen hätten die Schwestern die Kinder genausogut auch ohne sie auf die Welt holen können, aber man hatte ihnen beigebracht, die Geburt zu verlangsamen. Und was Rose anbetrifft, so war ihr Vertrauen in die Medizin so groß, daß sie gar nicht erst auf die Idee gekommen wäre, ihr Arzt könnte für die Misere ihrer Tochter verantwortlich sein. Folglich dachte sie auch nicht daran, den Arzt zu wechseln, sondern rief Dr. Good auch bei der Geburt ihrer weiteren Kinder.

* * *

Aber Rose hatte neben ihrer ältesten Tochter noch ein anderes Problem: Sie wurde immer unzufriedener. Manchmal hatte sie den Eindruck, als existiere sie für die Bostoner Gesellschaft überhaupt nicht mehr. Als Tochter des Bürgermeisters war sie von den Zeitungen gefeiert und ständig zu Parties eingeladen worden. Nun aber interessierte sich niemand mehr für ihre Meinung, nicht einmal ihr Ehemann. Ihre jüngere Schwester Agnes war jetzt, wie die *Boston Post* schrieb, »zum Mittelpunkt des gesellschaftlichen Lebens« geworden. Sie hatte einen ganzen Schwarm von Verehrern, und obwohl sie in einem Alter war, in dem die meisten Frauen bereits verheiratet waren, schien sie keine Lust zu verspüren, ihr »Junggesellenleben« aufzugeben. Sie spielte Klavier, sang und arbeitete in den Clubs, die Rose zusammen mit anderen ins Leben gerufen hatte. Agnes hatte anscheinend kein Interesse an der Ehe, was wohl auch daran lag, daß sie das Leben ihrer älteren Schwester beobachtet hatte.

Agnes und der Rest der Familie hatten Fitzgeralds größtes Debakel seiner politischen Karriere offenbar unbeschadet überstanden. Im Jahr 1918 hatte er mit knapper Mehrheit einen Sitz im Repräsentantenhaus errungen, war aber bald darauf der Wahlfälschung überführt worden und hatte sein Mandat ein Jahr später wieder zurückgeben müssen. Jeder andere Politiker hätte sich in den folgenden Monaten schamhaft in einen Winkel verkrochen, nicht so Roses Vater. Er blieb so unverwüstlich wie immer.

Rose hatte zwar nichts mit der Frauenbewegung zu tun, aber Beispiele für die Leistungen von Frauen konnte sie überall sehen. Im Januar 1920 wurde die Prohibition eingeführt, das allgemeine Verbot der Herstellung und des Verkaufs alkoholischer Getränke. Dies war ein Triumph für die amerikanische Frauenbewegung. Der 19. Zusatzartikel zur Verfassung, mit dem den Frauen das Wahlrecht zugebilligt wurde, stand wenige Monate vor seiner Verabschiedung. Während des Krieges hatten es die Frauen in der Arbeitswelt weit gebracht, und wohin Rose auch blickte, bemerkte sie eine allgemeine Lockerung der Sitten. Sie war zwar eine konservative Katholikin, aber sie vernahm doch die leidenschaftlichsten Stimmen ihrer Zeit, die der Frauen der zwanziger Jahre.

Rose pflegte wenig Kontakt mit ihren Nachbarn, doch die anderen jungen Frauen, die in der Beals Street wohnten, hätten ähnlich frustriert von ihrem Leben berichtet. In der Klinik des nahen Tufts College hatte Dr. Abraham Myerson, Professor der Neurologie, unter seinen Patienten Dutzende von Frauen, denen es ähnlich erging wie Rose. 1920 beschrieb er in seinem Buch *Die nervöse Hausfrau* die Behandlung von Frauen, die »eine weitverbreitete und sehr traurige Verwandlung durchmachen ... vom fröhlich lachenden jungen Mädchen, das bei dem Gedanken an eine Vermählung mit ihrem Geliebten vor Glück strahlt, zur klagenden, erschöpften und desillusionierten Hausfrau unseres Jahrzehnts«.

Rose hatte einen Mann geheiratet, der mit ihr ein Leben in der Öffentlichkeit führen sollte, wie es ihr geliebter Vater einst getan hatte. Statt dessen herrschte Joe über seine Familie wie ein Patriarch und teilte außer seinem Einkommen und der Liebe zu ihren Kindern wenig mit ihr.

***

Rose hatte drei Kinder unter fünf Jahren und fürchtete, daß bei zweien von ihnen nicht alles in Ordnung sei. Der kleine John F. gehörte zu jenen Kindern, die jede Krankheit bekommen. In dem kleinen Haus in der Beals Street weckte er seine Mutter manchmal mitten in der Nacht mit seinem Geschrei, und sie verbrachte seinetwegen viele Tage in Sorge. Noch mehr Kummer als er bereitete ihr die zurückgebliebene Rosemary. Langsam mußte sie der Tatsache ins Auge sehen, daß ihre Tochter nicht so war wie andere Kinder. In den Ratgebern zur Kindererziehung stand zu lesen, sie als Mutter sei alleine für die Kinder verantwortlich, und sie war krank vor Sorge um John F. und Rosie.

Sie war mit hohen Erwartungen und mit dem ganzen Idealismus eines Kindes vom Heiligen Herzen in die Ehe gegangen, doch Joe ließ sie nicht in dem Maße an seinem Leben teilhaben, wie sie es erhofft hatte. Manchmal hatte sie das Gefühl, ihre Ehe bestehe fast nur aus Belastungen und Pflichten, Verantwortung und Schuldgefühlen.

An einem Wochenende Anfang Januar 1920 war Rose wie so oft mit der Köchin, dem Kindermädchen und den drei Kindern allein. Zwei Kinder waren krank, und ein viertes sollte in einem Monat zur Welt kommen. Sie war eine Frau, die stolz war auf ihre Besonnenheit, eine vorsichtige und konservative Politikerfrau. Aber plötzlich erschien ihr das Leben, das sie führte, unerträglich. Und da meldete sich eine andere Seite in ihr zu Wort. Eine andere Rose Fitzgerald Kennedy schwor sich, das Haus in der Beals Street zu verlassen, sobald es den Kindern besser ging, und zu ihren Eltern nach Dorchester zurückzugehen.

Rose kehrte in die Welles Avenue zurück und zog wieder in das Zimmer, in dem sie die längste Zeit ihres bisherigen Lebens verbracht hatte. Im Haus hatte sich wenig verändert. Nur der Zustand ihrer tuberkulosekranken Schwester Eunice hatte sich weiter verschlechtert. Dennoch war das Haus voller Leben, besonders wenn ihr Vater in der Nähe war.

Ungefähr zwei Wochen lang sagte niemand etwas zu Roses Situation. Die Familie wußte nicht, wie sie damit umgehen sollte, und über Gefühle wurde ohnehin nie offen gesprochen. Tagelang tat jeder so, als sei alles so wie vor Roses Heirat. Daß Josie nichts sagen würde, war klar. Ebenso klar war, daß Rose ihre Mutter nicht um Rat fragen würde. Sie hatte immer versucht, mehr aus ihrem Leben zu machen als ihre Mutter. Jetzt aber schien es so, als ob sie genau das gleiche Leben führe, mit dem einen Unterschied freilich, daß sie ihre Unzufriedenheit nicht verhehlte. Josie hatte es schweigend ertragen, daß ihr Mann sie vernachlässigte und betrog. Sie hatte es ertragen, indem sie es leugnete, sich emotional einkapselte und ihre Bedürfnisse, ihren Ärger und ihre Zweifel unterdrückte. Josie zahlte einen hohen Preis, aber für sie war alles im Leben einer Frau der einen Aufgabe untergeordnet, die heiligen Ideale der Familie zu schützen.

Roses Rückkehr ins Haus ihres Vaters war ein gefährlicher, überstürzter Schritt und ein Zeichen dafür, wie unglücklich sie war. Eine Scheidung war undenkbar. Selbst in protestantischen Kreisen wurde eine geschiedene Frau geächtet, doch für eine geschiedene Katholikin war es um vieles schlimmer. Wie sehr sie auch leiden mochte und welches Ausmaß an Heuchelei sie auch zu ertragen hatte, Kirche und Gesellschaft befahlen ihr, verheiratet zu bleiben.

Eines Tages rang sich Fitzgerald schließlich doch noch dazu durch, mit seiner Tochter zu reden, und suchte sie in ihrem Zimmer auf. Er hatte vorher geahnt, wie ihre Ehe aussehen würde, und versucht, sie von der Heirat abzubringen. Aber sie hatte nicht auf ihn gehört, und nun war sie nicht mehr seine Rosie, sondern Mrs. Joseph P. Kennedy. Sie war von einem Kardinal getraut worden, und ihre Ehe hatte Gottes Segen erhalten.

»Du bist eine Bindung eingegangen, Rosie«, sagte er seiner ältesten Tochter. »Und dazu mußt du jetzt stehen. Was vorbei ist, ist vorbei. Deine Kinder und dein Mann brauchen dich. Du kannst die Sache wieder geradebiegen. Ich weiß, daß du es schaffen kannst.«

Fitzgerald hatte nicht die Absicht, Joe zur Rede zu stellen. Er mochte seinen Schwiegersohn nicht, aber seine Tochter hatte ihn nun einmal geheiratet und daran war nichts mehr zu ändern. Er wetterte weder gegen Joe, noch verlangte er von ihm, sich zu ändern. Seine Tochter mußte sich ändern. Sie mußte ihr Schicksal annehmen und sich wieder beruhigen. So funktionierte die Gesellschaft nun einmal.

»Wenn du mehr Hilfe im Haushalt brauchst, besorge sie dir«, sagte er zu ihr. »Wenn du ein größeres Haus brauchst, bitte ihn darum. Wenn du mehr Zeit für dich selber brauchst, nimm sie dir. Du kannst alles erreichen, wenn du es dir nur fest genug vornimmst. So, Rose, und nun geh wieder dorthin zurück, wo du hingehörst.«

* * *

In den drei Wochen, die Rose in ihrem Elternhaus verbrachte, zog sie sich in eine Art Klausur zurück und dachte über ihren Glauben und ihre Zukunft nach. Sie betete und überlegte, und dabei gewannen die Worte der Nonnen von Blumenthal und Manhattanville wieder eine größere Bedeutung für sie. Sie hatte geschworen, sich in schwierigen Zeiten auf die Leiden Mariä zu besinnen, Kraft aus ihnen zu schöpfen und ihren Kummer still zu ertragen. Seit ihrer Zeit in Blumenthal hatte Rose gespürt, daß ihr Glaube nicht in den Schaltstellen der Macht oder in den Palästen der Fürsten auf die Probe gestellt werden würde, sondern in ihrem Leben als Hausfrau und Mutter. Und ihre jetzige Situation war eine erste solche Prüfung ihres Glaubens, ihrer Kraft und ihrer Ausdauer.

Rose war so erzogen worden, daß sie stets genau wußte, was politisch und gesellschaftlich akzeptabel war, und sie war sich absolut darüber im klaren, daß sie nur die eine Wahl hatte, nämlich zu Joe zurückzukehren. Doch es waren nicht nur religiöse Gründe, die für eine Rückkehr sprachen. Auch ihre mütterlichen Gefühle trieben sie nach Hause. Rose liebte ihre Kinder. Die Kleinen brauchten sie, besonders Rosemary und John F. Sie hätte sie nie aufgeben können. Aber genausowenig hätte sie mit ihnen fortgehen und das Leben einer Ausgestoßenen führen können, ohne ihren Vater. Auch aus praktischer Sicht sprach also alles dafür, zu Joe zurückzukehren. Was sonst hätte sie tun können? Eine ihrer Freundinnen hatte sich scheiden lassen. Sie war beleidigt, an den Pranger gestellt und schließlich aus Boston vertrieben worden und mußte sich nun in einer anderen Stadt ein neues Leben aufbauen. Und schließlich hatte Rose auch eine zynische und berechnende Seite: Als Mrs. Joseph P. Kennedy verfügte sie über einen gesellschaftlichen Status und finanzielle Mittel, die ihren Schmerz lindern konnten.

Und so kehrte Rose in das Haus in der Beals Street zurück.

7

Roses Erziehungsprogramm

Liebevoll hielt Rose am 20. Februar 1920 ihre neugeborene Tochter Kathleen Agnes in ihren Armen. Doch gleichzeitig verspürte die stolze Mutter »panische Angst«. Der kleine John F. war wieder krank. Er lag mit Scharlach und hohem Fieber im Boston City Hospital. Rose hatte befürchtet, daß sich Joe jr., Rosemary oder das Baby bei ihm anstecken könnten. Wie so oft war Joe nicht da. Er machte in Palm Beach Urlaub.

Joe kehrte jedoch bald nach der Geburt zurück, und da Rose noch im Bett lag, kümmerte er sich um John F. und besuchte ihn täglich im Krankenhaus. Dort saß er am Bett seines zweieinhalbjährigen Sohnes, der sich ohne seine Mutter und seinen älteren Bruder schrecklich einsam fühlte. Joe war nicht so religiös wie seine Frau, aber jetzt betete auch er. »Kein Mitglied meiner Familie war je so schwer krank gewesen wie John F.«, schrieb er dem Doktor, als der Junge wieder zu Hause war. »Ich hätte nicht erwartet, daß mich so ein Vorfall so mitnehmen könnte.«

Als John F. wieder auf den Beinen war, hatte Rose Zeit, sich Gedanken über ihr jüngstes Kind zu machen. Schon bald nach der Geburt war ihr klargeworden, daß Kathleen ein Glückskind war und daß sie die Rolle der »ältesten Tochter« übernehmen würde. Sie besaß den Elfenbein-Teint ihrer Großmutter Mary Augusta und hatte strahlend blaue Augen, und wie ihr ältester Bruder Joe war sie stets gut gelaunt und hatte viel Energie. Sie wurde »Kick« genannt, weil andere Kinder Schwierigkeiten mit der Aussprache ihres Namens hatten. Der Spitzname paßte ausgezeichnet zu ihr, denn »Kick« bedeutet Schwung, und den hatte sie. Sie lief mit ihren Brüdern zusammen Schlittschuh, fuhr mit ihnen Schlitten oder spielte mit ihnen Tennis, erwartete aber nie, daß man auf sie Rücksicht nahm, weil sie jünger oder ein Mädchen war. Jahre später sollte Rose die zahlreichen Briefe, die Kathleen an die Familie geschrieben hatte, wieder und wieder lesen: »Ihre frühen Briefe kamen mir so herzlich und liebevoll vor, vielleicht noch mehr als die der anderen Kinder.« Kathleen war ein Kind, das immer optimistisch und frohgemut in die Welt blickte und deren Lachen und Fröhlichkeit fast jeden ansteckte. Zudem war sie brav, so daß ihre Mutter nur selten streng mit ihr sein mußte. »Wir hatten sehr viel Freude an ihr«, erinnerte sich Rose.

Eine unsichtbare Grenze trennte die vier ersten Kennedy-Kinder von ihren jüngeren Geschwistern. Für Rose waren sie immer etwas ganz Besonderes. »Mit ihnen verbrachte ich mehr Zeit«, sagte sie. »Ich kannte sie in- und auswendig, und ihre Charaktere faszinierten mich.« Eineinhalb Jahre nach Kathleens Geburt brachte sie ihr fünftes Kind, ein Mädchen, zur Welt. Es wurde nach Roses kranker Schwester Eunice Mary getauft. Eunice war das erste Kind der Kennedys, das nicht gestillt wurde. »Vor Jahren war es üblich, seine Kinder zu stillen, und alle taten es, aber dann änderte sich das«, erinnerte sich Rose. »Leider gedieh Eunice anfangs nicht recht, denn die Flaschennahrung war noch nicht besonders gut, und wegen eines Ausschlags konnte ich sie nicht selber stillen.«

Rose staunte darüber, daß ihre Kinder so deutliche Familienmerkmale zeigten und dabei doch so unterschiedlich waren. So hatte Eunice nichts von der weiblichen Anmut ihrer Schwester Kathleen. Sie war ein knochiges und drahtiges Mädchen mit einem scharfen, lebhaften Verstand und lernte früher als alle ihre Geschwister laufen und sprechen, früher noch als ihr aufgeweckter Bruder John F., den sie besonders gerne mochte. Schon mit eineinhalb Jahren lief sie durchs Haus, verbeugte sich wie ein Erwachsener und sagte: »Tanz mit mir.« Auch in ihrem Sozialverhalten war sie ihren Altersgenossen voraus. Sie gab auf ihre Geschwister acht und kümmerte sich besonders um Rosemary, die bald von ihr überholt und fast so etwas wie ihr Kind wurde.

* * *

Eunice kam bereits im neuen Heim der Kennedys zur Welt, in das die Familie im Herbst 1920 gezogen war. Es lag zwei Straßen weiter an der Ecke Abbotsford und Napels Road. Das Haus hatte zwölf Zimmer und verdeutlichte, daß Joe beruflich sehr erfolgreich war. Er verdiente als Kundenberater bei Hayden, Stone & Co. ein Vermögen und war auf dem Weg zu seiner ersten Million. Sein neues Haus sollte ein würdiges Symbol für das Erreichte sein, deshalb kümmerte er sich persönlich um die Einrichtung, kaufte Stilmöbel und Orientteppiche und stattete den Haushalt mit modernen Geräten aus, von denen jede Frau aus der Mittelschicht träumte: Kühlschrank, Herd, Waschmaschine, Nähmaschine und Staubsauger.

Für Rose markierte der Umzug den Beginn eines neuen Lebens, in dem sie weitgehend die Ratschläge ihres Vaters befolgte. Sie hatte nun ein größeres Haus, zusätzliche Hilfskräfte einschließlich Chauffeur, mehr Zeit für sich selbst, ein eigenes Schlafzimmer und die neuen »elektrischen Dienstboten«. Und jedes Kind bekam ein eigenes Zimmer, selbst das jüngste Baby.

Rose und ihr Mann imitierten die protestantische Oberschicht, doch ihre getrennten Schlafzimmer waren nicht nur ein Statussymbol, sondern auch ein Zeichen für die wachsende Kluft zwischen ihnen. Im Lauf der Jahre hatte sich Rose mit Joe arrangiert, was freilich nicht ohne heftige Auseinandersetzungen abgegangen war. Noch 1921 schrieb Joe einem Freund, der die Ankunft einiger Schauspielerinnen in Boston erwartete, er habe »zu viel Ärger am Hals«, um »zum gegenwärtigen Zeitpunkt« mitzumachen, hoffe aber auf eine Entspannung der Lage bis zum Eintreffen der Musicaltruppe.

Schließlich begannen Rose und Joe getrennt in Urlaub zu fahren, und zwar nicht nur für ein paar Tage, um sich vom Familienleben zu erholen. Sie unternahmen vielmehr lange Reisen, die einen Monat oder länger dauerten. Als Joe Mitte Januar 1923 mit Freunden für längere Zeit nach Palm Beach fuhr, sagte Rose, es hätte sie ohnehin »gelangweilt, jedes Jahr am selben Ort Urlaub zu machen«. Mit ihrem Vater hatte sie sich in Palm Beach jedoch nicht gelangweilt, und ebensowenig fand sie es langweilig, als Joe dort später ein Haus kaufte.

Anfang April fuhr Rose mit ihrer Schwester Agnes für sechs Wochen nach Kalifornien. »Mann, du bist mir eine schöne Mutter, gehst einfach weg und läßt deine Kinder allein«, sagte John F. mit einer Mischung aus Vorwurf und Spott. Bei ihrer Abreise standen die Kinder auf der Veranda, um sich von ihr zu verabschieden, doch Rose drehte sich weder um, noch nahm sie ihren Zweitältesten in die Arme, um ihm zu versichern, daß sie bestimmt zurückkehren werde. Sie stieg ohne Zögern die Treppe hinunter und verschwand. Als sie ein paar Minuten später doch noch einmal zurückkam, weil sie etwas vergessen hatte, spielten John F. und die anderen Kinder und dachten anscheinend gar nicht mehr daran, daß ihre Mutter fortgegangen war.

Man könnte eine Mutter, die ihren Sohn so stehenläßt, für gedankenlos, kalt und selbstsüchtig halten. Doch Rose hatte Tränen in den Augen gehabt, als sie John F. verließ, und sie war voll Sorge gewesen. Aber sie hatte Angst, den kleinen John F. zu verzärteln, denn er sollte lernen, selbständig zu sein und schwierige Situationen auszuhalten. Sogar ein solcher Abschied war Teil ihres Erziehungsprogramms.

Tatsächlich sollte Rose durch ihre Kinder berühmt werden, indem sie sie zu durchsetzungsfähigen Menschen formte, die ihren Namen in die Welt hinaustrugen. »Eine Mutter weiß, daß sie durch ihren Einfluß aus diesen kleinen Geschöpfen eine Führernatur, einen anregenden Menschen, ein leuchtendes Vorbild machen kann«, erklärte Rose. »Frauen können sich in der Arbeitswelt hervortun, sie können maßgeblich am gesellschaftlichen Leben teilhaben, oder sie können berühmte Schönheiten sein. Aber das alles ist nebensächlich. Man braucht nur eine Frau zu besuchen, die vor 25 Jahren eine große Schönheit, eine berühmte Schriftstellerin oder eine anerkannte Wissenschaftlerin war. Und nun vergleicht man ihr Leben mit dem einer Frau, die sich vor 25 Jahren für eine Familie entschieden hat. Ihre Kinder sind nun erwachsen, widmen sich wichtigen Aufgaben und machen ihrem Namen Ehre. Sie wird immer noch gebraucht und geliebt, sie nimmt immer noch am Leben teil, und das ist es, was zählt.«

Rose nutzte all ihre Intelligenz, ihre Energie, ihre moralische Kraft und ihren Ehrgeiz, um ihre Kinder in den ersten Lebensjahren so intensiv wie möglich zu fördern. Pädagogen, Fachleute für Haushaltsführung und Ärzte sagten ihr, was sie zu tun hatte, und sie hielt sich peinlich genau an deren Empfehlungen. Zudem unterwarf sie sich der moralischen Autorität der katholischen Kirche und versuchte, ihren Kindern Ehrgeiz und soziales Verantwortungsgefühl einzuflößen. »Ich betrachtete Kindererziehung als Beruf, der ebenso interessant war und eine ebenso große Herausforderung darstellte wie andere Berufe«, sagte Rose. »Eine Frau wurde durch ihn ja nicht notwendigerweise ans Haus gefesselt und deshalb abgestumpft und langweilig. Die Alternative war ja nicht, entweder eine emanzipierte, ausgemergelte alte Jungfer zu werden oder eine dicke und unförmige, fröhliche Person, mit der man nur noch über die drei ›K‹, Kinder – Kirche – Kochen, reden konnte. Für mich war die Erziehung meiner Kinder nicht nur ein Gebot der Liebe und eine Pflicht, sondern eine Aufgabe, die ebenso interessant und anspruchsvoll war wie jeder andere ehrbare Beruf und mich zwang, mein Bestes zu geben.«

Rose war der Meinung, daß »außergewöhnliche Leistungen und die Fähigkeit, das Beste aus den eigenen Möglichkeiten zu machen, zu einem beträchtlichen Teil eine Folge von Gewohnheiten sind«. Und dies war auch der Kerngedanke ihrer Erziehung: Sie wollte ihren Kindern eine Reihe von Gewohnheiten einpflanzen, so daß nichts sie mehr ändern konnte. Diese Gewohnheiten sollten den Charakter ihrer Kinder prägen und sie zu unverwechselbaren Kennedys machen.

Rose versuchte, ihre Kinder möglichst früh in ihr System einzugliedern, so daß sie ein Leben lang Einfluß auf sie ausüben konnte. Joe jr. war fünf Jahre alt, als die Familie in das neue Haus zog, das ideale Alter, um mit Roses Erziehungsprogramm zu beginnen. Er war der erste, an dem sie es ausprobierte, und er sollte zu einem Vorbild für seine Geschwister werden. »In einer großen Familie«, sagte Rose, »werden die älteren Geschwister viele Aufgaben der Eltern übernehmen. Das heißt, wenn der Älteste richtig erzogen worden ist. Damit meine ich, daß man sich ausreichend Zeit für ihn nimmt und sich bemüht, ihm Ideale zu vermitteln, also hohe moralische Prinzipien, vorbildhaftes Verhalten in bezug auf die Kirche, Sorgfalt in der Wahl seiner Freunde, Verantwortung gegenüber der Familie und besonders gegenüber den jüngeren Geschwistern. Mit meinen älteren Kindern hat das sehr gut funktioniert.«

Joe jr. schien all ihre Hoffnungen zu erfüllen. Er war unternehmungslustig, wagemutig, eigensinnig und ehrgeizig. Er setzte den Maßstab, an dem sich seine Geschwister messen lassen mußten. Zu Hause war Joe jr. mehr ein Vaterersatz als der große Bruder, und er ahmte seinen Vater beinahe sklavisch nach. »Meiner Meinung nach haben es die Kinder der Kennedys vor allem Joes Vorbild zu verdanken, wenn sie es zu etwas gebracht haben«, schrieb John F. Kennedy 1945. »Er machte es meinen Eltern unendlich viel einfacher, viele Kinder großzuziehen, denn was sie ihm beibrachten, gab er uns weiter, wobei er ihre Lehren nicht verwässerte, sondern eher noch verstärkte.«

Jeden Morgen halfen die Hausmädchen den Kindern beim Anziehen, und Rose überwachte das gemeinsame Frühstück. Sie saß mit am Tisch und achtete darauf, daß die Kinder aßen, was man ihnen vorsetzte. War eines auch nur ein bißchen zu dünn, tischte sie ihm nahrhafte Speisen auf, hatte es Übergewicht, bekam es weniger Süßigkeiten und Brot. Dem mageren John F. wurde natürlich immer eine Extraportion vorgesetzt. Nach dem Frühstück mußten die Kinder ihre Zähne putzen. Später, als sie zur Schule gingen, inspizierte Rose ihre Kleidung an der Haustür auf Sauberkeit.

Die Kinder mußten schwimmen lernen und schon in frühen Jahren Tennis- und Golfstunden nehmen. Außerdem achtete Rose darauf, was sie lasen, und wählte aus dem Angebot der Bibliotheken Bücher mit pädagogisch wertvollen Inhalten für sie aus.

Bei Tisch erteilte Rose Unterricht in gutem Benehmen. Später, als die Familie immer größer wurde, aßen zuerst die kleineren Kinder, danach die älteren mit den Erwachsenen. Rose legte Wert darauf, mit am »kleinen Tisch« zu sitzen und dem Gespräch eine Richtung zu geben. Sie erteilte unauffällig Lektionen in Geographie, Geschichte, Patriotismus, Benimm und Religion. An Ostern erzählte sie von der Fastenzeit, an Thanksgiving von den Pilgervätern, ihrer Reise nach Amerika und ihrem Wunsch nach freier Religionsausübung. Auf diese Weise vermittelte sie ihren Kindern eine gefühlsmäßige Beziehung zur amerikanischen Geschichte.

Sobald ihre Kinder alt genug waren, erwartete Rose von ihnen, daß sie am Tisch der Großen aßen, auf die Fragen ihres Vaters intelligente Antworten gaben und ihre Mutter mit Respekt behandelten. Sie ließ in ihren erzieherischen Bemühungen nie nach und verfolgte genau, welche Fortschritte ihre Kinder machten. Ihr Eifer war die übersteigerte Form eines Verhaltens, das Mütter aus der Mittelschicht in ganz Amerika an den Tag legten.

Ganz besonders achtete Rose auf das Gewicht ihrer Kinder, denn Joes Eltern waren in höherem Alter wohlbeleibt wie ein reiches Bauernpaar, was unangenehm deutlich ihre Herkunft verriet. Übergewicht war für Rose ein Zeichen von Zügellosigkeit, Willensschwäche oder fehlender Selbstbeherrschung, und ihre Kinder schämten sich, wenn sie ein paar Pfund zugelegt hatten. Im Mai 1927 schrieb die damals erst siebenjährige Kathleen in einem Brief an ihre Mutter: »Ich habe eineinhalb Pfund zugenommen. Eunice hat auch etwas zugelegt.

Rosemary ist so dick wie immer.« Ihr Gewicht wurde für die Mädchen schon sehr früh zur fixen Idee.

Das Abendessen wurde stets zur gleichen Zeit aufgetragen, und wehe dem, der zu spät kam. Einmal spielten Kathleen und Rosemary am frühen Abend bei Nachbarn, als plötzlich jemand energisch an die Haustür klopfte. Es war Joe. Ohne sich mit den üblichen einleitenden Höflichkeiten aufzuhalten, sagte er: »Sagen Sie ihnen, daß sie kommen sollen. Ihr Vater wartet draußen, um sie zum Essen zu holen.« Die beiden Mädchen ließen ihr Spielzeug fallen und rannten zur Tür.

Die Tafel wurde erst aufgehoben, wenn Rose sich erhob und das Zimmer verließ. Nach dem Essen durften die Kinder in ihr Schlafzimmer kommen und sich aus einer Pralinenschachtel, die an ihrem Bett stand, etwas aussuchen. Die Schachtel war groß, und jedes Kind hätte sicherlich ein halbes Dutzend Pralinen oder mehr in sich hineingestopft, aber Rose erlaubte ihnen nur, eine einzige zu nehmen. Auch wenn sie minutenlang dastanden und nicht wußten, für welche sie sich entscheiden sollten – jedes bekam nur eine.

Auch wenn Rose die Kinder nicht selbst beaufsichtigen konnte, hielten sie sich an ihre Vorschriften. Dafür sorgten die Dienstboten, Hausmädchen und Kinderschwestern. Gleichzeitig aber entfremdeten sie Rose auch von ihren Kindern.

Die Kinderfrau Katherine Conboy, von den Kindern Kico genannt, war ein irisches Landmädchen mit breitem Akzent. Sie glaubte noch an Kobolde und Elfen, und bei ihr fanden die Kinder die Wärme und Spontaneität, die ihren Eltern fehlte, ein Phänomen, das in wohlhabenden Familien damals noch häufig anzutreffen war. Zu Kico konnten die Kinder laufen, wenn sie Kummer hatten, und den Kopf in ihrer Schürze verstecken. Sie setzten sich zu ihr in die gemütliche Küche, bekamen ein Glas Milch und einen Keks und durften dabei nach Herzenslust plappern – ohne Stundenplan und festgesetzte Themen. Kico hatte keine großen Pläne mit ihnen. Sie liebte die Kinder, und die Kinder liebten sie und hatten Vertrauen zu ihr. Doch als die Mädchen älter wurden, legten sie diese Liebe ab wie ein Kleidungsstück, aus dem sie herausgewachsen waren, und folgten dem Weg, den ihre Mutter vorgezeichnet hatte.

Rose hatte die Energie ihres Vaters geerbt. »Sie arbeitete immer, bis die Wehen einsetzten«, erinnerte sich Margaret Driscoll, eine Nachbarin aus Brookline. »Sie hatte es immer eilig, war ständig auf dem

Sprung und hatte immer etwas zu tun. Kaum hatte sie ein Baby bekommen, war sie wieder auf den Beinen. Sie arbeitete sehr hart und blieb immer bei der Stange. Joe und die Kinder wären nie so erfolgreich gewesen, wenn sie mit ihrem Mann nicht Schritt gehalten hätte.«

Rose sorgte in der Familie für Disziplin, so wie es ihre Mutter einst in ihrer Familie getan hatte. Als Hilfsmittel dienten ihr dabei ein Kleiderbügel oder ein Lineal, mit denen sie den Kindern kräftig auf die Hände oder den Po schlug. In den meisten Familien züchtigten Eltern ihre Kinder erst dann, wenn sie sie vorher vergeblich gewarnt hatten oder wenn sie über eine Verfehlung sehr zornig waren. Rose war da anders. »Ich sah es als meine Pflicht an, sie nie zu schlagen, wenn ich verärgert oder gereizt war«, erklärte sie später. Sie warnte auch nicht dreimal, bevor sie zum Lineal griff. »Ich verbot ihnen etwas, und wenn sie es dennoch taten, habe ich sie mit dem Lineal verhauen«, erinnerte sie sich.

»Manchmal sind Schläge die einzige Sprache, die Kinder verstehen«, sagte Rose. »Sie sind ein unverzichtbares Mittel, um Unfällen und schlechtem Benehmen vorzubeugen, wenn das Kind noch zu klein ist, um Argumente zu verstehen. Angenommen, ich gehe mit einem Kind den Bürgersteig entlang, und es läuft vor ein Auto. Dann versohle ich ihm auf der Stelle den Hintern, damit es das nie wieder tut. Nimmt es eine spitze Schere, verlange ich sie zurück, damit es sich nicht verletzt. Zum Beweis, wie gefährlich sie ist, piekse ich ihm mit der Spitze ein wenig in den Finger oder den Arm, damit es merkt, wie gefährlich es wäre, so etwas ins Auge zu bekommen. Nützt das nichts, hole ich mein Lineal aus dem Schreibtisch. Nach ein paar Klapsen genügt gewöhnlich die bloße Erwähnung des Lineals, um den gewünschten Erfolg zu erzielen. Unsere Kinder sollten vor allem begreifen, daß ihr Vater und ich sie liebten und daß alles, was wir ihnen sagten, nur zu ihrem Besten war, und damit basta.«

Wenn die Kinder sich später daran erinnerten, wie »grausam« ihre Mutter gewesen sei, wenn sie sie schlug, konnte das Rose nicht verstehen. Sie hatte ihnen doch nur einen Klaps gegeben, und das überlegt und ohne eine Miene zu verziehen. Für sie war es ein Teil ihres Erziehungsprogramms, das Kind aber fühlte sich dieser Mutter fremd, die es schlug und dabei so wenig Gefühl zeigte.

Rose berührte ihre Kinder, wenn sie sie züchtigte. Sie berührte sie, wenn sie ihre Kragen ordnete oder Schmutz von ihrer Wange wischte.

Aber sie berührte sie nicht, um ihrer Liebe Ausdruck zu geben. Sie drückte sie nicht an sich und sagte ihnen nicht, daß sie sie liebte. Die Erziehung ihrer Kinder war ihr viel zu wichtig, als daß sie ihren Gefühlen freien Lauf gelassen hätte. Das überließ sie lieber den Köchinnen oder Dienstmädchen.

Von allen Kindern war John F. der aufmerksamste Beobachter des Familienlebens. Als junger Erwachsener sagte er einmal zu einem Freund: »Meine Mutter war entweder in irgendeinem Pariser Modehaus oder kniete in einer Kirche.« Damit tat er ihr in gewisser Weise unrecht, denn in den für seine weitere Entwicklung entscheidenden Jahren war Rose immer für ihn da. Doch aus dem Blickwinkel eines jungen Mannes, der den Seelenhaushalt seiner Familie zu verstehen versuchte, hätte Rose genausogut abwesend sein können. So erklärte er: »Meine Mutter hat mich nie richtig fest gehalten oder umarmt. Niemals!« Dies war der entscheidende Punkt.

***

Irgendwann in den ersten Jahren ihrer Ehe ging Rose in einen Schreibwarenladen in Coolidge Corner und kaufte Karteikarten. Wieder zu Hause, setzte sie sich an ihren Schreibtisch und legte für jedes ihrer Kinder eine Karte an, auf der sie seinen Geburtstag und das Datum seiner Taufe vermerkte. Dieses System behielt sie auch später bei. An jedem Samstagabend wurden die jungen Kennedys gewogen und ihr Gewicht fein säuberlich in die Karteikarten eingetragen. Hatte ein Kind zweimal hintereinander Gewicht verloren, reicherte Rose seine Kost an und strich gegebenenfalls einige Sportstunden. Auch Krankheiten und Arzttermine wurden notiert. Rose brachte ihre Kinder auch zu einem Kieferorthopäden, was damals noch sehr unüblich war, und ließ ihren Zahnstand begradigen. Außenstehende ahnten später nicht, daß das berühmte Lächeln der Kennedys kein ererbtes Familienmerkmal war, sondern das Ergebnis zahnärztlicher Kunst.

Rose witzelte später, sie habe die Karteikarten aus purer »kennedyscher Verzweiflung« angelegt. Tatsächlich aber lag sie damit im Trend der Zeit, denn viele Frauen versuchten damals, ihren Haushalt besser zu organisieren. Die Idee mit den Karteikarten stammte von Christine Frederick, die darüber in ihrem Bestseller *The New Housekeeping* geschrieben hatte. »Bei uns war wirklich alles durchorganisiert«, erinnerte sich Eunice. »Sie brachte uns Disziplin bei, das trifft es wohl am besten.«

Rose hätte sich mit Nachbarinnen anfreunden können, aber selbst zu Beginn ihrer Ehe, als die Familie noch klein war, blieben sie und Joe gerne für sich. Nachbarn sahen vom Fenster aus, wie sie vorbeiging, vor sich den Kinderwagen, neben sich ihre beiden Jungen. Sie sprach nie sehr viel, war aber stets höflich und grüßte oder winkte. Doch wenn Joe sie begleitete, tat sie oft nicht einmal das.

***

Für Rose stand der Glaube im Mittelpunkt der sittlichen Erziehung ihrer Kinder. So achtete sie darauf, daß vor jeder Mahlzeit ein anderes Kind das Tischgebet sprach, und am Sonntagmorgen stand sie unten an der Treppe und kontrollierte, ob die Kinder für den Kirchgang tipptopp angezogen waren. Im Gottesdienst selbst mußten die Kinder aufmerksam zuhören, denn gewöhnlich wurde beim Mittagessen über die Predigt gesprochen. »Und wenn sie einmal nicht aufgepaßt hatten«, erinnerte sich Rose, »passierte ihnen das am Sonntag darauf ganz gewiß nicht noch einmal.«

Die Kirche St. Aidan's, ein Gebäude im Stil der englischen Spätgotik, wirkte von außen wie ein englisches Landhaus und war größtenteils von den Spenden irischer Dienstboten, Köchinnen und Stubenmädchen erbaut worden, die schon Jahrzehnte vor den Kennedys und ihresgleichen in Brookline gelebt hatten. Doch nach 1911 zog eine neue Schicht irischstämmiger Amerikaner und anderer Katholiken nach Brookline, die sich zur amerikanischen Oberschicht zählten und die in der Kirche nicht neben Köchinnen und Stubenmädchen niederknien und beten wollten. Also wurde es üblich, daß die Arbeiter die Frühmesse besuchten und die Oberschicht den Gottesdienst um 11.30 Uhr. Zu dieser Messe erschien man in den besten Kleidern und Pelzmänteln. Nach dem Gottesdienst standen die Gemeindemitglieder noch eine Stunde oder länger vor der Kirche, nahmen die Garderobe und den Schmuck der anderen in Augenschein und redeten über ihre Geschäfte, ihre Clubs und ihre Kinder. Die Kennedys freilich nickten nur kurz nach allen Seiten und gingen nach Hause, ohne mehr als ein, zwei Worte zu verlieren. Manche Gemeindemitglieder hielten sie deshalb für hochnäsig. »Ich kann mich noch an den schönen Grauwerkpelz von Rose Kennedy erinnern«, berichtete May Johnson, die damals in Brookline wohnte. »Sie kümmerten sich um niemanden und konzentrierten sich ganz auf den Gottesdienst.«

Rose war in Begleitung ihres Mannes weniger freundlich als sonst. Und wer sie kannte, wußte, daß sie sich nur anders verhielt, weil Joe es so wollte. »Joe wurde nachgesagt, daß er hoch hinaus wolle«, erinnerte sich Dot Keegan, eine Nachbarin. »Er versuchte, sich und seine Familie weiterzubringen.«

Nach dem Gottesdienst fuhr die Familie gewöhnlich nach Winthrop oder hinaus nach Concord Junction, wo noch Verwandte von Roses Mutter lebten. Rose kümmerte sich auch um entferntere Verwandte, denn das gehörte in ihren Augen zu den Aufgaben einer Frau. Sie erinnerte sich an Geburtstage und Jubiläen, erzählte ihren Kindern vom Leben ihrer Großeltern und sorgte dafür, daß sie regelmäßig ihre Verwandten besuchten.

Bei diesen Ausflügen fuhren Fitzgerald und Josie in ihrem von einem Chauffeur gesteuerten Lincoln voraus, und Joe, Rose und die Kinder folgten in einem zweiten Auto. Bei den Hannons, der Familie ihrer Großmutter, benahmen sich Kathleen, Rosemary und Eunice stets wie wohlerzogene Mädchen, während ihre Brüder miteinander boxten und auf den Sägemehlhaufen herumsprangen.

Fitzgerald hatte stets *seine* Rose bevorzugt, doch von den Enkelkindern waren ihm Joe jr. und John F. die liebsten. Beim Essen galt ihnen seine ganze Aufmerksamkeit. Derweil saßen Kathleen, Rosemary und Eunice ruhig am Tisch, schnitten das Fleisch so, wie sie es zu Hause gelernt hatten, und kauten die Stückchen mit geschlossenem Mund, wie es sich schickte. Dabei lernten sie noch eine andere Lektion: Solange ihre Brüder in der Nähe waren, hatten sie abseits zu stehen und sich mit der Rolle der Zuschauerinnen zu begnügen.

Bei Tisch redete Fitzgerald oft über Politik. Er war immer noch politisch aktiv und hatte sich 1922 um den Gouverneursposten beworben. Frauen durften inzwischen zwar wählen, doch die Wortführerinnen der Frauen in der demokratischen Partei klagten, daß man ihnen den Zugang zu den Gremien verwehrte, in denen die Entscheidungen gefällt wurden. Fitzgerald teilte das Rednerpult nur ungern mit einer Frau, doch er brauchte im Wahlkampf die Unterstützung seiner Gattin. So etwas fiel Josie äußerst schwer, und als man sie bat, bei einem Frühstück im Hotel Copley-Plaza vor Anhängerinnen der

Demokraten eine Rede zu halten, kam sie diesem Ansinnen nur widerwillig nach. Mit hochrotem Kopf und zitternder Stimme forderte sie die 500 Zuhörerinnen auf, ihren Mann zu unterstützen. Am Wahltag ging Josie – vielleicht zum ersten Mal in ihrem Leben – mit Fitzgerald in die Henry L. Pierce School in Dorchester, um ihre Stimme abzugeben.

Fitzgerald hatte den Frauen seit jeher geschmeichelt und durch sie häufig die Stimmen ihrer Ehemänner gewonnen. In Zukunft würde man ihnen noch mehr schmeicheln müssen, denn nach Fitzgeralds Meinung hatten ihn die Frauen den Sieg gekostet. »Sagen Sie den Leuten, daß John F. Fitzgerald lächelt und guter Dinge ist«, verkündete er. »Die Republikaner können sich bei ihren Frauenorganisationen bedanken ... Sie waren republikanisch bis ins Mark und haben jede freie Minute der republikanischen Sache gewidmet.« Die Frauen hatten im Wahlkampf mehr Initiative gezeigt und mehr Entschlossenheit bewiesen, als Fitzgerald ihnen jemals zugetraut hätte. »Die Frauenclubs ... sollten offiziell keine politischen Aufgaben übernehmen, doch sie haben sich bei der Registrierung der Wählerinnen und bei der Wahl selbst für die republikanische Partei engagiert.«[50] Um die Stimmen der Frauen mußte künftig dezent, aber gezielt und entschlossen geworben werden. Das war es, was Fitzgerald aus der Niederlage gelernt hatte und was er auch an seine Enkel weitergab – und nicht etwa, daß den Frauen selbst politische Ämter zustanden.

»Meine Kinder haben die Politik schon mit der Muttermilch eingesogen«, erklärte Rose. Joe selbst war zwar nicht politisch aktiv, da jedoch beide Großväter immer noch politische Positionen bekleideten, waren auch die Kennedys eine Politikerfamilie. Die Söhne der Familie wuchsen in der Vorstellung auf, daß ihnen eine politische Karriere und ein Leben in der Öffentlichkeit zustand. Und für die Töchter bedeutete das, daß sie als »Politikerfrauen« zu leben und ihre Brüder oder Ehemänner bei der Verwirklichung ihrer Ziele zu unterstützen hatten.

Die älteren Kinder der Kennedys kannten noch alle vier Großeltern. Im Mai 1923 starb Mary Augusta im Alter von 65 Jahren, einen Monat nach einer Krebsoperation. Sie hinterließ nur 13 539 Dollar, was Rose und ihren Töchtern eine Lehre war. Politiker, Geschäftsfreunde, frühere Nachbarn aus Ost-Boston, Mitglieder diverser Clubs sowie Priester und Nonnen statteten der Familie in Winthrop ihren Beileidsbesuch ab. Mary Augusta war keine Persönlichkeit des öffentlichen Lebens gewesen, und erst ihr Tod veranlaßte die Zeitungen, längere Artikel über sie zu bringen. Doch sie hatte ihre Gemeinde beeindruckt, und so strömten die Menschen nun in Scharen herbei, um ihr die letzte Ehre zu erweisen.

Im September desselben Jahres starb Eunice, die 23jährige Schwester von Rose, am Morgen nach ihrer Heimkehr aus dem Lungensanatorium. Rose trauerte noch lange um sie. Fast vier Monate später schrieb die *Boston Post,* man habe es auf dem Ball des Ace of Clubs »allgemein bedauert, daß Mrs. Joseph P. Kennedy wegen des Trauerfalls in ihrer Familie nicht teilnahm«.

***

Rose schickte ihre älteren Kinder auf die Edward Devotion School, eine ausgezeichnete staatliche Schule, die nicht mehr als fünf Minuten von ihrem Haus entfernt lag. Selbst diese Entscheidung gehörte zu ihrem Erziehungsprogramm. Rose war der Meinung, »daß die Auseinandersetzung mit Kindern, die aus weniger wohlhabenden Elternhäusern stammten, in der Schule aber gute Leistungen bringen, für Kinder sehr wichtig ist, besonders für die Jungen, die später auf unterschiedlichste Menschen treffen und mit ihnen konkurrieren müssen«.

Doch jenseits von Heim, Kirche und Schule gab es für die Kinder noch die Straße, und hier, in den Parks, auf den Spielplätzen und in den Alleen von Brookline galten für Roses Söhne keine mütterlichen Verbote. Hier durften sie sich, angezogen wie Straßenjungen, austoben. Aber auch diese Freiheit gehörte zu Roses Plan. Ihre Söhne sollten lernen, sich auch in einer rauheren Umgebung durchzusetzen. Von ihren Töchtern hingegen erwartete sie, daß sie hingebungsvolle Katholikinnen wurden, die sich treusorgend um ihre Brüder und Ehemänner kümmerten.

Rose erzog ihre Kinder zu unerschütterlichen Stoikern, die Schmerzen ertrugen, ohne mit der Wimper zu zucken, und Enttäuschungen hinnahmen, ohne zu jammern. »Meine Mutter wollte gesunde und widerstandsfähige Kinder, deshalb schickte sie uns zum Spielen nach draußen«, erzählte Eunice. »Dabei nahm sie keine Rücksicht darauf, ob man sich wohl fühlte oder nicht. Wenn man ein kleineres Wehwehchen hatte, zog man sich nicht auf sein Zimmer zurück und kurierte es aus. Man nahm etwas dagegen, aber danach ging es ganz normal weiter. Als Kind bin ich fast nie zu Hause geblieben, nur ein paarmal, als ich Masern und ein oder zwei andere ansteckende Krankheiten hatte. Damals war man nicht so erzogen, daß man einfach sagte ›Ich habe Bauchschmerzen‹ oder ›Es geht mir heute nicht gut‹. Wenn man Bauchschmerzen hatte, nahm man eine Medizin, las ein wenig, und wenn das Essen fertig war, ging man hinunter wie alle anderen. Sie müssen nämlich wissen, daß meine Mutter selbst niemals krank war, und entsprechend war auch ihre Haltung. Sie saß nie herum und machte sich über unangenehme Dinge Gedanken, wie etwa, daß sie sich unwohl fühlte oder Bauchschmerzen hatte. Sonst hätte sie ihre optimistische Einstellung zum Leben verloren.«

War Rose selbst schon ein Musterbeispiel für diese Geisteshaltung, so bestärkte Joe sie durch sein Frauenbild noch darin. »Er wollte nicht mit Kleinigkeiten belästigt werden«, erinnerte sie sich. »Er wollte keine Frau, die zu hohe Ansprüche stellte oder jammerte.« Einmal zog sie sich bei einem Autounfall eine große Schnittwunde an der Stirn zu. Sie hatte sich gerade hingelegt, um sich von dem Schreck zu erholen, als Joe anrief. Sie erzählte ihm, sie habe einen wundervollen Tag gehabt, und fuhr nach dem Telefonat selbst in die Klinik, wo die Wunde mit fünf Stichen genäht wurde. Mit einem solchen Beispiel vor Augen war es nicht weiter verwunderlich, daß die Kinder eine ähnliche Haltung entwickelten. Am 25. Februar 1923 notierte Rose in ihrem Tagebuch, daß ihre Söhne einen Klub gegründet hatten, »in den sie neue Mitglieder erst aufnehmen, wenn sie sie mit Stecknadeln gespickt haben«.

Im ruhigen Brookline bedurfte es wenig, um für aufsässig gehalten zu werden. Roses Söhne erwarben sich schnell einen solchen Ruf, und der Lebensmittellieferant bezeichnete sie gar als »kleine Teufel«. Joe jr. war der Anführer, ein verwegener, furchtloser Junge, der seinem kleinen Bruder voraus durch die Gassen rannte und über Garagendächer turnte. Selbst Kathleen und Eunice waren härter im Nehmen als die meisten anderen Mädchen in der Nachbarschaft. »Meine Mutter verbot mir, mit den Kindern der Kennedys zu spielen, weil sie so wild waren«, erinnerte sich Robert Bunshaft.

Rose wollte zwar keine Memmen großziehen, doch das Verhalten ihrer Söhne machte ihr doch etwas Sorgen. Deshalb beschlossen sie und Joe, die Jungen aus der öffentlichen Schule zu nehmen und einer Anstalt anzuvertrauen, in der »es nach dem Unterricht beaufsichtigte Spielstunden gab«, wie Rose schrieb. Die kirchliche Grundschule von St. Aidan's war für Rose eine naheliegende Wahl, und Father Creagh versuchte, Joe davon zu überzeugen, daß seine Söhne nirgendwo sonst hingehörten. Die Schule war noch im Aufbau begriffen, und der Priester wünschte sich Schüler wie die Kennedys.

Rose hätte ihre Söhne mit Freuden auf die kirchliche Gemeindeschule geschickt. Aber Joe war der Meinung, daß sie auf der Privatschule Dexter besser aufgehoben waren, wo sie zusammen mit Kindern verschiedener Konfessionen und den Söhnen der alteingesessenen Bostoner Familien die Schulbank drücken würden. Solche Diskussionen kannte Rose aus der Zeit, als ihr Vater sie zu den Nonnen vom Heiligen Herzen geschickt hatte, obwohl sie in Wellesley hatte studieren wollen. Diesmal aber nahm sie den Standpunkt ein, den ihr Vater damals vertreten hatte, und plädierte für eine traditionelle katholische Erziehung.

Bislang hatte Joe sich aus der Kindererziehung herausgehalten. Jetzt aber machte er deutlich, daß er nicht gewillt war, die Ausbildung seiner Söhne allein seiner Frau und der Kirche zu überlassen. »Was die Jungen anbetraf, hielt mein Mann eine religiöse Erziehung nicht für so wichtig«, sagte Rose Jahre später. Wie schon seine Eltern und Großeltern machte Joe die Ausbildung der Kinder nicht von ihren Wünschen oder ihrer Begabung abhängig, sondern von ihrem Geschlecht. Er schickte die Jungen dorthin, wo sie gemeinsam mit der Elite des Landes leben, lernen und spielen konnten. Die Mädchen hingegen sollten zunächst auf staatlichen Schulen bleiben und später katholische Einrichtungen besuchen, wo gewährleistet war, daß sie im rechten Glauben aufwuchsen.

Mit der täglichen Erziehung der jungen Kennedys hatte Joe allerdings wenig zu tun. »Wir waren Individuen, die im Rahmen einer Partnerschaft verantwortungsvolle Aufgaben übernahmen und sich die erzielten Erfolge teilten«, schrieb Rose in ihrer Autobiographie, als spreche sie über eine Geschäftsbeziehung und nicht über eine Ehe. »Ich wußte, daß er immer hart für uns arbeitete, auch dann, wenn er sich nicht wohl fühlte oder ernste Sorgen hatte. Aber er konnte mir nicht dabei helfen, ein Kind auf die Welt zu bringen, und ich konnte ihm nicht direkt dabei helfen, die Last seiner Geschäfte zu tragen.«

Auf diese Formel hatten sie sich geeinigt. Rose stellte die »ernsten Sorgen«, die sich Joe draußen im Geschäftsleben machen mochte, den Schmerzen gegenüber, die sie bei den Geburten ihrer neun Kinder aushalten mußte. »Ein Kind zu gebären ist nun einmal Frauensache«, sagte sie. »Und je weniger sie ihre Umgebung damit belastet, ihren Ehemann eingeschlossen, desto besser und desto leichter geht alles.«

Sie verlangte von Joe noch nicht einmal, daß er daheim war, wenn sie niederkam. Bei der Geburt ihres sechsten Kindes im Mai 1924 war Joe gerade in New York und versuchte, eine Gruppe von Spekulanten auszubooten, die die Yellow Cab Company übernehmen wollten, der die gelben Taxis der Stadt gehörten. Als Rose am ersten Montag des Monats Patricia zur Welt brachte, nahm Joe das kaum zur Kenntnis. In wochenlangen zähen Verhandlungen machte er die Bestrebungen der Spekulanten zunichte. »Eines Morgens wachte ich erschöpft auf und stellte fest, daß ich sieben Wochen nicht aus dem Hotelzimmer herausgekommen war«, erinnerte sich Joe. »Meine Tochter Pat war geboren worden und schon beinahe einen Monat alt, ohne daß ich sie gesehen hatte.«

Pat besaß von Geburt an eine natürliche Anmut. Schon als Kind war sie ungewöhnlich groß, dabei aber nicht so schlacksig wie Eunice, sondern eine grazile Erscheinung. Sie war auffallend schön, wie eine Generation zuvor ihre Tante Agnes. Und wie Agnes brachte sie es allein durch ihre Schönheit im Leben weit, so daß sie sich an den für die Kennedys typischen Wettkämpfen nicht mit dem gleichen Eifer beteiligte wie ihre Geschwister. Sie machte zwar eine gute Figur auf dem Tennisplatz und war ein Naturtalent im Segeln, aber im Unterschied zu Eunice, John F. oder Joe jr. war es ihr gleichgültig, ob sie gewann oder verlor.

Joe war unter der Woche nur selten daheim, und den vielen Frauen im Haus der Kennedys – Rose, ihren vier Töchtern, der Köchin, dem Kindermädchen und weiteren weiblichen Dienstboten – standen nur drei kleine Jungen gegenüber. Der dritte, Robert Francis, genannt »Bobby«, war am 20. November 1925 zur Welt gekommen. Doch obwohl das Haus voller Frauen war, herrschte darin ein männlicher Geist: Bei Sport und Spiel gaben Joe jr. und John F. den Ton an, und die Mädchen ordneten sich ihnen bereitwillig unter.

Die Haltung der Mädchen gegenüber ihren älteren Brüdern macht gleichzeitig deutlich, welches Verständnis sie von der Rolle der Frau und der Familie hatten: Ihre Brüder waren für sie das Maß aller Dinge. »Ich finde es ganz normal«, sagte Eunice, »daß Mädchen mit einer gewissen Bewunderung zu ihren älteren Brüdern aufblicken, aber in unserem Fall war es extrem. Für uns waren sie wunderbare, fast gottähnliche Geschöpfe, und wir versuchten mit allen Mitteln, ihnen zu gefallen und von ihnen akzeptiert zu werden ... Sie behandelten uns zwar liebevoll, aber im Grunde waren wir ihnen ziemlich gleichgültig. Manchmal schnauzten sie uns an, aber meistens waren sie rücksichtsvoll, humorvoll und herzlich.«

***

Rosemary, die älteste Tochter, blieb in der Familie immer eine Außenseiterin. Rose hatte sie im Herbst 1923 in den Kindergarten der Edward Devotion School geschickt, die nur ein paar Straßen vom Haus der Familie entfernt lag. Rosemary war von allen Kennedy-Kindern das hübscheste, und ihre Lehrerin Margaret McQuaid war von ihrer Anmut und ihren guten Manieren beeindruckt. Aber in der Schule reichte Höflichkeit allein nicht aus, und am Ende des Jahres wurde Rosemary nicht in die nächste Klasse versetzt und mußte fortan mit Kindern lernen, die jünger waren als sie. Sie strengte sich an, und am Ende des Schuljahres gab ihr die Lehrerin Noten, die gerade noch für die Versetzung reichten.

Dies war gewöhnlich der Zeitpunkt, an dem ein Kind als »geistesschwach« abgestempelt wurde und die Eltern akzeptieren mußten, was sie insgeheim ohnehin längst wußten. Rosemary mußte den Binet-Intelligenztest machen, wie alle Kinder, bei denen man eine geistige Behinderung vermutete. Die Schule versprach zwar, daß daraus keine Benachteiligung erwachse, doch änderte dies nichts daran, daß diese neuartigen Tests Angst einflößten. Anhand der Testergebnisse wurden Dutzende von Kindern nämlich Kategorien zugeordnet, aus denen es kaum ein Entrinnen gab. Fiel das Ergebnis schlecht aus, empfahl die Schulleitung, das Kind in eine von zwei Sonderklassen zu geben. Doch damit nicht genug. Ein niedriger Intelligenzquotient wurde auch als Zeichen für eine moralische Behinderung verstanden, und man begnügte sich nicht damit, die »Schwachsinnigen« in spezielle Klassen zu stecken. Berater suchten das Elternhaus auf, weil man dort einen trinkenden Vater und schlechte hygienische Zustände vermutete. Und die Kinder selbst wurden nach der Schule beaufsichtigt, damit sie nicht auf die schiefe Bahn gerieten, sich einer Straßenbande anschlossen oder gar zu rauchen begannen.

Wenige Jahre zuvor hätte man Rosemary lediglich als etwas zurückgeblieben eingestuft, aber nicht als minderbegabt im medizinischen Sinne. Doch mittlerweile hatte Henry Herbert Goddard, der die wissenschaftliche Abteilung der Ausbildungsstätte für schwachsinnige Mädchen und Jungen in Vineland, New Jersey, leitete, eine wissenschaftliche Klassifizierung der Schwachsinnigen vorgenommen. Er unterschied zwischen drei Gruppen. Da waren zunächst die »Debilen« – als solche wurden Individuen angesehen, deren Intelligenzquotient zwischen 60 und 70 lag, was in etwa der geistigen Reife eines acht- bis zwölfjährigen Kindes entsprach. Stärker behindert waren gemäß Goddards Definition die »Imbezilen«, also die »mittelgradig Schwachsinnigen«, die etwa mit einem Drei- bis Siebenjährigen vergleichbar waren, sowie die »Idioten«, die »hochgradig Schwachsinnigen«, die lediglich den Verstand eines zweijährigen Kindes besaßen. Diese drei Kategorien sollten an sich eine rein wissenschaftliche Terminologie darstellen, wurden aber bald zu Schimpfworten, die sich Kinder auf Straßen und Spielplätzen zuriefen.

Nach dieser Definition war Rosemary »debil« und gehörte damit zu der Gruppe, die als die gefährlichste eingestuft wurde. Die Debilen wurden als Geißel der Gesellschaft betrachtet, denn sie schienen normal zu sein, konnten aber nach Meinung Goddards nicht dazu erzogen werden, »sich wie normale Menschen nützlich zu machen«. Mit anderen Worten: »Sie sind die Leute, die unsere sozialen Probleme verursachen.« Aus ihren Reihen, so nahm man an, kamen die Diebe, Säufer, Prostituierten, Schmarotzer und Herumtreiber. »Wer sich mit Schwachsinnigen auskennt«, schrieb Goddard 1914, »speziell mit den Debilen, weiß, daß eine große Anzahl der betreffenden Mädchen in die Prostitution abrutschen werden. Sie besitzen normale bzw. fast normale Instinkte, haben sie aber nicht unter Kontrolle ... Einige suchen bewußt ein solches Leben, andere werden zur leichten Beute für Freier, Mädchenhändler oder Bordellbesitzerinnen.«

Die Wissenschaft bescheinigte debilen Frauen häufig »körperliche Attraktivität und ein sonniges Gemüt«, sah in ihnen aber auch eine Gefahr für die öffentliche Moral, wenn man ihnen erlaubte, sich ungehindert fortzupflanzen. Um die Zivilisation zu retten, mußten sie entweder in Anstalten gesperrt oder sterilisiert werden. Wie groß die Angst vor ihnen war, macht die Zahl der Zwangssterilisationen deutlich. Bis Mitte 1925 wurden auf der Grundlage neuer Gesetze in zwölf amerikanischen Bundesstaaten 901 »schwachsinnige« Frauen sterilisiert – aber nur 455 Männer.

Rose befürchtete, daß die Behinderung ihrer Tochter erblich bedingt sei. »In unserer Familie dachte man, Rosemarys Zustand sei vielleicht die Folge der Heirat von Josie und John F., die ja verwandt gewesen waren«, erklärte Geraldine Hannon, Roses Cousine. Und daher hatten die Familienmitglieder Angst, Joe könnte weitere schwachsinnige Kinder zeugen.

***

Rosemarys Erziehung blieb weitgehend Rose überlassen, denn Joe hatte zu seiner ältesten Tochter ein distanziertes Verhältnis. Zum einen war ihm die Zukunft seiner Töchter ohnehin nicht so wichtig wie die seiner Söhne, zum anderen brachte er einfach nicht die Geduld auf, sich mit Rosemary zu beschäftigen. »Er war leicht erregbar«, sagte Eunice, »und es brachte ihn aus der Fassung, wie langsam Rosemary Fortschritte machte«.

Rose wandte sich hilfesuchend an verschiedenste Fachleute. Doch keiner konnte ihr mehr sagen, als daß es sich um einen genetischen Defekt oder einen Geburtsfehler handeln müsse. Die meisten rieten ihr, Rosemary in eine Privatschule zu geben, damit sie unter ihresgleichen aufwachsen könne. Es gab mehrere ausgezeichnete Schulen für »andersgeartete Kinder reicher Leute«, allerdings »dienten sie eher den Interessen der Eltern als denen der Kinder«.

Für eine so ambitionierte Familie wie die Kennedys war es ein naheliegender Gedanke, Rosemary aus dem Haus zu schaffen, und zweifellos hätte sich ein solcher Schritt auch auf vielerlei Weise rechtfertigen lassen. Aber Rose war dagegen, und Joe fügte sich ihrer Entscheidung. Später sagte sie: »So etwas kam für mich nur im äußersten Notfall in Betracht.«

Ihre Beziehung zu Rosemary war kompliziert. Einerseits handelte sie durchaus selbstlos, andererseits neigte sie jedoch auch dazu, sich etwas vorzumachen. Wie viele Eltern behinderter Kinder gestand sie sich nicht in vollem Umfang ein, daß ihre Tochter anders war als andere Kinder. Die Kennedys glaubten an ihr Familienerbe und ihre Erziehung; Rosemary gehörte zur Familie, also konnte eine gute Erziehung aus ihr eine Kennedy wie alle anderen machen. Rückblickend fragte sich Rose, ob sie Rosemarys wegen nicht die anderen Kinder vernachlässigt habe. Dies war vermutlich der Fall, aber jede andere Mutter eines zurückgebliebenen Kindes hätte diese Schwäche verstehen können.

Nach außen hin tat Rose so, als sei ihre Rosemary ganz normal. Nicht einmal engen Freunden vertraute sie an, daß ihre Tochter behindert war. Mary O'Connell Ryan, eine alte Freundin aus Dorchester und Besitzerin eines Kinderbekleidungsgeschäfts in Brookline, fand, daß Rosemary etwas langsamer war als ihre Geschwister, bemerkte sonst jedoch keinen Unterschied. Eines Tages sagte sie zu einer Bekannten: »Meiner Meinung nach wird um Kathleen zuviel Wind gemacht. Deshalb ist Rosemary ein wenig befangen und fühlt sich zurückgesetzt.« Entferntere Verwandte, ja selbst Cousinen wußten nichts von Rosemarys Behinderung.

Rose tat alles, was in ihren Kräften stand, um die Illusion aufrechtzuerhalten, ihre Tochter sei wie alle anderen. Sie hätte sie in eine spezielle Klasse an der staatlichen Schule in Brookline schicken können, aber diese Schande wollte sie Rosemary und der Familie ersparen. Statt dessen stellte sie eine Gouvernante ein, mit der Rosemary einen Teil ihrer Zeit verbrachte. Auch Rose widmete ihr viele Stunden, doch die Hauptlast übernahmen Hauslehrerinnen, Kinderschwestern, Hausmädchen und Nonnen.

* * *

Joe verdiente inzwischen soviel, daß er sich einen Rolls-Royce leisten konnte. Als Mittdreißiger besaß er nun zwei Automobile, und die Nachbarn staunten nicht wenig, als der livrierte Chauffeur die Luxuskarosse über die Abbotsford Road steuerte. Ein Nachbar witzelte beim Essen mit seiner Familie, er könne allenfalls dadurch berühmt werden, daß er Joe Kennedy für den Rolls-Royce seine Garage vermiete.

Dank dem Wohlstand ihrer Eltern besaßen die jungen Kennedys mehr als die Nachbarskinder. »Wir spielten gerne mit Puppen«, erinnerte sich Helen Leahy Steverman, »und gingen oft zu den Kennedys hinüber, weil sie das einzige Puppenhaus in der ganzen Gegend hatten.« Das kleine Spielhaus stand auf dem Rasen vor dem Haus und zog die Mädchen aus der Nachbarschaft fast magisch an. Es war aber auch ein sichtbares Symbol für den Wohlstand der Familie und ihre Kinderliebe.

Mitte der zwanziger Jahre, kurz nach Bobbys Geburt, unternahm Joe den entscheidenden Schritt, um aus seiner Familie eine Finanzdynastie zu machen. Als Bankier hatte er gelernt, daß die alteingesessenen Familien mit den großen Namen nicht allein durch Blutsbande über Generationen hinweg zusammengehalten worden waren, sondern vor allem durch Treuhandfonds, die das Kapital vor dem willkürlichen Zugriff einzelner Familienmitglieder schützten. Und so legte Joe fest, daß seine sieben Kinder ab dem 21. Lebensjahr ein Einkommen aus der Rendite der Fonds und erst mit 45 Jahren die Hälfte ihres Kapitalanteils bekommen sollten. Anders als sein Vater verteilte Joe das Geld gerecht auf Söhne und Töchter. Das Kapital des ersten Fonds und zweier weiterer, die 1936 und 1949 angelegt wurden, wuchs ständig, so daß 1961 jedes Mitglied der Familie über rund 10 Millionen Dollar verfügte.

Kathleen und ihre Schwestern lernten von ihren Eltern, den Pfennig zu achten. »Wir hielten sie finanziell an der kurzen Leine«, schrieb Rose. »Das gehörte mit zu ihrer Erziehung.« Tatsächlich schienen die Kennedys immer sparsamer zu werden, je reicher sie wurden.

Kathleen und Rosemary erhielten zehn Cents Taschengeld in der Woche, doch das erschien ihnen nicht genug. Helen Leahy Steverman erinnerte sich: »Wenn mein Vater am Samstagmittag von der Arbeit nach Hause kam, standen meine acht Geschwister und ich in einer Reihe da, um unsere fünf Cents Taschengeld in Empfang zu nehmen. Kathleen und Rosemary stellten sich auch in die Schlange und streckten die Hände aus, um ein Taschengeld zu kassieren. Mein Vater amüsierte sich köstlich darüber. Am Abend saß er am Tisch und lachte: Joe Kennedy hatte Geld genug, um mehrmals unseren ganzen Familienbesitz zu kaufen, doch er war es, der seinen Kindern ein Taschengeld gab.«

Diese Geschichte offenbart einen typischen Zug der Kennedys: Sie waren knauserig, wenn es um *ihr* Geld ging, also etwa darum, eine Dienstleistung zu bezahlen, einen Scheck auszustellen oder Steuern zu entrichten, mit dem Geld anderer aber waren sie großzügig und freigebig. Jede Kennedy-Tochter stellte mit ihrem Taschengeld etwas anderes an. Rosemary schickte es an katholische Missionen, Kathleen kaufte sich Schallplatten, und Pat setzte es in Limonade oder Eis um. Eunice hingegen sparte ihr Geld und machte es sich zur Gewohnheit, jeden Abend ihr Erspartes zu zählen.

Rose lehrte ihre Kinder, jeden Cent zweimal umzudrehen, doch sie selbst gab Geld mit großer Freude für Kleider aus. Sie folgte stets den Empfehlungen der Pariser Modeschöpfer. Im Jahr 1925 beschrieb die *Vogue* die neue Linie mit »jugendlich, schlank, zugleich burschikos und feminin«. Ein Stil, der Rose perfekt stand, also fuhr sie mit der Straßenbahn in die Bostoner Innenstadt und kaufte ein. Aber auch hier zeigte sich die frischgebackene Millionärsgattin als preisbewußte Konsumentin. Statt die hohen Summen zu bezahlen, die Kleider aus Paris kosteten, ging sie zu Mary Murphys Modeladen in der Boylston Street, wo acht italienische Näherinnen die neuesten Pariser Modelle anhand von Skizzen kopierten, die ein Schiff aus Le Havre zusammen mit den dazugehörigen Stoffen nach Boston gebracht hatte.

Die Kennedys mußten sich auch äußerlich ihrem dramatisch wachsenden Reichtum anpassen, denn schon Mitte der zwanziger Jahre war Joe zweifacher Dollarmillionär. Er wollte vergessen, woher er kam, und am liebsten auch diejenigen, die ihm bei seinem Aufstieg geholfen hatten. Niemand war ihm in diesen drei Jahrzehnten jedoch so nützlich gewesen wie seine Tante Catherine. Sie hatte ihm die Summe geliehen, die es ihm ermöglicht hatte, die Columbus Trust Company unter seine Kontrolle zu bringen. Wie alle Frauen der Hickeys war Catherine in Geldangelegenheiten gänzlich unerfahren und hatte sich von ihrem Neffen noch nicht einmal eine Quittung ausstellen lassen. Einige Jahre später ging sie zur Columbia Trust Bank, um einen Scheck einzulösen, und entdeckte zu ihrem Erstaunen, daß ihr Konto leer war. Sie kümmerte sich normalerweise nicht um ihren Kontostand und hatte angenommen, daß Joe seine Schulden mittlerweile zurückgezahlt habe. Das war nicht der Fall, und Joe sollte das Geld auch später nie zurückerstatten.

Je erfolgreicher Joe wurde, desto mehr neigte er dazu, so zu tun, als habe er sich aus ärmlichen Verhältnissen emporgearbeitet. »Meine Mutter ärgerte sich immer sehr darüber, wenn ihr Bruder Joe den Wunderknaben spielte, der es nur aus eigener Kraft zu etwas gebracht hatte«, sagte Joes Nichte Mary Lou McCarthy. »Sie sagte dann: ›Um

Himmels Willen, er ist doch nicht wie Abraham Lincoln in einer Blockhütte aufgewachsen. Wir hatten Dienstboten, Pferdegespanne und eines der ersten Automobile. Warum möchte er nicht, daß man meine Eltern wie erfolgreiche Menschen behandelt?‹«

Je mehr Geld Joe verdiente, desto seltener war er zu Hause, und desto weiter entfernte er sich von Rose und ihrer Welt. Er wollte von den alteingesessenen Bostonern akzeptiert werden, aber er machte vor ihnen keinen Kotau und beschränkte sich nicht darauf, ihr Geld in mündelsicheren Wertpapieren oder Spitzenaktien anzulegen. Joe war kein Großunternehmer, der Eisenbahnschienen durch die Prärie legen ließ oder Ozeandampfer baute. Statt Firmen zu gründen, mehrte er lieber das Vermögen seiner Familie. Er machte sich die Tragödien anderer zunutze, kaufte Aktien, wenn die Kurse in den Keller gefallen waren, und verkaufte sie wieder mit großem Gewinn, wenn die Kurse sich erholt hatten. Auch als der Immobilienboom in Florida einsetzte und die Preise ins Unermeßliche stiegen, kaufte Joe erst, nachdem die Seifenblase bereits geplatzt war. Am meisten verdiente er in den wirtschaftlichen Grauzonen, wo innerhalb von Augenblicken Vermögen gewonnen und verloren werden. Als seine Harvard-Klasse im Hotel Pilgrim in Plymouth das zehnte Jubiläum ihres Studienabschlusses feierte, war es der gute alte Joe, der mitten in der Prohibition den schwarz gebrannten Whiskey spendierte. Er hatte als einziger die dafür nötigen Verbindungen.

Rose war ebenso ehrgeizig wie ihr Mann, und so verbrachten die Kennedys ihren Sommerurlaub nicht im sonnigen Nantasket, wo fast ausschließlich Katholiken Urlaub machten und die Fitzgeralds ein Haus besaßen. Statt dessen mieteten sie nur wenige Meilen entfernt ein Haus am felsigen Strand von Cohasset, mitten unter der protestantischen Elite.

Natürlich zerrissen sich die alteingesessenen Bostoner, die dort ihre Ferien verbrachten, die Mäuler, wenn der katholische Parvenü in seinem goldenen Rolls-Royce die Küste entlangfuhr. Rose und Joe begriffen offenbar nicht, daß sich diese Leute durch Protzerei nicht beeindrucken ließen.

Doch die Kennedys begnügten sich nicht damit, für jedermann sichtbar am Strand zu sitzen, sondern bewarben sich im Sommer 1922 um die Aufnahme in den Cohasset Country Club. Der Club hatte ein paar katholische Mitglieder, darunter auch Eddie Moore,

Joes Assistenten. Doch die Damen von Cohasset verspürten offenbar wenig Lust, mit einer Frau wie Rose Bridge oder Tennis zu spielen, und ihre Männer waren nicht bereit, mit Joe über den Golfplatz zu schlendern. Der Vorstand des Clubs machte sich ein Vergnügen daraus, den Antrag der prahlerischen Außenseiter abzulehnen, tat es aber in höflich versteckter Form und ließ verlauten, man wolle sich nur mit »vertrauten Gesichtern« umgeben. Joe verstand nicht sofort, was man ihm damit bedeuten wollte. Er begriff erst, als der Sommer allmählich zu Ende ging und seine Bewerbung immer noch nicht angenommen war.

Die alte Elite hatte Joe und Rose eine Lektion erteilt. »Es war kleinlich von ihnen und gemein«, erinnerte sich Ralph Lowell, einer von Joes Geschäftspartnern. »Die Damen von Cohasset sahen auf die Tochter von Honey Fitz herunter. Und Joe Kennedy war für sie nur der Sohn von Pat, dem Barkeeper.«

8

Das verbitterte Herz

Die Mädchen der Kennedys saßen zu Hause und warteten auf ihren Vater. Joe war kürzlich Aufsichtsratsvorsitzender des Filmstudios FBO geworden. Mit seinen 38 Jahren gehörte er nun zu den Filmmagnaten Hollywoods – wenn auch zu den weniger bedeutenden – und fuhr häufig mit dem *Twentieth Century Limited* nach Kalifornien. Im nächsten Moment flog die Tür auf, und Joe stand da, die Arme voller Geschenke. Wie sein Schwiegervater verbrachte er wenig Zeit mit seiner Familie, aber wenn er einmal zu Hause war, beschäftigte er sich intensiv mit seinen Kindern und prägte sie dabei nachhaltig.

Alle seine Kinder hingen an ihm, aber keines liebte ihn mehr als die fünfjährige Eunice, die unentwegt von ihm sprach. Die anderen Kinder in der Nachbarschaft liebten das Kino ebenfalls, aber nur *ihr* Vater war mit den Leinwandhelden befreundet und nur *ihr* Vater kam aus dem fernen Land der Stars, der Sonne und der Träume zu Besuch.

Für die Kinder war es aufregend, einen Vater zu haben, der in Hollywood arbeitete, doch für die 36jährige Rose bedeutete es, daß sie ihren Mann noch seltener zu Gesicht bekam. Außerdem wußte sie, daß Priester und Pastoren in ganz Amerika von der Kanzel herunter Hollywood als Sodom und Gomorrah verdammten. Kardinal O'Connell und die anderen Kirchenführer blickten mit Geringschätzung auf die Filmemacher herunter. Joe arbeitete in dieser Branche und half bei der Herstellung von Filmen, die nach ihrer Ansicht zur Verdummung der Amerikaner beitrugen. Die Kirche bezichtigte die Filmproduzenten der moralischen Verkommenheit, da sie freizügige Szenen auf die Leinwand brachten.

Rose hingegen war stolz auf ihren Mann. Ihr Joe ging nicht nur des

Geldes wegen nach Hollywood, sondern auch um dort Filme zu machen, auf die sie und jede andere gute Katholikin stolz sein konnten und die Paradebeispiele untadeliger Moral und katholischer Tugendhaftigkeit sein sollten. Will H. Hays, der frühere Postminister, der mit der Säuberung der Filmindustrie beauftragt worden war, hatte sich erfreut darüber gezeigt, daß jetzt ein Mann von Joes moralischer Einstellung in der Branche tätig war. Die *Motion Picture World* schrieb in einem Artikel: »General Hays wollte vor allem deshalb, daß sein Freund in das Filmgeschäft einstieg, weil dieser, was seine Geschäftsmoral und sein Familienleben anbetraf, etwas darstellte, das dort in der Vergangenheit gefehlt hatte.« Die Filmzeitschrift *Photoplay* brachte einen längeren Artikel über Joe, in dem sie seinen Familiensinn lobte. Sie druckte nicht nur sein Bild ab, sondern auch noch eines von Rose und allen sieben Kindern. Fast in jedem Artikel wurde Joe als hingebungsvoller Ehemann und Familienvater beschrieben. Solche Schmeicheleien belohnten Rose für alle Mühen des Alltags. Sie war zwar mit den Kindern allein in Brookline, doch Joe verhalf der Familie draußen in der Welt zu Wohlstand und Ruhm.

Im Sommer 1927 beschloß Joe, daß die Familie nach New York ziehen sollte. Rose war schwanger, doch Joe wollte nicht warten, bis sie ihr achtes Kind zur Welt gebracht hatte, und so blieb ihr kaum eine andere Möglichkeit, als mit ihm zu gehen. Sie war jetzt 37 Jahre alt, und von ihrem einstigen jugendlichen Überschwang war wenig übriggeblieben. Sie war eine gutaussehende, elegante Mutter, ein Anhängsel von Joe. Sie wußte fast nichts über die Geschäfte, die er in Hollywood und New York tätigte, aber er verdiente eine Menge Geld, und das genügte ihr. Ende September verließ die Familie Boston in einem privaten Eisenbahnwaggon. Selbst an diesem Tag nahm sich Rose die Zeit zu notieren, daß die sechsjährige Eunice Magenschmerzen hatte. Möglicherweise hatte das gar nichts mit dem Umzug zu tun, aber ihre dritte Tochter war angespannt und nervös und reagierte ungemein sensibel auf ihre Umgebung.

Joe hatte in dem exklusiven Vorort Riverdale ein Haus mit 13 Zimmern und Blick auf den Hudson River gemietet. In der Umgebung gab es einige Waldstücke, in denen die Kinder spielen konnten, und auf einigen Grundstücken weideten sogar Schafe. Dennoch war Joe mit dem Vorortzug in wenigen Minuten in der Stadtmitte.

Joe brachte der Umzug nur Vorteile. Anders als sein Schwiegervater hatte er keine sentimentale Bindung zu Boston, ja, er war sogar froh, aus der Stadt fortzukommen, in der die Erinnerung an Bürgermeister Fitzgerald noch sehr lebendig war. Die Kinder würden zwar ihre Freunde vermissen, doch in der Familie bekamen sie jede emotionale Unterstützung, die sie brauchten. Rose hingegen fiel der Umzug unendlich viel schwerer. Sie fühlte sich der Stadt tief verbunden, in der ihre Eltern und Geschwister lebten und in der sie viele Freunde und Bekannte hatte. In Riverdale dagegen kannte sie fast niemanden, und Dr. Good, der Arzt, der in Brookline ihre sieben Kinder zur Welt gebracht hatte, war Hunderte von Meilen weit weg. Auch Joe war nicht da. Ähnlich wie ihre Mutter nach ihrem Umzug von Concord Junction nach Dorchester mußte auch Rose jetzt erkennen, daß der Umzug sie ihrem Ehemann nicht näherbrachte. Er war genauso selten zu Hause wie zuvor. Und als die Geburt ihres nächsten Babys näherrückte, machte er gerade wieder einmal Urlaub in Palm Beach.

Im Januar 1928 stand Joe in einem weißen Tropenanzug am Bahnhof von Palm Beach und wartete auf die Ankunft des Schnellzuges. Bei ihm waren seine Assistenten Eddie Moore und Ted O'Leary, die ihm treu ergeben waren und die ihn »Boss« nannten. Die Männer wohnten im Royal Poinciana Hotel, wo eineinhalb Jahrzehnte zuvor Rose mit ihrem Vater getanzt hatte und der Bürgermeister seine Geschichten und Lieder zum Besten gegeben hatte.

An diesem Tag wartete Joe auf die Ankunft des Stummfilmstars Gloria Swanson. Die 28jährige war damals eine der berühmtesten Schauspielerinnen der Welt und die Verkörperung des Hollywood-Glamours. Joe hatte sie einige Monate zuvor in New York kennengelernt und mit ihr bei einem Essen über mögliche gemeinsame Filmprojekte gesprochen. Gloria war eine gute Menschenkennerin und erfaßte Joes Charakter wie noch keine Frau vor ihr: »Was Filme anbelangte, war er der ehrgeizigste Mensch, den ich je getroffen habe«, erinnerte sie sich. »Genauer gesagt, sie waren für ihn ein Weg zu Reichtum und Macht. Er sprach oft von seinem Vater und seinem Schwiegervater, und wie sie faszinierte es ihn, Menschen und Ereignisse zu beeinflussen.«

Joc war von der zierlichen Schaupielerin ebenso begeistert wie sie von ihm. Sie hatte eine geheimnisvolle Ausstrahlung und war das genaue Gegenteil von Rose. Sie war geradezu besessen von ihrer Karriere, hatte mindestens zwei Abtreibungen hinter sich und war zum dritten

Mal verheiratet. Ihr Ehemann Henri de la Falaise war ein französischer Marquis, ein labiler Mensch, dessen Hauptmerkmale in seinem Titel und einem etwas undurchschaubaren Charme bestanden, hinter dem er sich versteckte. Gloria hatte zwei Kinder, von denen eines adoptiert war, doch anders als Rose lebte sie nicht für ihre Kinder. Es war eher umgekehrt: Die Kinder lebten für sie und gehörten zu ihrem Gefolge. In Glorias Augen stand Sex für Vergnügen, Leidenschaft und menschliche Schwächen, und sie nutzte ihn für ihre Karriere.

Der Zug fuhr in den Bahnhof von Palm Beach ein. Glorias Ehemann sprang ab und stellte sich Joe und seinen Begleitern vor. Aber Joe hatte für den Marquis de la Falaise de la Coudraye keine Zeit. Nach einer knappen Begrüßung stieg er in den Waggon, lief den Gang entlang und küßte Gloria zur Begrüßung auf beide Wangen.

Joe war sich darüber im klaren, daß Menschen meist von verschiedenen Motiven geleitet wurden. Er begehrte Gloria Swanson als Frau, gleichzeitig wußte er, daß es ein großer Coup wäre, wenn es ihm gelänge, mit dem größten Hollywood-Star ins Geschäft zu kommen. Außerdem stellte Gloria eine Trumpfkarte dar, die ihn in der Gesellschaft von Palm Beach weiterbringen konnte. Er würde alle drei Ziele weiterverfolgen.

Abend für Abend begleitete er Gloria und Henri auf rauschende Feste. Gloria kam er vor wie »ein Zirkusdirektor, der zwei Einhörner vorführt«. Tagsüber waren Joe und seine Assistenten damit beschäftigt, Glorias Produktionsgesellschaft völlig neu zu organisieren. Ein heikles Problem bestand darin, was man mit dem armen Henri anfangen sollte. Joe bot ihm den Posten des Direktors der Pathé-Studios in Europa an. Diese Stelle war nicht nur lukrativ, sondern hatte obendrein auch den zusätzlichen Vorteil, daß sie den Marquis zwingen würde, weit weg von seiner Frau zu arbeiten. Zunächst aber unterbreitete Eddie Moore dem Marquis das großzügige Angebot, ihn zum Hochseefischen mitzunehmen. Joe erklärte, er sei leider zu beschäftigt, um die beiden zu begleiten, und Gloria sagte, sie ziehe es vor, Geschenke für ihre Kinder zu besorgen.

Nach dem Einkaufsbummel kehrte Gloria nachmittags ins Hotel zurück, schlüpfte in einen bequemen Kimono und ruhte sich auf ihrem Bett aus. Jahre später erinnerte sie sich daran, wie sie aufsah und Joe plötzlich in der Tür stand, in weißen Flanellhosen, Pullover und zweifarbigen Schuhen. »Er war so schnell bei mir und küßte mich, daß wir beide nichts mehr sagen konnten«, schrieb sie in ihrer Autobiographie. »Mit einer Hand hielt er meinen Kopf fest, und mit der anderen strich er über meinen Körper und zerrte an meinem Kimono. Er bedrängte mich weiter und stöhnte dabei: ›Ich halte es nicht länger aus, jetzt sofort.‹ Er kam mir vor wie ein Pferd, das festgebunden gewesen war und jetzt ungestüm um seine Freiheit kämpft. Nach einem hastigen Liebesakt lag er neben mir und streichelte mein Haar. Neben seinem schuldbewußten, wenn auch leidenschaftlichen Gestammel hatte er noch keinen zusammenhängenden Satz gesagt.«

Joe selbst hat seine eigenen Erinnerungen an die Affäre mit Gloria zwar nie aufgeschrieben, doch ihre Beschreibungen klangen durchaus glaubhaft. Sie paßten zu anderen Geschichten über Joe und zeigten, daß er eine Haltung zur Sexualität hatte, die für die Männer in seiner Familie typisch war. Für Joe war Sex so etwas wie Schnellimbiß, den man hinunterschlang, um anschließend mit der täglichen Arbeit fortzufahren. Gloria war eine Abwechslung auf seinem Speiseplan, eine Frau, deren leidenschaftliches Verhalten, Witz und Talent er sehr attraktiv fand. In ihrer Gesellschaft zeigte er zuweilen eine Unbekümmertheit, die aus seiner Beziehung zu Rose verschwunden war.

***

Rose kehrte im Februar allein nach Boston zurück, damit ihr Dr. Good bei der Geburt ihres achten Kindes beistehen konnte. Am 20. Februar 1928 brachte sie im St. Margaret's Hospital Jean Ann zur Welt. Joe erschien erst später an ihrem Wochenbett. Er hatte es sich zur Gewohnheit gemacht, Rose mit teuren Geschenken versöhnlich zu stimmen. Diesmal brachte er drei Diamantarmbänder mit, aus denen sie sich eines aussuchen durfte. Rose legte alle drei auf einmal an und versuchte zu entscheiden, welches sie haben wollte. Eine Freundin stand dabei und sah zu. »Was um Himmelswillen werden Sie ihr schenken, wenn sie ihr neuntes Baby bekommt?« fragte die Frau. »Ich werde ihr ein blaues Auge verpassen«, antwortete Joe stirnrunzelnd und lachte dann.

Nach der Geburt erhielt Rose Dutzende von Glückwunschschreiben, Telegrammen und Blumensträußen, darunter auch ein großes Bukett von Gloria Swanson de la Falaise. In Roses Kreisen hatte man die Heuchelei zu einer hohen Kunst entwickelt, und die Glückwünsche der Geliebten ihres Mannes paßten dazu. Rose kannte die meisten Gratulanten nicht, und für viele gehörten solche Glückwünsche einfach zu den Gepflogenheiten des Geschäftslebens. Es waren Hunderte, die ihr, der vorbildlichen Mutter einer wundervollen Familie, gratulierten. Dieses Bild, das die Welt von ihr hatte und das öffentlich zu bekunden schien, daß sie ein wertvolles Leben führte, war für sie neben ihren acht Kindern die größte Selbstbestätigung.

Rose bewahrte viele Glückwunschkarten auf. Sie waren für sie so etwas wie eine Chronik ihres Lebens, eine Bestätigung der Richtigkeit ihrer Entscheidung, trotz allem bei Joe zu bleiben. Sie erholte sich noch einen Monat in Boston, während Eddie und Mary Moore sich um die Kinder kümmerten.

Wie immer dachte Rose an ihre Pflichten, als sie ihr jüngstes Kind in den Armen hielt. Mittlerweile erzählte sie beinahe mechanisch zum tausendsten Mal dieselbe Gutenachtgeschichte oder dasselbe biblische Gleichnis. Und doch scheint ihr nie in den Sinn gekommen zu sein, daß von allen ihren Kindern nicht John F., sondern Jean am ehesten Grund gehabt hätte, sich über ihre Mutter zu beklagen.

Jean war ein sanftes, ruhiges Kind, dem es gutgetan hätte, wenn sich seine Mutter besonders um es gekümmert hätte. Sie wirkte manchmal ein wenig verloren unter ihren temperamentvollen Geschwistern. Von Anfang an wurde das empfindsame Mädchen im lärmenden Alltag der Kennedys fast vergessen, und so suchte es die Nähe des irischen Kindermädchens Kico. Bei Kico fand sie die Wärme und emotionale Unterstützung, die ihr die Mutter nicht gab.

Jean lebte in einer weitgehend von Kindern geprägten Welt. Joe jr. wurde für die jüngeren Geschwister so etwas wie ein Ersatzvater, was durchaus im Sinn von Rose war. Außerdem war er nicht nur Jeans ältester Bruder, sondern auch ihr Pate. »Joe war derjenige, der uns immer seine Hilfe anbot«, erinnerte sich Jean 1960. »Er war so viel älter als wir, daß es keinen Ärger zwischen uns gab. Er kümmerte sich intensiv um uns. John F. dagegen war mehr – na ja, unabhängig.«

So wie die jüngeren Brüder sich Joe jr. zum Vorbild nahmen, so orientierten sich die Schwestern an Kathleen. Allerdings war Kathleen auf den Tag genau acht Jahre älter als Jean. »Unsere Eltern haben uns immer darin bestärkt, uns gegenseitig zu unterstützen und uns weniger auf sie zu verlassen«, sagte Jean. »Wenn Vater mir beispielsweise mitteilen wollte, wie ich mich zu benehmen hatte, sagte er es Pat. Mit mir selbst sprach er nicht. Also gab es auch keine Verstimmung. Pat erklärte mir die Sache dann und meinte, ich solle es doch einfach mal so und so probieren.«

***

Die Kennedys waren zum Teil auch deshalb nach Riverdale gezogen, damit die Kinder die Riverdale Country School besuchen konnten. Die Schule war zwar erst wenig mehr als 20 Jahre alt, wirkte mit ihrem viktorianischen Turm, dem Fachwerkhaus des Schulleiters, dem backsteinernen Schlaftrakt und den grasbewachsenen Sportplätzen aber wie eine altehrwürdige, traditionsreiche Institution.

Riverdale war eine ausgezeichnete Privatschule, und die Eltern nahmen regen Anteil an der Ausbildung ihrer Kinder. Bei der Einweihung eines Gebäudes im Dezember 1928 waren die Reihen vollbesetzt. Die Mehrzahl der anwesenden Mütter waren Hausfrauen, während die Männer, die an ihrer Seite saßen, jeden Morgen mit dem Zug zur Arbeit nach New York fuhren. Sie waren Anwälte, Börsenmakler und Geschäftsleute, vielbeschäftigte Männer, denen es dennoch wichtig gewesen war, sich diesen Abend freizuhalten. Fünf Kinder der Kennedys besuchten die Schule, und doch saß Rose allein in ihrer Reihe.

Für die anderen Eltern vertrat Rose die Familie, denn Joe ließ sich nur selten blicken. Die Kennedys waren immerhin so wichtig, daß Roses Anwesenheit unter den Zuhörern ausdrücklich erwähnt wurde. Ein weiteres Indiz für ihr Ansehen war, daß man trotz des hohen pädagogischen Anspruchs der Schule auch Rosemary als Schülerin aufgenommen hatte. Rosemary besuchte dieselbe Klasse wie Kathleen und Eunice. »Sie war immer mit uns zusammen«, erinnerte sich Doris Hutchings, eine Klassenkameradin. »Sie war etwas älter als wir, aber die Schule war klein und die Klasse auch.« Riverdale war eine protestantische Stadt, so daß Rose und ihre Familie fast bis nach Yonkers fahren mußten, wenn sie die Messe besuchen wollten. Dort aber war man republikanisch eingestellt, und sie und Joe wurden als Kinder korrupter irischer Politiker angeprangert und blieben Außenseiter. Riverdale war eine Gemeinde, in der sich das gesellschaftliche Leben fast ausschließlich in Clubs und Privathäusern abspielte, und dort waren die Kennedys nicht willkommen. »Die Kennedys waren in Riverdale nicht sehr glücklich«, erinnerte sich Dr. Lynn F. Fulkerson, ein

Klassenkamerad von John F. »Sie waren wie Fische auf dem Trockenen, denn ihr Lebensstil, der enge Zusammenhalt der acht Kinder, die Zurückhaltung ihres Vaters, was nachbarschaftliche Aktivitäten anging, und das Engagement ihrer Mutter in der katholischen Kirche unterschieden sie von den meisten Familien der Nachbarschaft – wenn nicht von allen.«

Rose war isoliert und allein und widmete sich noch intensiver der Erziehung ihrer Kinder. »Sie war eine hundertprozentige Mutter«, erklärte George Duff, dessen Vater Pfarrer der presbyterianischen Kirche in der Straße war, in der die Kennedys wohnten. »Sie nahm nur sehr selten an Veranstaltungen in der Gemeinde teil und konzentrierte ihre ganze Energie auf ihre Kinder. Ich war oft bei ihnen zu Hause, daran erinnere ich mich noch sehr gut.«

* * *

Joe produzierte in Hollywood den Film *Queen Kelly* mit Gloria, bei dem der legendäre Erich von Stroheim Regie führte. Den luxuriösen Bungalow, den er für Gloria auf dem Studiogelände hatte errichten lassen, stattete er mit allen möglichen Annehmlichkeiten aus. Jahre später übernahm der Werbeagent Russell Birdwell Glorias frühere Garderobe als Büroraum und entdeckte dort ein Gerät, das Joe wohl ebenfalls seiner Geliebten wegen hatte einbauen lassen: eine Abhörwanze in der Decke. Es war sicher nicht nur Eifersucht, die Joe zu diesem Schritt bewogen hatte. Für ihn bedeutete Liebe Kontrolle über jedes noch so kleine Detail im Leben des anderen, einerlei ob es sich um seine Geliebte, seine Ehefrau oder seine Kinder handelte.

Joe war von Hollywood fasziniert, und diese Faszination, die ihn sein Leben lang nicht mehr losließ, vererbte er einigen seiner Kinder. Seine Mutter hatte ihm einen brennenden Ehrgeiz eingeflößt: Er wollte Erfolg und Macht – im großen Stil und auf höchster Ebene und dabei doch das Bild eines hochanständigen und vorbildhaften Mannes abgeben. Hier in Hollywood hatte er alles. Er hatte eine der begehrtesten Frauen der Welt als Geliebte, und er bestimmte, was Millionen von Amerikanern auf der Leinwand sahen. Und doch war er immer noch Joseph P. Kennedy, ein pflichtbewußter Katholik, Vater von acht Kindern, geliebter Ehemann und Verfechter von Moral und Anstand.

Im Oktober 1928 lud er Gloria mit ihren Kindern sogar zu einer Party im Haus der Kennedys ein. »Wenn er sich etwas in den Kopf gesetzt hatte, gab es nichts, was ihm unmöglich erschien oder nicht in Frage gekommen wäre«, sagte Gloria. »Ich konnte nicht einmal mit ihm darüber streiten, denn das hätte nichts geändert. Schließlich sagte ich, daß die Kinder hinfahren könnten, aber ohne mich.«

Und so kam es, daß die kleine Gloria und ihr Bruder Joseph den Kennedys einen Besuch abstatteten. »Ich weiß noch«, erinnerte sich Gloria Somborn Daly, »daß wir einmal, auf einer unserer Fahrten von Los Angeles nach New York und zurück, auf ihrem Anwesen waren. Kathleen war damals in meinem Alter, und Eunice war so alt wie mein Bruder. Es war Halloween, und das Haus war geschmückt. Natürlich hatte mir meine Mutter nichts von ihrem Verhältnis mit Joseph Kennedy erzählt. Über so etwas spricht man nicht mit einer Achtjährigen.«

***

Im Frühjahr 1929 kaufte Joe in Bronxville ein neues Haus für die Familie. Es kostete 250 000 Dollar und lag in dem exklusiven Viertel Wechester County. Die Immobilienfirma verkündete stolz, es handele sich um die »wahrscheinlich größte Summe, die jemals für ein Privathaus in Bronxville bezahlt wurde«. Rose hatte mit den Verhandlungen nichts zu tun, aber der Kaufvertrag wurde auf ihren Namen ausgestellt.

Das neue Haus der Kennedys war ein passender Landsitz für die Familie. Das große, im georgianischen Stil gehaltene Backsteingebäude, mit den hohen weißen Säulen an der Vorderseite, stand auf einem über zwei Hektar großen Grundstück und hatte 20 Schlafzimmer, mehr als genug, um alle Kinder, Dienstmädchen, Kindermädchen und all die Gäste unterzubringen, die Joe mitbrachte. Joe jr., John F. und Kathleen bewohnten allein den zweiten Stock, der außerdem noch ein riesiges Spielzimmer und das Schlafzimmer der Gouvernante beherbergte. Die anderen Kinder wohnten im ersten Stockwerk. Der Chauffeur und der Gärtner hatten separate Quartiere auf dem Anwesen.

Joe jr. herrschte von seinem Reich im zweiten Stock aus über die Geschwister. Er war ein unordentlicher Junge, der stets ein Chaos aus ungemachten Betten, dreckigen Socken, ungespülten Tellern und zerknitterten Unterhosen hinterließ. Und Kathleen folgte seinem Beispiel. Sie ließ ihre Kleider einfach auf den Boden fallen, wo sie dann von den Dienstmädchen aufgelesen wurden. Auch Eunice und Pat waren unordentlich, wenn auch nicht so extrem wie Kathleen.

Rose hatte soviel Einfluß auf Joe jr., daß sie ihm seine Schlampigkeit hätte abgewöhnen können, wodurch sich wahrscheinlich auch das Verhalten seiner Geschwister gebessert hätte. Aber ihrer Meinung nach hatten Kennedys Wichtigeres zu tun, als ihre Socken aufzuheben und selbst Ordnung zu halten. So wuchsen die Kinder in dem Glauben auf, daß immer jemand da sei, der die Dinge wieder in Ordnung brachte, ganz gleich was sie anstellten.

Das Haus der Kennedys war besonders an Samstagen ein Anziehungspunkt für die Kinder der Nachbarschaft. »An den Wochenenden spielten wir bei den Kennedys«, erzählte Manuel Angullo, ein enger Freund von John F. in Bronxville. »Alle machten mit. Kathleen war eine verdammt gute Football-Spielerin. Sie war überhaupt in allem gut.« Morgens spielten die Kinder Football, und als sie älter wurden, tanzten sie nachmittags zur Musik aus dem Victrola-Plattenspieler im Wohnzimmer. »Nicht daß Mrs. Kennedy die Jungen dazu gezwungen hätte«, lachte Angullo. »Es machte ihnen Spaß.«

Die Kennedys zogen Freunde an, die genauso waren wie sie – energiegeladen, fast hyperaktiv. Und ihr Wettkampfgeist war bei allem, was sie taten, zu spüren. »Wir spielten oft Karten«, erzählte Angullo. »Und wir nahmen das sehr ernst. Man durfte nicht schummeln und mußte immer fair bleiben, sonst bekam man Ärger mit dem alten Herrn. Wenn man verlor, überlegten alle, woran es gelegen hatte, und analysierten es genau. Aber wirklich wichtig war nur, zu gewinnen.«

Rose ließ ihre Kinder zwar alleine spielen, doch sie rief immer wieder Aufmunterungen oder Ermahnungen dazwischen. »Ich weiß noch, wie wir in Bronxville einmal Schlittschuh liefen«, erinnerte sich Eunice. »Man lief nicht einfach drauflos. Mutter sagte einem genau, wie man das rechte oder linke Bein besser einsetzen sollte. Also gab es keine Ausrede, wenn es nicht klappte. Sie meinte dann nur, man solle weitermachen und sich nicht so dumm anstellen. Nie tröstete sie einen damit, daß man heute nicht recht in Form sei. Das klingt jetzt so, als sei sie eine Rabenmutter gewesen, aber wir sahen das nicht so. Wir hatten immer den Eindruck, sie glaube, es stecke mehr in uns, als wir selber ahnten. Später, als wir älter wurden, impfte uns auch Vater Selbstvertrauen ein, aber ursprünglich kam dieser gewaltige Ansporn von meiner Mutter. Meinen Vater lernte ich erst richtig kennen, als ich 18 oder 19 Jahre alt war und als er mehr Zeit mit uns verbrachte.«

***

Im Frühjahr 1929 hatte Joe in Hollywood eine Menge Probleme mit dem Film *Queen Kelly*. Als ihn die Nachricht erreichte, daß sein 71jähriger Vater schwer erkrankt war, fuhr er mit dem Zug nach Boston. In den letzten Jahren hatten seine Schwestern engeren Kontakt zu P. J. gehabt als er. Margaret war mit ihrem Mann Charles Burke und ihren beiden Kindern sogar zu ihm nach Winthrop gezogen. Loretta, seine andere Schwester, war inzwischen ebenfalls verheiratet und hatte ein Kind. Ihr Mann, George Connelly, war Harvardabsolvent und Besitzer eines Unternehmens, das die Marine belieferte. Beide Töchter kümmerten sich hingebungsvoll um ihren Vater und verbrachten viele Stunden mit ihm.

Joe eilte ins Krankenhaus und besuchte seinen Vater. Dort erfuhr er zu seiner großen Erleichterung, daß es P. J. wieder besser ging. Er beschloß, umgehend nach Kalifornien zurückzukehren, wenigstens für ein paar Tage. Sein Zug hatte kaum Boston verlassen, als sich der Zustand seines Vaters erneut dramatisch verschlechterte.

P. J. Kennedys Todeskampf dauerte nur wenige Stunden. Er starb am 18. Mai 1929. Zur Trauerfeier, die drei Tage später in der Kirche von St. John stattfand, erschienen Menschen aus allen Schichten, arme und reiche, Bankiers und Arbeiter, Mütter und junge Mädchen, Rechtsanwälte und Feuerwehrmänner, Priester und Nonnen. Alle waren sie gekommen, alle Freunde und Verwandten, alle bis auf Joseph P. Kennedy, den ältesten Sohn des Verstorbenen.

Am Tag nach der Beerdigung machten sich Margaret und Loretta an die traurige Pflicht, den privaten Besitz ihres Vaters durchzusehen. Einem Hinweis des Toten folgend, entdeckten sie auch eine Schachtel mit Quittungen über Dutzende von Krediten. Manche waren nur auf wenige Dollar ausgestellt, doch ihre Gesamtsumme belief sich auf über 50 000 Dollar. Eine Notiz in der Handschrift ihres Vaters lag bei: »Nach meinem Tod sind alle diese Schulden zu streichen.«

Mit Tränen in den Augen verbrannten Margaret und Loretta die

Schuldscheine. Die Papiere ihres Vaters waren in Ordnung gebracht. Jetzt blieb noch, sein Testament zu öffnen. Er hatte sein Vermögen in zwei Hälften geteilt. Die eine überließ er seinen Töchtern, die andere seinem Sohn Joe. Das mochte merkwürdig erscheinen, denn schließlich war Joe bereits Multimillionär, während seine Schwestern eben erst Familien gegründet hatten. Doch in Anbetracht der Einstellung von P. J. hätte es nicht überrascht, wenn er seinen Töchtern überhaupt nichts hinterlassen hätte. Joe war nun das Oberhaupt der Familie, und so wurde von ihm erwartet, daß er sich um seine Schwestern kümmerte und bis zu ihrem Tod über sie wachte. Das stand zwar nicht ausdrücklich im Testament ihres Vaters, aber jeder in der Familie nahm das automatisch an.

Das Vermögen P. J. Kennedys wurde offiziell auf lediglich 55 000 Dollar beziffert, ein letzter Streich des cleveren P. J. Tatsächlich war es weit mehr wert. James Landis, einer von Joes politischen Freunden, der auch privat oft mit ihm zusammenkam, erklärte: »Ich nehme an, daß sein Vater ihm zwischen 200 000 und 300 000 Dollar hinterlassen hat.« In den späten zwanziger Jahren war das ein Vermögen und gleichzeitig ein schlagender Beweis dafür, daß Joe sich nicht aus einfachen Verhältnissen hochgearbeitet hatte. Joe erbte ein hübsches Sümmchen, mit dem er an der Börse spekulieren konnte.

***

Im Sommer 1929 kaufte Joe ein Ferienhaus in Hyannis Port am Cape Cod. Der Ort war bereits seit Jahrzehnten ein bevorzugtes Urlaubsdomizil für Familien aus Pittsburgh, St. Louis und verschiedenen anderen Städten. Hier waren die Menschen anders als in Newport an der Küste Rhode Islands, wo sich die reichen alten Familien vor der Welt versteckten. In Hyannis Port lebten Familien, die vor nicht allzu langer Zeit mit Öl, Stahl oder Kohle reich geworden waren, und die stolz darauf waren, in einem bescheidenen Ort zu wohnen. Im Sommer herrschte dort eine ungezwungene Atmosphäre, und man schaute öfter bei den Nachbarn vorbei, ohne sich vorher anzumelden oder auch nur anzuklopfen.

Das weitläufige Haus der Kennedys war mit weißen Schindeln verkleidet und hatte grüne Fensterläden. Das über einen Hektar große Grundstück bot genügend Platz für einen Tennisplatz, einen Swimmingpool und einen Rasen zum Footballspielen. Die drei vorhergehenden Sommer hatten die Kennedys das Haus gemietet, und da es ihnen jetzt gehörte, ließen sie es umbauen. Rose richtete das Haus teils mit Antiquitäten, teils mit stabilen praktischen Möbeln ein, darunter auch ein langer Tisch und eine klassische alte Anrichte für das Eßzimmer. Die Wände dekorierte sie mit alten Stichen. Vor ihrer Ankunft hatten Bauarbeiter in wochenlanger Arbeit einen Anbau an das 14-Zimmer-Haus errichtet, in dessen Keller ein 20 Quadratmeter großes Heimkino untergebracht worden war.

Bald nach der Ankunft der Kennedys beschloß ihre Nachbarin Madelaine Blackburn, einfach hinüberzugehen und Rose willkommen zu heißen. Sie ging also zur Vordertür und klopfte. Ein Dienstmädchen öffnete.

»Ich wohne gleich nebenan«, erklärte Mrs. Blackburn fröhlich, »und möchte Mrs. Kennedy guten Tag sagen.«

Das Mädchen musterte die Nachbarin von oben bis unten. »Haben Sie einen Termin bei Mrs. Kennedy?« fragte das Mädchen förmlich.

»Einen was?«

»Einen Termin.«

»Nein, natürlich nicht«, stotterte Mrs. Blackburn.

»Ich kann Mrs. Kennedys Sekretärin holen, wenn Sie einen Termin vereinbaren wollen.«

Mrs. Blackburn machte auf dem Absatz kehrt und murmelte noch: »Zum Teufel mit den Leuten. Die können mir gestohlen bleiben.«

Innerhalb von Stunden war die Geschichte in ganz Hyannis Port herum. Mrs. Blackburn ging nie wieder hinüber, und die Leute aus Hyannis Port merkten schnell, daß die Kennedys gerne für sich blieben.

Die Nachbarn beobachteten das Kommen und Gehen der Kennedys und fragten sich, was in dem großen weißen Haus an der Meerenge vor sich ging. Auch andere Verwandte kamen zu Besuch, darunter auch Geraldine Hannon, Roses Cousine. Eines Nachmittags, als sie von einem Tennisspiel mit Joe jr. zum Haus zurückkehrte, hörte sie, wie Fitzgerald und Joe heftig miteinander stritten. Sie spitzte die Ohren. Ihr Onkel Fitz brüllte Joe wegen dessen Affäre mit Gloria Swanson an und drohte damit, Rose alles zu sagen.

Fitzgerald, vormals selbst ein Schwerenöter, hätte seinem Schwiegersohn niemals eine der üblichen kleinen Affären vorgeworfen. Doch Joes Beziehung zu Gloria war weit mehr als das. Sie brachte das sorgfältig aufgebaute Image der Familie in Gefahr und drohte den Respekt zu untergraben, der ihr entgegengebracht wurde. Doch Joe lachte nur und sagte, wenn Fitzgerald seiner Frau davon erzähle, werde er sie einfach verlassen. Für beide, für Fitzgerald wie für Joe, war es bequemer zu glauben, daß Rose nicht von Gloria wußte. Aber natürlich wußte sie alles. Sie ließ sich vielleicht nichts anmerken, doch war sie weder dumm, noch ertrug sie alles schweigend. Sie stritt sich ebenfalls mit Joe. Eine Dame aus Bronxville hatte sogar zufällig mit angehört, wie sie die Angelegenheit mit ihrer Masseuse besprach. Ihre Erziehung im Heilig-Herz-Kloster hatte sie zwar auf Kummer vorbereitet, doch hatte ihr niemand gesagt, daß es etwas so Peinliches sein würde wie die Affären ihres Mannes. Sie unterdrückte ihren Ärger nur teilweise. Wie viele Frauen ihrer Schicht machte sie ihrem Unmut bei Friseusen, Masseusen und Dienstmädchen Luft, die oft zu Vertrauten wurden, wenn es unmöglich war, sich dem Ehemann oder Freunden anzuvertrauen.

Solange nichts in die Öffentlichkeit drang, konnte das Familienleben weitergehen wie zuvor. Das war das ungeschriebene Gesetz, das Fitzgerald zu brechen gelobte.

Ein paar Wochen später sprach Josie mit ihrer Tochter über die Angelegenheit. »Sieh doch ein, du Närrin, daß dein lieber Mann keinen Deut besser ist als dein lieber Vater«, sagte sie. »Jetzt weißt du endlich, wie die Männer wirklich sind!« Für einen Augenblick ließ Josie die Maske selbstzufriedener Rechtschaffenheit fallen, hinter der sie sich sonst verbarg, und schleuderte ihrer Tochter die schmutzige Wahrheit ins Gesicht. Rose hatte immer geglaubt, sie sei etwas Besseres als ihre Mutter und führe ein besseres Leben. Und nun schien Josie beinahe Freude daran zu haben, den typischen Satz einer Mutter sagen zu können: »Ich habe es dir ja schon immer gesagt.«

Doch Rose hatte ihre Lektionen in Selbstverleugnung gelernt und wandte sich ab, als habe sie die Worte ihrer Mutter nicht gehört. Ende August desselben Jahres machte Gloria Swanson ihren ersten Besuch in Hyannis Port. Sie landete spektakulär mit einem Sikorsky-Wasserflugzeug im Hafen, ganz in der Nähe des Hauses der Kennedys. Die Bewohner des kleinen Urlaubsortes standen am Strand und bestaunten das noch nie dagewesene Ereignis.

Rose hätte übers Wochenende verreisen können, aber das hätte die Gerüchte nur bestätigt. Statt dessen behandelte sie die Geliebte ihres

Mannes wie einen langersehnten Gast. Die Schauspielerin ging am Strand spazieren, dachte aber nicht daran, sich ihren Elfenbeinteint durch ein Bad im Meer zu ruinieren. Sie hatte einen großen Auftritt im Speisesaal des Craigville Beach Club und fand sogar die Zeit, das Clubhaus zu besuchen, das sich Kathleen und ihre Freundinnen über der Garage eingerichtet hatten. Dort schrieb sie zwischen Filmplakaten ihren Namen an die Wand.

Kathleen und ihre jüngeren Schwestern waren fasziniert vom Glamour der Hollywood-Schauspielerinnen. Stundenlang sprachen sie über Stars und Filme, und das an die Wand gekritzelte Autogramm Glorias machte diese Welt für sie greifbar. Nancy Tenney Coleman, damals eine der besten Freundinnen Kathleens, erklärte: »Wir hatten für zwei Stars Fanclubs gegründet. Aber keines der Kennedy-Mädchen wollte beim Gloria-Swanson-Club mitmachen, sie waren alle im Constance-Bennett-Club. Kathleen hat nie erklärt, warum sie in dem Punkt so stur blieb. Ich habe den Grund erst Jahre später erfahren.« Genau wie ihre Mutter hatten auch Kathleen, Eunice, Pat und Jean bereits gelernt, unangenehmen Tatsachen nicht ins Auge zu sehen und nach außen hin so zu tun, als führten ihre Eltern eine glückliche Ehe.

Auch Rose stellte sich blind, obwohl ihr Mann die Geliebte sogar mit nach Hause gebracht hatte. Die Situation verlangte von ihr einen neuen Grad an Selbstverleugnung. Ihre Töchter beobachteten die außergewöhnliche Willensanstrengung ihrer Mutter, und sie glaubten künftig, daß sich eine Frau in einem solchen Fall so verhalten müsse.

Kathleen war erst neun Jahre alt, aber sie wußte, daß die Freundschaft ihres Vaters mit Gloria eng genug war, daß er auch deren Tochter nahestand. Da sie eine begeisterte Briefeschreiberin war, schrieb sie der kleinen Gloria. Und sie schrieb auch Glorias Vater und fragte ihn, wie es seiner Tochter gehe und ob er ihr eine Autogrammkarte der Schauspielerin schicken könne.

***

Einige Zeit nach dem Besuch Glorias in Hyannis Port verbrachten die Kennedys ein paar Wochen mit der Schauspielerin und deren Mann in Europa. Zwar war Rose Joes Ehefrau und Gloria nur seine Geliebte, doch stand Rose bei jedem Auftritt in der Öffentlichkeit im Schatten des Hollywood-Stars.

Vor Rose spielte Gloria die treue Ehefrau und behandelte Joe wie einen reinen Geschäftspartner. Und ihr Mann, der Marquis, machte gute Miene zum bösen Spiel, denn zum einen wurde er von seiner Frau ausgehalten, zum anderen war Joe Kennedy sein Arbeitgeber. Gloria erinnerte sich später, daß Rose in diesem Sommer »in jeder Hinsicht liebenswürdig und sehr mütterlich« gewesen sei, »endlos über ihre Kinder redete« und so tat, als berühre es sie nicht im geringsten, wenn Joe sich »mir gegenüber beunruhigend besitzergreifend oder übermäßig besorgt zeigte«. Gloria beschrieb Joe als einen Mann, der die Menschen in seiner Umgebung behandelte, als gehörten sie ihm – sie und Henri mit eingeschlossen. »Joe Kennedy hatte uns beide damit bestochen, daß er uns finanzielle Sicherheit versprach, was sich Henri ebenso wünschte wie ich«, überlegte sie später. »Aber bis wir diese Sicherheit erreichten, war Henri Joes Angestellter und ich buchstäblich sein Eigentum. Mein ganzes Leben lag in seiner Hand ... Außerdem hing ich wirklich an ihm. Der Mann faszinierte mich, und ich wußte mir nicht mehr zu helfen.«

Später erzählte Rose, daß Gloria auf dieser Reise versehentlich einen an Henri gerichteten Brief öffnete und entdeckte, daß er von der Schauspielerin Constance Bennett stammte, mit der Henri ein Verhältnis zu haben schien. Niemand ärgert sich so sehr darüber, bestohlen worden zu sein, wie ein Taschendieb, und Gloria gelobte augenblicklich, sich von ihrem Mann scheiden zu lassen. »Joe war sprachlos und völlig entgeistert«, berichtete Rose. »Wir saßen herum und beleuchteten den Fall von allen Seiten. Wäre es für den neuen Film besser, wenn Gloria mitten in einem sensationellen Scheidungsverfahren steckte, oder wäre es schlecht und würde die Leute von den Kinokassen fernhalten? Schließlich meinte Joe, er habe sehr viel Geld in den Film investiert und sei nicht gewillt, es wegen eines Streites zwischen der Schauspielerin und ihrem Ehemann zu verlieren. Henri und Gloria nahmen sich im Hotel getrennte Zimmer, doch zur Premiere des Films erschienen sie Hand in Hand, lächelnd und allem Anschein nach sehr glücklich.«

Gloria schrieb in ihrer Autobiographie, ein Mitarbeiter Joes habe sie einige Monate nach ihrer Rückkehr zu Kardinal O'Connell gebracht, der sie dazu habe überreden wollen, die Affäre mit Joe zu beenden. Angeblich sagte ihr der Kardinal, Joe habe mit hohen Würdenträgern der Kirche verhandelt und vergeblich versucht, einen Dispens zu erhalten, um Rose verlassen zu können.

Es ist möglich, daß sich dieses Treffen nur in der Phantasie der Schauspielerin abgespielt hat. Ihre eigene Tochter, Gloria Somborn Daly, gab jedenfalls zu, die Autobiographie ihrer Mutter sei »voller Fehler und größtenteils gar nicht von ihr selbst geschrieben«. Doch falls der Kardinal wirklich mit ihr gesprochen hat, steckte wahrscheinlich Joes Schwiegervater dahinter. Fitzgerald kannte den Kardinal gut, und um seine Rose vor ihrem Ehemann zu schützen, wäre er dazu bereit gewesen, den mächtigen Mann der Kirche um Hilfe zu bitten. Kurz nach dem vermeintlichen Treffen deutete Hedda Hopper, die bekannteste Klatschreporterin Hollywoods, in einer ihrer Kolumnen an, daß ein früherer Bürgermeister Bostons gewisse Schritte unternommen habe, um seinen Schwiegersohn davon abzuhalten, weiter den Frauen nachzulaufen.

Joe hörte nicht von heute auf morgen auf, sich mit Gloria zu treffen, doch auch ihn bedrückte die Affäre. Das Filmepos *Queen Kelly* hatte in einem finanziellen Debakel geendet und wurde einer der größten Flops der Filmgeschichte. Und nun begann Joe zu befürchten, daß sich seine Beziehung zu Gloria in dieselbe Richtung entwikkeln könnte. Er hatte fast 30 Pfund Gewicht verloren und litt unter einem Magengeschwür. Schließlich ließ er sich sogar in die Bostoner Lahey Clinic einweisen, weil er davon überzeugt war, Krebs zu haben.

Rose hatte eine eigene Methode entwickelt, mit ihrem Mann umzugehen. Eines Tages spazierte sie mit einer Nachbarin namens Alice Harrington über den Strand von Hyannis Port. Die Nachbarin fragte Rose, wann eine Frau dem eigenen Mann die kalte Schulter zeigen dürfe. Zunächst verstand Rose nicht, was sie meinte. »Aber das macht doch jede in der Ehe«, meinte Mrs. Harrington. »Oder haben Sie Ihrem Mann noch nie die kalte Schulter gezeigt?«

Rose überlegte einen Augenblick. »Doch«, sagte sie dann. »Und ich habe ihn bezahlen lassen. Ich habe alles von ihm bekommen, was ich wollte. Kleider, Schmuck, alles. Man muß sich nur geschickt dabei anstellen.«

Rose wußte, daß Joe in Hollywood »täglich von einigen der schönsten und bestangezogenen Frauen der Welt umgeben war«. Sie selbst ging auf die 40 zu und konnte mit solchen Frauen kaum konkurrieren. Aber sie schwor sich, ihre zierliche Figur zu behalten, ihren Teint zu pflegen und sich stets stilvoll zu kleiden. In den folgenden sieben

Jahren flog Rose 17mal nach Paris, zumeist allein, und machte ihre Runden durch die bekannten Modesalons.

Joe hatte genug von Hollywood. Er verkaufte seine Anteile an RKO und erzielte dabei einen Gewinn, der auf fünf Millionen Dollar geschätzt wurde. Nach Roses Meinung nahm er etwas Wichtigeres aus Hollywood mit als nur Geld. »Mein Mann meinte damals: ›Mir ist es gleichgültig, was meine Söhne von mir denken. Ich komme schon zurecht, aber sie müssen zusammenhalten‹«, sagte Rose. »Diesen Gedanken impfte er ihnen ein, und später, als sie in die Politik gingen, hielten sie tatsächlich zusammen. Ich glaube, das hat er von den Juden in Hollywood gelernt. Er war damals der einzige Nicht-Jude im Filmgeschäft, und ich glaube, zwischen den Juden dort bestehen enge familiäre Bindungen.«

Gloria entdeckte, daß ihr die Zeit mit Joe fast nur Schulden eingebracht hatte. Laut ihrem Vertrag mit Joe für den Film *Queen Kelly* war sie zwar mit 50 Prozent an allen Gewinnen beteiligt, hatte aber auch die zweifelhafte Ehre, die Schulden allein tragen zu dürfen. Selbst ein Pelzmantel, den Joe ihr geschenkt hatte, wurde ihr nun, da ihre Affäre offiziell beendet war, in Rechnung gestellt.

Soweit Glorias Geschichte. Sie hätte nur ungern zugegeben, daß die Affäre mit dem Mann, der sie finanziell so sehr ausgenutzt hatte, noch mindestens sechs Jahre lang weiterging. Rose selbst gab später zu, daß Gloria und ihre Tochter die Kennedys Mitte der dreißiger Jahre besuchten, als nach Glorias Aussage die Beziehung bereits seit einem halben Jahrzehnt zu Ende war. Damals nahm Pat die kleine Gloria mit in die Schule und stellte sie als Tochter des Filmstars vor. »Keiner glaubte ihr«, erinnerte sich Rose. »Alle grinsten nur und dachten, es sei ein Scherz.«

In den folgenden fünf Jahren besuchte Gloria immer wieder das Haus der Kennedys. Bewohner von Hyannis Port beobachteten verschiedentlich, wie sie, kurz nachdem Rose die Stadt verlassen hatte, in Joes Rolls-Royce angefahren kam. Manchmal lag so wenig Zeit dazwischen, daß sich die beiden Frauen unterwegs hätten begegnen können. »Sobald die immer schick angezogene Mrs. Kennedy nach Europa abgereist war, kam früher oder später Gloria Swanson vorbei«, erinnerte sich Nancy Tenney Coleman. »Für uns war das einfach nur aufregend, wenn zuerst die beiden Hunde aus dem großen Rolls-Royce sprangen und dann der Chauffeur ausstieg.«

Nach den Worten eines Historikers waren die zwanziger Jahre in Bronxville »eine unbeschwerte, frivole Zeit, in der verheiratete Männer und Frauen leichtherzig den Partner wechselten«. Diskretion war allerdings oberstes Gebot, ein Gebot, das keinesfalls gebrochen werden durfte. Doch Joe hielt sich nicht daran. Ein anderer Mann hätte sich mit seinen Geliebten heimlich in New York getroffen, er aber stolzierte mit seinen Frauen vor den Augen seiner Nachbarn herum. Viele Bewohner der Stadt begannen, Joe zu verachten.

Die Schulkinder übernahmen diese Haltung von ihren Eltern. »In der Schule wurde erzählt, der alte Herr verreise jedesmal mit einem anderen Mädchen, sobald er seine Frau geschwängert habe«, erzählte Alan Gage, der mit John F. in dieselbe Klasse ging. »Ich weiß nicht, ob das stimmte, jedenfalls machte es an der Schule die Runde.«

Paul Morgan, dessen Familie neben den Kennedys wohnte, berichtete: »Wenn Joe Kennedy seine Frauen in die Stadt kommen ließ, stiegen sie gewöhnlich im Hotel Gramatan ab. Eine von ihnen war Gloria Swanson, aber es gab natürlich auch andere. Ich weiß sogar noch, daß Greta Garbo dort gewohnt hat. Auf jeden Fall wußte Mrs. Kennedy, was los war. Mein Freund Jack Slattery hatte ein Auto, und wenn wir sahen, daß der alte Herr zu einem Stelldichein ins Hotel Gramatan fuhr, sprangen wir ins Auto und jagten ihm nach.«

Auch Kathleens und Eunices Freundinnen wußten Bescheid. Allerdings wären sie nicht auf die Idee gekommen, ihm nachzuspionieren. So erzählte Jane Cash, Kathleens Freundin in Bronxville: »Natürlich wußten wir alle von den Frauengeschichten ihres Vaters, von Gloria Swanson und all den anderen.«

* * *

Bald kursierten alle möglichen Klatschgeschichten über die arme Rose und ihren Lüstling von Ehemann. Eine besonders köstliche erzählte der Klempner Ryan: Angeblich wurde er eines Tages ins Haus der Kennedys bestellt und erhielt den ungewöhnlichen Auftrag, in den Abfluß der Toilette unsichtbar ein Sieb einzubauen. Tags darauf rief ihn Rose erneut zu sich. Diesmal bat sie den Mann, einen Diamantring aus den Tiefen der Toilette zu fischen und das Sieb wieder zu entfernen. Joe war wieder einmal auf einem seiner romantischen Ausflüge mit Gloria gewesen und hatte Rose als Buße den Ring geschenkt.

Sie aber hatte das wertvolle Stück ins Klo geworfen und hinuntergespült, scheinbar auf Nimmerwiedersehen. Die Geschichte ist nicht nachzuweisen, aber man erzählte sie sich immer und immer wieder hinter Roses Rücken.

Besonders beliebt waren solche Anekdoten im Women's Club von Bronxville, dem fast jede Frau von gehobener gesellschaftlicher Stellung angehörte. Die kulturellen Aktivitäten des Clubs wären eine unschätzbare Bereicherung für Roses Leben gewesen, doch niemand lud sie ein, dem Verein beizutreten. »Ich erinnere mich, wie meine Mutter mir erklärte, wie schlimm sie es fand, daß die Frauen mit Mrs. Kennedy nichts zu tun haben wollten«, erzählte Manuel Angullo. »Die Honoratioren der Stadt behandelten die Kennedys fürchterlich herablassend. Das lag an ihrem Ehemann. Er war zu indiskret, was seine Affären anging. Die Leute in der Stadt beurteilten Rose Kennedy nach dem Verhalten ihres Mannes.«

Joe wußte, daß er einen hohen Preis für seine Beziehung mit Gloria zahlen mußte. Im Juli 1939, nach dem Ende der Affäre, besuchte er die Geburtstagsfeier seines Mitarbeiters Harvey Klemmer. Er nahm den jüngeren Mann beiseite und gab ihm einen ernstgemeinten Rat.

»40 ist ein gefährliches Alter«, erklärte er und sah Klemmer scharf an. »Seien Sie auf der Hut, mein Junge. Bringen Sie sich nicht in Schwierigkeiten. Als ich in dem Alter war, habe ich wegen einer gewissen Dame aus Hollywood den Kopf verloren, Sie haben vielleicht davon gehört.«

Joe hielt inne und lächelte kurz, dann fuhr er fort: »Ich habe mir das Geschäft kaputtgemacht und die Gesundheit ruiniert – und beinahe auch meine Ehe.«

* * *

Die Kennedys wohnten erst einige Monate in Bronxville, als der Wirtschaftsboom der zwanziger Jahre nachließ. Die Börsenmakler, Werbeleute und Geschäftsmänner gingen davon aus, daß der Höhenflug an der Börse bis in die dreißiger Jahre anhalten würde. Joe war einer der wenigen, die den Braten rochen, und zog sich rechtzeitig aus dem Spekulationsgeschäft zurück. In den Wochen nach dem Schwarzen Dienstag saß er an einem Tisch bei Halle & Steiglitz und überlegte sich in aller Ruhe, welche Aktien er abstoßen und welche er kaufen wollte.

Als die Rezession sich verschärfte, mußten in Bronxville immer mehr Geschäfte schließen. Viele Wohnhäuser standen leer, andere blieben abends dunkel, weil ihre Bewohner die Stromrechnungen nicht mehr bezahlen konnten. Leute, die noch vor kurzem mit ihrem Reichtum geprotzt hatten, verschwanden einfach und verkrochen sich in einem Sommerhäuschen, irgendwo, wo sie keiner kannte.

Für Joe Kennedy hingegen waren es goldene Jahre. Im Jahr 1933 kaufte er sogar ein zweites Ferienhaus in Palm Beach. Es war weiß getüncht mit einem roten Ziegeldach und wie eine spanische Villa von einer Mauer umgeben. Zu dem Grundstück gehörten ein Tennisplatz, ein großer Swimmingpool und ein eigenes Stück Strand. Jetzt besaßen die Kennedys ein Sommer- und ein Winterdomizil und brauchten sich nicht mehr mit den Leuten von Bronxville abzugeben.

***

Am 22. Februar 1932, ein Jahr nachdem sich Joe aus dem Filmgeschäft zurückgezogen hatte, bekam Rose ihr neuntes Kind. Rose wußte, daß Edward »Ted« Moore Kennedy ihr letztes Kind sein würde, und deshalb war er für seine Eltern etwas ganz Besonderes. Er war ein richtiger Wonneproppen und wurde von seinen Schwestern, insbesondere von der vierjährigen Jean, nach Strich und Faden verwöhnt.

»Meine frühesten Erinnerungen an meine Mutter habe ich aus der Zeit in Bronxville«, erzählte Ted. »Ich weiß noch, wie ich einmal vom Kindergarten allein nach Hause ging und mich alle suchten, weil kurz zuvor das Lindbergh-Baby entführt worden war. Am besten kann ich mich noch daran erinnern, daß ich jeden Abend vor dem Schlafengehen zu meiner Mutter ins Zimmer lief und sie mir dann Geschichten von Peter Rabbit vorlas. Dabei ahmte sie die Stimmen der einzelnen Figuren nach und spielte mir die Geschehnisse vor. Dann beteten wir zusammen und ich marschierte ins Bett.«

Rose kümmerte sich intensiv um ihre Kinder, doch die Nachbarskinder hatten den Eindruck, daß sie emotional einen gewissen Abstand zu ihnen wahrte. Sie umarmte nur Rosemary und drückte sie an sich, als wolle sie sie vor den Stürmen des Leben beschützen. »Sie war keine sehr zärtliche Mutter«, sagte Paul Morgan. »Zwischen ihr und ihren Kindern bestand immer eine gewisse Zurückhaltung, nur mit

Rosemary machte sie da eine Ausnahme. Ihr zeigte sie ihre Zuneigung am meisten.«

Rose ging mit Rosemary jeden Tag auf der von Bäumen gesäumten Pondfield Road spazieren. Die Morgans besaßen zwei große dänische Doggen, die voller Freude auf Rosemary zusprangen, sobald sie sie erspähten. Rose stand daneben und wartete, während ihre älteste Tochter mit den Hunden spielte, mit ihnen sprach und sie streichelte.

Die Spielkameraden der jungen Kennedys bewunderten Rose, doch gleichzeitig tat sie ihnen auch leid. Sie waren aufgeweckt und frühreif und wußten von Joes Doppelleben. »Was ihren Mann anbetraf«, überlegte Manuel Angullo, »war ihr Herz wohl verbittert.«

Zum 20. Hochzeitstag schenkte Joe seiner Frau eine Reise nach Europa. Doch sein Geschenk hatte einen Makel: Er selbst hatte nicht vor, sie zu begleiten. Rose ließ sich nicht anmerken, daß es ihre Gefühle verletzte, wieder einmal allein zu sein. Joe hatte zu tun. An diesem ganz besonderen Tag schickte Rose aus ihrem Hotelzimmer im Pariser Ritz ihrem Mann ein Telegramm nach Bronxville: »Danke. Zwanzig Jahre. Seltenes Glück. In ewiger Liebe. Rosa.«

Rose sorgte normalerweise dafür, daß ihr Vater nicht in der Nähe war, wenn Joe nach Hause kam. Joe konnte Fitzgeralds endlose Geschichten und Prahlereien nicht mehr ertragen. Um so mehr liebten seine Söhne die Anekdoten ihres Großvaters. Für Joe jr. und John F. waren sie wie eine Hymne auf das Leben, sentimental und komisch zugleich und voller wunderbarer Charaktere. In den Erzählungen des alten Mannes erschien die Politik wie eine Arena, in der überlebensgroße Akteure miteinander rangen, wie ein wundervoller Zirkus des Lebens. Fitzgerald verkörperte für sie die Politik, und in seinem Mund wurden Geschichten über Betrug, Korruption und unlautere Machenschaften zu spannenden persönlichen Anekdoten.

Doch Fitzgerald hatte seinen Enkeln noch eine andere Lektion mit auf den Weg zu geben, und dabei ging es um Frauen. Auch im Alter war er noch empfänglich für weibliche Schönheit. Anfang der dreißiger Jahre, inzwischen Ende 60, lud er einmal eine seiner Nichten zu einer Nachmittagsvorstellung ins Theater ein. Das 16jährige Mädchen, das in einer Klosterschule erzogen worden war, freute sich, daß ihr berühmter Onkel so aufmerksam war, sie von einem Chauffeur in einem Cadillac abholen zu lassen. Ihr Onkel erwartete sie im Hotel Copley Plaza, wo er sie seinen politischen Freunden als seine Nichte vorstellte. »Alle lachten, und ich verstand nicht warum«, erinnerte sie sich später.

Das junge Mädchen war bislang nur selten im Theater gewesen und deshalb recht aufgeregt. »Konzentriere dich auf die Handlung«, riet ihr Fitzgerald, als sich der Vorhang öffnete. Sie versuchte, seinen Rat zu befolgen, was ihr allerdings schwerfiel, weil er ständig seine Hand auf ihre Hüfte legte. Nach der Vorstellung setzte Fitzgerald im Cadillac seine Erkundungen fort. »Ich habe ihn gegen das Schienbein getreten«, sagte die Frau, die sich noch 50 Jahre später an diesen Vorfall mit einem Gefühl der Demütigung erinnerte. »Danach hörte er auf. Später erfuhr ich, daß er das immer so machte.«

Aber genau solche Vorfälle wurden in den Anekdoten der Kennedy-Männer wie Schelmenstreiche bewertet. Jahrzehnte später, als Joe selber schon über 60 war, verfolgte er einmal eine junge Frau in einem Schuppen in Miami. Als John F. von der Geschichte hörte, brach er nur in lautes Gelächter aus und meinte: »Hoffentlich bin ich wie mein Vater, wenn ich selber 60 bin.«

»Der Vater und der Großvater waren für John F. und Joe jr. Helden, als sie noch klein waren«, erklärte eine Verwandte der Kennedys. »Sie unternahmen alles mögliche mit ihnen, kauften ihnen schicke Klamotten und nahmen sie mit zu Sportveranstaltungen. Dafür wurden sie geliebt und verehrt. Und das war schlimm, denn eigentlich waren sie beide alles andere als Vorbilder. Man denke nur, wie sich die Ehefrauen dabei fühlen mußten.«

* * *

Auch Kathleen und ihre Schwestern liebten ihren Vater, und daß sie ihn so selten sahen, verstärkte ihre Gefühle nur noch. Wenn sie über ihn sprachen, klangen sie wie Rose im gleichen Alter, als sie ständig ihren Vater zitiert hatte. »Pat und Eunice sagten ständig ›Dad meint dies‹ und ›Dad meint das‹«, erinnerte sich Ann Kelley, eine Nachbarin aus Bronxville. »Wäre er mir nicht zufällig einmal begegnet, hätte ich überhaupt nicht gewußt, ob es ihn auch wirklich gab.«

Damit die Mädchen ihren Vater so rückhaltlos lieben konnten, mußten sie vor vielem, was er tat, die Augen verschließen, besonders davor, wie er mit ihrer Mutter umsprang. Sie folgten dem Beispiel ihrer Mutter und nahmen seine Affären einfach nicht wahr. Von Rose lernten sie, daß eine Frau nichts zu vergeben brauchte, wovon sie nichts wußte.

»Selbst wenn Dad die ganze Zeit anderen Frauen nachlief, waren wir uns dessen nicht bewußt«, erklärte Eunice. »Und wir platzten auch nicht ins Zimmer und riefen: ›Mein Gott, Daddy tut dies oder jenes.‹«

Kathleen war bei weitem gefühlvoller als die anderen Kennedy-Töchter. Als sie älter wurde, war nicht nur ihr Vater oft nicht zu Hause, sondern auch ihre Mutter. Im Februar 1932, als sie sich auf ihren zwölften Geburtstag freute, brachte Rose in Boston gerade Ted zur Welt, und ihr Vater weilte wahrscheinlich in Palm Beach. »Papa kam letzte Nacht nicht nach Hause«, schrieb sie in einem Brief an Rose. »Wir wissen nicht, wann er wiederkommt.« Sie bat ihre Mutter, das Kindermädchen zu fragen, ob Rosemary zu ihrer Geburtstagsfeier kommen werde, und erinnerte sie daran, Spiele für die Party zu schikken. Kathleen vertraute ihrer Mutter sogar an, daß sie sich für Jungen zu interessieren begann. Sie hatte sich das Haar in Wellen legen lassen und auf einer Party mit einem Jungen getanzt.

***

»Als wir klein waren, hast du die Verantwortung für uns getragen und uns erzogen«, sagte Eunice Jahre später zu ihrer Mutter. »Und als wir älter wurden, hat Papa die Verantwortung übernommen.« Rose brachte den Kindern Manieren, Disziplin und religiöse Werte bei. Joe hingegen übernahm ihre intellektuelle und politische Erziehung und impfte ihnen weltliche Wertmaßstäbe ein. Diese Zweiteilung war in verschiedener Hinsicht unglücklich, denn Joe maß mit zweierlei Maß. Wie eine Bekannte richtig beobachtete: »Kurz gefaßt war Joe der Meinung: ›Meine Töchter schicke ich in die Kirche, damit sie glauben lernen, und meine Söhne auf den Marktplatz, damit sie lernen, es besser zu wissen.‹«

Joe jr. hatte inzwischen die Riverdale Country School verlassen und besuchte jetzt die berühmte Choate School, wo er sich zu einem herausragenden Schüler und Sportler entwickelte. John F. ging für ein Jahr auf die Catholic Canterbury School und wurde im Herbst 1931 zur Vorbereitung auf das Studium zu seinem Bruder auf die exklusive Schule in Wallingford, Connecticut, geschickt.

Joe und Rose überschütteten den Schulleiter von Choate mit einer

Flut von Briefen und Telegrammen, wie es in der Geschichte der Schule beispiellos war. Joe war vor allem um die schulischen Fortschritte seiner Söhne besorgt, Rose dagegen machte sich als Mutter vor allem Gedanken um ihre Gesundheit. Joe jr. war kräftig und entwickelte sich prächtig, doch John F. war von klein auf kränklich gewesen, und Rose wachte fast zwanghaft über ihn, als könne sie ihn durch reine Willenskraft völlig gesund machen. Anfang 1932 kam John F. in die Krankenstube des Internats. Sobald Rose von seiner merkwürdigen, hartnäckigen Erkältung erfuhr, schrieb sie einen Brief an die Schule, in dem sie ausführte, daß er bereits drei Jahre zuvor »dieselben Symptome zeigte, die sie jetzt beschreiben«. Ein paar Tage später schlug sie vor, »in der Drogerie am Ort eine Flasche Lebertran zu kaufen und ihm nach jeder Mahlzeit einen Teelöffel davon zu verabreichen«. Sie schrieb einen Brief nach dem anderen. Einmal war John F. zu dünn, dann aß er seinen Salat und sein Gemüse nicht, dann wieder hatte er Probleme mit seinem Knie. Im Sommer 1934 wurde er zur Untersuchung in die berühmte Mayo Clinic nach Rochester in Minnesota geschickt, und Rose griff erneut zur Feder.

In all ihren Briefen ging sie nur einmal auf den Unterricht ihrer Söhne ein. Und selbst dabei handelte es sich nur um ein Problem gesellschaftlicher Art. »Mir ist aufgefallen«, schrieb sie dem Schulleiter, »daß einige Jungen in Choate nicht genau wissen, wie man korrekt einen Brief abfaßt oder wann man welche Anrede verwendet. Ich hielte es für sehr praktisch und nützlich, wenn man ihnen kurz die verschiedenen Briefformen usw. erklären könnte.«

Sie besuchte ihre Söhne nur sehr selten, wenn überhaupt. Und das lag nicht daran, daß es den Jungen unangenehm gewesen wäre, sie auf dem Schulgelände herumzuführen. Joe jr. bat sie in einem Brief sogar um einen Besuch und zog sie dabei liebevoll auf: »Ich verstehe aber, wenn Du zu sehr damit beschäftigt bist, Antiquitäten und Kleider zu kaufen.« Rose glaubte, mit den Briefen an die Schulleitung ihrer mütterlichen Pflicht Genüge getan zu haben, und hielt es nicht für eine Nachlässigkeit, wenn sie zögerte, Choate zu besuchen. Die Erziehung ihrer Söhne hatte sie inzwischen ohnehin Joe übertragen. Zudem wollte sie den kränkelnden John F. nicht verzärteln. Sie war ja auch damals nicht umgekehrt, als ihr der sensible Fünfjährige beim Abschied nachgerufen hatte. John F. sollte nicht noch verletzlicher werden, er mußte das Leben wie ein Mann bestehen können.

Rose hatte ihre Kinder dazu erzogen, Unpäßlichkeiten zu ignorieren und nur schwerwiegende Krankheiten zu beachten. Also bissen sie die Zähne zusammen und ertrugen es, ohne zu klagen, wenn sie einmal krank waren. »Ich habe nie davon gehört, daß John F. in Choate krank war«, meinte Eunice dazu. »Hatte er ein Magengeschwür oder so etwas? In unserer Familie war Krankheit kein Thema. Man kümmerte sich einfach nicht darum. Bei uns war es nie üblich, daß man über seine Krankheiten klagt. Wenn einer mal krank war, wurde einem das kurz mitgeteilt, man schrieb eine Karte oder rief an oder so. John F. hatte oft Magenschmerzen. Und er war oft erkältet. Aber dann kam er immer wieder zurück, und irgendwo gewöhnte man sich daran.«

* * *

Nach ihrem Abschluß an der Riverdale School wurde Kathleen von Rose auf die staatliche Schule in Bronxville geschickt. Rose selbst hatte auch eine staatliche Schule besucht, doch die Zeiten hatten sich geändert. Die 13jährige Kathleen ging nun mit Jungen in eine Klasse, die Rose nicht kannte, die oft nicht einmal katholisch waren und Kathleen zu Hause besuchten. Als ihre ältesten Söhne ins Teenager-Alter kamen, hatte Rose überhaupt nichts dagegen, daß sie sich mit Mädchen trafen. Das war ganz normal, ja sogar wünschenswert. Ganz anders sah die Sache jedoch bei ihren Töchtern aus. Rose machte sich langsam Sorgen, und so schmiedete sie Pläne. »Joe und ich hatten uns darauf geeinigt, daß er sich vor allem um die Erziehung der Jungen kümmerte, während ich hauptsächlich für die Mädchen zuständig war«, sagte sie. »Mein Entschluß war leicht gefaßt. Kathleen war recht hübsch und bei den Jungen sehr beliebt, was ihr außerdem noch Spaß machte. Sie telefonierte stundenlang mit ihnen. Sie lenkten das Mädchen von den Hausaufgaben und anderen Pflichten ab, gingen mit ihr Samstag nachmittags ins Kino und so weiter. Ich reagierte darauf, indem ich sie auf ein Internat schickte.«

Rose lehnte es ab, sich mit den schwierigen moralischen Problemen auseinanderzusetzen, mit denen ein heranwachsendes Mädchen in Berührung kam, und verbot ihrer Tochter, sich ihrerseits mit ihnen auseinanderzusetzen. Statt dessen schickte sie Kathleen in eine Klosterschule des Heilig-Herz-Ordens, und zwar nach Noroton, das in dem Ruf stand, die strengste Schule des Ordens in Amerika zu sein. Rose selbst war von den Nonnen erzogen worden, und nun wollte sie ihrer Tochter eine ähnliche Ausbildung angedeihen lassen, damit sie zu einem Ebenbild ihrer selbst wurde.

Kathleen unternahm die Fahrt zum Kloster Noroton in Greenwich im Herbst 1933 zum ersten Mal. Es war gleichzeitig eine Reise in die Vergangenheit, zurück in die Zeit, als ihre Mutter als junges Mädchen in Blumenthal gewesen war. Wie die holländische Klosterschule war auch Noroton durch hohe Mauern abgeschirmt. Es lag abgelegen auf einer Halbinsel, auf drei Seiten von Wasser umgeben. Das imposante, mit Efeu bewachsene Hauptgebäude, das vier Hektar große, dichtbewachsene Grundstück und das massive Blockhaus, das für Gäste über dem Wasser gebaut worden war, hatten früher zu einem Anwesen namens »Journey's End« gehört. Die Nonnen hatten aus dem Ballsaal eine Kapelle gemacht und aus den Schlafräumen mit ihren hohen Decken Klassenzimmer. Sie hatten Gemälde mit weltlichen Motiven und allzu luxuriöse Möbelstücke verkauft und die Wände mit religiöser Kunst geschmückt. In jeder Nische und in jedem Alkoven stand jetzt eine Christus- oder Heiligenstatue. Und doch erfüllte ein Hauch unbegrenzten Reichtums die Räume wie der schwache Duft eines Parfüms.

Kathleen fand schnell heraus, daß die 60 Mädchen in den vier Klassen aus den wohlhabendsten und frommsten irischstämmigen Familien Amerikas stammten. Selbst die Stipendiatinnen waren nicht eigentlich arm, sondern zumeist Mädchen aus der Oberschicht, deren Familien während der Weltwirtschaftskrise in finanzielle Schwierigkeiten geraten waren.

Kathleen liebte schöne Kleider, doch die meisten Trachten in Noroton hatten den Charme von Büßerhemden. Morgens mußte sie die Schuluniform anziehen, einen formlosen braunen Kittel aus Wolle. Zum Schwimmen war ein schwerer wollener Badeanzug vorgeschrieben, der bis zu den Knien ging und über dem ein kurzer Rock getragen wurde. Und beim Schlittenfahren im Winter hatte sie über den Skihosen ein Gymnastikkleid zu tragen. Kathleen fand es absurd, daß sie sich um der Schicklichkeit willen regelrecht einmummen mußte. »Ich hatte meine Skihosen an, und Mutter Fitzgerald ließ mich erst hinausgehen, als ich einen Mantel angezogen hatte«, schrieb sie ihrer Mutter über einen Auftritt bei einer Schulaufführung. »Sie hält Hosen für unanständig. Dabei waren es nur Skihosen. Wenn die wüßte.«

Donnerstag nachmittags und an den Sonntagen zogen sich Kathleen und die anderen Mädchen die etwas hübscheren weinroten Trägerröcke an. Donnerstags hatten sie »frei«, aber auch an diesem Tag gab es einen festen Stundenplan, der die Mädchen davon abhalten sollte, unnützen Tagträumen nachzuhängen. Bis zehn Uhr morgens hatten sie Unterricht. Dann kamen Menschen von draußen ins Kloster: der Friseur, der Kunstlehrer, der Rhetoriklehrer und der Tanzlehrer. Nachmittags zwischen zwei und vier Uhr trugen die Schülerinnen etwas vornehmere Kleidung und Schuhe mit höheren Absätzen, und man servierte ihnen in dem Holzhaus über dem Wasser Tee. Hierzu waren auch Gäste zugelassen, und die Kennedys waren häufig zugegen. »Die ganze Familie kam, aber manchmal schickten sie auch nur Rosemary«, erinnerte sich Mary Lyon Chatfield-Taylor. »Dann fragte Kathleen: ›Was sollst du mir ausrichten?‹ Und Rosemary mußte angestrengt nachdenken.«

Manchmal hatte Kathleen auch andere Gäste, etwa John F. und seinen besten Freund, Kirk LeMoyne Billings, der »Lem« genannt wurde. Er war ein ständig gutgelaunter junger Mann mit einem verspielten Humor und brach wie ein Wirbelwind über das ernste Noroton herein. Seine wöchentlichen Briefe an Kathleen waren so etwas wie eine Vorschau auf seine Besuche. »Ich hoffe, die Mutter Oberin hat Spaß an meinen Briefen«, schrieb er, wohl wissend, daß die Nonnen den Brief lasen, bevor ihn Kathleen zu Gesicht bekam. Er spielte für Kathleen und John F. den Hofnarren, der Freude daran hatte, den Dingen mit seinem Witz den Ernst zu nehmen. Er bewunderte Kathleen, und sie schätzte ihn, nicht als Verehrer, sondern als Vertrauten und Mitverschwörer, mit dem man ausgelassen sein und Spaß haben konnte. Kathleen zog Lem und ihre anderen Freunde gerne auf. Sie hörte zu, wenn er und andere Freunde von Footballspielen in Harvard und Parties erzählten, und konnte so für einen Augenblick nachempfinden, wie sie lebten, und sich wünschen, ebenfalls so zu leben. Doch dann war die Besuchszeit schon wieder zu Ende, und Lem und die anderen verließen gehorsam das Haus am Meer, nur Kathleen mußte bleiben.

Nach der Verabschiedung der Gäste stand Handarbeitsunterricht auf dem Programm. Während die Schülerinnen nähten, las ihnen Mutter Tack aus *Die Scharlachrote Pimpernell* vor. Mutter Tack hatte die wunderbare Gabe, beim Vorlesen die Seite zu überfliegen und still vorauszulesen, was da stand. »Oh, Mädchen, es ist nicht zu glauben«, vertraute sie ihnen mit flüsternder Stimme an. Dann blätterte sie schnell weiter, bis sie wieder an eine Stelle kam, die sie gefahrlos vorlesen konnte. Nach dem Nähen hatten die Mädchen noch eine Stunde Unterricht in gutem Benehmen, bei dem sie mit weißen Handschuhen in ihren Schulbänken saßen. Zu besonderen Gelegenheiten wurde ihnen auch einmal ein Hollywood-Film gezeigt, den Joe freundlicherweise zur Verfügung gestellt hatte. Er wählte die Filme mit Bedacht aus, aber dennoch saß vorsichtshalber eine Nonne neben dem Projektor, um bei einer unzüchtigen Szene jederzeit die Hand vor die Linse halten zu können.

***

»Ich vermisse Euch alle so sehr, mehr als je zuvor ...«, schrieb Kathleen nach ihrer Rückkehr aus den Weihnachtsferien, die sie in Palm Beach verbracht hatte. »Vor einer Woche habe ich noch in der Sonne gebraten, und jetzt schmore ich in dieser Mausefalle und versuche zu lernen. Das Leben ist toll, wenn man hart genug bleibt.«

Zu Hause hatte Kathleen Gehorsam gelernt, und auch in dieser streng reglementierten Welt versuchte sie, sich den anderen Mädchen anzupassen. Sie gab ihr Bestes, doch sie haßte die endlosen stürmischen Winter in Noroton. Sie lebte nur für die Ferien. Sie fühlte sich auch gesundheitlich nicht auf der Höhe, und wenn die anderen Mädchen ihren langen Spaziergang machten, ging sie nicht mit, weil sie wußte, sie würde »aus der Puste kommen«. Man schickte sie zu einem New Yorker Arzt, der ihr Spritzen gegen ihr Asthma gab, das sie in abgeschwächter Form ihr ganzes weiteres Leben begleiten sollte.

Trotz ihres Rufs, robust und gesund zu sein, litten die Kennedy-Kinder an einer Vielzahl rätselhafter Krankheiten und gesundheitlicher Probleme. Von den älteren Kindern war nur Joe jr. wirklich gesund. Je älter Rosemary wurde, desto mehr fiel ihre Behinderung auf und desto leichter geriet sie aus dem seelischen Gleichgewicht. John F. hatte sich so oft ärztlichen Untersuchungen unterziehen müssen, daß es fast an ein Wunder grenzte, daß er überhaupt versuchte, ernsthaft Sport zu treiben. Kathleen und Pat waren allergisch gegen Hausstaub, bestimmte Pflanzenpollen und andere Stoffe und mußten deswegen mit Spritzen behandelt werden. Eunice war von allen Kindern das empfindlichste. Sie war nervös und unruhig und litt unter Schlaflosigkeit. Bereits mit zwölf Jahren verbrachte sie wegen ernster Magenbeschwerden eine Woche in einem New Yorker Krankenhaus. Joe jr. hatte sie dort an »vier Tagen« besucht und zehn Dollar gewonnen, als er wettete, daß Eunice selbst in einem Krankenhausbett keine zehn Minuten still liegen könne.

Kathleens Asthma war so schwer, daß die Ärzte ihr im Herbst 1934 empfahlen, das Wintersemester frei zu nehmen und ein paar Monate in der heilsamen Sonne Kaliforniens zu verbringen. Kathleen überlegte, ob sie Noroton verlassen sollte, wo das Klima im Winter so feucht war. Sie hatte mittlerweile sogar Probleme, in der Nacht durchzuschlafen. Aber als Lieblingstochter ihres Vaters tat sie, was er von ihr erwartete. Sie beschloß, in Noroton zu bleiben und die Sache bis zum Ende durchzustehen. Joe nannte diese Haltung »eine sehr gute Einstellung«.

Die meisten anderen Schülerinnen ahnten nichts von Kathleens schlechter Verfassung. »Wenn Kathleen erschien, ging die Sonne auf«, erinnerte sich eine ihrer Mitschülerinnen, die Nonne geworden war. Kathleens Fröhlichkeit war ansteckend. Die anderen Mädchen wetteiferten miteinander um ihre Freundschaft, obwohl der Orden immer noch, wie zu Roses Zeiten, »besondere Freundschaften« verbot.

Die Nonnen zensierten alle Briefe der Mädchen und strichen allzu freimütige Kommentare über sie, das Kloster oder die Mitschülerinnen. Sie tilgten alles Unschickliche oder Vulgäre und gaben einmal einem Mädchen einen Brief zurück, weil sie das Wort »stinkvornehm« verwendet hatte. Dies alles geschah im Namen der Moral und des guten Geschmacks, doch Kathleen und die anderen Schülerinnen lernten dadurch nur, sich selbst besser unter Kontrolle zu halten. Aus manchen wurden Frauen, die zwischen vornehmer Zurückhaltung und der Vortäuschung falscher Tatsachen nicht mehr unterscheiden konnten. Kathleen hatte bereits gelernt, so zu tun, als sei ihr Vater kein Schürzenjäger und als führten ihre Eltern eine vorbildliche Ehe. Hier in Noroton vertiefte sie ihre Fähigkeiten auf diesem Gebiet noch.

Kathleen übernahm die Doppelmoral ihrer Mutter. Hauptsache, der Schein wurde gewahrt. Sie schrieb ihren Eltern regelmäßig und schaffte es manchmal, die Zensur der Nonnen zu umgehen und einen Brief direkt aufzugeben. Sie hing sehr an ihrer Familie, doch sie brachte die Liebe zu ihrer Mutter nicht anders zum Ausdruck als Rose die ihre, nämlich höflich und so, wie es sich gehörte. Ihre Beziehung zu ihrem Vater war inniger, ihm zeigte sie offen ihre tiefe Zuneigung. Schon in den ersten Briefen an ihre Eltern, als sie gerade sieben Jahre alt war, redete sie Rose mit »Mutter« an, Joe dagegen vertraulicher mit »Daddy«. Die Anrede »Mutter« behielt sie in Noroton bei, doch aus »Daddy« wurde bald »Herzallerliebster Daddy«.

Außer in Briefen konnte Kathleen ihrem Vater nur selten zeigen, was sie für ihn empfand. Genau wie Joe war sie ein Mensch mit tiefen Empfindungen, die im strengen Seelenhaushalt der Familie kein Ventil fanden. Sie bewunderte John F. und liebte ihn über alles, aber sie bewies es ihm nur dadurch, daß sie ihn aufzog oder mit ihm herumalberte. Nur ihrem Vater gegenüber konnte sie zugeben, wie viel ihr John F. bedeutete. »Sie hält Dich wirklich für einen großartigen Kerl«, schrieb Joe seinem Sohn im Februar 1935 nach Choate. »Du solltest stolz darauf sein, Dir ihre Liebe und Hingabe erworben zu haben. Dir wird das wohl nicht so bewußt sein, aber Mutter und ich spüren das. Sie hält Dich für den tollsten Kerl, der je gelebt hat, und über Deine Briefe muß sie in der Klosterschule am meisten lachen.«

***

Auf ihre Weise verstanden die Nonnen recht gut, was ihre Zöglinge für Charaktere waren. Janet Erskine Stuart, die sechste Mutter Oberin des Ordens und eine seiner begabtesten Denkerinnen, griff zu diesem Zweck auf eine lange vergessene Theorie aus dem Mittelalter zurück, die Lehre von den vier Temperamenten, nach der die Menschen in Phlegmatiker, Sanguiniker, Choleriker und Melancholiker unterteilt werden. Auf sehr subtile Weise unterschied Mutter Stuart bei ihren Schülerinnen zwischen diesen vier Grundtypen.

Kathleens überschäumendes Temperament entsprach ihrem Modell einer leicht sanguinen Persönlichkeit: »Die Gruppe mit der größten Anziehungskraft ... Sie verfügen über einen großen Vorrat an Energie, der ihnen zusammen mit ihrem Charme und ihrer Überzeugungskraft, ihrem Glauben an das Gute und ihrer optimistischen Weltsicht den Weg ebnet. Der Erfolg ihrer Unternehmungen verdankt sich eher ihrer Willenskraft als ihrem Verstand.«

Eunice, die bald nach Kathleen nach Noroton kam, war ein perfektes Beispiel für eine andere Kategorie: »Es gibt eine unruhige Gruppe nervöser oder melancholischer Temperamente, deren Melancholie sich nicht zu teilnahmsloser Traurigkeit steigert, sondern sie sozusagen aktiv unzufrieden werden läßt mit dem Zustand der Dinge. Sie sind unermüdlich, aber wenig hoffnungsvoll bei der Arbeit. Sie sind hart zu sich selbst, besorgt und davon überzeugt, daß sich trotz ihrer Bemühungen alles zum Schlechten wenden wird. Sie sind sehr gewissenhaft und großer Anstrengungen fähig, die sie oft mit heroischer Hingabe und fast übermenschlicher Ausdauer durchstehen. Doch der Lohn dafür ist nicht irdischer Natur, denn es fällt auf, wie wenig sie die Kunst beherrschen, anderen zu schmeicheln. In ihren Reihen findet man jene Menschen, die ›gut, aber unbequem‹ sind. Wo sie sind, gibt es Ärger, denn aus reiner Güte fordern sie den Widerspruchsgeist der anderen heraus.«

Und doch paßte Eunice viel besser nach Noroton als ihre Schwester. Kathleen war zwar eine gute Schülerin, doch Eunice war die intelligenteste der Kennedy-Mädchen. Sie war zutiefst religiös, und es fiel ihr leicht, sich mit den Nonnen zu identifizieren. Mit ihrer Haltung und ihrem Glauben hätte sie Nonne werden können.

Eunice lernte viel von den Nonnen, und manches davon stand nicht im offiziellen Lehrplan. Der Auftrag der Schule war, Frauen zu erziehen, deren »besonderer Einfluß auf ihren spezifisch weiblichen Qualitäten beruht: Takt, Mut und der Bereitschaft, ihren Willen dem eines anderen würdevoll, ja freudig unterzuordnen«. Die Nonnen selbst lehrten aber ein ganz anderes Frauenbild. Sie waren starke Frauen, die selbständig eine ausgezeichnete Einrichtung führten. »So wie ich sie kennengelernt habe«, schrieb Suzannah Lessard, die in Noroton studierte und später Schriftstellerin wurde, »war die Heilig-Herz-Schule eine feministische Einrichtung, obwohl sie gleichzeitig eine der konservativsten Institutionen in den Vereinigten Staaten war. Man lebte in einer ausschließlich von Frauen bestimmten Welt – bis auf den Gärtner vielleicht und den Priester, der täglich vorbeikam und die Messe las, den man aber auch nicht viel anders wahrnahm als den Gärtner. Man dachte nicht an die männliche Priesterschaft und an den Papst in Rom. Man fühlte sich nicht als Mensch zweiter Klasse, nur weil man eine Frau war. Es ist nicht so einfach, hinter das Knicksen und all das zu sehen, aber in Wirklichkeit waren die Nonnen unglaublich selbstbewußte Frauen, die sich in ihrer Haut sehr wohl fühlten. In der Heilig-Herz-Akademie habe ich gelernt, stark zu sein und zu kämpfen wie ein Soldat. Der Wahlspruch von Noroton lautete ›Noblesse oblige‹. Er stand auf unseren Schulringen, kam in der Schulhymne vor und war unter dem Bild unseres Märtyrers zu lesen. Und er wurde sehr ernst genommen.«

Wie in den anderen Klosterschulen des Heilig-Herz-Ordens gab es auch in Noroton zwei Gruppen von Nonnen: die »Mütter«, die unterrichteten, und die weniger gut ausgebildeten »Schwestern«, die kochten, putzten und andere körperliche Arbeiten verrichteten. Eunice war daran gewöhnt, daß Dienstboten hinter ihr herräumten, und so erschien es ihr nur normal, daß auch die Nonnen jemanden hatten, der ihnen bestimmte Arbeiten abnahm. Eunice lernte daraus, daß Rechtschaffenheit ein geistiges Geschäft war, bei dem man irdische Mühen einem stillen Heer von Arbeitskräften überließ.

***

Für Eunice und ihre Schwestern waren Joe jr. und John F. nicht einfach nur große Brüder, die ab und zu auftauchten und ihren Alltag durcheinanderbrachten. Für die Mädchen waren sie so, wie Männer zu sein hatten. »Für uns waren sie Helden, junge Götter«, erklärte Pat.

Auch Rosemary bewunderte ihre beiden älteren Brüder, doch sie bekam sie nur selten zu Gesicht. Je älter sie wurde, desto größer wurde die Kluft zwischen ihr und den anderen Geschwistern, so sehr sie sich auch bemühte, mit ihnen Schritt zu halten.

Die anderen Kinder der Kennedys waren alle gute Sportler, und Rose überließ ihre Ausbildung Trainern und Freunden. Doch mit Rosemary trainierte sie selbst stundenlang auf dem Tennisplatz. Außerdem übte sie mit ihr Schreiben und Rechnen. Sie schien nie die Geduld mit ihrer ältesten Tochter zu verlieren und engagierte für sie zahlreiche Lehrer.

Rose schickte Rosemary in die Heilig-Herz-Schule Elmhurst in Providence auf Rhode Island. Das Konvent hatte zwar kein spezielles Programm für zurückgebliebene Kinder, doch wegen der großzügigen Spenden der Kennedys an die Kirche nahm man die 15jährige auf. Zwei Nonnen betreuten sie, und Miss Newton, eine Lehrerin, arbeitete jeden Tag mit ihr. Rosemary trug zwar dieselbe Uniform wie die anderen Mädchen, erhielt aber Einzelunterricht in einem eigenen

Klassenzimmer. Elmhurst gab sich ungewöhnlich viel Mühe mit Rosemary, und so stifteten die Kennedys der Schule einen neuen Tennisplatz.

Rosemary hatte ein frisches, sommersprossiges Gesicht und wirkte offen und unkompliziert, doch was ihre schulischen Fortschritte anbetraf, schien sie an eine Grenze gestoßen zu sein. Sie las und schrieb wie eine Viertklässlerin und war oft mit sich unzufrieden. Auch Joe klang bisweilen frustriert. »Ich hatte ein ernstes Gespräch mit Rosemary«, schrieb er Miss Newton. »Ich habe ihr gesagt, daß etwas geschehen muß und daß ich mir sicher bin, daß sie es schaffen will. Aber sie kann für ihre Haltung nur bedingt verantwortlich gemacht werden. Damit meine ich, daß nicht etwa eine negative Einstellung schuld ist, sondern ihre angeborene Zurückgebliebenheit.«

Joe wußte, wie es um Rosemary bestellt war. Und doch machte er seiner Tochter Vorhaltungen und verlangte von ihr Leistungen, die ihr unmöglich waren. Er bedeutete seiner Tocher alles, und er mißbrauchte diese Liebe als Waffe gegen sie. Rosemary wünschte sich so sehr, den Ansprüchen ihrer Eltern und besonders denen ihres heißgeliebten Vaters zu genügen. »Ich tue alles, um Dich glücklich zu machen«, schrieb sie ihrem Vater, nachdem er sie in der Klosterschule besucht hatte. »Ich hasse es, wenn Du enttäuscht bist. Komm bald wieder. Ich bin jeden Tag allein.« Sie arbeitete hart, aber mathematische Regeln, Vokabeln und Geschichtsdaten wollten ihr einfach nicht im Gedächtnis haften bleiben. Vor ihrer Lateinprüfung schrieb sie ihren Eltern: »Betet fest, daß ich es schaffe. Ich habe so viel getan, wie ich konnte.«

Rosemary freute sich schon seit langem auf einen Tanztee, der an einem Freitagnachmittag im Januar stattfinden sollte. Sie war jetzt 15 Jahre alt, und anders als bei ihrer beliebten Schwester Kathleen gab es in ihrem Leben keine jungen Männer.

Rose wollte, daß ihre älteste Tochter genauso aufwuchs wie die anderen Mädchen in der Klosterschule. Sie wollte sie beschützen, doch je älter Rosemary wurde, desto schwieriger wurde dies. Also entschloß sich Rose zu einem außergewöhnlichen Schritt. Sie schrieb einen Brief an George St. John, den Schulleiter von Choate, und bat darum, John F. freizugeben, damit er seine Schwester zu dem Tanztee begleiten konnte. Dabei erwähnte sie Rosemarys Behinderung mit keinem Wort: »Ich belästige Sie nur deshalb mit dieser scheinbar absurden Bitte, weil die junge Dame, die ihn eingeladen hat, seine Schwester ist. Sie leidet unter einem Minderwertigkeitskomplex, und ich weiß, daß es ihr unendlich helfen würde, wenn er sie begleiten könnte.«

John F. war in einem Alter, in dem sich die meisten Jugendlichen gesträubt hätten, mit ihrer Schwester auf einen Tanztee zu gehen – besonders, wenn diese Schwester als »anders« angesehen wurde. John F. aber begleitete seine Schwester an diesem Tag. Er und Joe jr. sollten das noch viele Male tun, am Cape Cod und anderswo. Rosemary war immerhin ihre Schwester und gehörte zur Familie, also schoben sie sie im Walzertakt durch den Saal, holten ihr Punsch, stellten sich zu ihr und brachten sie zum Lachen, so daß sie im Halbdunkeln kein bißchen anders wirkte als alle anderen.

9

Der »Stamm« der Kennedys

»Vor Jahren nahmen wir uns vor, die besten Freunde unserer Kinder zu werden und so oft wie möglich mit ihnen zusammen zu sein«, sagte Rose 1939. »Statt zum Essen auszugehen, kümmerten wir uns um die Familie. Joe war häufig geschäftlich unterwegs, und wenn wir einmal Zeit für uns hatten, wollten wir sie nicht mit Fremden teilen. Deswegen wurden unsere Kinder in erster Linie Angehörige des Kennedy-Stammes und erst in zweiter Linie Bürger einer Stadt oder eines Landes.«

Das Zusammengehörigkeitsgefühl des »Stammes« wurde vor allem in den Sommermonaten in Hyannis Port gepflegt. Im Sommer war man eins wie sonst zu keiner anderen Zeit des Jahres. John F. bezeichnete seine Mutter als den »Kitt, der die Familie zusammenhielt«. Sie prägte die ersten Lebensjahre ihrer Kinder und knüpfte die ersten familiären und religiösen Bande. Doch über ihren weiteren Werdegang entschied Joe. Er war der »Architekt unseres Lebens«, wie ihn Rose später nannte. Kaum hatten die beiden ältesten Söhne Joe jr. und John F. das Teenager-Alter erreicht, nahm er ihre Erziehung in die Hand. Auf dem sandigen Boden und in der nach Seegras riechenden Luft von Hyannis Port legte er das Fundament für ihr späteres Leben.

Joe hielt sich die meiste Zeit auf dem Balkon vor dem Schlafzimmer im zweiten Stock auf, im Kreis der Familie scherzhaft »Großraumbüro« genannt, und trieb die Telefonrechnung in schwindelerregende Höhen. Von morgens bis abends telefonierte er mit Brokern, Politikern, Geschäftsleuten, Freunden und anderen wichtigen Leuten. Wenn er, den Hörer zwischen Ohr und Schulter geklemmt, dort oben saß, konnte er seine Kinder am Strand, beim Segeln auf dem Meer oder auf dem Tennisplatz beobachten. Und was er nicht sah, schien er irgendwie zu erahnen. »Er war der Herr im Haus«, erzählte Mary Francis »Sancy« Falvey, die aus einer der beiden anderen katholischen Familien im Dorf stammte. »Und bei Gott, sie haben ihn geliebt. Doch gleichzeitig hatten sie auch eine Heidenangst vor ihm. Die Mädchen sagten immer: ›Hast du Daddy heute schon angerufen? Hast du schon mit Daddy gesprochen? Hast du getan, was er dir aufgetragen hat?‹ Es war einfach unglaublich. Heute scheint es solche Väter nicht mehr zu geben.«

»Joe wußte, was er wollte«, sagte Thomas Corcoran, Lobbyist und Kämpfer für Roosevelts New Deal. »Er wollte Ansehen und Reichtum für seine Kinder. Sie waren für ihn ein Teil seiner selbst. Und wer sich seinen Nachkommen so verpflichtet fühlt, geht anders an die Dinge heran als einer, der nur seinen eigenen Vorteil im Auge hat. Joe war ein Energiebündel. Er scheute sich nicht, aus eingefahrenen Denkmustern auszubrechen, und er besaß einen ausgeprägten Machtinstinkt. Dasselbe gilt übrigens auch für Mrs. Kennedy. Andernfalls hätte sie sich kaum gegen ihn behaupten können.«

Joe wurde selten laut, und zu Hause kam ihm so gut wie nie ein Fluch über die Lippen. Wenn er abends im Bett lag und die Kinder im Zimmer unter ihm lärmten, klopfte er einfach mit dem Schuh auf den Boden, nur ein einziges Mal, und schon kehrte Ruhe ein. Tagsüber thronte er auf seinem Ausguck und wachte gebieterisch über die Welt zu seinen Füßen. »Wir wollen keine Verlierer in der Familie«, bleute er seinen Kindern ein. »Nur Gewinner.«

»Erfahrung war für ihn immer die beste Lehrmeisterin, Mutter vertraute dagegen auf die Religion«, erinnerte sich Eunice. Die Schule der Erfahrung war Hyannis Port. Joe sah in den Spielen und sportlichen Betätigungen, denen sich seine Kinder hier im Sommer widmeten, eine Vorbereitung auf ihr späteres Leben. Er setzte sie psychisch unter Druck, und das spornte sie mehr an, als jede körperliche Züchtigung oder jedes scharfe Wort es vermocht hätten. »Kommt mir nicht als Zweiter oder Dritter durchs Ziel«, ermahnte er sie. »Nur der Sieg zählt.«

Joe heuerte Sportlehrer und Skipper für seine Kinder an. Die jungen Kennedys lernten segeln und mußten jeden Sommer zweimal pro Woche zum Wettkampftraining ins Schwimmbecken. »Als Zwölfjährige nahm ich in einer Woche an 14 Wettkämpfen teil«, sagte Eunice.

»Zum Glück waren wir gut. Nicht auszudenken, was geschehen wäre, wenn wir schlecht abgeschnitten hätten.«

Die Kennedy-Kinder spielten stundenlang Tennis, schwammen Bahn um Bahn und segelten bei jedem Wetter. Bei Schwimmwettkämpfen und Segelregatten maßen sie sich mit ihren Altersgenossen und heimsten dabei zahlreiche Medaillen und Preise ein. Die anderen Jugendlichen in Hyannis Port waren für sie kaum mehr als Statisten, ein Publikum, das ihnen Beifall zollte und die Siegestrophäen überließ. Dies alles war kein unschuldiges Kinderspiel. Joe hatte eine ebenso klare Vorstellung von der Erziehung seiner heranwachsenden Söhne wie Rose von der Erziehung der Kleineren. Wenn er seinen Blick über den Park schweifen ließ, der das Haus umgab, träumte er oft von einer großen Zukunft seiner Söhne, wenngleich er sich scheute, mit anderen darüber zu sprechen. Sein Assistent Eddie Moore, der ihm so ergeben war, daß er seinen Letztgeborenen nach ihm benannt hatte, gehörte zu den wenigen, die von seinen Ambitionen wußten. So sagte Moore im Sommer 1932 bei einer Bootsfahrt mit Freunden: »Wartet nur ab. Wenn wir lange genug leben und nichts dazwischenkommt, dann wird einer der Söhne dieses Mannes als erster irischer Katholik ins Weiße Haus einziehen.« Die anderen lachten und verziehen dem Iren seine Träumereien.

***

Hyannis Port war ein idealer Tummelplatz für die Kennedy-Söhne. Sie waren die Spielmacher beim Football und stets die ersten auf dem Tennisplatz. Kathleen und ihre jüngeren Schwestern sahen ihnen zu und warteten, bis sie an die Reihe kamen. »Unsere älteren Brüder spielten immer mit uns«, erinnerte sich Pat. »Sie waren einfach toll. Sie begeisterten uns für Sport und brachten uns Segeln und Tennisspielen bei.«

Joe jr. kannte keine Angst. Er war fast 1,80 Meter groß, wog 80 Kilogramm und vereinigte in sich die besten Eigenschaften seiner Eltern. Er war genauso, wie sein Vater sich einen jungen Mann vorstellte. In Harvard steckte er die Nase ebensoselten in seine Bücher, wie es sein Vater früher getan hatte. Und wenn er für seine Leistungen im Football keine Auszeichnung bekam, machte sein Vater nicht etwa ihn, sondern seinen Trainer dafür verantwortlich. Joe jr. war aufbrausend und liebte es, seinen jüngeren Bruder John F. niederzuringen, aber er zögerte auch keine Sekunde, wenn es galt, seine Familie oder seine Freunde zu verteidigen. Er war ein junger Mann, der zu den besten Hoffnungen berechtigte.

Jean war noch zu jung, um an Regatten und Schwimmwettkämpfen teilzunehmen, doch sie identifizierte sich voll und ganz mit ihren älteren Brüdern. Zu Joe jr. hatte sie ein besonders enges Verhältnis, denn er war – ungewöhnlich für einen älteren Bruder – ihr Pate. Manchmal zog er sie wegen ihrer pummeligen Figur auf, aber schon im nächsten Moment nannte er sie »Darling«, und die Welt war wieder in Ordnung.

Derselbe unerbittliche Drill wie auf dem Sportplatz herrschte auch bei Tisch. Rose hängte ein Schwarzes Brett auf und heftete Ausschnitte aus Zeitungen und Zeitschriften daran, die ihre Söhne und Töchter zur Vorbereitung auf Diskussionen beim Essen lesen sollten. »Rose war eine typische Hollywood-Mutter«, sagte Harry Fowler, der als Kind häufig Gast im Haus der Kennedys war. »Sie brannte vor Ehrgeiz und trimmte ihre Kinder auf Erfolg. Rose war nicht so wie die meisten anderen Menschen. Ich habe nie erlebt, daß sie Gefühle gezeigt hätte oder ärgerlich geworden wäre. Nie fuhr sie einem der Kinder über das Haar oder legte ihm den Arm um die Schulter. Sie widmete sich ganz ihren Kindern und stellte hohe Erwartungen an sie. Selbst beim Essen erteilte sie Geschichtsunterricht und stellte Fragen, die sie sich vorher notiert hatte. Sie ließ es nicht zu, daß man einfach nur dasaß und erzählte, was man getan oder beim Sport erlebt hatte. Meine Mutter hatte ihre liebe Mühe damit, daß ich im Sommer wenigstens die Hälfte meiner Pflichtlektüre bewältigte, und Mrs. Kennedy traktierte uns sogar beim Essen mit Geschichtslektionen. ›Mein Gott‹, dachte ich manchmal, ›und das bei dem schönen Wetter. Was denkt die sich eigentlich?‹«

Rose spornte ihre Kinder zwar an, aber sie gab ihnen nicht das moralische Gerüst, das sie brauchten, um draußen in der Welt bestehen zu können. Das blieb Joe überlassen. Er verkörperte die Welt und ihre Verlockungen. Er stand für Leistung und Erfolg und brachte den Kindern bei, was sie über die Welt wissen mußten. Wenn er am Kopfende des Tisches saß, dominierte er die Unterhaltung. Seine Fragen waren anspruchsvoller und scharfsinniger als die seiner Frau und ließen sich nicht mit einem einfachen »Ja« oder »Nein« beantworten. Er ermutigte seine Kinder stets, offen ihre Meinung zu äußern, sofern sie sie auch verteidigen konnten.

Joes größtes Geschenk an seine Kinder war nicht sein immenser Reichtum, sondern daß er ihnen, vor allem seinen Söhnen, das Gefühl gab, alles erreichen zu können. Er erzog sie nicht zu passiven Beobachtern der Welt, sondern zu Männern, die wußten, daß sie dem Tagesgeschehen eines Tages ihren Stempel aufdrücken würden. Wenn Joe jr. und John F. Zeitung lasen, dann nicht nur, um sich zu informieren, sondern auch in dem Bewußtsein, daß sie auf die Ereignisse und Probleme, von denen da die Rede war, eines Tages Einfluß nehmen konnten. Von den Töchtern teilte nur Eunice dieses Selbstverständnis und den Wunsch, die Welt außerhalb der Familie mitzugestalten.

Mit ihrem scharfen und kritischen Verstand glänzte Eunice schon sehr früh bei den Fragestunden ihres Vaters am Essenstisch. »Vater zeigte wenig Interesse, wenn man nicht wußte, worüber man eigentlich sprach oder wenn man etwas Dummes von sich gab«, sagte sie. »Man mußte sich schon ein Urteil bilden, bevor man hineinging und den Mund aufmachte.«

* * *

Die Spielkameradinnen der Kennedy-Töchter in Hyannis Port hatten nur Filmstars oder Jungen im Kopf und sahen sich gern Liebesfilme an. Frauen waren für sie sanfte und anmutige Wesen, die nicht über den rücksichtslosen Ehrgeiz verfügten, der in der Welt der Männer regierte. Die Kennedy-Töchter waren anders, aber nur im Sport durften sie ihren persönlichen Ehrgeiz auch ausleben. Bei den Regatten am Cape zeigten sie mit der Konkurrenz ebensowenig Nachsicht wie ihre Brüder und heimsten noch mehr Trophäen ein. Draußen auf dem Meer, wo sie alle Rollenzwänge abschütteln konnten, brach bei ihnen derselbe Siegeswille durch wie bei ihren Brüdern. Doch keine segelte mit solcher Verbissenheit und solchem Wagemut wie Eunice. Sobald die Startflagge sich senkte, schoß sie mit ihrem Boot davon, legte an den Bojen waghalsige Wendemanöver hin und jagte mit vollen Segeln über das Wasser. Wenn ein Sturm aufkam und die Konkurrenz ängstlich die Segel reffte, steuerte sie zusammen mit Joe jr. als letzte den sicheren Hafen an.

In der Regattasaison 1934 schrieben sich drei Kennedys in die Siegerlisten des Jachtclubs Hyannis Port ein: die 14jährige Kathleen, die 13jährige Eunice und Joe jr. Im Jahr darauf errangen Eunice, Kathleen und Pat, die das erstemal an einer Wettfahrt teilnahm, sowie Rosemary, John F. und Joe jr. bei insgesamt 76 Starts 14 erste und 13 zweite und dritte Preise.

Die Geschwister blieben meist unter sich. Sie kamen gemeinsam in den Jachtclub, und da sie so viele waren, suchten sie selten Kontakt zu anderen. Wenn Jimmie MacClean, ihr Sommer-Skipper, sie hinunter nach Hyannis fuhr, gingen sie oft barfuß, trugen abgewetzte Shorts und sahen überhaupt aus wie eine Bande von Bettlern. Meistens hatten sie kein Geld dabei, was sie freilich nicht davon abhielt, in Megathlin's Drugstore zu marschieren und sich mit Eiskrem einzudecken – den fälligen Betrag ließen sie anschreiben. Bei solchen Ausflügen fiel den Dorfbewohnern auf, daß die jungen Kennedys Fremden gegenüber eine beinahe feindselige Haltung einnahmen. Eines Tages, als sie wieder einmal bei Megathlin's auftauchten, hielt eines der Mädchen einen Hund, einen Foxterrier, auf dem Arm. Zum festen Inventar des Drugstores gehörte neben einer langen Soda-Bar mit Drahtsesseln und überquellenden Regalen auch eine Katze. Kaum hatte der Foxterrier die Katze erspäht, sprang er auf den Boden und jagte hinter ihr her. »Eigentlich wurde nichts beschädigt, nur die Auslage im Schaufenster war total hinüber«, erzählte Megathlin. »Die Kennedys hielten sich die Bäuche vor Lachen. Aber so sind Kinder nun mal.« Die meisten anderen Kinder hätten wohl mit Schrecken an die Gardinenpredigt gedacht, die sie zu Hause erwartete, aber die Kennedys wußten, daß der Vorfall ihrem Vater nur ein herzhaftes Lachen entlocken würde.

Eines Nachmittags wollte Eunice mit der *Tenovous* auf die See hinaussegeln. Da es stürmte, gab sie ihre kostbare Armbanduhr Jimmie zu Verwahrung. Der Skipper hatte sich die Uhr gerade über das Handgelenk gestreift, als der Terrier der Kennedys auf der Pier mit einem anderen Hund aneinandergeriet. Jimmie packte die beiden Hunde und trat an die Hafenmauer, um sie ins Wasser zu werfen, da gab ihm John F. einen Schubs. Jimmie, die Hunde und die Armbanduhr landeten im Wasser. John F. warf dem Skipper einen unschuldigen Blick zu und sagte, er habe ihm nur helfen wollen. Alle lachten, denn nur der Skipper und die Uhr waren naß geworden. Hauptsache, der Sommer war um eine Anekdote reicher.

Jedes Jahr beendete die Familie den Sommer in Hyannis Port mit einem Ausflug zur Abschlußregatta des Wianno-Jachtclubs, und jedes der Kinder, mit Ausnahme von Rosemary, nahm an einer Wettfahrt seiner Altersstufe und Klasse teil. Eunice war zwar die Beste, aber gut waren sie alle. Die Kennedys segelten, als gehe es um ihr Leben, und sieben Jahre lang heimsten sie mehr Preise als alle anderen ein und kehrten mit einer reichen Ausbeute an Pokalen, Silbertellern, Büchern, Uhren und Schreibgarnituren nach Hause zurück.

***

Beim Essen in Hyannis Port wurde häufig über Präsident Franklin D. Roosevelt und seinen New Deal diskutiert. Joe gehörte zu den wenigen reichen Amerikanern, die Roosevelt aktiv unterstützten. Auf seine Art war er zwar ebenso stockkonservativ wie die korpulenten Gentlemen aus den Karikaturen des *New Yorker*, die in den Bibliotheken ihrer Clubs saßen, Zigarren rauchten und Roosevelt als Verräter an seiner Klasse beschimpften. Doch Joe hatte das Leid gesehen, das die Wirtschaftskrise über das Land gebracht hatte, und im Gegensatz zu den vornehmen Bürgern aus Bronxville und Palm Beach hatte er begriffen, daß die Zukunft der Gesellschaft, der er seinen Reichtum verdankte, auf dem Spiel stand. Damals war Joe bereit, eine Hälfte seines Vermögens zu opfern, wenn er dadurch die andere retten konnte, nicht nur für sich, sondern vor allem für seine Kinder. »Ich tue alles, was in meiner Macht steht, um meinen Besitz zu erhalten und meine neun Kinder zu beschützen«, sagte Joe. »Ich bin an dem Aufbau eines Systems interessiert, das meiner Familie Sicherheit bietet.« Er wußte, daß Roosevelt ein Reformer und kein Revolutionär war, daß er seine Klasse nicht verriet, sondern zu ihrem Retter werden konnte. Joe hatte seinen Wahlkampf mit beträchtlichen Spenden unterstützt und sich mit viel Geschick bei ihm eingeschmeichelt. Natürlich spekulierte er auf einen Posten in der neuen Regierung und hoffte, in Zukunft selbst eine gewichtige Rolle in Washington zu spielen.

Zu seiner großen Enttäuschung wurde er nach Roosevelts Wahl 1932 für keinen Posten nominiert. Doch dann, im Juli 1934, schlug man ihn als Kandidaten für den Vorsitz der neuen Börsenkommission vor. Er nahm die Kandidatur an und gelobte, an der Wall Street eben jene Exzesse zu unterbinden, die für sein Leben typisch waren und ihm zu Reichtum verholfen hatten. »Ich weiß noch genau, wie Joe an jenem Morgen nach Washington fuhr«, erinnerte sich Rose. »Zum Abschied sagte er zu mir: ›Wahrscheinlich bin ich heute abend schon wieder zurück. Ich bleibe nur, wenn ich den Vorsitz bekomme.‹« Joe wurde gewählt und blieb. Er mietete in Potomac, vor den Toren Washingtons, für sich und seine Mitarbeiter ein Landhaus mit 25 Zimmern. Tagsüber stürzte er sich mit Feuereifer auf seine neue Aufgabe, abends gab er auf seinem Anwesen am Potomac River einige der denkwürdigsten Parties jener Jahre. Senator Harry Truman aus Missouri, der zu den Gästen zählte, zeigte sich sehr beeindruckt. »Es ist der schönste Besitz, den ich jemals gesehen habe«, schrieb er seiner Frau Bess. »Das geräumige Haus liegt in einem Wald, eine halbe Meile von der Straße zurückgesetzt, und ist von zwei Hektar tadellos gepflegtem Rasen umgeben. Es hat einen Swimmingpool im Garten und ein Kino im Keller.«

Rose blieb im konservativ-republikanischen Bronxville und im ebenso konservativ-republikanischen Hyannis Port, wo man nun einen weiteren Grund hatte, Joe abzulehnen. Doch Rose akzeptierte die Abwesenheit ihres Mannes nicht nur, sondern begrüßte seinen politischen Erfolg und sonnte sich in seinem neuen Ruhm. Daß er fort war, änderte nichts daran, daß er dank seiner übermächtigen Persönlichkeit auch weiterhin ihr Leben und das ihrer Kinder bestimmte.

Trotz seiner vieler Affären blieb sie ihm eng verbunden. »Ich denke oft an Dich, Darling, und meine Liebe zu Dir wächst mit jeder Minute«, schrieb sie ihm bei einer ihrer zahllosen Reisen nach Europa von der *Bremen*. »Paß gut auf Dich auf. Ich hoffe nur, daß Du ebenfalls bald Zeit zum Reisen findest.«

***

Im September 1935 war es endlich soweit. Rose und Joe fuhren zusammen mit dem 18jährigen John F. und der 15jährigen Kathleen auf der *Ile de France* nach Europa. John F. trat in die Fußstapfen seines Bruders, der 1933 und 1934 an der Londoner School of Economics bei dem berühmten Professor Harald Laski studiert hatte, bevor er sich in Harvard einschrieb. Jetzt war John F. an der Reihe. Und Kathleen sollte, dem Beispiel ihrer Mutter folgend, ein Jahr in einer Schule des Heilig-Herz-Klosters im Nordosten Frankreichs verbringen.

Schon bei ihrer Ankunft in dem abgelegenen, strengen Konvent von St. Maux begriff Kathleen, daß sie es dort kein ganzes Jahr aushalten würde. Schon über Noroton hatte sie sich beklagt. Doch damals hatte sie ihrer Mutter vor allem zeigen wollen, was sie erlitt, ohne ernstlich mit einem Schulwechsel zu rechnen. Doch diesmal widersetzte sie sich dem Willen ihrer Mutter und forderte, in das Konvent von Neuilly, einem Pariser Vorort, wechseln zu dürfen, wo sie sich etwas mehr Abwechslung vom eintönigen Klosterleben erhoffte. Rose wollte zwar, daß Kathleen ihrem Beispiel folgte und jene stoische Disziplin erlernte, die ihr als Frau so gute Dienste erwiesen hatte. Doch ihre Tochter gehörte einer anderen Generation an. Sie war nicht bereit, Dinge zu tolerieren, die sie selbst ohne Murren akzeptiert hatte, und so erlaubte sie ihr, nach Neuilly zu wechseln.

Da Kathleen nach Neuilly ging, ließ sie ihre Freundin Hope allein mit einer anderen Schülerin aus Noroton in St. Maux zurück. »Hope sieht einfach furchtbar aus«, schrieb sie ihrer Mutter im November 1935 nach einem Besuch ihrer Freundin in Paris und versuchte damit noch im nachhinein, ihre Halsstarrigkeit zu rechtfertigen. »Sie verabscheut das Leben im Kloster. Als sie gestern abend zurückfahren mußte, weinte sie ganz schrecklich. Es ist ein Verbrechen, sie dort zu lassen … Sie wird sich noch das Leben nehmen. Jeden Abend danke ich Gott dafür, daß ich nicht mehr in St. Maux bin. Außerdem versucht die Oberin, Hope gegen mich aufzuhetzen, weil ich zu schwach zum Bleiben gewesen sei.«

Kathleen hatte sich sehr darauf gefreut, mit John F. ein Jahr in Europa zu verbringen. Sie verstand sich blendend mit ihm. Er gehörte zu den wenigen Menschen, in deren Gegenwart sie ganz aus sich herausgehen konnte. Sie waren nur durch den Ärmelkanal getrennt, und sie malte sich aus, was sie alles zusammen unternehmen würden. Doch kaum hatte sie in Neuilly ihre Koffer ausgepackt, da erfuhr sie, daß John F. wegen einer Erkrankung in die Vereinigten Staaten zurückkehrte und beabsichtigte, sich an der Princeton University einzuschreiben. Ihr selbst ging es ebenfalls nicht gut. Sie bekam Spritzen gegen ihr Asthma, und daß John F. nach Hause fuhr, machte alles noch schlimmer.

Den Nonnen in Neuilly blieb Kathleens Heimweh nicht verborgen. Sie litt darunter, immer nur französisch zu sprechen. Ihr Vokabular war begrenzt, und so konnte sie nicht alles in Worte fassen, was sie sah und empfand und was aus ihr herausdrängte. Sie bemühte sich, fließend zu sprechen, aber zu mehr als einfachen Sätzen reichten ihre Kenntnisse noch nicht.

Kathleens Briefe sprühten vor Leben und Zuversicht, obwohl sie unter einer quälenden Ungewißheit litt. John F. lag mit einer Hepatitis im Krankenhaus. In letzter Zeit war er häufig krank gewesen, aber ihre Eltern gingen in ihren Briefen nicht näher auf die Natur seiner Leiden ein. Und Hope, ihre einzige gute Freundin, war immer noch im fernen St. Maux. Dann erfuhr sie, daß Hope ebenfalls krank geworden sei und in die Vereinigten Staaten zurückkehren müsse. »Ich weiß nicht genau, was ihr fehlt«, schrieb Kathleen im Dezember ihrer Mutter, »aber sie wird eine Zeitlang das Bett hüten und dann zwei Jahre lang einen Gürtel um den Bauch tragen müssen. Eine schöne Bande, mit der ich herübergekommen bin, das muß ich schon sagen. Zuerst John F., und jetzt Hope. Wahrscheinlich werde ich mir früher oder später auch etwas einfangen.« Und in einem anderen Brief: »Jedesmal, wenn ich an meinen vermaledeiten Bruder denke, bekomme ich eine Wut.«

Neuilly glich in mancher Hinsicht mehr einem konservativen Mädchenpensionat als einem strengen Kloster. »Es war eine sehr liberale Schule«, erinnerte sich eine amerikanische Schülerin aus Kathleens Jahrgang, »und wir genossen relativ viel Freiheit. Aber vor jedem Ausgang wurden wir ermahnt, uns nicht wie Amerikaner aufzuführen. Ich glaube, sie meinten, wir sollten nicht laut sein. Kathleen hatte einen ausgeprägten Sinn für Humor. Die Nonnen nannten sie ›Mademoiselle Pourquoi‹, weil sie bei jeder Gelegenheit die Hausordnung in Frage stellte.«

Rose und die Nonnen hatten Kathleen gelehrt, jede Minute des Tages sinnvoll zu nutzen.

Wenn sie alleine auf ihrem Zimmer saß, arbeitete sie sich pflichtbewußt durch eine französische Ausgabe von Dickens' *Zwei Städte* oder schrieb an ihre Eltern und Geschwister. Das einzige Gefühl, das sie sich in ihren Briefen gestattete, war Ironie. Die Sprache, die in der Familie gepflegt wurde, machte es ihr unmöglich, direkt zu sagen, was sie für John F. empfand, wie sehr sie sich um ihn gesorgt hatte, wie froh sie war, daß er endlich aus dem Krankenhaus entlassen worden war, oder wie sehr sie sich über seine seltenen Briefe freute. »Vielen Dank für Deinen Brief«, antwortete sie ihm einmal. »Ich hatte Dich schon für tot gehalten.«

Ihre Lieblingsschwester war Eunice, die inzwischen wieder die »alte Mausefalle« in Noroton besuchte. Die Briefe, die sie »Puny Eunie« schrieb, zeichneten sich durch einen ähnlichen Sarkasmus aus, eine Art emotionales Steno, hinter dem sie verbarg, wie sehr sie die Schwester vermißte. »Du solltest Deiner einsamen kleinen Schwester wenigstens einmal pro Woche schreiben«, klagte Kathleen, die ansonsten mit keinem Wort ihre Einsamkeit erwähnte. »Junge, das wäre was, wenn Du mich besuchen würdest. Wie oft habe ich mir schon gewünscht, daß Du kommst. Ist das nicht lieb von mir?«

Kathleen war besessen von der Idee, daß sie zunehmen könnte. Die Mahlzeiten in Neuilly waren sehr üppig, und da sie kleiner und schlanker war als die meisten französischen Mädchen, hatte sie die Oberin im Verdacht, sie herausfüttern zu wollen. Sie schrieb ihren Eltern, sie habe Angst, nicht mehr in ihre Ballkleider zu passen. Ganz gleich was die Nonnen sagten, Kathleen schwor sich, auf keinen Fall so dick in die Staaten zurückzukehren, daß sie würde Diät halten müssen.

Rose hatte sie zwei Jahre zuvor nach Noroton geschickt, um sie dem unheilvollen Einfluß junger Männer zu entziehen. Geholfen hatte es nicht viel. Kathleen war jetzt noch stärker an ihnen interessiert – und sie an ihr. Mit zwei amerikanischen Freundinnen sprach sie in Neuilly über die Vorzüge diverser junger Männer aus besten katholischen Familien und legte dabei Maßstäbe an, die für eine 15jährige recht ungewöhnlich waren. Die beiden anderen wunderten sich, wie gut ihre jüngere Schulkameradin die familiären Verhältnisse der Männer kannte und wie wichtig ihr das war. Ein Mann, den Kathleen immer wieder erwähnte, war Robert Sargent Shriver. Er stammte aus einer alteingesessenen katholischen Familie in Maryland. Eine Freundin aus Noroton, die sie einmal in Baltimore besucht hatte, hatte ihr alles über den jungen Sarge erzählt. Seine Familie steckte zwar in finanziellen Schwierigkeiten, doch er studierte in Yale und war durchaus ein standesgemäßer Freier für ein Kind vom Heiligen Kreuz.

Die Nonnen planten für die Weihnachtsfeiertage einen Skiausflug nach Gstaad, und Kathleen schien sich auf die Reise zu freuen. Dennoch schrieb sie in einem Brief nach Hause, es stimme sie traurig, daß sie Weihnachten ohne die Familie in der Schweiz verbringen müsse. Ihr Vater war zwar einer der reichsten Männer Amerikas, doch ihre Mutter hatte sie gelehrt, Sparsamkeit als eine Form der

Buße zu verstehen. Und so schrieb sie ihren Eltern, daß der Ausflug 300 Dollar koste, plus 800 Francs für die Skikleidung, und machte ihnen die Reise mit dem Hinweis schmackhaft, daß Gstaad in der »französischen Schweiz« liege und sie dort ihre Sprachkenntnisse anwenden könne.

Zusammen mit ihrer Begleiterin logierte die kleine Gruppe im Winter Palace Hotel in Gstaad. Am Heiligabend rief Kathleen nach der Mitternachtsmesse die Rezeption an und bestellte in ihrem besten Französisch fünf Sandwiches mit Ei, ungeachtet der Tatsache, daß der Angestellte am Empfang, der die Bestellung entgegennahm, lediglich Deutsch sprach. Zwanzig Minuten später klopfte es an der Tür, und der Zimmerkellner trug ein Tablett herein, auf dem sich sechzehn Schinken-Sandwiches stapelten. Die Mädchen aßen alle auf, und als sie am nächsten Morgen aufwachten, war ihnen furchtbar übel.

Ein paar Tage später traf Kathleen zufällig Derek Richardson, einen jungen Amerikaner, der im englischen Cambridge studierte. Sie war ihm schon einmal im Haus ihrer Freundin Charlotte McDonnell in Southampton begegnet und hielt ihn für intelligent und charmant. Er lud sie sofort zum Hockeyspiel Cambridge gegen Oxford am 22. Januar in England ein. Hätte Kathleen mehr Zeit gehabt, so hätte sie die Bitte an ihre Eltern, nach London gehen zu dürfen, sicherlich mit einer ganzen Reihe sachlicher Gründe untermauert, etwa mit dem Besuch von Klöstern und Museen. Aber die Zeit drängte, und so schickte sie einen schwärmerischen Brief nach Hause. »Ich nehme an, das alles klingt etwas phantastisch«, gab sie zu, und das tat es natürlich auch, »aber ich hätte bestimmt sehr viel Spaß und würde hier nichts versäumen.« Joe telegrafierte sofort zurück und verbot ihr die Reise. Später folgte ein Brief, in dem es unmißverständlich hieß: »Mutter und ich haben nichts dagegen, daß Du in Europa möglichst viele Eindrücke sammelst, doch es entspricht ganz und gar nicht unseren Vorstellungen, daß Du nur wegen eines Spiels nach England reist.«

Doch Richardson war offensichtlich so beeindruckt von Kathleen, daß er sie zur Mai-Woche einlud, der legendären Jahresabschlußfeier in Cambridge, die trotz ihres Namens Anfang Juni stattfand. Einladungen zur Mai-Woche waren bei jungen Amerikanerinnen sehr begehrt, und Kathleen hätte sich keinen besseren Abschluß ihres Jahres in Europa vorstellen können.

Unglücklicherweise hatte Rose für die betreffende Woche ihren Besuch angekündigt. Da Kathleen nicht mit offenen Karten spielen und sie rundheraus bitten konnte, von einem Besuch Anfang Juni abzusehen, weil sie hoffte, zu der Zeit in Cambridge zu sein, versuchte sie, ihre Mutter unter einem Vorwand dazu zu überreden, ihre Reise vorzuverlegen. »Die Schule endet am 10. Juli, und Anfang Juni werde ich mich schon auf die Rückkehr vorbereiten«, schrieb sie. »Es wäre nicht sehr sinnvoll, mich zu besuchen und gleich wieder heimzufahren.«

Kathleen erwähnte in einem Nebensatz, daß Richardson ihr schrieb, und obwohl durch einen Ozean von ihrer Tochter getrennt, witterte Rose den Geruch eines Mannes in ihrer Nähe. Kathleen war vor den Zudringlichkeiten junger Franzosen gewarnt worden, aber nach einer kurzen Unterhaltung mit einem Vertreter dieser berüchtigten Spezies war sie zu dem Urteil gelangt, daß »sie gar nicht so übel sind, wie man ihnen nachsagt«. Dennoch hatte sie die Ermahnungen beherzigt und die Finger von französischen Männern gelassen. Aber wie hätte ihre Mutter auch ahnen sollen, daß sie in Europa einem Amerikaner begegnen würde.

Ein paar Tage später, kurz vor ihrem Geburtstag am 20. Februar, schickte Kathleen ihren Eltern ein Telegramm und teilte ihnen darin mit, wann sie mit ihr telefonieren konnten. Telegramme waren teuer, und da sie überzeugt war, daß ihre Eltern wußten, warum sie anrufen sollten, ließ sie das Wort »Geburtstag« weg. Aber Rose geriet in helle Aufregung und rief sofort in Neuilly an. »Hast Du tatsächlich geglaubt, ich sei von der Schule abgehauen?« schrieb Kathleen nach dem Telefongespräch. »Ich dachte schon, es wäre etwas Furchtbares passiert, als man mir sagte, daß Du am Apparat bist. Du glaubst doch hoffentlich nicht, daß ich hier nur an mein Vergnügen denke.«

Rose willigte ein, Kathleen bereits im April zu besuchen. Möglicherweise dachte sie, es sei höchste Zeit, sich ein Bild vom Leben ihrer Tochter in Neuilly zu machen. Immerhin hatte Kathleen diesen Derek Richardson in einem zweiten Brief erwähnt. Sie hatte geschrieben, daß Richardson mit seiner Mutter nach Paris kommen werde und daß sie keinerlei Bedenken habe, mit ihnen auszugehen. Sie stieg mit Derek und seiner Mutter auf den Eiffelturm, aß mit ihnen in einem eleganten kleinen Bistro zu Mittag und begleitete sie zu den Pferderennen nach St. Cloud. Es war einer ihrer schönsten Tage in Paris.

Kurz nach Dereks Abreise brach Kathleen mit einer Gruppe von

Schülerinnen zu einer vierwöchigen Reise nach Italien auf. In Venedig fuhren sie mit einer Gondel durch die Kanäle. Während sie über das Wasser glitten, sang der Gondoliere italienische Lieder, und wenn die Nonne, die sie begleitete, nicht gerade Angst hatte, die Gondel würde kentern, stimmte sie mit ein. »Noch nie zuvor habe ich eine solche Nacht erlebt«, schrieb Kathleen nach Hause. »Wir alle haben beschlossen, unsere Flitterwochen hier zu verbringen.« Nur die italienischen Männer fielen ihr unangenehm auf. Obwohl sie und ihre Kameradinnen anständig gekleidet und in Begleitung einer Nonne waren, ließen sich die Venezianer nicht davon abhalten, ihnen nachzustellen. »Ich finde es gar nicht lustig, daß die Männer hier auf der Straße Mädchen ansprechen«, schrieb sie ihren Eltern. »Heute folgten uns sechs Italiener durch ganz Venedig.«

Faschistische Schwarzhemden stolzierten durch die Straßen, doch für Kathleen gehörten sie zu dem bunten italienischen Straßenbild. Heimkehrer aus dem Abessinienkrieg marschierten an ihr vorbei, die Namen der Orte, die sie erobert hatten, auf ihre Kappen gestickt. »Vorhin habe ich eine Siegesparade gesehen«, schrieb sie aus Florenz. »Anlaß war der Fall der Stadt Gondar letzte Nacht. Wird alles sehr faschistisch sein, bis ich nach Hause komme.« In der Bucht von Neapel sah sie einen Truppentransporter, der nach Abessinien auslief, und in Rom führte sie Enrico Galeazzi, der Finanzberater des Vatikans und ein Freund ihres Vaters, durch die Stadt. Zum Abschied überreichte er ihr das Parteiabzeichen der Faschisten. »Die anderen Mädchen sind schrecklich neidisch«, schrieb sie an ihren Vater.

Kurz nach ihrer Rückkehr nach Paris traf ein Telegramm für sie ein: »Fahre heute mit der Ile de France. Treffe Dich im Ritz am Neunundzwanzigsten. Mutter.«

Kathleen war außer sich vor Freude. »Mutter wird in drei Tagen hier sein«, schrieb sie an Bobby. »Ich kann es kaum noch erwarten. Seit sieben Monaten habe ich kein schönes Kennedy-Gesicht mehr gesehen.«

Zur Feier des Tages ging Kathleen aus und kaufte sich ein schickes Kleid und einen neuen Hut. »Sie sah hübsch und sehr erwachsen aus«, erinnerte sich Rose an den Moment, als sie ihre Tochter im Ritz erblickte. »Aber kaum hatte sie mich gesehen, brach sie wie ein kleines Mädchen in Freudentränen aus. Ich werde nie vergessen, was ich in diesem Augenblick empfand, wie glücklich ich war, dieses ungemein temperamentvolle, liebenswerte und hübsche Kind meine Tochter und Freundin nennen zu dürfen.«

Rose war Kathleen eine pflichtbewußte und umsichtige Mutter gewesen. Jetzt aber glich die Beziehung zu ihrer Tochter immer mehr der Beziehung, die ihr Mann seit jeher zu den Kindern gehabt hatte. Augenblicke inniger Nähe waren selten, aber gerade wegen ihrer Seltenheit wogen sie um so schwerer. Rose kannte Paris gut und liebte die Stadt, und normalerweise unternahm sie ihre Ausflüge zu den Haute Couturiers auf dem rechten Seineufer allein. Diesmal aber war ihre Tochter dabei, und sie hatte das Gefühl, als ernte sie nun endlich den Lohn für die langen Jahre mütterlicher Fürsorge. »Mit Kathleen zu reisen war das reinste Vergnügen«, erzählte sie später. »Ich fühlte mich an die wunderbaren Reisen erinnert, die ich in meiner Jugend mit meiner Schwester Agnes unternommen hatte.«

Nach einer Woche in der Stadt des Lichts brachen Rose und Kathleen zu einer längeren Reise durch Rußland auf, das Joe jr. im Vorjahr besucht hatte. Rose schickte Joe ein Telegramm, das so klang, als habe sie sich zu einer Spritztour in die nähere Umgebung entschlossen: »Reisen nach Moskau. Mittwoch Nachtzug nach Berlin. Genaue Pläne noch unklar. Schicke weißbraune Halbschuhe nach London oder Paris. Lieben Euch alle sehr. Rose und Kick.«

Von Berlin aus flogen sie nach Lettland, wo sie in ein viersitziges Flugzeug umstiegen, dessen Rumpf und Flügel anscheinend teilweise von Seilen zusammengehalten wurden. Der Pilot steuerte die Maschine in rund 100 Metern Höhe über die dichten, scheinbar endlosen Wälder. Nur hin und wieder sorgten Nebelschwaden oder Wolken für etwas Abwechslung.

William Bullitt, der amerikanische Botschafter in Moskau, war »ein perfekter Gastgeber«. Er führte sie ins Bolschoi-Ballett und unternahm mit ihnen einen Ausflug zur Hermitage in Leningrad. Jedesmal, wenn sie die Botschaft verließen, folgte ihnen ein Auto, doch trotz der Beschattung gewann Rose, wie schon Joe jr. ein Jahr zuvor, dem sowjetischen System positive Seiten ab. »Der breiten Masse geht es in vieler Hinsicht besser als unter dem Zaren«, schrieb sie in ihrer Autobiographie. »Viele ihrer Ziele, wenn auch nicht die Mehrzahl ihrer Methoden, verdienen Respekt und Beachtung und sollten im Zusammenhang mit den Problemen in einigen westlichen Gesellschaften untersucht werden.«

Kathleen beklagte sich bei ihrer Mutter zwar über das streng geregelte Leben in Neuilly, doch in etwas mehr als einem Monat war das Schuljahr vorüber. Und über eine Woche dieser Zeit wollte sie, wie schon seit Monaten geplant, in England bei der Maiwoche verbringen.

»Mein Liebling, ich vermisse Dich und wünschte, Du wärst jetzt bei mir«, schrieb ihr Rose am 27. Mai von der *Queen Mary.* »Aber ich bin froh, daß Du Dich zum Bleiben entschlossen hast.« Während Rose diese Zeilen schrieb, war Kathleen bereits zusammen mit ihrer Freundin Eleanor »Ellie« Hoguet auf dem Weg nach England. Ellie war eine Schülerin aus Noroton, die ebenfalls ein Jahr an der Pariser Klosterschule verbrachte.

In Cambridge wohnten Kathleen und Ellie in einem Vikariat. Sie mußten auf dem Boden schlafen, und Kathleen wälzte sich die ganze Nacht unruhig auf ihrer Luftmatratze. Sie sah sich eine Ruderregatta auf dem Cam-Fluß an, an der Derek teilnahm, und besuchte an ihren vier gemeinsamen Abenden zwei Bälle. Zum Ball des Trinity College, der in einem großen, von zahllosen Laternen erleuchteten Zelt am Fluß stattfand, erschien sie in einem herrlichen Abendkleid aus Chiffon. Jeder wollte mit ihr tanzen, und kaum hatte sie einen Tanz beendet, forderte sie schon der nächste junge Mann auf. Sie wirkte wie ein amerikanisches Dornröschen, das aus einem langen Schlaf hinter Klostermauern erweckt worden war. Gerade erst von ihrer aufregenden Rußlandreise zurückgekehrt, fühlte sie sich in der Gesellschaft junger Männer ausgesprochen wohl. Sie brillierte durch ihren Witz und ihre Schlagfertigkeit, und binnen kurzer Zeit hatte sie eine ganze Schar von Verehrern um sich versammelt. So offen, fröhlich und zugänglich sie auch schien, wahrte sie doch immer eine gewisse Distanz und wirbelte von einem Tanzpartner zum nächsten. »Mit den englischen Mädchen stimmt etwas nicht«, schrieb sie später an ihre Mutter. »Ich habe weder ein schönes Abendkleid noch ein hübsches Mädchen gesehen.« Kathleen genoß die Nacht. Der nächste Tag dämmerte viel zu schnell herauf, und es war »ein überaus seltsames Gefühl, frühmorgens im Abendkleid durch die Straßen zu laufen«. Es waren vier wundervolle Tage, und bevor sie abreiste, wurde sie für ein weiteres Wochenende nach London eingeladen. Sie bedauerte zwar, ihre Mutter und ihre jüngeren Schwestern zu verpassen, die an den betreffenden Tagen nach Paris kamen, aber sie bereitete sie in einem Brief darauf vor, was sie in Frankreich erwartete. »Schaut den Franzosen nicht zu tief in die Augen, sonst werdet Ihr sie nicht mehr los«, warnte sie. »Und noch etwas: Ihr könnt ihnen noch so viel Trinkgeld geben, sie sind nie zufrieden. Das gilt übrigens für alles.«

Kaum war Kathleen in die Vereinigten Staaten zurückgekehrt, um ihr Abschlußjahr in Noroton zu machen, setzte sie ihre Eroberungen unter den Männern fort. Aus Lem Billings' Bewunderung war Liebe geworden, und auch Torbert Macdonald, ein weiterer enger Freund von John F., hatte sich in sie verliebt. Aber so reizvoll Kathleen für diese jungen Männer auch war, so unerreichbar war sie. Kaum, daß sie einen kurzen Blick von ihr erhaschten, wenn sie in ihrem roten Trägerkleid beim *Goûter* in einem Raum voll ähnlich gekleideter junger Frauen stand, bei offiziellen Bällen oder anderen Veranstaltungen ein- oder zweimal mit ihr tanzten, ein paar Scherze oder Anekdoten mit ihr austauschten oder einen ihrer humorvollen und warmen Briefe erhielten, die vor unschuldiger Fröhlichkeit überströmten.

Die jungen katholischen Männer unterschieden Frauen in zwei Kategorien: in tugendhafte und gottesfürchtige Frauen und andere, die für die Freuden der Augenblicks geschaffen waren. Das war das Frauenbild, das die Gesellschaft ihnen vermittelte, und solange sie die beiden Kategorien nicht durcheinanderbrachten, war alles in bester Ordnung. Niemals wäre es ihnen in den Sinn gekommen, Mädchen wie Kathleen zu verführen oder hinter vorgehaltener Hand frivole Bemerkungen über sie zu machen. Umgekehrt wäre es ihnen nicht im Traum eingefallen, ihrer Familie ein Mädchen vorzustellen, das außerhalb dieses Zirkels der Tugend und Unschuld lebte.

Kathleen war eng genug mit Joe jr. und John F. aufgewachsen, um zu sehen, wie unterschiedlich sich ihr Sexualleben entwickelt hatte. Sie selbst hatte bereits mit zwölf Jahren angefangen, sich für Jungs zu interessieren, und damals schon genau gewußt, wie sie mit ihnen umgehen mußte, wie man flirtete und dabei doch eine emotionale Distanz wahrte. Sie hatte beobachtet, wie schüchtern und unbeholfen Joe jr. und John F. ihre ersten Verabredungen trafen und ihre ersten, unschuldigen Kontakte zu Mädchen knüpften. Im Sommer 1929 hatte Kathleen in Hyannis Port erlebt, wie sich der 14jährige Joe jr. in ein Mädchen aus Kalifornien verliebte. Obwohl er sie viermal zum Segeln mitnahm, wagte er nicht einmal, ihr einen Abschiedskuß zu geben. Und John F. war die Schüchternheit in Person. Kathleen ging sehr gern zu Miss Cuvingtons Tanzunterricht im Ballsaal des Gramatan Hotels in Bronxville, aber John F., furchtbar aufgetakelt mit einem Buster-Brown-Kragen und glänzenden, braunen Schuhen, mußte regelrecht in die Tanzstunde geschleppt werden. Und meistens versteckte er sich auf der Herrentoilette, bis der Lehrer kam und ihn zurück in den Saal zerrte. Normalerweise war Damenwahl, und der gutaussehende John F. war ein begehrter Partner. Zwangsläufig wurde er immer von Mädchen aufgefordert, die mindestens einen Kopf größer waren als er. Er tanzte mit ihnen, als hielte er einen Besenstiel in den Armen.

Als Teenager zeigte John F. mehr Interesse am anderen Geschlecht, insbesondere an einem hübschen Mädchen namens Betty Young. Doch der Gedanke, sie einzuladen, trieb ihm immer noch den Angstschweiß auf die Stirn, und so überredete er seinen Freund Manuel, sie anzurufen und ein Doppelrendezvous zu verabreden. Aber selbst mit Manuels Schützenhilfe traute er sich nicht, am Telefon mit ihr zu sprechen.

Unter den Augen seiner Schwestern legte John F. seine Schüchternheit nach und nach ab. »John F. ist ein sehr unanständiger Junge«, verpetzte ihn die kleine Jean einmal bei ihrer Mutter. »Er hat unter dem Mistelzweig in der Eingangshalle Betty Young geküßt.«

John F. war in der Tat ein unanständiger Junge, und Kathleen wußte das nur zu gut. Eines Abends nämlich war sie von ihm und Lem in den legendären Harlemer Cotton Club mitgenommen worden. Ihr Bruder kannte sich in dem Schwarzen-Ghetto gut aus. Hier, so erinnerte sich sein Freund Ralph Horton jr., hatte John F. nach einer Show für die gewaltige Summe von drei Dollar seine Unschuld an eine weiße Prostituierte verloren. Seitdem hatte er mehrmals den Gypsy Tea Room, ein Bordell in West Palm Beach, besucht und dieselbe Vorliebe für Revuegirls, Schauspielerinnen und »leichte« Mädchen wie sein Vater entwickelt. Kathleen wußte alles über seine Eskapaden, aber er war ihr Bruder, und daß er ab und zu über die Stränge schlug, konnte ihrer tiefen Zuneigung zu ihm nichts anhaben. Theoretisch wußte sie alles über die Männer und ihre Gewohnheiten, auch wenn sie selbst noch unschuldig und ohne praktische Erfahrung war.

Joe geriet außer sich vor Wut, als er erfuhr, daß John F. und Lem Kathleen mit nach Harlem genommen hatten. Seine Söhne, das war eine Sache, aber seine Töchter eine ganz andere.

Im Frühjahr 1939 legte Kathleen in Noroton ihre Abschlußprüfungen ab. Charlotte McDonnell war immer noch ihre beste Freundin und führte sie in die besseren Kreise der New Yorker Katholiken ein, zu denen Rose niemals Zugang gefunden hatte. Die Angehörigen der prominenten katholischen Familien behandelten Rose und ihre Kinder zwar mit ausgesuchter Höflichkeit, doch hinter ihrem Rücken klatschten sie über sie. Wäre Joe nicht gewesen, hätten die McDonnells und die anderen Familien aus der katholischen Elite New Yorks die Kennedys und ihren verwegenen Lebensstil vielleicht sogar bewundert. Die katholischen Familien in New York genossen mehr gesellschaftliches Ansehen als ihre Pendants in Boston. Sie verstanden sich als moralische und soziale Elite und hatten für Joe Kennedy wenig übrig. Daran änderte auch die Tatsache nichts, daß er einer der beiden führenden Katholiken in Roosevelts Regierung war. Die Kennedys waren ihnen zuwider, aufdringliche Neureiche, die versuchten, sich mit Hilfe ihres unausstehlichen Vaters in die bessere Gesellschaft einzukaufen.

Einmal besuchte Charlotte Kathleen in dem Apartment, das Joe im Hotel Waldorf gemietet hatte. Sie kannte zwar Joes Ruf, dennoch fand sie es befremdend, daß Joe und Rose bei ihren Aufenthalten in New York in verschiedenen Hotels abstiegen, Joe im Waldorf und Rose im Plaza. Als Charlotte die Suite betrat, stand Joe gerade unter der Dusche und rief ihr zu, sie solle ihren Mantel auf einen Stuhl legen und in das Zimmer gegenüber gehen, wo Kathleen und John F. auf sie warteten.

Kurze Zeit später trat Will Hays, der Hollywood-Mogul und Zensor, durch die offene Tür in Joes Zimmer. Hays störte es nicht, daß der Mann, den er als vorbildlichen Familienvater gepriesen hatte, in New York getrennt von seiner Ehefrau lebte. Doch als er jetzt den Mantel einer Frau im Zimmer entdeckte, nahm er an, daß Joe sich gerade fleischlichen Genüssen hingab. Peinlich berührt machte der Prediger der sauberen Leinwand auf dem Absatz kehrt und flüchtete aus dem Zimmer.

Ein paar Minuten später kamen Kathleen, John F. und Charlotte in Joes Suite zurück. »Ihr werdet nie erraten, was gerade passiert ist«, rief Joe, der, ein Handtuch um die Hüfte gewickelt, im Zimmer stand und lauthals lachte. »Will Hays kam herein, sah Charlottes Mantel, drehte sich um und rannte davon. Offensichtlich dachte er, ich hätte ein Mädchen im Bett.«

John F. und Kathleen stimmten in das Lachen ihres Vaters ein, aber Charlotte zuckte vor Scham zusammen. Würde ihr Vater so etwas vor ihrer Freundin sagen, würde sie ihr Zuhause verlassen. Aber natürlich war es undenkbar, daß ein James McDonnell vor seiner Tochter jemals so reden würde. Und Kick? Kick hatte mit ihrem Bruder und ihrem Vater gelacht.

Charlotte verkehrte regelmäßig in den vornehmsten Häusern des katholischen New York, und eines Abends nahm sie Kathleen mit zu einem Essen im Haus von Michael Grace, einem der Erben der Firma W. R. Grace and Company und der vermögenden Reederei Grace Lines. Unter den Gästen war auch Charlottes Schwester Anne, die zu der Zeit mit Henry Ford II. ausging. Henry Ford war Protestant und Erbe eines der größten Vermögen in Amerika. Kathleen kannte ihn, weil er Anne einmal in Noroton besucht hatte.

Michael studierte am College Notre Dame und hatte viele Kommilitonen eingeladen. Zu vorgerückter Stunde kam auch noch sein älterer Bruder Peter. Peter arbeitete bereits im elterlichen Unternehmen und hatte wenig Zeit für Parties wie diese.

»Peter, jede Wette, daß du dich nicht traust, den Burschen hier anzugreifen«, sagte Michael und deutete auf einen seiner Freude, einen kräftigen, weit über zwei Zentner schweren Mittelstürmer vom Notre-Dame-Footballteam.

Die Kennedys waren nicht die einzige Familie, in der die beiden ältesten Söhne miteinander rivalisierten. Peter spielte Hockey, kein Football, und der lange Flur des Hauses war kaum der geeignete Ort, die Sportart zu erlernen. Aber Peter hatte ein Auge auf Kathleen geworfen und vermutete zu Recht, daß sie eine Schwäche für starke Männer hatte. Ihre Brüder spielten Football und verschmähten Sportarten wie Hockey, die in ihren Augen etwas für Waschlappen waren. Peter wußte, daß er die Herausforderung annehmen mußte, wenn er seine Chancen bei Kathleen wahren wollte.

»Gut, fangen wir an«, rief Peter Michael zu.

Der Stürmer griff sich den Ball und ging den Flur hinunter. Peter, noch im Straßenanzug, legte seine Brieftasche ab und wartete. Im nächsten Moment drehte sich der Stürmer um und rannte auf Peter zu. Kurz bevor er ihn erreichte, tauchte Peter nach links weg und hob sein Knie. Der andere stürzte mit einem gebrochenen Bein zu Boden. Die Umstehenden starrten Peter sprachlos an, während er seelenruhig seine Brieftasche aufhob und zu seinem Bruder sagte: »Wenn du nicht willst, daß dein Freund sich weh tut, dann bring ihn gefälligst nicht mit.« Damit wandte er sich um und ging nach oben.

»Das war ein schöner, kleiner Sieg«, erinnerte sich Peter. »Und ich glaube, die Mädchen waren beeindruckt.«

Peter hätte bis zum Jüngsten Tag Liebesgedichte vor Kathleens Fenster rezitieren können, ohne auch nur halb soviel Eindruck auf sie zu machen wie mit seinem Triumph über den Footballspieler aus Notre Dame. Kathleen schätzte Männer wie ihre Brüder, Gentlemen aus gutem Haus, die so hart wie Straßenjungs sein konnten.

Kathleen war in der Tat beeindruckt, und zwischen ihr und Peter entwickelte sich eine ernsthafte Beziehung, ihre erste. Peter hätte einer ihrer Brüder sein können. Sein Großvater hatte als singender Kellner und Hafenarbeiter angefangen. Er hatte es nicht nur zu immensem Reichtum gebracht, sondern war auch zum ersten in Irland geborenen Bürgermeister New Yorks gewählt worden. Peter hatte in Yale studiert, steckte voller Tatendrang und Enthusiasmus und kannte weit mehr von der Welt als die begrenzte Welt der katholischen Gesellschaft. »Die katholischen Mädchen galten damals als zweitklassig«, erinnerte sich Peter. »Aber ich fand sie sehr attraktiv. Außerdem hatten sie eine viel bessere religiöse Erziehung.« Damit mochte er recht haben, aber eine katholische Frau durfte nur aus der Entfernung verehrt werden. Kathleen war die erste Katholikin, mit der er ausging.

Peter meinte es ernst mit Kathleen, und das konnte nur heißen, daß er sich mit Heiratsabsichten trug. Für eine Heirat kam nur eine Katholikin in Frage, und eine Ehe mit einer Katholikin war gleichbedeutend mit einer großen Familie. Peter war zwar sechs Jahre älter als Kathleen, aber nie zuvor hatte er sich so anstrengen müssen, um mit einem Mädchen Schritt zu halten. Man sah die beiden nur selten auf Parties oder Empfängen. Viel öfter besuchten sie die Predigten von Father James Keller, der voller Inbrunst über die gesellschaftlichen Verpflichtungen der reichen Katholiken sprach, Vorstellungen, die bei den beiden auf fruchtbaren Boden fielen.

Wenn sie ausgingen, holte Peter sie in Bronxville ab. Meist mußte er eine halbe Stunde oder länger warten, bis sie endlich fertig war und die Treppen heruntergerannt kam. Joe war so gut wie nie da, und so plauderte Peter meistens mit Rose, während er wartete. »Mrs. Kennedy interessierte sich sehr für Kathleens Freunde«, sagte Peter. »Jedesmal, wenn ich Kathleen abholte, war ihre Mutter da.«

Peter sprach mit Kathleen niemals übers Heiraten und sah auch keinen Grund dafür. Seiner Auffassung nach hatten die Dinge eine bestimmte Ordnung, und er rechnete sich aus, daß nach Kathleens 18. Geburtstag im nächsten Jahr der geeignete Zeitpunkt für einen Antrag sei. Er schien nicht zu bemerken, daß Kathleen sehr launenhaft und noch lange nicht reif für ein Familienleben war.

***

Nach einem triumphalen Jahr als Vorsitzender der Börsenaufsichtskommission trat Joe 1935 von dem Amt zurück. Im Frühjahr 1937 ernannte ihn Roosevelt zum Vorsitzenden der Kommission für Seeschiffahrt. In dieser Eigenschaft sollte er zwischen militanten Gewerkschaftern und unnachgiebigen Reedern vermitteln. Seine Rückkehr nach Washington wurde, wie das Magazin *Fortune* schrieb, »von heftiger Kritik und einer Wolke aus Legenden, Spekulationen, Geheimnissen und Gerüchten begleitet, die sich so selbstverständlich um ihn zu bilden scheint wie Nebel, wenn eine warme Luftströmung über eine kalte Oberfläche streicht.« Es war eine undankbare Aufgabe, und Joe trat nach einigen Monaten von dem Posten zurück, ohne daß seine Reputation Schaden genommen hätte.

Den Sommer 1937 verbrachte er mit dem Rest der Familie in Hyannis Port. Die Tage am Cape Cod waren wie eh und je mit Aktivitäten gefüllt. Joe hatte seinen Kindern beigebracht, daß nicht Geld oder Gold das kostbarste Gut im Leben seien, sondern Zeit. Er selbst versuchte, so wenig wie möglich davon zu verschwenden, und flog zu den Feierlichkeiten am 4. Juli mit einer Chartermaschine nach Washington.

Eines Nachmittags stand Joe auf der Veranda des Hauses und beobachtete Kathleen, die, gezogen von einem Motorboot, auf einem Surfbrett über das blaugrüne Wasser glitt. Als sie am Haus vorbeikam, vollführte der Steuermann des Bootes mehrere sonderbare Lenkmanöver, zuerst nach rechts, dann nach links, wieder nach rechts, dann einen Kreis und so weiter. Joe sah im Geiste schon, wie Kathleen gegen die Bootswand geschleudert und von dem Außenbordmotor in Stücke gerissen wurde. Da ging ihm auf, was sie da draußen trieb. Sie schrieb ihren Spitznamen ins Wasser. K I C K. Der Name blieb einen kurzen Moment lang lesbar, dann verschwand er ebensoschnell wie das Boot.

Kathleen war seine Lieblingstochter, und er erwartete von ihr, daß sie der Welt zeigen würde, welche Rolle die Frauen in der Familie einzunehmen hatten. »Alle meine Entchen sind Schwäne«, pflegte er zu sagen, aber Kathleen sei »etwas ganz Besonderes«. Ihre jüngeren Schwestern wuchsen zu großen Frauen mit kantigen Gesichtszügen heran, die oft hübsch, aber niemals schön genannt wurden. Sie alle besaßen die markanten Züge der Kennedys. Kathleen dagegen war, wie einer ihrer Freunde sagte, eine »weiche Kennedy«. Sie war zierlicher als ihre Schwestern, hatte kleine Füße, langes, kastanienbraunes Haar und eine makellose, cremefarbene Haut. Mit ihrer etwas zu großen Nase, ihren ausdrucksvollen, aber zu tief liegenden Augen und ihrem leicht gedrungenen Körper war sie nicht besonders fotogen. Ihre Anmut und ihre Ausstrahlung waren Vorzüge, die keine Kamera festzuhalten vermochte. Sie besaß eine überaus lebhafte Persönlichkeit, verblüffte ihre älteren Brüder immer wieder mit ihrer Schlagfertigkeit und konnte die langen Nachmittage mit einem Lachen und einer Fröhlichkeit füllen, daß die Stunden vor Leben überflossen. Jeder, der ihr begegnete, war von ihr beeindruckt. Jetzt, nach den Jahren in der Klosterschule, wollte sie das Leben in vollen Zügen genießen, elegante Röcke und Pullover von Saks aus der Fifth Avenue in New York tragen, die neuesten Swing-Platten hören und an den Wochenenden zum Tanzen in den Wianno-Jachtclub gehen.

Fast jeder Freund, den John F. aus Harvard mit nach Hause brachte, verliebte sich in Kathleen. Sie strahlte eine außergewöhnliche Sinnlichkeit aus, über die allerdings kaum einer der Freunde ihres Bruders zu sprechen wagte. »Kathleen hatte mehr Sex-Appeal als alle anderen Mädchen, die ich in meinem Leben getroffen habe«, gestand Tom Egerton. »Sie war nicht besonders hübsch, aber sie hatte dieses gewisse Etwas.«

Eunice war zwar nur ein Jahr jünger als Kathleen, aber innerhalb der Familie gehörte sie, da sie häufig kränkelte, einer anderen Generation an. Schon als Kind hatte sie Probleme wegen ihres geringen Gewichtes gehabt. Wenn John F. und Kathleen zum Tanzen in den Jachtclub gingen, blieb sie meistens zu Hause. Sie gehörte nicht zu den Mädchen, denen junge Männer den Hof machten. Wenn sie sprach, sprudelten die Worte in einem nervösen Stakkato aus ihr heraus. Sie zwängte alle ihre Gedanken in einen Satz, als fürchtete sie, nicht alles sagen zu können, was ihr am Herzen lag. Sie war so aufgedreht, daß sie kaum stillsitzen konnte. Die anderen riefen sie »Puny Eunie«, »mickrige Eunie«, und in der Tat war sie dürr wie eine Bohnenstange, eine Vogelscheuche von einem Mädchen. Wie John F. laborierte sie an einer Vielzahl mysteriöser Leiden. Wenn sie zu Bett ging, zog sie stets eine Schlafbrille auf und steckte sich Stöpsel in die Ohren. Gäste wurden gebeten, nachts auf keinen Fall die Toilettenspülung zu betätigen, um Eunice nicht zu wecken.

Von den neun Kennedy-Kindern waren sie und Bobby die gläubigsten, und viele erwarteten, daß Eunice eines Tages in ein Kloster eintreten würde. Einmal, nach einem gemeinsamen Kirchgang, fragte sie ihre Freundin Nancy Tenney: »Ten, glaubst du nicht, daß du Katholikin werden solltest?« Ein andermal, bei einer Regatta, sagte sie zu ihrer Crew: »Okay, und jetzt alle zusammen: Gesegnet sei Maria.«

Pat fehlte der Ehrgeiz ihrer Geschwister. Sie war zwar eine hervorragende Tennisspielerin, doch sie schien nicht zu verstehen, daß für eine Kennedy nicht das Spielen an sich, sondern nur das Gewinnen zählte. Pat war eine Tagträumerin, eine Romantikerin.

Jean, die Jüngste, wurde in dem turbulenten Leben in Hyannis Port oft übersehen. Sie wurde nicht wie das Nesthäkchen Teddy von den älteren Brüdern verwöhnt und gelobt, von den älteren Schwestern umsorgt, von der Mutter bewundert oder vom Vater angetrieben. Jean war sich bereits mit neun Jahren bewußt, daß eine Kennedy etwas Besonderes war, eine Einsicht, die sie zugleich stolz und mißtrauisch machte. Ständig erzählte sie ihren weniger vom Glück begünstigten Verwandten, wie reich sie sei und wie sorgfältig sie ihre Freunde und ihren zukünftigen Mann auswählen müsse, um auf keinen hereinzufallen, der es auf ihr Geld und ihren Namen abgesehen habe. Ihrem Vetter vertraute sie an: »Die Menschen suchen nur meine Nähe, weil ich so reich bin.«

Jean verstand, daß es für sie nur eine Möglichkeit gab, sich einen Platz in der Familie zu erobern: Sie mußte siegen, und das tat sie auch. Im Sommer 1937 nahm sie als Neunjährige erstmals an einer Segelregatta teil und brachte fünf Siege, zehn zweite und neun dritte Plätze nach Hause. Jean, daran konnte kein Zweifel bestehen, war eine Kennedy.

* * *

Eunice achtete darauf, daß ihre ältere Schwester Rosemary in das allgemeine Leben mit einbezogen wurde. Sie stellte sich neben Rosemary, egal ob sie Völkerball oder Faules Ei spielten, und sorgte dafür, daß sie, wie Teddy sagte, »ihren Anteil am Erfolg abbekam«.

»Ab und zu nahm ich sie als Crew-Mitglied bei Regatten mit, und meistens tat sie, was man ihr auftrug«, sagte Eunice. »Besonders gut war sie am Klüver. Sie liebte es, im Boot der Sieger zu sitzen. Siege zauberten immer ein wunderbares Lächeln auf ihr Gesicht.«

Gelegentlich kamen Ärzte ins Haus, um Rosemary zu behandeln. »Ich ahnte, daß sie zurückgeblieben war und unter epileptischen Anfällen litt«, erzählte Eunice. »Ich kann mich noch gut daran erinnern, daß Ärzte ins Haus kamen, ihr Spritzen gaben und dann wieder verschwanden. Es kam zwar nicht oft vor, aber doch so oft, daß ich mir denken konnte, was los war.«

Rose brauchte John F. und Joe jr. nicht erst zu ermahnen, Rosemary zu den Tanzabenden in den Jachtclub mitzunehmen. John F. schrieb seinen Namen ganz oben auf ihre Tanzkarte und ging dann herum und überredete seine Freunde, sich ebenfalls einzutragen. Er wußte, daß er vom Schicksal begünstigt worden war. Rosemarys Krankheit erinnerte ihn stets daran, wie launisch das Leben sein konnte, und er kümmerte sich liebevoll um seine Schwester, die er »Rosie« nannte. »Rosie hat den Abend im Stork Club genossen und sich *sehr* gut benommen«, schrieb er seiner Mutter nach dem Besuch eines Tanzlokals. »Mir scheint, sie kommt besser zurecht, wenn sie alleine ist und im Mittelpunkt der Aufmerksamkeit steht. Sie hat viel besser getanzt als sonst.«

John F. und Joe jr. schoben ihre Abenteuer mit den Frauen aus dem Hafen auf, bis sie Rosemary nach Hause gebracht hatten. »Warum fordern mich die anderen Jungs nie zum Tanzen auf?« beklagte sich die überaus hübsche Rosemary einmal bei ihrer Mutter. Offensichtlich rieten Joe jr. und John F. ahnungslosen Männern, sich von ihrer Schwester fernzuhalten. Rosemary sah, daß ihre jüngeren Schwestern Pat und Jean alleine in einem Segelboot aufs Meer hinausfuhren, und verstand nicht, warum ihr das verboten wurde. Rose zerriß es das Herz, wenn sie mit ansehen mußte, wie sich die langsame und schwerfällige Rosemary vergeblich abmühte, mit ihren flinken und geschickten Schwestern mitzuhalten. Doch bei allem Schmerz, den Rosemary empfinden mußte, war Rose doch der Überzeugung, daß »die Mutter eines behinderten Kindes oft noch mehr leidet als das Kind selbst«.

Rosemary hatte so gut wie keine Freunde. Sie hätte mit jüngeren Kindern spielen können, aber das hätte merkwürdig ausgesehen, und so verbrachte sie ihre Zeit meistens in der Gesellschaft ihrer Schwestern. Als Teenager verzehrte sie sich nach Anerkennung. Wenn sie gelobt wurde, konnte sie stundenlang selig sein – und ebenso verzweifelt und niedergeschlagen, wenn sie auch nur andeutungsweise getadelt worden war.

Rose überhäufte ihre Tochter mit Komplimenten oder lobte sie vor der ganzen Familie: »Rosemary, du hast von uns allen die schönsten Zähne und das strahlendste Lächeln.«

Doch trotz aller Ermutigungen gab es immer jemanden, der sie daran erinnerte, wie weit sie hinter den anderen herhinkte: Die Nonnen, die in Elmhurst hinter ihr stehenblieben und zusahen, wie sie mühsam einen Buchstaben nach dem anderen in ihr Heft malte; ihr Vater, wenn er bei Tisch ihren Geschwistern eine Frage stellte, deren Sinn sie nicht ganz begriff; ihre Mutter, die ihr unermüdlich Tennisbälle zuspielte, bis sie endlich einmal einen traf; ihre Schwestern, die ihr bei einem Ausflug mit den Rädern weit vorausfuhren und Zeichen gaben, endlich aufzuschließen; ihre Brüder, die ihr von ihren Segelbooten aus etwas zuriefen, wenn sie am Strand stand. Rosemary war langsam, aber sie war nicht dumm. Manchmal packte sie eine unerklärliche Wut, die ganz unvermittelt aus ihr herausbrach. Aber genauso plötzlich, wie sie in Rage geriet, beruhigte sie sich wieder, und alles ging weiter wie gehabt: Rosemary sah den anderen zu und versuchte verzweifelt, an ihrem Leben teilzuhaben.

Der Koch in Hyannis Port tischte ganze Berge von einfachem, gesundem Essen auf, das mit viel Milch hinuntergespült wurde. Es gab Tage, an denen die Kennedys zwanzig Liter Milch verbrauchten. Bei kaltem, stürmischem Wetter blieben die Kinder im Haus, saßen auf der Veranda und spielten Monopoly, Scharade oder Fragespiele. Manchmal führten Eunice und ihre Freundinnen im Theater Stücke auf, für die sie Eintritt verlangten. An den Abenden setzte sich Rose oft ans Klavier und spielte alte Lieder, während die versammelte Familie in nahezu allen falschen Tonlagen mitsang.

Für die Kennedy-Kinder bestand das Familienleben nicht aus dem täglichen Einerlei, das so oft in Familien vorherrscht, sondern vor allem aus diesen besonderen Augenblicken, in denen einfach alles zusammenpaßte. »Es gibt so viel, für das wir dankbar sein müssen«, erinnerte sich Eunice voller Wehmut. »Unser Verhältnis zu unseren Geschwistern und unseren Eltern war einfach wunderbar. Wenn man ein Problem hatte, was zählte das schon? Eine große Familie hat viele Vorteile. Man sieht, daß die anderen auch Schwierigkeiten haben und sich nicht beklagen. Meine Mutter hat sich nie beklagt. Dasselbe gilt für John F. Warum also sollte man sich beklagen?«

»Das waren goldene Jahre, vielleicht zu golden«, erinnerte sich Nancy Tenney Coleman. »Keiner machte sich besonders viele Gedanken – mit Ausnahme von Mr. Kennedy. Er gab seinen Söhnen den Kurs vor. Er wollte, daß sie Erfolg hatten.«

***

Das Meer war allgegenwärtig, sein Anblick, sein Geruch, das Rauschen der Wellen. Rose segelte nicht gern, aber sie liebte das Meer, und es verging kaum ein Tag, an dem sie nicht am Strand spazierenging. In diesen einsamen Momenten fand Rose, tief in Gedanken versunken, ihren Frieden.

An den Abenden wurden häufig neue Hollywood-Filme gezeigt, manchmal noch bevor der Film in die Kinos kam. »Joe war der Programmchef«, erinnerte sich Bill Mulcahy, der für einen von Joes Partnern in Boston arbeitete und die Filme auswählte. »Er sagte dem Vorführer, welcher Film wann gezeigt werden sollte.«

Joe achtete darauf, daß die Filme für die Kinder geeignet waren. »Ich wäre auf der Stelle gefeuert worden, wenn ich einen schlechten Film gebracht hätte«, sagte Mulcahy. Wenn der Film, was selten genug vorkam, pikante Szenen enthielt, befahl Joe dem Vorführer, den Apparat anzuhalten, und wartete, bis die Kinder gehorsam hinausgetrottet waren.

Wer bei diesen Filmabenden zuweilen fehlte, war Rose. »Ich kann mich noch erinnern«, erzählte Harry Fowler, »wie Joe hereinkam, mit Frotteebademantel und Badeschuhen bekleidet und am Arm eine hübsche Frau. Wenn wir wissen wollten, wer diese Frauen waren, hieß es, ›Daddys Sekretärinnen‹. Angeblich waren sie hier, weil er zu Hause arbeitete und ihre Hilfe brauchte. Das war 1936 und 1937, aber mir war schon damals klar, was gespielt wurde, obwohl ich erst zwölf oder dreizehn Jahre alt war. Joe und seine ›Sekretärin‹ saßen direkt vor der Leinwand und drehten die beiden Stühle vor ihnen um, damit sie ihre Füße hochlegen konnten. Wenn Rose hereinkam, blieb sie in der Tür stehen und warf zuerst einen Blick auf die Kinder. Wenn sie sah, daß neben ihrem Mann eine Frau saß, drehte sie sich um und ging wieder. Ich fand es immer sehr traurig, daß Mrs. Kennedy nicht hereinkommen, sich neben ihren Mann setzen und zusammen mit uns den Film ansehen konnte.«

Wenn Rose nicht in Hyannis Port weilte, zeigte Joe keinerlei Scheu, seine Revuegirls und »Sekretärinnen« ins Haus zu bringen. Manchmal, wenn er ohne weibliche Begleitung im abgedunkelten Kino saß, zwickte er Kathleens Freundinnen. Und hinterher tat er so, als sei nichts gewesen. Jungen Frauen, die über Nacht blieben, wurde geraten, ihre Zimmertüren abzuschließen und auf keinen Fall nachts über den Flur zu wandern. Und die Töchter von Gästen, die über Nacht blieben, küßte er zum Abschied auf den Mund.

»Ich glaube, nur ein Katholik vermag zu erklären, wie man gleichzeitig gläubig und unmoralisch sein kann«, sagte Arthur Krock, Kolumnist bei der *New York Times* und ein enger Freund Joes. »Wie kann man sich bei einem Gott gegen die ewige Verdammnis versichern und zur gleichen Zeit gegen seine Gebote verstoßen? Hier war die Welt, wie ich sie kannte, und dort *seine* Welt. Aber weil Rose immer so tat, als ob die anderen Frauen überhaupt nicht existierten, machte ich mir keine Gedanken darüber.«

Joe jr. und John F. bereiteten die schamlosen Eskapaden ihres Vaters keine Probleme. Er war ein Mann, und Männer taten solche Dinge nun einmal. Um so mehr Probleme hatten Kathleen, Eunice und ihre jüngeren Schwestern mit seinem Verhalten. Sie wurden, ob sie es wollten oder nicht, zu Komplizinnen ihres Vaters. Joes dunkle Seiten erschienen ihnen wie ein Faden an einem Anzug, der, wenn man an ihm zog, alles auflösen und sie und ihre Familie vor aller Welt bloßstellen würde. Also gewöhnten sie sich an, nichts zu sehen, und konzentrierten sich auf das, was sie als den wahren Kern ihres Lebens empfanden, auf die Einheit der Familie und auf den Glauben.

***

Im Spätsommer 1936 starb Roses Schwester Agnes an einer Embolie. Sie hinterließ ihren Ehemann Joseph F. Gargan und die Kinder Joey, Mary Jo und Ann. Rose war über ihren Tod sehr erschüttert. Eunice, ihre andere Schwester, war mit 23 Jahren gestorben, und ihr Bruder Fred hatte sich durch seine Trinkerei noch vor seinem 32. Geburtstag ins Grab gebracht. Und jetzt Agnes. Sie hatte viele Freundinnen gehabt, aber die *Boston Post* führte in ihrem Bericht über die Beerdigung keinen einzigen Frauennamen auf. Dafür war die Liste der Männer, die erschienen waren, um so länger: Priester, Politiker – und Joe, der »nach einem Aufenthalt in Europa auf der *Queen Mary* zurückgekehrt war und mit dem Flugzeug zu dem Begräbnis nach Boston kam«.

Rose lud die drei jungen Gargans jeden Sommer nach Hyannis Port ein und nahm sie in den Kreis der erweiterten Familie auf. »Tante Rose war wunderbar«, erinnerte sich Joey Gargan. »Sie hatte selbst neun Kinder und hätte uns im Sommer auch in ein Jugendlager schikken können. Was sie tat, war sehr großzügig.« Die Gargans gehörten zwar zur Familie, aber nicht zu *der* Familie, und Joey, der etwas älter und reifer war als Teddy, fiel die Aufgabe zu, auf seinen Cousin aufzupassen.

* * *

In Blumenthal hatte Rose sich noch den Kopf darüber zerbrochen, welches Papier für einen Brief an einen Bischof angemessen sei. Inzwischen schrieb sie nicht mehr nur an Bischöfe, sondern auch an Kardinäle. Und als im November 1936 Kardinal Eugenio Pacelli aus Rom die Vereinigten Staaten besuchte, wurden die Kennedys eingeladen, ihn auf seiner Fahrt von New York zu Präsident Roosevelts Haus in Hyde Park zu begleiten.

Kardinal Pacelli war in seiner Eigenschaft als Außenminister des Vatikans nach dem Papst der zweitmächtigste Vertreter der Kirche. Die amerikanische Regierung hatte den Vatikanstaat offiziell nicht anerkannt, und viele Bürger sahen dem Besuch des Kardinals mit Mißtrauen entgegen. Sie hielten den Kirchenstaat für eine zweifelhafte Institution, die einen unkontrollierbaren Einfluß auf das Leben der amerikanischen Katholiken ausübte. Da es Roosevelt aus diesen Gründen nicht möglich war, den Kardinal offiziell im Weißen Haus zu empfangen, war ein Besuch in Hyde Park vereinbart worden.

Rose war die Bannerträgerin des Glaubens in der Familie Kennedy. Aber Joe galt, wie sie schrieb, als »einer der führenden katholischen Laien des Landes«, und nur diesem Umstand hatten sie die Einladung zu verdanken. An seinem Ruf als Schürzenjäger und skrupelloser Geschäftsmann störte sich offenbar niemand.

Nach außen hin entwickelten sich die Kennedys immer mehr zu einer katholischen Musterfamilie, die für ihren Kinderreichtum und ihren Glauben gepriesen und für ihre Freigebigkeit gegenüber der Kirche respektiert wurde. Rose hatte schon vor langer Zeit gelernt, die Augen vor den Seitensprüngen ihres Mannes zu verschließen und sich statt dessen den Idealen des Glaubens und der Familie zu widmen, und die Einladung des Kardinals gehörte zu den Höhepunkten dieses Lebens. Noch Jahrzehnte später konnte sie sich jede Einzelheit ins Gedächtnis rufen: den klaren Novemberhimmel, die herbstliche Färbung des Laubes, die fröhlichen Gesichter der katholischen Schulkinder, die an den Straßen standen und das Sternenbanner und die Flagge des Vatikans schwenkten. Sie erinnerte sich sogar an den Ausdruck auf dem Gesicht des Kardinals, als er anhielt, um die Kinder zu begrüßen, an seine Augen, die hinter den Brillengläsern hervorblitzten. »Wer hätte je gedacht«, sagte sie, »daß er einmal Gelegenheit haben würde, einen römischen Kardinal in rotem Gewand über die Straße eines Städtchens im Staate New York gehen zu sehen? Es war in der Tat ein denkwürdiges Ereignis.«

Auf dem Rückweg von Hyde Park stieg Kardinal Pacelli in Bronxville aus seinem privaten Eisenbahnwaggon und stattete den Kennedys einen Besuch ab. Für den ehrgeizigen Politiker Joe war der Besuch eine Ehre. Doch für Rose, der die Familie und der Glaube mehr als alles andere bedeuteten, war er eine sehr viel größere Ehre.

Der Kardinal saß auf einem gepolsterten Stuhl im Salon, nippte an seinem Tee und plauderte mit Joe. Nach einer Weile rannte der vierjährige Teddy zu ihm hin, setzte sich auf seinen Schoß und spielte mit seinem Brustkreuz. Jedesmal, wenn Rose später den Stuhl sah, erinnerte sie sich an den Besuch Pacellis. Sie legte Wert darauf, daß der Stuhl bei jedem Umzug mitgenommen wurde und wies ihm schließlich einen Ehrenplatz in einem großen Vorzimmer in Hyannis Port zu. Niemand durfte sich auf diesen Stuhl setzen.

***

Ende Juli 1937 schiffte sich Rose mit Kathleen und Joe jr. auf dem Linienschiff *Washington* zu einer Europareise ein. Obwohl zu der Zeit die sechs jüngsten Kinder in Hyannis Port waren und Joe nur am Wochenende nach Hause kam, lehnte sie es ab, die Reise zu verschieben. Sie war bereits in Paris, als die 13jährige Pat mit einer akuten Blinddarmentzündung ins St.-Elizabeth-Krankenhaus eingeliefert wurde. Pat hatte Angst und fühlte sich einsam, denn auch ihr Vater war nicht da. Wenn es in ihrem bisherigen Leben jemals einen Moment gegeben hatte, in dem sie ihre Mutter gebraucht hätte, dann als die Krankenschwestern sie in den Operationssaal schoben oder später, als sie in einem fremden Zimmer aus der Narkose erwachte. Noch während Pat im Krankenwagen auf dem Weg nach Boston war, rief die Krankenhausverwaltung die junge Krankenschwester Luella Hennessey an und bat sie, sofort ins Krankenhaus zu kommen. Luella hatte seit einem Monat Nachtdienst und fühlte sich vollkommen ausgebrannt. Doch als sie hörte, daß es sich um eine Notoperation an einem kleinen Mädchen handelte, dessen Eltern auf Reisen waren, sagte sie doch zu.

Kurz nach Pats Operation wurde Bobby mit einer Lungenentzündung in dasselbe Krankenhaus eingeliefert. Rose befand sich inzwischen zwar auf dem Heimweg, aber es würde noch Tage dauern, bis sie in Boston eintraf. Pat und Bobby waren begeistert von Luella. Die Zuneigung basierte auf Gegenseitigkeit. »Patricia war ein äußerst liebenswürdiges und hübsches Kind«, erzählte Luella. »Sie freute sich riesig über jeden noch so kleinen Gefallen, den ich ihr erwies. Sie hatte dichte, kastanienfarbene Haare, die das Blau ihrer großen, zutraulich blickenden Augen noch zusätzlich betonten. Obwohl sie krank war, war sie eines der fröhlichsten jungen Mädchen, das ich jemals gesehen habe. Sie schien immerzu zu lächeln.«

Als Rose zurückkehrte, lagen Pat und Bobby noch immer im Krankenhaus. Sie erlaubte ihnen, eine Schwester auszusuchen, die sie zurück nach Hyannis Port begleiten und in der Genesungszeit pflegen sollte. Sie einigten sich auf Luella. Rose stellte ihr nur eine einzige Frage: »Rauchen Sie?« Die weit wichtigeren Fragen nach ihrer Konfession und Herkunft waren längst geklärt worden. Luella Hennessey stammte aus einer guten katholischen Familie. Eine ihrer Schwestern war Nonne, eine andere mit einem Arzt verheiratet, und ihr Bruder hatte in Harvard studiert. Sie rauchte nicht, und alles, worum Joe sie bat, war, kein Make-up zu tragen. Rose konnte sich keine bessere Pflegerin für ihre Kinder wünschen.

***

In Washington hatte Joe ein begehrliches Auge auf das Amt des Finanzministers geworfen. Allerdings war das Ministerium bei Henry Morgenthau jr. in besten Händen, und Rose, die im Dunstkreis der Politik groß geworden war, erkannte schnell, daß der Posten für Joe unerreichbar war. Politik, so viel wußte sie, war das Ergebnis eines komplizierten Interessen- und Beziehungsgeflechts, und Henry Morgenthau stand auf gutem Fuße mit Eleanor Roosevelt. »Eine Entlassung Henrys«, erkannte Rose, »hätte im Haus der Roosevelts wahrscheinlich zu Spannungen geführt.«

Aber Rose war sich auch im klaren darüber, daß der Vorsitz in der Börsen- und später in der Seefahrtskommission den politischen Ehrgeiz ihres Mannes noch lange nicht gestillt hatte. Da wurde bekannt, daß der derzeitige US-Botschafter in Großbritannien, Robert Worth Bingham, ernsthaft erkrankt war und abgelöst werden sollte. In der Vergangenheit hatten einige herausragende Persönlichkeiten des politischen Lebens in Amerika, darunter die späteren Präsidenten John Quincy Adams und James Monroe, in London Dienst getan. Die Botschaft in Großbritannien war die wichtigste diplomatische Vertretung der USA. Dies galt um so mehr, seit Hitler in Deutschland die Macht an sich gerissen hatte, Mussolinis Armeen durch Äthiopien marschierten und in Spanien der Bürgerkrieg tobte. Joe beherrschte zwar keine einzige Fremdsprache und hatte sich für Europa bislang vorwiegend als Absatzmarkt interessiert, aber Rose erkannte, daß der Posten in London für die Familie und für sie selbst eine einmalige Gelegenheit darstellte, und drängte ihn, Roosevelt um die Ernennung zu bitten.

»Wie hat der Präsident reagiert?« fragte sie ihren Mann, als er aus dem Weißen Haus nach Bronxville zurückkehrte. »Hast du mit ihm gesprochen?«

»Nun, ich kann nicht einfach in das Büro des Präsidenten der Vereinigten Staaten marschieren und sagen: ›Ich will zum amerikanischen Botschafter in England ernannt werden.‹«

Als Joe am 9. Dezember 1937 schließlich zum neuen Botschafter am Hof von St. James ernannt wurde, reagierte die Presse ausnahmslos positiv. Schenkte man den Zeitungen Glauben, dann hatte Roosevelt nicht nur einen Mann, sondern gleich eine ganze Familie zum Botschafter ernannt. Selbst die Bostoner Presse vergaß für einen Moment, daß die Kennedys der Stadt den Rücken gekehrt hatten. Und *Life*, die neue illustrierte Zeitschrift, die sich großer Beliebtheit erfreute, druckte unter der Überschrift »Die Kennedy-Familie: neun Kinder und neun Millionen Dollar« ein ganzseitiges Bild der Familie ab.

London bedeutete einen neuen Abschnitt im Leben von Rose, die bei allem Familiensinn auch über einen ausgeprägten politischen Instinkt verfügte. Sie wußte, wie man das feine Netz der Beziehungen wob, von dem in der Politik alles abhing. Unmittelbar nach Joes Ernennung schickte sie Präsident Roosevelt einen handgeschriebenen Brief. Roosevelt hatte erkannt, daß der Familienvater Joe Kennedy seinem Land nicht zuletzt deshalb treue Dienste leisten würde, weil er dadurch den Ruhm seiner Familie mehren konnte. Roses Brief bestätigte diese Einschätzung:

Sehr verehrter Mr. President

Für Joes Ernennung zum Botschafter in London möchte ich Ihnen von ganzem Herzen danken. Die Kinder und ich fühlen uns höchst geehrt. Sie sollen wissen, wie sehr wir Ihnen dafür dankbar sind, daß Sie uns diese große Freude bereitet haben. Alles, was wir Ihnen geben können, ist, Sie in unsere Gebete einzuschließen. Und da die Kinder im Konvent Gott besonders nahe zu sein scheinen, werden Ihnen ihre Gebete, dessen bin ich mir sicher, immerwährenden Segen bringen.

Liebe Grüße von uns allen an Mrs. Roosevelt und an Sie (trotz Emily Post).

Hochachtungsvoll
Ihre
Rose Kennedy

Als Botschaftersgattin stieg Rose in eine exponierte gesellschaftliche Position auf. Zu ihren Pflichten gehörte unter anderem die Auswahl der amerikanischen Debütantinnen, die alljährlich von Königin Elizabeth und König George im Buckingham-Palast empfangen wurden.

Plötzlich rückte sie für eine ganze Reihe von Amerikanerinnen, die sie ein paar Wochen zuvor noch kaum eines Blickes gewürdigt hätten, in den Mittelpunkt des Interesses. »Blaublütige Bostonerinnen und die Töchter aus den vornehmsten Häusern New Yorks, Philadelphias und Washingtons werden im nächsten Juni Königin Elizabeth im Buckingham-Palast von einer Bostoner Frau präsentiert, die niemals in die exklusive Junior League oder den Vincent Club eingeladen wurde«, schrieb der *Boston Globe* im Dezember 1937. »Die amerikanischen Debütantinnen des Jahres 1938 werden sich ohne das Plazet von Rose Fitzgerald Kennedy keine weißen Federn ins Haar stecken oder ihre drei Knickse vor der englischen Königin machen dürfen.«

Obwohl Rose durch ihre Erziehung auf eine solche Rolle vorbereitet war und die Ernennung sie mit Stolz erfüllte, fühlte sie sich doch verunsichert. Mit ihren 47 Jahren sah sie immer noch erstaunlich jugendlich aus und hielt aus Sorge um ihre Linie streng Diät. Wenn sie Kleider einkaufen ging, geschah das mit akribischer Sorgfalt. »Ich muß jedes Jahr 200 Kleider und Anzüge kaufen«, fuhr sie die Verkäuferin eines Bostoner Bekleidungsgeschäfts an, die ihr ein falsches Kleid gebracht hatte. »Meiner Meinung nach sollten Sie mehr Aufmerksamkeit auf die kleinen Details verwenden, auf die es bei Ihrer Tätigkeit ankommt.« Rose legte Wert darauf, daß ihre Töchter Rosemary, Kathleen und Eunice ebensogut gekleidet und ausstaffiert waren wie sie selbst.

Für ihre mangelnde Selbstsicherheit machte sie das Verhalten ihres Mannes verantwortlich. Joe behandelte sie als Mutter seiner Kinder, nicht aber als Frau, und bei aller Wärme, die er ihr entgegenbrachte, wußte er ihren Verstand und ihre Empfindsamkeit kaum zu würdigen. Rose hatte eine hervorragende Ausbildung erhalten und beherrschte drei Sprachen. Sie sah jugendlich und elegant aus, und ihre Garderobe war stets auf der Höhe der Zeit. Trotzdem fühlte sie sich draußen in der Welt unbehaglich.

Ihre engsten Freundinnen waren Nonnen, und auch jetzt wandte sie sich, wie immer in Krisenzeiten, an die Kirche, in diesem Fall an Mutter Patterson, eine Heilig-Herz-Nonne, die sie noch aus ihrer Schulzeit in Manhattanville kannte. »Mrs. Kennedy bat Mutter Patterson, ihr Unterrichtsstunden in Konversation zu geben«, erinnerte sich Schwester Mary Quinlan. »Sie sagte, sie habe so viele Jahre mit der Erziehung ihrer Kinder zugebracht und ein so zurückgezogenes

Leben geführt, daß sie vergessen habe, wie sie sich in Gesellschaft von Erwachsenen verhalten sollte. Mutter Patterson erzählte mir, daß sie und Mrs. Kennedy Musterkonversationen einstudierten und über kulturelle Ereignisse, das Zeitgeschehen und dergleichen diskutierten.«

Wer Rose in der Öffentlichkeit begegnete, hätte nie vermutet, daß sie von Selbstzweifeln gequält wurde. Ende Januar 1938, kurz vor der geplanten Abreise nach London, fuhr sie nach Boston. Der »Ace of Clubs«, den sie ein Vierteljahrhundert zuvor ins Leben gerufen hatte, veranstaltete ihr zu Ehren ein Treffen. Das war *ihr* Tag, und ihre Eltern begleiteten sie zu der Veranstaltung.

Für solche Augenblicke lebte Rose. Sie rechtfertigten alle ihre Opfer. Die 200 Frauen, die sich im Somerset-Hotel versammelt hatten, sahen in ihr ein Symbol dafür, was eine katholische Frau erreichen konnte – und wie weit es die Kinder der irischen Einwanderer in Amerika bereits gebracht hatten.

Rose hatte ein vollkommenes Bild ihrer Familie entworfen, das sie sich auch von den traurigen Realitäten ihres Alltags nicht beschmutzen lassen wollte. In ihrer Rede vor den Frauen in Boston verwandelte sich Joe von einem notorischen Schürzenjäger, über den heimlich gelästert wurde, in das noble Oberhaupt eines ehrbaren katholischen Clans. Und Rosemary war nicht länger die zurückgebliebene Tochter, die zu Hause saß, sondern ein talentiertes Mädchen, das in New York Musik studierte. In ihrer Phantasie war alles vollkommen: Rosemary, Joe, die Familie, die Zukunft, einfach alles.

»Natürlich sind wir begeistert und fühlen uns geehrt, nach London gehen zu dürfen«, sagte sie. »Zuerst schien es so, daß wir die Kinder wegen der Schule hierlassen müßten. Aber nachdem Joe es so arrangieren konnte, daß wir sie mitnehmen können, war ich unendlich glücklich und beschloß, zur Feier der guten Nachricht nach Boston zu fliegen.« Nach ihrer Rede stieg sie vom Podium herab, setzte sich ans Klavier und stimmte »Süße Adeline« an. Ihr Vater brauchte kein Einsatzzeichen. Er stand auf und sang das Lied mit, das er schon hunderte, tausende Male zuvor gesungen hatte.

Ein paar Tage nach diesem denkwürdigen Nachmittag bekam Rose eine Blinddarmentzündung. Sie wurde ins St.-Elizabeth-Hospital eingeliefert und, wie schon zuvor Pat und Bobby, von Luella Hennessey gepflegt. Nach dem zweiwöchigen Krankenhausaufenthalt überredete

Rose die Schwester, die Familie »im Interesse der Gesundheit der Kinder« nach England zu begleiten. Für Luella begann damit ein neues Leben, aber für Kico, die treue irische Seele im Haus der Kennedys, bedeutete es das Ende eines 20jährigen Dienstverhältnisses. »Kico, unser altes Kindermädchen, hat sich ab der vierten Woche um jedes meiner Kinder gekümmert«, erinnerte sich Rose, »aber sie konnte weder Fieber messen noch sich vernünftig mit einem Arzt unterhalten. Deshalb beschloß ich, an ihrer Stelle eine ausgebildete Krankenschwester mit nach England zu nehmen.«

***

Wegen ihrer Erkrankung konnte Rose erst ein paar Wochen nach Joe nach London abreisen, doch ihren Kindern gegenüber erwähnte sie die Operation mit keinem Wort. Eunice in Noroton erfuhr erst aus der Zeitung davon. Sie schrieb ihrer Mutter: »Von all den überraschenden Vorfällen, die sich in den letzten Monaten in der Familie Kennedy ereignet haben, hat mir die Nachricht, daß sie Dir den Blinddarm herausgenommen haben, den größten Schrecken eingejagt.«

Eine Kennedy zeigte keinen Schmerz, eine Kennedy beklagte sich nicht. Diese Lektion hatte Rose ihren Töchtern eingebleut, und jede von ihnen trug diese Lektion in ihrem Herzen, während sie sich auf das große Abenteuer England vorbereiteten.

10

»London wird einfach großartig sein«

Als im März 1938 die *Washington* auf der Fahrt nach England in dem irischen Hafen Queenstown anlegte, erinnerte sich Rose daran, daß sie bereits 1908 einmal mit ihrem Vater hier gewesen war. Damals hatten sich auf den Kais junge Frauen und Männer gedrängt, die von ihren Familien, ihren Freunden und ihrem geliebten Irland Abschied nahmen, bevor sie zu einer Reise in ein neues, unbekanntes Leben in einer neuen, unbekannten Welt in See stachen. Ihr Vater sang irische Lieder, sagte irische Gedichte auf und dachte sentimental über das Land nach, das die Fitzgeralds vor gar nicht allzu langer Zeit mit wenig mehr als ihrer Zuversicht und ihrem Glauben verlassen hatten.

An diesem Tag waren Roses Gefühle etwas komplizierter. Mit Wehmut dachte sie daran, wie unglaublich weit sich ihre Familie von ihren irischen Wurzeln entfernt hatte. Bei der Abreise aus New York hatten zahllose Fotografen, Wochenschau-Kameramänner und Journalisten den Kai gesäumt und sich um Rose und Kathleen, Pat, Bobby, Jean und Teddy gedrängt, als seien sie Filmstars. Die Kennedys verkörperten den Traum, den alle in dieser Nation von Einwanderern träumten. Es war, als sei die ganze Familie zum Botschafter am Hof von St. James ernannt worden, zu Amerikas Gesandten in der Alten Welt, einer Welt, die diesen Namen zu Recht trug. Rose hatte sich vor der Presse zwar selbstsicher gegeben und einem Reporter erklärt, daß sie sich »dort drüben ganz natürlich verhalten« werde. Aber sie wußte nicht, was sie erwartete, und war froh, Luella und die Gouvernante Elizabeth Dunn bei sich zu haben.

Es wurde eine stürmische Überfahrt, und während die Kennedys Europa entgegenfuhren, zogen dunkle Wolken über dem Kontinent auf. Hitlers Truppen marschierten durch die Straßen von Wien und zwangen ganz Österreich unter das Hakenkreuz. »Ich scheue mich nicht einzugestehen«, erinnerte sich Rose, »daß die Aussicht, als Frau des amerikanischen Botschafters in London am Hof von St. James empfangen zu werden, mich ein wenig nervös machte.«

Kathleen teilte die Ängste ihre Mutter nicht. Als sie zur Mai-Woche nach Cambridge gekommen war, hatte sie sich hoffnungslos in England verliebt. Die schmucklose Schuluniform von damals hing inzwischen im Schrank. Jetzt war sie die Tochter des amerikanischen Botschafters und würde überall eingeladen werden. Peter Grace hatte in den Wochen vor ihrer Abreise aus New York mit allen Mitteln versucht, Eindruck zu schinden. Er hatte sogar bei einem Hockeymatch drei Tore erzielt, obwohl er normalerweise im Tor stand und nie zuvor ein Tor geschossen hatte. Peters Name stand in den Schlagzeilen, aber wie viele Tore er auch schießen mochte, Kathleen wollte noch nicht heiraten.

Bei der Ankunft in Plymouth wurden Rose und die Kinder von Joe und der Presse erwartet. Rose hatte ein oder zwei vage Fragen über ihre ersten Eindrücke von England erwartet. Um so überraschter war sie, als ein Reporter sie über Peters Romanze mit Kathleen ausfragen wollte. Es war das erste Mal in ihrem Leben, daß die Presse sich für intime Details des Familienlebens interessierte. »Peter ist ein netter Junge«, antwortete sie. »Davon abgesehen weiß ich nicht sehr viel von der Sache.« Kathleen errötete, als sich der Reporter ihr zuwandte. »Ich weiß gar nicht mehr, wie es anfing. Irgendwie ist es verrückt, aber er ist unglaublich nett. Ich mag ihn sehr, aber ich weiß sehr wenig über ihn.«

»Alles Unsinn!« fuhr Joe dazwischen und beendete das Thema. »Sie ist doch erst achtzehn.« Er legte Rose den Arm um die Schulter und betrachtete seine fünf Kinder, als seien sie für ihn die Welt. »Jetzt habe ich alles«, sagte er. »London wird einfach großartig sein.«

* * *

Die Engländer empfingen die Kennedys mit seltener Herzlichkeit. Sie fanden Gefallen an dem unkomplizierten 49jährigen Botschafter, seiner jugendlich wirkenden 47jährigen Frau und ihren neun lebenslustigen Kindern. Joe war der undiplomatischste aller Diplomaten, und die britischen Zeitungen waren voll des Lobes für seine direkte Art. In seinem Büro am Grosvenor Square legte er die Füße auf den Tisch, ließ sich in inoffiziellen Runden in einer unverblümten Sprache über Gott und die Welt aus und verteidigte leidenschaftlich seine Absicht, Amerika aus dem Konflikt, der sich in Europa zusammenbraute, herauszuhalten.

Jedermann in England wollte die Kennedys kennenlernen, insbesondere die neunfache Mutter Rose. In einer Publikation wurde ihr das »Charisma eines Filmstars und die Würde einer Herzoginwitwe« zugeschrieben, und die *Vogue* nannte sie »eine bemerkenswerte Frau, der die Kennedys viel von jener seltenen Harmonie und Einigkeit verdanken, die das beherrschende Element und das Leitmotiv der Familie sind.«

Obwohl die Briten die Kennedys aufrichtig mochten, steckte hinter ihrer Sympathie auch ein gewisses Maß an Berechnung. Joe hatte irische Vorfahren, und die britische Oberschicht verachtete die Iren in der Regel fast ebensosehr wie die Iren die Briten. Aber Joe war der Botschafter der Vereinigten Staaten, und im britischen Establishment wurde die Parole ausgegeben, daß Joe und Rose Kennedy eingeladen, umworben und geehrt werden sollten. »Die Männer wußten normalerweise, daß sie die Ehrungen ihrer Position als Repräsentanten einer sehr mächtigen Nation zu verdanken hatten«, sagte ein amerikanischer Diplomat. »Aber den Frauen stiegen sie manchmal zu Kopf. Als Mrs. Kennedy nach London kam, war sie ein nüchterner Typ, aber schon nach ein paar Monaten hielt sie sich für etwas Besonderes.«

Nach ihrer Ankunft in der sechsstöckigen Botschaftsresidenz am Prince's Gate Nr. 14 widmete sich Rose der Organisation des Haushalts. Es war das erste Mal, daß sie in einem dieser großartigen europäischen Häuser lebte, von denen die Nonnen in Blumenthal so oft gesprochen hatten. Der Ballsaal war mit Aubusson-Teppichen ausgelegt, und die Wände schmückten bemalte französische Holztäfelungen. Der erste Stock beherbergte zwei elegante Empfangszimmer. Einer war die Kopie eines Raumes in Versailles, und den anderen, das sogenannte Kiefernzimmer, erkor Rose zu ihrem Arbeitszimmer.

Das Haus besaß ingesamt 27 Schlafzimmer für die Familie, Gäste und die Bediensteten sowie einen Aufzug, den Bobby und Teddy sofort als ihr privates Spielzeug in Beschlag nahmen. Rose stellte diese

Unart bald ab und brachte den Haushalt mit Hilfe von Luella und Elizabeth Dunn binnen kurzer Zeit auf Vordermann.

* * *

Eunice und Rosemary trafen im April in London ein, und wenn Joe jr. und John F. im Sommer aus Harvard nachkamen, würde die Familie wieder komplett sein. Rose schickte Eunice, Pat und Jean auf das Heilig-Herz-Konvent in Roehampton vor den Toren der Hauptstadt. Die Schule war so exklusiv, daß Rose als junges Mädchen dort nicht aufgenommen worden wäre.

Hinter den dicken gotischen Mauern des Konvents verbarg sich ein geräumiges Landhaus, in dem vormals der Lordoberrichter residiert hatte. Die Nonnen hatten einen Großteil der alten Einrichtung, darunter auch Gemälde alter europäischer Meister und das kunstvoll verzierte Mobiliar in den Zeichenräumen, unverändert gelassen. Zu den Schülerinnen gehörten unter anderem die Töchter der königlichen Familien Luxemburgs, Bayerns und Frankreichs, für die die drei Kennedy-Mädchen ein ganz anderer Menschenschlag waren. »Sie erschienen uns wie Paradiesvögel«, sagte eine damalige Mitschülerin. »Sie strahlten einen Glanz und eine Weltlichkeit aus, die sich deutlich von der Einstellung der streng erzogenen Töchter heimatloser europäischer Aristokraten und der englischen Mädchen in ihren Tweed-Kostümen abhob.« Eine ähnliche Haltung war Rose und ihren amerikanischen Mitschülerinnen von den jungen Europäerinnen in Blumenthal entgegengebracht worden.

Mit ihren 17 Jahren gehörte Eunice zu den älteren Schülerinnen. Sie hatte ein waches, kantiges Gesicht, das eine besondere Intensität ausstrahlte. In ihrem ersten Hockeymatch in Roehampton rannte sie sich die Lunge aus dem Leib und feuerte ihre Mitspielerinnen mit einer solchen Begeisterung an, daß diese sie hinterher beiseite nahmen und ihr erklärten, daß sich wohlerzogene Mädchen so nicht betragen. Mit derselben Begeisterung stürzte sie sich in das Schulleben. Im Handarbeitsunterricht erwies sie sich als begabte Näherin und schneiderte einen Mantel und einen Rock, den sie zu jedem Anlaß hätte anziehen können. Selbst in dieser Klosterschule erschien ihr religiöser Eifer ungewöhnlich, wenn nicht sogar übertrieben. Wenn sie in der Kapelle betete, faltete sie die Hände vor dem Gesicht und beugte den

Nacken so tief, daß sie fast wie eine Heilige aussah. Sie war ein so vollkommenes Kind vom Heiligen Herzen, daß sie im Jahr darauf in Roehampton nicht nur zum beliebtesten Mädchen, sondern auch zu der Schülerin gewählt wurde, die am meisten für die Schule getan hatte.

Eunice bestand sogar darauf, John F. ein Telegramm zu schicken, in dem sie ihren alles andere als frommen Bruder ermahnte, am ersten Fastentag ja nicht die Messe zu versäumen. Eunice himmelte ihren Bruder an. »Sie war ein sehr kluges Mädchen und bewunderte ihren Bruder«, erinnerte sich Mutter Binney, eine ihrer Lehrerinnen, noch ein halbes Jahrhundert später. »Die Kennedys hielten als Familie fest zusammen.«

Der 14jährigen Pat fehlte zwar die Gottesfürchtigkeit und die Leidenschaft ihrer älteren Schwester. Aber mit ihren dunklen Haaren, ihren violettfarbenen Augen und ihrem strahlenden Lächeln erinnerte sie ihre Bewunderer nicht an ihre Mutter oder ihren Vater, sondern an eine schöne irische Prinzessin. Aufgrund des unterschiedlichen Schulsystems war sie ihren Mitschülerinnen in manchen Fächern zwar voraus, aber in Algebra und Geometrie hing sie weit zurück.

Auch die pummelige kleine Jean hatte ihre Probleme mit der Mathematik. Als ihre Lehrerin sie am ersten Schultag auf einen Fehler aufmerksam machte, entgegnete sie frech: »Nun, in Amerika kann man neun durch fünf teilen. Ich verstehe nicht, warum das in England nicht gehen soll.« In den Pausen zog Jean einen blauen Overall über ihre blaue Serge-Uniform und tobte mit den acht Prinzessinnen aus ihrer Klasse über den Schulhof. Doch ihre Ausgelassenheit konnte nicht darüber hinwegtäuschen, wie sehr sie unter dem Umzug nach England litt. Kico, das alte Kindermädchen der Kennedys, war für Jean wie eine zweite Mutter gewesen, eine warmherzige, gefühlvolle Frau, die sie fest in ihr Herz geschlossen hatte. Wenn sie mit ihren Schwestern an den Wochenenden nach Hause kam, verkroch sie sich oft in einen Winkel und schluchzte mit tränennassen Augen: »Kico fehlt mir so sehr.«

Auch Rosemary, die eine Montessori-Schule in Hertfordshire besuchte, kam jedes Wochenende nach London. Nur Bobby und Teddy, die auf die Gibbs-Jungenschule in der Sloane Street gingen, waren auch unter der Woche zu Hause.

Kurz nach ihrer Ankunft im März wurden Rose und Joe von der

englischen Königin zu einem Empfang eingeladen. Rose, die ein elegantes zweiteiliges Kleid trug, war sehr aufgeregt, aber ihr zurückhaltendes Auftreten, das sie sich in den vergangenen Jahrzehnten angeeignet hatte, entsprach durchaus den Umgangsformen in der britischen Königsfamilie. Prinzessin Elizabeth und Prinzessin Margaret waren ungefähr im gleichen Alter wie Bobby und Jean, und so unterhielten sich die Königin und Rose eine Dreiviertelstunde lang über Familienfragen und Kindererziehung.

Dem Empfang folgte bald darauf eine Einladung zu einem Wochenende auf Schloß Windsor. Noch ein halbes Jahrhundert später sprach Rose von einer der »faszinierendsten und tollsten Erfahrungen« ihres Lebens. Nach ihrer Ankunft führte sie der Haushofmeister auf ihre Zimmer. Die Gemächer lagen in einem der Schloßtürme, die den Park überragten. Sie hatten kaum ausgepackt, als ein Diener klopfte und Sherry brachte. »Rose«, sagte Joe und ließ seinen Blick über die prachtvolle Einrichtung schweifen, »zwischen hier und Ost-Boston liegt ein verdammt weiter Weg.« In einer Schublade fand Rose einen Stapel Briefpapier. »Sieh nur, Joe«, sagte sie und deutete auf die Bögen, auf denen das Wappen des Königshauses prangte. »Darauf schreiben wir einen Brief an jedes der Kinder. Sie werden entzückt sein.«

Beim Dinner im Garter-Thronsaal trafen sie die anderen Wochenendgäste, darunter Premierminister Chamberlain und Außenminister Lord Halifax, beide in Begleitung ihrer Gattinnen. König George saß in der Mitte der langen Tafel, Rose zu seiner Rechten und Mrs. Chamberlain zu seiner Linken. Ihm gegenüber hatte die Königin Platz genommen, flankiert von Joe auf der rechten und dem Premierminister auf der linken Seite.

Wie in Washington gingen auch in London das gesellschaftliche und das politische Leben unmerklich ineinander über. Dieses Wochenende auf Windsor Castle war mehr als nur ein Akt der Gastfreundschaft, sondern diente auch der vorsichtigen Sondierung der amerikanischen Außenpolitik. Beim Essen lenkte die Königin das Gespräch behutsam auf das Feld der internationalen Politik. Aber Joe war kein Mann, der seinen Standpunkt hinter weitschweifigen und höflichen Formulierungen versteckte. »Das amerikanische Volk furchtet vor allem eins: in einen Krieg verwickelt zu werden«, erklärte er rundheraus. »Meine Landsleute sagen: ›Nie wieder Krieg!‹ Und ich kann es ihnen nicht verdenken, denn ich empfinde ebenso.«

»Ich teile Ihre Gefühle, Mr. Kennedy«, antwortete die Königin. »Aber bedenken Sie, um wieviel stärker unsere Position gegenüber den Diktatoren wäre, wenn sich die Vereinigten Staaten aktiv an unsere Seite stellten und mit uns zusammenarbeiteten.«

Während Joe sich mit der Königin unterhielt, sprach Rose mit dem König über ihre Kinder. Joe war der Botschafter, und nur ihm stand es zu, eine Meinung über politische Angelegenheiten zu äußern. Schweigend hörte sie zu, wie er dem Königspaar vorschlug, die Vereinigten Staaten zu besuchen. Dann bat ihn Lady Halifax, Theodore Roosevelt zu beschreiben, eine Frage, die Rose in einer solchen Runde nie zu stellen gewagt hätte. Joe schilderte den Präsidenten als einen galanten, aber auch unbeugsamen Mann, der heroisch gegen die Fesseln seiner körperlichen Behinderung ankämpfte.

Nach dem Essen führte die Königin ihre Gäste in den Salon. Die Männer verbeugten sich vor ihr und zogen sich in einen anderen Raum zurück, wo sie Zigarren rauchten, Brandy tranken und über Männerthemen sprachen. Irgendwo im Schloß spielte ein Dudelsackpfeifer, und eine seltsame, schwungvolle Melodie schwebte durch die Gänge und Zimmer. Die Königin stand vor dem Kamin, und Rose unterhielt sich eine Viertelstunde lang allein mit ihr. Rose war gesagt worden, sie solle die Königin mit »Ma'am« anreden, aber das Wort ging ihr nur schwer über die Lippen, und die Königin sagte ihr, sie brauche sich über die korrekte Anrede keine Gedanken zu machen. Nach Rose trat Lady Halifax vor, um allein mit der Königin zu sprechen, dann folgten die anderen Frauen.

An der Wand hing Van Dycks Porträt der fünf ältesten Söhne von Karl I., deren engelsgleiche Gesichter mit unschuldigen Augen in die Welt blickten. Rose erinnerte sich, daß Karl I. enthauptet und zwei der fünf Kinder ermordet worden waren und daß die anderen drei die blutigen Schrecken des englischen Bürgerkrieges miterlebt hatten. Wie heiter sie dasaßen, dachte Rose. Sie waren völlig ahnungslos, welche Woge der Gewalt auf sie zurollte.

Königin Elizabeth stand unter dem Gemälde und plauderte mit ihren Gästen, aber Rose konnte die Gedanken nicht mehr von dem Bild abwenden. »Irgend etwas an diesem Bild, an diesen in der Zeit eingefrorenen Kindern, die nicht ahnen konnten, wieviel Leid die kommenden Jahre für sie bereithielten, ließ mich innerlich erzittern und erfüllte mich mit einem Gefühl der Angst«, erinnerte sie sich noch Jahre später.

Beim Mittagessen am nächsten Tag saß Rose neben Premierminister Chamberlain. Für ihren Mann war es sehr wichtig, gute Beziehungen zu Chamberlain herzustellen, und so versuchte sie vorsichtig, den britischen Premier für sich zu gewinnen. Aber der 69jährige Politiker war ein Mann von asketischer Einstellung, der keinen Sinn für unverbindliches Geplauder hatte und kaum der unterhaltsamste Tischnachbar genannt werden konnte. Trotzdem versuchte Rose, ihn in ein Gespräch zu verwickeln, und wies darauf hin, daß er und ihr Mann einander sehr ähnlich seien. Beide kämen aus der Wirtschaft, beide liebten die Musik und seien passionierte Spaziergänger. Ihre größte Gemeinsamkeit ließ sie freilich unerwähnt: ihre zutiefst pessimistische Sicht der westlichen Welt.

Am Montag morgen kehrten die Kennedys nach London zurück. Das Wochenende war ein triumphaler Erfolg gewesen, der Anfang einer großartigen Zeit in London. Joe hatte allen Grund, Rose für ihr Bemühen um den Premierminister zu loben. Immerhin war er stolz darauf, daß er »Chamberlains Sprache sprechen konnte«, und hatte selbst wiederholt ihre Gemeinsamkeiten betont. Doch statt dessen rügte er sie. »Joe sagte zu mir, ich könne ihn mit jedem beliebigen Menschen vergleichen«, schrieb Rose, »aber ich solle meine Ansichten für mich behalten.« Für Joe zählte nicht, daß die englische Königin die politischen Diskussionen bei Tisch geführt und daß eine andere Frau, Lady Halifax, ihn sehr direkt nach Roosevelt gefragt hatte. Er wollte, daß seine Frau sich aus der von Männern dominierten Welt der Diplomatie heraushielt und sich in den goldenen Käfig der Etikette und Bekleidungsfragen zurückzog, in den Frauen seiner Auffassung nach gehörten.

Joe erwartete von Rose, daß sie eine herzliche und gute Gastgeberin war. Einmal, als sie bei einem Empfang Joes Redenschreiber und langjährigen Berater Harvey Klemmer nicht sofort wiedererkannte, schrie er sie im Beisein mehrerer Gäste an. Es war das einzige Mal, daß ihr ein solcher Fehler unterlief. »Auf den ersten Blick war sie absolut bemerkenswert«, sagte Page Huidekoper Wilson, eine junge Frau aus Baltimore, die als Sekretärin in der Botschaft arbeitete. »Sie strahlte eine große Gelassenheit und Selbstsicherheit aus. Wenn da nur nicht ihr dünnes Stimmchen gewesen wäre. In dem Punkt konnte ihr niemand helfen.«

Bei gemeinsamen Auftritten der Kennedys in der Öffentlichkeit stand Rose im Schatten ihres Mannes und wurde meist übersehen. »London bekam nicht viel von Rose Kennedy zu sehen«, sagte Jane Compton, eine von Kathleens engsten Freundinnen. »Ihr Leben an der Seite von Joe muß ziemlich jämmerlich gewesen sein. Ich bin mir sicher, daß sie wußte, was los war. Natürlich wußte sie es. Rose war eine sehr kluge Frau.« Eine andere Debütantin bezeichnete Rose als »furchtbar affektiert«. Sarah Norton Baring, eine der attraktivsten und intelligentesten Debütantinnen des Jahres 1938, hatte ebenfalls Gelegenheit, die Kennedys zu beobachten. »Ich empfand ihn als sehr aggressiv. Er war sehr ungehobelt und benahm sich nicht gerade so, wie ich es von einem Botschafter erwartet hätte. Und Rose? Sie kam mir immer vor wie ein aufgeregter kleiner Spatz, ein bißchen nervös und von ihm dominiert.«

***

Joe und Rose wurden zu allen großen Ereignissen der Saison eingeladen wie etwa zur Rennwoche in Ascot und zu den zahllosen Bällen und Festen, auf denen sich der britische Adel ein Stelldichein gab. Rose paradierte in immer neuen Kreationen der Pariser Modeschöpfer durch dieses Märchenland zuvorkommender Herzöge, exotischer Maharadschas, vornehmer Ladys, livrierter Butler und katzbuckelnder Lakaien. Sie besaß ein ausgeprägtes Gespür für die passende Garderobe. In Ascot hob sie sich in ihrem schwarzen Organdy-Kleid von Patou und dem dazu passenden schwarzen Hut wohltuend von der Masse der in lavendel-, flieder- und andere pastellfarbene Kostüme gewandeten Damenwelt ab.

Joe betrachtete das Königspaar als eine Art monarchistischer Impresarios, und als er die Prozession der Königsfamilie in Ascot sah, rief er aus: »Nun, wenn das nicht wie Hollywood ist.« Obwohl auch Rose von dem Glanz der britischen Monarchie hingerissen war, sah sie doch hinter die Fassade und erkannte, wie anstrengend die zahlreichen öffentlichen Auftritte für das Königspaar waren. Rose bewunderte sie. Diszipliniert, unerschütterlich und immer ein Lächeln auf den Lippen traten sie ins Rampenlicht, alle Gefühle hinter einer undurchdringlichen Maske vollendeter Höflichkeit verbergend, die sie niemals ablegten. Vergeßlichkeit war eine Todsünde. Wer in der Öffentlichkeit lebte, mußte sich an alles erinnern: Geburts- und Jahrestage, Namen, Termine, handgeschriebene Notizen und kleine Gefälligkeiten. Dies verlangte hartes Training und feste Gewohnheiten. Für Sympathien oder tiefe Gefühle blieb da kein Platz. Rose legte Wert darauf, ihre Söhne über »diese im öffentlichen Leben so wichtigen Dinge« aufzuklären. Die ersten Monate in England und der tiefe Eindruck, den das Königspaar auf sie machte, verstärkten ihr Ideal von dem Leben, das sie und ihre Familie in der Öffentlichkeit führen sollten.

Als Frau des Botschafters bestand ihre erste und wichtigste Aufgabe darin, eine zuvorkommende Gastgeberin zu sein und den Schein einer harmonischen Ehe aufrechtzuerhalten. »Das war alles nur Fassade«, sagte Harvey Klemmer. »Joe Kennedy liebte seine Familie und prahlte überall mit ihr. Wenn wir Reden für ihn schrieben, mußten wir immer seine Familie erwähnen. Aber Rose und Joe lebten nicht zusammen, nicht im eigentlichen Sinne des Wortes, nicht 25 Jahre lang.«

Wenigstens hatte Joe in London die für Rose so erniedrigende Gewohnheit aufgegeben, fremde Frauen mit nach Hause zu bringen. Das bedeutet aber nicht, daß er plötzlich Rücksicht auf ihre Gefühle genommen hätte. Er fürchtete nur, in flagranti ertappt zu werden. Als Botschafter am Hof von St. James konnte er schlecht Revuegirls und Schauspielerinnen in sein Haus einladen. Statt dessen mußten seine Mitarbeiter für ihn gelegentlich heimliche Rendezvous arrangieren. Im reifen Alter entdeckte er eine Vorliebe für reiche Frauen und brüstete sich einmal sogar mit einer angeblichen Affäre mit der Herzogin von Kent, der Schwägerin der Königin. »Joes Lieblingsthema waren Frauen«, erinnerte sich Harvey Klemmer. »Er konnte sich stundenlang darüber auslassen, welche Amerikanerin im Bett die Beste war, und welche die Zweitbeste. Es gefiel ihm, wenn sein Name in Zusammenhang mit berühmten Leuten genannt wurde. Einmal sagte er sogar, die englische Königin sei die tollste Frau auf der Welt, und löste damit Spekulationen aus, obwohl das natürlich absurd war.«

Aber wehe, ein junger Mann versuchte, sich seinen Töchtern zu nähern. In solchen Fällen war Joe wie besessen von der Idee, alles über den Verehrer herauszufinden. »Er kontrollierte sogar meine Freunde«, sagte Luella.

Einmal, als Kathleen zu einem Tennisspiel nach Wimbledon fuhr, bestand er darauf, daß sie von einer Anstandsdame begleitet wurde. Doch wenig später tauchte er selbst mit einer Blondine am Arm auf.

»Ich erinnere mich noch sehr gut daran«, erzählte Jane Compton. »Von unseren Sitzen aus konnten wir ihn und seine Begleiterin gut sehen.« Joes Betragen gab Anlaß zu vielen Gerüchten. »Joe Kennedy war ein schweinischer alter Mann«, urteilte Lady Maureen Fellowes, eine von Kathleens Londoner Bekannten.

* * *

Kathleen war kaum in England angekommen, als sie von Lady Astor eingeladen wurde, ein Wochenende auf ihrem Landsitz in Cliveden zu verbringen. Diese Einladung war eine große Ehre. Die in Amerika geborene Lady Astor saß nicht nur als erste Frau im britischen Parlament, sondern war auch Gastgeberin der berühmtesten Wochenend-Parties in England. Die britische Oberschicht betrachtete den Müßiggang als eines der wichtigsten Vorrechte der Reichen, von der Rennwoche in Ascot und den Tennisturnieren in Wimbledon bis hin zu den mehrtägigen Parties auf ihren Landsitzen. Im Lauf der Jahre hatte Nancy Astor eine bunt zusammengewürfelte Gruppe von Gästen angezogen, zu denen unter anderem Edward VII., Charlie Chaplin und Rudyard Kipling gehörten. George Bernard Shaw schrieb nach einem Aufenthalt in Cliveden, ein Wochenende mit Lady Astor sei mit einem »Sonntagnachmittag in Gesellschaft eines Vulkans« vergleichbar. In dieser Umgebung fanden Aufschneider und Zeitgenossen, die in Fragen der Etikette weniger bewandert waren, ausgiebig Gelegenheit, in Fettnäpfchen zu treten und der Unwissenheit überführt zu werden.

Kathleen war dazu erzogen worden, vor nichts und niemandem Scheu zu zeigen, sich weder von Reichtum noch von Abstammung oder Erfolg einschüchtern zu lassen. Und so dürfte sie auf der Fahrt zu dem über 160 Hektar umfassenden Landsitz an der Themse kaum vor Ehrfurcht erstarrt sein. Cliveden war, wie die meisten Landgüter des englischen Adels, ein richtiges kleines Dorf, in dem Kutscher und Schreiner, Melker und Elektriker, Butler und Hausmädchen lebten. Im Haupthaus selbst kümmerten sich 30 Diener um das Wohl der sieben Familienmitglieder und ihrer Gäste.

Lady Astor hatte eine britische Debütantin gebeten, sich um Kathleen zu kümmern. Eine, wie sich zeigen sollte, überflüssige Vorsichtsmaßnahme. Kathleen fiel es leicht, die in der britischen Aristokratie geltende Etikette zu erlernen. Die liberale Presse Englands hatte Lady Astor und ihre politischen Freunde »die Cliveden-Clique« getauft und verdächtigte den Landsitz, das Zentrum der nazifreundlichen Defätistenbewegung in England zu sein. Wie ihre Mutter interessierte sich Kathleen nicht im geringsten für so etwas. Sie war nach England gekommen, um ihr Leben zu genießen, und politische Intrigen konnten ihr ebenso gestohlen bleiben wie protokollarische Formalitäten. Es ließ sie sogar kalt, daß Lady Astor eine bekannte Gegnerin des Katholizismus war und junge Frauen auf dem Weg zur Messe anfuhr: »Wie könnt ihr nur diesen Hokuspokus mitmachen?«

Am Abend spielten die Gäste Scharade und Reise nach Jerusalem. Lady Astor war eine begnadete Pantomimin und ging in den Charakteren, die sie darstellen mußte, vollkommen auf. Kathleen beteiligte sich an den Vergnügungen mit derselben Begeisterung wie im Salon des elterlichen Hauses in Hyannis Port. »Sehr gesellig und sehr lustig«, schrieb sie an Billings. »Herzöge, die wie junge Studenten um die Stühle herumrennen.«

Lady Astor stellte schnell fest, daß die Tochter des neuen Botschafters keineswegs eine durchschnittliche Debütantin war, die sich aus Angst, etwas Dummes zu sagen, in Schweigen hüllte. Kathleen war ungestüm, respektlos und herzerfrischend anders. Nur »Kick« brachte es fertig, den Herzog von Marlborough »Dukie Wookie« zu nennen oder vor einen jungen Grafen oder eine Lady hinzustehen und zu sagen: »Was Sie nicht sagen. Und was soll daran so witzig sein?« Die jungen Engländer, die es gewohnt waren, schüchterne Debütantinnen über die Tanzfläche zu schieben, deren Konversation sich auf botanische Themen und Familienfragen beschränkte, waren von ihr hellauf begeistert.

Kathleen hatte nichts von der langweiligen Ichbezogenheit so vieler 18jähriger Mädchen, für die die Welt nur ein Mittel zur Selbstbestätigung war. Sie verströmte Lebendigkeit und vermochte mit einem einzigen Witz das steife Korsett der Aristokraten zu sprengen. Sie war respektlos, aber sie hatte auch ein feines Gespür für das, was angemessen war, und wußte genau, wann Ungezwungenheit vulgär und Respektlosigkeit beleidigend wurde. Sie lebte voll und ganz dem Augenblick, und wenn sie mit jemandem sprach, schenkte sie ihm ihre ganze Aufmerksamkeit. Sie spielte ihre Rolle auf dieser Bühne mit bewundernswerter Selbstbeherrschung. Niemals ließ sie sich zu Emotionen hinreißen, ihre Gefühle ausloten und hinterfragen. Wie John F. fiel es ihr schwer, mit Gefühlen umzugehen, und sie stieß alle zurück, die ihr zu nahe kamen. Kathleen fühlte sich in der britischen Oberschicht, in der ein solches Verhalten nicht nur toleriert wurde, sondern die Norm war, schnell heimisch. Sie schien wie gemacht für diese Welt. Hier hatte sie ihre Bühne, auf der sie ihren Charme, ihren Witz und ihren Scharfsinn voll zur Geltung bringen konnte. Und in den englischen Aristokraten fand sie ein Publikum, das jedes ihrer Bonmots mit Applaus begrüßte.

In jenen Jahren ging eine Ära zu Ende. Die späteren Ereignisse warfen ihre dunklen Schatten voraus, und um so heller erstrahlten die Gesichter der Menschen, um so sorgloser klang ihr Lachen in der bedrückenden Stille der Zeit. Niemand aber strahlte und lachte so wie Kathleen. Noch ein halbes Jahrhundert später trieb allein der Name Kathleen alten Männern, die damals mit ihr über die Tanzflächen geschwebt waren, Tränen in die Augen und ließ Frauen, die lange, fröhliche Abende mit ihr verbracht hatten, in wehmütiges Schweigen versinken.

* * *

Die Kennedys waren gerade rechtzeitig zur Eröffnung der gesellschaftlichen Saison in London eingetroffen. Das unbestritten wichtigste Ereignis war das jährliche Defilee der 17- und 18jährigen Debütantinnen vor dem Königspaar, das ihren Eintritt in die Gesellschaft der Erwachsenen markierte.

Zu diesem Ereignis lud der amerikanische Botschafter jedes Jahr rund 30 Mädchen aus der amerikanischen Oberschicht nach London ein. Die Auswahl oblag üblicherweise der Botschafterin und wäre Roses erste wichtige Amtshandlung in London gewesen. Doch Joe lehnte dieses Verfahren als »undemokratisch« ab und machte Schluß mit dem alljährlichen Aufmarsch zahlloser amerikanischer Mütter und Väter, die bei Senatoren und Kongreßmitgliedern vorstellig wurden und alle Hebel in Bewegung setzten, damit ihre Töchter auf die Auswahlliste gesetzt wurden.

Die amerikanische Presse lobte Joe für seinen Angriff auf diese unzeitgemäße Verbeugung vor der britischen Monarchie, und die Nachrichtenagentur Associated Press verstieg sich sogar zu der Behauptung, daß er mit dieser Maßnahme »als Held in die Geschichte der amerikanischen Diplomatie eingehen« werde. Allerdings hatte er mit diesem Schritt auch seiner Frau, der ja das Vorrecht der Auswahl zugestanden hätte, einen Teil ihrer gesellschaftlichen Bedeutung geraubt. Gleichzeitig entschied der umjubelte Verfechter des Egalitarismus, daß amerikanische Mädchen, die in England lebten, was natürlich auch seine Töchter mit einschloß, auch weiterhin als Debütantinnen an der Zeremonie teilnehmen durften. So hatte Joe nicht nur seinen Ruf als entschiedener Demokrat gefestigt, sondern eben jene Privilegien, die abzuschaffen er vorgab, für seine Töchter bewahrt und noch exklusiver gemacht.

Daß Kathleen zu den Debütantinnen gehören würde, war klar, daß Joe und Rose jedoch beschlossen, auch Rosemary in die britische Gesellschaft einzuführen, war eine mutige Entscheidung. Die Rennwoche in Ascot gehörte mit zu den Höhepunkten der Saison. Dort feierte die Aristokratie des Landes den königlichen Reitsport und die Erfolge der Züchter. Die Debütantinnen, die sich dort versammelten, kamen selbst aus den besten »Ställen« und konnten auf lange Stammbäume zurückblicken. Überhaupt hatte die ganze Saison etwas von einer Stuten-Auktion, bei der die Kandidatinnen vorgeführt, bewundert, taxiert, versteigert und verkuppelt wurden. Jungfräulichkeit war für die Debütantinnen nicht nur eine Frage des sittlichen und religiösen Empfindens, sondern auch der gesellschaftlichen Moral. Heimliche Liebschaften, ungeklärte Vaterschaften und unreine Blutlinien waren tabu. Ihre gesamte Erziehung war nur auf einen einzigen Zweck ausgerichtet: standesgemäß zu heiraten und einen Stammhalter zu gebären. Über Generationen hinweg hatte dieses System das Überleben einer der ältesten Eliten in der modernen Welt gesichert und jene ausgeschlossen, die ihre Vorrechte und Rituale in Frage zu stellen wagten. »Von uns wurde unbedingte Keuschheit und Jungfräulichkeit erwartet. Und diese Erwartung haben alle bis auf ein, zwei Ausnahmen erfüllt«, erinnerte sich Julliet »Mollie« Acland Tabor, eine Debütantin des Jahrgangs 1939. »Unsere Bestimmung war die Ehe. Uns wurde ganz unverblümt gesagt, daß anständige Männer keine ›gebrauchten‹ Frauen heirateten.«

Die englischen Adeligen brüsteten sich mit der Reinheit ihres Stammbaums. Und jedem, der einige Zeit mit Rosemary verbrachte, mußte auffallen, daß sie, wie man damals sagte, »langsam« war. Die britische Oberschicht hegte eine tiefe Angst vor allem, was nach Erbkrankheit roch. Hinter vorgehaltener Hand wurden Geschichten über Fälle von »Langsamkeit« in dieser oder jener Familie erzählt, von Töchtern, die auf keinen Debütantinnenball geschickt und in abgelegenen Landhäusern versteckt gehalten wurden, und von Söhnen, die man niemals zu Gesicht bekam. Lord Stratamore, Königin Elizabeths Großvater, hatte einen älteren Bruder, der mit einem eierförmigen Kopf und streichholzdünnen Beinen auf die Welt gekommen war und der mit zunehmendem Alter eine abnorm starke Körperbehaarung entwickelte. Jahrzehntelang wurde er in einem kleinen Zimmer versteckt, und nur sein Bruder, dessen ältester Sohn und zwei Bedienstete wußten von seiner Existenz. Gemunkelt wurde auch über zwei Nichten der Königin, Katherine und Nerissa Bowes-Lyon. Die beiden Mädchen waren, ein überaus peinlicher Vorfall für die Königsfamilie, mit Behinderungen zur Welt gekommen. 1941 wurde in *Burke's Peerage*, dem britischen Adelskalender, ihr Ableben vermerkt. Tatsächlich aber waren die beiden heimlich in eine psychiatrische Anstalt abgeschoben worden, wo sie noch mehrere Jahrzehnte lebten. In einer solchen Welt war Rosemarys Debüt ein gewagter und mutiger Schritt.

***

Die Vorbereitungen auf das Zeremoniell nahmen Rose und ihre Töchter voll und ganz in Anspruch. Jede Debütantin gab einen Ball oder eine Party, und das bedeutete, daß drei lange Monate Fest auf Fest folgte. Da es für eine Mutter undenkbar war, ihre 17- oder 18jährige Tochter auf einen Debütantinnenball gehen zu lassen, ohne vorher die Mütter der anderen Debütantinnen kennengelernt zu haben, gab es Teenachmittage und gemeinsame Essen, bei denen die Mütter zusammenkamen, Tänze für ihre Töchter arrangierten und die Namen gesellschaftlich akzeptabler junger Männer austauschten, die auf die Einladungslisten gesetzt wurden. Diese Treffen waren für Rose eine gute Gelegenheit, die Frauen der gehobenen Gesellschaft in einer ungezwungenen Umgebung kennenzulernen und sich mit ihnen über Themen von beiderseitigem Interesse auszutauschen. In gewisser Weise war das ihre persönliche Einführung, zu der es ohne die Debüts ihrer Töchter nie gekommen wäre.

Rose und ihre Töchter brauchten für die dreimonatige Saison Dutzende neuer Kleider und Kostüme. Rose war eine intime Kennerin der führenden Pariser Modehäuser. Von mehreren Wochenendausflügen mit ihren Töchtern brachte sie Truhen voll eleganter Kleidungsstücke mit nach Hause, darunter eigens für das Hofzeremoniell gefertigte weiße Ballkleider von Molyneux für Rosemary und sie selbst sowie ein weißes Kleid von Lelong für Kathleen.

Die Vorstellung der jungen Damen im Buckingham-Palast folgte einem Ritual, das sich seit 100 Jahren kaum verändert hatte. Rosemary und Kathleen hatten im Heilig-Herz-Konvent gelernt, einen korrekten Knicks auszuführen, aber der Knicks, den sie vor der Königin machen sollten, war anders. Viele Debütantinnen übten in der Tanzschule der Geschwister Vacani nahe Harrods den tiefen Hofknicks. Dazu mußten die Mädchen, unter Anleitung einer der Vacani-Schwestern oder der gleichermaßen berühmten Miss Betty, wie in der Ballettschule am *Barré* stehen und versuchen, sich mit gebeugtem linken Knie, nach hinten gestelltem Fuß und geradem Rücken möglichst bis auf den Boden vorzubeugen. Danach übten sie dieselbe Bewegung mit einem an ihren Schultern befestigten Vorhang als Schleppenersatz, einigen zerzausten Federn anstelle der Straußenfedern, einem Fetzen Netzstoff als Schleier und einem Bukett aus Stoffblumen. Schließlich stellte sich Miss Betty im Raum auf, und eine Debütantin nach der anderen wurde aufgerufen. Wenn sie vor ihr standen, warfen sie kurz das Bein hoch, damit sie sich nicht im Rock verfingen, und vollführten lächelnd den Knicks.

Die meisten Debütantinnen bekamen schon feuchte Hände, wenn sie nur daran dachten, in einem Saal voller Prinzessinnen, Edelmänner, Diplomaten und anderer hochgestellter Persönlichkeiten einen Knicks vor dem Königspaar zu machen. Kathleen jedoch, die das Königspaar kurz »George und Lizzie« nannte, nahm die ganze Sache auf die leichte Schulter. »Muß meinen Knicks aus den Klostertagen auffrischen«, schrieb sie an Lem.

***

Mit Rosemary war das eine ganz andere Sache. Noch nie zuvor war sie in der Öffentlichkeit aufgetreten, und wenn sie zum Tanzen ausgegangen war, dann stets in Begleitung ihrer Brüder. Unter den wachsamen Augen von Rose übte sie Stunde um Stunde, Tag um Tag, aber so oft sie auch versuchte, alles richtig zu machen: Rose wurde die Befürchtung nicht los, daß sie vor der Königin versagen würde.

Als amerikanisches Botschafterpaar hätten Joe und Rose der Zeremonie auch beigewohnt, wenn ihre Töchter nicht eingeladen worden wären. Auch für sie war es der erste Empfang im königlichen Schloß, und Rose freute sich auf einen märchenhaften Abend. Im Ankleidezimmer halfen ihr die Dienerinnen in ihr weißes, mit Silber und Gold besticktes Spitzenkleid. Der von Molyneux abgestellte Schneider steckte die »Prince-of-Wales«-Federn fest, und ihr Friseur setzte ihr ein von Lady Bessborough geborgtes Diamanten-Diadem auf. Nachdem eine Dienerin ihr ein Paar bis zur Schulter hinaufreichender, hautenger Glacéhandschuhe übergestreift und die Juwelen angelegt hatte, warf sie einen Blick in den Spiegel und fühlte sich, wie sie später sagte, »ein bißchen wie Aschenputtel«.

In einem anderen Zimmer halfen Luella und Miss Dunn Rosemary beim Anziehen und stimmten sie auf ihren ersten öffentlichen Auftritt ein. Luella fürchtete, daß Rosemary im Buckingham-Palast plötzlich kehrtmachen und den Ballsaal verlassen könnte. »Rosemary, heute abend wirst du die Schönste sein«, redete Luella auf sie ein, während sie ihr beim Schminken half. »Schöner noch als deine Mutter.« Als Rosemary in den Spiegel blickte und ihr Ebenbild anlächelte, mußte Luella zugeben, daß sie mit ihrer Schmeichelei sogar recht hatte: Rosemary sah in der Tat bezaubernd aus. »Oh ja, du bist wunderschön«, fuhr sie mit beruhigender, halb flüsternder Stimme fort. Rosemary schien sehr mit sich zufrieden zu sein, und Luella war zuversichtlich, daß der Abend reibungslos verlaufen würde.

Rosemary und Kathleen trugen Ballkleider aus weißem Tüll und Schleppen aus hauchdünner Gaze. Kathleen sah hinreißend aus, aber neben der Schönheit ihrer Schwester verblaßte sie. Eigentlich hätte das ihr Abend sein sollen, der Abend der drei Kennedy-Frauen. Aber es war nicht nur ihr Abend. Seit Generationen waren die amerikanischen Botschafter in dem traditionellen Kostüm, das aus Kniebundhosen, Seidenstrümpfen und einem schlichten schwarzen Jackett bestand, vor dem britischen Hof erschienen. Doch als die Reporter Joe fragten, ob er gedenke, sich an die Kleiderordnung zu halten, erwiderte er: »Nein, das wird Mrs. Kennedys kleiner Junge nicht tun.« Statt dessen legte er einen schwarzen Smoking, eine weiße Krawatte und lange

Hosen an, während die anderen Diplomaten, auch die amerikanischen, in Kniebundhosen erschienen.

Nachdem die Fotografen, die vor der Botschaft in Stellung gegangen waren, ihre Aufnahmen gemacht hatten, bestiegen die Kennedys zwei große Limousinen und ließen sich zum Buckingham-Palast fahren. Im ersten Wagen saß Rosemary, die in ihrem Ballkleid wie die Verkörperung von Kultiviertheit, Klasse und guter Erziehung erschien, wie eine ganz normale Kennedy. Und im zweiten Wagen saß Joe, der es wagte, die Traditionen der britischen Aristokratie herauszufordern und die Perücken und Röcke der diplomatischen Kleideretikette über Bord zu werfen.

Schaulustige säumten die Straßen vor dem Palast, und alle hofften, einen Blick von den herausgeputzten Gästen in ihren Nobelkarossen zu erhaschen. Als die beiden Wagen der Kennedys langsam durch das Tor rollten, winkten die Zuschauer ihnen zu, und Rose winkte zurück.

Rose und Joe stiegen aus und gingen gemessenen Schrittes durch ein Spalier von Leibgardisten mit roten Waffenröcken und Federbuschhelmen und Yeomännern in Tudor-Uniformen die mit rotem Teppich ausgelegte Freitreppe hinauf. Gepuderte Lakaien führten sie durch eine Flucht von Vorzimmern, bis sie schließlich den großen Thronsaal erreichten und ihre Plätze bei den Diplomaten einnahmen.

Der riesige, in Gold, Rot und Weiß gehaltene Ballsaal wirkte sehr majestätisch und verlieh dem Protokoll und dem höfischen Zeremoniell etwas Unumstößliches. Joe sah in seinem Smoking und seiner weißen Krawatte ebenso deplaziert aus, wie wenn er in Hemdsärmeln erschienen wäre. Aber nicht eine einzige Stirn legte sich in Falten, und kein einziger abfälliger Blick streifte ihn, als er den Saal betrat. Immerhin war er der amerikanische Botschafter, und in einer Zeit, in der Hitler immer mächtiger wurde, hielt er womöglich den Schlüssel zur Rettung des Empire in Händen. Nur als die Königinmutter Maria ihn erblickte, meinten manche, ein kurzes Stirnrunzeln auf ihrem sonst ausdruckslosen Gesicht entdeckt zu haben. Der *Evening Standard* bemerkte dazu voller Ironie: »Mr. Kennedys Wunsch, dem Vorwurf der ›Speichelleckerei‹ vorzubeugen, führte zu der etwas paradoxen Situation, daß die einzigen Hosen, die man am gestrigen Abend bei Hofe zu sehen bekam, die seinen und die einiger untergeordneter Diener waren.«

Um Punkt 21.30 Uhr betraten der König und die Königin den Ballsaal. Damit begann eine zweistündige Zeremonie, in deren Verlauf alle Debütantinnen paarweise vor den Thron schritten und sich vor dem Monarchenpaar verbeugten. Rosemary und Kathleen standen mit den anderen Debütantinnen in einem Vorzimmer und warteten, bis sie an der Reihe waren. Der Zeremonienmeister inspizierte sie von Kopf bis Fuß und arrangierte ihre Schleppen, die sie so über den linken Arm gelegt hatten, daß sie genau 45 Zentimeter hinter ihnen auf den Boden fielen. »Miss Rosemary Kennedy, Miss Kathleen Kennedy«, las der Haushofmeister ihre Namen von ihren rosa Einladungskarten ab, während sie den Thronsaal betraten.

Vor ihnen waren bereits 20 Mädchen hineingegangen, und mit Ausnahme der jeweiligen Eltern verfolgte die Versammlung den Vorgang mit jenem gelangweilten Interesse, das sich nach einiger Zeit bei jeder langwierigen Zeremonie einstellt. Seite an Seite schritten Kathleen und Rosemary über den roten Teppich auf den Thron zu, in den Händen einen Strauß Maiglöckchen. Ein paar Schritte vor dem königlichen Paar signalisierte eine kleine, in den Teppich eingewobene goldene Krone, wo sie stehenbleiben und den Knicks ausführen mußten. Mit einem Lächeln auf den Lippen vollführten sie einen tiefen Knicks, glitten drei Schritte zur Seite und knicksten noch einmal vor der lächelnden Königin. Nach dem zweiten Knicks, so sah es das Zeremoniell vor, sollten sie nach rechts abgehen und, ohne sich noch einmal umzudrehen, den Saal verlassen.

Rose wollte schon einen Seufzer der Erleichterung ausstoßen, da geschah es. Rosemary geriet ins Stolpern und wäre beinahe gefallen. Einer Debütantin konnte nichts Schlimmeres passieren, als sich im wichtigsten Moment ihres gesellschaftlichen Lebens vor dem Königspaar und dem versammelten Hochadel eine Blöße zu geben. Doch der König und die Königin lächelten unverändert weiter, und im Saal ließ sich nicht das leiseste Raunen vernehmen. Innerhalb von ein paar Sekunden war alles vorbei, Rosemary fing sich wieder und folgte Kathleen durch die Tür hinaus.

Rose erwähnte den Vorfall mit keiner Silbe und behandelte den gesamten Auftritt als einen ungetrübten Triumph. Nichts war geschehen. Und Rosemary selbst war sich der gesellschaftlichen Nuancen nicht so sehr bewußt wie ihre Mutter oder ihre Schwestern und wußte vielleicht gar nicht, welchen Schnitzer sie sich geleistet hatte.

Das nach der Vorstellung am Hof für Kathleen wichtigste gesellschaftliche Ereignis der Saison war ihr eigener Debütantinnenball in Prince's Gate. Auf den gravierten Einladungskarten stand zwar neben ihrem auch Rosemarys Name, aber die Debütantinnen, an die sie verschickt wurden, waren ausnahmslos Kathleens Freunde und Bekannte. Sie war seit kaum zwei Monaten in London, aber sie besaß einen untrüglichen Instinkt dafür, sich mit den prominentesten britischen Debütantinnen anzufreunden. Zum Dinner an diesem Abend wurden 80 junge Leute, die sogenannten »Spitzenleute«, die Crème de la crème der jungen britischen Oberschicht, eingeladen, zu denen später noch 300 weitere Gäste stießen.

Drei Monate lang feierten die Debütantinnen ein Fest nach dem anderen und zogen von einem Ball zum nächsten. Später konnten sich die jungen Frauen nur noch an ihren eigenen Ball und ein paar besonders denkwürdige Feste erinnern. Und zu diesen Höhepunkten gehörte auch der Kennedy-Ball. Die Mutter von Lady Maureen Fellowes ahnte, daß der Abend im Haus des Botschafters Außergewöhnliches erwarten ließ, und nähte auf das zarte Spitzenkleid ihrer Tochter eine wertvolle Brosche, ein Familienerbstück, das Prinz Albert entworfen hatte.

Nach dem Abendessen gingen die Gäste in den Ballsaal der Botschaft, der mit rosa und blaßlila Blumen geschmückt war. Die Kennedys hatten die populäre Ambrose-Band engagiert, die ihre abendlichen Auftritte im Hotel Mayfair mit der Erkennungsmelodie »When Day Is Done« eröffnete.

Rose hatte einen Botschaftsangehörigen als Rosemarys Begleiter für den Abend verpflichtet. Er hieß Jack Kennedy, wurde aber allgemein »London Jack« genannt. Rosemary war eine hervorragende Tänzerin, und London Jack verbrachte den größten Teil des Abends damit, sie auf der Tanzfläche herumzuwirbeln.

In den meisten Häusern wäre der Krankenschwester und der Gouvernante vielleicht nicht einmal ein Blick in den Ballsaal gestattet worden. Doch Rose bestand nicht nur darauf, daß Luella und Miss Dunn teilnahmen, sondern den Saal auch so betraten, als seien sie mit den anderen Gästen gekommen.

Es war Kathleens Abend, und die jungen Männer, der Viscount Newport, Friedrich Prinz von Preußen, der Herzog von Kent und wie sie alle hießen, wetteiferten um den nächsten Tanz mit ihr. Unter den jungen Männern waren auch einige, die außer einem guten Namen und einem passenden Abendanzug wenig geerbt hatten, aber ihre Namen tauchten kaum auf Kathleens Tanzkarte auf. Jeder Tanz dauerte rund 20 Minuten, und so versuchte sie, die Männer dazu zu bringen, auch während der Tänze die Partnerin zu wechseln, doch die jungen Briten hielten wenig von dieser amerikanischen Neuerung. Abgesehen davon war der Abend, wie sie Lem schrieb, »einfach wunderbar«.

***

Am nächsten Abend ging es wieder weiter: die nächste Dinner-Party, der nächste Ball, ein weiterer Abend geistreicher Wortgefechte mit jungen Männern aus den besten Familien des Landes. Im Gegensatz zu den meisten anderen Müttern von Debütantinnen verzichtete Rose darauf, Kathleen persönlich zu beaufsichtigen, und schickte eine Freundin oder Botschaftsangehörige an ihrer Stelle.

Manchmal verschwand Kathleen bereits nach ein paar Tänzen und kehrte erst zurück, wenn in den frühen Morgenstunden die englische Nationalhymne »God Save the King« gespielt wurde. Ziel ihrer Ausflüge war der Four Hundred Club oder das Café de Paris. Obwohl diese Clubs als gefährliches Pflaster für eine 18jährige galten, waren sie doch keine dunklen Bars, an denen heimliche Liebschaften gepflegt wurden. Die Oberkellner schützten die Debütantinnen vor den Übergriffen des gemeinen Pöbels, und das Unziemlichste, was einer Debütantin hier widerfahren konnte, war ein gestohlener Kuß auf dem Weg zurück zum Ball. Gleichwohl gehörten der Four Hundred Club und das Café de Paris zur Welt der Erwachsenen, und allein das machte einen Besuch für die meisten Debütantinnen zu einem Wagnis.

Kathleen hielt die Männer für eine zur Treue unfähige Spezies, eine Sichtweise, die auf den Erfahrungen mit ihrem Vater und ihren Brüdern beruhte und zweifellos noch durch die dunklen Anspielungen der Nonnen verstärkt worden war. Auf einer Dinner-Party erzählte ein Mädchen von einem verheirateten Bekannten, der gerade eine Affäre hatte. »So sind die Männer nun einmal«, sagte Kathleen, als spreche sie nicht über einen moralischen Fehler, sondern über eine in der Natur der Männer liegende Eigenschaft. »Ihr wißt, daß wir Frauen ihnen nicht trauen können.« Kathleen und ihre Freundinnen waren in sexueller Hinsicht sehr unerfahren. Natürlich gab es auch ein paar Debütantinnen, die »Dummheiten machten«, die »unanständig« oder »lasterhaft« waren. Alle wußten, wer diese Mädchen waren und was sie taten, wenn auch nicht bis ins letzte Detail. »Ich wußte, wie es bei Tieren ging, aber ich habe es niemals mit Menschen in Verbindung gebracht«, sagte Sarah Norton Baring, eine von Kathleens Freundinnen. »Wir glaubten, man könne durch einen Kuß schwanger werden. Irgendwann erzählten uns die Mädchen, die den Rubikon überschritten hatten, die Wahrheit. Es war ekelerregend.«

Die jungen Männer, mit denen die Debütantinnen tanzten, hatten Jungeninternate besucht und waren meistens ebenso unschuldig wie ihre Partnerinnen. Es wurde zwar gemunkelt, daß ein paar von ihnen nach den Bällen ins Net, ein Luxusbordell, weiterzogen, aber das waren nur Gerüchte. Einige waren bekannt dafür, daß sie ihre Partnerinnen auf der Tanzfläche allzu eng an sich preßten oder versuchten, sie zu umarmen. Das waren die berüchtigten »Taxi-Tiger« oder »NSITs« (Nicht sicher im Taxi). Wer Wert auf seinen Ruf legte, vermied den Umgang mit Taxi-Tigern. Die Mehrzahl von Kathleens Begleitern und Bekannten waren anständige und gepflegte junge Männer, die weiße Handschuhe trugen, damit sie mit ihren verschwitzten Händen nicht den bloßen Rücken oder das kostbare Kleid ihrer Partnerin berührten. Kathleen war das nur recht, denn sie hatte einen Abscheu davor, von einem Mann unziemlich angefaßt zu werden.

***

Kathleen hatte den Grundsatz, jeden Moment so intensiv wie nur möglich zu erleben. Als sie Jean Oglivy, die heutige Lady Lloyd, kennenlernte, hielt sie sich nicht an die lästigen Gepflogenheiten, die verlangten, daß sie ihrer neuen Freundin eine schriftliche Einladung zum Mittagessen schickte. Statt dessen rief sie sie am Tag nach ihrer ersten Begegnung einfach an und lud sie in die Botschaft ein, wo die beiden den Nachmittag damit verbrachten, auf einem Victrola-Plattenspieler amerikanische Jazzplatten anzuhören. Für ein Mädchen aus der britischen Oberschicht war das eine unmögliche Beschäftigung, aber in Gegenwart von Kathleen schien es die natürlichste Sache der Welt zu sein.

Bei einer Dinner-Party warf Kathleen ein Brötchen auf einen Gast, der weiter unten am Tisch saß. Die Antwort kam postwendend, ebenfalls in Form eines Brötchens, und innerhalb kürzester Zeit hatte sich die Tafel in ein Schlachtfeld verwandelt und alle Gäste bewarfen sich gegenseitig mit Brötchen. »Wenn jemand anders das getan hätte, hätte es sicherlich ordinär oder schockierend gewirkt«, erinnerte sich Jean Oglivy. »Aber Kathleen hatte so eine Art, die selbst aus einer Brötchenschlacht einen Akt der Befreiung machte.« Eines Abends wartete William Douglas-Home, einer von Kathleens zahlreichen Verehrern, gerade in einem Vorzimmer in Prince's Gate auf sie, als ein Mann mit weißer Krawatte und Frack den Raum betrat. In seiner Hand hielt er ein Tablett mit Whiskey.

»Könnte ich einen Kleinen haben?« sagte Douglas-Home und winkte den Mann, den er für den Butler hielt, zu sich her.

»Falls Sie sich selbst einschenken, gern«, erwiderte der Befrackte und stellte sich als Joseph P. Kennedy vor.

Douglas-Home, später ein prominenter Bühnenautor, erkannte schnell, daß Kathleen anders war als die britischen Debütantinnen. »Kick war das lustigste Mädchen, das ich jemals getroffen habe«, erinnerte er sich. »Sie konnte ein ebenso amüsanter Gesprächspartner sein wie ihr Bruder John F.«

Eines Nachts soll sie Douglas-Home vor einem Brunnen in Hever versprochen haben, ihn zu heiraten. Aber schon am nächsten Tag wußte sie nichts mehr davon und bat ihn, sie zu einem anderen Verehrer zu fahren.

Bereits vor der Ankunft der Kennedys in England hatte *Queen*, eine Zeitschrift, die über das Leben der oberen Zehntausend berichtete, Kathleen als eine herausragende Debütantin der Saison von 1938 vorgestellt. Und im Mai widmete ihr das Blatt einen eigenen Artikel. So schnell, wie sich Kathleen in ihrer neuen Rolle einlebte, konnte es nicht ausbleiben, daß sie Neid erregte. »Mein Gott, wie ich sie um ihre Ausstrahlung und ihr Aussehen beneidet habe«, erinnerte sich Helen Long noch Jahrzehnte später.

Kathleen hatte zahlreiche Verehrer und wog sie mit einem sicheren gesellschaftlichen Instinkt. Die Urteile, zu denen sie gelangte, behielt sie weitgehend für sich. Nur in ihren Briefen an Lem Billings, von dem sie ein Ozean trennte, erlaubte sie sich etwas mehr Offenheit. »Immer wenn ich einen Burschen treffe, der sich für absolute Spitze hält und dabei nur ein zu groß geratener Junge ist, muß ich an Dich denken«, ließ sie ihrer Abneigung gegen ihre eingebildeten britischen Altersgenossen freien Lauf. »Du und John F., ihr würdet euch die Bäuche halten vor Lachen. Kaum einer hier versteht Spaß.« Doch die Amerikaner, die sie in London traf, kamen kaum besser weg. Einen Studenten aus Princeton hielt sie für »zu gelackt und zu süßlich« und Byron »Whizzer« White, der eines Tages im Obersten Gerichtshof der USA sitzen sollte, war von vorneherein chancenlos, weil er »kein College im Osten besucht hat«. Lem wiederum schien es für seine Pflicht zu halten, Kathleen über ihre Verehrer jenseits des Atlantiks zu informieren, und warnte sie: »Peter Grace ist verrückt nach Dir und will diesen Sommer nach England reisen, um die Sache klarzumachen. Also, sei auf der Hut, Kick.«

Peter hatte Kathleen nicht vergessen und stand in ständigem Briefkontakt mit ihr. Ihre Antworten weckten in ihm den Eindruck, daß er immer noch Chancen bei ihr habe. Schließlich kündigte er ihr an, daß er im Juli 1938 auf der *Queen Mary* nach England kommen werde, und Kathleen gab ihm allen Grund zu glauben, daß er willkommen sei. Nach seiner Ankunft in Southampton fuhr er mit dem Zug nach London und dann mit dem Taxi zur Botschaft. Voller Vorfreude darauf, Kathleens »wundervolles Lächeln« zu sehen, stieg er vor Prince's Gate aus.

Der Butler öffnete die Tür, und Peter kam gleich zur Sache. »Ich bin Peter Grace«, sagte er, als ob das Einführung genug sei. »Ich möchte zu Miss Kathleen Kennedy.«

»Ich fürchte, das wird ganz unmöglich sein, Sir«, erwiderte der Butler und bedachte Peter mit einem Blick, in dem sich Verachtung und Ungläubigkeit die Waage hielten. »Miss Kennedy ist bei den Rennen in Sussex.«

Peter machte auf dem Absatz kehrt, setzte sich in den Zug nach Southampton und fuhr auf der *Queen Mary* zurück nach New York.

»Wir standen uns nahe«, erinnerte sich Peter. »In New York habe ich sie jeden Abend ausgeführt. Aber ich bin ihr nicht böse. Sie war ein junges, gutaussehendes Mädchen und wurde von Herzögen und Prinzen umschwärmt. Sie verkehrte in den besten englischen Kreisen, und manche Leute lassen sich davon einfach mitreißen. Ich hatte so eine Ahnung, daß sie von all den großen Namen geblendet war. Dagegen ist man machtlos.«

***

Kathleen wäre sicherlich zu Hause gewesen, um Peter zu empfangen, wenn sie nicht die jährliche Gartenparty des Königspaares am 18. Juli im Buckingham-Palast besucht hätte, wo sie mit den anderen Gästen um den kleinen See spazierte und in einem Zelt Tee nippte. Bei der Gelegenheit wurde sie William »Billy« Cavendish vorgestellt, dem Marquis von Hartington und einem der begehrtesten Junggesellen Englands. Der Stammbaum des jungen Cavendish war so makellos, daß er sogar als möglicher Ehemann für die zwölfjährige Prinzessin Elizabeth, die künftige Königin von England, gehandelt wurde.

Selbst wenn Billy ein ungehobelter Rüpel gewesen wäre, hätte das kaum eine Debütantin davon abgehalten, ihm schöne Augen zu machen. Immerhin würde er nach dem Tod seines Vaters Herzog von Devonshire werden und zu einem der reichsten und prominentesten Männer des Landes aufsteigen. Doch Billy war alles andere als ein Flegel. Er hatte in Eton und am Trinity College in Cambridge studiert. Bescheiden und zurückhaltend, entsprach er dem Idealbild des jungen britischen Gentleman. Mit seinen 1,90 Meter überragte er die zierliche Kathleen bei weitem, hatte sich aber eine gebeugte Haltung angewöhnt, fast so, als fürchtete er, zu viel Platz einzunehmen.

Kathleen unterhielt sich fast eine Stunde mit ihm, und der zukünftige Herzog von Devonshire war von der Tochter des amerikanischen Botschafters ebenso angetan wie sie von ihm. Die Cavendishs verdankten ihre herausragende politische Stellung vor allem ihrer jahrhundertealten Opposition gegen die katholische Kirche, eine Tradition, die in der Ahnengalerie im Stammsitz der Familie in Chatsworth lebendig gehalten wurde. Der erste Cavendish, Herzog William, ein Mann mit einer herrischen Haltung und der typischen langen Cavendish-Nase, widersetzte sich im 17. Jahrhundert der Thronbesteigung des katholischen Königs Jakob II. und bekämpfte ihn später in einem blutigen Bürgerkrieg. Der dritte Herzog, ebenfalls ein William, »war ein einfacher Mann, der wenig Wert auf seine Kleidung legte«, ein Urteil, das von seinem Porträt in der Ahnengalerie bekräftigt wird; er wurde zum Vizekönig von Irland eingesetzt und war damit Souverän über ein Volk von Katholiken, das seinen Namen nicht so schnell vergessen sollte. Die Tradition setzte sich im 19. Jahrhundert mit Spencer Compton, dem achten Herzog, fort, einem kräftigen Mann mit einem langen, dünnen Bart, der im Oberhaus vehement gegen die Homerule für Irland kämpfte.

Ihren Reichtum mehrte die Familie vor allem dadurch, daß ihre Söhne reiche Töchter zur Frau nahmen. Mit jeder Eheschließung kamen neue Ländereien und neue Schlösser in den Besitz der Herzöge von Devonshire, und die Familie machte es sich zur Gewohnheit, im Verlauf des Jahres von einem Schloß zum anderen zu ziehen. Billy wurde in Churchdale Hall, einem düsteren Landsitz in Derbyshire, geboren und verbrachte dort auch seine Kindheit. Zu den Besitztümern, die ihm nach dem Tod seines Vaters zufallen würden, gehörte Chatsworth, ein wunderschöner Palast in Derbyshire, wo die Familie den Winter verbrachte, Lismore Castle in Irland, wo sie von Februar bis April wohnte, eine Villa in London, in der sie in der Saison von Mai bis Ende Juli residierte, dazu Bolton Abbey für die Moorhuhn-Jagd im August und September und schließlich Hardwick Hall für die Rebhuhn-Jagd im Oktober.

Billys Großvater war erst vor kurzem verstorben und hatte damit seinen Vater zum zehnten Herzog von Devonshire gemacht, eine Rolle, die Billys Vater allerdings nicht sehr gut zu Gesicht stand. Sein Porträt in der Ahnengalerie zeigt zwar einen Mann mit einer strengen, aristokratischen Ausstrahlung, aber nach Auskunft des gegenwärtigen elften Herzogs Andrew war er »der am nachlässigsten gekleidete und blasseste Herzog«, den die Familie jemals hervorgebracht hat.

»Er war ein frustrierter Mann. Er haßte es, Herzog zu sein, und seine ganzen Besitztümer und Schlösser langweilten ihn«, schrieb Sir Henry Channon in seinem Tagebuch. Als Oberhaupt der nach der königlichen Familie vielleicht bedeutendsten Familie Englands mußte der Herzog die ihm bestimmte Rolle im öffentlichen Leben spielen, tat es aber mit geringer Begeisterung. Der zehnte Cavendish war ein rundlicher, immer ein wenig zerzaust aussehender Mann, der, wenn er durch die Felder von Chatsworth streifte, leicht mit einem Wildhüter verwechselt werden konnte. Oft trug er eine Kaufmannsschürze über dem Anzug und fertigte aus Federn, die er von den Hüten vornehmer Damen gepflückt hatte, Lachsköder. Wenn er überhaupt eine Leidenschaft besaß, dann für Portwein, und wenn er Gäste auf Chatsworth empfing, brachte er es fertig, den freundlichen Gastgeber zu mimen und für jedes Glas, das seine Gäste tranken, drei hinunterzustürzen. Und wenn er etwas haßte, dann den Katholizismus. Er war richtiggehend stolz auf die antiklerikale Tradition der Cavendishs. »Man darf wohl sagen, daß mein Vater ein bigotter Protestant war«, sagte Andrew. »Meine Eltern warfen den Katholiken Bekehrungseifer vor und legten größten Wert auf die Feststellung, daß die Cavendishs seit jeher gegen den Katholizismus waren.«

***

Eines Tages würde Billy Herzog werden, doch trotz dieser großen Bestimmung strahlte er eine eigenartige Gleichgültigkeit aus. Er war ein Mann, der leidenschaftlich nur in seiner Leidenschaftslosigkeit war. Bei Kathleen spürte er jene Ungezähmtheit, die ihm selbst fehlte. Durch sie schien das pure Leben zu strömen, sie pulsierte vor Vitalität und Energie. Für Kathleen war Billy der Inbegriff des vornehmen Aristokraten. Durch ihre ganze Erziehung war sie darauf vorbereitet worden, einen solchen Mann zu heiraten.

Obwohl schon ein interessierter Blick auf Kathleen einem Verrat an der von den Cavendishs hochgehaltenen Tradition gleichkam, unterhielt sich Billy im Garten des Buckingham-Palastes fast eine Stunde mit ihr, und ein paar Tage später lud er sie sogar anläßlich der Pferderennen in Goodwood auf den Familiensitz in Eastbourne, Compton Place, ein. Kathleen wußte, daß sie, wenn sie seine Einladung annahm, Peter versetzen mußte. Dennoch nahm sie an und hinterließ Peter nicht einmal eine Nachricht. Kathleen war nicht gut im Abschiednehmen. Sie lebte in der Gegenwart, nicht in der Vergangenheit. Ihre Abwesenheit sagte mehr als Worte.

Billy und Kathleen gingen gemeinsam mit seinem jüngeren Bruder Andrew und dessen Freundin Deborah »Debo« auf die Rennbahn. Obwohl Andrew lebhafter war als Billy, besaßen beide denselben Geschmack, der sowohl in der Kunst, die sie sammelten, wie auch in den Frauen, die sie umwarben, zum Ausdruck kam.

Dabei war ihr Geschmack, was Frauen anging, weit gewagter als in der Kunst. Debos fünf Schwestern zählten zu den umstrittensten Frauen in Großbritannien. Diana war mit dem britischen Naziführer Leonard Mosley verheiratet, Unity sympathisierte mit Hitler, und Jessica hatte sich der kommunistischen Sache verschrieben. Debo selbst fühlte sich nicht zur Politik hingezogen und hatte ihr Debüt in der Saison 1938 allem Anschein nach sehr genossen.

Aber wenigstens war Debo, im Gegensatz zu Kathleen, keine Katholikin. Billy und Andrew hatten in ihrer Jugend den Haß ihres Vaters gegen den Katholizismus übernommenn, der in diesem weniger eine Religion als vielmehr eine Verschwörung sah. Für den zehnten Cavendish war die anglikanische Kirche *die* Kirche von England, und die Zugehörigkeit zu ihr zeichnete jeden loyalen Untertanen ebenso aus wie seine Treue zur Krone und sein Glaube an das Empire. Der Herzog wußte, daß er seine Söhne nicht darauf hinweisen mußte, nur ihresgleichen zu heiraten. Eine Katholikin zu ehelichen, war vollkommen undenkbar. Die katholische Kirche bestand darauf, daß die aus einer solchen Verbindung hervorgehenden Kinder nach ihren Regeln erzogen wurden. Würde Andrew, der Zweitgeborene, eine Katholikin zur Frau nehmen, so wäre das ein Skandal, sollte aber Billy, der nächste Herzog von Devonshire, auf einen solchen Gedanken verfallen, so wäre das Verrat an einer drei Jahrhunderte währenden Familientradition.

Kathleen war so hingerissen von Billy, daß sie alle Zeitungsartikel über ihn, die sie in die Finger bekam, in ihr Notizheft klebte, selbst Fotos, die ihn neben jungen Frauen wie Lady Irene Haig oder Lady Mary Fitzroy zeigten. Hätte Billy davon gewußt, so hätte er sich sicherlich geschmeichelt gefühlt. Er hatte keine Ahnung, daß Kathleen zur Chronistin seines Lebens geworden war. Sie ließ ihn über ihre Gefühle im unklaren und ging auch weiterhin mit anderen Männern aus. Je populärer sie wurde, desto begehrenswerter wurde sie auch.

11

»Das ist das Ende der Welt«

Es war Anfang September 1938, und Rose wollte noch einige geruhsame Tage an der französischen Riviera verbringen. Die anderen waren bereits nach London zurückgekehrt, und sie freute sich darauf, ungestört über die Strandboulevards zu schlendern, in den Boutiquen zu stöbern und die Sonnenuntergänge zu genießen. Doch daraus wurde nichts. Joe rief sie gleich nach seiner Ankunft in London an und forderte sie mit besorgter Stimme auf, sofort nach England zu kommen. Allem Anschein nach wollte Hitler seine Drohung wahr machen, mit seiner Armee in die Tschechoslowakei einrücken und das Sudetenland besetzen. Europa stand am Rande eines Krieges. Chamberlain war zweimal nach Deutschland geflogen, um Hitler zum Einlenken zu bewegen. Aber die Zugeständnisse, die er mit nach Hause gebracht hatte, waren nicht das Papier wert, auf dem sie standen.

Rose hätte ihrem Mann in dieser Frage sicher manchen guten Ratschlag geben können. Aus ihrer Zeit in Blumenthal kannte sie den Stolz der französischen Mädchen, deren Vaterland den Krieg von 1870/71 gegen Deutschland verloren hatte. Sie hatte miterlebt, wie die französischen Schülerinnen sich geweigert hatten aufzustehen, wenn die deutsche Nationalhymne gesungen wurde. Politik in Europa, das hieß allzu häufig Blut und Vergeltung, und sie hatte ein Gespür für die Gefahren, die auf dem Kontinent lauerten. Sie war ebenso um die Sicherheit der Familie besorgt wie Joe, doch wenn sie, was selten genug vorkam, über Politik sprach, so wurden ihre Gefühle durch ein umfassendes Verständnis der Welt, in der sie lebte, gemäßigt.

Joe war ein Isolationist durch und durch und vertrat einen Standpunkt, hinter dem sich eine dunkle Ahnung verbarg, eine tiefsitzende, unmittelbare Angst um die Zukunft seiner Familie und die seines Landes. Es war dieselbe, zutiefst emotionale Sichtweise politischer Vorgänge, die Männer so gern den Frauen vorwarfen und die sie als Grund anführten, wenn sie den Wunsch der Frauen nach mehr Mitsprache in der Politik ablehnten. Joe verstand Politik nicht als etwas Abstraktes, sondern als eine Kraft, die in den Kern seiner Existenz hineinwirken konnte. Sein eigentliches Problem war, daß die Welt für ihn mit seiner Familie anfing und aufhörte. Er wollte nicht, daß seine Söhne als Soldaten in einen sinnlosen Krieg zogen. Und er fürchtete um das Leben seiner Frau und seiner Töchter, falls es zu einer Bombardierung Londons kommen sollte. Was er nicht sah, waren die angsterfüllten Gesichter der Menschen in Europa, die 400 000 deutschen Sozialdemokraten im Sudetenland, die von Tod und Verfolgung bedroht waren, die Verzweiflung und Not der Juden in Deutschland. Und wenn er sie sah, so hatte er beschlossen, sie zu ignorieren.

Das Flugzeug von Cannes nach London war bis auf den letzten Platz ausgebucht, und so mußte Rose den Nachtzug nach Paris nehmen. Die Zeitungen waren voll von Berichten über Chamberlains Treffen mit Hitler in Berchtesgaden. Hitlers Ultimatum lief am 1. Oktober ab, und je näher dieser Tag rückte, desto unausweichlicher schien der Krieg.

Rose blieb in London nur so lange, bis sie ihre Koffer gepackt hatte, und fuhr gleich weiter nach Schottland, wo sich die britische Oberschicht wie jeden Herbst bei der Moorhuhnjagd ein Stelldichein gab. In dem belebenden Klima des schottischen Herbstes suchte Rose Ruhe bei kleineren Wanderungen durch das bewaldete Hochland. Sie hörte, wie Chamberlain mit einer »Stimme, die von Trauer und Abscheu vor dem Krieg erfüllt war«, seine Landsleute im Rundfunk dazu aufrief, Ruhe zu bewahren und die Hoffnung nicht aufzugeben.

Am Morgen des 28. September rief Joe an und forderte sie zur Rückkehr nach London auf: In ein paar Tagen werde der Krieg ausbrechen. Am selben Tag fanden die traditionellen Pferderennen in Perth statt, die normalerweise Scharen von Touristen in das schmucke Städtchen lockten. Doch diesmal war Rose fast der einzige Gast in ihrem Hotel, und als sie in die Stadt zu einem bekannten Tweed-Geschäft fuhr, herrschte auf den Straßen eine gedrückte Stimmung. Der Besitzer des Ladens berichtete ihr, daß Chamberlain sich zu einem letzten, dramatischen Rettungsversuch entschlossen habe und noch einmal nach München fliegen werde. Obwohl kein Grund zu der Annahme bestand, daß ihm diesmal mehr Erfolg beschieden sein würde, machte sich unerklärlicherweise überall die Hoffnung breit, er werde den Frieden retten. Rose beschloß, noch einige Tage in Schottland zu bleiben.

Kathleen war mit einigen ihrer neuen Freunde ebenfalls nach Perth gekommen. Als sie am Nachmittag die Rennen besuchte, trug sie ein Tweed-Kostüm ohne den obligatorischen Hut. Ein paar Pressefotografen entdeckten sie, und kurze Zeit später wurde sie in den Zeitungen als Anhängerin der neuen »hutlosen Mode« bezeichnet. Der Rest der Familie war in London geblieben, aber selbst das Gerücht, daß im Hyde Park Schützengräben ausgehoben wurden und die Botschaft evakuiert werden sollte, konnte Rose nicht zur Rückkehr bewegen. Am Abend nach den Rennen traf sie Kathleen auf einer Cocktailparty auf dem Schloß von Lord Forterrot. Ihre Tochter war so mit ihren Freunden beschäftigt, daß sie nicht einmal die Nachricht von Chamberlains Flug nach Deutschland mitbekommen hatte.

Während Rose und Kathleen sich auf der Cocktailparty vergnügten, setzten Chamberlain und der französische Premierminister Edouard Daladier in München ihre Unterschriften unter einen Vertrag, der Hitler das Sudetenland in die Hände spielte. William Shirer, ein junger amerikanischer Korrespondent, schrieb in sein Tagebuch, der britische Premier habe ihn weniger an einen Diplomaten als vielmehr »an einen der schwarzen Geier erinnert, die ich in Bombay auf toten Parsi gesehen habe«. Doch in England wurden die Kirchenglocken geläutet, und die Massen jubelten Chamberlain zu, der glaubte, »unserer Zeit den Frieden« gebracht zu haben.

»Alle sind glücklich und erleichtert«, schrieb Rose in ihr Tagebuch. Als sie schließlich wieder in London eintraf, schloß Joe sie in seine Arme und wiederholte immer wieder, was für ein großartiger Mann Chamberlain sei. Joe wertete das Münchner Abkommen auch als seinen Triumph und nahm sich fest vor, diesen Punkt bei der erstbesten Gelegenheit publik zu machen. Die Gelegenheit ergab sich, als er im Oktober anläßlich des Trafalgar Day, an dem sich Lord Nelsons Sieg über die Franzosen und Spanier jährte, eingeladen wurde, vor dem Flottenverein eine Rede zu halten. Normalerweise wurden an diesem Tag Lobeshymnen auf den unbezähmbaren britischen Kampfgeist gesungen, aber Joe beabsichtigte, mit einer ganz anderen Botschaft vor das Publikum zu treten: Demokratien und Diktaturen, hieß es in dem Manuskript seiner Rede, »werden in ein- und derselben Welt zusammenleben müssen, ob es ihnen paßt oder nicht.«

Als Rose das Manuskript las, erkannte sie sofort, daß Joe im Begriff war, einen vollkommen überflüssigen Streit vom Zaun zu brechen und sich großen Ärger einzuhandeln. »Hast du darüber nachgedacht, wie sie das zu Hause aufnehmen werden?« hielt sie ihm vor, wie er selbst später berichtete. Er schlug ihre Warnungen in den Wind und hielt die Rede. Doch Rose hatte recht gehabt: Joe wurde zur Zielscheibe hitziger Angriffe, die seinem Ruf schweren Schaden zufügten.

Rose hatte ihn klug beraten, und die Trafalgar-Rede hätte ihn lehren sollen, in Zukunft öfter auf seine Frau zu hören. Aber dem war nicht so. »Der Trafalgar Day war der Anfang und das Ende meiner Karriere in der internationalen Politik«, schrieb Rose später. Und er war auch der Anfang von Joes Schwierigkeiten.

***

Am Ende des Jahres reisten Rose und die Kinder zu einem Skiurlaub nach St. Moritz. Joe flog zu Beratungen nach Washington und machte anschließend Urlaub in Palm Beach. Schon kurz nach der Ankunft der Kennedys in St. Moritz verstauchte sich Bobby an einem Idiotenhügel einen Knöchel. Joe jr. hingegen raste ohne Rücksicht auf Leib und Leben die steilsten Pisten hinunter, bis er einen famosen Sturz hinlegte und sich den Arm brach. Wie seine Geschwister betrachtete er körperliche Schmerzen vor allem als Prüfung und lachte über die Verletzung. »Sieht ganz schön schlimm aus, was?« prahlte er vor Luella. Der kleine Teddy mühte sich nach Kräften, es seinen größeren Brüdern gleichzutun, und schaffte es, sich das Knie zu verrenken. Während er die Verletzung auskurierte, zündelte er mit Streichhölzern und steckte dabei den Papierkorb in seinem Zimmer in Brand.

Rose war es gewohnt, daß Joe nicht in ihrer Nähe war, und so machte es ihr nichts aus, Silvester ohne ihren Ehemann zu feiern, auch wenn um sie herum viele Paare einander zuprosteten. Selbst in solchen Momenten dachte sie nur daran, wie sie den politischen und gesellschaftlichen Aufstieg der Familie fördern konnte. Und so zog sie sich in ihr Zimmer zurück und schrieb einen Brief an Präsident Roosevelt, in dem sie ihm für seine Unterstützung dankte.

Sehr verehrter Mr. President,

die Kinder und ich haben uns in St. Moritz vom alten Jahr verabschiedet und der auf- und anregenden Erfahrungen des verflossenen Jahres gedacht. Erst durch die Ehre, die Sie Joe erwiesen haben, konnten wir all das erleben, und dafür sind wir Ihnen zu größtem Dank verpflichtet. Und so möchten wir Ihnen nochmals für ein wunderbares Jahr 1938 danken und Ihnen mitteilen, daß wir von ganzem Herzen hoffen und dafür beten, daß 1939 ein glückliches Jahr für Sie werden wird.

Hochachtungsvoll
Ihre
Rose Kennedy

Als Frau eines Politikers hatte Rose gelernt, auf jedes Wort zu achten, das sie in der Öffentlichkeit sagte. Journalisten gegenüber legte sie eine vorsichtige Zurückhaltung an den Tag, und im Gegensatz zu ihrem Mann ließ sie sich nie zu einer unbedachten Äußerung hinreißen, die sie später vielleicht bereuen mußte. Die Kennedys waren berühmt, und selbst in St. Moritz wurden sie von Fotografen verfolgt. So rief sie eines Tages ein Reporter vom Londoner *Daily Express* an und fragte sie, was an dem Gerücht über einen bevorstehenden Rücktritt ihres Mannes dran sei. Joe hatte in der Tat laut über Rücktritt nachgedacht, aber Rose hütete sich, einem Gerücht Nahrung zu geben, das aller Wahrscheinlichkeit nach von seinen politischen Widersachern in Washington in Umlauf gebracht worden war, zumal sie mit ihrer Stellung als Frau des amerikanischen Botschafters in London mehr als zufrieden war. »Wir hoffen, daß wir noch lange, vielleicht sogar Jahre, in London bleiben können«, antwortete sie. »Wir lieben England und ganz besonders die Engländer. Ich habe einige der glücklichsten Momente meines Lebens in London verbracht, und den Kindern gefällt es dort auch.«

Roses Hauptsorge in St. Moritz galt Rosemary. Sie konnte sich zwar darauf verlassen, daß Eunice die meiste Zeit auf ihre ältere Schwester achtgab. Aber mit ihren 20 Jahren war Rosemary zu einer hübschen jungen Frau herangewachsen. Sie zog die Blicke der Männer auf sich, die ihr rätselhaftes Schweigen und ihre mitunter seltsamen Bemerkungen als weibliche Bescheidenheit auslegten. Da Rose ihr aber nicht alle Vergnügungen vorenthalten wollte, mit der sich ihre Schwestern die Zeit vertrieben, gestattete sie ihr auszugehen, bestand aber darauf, daß Joe jr. sie begleitete.

»Warum muß Joe mitkommen?« beschwerte sich Rosemary.

»Weil du sonst niemanden kennst, Liebes«, antwortete Rose. »Er wird dich nicht stören. Er wird einfach im Raum sein.«

Solche Vorsichtsmaßnahmen hatten nicht den Zweck, Rosemary vor der Welt zu schützen, sondern dienten auch dazu, den Ruf der Familie vor Rosemary zu schützen. Die Kennedys waren zu einer der berühmtesten Familien in Amerika und England aufgestiegen. Die Presse feierte sie als die perfekte Verkörperung des »American Way of Life« und »eine der interessantesten Familien der Welt«.

Rose und Joe sahen keine andere Möglichkeit, als der Welt immer neue Lügen über Rosemary aufzutischen und immer neue Märchen zu erfinden. Der Frauenzeitschrift *Woman's Day* gegenüber äußerten sie, daß Rosemary eine »Ausbildung als Kindergärtnerin« absolviere, im *Parents Magazine* dagegen hieß es, Rosemary sei zwar an einer Tätigkeit im sozialen Bereich interessiert, hege aber auch eine heimliche Leidenschaft für das Theater. Als zwei Journalisten vom *Boston Globe* um ein Interview mit Rosemary baten, verfaßte Eddie Moore eine Antwort, die Rosemary dann getreulich abschrieb: »Ich interessiere mich seit jeher für das, was sich hinter den Dingen verbirgt und weiß, daß das Leben uns nicht zum Vergnügen gegeben worden ist. Seit einiger Zeit beschäftige ich mich mit der bekannten psychologischen Methode von Dr. Maria Montessori und habe letztes Jahr einen Abschluß als Lehrerin gemacht.«

Unmittelbar nach der Rückkehr aus dem Skiurlaub verreiste Rose erneut, diesmal ohne Begleitung. Die Reise führte sie zunächst an die französische Riviera, dann über Süditalien weiter nach Athen, auf die griechischen Inseln und durch die Türkei und Palästina nach Ägypten. Eine Aura der Wehmut umgab diese zierliche Frau, die so stolz auf ihren Status als Botschafterfrau und ihre Familie war, hartnäckig auf die ihr zustehenden Vorrechte pochte und doch allein von Stadt zu Stadt, von Hotelzimmer zu Hotelzimmer zog. Die Briefe, die sie an Joe schickte, waren liebevolle Botschaften an den Mann, der ihr bei der Gründung einer außergewöhnlichen Familie zur Seite gestanden hatte. »Ich gehe nach Ägypten«, schrieb sie ihm. »Wenn die Reise nur halb so schön wird, wie ich es mir erhoffe, werde ich nächsten Sommer die Kinder losschicken. Du weißt ja, wir bekommen 25 Prozent Rabatt.«

Rose weilte gerade in Ägypten, als sie die Nachricht erreichte, daß Papst Pius XI. gestorben und Kardinal Eugenio Pacelli zu seinem Nachfolger bestimmt worden war. Pacelli war ein Freund der Kennedys und hatte sie bei seinem Aufenthalt in den USA in Bronxville besucht. Und nun beschloß Roosevelt, daß Joe die Vereinigten Staaten bei der Amtseinführung des neuen Papstes vertreten sollte. Es war das erste Mal überhaupt, daß ein amerikanischer Diplomat offiziell an der Zeremonie teilnahm. Rose setzte sich sofort hin und schrieb ihrer Freundin Marie Greene in Brookline auf einem Fetzen braunen Packpapiers: »Habe gerade ein Telegramm von Joe erhalten. Wir sollen die Vereinigten Staaten bei der Krönung von Papst Pius XII. vertreten.«

Rose fühlte sich sehr geehrt. Ohne Zeit zu verlieren, brach sie sofort nach Italien auf und traf so rechtzeitig in Rom ein, daß sie ihre Familie, die mit dem Zug aus Paris angereist kam, am Bahnhof empfangen konnte. Nacheinander stiegen die Kinder aus dem privaten Waggon, den Joe gemietet hatte. Überglücklich umarmte Rose eines nach dem anderen. Da bemerkte sie, daß Joe jr. fehlte. Ängstlich fragte sie ihren Mann, was geschehen sei. Er beruhigte sie und sagte, daß er Joe jr., der gerade durch Spanien reiste, ein Telegramm geschickt habe, daß es aber wegen des dort tobenden Bürgerkriegs nicht habe zugestellt werden können. In Wahrheit hatte er seinen Sohn sehr wohl erreicht und ihm erlaubt, in Madrid zu bleiben. Religion war seiner Ansicht nach Frauensache. Aber so wenig, wie er sich vorstellen konnte, Joe jr. wegen der Amtseinführung des Papstes aus Madrid herbeizuzitieren, so wenig konnte er sich vorstellen, Rose die Wahrheit zu sagen. Der Grund für seine Lüge mag nobel gewesen sein, aber auf diese Weise lehrte er seine Kinder, daß sie die Werte, die ihre Mutter hochhielt, mißachten durften, solange sie sich dabei nicht erwischen ließen.

In Rom entdeckte Rose zu ihrer »großen Freude«, daß der betagte Kardinal O'Connell ebenfalls in die Ewige Stadt gekommen war. Sie wußte genau, welche Rolle er in ihrem Leben gespielt hatte, aber sie grollte ihm deswegen nicht. Im Gegenteil, sie dachte nur daran, wie er sie und Joe getraut hatte, und fand, daß er sich auch im Alter »seine Liebenswürdigkeit und Weisheit bewahrt hatte«.

* * *

Joe hatte seinen Kindern beigebracht, sich immer nach vorne zu drängen, bei jeder Versammlung in der ersten Reihe zu stehen, bei jeder Parade an der Spitze zu marschieren. Wie sehr er selbst nach dieser Maxime handelte, stellte er einmal mehr in Rom unter Beweis. Die Anzahl der Stühle, die in der Peterskirche aufgestellt worden waren, war begrenzt, und von den Kennedys war nur er, der Botschafter, eingeladen worden. Aber er hatte es sich nun einmal in den Kopf gesetzt, seine Familie mitzubringen, und daran gab es nichts zu rütteln. Kardinal O'Connell, der mit seinen Eigenarten bestens vertraut war, rief, als er vom Umfang der Kennedy-Abordnung erfuhr: »Wird Joe es denn nie lernen?« Kurz nach den Kennedys traf der italienische Außenminister und Schwiegersohn Mussolinis, Graf Ciano, in der Kirche ein und mußte feststellen, daß ein junger Kennedy auf seinem Platz saß. Der Minister tobte und war drauf und dran, die Kirche zu verlassen, als in letzter Sekunde doch noch ein Stuhl für ihn herbeigeschafft wurde.

Für Rose waren die Tage in Rom ein Höhepunkt in ihrem Leben, der dadurch gekrönt wurde, daß der neue Papst ihrer Familie eine Privataudienz gewährte. Normalerweise blieb der oberste Kirchenfürst bei Audienzen sitzen, doch als Joe eintrat, erhob sich Pius XII. Nachdem Joe und der Papst sich eine Zeitlang unter vier Augen unterhalten hatten, betraten auch Rose, die Kinder und Joes Assistenten, die in einem Vorzimmer gewartet hatten, den Saal. Der Papst ging zu einem Tisch, nahm Rosenkränze und Medaillons von einem silbernen Tablett und überreichte sie den Kennedys als Geschenk. Dann plauderte er mit Rose und erinnerte sich an den Tag in Bronxville, als der kleine Teddy auf seinen Schoß gesprungen war und mit seinem Kreuz gespielt hatte.

»Ich hatte überhaupt keine Angst«, sagte der inzwischen siebenjährige Teddy nach der Audienz. »Der Papst hat meine Hand gestreichelt und gesagt, daß ich ein aufgeweckter Junge sei.«

Zwei Tage später kehrten die Kennedys in den Vatikan zurück, und Teddy empfing von Pius XII. die Erstkommunion. Teddy war der erste Amerikaner, dem diese Ehre zuteil wurde.

***

Die Kennedys weilten immer noch in Rom, als am 15. März deutsche Truppen in Böhmen und Mähren einmarschierten. Die Spannungen in

Europa erreichten einen neuen Höhepunkt, und Joes Hauptaufgabe bestand nun darin, die Stimmung in der britischen Bevölkerung auszuloten und nach Washington zu berichten.

Joe nahm die Freunde seiner Töchter als Maßstab für die moralische Stärke der jungen Generation in England. Auf einer Botschaftsparty, bei der Kathleen neben Billy Hartington saß, führte er den Anwesenden einen Film über den Stellungskrieg im Ersten Weltkrieg vor.

»Seht ihr das?« rief Joe. »Das steht euch bevor, wenn ihr gegen Deutschland in den Krieg zieht.«

Er sah die jungen Männer eindringlich an. »Werdet ihr gegen die Deutschen kämpfen?« fragte er nach einer Pause. Briten halten wenig von abstrakten Bekundungen ihres Mutes, und so war es höchst unwahrscheinlich, daß sie auf Kommando das Banner des Patriotismus schwenken würden, schon gar nicht im Salon des amerikanischen Botschafters. Im Gegenteil, die Direktheit der Frage und die Kritik, die in ihr mitschwang, reizte sie.

»Ich weiß, daß ihr nicht zu den Waffen greifen werdet, wenn es soweit ist«, provozierte Joe weiter.

»Natürlich nicht«, antwortete einer der jungen Männer. »Warum sollten wir auch?«

Die anderen griffen die Antwort auf und machten sich einen Spaß daraus, den alten Joe auf den Arm zu nehmen. Sie präsentierten sich als ein Haufen nichtsnutziger Schurken und Parasiten und überboten sich gegenseitig in der Schilderung ihrer Feigheit. Daß viele Reservisten und sogar richtige Offiziere wie Billy unter ihnen waren, schien Joe gar nicht aufzufallen.

»Du darfst ihn nicht ernst nehmen«, entschuldigte sich Kathleen hinterher bei Billy. »Vater versteht die Engländer einfach nicht so gut wie ich.« Kathleen konnte nicht nur gut reden, sondern auch gut zuhören, und sie wußte, daß Billy und ihre anderen Freunde die Vorgänge auf dem Kontinent mit großer Sorge verfolgten. Sie flüchteten sich in schwarzen Humor und scherzten, daß sie Amerika in dem bevorstehenden Krieg auf ihre Seite ziehen könnten, indem sie einen Kennedy ermordeten und die Tat dann den Deutschen in die Schuhe schoben.

Am meisten aufgebracht über Joes Ignoranz gegenüber dem Nazismus und seine arrogante Verurteilung der britischen Kampfmoral waren Kathleens Freundinnen. Viele hatten mehrere Monate in Deutschland verbracht und wußten mehr über den Nationalsozialismus als die jungen Männer. Kathleen Ormsby-Gore konnte kaum an sich halten, als Joe verächtlich über ihre Generation herzog. Sie hatte noch nach dem deutschen Einmarsch in Österreich einige Zeit in Wien gelebt. Als sie sich dort den Fuß brach, versorgte sie ein jüdischer Arzt namens Rosenblatt, der nebenan wohnte. Eines Abends kam sie heim, und die Tür zu seiner Wohnung stand offen. Er und seine Familie waren verschwunden. »Der Vorfall hat uns einen furchtbaren Schrekken eingejagt«, erzählte sie später. »Ich und die anderen, die dabei waren, konnten lange Zeit von nichts anderem mehr reden.«

***

Je bedrohlicher die Lage in Europa wurde, desto mehr zog Rose sich in eine Welt der Rituale und Äußerlichkeiten zurück. Die großen gesellschaftlichen Ereignisse nahmen ihre ganze Aufmerksamkeit in Anspruch, insbesondere das Diner zu Ehren des britischen Königspaares, das in der ersten Maiwoche in der Botschaft gegeben wurde. Sie ließ eigens Maifisch-Rogen aus Baltimore, Schinken aus Virginia und eingelegte Pfirsiche aus Georgia einfliegen, und für die Dekoration der Räumlichkeiten bestellte sie Orchideen aus Paris, deren Arrangement sie persönlich beaufsichtigte.

Rose galt Pünktlichkeit als Beweis für einen guten Charakter, und sie nahm es als ein gutes Zeichen, daß der König und die Königin pünktlich mit dem Glockenschlag des Big Ben eintrafen. Sie und Joe standen am Fuß der Treppe, als um 8.33 Uhr der Wagen des Königspaares gemeldet wurde. Für Rose verkörperte Königin Elizabeth das Ideal einer Frau, die im Rampenlicht der Öffentlichkeit stand und deren Leben von den Regeln der Etikette beherrscht wurde. Sie bewunderte ihre Selbstbeherrschung. Niemals glänzten Tränen in ihren Augen, niemals kam eine vulgäre Bemerkung über ihre Lippen, keine Gefühle trübten ihren klaren Verstand. »Ich war von den beiden sehr beeindruckt«, erzählte Rose noch Jahrzehnte später. »Sie hatten so viele Pflichten zu erfüllen. Sie mußten stets pünktlich und tadellos gekleidet sein und Menschen aus den verschiedensten Ländern mit einem Lächeln und einer netten Bemerkung begrüßen und durften dabei nie vergessen, wen sie empfingen und welche Interessen ihre Gäste hatten. Und das Tag für Tag, Monat für Monat. In der Politik weiß man, daß das alles einmal ein Ende haben wird und man sich entspannen kann. Aber sie werden in diese Rolle hineingeboren. Ich bewundere beide sehr, vor allem aber die Königin.«

Im Frühjahr 1939 kehrte Rose in die Vereinigten Staaten zurück, denn sie sollte bei den Vorbereitungen für den historischen Besuch des britischen Königspaares in den USA helfen. Die meisten Amerikaner sahen in Großbritannien ein privilegiertes Land, dessen Streit mit Nazideutschland für sie nicht mehr war als unbedeutende Kabbeleien zwischen den Bewohnern einer müden Alten Welt, die diesen Namen ganz und gar zu Recht trug. Roosevelt versuchte, die junge und sprunghafte amerikanische Nation eine andere Sichtweise zu lehren, ein Bemühen, das von der häufig geäußerten und tiefsitzenden Furcht behindert wurde, daß er Amerika auf den möglichen Eintritt in einen großen Krieg jenseits des Atlantik vorbereiten wolle.

Ein König ist ein König, und eine Königin eine Königin. Nirgendwo gilt das mehr als in der egalitären Welt der Vereinigten Staaten, und die Menschen waren von den sympathisch auftretenden Monarchen fasziniert. Der Besuch, bei dem von vorneherein jedes politische Thema ausgespart wurde, bewirkte eine tiefgreifende Veränderung im politischen Leben der Vereinigten Staaten. »Die Briten haben Washington zurückerobert«, lautete eine Schlagzeile am Tag nach der Abreise des Königspaares aus Washington.

Rose liebte den Glanz und die Rituale der Monarchie, doch sie wußte auch, daß die Amerikaner selbst an hochgestellten Persönlichkeiten noch eine einfache, sozusagen demokratische Seite entdecken wollten. Und so wurden, allerdings erst nach »einem hitzigen Disput«, dem Königspaar bei einem Picknick im Garten von Roosevelts Haus in Hyde Park Hotdogs serviert. »Die Majestäten waren entzückt, und die Presse überschlug sich fast vor Begeisterung«, freute sich Rose.

Der Besuch geriet zu einem triumphalen Erfolg, der, mit Roses stiller Hilfe, dazu beitrug, Joes Isolationspolitik zu unterminieren. »Ein Großteil des überwältigenden Erfolgs des Amerikabesuchs verdanken wir zweifellos Mrs. Kennedy, von der wir während der Rundreise leider viel zu wenig zu hören und zu sehen bekamen«, schrieb der Londoner *Daily Express.*

* * *

Eunice mußte ihre ersten Schritte als Debütantin ohne den Beistand ihrer Mutter tun. Während die Welt langsam, aber sicher dem Abgrund entgegentaumelte, wurde in London die neue Saison eingeläutet. In den eleganten Häusern gaben die Reichen und Schönen opulente Dinnerparties und feierten rauschende Bälle. Kenner des gesellschaftlichen Lebens Englands äußerten die Ansicht, daß die Saison von 1939 ganz außergewöhnlich brillant gewesen sei. »Trotz der schlechten Nachrichten vom Kontinent dreht sich das gesellschaftliche Karussel ebenso vergnügt wie eh und je«, schrieb *The Tatler.* »Und das vollauf zu Recht. Denn welchen Sinn hat es zu jammern, bevor man den Schmerz fühlt?«

Kathleen war eine der gefeiertsten Debütantinnen der vergangenen Saison gewesen, und Eunice trat in eine Gesellschaft ein, der ihre Schwester ihren Stempel aufgedrückt hatte. Mit ihren 17 Jahren war sie nicht mehr der unbeholfene Teenager, der sie einige Jahre zuvor noch gewesen war. »Eunice nahm nie etwas als selbstverständlich hin«, erinnerte sich Luella. »Sie dachte wie ein Mann. Einerlei ob sie auf einen Ball oder eine Party ging, sie wußte genau, was sie anzog, wer dort sein würde und was sie erreichen wollte.«

Eunice sprach immer noch in dem nervösen Stakkato ihrer Kindheit und scheute sich nicht, andere herauszufordern und Naivität und geistige Trägheit anzuprangern. Sie war eine interessante junge Frau, aber neben ihrer lebendigen, vor Charme sprühenden Schwester wirkte sie oft ein wenig verloren.

»Kathleen und ich kamen gut miteinander aus«, sagte Eunice. »Es gab keine Eifersüchteleien. In einer großen Familie hat jeder eine andere Art von Begabung, und wenn der eine auf einem Gebiet gut ist, dann kann der andere dafür etwas anderes besser.«

Eunice hatte ihr bisheriges Leben im sicheren Schoß der Familie verbracht, beschützt von ihren älteren Brüdern, die sie bewunderte, und ihrem Vater, den sie anhimmelte. Jetzt aber mußte sie allein auf die Bälle und Feste der anderen Debütantinnen gehen, nach Wimbledon und Ascot, in eine Welt, in der sie überall auf die Spuren ihrer älteren Schwester stieß.

Im Unterschied zu Kathleen war sie nicht der Schwarm der jungen Männer, und es kam oft vor, daß auf ihrer Tanzkarte kein Name stand. Wenn das der Fall war, zog sie sich meistens in die Garderobe oder die Damentoilette zurück, wo die Musik und das Gelächter aus dem Tanzsaal nur gedämpft zu hören waren, und plauderte mit anderen Debütantinnen. Jede tat so, als sei sie hier, um sich die Nase zu pudern, und nicht, um sich vor einer Welt zu verstecken, die für sie unerreichbar war.

»Ich haßte diese Parties«, erzählte Eunice. »Es war furchtbar. Ich ging auf die Toilette und unterhielt mich, bis der Tanz vorüber war. Irgendwie mußte ich ja die 20 Minuten bis zum nächsten Tanz rumbringen. Dann ging ich zurück, und wenn ich Glück hatte, stand ein Name auf meiner Tanzkarte und für eine Weile war alles in Ordnung. Bis es wieder hieß: zurück in die Damentoilette.«

Während der Abwesenheit ihrer Mutter übernahmen Eunice und Kathleen die Rolle der Gastgeberin in Prince's Gate. Bei einer Botschaftsparty servierten sie den Tee und das Gebäck auf mehreren kleinen Tischchen, statt, wie es üblich war, auf einer langen Tafel. Es war zwar nur eine kleine Änderung, aber sie reichte doch aus, um Aufmerksamkeit zu erregen.

Eunice wußte, daß sie Kathleens denkwürdigen Debütantinnenball nicht würde wiederholen können. Die anderen Mädchen kannten einander, zumindest sah es so aus, aber sie war bis zum Anfang der Saison in Roehampton bei den Nonnen gewesen. Die *Times* kündigte ihre Party am 22. Juni 1939 als »kleinen Tanz« an, was lediglich bedeutete, daß der König und die Königin nicht anwesend sein würden. »Klein« war die Veranstaltung nämlich allenfalls nach den überzogenen Maßstäben der Saison 1939. Wie es Brauch war, richteten Eunice und ein halbes Dutzend anderer Debütantinnen jeweils eine Dinnerparty im kleinen Kreis aus, bevor sie zum Ball in die Botschaft kamen.

Eunice trug an dem Abend ein pfirsichfarbenes Kleid des französischen Designers Paquin und durfte eine ganze Reihe namhafter Persönlichkeiten begrüßen, darunter die Vicomtesse Astor und die Baronin Ravendale. Gleichzeitig veranstalteten auch drei andere Debütantinnen Bälle, aber wer etwas auf sich hielt, ging in die amerikanische Botschaft.

»Die Kennedys strahlten eine einzigartige Frische aus«, erinnerte sich Elizabeth Leveson-Gower, die spätere Gräfin von Sutherland. »Eunice war sicher nicht im üblichen Sinne hübsch und bestimmt nicht so attraktiv wie Kathleen, aber sie war sehr liebenswürdig und sprühte vor Energie, und das war anziehend.«

Wie viele Debütantinnen fühlte sich Leveson-Gower unwohl, wenn in einem Gespräch politische Themen angeschnitten wurden. Es irritierte sie, sich mit John F. zu unterhalten, der zu sehr auf Politik fixiert war. Dagegen genoß sie es, neben Joe zu sitzen, den sie, obwohl sie um seine antibritische Einstellung wußte, als einen »gesprächigen und aufmerksamen Gastgeber« beschrieb. Zu den Gästen gehörte auch Billy Hartington, der ganz offensichtlich in Kathleen vernarrt war. »Ich saß beim Dinner neben Billy«, erinnerte sich Leveson-Gower, »und das ganze Essen über schwärmte er von ihr.«

Selbst der Herzog von Marlborough hatte um eine Einladung gebeten, obgleich es unüblich war, daß die Väter der Debütantinnen ihre Töchter begleiteten. Und »Dukie Wookie« kam nicht nur, er führte in den frühen Morgenstunden auch eine Polonaise an.

»Es war ein wundervoller Ball«, erinnerte sich später die Herzogin von Northumberland.

***

Mitte Juli fanden bei Hof die beiden letzten Präsentationen der Saison statt, und am 12. Juli, zwei Tage nach ihrem Geburtstag, fuhr Eunice mit ihren Eltern in den Buckingham-Palast. Es war ein Abend, wie es ihn nie mehr geben würde, der Abend, an dem die prominentesten Debütantinnen vor die Königin traten und die Frauen ihren besten Schmuck anlegten. Die bolivianische Botschafterin trug ein Diadem, das mit »hühnereigroßen Juwelen« besetzt war. Doch selbst in dieser glanzvollen Umgebung stachen die beiden Kennedy-Frauen hervor. Eunice trug eine elfenbeinfarbene Tüllkrinoline mit einer gleichfarbigen Satinschleppe aus Paquins Atelier, und Rose hatte ein eisblaues Satinkleid, ein Diamantdiadem und lange blaue Handschuhe angelegt.

Während die Herzöge, Prinzessinen und Diplomaten in den Saal strömten, wurde Rose von einem der Türsteher aufgehalten. »Ich bin untröstlich, Madame«, sagte er, »aber Sie müssen weiße Handschuhe tragen.«

Kathleen hätte den Einwand mit einer nonchalanten Handbewegung abgetan und als weiteren Beweis für die merkwürdigen Sitten der Briten ignoriert. Aber Rose lebte für Momente wie diesen. Ausgerechnet sie, die sich brüstete, einen ausgeprägten Sinn für Etikette zu haben, wurde im Buckingham-Palast bei einem Verstoß gegen die

Kleiderordnung ertappt. »Es gab einen ziemlichen Aufruhr«, erinnerte sich Mrs. Kirk, die Frau des amerikanischen Marineattachés, an die Szene. Die Türsteher hielten für solche Notfälle Ersatz bereit – Buketts, Knöpfe und lange, weiße Handschuhe. Sie gaben Rose ein Paar, das zwar die richtige Farbe hatte, aber schlecht saß.

Eunice betrat den Palast weder mit der unbeschwerten Leichtigkeit Kathleens noch mit der bemühten Angestrengtheit Rosemarys, sondern so, als betrete sie ein Märchen. In ihren Aufzeichnungen über den Abend scheint eine kindliche Unschuld durch, die ganz und gar nicht zu der scharfsinnigen jungen Frau paßt, die ihr Vater für seine intelligenteste Tochter hielt:

»Als ich den Palast betrat, stieg meine Aufregung und Freude ins Unermeßliche ... Ich hatte die Ehre, als erste Debütantin nach den ehrwürdigsten Damen des Landes vor das Königspaar zu treten ... Atemlos wartete ich, bis eine durchdringende, volle Stimme ›Miss Kennedy‹ rief. Allein schritt ich auf Ihre Majestäten zu. Ich wagte einen kurzen Blick nach vorne und fragte mich, wie ich die zehn Meter bis zum Thron schaffen sollte, aber irgendwie gelang es mir. Ich knickste ... und wurde mir bewußt, daß mir in diesem Moment das ganze Interesse des Königs und der Königin galt, daß ich jetzt im Mittelpunkt dieser prunkvollen Zeremonie stand, die England so heilig ist.

Kurz nach Mitternacht kehrte ich nach Hause zurück, glücklich darüber, das erreicht zu haben, wonach sich jedes junge Mädchen sehnte: am Hof von St. James vorgestellt zu werden, dem Zentrum des größten Weltreiches, jenes Reiches, in dem die Sonne niemals untergeht.«

***

Ende Juli reiste Kathleen mit Joe jr. und Hugh Fraser nach Spanien. Sie hatte ihren ältesten Bruder immer schon bewundert, und ihre Bewunderung war noch gestiegen, seit er als Augenzeuge die Belagerung von Madrid miterlebt hatte. Sie freute sich über alle Maßen, daß er sie mit auf die Reise nahm und ihr *seine* Welt zeigte, in der nicht Herkunft oder Name, sondern nur der persönliche Mut zählte. »Es war phantastisch«, berichtete sie nach ihrer Rückkehr. »Die Spanier schwärmten von Joes Verwegenheit und wie er, als der einzige Amerikaner, während der blutigen Belagerung durch die Straßen der Stadt spazierte. Was war ich stolz auf ihn!« In Madrid sah Kathleen zum erstenmal die Verwüstungen des Krieges. Sie schrieb nach Hause, daß sie den Falange-General Mossarch getroffen hatte, der das Fort Alcázar drei Monate lang gegen die republikanischen Truppen verteidigt hatte und, als sein Sohn in Gefangenschaft geriet und die Angreifer drohten, ihn zu ermorden, falls er sich nicht ergab, »seinem Sohn befohlen hatte, wie ein Spanier zu sterben.«

Für Kathleen, Joe jr. und ihre Kirche war Franco ein Held. Sie sahen nicht, daß der spanische Bürgerkrieg ein Vorbote des Zweiten Weltkriegs war, sondern verstanden ihn als einen Kampf zwischen den »Roten« und den Kräften der christlichen Zivilisation. Francos faschistisches Regime hatte nach der Machtergreifung sofort begonnen, der Bevölkerung eine rigide Moral aufzuzwingen, und einmal bekam Joe jr. Probleme mit der spanischen Polizei, als er es am Strand von San Sebastian versäumte, das vorgeschriebene Oberteil seines Schwimmanzuges anzuziehen.

Von Spanien aus fuhren die beiden weiter zur Villa Domain de Ranguin vor den Toren von Cannes, wo Rose und der Rest der Familie den Monat verbrachten. Zu der Villa gehörte einer der prächtigsten Rosengärten der ganzen Riviera. Obwohl es Kathleen hier gefiel, bat sie Rose um die Erlaubnis, vorzeitig nach England zurückzukehren. Billy Hartington feierte seine Volljährigkeit mit einem großen, zweitägigen Fest in Chatsworth, dem Anwesen, das eines Tages sein Zuhause sein würde. Billy hatte einen Wanderzirkus mit dressierten Hunden und Ponys und die Kapelle seines Regiments eingeladen und für alle der insgesamt 3 000 Bediensteten und Pächter der Familie Geschenke besorgen lassen.

Doch Rose wollte nichts davon hören. Es war ihr gleichgültig, daß sich ihr Vater vor langer Zeit genauso verhalten hatte, als er ihr untersagte, mit Joe den College-Ball in Harvard zu besuchen, und sie statt dessen nach Palm Beach mitnahm. Obwohl Kathleen 19 Jahre alt war und einer anderen Generation angehörte, dachte sie nicht im Traum daran, ihrer Mutter den Gehorsam zu verweigern, und blieb in Cannes.

Am Tag, als Billys Fest begann, brachte der *Boston Globe* einen Artikel mit der Überschrift »Heiratet Kennedy-Mädchen britischen Adligen?« Beide Familien dementierten sofort. »Kathleen und Billy sprachen tatsächlich vom Heiraten«, sagte Mrs. Compton, »aber das konnte kaum ernstgenommen werden. Wir waren alle noch so jung und unbedacht und wollten vor allem unseren Spaß haben.« Kathleen war gern mit Billy zusammen, doch das änderte nichts daran, daß sie Katholikin und er Mitglied der anglikanischen Kirche war, ein Hindernis, das beiden Elternpaaren unüberwindlich erschien.

Kathleen war kein Kind von Traurigkeit und hatte keine Lust, den ganzen Sommer Trübsal zu blasen, vor allem nicht, als John F. mit seinem Freund Torby Macdonald, einem ihrer zahllosen Verehrer, in Cannes aufkreuzte. Die beiden hatten eine aufregende Fahrt von Paris an die Riviera hinter sich, in deren Verlauf sie sich mit ihrem schrottreifen Mietwagen überschlagen hatten und auf dem Dach im Straßengraben gelandet waren. Obwohl John F., der den Wagen gesteuert hatte, über sein Mißgeschick Witze riß, bestand Rose darauf, daß er und Joe jr. die steile Straße, die sich von der Villa nach Cannes hinunterschlängelte, nur noch in Luellas Begleitung befuhren. Luella hatte dagegen nichts einzuwenden, solange ihr die beiden ein paar Francs fürs Roulette zusteckten und sie nach ihren Verabredungen wieder am Casino abholten.

Die exklusive Gesellschaft, die sich jeden Sommer an der Riviera einfand, begrüßte die Kennedys als eine willkommene Abwechslung und überschüttete sie mit Einladungen. Obwohl manche Briten einen Groll gegen Joe hegten, wurde er in der Presse immer noch regelmäßig gelobt. »Joe Kennedy ist der beliebteste Botschafter, den Washington seit vielen Jahren nach London geschickt hat«, schrieb etwa der *London Star* noch im Juni 1939. »Kennedy ist vor allem deswegen so beliebt, weil er für die Londoner die überschäumende Energie eines ganzen Kontinents verkörpert.« Die Zeitschrift *The Tatler* berichtete regelmäßig über die Kennedys. In ihrer Augustausgabe druckte sie erstmals in ihrer Geschichte ein zweiseitiges Foto. Es zeigte alle elf Kennedys, die mit untergehakten Armen nebeneinander in einer Reihe standen, mit einem Lächeln auf den Lippen, das keineswegs einstudiert wirkte, sondern einen ungebrochenen Optimismus ausstrahlte. Sie sahen aus wie eine unbesiegbare Truppe, die wußte, daß die Zukunft ihr gehörte.

* * *

Am 21. August gaben Deutschland und die Sowjetunion die Unterzeichnung eines Nichtangriffspaktes bekannt, und plötzlich drohte Polen zwischen den Mühlsteinen der Diktaturen im Osten und im Westen zerrieben zu werden. Joe kehrte unverzüglich nach London zurück, wo er sich mit einem ratlosen Chamberlain traf, der ihm sagte, daß »alles umsonst« gewesen sei und den Engländern keine andere Wahl mehr bleibe, als »einen Vergeltungsfeldzug zu führen, der die Zerstörung Europas nach sich ziehen wird«.

Joe rief in Cannes an und sagte Rose, daß die Familie sofort nach London zurückkehren solle. Die Kinder wurden von der Nachricht am Strand überrascht. Die Abreise der Kennedys kam einer überstürzten Flucht gleich. Kathleen blieb nicht einmal Zeit, sich umzuziehen.

Am frühen Morgen des 1. September 1939 überschritten deutsche Truppen die polnische Grenze. Zwei Tage später gaben in London die Sirenen Fliegeralarm, und Joe, Rose, John F. und Joe jr. flüchteten aus der Botschaft in den gegenüberliegenden Luftschutzkeller. Rose erinnerte sich: »Als die Sirenen heulten, war mein erster Gedanke: ›Dieser Hitler macht keine halben Sachen – kaum ist der Krieg erklärt, gibt es auch schon einen Luftangriff.‹«

Am selben Tag rief Chamberlain Joe zu sich in die Downing Street. Er legte ihm die Rede vor, in der er noch am selben Tag im Parlament Deutschland den Krieg erklären wollte. Die Beschwichtigungspolitik gegenüber dem Deutschen Reich, die beide Männer vertreten hatten, war endgültig gescheitert. Mit Tränen in den Augen las Joe die Rede, die das Ende der politischen Karriere Chamberlains – und seiner eigenen – markieren sollte: »Alles, wofür ich gearbeitet, alles, worauf ich gehofft, und alles, woran ich als Politiker geglaubt habe, liegt in Trümmern.« Joe kehrte in die Botschaft zurück, rief Roosevelt an und teilte ihm mit stockender Stimme mit: »Das ist das Ende der Welt ... das Ende von allem.«

Rose, Joe jr., Kathleen und John F. eilten in den Westminster-Palast, um Chamberlains Rede im Parlament zu hören. Die Passanten auf den Straßen trugen ihre Gasmasken so lässig über den Schultern, als handele es sich um das neueste Mode-Accessoire. Vor dem Gebäude gelang einem Fotografen ein Schnappschuß von den drei jungen Kennedys, die eine Unbekümmertheit ausstrahlten, als seien sie auf dem Weg zur Oper und nicht ins britische Unterhaus, um dort den Beginn des Zweiten Weltkrieges zu erleben.

Mary Augusta Hickey Kennedy, die ihren einzigen Sohn Joseph P. Kennedy zu eisernem Ehrgeiz erzog.
(© John F. Kennedy Library)

Patrick Joseph »P. J.« Kennedy, führender Politiker in Boston und gewiefter Geschäftsmann.
(© John F. Kennedy Library)

Mary Augusta und P. J. Kennedy mit ihren beiden Töchtern Margaret (links) und Loretta. (© John F. Kennedy Library)

Die Schwestern Agnes und Rose Fitzgerald 1894. (© John F. Kennedy Library)

Fitzgerald überreicht als Bürgermeister Rose 1906 das Abschlußzeugnis der High School. (© Boston Post)

Die 16jährige Rose (dritte von rechts) und der 17jährige Joe (zweiter von rechts) bei einem Treffen am Strand von Old Orchard im August 1906. (© John F. Kennedy Library)

Familie Fitzgerald 1910: Rose (links), Eunice, John F., John F. jr., Thomas, Frederick (sitzend), Josie und Agnes. (© Boston Globe)

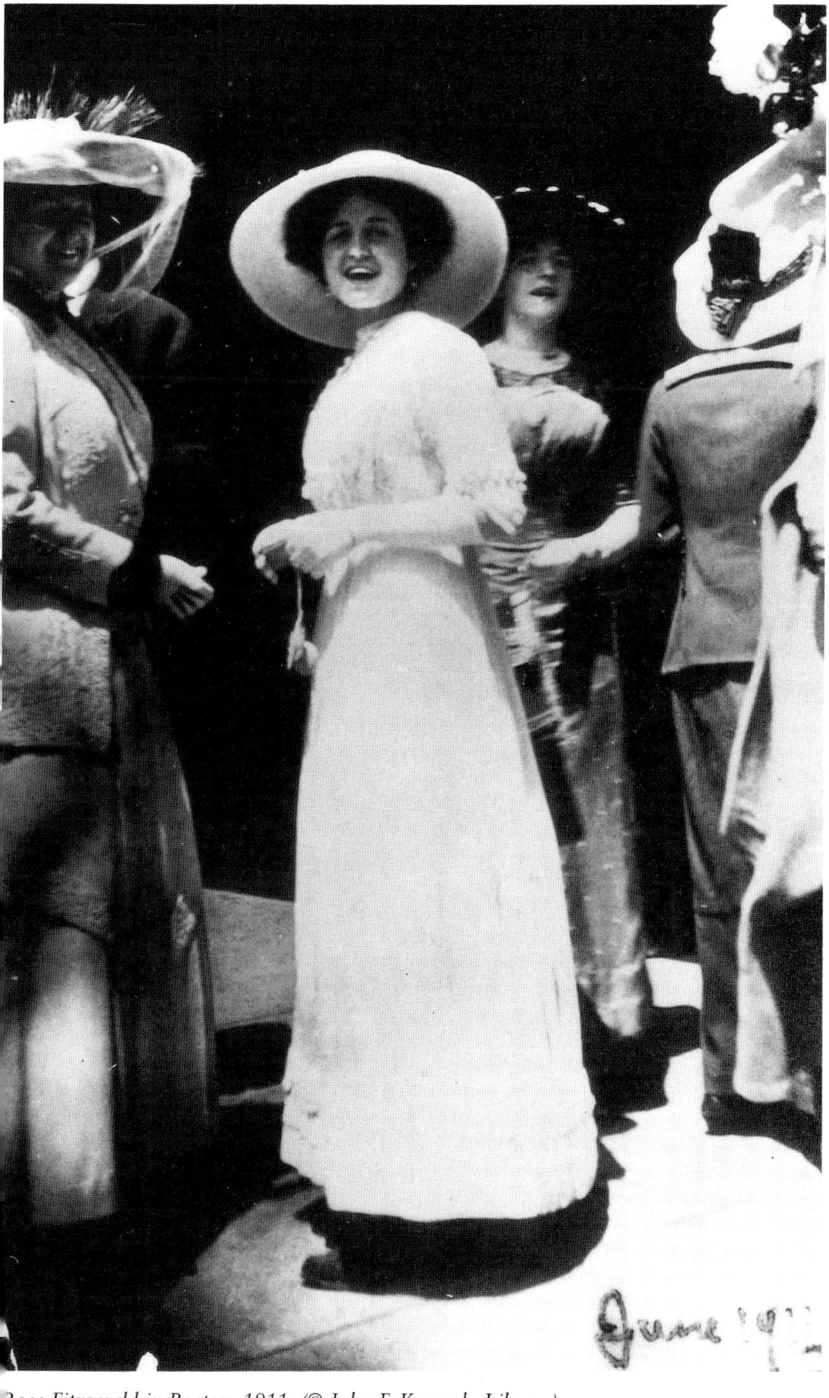

Rose Fitzgerald in Boston, 1911. (© John F. Kennedy Library)

Rose Fitzgerald mit ihrer Mutter Josie beim Debütantinnenball 1911.
(© Boston Globe)

Die strahlende Rose Kennedy bei ihrer Hochzeit mit Joe. (© Boston Globe)

Rose Kennedy mit ihrem ersten Kind Joseph P. Kennedy jr., 1916. (© John F. Kennedy Library)

Das große Haus der Kennedys in Brookline, Massachusetts, um 1925. Die Familie bezog das Gebäude 1920. (© John F. Kennedy Library)

Rosemary und John F. Kennedy in Cohasset 1924. (© John F. Kennedy Library)

Die drei ältesten Kennedy-Töchter Eunice, Kathleen und Rosemary in Brookline um 1925. (© John F. Kennedy Library)

Familie Kennedy zu Hause in Bronxville 1936. Von links nach rechts sitzend: Eunice, Jean, Edward, Joseph P., Patricia und Kathleen. Stehend: Rosemary, Robert, John F., Rose und Joseph jr. (© Wide World Photos)

Kathleen mit ihrem geliebten Bruder John F. in Palm Beach. (© John F. Kennedy Library)

Die Kennedys in England 1938. Von links nach rechts: Kathleen, Robert, Edward, Rose, Patricia und Jean. (© Wide World Photos)

Kathleen, Rose und Rosemary Kennedy bei einem Empfang im Buckingham Palast 1938. (© Keystone)

Die Kennedys bei der Krönung von Papst Pius XII. im März 1939. Nur Joe jr. fehlte. Von links nach rechts: Kathleen, Pat, Bobby, John F., Rose, Joe, Ted, Eunice, Jean und Rosemary. (© John F. Kennedy Library)

MR. WATERHOUSE, LORD HARTINGTON, AND MISS KATHLEEN KENNEDY

Kathleen mit Billy Hartington (Mitte) bei einem Pferderennen in Großbritannien 1939. (© British Library)

Rose und Eunice Kennedy in Palm Beach 1941.
) Bert and Richard Morgan Studios)

Eunice (links), Bobby, Ted und Jean Kennedy auf dem Tennisplatz in Palm Beach 1941. (© Bert and Richard Morgan Studios)

Eunice Kennedy mit ihrem heißgelieben Vater in Hyannis Port 1940.
(© John F. Kennedy Library)

Inga Arvad, die große Jugendliebe John F. Kennedys. (© John White)

)ie Kennedy-Schwestern Pat, Kathleen, Eunice und Jean in Hyannis Port.
© John F. Kennedy Library)

Billy Hartington und Kathleen Kennedy bei ihrer Hochzeit 1944. (© Associated News)

Auf dem Nachhauseweg heulten die Sirenen abermals, und sie rannten in den nächsten Bunker. Als sich ihre Augen an die Dunkelheit gewöhnt hatten, entdeckten sie, daß sie nicht in einem öffentlichen Luftschutzkeller waren, sondern im Keller von Molyneux. Molyneux war der französische Schneider, aus dessen Werkstatt das Kleid stammte, das Rose ein Jahr zuvor bei Kathleens Vorstellung am Hof getragen hatte, und sie konnte angesichts der Ironie der Situation ein Lächeln nicht unterdrücken.

Billy wurde eingezogen. Die Stilmöbel, Kunstgegenstände und Gemälde in Chatsworth wurden in Kisten verpackt und das Haus in eine Mädchenschule mit 300 Schülerinnen umgewandelt. Auch Kathleens Freundinnen trugen ihren Teil zu den Kriegsvorbereitungen bei und stellten sich als Fabrikarbeiterinnen oder Krankenschwestern zur Verfügung. Bislang hatte sich Kathleen politisch an ihrem Vater und ihren Brüdern orientiert, und ein paar Monate zuvor hatte sie noch Francos Spanien verteidigt. Doch jetzt schwor sie, einem Land zu helfen, dem ihr Vater den Untergang prophezeite, und bekundete die Absicht, in England zu bleiben. Joe ignorierte ihren Wunsch und befahl ihr, gemeinsam mit der übrigen Familie nach Amerika zurückzukehren. Nur er und Rosemary sollten zurückbleiben. Luella wollte sich nicht von ihrem Freund, einem britischen Banker, trennen, aber Joe sagte, daß er sie nach London geholt habe und verdammt sein wolle, wenn er sie nicht unversehrt nach Amerika zurückbringe.

Der amerikanischen Botschaft war in der Nähe von Windsor Park, wo man nicht mit Bombenangriffen der Deutschen rechnete, ein Anwesen zur Verfügung gestellt worden, und am Sonntag vor der Rückreise kam die gesamte Familie dort zum Essen zusammen: Joe und Rose, Joe jr., John F., Rosemary, Kathleen, Eunice, Pat, Bobby, Jean und Teddy. »Sie waren alle so fröhlich und hörten nicht eine Sekunde auf zu reden, manchmal redeten sie sogar alle auf einmal«, sagte Tom Egerton, der zu dem Essen eingeladen worden war. »Kathleen war zwar untröstlich, daß sie England verlassen mußte, aber was ich von diesem Nachmittag in Erinnerung behalten habe, ist der reine Übermut, die Freude aneinander und am Augenblick.«

Die Kennedys verließen das Land in aller Stille auf Schiffen, die mit Flüchtlingen und verängstigten Menschen überfüllt waren, die sich auf den sicheren nordamerikanischen Kontinent retten wollten. Da im Atlantik deutsche U-Boote kreuzten, reisten sie getrennt. Rose,

Eunice, Bobby und Kathleen schifften sich auf der *Washington* ein, Luella mit den drei Jüngsten auf der *United States,* und Joe jr. auf der *Mauritania.* John F. flog mit einem Flugzeug der Pan Am nach Hause.

Die Kennedys flüchteten vor dem Krieg, aber der Krieg folgte ihnen. Die *Washington* beförderte 1746 Passagiere. Die Menschen schliefen auf Feldbetten im entleerten Swimmingpool, im ausgeräumten Postamt und sogar in den öffentlichen Toiletten.

Eunice trug an ihrem linken Arm einen 30 Zentimeter breiten Verband, doch die Verletzung war nicht die Folge eines Bombenangriffs, sondern eines banalen Fahrradunfalles. Sie besaß wie ihre Mutter einen unerschütterlichen Optimismus, der teilweise auch auf ihrer Fähigkeit beruhte, alles Unangenehme in ihrer Umgebung zu ignorieren. So schrieb sie an Joe, daß ihr die Reise auf dem Schiff »großen Spaß« gemacht habe und daß »alle, die wir auf der *Washington* getroffen haben, sogar die jungen Leute, der Ansicht waren, daß Du hervorragende Arbeit geleistet hast und noch leistest.«

An Bord befanden sich viele Menschen, die das Naziregime miterlebt hatten, und je mehr sie gesehen hatten, desto entschiedener waren sie in ihrer Opposition gegen Hitler. Der Schriftsteller Thomas Mann, der auf dem Schiff ins Exil floh, erklärte, daß »das Ziel des Krieges die Zerstörung des gegenwärtigen Regimes in Deutschland sein muß«. Sol Hurok, der russisch-jüdische Dirigent, vernahm entsetzt, wie manche Passagiere an Bord die Stimme für Hitler, Stalin oder Mussolini erhoben. Mann, Hurok oder die zahllosen anderen Flüchtlinge auf dem Schiff dürften Joe Kennedy für seine »hervorragende Arbeit« schwerlich gelobt haben.

Auch die Ankunft der Kennedys im Hafen von New York gestaltete sich ganz unspektakulär. Rose eilte ohne einen Kommentar gegenüber der Presse vom Schiff. Doch den Fotografen konnten sie nicht entgehen, und das Foto, das die *New York Times* am nächsten Tag von ihr und den Kindern brachte, zeigte eine elegante Familie, die nach der neuesten Mode gekleidet war. Was fehlte, war das selbstbewußte Lächeln, das auf fast allen früheren Fotos zu sehen gewesen war.

12

»*Wir hatten alles*«

Die Erinnerungen an das Leben in London hallten durch die leeren Räume des Familiensitzes in Bronxville. Einer Freundin schrieb Kathleen, sie sei sich vorgekommen wie jemand, der in ein Haus zurückkehrt, in dem er als Kind gelebt hat, und nun überrascht feststellen muß, wie schäbig plötzlich alles aussieht.

Rose, die mit Königen und Herzögen diniert hatte, empfand Amerika, ein Land ohne Monarchie, als provinziell. Während sie sich im Herbst 1939 in Bronxville einrichtete, wurde ihr klar, wie wertvoll diese eineinhalb Jahre in London gewesen waren und wieviel ihre Familie dieser Erfahrung zu verdanken hatte. In den Monaten ihrer Abwesenheit hatten die Zeitungen viele Berichte über die Kennedys gebracht, in denen Rose und den Kindern ebensoviel Aufmerksamkeit eingeräumt worden war wie Joe. Die Kennedys waren berühmt geworden, und Leute, die zwei Jahre zuvor noch einen Bogen um Rose gemacht hatten, schoben sich jetzt durch überfüllte Säle, um ihr, der Botschafterin, die Hand zu schütteln. Mochten die McDonnells John F. auch weiterhin einen »Hilfsarbeiter in Sachen Moral« und seinen Vater einen »Gauner und Lumpen« nennen, so war es doch Rose Kennedy, die anläßlich ihres 25. Hochzeitstages im Oktober 1939 Glückwünsche vom britischen Königspaar erhielt, ein Ereignis, das in der *New York Times* gebührend gewürdigt wurde.

Für Rose war es nur natürlich, daß sie die Vertraute des höchsten kirchlichen Würdenträgers der Stadt, Francis J. Spellman, wurde. Der Erzbischof von New York wurde über seine Rolle als Familienpriester hinaus zu ihrem persönlichen Priester, Beichtvater, Berater und Freund. Der 55jährige, in Massachusetts geborene Spellman stand vor seiner Berufung zum Kardinal und verfügte über einen Einfluß, wie ihn zuvor nur Kardinal O'Connell besessen hatte.

Rose, inzwischen eine der am meisten bewunderten Katholikinnen in Amerika, wurde von jedem Frauenclub zwischen Boston und Richmond zu Vorträgen eingeladen. Den Frauen, denen sie von ihrem Leben in London berichtete, erschien sie selbst schon wie eine britische Adelige. Sie hatte sich gewisse Eigenheiten der britischen Oberschicht zu eigen gemacht, sprach mit leichtem britischen Akzent und behandelte ihre Zimmermädchen sehr gebieterisch. Von Joe sprach sie nur noch als »dem Botschafter«, ein Titel, der für den Rest seines Lebens haften bleiben sollte.

Ende September, als Rose gerade vor entzückten Frauen über Empfänge bei Hof und Debütantinnenbälle referierte und von ihrem Wochenende in Windsor schwärmte, griffen deutsche Bomber Warschau an. Rose sprach über eine Zeit und eine Welt, die nicht mehr existierte. Und selbst wenn sie über die schrecklichen Ereignisse in Europa hätte sprechen wollen, hätte dies Joe niemals erlaubt, und so beschränkte sie sich auf die von allen Schatten gereinigte Welt des Zeremoniells und der Etikette.

***

Kathleen brauchte nicht lange, um sich in New York wieder einzuleben. Schon in der ersten Woche nach ihrer Ankunft fing sie von neuem eine Romanze mit Peter Grace an. Peter hatte die Abfuhr, die sie ihm in London erteilt hatte, vergessen und war, wie sie fand, »ganz der alte«.

Kathleen war 19 Jahre alt und fest entschlossen, sich nicht nach Manhattanville abschieben zu lassen, wo ihre Mutter die Klosterschule besucht hatte. Sie legte wenig schulischen Ehrgeiz an den Tag, und als sie von Sarah Lawrence, einem elitären Mädchencollege, abgelehnt wurde, entschied sie sich für Finch, ein zweijähriges College, das einen hervorragenden Ruf genoß. Dort hatte sie genügend Zeit, sich um ihr gesellschaftliches Leben zu kümmern. Wie Rose genoß sie ihren neuen Status, von dem sie zwei Jahre zuvor kaum zu träumen gewagt hätte. Im November 1939 fungierte sie als Schirmherrin bei mehreren Wohltätigkeitsbällen, die von der Elite der katholischen Jugend besucht wurden. »Einmal, in Cambridge, ging ich mit Lem Billings, Kathleen und Eunice aus«, erinnerte sich Richard Ewards, ein Freund Lems. »Wo wir auch auftauchten, die Kennedy-Mädchen wurden praktisch überall erkannt.«

* * *

Die 15jährige Pat war noch zu jung für solche Abenteuer. Sie war ein hochaufgeschossenes, schlaksiges junges Mädchen und sah so gut aus, daß sie gewiß keinen Mangel an Verehrern haben würde. Rose war schon vor langem zu der Überzeugung gelangt, daß Noroton der geeignete Ort für ihre heranwachsenden Mädchen sei, fernab von jungen Männern und all den anderen Gefahren der Gesellschaft. Doch Pat hatte von ihren älteren Schwestern mehr als genug über Noroton erfahren, um zu wissen, daß sie auf keinen Fall dorthin geschickt werden wollte. Sie wußte, daß ihre Mutter so sehr auf ihre moralischen Maximen fixiert war, daß sie alles tun konnte, solange sie nur Gehorsam vorschützte. Und als sie herausfand, daß Noroton eine Aufnahmeprüfung verlangte, erkannte sie sofort den Rettungsanker. Sie brauchte nichts weiter zu tun, als durch die Prüfung zu fallen.

Es kam, wie es kommen mußte. Pat fiel durch, blieb zu Hause und wurde zusammen mit Jean nach Maplehurst geschickt, eine Heilig-Herz-Schule, die knapp 15 Autominuten von Bronxville entfernt auf einem alten Gut am Rande der Bronx untergebracht war. Pat, die mit Pauken und Trompeten durch die Aufnahmeprüfung in Noroton gefallen war, wurde in das zweite High-School-Jahr zurückversetzt, machte aber innerhalb von zwei Wochen eine wundersame Wandlung durch und wurde wegen hervorragender Leistungen in die nächsthöhere Klasse versetzt. »Nach Mutters Ansicht war es da schon zu spät, mich nach Noroton zurückzuschicken«, erzählte Pat. »Bis zu meiner College-Zeit habe ich kein Internat von innen gesehen. Ich habe ihr nie erzählt, was ich getan habe.«

Pat mußte sich zwar nicht der strengen Schulordnung in Noroton unterwerfen, aber in Maplehurst wurde ebenso auf Disziplin geachtet wie in jeder anderen Heilig-Herz-Schule. Der Hauptunterschied bestand darin, daß der Drill in Maplehurst jeden Tag einen Anfang und ein Ende hatte und Pat am Wochenende die Nonnen und ihre Vorschriften vergessen konnte. Der andere Unterschied war, daß sie und Jean jeden Morgen von einem Chauffeur zur Schule gefahren wurden.

Obwohl alle Schüler die gleiche Uniform trugen und gleich behandelt wurden, wußten alle, daß die Kennedys anders waren. Der Ruf der Familie war sogar bis in die Grundschulklasse vorgedrungen, die Jean besuchte, und Jean ahnte, daß sie als Tochter einer so berühmten Familie etwas Besonderes sein mußte. Aber der einzige erkennbare Unterschied zu den anderen Kindern war ihr Name und der Ruf ihrer Familie, und so legte sie sich eine schützende Hochnäsigkeit zu.

***

Eunice hätte auf ein Spitzencollege gehen können, aber Rose schickte sie statt dessen zu den Nonnen vom Heiligen Herzen nach Manhattanville. Seit Roses Zeiten hatte sich die Schule zu einem richtigen College gemausert. Eunice schien das alles nicht zu interessieren. Sie bezog allein Quartier in einem winzigen Zimmer neben der Kapelle, in der die Laienschwestern die Messe lasen. Sie schloß keine engen Freundschaften, und das offensichtlich mit Absicht. Praktisch jede an der Schule wußte, daß sie eine Kennedy war. Sie war höflich und spielte im Hockeyteam, meist aber erweckte sie einen abwesenden und desinteressierten Eindruck. Manchmal, wenn sie aus ihrer Lethargie aufwachte, beeindruckte sie ihre Kommilitoninnen mit ihrer Intelligenz. »Sie war brillant«, sagte Margery Mullen Tracy, die zwei Klassen über Eunice war. »Vor allem in den Wirtschaftswissenschaften war sie uns anderen weit voraus.«

An den Wochenenden, wenn Rose ihre Tochter mit dem Wagen abholte, setzte sich Eunice, der ihr privilegierter Status unangenehm war, stets vorne neben den Chauffeur. Sie kleidete sich nachlässig und kämmte sich, wie ihr struppiges Haar verriet, nur selten.

***

Auch von England aus beherrschte Joe das Leben und die Gedanken seiner Frau und seiner Töchter. Rose wußte, wie sehr er sich danach sehnte, in die Vereinigten Staaten zurückzukehren und seine Familie wiederzusehen. Sie wußte, wie verzweifelt und deprimiert er war, und wie immer in der Familie waren es seine Gefühle und seine Sorgen, die Vorrang vor allem anderen hatten.

Rose verfügte über sehr empfindliche Antennen für die Stimmungslage ihres Mannes, und in dieser Zeit der Trennung schrieb sie ihm einen ihrer seltenen gefühlvollen Briefe, eine leidenschaftliche Botschaft an einen Mann, ihren Mann, den sie in seiner Einsamkeit leiden fühlte. Der Brief begann mit »Mein Liebling«, eine Anrede, die sie so gut wie nie benutzte:

> Ich frage mich, wann ich Dich wiedersehen werde und was bis dahin geschehen wird. Es ist alles so unfaßbar ... Natürlich beklage ich mich nicht. Ich hoffe und bete nur, daß Du auf Dich acht gibst und nicht allzu einsam bist. Wenn die Kinder und ich über die Zeit in England sprechen, wird uns klar, wie unendlich anregend sie war. Ich wünsche mir nichts mehr, als ein paar Momente mit Dir allein verbringen zu können. Doch wie ich schon sagte – alles was mir bleibt, ist zu beten, daß ich Dich bald wiedersehen werde. In ewiger Liebe.

Sie verstand seine Stimmungen besser als er selbst. Mitte September bat Joe seinen Freund Arthur Krock in einem Brief, Rose anzurufen, weil sie etwas deprimiert wirke. Aber nicht Rose, sondern er war es, der unter Depressionen litt, und sechs Wochen später gestand er gegenüber Journalisten ein: »Der Posten hier ist ziemlich langweilig geworden, und ich kann kaum beschreiben, wie niedergeschlagen ich mich fühle, seit meine Familie nach Hause zurückgekehrt ist.« An Pat schrieb er: »Unter uns gesagt, ich fühle mich verdammt einsam.«

Er korrespondierte regelmäßig mit allen Kindern. Mit seinen Söhnen tauschte er sich ausschließlich über Politik und das Weltgeschehen aus und benutzte dabei eine Sprache, die so nüchtern war wie die eines Zeitungsartikels. Und mit seinen Töchtern sprach er nur über Gefühle und Familienangelegenheiten.

Kathleen schrieb ihm noch in der ersten Woche nach ihrer Rückkehr in die Vereinigten Staaten. Auch sie besaß ein gutes Gespür für die Stimmungen ihres Vaters, und in ihrem Brief klang eine Sehnsucht nach einem Leben an, das vorüber war. »Alles erscheint mir wie ein schöner Traum«, hieß es in dem Brief. »Vielen Dank, Daddy. Du hast mir eine wunderbare Erfahrung geschenkt, und ich weiß, daß sie einen großen Einfluß auf mein künftiges Leben haben wird.«

***

Joe saß im Vorführraum des Hauses am Prince's Gate und sah die neueste Wochenschau mit Aufnahmen von Rose und den Kindern, wie sie sich auf der *Washington* einschifften. Und während er die flakkernden Bilder auf der Leinwand verfolgte, wischte er sich verstohlen ein paar Tränen aus den Augen.

Noch vor ein paar Wochen hatten die Stimmen, das Lachen und die Zänkereien seiner Kinder diese Räume erfüllt. Doch jetzt herrschte Schweigen im Haus, und vor den Fenstern hingen schwarze Verdunklungsvorhänge. Am Himmel über der Stadt war es noch still, und Taxis und Autos tasteten sich wie dunkle Schatten durch die unbeleuchteten Straßen.

Innerhalb von drei Monaten nahm Joe sieben Kilogramm ab, und in seinem Haar tauchten die ersten grauen Strähnen auf. Er litt unter Verdauungsproblemen, und bei den Kellnern in den feinen Restaurants von Mayfair war er bekannt dafür, daß er sich stets spezielle Gerichte zubereiten ließ. Joe speiste jetzt häufig alleine. Bis Ende August war er regelmäßig in die Salons der Mächtigen eingeladen worden. Man hatte sein Urteil gesucht und seine Ansichten geschätzt. Doch seit Kriegsausbruch wurden die Einladungen immer seltener, und Männer, die vor kurzem noch jede Nuance in seinen Worten abgewogen hatten, wandten ihm seit neuestem den Rücken zu.

Joe war davon überzeugt, daß die zivilisierte Welt zum Untergang verurteilt sei. Ein hysterischer Unterton hatte sich in seine Stimme geschlichen. Doch von einem Tag auf den anderen konnte seine Stimmung von tiefster Verzweiflung in übertriebene Hoffnung umschlagen, eine Hoffnung, die nur wieder eine andere Form der Verzweiflung war. Ein britischer Diplomat gelangte zu der Feststellung, daß die Ansichten des amerikanischen Botschafters »eher auf einer grundsätzlichen und gefühlsmäßigen Geisteshaltung denn auf rationalen Gesichtspunkten« beruhten. Joe glaubte, daß Großbritanniens Niederlage – und mußte Großbritannien nicht verlieren? – das britische Empire und das Weltwirtschaftssystem mit in den Abgrund ziehen und die Welt in eine tiefe Krise stürzen würde.

Einen Großteil seiner Zeit verbrachte er in St. Leonards, dem Anwesen in der Nähe von Windsor Park, das man der amerikanischen Botschaft für den Fall überlassen hatte, daß die deutschen Bombenangriffe auf London die Schließung der dortigen Botschaft erzwingen sollten. Abgesehen von Eddie Moore und dessen Frau Mary war er die meiste Zeit über alleine. Manchmal blieb Page Huidekoper, Klemmers Assistentin und jüngste Botschaftsmitarbeiterin, in St. Leonard. Page, eine gute Freundin Kathleens, stammte aus einer angesehenen Familie. Joe wußte, daß ihr Vater erst vor kurzem gestorben war, und fragte sie, ob sie nicht ihre Mutter anrufen wolle.

»Ja, aber ich glaube kaum, daß das geht«, antwortete sie mit einem Schulterzucken. Ein Anruf in die Vereinigten Staaten koste nicht nur eine horrende Summe, sondern sei in Kriegszeiten auch kaum möglich.

»Doch, natürlich geht das«, entgegnete Joe. »Nehmen Sie einfach den Hörer von der Gabel und sprechen Sie mit Ihrer Mutter, so lange Sie wollen.«

Als Page nach dem Telefonat in den Salon zurückkehrte, saß Joe in sich zusammengefallen in einem Sessel.

»Mein Gott, ich würde alles dafür geben, wenn ich mit meiner Mutter sprechen könnte«, seufzte er. Page war überrascht über die plötzliche Offenheit des Botschafters.

»Ich hatte ein wundervolles Leben«, fuhr er fort, als ob er über etwas bereits Vergangenes spreche. »Wenn ich morgen sterbe, hinterlasse ich jedem meiner Kinder eine Million Dollar.«

Joe schwieg und sah auf den Park hinaus. »Aber sie werden niemals ein so aufregendes Leben haben, wie ich es gehabt habe.«

Joe hatte Krock geschrieben, daß »die ganze Familie zurück in Amerika« sei. Das stimmte nicht ganz. Rosemary war immer noch in England. Rose hatte ihre inzwischen 20jährige Tochter auf eine Klosterschule in Hertfordshire geschickt, wo sie zur Montessori-Lehrerin ausgebildet werden sollte. Bislang war das Leben für Rosemary nur eine nicht enden wollende Aneinanderreihung von Ratschlägen, Anweisungen, Ermahnungen, Ermunterungen und Warnungen gewesen. Hier, in Hertfordshire, änderte sich das. Hier half sie anderen, und dadurch, daß sie etwas für andere tat, konnte sie sich endlich als eigenständige Person empfinden. Auch wenn das, was sie tat, gering erschien im Vergleich zu dem, was ihre Geschwister zuwege brachten, so war es immerhin doch ein Anfang. Jeden Nachmittag las sie den Kindern Geschichten vor. Bisher hatte sie sich immer geweigert, den verordneten Mittagsschlaf zu halten, doch nun fügte sie sich plötzlich. »Es ist gut«, sagte sie zu ihrer Betreuerin Dorothy Gibbs, »wenn ich den Kindern hinterher erfrischt vorlesen kann.« Manchmal ärgerte sie sich über die Kinder, aber dann nahm Miss Gibbs sie zu einem kurzen Gespräch beiseite, und Rosemary gelobte, egal was passierte, vor den Kindern nicht mehr »böse« zu werden.

Wie viele geistig behinderte Menschen strahlte auch Rosemary eine Unschuld und Gutmütigkeit aus, die für Außenstehende die Frage aufwarfen, ob Bosheit und Falschheit nicht auf den Schwingen der Intelligenz getragen wurden. Ein Wort des Lobes, eine Schar von kleinen Kindern, die an ihren Lippen hingen, wenn sie ein Märchen vorlas, genügte, um sie glücklich zu machen. Seit der Rückkehr ihrer Mutter in die Vereinigten Staaten stand ihr Vater im Mittelpunkt ihrer Welt. Sie freute sich unendlich über seine gelegentlichen Besuche und ihre gemeinsamen Ausflüge nach St. Leonard, und dazwischen verfolgte sie die Berichte über ihn in Presse und Rundfunk.

Rosemary besaß weder die Energie noch das Selbstbewußtsein ihrer Geschwister, und es kümmerte sie nicht, daß sie ständig zunahm und bald wie eine dicke, pausbäckige Milchmagd aussah. Aber Joe fühlte sich abgestoßen und machte ihr »in aller Deutlichkeit« klar, daß »sie zu fett« sei und daß ihre Mutter über ihr Aussehen enttäuscht sein würde. Wenn sie nicht abnehme, drohte er ihr, werde er kein Foto von ihr machen und nach Amerika schicken.

Joe war Rosemarys einzige Verbindung zur Familie und zu ihrer Heimat. Doch als er kurz vor Weihnachten 1939 beschloß, für drei Monate in die Vereinigten Staaten zu fliegen, ließ er ihr nicht einmal eine Nachricht zukommen.

***

Am 6. Dezember 1939 landete die Maschine der Pan Am mit Joe an Bord auf dem Flughafen von Manhasset auf Long Island. Als die Passagiere ausstiegen, schlüpfte Rose, die einen langen Nerzmantel und einen Hut trug, unter der Absperrkette hindurch und eilte auf die Rollbahn. Seit drei Monaten hatte sie Joe nicht mehr gesehen. Sie umarmte ihn, und Arm in Arm gingen sie im Blitzlichtgewitter der Fotografen zum Abfertigungsgebäude hinüber. In der Halle zog sie sich aus dem Licht der Scheinwerfer zurück und überließ es Joe, die Fragen der über 100 Reporter zu beantworten.

Drei Jahrzehnte zuvor hatte sie miterlebt, wie ihre Mutter ihren Vater im Hafen von Boston mit einer herzlichen Umarmung begrüßt hatte – und er sich dann mit seinen Assistenten die Nacht in der Stadt um die Ohren geschlagen hatte. Joe verbrachte wenigstens den ersten Abend mit Rose und einigen Freunden der Familie. Doch bereits am nächsten Tag flog er nach Washington, wo er sich mit Präsident Roosevelt traf, und Rose war wieder allein.

Sie sah ihn erst drei Tage später auf dem Flughafen von Ost-Boston wieder, wo sie beide in getrennten Flugzeugen eintrafen. Zu ihrer Begrüßung hatten sich ihr Vater, Joe jr., der inzwischen in Harvard Jura studierte, und John F., der gerade sein letztes Collegejahr in Harvard absolvierte, eingefunden. In Boston genoß Rose inzwischen einen glänzenden Ruf, was sie allerdings weniger ihrem Vater, dem Ex-Bürgermeister, verdankte als vielmehr Joe. Mehr denn je war sie abhängig von der Reputation ihres Mannes, von dem sie nur zu gut wußte, wie verzweifelt und erschöpft er war, wie indiskret und unbeherrscht er sein konnte.

Joe ging in Boston zu seiner jährlichen Generaluntersuchung in die Lahey-Klinik. Seit zehn Jahren hatte er ein Magengeschwür und chronische Verdauungsprobleme. Dr. Sara M. Jordan, die führende Spezialistin der Klinik auf dem Gebiet der Magenheilkunde, diagnostizierte eine akute Gastritis und eine schwere akute Dickdarmentzündung.

Roosevelt hatte Joe angewiesen, nach den Weihnachtsferien so schnell wie möglich nach London zurückzukehren. Dr. Jordan schrieb an den Präsidenten, daß der Botschafter in Anbetracht seines Zustands eigentlich in ein Krankenhaus eingewiesen werden müsse, daß sie statt dessen aber empfehle, nach Palm Beach zu gehen und sich »dort mindestens zwei Monate auszuruhen«. Roosevelt war einverstanden, und Joe kehrte erst Anfang März nach England zurück.

***

Gleich nach seiner Ankunft in London bekam Joe zu spüren, daß die öffentliche Meinung sich gegen ihn gewandt hatte. »Du wärst überrascht, wie antiamerikanisch die Briten geworden sind«, schrieb er Rose. Antiamerikanisch war, und das wußte auch Joe, nicht ganz das richtige Wort. Die Briten setzten große Hoffnungen in Roosevelt, und ihre Abneigung galt vor allem dem amerikanischen Botschafter Joseph P. Kennedy, Charles Lindbergh und den anderen amerikanischen

Isolationisten. »Ich fühle eine starke Ablehnung«, gestand er Rose. »Wenn der Krieg weiterhin einen so schlechten Verlauf nimmt, und ich bin davon überzeugt, daß er das tut, werden sie uns zweifellos noch mehr hassen.«

Wieder versuchte Rose, ihm einen Ausweg aus seinem Dilemma aufzuzeigen. »Lieber Joe«, antwortete sie ihm. »Ich könnte mir vorstellen, daß es ein wunderbarer Erfolg wäre, wenn Du den Engländern klarmachen könntest, daß Du Dich trotz Deines Widerstands gegen einen Kriegseintritt Amerikas darum bemühst, England auf andere Art und Weise zu helfen. Die meisten Amerikaner würden eine solche Politik unterstützen, und die Briten würden Dich wieder respektieren.«

In ein paar knappen Sätzen hatte Rose eine mögliche Lösung skizziert. Sie hatte recht: Die meisten Amerikaner wollten nicht in den Krieg verwickelt werden, aber sie sympathisierten mit den Briten und bedauerten ihr verzweifeltes Los. »Daß wir etwas tun sollen, ist leicht gesagt«, schrieb er zurück. »Die Frage ist nur, was?« Auf den unteren Rand des Briefes kritzelte er eine persönliche Nachricht: »Es ist schrecklich, ohne Euch alle hier zu sein. Wie ich höre, bist Du schöner als jemals zuvor. Vielleicht geht es Dir ohne mich besser. In Liebe.«

***

Während Joe an seinem Leben in London verzweifelte, wollte Kathleen unbedingt nach England zurückkehren. Ihre englischen Freundinnen beantworteten jeden ihrer Briefe, aber es war, als hätten sie ihr altes Leben, das vor allem aus Flirts und Vergnügungen bestanden hatte, abgestreift. Die Welt hatte sich verändert, und sie hatten sich verändert. Einerlei ob sie am Fließband Jeeps montierten, deutsche Geheimcodes dechiffrierten, verwundete Soldaten pflegten oder ihre Babies versorgten, während ihre Männer die Uniform anzogen, sie alle waren zu anderen Frauen geworden.

Je länger Kathleen in ihren Briefen las, desto mehr wünschte sie sich, nach England zurückzukehren. Ebenso wie Joes isolationistische Haltung beruhte auch Kathleens Wunsch, den Briten zu helfen, nicht auf nüchternen Überlegungen oder Berechnung, sondern auf Gefühlen. Ihr Hauptmotiv war Liebe, nicht zu dem Land, sondern zu seinen Menschen. Am Finch-College wurde über die Frage abgestimmt, ob die Vereinigten Staaten in den Krieg gegen Hitlerdeutschland eintreten sollten oder nicht. Nur zwei Studentinnen stimmten für einen Waffengang, und eine von ihnen war die Tochter des strikt isolationistischen US-Botschafters in London.

Mit dieser Haltung wandte sich Kathleen nicht nur gegen ihren Vater, sondern auch gegen ihre beiden älteren Brüder. Joe jr. war ein ebenso überzeugter Isolationist wie sein Vater, dessen Ansichten er in Cambridge unermüdlich propagierte. John F. vertrat zwar einen weniger radikalen Standpunkt, doch auch er sprach sich in einem Artikel in der Studentenzeitung *Crimson* gegen eine militärische Einmischung aus.

Kathleen schrieb weder Artikel noch hielt sie Reden. Sie wollte einfach dort sein, in England, bei den Engländern, sie in einem Krieg unterstützen, der, dessen war sie sich sicher, früher oder später auch ein amerikanischer Krieg werden würde. John F. beschloß, ihr zu helfen, und schrieb an seinen Vater. »Kick will unbedingt nach London kommen. Ich glaube kaum, daß der Antiamerikanismus drüben ihr ebenso heftig ins Gesicht blasen würde wie uns, sie ist ja ein Mädchen. Vor allem könnten wir damit zeigen, daß wir England nicht einfach im Stich gelassen haben, als es ungemütlich wurde.« John F. bewies politischen Instinkt. Er selbst hätte liebend gern den Sommer in England verbracht. Aber er sah ein, daß man ihn und seinen Bruder wahrscheinlich als Drückeberger oder Schaulustige beschimpfen würde, die schnell ein paar dramatische Eindrücke sammeln wollten. Als Frau war Kathleen gegen solche Urteile gefeit. Viele Briten hielten Joe für einen Feigling, weil er seine Frau und seine Kinder bei den ersten Anzeichen von Gefahr in Sicherheit hatte bringen lassen und sich selbst jeden Tag in sein Landhaus außerhalb der Stadt chauffieren ließ, und Kathleens Anwesenheit konnte diesen Vorwurf, wie John F. richtig erkannt hatte, entkräften.

Aber Joe blieb hart. Gerade als der Brief seines Sohnes eintraf, hatte er beschlossen, Rosemary nach Amerika zu schicken und allein in London zurückzubleiben. Sie flog Ende Mai 1940 mit den Moores über Lissabon nach New York. Der Presse wurde mitgeteilt, daß Rosemary solange in England geblieben sei, um »ihr Kunststudium fortzusetzen«.

Die trügerische Ruhe, die in Großbritannien herrschte, war die Ruhe vor dem Sturm. Die Tage des Sitzkrieges neigten sich dem Ende zu, und die Schlacht um England stand unmittelbar bevor. Frankreich hatte die Waffen gestreckt, Chamberlain war zugunsten Churchills zurückgetreten, und alles, was Großbritannien noch vor Hitlers Armeen schützte, war der Ärmelkanal und einige tausend junge, unerfahrene britische Piloten. »Einem unparteiischen Beobachter dürfte es heute schwerfallen zu sagen, ob die Briten nun das mutigste oder das dümmste Volk auf der Erde sind«, schrieb Mollie Panter-Downes im *New Yorker.* »Ihr Verhalten in der gegenwärtigen Situation läßt beide Schlüsse zu.«

***

Im Mai 1940 fuhr Kathleen mit ihrer Freundin Charlotte McDonnell, John F. und ein paar Studenten aus Harvard zum Maryland Hunt Cup. Bei dem Hindernisrennen traf sich alles, was im Pferdesport an der Ostküste Rang und Namen hatte, und es war das gesellschaftliche Ereignis in den USA, das noch am ehesten britischen Flair hatte. John F. achtete sehr darauf, daß Kathleen seine Frauengeschichten nicht direkt mitbekam, und sie war ihm dafür sehr dankbar. Im Herbst des vergangenen Jahres hatte er Lem geschrieben, daß er jemanden brauche, »der die Liebe liebt«, und ihn deshalb gebeten, »auf Kicks Begleitung am Wochenende zu verzichten«. Auch bei dem Ausflug nach Maryland benahm sich John F. das ganze Wochenende über wie ein Chorknabe. Ansonsten kam es häufig vor, daß er, wie sich Charlotte erinnerte, eine Verabredung verschob und Lem beauftragte, sie anzurufen und auf später zu vertrösten: »Hallo Charlotte! John F. kommt später, er ist gerade sehr beschäftigt. Er bekommt eine Massage.« Charlotte fand sich wie Kathleen damit ab, daß Männer ihre »Massagen« brauchten, und wartete, bis John F. endlich auftauchte.

Einer von John F.s Freunden aus Harvard, Zeke Coleman, hatte sich in Kathleen verschossen. Zeke war, wie Eunice an ihren Vater schrieb, der »erste Junge, der von allen Kennedys restlos akzeptiert wurde«, das heißt, von allen bis auf Kathleen.

Am Abend gingen sie alle auf einen Ball, der bis in die frühen Morgenstunden dauerte. Während die meisten Gäste müde nach Hause gingen, fuhren Kathleen, Charlotte und John F. zur Sieben-Uhr-Messe in eine nahe katholische Kirche. Bei aller Ausgelassenheit und Fröhlichkeit vergaßen Kathleen und John F. keinen Moment, daß sich am

Horizont ein Gewitter zusammenbraute. John F. besaß eine sehr ernste Seite, die er aber vor den Angehörigen der feinen Gesellschaft, wie sie sich an diesem Wochenende versammelt hatten, nur höchst selten zeigte. Er hatte in Harvard gerade seine erste wichtige schriftliche Abhandlung abgeschlossen, eine 147seitige wissenschaftliche Arbeit mit dem Titel »Beschwichtigung in München«, in der er indirekt seinen eigenen Vater kritisierte.

***

Die Ankunft der Kennedys im Juni 1940 in Hyannis Port war ein Ereignis von solcher Bedeutung, daß der *Barnstable Patriot* die Schlagzeile brachte: »Kennedys am Kap erwartet«. Aber die Familie hatte sich kaum in ihrem luftigen Haus am Meer eingerichtet, als sie zur Hochzeit von Anne McDonnell und Henry Ford II. nach Long Island aufbrach.

So wie Joes Ernennung zum Botschafter am Hof von St. James den Aufstieg der irischen Katholiken ins politische Establishment signalisiert hatte, so symbolisierte diese Hochzeit ihren gesellschaftlichen Aufstieg. Kathleen war Brautjungfer bei der, wie die Zeitungen schrieben, »Hochzeit des Jahrhunderts«, der Eheschließung zwischen der reichen katholischen Erbin und dem Enkel Henry Fords. Kathleen hatte zusammen mit Anne die Schulbank in Noroton gedrückt, und sie und Annes Schwester Charlotte verband eine enge Freundschaft. Henry, der damals jeden Donnerstag nach Noroton hinausgefahren kam, war so wild darauf, Anne zur Frau zu bekommen, daß er sogar einwilligte, zum katholischen Glauben zu konvertieren.

Die Fords gehörten zu den reichsten und berühmtesten Familien Amerikas, und entsprechend rauschend wurde die Hochzeit gefeiert. Allein 16 Wachen wurden aufgestellt, um auf die Hochzeitsgeschenke aufzupassen. Scharen von Journalisten und Fotografen reisten zu der Zeremonie an, und die Bilder von dem Ereignis gingen um die ganze Welt. Kathleen, Eunice und Pat signalisierte die Hochzeit, daß ihrem gesellschaftlichen Aufstieg praktisch keine Grenzen mehr gesetzt waren und daß jeder Mann als möglicher Heiratskandidat in Frage kam.

John F. feierte im Sommer 1940 einen großen Erfolg. Auf Anraten Arthur Krocks hatte er seine Abschlußarbeit bei einem Verlag eingereicht, der das Manuskript sofort akzeptierte und im Eilverfahren auf den Markt brachte. *Warum England geschlafen hat* stürmte die Bestsellerlisten.

Kathleen dachte viel an Billy und ihre Freundinnen in England. Die Nachrichten, die sie von dort erhielt, waren bedrückend, und seit Monaten machte sie sich und ihren Freunden Mut, indem sie »jedem erzählte, daß die Briten Schlachten, aber keine Kriege verlieren«. Dann kam der 13. August 1940, der »Adlertag«, wie der Deckname der Deutschen für den Beginn der Luftangriffe auf britische Militärstützpunkte, Flugplätze, Flugzeugfabriken und die Londoner Docks lautete. Hitler wollte die Briten in die Knie zwingen, und Tag um Tag luden die deutschen Bomber ihre tödliche Fracht über England ab. Rose konnte wenig anderes tun als die Zeitungen lesen, an Joe denken und die Zeit mit Teetrinken und Näharbeiten für die Kriegshilfe totschlagen.

Kathleen versuchte, das schreckliche Gefühl der Hilflosigkeit mit Arbeit zu verdrängen. Sie strickte Billy einen Schal, half beim Roten Kreuz aus und organisierte eine Modenschau und ein Wohltätigkeitsessen zugunsten verwundeter britischer Soldaten. Die zwölfjährige Jean eiferte ihrer älteren Schwester nach, gelobte, einem Soldaten einen Schal zu stricken, und half begeistert zwei Tage in der Woche bei der Herstellung von Verbandmaterial. Pat hingegen interessierte sich mit ihren 16 Jahren mehr für ihre schlanke Linie als für den freiwilligen Dienst beim Roten Kreuz.

***

Rosemary verstand nicht viel von dem, was in England vor sich ging. Sie war gerade erst zurückgekehrt und hatte ihre Geschwister und Rose seit fast einem Jahr nicht mehr gesehen. Früher hatten Joe jr. und John F. sie mit zum Tanzen genommen, aber jetzt hatten sie kaum noch Zeit, und von allen ihren Geschwistern kümmerte sich nur Eunice noch um sie. »Ab und zu war Rosemarys Gegenwart ziemlich peinlich«, erinnerte sich ein Freund John F.s, der in diesem Sommer in Hyannis Port zu Gast war. »Bei Tisch führte sie sich seltsam auf, und manchmal kam es vor, daß sie plötzlich im Nachthemd ins Zimmer stapfte. Die anderen versuchten, nicht zu zeigen, wie sehr sie sich für sie schämten. Ich glaube, im Leben von John F. und Joe jr. existierte sie praktisch nicht, jedenfalls nicht mehr.«

Falls Rosemary wirklich gehofft hatte, wieder in den Kreis ihrer Geschwister aufgenommen zu werden, wurde sie jetzt eines Besseren belehrt. Rose schickte sie für einige Zeit in ein Sommerlager in New Hampshire. Rosemary bemühte sich, so gut sie konnte, und wagte nicht einmal, sich über ihre zu engen Schuhe zu beschweren, bis einer Betreuerin auffiel, daß sie an den Füßen blutete.

Einmal während des Sommers gab Rose eine große Party für die Leute aus der Stadt, fühlte sich aber nicht wohl beim Gedanken, daß die Gäste Rosemary sehen könnten. Also bat sie Luella, ihre älteste Tochter in das Haus ihrer Schwester nach North Falmouth zu bringen.

Als Rosemary in Falmouth ankam, begrüßte sie Luellas Schwester, Schwager und deren vier Kinder mit perfekten Manieren, und als ihr ein Zimmer zugewiesen wurde, sagte sie: »Bitte, ich möchte nicht in einem Zimmer mit Laura schlafen.« Sie sagte Laura statt Luella, weil sie den Namen leichter aussprechen konnte. »Sie kommandiert mich immer so herum.«

Luellas Schwester konnte es kaum glauben, daß Rosemary »langsam« war. Beim Tee benahm sie sich wie eine Dame und spreizte den kleinen Finger ab, während sie an ihrer Tasse nippte. Wenn die Familie zum Strand hinunterging, paßte sie auf die vier Kinder auf. Rosemary sehnte sich danach, Menschen helfen zu können. So war es in der Montessori-Schule in England gewesen, und so war es hier am Strand von Cape Cod. Sie ließ die Kinder in einer Reihe am Strand Platz nehmen und nahm eines nach dem anderen mit ins Wasser. Nachdem alle Kinder geschwommen waren, verkündete sie: »So, jetzt ist Vorlesezeit.« Dann schlug sie *Winnie-the-Pooh* auf, das einzige Buch, das sie lesen konnte, und las den Kindern daraus vor.

Nach der Party schickte Rose ihren Chauffeur Dave nach Falmouth, um Rosemary und Luella abzuholen. »Dave hielt ihr die Wagentür auf, und fast meinte man, Mrs. Astor höchstpersönlich vor sich zu haben, so elegant nahm sie Platz und winkte jedem zum Abschied zu«, erinnerte sich Luella an die Szene. Sofort nach ihrer Ankunft in Hyannis Port ging Rosemary auf ihr Zimmer, schrieb einen Dankesbrief an Luellas Schwester und brachte ihn zum Postamt. Als sie ins Haus zurückkam, explodierte sie plötzlich, und die ganze angestaute Wut und Frustration brach in einem unkontrollierbaren Anfall aus ihr heraus. »Wie immer, wenn das passierte, rief ich nach Eunice«, erzählte Luella. »Egal, was los war, sie wußte, wie man Rosemary wieder beruhigen konnte.«

***

Als Joe in seinem Büro in London beim Durchblättern der Zeitschrift *Life* ein Foto seiner Kinder beim Segeln am Kap entdeckte, überfiel ihn »starkes Heimweh«. Im August beschloß er, weniger Zeit draußen im Landhaus zu verbringen und die Woche über in Prince's Gate zu arbeiten. Im Haus herrschte eine gespenstische Atmosphäre. Die Möbel waren mit Tüchern abgedeckt, die Fensterläden geschlossen. Der Fortgang des Krieges nahm ihn so in Anspruch, daß er, wie er eines Abends überrascht bemerkte, »seit mehreren Tagen vergessen hatte, sich zu rasieren«.

Am 7. September 1940 flogen die deutschen Bomber die erste große Angriffswelle gegen London. In den Slums im East End wurde ein Straßenzug nach dem anderen in Schutt und Asche gelegt. Im Hafen gingen die Docks und Lagerhäuser in Flammen auf, und über der Stadt breitete sich eine Rauchwolke aus, hinter der die Nachmittagssonne verschwand. Es war der erste Tag von Hitlers totalem Krieg gegen London, ein Krieg, der keinen Unterschied machte zwischen einer Mutter in ihrem Haus und einem Piloten am Himmel, zwischen einem Schaffner in einem Bus und einem Infanteristen im Schützengraben. Nach vier Tagen verlagerten sich die Angriffe auf das West End, wo Joe lebte, und gipfelten am 11. September in einem furchtbaren Inferno. König George sah zu, wie sechs Bomben auf den Buckingham-Palast fielen, von denen eine »nur rund 30 Meter entfernt« einschlug.

Als die Bombardements an Intensität zunahmen, zog sich Joe wieder auf seinen Landsitz zurück und hielt telefonisch mit der Botschaft Kontakt. Jetzt fand er auch endlich die Zeit, an Rose und die Kinder zu schreiben. Der Brief, den Rose erhielt, war sachlich und neutral und handelte hauptsächlich davon, daß er zuversichtlich sei, das von ihr gewünschte Porzellan kaufen zu können. John F. gegenüber markierte er den furchtlosen Mann von Welt. »Bin selbst kein bißchen nervös. Aber etliche Leute scheinen kurz vor dem Zusammenbruch zu stehen.« Die Zeilen an Eunice quollen über vor Gefühl. »Die Angriffe waren sehr heftig«, schrieb er. »Nicht auszudenken, wenn von Euch noch jemand hier wäre. Ich glaube, ich würde durchdrehen.« Ein seltsamer Mann, der seiner Tochter, nicht aber seiner Frau seine Ängste anvertraute, der seine Tochter »Liebling« nannte, nicht aber seine Frau.

Auf dem Höhepunkt der Bombenangriffe ordnete Joe eine eintägige Reduzierung des Botschaftspersonals an, um seinen Leuten die Gelegenheit zum Ausschlafen zu geben. Am 22. September rief er von seinem Landsitz aus in der Botschaft an und verkündete, daß die Invasion der Deutschen am nächsten Tag um 15 Uhr beginnen werde. Danach wurde selbst unter den Mitarbeitern gemunkelt, der Botschafter habe »die Nerven verloren«. »Kennedy besitzt die Schläue des Spekulanten, aber das ändert nichts an seiner Überreaktion und seinem nur oberflächlichen Verständnis der Kräfte, die sich derzeit wie ein Wetterleuchten über der Weltkarte abzeichnen«, schrieb der angesehene General und amerikanische Militärattaché an der Londoner Botschaft, Raymond Lee, nach einer schweren Bombennacht am 17. September in sein Tagebuch.

Joe betrachtete diesen Krieg nicht als seinen Krieg, und er verspürte nicht die geringste Lust, sein Leben für ein fremdes Land aufs Spiel zu setzen. Hinter seinem Rücken begannen die amerikanischen Korrespondenten, die täglich über die Bombenangriffe nach Hause berichteten, und die britischen Beamten, die ihre Toten zählten und das Ausmaß der Zerstörungen aufnahmen, ihn der Feigheit zu bezichtigen. Aber Joe glaubte mehr denn je daran, daß, wenn dieser Krieg nicht bald aufhörte, von Großbritannien kaum mehr übrig bleiben würde als Ruinen, über denen das Hakenkreuz wehte.

* * *

Am 27. Oktober 1940, gegen drei Uhr nachmittags, standen Rose, Kathleen, Eunice, Pat, Jean und Teddy vor dem Zollabfertigungsgebäude am Flughafen La Guardia und starrten in den Himmel über dem Atlantik, wo die kleine, silbrige Form eines Clippers der Pan Am heranschwebte. Mit ihnen reckten über 2000 Schaulustige die Hälse, die sich eingefunden hatten, um die Rückkehr des amerikanischen Botschafters mitzuerleben. Das Wasserflugzeug flog an zwei gigantischen Luftschiffen vorbei und landete im ruhigen Wasser der Bucht.

Rose sah der Ankunft ihres Mannes mit einer gewissen Beklemmung entgegen. Sie wußte, wie erschöpft, verletzt und reizbar er war. »Joe hatte das Gefühl«, sagte sie, »daß die Leute um Roosevelt ihn persönlich angriffen und daß der Präsident selbst bis zu einem gewissen Grad gegen ihn sei. Dahinter vermutete er den starken jüdischen Einfluß auf die Presse und ihre Opposition gegen alles, was Beschwichtigungspolitik genannt wurde.« In der Tat vertraute Roosevelt dem Botschafter nicht mehr und hatte insgeheim eigene Emissionäre nach London geschickt und sich direkt mit Churchill in Verbindung gesetzt. Joe Kennedy war ein Hindernis geworden, das umgangen werden mußte.

Anfang des Monats hatten die beiden Journalisten Alsop und Kintner in ihrer vielbeachteten Kolumne prophezeit, daß Joe dem Präsidenten in den Rücken fallen und den Amerikanern unverblümt seine Meinung über dessen Außenpolitik sagen werde. Die zahlreich erschienenen Journalisten, die den Botschafter nun erwarteten, ahnten, wie es der Korrespondent des *Boston Globe* ausdrückte, daß Joe Kennedy »nicht mehr als Botschafter nach England zurückkehren wird«. Sie hofften auf den größten Knüller des Wahljahres.

Doch sie hofften vergeblich. Joe kam mit forschem Schritt die Rampe herunter und verkündete, noch bevor der erste Journalist eine Frage stellen konnte: »Ich werde unverzüglich nach Washington weiterfliegen. Eine Presseerklärung werde ich erst abgeben, wenn ich mit dem Präsidenten gesprochen habe.«

Während Joe noch mit den enttäuschten Journalisten stritt, betraten Rose und die Kinder die Halle und drängten sich zu ihm vor. Selbst den abgebrühtesten Reportern fiel die außergewöhnliche Leidenschaft dieses Wiedersehens auf, und sie verstummten. »Von einem Augenblick auf den anderen wurde der Botschafter mit Küssen bedeckt«, konnte man anderntags in der *Boston Post* lesen. »Freudentränen flossen, und selbst der Botschafter wischte sich Tränen aus den Augen. Mrs. Kennedy vergrub ihr jugendliches Gesicht an seiner Schulter, und ihre hübschen Töchter warfen die Arme um ihren Vater. Dieser spontane Gefühlsausbruch ließ keinen der Anwesenden kalt.«

Rose konnte die Augen vor den Schlagzeilen in der Presse – »Kennedy wütend auf Präsidenten« – und der lauter werdenden Kontroverse um Joe nicht mehr verschließen. Sie hatte bereits in London miterlebt, wie er bestimmte Anforderungen seines Amtes bewußt mißachtet und welche Folgen das für ihn und seine Reputation gehabt hatte. Sie wußte, daß es jetzt auf sie ankam, daß sie mit ihrer Vernunft und

Gemütsruhe Joe von Schlimmerem abhalten mußte. Offensichtlich war Präsident Roosevelt derselben Ansicht. Er bat Joe, Rose zu der Unterredung mitzubringen, eine sehr ungewöhnliche Bitte, die sich Joe damit erklärte, daß »Rose einen großen Einfluß auf mich hatte«. Seit einem halben Jahrzehnt schrieb Rose dem Präsidenten warme, dankbare Briefe, und er schätzte sie als eine in politischen Dingen erfahrene Frau. Er hatte gespürt, daß Joe seine Regierungsämter erfolgreich führen würde, weil ihm das Ansehen seiner Familie am Herzen lag, und er wußte, daß Rose dieses Ansehen noch mehr bedeutete.

Das Flugzeug nach Washington wartete bereits. Auf dem Flug in die Hauptstadt machte Joe seiner Verbitterung Luft. Rose hörte geduldig zu, während er sich über Roosevelts angebliche Treulosigkeit erregte und ihr seine Rachepläne auseinandersetzte. Enttäuscht über Roosevelts vermeintlichen Verrat und sein Doppelspiel war Joe in London zu der Überzeugung gelangt, daß »der Präsident uns in den Krieg treibt«, und hatte einen Artikel verfaßt, in dem er der Regierung Roosevelt vorwarf, »viel geredet, aber wenig getan zu haben«. Joe wollte nicht zurücktreten und sich den Vorwurf der Feigheit einhandeln, aber gleichzeitig konnte er es auch nicht ertragen, noch länger untätig in London zu sitzen. Wenn Roosevelt ihn nicht abberief und in die Vereinigten Staaten zurückkehren ließ, bevor sein Ruf noch größeren Schaden nahm, wollte er den Artikel am 7. November, eine Woche vor der Präsidentschaftswahl, an die Presse geben. So enthüllend und kompromißlos, wie der Artikel war, hätte er die Wahl durchaus zugunsten des republikanischen Kandidaten Wendell Willkie beeinflussen und Roosevelt um seine dritte Amtszeit bringen können.

Rose verstand Joes Wut, aber was er vorhatte, war schierer Wahnsinn und verstieß gegen jede politische Vernunft. Sie war die Tochter eines demokratischen Politikers, und die Demokratische Partei war ihre weltliche Kirche, eine Institution, der ihre bedingungslose Loyalität galt. Zudem hatte ihr die Stellung als Gattin des Botschafters einen gewaltigen Prestigezuwachs beschert, und sie erhielt jedes Jahr Geburtstagskarten vom britischen Königspaar. Und jetzt stand Joe kurz davor, all das mit einer einzigen, dramatischen Geste zunichte zu machen – und vielleicht sogar den republikanischen Kandidaten auf den Präsidentenstuhl zu hieven. Sollte es soweit kommen, würde der Name Kennedy jedem guten Demokraten zwischen Boston und San Francisco nur noch als Fluch über die Lippen kommen.

Rose hörte ihm aufmerksam zu, während er der Wut und Enttäuschung, die sich in den letzten Monaten in ihm aufgestaut hatten, freien Lauf ließ, und versuchte, ihn mit behutsamen Worten versöhnlich zu stimmen. »Der Präsident hat dich, einen römisch-katholischen Amerikaner, als Botschafter nach London entsandt«, sagte sie. »Das hätte wohl kein anderer Präsident gewagt. Und er hat dich als seinen Repräsentanten zur Papstkrönung nach Rom geschickt. Wenn du jetzt zurücktrittst, werden dir viele Leute Undankbarkeit vorwerfen.«

Der Abendhimmel über Washington war dunkel und wolkenverhangen, als die Maschine landete. Auf dem Rollfeld wartete ein Wagen des Weißen Hauses. Es war kalt, und der Chauffeur hielt für Joe einen Mantel bereit. Sie stiegen in die Limousine, die sie auf direktem Weg ins Weiße Haus brachte.

Im Privatbereich des Weißen Hauses wurden sie von Senator James F. Byrnes und seiner Frau empfangen. Der katholisch erzogene Byrnes war ein führender liberaler Demokrat aus dem Süden und ein überzeugter Parteigänger Roosevelts. Joe, der dem Präsidenten bereits von London aus am Telefon gehörig die Meinung gesagt hatte, meinte später, daß »Roosevelt die Sache offensichtlich nicht ohne Schützenhilfe ausdiskutieren wollte«. Wie es seine Art war, hatte Roosevelt auch dieses Treffen perfekt inszeniert. Er wußte, daß sich der aufgebrachte Botschafter in Gegenwart von Dritten, zumal von Frauen, zurückhalten würde.

Byrnes führte sie ins Speisezimmer, wo der Präsident am Tisch saß und, wie Rose sich erinnerte, »mit der einen Hand einen Cocktail-Shaker schüttelte und mit der anderen nach ein paar Eiswürfeln griff«. Auf dem Tisch war ein einfaches Abendessen mit Spiegeleiern, Wurst und Toast angerichtet.

Kurz vor seiner Abreise aus London hatte Joe Chamberlain am Sterbebett besucht, und jetzt berichtete er von dem Besuch. Der Anblick und die Worte des aschfahlen ehemaligen Premierministers hatten ihn tief bewegt. Chamberlain hatte seine Hand ergriffen und gesagt: »Das ist unser Abschied. Ich erinnere mich daran, wie Sie mir immer versichert haben, daß Sie nach mir bleiben würden. Aber jetzt werden wir uns nie wiedersehen.«

Joe erzählte von den deutschen Luftangriffen auf London, bis Byrnes ihm vorschlug, in einer Radioansprache das amerikanische Volk zur Wiederwahl des Präsidenten aufzurufen.

Roosevelt hatte mit seinen Beratern wochenlang über die Möglichkeit einer öffentlichen Rede Joes diskutiert, wollte aus taktischen Gründen das Thema aber nicht selbst auf den Tisch bringen. Wenn es nach Rose gegangen wäre, hätte Joe dem Vorschlag sofort zugestimmt. Doch Joe saß nur schweigend da. Da schaltete sich Roosevelt ein und sagte, daß eine Rede Joes den Wahlkampf in der Tat entscheidend beeinflussen könnte.

Joe reagierte immer noch nicht, und Roosevelt spürte, daß es gefährlich war, die Sache im Moment weiter zu verfolgen. Er wandte sich Rose zu und erzählte Anekdoten über ihren Vater Honey Fitz. Joe ging davon aus, daß der Präsident sich nach einer Weile mit ihm zu einem Gespräch unter vier Augen zurückziehen würde. Aber Roosevelt spielte ein anderes Spiel und kramte eine Geschichte nach der anderen hervor – bis Joe schließlich der Kragen platzte.

»Da es anscheinend unmöglich ist, mit dem Präsidenten unter vier Augen zu sprechen, bleibt mir nichts anderes übrig, als es hier vor allen zu sagen«, rief er wütend. »Zum Donnerwetter, es hat mich maßlos geärgert, wie ich behandelt worden bin!« Seit Monaten hatte er alle echten und eingebildeten Kränkungen gesammelt, und jetzt rieb er sie dem Präsidenten in einer mit Kraftausdrücken gespickten Rede unter die Nase. Normalerweise fluchte er nicht in Gegenwart von Frauen, aber an diesem Abend scherte es ihn nicht, was er den Ohren von Mrs. Byrnes, Roosevelts Sekretärin Miss LeHand oder seiner Frau zumutete.

»Joe war der einzige, der etwas sagte«, erinnerte sich Rose, als hätten die anderen überhaupt eine Chance gehabt, zu Wort zu kommen. »Der Präsident sah sehr bleich aus, und ich bemerkte, daß ihn ein nervöses Augenzwinkern befallen hatte.«

Rose konnte nicht verstehen, was über ihren Mann gekommen war, daß er nicht einsah, was er sich selbst, ihr und dem Ruf der Familie damit antat. Er redete mit Roosevelt, als habe er einen unfähigen Untergebenen vor sich. Rose unterbrach seinen Monolog und versuchte, mit der Bemerkung zu vermitteln, wie schwierig es sei, eine Situation aus einer Entfernung von über 4000 Kilometern richtig einzuschätzen. Aber Joe warf ihr nur einen vernichtenden Blick zu und fuhr in seiner Tirade fort. Byrnes schwieg und fragte sich, was der Präsident »jetzt noch zu seiner Verteidigung vorbringen konnte«.

Aber Roosevelt ging es an diesem Abend nicht darum, recht zu behalten. Er befand sich mitten in dem schwierigsten Wahlkampf seiner politischen Karriere. Er brauchte Joe, und er brauchte seine Rede. Und so tat er etwas, was er in vertraulichen Gesprächen mit Kritikern oft tat. Er stimmte Joe zu und machte die gesichts- und namenlosen Bürokraten im Außenministerium für die Attacken gegen den Botschafter verantwortlich. Nach den Wahlen, so gelobte er, werde er sich höchstpersönlich diese Wichtigtuer vorknöpfen, die es gewagt hatten, den Ruf eines so geschätzten Staatsdieners, wie Joseph P. Kennedy einer sei, zu beschmutzen.

Dann wandte Roosevelt sich einem erfreulicheren Thema zu und lobte die beiden ältesten Kennedy-Söhne über den grünen Klee. »Was ich am meisten an Ihnen bewundere, ist Ihre Beziehung zu Ihren Kindern«, schmeichelte er. »Für einen Mann, der so beschäftigt ist wie Sie, ist das eine seltene Leistung. Seien Sie versichert, falls sich Ihre Jungs jemals um ein politisches Amt bewerben sollten, werde ich alles tun, um ihnen zu helfen.«

Das war ein geschickter Schachzug. Nichts bedeutete Joe mehr als die Zukunft seiner Söhne. Er würde niemals etwas tun, was ihr Vorankommen gefährden könnte. Und als Roosevelt ihn dann direkt fragte, ob er eine öffentliche Erklärung zu seinen Gunsten abgeben werde, antwortete er: »In Ordnung, ich werde es tun. Aber ich werde die Sendezeit selbst bezahlen, die Rede niemandem vorher zeigen und sagen, was ich will.«

Zwei Tage später wurde Joes Rede landesweit ausgestrahlt. Sah man einmal von Roosevelts eigenen Auftritten ab, war sie vielleicht die beste und wichtigste Rede im gesamten Wahlkampf. »Im Wahlkampf«, sagte Joe, »wurde der Verdacht laut, daß der Präsident ... versucht, dieses Land in den Weltkrieg hineinzuziehen. Dieser Verdacht ist falsch. Ich habe viel in dieses Land investiert. Meine Frau und ich haben dem Glück neunmal ein Pfand gegeben. Unsere Kinder und Ihre Kinder sind wichtiger als alles andere auf der Welt. Das Amerika, das Sie und Ihre Kinder erben werden, ist uns das ernsteste Anliegen überhaupt.«

Rose ging ebenfalls auf Sendung und erklärte, auch sie werde für Roosevelt stimmen, denn sie sei überzeugt, daß er »weder unsere noch Ihre Söhne in den Krieg führen wird«. Eine Woche später gewann Roosevelt die Wahl, und Joe konnte sich zu Recht damit brüsten, maßgeblich zu seinem Erfolg beigesteuert zu haben.

Joe hätte sich im Glanz dieses Sieges sonnen und eine Belohnung für seine Dienste einfordern können, aber er war zu verbittert und zu unbesonnen. In London hatten ihn die Journalisten immer in Schutz genommen, und so hatte er sich angewöhnt, der Presse gegenüber kein Blatt vor den Mund zu nehmen. Kurz nach Roosevelts Wahl empfing er Louis Lyons vom *Boston Globe* und zwei Journalisten vom *St. Louis Post-Dispatch* in seiner Suite im Bostoner Ritz. Er saß mit heruntergelassenen Hosenträgern und hochgekrempelten Hemdsärmeln in einem Lehnstuhl, aß Apfelkuchen und Käse und gab eine Erklärung ab, die Lyons an »eine Wahlkampfrede, aber beileibe nicht für Roosevelt«, erinnerte.

»Ich bin bereit, alles zu geben, was mir geblieben ist, um uns aus dem Krieg herauszuhalten«, diktierte Joe den Reportern in die Notizblöcke. »Die Demokratie in England ist erledigt, und dasselbe gilt vielleicht auch für die Demokratie hier.« Als Lyons ihn nach Eleanor Roosevelt fragte, wurde Joe ausfällig. »Mit ihren Bitten, uns um irgendwelche unbedeutenden Würstchen zu kümmern, hat sie uns in Washington mehr bei der Arbeit gestört als alle anderen Leute zusammen. Ständig hat sie mir Aufforderungen geschickt, irgendeine kleine Susie Glotz zum Tee in der Botschaft zu empfangen.« »Glotz« war Joes Kodewort für »Jude«.

Lyons veröffentlichte Joes Auslassungen im *Globe* und lieferte damit den Kritikern des Botschafters ein gefundenes Fressen. Es half auch nichts, daß Joe im nachhinein versuchte, sich von seinen Aussagen zu distanzieren. Rose kannte ihren Mann nur zu gut und ahnte, daß es noch schlimmer kommen würde. Der Monat war noch nicht vorüber, als Drew Pearson und Robert S. Allen in ihrer von vielen Zeitungen übernommenen Kolumne schrieben, Joe Kennedy habe im Kreis einiger Filmmagnaten die Ansicht geäußert, daß »England praktisch besiegt« sei und »Hollywood die Produktion von Filmen, die die Diktatoren beleidigen«, einstellen solle.

Kurz vor Thanksgiving lud Roosevelt Joe nach Hyde Park ein. Der Präsident empfing ihn in seinem Arbeitszimmer, und endlich erhielt Joe Gelegenheit, sich unter vier Augen mit ihm auszusprechen. Kaum zehn Minuten waren vergangen, als Roosevelt Kennedy aus dem Zimmer schickte und seine Frau rufen ließ. Sie eilte in das Arbeitszimmer. Der Präsident saß weiß wie ein Bettlaken in seinem Rollstuhl, und seine Stimme zitterte vor Wut.

»Ich will diesen Scheißkerl nie mehr sehen, solange ich lebe ... Nimm seinen Rücktritt entgegen und schaff ihn hier raus!«

Damit war Joe für die vielen Millionen Amerikaner, die Roosevelt unterstützt und gewählt hatten, gebrandmarkt. Im Weißen Haus ging eine Flut von Briefen ein, in denen der Botschafter verteufelt wurde. Eines war klar: Solange Roosevelt in Washington regierte, war Joes politische Karriere vorüber. Joe, der es sich zur Gewohnheit gemacht hatte, jeden Januar nach Palm Beach zu fahren, verbrachte nach seinem Rücktritt den ganzen Winter in Florida. Mit ihm kamen Rose, Eunice, die wegen einer »Magengeschichte« Manhattanville verlassen hatte, und John F., der mit wenig Begeisterung ein Semester an der Stanford University in Kalifornien studiert hatte. Im Frühling begleiteten John F. und Eunice ihre Mutter auf einer einmonatigen Reise durch Südamerika.

Chuck Spalding, ein Freund von John F., besuchte die Kennedys in Palm Beach und bemerkte sofort, daß die Fassade der Herzlichkeit zwischen Rose und Joe brüchig und dünn geworden war. Wenn das Paar am Strand spazierenging, brauchte er nicht zu hören, worüber sie redeten. Er sah auch so, daß etwas nicht stimmte. Ihr distanzierter und steifer Umgang miteinander sprach Bände.

***

Viele Jahre später saß Rose an einem Sommernachmittag im Wohnzimmer ihres Hauses in Hyannis Port. Die Sonne schien in den Raum, der mit Fotos ihrer Kinder vollgehängt war. Jedes Bild rief Erinnerungen in ihr wach, und wie so oft sprach sie von längst vergangenen Zeiten. »Wir hatten alles«, sagte die alte Frau. »Alles. Aber Joe hatte kein Quentchen Bescheidenheit, und selbst die Erfahrung von London lehrte sie ihn nicht. Nach einer Weile versuchte ich, ihm klarzumachen, was ich empfand. Er hörte mir nicht zu. Joe hörte nie zu. Vielleicht hätte ich noch mehr sagen sollen.

Ich war sehr wütend auf ihn. Er hatte nicht das erreicht, was wir gemeinsam als Paar hätten erreichen können. Als Politiker auf der Weltbühne hatte er nicht das vollbracht, was von ihm erwartet wurde. Und ich hatte darunter zu leiden. Wir verloren unser Ansehen, und dann verloren wir nach und nach unsere Kinder. Ich frage mich, ob er jemals verstand, wieviel ich seinetwegen verloren habe.«

13

Schlimme Tage

»Um Gottes Willen, nimm das Ding ab!« flüsterte Page Huidekoper. »Das paßt einfach nicht zu einer netten, nüchternen Journalistin.« Kathleen trug einen riesigen Strohhut. Für Palm Beach oder Newport wäre er vielleicht genau das Richtige gewesen, doch in der geschäftigen Redaktion des *Washington Times-Herald* wirkte er völlig fehl am Platz, besonders auf dem Kopf einer jungen Frau, die im Begriff war, sich um ihren ersten Job bei einer Zeitung zu bewerben.

Kathleen setzte den Hut ab, und die beiden Frauen durchquerten den Raum, in dem überall hektisch gearbeitet wurde. Reporter hackten auf Schreibmaschinen herum oder riefen nach Kopierjungen, während Fotografen nach draußen stürmten, um für die einzige Zeitung der Hauptstadt, die täglich mehrere Ausgaben herausbrachte, die neueste Story im Bild festzuhalten. Page arbeitete schon seit ihrer Ankunft aus London für den *Times-Herald*. Kathleen hatte ihr im Sommer 1941 am Telefon erzählt, daß ihr Vater wünsche, sie solle sich nach einer bezahlten Arbeit umsehen. Darauf hatte Page sie sofort herbestellt.

»Du hättest keinen besseren Zeitpunkt erwischen können, Kick«, sagte Page, als die beiden Frauen vor dem Büro des Chefredakteurs Frank Waldrop stehenblieben. Waldrop, ein Südstaatler, der sich bewußt giftig gab, brüllte gerade Anweisungen durch die offene Bürotür. Er betrachtete es als sein Privileg, ein hübsches junges Ding als Assistentin an seiner Seite zu haben. Bisher hatte Page Huidekoper diesen Posten bekleidet. Doch Waldrop hatte sie soeben zur Reporterin befördert, und nun gehörte sie jener Gruppe von Kolleginnen an, die Artikel für die Rubrik Gesellschaft und Soziales schrieben.

Waldrop erwartete Kathleen bereits. Natürlich ließ Joe Kennedy seine geliebte Tochter nicht für irgendwen arbeiten. Er hatte Krock gebeten, bei Waldrop anzurufen. Waldrop war wie Joe ein Isolationist, der mit Roosevelt nichts am Hut hatte. Der Chefredakteur nahm Kathleen in Augenschein und kam zu dem Ergebnis, daß sie für sein Vorzimmer attraktiv genug war. Daß sie kaum tippen konnte und vom Journalismus nicht die geringste Ahnung hatte, kümmerte ihn nicht. Er ernannte sie zu seiner Sekretariatsassistentin und bot ihr für diese Tätigkeit, die er später als eine Art »Abwimmel-Job« bezeichnete, 20 Dollar die Woche an.

Kathleen nahm sich eine kleine Einzimmerwohnung im Nordwesten Washingtons. Zum ersten Mal in ihrem Leben war sie auf sich allein gestellt – in einer Stadt, in der alle Welt über Politik redete. Amerikas Kriegseintritt wurde immer wahrscheinlicher, und Kathleen wußte, daß Joe jr. und John F. keinesfalls tatenlos zusehen würden, wie andere in den Krieg zogen, sich als patriotische Helden feiern ließen und wichtige Punkte sammelten, die für jemanden, der nach dem Krieg eine öffentliche Karriere anstrebte, eine entscheidende Starthilfe waren. Obwohl Joe jr. ein überzeugter Isolationist war, ließ er im Frühjahr 1941 das Jurastudium in Harvard sausen und begann in Florida eine Ausbildung als Marinepilot. John F. dagegen wäre wohl bei jeder regulären Musterung durchgefallen, denn trotz seines kerngesunden Aussehens, das er durch regelmäßige Sitzungen unter der Höhensonne förderte, war er ein kränklicher junger Mann. Er litt an chronischen Rückenbeschwerden, so daß seine Einberufung eher unwahrscheinlich war. Doch Joe ließ seine Beziehungen spielen, um seinen Sohn als Offizier beim Marinenachrichtendienst unterzubringen, und später schlüpfte John F. in die Uniform eines Reserveleutnants der US-Marine.

John F. wurde ins Büro des Marinenachrichtendienstes in Washington versetzt und zog ins Dorchester-Haus in der 16. Straße. Da Kathleens Wohnung ganz in der Nähe lag, sahen sich die beiden nun recht häufig. Und noch ein weiteres Mitglied der Familie Kennedy wohnte in Washington: Rosemary. Doch nur ihre Angehörigen wußten, daß sie in einer Klosterschule untergebracht worden war.

Eines Abends lud Kathleen ihren neuen Chef Frank Waldrop zu einem gemeinsamen Abend mit ihr, ihrem Bruder und ihrem Vater ein, der gerade auf Besuch weilte. Während der Unterhaltung machten sich Kathleen und John F. einen Spaß daraus, ihren Vater mit seinen isolationistischen Ansichten aufzuziehen. »Oh, Herr Botschafter, würden Sie uns das bitte noch einmal erläutern«, flötete John F. Und als sein Vater mit seinen Ausführungen am Ende war, witzelte Kathleen: »Nun, da der Botschafter uns seinen Standpunkt dargelegt hat, können wir ja fortfahren.« Waldrop, der sich nur wenig am Gespräch beteiligte, spürte, daß sich hinter den Neckereien eine tiefe Zuneigung verbarg. »Ihre scherzhaften Sticheleien provozierten ihn nicht«, kommentierte er später. »Sie amüsierten ihn. Die beiden liebten den alten Narren so, wie er war, weil sie wußten, daß er sie liebte. Es bereitete ihnen Vergnügen, sich mit ihm anzulegen. Sie fühlten sich in seiner Gesellschaft ausgesprochen wohl. Und obwohl sie sich einiges herausnahmen, hüteten sie sich stets davor, den Bogen zu überspannen. Sie wußten mit ihm umzugehen.«

* * *

Schon nach kurzer Zeit freundete sich Kathleen mit der 28jährigen Inga Arvad an, einer Kollegin beim *Times-Herald*, die in einer täglich erscheinenden Kolumne Regierungsbeamte porträtierte. Inga war sieben Jahre älter als sie, intelligent, blond und attraktiv. Sie hatte eine sehr sinnliche Ausstrahlung und eine Vergangenheit, wie sie Kathleen bestenfalls aus Büchern kannte: ein leidenschaftliches, abenteuerliches Leben, in dem sie von allen möglichen Männern gefördert, begleitet oder beherrscht worden war. Die Nonnen hatten Kathleen gelehrt, daß eine Scheidung etwas Undenkbares und Unsägliches sei. Inga war bereits zum zweiten Mal verheiratet. Ihr 46jähriger Ehemann, der Filmregisseur Paul Fejos, kam nur selten nach Washington, und Inga benahm sich so, als sei sie ungebunden. Die Nonnen hatten Kathleen beigebracht, daß eine anständige Frau sich diskret zu kleiden und Männern mit Vorsicht und Zurückhaltung zu begegnen habe. Doch Inga war in Dänemark schon einmal zur Schönheitskönigin gekürt worden, hatte in einem Film ihres Mannes mitgewirkt und als Auslandskorrespondentin in Berlin ihren ganzen weiblichen Charme aufgeboten, um Interviews mit Himmler, Göring, Goebbels und sogar mit Hitler selbst zu bekommen. Hier in Washington hatte Inga ein ganzes Heer von Verehrern, und die meisten bekleideten hohe und einflußreiche Posten.

Kathleen beschloß, Inga mit ihrem Bruder John F. bekanntzumachen. Inga fühlte sich zu diesem »angeblich so brillanten Jungen, der dauernd lachte«, sofort hingezogen. John F. war seinerseits hingerissen von Ingas Schönheit, Charme, Schlagfertigkeit, Sinnlichkeit und Lebensklugheit. Sie war zwar vier Jahre älter als er und obendrein verheiratet, doch das hinderte die beiden nicht daran, eine leidenschaftliche Affäre zu beginnen.

* * *

Kathleen lernte beim *Times-Herald* den 30jährigen John White kennen, den Starreporter der Zeitung. Er unterschied sich ebensosehr von den meisten Männern, die sie kannte, wie Inga von ihren bisherigen Freundinnen. Trotz seines schmuddeligen Äußeren und der tätowierten Schlange auf seinem rechten Arm war White ein Harvard-Absolvent und der Sohn eines Pfarrers der Episkopalkirche. Er war hochgewachsen und drahtig, hatte eine kräftige Nase, volle, ausdrucksstarke Lippen und Gesichtszüge, die zwar nicht unbedingt schön waren, aber etwas Intensives hatten, das Frauen interessant fanden. Und White war tatsächlich eine höchst interessante Persönlichkeit. Er war ein scharfsinniger und hämischer Beobachter menschlicher Schwächen und verfolgte nur ein einziges Ziel: ohne jeden Ehrgeiz durchs Leben zu gehen. Doch hinter der zynischen Fassade verbarg sich ein sanfter, empfindsamer und introvertierter Mann, der unfähig war, sich wirklich auf etwas einzulassen, sei es nun eine Frau, eine Idee oder eine Religion.

Die katholisch erzogene Kathleen hatte ihren Glauben bisher noch nie verteidigen müssen. Niemand hatte ihn je in Frage gestellt oder gar abgelehnt. Doch dieser merkwürdige, reizbare Mann mockierte sich von Anfang an über alles, was ihr heilig war. Er provozierte sie und versuchte, an den Grundfesten ihres Glaubens zu rütteln. Sie nannte ihn einen »großen Schwätzer«, konnte seine Einwände jedoch nicht unwidersprochen hinnehmen. Nach einer ihrer ersten Verabredungen rief sie ihn spät in der Nacht an und schrie in den Hörer: »Geburtenkontrolle ist Mord!« Und White brüllte zurück: »So sorgt die katholische Kirche dafür, daß ihre Schäflein nicht aussterben!«

Eines Abends Mitte Oktober, nach ihrer zweiten oder dritten Verabredung, ließ sich Kathleen von ihm in seine Wohnung nach Georgetown einladen. John wohnte im Kellergeschoß des Hauses seiner verheirateten Schwester. Sie saßen auf dem Sofa im Wohnzimmer, das er sehr zutreffend als »Höhle« bezeichnete, und unterhielten sich. Kathleen genoß das neckische Geplänkel, doch als John zu vorgerückter Stunde seinen Arm um sie legte und sie zu küssen versuchte, wich sie zurück. Sie mochte es nicht, wenn Männer sie berührten. »Ich will das nicht, John«, sagte sie zu ihm. »Das mußt du verstehen. Bitte versuche es gar nicht erst. Ich möchte diese Sache nicht, von der der Priester sagt, daß man sie nicht tun soll.«

Da John der Überzeugung war, daß man über alles reden konnte, begann er, mit Kathleen zu diskutieren. Er wollte einfach nicht glauben, daß diese lebhafte junge Frau nicht nur puritanisch war, sondern an Sex überhaupt kein Interesse haben sollte. Er fragte sie offen, ob nicht zumindest ein gewisses Maß an körperlicher Nähe möglich sei, Umarmungen, gelegentliche Küsse, etwas körperliche Wärme und Zuneigung. Doch Kathleen verneinte. Sie brachte kein einziges Mal das Wort »Sex« über die Lippen, als würde es sie bereits besudeln, wenn sie es nur aussprach.

John gab nicht auf, denn er hatte sich schon zu sehr in sie verliebt. Er kritisierte auch weiterhin alles, woran sie zu glauben schien, sei es nun die isolationistische Einstellung ihres Vaters oder der Katholizismus. »Sie war freudig überrascht, daß es Leute gab, die zwar ihr Äußeres vernachlässigten, aber dennoch keine schlechten Menschen waren«, erinnerte sich John White. »Es war, als verstießen wir gegen die Regeln, ohne dafür hinausgeworfen zu werden.« John war ein redegewandter Skeptiker, der seine Zweifel immer wieder deutlich aussprach und dabei hoffte, daß seine Saat irgendwann aufgehen würde. Seine Ideen hatten tiefgreifende Auswirkungen auf Kathleens Glauben. Jahre später sagte er, Eunice habe ihn beschuldigt, ihrer Schwester »den Glauben auszureden«. Das tat er mit Sicherheit nicht. Er redete ihr lediglich ihren sklavischen Respekt vor kirchlichen Autoritäten und ihr unkritisches Festhalten an jedem Buchstaben der katholischen Lehre aus.

***

In Washington standen Kathleen und ihre Familie vor einem ganz anderen Dilemma. Jahrelang hatten Rose und Joe ihre Tochter Rosemary in Einrichtungen oder Schulen gesteckt, in die sie eigentlich nicht gehörte. Im September war sie 23 Jahre alt geworden. Sie war also nicht nur ein ganz anderer Mensch, sondern auch viel älter als ihre Mitschülerinnen an der neuen Schule. Früher hatte sie regelmäßig Besuch von ihren Eltern bekommen und in der gleichen Welt gelebt wie ihre Geschwister. Das hatte sich geändert. Kathleen wohnte nur wenige Minuten von ihrer Klosterschule entfernt, doch in ihrem Leben war für Rosemary kein Platz mehr. Auch John F. lebte ganz in der Nähe, doch er führte sie schon lange nicht mehr zum Tanzen aus wie einst in Hyannis Port. Rosemary wurde zu keiner Party eingeladen, erlebte keine Abenteuer auf dem Kapitolshügel, lief nicht mit einem jungen Mann durch die bunte Herbstlandschaft von Rock Creek und nahm an keinem gepflegten Teestündchen teil.

Manchmal entluden sich Rosemarys Gefühle in einem heftigen Wutanfall. Die Nonnen der Klosterschule hatten Anweisung, Rosemary im Zaum zu halten und ihr Leben in geordnete Bahnen zu lenken. Und sie taten das auf ihre Weise, indem sie ihr einen eintönigen Tagesablauf auferlegten. Joe hatte Rosemary manchmal angebrüllt, wenn sie in der Schule versagt hatte, doch Rosemary war keineswegs so dumm, wie andere sie hinstellten. Sie war eigentlich überhaupt nicht dumm. Sie wußte genau, daß sich das Leben nicht innerhalb der Klostermauern abspielte, sondern draußen, dort, wo Kathleen und John F. lebten.

Rosemary fand Mittel und Wege, aus der Klosterschule zu entwischen, und streifte nachts durch die dunklen Straßen der Stadt – auf der Suche nach Licht und Leben. Früher hatte ihr Vater sie oft als fett beschimpft, doch inzwischen war sie zu einer schönen jungen Frau erblüht, die kaum älter wirkte als 17 oder 18. Man hatte sie vor den Männern und ihren Anträgen gewarnt, doch sie war eine gesunde Frau, deren sexuelle Bedürfnisse stets totgeschwiegen und unterdrückt worden waren. Wenn die Nonnen sie nach ihren nächtlichen Ausflügen fanden, hatte sie manchmal zerknitterte Kleider. Sie brachten sie in die Klosterschule zurück, ermahnten sie, ein Bad zu nehmen, und fragten sie, wo sie denn gewesen sei, doch jedesmal erzählte sie nur unzusammenhängende Geschichten, aus denen niemand schlau wurde. Trotz eindringlicher Warnungen setzte sie ihre nächtlichen Ausflüge fort, und die Familie befürchtete, sie könnte auf der Straße Männern begegnen, die sie begehrten, und Männern, die sie vielleicht begehrte.

Die Eltern beratschlagten, was zu tun sei. Joe erzählte von einem neuen chirurgischen Verfahren, mit dem ihre Tochter möglicherweise geheilt werden könne. Rose hatte von dem Eingriff noch nie etwas gehört und bat Kathleen, alles darüber in Erfahrung zu bringen. Zufällig schrieb John White gerade eine sechsteilige Artikelserie über das St.-Elizabeth-Hospital, eine Nervenklinik in Washington. Kathleen löcherte ihn mit Fragen über neue chirurgische Techniken, ohne ihm jemals den Grund für ihr Interesse zu sagen. White war ein sehr gründlicher Reporter und berichtete Kathleen in allen Einzelheiten von einem neuen chirurgischen Eingriff, bei dem die Nervenfasern im vorderen Teil des Gehirns durchtrennt wurden. Der Eingriff war bereits an einigen geistesgestörten Patienten erprobt worden, doch das Resultat, so White, sei »einfach nicht gut. Die Patienten haben hinterher zwar nicht mehr so viele quälende Gedanken, doch ihre Persönlichkeit ist dahin, einfach weg.«

Kathleen informierte Rose über den neuen Eingriff. »Oh nein, Mutter«, sagte sie, »das wollen wir Rosemary nicht wünschen.«

»Ich bin sehr froh, das zu hören«, antwortete Rose erleichtert. Sie hatte sich immer gesträubt, wenn ein Arzt oder Spezialist Rosemary in eine Anstalt einweisen wollte. Seit Jahren hatte Joe es ihr überlassen, sich um Rosemary zu kümmern, doch in dieser wichtigen Angelegenheit mußte natürlich er entscheiden. Schließlich ging es um den guten Ruf der Familie. Bisher hatte Joe bei gesundheitlichen Problemen in der Familie immer Luella konsultiert, doch diesmal bat er die Krankenschwester nicht um ihre Meinung. »Ich glaube, er wußte, was ich gesagt hätte«, sagte Luella später.

Die Kennedys befürchteten, daß Rosemary bereits jede Kontrolle über sich verloren hatte. Sie hatten Angst, sie könnte auf die Straßen hinausgehen und genau »die Sache« tun, über die Kathleen nicht einmal zu sprechen wagte. In den Augen Kathleens, ihrer Mutter, ihrer Schwestern und der Nonnen vom Heiligen Herzen war ein solches Verhalten für ein junges katholisches Mädchen eine unsägliche Schande. Wäre Rosemary ein Mann gewesen, hätte es Joe wahrscheinlich mit Stolz erfüllt, daß sein Kind zumindest in dieser Hinsicht nicht zurückgeblieben war. Da sie aber eine Frau war, drohte ständig die Gefahr einer Schwangerschaft, einer Erkrankung und eines Skandals.

Da Joe für seine Tochter einen radikalen chirurgischen Eingriff in Erwägung zog und stets die besten Spezialisten konsultierte, landete er irgendwann fast zwangsläufig bei Dr. Walter Freeman, einem der bekanntesten Ärzte Amerikas. Freeman praktizierte nicht nur am St.-Elizabeth-Hospital, wo John White recherchiert hatte, sondern lehrte auch als Professor für Neurologie an der George-Washington-Universität und hatte darüber hinaus eine gutgehende Privatpraxis. Freeman war ein überaktiver, extrem ehrgeiziger und sehr von sich eingenommener Wissenschaftler, den Joe sofort sympathisch fand.

Fünf Jahre zuvor, im Frühjahr 1936, hatte Freeman den Artikel eines portugiesischen Neurologen namens Dr. Egas Moniz angefordert, der in einer französischen Fachzeitschrift erschienen war. Darin wurde ein neuer chirurgischer Eingriff, die präfrontale Leukotomie, vorgestellt. Moniz hatte ihn im November des vorangegangenen Jahres zum ersten Mal durchgeführt. Seitdem waren Freeman und sein Mitarbeiter, der Chirurg Dr. James Watts, zu den vehementesten Befürwortern des Eingriffs in Amerika geworden. Sie nannten ihn »Lobotomie« und führten ihn auch mehrfach durch.

Im Herbst 1941, als Joe sich überlegte, was er mit Rosemary anstellen sollte, steckte die Psychochirurgie noch in den Kinderschuhen. Weltweit waren bis dahin nur 350 bis 500 Lobotomien vorgenommen worden – rund 80 von Freeman und Watts. Ihre Operationsmethode war zu jener Zeit noch recht primitiv. Erst ungefähr sechs Jahre später sollte Freeman die bekannte »Eispickel-Operation« entwickeln, die gewöhnlich mit der Lobotomie assoziiert wird. »Die Ärzte rieten meinem Vater damals zu dem Eingriff«, erinnerte sich Eunice. »Seither habe ich mit einer Reihe von Ärzten darüber gesprochen, und alle sagten, daß er in keinem Fall erfolgreich gewesen sei.«

Obwohl die Lobotomie 1941 noch im Versuchsstadium steckte, wurde sie in zahlreichen Zeitungen von der *New York Times* bis zur *Saturday Evening Post* bereits hoch gelobt. Es war in erster Linie Freemans Selbstdarstellungstalent zuzuschreiben, daß die Operation so viel Beachtung fand. Auf der Jahrestagung des amerikanischen Ärzteverbands veranstaltete er eine »Psychochirurgie-Ausstellung«, bei der er nach Aussagen seines Partners Watts wie ein Marktschreier auftrat. Außerdem bearbeitete er jeden Reporter, der ihm über den Weg lief. Doch so eifrig und redegewandt Freeman auch die Welt von den Vorzügen seiner Lobotomie zu überzeugen versuchte, die Ärzteschaft blieb geteilter Meinung. Nach leidenschaftlichen Gegnern seiner Wunderoperation hätte Joe nicht lange zu suchen brauchen.

Rose ermunterte Joe in keinster Weise zu diesem drastischen Schritt. Also mußte er sich selbst über die Psychochirurgie informieren. Freeman führte gewissenhaft Buch über die 80 Patienten, die er und Watts bisher operiert hatten. Es handelte sich dabei ausnahmslos um schwer gestörte Menschen mit akuten psychischen Problemen wie chronisch Depressive, Schizophrene oder chronische Alkoholiker, bei denen sich die Nervenärzte damals keinen Rat mehr wußten. Bis auf eine Ausnahme waren all diese Patienten wesentlich älter als Rosemary, und keiner war geistig zurückgeblieben. Das neue Verfahren des Neurologen war für die Angehörigen meist eine letzte verzweifelte Hoffnung nach vielen Enttäuschungen und erfolglosen Behandlungsversuchen. Selbst Freeman führte die Lobotomie nicht wahllos, sondern nur an sorgfältig ausgesuchten Patienten durch.

Im Fall Rosemarys, einer leicht zurückgebliebenen jungen Frau mit unklaren emotionalen Problemen, war eine solche Operation auf jeden Fall eine sehr extreme Maßnahme, doch Joe war ein pragmatischer Mann, für den das Leben aus Problemen bestand, die nur darauf warteten, gelöst zu werden. Er beschloß, in die Offensive zu gehen, und überzeugte die Ärzte, daß eine Lobotomie für seine Tochter die ideale Therapie sei. Rosemary war wahrscheinlich die erste geistig zurückgebliebene Patientin in Amerika, an der eine präfrontale Lobotomie vorgenommen wurde.

»Mr. Kennedy war ein mächtiger Mann, der jeden überreden konnte«, sagte Luella. »Die Operation schaltet das aktive Denken aus, und ich glaube, Mr. Kennedy hielt es für besser, daß Rosemary nicht mehr der Öffentlichkeit ausgesetzt war, falls sie wieder mal davonlief. Er wollte ›den Fall endgültig abschließen‹. Damit ersparte er sich weiteren Ärger, und man konnte Rosemary leichter in einem Heim unterbringen.«

Freeman und Watts führten ihre Lobotomien an der Klinik der George-Washington-Universität durch, die nur wenige Blocks von Kathleens Wohnung entfernt lag. Nach Freemans Erfahrungen »machten sich einige Patienten größere Sorgen über den Haarverlust und die zurückbleibende Narbe als über ihren präfrontalen Hirnlappen«. Daher wies der Chirurg die Krankenschwestern an, das Haar der Patienten nur auf dem vorderen Teil des Schädels abzurasieren, »damit die Frauen es hinterher so hinfrisieren können, daß man es kaum sieht«.

Freeman und Watts hatten die Operation für acht Uhr morgens angesetzt. Termingerecht wurde die Patientin in den Operationssaal gerollt. Man hatte ihr nur ein leichtes Beruhigungsmittel gegeben, so daß sie ihre Umgebung sehr genau wahrnahm. Dann wurde sie mit Procain örtlich betäubt. Den Kopf auf einen Sandsack gebettet, lag sie bei vollem Bewußtsein auf dem Operationstisch.

Freeman bohrte in jede Schädelseite ein Loch und führte über eine große subkutane Nadel die Operationsröhre knapp sechseinhalb Zentimeter weit ins Gehirn ein. Dann nahm er einen Spatel, der aussah wie »ein stumpfes Buttermesser«, schob ihn in den Hohlraum, den die Röhre freiließ, drehte ihn nach oben und zerstörte auf diese Weise die weiße Substanz des Frontallappens. Anschließend machte er noch drei weitere Schnitte, wozu er den Spatel jedesmal neu einführte. Obwohl diese Freeman-Watts-Standardlobotomie von den Ärzten als »Präzisionsoperation« bezeichnet wurde, war jede Operation anders. Je ernster der Zustand des Patienten war, desto häufiger drangen die Chirurgen in die hinteren Regionen des Gehirns vor und desto größer wurde auch die Gefahr einer dramatischen Veränderung der Persönlichkeitsstruktur. Die Chirurgen sprachen die ganze Zeit mit Rosemary und wiesen sie an, zu singen oder zu zählen. Solange sie noch trällerte und Zahlen addierte oder subtrahierte, schnitten sie ständig weiter und zerstörten so immer größere Bereiche ihres Gehirns. Dann wurde Rosemary allmählich schläfrig und verwirrt – für die Ärzte ein Zeichen, daß die Operation erste Wirkungen zeitigte. Als sie fertig waren, vernähten sie die Wunde mit schwarzen Seidenfäden. Dann wurde die Patientin aus dem Operationssaal gerollt.

Rose erkannte ihre Tochter kaum wieder. Rosemary war in ein kleinkindähnliches Stadium zurückgefallen, stammelte nur noch wenige Worte und saß stundenlang nur da und starrte die Wände an. Von der jungen Frau, die sie einmal gewesen war, war fast nichts mehr übriggeblieben. Nur ihre gelegentlichen Wutanfälle hatte sie nach wie vor. Es war entsetzlich. Doch so wie Rose und ihre Kinder schon so vieles verdrängt hatten, so verdrängten sie auch, was Joe seiner Tochter angetan hatte. Sie taten einfach so, als sei nichts geschehen und als existiere Rosemary nicht mehr.

Rosemary wurde nacheinander in verschiedenen privaten Einrichtungen untergebracht, und außer ihren Familienangehörigen kannte kaum jemand ihren Aufenthaltsort. Eunice sagte, nicht einmal sie habe gewußt, wo ihre Schwester gelebt habe. In den ersten Jahren begann Rose alle Briefe an ihre Familie mit »Meine Lieben« oder »Liebe Kinder« und berichtete dann meist der Reihe nach von Joe, Joe jr., John F., Kathleen, Eunice, Pat, Jean, Bobby und Ted, doch die nach ihr benannte Rosie erwähnte sie nie. Rosemary verschwand aus den Briefen, den Gesprächen und dem Leben der Kennedys.

Im November 1941, als der Herbstwind die letzten Blätter von den Bäumen neben der großen Villa der Kennedys in Bronxville fegte, überwachte Rose dort die endgültige Haushaltsauflösung. Joe hatte das Anwesen verkauft, das die meisten Kennedy-Kinder als ihr eigentliches Zuhause betrachteten. Rose wußte, daß es keinen Sinn mehr hatte, das Haus zu behalten, denn inzwischen waren alle Kinder ausgeflogen. Joe jr. und John F. waren beim Militär, Kathleen arbeitete in Washington, und die übrigen Kinder waren in Schulen untergebracht. Eunice studierte in Manhattan, Pat hatte gerade ihr erstes Jahr im Rosemont College begonnen, und Bobby war in die Portsmouth-Priorei in Rhode Island geschickt worden. Jean und Teddy besuchten Internate.

Schließlich war auch das letzte Foto eingepackt und das letzte Möbelstück verstaut. Rose warf noch einen letzten Blick auf das Haus und reiste dann nach New York. Am ersten Dezemberwochenende setzte sie sich in ihrem Hotel an den Schreibtisch und schrieb einen Brief an ihre Kinder, den sie anschließend vervielfältigte und verschickte. Nun, da die Familie in alle Winde versprengt war, würden ihre regelmäßigen Briefe genügen müssen, um die Familie zusammenzuhalten.

Kathleen saß an diesem Sonntag zusammen mit John White und dessen Schwester Patsy White Field in einem Washingtoner Restaurant. Plötzlich wurde ihr Wortwechsel von einer Sondermeldung im Radio unterbrochen. Japan hatte Pearl Harbor angegriffen. Als sie das Lokal verließen, sahen sie, daß über dem Garten hinter der japanischen Botschaft Rauch aufstieg. Die Diplomaten verbrannten kistenweise Akten und Dokumente. Vor der Botschaft hatte sich eine aufgebrachte Menschenmenge versammelt, die sich erst beruhigte, als die Washingtoner Polizei und das FBI eintrafen.

Ganz Amerika fühlte sich verraten. In dieser von Verfolgungswahn und Mißtrauen geprägten Stimmung waren all jene, die gestern noch isolationistische Parolen nachgeplappert hatten, sehr bestrebt, ihren

Patriotismus zu bekräftigen. Joe schickte sofort ein Telegramm an den Präsidenten: »In dieser ernsten Krise stehen alle Amerikaner hinter Ihnen. Sagen Sie mir, was ich tun soll. Ich stehe Ihnen zur Verfügung.«

Doch Joe war ein Ausgestoßener. Während er auf eine Antwort wartete, die nie eintraf, versammelte sich seine Familie in Palm Beach, um dort gemeinsam Weihnachten und Neujahr zu feiern. Als die Kinder noch jünger waren, hatte Rose jeden ihrer Schritte überwacht, doch inzwischen zogen sie von einer Party zu nächsten und unternahmen Dinge, von denen sie häufig nicht einmal wußte. »Als Ihr noch klein wart«, schrieb sie ihnen, »konnte ich Euch alle zu einer bestimmten Zeit herbestellen und wieder wegschicken. Und ich wußte stets, welche Kleider, welche Frisur und welchen Hut Ihr tragen würdet. Damals erschien mir alles viel einfacher. Doch die Zeit steht nicht still, und so werde ich mich wohl an die neuen Ungewißheiten und Aufregungen gewöhnen müssen.«

Bis auf Jean und Ted waren jetzt alle fort. Zusammen mit ihrem jüngsten Sohn fuhr Rose im Zug nach Palm Beach, und später ließ sie auch die zwölfjährige Jean nachkommen. Jean war zwar vier Jahre älter als Ted, doch sie waren Schicksalsgenossen, die sich gut verstanden. Beide wurden von einem Internat aufs nächste geschickt, von ihren älteren Geschwistern verhätschelt und von ihrer Mutter an Disziplin gewöhnt. Ted bewunderte seine ältere Schwester so sehr, daß er, als der Klassenlehrer in seiner neuen Schule in Palm Beach um Nominierungen für das Amt des Klassenkassenwarts bat, die Hand hob und verkündete: »Ich schlage Jean Kennedy vor.« Jean und ihr jüngerer Bruder waren wie kleine Bäumchen, die schon so oft entwurzelt worden waren, daß sie gelernt hatten, ihre Wurzeln nie zu tief in die Erde zu treiben. Jean und Teddy hatten kaum neue Freunde gewonnen, als Rose sie wieder in den Norden zurückschickte – Jean zu den Nonnen vom Heiligen Herzen nach Eden Hall und Teddy in die Riverdale Country School.

Ted blieb oft nicht einmal ein volles Schuljahr im selben Internat. Jahre später überlegte Rose, daß ihr Jüngster wohl »zu oft gewechselt« habe. Ted selbst teilte diese Meinung: »Das war schon hart. Aber in dem Alter läßt man sich widerstandslos herumschubsen. Irgendwann waren die Jahre dann vorüber, in denen ich viel Zeit damit zubrachte, herauszufinden, wo sich der Schlafsaal und die Sporthalle befanden.«

Während der Rest der Familie Silvester feierte, reiste Eunice nach San Francisco. Für sie waren die letzten Monate des Jahres 1941 sehr schmerzlich und schwierig gewesen, denn sie hatte stärker an Rosemary gehangen und sich mehr um sie gekümmert als alle anderen Geschwister. In ihren Augen verstieß die Lobotomie gegen alles, woran sie glaubte: die Unantastbarkeit des menschlichen Lebens, die Heiligkeit der Familie und den hohen Wert jedes einzelnen Menschen. Ihre Kommilitonen in Manhattan wußten nichts von der Operation, doch ihnen war aufgefallen, daß sich Eunice in letzter Zeit immer merkwürdiger benahm. Sie war häufig krank und nahm am Collegeleben und am Unterricht noch weniger teil als zuvor. Sie versäumte so viele Stunden, daß ihr eine Kommilitonin namens Barbara Dunn Nachhilfe in Chemie gab. Als die Studentinnen nach den Weihnachtsferien zurückkehrten, sahen sie, daß das Zimmer von Eunice leer war. Manche vermuteten, Eunice sei an Tuberkulose erkrankt und halte sich in einem Sanatorium auf. Andere verbreiteten das Gerücht, ihr Vater habe befürchtet, sie könnte in Manhattan zur Nonne werden und ihr daher befohlen, das College zu verlassen. Einige hatten jedoch erfahren, daß Eunice aus unerklärlichen Gründen mitten im Semester an die fast 5000 Kilometer entfernte Stanford University im kalifornischen Palo Alto gewechselt war. Doch niemand wußte von Rosemarys Operation, und wie sehr Eunice ihre älteste Schwester liebte. »Ich bin auf Wunsch meiner Mutter dort hingegangen«, erinnerte sich Eunice.

»Wir haben sie nach Kalifornien geschickt, weil wir dachten, daß ihr das milde Klima im Winter besser bekommen würde«, sagte Rose später. »In ihrer College-Zeit war sie nämlich nicht sehr kräftig.«

Der Campus der Universität Stanford war mit seinen schmucken, ziegelgedeckten Gebäuden im spanischen Stil, seinen Tennis- und Sportplätzen und seinen riesigen Rasenflächen eine völlig andere Welt als das von Mauern umgebene, enge College in Manhattanville. John F. hatte in Stanford ein chaotisches Semester verbracht und Eunice bereits einiges erzählt. Ihr Vater und ihr Bruder hegten zwar keine allzu hohe Meinung von der Universität, doch Eunice war zu Anfang von ihrer neuen Umgebung recht beeindruckt. »Wenn ich da an die knapp zwei Hektar in Manhattanville denke!« schrieb sie ihren Eltern. An der Universität war keine einzige Nonne zu sehen, und ihre Kommilitoninnen trugen keine Uniformen, sondern Röcke und

Baumwollpullis, wenn sie mit ihren Büchern unter dem Arm von einer Vorlesung zur nächsten schlenderten. Eunice wußte, daß sie immer noch ernsthafte gesundheitliche Probleme hatte. Noch bevor sie sich einschrieb, suchte sie zwei verschiedene Ärzte auf und versicherte ihren Eltern, daß »alles unter Kontrolle« sei.

Der Campus der Universität Stanford wirkte zwar idyllisch, doch der Krieg war hier viel näher als in Manhattanville. Einige Studenten unterbrachen ihr Studium, um sich zum Militär zu melden, und man sah bereits Männer in Uniform über das Unigelände laufen. Im Februar berichtete die *Stanford Daily*, daß ein feindliches Unterseeboot eine Raffinerie im kalifornischen Küstenort Santa Barbara mit Granaten beschossen habe, und manche Schwarzseher wappneten sich bereits für eine japanische Invasion.

Eunice lebte sehr zurückgezogen im Lagunita Court, einem Studentenwohnheim mitten auf dem Campus. Schon kurz nach ihrer Ankunft bat sie Rose in einem Brief um zusätzliche Decken gegen den Regen und die Kälte, dabei herrschte in Palo Alto, ganz im Gegensatz zu Manhattanville, ein sehr mildes Klima. Eunices Hausgenossinnen im Lagunita waren sehr nett, doch sie spürten bald, daß Eunice keinen näheren Kontakt wünschte. »Hallo, Mädels«, rief sie ihnen zu, wenn sie ihnen im Haus begegnete, immer nur: »Hallo, Mädels.« Eunice glaubte zwar, sie habe ihnen weismachen können, daß dieser unpersönliche Gruß im Osten üblich sei, doch die anderen begriffen sehr wohl, daß ihre neue Mitbewohnerin schlicht ihre Namen nicht wußte.

Sie gewöhnten sich bald ab, an Eunices Tür zu klopfen, und spöttelten, daß sie vermutlich sogar ihre abgeschnittenen Fingernägel und Haarsträhnen in einer Schachtel in ihrem Zimmer aufbewahre. Eunice studierte mit großem Eifer. Wenn sie nicht regelmäßig nach Hause schrieb, dann vermerkte das ihre Mutter in ihren zahlreichen Rundbriefen an ihre Kinder. Spät am Abend, wenn ihre Mitbewohnerinnen noch hinter Verdunkelungsvorhängen beisammensaßen, kam Eunice gelegentlich ins Zimmer gestürmt und fragte auf ihre überspannte Art, ob jemand etwas zu essen habe. Die Studentinnen konnten es kaum fassen, daß Eunice trotz ihres ungeheuren Appetits völlig abgemagert aussah. In der Mensa vermieden sie es geflissentlich, sich neben sie zu setzen. Die Universität Stanford rühmte sich ihrer guten Sitten, und so galt im Speisesaal das Gesetz, daß man erst aufstehen durfte, wenn alle am Tisch zu Ende gegessen hatten. Und Eunice holte sich bei jeder Mahlzeit mindestens einen Nachschlag und pickte sogar Essensreste von den Tellern ihrer Tischnachbarn.

Bei einem kurzen Skiurlaub, den sie mit einer Studentengruppe im Sun Valley in Idaho verbrachte, bewies sie eine erstaunliche Kondition. Die ganze Zeit über fuhr sie unermüdlich Ski, Schlittschuh und Schlitten oder ging ausgiebig schwimmen. »Ich fühlte mich in Stanford nicht besonders wohl«, bemerkte Eunice später. »Ich war nie besonders begeistert von der Uni. Ich weiß auch nicht, aber irgendwie hat es bei mir dort nicht gefunkt.«

Die Studenten machten sich über Eunices merkwürdiges Verhalten lustig, doch als sie begriffen, daß sie krank war, bekam ihr Lachen einen liebevollen Unterton. »Ich hörte damals nur, daß sie unter einer Drüsenfunktionsstörung leide«, erinnerte sich Charlotte Cecil Walter. »Sie sah halbverhungert aus, so dünn war sie. Sie hatte echte Probleme. Ich glaube, sie war nur deshalb nicht freundlich, weil es ihr schlecht ging.«

Eine der wenigen Studentinnen, mit denen sich Eunice an der Universität anfreundete, war Virginia Carpenter aus San Francisco, mit der sie öfter das Wochenende verbrachte oder in Urlaub fuhr. »Eunice lernte wie besessen, und das war sehr löblich«, berichtete Virginia später. »Sie war recht zuverlässig und ein sehr ernsthafter und tief religiöser Mensch. Und sie hatte gesundheitliche Probleme. Sie suchte ziemlich oft wegen gynäkologischer Beschwerden das Stanford-Krankenhaus in San Francisco auf. Ich wußte einiges darüber. Um so überraschter war ich, als sie später Kinder bekam.«

Nie zuvor war Eunice so lange und so weit von zu Hause weggewesen. Außerhalb der Familie hatte sie keine engen Freunde, schon gar nicht an der Universität, wo sie stets eine Außenseiterin blieb. Dennoch kam es ihr nie in den Sinn, sich in Briefen bei ihrer Mutter zu beklagen oder sie um die Erlaubnis zu bitten, an die Ostküste zurückkehren zu dürfen. Statt dessen schrieb sie Rose, Stanford sei für sie »eine interessante und abwechslungsreiche Erfahrung«.

In Amerika herrschte damals ein Klima des Mißtrauens. Gerüchten zufolge trieben überall im Land Spione, eingeschleuste Provokateure und Mitglieder der fünften Kolonne ihr Unwesen. An der Westküste empfand man besonders die Amerikaner japanischer Abstammung als große Bedrohung. Als Eunice an der Universität Stanford eintraf, wurden alle japanischstämmigen Studenten jeden Abend um acht Uhr in ihre Zimmer gesperrt. Später wurden sie in Lager gesteckt, in denen sie bis zum Ende des Krieges blieben.

In Washington war jeder, der irgendwann mit Nazideutschland zu tun gehabt hatte, verdächtig. So kam Page zu Kathleen ins Büro und erzählte ihr, daß Inga möglicherweise eine Spionin sei. Ein Mitarbeiter aus der Einkaufsabteilung der Zeitung hatte ihr ein Foto von den Olympischen Spielen 1936 gezeigt, auf dem Inga angeblich mit Hitler auf der Führertribüne zu sehen war. (Nach dem Krieg sagte Waldrop, er habe erfahren, daß der betreffende Angestellte ein verdeckt arbeitender FBI-Agent gewesen sei, der die Zeitung wegen ihrer isolationistischen Haltung in Mißkredit bringen sollte.)

Inga war entrüstet, als Kathleen ihr von der Anschuldigung erzählte. Sie ging unverzüglich zu Cissy Patterson, der Besitzerin des *Times-Herald*. Das war ein sehr gewagter Schritt, denn die von der liberalen Presse häufig attackierte Verlegerin konnte sich Gerüchte über eine angebliche Nazi-Spionin in ihrer Redaktion nicht leisten. Sie schickte Inga, Page und Waldrop zum FBI, wo Inga empört eine schriftliche Bestätigung verlangte, daß sie keine Spionin sei. Das FBI verweigerte ihr nicht nur das geforderte Papier, Agenten brachen sogar in ihre Wohnung ein und führten umfangreiche, geheime Überwachungsmaßnahmen durch.

Doch nicht nur Inga, sondern auch John F. und Kathleen wurden in den Strudel der Verdächtigungen und Bespitzelungen hineingezogen. Kathleen hätte für John F. fast alles getan, selbst wenn es ihrem guten Ruf oder ihrer Stellung geschadet hätte. Und John F. war so leidenschaftlich in Inga verliebt, daß er Kathleen bat, ihm dabei zu helfen, seine Romanze fortzusetzen. Kathleen überredete John White, zusammen mit Inga und John F. auszugehen, damit es so aussah, als sei die Beziehung zwischen ihrem Bruder und der dänischen Schönheit gar nicht so intim.

Während Inga und John F. nachts in Ingas Wohnung ihre Liebesaffäre auslebten, die auf mindestens ebensovielen Illusionen wie leidenschaftlichen Gefühlen beruhte, zogen dunkle Gewitterwolken über ihrer Beziehung auf. Am 12. Januar 1942 war in Walter Winchells Klatschspalte, die in mehreren Zeitungen erschien, eine kurze Notiz folgenden Inhalts zu lesen: »Eine Washingtoner Kolumnistin hat einen heiratsfähigen Sohn des Ex-Botschafters Kennedy zum Objekt ihrer

Liebe erkoren. Ihr Interesse ist so groß, daß sie bereits mit ihrem Anwalt über die Scheidung von ihrem mißtrauisch gewordenen Ehemann gesprochen hat. Papa Kennedy ist wenig angetan.«

Noch am selben Nachmittag tauchte Joe bei der Zeitung auf und zog sich mit Waldrop zu einer geheimen Beratung zurück. Joe war inzwischen zu der Einsicht gelangt, daß er sich wegen Gloria Swanson zum Narren gemacht hatte. Und nun war sein frühreifer, heißgeliebter Sohn im Begriff, sich zu einem noch größeren Narren zu machen. Inga war wirklich nicht die Richtige für John F. Sie war nicht nur älter als er, sondern auch eine Ehebrecherin, die vor ihrer zweiten Scheidung stand, und das in einer Gesellschaft, in der bereits eine Scheidung genügte, um zur Persona non grata zu werden. Zudem hatte sich Inga in Deutschland mit den Feinden Amerikas verlustiert. Es hieß, sie habe Hitler gegrüßt und auf Görings Hochzeit getanzt. Eine solche Frau kam für eine Heirat mit einem Sohn von Joseph P. Kennedy nun wahrlich nicht in Betracht.

Am nächsten Tag erhielt John F. die Nachricht von seiner Versetzung auf den Marinestützpunkt Charleston in South Carolina.

* * *

An einem kalten, regnerischen Abend schrieb Inga einen Brief an ihren Geliebten. John F. war soeben nach Palm Beach aufgebrochen, um dort noch ein paar Urlaubstage zu verbringen, bevor er seinen Dienst in Charleston antrat. Inga kannte ihn und durch ihn auch seine Familie. Sie begriff, daß hinter Joe, der für sie »ein typischer, aalglatter Politiker war, ein jovialer Händeschüttler mit einem strahlenden Lächeln, aber kalten Augen, durchtrieben, intelligent und zu sehr von sich eingenommen«, die unergründliche, übermächtige Gestalt von Rose Fitzgerald Kennedy stand. Freunden wie Chuck und Lem gegenüber machte John F. sich zwar manchmal über seine Mutter lustig und hatte auch so manches an ihr auszusetzen. Doch Inga kannte ihn besser und spürte genau, wie gern er seine Mutter hatte und was für eine entscheidende Rolle sie in seinem Leben und im Leben der ganzen Familie Kennedy spielte. Daher handelte ihr Brief von Rose:

> Aber natürlich müssen wir unser eigenes Leben leben, doch selbst dann wird eine Mutter immer eine Mutter bleiben. Ich bin

glücklich darüber, daß Du Deine so sehr liebst, und ich verstehe, warum sie Dich vergöttert. In dem Telegramm, das ich ihr schickte, teilte ich ihr mit, daß Du Dich auf das Wiedersehen mit ihr freust. Ich hoffe, Du bist mir deswegen nicht böse. Ich bewundere die Art, wie Big Joe Euch alle großgezogen hat. Es ist schön, wenn man auf seine Kinder stolz sein kann. Doch ich weiß, daß Deine Mutter die heimliche Macht hinter dem Thron ist.

Als John F. fortging, übernahm Kathleen seine Wohnung und ließ Chuck Spaldings Freundin Betty Coxe bei sich einziehen. Inga bemerkte sofort: »Betty ist mehr oder weniger der Boss, und Kick ist über dieses Arrangement bereits ein wenig unglücklich.«

Einer der ersten Gäste, die bei Kathleen übernachteten, war ihre Schwester Pat. Sie war aus Philadelphia gekommen, wo sie gerade ihr erstes Jahr am College absolvierte. Pat hatte ihre Mutter ausgetrickst. So wie sie verhindert hatte, daß sie ins streng geführte Noroton geschickt wurde, so war es ihr diesmal gelungen, die klosterähnliche Atmosphäre von Manhattanville mit dem Rosemont College zu vertauschen. Diese kleine katholische Mädchenschule mit ihren 400 Kollegiatinnen lag direkt an Philadelphias Hauptverkehrsroute. Die Züge der Pennsylvania-Eisenbahnlinie hielten direkt vor den gotischen Schulgebäuden des College.

Pat hatte ihr erstes Jahr an der neuen Schule mit einem großen Auftritt begonnen. Nicht nur, daß sie viel zu spät und mit Schrankkoffern voller Kleider eintraf, sie brachte sogar ihr eigenes Bett mit. Die Kollegiatinnen mußten Strümpfe und Hüte tragen, wenn sie den Campus verließen, Pat dagegen trug schicke Baumwollpullis und Röcke, doch ihr Schlafraum sah stets aus, als sei er gerade geplündert worden. »Wenn wir Besuchern die Schlafräume zeigten, dann durfte ihrer wegen der dort herrschenden Unordnung nie betreten werden«, erinnerte sich Mrs. Joyce.

Pat wechselte in den Monaten vor dem Überfall auf Pearl Harbor nach Rosemont. Doch im Gegensatz zu vielen anderen Schulen fanden dort keine großen Debatten darüber statt, ob Amerika in den Krieg eintreten solle. Zwar setzte sich besonders Father James Keller vom Maryknoll-Orden in seinen Vorträgen auch mit den Geschehnissen außerhalb der College-Mauern auseinander, doch sein Thema war nicht der Nationalsozialismus, sondern »das kommunistische Programm der Bitterkeit und des Hasses«.

Pat erkannte bald, daß sie, verglichen mit dem einst so turbulenten Studentenleben ihrer Brüder in Harvard, ein äußerst ruhiges Dasein führte. Eines der ersten gesellschaftlichen Ereignisse ihres Collegelebens fand im Oktober statt, als alle Erstsemester des nahegelegenen Jesuitencolleges St. Joseph zu einem zweistündigen Nachmittagstanztee in die Mädchenschule kamen und von ihrer Klasse mit Punsch bewirtet wurden.

Zu dieser Zeit war Pat bereits eine der bekanntesten Kollegiatinnen ihres Jahrgangs. Sie war zur Tennismeisterin von Rosemont avanciert, und ihr Foto war in der Schulzeitung *The Rambler* erschienen. Pat war fast einen ganzen Kopf größer als die meisten anderen Mädchen, hatte einen geschmeidigen, athletischen Körper, breite Schultern, dikkes braunes Haar und eine Art zu reden, die ihre Klassenkameradinnen für »einen leichten britischen Akzent« hielten. Obwohl sie eine ausgesprochen hübsche junge Frau war, hielt sie sich selbst für bäurisch, plump und unattraktiv und ihre Brüder, insbesondere John F., für prachtvolle junge Männer. »Schreib mir mal, wenn Du es schaffst, Deinen schönen Körper an den Schreibtisch zu bewegen«, schrieb sie in einem Brief an John F., den sie mit den Worten »Tausend liebe Grüße, Deine dicke Patty« schloß.

* * *

Kathleen traf sich in Washington weiterhin mit John White. Oft gingen sie zu seiner Schwester, in deren Haus Leute wie Jimmy Roosevelt und Lord Halifax, der neue britische Botschafter, verkehrten und, mit einem Teller Spaghetti auf dem Fußboden sitzend, hitzige Diskussionen über den Krieg führten. Gelegentlich schaute auch Kathleens Vater vorbei. Einmal brachte er sogar eine seiner Freundinnen mit, was Johns Schwester allerdings mehr störte als die offenbar ziemlich begriffsstutzige Kathleen.

Seit seiner Rückkehr aus London war aus dem mittlerweile 52jährigen Joe ein noch größerer Schürzenjäger geworden, der immer offener allen möglichen Frauen nachstellte. Eines Abends war Kathleen zusammen mit John auf eine Party im Hotel Mayflower eingeladen und hörte dort einen Gast über die sexuellen Heldentaten ihres Vaters lästern. Sie regte sich furchtbar auf. Ganz gleich, was ihr Vater trieb, sie ertrug es einfach nicht, wenn jemand ihn kritisierte.

Bevor Kathleen John begegnet war, hatte sie ihrer Freundin Janie Lindsay in London geschrieben, daß sie möglicherweise niemals heiraten werde: »Manchmal glaube ich, daß ich mir das niemals aufbürden werde. Bisher bin ich noch keinem begegnet, bei dem ich mich völlig vergessen hätte, und mit dieser Einstellung kann man einfach nicht heiraten.« Kathleen mochte John, doch nicht auf diese Weise. »Heute nacht habe ich zum ersten Mal ihre Hand gehalten«, schrieb White am 30. November in sein Tagebuch. »Ich hielt die Hand von Kathleen Kennedy ... ich habe ein sehr herzliches Verhältnis zu ihr, und frage mich nun, wie es wohl mit uns weitergehen wird.«

John durfte Kathleen nach Hause bringen, und während er im Schlafzimmer saß, zog sie sich im Badezimmer aus und streifte sich das Nachthemd über. Es machte ihr nichts aus, daß er sah, wie sie ihre Nachtcreme auftrug und ihre Locken hochsteckte, was den asexuellen Charakter ihrer Beziehung noch unterstrich. Dann stieg sie ins Bett, und John kraulte ihr den Rücken oder las ihr ein paar Seiten aus einem Roman vor. Sobald sie eingeschlafen war, ging er wieder.

Kathleen war zu der Erkenntnis gelangt, daß sie Umarmungen nur mochte, solange sie eine Geste der Zuneigung blieben und nichts mit jener Sache zu tun hatten, von der die Nonnen sagten, daß man sie nicht tun sollte. Sie hatte Monate gebraucht, bis sie John soweit hatte, daß er sie nur noch auf eine sanfte, brüderliche Art umarmte und streichelte, ohne dabei Stellen zu berühren, die tabu waren, ohne seinen Körper gegen den ihren zu pressen, ohne einen direkten Verführungsversuch zu wagen oder sie vor dem Einschlafen mit raffinierten Liebkosungen zu jener Sache zu verleiten, die sie nicht tun sollte, nicht tun wollte und nicht tun konnte.

Sex war für Kathleen nicht einfach eine primitive, körperliche Vereinigung, die sie als wohlerzogene Katholikin aus gutem Hause verachtete, sondern ein Akt der gefühlsmäßigen Hingabe, ein höchst gefährliches Sichhergeben, ein Abgrund. Eines Nachts saß John wieder einmal auf ihrer Bettkante und kraulte ihr den Rücken. Als er Kathleen so in ihrem Flanellnachthemd vor sich sah, stellte er sich vor, sie sei Claudette Colbert in dem Film *Es geschah in einer Nacht.* Und er selbst war Clark Gable, der das Zimmer mit ihr teilte und gleichzeitig ihre Ehre schützte. Gewöhnlich lag Kathleen wie ein zufriedenes Kätzchen da und sank irgendwann sanft in den Schlummer. Doch in dieser Nacht fuhr sie plötzlich aus dem Halbschlaf hoch und sagte zu John: »Du solltest eines über mich wissen: Ich bin wie John F., ich kann keine tiefe Zuneigung empfinden.«

Am Nachmittag des ersten Freitags im Februar fuhr John F. in seinem Buick Cabriolet zum Hotel Fort Sumter. Dort wurde er von Inga erwartet, die unter dem Namen Barbara White im Hotel abgestiegen war. Er verbrachte mit ihr fast das ganze Wochenende auf Zimmer Nr. 132.

Das FBI und der Marinenachrichtendienst überwachten Inga und John F. auf Schritt und Tritt. Sie hatten sogar Wanzen in ihrem Hotelzimmer angebracht. Ihre Aufzeichnungen von diesem Wochenende sind, was das Sexualleben des jungen Kennedy anbelangt, ein denkwürdiges Dokument. Er war ein Mann, dessen Leidenschaft in der Regel rasch verflog. Ein kurzes Aufflackern, dann schüttelte er sie ab. Doch an diesem Wochenende war er fast unersättlich und wurde von seinem Verlangen und seinen Gefühlen regelrecht überwältigt. Inga spürte, wie anders sich John F. auf einmal verhielt. »Inga war etwas älter und viel erfahrener als er, eine europäische Intellektuelle, die ihn sehr gut durchschaute«, erinnerte sich John White. »Wenn ein Mädchen mit John F. nicht ins Bett gehen wollte, dann akzeptierte er das. Doch wenn sie es tat, dann nur unter der Bedingung, daß sie hinterher aufstand und verschwand. Das war alles. Kein langes Geplänkel, keine Gefühle, keine längere Beziehung. Doch Inga sagte, mit ihr sei alles etwas anders gelaufen als geplant. Als ihr Verhältnis zunehmend enger wurde, begann er zu zerbrechen. Es war fast ein wenig peinlich, mit anzusehen, wie diese einst so starke Persönlichkeit plötzlich haltlos und unsicher wurde. Ingas Nähe wurde ihm gefährlich, und sie war sich nicht sicher, ob sie ihn so haben wollte, wie er jetzt war. Sie war ehrlich. Sie mochte John F. sehr, doch nicht unbedingt diesen neuen Menschen, der er zu werden schien.«

»Bei dir brauche ich mich nicht zu verstellen«, hatte John F. einmal in einem intimen Augenblick zu ihr gesagt. »Dazu kennst du mich zu gut.« Doch in all ihren gemeinsamen Stunden und intensiven Gesprächen erwähnte er Rosemary und ihre tragische Operation kein einziges Mal. Ob er Schmerz oder vielleicht auch Schuldgefühle empfand, weil er seinen Vater nicht hatte aufhalten können, war schlicht kein Thema. Darüber sprach man weder mit einer Geliebten noch mit sonst jemandem, der nicht zur Familie gehörte, und wahrscheinlich nicht einmal mit den engsten Angehörigen. Es war Krieg, und als junger Mann mußte er jederzeit mit seiner Einberufung rechnen, doch in all den Tagen und Nächten, die er in Ingas Armen verbrachte, sprach er kein einziges Mal über seine Ängste und Zweifel. Ebensowenig erwähnte er seine gesundheitlichen Probleme.

John F. war ein Kennedy, und die Kennedys klagten nicht, jammerten nicht und gaben sich keine Blöße. Doch Inga schrieb ihm: »Ein Mensch, der sich und anderen vormacht, er habe keine Schwächen, ist wie ein schlecht geschliffener Diamant.« Ihr Geliebter war tatsächlich ein herrlich funkelnder Diamant, doch ihr war nicht entgangen, wie sehr er alle Regungen des Herzens fürchtete: »Dein schlimmster Fehler, mein Schönster, ist vielleicht, daß Du den Verstand mehr bewunderst als das Herz, aber vielleicht muß das so sein. Zu Ruhm verhalf das Herz bisher nur den Heiligen, und zu Reichtum nur den Frauen des ältesten Gewerbes der Welt, und die mußten ihn sich stets hart verdienen.«

Inga kannte viele mächtige Männer, und fast alle waren wesentlich älter als John F.. Sie wußte, daß er sehr ehrgeizig, intelligent und schlau war und daß er diese Eigenschaften mit Witz und Lässigkeit überspielte. »Du hast genug Niedertracht in Dir, um voranzukommen, und genug Verstand und Güte, um der Welt auch etwas zu geben, anstatt nur zu nehmen«, sagte sie zu ihrem Geliebten.

Sie begriff, was für Möglichkeiten einem Mann mit seinen Gaben offenstanden, und machte sich Sorgen, was wohl aus ihm werden würde, wenn er sie nicht nutzte. »Wenn Du merkst, daß da etwas Schönes in Deinem Leben ist – ich rede nicht von mir –, dann zögere nicht, es zu sagen und den kleinen Vogel zum Singen zu bringen«, schrieb sie ihm in einem fast flehentlichen Brief. »Es kostet so wenig. Ein Wort, ein Lächeln, eine leichte Berührung mit der Hand ... Das Leben wird hart in den nächsten Jahren, und doppelt hart für Menschen mit Idealen und Hoffnungen, für Menschen, die jemanden haben, den sie wirklich lieben, und die die Menschen verstehen.«

***

Inga war eine merkwürdige Ratgeberin für die ehemalige Klosterschülerin Kathleen. Die beiden Frauen sprachen oft über John F., wenn sie in forschem Schritt gemeinsam zur Arbeit gingen. Inga schrieb John F., sie liebe Kathleen, »weil sie zugeben kann, daß sie eifersüchtig auf mich ist und sich schrecklich darüber ärgert«. Und sie wollte ihrem Geliebten klarmachen, daß Kathleen ihm nie das sein konnte, was sie für ihn war: »Sie kann Dir nicht geben, was ich Dir gebe – sofern ich Dir überhaupt etwas gebe –, und sie kann von Dir nicht bekommen, was ich von Dir bekomme – eine ganze Menge. Doch sie ist noch jung und intolerant.«

Kathleen liebte John F., und das Eingeständnis, daß sie eifersüchtig war, war der erste Schritt zur Heilung. Sie mochte Inga und wußte, daß sie von ihr viel über das Leben lernen konnte. Sie waren inzwischen gute Freundinnen geworden, und ihre Gespräche wirkten offen und ehrlich. Doch, um Lyn Mikel Brown und Carol Gilligan zu zitieren, sie hatten etwas verloren, was jungen Frauen leicht abhanden kommt, nämlich »die Fähigkeit, zwischen Aufrichtigkeit und scheinbarer Aufrichtigkeit, zwischen wahrer und vermeintlicher Liebe, zwischen wirklichen Gefühlen und vorgegaukelten Gefühlen zu unterscheiden«. Inga verschwieg Kathleen, daß John F. nicht ihr einziger Liebhaber war und daß sie Angst hatte, er könnte sie verlassen. Und Kathleen verheimlichte ihrer Freundin, daß ihre Beziehung zu John F. in ihren Augen nicht gut für ihren Bruder war und daß sie häufig mit ihrem Vater darüber sprach.

Kathleen flog nach Palm Beach, um ein paar Tage mit ihren Eltern zu verbringen. Zwei Tage später erhielt Inga einen Anruf von John F. Er erzählte ihr, soeben habe sein Vater angerufen und ihm überzeugend dargelegt, was er im Hinblick auf ihre Beziehung zu tun habe. John F. nahm einen Tag Urlaub und flog für eine Nacht nach Washington. Nach seinem Rückflug nach Charleston ließ er sich nicht mehr bei Inga blicken.

»Inga kam mir gestern sehr traurig vor«, schrieb Kathleen ihrem Bruder. »Sie sagt, daß sie Dich nicht mehr wiedersehen wird. Ich bin nicht weiter in sie gedrungen, obwohl ich es gern getan hätte. Wenn es da etwas gibt, was ich Deiner Meinung nach wissen sollte, dann scheue Dich nicht, es mir zu sagen.« Dann zog Kathleen für John F. und für sich selbst die Lehre aus der Affäre: »Was Deine Ratschläge betrifft, lieber Bruder, so werde ich sie beherzigen. Junge, die einzigen Menschen, denen wir wirklich vertrauen können, sind unser eigen Fleisch und Blut, und auch bei ihnen sind wir uns nicht immer sicher.«

Beim *Times-Herald* hatte Kathleen inzwischen eine eigene Kolumne, in der sie selbstverfaßte Theater- und Filmkritiken veröffentlichte. Rose war stolz auf ihre Tochter. Insgeheim träumte sie selbst von einer solchen Tätigkeit. So hatte sie im Jahr zuvor auf einer Südamerikareise ihrem Tagebuch anvertraut, daß sie gerne Artikel für das *Ladies Home Journal* schreiben würde. Nur Mutter Patterson hatte sie ihren geheimen Wunsch gestanden, ihr aber gleichzeitig ans Herz gelegt: »Bitte sprechen Sie mit niemandem darüber, denn meine Söhne und mein Mann würden mich nur belächeln. Sie sind wirklich die einzige, die mir jemals Mut gemacht hat.« Ihre Söhne begegneten ihr inzwischen mit derselben intellektuellen Geringschätzung wie ihr Mann, und so hatte sie nicht den Mut, mit ihnen über ihre privaten Träume zu sprechen, schon gar nicht mit dem, der selber schrieb.

Rose beschloß, wenigstens die journalistische Karriere ihrer Tochter zu fördern. Sie riet Kathleen, ein Pseudonym zu benutzen und ihre Artikel mit einem neuen Foto von sich zu versehen, doch Joe und Kathleen hielten das für unnötig. Kathleen gehörte nun der Welt ihres Vaters an, und Rose kam sich manchmal zurückgesetzt vor. »Es deprimiert mich, wenn ich daran denke, daß drei oder vier meiner Kinder inzwischen ihre Arbeiten drucken lassen, während ich nie ein einziges Wort veröffentlichen durfte«, schrieb sie an die Familie. Sie versuchte, auch weiterhin Einfluß auf das Leben ihrer erwachsenen Kinder zu nehmen. Als Joe jr. wegen seiner Schlampigkeit bei der Marine wiederholt getadelt wurde, versprach sie, an das Marineamt oder vielleicht sogar an den Präsidenten persönlich zu schreiben, doch Joe stopfte ihr schnell den Mund. »Euer Vater hat meine Aktivitäten erneut eingeschränkt«, schrieb sie. »Er denkt, die kleine Frau solle sich auf Heim und Herd beschränken ... Ich persönlich finde aber, daß in bestimmten Zeiten auch eine Frau Initiative zeigen sollte. (Aber das sage ich natürlich nur zum Scherz, also diskutiert darüber bestenfalls im Familienkreis.)«

Rose war eine unerschütterliche Optimistin. In ihren Briefen an ihre Kinder verlor sie kein Wort darüber, daß Eunice nicht gesund war und sich, von ihrem Lerneifer einmal abgesehen, in Stanford in keinster Weise hervortat. Da zu jener Zeit viele junge Männer die Universitäten verließen, standen den Studentinnen mehr Möglichkeiten offen als je zuvor. Doch Eunice beschränkte sich aufs Tennisspielen und Skilaufen. Die meisten Kommilitoninnen behielten sie als eine kranke junge

Frau in Erinnerung, die viele Probleme hatte und nie richtig dazugehörte.

***

Nun, da das Zuhause in Bronxville nicht mehr existierte, pilgerte Rose unentwegt zwischen zwei Domizilen und Hotelzimmern hin und her, während Joe sich sonstwo aufhielt. Sie konnte wenig tun, um ihren Gatten aufzuheitern. Joe wollte unbedingt am Krieg teilnehmen und war zerknirscht darüber, daß man ihn einfach aus der Arena verbannte, während ein heroischer Kampf im Gange war. Er überschätzte seinen Ruf in einem solchen Maße, daß er Lord Beaverbrook, dem britischen Pressemagnaten, ein Schreiben schickte, in dem er England seine Dienste anbot.

In jenem Frühling des Jahres 1942 besuchte Waldrop Palm Beach. Der Chefredakteur des *Times-Herald* fuhr zu einem gemeinsamen Mittagessen mit Joe, Rose und Cissy Patterson, der Besitzerin seiner Zeitung, zur Villa der Kennedys. Rose hieß die Arbeitgeber ihrer Tochter herzlich willkommen. »Es ging sehr fröhlich und ungezwungen zu«, schrieb sie hinterher ihren Kindern. Waldrop und Cissy Patterson waren voll des Lobes für Kathleen, und Joe und Rose dankten ihnen überschwenglich für die freundliche Unterstützung, die sie ihrer Tochter angedeihen ließen. Doch hinter Waldrops schroffer Fassade verbarg sich ein scharfsichtiger Mann mit großem Einfühlungsvermögen. So heiter die Stimmung auch war, Waldrop brauchte nur ein paar Sätze mit Joe zu wechseln, um zu merken, daß der Botschafter »verzweifelt« war.

***

Schon als kleines Mädchen hatte Kathleen John F. und Joe jr. bewundert, John F. sogar noch mehr als seinen älteren Bruder. Sie war jetzt genauso angespannt wie sie und wußte, daß ihnen etwas bevorstand, was ihr wohl erspart bleiben würde: das Risiko, im Krieg umzukommen. Joe jr. erhielt während seiner Ausbildung ein paar Tage Urlaub und kam sie besuchen. Danach schrieb sie John F., sie habe im Metropolitan Club mit dem »zukünftigen Präsidenten der Vereinigten Staaten gespeist«.

Kathleen wollte ebenfalls am Kriegsgeschehen teilnehmen und als Korrespondentin nach London gehen. Sie sprach mit Beamten im Außenministerium, erhielt aber, wie vorauszusehen, keine offizielle Akkreditierung. Ihre Mitbewohnerin Betty Coxe bemerkte treffend, daß sie in Wirklichkeit »gar keine beruflichen Ambitionen hatte, sondern eine gute Ehe anstrebte – eine standesgemäße Ehe. Sie war keine ernsthafte Journalistin. Ihr Beruf war für sie eher ein Mittel, um Spaß zu haben, in Washington herumzukommen und Leute zu treffen.«

Kathleen zeigte Betty Briefe von ihren englischen Verehrern, nicht nur von Billy, sondern auch von Tony Rosslyn, William Douglas-Home und Hugh Fraser, und fragte sie, welchen sie am attraktivsten finde. John White war der Meinung, *er* sei in ihrer Beziehung derjenige, der eine feste Bindung scheue, doch Kathleens Freundinnen wußten, daß sie ihn als Heiratskandidaten nicht einmal in Erwägung zog. Gesellschaftlich war er ein Niemand. Kathleen pflegte mit Vorliebe das Motto ihres Vater nachzubeten: »Man sollte ein Mädchen nicht des Geldes wegen heiraten, doch es bringt andererseits auch nichts, arme Mädchen kennenzulernen.« Diese Faustregel galt ihrer Meinung nach für Frauen wie für Männer. Um so perplexer war sie, als Page ihr erzählte, daß sie einen Mann aus einfachen Verhältnissen heiraten werde. »Und ich dachte, du hättest Ehrgeiz«, lautete ihr Kommentar.

Im März 1942 erhielt Kathleen einen Brief von einer Freundin aus England. Lady Astor hatte geschrieben, Kathleen solle doch »endlich mit dem Unsinn aufhören und auf der Stelle herüberkommen und Billy heiraten«. Kathleen fragte John F., was er davon halte, doch seit seiner Trennung von Inga beurteilte er Romanzen und Heiratsabsichten eher nüchtern. Mit Liebe hatte das für ihn nichts zu tun. So schrieb er im Antwortbrief an seine Schwester: »Ich würde Dir dringend davon abraten, nach England zu reisen und einen Engländer zu heiraten, denn ich gelange zunehmend zu der Auffassung, daß es langsam an der Zeit ist, den Nachruf auf das britische Empire zu schreiben.«

Der erste Weltkrieg war von Männern in Schützengräben ausgetragen worden, doch von der deutschen Luftoffensive gegen England waren Frauen und Männer gleichermaßen betroffen. Kathleen hatte stets gehofft, eines Tages wieder einmal im schummrigen Keller des Café de Paris zu sitzen und der Musik von Snakeship Johnson und seiner

Band zu lauschen. In der Nacht des 8. März 1941, gegen halb elf, hatten sich Sarah Norton und Virginia Brand Polk, zwei Freundinnen Kathleens, die vor kurzem offiziell in die Gesellschaft eingeführt worden waren, getrennt auf den Weg zu diesem Club gemacht. Sarah bekam man damals nur selten zu Gesicht. Sie arbeitete die meiste Zeit beim Geheimdienst MI 6 in Bletchely an der Entschlüsselung deutscher Codes. Und Virginia reparierte den ganzen Tag lang Jeeps. Doch an diesem Abend trugen die beiden jungen Frauen Abendkleider, in denen sie atemberaubend aussahen, und wollten sich einfach nur amüsieren.

Sarah hatte Billy Hartington am Arm, mit dem sie seit kurzer Zeit verlobt war. Immer, wenn Billy Kurzurlaub bekam, ging das Paar trotz der nächtlichen Bombenangriffe aus. Das Café de Paris lag so tief unter der Erde, daß es als ebenso sicher galt wie ein Luftschutzkeller. Als sie in die Straße einbogen, in der der berühmte Nachtclub lag, stellten sie fest, daß von dem Gebäude, in dem er sich befand, nur noch qualmende Ruinen übrig waren. Eine Fünfzig-Pfund-Bombe hatte sich knapp eine halbe Stunde zuvor in den Keller gebohrt und war direkt vor der Bühne des überfüllten Lokals explodiert. Johnson, dessen Band gerade »Oh, Johnny« spielte, und weitere 33 Gäste waren auf der Stelle tot. Während die beiden Debütantinnen noch fassungslos dastanden, durchstöberten Plünderer bei Kerzenlicht die Trümmer und stahlen kostbare Abendtäschchen und Diamanthalsbänder. Billy eilte zusammen mit einem anderen Mann in das zerstörte Gebäude, aus dem immer noch leblose Körper getragen wurden. Die Verwundeten wurden sofort mit Stoffetzen verbunden, die aus Ballkleidern herausgerissen wurden. Nach einer Weile kehrte Billy zu den beiden jungen Frauen zurück. »Dann gehen wir eben in den Four Hundred Club«, schlug Sarah vor, als seien sie nur vom Türsteher abgewiesen worden.

»Man mußte damals einfach ausgehen«, sagte Lady Ford, die frühere Virginia Brand, in Erinnerung an jene Nacht. »Das Leben mußte ja weitergehen. Man war gezwungen, Dinge zu tun, die einer späteren Generation gefühllos erscheinen müssen. Du lieber Himmel! Aber hätte man sie nicht getan, wäre man verrückt geworden.«

***

In Amerika fielen nachts keine Bomben vom Himmel. Dafür wurden zahlreiche Parties gefeiert, doch das fröhliche Gelächter wurde immer wieder von Augenblicken melancholischer Abschiedsstimmung unterbrochen. Im März fuhr Kathleen zu Lems Abschiedsparty in New York. Er hatte einen Marschbefehl nach Afrika. Im April reiste Kathleen mit Betty nach Aiken in South Carolina, wo sich die alte Clique zu einer Abschiedsparty für George Mead versammelte. George hatte Kathleen oft in Washington besucht, als er in Quantico in Virginia einen Offizierslehrgang der Marineinfanterie absolvierte. Er hatte sich schon vor Pearl Harbor zu den *Marines* gemeldet und wurde von allen Freunden Kathleens als erster in den Krieg geschickt. John F. reiste für das Wochenende eigens aus Charleston an. Auch Chuck Spalding und Zeke Coleman, ein weiterer ehemaliger Verehrer Kathleens, waren mit von der Partie.

Kathleen genoß es, mit ihrem geliebten Bruder John F. zusammenzusein. Für sie war er ein vitaler und intelligenter junger Mann, der voll im Leben stand. Und genau diese Rolle spielte er seiner Schwester und den anderen Gästen an diesem Abend auch vor. Niemand wäre auf die Idee gekommen, daß er in Charleston manchmal tagelang mit quälenden Rückenschmerzen im Bett lag. Seine Beschwerden hatten sich so verschlimmert, daß er im März zehn Tage Urlaub genommen hatte, um sich in der Mayo-Klinik in Rochester in Minnesota behandeln zu lassen. Darüber hinaus hatte er sich in der Lahey-Klinik in Boston gründlich untersuchen lassen, wo man ihm zu einer Operation geraten hatte. Weitere Tests standen ihm noch bevor. Sie sollten so schlimm ausfallen, daß man ihn im Mai zu weiteren Untersuchungen in das Marinehospital in Chelsea schicken sollte. Doch auf der Party in Aiken tat John F. so, als sei er kerngesund.

Die jungen Männer zogen sich ständig gegenseitig auf und rissen Witze über die Marine und die Marineinfanterie. Obwohl George mit den anderen herumalberte, fand Kathleen, daß er sich ziemlich merkwürdig benahm. Sie und ihre Freunde hatten große Mühen auf sich genommen, um nach Aiken kommen zu können, daher konnte sie nicht verstehen, daß George »sich nicht anmerken ließ, daß er sich freute«. Er wirkte irgendwie reserviert.

Weder George noch John F. konnten mit Frauen über ihre Ängste und Zweifel reden. Im Verlaufe des Wochenendes nahm George Chuck beiseite und gestand ihm, daß er Angst hatte. Die Japaner waren in ganz Asien auf dem Vormarsch. Und George wußte, daß all die Politiker, die mit einem schnellen Sieg prahlten, keine Ahnung hatten, wie die japanischen Soldaten kämpften. Er selbst hatte schon einiges darüber gehört. Er war Offizier, und er hatte Angst, wirklich Angst, daß er für Führungsaufgaben noch nicht reif genug sei und daß er sich als Feigling entpuppen könnte. Chuck sagte, John F. habe sich das alles schon durch den Kopf gehen lassen. Wenn man nicht damit rechne, getötet zu werden, habe John F. gesagt, werde man auch überleben. Man dürfe solche Gedanken gar nicht erst aufkommen lassen. Und dann tat George, was sie alle taten, wenn ein Gespräch zu ernst und zu persönlich wurde: Er begann zu lachen und sagte, wie glücklich doch alle seien, daß der gute alte George nun ausziehe, um für sie den Krieg zu gewinnen. Dann kehrten die beiden zu den andern zurück. Kathleen und die anderen jungen Frauen erfuhren nie, was George, Chuck, John F. und die anderen jungen Männer dachten, fühlten und befürchteten. Die Gäste sagten George Lebewohl, und im Mai bestieg er mit seinen Kameraden von der 5. Marineinfanteriedivision ein Transportschiff, das ihn in den Pazifik brachte.

Bisher hatten die Kennedy-Kinder einen Großteil des Sommers immer in Hyannis Port verbracht, doch dieses Jahr war alles anders. Joe jr. stand kurz vor dem Abschluß seiner Fliegerausbildung. John F. war in der Marineschule für Seeoffiziersanwärter an der Nordwest-Universität von Chicago aufgenommen worden und befand sich nun auf dem Weg in den Westen, um sich zum Kommandanten eines Torpedoboots ausbilden zu lassen. Und Kathleen verbrachte einen Teil des Sommers am Kap. Pat war nun das älteste Familienmitglied, das noch im Haus weilte. Es wurde für sie ein seltsamer, deprimierender Sommer. Nicht nur John F. und Joe jr., sondern auch die meisten jungen Männer aus dem Dorf waren inzwischen im Krieg. Pat hatte sich daran gewöhnt, die beiden um sich zu haben, und war der Meinung, daß ihnen andere junge Männer nicht das Wasser reichen konnten. Sie fand ihre Brüder nicht nur klüger, sondern auch attraktiver und athletischer als alle anderen. Potentielle Verehrer gaben bald auf, weil sie es einfach leid waren, von Pat ständig die Vorzüge ihrer Brüder vorgehalten zu bekommen. »Nun, wie geht es Dir, schöner Bruder?« schrieb sie John F. im Juli. »Das Kap ist kleiner und Deine Schwester unbeliebter denn je (wenn das überhaupt möglich ist).« Diese Behauptung entsprach zwar bei weitem nicht der Wahrheit, war jedoch typisch für den selbstkritischen Humor der Familie.

In diesem Sommer häuften sich die traurigen Nachrichten von den Kriegsschauplätzen. Am 7. August 1942 landete George Mead zusammen mit 19000 Marineinfanteristen auf dem zu den Salomoninseln zählenden Eiland Guadalcanal. Am 18. August unternahmen die amerikanischen Soldaten einen ersten Vorstoß gegen die Japaner, die sich dort verschanzt hatten. Schon am nächsten Morgen wurde Mead von einer Kugel tödlich im Gesicht getroffen.

Die Meads waren wie die Kennedys eine Familie, die angeblich alles hatte. Georges Mutter schrieb in ihrer Trauerzeit einen Brief an Kathleen, John F. und alle ihre Freunde. Darin hieß es: »Die Liebe, die wir stets für George empfunden haben, lebt weiter in unseren Herzen. Sie ist stärker denn je – falls das überhaupt möglich ist – und unauslöschlich. Der Tod ist schließlich nur eine physische Veränderung, die unsere Fähigkeit zu lieben in keiner Weise beeinträchtigt. Und mit dieser Kraft und Liebe und George in unserem Herzen, wie könnten wir da unglücklich sein!«

Georges Tod und der Brief seiner Mutter gingen Kathleen sehr nahe. Ihre Antwort an Mrs. Mead war ein Nachruf auf einen jungen Mann, der dem Namen seiner Familie alle Ehre gemacht hatte. Sie wußte, was das hieß, denn sie und ihre Brüder waren ebenfalls stets dazu angehalten worden, sich ihres berühmten Namens würdig zu erweisen. »Ihre Worte bedeuten uns mehr als alles, was ich je über den Tod und den Krieg, über Mut und Stärke gelesen habe ...«, versicherte sie Georges Mutter. »Ich weiß, daß Worte Sie nicht trösten können, doch ich weiß auch, daß George mit dem, was er tat, den Idealen nacheiferte, die Sie und Ihr Mann ihm vorgaben. Sie hatten ihn bereits gelehrt, in Liebe und Gehorsam seine Pflicht zu erfüllen. Dieses Erbe hatte er angetreten, als er fiel. Die Zukunft mag für uns alle schlechte Nachrichten bereithalten. Doch wenn man an Ihre Worte und an Ihr Verhalten denkt, kommt man nicht umhin, sich von ganzem Herzen zu wünschen: Bitte, lieber Gott, laß mich ähnlich handeln.«

14

Eine Kennedy läßt sich nicht unterkriegen

An einem schwülen Sommertag Ende Juni 1943 stieg Kathleen um sieben Uhr abends die Gangway der *Queen Mary* hinauf. Sie trug ihre schwere Winter-Rotkreuz-Uniform, einen Regenmantel und einen Stahlhelm. An ihrem Gürtel baumelten eine Feldflasche, eine Gasmaske und ein Verbandskasten, und in der Hand trug sie den 35 Pfund schweren Brotbeutel, in dem sich ihre Habseligkeiten befanden.

Mühsam bahnte sich Kathleen einen Weg durch eine wogende Menge der GIs. Sie erkannte die *Queen Mary* kaum wieder. In den dreißiger Jahren war sie noch ein Luxusdampfer gewesen. Damals hatten sich jeden Abend mit Schmuck behängte Damen in eleganten Kleidern und Männer in Abendanzügen im Speisesaal der ersten Klasse zum Dinner versammelt und anschließend auf dem glänzenden Parkett bis in den Morgen getanzt.

Heute tanzte auf dem Schiff niemand mehr. Wo Kathleen auch hinblickte, überall standen oder lagen Soldaten. Die *Queen Mary* glich einem riesigen Rettungsboot, das alle Schiffbrüchigen der Weltmeere aufgelesen hatte. In Kathleens Augen bot sie einen »mitleiderregenden Anblick«. Erst vor kurzem war das Schiff mit einer abscheulichen grauen Tarnfarbe angestrichen und total umgerüstet worden. Statt der 2000 Passagiere, die es in seinen glanzvollen Tagen befördert hatte, oder der 5000 Soldaten, die es später als Truppentransporter nach Australien gebracht hatte, konnte es nun sage und schreibe 15 000 amerikanische GIs aufnehmen. Die Werftarbeiter hatten überall – nicht nur in den Kabinen, sondern auch in der Cocktailbar und im

Swimmingpool – Kojen eingebaut, oft sechs übereinander. Die Soldaten mußten in Schichten schlafen, denn auf jede Koje kamen zwei oder drei GIs. Und ein Drittel der Männer schlief ohnehin jede Nacht auf Deck.

Das Schiff war bis in den allerletzten Winkel mit Soldaten vollgepackt. Durch endlose, verstopfte Flure arbeitete sich Kathleen zu ihrer Kajüte vor, die sie sich mit sieben weiteren Rotkreuzhelferinnen teilte. Insgesamt waren 160 Krankenschwestern an Bord. Kathleen bezeichnete sie als »eine Bande hartgesottener Schätzchen«. Ihre Freundin Katherine »Tatty« Spaatz, eine Freiwillige wie sie, teilte sich ihre Kabine mit einigen Truppenbetreuerinnen von der USO. Die jungen Frauen betreuten die Soldaten während der Überfahrt auf einer »Eins-zu-eins-Basis« und trieben nach Tattys Auffassung den »persönlichen Dienst« entschieden zu weit. Das waren die »schlechten Mädchen«, die Kathleen und Tatty aus dem Leben ihrer Brüder und anderer Männer kannten. Mit Frauen dieser Sorte hätten sie sonst nie Umgang gepflegt oder gar in einem Zimmer geschlafen.

Während der fünftägigen Überfahrt hatte Kathleen viel Zeit zum Nachdenken. Natürlich hätte sie auch in Washington bleiben und als Journalistin Karriere machen können. Nachdem Inga im Juli nach New York gezogen war, hatte sie deren Kolumne übernommen und sich bei den Lesern außerordentlich beliebt gemacht. Doch im Laufe der Monate war das Leben in der Hauptstadt immer trister geworden. Es war kaum noch jemand da. Selbst John White hatte sich trotz seiner zynischen Sprüche zur Marineinfanterie gemeldet. Als sie ihn im August in New York besucht hatte, hatte er sie nach Jones Beach geschleppt, einem großen neuen Park, in dem sich an heißen Sommerwochenenden über eine Million New Yorker tummelten. Nie zuvor war sie an einem solchen Ort gewesen, wo man mit Tausenden halbnackter Menschen buchstäblich Tuchfühlung hatte. Johns braune Militärdecke berührte fast die Decken und Handtücher der anderen Sommerfrischler.

Neben dem Geruch von heißen Würstchen und Sonnenöl lag eine spielerische Sinnlichkeit in der Luft. Vielleicht war sie daran schuld, daß sich John plötzlich vor all den fremden Menschen zu ihr hinüberdrehte und sie leidenschaftlich küßte. Sie konnte es kaum fassen, daß er etwas Derartiges wagte und daß sie es auch noch geschehen ließ, und machte sich Sorgen, daß sie die Kontrolle über sich verlieren könnte. Am selben Abend schaute sie mit John noch bei Inga vorbei, die soeben geschieden worden war und nun mit einem anderen Mann zusammenlebte. Der Besuch bei ihr verwirrte Kathleen ebenso wie Johns leidenschaftliche Umarmung. Inga zog sie beiseite und vertraute ihr an, daß sie John F. noch immer liebe. Diese gefährliche Beziehung war also doch noch nicht zu Ende. Kathleen hatte eine weitere Vorwarnung bekommen, wohin unkontrollierte Leidenschaft führen konnte: auf direktem Weg in eine von vornherein zum Scheitern verurteilte Ehe.

Einen Monat später hatte John ihr telefonisch mitgeteilt, daß seine Einheit demnächst mit dem Schiff nach Nordirland gebracht werde. Kathleen hatte sich kaum von ihm verabschiedet, da war er schon wieder in Washington, und zwar im Militärgefängnis der Marine. John war in Londonderry ganz unbekümmert losgezogen, hatte britische Zerstörer fotografiert und war daraufhin unter Spionageverdacht verhaftet worden. Nach der Sache mit Inga hätte John wirklich vorsichtiger sein können, doch das war nun mal nicht seine Art. Kathleen besuchte ihn im Gefängnis. Schließlich wurde er entlassen und an die Westküste versetzt. Doch nach dieser Episode waren Kathleens letzten romantischen Gefühle für John verflogen. Jetzt war einfach nicht die Zeit für mutwilligen Leichtsinn, jedenfalls nicht, wenn man ihr Herz erobern wollte. Sie wünschte sich einen Mann, der wie ihre Brüder den Helden spielte.

John F. hatte trotz seiner gesundheitlichen Probleme die Ausbildung zum Torpedoboot-Kommandanten beendet. Als Kathleen sich nach England einschiffte, fuhr ihr geliebter Bruder im Südpazifik bereits Nachtpatrouillen. »Eigentlich ist dieser Job ein bißchen wie Segeln«, schrieb er Kathleen, »denn wir sind die meiste Zeit damit beschäftigt, mehr Fahrt zu gewinnen.« Und Joe jr. hatte inzwischen seine Fliegerausbildung abgeschlossen und steuerte nun ein Flugboot, mit dem er von Norfolk aus den Atlantik nach deutschen U-Booten absuchte. Und nun folgte Kathleen dem Beispiel ihrer Brüder und übernahm in diesem Krieg ebenfalls eine Aufgabe.

Als Rotkreuzfreiwillige führte sie eine Familientradition fort, die ihre verstorbene Tante Eunice im Ersten Weltkrieg begründet hatte. In England und anderen verbündeten Ländern wurden überall dort, wo amerikanische GIs während ihres kurzen Fronturlaubs Erholung und Entspannung suchten, Rotkreuzklubs errichtet. Kathleens Vater hatte bereits dafür gesorgt, daß seine Tochter eine Vorzugsbehandlung erhielt. Die meisten der 2700 ausgebildeten Rotkreuzhelferinnen aus den Vereinigten Staaten wurden zuerst für sechs Monate nach Nordirland, in eine öde Provinzstadt in Wales oder in irgendein abgelegenes Nest im Mittelmeerraum geschickt. Doch Tim McInerny, Joes Freund im amerikanischen Hauptquartier in London, hatte versprochen, »bei einigen Leuten Druck zu machen«, damit Kathleen nach London kam. Eine andere junge Frau wurde kurzerhand nach Londonderry in Nordirland versetzt.

Nach ihrer Ankunft in London verbrachte Kathleen zunächst ein paar Tage im Haus ihrer alten Freundin Sylvia »Sissy« Ormsby-Gore und deren Ehemann David. Sie nahm im Garten Sonnenbäder und schrieb Briefe. »Alle sind höchst erstaunt, mich hier zu sehen«, schrieb sie John F. »Die Antipathien gegen die Kennedys sind hier viel stärker, als ich vermutet habe, und ich bin fest entschlossen, meine Sache gut zu machen, da ich hier mit Kritik von allen Seiten rechnen muß.«

Das Rote Kreuz wies Kathleen eine Stelle als »Programmassistentin« im Hans Crescent zu, einem Offiziersclub, der in einem viktorianischen Hotel im Londoner Stadtteil Knightsbridge untergebracht war, nur ein paar Blocks vom Kaufhaus Harrods entfernt. Kathleens Job bestand im Grunde darin, jungen Offizieren eine flüchtige Illusion von Nähe zu vermitteln. Ihr Arbeitstag begann morgens um zehn und endete oft erst nach der abendlichen Tanzveranstaltung, bei der sie zuerst die weiblichen Gäste überprüfen mußte, bevor sie schließlich selbst mit den Soldaten tanzte. »Der Job geht über das hinaus, was ich erwartet habe«, schrieb sie ihrem früheren Chef Waldrop. »Doch das Leben steckt voller Überraschungen, und eine mehr oder weniger werde ich schon verkraften. Da wir jede Woche anderthalb Tage frei bekommen, kann ich mich von den restlichen fünfeinhalb Tagen Jitterbugtanzen, Pingpong-, Rommé- und Bridgespielen erholen und meine Rolle als irgendein amerikanisches Mädchen unter 1500 GIs fern der Heimat vorübergehend ablegen. (Bis jetzt habe ich noch nicht das Gefühl, daß das der Job ist, für den ich geboren bin.)«

Vor dem Krieg hätte Kathleen mit den meisten GIs, die im Rotkreuzklub verkehrten, wohl kaum ein Wort gewechselt, doch der Krieg hatte ihren Snobismus ebenso gedämpft wie den vieler anderer Debütantinnen. »Du würdest die alte Kick, die ihre Nase immer so hoch trug, als müsse sie wegen einer Einladung in ein Automatenrestaurant mehrere U-Bahn-Treppen hinabsteigen, wirklich nicht wiedererkennen«, schrieb sie Lem in einem humorvollen Brief. »Jetzt würde ich mir für ein Essen im Automatenrestaurant meine beiden, mit Warzen bedeckten Hände abhacken und mich auch nicht mehr zieren, neben zwei dreckigen LKW-Fahrern zu sitzen. Sie wären wahrscheinlich sogar die einzigen Menschen, die meinem Charme noch erliegen würden.«

Die jungen Offiziere erhielten gewöhnlich alle fünf bis sechs Monate einen achttägigen Fronturlaub und kamen dann mit dem festen Vorsatz ins Hans Crescent spaziert, jede freie Minute voll auszukosten. Sie aßen für 20 Cent Mahlzeiten, die sie an zu Hause erinnerten, nahmen ein ausgiebiges Bad, ließen sich die Schuhe putzen und die Uniform bügeln, tanzten zu den Melodien aus der Musikbox, schliefen sich auf einem der 1500 Feldbetten einmal richtig aus, besuchten Theatervorstellungen in Westend, betranken sich mit Bier und schottischem Whisky oder sammelten erste Erfahrungen mit englischen Frauen. Kathleen ging zwar nicht mit den Soldaten aus, doch sie führte oft lange Gespräche mit ihnen. »Die Jungs hier im Klub sind recht nett«, schrieb sie der Familie. »Doch die meisten haben Heimweh und verabscheuen die Briten und ihre Eigenarten.« Nun, da immer mehr amerikanische Soldaten London überschwemmten, konnte Kathleen kaum mehr auf die Straße gehen, ohne von GIs in einen Smalltalk verwickelt zu werden. »Ich bin immer sehr freundlich, doch nach einer Weile springe ich auf mein Rad und fahre davon«, schrieb sie nach Hause.

An ihrem zweiten Samstagabend in London traf Kathleen Billy wieder – zum ersten Mal seit fast vier Jahren. Als er in seiner Uniform vor ihr stand, wußte sie sofort, daß er sie immer noch liebte. Sie gaben ein Paar ab, das hervorragend zueinander paßte. »Es ist wirklich lustig anzusehen, wie die Leute, wo immer wir auch auftauchen, sofort die Köpfe zusammenstecken«, schrieb sie nach ihrem ersten gemeinsamen Abend mit Billy an ihre Familie. »Es werden bestimmt viele Wetten abgeschlossen, wann wir endlich unsere Verlobung bekanntgeben werden. Einige Leute meinen, ich würde mich fügen. Wenn die wüßten! Einige ehrwürdige Devonshire- und Cecil-Vorfahren würden sich gewiß im Grab umdrehen, wenn jemand an ihren alten Traditionen rüttelte. Der besorgte Ausdruck auf den Gesichtern der Leute erheitert mich wirklich.«

Zwei Wochen später lud Billy sie übers Wochenende ins Stranddomizil der Familie Cavendish in Eastbourne ein. Vor dem Krieg hatte Kathleen solche Wochenendparties, auf denen man sich bestens unterhielt, vorzüglich speiste und sich mit allen möglichen Spielen die Zeit vertrieb, außerordentlich geschätzt. Inzwischen hatten sich die Zeiten zwar etwas geändert, doch es gelang ihr trotzdem, für ein paar Stunden den Krieg, die heimwehkranken Gesichter der amerikanischen GIs und die tägliche Routine im Hans Crescent zu vergessen. Sie stellte fest, daß Billy »ein wenig herzöglicher« geworden, ansonsten aber derselbe geblieben war. Die beiden verstanden sich so gut, als sei sie nie fortgewesen.

So ordentlich wie die Kleider, die Billys Offiziersbursche ihm jeden Tag wie selbstverständlich hinrichtete, lag auch sein ganzes Leben vor ihm ausgebreitet. Alles war perfekt vorbereitet und geplant – zuerst der Militärdienst, dann vielleicht ein wenig Politik und nach dem Tod seines Vaters schließlich die Herzogswürde mit all den dazugehörigen Pflichten. Dennoch war Billy voller jugendlicher Unsicherheiten und fühlte sich in der Uniform des Reichtums und der Macht, die für ihn bereithing, eher unbehaglich. Es hatte ihm nie an etwas gefehlt, doch er liebte Kathleen. Und dieses Gefühl, die Freude, die er in ihrer Nähe empfand und die ihn auch die Intensität trauriger Momente erahnen ließ, war für ihn eine völlig neue Erfahrung.

An diesem Wochenende verstand Kathleen besser denn je, was Billy für sie empfand und was sie selbst fühlte, oder besser nicht fühlte. Sie liebte ihn nicht, jedenfalls nicht auf dieselbe Weise wie er sie. Sie bezweifelte, daß sie solcher Gefühle überhaupt fähig war. Auf der ganzen Welt gab es nur einen Menschen, der sie verstehen konnte, und diese verwandte Seele war weder ihre Mutter noch der stets loyale Lem, sondern John F. »Ich weiß nicht, warum ich die Engländer so mag«, gestand sie ihrem Bruder in einem Brief. »Sie benehmen sich ziemlich ignorant und sind längst nicht so nett zu ihren Frauen wie die Amerikaner, doch ich schätze, genau so wollen die Frauen in Wirklichkeit behandelt werden. Das ist doch auch Deine Methode, stimmt's?« Billys Methode war das allerdings nicht. Sie schrieb, daß Billy seine Religion nie aufgeben würde, und sie natürlich ebensowenig. »Es ist alles recht schwierig, weil ihm wirklich sehr viel an mir liegt und er keine andere heiraten wird, solange ich in seiner Nähe bin.« Das sagte sie nicht, um damit zu prahlen, daß sie ihrer langen

Liste von Verehrern eine weitere Eroberung hinzugefügt hatte, sondern weil sie Billy verstand.

Über ihre eigenen Gefühle für Billy war in diesem ausführlichen und sehr persönlichen Brief kein Sterbenswörtchen zu lesen – als täten sie überhaupt nichts zur Sache. »Sosehr er mich auch geliebt hat, ich kann seinen Standpunkt gut verstehen«, fuhr sie fort. »Es ist wirklich zu schade, denn nach dem Krieg wäre aus mir sicherlich eine gute Herzogin von Devonshire geworden. Ich hätte Schlösser in Irland, Schottland, Yorkshire und Sussex besessen und meine Seefahrerbrüder aufnehmen können, wenn sie erst einmal alt und grau sind.«

* * *

Im Frühjahr 1938, als Kathleen in England eingetroffen war, hatte sie mit ihrer erfrischenden Art fast alle Menschen verzaubert, die ihr in London begegneten. Und sie hatte sich seitdem nicht verändert. Ihr jugendlicher Optimismus war nach wie vor ungebrochen, ihr Leben immer noch ein ungeschriebenes Buch und ihr Gesicht so strahlend und faltenlos wie eh und je. Anderen ehemaligen Debütantinnen kam es so vor, als führe sie immer noch jenes glückliche, unbeschwerte Leben, das sie selbst schon vor geraumer Zeit hatten aufgeben müssen.

Die jungen Engländerinnen waren inzwischen gezwungen, sich irgendwie zu behelfen. Sie machten Wimperntusche aus Schuhcreme, schmolzen alte Lippenstifte ein und zauberten wie mittelalterliche Alchimisten neue daraus, zogen Wollstrümpfe über ihre Beine, die einst seidige Nylons gewöhnt waren, und rollten ihr Haar kunstfertig auf improvisierte Lockenwickler, um ohne Dauerwelle auszukommen. Einige beneideten Kathleen, wenn sie ihre Arbeitskluft überstreiften, um ihre Schicht in der Panzerfabrik anzutreten oder einen sterbenden Landsmann zu pflegen, und empfanden die Privilegien, die sie genoß, als nicht ganz fair. »Viele hegten einen tiefen Groll gegen sie und ein paar andere Amerikanerinnen«, erinnerte sich eine ehemalige Debütantin. »Wir nahmen es ihnen sehr übel, daß sie nichts weiter zu tun hatten, als in einem Club hinter dem Büfett zu stehen, und daß sie an Kleider und Schminksachen herankamen, die für uns ein unerreichbarer Luxus blieben. Wir saßen in der Fabrik oder trugen Uniform und sagten uns oft: ›Mein Gott, ist das ungerecht!‹«

Doch es waren nicht nur Kathleens Kleider und ihre Heiterkeit, die ihre Geschlechtsgenossinnen auf die Palme brachten. Ihre größte Sünde bestand darin, daß sie sich mit Billy, dem begehrtesten Junggesellen ihrer Generation, und einem halben Dutzend weiterer junger Männer traf – unter anderem mit Richard Wood, der im Krieg beide Beine verloren hatte, mit Tony Rosslyn, für den sie die ideale Ehefrau verkörperte, und mit William Douglas-Home, der sie nach wie vor sehr verehrte. Am meisten fuchste die englische Damenwelt jedoch Kathleens Beziehung zu Billy. »Sie war hinter Billy her«, sagte Rhona Wood Peyton-Jones. »Auf ihn warteten ein bedeutender Titel, ein ansehnliches Vermögen und vieles mehr. Es ist zwar nicht nett, so etwas zu sagen, doch ihre Absichten waren allgemein bekannt und schrecklich offensichtlich.«

Kathleens Mitarbeiterinnen hatten ebenfalls Gründe, von ihrer neuen Kollegin alles andere als begeistert zu sein. Sie erhielt so viele private Anrufe, daß sie ermahnt werden mußte, diese doch bitte etwas einzuschränken. Zudem nahm sich Kathleen jede Woche anderthalb Tage frei, während den anderen nur alle zwei Wochen ein freier Tag zustand. Das hätte an sich schon gereicht, um böses Blut zu schaffen. Doch zu allem Überfluß schoß ein Fotograf der *Daily Mail* auch noch ein Bild von Kathleen in ihrer Rotkreuzuniform auf dem Fahrrad. Das Foto wurde nicht nur in Großbritannien, sondern auch in ganz Amerika veröffentlicht, und Joe nahm es zum Anlaß, eine Werbekampagne für seine Tochter zu starten, in der sie noch unverhohlener als vorbildliche Rotkreuzhelferin dargestellt wurde. »Sie haben doch gesagt, daß Sie eines Tages gern einen Artikel über sie schreiben würden«, schrieb Joe an Waldrop vom *Times-Herald.* »Deshalb dachte ich, ich könnte Ihnen eigentlich ein Foto schicken, das wir unlängst von ihr gemacht haben.«

Kathleen berichtete ihrem Vater in einem Brief von der Feindseligkeit, die ihr in London entgegenschlug. Joe antwortete: »Denk daran, daß die Fotos, die von Dir in der Presse erschienen sind, viele Deiner aufgeblasenen Chefs beeindrucken werden. Und Deine Bekannten auch. Die anderen, die Rang und Namen haben, sind ohnehin auf Deiner Seite.«

Kathleen dachte gar nicht daran, ihr gesellschaftliches Leben aufzugeben, nur weil sie fünfeinhalb Tage in der Woche arbeiten mußte. Außerdem bestand die Zeit im Hans Crescent nicht nur aus Routine. Eines Abends erschienen sogar Lord und Lady Astor im Club und platzten mitten in eine feuchtfröhliche Faschingsparty, bei der es drunter und drüber ging. So etwas hatten sie in den erhabenen Gefilden von Cliveden noch nie erlebt. Lady Astor hatte die frisch eingetroffene Amerikanerin besonders ins Herz geschlossen, was Kathleen darauf zurückführte, daß sie sie stets daran erinnerte, »wie sie sich selbst fühlte, als sie zum ersten Mal nach England kam«.

Für Kathleen waren die Briefe ihrer Familie, die sie über das Schicksal ihrer in alle Welt verstreuten Geschwister auf dem laufenden hielten, jedesmal ein Freudenfest. Rose füllte die Seiten mit freundlichem Klatsch über ihre Kinder und Freunde und würzte ihre Geschichten mit einem Schuß Humor und gelegentlich sogar mit Gefühlsäußerungen. So war sie zum Beispiel tief gerührt, daß John F. am Muttertag des Jahres 1943 an sie gedacht hatte, obwohl er zu dieser Zeit bereits im Südpazifik stationiert war. »Es war eine freudige Überraschung, als ich gestern einen entzückenden Korb mit wunderschönen Frühlingsblumen erhielt«, schrieb sie aus dem Plaza-Hotel. »Offenbar hat John F. Paul Murphy [im New Yorker Büro der Kennedys] brieflich gebeten, ihn mir zum Muttertag zu schicken. Und stellt Euch meine Freude vor, als ich dann auch noch seine handgeschriebene Grußkarte entdeckte: ›Alles Liebe, Mutter. Es tut mir leid, daß ich sie Dir nicht persönlich überreichen kann.‹ Sicherlich macht er zur Zeit wichtige Erfahrungen. Ich nehme an, Ihr habt alle den Artikel über die Torpedoboot-Kommandanten gelesen, der am 10. Mai in der Zeitschrift *Life* erschienen ist.«

Kathleen malte sich aus, wie John F. als Kapitän einer tapferen und ihm treu ergebenen Mannschaft sein Torpedoboot PT-109 durch die gefährliche See steuerte. »Paß gut auf Dich auf, Johnny«, schrieb sie ihm. »Bis Du diese Zeilen erhältst, wird schon so viel passiert sein. Es sieht im Augenblick mehr denn je danach aus, als stehe das Ende kurz bevor.«

Während Kathleens Brief noch unterwegs war, wurde das Boot von John F. von einem japanischen Zerstörer gerammt. Er selbst wurde als vermißt gemeldet. Als Joe in Hyannis Port die Nachricht erhielt, beschloß er, Rose nichts davon zu sagen und sie erst zu informieren, wenn er Genaueres wußte. Wenige Tage später schaltete Rose morgens das Radio ein und hörte in den Nachrichten, daß der als vermißt gemeldete Leutnant Kennedy lebend aufgefunden worden sei. So überglücklich Rose über die Neuigkeit auch war, so bezeichnend war dieser Vorfall für ihr ganzes Leben. Selbst wenn es um das Leben ihres Sohnes ging, war sie auf zufällige Informationen angewiesen. Sie wurde in die Rolle eines neugierigen Kindes gedrängt, das die Unterhaltung der Erwachsenen im Nebenzimmer belauscht.

Kathleen war begeistert, als sie vom heroischen Verhalten ihres Bruders hörte. Nachdem er zwei Männer verloren hatte, schwamm er mit einem dritten zu einer kleinen Insel, wobei er den Seemann wahrscheinlich vor dem Ertrinken rettete. Anschließend war er die Riffs entlanggeschwommen und hatte nach weiteren Überlebenden gesucht. Kathleen dachte gar nicht daran, daß sich John F. in Lebensgefahr befunden hatte. Ebensowenig kam ihr in den Sinn, daß die Lässigkeit ihres Bruders einer der Gründe gewesen sein mochte, warum sein Boot im gesamten Krieg das einzige blieb, das von einem feindlichen Schiff gerammt wurde. Wichtig war nur, daß ihr Bruder, ihr John F., ein Held war. Erst als alles vorbei war und keine Gefahr mehr bestand, schrieb Kathleen ihm: »Ich habe mich Deinetwegen wirklich zu Tode geängstigt.«

***

Die ganze Familie Kennedy war stolz auf John F., und im Oktober trat der 17jährige Bobby in die Fußstapfen seines älteren Bruders, indem er sich zur Marinereserve meldete und im darauffolgenden März in Harvard mit dem V-12-Trainingsprogramm begann. In ganz Amerika beteiligten sich damals jedoch nicht nur Männer, sondern auch unzählige Frauen an den Kriegsanstrengungen. Ende 1942 arbeiteten ungefähr vier Millionen Amerikanerinnen in der Rüstungsindustrie. Weitere Millionen waren in anderen Fabriken, in der Verwaltung, in der Landwirtschaft oder als freiwillige Helferinnen für das Rote Kreuz und andere Hilfsorganisationen tätig. Roosevelt hatte ein Gesetz zur Schaffung eines Frauenhilfskorps (WAAC) unterzeichnet. Das Korps bestand aus nahezu 150 000 Freiwilligen zwischen 21 und 45 Jahren, die auf der ganzen Welt eingesetzt werden sollten, allerdings nicht an der Front.

Joe und Rose hätten nie zugelassen, daß Eunice, Pat oder Jean in die Uniform des Frauenhilfskorps schlüpften. Als Joe Pat in Rosemont besuchte, verkündete er in einer inoffiziellen Ansprache, beide Häuser des Kongresses seien gegen einen Wehrdienst für Frauen.

Pat lernte in Rosemont, daß einer Frau in Kriegszeiten keine andere Rolle zukomme als Haltung zu bewahren und abzuwarten. Die konservativen Kirchenführer befürchteten, daß, wenn Frauen zum Militärdienst herangezogen wurden und sich dem Heer von Arbeitern und Angestellten anschlossen, die jeden Morgen in die Fabriken und Büros strömten, diese durch den Krieg entstandene Notlage eine »neue Frau« hervorbringen könnte.

Statt dessen wurde Pat aufgefordert, Blut zu spenden, Kriegsanleihen zu kaufen und in ihrer Freizeit Erste-Hilfe-Kurse zu absolvieren. Und bei der jeden Freitag abgehaltenen Morgenmesse beteten die Frauen in ihren langen weißen Kirchschleiern speziell für die »Soldaten, Seeleute und Flieger«, wobei Pat natürlich vor allem an Joe jr. und John F. dachte. Ihre Brüder und ihr Land waren in einen Krieg gegen den Faschismus verstrickt, in dem Rußland ein wichtiger Verbündeter war. Doch Pat bekam in Rosemont von Gastdozenten zu hören, der entscheidende Kampf auf dieser Welt sei der zwischen dem Christentum und dem Sowjetkommunismus. Männer wie Monsignore Sheen impften den leicht beeinflußbaren Kollegiatinnen eine heillose Angst vor dem gottlosen Kommunismus und der auf der Welt grassierenden roten Pest ein – eine Vision, die Pat ebenso erschauern ließ wie ihre Schwestern.

Pat, die von ihrem Vater die Vorliebe fürs Theaterspielen geerbt hatte, wirkte in mehreren Schulaufführungen mit und führte bei einigen sogar Regie. Im nahen Villanova College waren damals zu wenig junge Männer verfügbar, um die männlichen Rollen zu besetzen. Daher mußte die hochgewachsene, langbeinige Pat in *Der Widerspenstigen Zähmung* den Hortense mimen und mit verstellter Stimme die Heldin Bianca umwerben. Es wurde ein denkwürdiges Theaterereignis.

Nebenbei war Pat auch noch Spielführerin der Tennismannschaft und auf dem Campus eine so wichtige Figur, daß ihr der *Rambler* folgende Zeilen widmete:

> Pat ist ein Mensch voller Gegensätze – für ihre Freunde und Bekannten ist sie ein impulsiver Spaßvogel, doch auf Fremde wirkt sie eher reserviert. Ihre Diäten sind berühmt, und ihre Abendvorstellungen gut gemacht und endlos. Ihr Telegrammstil mit den dazu passenden Gesten hat den Campus erobert. Wenn man sie

reden hört, könnte man meinen, ihr Leben bestehe nur aus Problemen, doch das täuscht, denn niemand ist mit soviel Methode verrückt wie sie. Sie ist in der Lage, sich mitten im größten Trubel voll zu konzentrieren und jedes Läuten zu verschlafen. Pat ist unsere Intellektuelle – ein Mädchen, das weiß, was es will, und seinen Verstand zu gebrauchen weiß. Pat, die gespaltenste aller gespaltenen Persönlichkeiten, nimmt den Preis mit der ihr eigenen unglaublichen Mischung aus Gelassenheit, Lebensfreude und dem immer wieder durchbrechenden Drang zu absurden Einlagen entgegen.

Oberflächlich betrachtet war Pat in Rosemont erfolgreich. Eines Freitagnachmittags erschien sie in einem eleganten schwarzen Etuikleid und mit einem Leopardenmantel über dem Arm zur letzten Unterrichtsstunde, um anschließend gleich ins Wochenende aufbrechen zu können. Sie wirkte auf die anderen Mädchen wie ein Geschöpf aus einer vornehmen Welt, zu der sie keinen Zutritt hatten. Was ihr jedoch zu fehlen schien, war die Fähigkeit, zu ihren Mitschülerinnen einen echten Kontakt aufzubauen. »Pat machte einen sehr reifen und erfahrenen Eindruck«, erinnerte sich ihre ehemalige Klassenkameradin Schwester Caritas McCarthy, »doch es kam mir immer so vor, als sei sie nicht bloß reserviert, sondern einsam.«

Jean besuchte zu der Zeit die Heilig-Herz-Klosterschule in Eden Hall. Sie hatte sich dort mit einer Mitschülerin namens Joan Mulgrew angefreundet, die sie im Sommer nach Hyannis Port einlud. »Mrs. Kennedy führte den ordentlichsten Haushalt, den ich je gesehen habe«, erzählte Joan Mulgrew später. »Man fühlte sich dort richtig wohl. Nicht nur ihre eigenen Kinder waren da, sondern auch deren Freunde. Trotzdem gab es keinen Radau, kein Geschrei, keinen Streit – nichts dergleichen. Und wenn der Butler mit seiner kleinen Triangel zum Abendessen bimmelte, war man entweder da oder man bekam nichts. Mrs. Kennedy achtete auf Pünktlichkeit und Ordnung. Sie war eine sehr umsichtige Frau und konnte hervorragend organisieren. Im Haus herrschte eine wundervolle Atmosphäre. Ich sage das ohne jede Übertreibung.«

Mulgrew fühlte sich von allen Kennedys herzlich aufgenommen. »Man könnte vermuten, daß Jean aufgrund ihrer Stellung in der Familie etwas schüchtern gewesen sei«, sinnierte sie. »Immerhin war sie erst elf oder zwölf, als alle anderen schon erwachsen waren. Doch sie ist die witzigste von allen Kennedys. Wenn sie loslegt, kriegt man sich nicht mehr ein vor Lachen. Diesen umwerfenden Humor hatte sie schon immer.«

Jean war schon in jungen Jahren ins Internat gekommen, daher kannte sie den Familiensinn der Kennedys hauptsächlich aus den Erzählungen ihrer älteren Geschwister. »Ted und ich waren Nachzügler«, sagte sie, »deswegen können wir uns an das enge Familienleben, das die anderen Kinder erlebten, gar nicht mehr erinnern.« Obwohl Jean in Joan Mulgrew endlich eine echte Freundin gefunden hatte, wurde sie von Rose wenig später nach Noroton geschickt. Die Klosterschule war seit jeher ein weltabgeschiedener Ort gewesen, doch nun, da Krieg herrschte, war man dort von der Außenwelt regelrecht abgeschnitten. Außerdem waren im Sund von Long Island angeblich deutsche U-Boote gesichtet worden, so daß die Nonnen die Verdunkelungsvorschriften peinlich genau befolgten und die Fenster stets mit dunklen Schutzblenden abdeckten. »Es gab kein Benzin, und wir konnten nirgendwo hingehen«, erinnerte sich Ann Fitzgerald Farrell, eines der 14 Mädchen, die 1945 in Jeans Klasse gingen. »Und da so gut wie keine Züge fuhren, konnten wir nur selten Ferien machen.«

Jean hatte keine Verehrer, die am Donnerstagnachmittag mit dem Auto aus Yale oder Harvard herüberkamen und sie besuchten. Nur Father James Keller schaute gelegentlich vorbei und belehrte die Klosterschülerinnen über die Pflichten katholischer Frauen in der Gesellschaft. Und eines schönen Nachmittags kam sogar Joe. Auch er hielt einen Vortrag. »Er erzählte uns, was wir im Leben zu tun hätten«, sagte Jeans Klassenkameradin Renée de la Chapelle Perna. »Da wir zu den Privilegierten gehörten, sollten wir uns ganz besonders bemühen, Gutes zu tun. Niemand konnte ihn leiden.«

Ansonsten erhielt Jean in Noroton nur selten Besuch von ihrer Familie. »Ihre Eltern schickten ihr immer kopierte Briefe«, erinnerte sich eine andere Klassenkameradin. »Sie hat sie regelrecht verschlungen, sie las sie mit großem Vergnügen. Jean war ein netter, angenehmer Mensch, ziemlich zurückhaltend, eine Art Einzelgängerin. Rückblickend glaube ich, daß sie sich große Sorgen um ihre Angehörigen gemacht hat.«

Auf dem Klassenfoto aus dieser Zeit steht Jean halb verdeckt in der letzten Reihe. »Jean wollte nur in Ruhe gelassen werden«, sagte eine weitere Mitschülerin später. »Sie war nett, aber sie wollte einfach ihre Ruhe haben.«

In ihrer Zimmergenossin Mary »Dickie« Mann fand Jean schließlich auch in Noroton eine enge Freundin. »Ich glaube, daß ich meiner religiösen Erziehung vor allem dauerhafte Jugendfreundschaften verdanke«, sagte Jean. »Ich habe zu diesen Mädchen noch heute Kontakt. Sie sind meine besten Freundinnen geblieben. Man hat das gleiche Wertesystem und versteht sich daher ein Leben lang. Diese Verbundenheit ist von unschätzbarem Wert.« Dickie lernte Jean von einer ganz anderen Seite kennen als die meisten anderen Mitschülerinnen. Sie fand ihre Freundin keineswegs ruhig und schüchtern, sondern »unheimlich witzig«.

Auch Rose führte im Grunde ein ziemlich einsames Leben. Da ihre Kinder inzwischen erwachsen oder in Internaten und Colleges untergebracht waren, pendelte sie ständig zwischen New York, Palm Beach und Hyannis Port, hielt sich jedoch überwiegend in den beiden Feriendomizilen der Familie auf. Viele wichtige Aufgaben und Ziele, die das Leben der vitalen, ehrgeizigen Rose bisher ausgefüllt hatten, waren inzwischen weggefallen. Sie konnte nicht einmal mehr in ihren Frauenclubs nette Anekdoten über London erzählen, da dort jetzt Krieg herrschte. Allerdings kümmerte sie sich weiterhin aufopferungsvoll um die Verwandtschaft, griff Nichten und Neffen finanziell unter die Arme und wachte verantwortungsbewußt über einen großen Clan, der sein Überleben hauptsächlich ihrem Engagement und Joes Geld verdankte.

Rose war die meiste Zeit allein. Eines Tages, als sie sich gerade im Hotel Waldorf-Astoria in New York aufhielt, sah sie auf der Fifth Avenue eine junge Frau stehen, der die Tränen über die Wangen liefen. Ihr Mann war Soldat und hatte Heimaturlaub bekommen, doch seit drei Tagen wartete sie vergeblich auf seine Ankunft. Rose ließ ihren Chauffeur anhalten, bat die weinende Frau in ihre Limousine und nahm sie mit ins Waldorf-Astoria, wo sie ihr einen Tee und ein Zimmer anbot. »Sie nahmen meine Hand, drückten sie liebevoll und sagten zu mir, ich solle alles Gott überlassen«, schrieb die Frau ein Vierteljahrhundert später an Rose.

* * *

Im Spätsommer 1943 erfuhr Kathleen, daß Joe jr. nach London versetzt wurde. Sie war darüber begeistert. Eigentlich kannte sie ihren ältesten Bruder nicht besonders gut, und so wußte sie auch nicht, daß er nun, da alle Welt den Heroismus von John F. rühmte, erst recht entschlossen war, sich ebenfalls die Lorbeeren eines Helden zu verdienen. Bevor er nach England aufbrach, fuhr er noch kurz nach Hyannis Port, um mit seinen Eltern und ein paar Gästen den Geburtstag seines Vaters zu feiern. Beim Abendessen brachte ein mit den Kennedys befreundeter Richter aus Massachusetts folgenden Toast aus: »Auf Botschafter Joe Kennedy, den Vater unseres Helden John F. Kennedy, Leutnant der Marine der Vereinigten Staaten!« Joe jr. erhob sein Glas und lächelte, als bestehe seine einzige Rolle im Leben darin, seinen jüngeren Bruder zu bejubeln. Der ehemalige Bostoner Polizeichef Timilty, ein alter Freund seines Vaters, der in jener Nacht mit Joe jr. in einem Zimmer schlief, bemerkte, wie der junge Marinepilot im Bett nebenan heimlich mit den Tränen kämpfte.

Kathleen hingegen sah in ihrem ältesten Bruder ebenfalls einen kühnen Helden, der nach England gebraust kam, um sie aus ihrem banalen Alltag zu erretten. Als er mit seiner VB-110 den Atlantik überquerte, hatte er nicht nur seine gesamte Besatzung an Bord, sondern auch eine Kiste mit frischen Eiern aus Virginia für seine kleine Schwester. Da er jedoch in Cornwall an der südenglischen Küste stationiert war, trennten ihn weiterhin 400 Kilometer von London und Kathleen. Ende Oktober konnte er endlich einen Transportflug nach Nordengland herausschinden und bei dieser Gelegenheit einen kleinen Umweg über London machen.

Mit den nicht mehr ganz so frischen Eiern unterm Arm und einem strahlenden Lächeln auf dem Gesicht stürmte Joe jr. ins Hans Crescent. Nach einer überschwenglichen Begrüßung setzte er sich mit Kathleen und ein paar Offizieren an einen der Tische und spielte eine Partie Bridge. »Jeder macht mal Fehler, Kick, aber du machst eindeutig zu viele«, rügte er seine Schwester. »Ich möchte wirklich nicht mit ihr zusammenspielen und bedaure jeden armen Tropf, der es muß.« Als Bridgepartnerin fand er Kathleen einfach unerträglich. »Meine Güte, Kick, ich fürchte, Du lernst es nie.« Schon nach kurzer Zeit hatte er drei Pfund gewonnen und beschloß, daß sie nun lange genug Karten gespielt hätten und daß jetzt nur noch ein Abstecher in den Four Hundred Club den Abend retten könne.

Also machten die beiden sich auf den Weg in das Kultlokal in der Nähe des Leicester Square, in dem der Erlebnishunger englischer und amerikanischer Piloten, die Ausgang bekommen hatten, und die Vergnügungssucht der Töchter und Söhne der oberen Zehntausend jeden Abend die heiße Luft zum Knistern brachten. Obwohl der Club immer noch so spärlich beleuchtet war wie vor dem Krieg, erkannte Kathleen unter den Gästen sogar ihren alten Favoriten »Dukie Wookie«, den Herzog von Marlborough, wieder. Sie wäre gerne die ganze Nacht lang geblieben, doch sie hatte ihre freien anderthalb Tage schon am Wochenende aufgebraucht und mußte am nächsten Morgen wieder arbeiten. So lief sie hinaus auf die düstere, menschenleere Straße, hielt kurzerhand einen amerikanischen Jeep an und überredete den Militärpolizisten am Steuer, sie zum Hans Crescent zu chauffieren. Falls der junge Amerikaner kurz mit dem Gedanken gespielt haben sollte, einen kleinen Umweg zu machen, dann verwarf er ihn spätestens dann, als Joe jr. aus dem Dunkel auftauchte und zu Kathleen in den Wagen sprang. Der Soldat murrte noch, daß man ihn womöglich vor ein Kriegsgericht stellen werde, wenn herauskomme, daß er sein Militärfahrzeug als Gelegenheitstaxi mißbrauche, doch dann fuhr er direkt zum Hans Crescent.

Am nächsten Vormittag lud der Kriegsberichterstatter William Randolph Hearst jr. Kick und ihren Bruder zum Abendessen ins legendäre Hotel Savoy ein, das allen Beschränkungen zum Trotz eine Oase der Eleganz geblieben war, in der man den Krieg eine Zeitlang vergessen konnte. Hearst hatte die Runde durch zwei britische Schönheiten ergänzt. Die eine war Lady Sykes, die Joe jr., als sie noch die Debütantin Virginia Lilliat war, einmal unglückseligerweise just in dem Augenblick geküßt hatte, als ihr Vater das Wohnzimmer betrat. Doch inzwischen war Virginia nicht nur verheiratet, sondern auch hochschwanger, so daß Joe jr. seine Aufmerksamkeit der anderen Dame am Tisch zuwandte. Sie hieß Patricia Wilson, hatte schwarzes Haar und blaue Augen, sprühte vor Witz und Temperament und war, wie Joe jr. und Kathleen bald erfuhren, die Tochter eines australischen Schafzüchters, die 1931 als 17jährige mit ihrer Mutter nach London gekommen war. Kurz vor ihrem 18. Geburtstag heiratete sie den 21jährigen Grafen von Jersey, ein Ereignis, das als die Hochzeit des Jahres gefeiert wurde. Sie hatten ein Kind zusammen, doch 1937 wurde ihre Ehe offiziell aufgelöst. In der feinen Gesellschaft Londons kursierten damals zahlreiche Gerüchte über die Affäre des Grafen mit einer Filmschauspielerin. Noch im selben Jahr hatte Patricia Robin Filmer Wilson geheiratet und später zwei weitere Kinder zur Welt gebracht. Gegenwärtig war Wilson als Major der britischen Armee in Libyen stationiert. Wie Hunderttausende anderer Soldatenfrauen hatte sie ihren Mann seit zwei Jahren nicht mehr gesehen und würde ihn vor Kriegsende voraussichtlich auch nicht mehr zu Gesicht bekommen.

An dem Tisch im Savoy herrschte eine heitere, ausgelassene Stimmung. Patricias anziehendes, fröhliches Lachen wechselte sich mit Kathleens sarkastischen Kommentaren ab, und Joe jr. alberte gut gelaunt mit seiner Schwester herum und versuchte ganz nebenbei, möglichst viel über seine neue Bekanntschaft in Erfahrung zu bringen. Später setzten sich noch General Robert Laycock, der Chef des britischen Kommandostabs, und seine Ehefrau Angie zu ihnen. Die englischen Soldaten kämpften zu der Zeit an der Seite ihrer amerikanischen Verbündeten in Italien, und während sie ihr Leben riskierten, tranken einige ihrer Ehefrauen im Savoy unbekümmert mit amerikanischen Offizieren Champagner. So sehr die Briten die amerikanischen GIs auch schätzten, so war aus ihrem Mund doch oft zu hören, sie seien »überbezahlt, sexbesessen und jetzt auch noch hier bei uns«. Ähnlich dachte auch der General. Er empfand es als einen doppelten Verrat, daß Amerikaner wie Joe jr. fern der Schützengräben ganz unverhohlen mit Frauen wie Patricia Wilson flirteten, deren Ehemänner jeden Augenblick fallen konnten.

Doch Joe jr. scherte sich nicht um die verächtlichen Blicke des britischen Generals, sondern plauderte weiterhin angeregt mit der charmanten Patricia und sagte begeistert zu, als sie ihn einlud, mit ihr und ein paar Freunden ein Wochenende in ihrem Landhaus zu verbringen. Schon wenig später entbrannte zwischen den beiden eine leidenschaftliche Affäre.

* * *

Kathleen hatte bereits erlebt, wie John F. ein Verhältnis mit einer verheirateten Frau eingegangen war. Der moralische Rigorismus ihrer Mutter war ihr ziemlich fremd, erst recht, seit sie in England lebte. Kurz nach ihrer Ankunft hatte sie Waldrop geschrieben: »Lieber Ex-Boss! Ich bin in der Gegend stationiert, in der ich früher einmal gewohnt habe, doch ich brauche wohl kaum hinzuzufügen, daß sich seit jenen guten alten Tagen hier manches verändert hat.« Ihre Freunde gingen zwar auch weiterhin ihren mitunter frivolen Vergnügungen nach, doch hinter der heiteren Fassade wurde inzwischen etwas Zwanghaftes spürbar.

Den Engländerinnen brachte der Krieg nicht nur neue Jobs und Aufgaben, sondern auch bisher unbekannte Freiheiten. Viele lebten inzwischen nur noch für den Augenblick. Das galt für Frauen aus der Oberschicht wie Pat Wilson ebenso wie für die arme Kellnerin, die in Alkohollaune mit einem GI, der zwei Tage frei bekommen hatte, durch die Londoner Straßen zog und dabei ebenso wie jeder Mann Gefahr lief, von einer deutschen Bombe getötet zu werden.

Während Kathleen wie eh und je in einer Welt makelloser Reinlichkeit lebte, nannte Joe jr. seinen Stützpunkt in Dunkeswell »ein Schlammloch«. Das Militärlager war von Morast umgeben und bestand aus primitiven Wellblechbaracken, in denen sich jeweils zwei Offiziere ein Zimmer teilten. Dort zu hausen, erschien Joe jr. ebenso unheroisch wie auf der Suche nach U-Booten stundenlang übers Meer zu fliegen und hinterher durchgefroren in der klammen Dunkelheit zu sitzen und darauf zu achten, daß die Füße nicht naß wurden.

Nach ein paar Wochen erhielt Joe jr. eine Woche Urlaub, was Kathleen zum Anlaß nahm, für ihren Bruder und seine Kameraden ein großes Fest zu geben. »Wir konnten uns vor Gästen kaum retten«, schrieb Kathleen hinterher ihren Eltern. »Es war die erste Party für junge Leute in London seit zwei Jahren.« Für junge Leute *ihres* Schlages, müßte man wohl zutreffender sagen. Auf jeden Fall war es ein denkwürdiger Abend. Als Marie Bruce sich gerade für das Fest herausputzte, rief der berühmte Komponist Irving Berlin an. Kathleen nutzte die Gelegenheit und lud ihn kurzerhand ein. Berlin hatte so bekannte Lieder wie »God Bless America« und »I'm Dreaming of a White Christmas« geschrieben.

Kathleen bat den Musiker, ein paar seiner Stücke zum besten zu geben. Daraufhin setzte sich Berlin ans Klavier und schmetterte mit seiner hohen Stimme einen Song nach dem andern, und bald sangen die Gäste aus voller Kehle mit. Kathleen und ihr Bruder konnten zwar kaum einen Ton halten, machten ihre fehlende Musikalität aber durch ihren Enthusiasmus wett. »Kick lief wie gewöhnlich zu Höchstform auf, alle waren von ihr begeistert«, schrieb Joe jr. an die Eltern. »Die

Mädchen sahen sehr hübsch aus und machten großen Eindruck auf die einsamen Seemänner, die ich mitgebracht hatte.«

Anfang 1944 verbrachte Kathleen ein Wochenende auf dem Landsitz von Lady Milbanks. Da das Haus voller Gäste war, teilte sich Kathleen ein Zimmer mit Ursula Wyndham-Quin, die zusammen mit Eunice debütiert hatte und nun als Krankenschwester arbeitete. Vor dem Zubettgehen, nachdem die beiden Frauen beim Ausziehen noch ein wenig geplaudert hatten, kniete Kathleen plötzlich nieder und betete. Was Ursula so außergewöhnlich fand, war nicht die Tatsache, daß die Amerikanerin betete, sondern daß sie volle fünfzehn Minuten auf den Knien verharrte. Am nächsten Morgen betete Kathleen erneut und ging anschließend zur Messe in die katholische Kirche.

In jenen Tagen hielt Kathleen häufig Zwiesprache mit Gott und versank immer wieder in tiefes Grübeln. Doch als sie über die Weihnachtsferien nach Hause flog – ein Privileg, von dem andere Rotkreuzhelferinnen nur träumen konnten –, erzählte sie ihren Eltern nicht einmal, daß sie sich mit dem Gedanken trug, Billy zu heiraten. Sie konnte sich kaum vorstellen, bis zum Ende des Krieges tagtäglich Scharen lärmender, liebes- und heimwehkranker GIs zu betreuen. In Noroton hatte man sie zur perfekten Gastgeberin, Ehefrau und Mutter einer großen, vornehmen Familie erzogen, und in ganz Großbritannien gab es kaum eine noblere Familie als die Cavendishs. Viele ihrer amerikanischen Verehrer hätten ihr zwar ebenfalls eine Zukunft in Wohlstand bieten können, doch in der britischen Oberschicht hatte sie endlich ihren idealen Lebensgefährten getroffen. Sie fühlte sich wohl in ihrem Exil, denn in England hatte sie nicht nur Reichtum, Vitalität und Anregungen, sondern auch eine ganz neue Freiheit gefunden.

Kathleen wollte in ihrer neuen Heimat bleiben und als Herzogin von Devonshire das Leben einer vornehmen britischen Lady führen. Sie stand also erneut vor dem großen Problem, das schon vor dem Krieg ihre Beziehung zu Billy belastet hatte. Für die Familie Cavendish war der Gedanke unerträglich, daß ihr Sohn, der zukünftige Herzog, eine Frau ehelichen könnte, die ihre Nachkommen katholisch erziehen wollte und damit die jahrhundertealte Tradition einer der großen protestantischen Familien Englands zu beenden drohte. Und für die Kennedys, eine der großen katholischen Familien Amerikas, war es ebenso unvorstellbar, daß ihre Tochter in eine für ihre Ablehnung des Katholizismus bekannte Familie einheiraten und womöglich sogar die

Gesetze Roms brechen könnte, indem sie sich einverstanden erklärte, ihre Kinder der Obhut der Kirche von England anzuvertrauen. So begannen Anfang 1944 monatelange, intensive Verhandlungen zwischen den beiden Elternpaaren und hohen Kirchenführern wie Erzbischof Spellman und Papst Pius XII., bei denen alle Beteiligten nach einem Kompromiß suchten.

»Ich möchte unbedingt das Richtige tun, und doch hoffe ich, daß ich nicht im Begriff bin, das Wichtigste in meinem Leben aufzugeben«, schrieb Kathleen ihren Eltern. »Der arme Billy ist sehr, sehr traurig, doch er sieht, daß seine Pflicht an erster Stelle steht.« Ende Januar ging Kathleen zu Bischof Mathew, um den katholischen Würdenträger um einen Dispens zu bitten, doch sie wußte schon vor dem Besuch, daß ihre Chancen gleich Null waren.

Nach Auffassung ihres Vaters gab es kein Problem, das sich mit Geld, Macht, Überzeugungskraft oder ein paar Drohungen nicht lösen ließ. Er vergötterte seine Tochter, und ihr Lebensglück war ihm wichtiger als kirchliche Dogmen. »Ich finde Dich großartig«, schrieb er ihr. »Du kannst Dich jederzeit vertrauensvoll an mich wenden, wenn Du Geld brauchst, ganz gleich wieviel.« Joe suchte Erzbischof Spellman auf, und Spellman trug die Angelegenheit dem Papst vor, doch sie erreichten auch nicht mehr als Kathleen bei ihrem Gespräch mit Bischof Mathew in London. Für Joe ging die ganze Sache letztlich nur Billy und seine Tochter etwas an. Und so riet er ihr: »Pfeift einfach auf das, was wir und alle übrigen sagen.«

Gleichwohl liefen die Verhandlungen weiter, und allmählich begriff Kathleen, daß ihr hartnäckigster Widersacher gar nicht »Archie Spell« war, sondern ihre eigene Mutter. Rose hatte ihrem Glauben schon sehr große Opfer gebracht. Und so sehr es ihrem gesellschaftlichen Ehrgeiz auch schmeichelte, daß Kathleen in eine der bedeutendsten englischen Familien einheiraten wollte, so war ihr ganzes Denken und Handeln doch in einem so hohen Maße von rigiden religiösen Vorstellungen durchdrungen, daß eine Heirat mit Billy für sie unvorstellbar war. »Es ist schon eine Ironie des Schicksals, wenn zwei Menschen, die ihr ganzes Leben lang bestimmte Werte vermittelt bekamen, auf das, was sie sich am meisten wünschen, verzichten müssen«, schrieb Rose am 24. Februar 1944 an ihre Tochter. »Ich frage mich, ob der kommenden Generation die alte Familientradition auch noch so viel wert sein wird, daß sie bereit ist, für sie ihr Lebensglück zu opfern.«

Rose versuchte, Kathleen mit diplomatischem Geschick und subtiler Manipulation von einer Ehe mit Billy abzubringen. Eine Tochter, Rosemary, hatte Rose bereits verloren. Zumindest empfand sie es so. Und wenn Kathleen nun Billy heiraten und obendrein ihre Kinder anglikanisch erziehen sollte, dann wäre sie ein Geschöpf ohne Glauben und für sie ebenso verloren wie Rosemary.

Kathleen kannte ihre Mutter gut genug, um zu wissen, daß jeder Versuch, sie mit weinerlichen Bitten umzustimmen, alles nur verschlimmert hätte. Doch vielleicht würde sie auf eine britische Lady aus der Oberschicht hören, deren Urteil ihr wichtig war. So schrieb Marie Bruce im Januar 1944 auf Kathleens Bitte hin an Rose: »Sie glaubt, Du seist dagegen. Doch ich bin sicher, wenn Du die beiden zusammen sehen könntest, würdest Du ihnen Deine Zustimmung nicht verweigern.«

Rose kannte und befolgte alle Regeln des Anstands bis ins letzte Detail, und daß sie den Brief ihrer britischen Freundin schlicht ignorierte, war eine recht deutliche Antwort. Marie Bruce war völlig ahnungslos in einen Familienzwist geraten und befürchtete zu Recht, Kathleens Mutter verärgert zu haben. Rose führte ihren ganz persönlichen Psychokrieg gegen ihre Tochter. Sie entzog ihr nicht nur ihre Zuneigung, sondern verweigerte ihr auch jegliches Gespräch. Dabei lebte Kathleen inzwischen in einer vom Krieg zerrütteten Welt, und nur Gott allein wußte, ob Billy den Einsatz seines Regiments auf dem europäischen Festland überleben würde. Ihr ganzes Leben lang hatte sie fast alles getan, was ihre Mutter, die Kirche, die Nonnen vom Heiligen Herzen und ihr Vater von ihr erwartet hatten. Und jetzt hatte sie nur den einen Wunsch, einen der wohlhabendsten Junggesellen in England zu heiraten, einen Mann, der auch ohne seinen Adelstitel ein nobler Mensch war und der sie liebte wie kein anderer. Das ewige Warten, die zähen Verhandlungen, der Widerwille des Herzogs gegen alles Katholische und die Psychospielchen ihrer Mutter wurden Kathleen allmählich zuviel. »Ich glaube, wenn nicht bald irgendeine Entscheidung fällt, werden wir beide noch verrückt«, schrieb sie ihren Eltern am 4. März. »Irgendwie kann ich einfach nicht glauben, daß der Herr im Himmel es uns so schwermachen würde.«

* * *

Die Eltern von Kathleen und Billy beherrschten durch ihr Vorbild, ihre Allgegenwart und die zahlreichen, mit ihren berühmten Familiennamen verbundenen Verpflichtungen das Leben ihrer Kinder. »Billy wollte sie unbedingt heiraten und über die Konsequenzen einfach nicht nachdenken«, sagte Lady Lloyd, eine britische Freundin. »Es war der klarste Entschluß seines ganzen Lebens.« Was Billy wirklich wollte, lag außerhalb der Verpflichtungen, die ihm aus seiner Stellung erwuchsen.

In der Armee hatte Billy ebenfalls etwas Wichtiges gefunden. Als Offizier der Coldstream Guards war er nicht nur der zukünftige Herzog von Devonshire, der Sproß einer der berühmtesten Familien Englands, sondern ein Mann unter Männern. Seine Loyalität galt seinen Soldaten, die bald auf dem europäischen Festland kämpfen sollten. Doch sein Vater wünschte, daß er sein Kommando abgab und bei den Nachwahlen von 1944 fürs Unterhaus kandidierte. Der Herzog betrachtete den Parlamentssitz im Grunde ebenso als Familieneigentum wie seine 8000 Hektar Land in Chatsworth und fand es daher nur natürlich, daß sein Sohn nach Westdevonshire zurückkehrte, um seine Ansprüche anzumelden. Dasselbe hätte Joe wahrscheinlich auch von Joe jr. erwartet, wenn er ein Herzog gewesen wäre, doch im Gegensatz zu Kathleens ältestem Bruder lag Billy wenig an einer politischen Karriere. »Er hätte nie zurückkommen, sondern bei seinem Regiment bleiben sollen«, sagte Lady Maureen Fellowes. »Doch er war einfach zu nett. Er hätte nie zu seinem Vater sagen können: ›Scher dich zum Teufel!‹ Er wollte niemanden verletzen.«

Also kehrte Billy im Januar nach Hause zurück und bewarb sich um den Sitz im Unterhaus. »Die Kandidatur beruhte auf einer gravierenden Fehleinschätzung meines Vaters«, erklärte Billys jüngerer Bruder Andrew später. »Meine Familie hing der überholten Vorstellung nach, die Bevölkerung der Wahlkreises bestehe ausschließlich aus Anhängern und Abhängigen ihres Großgrundbesitzers. Ich vermute, daß sie meinen Bruder dazu drängte, sich aufstellen zu lassen. Doch nach meiner Rückkehr wurde über die Nachwahl kein Wort mehr verloren.«

Die letzten Tage des Wahlkampfes verbrachte Kathleen an Billys Seite. Sie besuchte mit ihm ein malerisches Dorf nach dem anderen, vermied es jedoch bewußt, sich offen mit ihm zu zeigen, und setzte sich statt dessen hinten ins Publikum, um sich einen Eindruck zu verschaffen, wie der junge Aristokrat bei den Wählern ankam.

Für Kathleen war die Politik ein Terrain von Helden und Schurken. Billys Gegner Charlie White verkörperte genau den Typ des kampflustigen Sozialisten, der ihr ein Greuel war. »Er haßt die Familie Cavendish wie die Pest ... und sieht absolut abstoßend aus«, schrieb sie ihren Eltern. Kick hatte den politischen Katechismus ihres Vaters und der Nonnen vom Heiligen Herzen übernommen, daher sah sie in den Politikern der Labour Party einen gräßlichen Haufen, der »den Sozialismus predigt ... und der arbeitenden Bevölkerung genau das erzählt, was sie hören will.«

Von alten Autos, Bauernkarren, Heuwagen und offenen Einspännern mit großen, gelben Rädern umringt, stand Billy auf den Marktplätzen und versuchte, sich Gehör zu verschaffen. »Junger Mann«, rief ihm ein Lokomotivführer zu, »Sie sollten an der Front sein, statt hier politische Reden zu schwingen.«

»Ich habe fünf Jahre gedient und auf dem Festland an Kampfeinsätzen teilgenommen«, erwiderte Billy lächelnd. »Und ich hoffe, daß ich in Kürze wieder auf meinen Posten an der Front zurückkehren kann.«

»Aber was können Sie, der Sohn eines Herzogs, schon für die arbeitende Bevölkerung tun?«

Billys Gegner stellten die Wahl als Kampf zwischen einem verwöhnten Aristokraten und dem Sohn eines einfachen Krämers hin und konfrontierten ihn mit klassenkämpferischer Polemik. »Können Sie eine Kuh melken?« wurde Billy gefragt. »Ja, ich kann eine Kuh melken, und ich kann sogar Mist verteilen. Doch einige meiner Gegner scheinen das ebenfalls gut zu beherrschen.«

White und seine Wahlhelfer verunglimpften Billy als Feigling, den sein Vater vom Militärdienst hatte freistellen lassen, damit er gemütlich durch die Gegend reisen konnte, während andere Briten an der Front ihr Leben verloren. So rief White auf einer Wahlveranstaltung: »Lord Hartington wird den Eltern und Angehörigen jener Männer und Frauen aus Westdevonshire, die in diesem Krieg ihre Pflicht tun, erklären müssen, wie es möglich ist, daß er sich dem Militärdienst entzogen hat und eine Art Vergnügungsreise unternimmt, während Männer und Frauen aus einfacheren Verhältnissen sich der strengen militärischen Disziplin und den harten Anforderungen des Krieges unterwerfen müssen.«

Billy hatte sich zu der Kandidatur nur bereit erklärt, um seinem Vater einen Gefallen zu tun. Und nun mußte er sich Tag für Tag vor seine Landsleute hinstellen und seine Ehre, seine Integrität und seinen Namen verteidigen. Kathleen bewunderte ihn und staunte immer wieder, wie souverän er alle Fragen beantwortete. »Ich muß sagen, ich habe noch nie eine so interessante Woche erlebt«, schrieb sie ihren Eltern. »So würde ich gern meine Zeit verbringen.«

Am Wahltag begab sich Kathleen mit Billy und dem Rest der Familie zur Stimmenauszählung ins Rathaus von Matlock. Obwohl beide Seiten mit einem Kopf-an-Kopf-Rennen gerechnet hatten, errang White einen Erdrutschsieg. Er erhielt 16 000 Stimmen, Billy dagegen nur 11 000. Als das Ergebnis feststand, traten die Kandidaten auf den Balkon hinaus und zeigten sich der auf dem Rathausplatz versammelten Menschenmenge. Kathleen stand daneben, als White Billy in einer flammenden Rede erbarmungslos abkanzelte. »Das ist Devonshires Anwort auf politische Diktatoren!« rief er, und seine Anhänger zollten ihm begeistert Beifall.

Als White fertig war, hielt auch Billy eine kurze Ansprache. Seine Niederlage schmerzte ihn längst nicht so sehr wie die Art und Weise, in der er verloren hatte, wie die Angriffe auf seine Soldatenehre, die Vorwürfe, er sei feige, die ihm wie ein Schandmal anhafteten. Er sprach mit solcher Eindringlichkeit und Leidenschaft von seiner Rückkehr an die Front, als lege er ein Gelübde ab. »Es war ein erbitterter Kampf«, begann er. »Doch nun werde ich an der Front für Sie und mein Land weiterkämpfen und vielleicht mein Leben lassen.«

* * *

Im Frühjahr 1944 versammelten sich Kathleen und ihre Freunde an den Wochenenden meist in einem gemütlichen, kleinen Cottage auf der Crastock Farm im südenglischen Woking, wo Pat Wilson mit ihren drei Kindern wohnte. Das Anwesen lag ganz in der Nähe von Billys neuem Stützpunkt in Alton und dem Marineflughafen, auf dem Joe jr. stationiert war.

Alle brachten etwas mit, wenn sie am späten Freitagabend in dem malerischen, alten Häuschen mit dem Ziegeldach eintrafen – ein paar Riegel Schokolade, frische Eier, ein halbes Kilo Rindfleisch oder die neuesten Gerüchte von der Front. Kathleen platzte gewöhnlich zur Tür herein, stürmte sofort die Treppen hinauf und rief Pat Wilson im

Vorbeieilen nur kurz zu: »Laß dich nicht stören. Ich gehe nur kurz nach oben und wasche mir die Haare.«

Zwischen diesen improvisierten Zusammenkünften und den gepflegten, gut organisierten Wochenenden im noblen Cliveden lagen Welten. Der Krieg war schuld daran, daß Kathleen ihre freien Tage inzwischen in einem ehemaligen Gärtnerhäuschen verbrachte, doch es waren herrliche vergnügte Tage, die sie dort mit Billy und ihrem großen Bruder verlebte. Sie waren schon ein merkwürdiges Trio: Joe jr., der stolze, älteste Vertreter der neuen Kennedy-Generation, der zu jener Zeit im Schatten seines jüngeren Bruders stand und in eine verheiratete Frau mit drei Kindern verliebt war, Billy, der überzeugte Anhänger der Kirche von England, der Kathleen immer noch von ganzem Herzen und mit keuscher Zurückhaltung liebte, und Kathleen, die sich verzweifelt zu einer Entscheidung durchzuringen versuchte und wie die anderen nur zu gut wußte, daß in diesem Sommer das große, gefürchtete Ereignis bevorstand, das den schönen Tagen ein für allemal ein Ende setzen würde: die Invasion in dem von den Nazis besetzten Europa.

An diesen Wochenenden lernte Kathleen ihren ältesten Bruder erst richtig kennen. Er war ein gläubiger Katholik, der sich nicht schämte, vor den Augen hartgesottener Marinepiloten niederzuknien und zu beten. Das hatte er von seiner Mutter gelernt. Allerdings hatte er eine eher pragmatische Glaubensauffassung, die es ihm erlaubte, in einer moralisch unvollkommenen Welt zu leben und sogar ein ehebrecherisches Verhältnis einzugehen. So hatte er auch nicht die Absicht, den Kreuzzug seiner Mutter zu unterstützen, sondern lieh Kathleen seinen starken Arm. »Noch nie hat jemand in einem anderen Menschen eine solche Stütze gehabt ...«, schrieb sie später.

In der Familie Kennedy wurde von den Frauen erwartet, daß sie ohne Rücksicht auf ihre eigenen Bedürfnisse stoisch ihre Pflichten erfüllten. Wenn Kathleen also den Mut aufbrachte, einen Entschluß zu fassen, der gegen die von ihren Eltern aufgestellten Gesetze verstieß, so ließ das für Rose nur den Schluß zu, daß ihr ein Mann den Rücken stärkte. »Er [Joe jr.] besaß viel moralischen Mut«, schrieb Kathleen über ihren ältesten Bruder. »Sobald er glaubte, ein bestimmter Schritt sei der richtige für mich, wich er von seinem Standpunkt nicht mehr ab, auch wenn er den größten Teil der Verantwortung für meinen Entschluß tragen mußte.«

Kathleen suchte verzweifelt nach Rat. So ging sie in die Kirche ihres Londoner Pfarrbezirks Mayfair in der Farn Street, um mit Father Martin D'Arcy zu sprechen. Der für seine subtile Überredungskunst bekannte Jesuitenpater hatte bereits viele britische Intellektuelle bekehrt, unter anderem den düster-sardonischen Schriftsteller Evelyn Waugh. Falls Kathleen jedoch erwartet hatte, bei dem weltgewandten Kirchenmann auf Verständnis zu stoßen, so erlebte sie eine herbe Enttäuschung, denn Father D'Arcy begnügte sich nicht damit, sie zu überreden, sondern versuchte, sie moralisch einzuschüchtern. Er malte ihr in den düstersten Farben das unerfüllte, gottlose Leben aus, das auf sie wartete, wenn sie Billy heiratete. Dann erinnerte er sie an ihre Kindheit, an ihren Katechismus-Unterricht in Brookline und an die religiösen Prinzipien, die ihr dort eingeimpft worden waren.

Für Kathleen war Gott real und in ihrem täglichen Leben allgegenwärtig, daher versetzte sie die düstere Vision, die der Priester vor ihr ausbreitete, in Angst und Schrecken. Wenn sie Billy heiratete, würde sie in Sünde leben. Sie dürfte nicht mehr zur Beichte gehen und keine heilige Kommunion mehr empfangen. Sie würde aus der religiösen Gemeinschaft ausgestoßen werden und zu der einzig wahren Religion keinerlei Zugang mehr haben. Und nach ihrem Tode erwartete sie die ewige Verdammnis. Nur wenn Billy vor ihr starb, hatte sie noch eine Chance auf Absolution. Kurzum, D'Arcy prophezeite ihr das gleiche schreckliche Schicksal wie ihre Mutter.

Fünfzehn Jahre zuvor hatte die katholische Kirche Englands noch dem Kompromißvorschlag zugestimmt, in so einem Fall die Töchter katholisch und die Söhne protestantisch zu erziehen, doch inzwischen wollte sie von dieser Lösung nichts mehr wissen. So überlegte sich Kathleen, ob es nicht das beste wäre, in die Kirche von England einzutreten. Dann würde sie ihr restliches Leben wenigstens im Schutz einer christlichen Gemeinschaft verbringen und – was ihr ungemein wichtig war – kirchlich heiraten können. Nach einem Besuch bei dem anglikanischen Mönch Father Torbert war ihr jedoch klar, daß eine Konversion ebenfalls nicht in Frage kam, denn dann wäre ihre Mutter tausend Tode gestorben.

* * *

Da Billy ebensowenig nachgeben wollte wie Rose, blieb Kathleen nur ein Ausweg: Sie mußte sich zwischen ihm und ihrer Mutter entscheiden. Am 4. Mai gaben Kathleen und Billy schließlich offiziell ihre Verlobung bekannt.

Rose befand sich zu diesem Zeitpunkt bereits im New England Baptist Hospital, um sich, so jedenfalls meldete die Presse, »einer routinemäßigen Untersuchung« zu unterziehen. In Wirklichkeit wollte sie sich dort jedoch vor den Klatschreportern verstecken, weil sie keine Möglichkeit mehr sah, das »verhängnisvolle« Ereignis aufzuhalten. Einen Tag vor der Hochzeit war im *Boston Traveler* zu lesen, Kathleen heirate in eine Familie ein, »die sich durch die Verteidigung und Verbreitung des Protestantismus im gesamten britischen Herrschaftsgebiet einen Namen gemacht hat«. Solche Meldungen waren für Rose wie ein Dolchstoß mitten ins Herz. Nun wußte alle Welt, welche Schande über sie gekommen war. Sie stand am Rande eines Nervenzusammenbruchs.

***

Rose hatte, nachdem sie im Krankenhaus von Kathleens Schritt erfahren hatte, sofort eine Telegramm an ihre Tochter geschickt: »Es bricht mir das Herz, daß man Dich so in die Irre geleitet hat. Schicke Dir Erzbischof Spellmans Freund zu einem klärenden Gespräch. Alles, was wir für unseren Herrn tun, wird hundertfach belohnt werden.« Rose war fest davon überzeugt, daß Kathleen die unheilvolle Entscheidung nicht alleine gefällt hatte, sondern dem schädlichen Einfluß verantwortungsloser Menschen erlegen war.

Roses Weigerung, ihre Tochter einen Nichtkatholiken heiraten zu lassen, entsprach durchaus der allgemein anerkannten Doktrin ihrer Kirche. Sie wiederholte lediglich die Wahrheiten, die man ihr ein Leben lang gepredigt hatte. Doch ihr Ehemann und ihr ältester Sohn erkannten, daß eine so kompromißlose Haltung die Religion zu einem mechanischen »Gebetsmühlenchristentum« erstarren zu lassen drohte, das den traditionellen Auslegungen und Ritualen einer Lehre mehr Bedeutung zumaß als ihrem spirituellen Kern. Sie wußten, daß Kathleen ein tief gläubiger Mensch war, und konnten nicht glauben, daß ein gerechter und gütiger Gott Menschen wie ihr die Pforten des Himmels verschließen sollte.

Rose ging es nicht nur um den richtigen Glauben, sondern auch um die fromme Fassade. Ihr gesellschaftlicher Ehrgeiz war so groß, daß sie in der ständigen Angst vor einem Skandal lebte, der die Kennedys bloßstellen könnte. »Ich dachte, die Sache hätte insofern verheerende Auswirkungen, als nun jedes junge Mädchen sagen würde: ›Wenn Kathleen Kennedy das tun kann, kann ich das auch‹«, sagte Rose. »Jeder deutete mit Stolz auf uns. Wir galten als wohlerzogene, vernünftige und tief religiöse Familie. Was für ein Schlag für das Ansehen der Familie.«

Joe jr. war für Kathleen damals wirklich eine große Stütze. Er fuhr mit dem Zug nach London und überzeugte den Anwalt der Familie Cavendish, daß es nicht nötig sei, seine Schwester eine Einverständniserklärung unterzeichnen zu lassen, daß ihre Kinder als Anglikaner erzogen werden sollten, da sie ja bereits ihre mündliche Zusage gegeben habe. Wichtiger war jedoch, daß Joe jr. sich nicht scheute, seine geliebte Mutter mit seinen Verfehlungen zu konfrontieren, denn er begriff sehr wohl, daß es ihr nicht nur um die Religion, sondern auch um den sozialen Status ging. »Was Kicks Seele betrifft, so wäre ich schon zufrieden, wenn meine Chancen, die zwölf Himmelstore zu erblicken, nur halb so groß wären wie ihre«, schrieb er. »Und was das Gerede der Leute anbelangt, zum Teufel damit. Ich glaube, das können wir alle verkraften. Für Dich, Mutter, wird es am schwersten sein, und ich verstehe sehr gut, wie Du Dich fühlst, doch ich denke, es wird alles in Ordnung kommen.«

Am Morgen des 6. Mai 1944, nur zwei Tage nach der Bekanntgabe ihrer Verlobung, rannte Kathleen atemlos die Stufen zu dem roten Backsteingebäude hinauf, in dem das Standesamt von Chelsea untergebracht war. Nur ihr Bruder begleitete sie. Um ihrer Hochzeit etwas Stil und eine symbolische Bedeutung zu verleihen, trug sie ein neues, rosafarbenes Crêpe-Kleid, das sie der guten Zusammenarbeit dreier Menschen verdankte, von denen sie zwei gar nicht kannte. Erst am Vortag hatte Marie Bruce alle Hebel in Bewegung gesetzt, um der 24jährigen Braut zu einem neuen Kleid zu verhelfen. Mit Bezugsscheinen, die zum Teil ihr Milchmann beigesteuert hatte, erstand sie den Stoff und trug ihn sogleich zu ihrer Schneiderin, die die ganze Nacht hindurch nähte, um rechtzeitig zur Trauungszeremonie um zehn Uhr fertig zu sein. Kathleen hatte bereits einen rosafarbenen Schleier und einen Hut aus blauen und rosafarbenen Straußenfedern aufgetrieben.

So hatte sie etwas Neues und etwas Blaues, doch um wie eine richtige Braut auszusehen, brauchte sie auch noch etwas Altes und etwas Geliehenes. Erst das goldene Netztäschchen und eine Diamantbrosche von Marie Bruce und natürlich der Brautstrauß aus taufrischen, dunkelrosa Kamelien aus den Gärten von Chatsworth machten die Ausstattung komplett. Selbst Kathleens Unterwäsche war nur geborgt. Ihre zarten Portault-Dessous stammten ebenfalls von ihrer Freundin Marie Bruce.

Als Kathleen das triste Standesamt betrat, sah sie, daß Billy die Khakiuniform eines Offiziers der Coldstream Guards trug. Sie war frisch gebügelt und paßte wie angegossen. Seit Beginn des Krieges war der hochgewachsene Billy sichtlich älter geworden. Von dem androgynen Flair des sanften, großen Jungen, das die Debütantinnen einst so reizvoll gefunden hatten, war nur noch wenig zu spüren. Sein Haaransatz war etwas zurückgewichen, und sein Gesicht wirkte reifer und entschlossener – wie das eines Mannes, der andere führte. Doch an diesem Morgen war er einfach nur der strahlende, junge Bräutigam, dessen großer romantischer Traum, der sechs Jahre zuvor auf einer Gartenparty im Buckingham-Palast begonnen hatte, nun endlich in Erfüllung ging.

Neben Billys Eltern, die aus Chatsworth angereist waren, waren auch noch seine Tante Lady Salisbury sowie seine jüngeren Schwestern Anne und Elizabeth zugegen, und sein Freund Charles Granby, der Sohn des Herzogs von Rutland, half als »Best Man« beim Ausrichten der Hochzeit. Kathleen hätte ihren ganzen Londoner Freundeskreis einladen können, doch sie beschränkte sich auf ihre beiden älteren Freundinnen Mary Bruce und Lady Astor, die sie sehr bewunderte.

***

Die Zeremonie war kaum mehr als eine juristische Formalität, bei der keine Treueschwüre oder sonstigen Gelübde abgelegt wurden. Joe jr. fungierte als Trauzeuge und führte seine Schwester dem Bräutigam zu, der ihr einen alten Familienring an den Finger steckte. Der zweite Trauzeuge war der Herzog. Nach zehn Minuten war alles vorüber.

Anschließend stiegen Kathleen und Billy in den Zug nach Eastbourne und liefen vom dortigen Bahnhof aus zu Fuß zum Anwesen der Familie Cavendish am Compton Place. Ein anglikanischer Priester segnete das Paar und ihre Ehe, dann begannen die kurzen Flitterwochen.

Kathleens Heirat entsprang keiner verrückten, romantischen Laune. Sie hatte sich den Schritt genau überlegt. Sie hatte sich nicht nur für Billy, sondern auch für ein ganz bestimmtes Leben entschieden. Sie war auf ihre neue Rolle als Herzogin von Devonshire bestens vorbereitet. Doch vorerst herrschte noch Krieg, daher war jeder Augenblick mit Billy für Kathleen unbeschreiblich kostbar. Jeder wußte, daß Engländer und Amerikaner in wenigen Wochen das größte Landungsunternehmen der Geschichte starten und die deutsche Wehrmacht auf französischem Boden angreifen wollten. Billys Regiment würde ebenfalls an der Invasion teilnehmen, vielleicht nicht am ersten Tag oder in der ersten Woche, aber bald. Und Kathleen war klar, daß sie Billy, wenn er erst einmal ins Feld gezogen war, möglicherweise erst nach Ende des Krieges wiedersehen würde.

Doch selbst in diesen letzten, wunderschönen Tagen mit Billy drehten sich Kathleens Gedanken nicht nur um ihn und ihr neues Leben zu zweit. Sie hatte kaum die erste Nacht mit ihrem Ehemann verbracht, als auch schon Briefe eintrafen, die keine Glück- und Segenswünsche, sondern Verwünschungen und wüste Beschimpfungen enthielten. Evelyn Arthur Waugh bewies mit seiner polemischen Attacke gegen Kathleen, daß Konvertiten oft die fanatischsten Katholiken sind: »Ihre heidnischen Freunde haben sie zu dieser schlimmen Sünde getrieben«, höhnte er. »Ich kann das Mädchen nur bedauern.« Auch die Presse berichtete nicht gerade überschwenglich von der Heirat, sondern mutmaßte, daß sie der Grund für Roses Krankenhausaufenthalt sein könnte – für Kathleen ein entsetzlicher Gedanke. Am Hochzeitstag ihrer Tochter hatte Rose die Klinik verlassen und reiste über New York nach Hot Springs, wo sie nach Auskunft ihres Vaters einen »dringend benötigten Erholungsurlaub« verbringen wollte.

Rose wurde vom ehemaligen Polizeichef Joseph F. Timilty zum Flughafen begleitet. Der ältere Herr war schon so lange ein guter Freund der Familie, daß niemand etwas dabei fand, ihn oft an ihrer Seite zu sehen. Rose war ausgesprochen bleich und wie eine Trauernde gekleidet: schwarzes Kostüm, schwarze Baskenmütze mit schwarzem Schleier, schwarze Pumps, schwarze Handschuhe, dazu ein Silberfuchs über dem Arm. Timilty stellte sich schützend zwischen sie und die Reporter, die nur ein paar Glückwünsche oder eine kleine Anekdote über die zukünftige Herzogin von Devonshire hören wollten. »Ich bedaure, aber ich bin nicht in der gesundheitlichen Verfassung, Interviews zu geben«, rief Rose, während sie zum Flugzeug lief. »Es tut mir leid, es geht nicht anders.«

Der *Boston Globe* brachte zwei ausführliche Artikel über Kathleen, in denen es hieß, als nächste Herzogin von Devonshire werde sie »nach der Königin die mächtigste Frau Englands« sein. Vor den Reportern am Flughafen La Guardia hätte Rose ihrer Tochter endlich ihren Segen geben können. Statt dessen sagte sie nur: »Ich gebe keine Erklärungen ab!«

Joe jr. wußte, was seine Schwester durchmachte, und sandte einen Tag nach der Trauung ein Telegramm an seinen Vater: »Die Macht des Schweigens ist groß.« Tatsächlich quälte Roses hartnäckiges Schweigen Kathleen in den Flitterwochen. Nur ihr Vater reagierte umgehend: »Jemand mit Deinem starken Glauben an Gott kann keinen Fehler machen. Vergiß nicht, für mich bist und bleibst Du großartig.«

Das Telegramm ihres Vaters war für Kathleen die Absolution, die sie sich so verzweifelt gewünscht hatte. Sie eilte sofort zum Telegrafenbüro, um ihm zu antworten: »Dein Telegramm bescherte mir meinen allerglücklichsten Tag. Äußerst beunruhigt wegen Mutter. Bitte sag ihr, sie soll sich keine Sorgen machen.«

Drei Tage nach der Hochzeit setzte sich Kathleen in die Bibliothek des Landsitzes und schrieb ihrer Mutter einen Brief. Sie war wie Rose eine politische Frau mit immensem gesellschaftlichem Ehrgeiz, einer ausgezeichneten Menschenkenntnis und tief empfundenen religiösen Überzeugungen und verstand ihre Mutter weit besser als diese sie. »Jetzt erhalte ich jeden Morgen Briefe, in denen mein Verhalten aufs heftigste kritisiert wird«, schrieb sie. »Doch sie lassen mich völlig kalt, und ich hoffe und bete nur, daß die Situation für Dich und die übrige Familie in bezug auf die McDonnells und so weiter nicht allzu schwierig wird.« Es war nicht Kathleens Art, in Selbstmitleid zu verfallen oder ihre Mutter voller Groll mit all den Menschen gleichzusetzen, die im Augenblick so bösartig über sie herfielen. Ihr war bewußt, daß ihre Heirat die Beziehungen der Kennedys zu anderen führenden katholischen Familien beeinträchtigen konnte, und sie hoffte sehr, daß dies nicht der Fall sein würde. Sie wollte nicht, daß Rose sich vorwarf, als Mutter versagt zu haben, oder sich in irgendeiner Weise schuldig, gedemütigt oder blamiert vorkam. »Bitte fühle Dich für keine Handlung verantwortlich, die Du für schlecht hältst (und ich nicht)«, fuhr sie fort. »Du hast alles in Deiner Macht Stehende getan, um mich davon abzuhalten, und damit Deine Pflicht als römisch-katholische Mutter erfüllt. Du hast nicht versagt, und bei meiner religiösen Erziehung wurde nichts versäumt.«

Wäre Rose in der Lage gewesen, ihre Scham einmal beiseite zu schieben, so hätte sie vielleicht begriffen, daß Kathleen nicht einem protestantischen Verführer in die Hände gefallen, sondern inzwischen zu einer ernsthaften, jungen Frau gereift war, die die Werte ihrer Mutter keineswegs verwarf, sondern achtete. Doch Rose machte sich weiterhin Vorwürfe. Nach außen hin schien sie sich mit der Situation abgefunden zu haben. Sie kaufte Kleider für Kathleen und beauftragte Joe, Marie Bruce ein Telegramm zu schicken, war jedoch nicht gewillt, sich selbst bei ihrer Tochter zu melden. Sie hoffte nach wie vor, daß es noch nicht zu spät war, daß Kathleen ihren schrecklichen Irrtum bald einsehen würde, und sprach heimlich mit Bischof Spellman über eine Annullierung der Ehe.

* * *

Nach einem langen Wochenende im Swan Inn, einem kleinen Landgasthof in Alton, von dem aus Billy sein Regiment jederzeit mit dem Motorrad erreichen konnte, waren die Flitterwochen des jungen Paares schon so gut wie vorüber. Der Wirt hatte dem Marquis von Devonshire und seiner Braut die schönste Suite reserviert – ein bescheidener Raum, der im Hotel Claridge bestenfalls als Besenkammer genutzt worden wäre.

Kathleen war wie alle Kennedys ein Energiebündel. Doch hier in diesem Provinzstädtchen gab es für sie wenig zu tun. Sobald Billy auf seinem kleinen Motorrad davongeknattert war, konnte sie nur noch mit den anderen Soldatenfrauen Tee trinken und tratschen. »Im Augenblick bin ich ein Soldatenliebchen …«, schrieb sie Mark Soden, einem Copiloten ihres Bruders Joe. »Den lieben langen Tag lasse ich mir von den alten Damen erzählen, wie schwer der Krieg für sie ist. Welch ein Unterschied zu meinen Gesprächen mit den GIs.«

So vergingen die Tage, und am Morgen des 6. Juni, exakt um 9.34 Uhr, wurde über den Rundfunk eine Meldung des Oberkommandos der alliierten Streitkräfte durchgegeben: »Alliierte Flottenverbände setzen seit heute morgen mit starker Luftunterstützung alliierte Truppen an der Nordküste Frankreichs ab.« Die Invasion hatte begonnen.

Eine Woche später, in den frühen Morgenstunden des 13. Juni, tauchte eine schreckliche neue Waffe am Himmel über England auf: die acht Meter lange V-1-Rakete. An diesem Tag stürzte nur eine auf London herab. Sie tötete sechs Menschen und richtete großen Schaden an. Doch viele weitere sollten folgen, vor allem nachts. Sie sollten Tausende das Leben kosten. Kathleen schrieb in ihr Tagebuch, die englische Bevölkerung habe auf diese Waffe »völlig verstört« reagiert.

Ein paar Stunden später teilte Billy Kathleen mit, daß sein Regiment jetzt den Marschbefehl erhalten habe. In den vergangenen fünf Wochen hatten sich die beiden vieles anvertraut, und kurz vor seiner Abreise schrieb Billy sogar in Kathleens Tagebuch, dies sei »der vollkommenste Monat« seines Lebens gewesen. Er hatte zwar die ganze Zeit über gewußt, daß die schönen Tage bald zu Ende sein würden, doch das machte ihm die Trennung keineswegs leichter. »Wie brutal es doch ist, Dinge beenden zu müssen. Unsere Liebe ist ein einziges Abschiednehmen. Das ist das Schlimmste daran, schlimmer noch als das Kämpfen.«

***

Joe jr. hatte inzwischen seine 35 Pflichteinsätze hinter sich. Damit wäre seine Dienstzeit, in der er nichts weiter zu Gesicht bekommen hatte als das dunkle Meer, eigentlich zu Ende gewesen, doch er hatte freiwillig verlängert – in der Hoffnung, doch noch ein U-Boot aufzuspüren. Allerdings hatten die Alliierten inzwischen die meisten U-Boote aus dem Kanal vertrieben, so daß seine Suche auch weiterhin erfolglos blieb. Bei seinen letzten Einsätzen wurde er immer tollkühner. Einmal stieß er zu einem auf der Halbinsel von Brest auf Grund gesetzten deutschen Torpedoboot hinunter und drehte erst ab, als die Flugabwehrgeschütze das Feuer auf ihn eröffneten. Und ein andermal flog er unter Mißachtung aller Befehle so nahe an die von den Deutschen besetzte Insel Guernsey heran, daß er mit etlichen Einschußlöchern am Flugzeugrumpf zurückkehrte.

John F. war ein Held geworden, ohne es darauf angelegt zu haben, doch Joe jr. forderte das Schicksal bewußt heraus und suchte regelrecht die Gefahr. Ein paar Tage vor seiner geplanten Rückkehr in die Vereinigten Staaten wurde auf dem Marinestützpunkt von Dunkeswell eine neue Geheimwaffe gegen die V-1-Raketen entwickelt, die London in Angst und Schrecken versetzten. Techniker der Marine bauten aus einem Flugzeug vom Typ PB4Y alles aus, was zum Fliegen nicht unbedingt erforderlich war, sogar die Bordgeschütze und den Sitz des Copiloten, installierten eine neue elektronische Fernsteuerung, füllten die Maschine bis an den Rand mit Sprengstoff und verwandelten die PB4Y damit in die größte Bombe, die je gebaut worden war. Ein Pilot und ein stehender Copilot sollten die Maschine starten und anschließend mit dem Fallschirm abspringen. Das Mutterflugzeug sollte die unbemannte Maschine dann per Funk über den Kanal lotsen und in den Betonbunkern oberhalb von Calais, wo die Abschußrampen für die deutschen Raketen vermutet wurden, zur Explosion bringen. Das Heer hatte die Methode bereits getestet. Ein Pilot war dabei ums Leben gekommen, ein zweiter schwer verletzt worden. Dennoch wollte die Marine einen weiteren Versuch wagen, und Joe jr. meldete sich freiwillig, die Maschine zu fliegen. »In den nächsten drei Wochen werde ich etwas anderes machen«, schrieb er am 26. Juli 1944 nach Hause. »Es ist geheim, und ich darf nicht sagen, worum es sich handelt, doch es ist nicht gefährlich. Macht Euch also keine Sorgen.«

Erleichtert schickte Rose Dankgebete zum Himmel. John F. war bereits nach Hause zurückgekehrt – blaß und so ausgemergelt, daß man seine Rippen zählen konnte, aber lebendig. Joe jr. würde auch bald eintreffen. Und was die irregeleitete Kathleen anging, so hoffte sie nach wie vor auf eine Annullierung der Ehe, die ihre Tochter in den heiligen Schoß der Kirche zurückführen würde.

Ihre übrigen Töchter waren nun auch wieder bei ihr – bis auf Rosemary, über die nicht mehr gesprochen wurde. Eunice hatte in Stanford ihren Abschluß gemacht und den Campus ebenso still und unauffällig verlassen, wie sie ihn einst betreten hatte. Die meisten ihrer Kommilitoninnen hatten sie die ganzen drei Jahre über kaum wahrgenommen. Eine der wenigen wirklichen Freundinnen, die sie in Stanford gefunden hatte, war die 19jährige Ann Clare Brokaw, die einzige Tochter von Clare Bothe Luce. Von klein auf im Schatten ihrer außergewöhnlichen Mutter, wirkte Ann zeitweise ebenfalls wie eine verlorene junge Frau. Sie und Eunice hatten viel gemeinsam. Im Januar fuhr Ann in einem

Wagen mit offenem Verdeck, an dessen Steuer eine Freundin saß, in Richtung Uni, als plötzlich ein anderes Auto das Cabriolet rammte. Ann wurde hinausgeschleudert und war auf der Stelle tot. Für Eunice, die sich zu jener Zeit im letzten Semester befand, war der Tod ihrer Freundin ein tragischer Verlust. Pat hatte Ann ebenfalls gekannt und war nach Aussagen ihrer Mitschülerinnen am Rosemont College tief erschüttert, als sie von dem Unfall erfuhr.

***

Selbst am Cape Cod verging kein Tag, an dem Rose nicht an den Krieg erinnert wurde. Joe hielt gelegentlich immer noch Reden, spielte im täglichen Leben von Hyannis Port jedoch keine so dominierende Rolle mehr wie früher. Luella kam der Ort auf einmal »so anders vor, ruhig, einsam und manchmal sehr traurig«.

Die Fenster waren mit Verdunkelungsvorhängen versehen. In den Schaufenstern der Läden waren über den Auslagen die Namen junger Männer zu lesen, die irgendwo am anderen Ende der Welt gefallen waren. Und überall am Kap waren Soldaten stationiert. Der Flugplatz hatte zunächst als Ausbildungslager für Kadetten des Marinefliegerkorps gedient und war anschließend in eine U-Boot-Abwehrbasis umfunktioniert worden.

Am zweiten Augustsonntag ging Rose wie gewohnt zur Messe und nahm anschließend im Kreis ihrer Familie auf der Veranda das Essen ein. John F., Eunice und Pat waren inzwischen über 20, Bobby war mit seinen 18 Jahren alt genug, um zu kämpfen, und Jean war mit ihren 16 auch schon im College-Alter. Nur der zwölfjährige Teddy war noch ein richtiges Kind.

Am frühen Nachmittag ging Joe nach oben, um sein Mittagsschläfchen zu halten. Rose vertiefte sich in die Wochenendausgabe der Zeitung, während die übrigen Familienmitglieder auf der Veranda weiterplauderten oder sich ins Wohnzimmer zurückzogen. Rose hörte jemanden an die Tür klopfen, und als sie öffnete, standen zwei Priester vor ihr. In Kriegszeiten erschraken die meisten Mütter und Ehefrauen beim Anblick solcher Besucher, weil sie in ihnen Todesengel vermuteten. Doch Rose war es gewohnt, daß Männer der Kirche in ihrem Haus vorsprachen und um eine Spende für ein neues Gotteshaus oder andere wohltätige Zwecke baten. Sie führte die beiden ins

Wohnzimmer. Die Priester wollten unbedingt Joe sprechen. Auch das war nicht ungewöhnlich, da nur er über die Vergabe größerer Summen entschied. Doch als Rose die Gäste bat, auf den Hausherrn zu warten, sagte der Marinekaplan O'Leary: »Es ist dringend, denn es geht um Ihren vermißten Sohn Joe jr.«

Rose floh die Treppe hinauf, als könnte sie vor der Nachricht davonlaufen. Sie weckte ihren Ehemann und erzählte ihm von dem unerwarteten Besuch. Joe eilte sofort nach unten und bat die beiden Priester in einen ans Wohnzimmer angrenzenden Raum. Er stellte ihnen genügend Fragen, um zu begreifen, daß sie Joe jr. nie mehr wiedersehen würden.

Joe trat mit Rose auf die Veranda hinaus. Seine Frau stützend, erklärte er seinen Kindern, die eigentlich gar keine Kinder mehr waren, daß ihr ältester Bruder gefallen sei. Zwar wußte er zu diesem Zeitpunkt noch keine Einzelheiten über die geheime Mission von Joe jr., doch er wußte, daß sein Sohn den Heldentod gestorben war und mit seinem Mut eine Familientradition fortgesetzt hatte, die er seinen Kindern ein Leben lang ans Herz gelegt hatte. Diese Gewißheit hielt ihn in seinem Schmerz aufrecht, auch wenn fraglich blieb, ob der Tod seines ältesten Sohnes die Richtigkeit dieser Erziehung bestätigte oder eher ihre absolute Unzulänglichkeit bewies. Rose suchte dagegen in ihrem Glauben Trost und Zuflucht. »Das Leben muß weitergehen«, sagte Joe zu seiner Familie. »Wir müssen uns um die Lebenden kümmern. Es gibt viel zu tun.«

Rose und Joe hatten ihre Töchter und Söhne gelehrt, alle Schicksalsschläge mit Gleichmut zu ertragen, ihren Schmerz nicht zu zeigen, sich nie aus Schwäche zurückzuziehen und niemals aufzugeben. Daher forderte Joe seine Kinder nun auf, trotzdem an der für diesen Sonntag geplanten Segelregatta teilzunehmen. Alle befolgten den Wunsch ihres Vaters – bis auf John F., der stundenlang allein den Strand auf und ab lief.

Während die Geschwister im Sund segelten und Rose in ihre Gebete vertieft war, rief Joe seine Schwester Mary Loretta an. Anderthalb Stunden lang schluchzte er verzweifelt in den Hörer. Vor seiner Frau hätte er niemals so hemmungslos geweint.

Auch Rose weinte, wenn sie alleine war, und dachte in langen schlaflosen Nächten über ihren ältesten Sohn nach, dessen Verlust sie kaum verkraften konnte. Man hatte ihr berichtet, sein Flugzeug sei explodiert. In weniger als einer Sekunde war das Leben ihres so hoffnungsvollen Sohnes, den sie nach bestem Wissen und Gewissen mit all ihrer Liebe und großen Erwartungen großgezogen hatte, einfach ausgelöscht worden. Die Explosion hatte seinen Körper in tausend Stücke gerissen und den Himmel einen Augenblick lang strahlend hell erleuchtet.

* * *

Am selben Tag, an dem Kathleen vom Tod ihres ältesten Bruders erfuhr, teilte Mark Soden ihr telefonisch mit, daß Joe jr. vor seiner letzten Mission schriftlich festgelegt habe, wie seine Besitztümer im Falle seines Ablebens an seine Familienangehörigen und Freunde verteilt werden sollten. Neben einem Plattenspieler von Victrola, einem Radio von Zenith und einer Kamera von Zeiss hatte er ihr auch die Underwood-Schreibmaschine vermacht, um die sie sich einst mit ihm gezankt hatte. Während Soden die Liste verlas, begann Kathleen immer lauter zu weinen, entschuldigte sich jedoch gleich anschließend in einem Brief an Soden für ihre Tränen. »Es tut mir leid, daß ich heute abend die Beherrschung verloren habe«, schrieb sie, als habe sie gegen einen wichtigen Punkt der Etikette verstoßen. »Das macht die Dinge niemals leichter.«

Eine Kennedy weinte nicht vor anderen Menschen und verbarg sich auch nicht hinter schwarzer Trauerkleidung, dennoch wollte Kathleen in diesem Augenblick nirgendwo anders sein als bei ihrer Familie in Hyannis Port. Ihr Vater besorgte ihr einen Platz in einem Transportflugzeug der Armee, das kurz darauf in die Vereinigten Staaten abflog. Doch Kathleen war nicht nur eine Kennedy, sondern seit kurzem auch die Gattin von Billy Hartington, und einige Briten fanden es unerhört, daß sie England verließ, solange ihr Mann in der großen Schlacht kämpfte.

* * *

Als das Flugzeug mit Kathleen an Bord am 16. August 1944 auf dem Flughafen Logan in Boston landete, wartete bereits ein bleicher, abgemagerter John F. auf der Rollbahn. Einen Augenblick lang stand Kathleen wortlos in ihrer maßgeschneiderten, blauen Rotkreuzuniform da, dann flog sie weinend in die Arme ihres Bruders. Nach einer langen Umarmung wischte Kathleen sich die Tränen aus den Augen und verließ mit ihrem Bruder Arm in Arm das Flughafengelände. John F. erzählte ihr, daß man ihm erlaubt habe, das Marinehospital von Chelsea für ein paar Stunden zu verlassen. Schon am nächsten Morgen mußte er sich dort einer Darmoperation unterziehen, die zwar seine Bein- und Rückenbeschwerden linderte, an seinen »Abdominalsymptomen« jedoch nichts änderte.

Im Haus der Kennedys in Hyannis Port behielt man seine tiefsten Empfindungen für sich. So konnte Kathleen gar nicht mehr über den wirklichen Joe jr. reden, den sie in England kennengelernt hatte, diesen ungeheuer vitalen und manchmal unbeherrschten, aber sehr großzügigen und idealistischen großen Bruder, der sie ständig aufgezogen hatte. Sie hatte in ihm nur noch den strahlenden Helden zu sehen. Und da den Kennedys keine andere Art einfiel, sein Andenken in Ehren zu halten, als ihren Schmerz gleichermaßen heldenhaft zu unterdrücken, konnte sie nicht einmal richtig um ihn trauern. Sie versuchte, so zu tun, als gehe das Leben weiter wie bisher, und spielte aller Welt die alte, stets aufgeräumte und optimistische Kathleen vor. »Es ist eine wahre Wonne, wieder im Land der ›Freien!!! & Tapferen‹ zu sein. Amerika ist einfach unvergleichlich!« schrieb sie Waldrop vom *Times-Herald*.

Selbstvergessen in ihrer Einsamkeit, trottete Rose jeden Morgen zur Messe in die St.-Xavier-Kirche. Die Frau, die Kathleen einmal »die liebste Mutter der Welt« genannt hatte, konnte ihrer Tochter nicht verzeihen und hegte insgeheim immer noch einen tiefen Groll gegen sie. Doch es war Joe, der im Haus der Kennedys das Sagen hatte, auch wenn er in diesem Sommer nicht mehr der dynamische, wortgewaltige Patriarch von einst war, sondern eher ein dunkler Schatten.

Kathleen hatte das bedrückende Gefühl, daß es mit John F. immer mehr bergab ging. Er war bis auf die Knochen abgemagert. Sein Rükken war nach einer mißlungenen Operation eine einzige große Wunde und seine Haut so gelb wie die eines Malariakranken. Sein Zustand hätte Joe eigentlich mit Sorge erfüllen müssen, doch der dachte fast nur noch an seinen zum Märtyrer gewordenen ältesten Sohn und schenkte John F. nur wenig Aufmerksamkeit. Stundenlang hockte er alleine in seinem Zimmer und ließ sich auch dann kaum blicken, als John F. übers lange Wochenende am Tag der Arbeit seine beiden

Kriegskameraden Barney Ross und Red Fay, die beiden Marineoffiziere James Reed und Leonard Phom und deren Frauen Jewel und Kate nach Hyannis Port einlud.

Nach Erhalt der Hiobsbotschaft hatte er seine Söhne und Töchter aufgefordert, die Sommerferien so zu verleben wie immer. Und insbesondere die 24jährige Eunice war wild entschlossen, die Anweisung ihres Vaters nach besten Kräften zu befolgen, als könnte sie durch schiere Willenskraft das vom tragischen Tod ihres Bruders überschattete Familienleben wieder in Ordnung bringen. Unermüdlich animierte sie die anderen zum Tennis- oder Golfspielen oder zu einem harten Football-Match, bei dem sie sich völlig verausgabte, und ließ auch sonst keine Herausforderung und keinen Wettkampf aus.

Um an der Regatta am Tag der Arbeit (der in den USA am ersten Montag im September gefeiert wird) teilnehmen zu können, brauchte Eunice noch Leute für ihr Boot. Im Befehlston erkor sie kurzerhand die arme schwangere Kate, die noch nie einen Fuß auf ein Segelboot gesetzt hatte, zum neuen Mitglied ihrer Crew. Und auf dem Wasser schüchterte sie die verwirrte Landratte mit ihren Kommandos dann vollends ein. »Ich erinnere mich noch, wie grausam ich sie damals fand, weil sie mir ständig Befehle zurief und mich anbrüllte, wenn ich etwas falsch machte«, erzählte Kate Thom später.

Die 16jährige Jean versuchte krampfhaft, mit ihren älteren Geschwistern Schritt zu halten, machte dabei aber einen recht verlorenen Eindruck. Joe jr. war nicht nur ihr großer Bruder, sondern auch ihr Pate gewesen, und sie hatte ihn abgöttisch verehrt. Die für Mädchen ihres Alters eher ungewöhnliche Auseinandersetzung mit dem Tod, zu der sie in diesem Sommer gezwungen war, beendete in gewisser Weise ihre Jugend.

Aus der extrovertierten Kathleen war inzwischen ein schweigsamer, nachdenklicher Mensch geworden. Als John F. mit einigen Kriegskameraden aus seiner Zeit im Pazifik zum Golfspielen in den Country Club von Hyannis Port ging, schloß sich Kathleen dem vergnügten Haufen an. Unter den Freunden der jungen Kennedys befand sich stets mindestens ein Hofnarr, und an diesem Tag übernahm der leicht reizbare Red Fay diese Rolle. Als chronischer Witzbold konnte er einfach nicht geduldig und kommentarlos mit ansehen, wie zwei gesetzte Damen aus Hyannis Port vor ihren Augen den Ball mit geradezu unerträglicher Betulichkeit um ein Loch bugsierten. »Entschuldigen Sie, aber die Marquise von Hartington kommt so nicht durch«, rief der rothaarige, sommersprossige Fay den beiden zu, worauf sie sich verdutzt umdrehten und die verlegene Kathleen anstarrten.

In England kannte Kathleen viele junge Offiziere, die so waren wie die Freunde ihres Bruders John F. Die Erfahrungen auf dem Schlachtfeld, vor allem der Anblick toter oder verwundeter Freunde und Kameraden, machten aus ihnen ganz andere Menschen, denen die Rückkehr in ein vergleichsweise triviales Zivilistenleben später oft nicht leicht fiel. Kathleen konnte das gut verstehen, denn auch sie kam mit dem banalen Alltag manchmal schwer zurecht.

Nach der Golfpartie hatten die jungen Männer Lust auf ein paar harte Drinks. Rose und Joe gestatteten ihren Söhnen und Töchtern jedoch nur einen Cocktail vor dem Abendessen, daher huschten Kathleen und John F. in die Küche, um nach der dort versteckten Flasche Scotch zu suchen. Just in dem Augenblick, als sie die Drinks für die Kriegsveteranen einschenkten, trat Bobby in seiner weißen Marineuniform durch die Tür. Er war alt genug, um zu wissen, daß ein erwachsener Mensch, der vor dem Abendessen zwei Drinks zu sich nehmen wollte, niemanden um Erlaubnis fragte. Doch er hatte genausoviel Angst und Respekt vor seinem Vater wie seine Geschwister und drohte, ihm alles zu erzählen. So eine Petze hatte Kathleen gerade noch gefehlt. In barschem Ton forderte sie Bobby auf, aus der Küche zu verschwinden und sich um seine eigenen Angelegenheiten zu kümmern.

Beim Abendessen erzählten John F. und seine Freunde Geschichten aus ihrer Zeit im Pazifik und lockerten die Runde mit fröhlichem Gelächter auf. Joe fragte einen nach dem anderen, wie er bei den heutigen sportlichen Aktivitäten abgeschnitten habe, und tadelte jeden, der der Familie Schande gemacht hatte, weil er nicht auf dem ersten oder zweiten Platz gelandet war. Kate wurde ganz besonders gelobt, da Eunices Boot die Segelregatta gewonnen hatte. Rose saß die ganze Zeit über nur schweigend da. »Rose bekam die Witze gar nicht mit«, erinnerte sich Red Fay. »Sie war mit den Gedanken woanders. Ich glaube nicht, daß sie der Unterhaltung folgen konnte. Und sie kam mir sehr einsam und irgendwie traurig vor.«

Nach dem Abendessen ließ die Gruppe sich auf der Veranda nieder und schwelgte dort weiter in ihren Erinnerungen. Es wurde ein ziemlich sentimentaler Abend. Viele Anekdoten wurden immer wieder aufs neue erzählt und stets von schallendem Gelächter unterbrochen und beendet. Als die Sonne unterging, saß die fröhliche Runde immer noch beisammen und ließ die alten Zeiten wiederaufleben. Die Geschichten und Lachsalven schienen einfach kein Ende zu nehmen. Plötzlich wurde das Fenster im oberen Stock aufgerissen. »John F., habt ihr denn gar keine Achtung vor deinem toten Bruder, du und deine Freunde?« schrie Joe heraus. »Ihr kommt jetzt rein! Ihr werdet zu einem Ärgernis für die Nachbarn!«

John F., der 27jährige Kriegsveteran, mußte sich von seinem Vater zusammenstauchen lassen wie ein unartiger Schulbub. Seine Fröhlichkeit war bestimmt kein Zeichen mangelnder Achtung vor seinem gefallenen Bruder. Oder sollte von nun an etwa jede Lebensäußerung und jedes Lachen bereits eine Respektlosigkeit sein? Er wußte, daß er nicht weinen durfte, doch lachen durfte er offenbar auch nicht. Seine Freunde waren so perplex, daß sie kein Wort mehr herausbrachten. Plötzlich kam Bobby nach draußen gerannt und flüsterte so laut, daß wirklich jeder es hören konnte: »Dad ist furchtbar wütend.«

Kathleen war erbost über die Unhöflichkeit ihres Vaters, und daß ihr kleiner Bruder auch noch aussprechen mußte, was ohnehin allen klar war, machte sie noch ärgerlicher. Schnippisch fauchte sie Bobby an: »Du jagst unseren Gästen wirklich große Angst ein!«

So endete das verlängerte Wochenende am Tag der Arbeit.

* * *

Kathleen war sehr stolz gewesen, als sie erfahren hatte, was John F. auf den Salomoninseln geleistet hatte. Während sie mit ihm in Hyannis Port den Sommer verbrachte, lasen Millionen Leser im *Reader's Digest* den ursprünglich im *New Yorker* erschienenen Artikel von John Hersey über ihn und sein Torpedoboot PT-109. John F. war stolz, aber gleichzeitig auch ein wenig verlegen, daß man ihm so viel Aufmerksamkeit schenkte. Er sah die Sache ähnlich wie sein Kamerad Barney Ross, der gesagt hatte, in dem Artikel würden er und die anderen Besatzungsmitglieder »als Helden hingestellt, weil sie ihr eigenes Leben retteten … Ich habe das Ganze immer für eine Katastrophe gehalten, doch in dem Artikel wurde etwas Heroisches daraus gemacht, eine Art Dünkirchen.«

Die Vorstellung, für den Kongreß zu kandidieren, löste bei John F. eher gemischte Gefühle aus. »Ich spüre bereits Papis Blick in meinem Nacken«, hatte er Red Fay erzählt. Er wußte, was nun von ihm erwartet wurde. Er sollte die in den Staub gefallene Fahne aufheben und weitertragen. »Wenn der Krieg vorbei ist, Red, werde ich wieder hier sein und zusammen mit Dad versuchen, ein verlorenes Torpedoboot und einen kaputten Rücken in einen politischen Vorteil umzumünzen. Ich sage dir, Dad kauert jetzt schon in den Startlöchern und kann nicht verstehen, warum sein Johnnyboy nicht Feuer und Flamme ist.«

Für Kathleen war John F. ebenso ein Held wie Joe jr. In dieser Hinsicht sah sie keinen Unterschied zwischen ihren beiden großen Brüdern, John F. dagegen sehr wohl. Im Gegensatz zu seinem Bruder hatte er sein Leben nicht bewußt aufs Spiel gesetzt. Er hatte viel über diese Dinge nachgedacht, auch deshalb, weil er herausfinden wollte, warum die Japaner bessere Dschungelkämpfer waren als die amerikanischen GIs. »Der Amerikaner investiert seine Kraft in zwei Ziele«, hatte er Inga aus dem Pazifik geschrieben. »Einerseits will er töten, andererseits versucht er aber auch verzweifelt zu verhindern, daß er selbst getötet wird.« Auf Joe jr. traf das allerdings nicht zu, und auf Billy ebensowenig.

In den erbitterten Kämpfen vom August 1944 hatte Billy seine Soldaten so kühn durch die Normandie geführt, als fürchte er keine Gefahr und keine Herausforderung. »Ich sehe immer noch sein bestürztes Gesicht vor mir, als man ihm sagte, seine Kompanie habe bereits genug geleistet und müsse die Führung nun einer anderen übergeben«, erinnerte sich einer seiner Offizierskollegen.

Ein halbes Jahr zuvor hatte ein korpulenter Labour-Politiker Billy auf dem Marktplatz von Westdevonshire einen Feigling genannt, weil er sein Regiment verlassen hatte, und nun schien es so, als müsse der junge Aristokrat seinen Mut ständig aufs neue beweisen. Anfang September überquerte sein Bataillon die Somme im Nordwesten Frankreichs, an der zwei der blutigsten Schlachten des Ersten Weltkriegs stattgefunden hatten. Billy hätte ein Offizier aus diesem Krieg sein können, ein Engländer aus der Oberschicht, dem seine altmodischen Vorstellungen von ritterlichem Mut in den Schützengräben an Somme und Marne weitgehend abhanden gekommen waren. In einem Brief an Kathleen bezeichnete er die Deutschen sogar als »Hunnen« – ein im Ersten Weltkrieg häufig verwendeter Begriff. Da es ihm als Offizier erlaubt war, eine andere Uniform zu tragen als seine Männer, lief er stets in einem weißen Regenmantel und hellen Hosen herum, als wolle er die deutschen Heckenschützen regelrecht dazu herausfordern, auf ihn zu schießen. Einmal, als ein Offizierskollege seine Kompanie besuchen kam, ließ er seinen Burschen Rum bringen, und da es stillos gewesen wäre, ihn in kräftigen Zügen direkt aus der Flasche zu trinken, kredenzte er ihn in passenden Gläsern mit den dazugehörigen Toasts. Obwohl er in Schützengräben und ausgebombten Dörfern übernachtete, gelang es ihm stets, beinahe schick auszusehen, und jeden Morgen zog er einen kleinen Stahlspiegel aus der linken Brusttasche und rasierte sich gründlich.

Als die Deutschen sich Hals über Kopf zurückzogen, schien der Sieg schon zum Greifen nahe. In jedem kleinen oder größeren Ort, durch den die britischen Panzer rollten, wurden die Soldaten von begeisterten Menschenmassen empfangen und als Befreier gefeiert. Bei der Befreiung Brüssels war Billys Panzerkompanie eine der ersten, und Billy fuhr oben auf einem Tank sitzend in die belgische Hauptstadt. Als seine Einheit das jubelnde Brüssel verließ und weiter nach Osten vorrückte, schrieb er an Kathleen, irgendwie habe er »das alles gar nicht verdient, wo ich doch in all den Jahren ein recht sicheres und bequemes Leben geführt habe … Ich habe ständig einen Kloß im Hals und wünschte mir so sehr, Du wärst hier, denn diese Erfahrung ist nur wenigen vergönnt, und ich würde sie schrecklich gerne mit Dir teilen.«

Am 8. September setzte Regen ein, und man spürte, daß der Herbst nahte. Auf einmal stoppten die Deutschen ihren Rückzug. An diesem Tag verlor Billy bei dem Versuch, das Dorf Beverlo zu nehmen, ein Viertel seiner Männer. Am nächsten Morgen hörte es auf zu regnen, und der Himmel klarte wieder auf. Zusammen mit seinem Burschen lief Billy, mit einer Drahtschere bewaffnet, in seinem weißen Regenmantel, den hellen Hosen und ohne Helm vor den Panzern her. »Vorwärts, Jungs, Kopf hoch! Es geht weiter!« rief er, als sich seine 3. Kompanie in Bewegung setzte, um die Stadt Heppen zu befreien.

Am Nachmittag, als der Kampf vorüber und die Stadt gefallen war, kehrte ein Bauer mit seinem Sohn zu seinem Hof zurück, um den kurz zuvor noch schwer gekämpft worden war. Beim Näherkommen entdeckten sie sechs qualmende britische Panzer, und als sie das Wohnhaus erreichten, in dem sich die Deutschen verschanzt hatten, fanden sie in seiner unmittelbaren Umgebung über zwanzig Leichen. Sie sahen Soldaten, die mit Bajonetten erstochen worden waren. Ein deutscher und ein britischer Soldat, die sich gegenseitig zu Tode gewürgt hatten, waren nebeneinander auf den Boden gesunken. Direkt vor dem Haus lagen fünf weitere Leichen – zwei Deutsche und drei Briten. Und zum Schluß fanden sie in der Nähe des Hintereingangs noch zwei Tote. Einer der beiden lag, die Füße gegen die Küchentür gestemmt, auf dem Rücken und sah ganz anders aus als die anderen. Er trug einen weißen Regenmantel und helle Hosen und war unversehrt – bis auf ein kleines Einschußloch direkt über dem Herz.

***

Am 16. September machte Kathleen in New York einen Einkaufsbummel durch das Kaufhaus Bonwit Teller's in der Fifth Avenue. In den Regalen der Londoner Geschäfte war seit langem nur noch das Allernotwendigste zu finden, doch in Amerika schien es alles im Überfluß zu geben. Weitgeschnittene Röcke und Faltenröcke waren von Washington zwar verboten worden, dafür gab es aber jede Menge kurze Ballerinakleidchen, randlose Hüte und Lederschuhe in den sechs gängigen Farben schwarz, weiß, marineblau, hell-, mittel- und dunkelbraun.

Als Kathleen sich gerade mit einem Bündel neuer Sachen im Arm durch das zweite Stockwerk des großen Kaufhauses kämpfte, erblickte sie Eunice, mit der sie sich zum Essen verabredet hatte. »Wir sollten vorher lieber nach Hause gehen und mit Daddy reden«, sagte Eunice mit dünner Stimme.

»Es ist etwas passiert.« Kathleens Satz klang halb wie eine Frage und halb wie eine Feststellung.

»Warum redest du nicht mit Daddy?« sagte Eunice leise.

Während die beiden Schwestern zur Suite der Familie im Hotel Waldorf-Astoria hasteten, erwähnte Eunice mit keinem Wort, was sie soeben von ihrem Vater erfahren hatte. Im Waldorf führte Joe Kathleen in sein Zimmer, schloß die Tür und teilte ihr mit, daß Billy tot war. Darauf zog sich Kathleen in ihr Zimmer zurück, und beim Abendessen unterhielten sich die Kennedys über alles mögliche, nur nicht über Billy. Im Kreise der Familie redete Eunice sonst immer wie ein Wasserfall, doch an diesem Abend richtete sie kaum ein Wort an ihre vor Schmerz wie betäubte Schwester.

Im weiteren Verlauf des Abends fragte Joe Kathleen, ob es jemanden gebe, den sie jetzt gerne um sich hätte. Ohne zu zögern nannte sie John Whites Schwester Patsy Field. Zwar war sie mit vielen anderen Frauen eigentlich viel enger befreundet, doch nur die etwas ältere Patsy verfügte über das Einfühlungsvermögen und die Stärke, die Kathleen jetzt brauchte. Joe hatte Patsy und ihren Mann, diesen Anthropologen, nie ausstehen können, von den seiner Meinung nach unausgegorenen, progressiven Ideen des Ehepaares ganz zu schweigen, doch das war jetzt nicht wichtig. Es war schon Mitternacht, als er bei den Fields anrief. »Sie wissen nur zu gut, daß ich Sie hasse wie die Pest«, sagte er zu Patsy, »doch ich muß Sie um einen Gefallen bitten. Könnten Sie herkommen und bei Kathleen bleiben?«

Als Patsy am nächsten Tag in New York eintraf, wurde sie von einem Geschäftspartner Joes mit dem Wagen abgeholt. John White hatte seiner Schwester schon viel von den merkwürdigen häuslichen Gepflogenheiten der Familie Kennedy erzählt, daher wunderte es sie nicht weiter, daß sie nicht gleich zu Kathleen gebracht wurde, die mit ihrer Mutter und dem Rest der Familie im Hotel Plaza weilte, sondern zuerst in Joes Suite im Waldorf.

Joe fühlte sich bei der Unterredung mit Patsy recht unbehaglich. Nachdem er sich bei ihr bedankt hatte, überreichte er ihr ein Paar Nylonstrümpfe, als sei das Ganze nichts weiter als ein Geschäft. Dann ließ er sie von einem seiner Leute ins Plaza chauffieren.

Als Patsy dort eintraf, hatte sie den Eindruck, als hinge »über allem eine große, dunkle Wolke der Verzweiflung«. Die Frauen der Familie hatten überall in der Suite ihre Kleider verstreut, und mitten im Raum hockte eine totenbleiche Kathleen.

»Was hast du denn gemacht, seit du die Nachricht erhalten hast?« fragte Patsy, als sie endlich mit ihrer Freundin alleine war.

Kathleen zuckte die Schultern und antwortete, ohne richtig aufzublicken: »Ich war fast die ganze Zeit in der Kirche. Mutter sagt immer: ›Gott schickt uns kein schwereres Kreuz, als wir tragen können.‹ Das wiederholt sie andauernd.«

Stundenlang saßen die beiden Frauen zusammen und redeten – über Hüfthalter, über John F., über das Leben in Washington und natürlich über Billy. Kathleen erzählte von ihm und sagte, daß sie es bedaure, kein Kind von ihm unter dem Herzen zu tragen. »Das Erstaunliche war, daß Billy mich sehr geliebt hat, Patsy. Ich hatte wirklich das Gefühl, gebraucht zu werden und ihn glücklich machen zu können.« Genau dasselbe hatte sie zwei Jahre zuvor John F. geschrieben. Sie, Kathleen, die Herzogin von Hartington, hätte für Billy alles sein können: eine treue Ehefrau, eine charmante Gastgeberin, eine liebende Mutter. Einfach alles. Doch sie hatte nur fünf Wochen lang seine Frau sein dürfen. Billy war nicht mehr gewesen als ein kurzer, strahlender Höhepunkt in ihrem Leben.

Patsy sah die dunklen Ringe unter Kathleens Augen und fragte: »Haben sie dir etwas zum Schlafen gegeben?«

Als Kathleen wieder nur die Schultern zuckte, zog sie ein Fläschchen mit Schlaftabletten aus der Tasche und reichte es ihr. Nun würde sie wenigstens schlafen können. Außerdem spürte Patsy, daß ihre Freundin ihren Schmerz betäuben wollte, um den Gedenkgottesdienst in England besser durchzustehen.

Joe war der Auffassung, Kathleen solle lieber versuchen, so schnell wie möglich über ihren Verlust hinwegzukommen, und ihren Kummer abschütteln wie ein Footballspieler, der bei einer Verletzung die Zähne zusammenbeißt und weiterspielt. So bestand er an diesem Abend darauf, daß Kathleen und Patsy ihn und die übrige Familie zum Abendessen in ein französisches Restaurant begleiteten. Den ganzen Abend lang spielte er den Impresario, der allen Anwesenden Karten für irgendwelche Broadway-Shows anbot und die Unterhaltung dominierte. Doch Kathleen saß nur traurig und teilnahmslos da und gab kaum einen Ton von sich.

»So endet die Geschichte von Billy und Kick«, schrieb sie am 20. September in ihr Tagebuch. »Ich kann nicht fassen, daß das, was ich am meisten fürchtete, tatsächlich geschehen mußte … Das Leben ist so grausam.«

* * *

Kathleen flog nach England zurück und nahm am 30. September mit Billys Familie und ein paar Freunden in der direkt an der Straße nach Chatsworth gelegenen anglikanischen Kirche von Edensor am Gedenkgottesdienst für Billy teil. Hinter der Kirche lag der feuchte, moosüberwucherte Friedhof mit den dicken alten Bäumen, in deren kühlem Schatten die Familie Cavendish seit Jahrhunderten ihre Toten bestattete, doch Billy würde für immer und ewig in fremder Erde zwischen seinen gefallenen Kameraden ruhen.

Als Kathleen an diesem Herbsttag die Kirche von Edensor verließ, blieben ihr nur noch ein paar schöne Erinnerungen und eine kleine Hinterlassenschaft von 5000 Pfund. Da sie Billy während ihrer kurzen Ehe keinen männlichen Erben geboren hatte, hatte sie jeden Anspruch auf Chatsworth und das Vermögen der Familie Cavendish verloren. Eigentlich gab es für sie keinen Grund mehr, in England zu bleiben, außer daß sie das Gefühl hatte, dort hinzugehören.

In England, fern von den strengen Regeln ihrer Familie, ließ sie ihren Tränen freien Lauf, ohne dies als einen Verrat an ihrer Familie zu empfinden. Sie blieb wochenlang bei Billys Eltern und Schwestern. Ihre Erinnerungen ließen sie einfach nicht los, weder am Tag noch in der Nacht, weder wenn sie allein war noch in Gegenwart vertrauter Menschen. Sie konnte nicht allein in einem Raum schlafen, und immer wenn es so aussah, als ginge es ihr besser, liefen ihr im nächsten Augenblick wieder Tränen aus den Augen. Billys Schwester Elizabeth, die in dieser Zeit des öfteren mit Kathleen in einem Zimmer schlief, sagte, sie sei nie zuvor einem »so verzweifelten und unglücklichen Menschen begegnet. Ihre Mutter hatte ihr einzureden versucht, daß sie mit dieser Heirat eine Sünde begangen habe, und so quälte sie zusätzlich der Gedanke, außer ihrem Mann womöglich auch ihre Seele verloren zu haben.«

Schließlich kehrte Kathleen in den Schoß der katholischen Kirche zurück. In diesem Akt der Reue lag allerdings eine gewisse Ironie. Ihre Mutter konnte sich die Explosion, die ihren ältesten Sohn das Leben gekostet hatte, ebenso mit Gottes unergründlichem Plan erklären wie den Tod ihres protestantischen Schwiegersohns. Kathleen hingegen mußte sich fragen, welche Art moralischer Abbitte sie nun, da ihr tapferer und untadeliger Mann tot war, leisten konnte, um von ihren Sünden freigesprochen zu werden. »Ich nehme an, Gott hat die Sache auf seine Weise geregelt«, schrieb sie an eine Freundin.

Kathleen half John F. von London aus bei der Vorbereitung eines Buches über Joe jr., das er privat drucken lassen wollte. Bei der Niederschrift ihrer Erinnerungen an ihren ältesten Bruder ging sie auch darauf ein, wie entschieden Joe jr. sie nach ihrer Verlobung mit Billy unterstützt hatte. Allerdings war sie sich nicht sicher, ob diese Erfahrung, die sie mehr berührt und beeindruckt hatte als alle anderen, in dieses Erinnerungsbuch gehörte. »Tu, was Du für richtig hältst«, schrieb sie John F. und ließ die Sätze stehen.

Kathleen ging zu jener Zeit nur ungern aus dem Haus. Sie hatte das Gefühl, daß alle Leute sie musterten, »um zu sehen, wie ich es verkrafte«. Nachdem sie sich definitiv entschieden hatte, in England zu bleiben, begab sie sich zur Caxton Hall, um Bezugsscheine zu beantragen. Ermattet ließ sie sich in einer Ecke auf einen Stuhl fallen. Eine arme Frau, die direkt neben ihr saß, starrte sie unverhohlen an. »Sie sehen aus wie Mr. Kennedys Tochter«, sagte sie schließlich, den Blick weiterhin prüfend auf Kathleen gerichtet.

»Ich bin seine Tochter«, erwiderte Kathleen.

»Natürlich würden Leute wie Sie mit meinesgleichen niemals ein Wort wechseln«, fuhr die Frau fort.

»Vor Gott sind wir alle gleich«, entgegnete Kathleen. Die Frau setzte darauf eine eisige Miene auf, als wollte sie sagen, daß sie das bezweifele.

Kathleen war in dem Glauben aufgewachsen, ihrer Familie sei ein besonders gesegnetes Schicksal beschieden. Doch nun wußte sie, daß Gott auch sie nicht vor Unheil verschonte. Hätte er ihr sonst ihren Bruder und Billy genommen? Andererseits hatte sie Lem einmal geschrieben, was sie als eine Kennedy auszeichne, sei »die Fähigkeit, sich nicht unterkriegen zu lassen«. Und diese ganz besondere Gabe half ihr nun, durchzuhalten und ganz allmählich zu alter Stärke zurückzufinden.

Irgendwann im darauffolgenden Sommer, als der Krieg vorüber war und über London die Sonne schien, sah Kathleen auf die Stadt hinaus und spürte, wie das Leben in sie zurückkehrte. »Heute ist so ein herrlicher Tag«, sagte sie zu ihrer Freundin Jane Compton. »Glaubst du, Billy hätte etwas dagegen, wenn ich ein geblümtes Kleid anziehe?«

15

Ihres Bruders Hüter

Als John F. im Frühjahr 1946 in Massachusetts bekanntgab, daß er im elften Wahlbezirk für den Kongreß kandidieren würde, kehrten die Kennedy-Frauen nach Boston zurück, um im Wahlkampf mitzuarbeiten. Eunice gab ihren Posten im Außenministerium in Washington auf, wo sie sich um die aus Deutschland zurückkehrenden Kriegsgefangenen gekümmert hatte. Auch Pat, die im Frühjahr in Rosemont ihren Abschluß gemacht hatte, eilte herbei, um John F. jenen Sitz im Kongreß erobern zu helfen, den Großvater Fitzgerald vier Jahrzehnte zuvor innegehabt hatte. Und Jean traf aus Manhattanville ein, wo sie soeben ihr erstes Studienjahr beendet hatte. Nur auf Kathleen hatte man bewußt verzichtet. Ihre Abkehr vom Katholizismus hätte bei der Wählerschaft unliebsame Assoziationen geweckt.

Rose war verblüfft über die unglaubliche Kühnheit ihres 29jährigen Sohnes, seine politische Karriere gleich mit einer Kandidatur für den Kongreß zu beginnen. »Ich war überrascht, daß er sofort den Sprung in den Kongreß wagen wollte, denn mein Vater hatte die politische Ochsentour gemacht und sich zunächst diversen anderen Tätigkeiten gewidmet«, sagte Rose. »Aber sein Vater war immer dafür, wenn möglich den Spitzenplatz anzustreben.« Joe blieb die graue Eminenz im Hintergrund. Er entwarf die Wahlkampfstrategie und stellte die Schecks aus. Der größte Teil der Presse nahm ihn überhaupt nicht wahr. Dafür spielte Rose in der Wahlkampagne ihres Sohnes eine entscheidende Rolle. »Rose war 1946 für John F. deshalb so wichtig, weil sie die bekannteste Persönlichkeit in diesem Wahlbezirk war«, erinnerte sich Dave Powers, der in jenem Jahr für John F. zu arbeiten begann.

Roses Vater hatte seiner Tochter nie erlaubt, auf Versammlungen zu sprechen, dabei war sie die geborene Wahlhelferin. In der Veteranenhalle in Brighton redete sie weder über ihren Sohn noch über seine politischen Ziele, sondern über das Leben am Hof von St. James und über die Erziehung einer großen Familie. Gebannt lauschten die Zuhörer der 55jährigen Mutter, die einen Sohn im Krieg verloren hatte und so aussah, als habe sie soeben in einem Jungbrunnen gebadet. Während sie sich unter donnerndem Applaus wieder hinsetzte, stand John F. auf. Er war ein blasser, gertenschlanker junger Mann, der sehr selbstkritisch wirkte. Verglichen mit den temperamentvollen, geistreichen Bemerkungen seiner Mutter war seine Rede eher farblos.

***

Die drei Schwestern kannte man in Boston ebensowenig wie John F. Der Kandidat wohnte in einer kleinen Suite im Hotel Bellevue in der Beacon Street, während seine drei Wahlhelferinnen, die sich nicht um ein öffentliches Amt bewarben, ein paar Häuserblocks entfernt im Ritz-Carlton wohnten, dem besten Hotel am Platz.

Tagsüber arbeiteten die drei Frauen im Wahlbüro, wo sie Anrufe beantworteten, Briefe schrieben und Wahlbroschüren verschickten. Abends besuchten die beiden älteren Wahlparties, auf denen Kennedy-Anhänger ihren Kandidaten sympathisierenden Gruppen vorstellten. Auf der ersten Wahlparty in Charlestown stand die 24jährige Eunice direkt hinter ihrem älteren Bruder. Sie identifizierte sich so sehr mit John F., daß sie sogar seine Eigenarten übernahm: den schnellen Hieb mit den Händen bei kritischen Äußerungen, den abgehackten Rhythmus beim Sprechen, die hektische Betriebsamkeit. Während er seine Rede hielt, sprach sie jedes einzelne Wort mit. Hinterher drehte John F. sich zu ihr um und sagte: »Du hast mich furchtbar nervös gemacht. Tu mir das nie wieder an.« – »John F., ich dachte, du würdest deinen Text vergessen.«

Obwohl Eunice manchmal fürchterlich schüchtern war, bewegte sie sich auf dem politischen Parkett souveräner als ihr Bruder. Sie konnte so gut mit Wählern umgehen, daß sie sogar des öfteren zu Wahlparties nach Cambridge, der Hochburg ihrer stärksten Gegner, geschickt wurde. Im Grunde hatte sie mehr Talent für die Politik als John F., der gelegentlich immer noch von einer Karriere als Journalist träumte.

»Eunice wäre von ihrem Vater gern selbst für eine Kandidatur auserkoren worden«, sagte der ehemalige Senator George Smathers, einer der engsten Freunde ihres Bruders. »Wäre sie ein wenig älter gewesen, und die politische Situation so wie heute, wo ja viele Frauen für den Kongreß kandidieren, dann wäre die Geschichte des Kennedy-Clans vermutlich ganz anders verlaufen. Vielleicht wäre Eunice die erste Kongreßabgeordnete aus diesem Wahlkreis geworden.« Bei den Wahlparties sorgten Eunice und Pat für die Unterhaltung der verschiedenen Gruppen, so daß kaum jemand merkte, daß John F. immer zu spät kam. Wenn er schließlich eintraf und sich ins Wohnzimmer setzte, wurde er von den jungen Frauen interessiert beäugt und von den alten bemuttert. John F. wußte, daß die Vorwahlen, die im überwiegend demokratischen Boston einer Wahl für den Kongreß gleichkamen, nur mit den Stimmen der Frauen gewonnen werden konnten. »Die Frauen stellen die Mehrheit der Wählerschaft«, hatte er im November des Vorjahres vor der Liga katholischer Frauen gesagt. »Frauen haben inzwischen nicht nur politische, sondern auch finanzielle Macht.« Er hielt eine wichtige Wahlkampfrede im Frauenclub von Brighton, einer überwiegend katholischen Organisation und nach Meinung seiner Wahlhelfer vielleicht die wichtigste politische Institution des ganzen Bezirks.

John F. und seine Berater befürchteten, daß die Frauen seines Wahlbezirks von ihrer Macht Gebrauch machen und Catherine Falvey nach Washington schicken könnten. Die 35jährige Juristin war keineswegs eine bloße Vorzeigefrau. Von allen zehn Kandidaten war sie aufgrund ihrer Qualifikation wohl am ehesten in der Lage, die komplizierten Probleme der Nachkriegszeit sachkundig in Angriff zu nehmen. Sie war der erste weibliche Kriegsveteran, der für den Kongreß kandidierte, und in ihrem Heimatbezirk Somerville schon zweimal ins Parlament von Massachusetts gewählt worden. Die elegante Brünette war als Frau ebenso attraktiv wie John F. als Mann. »Wir dachten, es bestehe eine gewisse Gefahr, weil sie eine Frau war«, erinnerte sich der Wahlhelfer John Droney. »Wir wußten nicht, wie die Frauen reagieren würden und ob sie sich für Falvey stark machen würden.«

Die Vorwahlen rückten immer näher, doch Falveys Nominierung ließ auf sich warten. Viele Wählerinnen empfanden die kultivierte, intelligente Juristin als Bedrohung, weil sie ihre Karriere über die traditionellen weiblichen Pflichten stellte. Auch vielen Männern war sie ein Dorn im Auge. Sie hielten sie für ein dreistes Weibsstück, das in der Männerdomäne Politik nichts zu suchen hatte. »Falvey war ein neues Gesicht, doch ich glaube, zu der Zeit waren die Leute einfach noch nicht bereit, eine Frau im Kongreß zu akzeptieren«, sagte Samuel Bornstein, der damals als Reporter für den *Boston American* arbeitete. »Eine Frau, die ein hohes politisches Amt anstrebte, wirkte irgendwie falsch.«

»Die Kennedy-Frauen beeindruckten uns durch ihr unermüdliches Engagement im Wahlkampf«, erinnerte sich Eddie Jaffe, der damals Falveys Öffentlichkeitsarbeit abwickelte. Und Billy Sutton, den John F. als ersten Wahlhelfer offiziell angestellt hatte, sagte: »Das beste Aushängeschild im Wahlkampf war Rose Kennedy. Die Leute wollten nicht nur John F. sehen, sondern auch sie. John F. war nicht aus Boston. Sie kannten ihn hauptsächlich durch Rose und die Fitzgeralds. Sie hielt zwar nicht sehr viele Reden, doch sie war stets in der Nähe ... Sie war ein echtes Zugpferd.«

Darüber hinaus gab es ein ganzes Heer von Frauen, die wichtige Basisarbeit für John F. leisteten, indem sie Bekannte anriefen, nach der Messe Lobeshymnen auf ihn anstimmten und ihre Ehemänner, Freunde und Brüder bearbeiteten. Ihre Namen standen nicht in der Zeitung, und sie hatten nur das eine Ziel: John F. zur Wahl zu verhelfen.

Seine Anziehungskraft hatte mit herkömmlicher Politik wenig zu tun. Was viele Frauen von Brookline bis Ost-Boston in Aufregung versetzte, waren nicht seine bescheidenen, vorhersagbaren und ohne große Leidenschaft vorgetragenen Äußerungen. John F. war nicht nur ein Veteran, sondern ein Held, und sein Bruder ein Märtyrer. John F. hatte eine einnehmende jungenhafte Ausstrahlung, die katholische Mädchen von einem gemeinsamen Eheglück träumen ließ und in ihren Müttern den Wunsch weckte, den armen Kerl herauszufüttern und mit Zuspruch zu überschütten. Teilweise beruhte seine Beliebtheit jedoch auch auf einer unerklärlichen Begeisterung für seine Familie. Die Frauen identifizierten sich mit Eunice, Pat, Jean, Bobby und dem kleinen Teddy. Auch wenn Joe andernorts keinen sonderlich guten Ruf mehr genoß, so war seine Familie in Boston längst zu einer Legende geworden. Die Kennedys waren illustre Persönlichkeiten, mit denen sich die Aufstrebenden identifizierten und in deren Gesellschaft sie gerne verkehren wollten, und sei es auch nur auf Wahlparties oder sonstigen Wahlveranstaltungen.

Als der Tag der Vorwahlen heranrückte, schien John F. in Führung zu liegen, doch was ihm zum sicheren Erfolg noch fehlte, war eine zündende Idee, die seine Popularität schlagartig erhöhte. Einer von denen, die nach einer solchen Idee suchten, war Lawrence »DeGug« DeGuglielmo, ein junger italienischer Politiker, der in Cambridge für John F. arbeitete. DeGuglielmo beobachtete die Bostoner Iren mit der wissenschaftlichen Distanz eines Anthropologen. Dabei fiel ihm auf, daß die Töchter und Söhne Erins eines gemeinsam hatten: Sie waren soziale Aufsteiger. Also schlug er Eunice vor, einen piekfeinen Empfang für die Frauen von Cambridge zu veranstalten. »Das machen wir«, sagte Eunice, ohne auf die alten Politprofis zu hören, die diese Idee für albern und nutzlos hielten.

»Damals wäre jeder, der so etwas vorgeschlagen hätte, komisch angeguckt worden«, sagte Sutton. »Ein Bierfest ja, aber doch keine Teeparty. Bis dahin hatte es nur eine Bostoner Teeparty von politischer Tragweite gegeben. Doch der Empfang war ein ziemlich guter Werbetrick, denn er lockte alle Leute an, die gerne etwas darstellen wollten.«

Das große gesellschaftliche Ereignis sollte drei Tage vor den Vorwahlen im Juni stattfinden. Eunice beauftragte 20 Freiwillige, an mehrere tausend Frauen aus Cambridge, Somerville und anderen Teilen Bostons Einladungen zu verschicken. Die meisten Adressatinnen hatten in ihrem ganzen Leben noch keine gedruckte Einladungskarte erhalten und sahen dem Empfang mit einer gespannten Vorfreude entgegen, als handele es sich um ein Diner im Weißen Haus, eine Audienz bei einer Königin oder einen Ball in Palm Beach. Die Schönheitssalons in Cambridge waren von früh bis spät überfüllt, und die Bekleidungshäuser verkauften so viele Partykleider wie sonst nur selten mitten im Juni.

Am Abend des Empfangs fuhren die Kennedys schon recht früh ins Hotel Commander in Cambridge. Im blumengeschmückten Ballsaal war ein kaltes Buffet mit Bergen von Köstlichkeiten, Partyhäppchen und silbernen Teekännchen aufgebaut – wie bei einem Hochzeitsfest. Als John F. den riesigen, leeren Ballsaal sah, kamen ihm doch gewisse Zweifel an dieser Mammutveranstaltung. Rose hingegen war vorsichtig optimistisch. Ihr schwebte so etwas vor wie die Gartenparty am 4. Juli in der Londoner Botschaft.

Schon einige Zeit vor dem offiziellen Beginn strömten Frauen in die Lobby und standen an der Rezeption Schlange. Sie schüttelten zuerst

Rose die Hand, dann John F. und zuletzt Eunice, die sie dann in den Ballsaal geleitete. Es kamen immer mehr. Zuerst waren es 500, dann 1000 und schließlich 1500. Bald war der Saal überfüllt mit redseligen, wackeren alten Damen mit Blumenhüten, jungen Schönheiten in modischen Kleidern mit wattierten Schultern und gepflegten Frauen mittleren Alters in schicken Kostümen – ein repräsentativer Querschnitt der weiblichen Bevölkerung Bostons. Immer mehr Frauen drängten in die Eingangshalle. Die Autos, in denen sie kamen, verursachten auf dem Harvard Square einen Verkehrsstau, während ihre Fahrer und zahlreiche Schaulustige einen Blick auf John F. zu erhaschen versuchten. Die anderen, denen es gelang, ins Zentrum des Geschehens vorzudringen, wurden im Ballsaal, der nun einem wogenden Meer aus bunten Hüten und Dauerwellen glich, zusammengepfercht wie eine Herde Schafe. Viele hofften auf ein Foto mit John F. oder auf ein Autogramm.

Drei Tage später, am Wahlabend, saßen Eunice und Jean mit ihrem Vater und Bobby in der Wahlkampfzentrale und verfolgten die vom Radiosender WBZ ununterbrochen durchgegebenen Wahlergebnisse. Da man sich bei dieser Wahl zum ersten Mal der neuesten Technik bediente, konnten die Stimmen viel schneller ausgezählt werden als bisher. Bereits um neun Uhr abends lagen die Ergebnisse aus 32 Wahlbezirken vor. »Es sieht so aus, als ob wir überlegen gewinnen«, sagte Joe.

»Eunice, du siehst aus wie John F.«, bemerkte der Wahlhelfer John Droney, als die Siegesfeier begann. Ein größeres Kompliment hätte er ihr kaum machen können.

»Und wie sehe ich aus?« fragte Jean.

»Wie Bobby«, antwortete Droney.

Jean stritt sich erbittert mit ihm herum, weil sie ebenfalls wie John F. aussehen wollte. Unterdessen gingen weitere Ergebnisse ein, die einen Erdrutschsieg ankündigten.

***

Im Sommer versammelten sich die Kennedys in Hyannis Port. Die Familie hatte hochfliegende Pläne, wurde gleichzeitig jedoch immer wieder von ihrer Vergangenheit eingeholt. Joe war so sehr bemüht, das Andenken seines gefallenen Sohnes in Ehren zu halten, daß dessen

Geschwister, denen die Aufgabe zukam, ihren ältesten Bruder unsterblich zu machen, zuweilen den Eindruck haben mußten, die Welt sei ein gigantisches Mausoleum. Jean hatte zu Ehren ihres Bruders einen Zerstörer getauft, der nun unter dem Namen Joseph P. Kennedy jr. die Weltmeere befuhr. Jahre später erkannte Rose, wie sehr diese Familientragödie das Leben ihrer jüngsten Tochter verändert hatte. »Jean war ungefähr 16, als wir unseren Sohn verloren«, sagte sie. »Ich glaube, für Jean war das Leben mit 16 längst nicht so heiter und unbeschwert wie für einige ihrer Geschwister.«

Irgendwann im Sommer besuchten Jean und Eunice zusammen mit ihren Eltern und ihrem Großvater Fitzgerald eine feierliche Hochmesse zur Einweihung des neuen Hauptaltars der St.-Francis-Xavier-Kirche, in dessen Basrelief neben dem heiligen Georg und Jeanne d'Arc auch Joe jr.s Flugzeug in das dunkle Holz eingeschnitzt war – ein richtiges Heiligentrio. Immer wenn die Kennedys in Hyannis Port weilten, besuchten sie die Kirche, und wahrscheinlich dachten sie beim Anblick des Altars nicht mehr nur an Gott, sondern stets auch an Joe jr. und das Familienerbe.

Der gefallene Sohn war zu einem vollkommenen Helden verklärt worden, und seine Geschwister lebten in dem Bewußtsein, ihn durch nichts, was sie taten, jemals erreichen zu können. »Ich trete nur in die Fußstapfen meines Bruders«, sagte John F. in einer Wahlrede. »Wäre er noch am Leben, dann stünde ich jetzt nicht hier.« Pat und Jean brauchten sich als Frauen gar nicht erst zu bemühen, in die Fußstapfen von Joe jr. zu treten. Ihre Rolle bestand darin, John F. den Weg zu ebnen.

Eunice, Jean und Pat segelten vor der Küste, während John F. die meiste Zeit in einem starren Stützkorsett, das seinen Rücken schützen sollte, auf der Veranda saß und Bücher las. Joe war zwar selten da, lenkte aber weiterhin die Geschicke der Familie. In jenem Sommer des Jahres 1946, in dem die politische Karriere von John F. begann, gründete Joe zu Ehren seines ältesten Sohnes die Joseph-P.-Kennedy-Stiftung, die größte gemeinnützige Einrichtung der Familie. Als erste soziale Tat ließ die Stiftung der Erzdiözese von Boston 600000 Dollar für ein Genesungsheim zukommen. Joe richtete es so ein, daß sein Sohn John F., der Kandidat, Erzbischof Cushing den Scheck überreichte.

Im selben Jahr verkaufte Joe seinen Anteil an der Columbia Trust, der Bank seines Vaters. Er investierte das Geld in Bauprojekte in Massachusetts, eine Entscheidung, die ihm den Ruf eines noblen Sohnes des Commonwealth eintrug. Seine Schwestern waren jedoch der Auffassung, denselben Anspruch auf dieses Geld zu haben wie er, und fühlten sich daher ihres Erbes beraubt. Ihr Vater hatte seinen einzigen Sohn mit der Verwaltung seines Vermögens betraut, und sicher hätte Joe Mary Loretta und Margaret nicht im Stich gelassen, wenn sie in Schwierigkeiten geraten wären, denn er fühlte sich als Patriarch, der die alleinige Verantwortung für die Familie und ihr Vermögen hatte. »In unserer Jugend gab es drei Götter«, sagte Mary Lorettas Tochter Mary Lou McCarthy. »Den Gott im Himmel, Franklin Delano Roosevelt in Washington und Joe. Sie bestimmten unser Leben.«

***

Im Frühjahr kehrte Jean nach Manhattanville zurück. In ihrem ersten Jahr an der Schule hatte sie sich mit Ethel Skakel angefreundet, die zu einer der engsten Freundinnen ihres Lebens werden sollte. Auch Ethel stammte aus einer großen Familie. Sie war das zweitjüngste von sieben Kindern. Die Skakels waren wie die Kennedys ein sehr wohlhabender Clan, der sich auf seinem Anwesen in Greenwich in Connecticut eine eigene Welt geschaffen hatte. Ethels Mutter war eine irischstämmige Katholikin, ihr Vater ein schweigsamer, holländischer Protestant, der mit der Great Lakes Carbon Corporation ein Vermögen gemacht hatte. Die beiden hatten übermütige Kinder großgezogen, denen die Disziplin und die Einschränkungen, die dem Kennedy-Nachwuchs auferlegt wurden, fremd waren. Ann und George Skakel waren keineswegs gewillt, sich unter Mühen anzueignen, was die arroganten Protestanten für guten Geschmack und Anstand hielten. Geld war für sie nicht nur zum Ausgeben da, sondern zum Protzen.

Auf den ersten Blick mochten Jean und Ethel eine ähnliche Kindheit verlebt haben, doch bei näherem Hinsehen wirkten die Skakels wie eine Karikatur der Kennedys. Jean und ihre Brüder waren zwar tollkühne Segler, doch sie wußten genau, wann sie bei stürmischem Wetter den Hafen ansteuern mußten. Die Skakels kannten solche Grenzen nicht. Ethels Brüder schwangen sich auf dem Familienanwesen wie kleine Tarzans von Baum zu Baum, banden Ethel an ein Seil und ließen sie von einem Fenster im zweiten Stock aus ins Freie baumeln, begrüßten ihren geschniegelten Verehrer verächtlich und leider auch recht treffsicher mit Schüssen aus ihren Luftgewehren und vergnügten sich mit einem Spiel namens »König des Schlosses«, bei dem einer der Skakel-Jungs auf dem Dach eines Autos stand, während der andere die Waldwege in Greenwich entlangkurvte und dabei nach einem tiefhängenden Ast Ausschau hielt, der den König des Schlosses von seinem Thron fegte. Ein andermal überredeten sie ein paar Gäste, in einem alten Kombi eine Spritztour über das Anwesen zu machen, die schließlich nach einer achterbahnähnlichen Fahrt über einen Abhang mitten in einem Teich endete.

Auch Ethels Benehmen ähnelte einer Achterbahnfahrt, und Jean ließ sich von ihr mitreißen. In Manhattanville hatte es zwar immer Studentinnen gegeben, die mit derben Späßen etwas Abwechslung in das eintönige Klosterleben brachten, doch solche Racker wie Jean und Ethel und so furchtlose Attacken gegen jede Etikette und Frömmelei hatte man dort selten erlebt. Eines Abends, als ein paar Studentinnen herumrätselten, was die Nonnen wohl nachts trugen, sagte Ethel, es gebe einen einfachen Weg, das festzustellen, und löste kurzerhand Feueralarm aus, woraufhin die Nonnen erschreckt in ihren Nachthemden auf die Gänge stürzten.

Als Monsignore Hartigan das College in seinem schicken, neuen Cadillac besuchte, war das für Ethel der Gipfel der Heuchelei. Sie befestigte an der Windschutzscheibe einen Zettel mit der handgedruckten Botschaft: »Ist die Kollekte so gut ausgefallen?« Der Priester war über diesen kühnen Guerillaangriff auf seine Integrität so empört, daß tagelang niemand den Campus verlassen durfte, bis Ethel ihr Verbrechen schließlich gestand. Ethel war eine Pferdenärrin. Auf einem Reit- und Springturnier in New York verguckte sie sich in einen Reiter der irischen Mannschaft und lud ihn zusammen mit ihrer Freundin Dickie Cummins zu einem Glas Mineralwasser ein. Doch am nächsten Tag würdigte der junge Mann die beiden Studentinnen keines Blickes. Ethel fand diesen Affront unerträglich und sann auf Rache. Kurz darauf schlüpfte sie mit Dickie heimlich in die Ställe und malte das Pferd des jungen Iren grün an.

In den meisten nicht-konfessionellen Colleges hätte Ethels Übermut zum Schulverweis geführt, doch für die Nonnen vom Heiligen Herz galten andere Maßstäbe. Ethel hatte nicht nur Unfug im Sinn, sondern war gleichzeitig eine strenggläubige Katholikin. Sie wurde in Manhattanville Marienkind und nahm ihren Glauben so ernst, daß sie sogar in Erwägung zog, Nonne zu werden. Zudem ließ Ethels Vater den Nonnen gelegentlich eine Spende zukommen, und je ungebührlicher sich Ethel benahm, desto weiter öffnete er den Geldbeutel.

Rose behagte es gar nicht, daß ihre jüngste Tochter sich mit einer so aufsässigen jungen Frau angefreundet hatte. »Mutter glaubte, wir würden nicht lernen«, erinnerte sich Jean. »Ethel übte ihrer Meinung nach einen schlechten Einfluß auf mich aus. Ich war mit Auszeichnungen von Noroton abgegangen, und nun wurden meine Noten ständig schlechter. Deshalb errichtete sie eine Mauer zwischen uns.«

Manhattanville war zu der Zeit, als Jean und Ethel dort lebten, ein Schmelztiegel der fortschrittlichsten und der konservativsten Seiten der amerikanischen Gesellschaft. Dies führte mitunter zu einer fast schon schizophrenen Situation. In Harvard, wo Bobby nun studierte, hielten die Professoren zwar auch Vorlesungen über soziale Probleme, doch die Kollegiatinnen von Manhattanville beschäftigten sich nicht nur theoretisch mit diesem Thema, sondern arbeiteten jede Woche mehrere Stunden in Wohlfahrtseinrichtungen und Krankenhäusern und setzten sich im gemischtrassigen Forum des Colleges mit der Frage der Gleichberechtigung der Rassen auseinander. Einige von ihnen, wie etwa Ethels ältere Schwester Pat, die bereits im letzten Jahr studierte, beschränkten ihren sozialen Aktivismus jedoch nicht nur auf den Hörsaal und freiwillige Sozialarbeit. So ging Pat einmal mit einer schwarzen Kommilitonin in das beliebte Restaurant Schrafft's und hob auf diese Weise mitten in Manhattan erfolgreich die Rassentrennung auf.

Ethel stand ebenso wie Jean im Schatten ihrer älteren Schwester, mit der sie dauernd verglichen wurde. Später, als Ethel und Jean selbst im letzten Studienjahr waren, kam Pat ab und zu nach Manhattanville zurück und hielt Vorträge über ihre Arbeit bei den Christophers, einer von Father Keller gegründeten Organisation katholischer Aktivisten. Während Ethel und Jean zum Rednerpult aufschauten, erklärte Pat ihrem Publikum: »Vielleicht habt ihr das Gefühl, daß ihr nicht genug wißt, um christliche Ideen zu verkünden. Das sollte euch nicht entmutigen. Wenn die Kommunisten im Besitz unserer Wahrheit wären, dann wäre die Welt in zehn Jahren bekehrt.«

In Manhattanville gab es viele Lehrer, die unter den Verbrechen des Nationalsozialismus persönlich gelitten hatten, und Studentinnen, die selbst Flüchtlinge waren. Als Joe Kennedy eines Tages die Schule besuchte und in einer Rede den Marshallplan zum Wiederaufbau des verwüsteten Europa kritisierte, erhielt er zwar höflichen Applaus, doch in Wahrheit verurteilten die meisten seine isolationistischen Ansichten.

Soviel man den Kollegiatinnen auch über die Welt außerhalb ihrer Klostermauern beibrachte, das große Ziel und die oberste Pflicht ihres Lebens blieben die Ehe und die Gründung einer katholischen Familie.

In der Nachkriegszeit sank das Heiratsalter beträchtlich. Schon mit siebzehn oder achtzehn machten sich die Mädchen Gedanken über ihre Heiratsaussichten und fragten sich bange, was wohl aus ihnen werden würde, wenn sie niemanden fänden. »Ich weiß noch, wie Jean uns eines Tages verkündete: ›Wenn ich mit 25 noch keinen Verlobungsring am Finger habe, werde ich mir einen goldenen Ring kaufen und als lustige Witwe quer durch Europa reisen‹«, erzählte ihre damalige Klassenkameradin Betty Street Vanderbilt.

Doch hinter Jeans witzigen und großspurigen Bemerkungen verbarg sich ein todernstes Spiel. Eine Ehe mit einem x-beliebigen Mann erschien ihr, sofern er praktizierender Katholik war und aus einer guten Familie stammte, immer noch erstrebenswerter als ein Leben als alte Jungfer. So schärfte Ethel ihrer Freundin Jean, bevor diese zu einem Rendezvous aufbrach, im Flur noch kurz ein: »Und bring ihn dazu, dir einen Ring an den Finger zu stecken.«

Jahrelang hatte Jean zugesehen, wie die Freunde ihrer älteren Brüder Kathleen umwarben. Und nun stellte sie fest, daß Red Fay, ein enger Freund von John F., sich doch tatsächlich für sie interessierte. »John F. wollte, daß ich mich in eine seiner Schwestern verliebe«, sagte Fay. »Er versuchte, mich mit Eunice zu verkuppeln. Das lag nahe, weil für sie gerade kein Bewerber im passenden Alter da war. Doch ich sagte immer wieder: ›Meine Güte, John F., wenn du mich schon unter die Haube bringen willst, warum darf ich dann nicht Jean den Hof machen?‹ Mein Vorschlag löste ein wenig Verlegenheit aus. John F. sagte daraufhin zu seinem Vater: ›Ich glaube, Red und Jean würden ein besseres Paar abgeben.‹ Doch der alte Mann wollte nichts davon hören.«

Vermutlich hatte Jean keine Ahnung, daß Red sich nur deshalb nicht mehr mit ihr traf, weil ihr Vater gegen die sich anbahnende Romanze ein energisches Veto eingelegt hatte. Wenn sie selbst schon kein

Glück in der Liebe hatte, dachte sie, so konnte sie doch wenigstens ihrer besten Freundin einen Ehemann besorgen. In den Weihnachtsferien 1945/46 nahm sie Ethel zum Skifahren nach Kanada mit, um sie mit dem nicht sehr kontaktfreudigen und unbeholfenen Bobby zu verkuppeln. Äußerlich wirkten die beiden fast wie Bruder und Schwester. Der 20jährige, magere Bobby war mit seinen Segelohren, seiner hohen Stimme und seinem störrischen braunen Haar gewiß nicht der Galan, von dem die Mädchen in Manhattanville träumten. Und die 17jährige Ethel war ein undiplomatischer Wildfang mit dreieckigem Gesicht, hoher Stirn, dicken Augenbrauen und großen Zähnen. Bobby lud Ethel für ein Wochenende nach Harvard ein, doch als er ihre ältere Schwester Pat erblickte, entschied er, daß nicht Ethel, sondern Pat das Skakel-Mädchen war, das ihn interessierte.

Doch Ethel hatte sich leider unsterblich in Bobby verliebt und empfand es als tiefe Demütigung, daß er sich unter allen Frauen der Welt ausgerechnet Pat aussuchte, aber sie gab nicht auf – und ihre Freundin ebensowenig. Im Frühjahr 1946 schlug Jean ihrer Busenfreundin vor, nach Boston zu kommen und im Wahlkampf ihres Bruders John F. mitzuarbeiten. Mit dem gleichen leidenschaftlichen Eifer wie alle anderen klopfte Ethel an Haustüren und verteilte Wahlbroschüren. Doch obwohl sie mit Bobby zusammen war, so oft sie nur konnte, blieb sie für ihn nur ein amüsantes und mitunter auch nervtötendes Mädchen.

An Weihnachten lud Bobby Pat ein, die Ferien im Haus der Kennedys in Palm Beach zu verbringen. Das war fast schon eine Absichtserklärung, doch Jean und Ethel schmiedeten eigene Pläne. Jean schlug Ethel vor, ebenfalls zu kommen. So konnten sie das Paar ständig im Auge behalten und mit etwas Geschick vielleicht auseinanderbringen.

Am Schluß trennten sich Bobby und Pat, doch nicht wegen Ethels Verführungskünsten, sondern weil Pat ihren Verehrer für unreif und zu jung hielt. Ethel wartete nur darauf, sich den abgeblitzten Bobby zu angeln. Später, als sie im letzten Studienjahr war, hieß es, zwischen den beiden sei etwas »Ernstes«. Nur Jean war immer noch solo.

***

Im Januar 1947 fuhr Eunice mit John F. nach Washington und bezog mit ihm ein dreistöckiges Stadthaus in der 31. Straße in Georgetown, jenem malerisch-altmodischen Stadtteil, in dem Kathleen seinerzeit mit John White viele gemeinsame Abende verlebt hatte. Die beiden Geschwister brachten ihre langjährige Haushälterin Margaret Ambrose mit. Auch Bill Sutton, einer von John F.s Wahlhelfern aus Boston, wohnte mit im Haus und fungierte auf dem Kapitolshügel als sein Assistent.

Eunice war jedoch nicht nach Washington gekommen, um einen beliebigen Job als Sekretärin anzunehmen oder wie Kathleen für den *Times-Herald* Notizen über gesellschaftliche Ereignisse zu schreiben. Joe wollte mehr für seine Tochter, deren Intelligenz und Ehrgeiz er ständig rühmte: »Wäre das Mädchen mit Hoden auf die Welt gekommen, dann wäre aus ihr ein verdammt guter Politiker geworden.«

Joe hatte bereits dafür gesorgt, daß Eunice eine der prominentesten 25jährigen Frauen in der Hauptstadt wurde. Wenige Monate zuvor war Justizminister Tom C. Clark mit der Bitte an Joe herangetreten, ihm bei der Finanzierung eines Regierungsbüros zu helfen, das diverse, von einer nationalen Konferenz über Jugendkriminalität vorgeschlagene Sozialprogramme durchführen sollte. Joe erklärte sich bereit, das Büro finanziell zu unterstützen, allerdings nur unter der Bedingung, daß seine Tochter Eunice darin eine leitende Position erhielt. So wurde Eunice zur ersten Geschäftsführerin des Amtes für Jugendkriminalität ernannt und erhielt bei ihrer Ankunft im Justizministerium weit mehr Publicity als ihr älterer Bruder John F., der schließlich nur einer von vielen neuen Kongreßabgeordneten war. In der *Newsweek* erschien ein Foto, auf dem Eunice den Justizminister begrüßte. Viele Amerikaner sahen in ihr das Musterbeispiel einer sozial engagierten Frau. John White saß wieder an seinem Schreibtisch in der Redaktion des *Times-Herald* und schrieb unter anderem für Ingas und Kathleens einstige Kolumne »Waren Sie dabei?« Anfang 1947 verfaßte er einen Artikel über Eunice:

> Sie ist ein hübsches Mädchen mit großen blauen Augen, die strahlen, wie große blaue Augen nun einmal strahlen müssen, und hat mahagonibraunes Haar, ein fröhliches Lächeln und eine aufgeweckte, anziehende Art. Die überaus attraktive Eunice Mary Kennedy ... ist dynamisch und ehrgeizig, hat viel vom Talent ihres Vaters und den Enthusiasmus und die Lebensfreude der Iren ... Sie weiß, wie wichtig ihre Arbeit ist, und nimmt sie sehr

ernst, ohne dabei jedoch ihre gute Laune zu verlieren. ›Der Job ist faszinierend‹, sagt sie, auch wenn im Augenblick die Zeit kaum ausreiche, alle anstehenden Aufgaben anzupacken. Doch mit dem unermüdlichen Fleiß einer Biene ans Werk zu gehen, ist für eine Kennedy ja fast schon eine Selbstverständlichkeit.

John F. und Eunice hatten offenbar weder die nötige Zeit noch die Lust, das Haus in der 31. Straße in Ordnung zu halten. Die Zimmer sahen stets aus wie Studentenbuden nach einem besonders turbulenten Wochenende. In den Ecken stapelten sich Berge von Decken, auf den Stühlen und auf dem Fußboden waren Kleidungsstücke verstreut, und unter den Sofakissen steckte vergessene Damenunterwäsche.

In keiner Stadt sind die Leute so pünktlich wie in Washington. Um so verblüffter war der Kolumnist Joseph Alsop, als er einer Einladung der Kennedys Folge leistete und bei seinem Eintreffen feststellte, daß die Gastgeber noch gar nicht da waren. Sie ließen ihm genügend Zeit, das »totale Chaos« im Wohnzimmer zu bewundern und hinter ein paar Büchern auf dem Kaminsims die schimmeligen Reste eines halbgegessenen Hamburgers zu entdecken.

Solche Dinge kümmerten John F. und Eunice nicht. John F. trug Socken, die nicht zusammenpaßten, zerknitterte Hosen und Krawatten mit Essensflecken, und Eunice lief in Strümpfen mit Laufmaschen, ungebügelten Röcken, Blusen mit abgerissenen Knöpfen und mit unordentlicher Frisur herum. Beide hatten einen empfindlichen Magen. John F. ernährte sich deshalb nur von Tomatencremesuppe, Hühnchen in Rahmsoße und anderen faden, aber magenfreundlichen Speisen. Er trug nie Geld bei sich, schickte alle Rechnungen ins New Yorker Büro der Kennedys und pumpte seine Freunde häufig um kleinere Summen an, die er nie zurückzahlte. Eunice war ständig auf dem Sprung. Sie rannte zu spät zu Sitzungen, diktierte ihrer aufgeregten Sekretärin in Windeseile Briefe und Aktennotizen und verbreitete ununterbrochen eine solche Hektik, als sei das ganze Leben ein einziger Terminstreß.

Eunice gehörte nicht zu den Menschen, die zwischen dem bloßen Bekunden guter Absichten und ihrer konkreten Umsetzung keinen Unterschied machen. Sie brachte junge Mädchen, die mit dem Gesetz in Konflikt geraten waren, zum Abendessen mit, und zwar nicht zum Zwecke soziologischer Fallstudien, sondern weil sie ihnen helfen wollte. Sonntag abends lud Eunice oft 15 bis 20 Zöglinge eines Heims für straffällig gewordene Mädchen ein. »Wir wollen, daß ihr glücklich seid«, sagte sie zu ihnen, während sie das hervorragende Essen vertilgten, das die Haushälterin der Kennedys für sie zubereitet hatte. »Denn aus glücklichen Kindern werden glückliche Männer und Frauen.«

John F. war zwar der Abgeordnete, doch Eunice brachte für ihre Arbeit viel mehr Interesse auf als er für seine, wie ihr gemeinsamer Freund Charles Bartlett später bemerkte. »John F. hat sich für das Repräsentantenhaus nie begeistert. Doch sie hat sehr hart gearbeitet.« John F. tolerierte das Engagement seiner Schwester, doch im Gegensatz zu ihr war es ihm kein inneres Anliegen, den Armen und Unterprivilegierten zu helfen. Wenn er es irgendwie einrichten konnte, hielt er sich außer Haus auf, wenn Eunice jugendliche Straffällige einlud. »Man kann wohl sagen, daß ich mich mehr um soziale Probleme gekümmert habe als John F.«, räumte Eunice ein. »Er fühlte sich von ihnen zwar geistig und emotional herausgefordert, doch er rannte nicht herum und machte sich Gedanken, wie er den Armen Wohnungen verschaffen konnte. In den ersten Jahren war er eher ein Suchender. Er ging in seiner Arbeit nicht unbedingt auf.«

***

Eunice hatte es mit dem Heiraten nicht besonders eilig, obwohl die meisten ihrer Freundinnen und Klassenkameradinnen bereits unter der Haube waren. Tatsächlich machte Kathleen sich mehr Gedanken über die Heiratsaussichten ihrer Schwester als Eunice selbst. Im Jahr zuvor hatte sie Eunice bei einem Besuch in New York von einem vielversprechenden Heiratskandidaten erzählt – Sargent »Sarge« Shriver, über den sie schon Anfang 1935 im Konvent in Neuilly ausführlich diskutiert hatten. Er schien wie dafür gemacht, eine Kennedy zu heiraten. Sarge stammte aus einer alten katholischen Familie in Maryland, die während der Weltwirtschaftskrise ihr Vermögen verloren hatte. Im Krieg hatte er als Marineoffizier gedient, und zwar nicht auf einem Torpedoboot wie John F., sondern auf Zerstörern und Unterseebooten. Und in Yale hatte er so gut den zweiten Baß gespielt, daß er Berufsmusiker hätte werden können.

Sarge war mit seiner damaligen Position als Assistent des Herausgebers der *Newsweek* unzufrieden. Ihm schwebte eine Karriere als »rechte Hand« eines prominenten Geschäftsmannes vor. Irgendwann redete er auch mit seinem Freund Peter Hoguet über seine beruflichen Pläne. Hoguet, dessen Schwester zusammen mit Kathleen in Noroton zur Schule gegangen war, dachte sofort an Joe Kennedy. Bereits wenige Tage später, als Joe gerade im Hotel St. Regis weilte, verabredete Hoguet sich dort mit Eunice und Kathleen zum Abendessen.

Und just an diesem Abend tauchte zufällig auch Sarge mit einer Begleiterin am Arm im Restaurant des St. Regis auf. »Du meine Güte, da drüben ist er, der göttlichste aller Männer«, flüsterte Kathleen Eunice zu. Sie hatte keine Ahnung, daß sein Erscheinen gänzlich unromantische Gründe hatte. »Er ist genau der Richtige für dich«, flüsterte sie Eunice ins Ohr, als Sarge sich ihrem Tisch näherte. Hoguet machte Sarge und Eunice miteinander bekannt und sagte: »Mein Freund würde gern für deinen Vater arbeiten.« Darauf ging Eunice mit Sarge zu Joe hinüber, der ihn kurz musterte und sich dann ein paar Tage später zum Frühstück mit ihm verabredete.

Eunice verehrte ihren Vater sehr, und ein Mann, der seine Qualitäten zu würdigen wußte, verdiente tatsächlich Beachtung. Sarge war 1,83 Meter groß, sah gut aus, hatte einen sarkastischen, aber gutartigen Humor und ein intensives, leidenschaftliches Interesse an seiner Umwelt. »Er strotzte vor Energie, war temperamentvoll und sehr attraktiv«, erinnerte sich Eunice.

Ein paar Tage später frühstückte Sarge mit Joe Kennedy in dessen Suite im Waldorf-Astoria. Joe legte ihm Briefe von Joe jr. zur Begutachtung vor und fragte ihn, ob man sie veröffentlichen solle. Sarge antwortete ehrlich, er halte sie nicht für geeignet. Anstatt sich aufzuregen, bot Joe ihm eine Stelle als sein Repräsentant im Chicago Merchandise Mart an, dem riesigen Gebäudekomplex, den er unlängst erworben hatte.

Sarge verabredete sich ein paarmal mit Eunice, bevor er in den Mittelwesten aufbrach, um für ihren Vater zu arbeiten. Er war gerade dabei, sich in seinen Aufgabenbereich einzuarbeiten, als Joe ihn bat, nach Washington zu gehen, um Eunice bei der Organisation ihres Büros zu helfen. Eunice fühlte sich ihrer großen Verantwortung und ihren vielfältigen Aufgaben kaum gewachsen, zumal ihr nur geringe Finanzmittel zur Verfügung standen. Ihr den enthusiastischen Sarge zur Seite zu stellen, war eine naheliegende Lösung.

Walter Ridder, der in Washington mit Sarge zusammenwohnte, bemerkte, daß sein Hausgenosse von Eunice »völlig hingerissen« war. Sarge war in einer verzwickten Lage. Er war Angestellter, Freund und Freier zugleich. Im fortgeschrittenen Alter von 31 Jahren wußte er, daß er Eunice außer einem guten Namen wenig zu bieten hatte. Eunice war eine reiche Erbin, und Sarge spürte, daß sie »eine gewisse Bestätigung brauchte, daß der Mann, den sie heiratete, sie um ihrer selbst willen liebte«. Eunice war sich nicht so sicher, ob Sarge sie als Mann interessierte, doch sie hatte keine besonders kapriziösen Ansprüche. Sie arbeitete jeden Tag mit ihm zusammen und fand auch nichts dabei, ihn mitten in der Nacht anzurufen. Er war für sie das beste verfügbare Mittel gegen ihre Schlaflosigkeit.

»Wie Sarge sich damals um sie bemühte, war fast schon mitleiderregend«, erinnerte sich John White. »Manchmal ignorierte sie ihn, manchmal gab sie ihm einen Tritt, je nach Laune. Er war geduldig und liebte sie vermutlich, doch es war alles ein wenig peinlich. Sie ließ ihre Launen an ihm aus wie an einem kleinen Hund, von dem man weiß, daß er stets zurückkommt, ganz gleich, wie man ihn behandelt.«

Eunice hatte es mit dem Heiraten nicht besonders eilig. Sie und ihre Geschwister schienen andere Menschen kaum zu brauchen oder um sich haben zu wollen. Wenn sie mit John F. allein war, sagten sie sich zwar oft: »Jetzt sind wir schon so alt und immer noch nicht verheiratet, wie können wir das ändern?« Doch John F. nahm die Sache viel wichtiger als Eunice. Im übrigen war er von ihrem neuen Verehrer nicht sehr beeindruckt. Sarges mitunter ermüdender Enthusiasmus und seine jungenhafte Ernsthaftigkeit vertrugen sich schlecht mit seiner intellektuellen und emotionalen Distanziertheit. John F. begrüßte es zwar, daß Sarge seiner Schwester mit höflichem Respekt begegnete, doch daß er auch alle anderen Frauen so behandelte, war kaum dazu angetan, freundschaftliche Gefühle in John F. zu wecken.

Eunice hatte gelernt, die Liebe zu ihrem Vater und ihren Brüdern durch nichts, was sie taten, erschüttern zu lassen. John F. nutzte seine Wirkung auf Frauen nicht nur im Wahlkampf, sondern auch im Privatleben. Ständig brachte er Damenbesuch mit nach Hause. Hübsche Stenotypistinnen und Sekretärinnen, also Frauen, mit denen Eunice sich nicht abzugeben pflegte, waren ebenso darunter wie junge Debütantinnen und andere Frauen aus bekannten Familien. Reich oder arm, verheiratet oder ledig, ihre wichtigsten Tugenden waren für

John F. ihre sexuelle Verfügbarkeit und die Bereitschaft, sich ohne gefühlsmäßige Verstrickungen bald wieder zu verabschieden. Eines Abends ging er mit seinem alten Freund Rip Horton und einer attraktiven Blondine aus West Palm Beach ins Kino. »Die will ich loswerden«, ließ er Horton wissen, als sie wieder zu Hause waren. »Sie kommt langsam auf dumme Gedanken.« Die Blondine war fort, da stand schon die nächste Frau vor der Tür. Horton ging davon aus, daß John F. mit ihr die Nacht verbringen würde, und ging schlafen. Doch als er am nächsten Morgen herunterkam, saß wieder eine andere Frau am Frühstückstisch. »Er hatte Frauen wie Sand am Meer«, erinnerte sich Horton.

Eunices Vater kam recht häufig zu Besuch. Der 58jährige Joe war zwar immer noch ein Lüstling, hatte sich inzwischen aber weitgehend auf die Rolle des intellektuellen Voyeurs verlegt, der aufmerksam beobachtete, mit wem seine Söhne und Töchter ausgingen oder Freundschaft schlossen. Mary Pitcairn, eine von Eunices besten Freundinnen in Washington, ging gelegentlich mit John F. aus. Als Joe wieder einmal auf einen Sprung nach Washington kam, führte er sie zum Essen aus und stellte ihr dabei »eine ganze Menge persönlicher, wirklich *ungewöhnlich* persönlicher Fragen«. Dann erzählte er ihr unter dem Siegel der Verschwiegenheit von seinem Verhältnis mit Gloria Swanson. »Nach dem Essen brachte er mich nach Hause und gab mir einen Gutenachtkuß, als sei ich das nette Fräulein Soundso«, erzählte Mary. »Wie ich gehört hatte, machte er das mit allen. Doch eines Abends, als ich Eunice am Kap besuchte, kam er anschließend sogar in mein Schlafzimmer, um mir einen Gutenachtkuß zu geben! Ich hatte schon mein Nachthemd an und wollte gerade zu Bett gehen. Auch Eunice war bereits in ihrem Schlafzimmer. Wir benutzten dasselbe Badezimmer, und die Türen standen offen. Er sagte: ›Ich komme, um dir gute Nacht zu sagen‹ und küßte mich. Es war zu blöd. Ich weiß noch, daß ich dachte: ›Wie peinlich für Eunice!‹ Doch sonst war nichts, absolut nichts.«

Eunice veranstaltete im Haus in der 31. Straße häufig Parties. Sie und John F. mochten die Gesellschaft von Leuten, die vor Ehrgeiz brannten oder sich zumindest jugendlich-dynamisch gaben. Zu ihrem Freundeskreis zählten noch zwei weitere aufstrebende junge Politiker, die beide konservative Republikaner waren: der Abgeordnete Richard Nixon und Senator Joseph McCarthy. Der Senator aus Wisconsin genoß die besondere Gunst der Gastgeber und ging des öfteren mit Eunice aus. McCarthy war Katholik. Sein fanatischer Antikommunismus war mit dem Weltbild, das die Nonnen vom Heiligen Herzen den Kennedy-Schwestern gepredigt hatten, durchaus vereinbar, und anscheinend auch mit den Positionen, die John F. im Kongreß vertrat.

Die Parties, die Eunice und John F. gaben, waren um einiges unterhaltsamer als die langweiligen Beschäftigungen, mit denen man in Washington sonst die Abende zu verbringen pflegte. Und Eunice war wirklich eine ungewöhnliche Gastgeberin. Einmal schüttete sie einen Viertelliter Milch in ein Goldfischglas. »Eunice war wirklich komisch«, erinnerte sich Waldrop. »Eines Abends mußten wir Wörter erraten. Sie spielte uns etwas vor und tätschelte dabei ihren Hintern, um uns einen Hinweis zu geben, welches Wort gemeint war. Ich mußte wirklich lachen, als ich dieses prüde katholische Mädchen eine so anzügliche Geste machen sah. Ich fragte mich, ob ihr überhaupt bewußt war, auf welche Gedanken sie die Leute damit brachte. Doch ich nehme an, sie hatte nicht den leisesten Schimmer.« Es bereitete Eunice ein schelmisches Vergnügen, Leute in peinliche Situationen zu bringen, um etwas Leben in die eintönigen Dinner- und Cocktailparties in Washington zu bringen. Einmal arrangierte John F. für sie eine Verabredung mit Peter Lawford, einem hoffnungsvollen jungen Filmstar. John F. hatte den in Großbritannien geborenen Schauspieler gegen Ende des Krieges in Hollywood kennengelernt. Der charmante Lawford mit seinem reizvollen englischen Akzent war wirklich ein Begleiter, mit dem man sich sehen lassen konnte. Er reiste gerade durchs Land, um für seinen neuesten Film *Schicksal in Wien* zu werben, der von einer russischen Ballerina handelt, die aus Angst vor einer Rückkehr in ihre kommunistische Heimat Selbstmord begeht. Obwohl der Streifen sicherlich keine großen Chancen hatte, in der UdSSR ein Kassenschlager zu werden, schleppte Eunice den Hauptdarsteller zu einer Cocktailparty in die russische Botschaft. »Ich dachte, ich würde da nie wieder lebend rauskommen«, erzählte Lawford später. »Ein paar Russen kamen zu uns herüber und machten einige Bemerkungen über den Film, und ich sagte zu Eunice: ›Sehen wir zu, daß wir verschwinden.‹«

***

Ende August 1947 trat John F. auf Kosten der amerikanischen Steuerzahler eine als Dienstreise deklarierte Vergnügungsreise nach Europa an und besuchte bei dieser Gelegenheit auch gleich Kathleen, die sich damals gerade im Schloß von Billys Familie im irischen Lismore aufhielt. Zu den prominenten Persönlichkeiten, die Kathleen dort zu empfangen pflegte, gehörten unter anderem Churchills Außenminister Anthony Eden, ihr ehemaliger Verehrer Tony Rosslyn, der inzwischen im Parlament saß, der Nachwuchspolitiker Hugh Fraser und die schöne, geschiedene Pamela Churchill. In ihren Augen war John F. »mager und knochig, Kathleens kleiner Bruder eben. Mit anderen Worten, kein Heiratskandidat.«

John F. hatte so starke Rückenbeschwerden, daß er nicht mit den anderen Golf spielen konnte. Der Gruppe erzählte er: »Vor meiner Abreise habe ich Nachforschungen über die Herkunft der Ur-Kennedys angestellt. Sie haben ganz in der Nähe gelebt, nur ungefähr 160 Kilometer von hier. Ich würde gern hinfahren.«

Diese »Ur-Kennedys« waren auch Kathleens Vorfahren, doch anglophil, wie sie war, hatte sie kein Interesse daran, ihren irischen Wurzeln nachzuspüren. Dafür erklärte sich Pamela Churchill bereit, John F. zu begleiten. Die beiden kehrten erst am späten Abend zurück. John F. war ganz aufgeregt. »Wir haben die Ur-Kennedys tatsächlich gefunden«, erzählte er begeistert. Er hatte das Dorf und das bescheidene Haus seiner Ahnen gesehen, und vor diesem Hintergrund wirkte der Aufstieg seiner Familie noch märchenhafter. Kathleen lauschte seinem Bericht mit mäßigem Interesse. »Hatten sie denn wenigstens ein Badezimmer?« fragte sie ihren Bruder, während sie sich das entbehrungsreiche Leben ihrer Vorfahren ausmalte. »Nein, sie hatten kein Badezimmer«, antwortete John F., als ob es darum gegangen wäre.

Später schlenderten die beiden Geschwister am Blackwater-Fluß entlang durch die grüne irische Landschaft, und Kathleen erzählte von ihrem Leben in England. Sie hatte am Londoner Smith Square ein dreistöckiges Stadthaus gemietet und eine Köchin und eine Haushälterin angestellt. Unter den zahlreichen Antiquitäten, mit denen sie das Haus ausgestattet hatte, fiel besonders ein Tisch auf, auf dem ein gerahmtes Foto stand. Es war kurz vor Ausbruch des Zweiten Weltkrieges aufgenommen worden und zeigte die elf Kennedys, wie sie fröhlich vorwärtsmarschierten.

***

Kathleen war es leid, in einer Gesellschaft zu verkehren, in der das Leben rationiert zu sein schien. Die lustige junge Witwe verbannte die düsteren Kriegserinnerungen aus ihrem Kopf und stürzte sich in das graue Nachkriegs-London. Sie hatte eine fast schon magische Ausstrahlung, die viele Männer bezauberte, und zwar nicht nur jugendliche Verehrer, sondern auch prominente verheiratete Männer, die ihre Gesellschaft suchten, weil sie in ihrer Gegenwart auflebten. Der 50jährige Anthony Eden war geradezu hingerissen von ihr und freute sich stets über ihre Briefe, deren Stil so lebendig und persönlich war, als ob man sich mit ihr unterhielte. »Dann kann ich mir vorstellen, Du wärst hier«, schrieb Eden. »Wie schön wäre es, wenn Du jetzt hier sein könntest. Wir hätten sicher sehr viel Spaß miteinander.«
Die Engländer hatten nicht die lästige Angewohnheit, Kathleens witzige Art unentwegt zu analysieren. Sie sahen in ihrer Fröhlichkeit weder ein Trauersyndrom noch einen Versuch, sich von ihrem Vater zu lösen. Sie wußten ihren geistreichen Humor ganz einfach zu schätzen und erkannten, was für ein einzigartiger Mensch sie war. »Heiterkeit ist wie Ehrlichkeit eine Art von Zivilcourage«, schrieb Angela Lambert. »Immer charmant, spritzig und originell zu sein, ist gar nicht so leicht. Der Versuch, ständig in Bestform zu sein, erfordert viel Energie und Großzügigkeit.«

Kathleen war ihrer Clique jedoch bald überdrüssig und schloß sich einer Gruppe an, die vorwiegend aus verheirateten Paaren zwischen 30 und 40 bestand. Diese Leute wollten in erster Linie ihren Spaß haben. Oberflächliche, aber raffinierte Amüsements und leichtfertige Abenteuer waren für sie das einzig Erstrebenswerte. Kathleen kannte diesen Lebensstil aus ihrer Zeit als Debütantin, in der sie kaum eine Party, eine Fuchsjagd oder ein Pferderennen ausgelassen hatte und ständig zwischen der Riviera und Schottland gependelt war. Ihre neuen Freunde hatten wirklich ein erstaunliches Talent, nie Langeweile aufkommen zu lassen. Die Frauen waren hübsch und die Männer charmant, und die Spiele, die sie spielten, waren so alt wie die Menschheit und kamen nie aus der Mode. Es war eine verführerische Welt, und Kathleen ließ sich mitreißen und gab sich ganz dem Vergnügen hin.

Niemand verkörperte diesen kultivierten Hedonismus so perfekt wie der 37jährige Graf Peter Fitzwilliam, den Evelyn Waugh einmal als »Oberdandy und menschlichen Abschaum« bezeichnete. Er lebte einzig und allein für sein persönliches Vergnügen. Als Kathleen mit John F. am Ufer des Blackwater saß, erzählte sie ihm, daß sie sich in Peter unsterblich verliebt habe und ihn zu heiraten gedenke. Sie hatte ihn im Juni auf einem Wohltätigkeitsball im Hotel Dorchester kennengelernt. Er zählte neben Prinzessin Elizabeth zu den Ehrengästen, die sie als Vorsitzende der Veranstaltung offiziell begrüßte. Er war eine schillernde Figur, großgewachsen und schneidig. Obwohl er noch keine 40 war, wirkte sein schöngeschnittenes Gesicht, wenn er müde war, manchmal von einem Augenblick auf den andern schrecklich alt und verlebt und nahm den verzweifelten Ausdruck eines Menschen an, der keinen Tanz, kein Spiel, keine Wette und keinen Drink ausgelassen hat. Doch bei dem Ball war er für Kathleen der attraktivste Mann im ganzen Saal. Seit Billys Tod hatte sie Gewicht verloren und sah mit ihren 27 Jahren bezaubernder aus denn je. Manchmal wirkte sie wie eine mädchenhafte Debütantin, dann wieder wie eine kultivierte, hinreißende Lady. Den ganzen Abend lang wirbelte sie in ihrem pinkfarbenen, mit Diamanten besetzten Abendkleid mit Peter über das Parkett.

Peters Ehefrau Olive war die Präsidentin des Ballkomitees. Vielleicht erwarteten ein paar Gäste, daß er anstandshalber auch mal mit ihr tanzte, doch die meisten wußten, was für eine Ehe die beiden führten. Peter stammte aus einer Familie, von der es vor dem Krieg geheißen hatte, sie sei noch reicher als die Cavendishs. Sie besaß Güter in England und Irland und ein Schloß in Wentworth, das sogar Chatsworth in den Schatten stellte. Das 185 Meter lange Wohnhaus war so weitläufig, daß man den Gästen Oblaten in die Hand drückte, die sie auf dem Weg zu ihren Schlafgemächern zerbröseln sollten, um später besser in den Speisesaal zurückzufinden. Billys Schloß hatte trotz seiner Größe noch etwas Gemütliches. Doch Wentworth war ein grandioser Palast, in dem Kunstschätze vieler Epochen zu bewundern waren. Er überragte die Landschaft im Süden Yorkshires wie ein riesiger Monolith.

Peter teilte nicht die Sportbegeisterung seines Vaters, dessen Hobbys von der Großwildjagd über Polo bis hin zur Schatzsuche mit seinem 4000-Tonnen-Dampfer gereicht hatten. Was ihn jedoch mit seinem alten Herrn verband, war seine Vorliebe für schnelle Wagen, Rassepferde und Frauen. Anfang der dreißiger Jahre lernte er die damals 18jährige, blonde Erbin Olive »Obby« Plunkett kennen und ging häufig mit ihr aus. Die beiden schienen wie füreinander geschaffen, denn sie pflegten denselben ausschweifenden Lebensstil und spielten so gern mit dem Feuer, daß sie ständig Gefahr liefen, sich die Finger zu verbrennen. Kein Auto war ihnen zu schnell, kein Wagnis zu kühn, keine Herausforderung zu groß. Im Jahre 1933, kurz vor ihrem Hochzeitstermin, lief Obby auf einer Hausparty in eine Spiegelglastür. Obwohl sie sofort die besten plastischen Chirurgen aufsuchte, blieben Narben zurück, die quer über ihr junges Gesicht liefen und sich auch mit Makeup nicht kaschieren ließen.

Peter heiratete Obby zwar, wandte sich jedoch bald anderen Frauen zu. Seine junge Ehefrau begann zu trinken. Auch im Krieg tröstete sie sich mit Alkohol über ihre Einsamkeit hinweg, und als Peter zurückkehrte, war sie weniger mit ihm als mit der Flasche verheiratet. Peter hatte einen guten Riecher für Geschäfte und baute einen Reitstall mit erstklassigen Vollblutpferden auf. So wurde aus seinem Hobby eine lukrative Einnahmequelle. Er erwarb die Coca-Cola-Lizenz für Nordengland und kehrte anschließend wieder zu dem Lebensstil des privilegierten Müßiggängers zurück, den er bereits vor dem Krieg gepflegt hatte.

Peter war ein gefährlicher Mann, der bereits viele ins Unglück gestürzt hatte. Doch Kathleen hatte sich praktisch schon bei ihrem ersten gemeinsamen Tanz bis über beide Ohren in ihn verliebt. Nie hätte sie gedacht, daß sie solcher Gefühle fähig sei. Sie hatte zwar auch Billy geliebt, doch längst nicht mit dieser erotischen Leidenschaft, die sie jetzt unaufhörlich in Peters Haus in London trieb. Peter war normalerweise absichtlich indiskret, doch selbst ihm war klar, daß diese Affäre zwischen einem verheirateten britischen Lord und der adligen, katholischen Witwe eines Kriegshelden geheim bleiben mußte. Also beschränkten sie ihre öffentlichen Auftritte auf unverfängliche Verabredungen zum Mittagessen im Hotel Ritz oder zum Abendessen in Kathleens neuem Domizil.

Doch die feine Gesellschaft Englands ist wie eine Kleinstadt, in der die Eigenarten jedes Mitbürgers bekannt sind und hinter seinem Rükken ausgiebig kommentiert werden. Jeder in Kathleens Umgebung kannte Peters schlechten Ruf, und alle befürchteten, daß sie mit dieser Liaison ihren guten Namen und ihr Glück aufs Spiel setzte. »Ich mochte Peter sehr, denn er war sehr charmant«, sagte Andrew, der Herzog von Devonshire. »Doch wenn die beiden geheiratet hätten, wären Reaktionen sicherlich nicht ausgeblieben.« Jane Kenyon-Slaney Compton sorgte sich weniger um die Meinung der Leute als um Kathleens Wohlergehen. Sie warnte ihre Freundin vor Peter, doch Kathleen antwortete immer nur: »Du kennst ihn einfach nicht.«

Jane Compton dagegen glaubte, Peter nur allzu gut zu kennen: »Es hätte sicherlich Probleme gegeben. Ich denke nicht, daß sie mit ihm glücklich geworden wäre.« Doch auch sie konnte Kathleen diese erste leidenschaftliche Liebesaffäre ihres Lebens nicht ausreden. Sie hegte den starken Verdacht, daß Peter Kathleen an ihren Vater erinnerte. »Er war wie Joseph Kennedy ein älterer, welterfahrener Mann und ein Schuft. Vielleicht konnten letztlich nur diese Eigenschaften bei ihr Gefühle tiefer Liebe auslösen.«

Als Kathleen ihrem Bruder John F. von Peter erzählte, kannte er dessen schlechten Ruf nicht. Er sah nur, daß der Mann seine Schwester offensichtlich völlig verzaubert hatte. Etwas später gestand er Lem Billings, daß er tatsächlich ein wenig neidisch gewesen sei. Von Inga vielleicht einmal abgesehen, war er noch nie so leidenschaftlich verliebt gewesen, und Kathleen beschrieb ihm dieses Gefühl als eine Art magisches Gewürz, ohne das das Leben ziemlich fade sei. Er versprach seiner Schwester, die ganze Sache geheimzuhalten.

Die Kennedys waren eine Familie mit vielen großen und kleinen Geheimnissen. Als Rose und Pat gegen Ende des Monats völlig unerwartet in Lismore eintrafen, ließ Kathleen sich nicht anmerken, daß sie verliebt war und sich mit Heiratsgedanken trug. Rose wohnte sogar eine Zeitlang im neuen Haus ihrer Tochter in London und stattete den Eltern ihres toten Schwiegersohns mehrere Besuche ab. Niemand, der Rose mit dem Herzog und der Herzogin von Devonshire sah, wäre auf die Idee gekommen, daß sie diese Familie drei Jahre zuvor noch als gefährliche Bedrohung empfunden hatte, weil sie nicht katholisch war wie die Kennedys.

John F. erlitt in London einen Zusammenbruch. Es war zwar nicht sein erster, doch diesmal stellte der behandelnde Arzt Dr. Daniel Davis ein neues und lebensbedrohendes Leiden fest. John F. litt an der als unheilbar geltenden und auf mangelnder Hormonbildung der Nebennierenrinde beruhenden Addisonschen Krankheit. Diverse gesundheitliche Probleme, die man jahrelang mit anderen Beschwerden in Verbindung gebracht hatte, wurden nun als charakteristische Symptome dieser Krankheit erkannt. Unter anderem verursachte sie auch eine

Braunfärbung der Haut, jene merkwürdige Pigmentierung, die man bei John F. bisher immer auf eine im Krieg erworbene Malaria zurückgeführt hatte und die er mit seinen Sitzungen unter der Höhensonne zu kaschieren versucht hatte. Weitere Folgen waren Abmagerung, Nervosität, ein überempfindlicher Magen und Appetitlosigkeit. Damals wurden Addison-Patienten hauptsächlich mit Hormonen behandelt, doch vor kurzem war ein neues, vielversprechendes und sehr teures Präparat entwickelt worden, mit dem sich die auszehrende Krankheit offenbar erfolgreich behandeln ließ – das Cortison.

Die Diagnose war ein bitterer Schlag für den 30jährigen Kongreßabgeordneten. »Ihr junger amerikanischer Freund, Lady Hartingtons Bruder, hat kein Jahr mehr zu leben«, sagte der behandelnde Arzt Pamela Churchill offen ins Gesicht.

John F. hatte so viele Krankheiten wie die Patienten einer ganzen Krankenhausstation zusammengenommen. »Er lief in regelmäßigen Abständen grün an«, erinnerte sich Alsop. »Er wurde wirklich so grün wie Erbsensuppe. Als ich ihn nach der Ursache fragte, erklärte er mir, daß er Spritzen gegen ein Leiden erhalte, das er sich im Krieg zugezogen habe. Wenn ich mich nicht irre, erzählte er mir sogar, er habe eine Art schleichende Leukämie und gehe davon aus, daß er nur noch ungefähr zehn Jahre zu leben habe. Es habe jedoch keinen Sinn, darüber nachzudenken. Statt dessen versuche er, die Zeit, die ihm noch bleibe, nach besten Kräften zu nutzen und das Leben so gut wie möglich zu genießen.«

John F. war wirklich schwerkrank. »Er hatte eine Zeitlang Leukämie«, räumte Rose 1972 ein und bestätigte damit ein schon seit Jahren kursierendes Gerücht. »Ich erinnere mich noch daran, weil es damals nur einen Spezialisten gab, der die Krankheit heilen konnte, und weil wir lange nach ihm suchen mußten. Viele erholen sich nie von der Krankheit.«

Die gesundheitlichen Probleme von John F. waren ein weiteres, streng gehütetes Familiengeheimnis, denn ihr Bekanntwerden hätte seinem Image schaden können. Niemand verheimlichte sie so hartnäckig und bekam sie so hautnah mit wie Eunice. Sie sah im täglichen Leben ihres Bruders einen stillen Heroismus, von dem die Welt nichts bemerkte. Sie wußte, warum sein Platz im Kongreß so häufig leer blieb. Sie merkte ihm an, wenn er Schmerzen hatte, und sie verstand, warum er beim Essen so oft den Teller halbvoll beiseite schob. Im

Gegensatz zu den Frauen, die John F. abends mit ins Haus brachte, wußte sie, daß seine braune Haut und sein extrem schlanker Körper keine Anzeichen blühender Gesundheit waren. Und sie begriff sehr wohl, daß Sex für ihren Bruder eine Zerstreuung, ein Betäubungsmittel und ein Akt der Lebensbejahung zugleich war.

***

Ende 1948 lag Kathleen in Palm Beach am Swimmingpool, ohne ihre Angehörigen in ihr Geheimnis einzuweihen. Sie war fest entschlossen, Peter zu heiraten. Weder die Kirche noch ihre Eltern konnten sie davon abbringen. Sie war sich darüber im klaren, daß Peters Scheidung eine ausgesprochen unangenehme Angelegenheit werden würde. Wie in den Vereinigten Staaten war auch in England Ehebruch ein allgemein anerkannter Scheidungsgrund, und nach Beweisen würde man bei Peter und wohl auch bei Obby nicht lange suchen müssen.

Kathleen kannte Peter gut genug, um zu wissen, daß er nicht die Absicht hatte, die Seitensprünge seiner Frau in die Welt hinauszuposaunen. Statt dessen würde er die Schuld auf sich nehmen und zugeben, daß er mit mehreren Frauen ein ehebrecherisches Verhältnis gehabt habe, seine Beziehung zu ihr jedoch verschweigen, damit ihr Name nicht in die Klatschspalten gelangte. Doch Kathleen gab sich keinen Illusionen hin. Irgendwann würde die sensationslüsterne britische Presse Wind von ihrer Liebesaffäre mit Peter bekommen und der Familie Kennedy ihren ersten großen Skandal bescheren.

Vor ihrem Abflug in die Vereinigten Staaten hatte sie noch einmal den Jesuitenpriester aufgesucht, der ihr seinerzeit von einer Ehe mit Billy abgeraten hatte. Damals war sie im Begriff gewesen, einen Junggesellen zu heiraten, der höchste moralische Prinzipien vertrat und sehr viel Verständnis für ihr Dilemma als Katholikin aufbrachte. Doch der Mann, mit dem sie jetzt vor den Traualtar zu treten beabsichtigte, war ein notorischer und obendrein noch verheirateter Lebemann mit einer zwölfjährigen Tochter, der es kategorisch ablehnte, diesem Kind und allen weiteren, die er möglicherweise noch zeugen würde, eine katholische Erziehung angedeihen zu lassen. Der Jesuit warnte Kathleen, daß ihr die Kirche auch diesmal die Sakramente verweigern würde. Die Kirche war in ihrem moralischen Absolutheitsanspruch unfähig, den Unterschied zwischen den beiden Männern zu erkennen, und

Kathleen war zu einem differenzierten Urteil ebensowenig imstande. Ihrer Auffassung nach hatte sich die Kirche schon einmal geirrt und befand sich nun abermals im Unrecht.

Obwohl Kathleen zu der Heirat fest entschlossen war, konnte sie sich während ihres Aufenthalts in Palm Beach nicht dazu durchringen, mit Rose und Joe über ihre Pläne zu sprechen. Wochenlang amüsierte sie sich, besuchte Dinnerparties, spielte Golf und redete über Gott und die Welt, nur nicht über Peter.

Im Frühjahr besuchte sie Freunde in Washington und New York, doch niemand erfuhr ein Sterbenswörtchen, auch nicht ihre Schwester Eunice, die sich der Kirche so eng verbunden fühlte. Einzig und allein John F. vertraute Kathleen sich an. Und in ihm fand sie, was sie so verzweifelt gesucht hatte: einen mitfühlenden und unvoreingenommenen Zuhörer.

Bevor sie nach England zurückkehrte, reiste sie zur feierlichen Wiedereröffnung des Hotels Greenbriar nach White Sulphur Springs in West Virginia, um dort ein letztes Wochenende mit ihren Eltern zu verbringen. Im Hotel wimmelte es nur so von Prominenten und Klatschreportern. Zwei Tage lang bereitete sich Kathleen innerlich auf den Augenblick der großen Eröffnung vor. Sie war überzeugt, daß ihr Vater vor Wut platzen würde.

An ihrem letzten gemeinsamen Abend erzählte sie ihren Eltern dann endlich von ihren Heiratsplänen. Sie hatte mit dem energischen Widerstand ihres Vaters gerechnet, nicht aber mit dem erbarmungslosen, schockierenden Urteil ihrer Mutter. Rose drohte, jeden Kontakt zu ihr abzubrechen, sie aus der Familie zu verstoßen, zu enterben und alle Zahlungen an sie einzustellen. Wenn es zu dieser Heirat komme, sagte sie, werde sie Joe verlassen oder öffentlich bloßstellen und damit entsetzliche Schande über alle Kennedys bringen. Dann werde Kathleen, die an allem schuld sei, ihres Lebens nicht mehr froh werden.

Kathleen hatte sich eingebildet, auf alles gefaßt zu sein, doch als sie am nächsten Tag abreiste, war sie zutiefst erschüttert. So hatte sie ihre Mutter noch nie erlebt. In Washington wandte sie sich hilfesuchend an John Whites Schwester Patsy White Field, die ihr nach Billys Tod soviel Verständnis entgegengebracht hatte. Patsy begriff sofort, daß Kathleen zum ersten Mal in ihrem Leben wirklich verliebt war und »bei Peter mehr Erfüllung gefunden hatte als in ihrer kurzen Ehe mit Billy«.

Patsy verstand aber auch, was es für Kathleen bedeutete, aus der Familie verstoßen zu werden. »Obwohl sie in England lebte, wollte sie nie von ihrer Familie getrennt sein«, erinnerte sie sich. »Ich habe nie erlebt, daß Kathleen ihren Vater, ihre Mutter oder ihre Geschwister kritisiert hätte. Sie war absolut glücklich mit ihnen, glücklich, eine Kennedy zu sein.«

Zum ersten Mal war der feste Zusammenhalt der Familie ernsthaft erschüttert. Eunice fand die Vorstellung, daß ihre Schwester einen geschiedenen und ungläubigen Mann heiraten könnte, schlicht unerträglich, während John F. sich auf die Seite Kathleens schlug. Es war eine prekäre Situation, die, um mit Alsop zu sprechen, »einen haarsträubenden Familienkrach« heraufzubeschwören drohte.

Kathleen suchte bei Patsy und John White Trost und Rat. John war verblüfft über die Intensität ihrer Leidenschaft. Nie hätte er sich träumen lassen, daß sie solcher Gefühle fähig war. »Wenn man sie über Fitzwilliam reden hörte, hatte man den Eindruck, er sei wie der Held aus *Jenseits von Afrika,* ein gewiefter Engländer und ein umwerfend charmanter Schuft. Doch ich freute mich riesig, daß sie endlich aufgewacht war. Man trifft im Leben nur sehr selten Menschen, die vor Liebe überströmen und mit jeder Faser das empfinden, was Liebe sein sollte. Armer, alter Billy Hartington, doch wahrscheinlich hätte er die Flucht ergriffen, wenn sie ihm dieselbe Leidenschaft entgegengebracht hätte. So viel Liebe, eine solche Gefühlsexplosion können nur sehr wenige Menschen verkraften.«

Ihre letzte Nacht in Washington verbrachte Kathleen ebenfalls bei Patsy. Die beiden Frauen redeten bis zum frühen Morgen. Joe hatte sich für die katholische Kirche in England eine legalistische Lösung ausgedacht: Peter war nie getauft worden und daher aus ihrer Sicht nie rechtmäßig verheiratet gewesen. Gewiß, das Argument war lächerlich und unhaltbar, doch es zeigte, wie sehr Joe seine Tochter liebte, und wie verzweifelt er nach einer Regelung suchte, die sowohl sie als auch seine Frau zufriedenstellte.

Eunice bemühte sich um einen anderen Ausweg. Gleich am nächsten Tag arrangierte sie für Kathleen ein Treffen mit Bischof Fulton Sheen in New York. Der Bischof sollte Kathleen helfen, ihre Gefühle und Gedanken zu ordnen, sie an ihre katholische Erziehung erinnern und ihr klarmachen, was eine Zukunft ohne Gott oder ohne Kirche für sie bedeuten würde.

»Ich möchte da nicht hin! Ich möchte da einfach nicht hin!« wiederholte Kathleen ohne Unterlaß.

»Dann geh eben nicht, Liebes«, sagte Patsy beschwichtigend. Um zwei Uhr morgens rief Kathleen schließlich die Pfarrei in Manhattan an und sagte die Verabredung ab.

In derselben Nacht erzählte sie Patsy auch, daß sie und Peter beabsichtigten, im Mai für ein paar Tage an die französische Riviera zu fahren. Sie freue sich sehr darauf, mit dem Mann, den sie liebe, ein ruhiges, ungestörtes Wochenende zu verbringen.

* * *

Doch Rose wollte ihrer Tochter nicht erlauben, mit diesem Fitzwilliam in die dunkle Nacht des Lebens zu segeln, ihre Kirche zu verlassen und ihren Ruf zu ruinieren. All die Jahre hatte sie sich zusammen mit ihrem Mann bemüht, die Familie auf gemeinsame Werte und Ziele einzuschwören. Sie konnte einfach nicht zulassen, daß sich ihre Tochter nun von ihrer Familie und ihrem Glauben abwandte. Schließlich verdankte Kathleen das privilegierte Leben, das sie die ganze Zeit über geführt hatte, in hohem Maße den Opfern, die sie, Rose, gebracht hatte. Was hieß schon Glück? Über ein persönliches Glück, das im Widerspruch zu den Lehren der Kirche und den Normen der Gesellschaft stand, konnte Rose nur die Nase rümpfen.

Kurz nachdem Kathleen Amerika mit der *Queen Elizabeth* verlassen hatte, buchte auch Rose eine Überfahrt nach England. Sofort nach ihrer Ankunft fuhr sie zum Smith Square und las ihrer Tochter die Leviten. Kathleens Haushälterin Ilona Solymossy bekam die heftige Auseinandersetzung zufällig mit, in deren Verlauf Rose ihrer Tochter erneut drohte, sie aus der Familie zu verstoßen und zu enterben. Obwohl Kathleen kein Kind mehr war, sondern eine 28jährige Witwe, ließ sie die Schimpfkanonade ihrer Mutter über sich ergehen wie ein unartiges kleines Mädchen.

Kathleen weinte, doch sie gab nicht nach. Ein Grund war, daß Rose in Kathleens Augen viel von ihrer moralischen Autorität eingebüßt hatte, seit sie sich so vehement einer Heirat mit dem untadeligen und liebenswerten Billy widersetzt hatte. Hinzu kam, daß sie gar nicht mehr imstande war, mit ihrer Tochter zu reden. Sie konnte ihr nur noch Vorträge halten. Hätte Rose nicht so strenge moralische Prinzipien vertreten, dann hätte sich vielleicht ein Kompromiß finden lassen. Sie hätte ihrer Tochter beispielsweise vorschlagen können, ihre Beziehung zu Peter aufrechtzuerhalten, ihre Heiratspläne aber auf später zu verschieben. So aber setzte sie ihre Attacken vier Tage lang fort, und als sie schließlich das Haus verließ, war Kathleen entschlossener denn je, Fitzwilliam zu heiraten.

Joe hingegen blieb für Kathleen der verständnisvolle Vater, der sie nie im Stich ließ und immer bereit war, bei der Lösung ihrer Probleme zu helfen. Es stellte sich heraus, daß Joe just an dem Wochenende, das sie mit Peter in Cannes verbringen wollte, in Paris sein würde. Kathleen rief ihren Vater an und vereinbarte mit ihm für den 15. Mai 1948 ein gemeinsames Essen in Paris. Als sie den Hörer auflegte, sah Ilona sie plötzlich strahlen, als komme nun alles wieder in Ordnung.

***

Peter hatte Kathleen mit einer Welt bekanntgemacht, in der man seinen Vergnügungen ebenso intensiv nachging wie andere Leute ihren Geschäften oder politischen Aktivitäten. Er charterte ein Flugzeug, mit dem sie am Donnerstag nach Südfrankreich fliegen wollten. Den Freitag würden sie an der Riviera verbringen und dann am Samstagmorgen nach Paris fliegen, um im Ritz mit Joe zu speisen.

Peter liebte das Unerwartete, und Kathleen paßte sich dem rasanten Lebensstil ihres Verlobten mit Vergnügen an. Am Morgen des 13. Mai wartete sie mit zwei großen Koffern auf ihn, die Kleidung für jede Gelegenheit enthielten. In ihrem marineblauen Kostüm mit der Perlenkette sah sie einfach hinreißend aus. Ihre gediegeneren Kostüme und ihre großmütterlichen Nachthemden vom letzten Jahr hatte sie inzwischen durch einen Schrank voll enganliegender Nachtgewänder und filmreifer Negligées, einen spitzenbesetzten Hüftgürtel und einen pinkfarbenen Morgenmantel ersetzt.

Auf dem Flughafen Croydon außerhalb von London berichtete der Pilot Peter Townshend seinen beiden Passagieren, daß sich über dem Rhônetal ein Sturm zusammenbraue, daß es ihm aber aller Voraussicht nach möglich sein werde, dem schlimmsten Wetter aus dem Weg zu gehen und sie problemlos an die Küste zu bringen. Townshend machte eine Zwischenlandung auf dem Flughafen Le Bourget in Paris. Nach einer halben Stunde Aufenthalt wollte er direkt nach Cannes weiterfliegen. Peter rief ein paar französische Freunde von der Rennbahn an und fuhr mit Kathleen im Taxi zum Café de Paris, wo die beiden gutgelaunt und in aller Ruhe mit ihren Bekannten zu Mittag aßen.

Unterdessen las ihr Pilot auf dem Flughafen die neuesten Wetterberichte, die für ungefähr fünf Uhr einen heftigen Gewittersturm über dem Rhônetal ankündigten. Es wurde zwei, halb drei und schließlich drei Uhr, doch seine Passagiere ließen auf sich warten. Allmählich wurden Townshend und sein Copilot ärgerlich, denn die Wetterverhältnisse verschlechterten sich ständig.

Endlich tauchten Peter und Kathleen in Begleitung einiger Freunde auf. Die Gruppe war nach dem ausgedehnten Mittagessen, bei dem sie sich blendend unterhalten hatte, in bester Laune. Alle Linienflüge waren inzwischen abgesagt worden. Townshend erklärte Peter, daß er bei dem gefährlichen Wetter nicht fliegen werde. Doch der ebenso charmante wie rücksichtslose Peter war es gewohnt, seinen Willen durchzusetzen, und sah nicht ein, warum er sich von einem ängstlichen Piloten am Weiterfliegen hindern lassen sollte. Er redete so lange auf Townshend ein, bis dieser schließlich nachgab.

Als Kathleen an Bord kletterte, hätte sie sich am liebsten direkt neben Peter gesetzt. Doch um das Gewicht in der zehnsitzigen Maschine gleichmäßig zu verteilen, nahm er links vorn und sie links hinten Platz. Ein paar Minuten lang war das Wetter noch ruhig. Doch als sie Valence überflogen, türmten sich vor ihnen dunkle Gewitterwolken auf. Während sie in den Sturm hineinflogen, rissen heftige Böen das Flugzeug mehrere hundert Meter nach oben und gleich darauf wieder nach unten. Kathleen saß fest angeschnallt im Heck des schlingernden Flugzeugs. Voller Vertrauen in Peter und ihre gemeinsame Zukunft hatte sie die Maschine bestiegen. Doch nun flog sie durch einen bedrohlich dunklen Himmel und hatte keine Ahnung mehr, ob es nach Süden oder Norden, hinauf oder hinunter ging. Die wenigen Meter, die sie von ihrem Geliebten trennten, kamen ihr vor wie ein unüberbrückbarer Abgrund und die Minuten wie eine Ewigkeit. Plötzlich senkte sich die dunkle Wolke und gab den Blick auf einen nur noch 300 Meter entfernten Gebirgskamm frei. Townshend versuchte verzweifelt, die Maschine hochzuziehen. Der Steuerbordflügel wurde weggerissen, und der Rumpf sauste im Sturzflug zur Erde.

* * *

Ein Reporter des *Boston Globe* informierte Joe am nächsten Morgen im Pariser Hotel George Cinq über den Absturz des Flugzeugs. In der Hoffnung, daß eine Verwechslung vorlag, machte sich Joe unverzüglich auf den Weg nach Lyon. Dort angekommen, fuhr er an der Rhône entlang nach Privas, dem Dorf am Fuße des Unglücksberges, und begab sich sofort ins Rathaus, wo die vier entstellten Leichen in provisorischen Särgen aufgebahrt waren. Er bat die Beamten, den Sarg zu öffnen, in dem angeblich seine Tochter lag. Er warf einen kurzen Blick hinein und ließ den Sargdeckel sogleich wieder schließen. Am Abend rief er in Hyannis Port an und erzählte, wie »schön« Kathleen ausgesehen habe. Als ob sie nur schlafe.

Eunice erfuhr die schlimme Nachricht telefonisch von einem Assistenten ihres Bruders John F. Einen Augenblick lang wünschte sie sich, daß es sich bei der verunglückten Lady Hartington nicht um Kathleen, sondern um Andrew Hartingtons Ehefrau Debo handeln möge. Sie schaute zu ihrem Bruder hinüber, der auf dem Sofa lag und Platten hörte. John F. weinte, als er die Nachricht hörte. Er rief seine Mutter in Hot Springs in Arkansas an und igelte sich dann in seinem Schlafzimmer ein. Noch am selben Abend packten Eunice und John F. ihre Sachen, um sich mit dem Rest der Familie in Hyannis Port zu treffen.

Kathleen war vom Himmel geholt und auf die Erde zurückgeworfen worden. Billings sagte, Rose habe in dem Unglück einen Fingerzeig Gottes gesehen. Der Allmächtige habe »auf Kathleen gedeutet und *Nein!* gesagt«. Mit Rücksicht auf den guten Ruf der Familie mußte die Geschichte vor ihrer Veröffentlichung jedoch erst noch ein wenig zurechtgestutzt werden. Für die Kennedys war Peter nun quasi doppelt tot, und sein Schicksal endlich ein für allemal von dem ihrer Tochter getrennt. Die *Boston Post* berichtete, daß Kathleen nur in England geblieben sei, um, ganz die trauernde Witwe, in der Nähe ihres toten Gatten zu sein. Und in der New Yorker Ausgabe der *Daily News* erschien ein Artikel mit der Überschrift »Zufällige Einladung bringt Kennedy-Mädchen den Tod«, der alle peinlichen Spekulationen über Peter schlagartig beendete. Danach hatte Kathleen Lord Fitzwilliam in Paris nur ganz zufällig getroffen und lediglich sein Angebot angenommen, in seinem Flugzeug an die Küste mitzufliegen.

Rose blieb mit dem Rest der Familie in Hyannis Port und überließ Joe die delikate Aufgabe, sich um die Beerdigung zu kümmern. Man einigte sich darauf, Kathleen in ihrem geliebten England beizusetzen, und zwar im moosbewachsenen, schattigen Familiengrab der Familie Cavendish neben der kleinen, malerischen Kirche von Edensor unweit von Schloß Chatsworth.

Am 20. Mai machten sich in London ungefähr 200 von Kathleens engsten Bekannten mit ihrem Sarg auf den Weg zu ihrer letzten Ruhestätte. Ihr plötzlicher Tod war für sie ein großer Verlust. »Niemand, der je von Amerika nach England übergesiedelt ist, war hier so beliebt wie sie, und keine Amerikanerin liebte England so sehr«, war in einem anonymen Brief an die *Times* zu lesen. »Und bezeichnenderweise sind es Menschen aus London, die heute besonders untröstlich sind, denn in ihr Leben hat sie mit ihrem bezaubernden Wesen besonders viel Wärme und Licht gebracht.«

Unter den Blumen, die Kathleens Sarg schmückten, befand sich auch ein Kranz von Winston Churchill. Und um das Grab herum standen Männer und Frauen, die als Jugendliche im Haus am Prince's Gate, das Kathleen so oft mit Heiterkeit erfüllt hatte, ein und aus gegangen waren.

Joe war das einzige Mitglied der Familie Kennedy, das an der Beerdigung teilnahm. Er stand gefaßt abseits, als der Sarg seiner Tochter in die Erde gesenkt wurde. Und als alles vorüber war, drehte er sich um und marschierte von dannen, ohne den Herzog und die Herzogin oder die anderen Trauergäste auch nur zu grüßen. Er bezahlte nicht einmal den Priester für seine Dienste.

So blieb es der Herzogin überlassen, die Worte für Kathleens Grabstein auszuwählen. Kathleen hinterließ keine Kinder. Sie hatte kein politisches Amt bekleidet und sich weder in der Geschäftswelt noch in der Kunst einen Namen gemacht. Sie hatte keine wohltätigen Einrichtungen gegründet, und ihre Familie rief ihr zu Ehren auch keine Stiftung ins Leben. Sie war bei einem Flugzeugabsturz ums Leben gekommen, auf dem Weg in ein ehebrecherisches Wochenende.

Wenig später wurde ein Grabstein auf dem frischen Grab aufgestellt. Noch Jahrzehnte später sah der anglikanische Priester der Kirche von Edensor manchmal Menschen über den Friedhof laufen und nach Kathleens Grab Ausschau halten – besonders im Sommer. Wenn sie dann vor ihm standen, konnten sie die von der Herzogin ausgewählte Inschrift lesen:

FREUDE GAB SIE – FREUDE HAT SIE GEFUNDEN

16

Fremde im Paradies

Im Frühjahr 1949 reiste Joe nach Jefferson im Bundesstaat Wisconsin, um sich die St.-Coletta-Schule für Behinderte anzuschauen. Er hatte durch seinen Freund Erzbischof Richard Cushing von dieser katholischen Einrichtung gehört. Sie war 1904 als »Institut für zurückgebliebene Kinder« gegründet worden und wurde von den Schwestern des Franziskanerordens geleitet. Im Laufe der Jahre war aus St. Coletta ein Internat geworden, in dem über 300 geistig behinderte Kinder lebten. Leichtbehinderte verließen die Schule nach Abschluß ihrer Ausbildung, andere hingegen blieben und arbeiteten auf dem großen Bauernhof, Schwerstbehinderte wurden permanent betreut.

In Jefferson gab es keine annehmbaren Hotels, und so wohnten die meisten Besucher im Serra Home, einer von den Nonnen geführten Pension. Joe konnte beruhigt davon ausgehen, daß hier, eine Stunde westlich von Milwaukee, kaum jemand von den Kennedys gehört hatte. Man zeigte ihm das Alverno-Haus, das etwa einen Kilometer von den anderen Gebäuden entfernt in einem Wäldchen lag. In dem Haus waren Erwachsene untergebracht, die für den Rest ihres Lebens auf ständige Betreuung angewiesen waren. Hier überwachte Joe nun die Errichtung eines Privathauses für Rosemary.

Im Frühsommer 1949 holten zwei Nonnen Rosemary aus dem Craig-Haus ab und brachten sie mit dem Zug in ihr neues Heim, wo sie am 1. Juli eintrafen. »Sie sagten, Rosemary sei nach ihrer Ankunft sehr unbeherrscht gewesen«, erzählte Schwester Margaret Ann, die für Rosemarys Pflege zuständig war. »Vorher war sie in einer Anstalt, und jetzt war sie ganz allein.«

Während der ersten Jahre in St. Coletta wurde Rosemary von den anderen Patienten ferngehalten und in ihrem kleinen Haus von mehreren Nonnen überwacht. Für Joe war das Problem damit aus der Welt. So sehr er und Rose sich auch bemüht hatten, Rosemary aus der Familiengeschichte zu verbannen, so hatte ihr Schicksal doch stets wie ein drohender Schatten über allen Unternehmungen der Kennedys gehangen. Das Geheimnis ihrer Krankheit war ein ernstes Hindernis auf dem Weg der Söhne zu Macht und Ansehen gewesen. Die Geschichte von der verpfuschten Lobotomie hätte dem Ansehen der Kennedys in der Öffentlichkeit beträchtlich schaden können. Die Söhne und Töchter sollten bald in angesehene Familien einheiraten, und dabei hätte Rosemarys Zustand für Peinlichkeiten sorgen können. »Ich bin Ihnen für Ihre Hilfe immer noch sehr dankbar«, schrieb Joe 1958 in einem Brief an Schwester Anastasia Müller, die Oberschwester von St. Coletta. »Die Lösung von Rosemarys Problem war eine wesentliche Voraussetzung dafür, daß die Kennedys sich wieder mit ganzer Kraft ihrer Lebensaufgabe widmen konnten.«

Kurz nach ihrer Einlieferung in St. Coletta erhielt Rosemary Besuch von Rose. Rose war so schockiert über ihren Zustand und ihr Verhalten, daß sie in den folgenden zwei Jahrzehnten nur noch ganz selten nach Wisconsin reiste. Sie bemerkte, daß Rosemary die Vergangenheit nicht völlig vergessen hatte. Immer wieder lebte sie in kurzen Momenten der Erinnerung auf und erlosch dann wieder wie Blitze bei einem Gewitter. Joe hatte gehofft, daß die furchtbaren Wutausbrüche nach der Lobotomie aufhören würden, doch das Messer des Chirurgen hatte sie nicht ganz auslöschen können. Immer wieder hatte sie heftige Anfälle. Als Rose zu ihr ging, wandte sie sich ab. Sie wollte nichts mit dieser Frau zu tun haben, die in flehender Haltung vor ihr stand. Und sie schien zu wissen, daß diese Frau ihre Mutter war. Nach Meinung der Nonnen lehnte sie ihre Mutter ab, weil sie sich von ihr im Stich gelassen fühlte. »Ich habe den leisen Verdacht, Rosemary nahm es ihrer Mutter übel, daß sie während der Operation nicht bei ihr war«, sagte Schwester Margaret Ann. »Und dafür rächte sie sich jetzt. Mrs. Kennedy soll nach dem Besuch bei Rosemary sehr aufgewühlt gewesen sein. Ich war nicht hier, aber wie mir erzählt wurde, wurde sie von Rosemary überhaupt nicht akzeptiert.«

* * *

Im Juni 1950 heiratete der 24jährige Bob die zwei Jahre jüngere Ethel Skakel. Die Hochzeit, die von den Skakels in Greenwich im Bundesstaat Connecticut ausgerichtet wurde, war aufwendig und spektakulär. Der etwas klein geratene Bobby wollte sich vor seinen größeren Brüdern und Freunden profilieren – selbst bei dieser Gelegenheit. Beim Junggesellenabend vor der Hochzeit richteten die männlichen Mitglieder der Kennedys und Skakels auf dem Gelände des ehrwürdigen Harvard Club solche Schäden an, daß Joe eine gesonderte Rechnung dafür erhielt. Am Hochzeitsmorgen war jedoch alles ruhig, und Ethel sah in ihrem handgearbeiteten Kleid mit venezianischer Spitze, Perlen und langem Schleier aus wie eine Märchenbraut. Vor der katholischen Marienkriche in der Greenwich Avenue hatten sich Schaulustige versammelt und beobachteten, wie die Gäste die Kirche betraten. Das Innere der Kirche war mit Pfingstrosen, Lilien und Hartriegel geschmückt.

Das Fest war aufwendig, selbst nach den übertriebenen Maßstäben der wohlhabenden Bürger von Greenwich. Joe hieß seine neue Schwiegertochter in der Familie willkommen, forderte sie zum Tanz auf und wirbelte sie über das Parkett. Ethel hätte seine Tochter sein können: Sie war tief religiös und selig in ihrer Unkenntnis traditioneller weiblicher Pflichten wie Kochen, Nähen und Putzen. Sie ging mit Geld so um, als sprudelte es aus einer nie versiegenden Quelle, und war ihrem Bobby grenzenlos zugetan. Nach den Flitterwochen, die das Paar in Hawaii verbrachte, ließ es sich in Charlotte im Bundesstaat Virginia nieder, wo Bobby Jura studierte.

Im Oktober 1950 versammelte sich die Familie erneut, diesmal, um einem traurigen Ereignis beizuwohnen – dem Begräbnis von Roses Vater. Eunice, Jean und Pat saßen ganz in Schwarz in der Heilig-Kreuz-Kathedrale. Tausende kamen zu dem Begräbnis ihres Großvaters Fitzgerald und erwiesen ihm die letzte Ehre, unter ihnen auch viele prominente Politiker.

John F. und Bobby saßen neben ihren drei Schwestern und einer Vielzahl anderer Fitzgeralds und Kennedys. Nur zwei Familienangehörige fehlten. Josie fühlte sich körperlich außerstande, dem Begräbnis ihres Gatten beizuwohnen, und Rose weilte in Paris. Obwohl sie gewußt hatte, daß ihr 87jähriger Vater in den letzten Wochen immer schwächer geworden war, hatte sie sich nicht von der Reise abbringen lassen. Nach einem Bericht der *Boston Post* hatte die trauernde Rose ihrer Familie am Telefon unter Tränen mitgeteilt, daß »sie voraussichtlich nicht rechtzeitig zur Beerdigung in Boston sein könne«. Und so wie Joe weder am Sterbebett noch beim Begräbnis von P. J. gewesen war, so versäumte Rose nun die Beisetzung Fitzgeralds. Sein Tod erschütterte sie sehr. »Trotz seines Alters«, sagte sie Jahre später, »konnte ich mir ein Leben ohne ihn nicht vorstellen.«

***

Der Gesundheitszustand von John F. hatte sich stabilisiert, seit er täglich das neue Medikament Cortison nahm. Er erwog bereits, für ein höheres Amt zu kandidieren. Bobby schlug nach seinem Juraexamen den gleichen Weg ein wie sein Bruder, und Teddy studierte im ersten Jahr in Harvard.

Das Leben ging weiter, doch die drei Kennedy-Schwestern schienen den vorgezeichneten Weg zum Traualtar nur zögernd beschreiten zu wollen. Eunice und Pat waren sieben bzw. vier Jahre älter als ihre neue Schwägerin, und nur Jean war mit ihren 22 Jahren genausoalt. Aber Ethel war nicht nur bereits verheiratet, sondern wurde kurz nach der Hochzeit auch noch schwanger. Die Kennedy-Schwestern schreckten vor einer Heirat zurück, denn sie wäre ihnen nicht wie die Verbindung zweier Familien, sondern wie eine Trennung vorgekommen. »Wir hatten viel Spaß miteinander«, erinnerte sich Jean. »Meine Geschwister waren gleichzeitig meine besten Freunde, und ich stand Bobby und Teddy sehr nahe. Wir verstanden uns so gut, daß wir eigentlich gar keine Lust hatten zu heiraten.«

Nach ihrem Abschluß in Manhattanville 1949 wollte Jean mit einer Freundin durch Europa reisen. »Mein Vater war gar nicht begeistert von der Idee«, erinnerte sie sich später. »Doch meine Mutter setzte sich sehr für mich ein. Sie sagte immer, man solle alles tun, solange man noch jung ist und keine Verantwortung zu tragen hat. Sie ermutigte uns zu bleiben, Museen zu besuchen und so weiter. Sie glaubte, wir Kinder sollten uns den Herausforderungen des Lebens stellen und immer bereit sein, etwas zu unternehmen, Abenteuer zu bestehen. Das gab mir Kraft.«

Eunice war die unternehmungslustigste der drei Schwestern, und alles deutete darauf hin, daß sie als letzte heiraten würde. In Washington hatte sie sich intensiv mit jugendlichen Straftätern beschäftigt, vor allem mit weiblichen Kriminellen. Anfang 1950 verbrachte sie zwei Monate im Bundesgefängnis für Frauen in Alderson, West Virginia, um die Einrichtung gründlich kennenzulernen. Ursprünglich hatte sie sich als Insassin in die Strafanstalt einschleusen lassen wollen, doch die Verwaltung hatte befürchtet, sie könnte für einen Spitzel gehalten werden.

Die Frauen, die wegen verschiedener Delikte wie Raub, Diebstahl, Drogenbesitz, Mord und Spionage dort einsaßen, behandelten Eunice nicht wie eine reiche Erbin, die sich unters gemeine Volk mischte, sondern als geradlinig denkende und handelnde Frau, die nur ihr Bestes wollte. Eunice ließ sich von ihrer vulgären Sprache nicht abschrecken, sondern zahlte jede Unflätigkeit mit gleicher Münze heim. »Miss Kennedy, Sie reden ja noch schlimmer als ich«, sagte eine Gefangene. Die Nonnen hatten sie vor »besonderen Freundschaften« unter den Frauen gewarnt, doch es störte sie nicht im geringsten, daß Homosexualität hier weit verbreitet war. »Viel Sex zwischen den Frauen«, schrieb sie in ihr Notizbuch. »Die Mädchen schenken sich gegenseitig Armbänder oder ritzen sich mit Rasierklingen ihre Initialen in Arme oder Beine.« Und sie ließ sich auch nicht leicht hinters Licht führen. Wenn die Frauen beispielsweise den Wunsch äußerten, ihre Zellen zu streichen, so wußte Eunice, daß sie oft vor allem an dem Lösungsmittel interessiert waren, das sie zu diesem Zweck bekamen. Sie tranken es, vermischt mit vergorenen Abfällen und Orangenschalen, wie Alkohol.

Eunice machte sich hastige Notizen und schickte sie zu James Landis nach New York, der sie von einer Sekretärin abtippen ließ. Da einige Stellen unleserlich waren, empfahl sie Landis, die in New York lebende Jean hinzuzuziehen: Jean sei sicherlich imstande, ihre Schrift zu entziffern. Außerdem vertraute sie Landis an, daß sie sich insgeheim mit der Absicht trage, einen »Artikel für *Reader's Digest* zu schreiben«.

Die weiblichen Gefangenen lebten in Hütten, in denen jede ein eigenes Zimmer hatte. Dort verbrachte Eunice ihre Tage und Abende. Je unbelehrbarer und brutaler eine Gefangene war, desto faszinierter war Eunice von ihr. Sie fürchtete sich nicht einmal vor einer gewalttätigen Frau, die dreimal aus dem Gefängnis ausgebrochen war. Für Eunice war sie nur ein »interessanter Fall«.

Das Gefängnis war eine seltsame, unerklärliche Welt, in der es ebensoviel Unglück wie Bosheit, ebensoviel Resignation wie Tragik gab. Manchmal fand Eunice Schönheit an den überraschendsten Orten. Eines Morgens hörte sie, wie eine Gefangene eine Mozartsonate auf dem Klavier spielte. Die Frau wollte ihr nicht sagen, warum sie im Gefängnis saß. Eunice notierte: »Öfter besuchen und Job beschaffen.«

»Am Anfang wußte ich nicht genau, was ich tat«, sagte Eunice. »Doch die Gefangenen waren wundervoll. So etwas erlebt man immer wieder. Die meisten Menschen sind viel klüger, als man glaubt.«

Eunice hatte die besten Vorsätze. Im Mai 1950 regte sie auf der Jugendkonferenz der Liga katholischer Frauen in New York die Gründung einer Organisation an, in der junge Katholikinnen mit jugendlichen Straftätern arbeiten sollten. Doch leider nahm sie sich nie genug Zeit, ihre edlen Absichten auch in die Tat umzusetzen. Der Artikel für *Reader's Digest* wurde nie geschrieben, und viele andere hochfliegende Pläne kamen über Ansätze nicht hinaus. Sie war unfähig, bei einer Sache zu bleiben. Sie trug den Frauen ihre Idee vor, berief eine Gründungsversammlung ein, und schon war sie wieder fort. Eine Zeitlang lebte sie bei Bobby und Ethel in Charlottesville. Anschließend ging sie nach Chicago, wo Jean für kurze Zeit in der PR-Abteilung von Merchandise Mart arbeitete. Auch Pat lebte längere Zeit in der Großstadt im Mittelwesten. Eunice beschloß, als Sozialarbeiterin im Haus des Guten Hirten zu arbeiten und an der Universität Chicago Sozialkunde zu studieren.

Eunice kannte einige Leute in Chicago, unter ihnen Sarge, der inzwischen zurückgekehrt war und bei der Verwaltung von Merchandise Mart half, und ihre Cousine Mary Lou Connelly. Schon kurz nach ihrer Ankunft kam Eunice über ihre ruhige Cousine wie ein Wirbelwind. Mary Lou hatte vor kurzer Zeit Matt McCarthy geheiratet, und Eunice fragte sie über ihr Eheleben aus. Mary Lou war über das Verhalten ihrer berühmten Verwandten nicht übermäßig glücklich. So hatte Joe das Leben ihres Bräutigams von Privatdetektiven durchleuchten lassen und ihm damit die gleiche Ehre erwiesen wie den potentiellen Ehemännern seiner Töchter.

»Magst du ihn?« fragte Eunice.

»Bist du verrückt?« rief Mary Lou aus.

»Ich meine, liebst du ihn?« fragte Eunice.

»Es ist mehr als nur Mögen, sonst hätte ich ihn nicht geheiratet«, erwiderte Mary Lou pikiert.

»Ich mag die Ehe«, sagte Eunice, als rede sie über ein exotisches Gericht. »Sie ist so anders.«

»Da gibt es wohl jemanden in deinem Leben«, sagte Mary Lou.

»Vielleicht«, erwiderte Eunice.

Eunice hatte einiges zu tun in Chicago. Als Reisende in Sachen Nächstenliebe überredete sie ihre schwangere Cousine, mit ihr im Haus des Guten Hirten zu arbeiten und Kunstkurse für verhaltensauffällige Frauen und Mädchen zu geben. Wenn sie von einem ihrer Abstecher nach New York oder Washington zurückkehrte, stieg sie im Ambassador East Hotel ab und schaute kurz im Haus des Guten Hirten vorbei. Sie war voll des Lobes für ihre Cousine. »Alle sind von dir begeistert, Mary Lou«, sagte sie. »Ich bin ganz aufgeregt. Ich habe es Daddy erzählt.«

»Das freut mich, wenn er sich freut«, erwiderte Mary Lou, deren Schwangerschaft nun nicht mehr zu übersehen war. »Aber solange sich hier kein Kennedy blicken läßt, will ich nicht, daß ihr das ganze Lob einheimst. Du wirst jetzt gefälligst hierbleiben und mir helfen.«

Doch Eunice war schon wieder auf dem Sprung. »John F. braucht mich«, sagte sie. »Ich muß zu ihm.«

Bei ihrem nächsten Besuch in Chicago stellte Eunice fest, daß Mary Lou nicht mehr im Haus des Guten Hirten arbeitete. »Mary Lou, was ist los?« fragte sie in vorwurfsvollem Ton am Telefon.

»Haben sie es dir nicht erzählt?« fragte Mary Lou erstaunt. »Die Nonnen meinen, es sei dort zu gefährlich für mich. Ich bin im siebten Monat, Eunice. Einige Mädchen sind nicht zurechnungsfähig, und in letzter Zeit sind ein paar Rasierklingen weggekommen.«

»Was?« rief Eunice ungläubig – und wechselte das Thema. »Naja, mach' dir nichts draus, Mary Lou. Wir werden etwas anderes für dich finden.«

Eunice mochte in Mary Lous Augen ausgesprochen lästig sein, doch sie arbeitete tatsächlich monatelang als Sozialarbeiterin im Haus des Guten Hirten. »Ich habe dort eine Menge gelernt«, erinnerte sie sich später. »Alle waren sexuell mißbraucht worden. Am besten kam ich mit denen klar, die von ihren eigenen Vätern schwanger waren. Ich konnte mich gut auf sie einstellen und ihnen helfen.«

Während Eunice in Chicago ihr hektisches Leben führte, reisten Jean und Pat ruhelos von einem Ort zum anderen, immer auf der Suche nach einer Aufgabe, die ihnen lag. Mit der Zeit entwickelten die drei Kennedy-Frauen eine erstaunliche Gleichgültigkeit gegenüber ihrem Eigentum und gegenüber Menschen, die nicht zur Familie gehörten. Eines Abends im Jahr 1950 ließ Eunice in ihrer Suite im Ambassador East Hotel ein mit 240 Diamanten und 24 Saphiren besetztes Collier im Wert von 18 000 Dollar liegen. Es wurde gestohlen. Das war so typisch, daß niemand viel dazu sagte. Zwei Jahre später, im Januar 1952, besuchte Jean ihren Bruder John F. in Georgetown und parkte ihr Auto vor seinem Haus. Ein paar Halbwüchsige kamen vorbei und sahen Schmuckstücke im Wagen liegen. Im Glauben, es handele sich um Modeschmuck, stahlen sie die Sachen. Nicht im Traum hätten sie daran gedacht, daß sie echte Juwelen im Wert von 33 000 Dollar erbeutet hatten.

Mary Jo Gargan bewunderte ihre ältere Nichte Pat. Pat war so, wie sie selbst gerne sein wollte. »Ich hatte gerade mit dem College angefangen«, erinnerte sich Gargan. »Pat sagte, daß man ohne Alkohol viel mehr Spaß habe. Pat war mein Vorbild. Sie war schön und hatte für meinen Geschmack einfach alles.«

Pat zog nach Südkalifornien und arbeitete als Produktionsassistentin beim Fernsehen. Von den drei Schwestern hatte sie die besten Chancen, sich in Hollywood durchzusetzen. In puncto Schönheit konnte sie mit den zahllosen Stars und Sternchen zwar nicht konkurrieren, doch sie hatte Glamour, wenn sie, so groß wie die meisten Männer, in einen Raum rauschte und die Anwesenden mit witzigen, schlagfertigen Bemerkungen begrüßte. Wie ihr Vater und ihr älterer Bruder war sie von Hollywood fasziniert. Doch es genügte ihr nicht, in moralisch zweifelhaften Projekten der Filmindustrie mitzuwirken – schließlich war sie eine Kennedy. Statt dessen arbeitete sie als Produktionsassistentin in Kate Smiths Radiosendung. Die rundliche Sängerin und Patriotin verkörperte die traditionellen amerikanischen Werte. Später übernahm Pat eine ähnliche Aufgabe in Father Peytons *Family Rosary Crusade,* jener Sendung, die den Satz prägte: »Die Familie, die gemeinsam betet, bleibt auch zusammen.«

Pat beschäftigte sich jedoch nicht nur mit patriotischen und religiösen Sendungen. Die Kennedy-Schwestern hatten die Liste aller Männer im Kopf, die für eine Heirat in Frage kamen, und einer der begehrtesten Junggesellen diesseits und jenseits des Atlantiks war Peter Lawford. Sein Charme und seine Weltläufigkeit machten ihn zum Schwarm vieler Frauen. Er war damals mit der Amerikanerin Sharman Douglas liiert, der wohlhabenden Tochter des amerikanischen Botschafters am englischen Hof. Eunice hatte Peter als erste Kennedy kennengelernt und später Pat vorgestellt. Die Begegnung führte zu nichts, ebensowenig wie das Wiedersehen auf einer Party in London im Jahr 1949. Peter hatte für Pat nur ein höfliches Nicken. Monate später trafen sie sich erneut, diesmal in den NBC-Studios in Los Angeles. Er lud sie auf eine Party ein. Sie stellten fest, daß es zwischen ihnen nicht funkte, und trennten sich, bevor der Abend vorüber war.

Eunice reichte einen weiteren Kandidaten an ihre jüngere Schwester weiter: Senator Joseph P. McCarthy aus Wisconsin. Der Senator war regelmäßig Gast im Haus von Eunice und John F. in Georgetown. In leidenschaftlichen Reden wetterte er gegen das Krebsgeschwür des Kommunismus, das angeblich Amerika bedrohte. Joe und viele Kirchenführer unterstützten ihn, während John F. Neutralität wahrte. Aus gutem Grund: Einige Politiker wandten sich bereits offen gegen den Senator und nannten ihn einen bösartigen Demagogen, der nicht den Kommunismus, sondern die Freiheit zerstöre.

Pat und ihre Schwestern hatten den politischen Katechismus der katholischen Kirche weitgehend übernommen und sympathisierten mit McCarthy. Der Senator war zwar längst nicht so attraktiv wie John F. oder Peter, doch er besaß einen gewissen rauhen Charme, wenn er nicht zuviel getrunken hatte. Hinzu kam, daß Joe ihn sehr bewunderte. Er lud McCarthy ans Kap und nach Palm Beach ein und schien erfreut, daß seine Tochter Pat von einem Mann angetan war, der eine glänzende Zukunft vor sich hatte.

* * *

Im Herbst 1951 unternahmen Eunice und Jean eine längere Reise durch den Nahen Osten und Europa, und nach ihrer Rückkehr aus Europa beschloß Jean, mit ihrer älteren Schwester zusammen im Haus des Guten Hirten zu arbeiten. Ihre ältere Schwester fungierte inzwischen als Verbindungsperson zum Jugendgericht und betreute, wie schon in Washington, junge Frauen, die mit dem Gesetz in Konflikt geraten waren. Jean arbeitete erst ein paar Wochen in der Einrichtung, als eines ihrer Schäflein aus einem fahrenden Auto sprang und zu fliehen versuchte. Eunice, für die solche Vorfälle zum Alltag gehörten, hielt die Ausreißerin einfach fest. Doch Jean hatte andere Vorstellungen von Sozialarbeit. Sie wollte sich nützlich machen, aber keine Ringkämpfe mit weiblichen Kriminellen veranstalten.

Schließlich fand Jean etwas, das ihr wichtig war, und das war die Karriere ihres Bruders. Als John F. 1952 beschloß, sich um einen Sitz im Senat zu bemühen, ließen seine Schwestern alles andere stehen und liegen. John F. ging als krasser Außenseiter in den Wahlkampf gegen seinen Konkurrenten Henry Cabot Lodge und wußte, wie wichtig für ihn die Unterstützung seiner Mutter und seiner Schwestern war. Gleich zu Anfang bat er Eunice um Fotos von ihr mit Kindern. »Wenn möglich aus dem Haus des Guten Hirten in Chicago.« Im Mai schrieb er an seine Mutter im Greenbriar in West Virginia und erinnerte sie an die Teenachmittage, die noch im selben Monat in Worcester und Springfield geplant waren. »Ich habe Pat und Eunice geschrieben, und ich verlasse mich darauf, daß Ihr drei kommt«, ermahnte er sie.

Jean war von allen drei Schwestern die stillste und für die Politik eigentlich am wenigsten geeignet, doch sie war die erste, die nach Massachusetts reiste und für John F. zu arbeiten begann. Wie alle Kennedys war ihr Bruder sehr vorsichtig, wenn es darum ging, Fremden zu vertrauen. So bat er seine jüngste Schwester, eine Liste mit den Namen aller Wahlhelfer anzufertigen. »Ich will nicht, daß später einer behaupten kann, er habe mitgeholfen, obwohl er gar nichts getan hat«, sagte er zu Jean.

»Am Anfang saß ich die meiste Zeit im Büro, trug Namen in Karteikarten ein und ähnliches«, erinnerte sich Jean, die neun Monate lang für ihren Bruder arbeitete. »Aber mit der Zeit wurden wir immer stärker eingespannt.«

Jean fiel die Wahlkampfarbeit sehr schwer. Sie mußte immer höflich sein, selbst zu Leuten, die sie nicht kannte, durfte nie ein unbedachtes Wort sagen und war ständig auf Achse. »Man lernt nie jemanden kennen, mit dem man wirklich reden kann – ständig trifft man neue Leute und führt oberflächliche Gespräche. Nach vier oder fünf Monaten wird es zur Routine, doch leicht ist es nie.«

* * *

John F. stellte seine Schwestern auf einen Sockel, der abseits von der eigentlichen Wahlkampfbühne stand. Den besten Kandidaten für den

Job des Wahlkampfmanagers zog er nicht einmal in Erwägung: die redegewandte, rührige und mit politischem Scharfsinn ausgestattete Eunice. Statt dessen entschied er sich für den längst nicht so eloquenten 26jährigen Bobby, den er hauptsächlich deshalb auswählte, weil er ein Mann war.

Bobby setzte sich rückhaltlos für die politische Karriere seines Bruders ein und konzentrierte seine ganze Kraft auf dessen Wahl. Er schickte die drei Schwestern und ihre Mutter auf Wahlkampftour. Selbst Ethel engagierte sich hin und wieder. »Ich bin begeistert von John F., obwohl ich nur seine Schwägerin bin.« Am 4. Juli 1951 hatte sie die erste Kennedy der neuen Generation zur Welt gebracht: Kathleen Hartington, so benannt nach Kick. Während des Wahlkampfs gebar sie ihr zweites Kind, den ersten männlichen Kennedy der neuen Generation, Joseph Patrick. Er wurde Joe II. genannt, obwohl er genaugenommen der dritte Joe in der Linie war. Der einzige Kennedy, der nicht am Wahlkampf teilnahm, war Ted. Er leistete in Europa seinen Militärdienst ab. Im vorausgegangenen Frühjahr war er von der Universität Harvard geflogen, weil er einen Freund für sich in die Spanischprüfung geschickt hatte. Daß er beim Militär sieben Kilo abgenommen hatte, empfand er als eine der wenigen angenehmen Seiten des Soldatenlebens. Abgesehen davon hatte er die Überfahrt auf dem Truppentransportschiff *Langfitt* mehr als unangenehm gefunden. Sein Sinn für Humor hatte jedoch nicht gelitten. So schrieb er seinen Eltern, daß er ernsthaft erwogen habe, in Norfolk zu desertieren, da man ihn zum Küchendienst abkommandiert habe. »Nachdem ich mir jedoch überlegt habe, was für ein Empfang mich in New York erwarten würde, begriff ich, daß mir wohl keine andere Möglichkeit blieb, als die Überfahrt mitzumachen.«

* * *

Senator Henry Cabot Lodge II., der Kandidat der Republikaner, hatte dem Ansturm der Kennedys zahlenmäßig, finanziell und argumentativ wenig entgegenzusetzen. John F. wurde von seiner gesamten Familie unterstützt, und speziell die Frauen brachten ein ganz neues Element in den Wahlkampf. Rose, die elegante Mutter, war eine legendäre und unnahbare Gestalt, die wie eine königliche Besucherin in die Niederungen des Wahlkampfs herabstieg. Sie fuhr von Versammlung zu Versammlung, von Nachmittagstee zu Nachmittagstee, und immer bestach sie durch ihr tadelloses Auftreten. Nur einmal wurde der perfekte Schein von Höflichkeit und Unnahbarkeit getrübt. Auf einer Versammlung am Pemberton Square in Worcester hielt sie eine Rede. Normalerweise konnte sie aus dem Stegreif sprechen, doch an diesem Tag war sie verunsichert und zog es vor, ihre Rede abzulesen. »Ich kann mit Sicherheit nachempfinden, was es für die Mütter der Soldaten in Korea bedeutet – ich, die ich selbst einen Sohn verloren habe ...« Sie stammelte noch einige Worte, brach dann in Tränen aus und verließ das Podium.

***

Bei einem Auftritt von John F. in North End fielen fast ebensoviele Mädchen in Ohnmacht wie bei einem Auftritt von Frank Sinatra. John F. hatte eine fast magische erotische Ausstrahlung, und die Zeitschrift *Cosmopolitan* schrieb, daß nur wenige Politiker »von ihren Zuhörerinnen so geküßt, umarmt und traktiert werden wie John F. Kennedy«. Er hatte so heftige Rückenbeschwerden, daß er im Wahlkampf häufig gezwungen war, Krücken zu benützen, doch seiner unwiderstehlichen männlichen Ausstrahlung tat das keinen Abbruch.

Rose reiste durch Massachusetts und sprach über Themen wie »ihre Reise nach Paris«. Damit dürfte sie kaum zur politischen Bildung ihrer Zuhörer beigetragen haben, doch den Frauen in New Bedford und anderen Städten war das egal. Sie lauschten andächtig, wenn Rose von wundervollen Orten erzählte, die sie selbst wohl nie besuchen würden. Jean lag die Aufgabe, Reden zu halten, nicht besonders, doch Eunice und Pat waren hervorragende Rednerinnen. Pat beließ es dabei, den Werdegang ihres berühmten Bruders nachzuzeichnen, doch Eunice scheute sich nicht, auch politische Themen anzuschneiden.

Eines Abends eilten die drei Kennedy-Frauen die School Street am Rathaus entlang. In ihren adretten Blusen und Röcken sahen sie aus wie Sekretärinnen, die nach Büroschluß nach Hause wollten. Auf einer kleinen Veranda saß eine Gruppe junger Männer von der Sorte, die attraktiven Frauen nachpfiffen oder Komplimente zuriefen. »Seht mal, die Kennedy-Schwestern«, sagte einer. Sie standen auf, nahmen ihre Hüte ab und verbeugten sich. »Wir stehen voll hinter der Kandidatur Ihres Bruders«, rief ein zweiter.

Eunice genoß es, im Rampenlicht der Öffentlichkeit zu stehen, und Pat kam dank ihrem glamourösen Aussehen in der politischen Arena gut zurecht. Wenn die beiden einmal nicht im Wahlkampfbüro arbeiteten, dann hielten sie, mal zusammen, mal alleine, Reden vor Gruppen von Frauen. Sie waren so jung und sympathisch, daß es kaum denkbar schien, nicht für John F. zu stimmen. Aber sie hielten nicht nur Reden, sondern versorgten die Frauen auch mit Wahlkampfmaterial. Im Lauf der Wochen bauten sie eine Organisation von Wahlhelferinnen auf, die für ihren Bruder die Werbetrommel rührten.

* * *

Bei allen 33 Nachmittagstees, die überall im Bundesstaat für Wählerinnen stattfanden, war eine der Kennedys anwesend. Diese Veranstaltungen waren keine politischen Versammlungen, sondern elegante Empfänge mit spitzenbesetzten Tischdecken und Kerzenhaltern. Nach den Worten der Veranstalterin Polly Fitzgerald erinnerten sie eher »an exklusive Parties auf einem privaten Anwesen«. Der Ansturm der Neugierigen war groß: In Brockton warteten 1000 Frauen in der drückenden Julihitze auf Rose, Eunice, Jean und Bobby. Im Hotel Kimball in Springfield wurden die Kennedys von 2000 Menschen begrüßt, in Salem kamen 1000. Und in Fitchburg waren es 1700 Zuhörerinnen, die John F. im Beisein von Rose, Eunice und Pat dazu aufforderte, »der Regierung auf die Finger zu sehen«.

John F. und seine Berater dachten nicht daran, auf die Kolumnisten zu hören, die ihm rieten, »mit den Teeparties aufzuhören und wieder zur ›handfesten Politik‹ zurückzukehren, die den Männern mehr liegt«. Kennedys Kampagne war vor allem auf die Frauen zugeschnitten, und aus gutem Grund, denn in Massachusetts bildeten die Frauen mit 52,6 Prozent die größte Wählergruppe. Wer die Frauen für sich gewann, gewann auch die Wahl. John F. hatte das begriffen, nicht aber sein Rivale Lodge. Im September, als das Rennen immer enger wurde, hatte Lodge viele Männer auf seine Seite gezogen – Iren, Franzosen, Italiener und Juden –, nicht aber die Frauen.

Die Kennedys kämpften leidenschaftlich um jede weibliche Stimme. Am 15. Oktober hatten 45 000 Frauen im ganzen Bundesstaat unter dem Motto »Kaffee mit den Kennedys« Freundinnen und Bekannte zu sich nach Hause eingeladen, die um 11 Uhr morgens vor dem Bildschirm saßen und auf WNAC-TV eine Sendung mit John F., Rose, Pat und Eunice verfolgten. John F. war telegener als jeder andere amerikanische Politiker, und die Frauen verstanden es glänzend, die Familie ins beste Licht zu rücken. Viele Zuschauerinnen riefen an und stellten Fragen zu politischen Themen, und John F. gab ausführliche und oft auch witzige Antworten. Doch es waren nicht seine Antworten, denen er es verdankte, daß er bei den nächsten Umfragen dramatisch zulegte. »Vielleicht haben Sie es noch nicht bemerkt, doch die Politik in Massachusetts hat sich geändert – jetzt mischt auch die feinere Gesellschaft mit!« schrieb eine Zeitung. »Vor allem die Familie Kennedy ist für diese soziale Revolution in der Politik verantwortlich – die Rede ist von Teekränzchen. Mrs. Kennedy und ihre nicht minder charmanten Töchter sind offenbar auf dem besten Wege, John F. Kennedy zu einem Sitz im Senat der Vereinigten Staaten zu verhelfen.«

General Dwight Eisenhower schlug den Demokraten Adlai Stevenson im Kampf um die Präsidentschaft zwar deutlich, doch John F. gewann seine Wahl in Massachusetts mit 68 753 Stimmen Vorsprung.

Viele Jahre zuvor hatte Rose gesagt, die Kennedys seien ein eigener Stamm mit eigenen Bräuchen und eigener Sprache. Sie ließen Freunde an ihrem Leben teilhaben, doch es blieb immer eine Kluft zwischen den Kennedys und den anderen, auch wenn ihre Freunde das nicht bemerkten. Abgesehen von Bobby taten sich die jungen Kennedys mit dem Heiraten schwer. Eunice und John F., die beiden ältesten, kamen langsam in ein Alter, in dem es fast peinlich war, noch nicht verheiratet zu sein.

Sarge war schon seit über zehn Jahren hinter Eunice her. Anfang 1953 gab sie schließlich nach und willigte in eine Heirat ein. Sie war inzwischen 32 Jahre alt, und wenn sie jemals heiraten und eine Familie gründen wollte, dann war jetzt der richtige Zeitpunkt dafür. Hinzu kam, daß ihr Vater mit dem 37jährigen Sarge nicht nur einverstanden war, sondern ihre Heirat nach Kräften unterstützte.

Für Rose und Joe war die Hochzeit ihrer Tochter ein wichtiges gesellschaftliches Ereignis, das der Familie Gelegenheit gab, sich in ihrem Ruhm zu sonnen. Ethels Familie hatte hohe Maßstäbe gesetzt, doch verglichen mit Eunices Hochzeit war ihr Fest eine schlichte Feier gewesen. John F. gab in Washington einen Empfang für seine Lieblingsschwester, zu dem Spitzenpolitiker wie der neue Vizepräsident Richard Nixon und Senator Joe McCarthy eingeladen wurden.

In ihrer Presseerklärung bezeichneten die Kennedys die Trauung von Eunice und Sarge in der St.-Patrick-Kathedrale im Mai als »eine der wichtigsten und schönsten Hochzeiten, die jemals in Amerika stattgefunden haben«. Kardinal Spellman, dem drei Bischöfe, vier Monsignori und neun Priester zur Seite standen, vollzog die Trauung. Der Ehe wurde auch der päpstliche Segen zuteil. Rose half bei der Dekoration der Kirche und ließ eine Vielzahl weißer Kerzen und großer weißer Blumensträuße aufstellen. Alles war in Weiß, der Farbe der Reinheit, gehalten: Eunices Brautkleid von Dior aus *mouselline de soir,* ihr Brautstrauß aus Orchideen und Maiglöckchen und die Satinkleider der Brautjungfern. Unter den 1700 Gästen waren Senatoren, Bürgermeister, Bundesrichter, Industrielle und andere Prominente. Nach Meinung des *Boston Globe* las sich die Gästeliste wie ein »Who is Who«.

Die Hochzeitsfeier fand im Glaskuppelsaal statt, wo nach dem Dinner getanzt wurde. Die Hochzeitstorte war so groß, daß Eunice zum Anschneiden auf einen Stuhl steigen mußte. Den Gästen erzählte sie: »Ich habe einen Mann gefunden, der meinem Vater so ähnlich wie möglich ist.« Obwohl die Shrivers eine vornehme alte Familie waren, bestand keine Unklarheit darüber, daß Sarge in die Familie Kennedy einheiratete. Als das frischvermählte Paar seinen Hochzeitswalzer tanzte, veröffentlichte der *Boston Globe* in der Frühausgabe bereits ein Foto von der Hochzeit, das Eunice mit ihrem Vater zeigte. Es sah dem Foto von Rose und ihrem Vater bei ihrer Hochzeit verblüffend ähnlich.

Es war ein stilvoller Abend, fast bis zum Ende. »Irgend jemand schlug vor, wir sollten zu Ehren der Shrivers *Maryland, My Maryland* singen«, erinnerte sich Red Fay. »Alles ging glatt, bis die Kennedys anfingen, *Marylin, My Marylin* zu singen, zu Ehren von Marylin Monroe. Die Shrivers waren entsetzt.« Nach den Flitterwochen zogen die Shrivers nach Chicago und mieteten ein zweistöckiges Luxusapartment mit Blick auf den Michigansee. Sie waren ein eindrucksvolles Paar. Sarge war ein vielseitig interessierter Mann, beschäftigte sich mit abstrakter Malerei und Philosophie und sammelte Gemälde und Keramik. Eunice hatte, wie alle Kennedys, keinen Sinn für die Kunst, doch beide waren tief religiöse Katholiken, die glaubten, daß man Gutes tun müsse, um ein erfülltes Leben zu führen. Beide interessierten sich für Menschen, und ihre Freunde bildeten eine der interessantesten Gruppen in Chicago.

Die Shrivers fanden bald heraus, daß Eunice ihre Eigenarten hatte. Eunice und Sarge gaben wundervolle, unterhaltsame Parties. Dennoch ging Eunice gerne früh zu Bett. Bei einer dieser heiteren Soireen machten die Gäste auch um Mitternacht noch keine Anstalten zu gehen. Da rief Eunice: »Ein neues Spiel!«, und forderte die anderen auf, sich zu einer Polonaise aufzustellen. »Schließt eure Augen und folgt mir!« Sie führte die Schlange durch das Speisezimmer, vorbei an den großen Fenstern, die auf den Michigansee hinausgingen, durch das Wohnzimmer, dann hinaus auf den Flur und schließlich in den Aufzug. Sie murmelte noch ein schnelles »Ich danke euch« und schlüpfte hinaus, bevor die Tür sich schloß.

***

Eunices Hochzeit war nicht die einzige Kennedy-Hochzeit im Jahr 1953, die als »eine der wichtigsten und schönsten Hochzeiten, die je in Amerika stattgefunden haben«, gefeiert wurde. John F. hatte nämlich ebenfalls beschlossen zu heiraten. Mit 35 Jahren hatte er alles, was ein Politiker brauchte, um im Amerika der fünfziger Jahre Erfolg zu haben, nur eines nicht: eine Ehefrau. Damals galt eine unverheiratete Frau über 30 als alte Jungfer und ein Junggeselle als Sonderling oder zumindest als ein Mann ohne großes Verantwortungsgefühl. Also beschloß der junge Senator aus Massachusetts, in den Stand der Ehe zu treten.

Evelyn Lincoln, seine Chefsekretärin, war jeden Tag Stunden damit beschäftigt, am Telefon Frauen abzuwimmeln, die mit dem Senator sprechen wollten. Viele von ihnen – Schauspielerinnen, Sekretärinnen und Prominente – waren so aufdringlich, daß Evelyn es fast schon als schamlos empfand. Aber sie hatte gelernt, ihren Chef gegen unwillkommene oder nicht mehr erwünschte Verehrerinnen abzuschirmen. »Die Frauen waren regelrecht hinter ihm her«, erinnerte sich Evelyn. »So etwas hatte ich noch nie erlebt. Jeder zweite Anruf kam von einer Frau.«

Die Freunde von John F. versuchten ständig, ihn mit der einen oder anderen Frau zusammenzubringen. An einem Abend im Mai 1951 arrangierte Charles Bartlett, Yale-Absolvent und Korrespondent der *Chattanooga Times* in Washington, eine Dinnerparty in seinem Haus in Georgetown, auf der er John F. mit der jungen Jacqueline »Jackie«

Bouvier bekanntmachen wollte. John F. verabscheute die steifen Dinners in Washington, doch der Abend in Bartletts Haus war anders – er unterhielt sich blendend und hatte eine bezaubernde junge Frau an seiner Seite. Obwohl schon 21 Jahre alt, benahm sich Jackie seltsam kindlich, was ebenso betörend wie verwirrend wirkte. Sie hatte eine jungenhafte Art, stellte manchmal naive Fragen, um schon im nächsten Moment mit ihrer zarten Stimme eine literarische oder kulturelle Anspielung zu machen, die ein hohes Maß an Bildung verriet. Ihr Wortwitz war fesselnd. Sie war nicht sexy wie Inga oder die Schauspielerin Gene Tierney, die zu den Eroberungen des Senators zählten. Sie war groß und geschmeidig wie Pat, und ihre weit auseinanderstehenden, dunklen Augen betonten ihren zarten, elfenbeinfarbenen Teint. Sie strahlte eine ganz eigene Sinnlichkeit aus, die John F. so anzog, daß er sie in die Washingtoner Nacht hinausbegleitete und zu ihrem Wagen brachte – um dort einen ihrer Verehrer vorzufinden, der es sich auf dem Rücksitz gemütlich gemacht hatte.

Die Bouviers hatten, anders als die Kennedys, ihren katholischen Glauben nie als Stigma erlebt. Jackie war auf den Anwesen in Newport und Southampton aufgewachsen und mit ihrer gesellschaftlichen Stellung immer vollauf zufrieden gewesen. Ihr Vater, John »Blackjack« Bouvier III., war Mitglied der New Yorker Börse und darüber hinaus ein Charmeur und berüchtigter Schürzenjäger, der bei den Frauen größere Erfolge feierte als an der Wall Street. Er verkörperte den klassischen Typ des Bonvivant der zwanziger Jahre, der durch den Börsenkrach ruiniert wurde. Jackie vergötterte ihn. Ihre Mutter Janet war eine finanztüchtige Frau, die ihrer Tochter viel über das Leben in der gehobenen Gesellschaft beibrachte. Jackie war noch sehr jung gewesen, als sich ihre Mutter von Bouvier scheiden ließ. Später heiratete sie Hugh Auchincloss, einen Gentleman im Ruhestand, der neben einem guten Namen auch ein stattliches Vermögen besaß.

In den dreißiger und vierziger Jahren, in denen Jackie aufwuchs, war eine Scheidung noch sehr ungewöhnlich, vor allem in katholischen Familien. Schon allein dadurch unterschied sich Jackie von anderen. Ihre Art, Distanz zu wahren und ihre Gefühle zu verbergen, war typisch für ein Kind geschiedener Eltern. »Wir waren eine ganze Gruppe von Mädchen in Farmington«, erinnerte sich Sally Roche Higgins, die mit Jackie zur Schule gegangen war. »Es gab die Burschikosen und die Gezierten, und dann gab es noch Außenseiterinnen wie

Jackie. Sie war scheu und unsicher und ließ niemanden an sich heran. Am meisten interessierte sie sich für ihr Pferd.«

* * *

Im Januar darauf lud der neugewählte Senator Jackie zum Einführungsball von Präsident Eisenhower ein. Es war die erste ernsthafte Verabredung der beiden. Die Beziehung entwickelte sich rasch. Eines Nachmittags wollten die beiden gemeinsam von Middleburg in Virginia nach New York fliegen. Während John F. am Flughafen wartete und immer ungehaltener wurde, ritt Jackie mit ihrem Pferd aus. Evelyn Lincoln wußte, daß man ihren Chef niemals warten lassen durfte, und wunderte sich über diese Frau, die es wagte, sich zu verspäten.

Schließlich kam Jackie frisch und erholt ins Büro geschlendert. »Wo ist John F.?« fragte sie, als müsse er gleich in der Tür zum Chefzimmer erscheinen.

»Er ist auf dem Flughafen und wartet auf Sie«, antwortete Lincoln und machte durch ihren Tonfall deutlich, wem ihre Loyalität galt.

»Oh«, sagte Jackie mit einer Stimme, in der sich Unschuld und Härte perfekt vermischten.

Jackie hatte eine Stelle als Reporterin und Fotografin beim *Times-Herald*, und ihr Chef Waldrop war immer noch derselbe alte Brummbär, der er schon damals gewesen war, als Kathleen und Inga für ihn gearbeitet hatten, ein Mann, der anmutige weibliche Fesseln ebenso zu schätzen wußte wie einen wohlformulierten Satz. Er erinnerte sich an ein Gespräch mit Jackie über John F. »Sagen Sie mal, ich habe gehört, daß Sie etwas mit Kennedy haben.«

»Ich bin mit ihm zusammen«, erwiderte Jackie mit ihrer geheimnisvollen Flüsterstimme, die zu ihrem Markenzeichen werden sollte.

»Ich möchte Sie warnen. Er ist älter als Sie, und er ist schlauer als Sie. Er hat schon einiges erlebt, und ein halbes Dutzend Frauen hat schon versucht, ihn einzufangen. Sehen Sie sich also vor.«

»Jawohl, Sir«, sagte Jackie, drehte sich um und verließ das Büro.

»Als nächstes bekam ich von ihr eine Einladung zur Hochzeit«, erinnerte sich Waldrop. »Sie war ein cleveres kleines Ding. Sie hatte keine Lust, sich den Rest ihres Lebens in Bescheidenheit zu üben, nur weil Blackjack sich ruiniert hatte. Und wer wollte ihr das verdenken?«

Auch nach der offiziellen Bekanntgabe der Verlobung von John F. und Jackie hatte die Zahl der weiblichen Anrufe im Büro des Senators nicht abgenommen, wie Evelyn Lincoln bemerkte. Ihrer Ansicht nach waren John F. und Jackie nicht ineinander verliebt, als sie heirateten. »Ich glaube, der alte Joe hatte eine Menge mit der Heirat zu tun«, sagte Evelyn. »Ich glaube, daß er Jackie dazu überredet hat. Er dachte, daß ein Präsidentschaftskandidat eine Frau braucht. Ich bin mir sicher, daß da keine Liebe im Spiel war.«

John F. betrachtete das Eheleben eher zynisch. Zu Red Fay sagte er, daß er dafür »sowohl zu jung als auch zu alt« sei. Und in einem Brief an ihn schrieb er, daß er nach seinem »Abschied von den Lasterhaften und den Schönen im Herbst heiraten« werde: »Das ist wohl das Ende einer politischen Karriere, die bislang hauptsächlich auf dem guten alten Sex-Appeal gegründet hat.«

Jackie konnte es sich nicht erlauben, so abgebrüht wie ihr Verlobter an die Ehe heranzugehen. Wenn sie über den Mann nachdachte, den sie heiraten würde, kam die Zwiespältigkeit ihres Wesens deutlich zum Vorschein. In ihren Gefühlen für John F. schwang offenbar auch eine gehörige Portion Berechnung mit. Sie war keine Frau, die ihre Empfindungen offen zeigte, und doch sprach sie von John F. manchmal mit einer so mädchenhaften Begeisterung und Zuneigung, daß ihre Stimme vibrierte. Andererseits war sie aber auch in der Lage, ihn und seine Familie aus einer gewissen Distanz zu betrachten und die Vorteile einer Heirat mit dem begehrtesten Junggesellen in Washington zu erwägen, als spiele sie mit dem Gedanken, ein teures Gemälde zu erstehen, dessen Wert noch nicht gesichert ist.

***

An einem Wochenende in Palm Springs begegnete Jackie zum erstenmal Joe und war sofort von ihm eingenommen. Seine Persönlichkeit beeindruckte sie. »Für Sie gibt es nur schwarz oder weiß«, sagte sie. »Dazwischen gibt es nichts.« Rose war an dem Wochenende nicht da, doch je mehr sie von Jackie hörte, desto besser konnte sie sich vorstellen, daß sie die richtige für John F. sei. Sie war katholisch, und im Vergleich zu den Frauen, mit denen John F. bisher ausgegangen war, war das ein dicker Pluspunkt. Sie war jung und im richtigen Alter, um eine Familie zu gründen. Sie stammte aus einer angesehenen Familie, ein weiterer Pluspunkt. Und sie hatte eine gute Ausbildung genossen. Sie war auf die exklusive Privatschule von Miss Porter in Farmington gegangen, hatte anschließend zwei Jahre lang das bekannte Vassar College besucht und dann ein Jahr an der Pariser Sorbonne und später an der George Washington University in Washington studiert.

Jackies femininer Stil stand in krassem Gegensatz zu dem der sportlichen Kennedy-Schwestern. Bei ihrem ersten Besuch in Hyannis Port zog sie sich zum Dinner um und erschien in einem Kleid, das eher in ein exklusives New Yorker Restaurant paßte als in das gemütliche Eßzimmer der Kennedys. Jackie erinnerte sich: »Es war mein erstes Wochenende am Kap und ich hatte mich zum Dinner umgezogen. John F. neckte mich deswegen und fragte: ›Wo willst du denn hingehen?‹ Und seine Mutter sagte: ›Sei nicht so gemein, sie sieht doch sehr hübsch aus.‹ So etwas in der Art. Ich mochte sie sehr. Ich merkte, daß diese Frau alles tat, damit man sich wohlfühlte.«

Rose behandelte Jackie mit beinahe übertriebener Liebenswürdigkeit, dabei verband die beiden Frauen eigentlich wenig mehr als ihre Liebe zu John F. Sie interessierten sich beide für Kunst, doch sobald sie über dieses Thema sprachen, wurde deutlich, daß sie völlig unterschiedliche Ansichten hatten. Im Jahr 1951 hatte Jackie den begehrten Prix de Paris der Zeitschrift *Vogue* gewonnen, und zwar mit einem Essay, in dem sie Sergej Diaghilew, Charles Baudelaire und Oscar Wilde als die Künstler nannte, die sie gerne kennengelernt hätte. Roses Vater hatte die Aufführung von Wildes *Salomé* in Boston verbieten lassen, und für gläubige Katholiken waren Wilde und Baudelaire Rattenfänger des Teufels, die man nicht las und über die man nicht sprach. Rose bevorzugte erbauliche Theaterstücke oder Gedichte und lehnte alles ab, was an ihren Idealen rüttelte.

In Hyannis Port machte Jackie Bekanntschaft mit dem turbulenten Leben im Haus der Kennedys. »Sie waren wie Sprudelwasser, dagegen waren andere Familien wie eine abgestandene Brühe«, erinnerte sich Jackie. »Sie redeten mit soviel Begeisterung über so viele Dinge, oder sie spielten etwas – sie waren so lebenslustig. Beim Dinner oder am Wochenende, wenn die ganze Familie um den Tisch saß, hatte jeder etwas zu erzählen. Das war sehr anregend.«

Die drei Kennedy-Schwestern hätten wohl kaum eine solche Frau als Braut ihres geliebten Bruders akzeptiert. Ethel war wenigstens ein richtiger Wildfang, der sich weder auf dem Tennisplatz noch beim Abendessen unterkriegen ließ. Außerdem war sie schon wieder schwanger, mit dem dritten Kennedy der nächsten Generation. Sie war so, wie sie sich eine Schwägerin vorstellten, nicht aber diese Jackie Bouvier. Sie nannten Jackie »die Debütantin« und äfften ihre »babyhafte« Stimme nach, die ihrer Ansicht nach eher zu einer Geisha paßte als zu der künftigen Frau ihres Bruders. Sie schleppten sie zum Footballspielen auf den Rasen, wo sie leicht in den Hintergrund gedrängt werden konnte. Schließlich brach sich Jackie den Knöchel. Das Spiel wurde unterbrochen, bis sie vom Feld getragen war. Das war das Ende ihrer kurzen Footballkarriere. »Danach war sie nicht mehr so schnell«, erinnerte sich Richard Clasby, der an diesem Tag da war.

Jackie schien sich in diesem Haus nicht wohlzufühlen, in dem sich die burschikosen Kennedy-Schwestern im Sport und bei Partyspielen mit ihren Brüdern maßen. »Meine Schwestern sind energische Menschen und haben eine direkte Art«, sagte John F. später. »Sie [Jackie] ist sensibler. Sie hat eher eine indirekte Art.«

Jackies Mutter hatte auf die Untreue ihres Mannes mit Scheidung reagiert. Mit den Kennedys lernte Jackie nun eine Familie kennen, die zu extremen Gefühlen neigte, wie sie sie aus der Familie ihres Stiefvaters nicht kannte. Die Kennedys waren einerseits sehr großzügige, freundliche Menschen, andererseits aber auch sehr knausrig und selbstsüchtig. Sie waren aufgeschlossen und gesellig, lebten gleichzeitig aber zurückgezogen und für sich. Ihrer tiefen Religiosität stand ein weltzugewandter Zynismus gegenüber. Alle diese Eigenschaften wirkten bei den Kennedys jedoch nicht wie Widersprüche, sondern schienen sich auf einer höheren, nur ihnen verständlichen Ebene zu ergänzen.

***

John F. beschloß, zur Verlobungsfeier eine sogenannte »scavenger hunt« zu veranstalten, was sicherlich nicht Jackies Geschmack war. Bei diesem Spiel mußten die Teilnehmer ausgefallene oder kuriose Gegenstände herbeischaffen, die sie allerdings nicht kaufen durften. Es wurde keine gewöhnliche »scavenger hunt«, denn jedes Familienmitglied versuchte, die anderen zu übertreffen. Pat bekam die Aufgabe, »etwas sehr Großes« zurückzubringen. Also fuhr sie nach Hyannis und stahl einen Bus, während der Fahrer im Bahnhof war. Bob und Joe Gargan sollten »großen Mut« beweisen. Sie fuhren ebenfalls nach Hyannis, wo Joe auf einen Polizisten zurannte, ihm die Mütze vom Kopf riß, in Bobs Wagen sprang und mit ihm davonbrauste. Als Pat, Bob und Joe wieder am Haus der Kennedys ankamen, wartete dort bereits ein Begrüßungskomitee, das aus einem Busfahrer ohne Bus, einem Polizisten ohne Mütze und mehreren wütenden Ordnungshütern bestand.

In den Wochen vor der Hochzeit versuchten die drei Schwestern, sich gegenseitig in typischen Kennedy-Streichen zu übertreffen, als wollten sie sich noch stärker von ihrer künftigen Schwägerin absetzen. Jackie hätte ihre Abneigung auf eine ganz andere Weise gezeigt. Sie hätte von Zeit zu Zeit ein paar Bemerkungen fallen lassen, die so formuliert waren, daß man unmöglich sagen konnte, ob sie nur naiv oder aber wirklich unverschämt waren. Im Sommer 1953 hatte sie jedoch nur den Status einer Verlobten, und sie und Rose steckten vorsichtig den Rahmen ihrer künftigen Beziehung ab. Die 63jährige Rose hatte feste Gewohnheiten, wobei sie besonderen Wert auf die genaue Einhaltung der Essenszeiten legte. Jackie hingegen schlief gern aus, und in Hyannis Port anscheinend besonders gern. Jedenfalls kam sie häufig erst lange nach dem Frühstück mit braver Unschuldsmiene die Treppe herunter.

Rose und ihre Kinder hatten kein psychologisches Einfühlungsvermögen und ergingen sich nicht in Selbstbetrachtungen. Grüblerischen, introvertierten Menschen begegneten sie mit offener Verachtung. Jakkie hingegen war eine junge Frau, die viel über sich selbst nachdachte und sich gut in andere Menschen hineinversetzen konnte. Über Rose und ihr Leben als Frau gewann sie tiefe Einsichten: »Ich war immer gespannt, ob sie in Gegenwart ihres Mannes und ihrer Söhne einmal aus sich herausgehen würde. Meiner Meinung nach bemühte sie sich zu sehr, es allen recht zu machen. Wenn sie entspannt war und nicht versuchte, es allen recht zu machen, war sie witzig und übermütig wie ein kleines Mädchen und machte ganz respektlose Bemerkungen. In solchen Momenten hatte sie etwas Entwaffnendes und Betörendes. Ich glaube, das lag an ihrer Erziehung. Wenn man sich Fotos ihrer Mutter ansieht, mit Fischbeinkorsett und Stehkragen, kann man sich vorstellen, daß sie dazu erzogen wurde, nichts von sich preiszugeben. Für solche Menschen ist es schwer, fast gefährlich, aus sich herauszugehen. John F. zum Beispiel wollte gar nichts über sich erzählen. Rose hätte ebenfalls Angst davor gehabt. Und wenn dann doch einmal unerwartete Fragen auftauchen, kann Rose sie immer beantworten – und fundiert. Ich denke, die Ehe mit einem so starken Mann war sehr schwierig ... Sein Leben war wie eine Achterbahnfahrt, ständig rauf und runter und immer schneller. Ein solches Leben, dazu die neun Kinder, die aufgezogen werden mußten, und all die anderen Verpflichtungen, das ging fast über ihre Kräfte.«

Jackie ging nicht als naive Unschuld in die Ehe. Sie war keine Klosterschülerin, die 24 Jahre lang schüchtern die Augen niedergeschlagen hatte. Sie wußte alles über die sexuellen Eroberungen ihres Zukünftigen. Sie hatte an der gebeugten Gestalt Rose Kennedys erkannt, wohin ein solches Leben führen konnte. Einige Wochen vor der Hochzeit fragte sie eine Freundin: »Wie kann man mit einem Ehemann leben, den man zwar liebt, der aber mit Sicherheit untreu sein wird?«

Jackie war klar, daß Rose für die Familie viele Opfer gebracht und das Leben ihrer Kinder über ihr eigenes gestellt hatte. Sie hatte ihre Töchter zu den Nonnen vom Heiligen Herzen geschickt und in Klosterschulen erziehen lassen, in denen sie selbst ihre weiterreichenden Ambitionen verloren hatte. Und nun versuchte sie, Jackie auf ein Eheleben vorzubereiten, wie sie selbst es 40 Jahre lang mit Joe geführt hatte, insbesondere auf die Gerüchte und Verleumdungen, die das Leben mit einem Kennedy unweigerlich mit sich brachte.

»Ich habe sie [Jackie und Ethel] gleich zu Anfang gewarnt«, sagte Rose. »Es würde Gerüchte geben, Briefe, anonyme Briefe. Und alle möglichen Lügengeschichten. Das gehörte zum politischen Leben. Ich versuchte, ihnen das klarzumachen, sobald sie ans Heiraten dachten. Meinen Töchtern mußte ich das nicht erklären, sie wuchsen damit auf. Doch für meine Schwiegertöchter war das neu, weil sie nie zuvor mit Politik in Berührung gekommen waren.

Jackie wollte keine Reporter bei der Hochzeit haben. Ihre Mutter verabscheute jede Art von Publicity. Sie empfand das als entwürdigend und vulgär. Doch Mr. Kennedy sagte, bei der Hochzeit müßten Reporter anwesend sein, denn er sei eine Persönlichkeit des öffentlichen Lebens.«

Rose und ihre Töchter gaben Jackie und ihrer Mutter durch ihre Haltung deutlich zu verstehen, daß in ihren Augen nicht etwa John F. in die besseren Kreise von Newport und Southampton einheiratete, sondern Jackie in die Familie Kennedy. Für das erste Treffen mit Jackies Mutter warf sich Rose in Schale und zog ein exquisites blaues Seidenkleid mit passendem Hut an. John F. hatte das Gefühl, daß Mrs. Auchincloss zu der Ansicht neigte, er sei »nicht gut genug für ihre Tochter«. Er reagierte auf seine Weise. Jackie erinnerte sich an die erste Begegnung. »Meine Mutter lud Mrs. Kennedy nach Newport ein. John F. war zu dieser Zeit 36 Jahre alt. Er war erwachsen, und er war Senator. Seine Mutter kam herüber, um mit meiner Mutter zu essen, und wir fuhren an den Strand. John F. und ich saßen auf dem Rücksitz wie zwei unartige Kinder. Mrs. Kennedy trug ein wundervolles, hellblaues Seidenkleid und einen Hut. Damals legte man am Baily's Beach großen Wert auf gute Kleidung. John F. hingegen trug ein Unterhemd und Slipper, und ich glaube, daß sie ziemlich schokkiert war. Es war sowieso ein sehr unerfreulicher Tag für John F. Die beiden Mütter saßen zusammen und sprachen über die Hochzeit, während wir beide schwimmen gingen. Ich stieg nach kurzer Zeit wieder aus dem Wasser. Als es Zeit war, sich für den Lunch fertig zu machen, rief Mrs. Kennedy von dem Fußpfad oben nach John F., der noch im Wasser war. Es war, als rufe eine Mutter ihre kleinen Kinder zum Essen. Ich wollte gerade mit ihr hinuntergehen und ihn holen, da kam er aus dem Wasser und sagte: ›Ja, Mutter.‹«

Die beliebte Illustrierte *Life* machte sich von Anfang an zur Chronistin der Beziehung von John F. und Jackie und verklärte sie zu einer unwiderstehlichen Romanze. Beide waren sehr fotogen. Das Titelbild vom Juli zeigte sie beim Segeln in Hyannis Port, atemberaubend attraktiv, lächelnd, leger gekleidet, mit windzerzaustem Haar, fröhlich und abenteuerlustig. Im Innenteil brachte das Blatt ein Bild von Jackie, wie sie gerade Fotos von »den Kennedys und der königlichen Familie« betrachtete, zwei Begriffe, die fast nicht zu unterscheiden waren.

Für die Hochzeit im September reisten die Kennedys wie eine große Adelsfamilie mit Angestellten, Dienern und Hofnarren nach Newport. Hier sollte keine Romanze gefeiert werden, sondern die Heirat des Thronfolgers. Kurz vor dem Hochzeitsdinner nahm Joe Senator George Smathers, einen alten Freund seines Sohnes, beiseite und bat ihn, den Bouvier-Clan in seiner Rede nicht ganz so positiv darzustellen. »Sie müssen für den Bräutigam sprechen. Ich möchte, daß Sie witzig sind, das wirft ein gutes Licht auf John F. Die Bouviers dürfen uns nicht übertrumpfen.«

Die Hochzeitsgäste in der Marienkirche waren ebenso illuster wie zuvor die Gäste auf der Hochzeit von Eunice. Als Jackie den Mittelgang zum Altar beschritt, strahlte sie glücklich und erwartungsvoll. Sie ließ sich durch nichts anmerken, daß sie bekümmert war über das Ausbleiben ihres Vaters. Blackjack hatte sich mit so viel Alkohol auf die Hochzeit eingestimmt, daß er immer noch im Hotel Viking saß, im Arm eine Flasche Whiskey. Nach der Trauung warf Jackie ihren Brautstrauß vor der Kirche in die Menge der unverheirateten Mädchen. Pat war größer und flinker als die anderen, und ihr gelang es, den Strauß zu erhaschen. Nun vermuteten alle, ihre Hochzeit sei die nächste.

Unterstützt von mehreren hohen Würdenträgern und dem apostolischen Segen von Papst Pius XII. hatte Erzbischof Cushing die Trauung vorgenommen. Dennoch war diesmal nicht die religiöse Stimmung aufgekommen, die bei Eunices Trauung spürbar gewesen war. Nach der Zeremonie raunte John F. seinem Freund Fay zu: »Ich habe den starken Eindruck, Erzbischof Cushing kam sich wie die Hauptperson bei der Zeremonie vor. Einen Mann wie ihn hätte ich nur ungern als Vorredner.«

***

Die Jungvermählten waren gerade erst in Acapulco angekommen, als John F. schon einen langen Brief an seine Sekretärin Evelyn Lincoln schrieb, der Anweisungen für private und offizielle Angelegenheiten enthielt. Nach einigen Tagen flogen sie weiter nach Los Angeles, wo sie eine Woche in der Villa der ehemaligen Schauspielerin Marion Davies in Beverly Hills verbrachten. Eine Angestellte, Inga Dauth, kümmerte sich um ihre Bedürfnisse. John F. und Jackie ließen sich von ihr mit den Vornamen anreden. John F. las stundenlang in Büchern aus Davies' Bibliothek. Nach den Flitterwochen schickten beide persönliche Dankschreiben an Dauth. John F. hatte die Zeit so genossen, daß er ihr schrieb, er werde »die Woche niemals vergessen«, und sie bat: »Das soll unser Geheimnis bleiben!« Und Jackie dankte dafür, daß »Sie so wundervoll zu uns gewesen sind«.

Doch als sie anschließend nach San Francisco fuhren, um Red Fay und seine Braut Anita zu besuchen, kam ein anderer John F. zum Vorschein. In seinem Leben, in dem Gefühle klar aufgeteilt waren, spielte

Red den Hofnarren, während er selbst den sardonischen, vergnügungssüchtigen Weltmann vorstellte. Auf dieser Bühne war kein Platz für Jackie, und sie mußte die erste Lektion ihrer Ehe lernen.

»Eine junge Braut hat bestimmte Vorstellungen von den Flitterwochen und empfindet das öffentliche Interesse oft als sehr störend«, sagte Red. Es war jedoch nicht das Interesse der Öffentlichkeit, das störte, sondern das Bedürfnis des jungen Ehemanns nach Abwechslung. Er hatte genug von den Flitterwochen und schlug Jackie sogar vor, alleine an die Ostküste zurückzukehren. Jackie war jedoch nicht Rose Kennedy, und so blieb sie in Kalifornien. Zusammen mit Anita besuchte sie Marin County, während John F. und Red zu einem Footballspiel gingen und nach Stanford und zu verschiedenen anderen Orten fuhren. Schließlich flogen die Frischvermählten gemeinsam zurück.

John F. und Jackie hatten noch kein eigenes Heim. In den ersten Wochen ihrer Ehe verbrachte Jackie die Wochentage allein in Hyannis Port, während John F. in Washington blieb. Dann zog auch Jackie nach Washington, wo sie kurze Zeit in Merrywood, dem Anwesen ihrer Familie, blieb und schließlich ein Haus am Dent Place in Georgetown mietete.

Wenn Eunice und John F. sich ein Haus teilten, lebten sie wie in einem Junggesellenhaushalt – sie warfen ihre Kleider in irgendeine Ecke, belasteten ihre schwachen Mägen mit hastig eingenommenen Mahlzeiten und eilten von einer Verabredung zur nächsten. Jackie hingegen wollte mit John F. ein Leben führen, das ihren Vorstellungen von Stil und kultivierten Umgangsformen entsprach.

Zu ihrer ersten Dinnerparty lud sie zehn oder zwölf Gäste ein, darunter Senator John Sherman Cooper mit Gemahlin, Bobby und Ethel, doch der wichtigste und kritischste Gast war ihre Mutter. Jackie war sich nicht sicher, ob sie alles bewältigen würde. Und sollte etwas schiefgehen, so würde ihre Mutter sie nur allzugern darauf hinweisen. Jackie war jedoch die geborene Gastgeberin, die im Kreis von Bekannten Flair und unbeschwerte Heiterkeit ausstrahlte. Der Abend verlief sehr angenehm und unterhaltsam. Das Essen war vorzüglich, die Bedienung tadellos, und selbst die Hintergrundmusik war perfekt. Schließlich entdeckte ihre Mutter doch noch einen so gravierenden Fauxpas, daß sie die Unterhaltung unterbrach und ihre Tochter vorwurfsvoll fragte: »Jackie, ist der Plattenspieler kaputt?«

»Aber nein, Mutter«, antwortete Jackie süßlich. »Das ist nur Fred Astaire beim Steppen.«

Jackie ließ ihrem Mann mittags Mahlzeiten ins Büro bringen, die zu Hause zubereitet worden waren, und begann, seine wahllos zusammengestellte Kleidung in eine elegante Garderobe zu verwandeln, die für einen Senator der Vereinigten Staaten angemessen war. Selbst Rose war beeindruckt.

Die Schwestern von John F. waren anfangs wenig begeistert von dieser eleganten, eigenartigen Frau, die nun zur Familie gehörte. »Sie redete in ihrer Gegenwart französisch und unterhielt sich ausschließlich mit ein oder zwei engen Freunden«, erinnerte sich Kerry McCarthy, die Nichte von Rose. »Sie verkaufte sorgsam ausgesuchte Hochzeitsgeschenke oder tauschte sie um, und das ärgerte viele, die davon hörten. Einige sagten, dann hätte sie auf den Einladungen doch gleich um Bargeld bitten können.«

Im ersten Jahr ihrer Ehe war Jackie, die ständig um das Wohl ihres Mannes besorgt war, wohl die hingebungsvollste Gattin in ganz Washington. Auf der Galerie zu sitzen und John F. vor dem Senat reden zu hören, war für sie einer der aufregendsten Momente ihres Lebens. »Je mehr ich John F. über so komplizierte Probleme sprechen höre, desto unwissender fühle ich mich«, sagte sie zu einem Reporter. Um ihren politischen Horizont zu erweitern, schrieb sie sich an der Diplomatenschule der Georgetown University ein, die nur ein paar Straßen von ihrem Haus entfernt lag.

Weder John F. noch Jackie hatten ein großes Interesse an den ermüdenden Ritualen des gesellschaftlichen Lebens in Washington, an den riesigen Cocktail- und Dinnerpartys, auf denen politische Profilierungssucht die Unterhaltung bestimmte und unentwegt neue Pakte geschlossen wurden. »John F. war viel auf Reisen«, erinnerte sie sich. »Also blieben wir gerne zu Hause, wenn er einmal da war. Ab und zu kamen ein paar gute Freunde vorbei, oder wir gingen zu ihnen zum Essen, doch das war alles ganz zwanglos. Wenn man den ganzen Tag schwer arbeitet, ist es angenehmer, am Abend nur mit ein paar Freunden zusammenzusein. Auf jeden Fall war es John F. und mir so am liebsten.«

Jackies Unsportlichkeit wurde von den Kennedy-Schwestern, aber auch vom Rest der Familie, bemerkt und kommentiert. »Sie spielte weder Tennis noch Football oder Golf, während das für alle anderen eine Selbstverständlichkeit war«, erinnerte sich Rose. »Eines Tages jedoch las sie uns ein Gedicht vor, das sie über John F. geschrieben hatte. In unserer Familie hatte noch nie jemand ein Gedicht geschrieben. Das weckte unser Interesse. Lem Billings sagte: ›Das Mädchen hat etwas, das sonst keine hat.‹«

Jackie spielte gerne die Naive, die nicht mehr kann, als gelegentlich einen Scheck auszustellen, doch von Zeit zu Zeit ließ sie diese Maske fallen. Die Kennedys liebten Partyspiele, vor allem »Kategorie«, ein Spiel um Namen und Begriffe. Lautete die Kategorie beispielsweise Literatur, dann nannte ein Spieler einen Unterbegriff wie moderne italienische Literatur oder mittelalterliche Literatur. Jeder Mitspieler mußte einen Autor aus dieser Gruppe nennen, dessen Name mit A begann, und so wurde das ganze Alphabet durchgespielt. »Jackie war phänomenal bei dem Spiel«, erinnerte sich Pater Cavanaugh. »Ich wollte sie unbedingt schlagen und tischte alle Theologen auf, die mir einfielen, und sie übertrumpfte mich mühelos!«

Eines Abends hatte John F. eine Gruppe spanischer Diplomaten eingeladen. Als man nach dem Essen »Kategorie« spielte, schlug Jackie alle Anwesenden fünfmal hintereinander. John F. gelang es, sie beiseite zu ziehen. »Jackie, du kannst deinen Mann doch nicht vor allen Leuten so bloßstellen. So etwas tut man einfach nicht.«

Jackie drehte sich um und sah ihn mit großen Augen an. »Wieso denn?« rief sie aus. »Ich dachte, alle Kennedys sind begeistert von Wettkämpfen.«

* * *

Jackie hatte einen jugendlichen, lebenslustigen Mann geheiratet, doch inzwischen war John F. zu einem Invaliden geworden, der an Krücken gehen mußte. Im Sommer 1954 reichte selbst seine Willenskraft nicht mehr aus, und so konsultierte er Spezialisten an der Lahey-Klinik. Die einzige Hoffnung, sein Rückenleiden zu lindern, war eine schwierige Operation an der Wirbelsäule. Diese Operation war selbst für einen Mann in bester Verfassung gefährlich, und für einen Patienten, der an der Addisonschen Krankheit litt, standen die Überlebenschancen nicht besser als fünfzig zu fünfzig. John F. hatte schon Schlimmeres überstanden, und nach einem Gespräch mit seinem Vater gab er den Ärzten grünes Licht.

Jackies Leben war bisher von Tragödien und Schicksalsschlägen weitgehend verschont geblieben. Doch in dieser schweren Zeit nahm sie sich ein Vorbild an der Stärke ihres Schwiegervaters, und ihre Beziehung zu ihm wurde enger. So verzweifelt Joe auch sein mochte, er war immer für John F. da. »Es war sehr schwierig für uns alle, vor allem für Jackie, die so jung verheiratet war«, erinnerte sich Rose. »Joe sprach John F. immer Mut zu, auch wenn ihm selbst fast das Herz brach. Er begleitete ihn überallhin. Er ging zu den Ärzten. Er traf Entscheidungen, er beriet seinen Sohn, er sagte, was getan werden müsse und was nicht. Ich wurde nicht zu Rate gezogen, da ich nicht alle näheren Umstände kannte.«

Am 21. Oktober 1954 wurde John F. im New York Hospital für Spezialchirurgie operiert. Nach der Operation bekam er eine Harnweginfektion, und sein Zustand wurde sehr kritisch. Joe sagte zu Grace Burke, der Sekretärin seines Sohnes in Boston: »Jetzt hilft nur noch Beten.«

Das Leben von John F. hing an einem seidenen Faden. Lem Billings, der ihn so gut wie kaum ein anderer kannte, spürte, daß sein Lebenswille fast erloschen war. Doch Jackie tat alles, um ihn zu ermutigen. Sie fütterte ihn, spielte mit ihm, las ihm Gedichte vor, schenkte ihm lustige Spielsachen, erzählte komische Geschichten und brachte amüsante Freunde mit.

In Washington kursierte das Gerücht, daß John F. im Sterben liege, doch Jackie und Joe hielten zusammen und versuchten vor der Welt zu verbergen, wie krank er war. Jackie wußte, was in einer solchen Situation zu tun war, und schrieb einen Brief an Lyndon B. Johnson, den neuen demokratischen Fraktionsführer im Senat. Auf drei wohlformulierten Seiten gelang es ihr, dem einflußreichen Texaner subtil zu schmeicheln und ihm zu versichern, daß es John F. »schon besser geht«.

Jackie lernte schnell, daß im harten politischen Geschäft des einen Unglück des anderen Glück sein konnte. Johnson war klar, daß es John F. keineswegs besser ging, und er rief am Tag nach Erhalt von Jackies Brief Joe an, um nachzuhaken. »Oh, es geht John F. schon wieder recht gut«, sagte Joe, obwohl der Zustand seines Sohnes immer noch äußerst bedrohlich war. »Entgegen allen anderslautenden Gerüchten.«

»Jackie hat mir einen sehr freundlichen Brief geschrieben«, sagte

Johnson. »Vielleicht wäre es klug, die momentan kursierenden Gerüchte durch ein klares Wort zu entkräften.«

»John F. leidet weder an Krebs noch an der Parkinsonschen Krankheit, wie behauptet wird«, antwortete Joe auf die vorsichtig formulierte Frage. »Ich glaube, viel von dem Gerede beruht auf reinem Wunschdenken. In Massachusetts diskutiert man schon über seinen Nachfolger. Aber das entbehrt jeder Grundlage. Es geht ihm schon viel besser. Wenn Sie wollen, können Sie gerne am Telefon mit ihm sprechen.«

»Ich bin der letzte, der ihm etwas von seiner Kraft rauben will«, erwiderte Johnson ernst. »Richten Sie ihm von mir aus, daß wir alle ihm das Beste wünschen.«

»Sie haben eine schwere Aufgabe zu erfüllen«, schmeichelte Joe dem mächtigsten Mann im Senat. »Aber eines kann ich Ihnen versichern – Sie haben mindestens einen unter Ihren Jungs, der nicht nur intelligent ist, sondern der Sie wirklich mag.«

An jenem frühen Dezembertag, an dem im Senat über den historischen Tadelsantrag gegen McCarthy entschieden wurde, war Jackie bei ihrem Mann im Krankenhaus. In Massachusetts wurde John F. von zwei Seiten unter Druck gesetzt: von den in ihrer Mehrheit katholischen Anhängern McCarthys und von liberalen Organisationen und Einzelpersonen, die McCarthy bekämpften. Die Abstimmung über McCarthy war der Alptraum eines jeden Politikers, denn sie konnte seine politische Karriere zerstören. Aber es war auch eine Abstimmung, bei der sich zeigte, welche Politiker prinzipientreu und welche berechnend, welche mutig und welche nur raffiniert waren. John F. war der raffinierteste von allen, denn krankheitsbedingt enthielt er sich der Stimme. Er hätte trotz seiner Erkrankung abstimmen können. Aber er tat es nicht. Noch Jahre später wurde ihm von liberalen Demokraten vorgehalten, er habe aus Eigennutz gehandelt.

Jackie wußte nur wenig von der langjährigen Beziehung zwischen den Kennedys und McCarthy, von dem Geld, das Joe ihm gegeben hatte, und von der Zeit, in der Eunice und Pat sich mit ihm verabredet hatten. Sie kannte die politischen Verhältnisse in Massachusetts nicht. Sie begleitete John F., als er mit einem Privatflugzeug zur Erholung nach Palm Beach flog. Sie begleitete ihn auch im Februar 1955 auf dem Rückflug nach New York, wo er zum zweiten Mal operiert wurde, und kehrte anschließend mit ihm nach Florida zurück.

John F. war stark abgemagert, und die Operationswunde am Rükken zwang ihn, ständig auf dem Bauch zu liegen. »Es ist nichts Ernstes«, sagte Eunice, als sie ihn sah. »Es ist nichts Ernstes, nur Jackies Kocherei.« Das war typisch für Eunice. Mit dieser Art von Humor begegnete sie auch ihren eigenen Krankheiten. Doch Jackie war diejenige, die häufig den Verband wechselte und dabei eine häßliche, nässende und offene Wunde auf dem Rücken ihres Mannes bloßlegte. Und sie war es auch, die immer da war, Tag um Tag, Woche um Woche.

Einer der Besucher war Oleg Cassini, der europäische Modeschöpfer, der als Don Juan ebenso bekannt war wie als Couturier. Er sprach stundenlang mit Jackie und schmeichelte ihr, weil er Interesse an ihr zeigte. Wäre er ein nachtragender Mann gewesen, so hätte er in der Verführung Jackies vor den Augen ihres invaliden Mannes und ihres Schwiegervaters eine süße Rache sehen können. Als Cassini nämlich aus dem Zweiten Weltkrieg nach Hause zurückgekehrt war, hatte er feststellen müssen, daß seine Frau, die Schauspielerin Gene Tierney, eine Affäre mit John F. hatte. Und als er ein paar Jahre später Joe seine Verlobte Grace Kelly vorstellte, sah der Chef des Kennedy-Clans sie erst lüstern an und half später dabei, sie von einer Heirat mit Cassini abzubringen.

Aber nach Cassinis Ansicht war in der Liebe alles erlaubt, und so hegte er keinen Groll gegen die Kennedys. Joe jedoch beging den weitverbreiteten Fehler, von seinem eigenen Verhalten auf das von Männern zu schließen, die er schätzte. Er war überzeugt, daß Cassini entweder schon eine Affäre mit Jackie hatte oder aber auf dem besten Wege dazu war. Eines Abends saß er mit Cassini auf der Veranda. »Hören Sie zu, Oleg«, sagte er, während sie den Sonnenuntergang betrachteten. »Ich wäre nicht überrascht, wenn Sie es auf Jackie abgesehen hätten. Unter anderen Umständen würde ich vielleicht selbst daran denken. Aber die entscheidende Frage ist: Schein oder Sein. Es ist mir egal, was Sie tun, nur darf es niemand merken. Das Schlimmste wäre meiner Meinung nach, wenn der Schein entsteht, ohne das wirklich etwas dahintersteckt – das wäre wirklich das Dümmste. Verstehen Sie?«

»Vielleicht hätte ich mich wirklich auf diese Art revanchieren können«, sagte Cassini. »Aber ich hatte kein Interesse, da ich Jackie mochte. Und ich bin mir sicher, daß sie auch kein Interesse an mir hatte. Wir waren Freunde.«

Langsam erholte sich John F. wieder. Er nahm einige Lieblingsbilder seiner Mutter mit nach draußen, setzte sich mit Palette und Ölfarben auf den Rasen und begann, die Bilder zu kopieren. »Es war eine Katastrophe«, erinnerte sich Rose, die gar nicht glücklich darüber war, daß ausgerechnet ihre Bilder Teil seines Genesungsprogramms sein sollten. »Es hätte auch für die Bilder katastrophal ausgehen können, aber das störte ihn nicht. Nur gut, daß ich keine alten Meister besaß.«

John F. ging es immer besser, und so flogen alte Freunde wie Red Fay nach Palm Springs, um einige Tage mit ihm zu verbringen. Red war immer noch der gleiche spottlustige Kasper, der er schon zehn Jahre zuvor gewesen war, und er begeisterte sich immer noch für alles, was mit den Kennedys zusammenhing. Doch auch er wunderte sich über die geheimnisvolle Frau mit dem üppigen Körper, die als Hausgast durch die Anlagen wanderte und so gut wie nichts sagte. »Zu wem gehört sie denn?« fragte Fay. »Nun, sie ist eine Freundin meines Vaters«, erwiderte John F., als sei es völlig normal, daß sein Vater seine Gattin und seine Geliebte unter einem Dach zusammenbrachte.

Fay beobachtete John F. eines Tages dabei, wie er sich selbst Cortison injizierte, eine Prozedur, die er zweimal am Tag durchführen mußte. »So wie du die Nadel hineinstichst, könnte man meinen, daß es überhaupt nicht weh tut«, sagte Fay.

John F. sah auf und stach die Nadel blitzschnell in Fays Bein, der vor Schmerz aufschrie.

»Mir tut es genauso weh«, sagte er mit ausdrucksloser Stimme.

Wenn John F. nicht malte oder las, arbeitete er an einem Buch, in dem er eine Reihe mutiger Politiker porträtierte und das größtenteils sein Assistent Theodore Sorensen verfaßte. Nachdem er nach Merrywood umgezogen war, wo er sich weiter erholen sollte, half Jackie bei den Recherchen und sichtete die Bücher in der Kongreßbibliothek. Sie kümmerte sich so lange um ihn, bis er keiner Pflege mehr bedurfte.

Diese vielen Monate der Krankheit wären für jedes Ehepaar eine Bewährungsprobe gewesen, und für John F. und Jackie waren sie es um so mehr, als Jackie ganz anders zu sein schien als die Kennedys. Doch aus welchen Gründen die beiden auch zueinander gefunden hatten, Jackie hatte es nun überstanden. Sie war jetzt das, was die Familie unter einer richtigen Kennedy verstand.

* * *

Im Sommer 1955 war John F. wieder ganz der alte. Eines Tages ging er durch den Wianno Beach Club. Er war zwar kein Mitglied, doch das hinderte ihn oder seine Familie nicht daran, die Einrichtungen des Clubs zu nutzen. Er bemerkte Harry Fowler, der mit einer Dame am Tisch saß, mit der er sich Jahre zuvor in Hyannis Port häufiger verabredet hatte. Sie war stolz darauf, daß sie nie mit ihm ins Bett gegangen war. Inzwischen war sie verheiratet, und es war Jahre her, daß sie an ihre gemeinsame Zeit gedacht hatte. Jeder in Hyannis Port hatte von seiner Krankheit gehört, und sie freute sich, ihn wohlauf zu sehen.

»Wie wär's, gehen wir in ein Motel?« bedrängte John F. sie, während Fowler ungläubig zuhörte. »Es ist nur ein Katzensprung von hier.«

Sie war sprachlos.

»Komm schon, gehen wir«, fuhr er fort, ohne sich darum zu kümmern, daß Fowler zuhörte. »Wir werden viel Spaß haben. Warum also nicht?«

»Ich bin verheiratet«, sagte sie schließlich.

»Na und? Komm schon, du kennst doch das billige Motel ein Stück die Straße rauf.«

»Nein, kommt nicht in Frage.«

Der Senator aus Massachusetts zuckte mit den Schultern und spazierte davon.

17

Wann fangen wir an?

Auf der Hochzeit von John F. hatte Jean sich mit Father James Keller, dem Gründer der Christophers, unterhalten. Der Priester aus Maryknoll hatte das chinesische Sprichwort »Es ist besser, eine Kerze anzuzünden, als die Dunkelheit zu verfluchen« zu seiner Devise gemacht. Auf eine leicht zu beeindruckende, junge Frau wie Jean, die von den Nonnen des Heilig-Herz-Ordens erzogen worden war, übte der charismatische Priester mit seiner Botschaft eine unwiderstehliche Anziehungskraft aus. Jean hatte von ihren Eltern gelernt, daß sie als privilegiertes Kind dazu verpflichtet war, Gutes zu tun. »Die Idee, etwas für andere zu tun, stammte von meinen Eltern«, sagte Jean. »Sie waren beide der Überzeugung, daß diejenigen, denen viel gegeben wurde, auch Verantwortung tragen. Sie vertraten die Meinung, daß wir in irgendeiner Form dem öffentlichen Wohl dienen sollten.«

Nach der Hochzeit verabschiedete sich Jean von dem Priester und fragte ihn, ob sie ihn besuchen dürfe. »Natürlich«, erwiderte Keller, und in der Woche darauf besuchte Jean den Priester in seinem New Yorker Büro. Sie eröffnete ihm, daß sie für ihn arbeiten wolle, wenn nötig, auch unentgeltlich. »Ich kannte die Arbeit von Father Keller«, erinnerte sich Jean. »Damals, als ich ihn kennenlernte, lief gerade seine Fernsehsendung an. Ich hatte große Lust, beim Fernsehen zu arbeiten.« Keller fragte Jean nach ihren Beweggründen. Jeans Angebot war sehr ehrenhaft, und Keller war sich durchaus bewußt, was eine enge Verbindung zu den Kennedys für seine Organisation bedeuten konnte. John F. saß im Senat, Bobby hatte in Washington mit McCarthy zusammen die Kommunisten bekämpft, Rose war eine prominente Persönlichkeit unter den katholischen Laien, und Joe hatte durch die Stiftung der Familie Hundertausende von Dollars an Spenden verteilt.

Jean erarbeitete sich recht schnell eine einflußreiche Position bei Keller. »Sie besitzt die Reife einer 40jährigen«, sagte Keller einem Reporter der *Boston Post.* »Ihr Urteilsvermögen ist sehr gut, und ich verlasse mich wahrscheinlich stärker auf sie, als sie denkt.«

Keller hatte viele Verpflichtungen. Unter anderem schrieb er eine Zeitungskolumne, die sechsmal in der Woche erschien, und produzierte ein Radioprogramm, das von 585 Radiostationen ausgestrahlt wurde, und eine Fernsehsendung, die über 202 Sender ging. Was Jean am meisten reizte, waren seine Kontakte zu Hollywood und die neuen Möglichkeiten, die das Fernsehen bot. »Sie sammelt das Material für unsere Reise nach Hollywood«, sagte der Priester. »Es ist alles geordnet. So werden wir erstmals in der Lage sein, mit Material vor die Kameras zu treten, mit dem man arbeiten kann.«

Nach ihrer ersten gemeinsamen Reise nach Hollywood machte Keller sie zu seiner Produktionsassistentin für die wöchentliche Sendung *Die Christopher-Stunde.* Dies war nun Jeans neues Leben. In Hollywood fand sie Freunde, und zum erstenmal in ihrem Leben war sie nicht nur eine Kennedy. Doch es waren nicht nur ihre Fähigkeiten, denen sie ihren Aufstieg verdankte, sondern auch die finanziellen Mittel, die hinter ihr standen. Die nach ihrem Bruder Joe jr. benannte Stiftung der Kennedys unterstützte fast ausschließlich katholische Organisationen. Im Jahr 1954 zum Beispiel hatte sie allein an katholische Gruppen 620 000 Dollar überwiesen, davon 10 000 Dollar an die Christophers.

Jean und ihre Schwestern unterteilten die Menschen in zwei Gruppen: in diejenigen, die ihrer Familie gegenüber loyal waren, und die anderen, die es nicht waren. Entweder man war für die Kennedys oder gegen sie. Dies entsprach auch der Weltanschauung der Christophers, und Jean und ihre Kollegen entschieden, wer in ihrer Fernsehsendung auftreten durfte. Leute, die für ihre liberalen Ansichten bekannt waren, wurden abgelehnt. »Wir wählten die Leute aus und machten dann ein paar Monate lang mit ihnen Aufnahmen in Kalifornien«, sagte Jean.

»Jean arbeitete hinter den Kulissen«, berichtete Ann Denove, deren Ehemann das Programm produzierte. »Die Kennedys waren eine große Stütze der Sendung. Jean zahlte die Hälfte der Sendungen aus eigener Tasche. Sie kam hierher und arbeitete oft bis elf Uhr nachts. Sie war immer wunderbar angezogen und hatte stets die gleiche exquisite Handtasche aus Krokodilleder bei sich«.

***

Auch Pat hatte großes Interesse an Hollywood. Mit ihren 29 Jahren war sie eine Frau, die ebensoviel Ausstrahlung wie Energie besaß. Außerdem hatte sie den Geschäftssinn ihres Vaters geerbt. »Wenn sie wollte«, sagte ihr Vater, »könnte sie die Geschäfte mit Leichtigkeit übernehmen.«

Von ihrer Mutter hatte Pat – mehr als ihre Schwestern – eine gewisse Liebenswürdigkeit geerbt, die sie geschickt einzusetzen verstand. Während eines Skiurlaubs im Hotel Edelweiß in der Schweiz im Februar 1953 las sie, daß Peter Lawfords Vater, Sir Sidney Lawford, gestorben war. Darauf schrieb sie Peter einen Brief, in dem sie ihn nicht nur tröstete, sondern auch den Wunsch bekundete, ihre Beziehung zu vertiefen. »Laß es mich wissen, wenn Du nach New York kommst«, schrieb sie in ihrer Schulmädchenschrift. »Wir könnten versuchen, es diesmal besser zu machen als bei unserer letzten Begegnung.«

An einem Novembertag eilte Pat gerade die Madison Avenue entlang, als plötzlich Peter vor ihr stand. Sie trug einen langen Nerzmantel und sah aus, als sei sie auf dem Weg zu einer eleganten Party, doch in Wahrheit wollte sie nur einkaufen. Peter war ein sehr charmanter Mann, der Gedankenlosigkeiten oder Unhöflichkeiten mit einigen freundlichen Worten und einem Lächeln wiedergutmachen konnte. Er traf sofort eine Verabredung mit Pat.

Bereits nach kurzer Zeit gingen Pat und Peter regelmäßig miteinander aus. Wo immer sie auftauchten, drehten sich die Leute nach ihnen um, und Pat war von Peters Ruhm und Kultiviertheit ebenso fasziniert wie er von ihrer Mischung aus Unschuld und Erfahrung. »Sie war einer der reinsten Menschen, denen ich je begegnet bin«, erzählte Peter. Bei ihrer ersten Verabredung waren beide so vergnügt, daß sie alle Leute in ihrer Umgebung mit ihrer guten Laune ansteckten.

Peter verbrachte Weihnachten in Palm Beach, einem Ort, mit dem er mehr traurige als schöne Erinnerungen verband. Hierher waren die Lawfords 1938 nach Peters Hollywood-Debüt in *Lord Jim* gezogen.

Doch nach Kriegsausbruch 1939 hatten sie ihre Geldquellen in England verloren und damit auch die Mittel, in der Stadt der Reichen und Berühmten standesgemäß aufzutreten. Seine Mutter, Lady May, mochte immer noch von einer steilen Hollywood-Karriere ihres gutaussehenden Sohnes träumen, doch in der Zwischenzeit war Peter gezwungen, als Parkplatzwächter in der Worth Avenue zu arbeiten. Unter den Prominenten, die ihm Trinkgelder zusteckten, war auch der großzügige Botschafter Joseph P. Kennedy. Er hatte ihm jedesmal einen Vierteldollar gegeben.

Der junge Mann, der jetzt, an Weihnachten 1953, die Villa der Kennedys in Palm Beach betrat und von Joe begrüßt wurde, hatte den Wunsch seiner Mutter erfüllt und gerade mit Jack Lemmon und Judy Holliday den Film *It Should Happen to You* angedreht. Joe, für den Schauspieler fast ausnahmslos ein narzistisches, betrügerisches Pack waren, musterte den 1,83 Meter großen Peter von oben bis unten, von dem blauen Blazer über die weiße Hose bis zu den knallroten Socken. Nachdem Peter wieder gegangen war, sagte er nur: »Er macht einen ganz netten Eindruck.«

Peter war ein erfolgreicher Schauspieler und hatte inzwischen 100 000 Dollar gespart, doch das war nicht annähernd vergleichbar mit dem Vermögen der Kennedyerben. Pat ließ sich davon nicht stören. Im Gegensatz zu vielen reichen Erbinnen war sie nicht der Auffassung, daß sie einen reichen Erben heiraten mußte, wenn sie sicher sein wollte, daß er nicht nur hinter ihrem Geld her war. Der einzige andere Mann, mit dem sie eine engere Beziehung hatte, war Frank Conniff, der als Auslandskorrespondent für INS in Tokio arbeitete. Mit ihm verband sie ein gemeinsames Interesse an Reisen und Abenteuern, nicht an Geld.

Im Mai feierte Pat ihren 30. Geburtstag. Sie kam nun langsam in ein Alter, in dem man damals bereits dem Lager der alten Jungfern zugerechnet wurde. Sie wollte unbedingt heiraten und erzählte einer Freundin, daß sie nach Tokio fliegen werde, um Frank Conniff dazu zu überreden, ihr einen Heiratsantrag zu machen. Vor ihrem Abflug verbrachte sie einige Abende mit Peter in dessen Stammlokalen in Hollywood.

An ihrem letzten Abend beugte sich Peter im Restaurant Frascati über den Tisch und sagte: »Ich bin verrückt nach dir. Irgendwann werde ich dich heiraten.«

Das Schlüsselwort war »irgendwann«, doch Pat hörte nur Geigen und Liebesschwüre.

»Wie wäre es im April?« antwortete sie.

»Willst du mich auf den Arm nehmen?« rief Peter ungläubig. »In welchem April?«

»Nächsten April.«

Peter erwiderte nichts. Vielleicht hörte er eine Zellentür hinter sich zuschlagen. Als er sich wieder gefaßt hatte, stotterte er einige entschuldigende Worte und versuchte, die Hochzeit in eine ferne, nebelhafte Zukunft zu schieben. Pat war über sein Unbehagen amüsiert und gab ihm zu verstehen, daß Frank auch noch da war.

Peter verabschiedete sich von Pat, doch je mehr er über sie nachdachte, desto mehr befürchtete er, möglicherweise einen furchtbaren Fehler gemacht zu haben. Kaum war Pat in ihrem Hotel in Tokio eingetroffen, rief er sie an. »Okay, Pat«, sagte er. »Bitte komm nach Hause. Wir werden im April heiraten.«

»Ich nehme deinen wohlformulierten Heiratsantrag mit Freuden an«, erwiderte Pat und nahm die nächste Maschine nach Los Angeles.

Einige Tage, bevor die Verlobung bekanntgegeben wurde, hatte Peter erklärt, er habe »nicht die Absicht zu heiraten«. Nun aber nahmen ihn die Kennedys und ihre PR-Agentur an die Hand. »Ich hatte den Kennedys versprochen, niemandem etwas zu erzählen«, sagte er zu einem Reporter und entschuldigte sich für seine Bemerkungen über das Junggesellenleben. »Ich glaube, ich war einfach nur nervös, und ich hatte schon so häufig gesagt, daß ich meine Freiheit der Ehe vorziehe, daß ich es automatisch wiederholte.«

Pat und Peter waren mit den Eigenheiten des anderen nicht vertraut. Sie waren erst zwei Monate miteinander ausgegangen, als sie sich verlobten. Bislang kannte jeder nur die attraktive Seite des anderen. »Peter wurde von allen umschwärmt, von Prominenten und von Hollywoodstars«, erinnerte sich Joe Naar, damals sein bester Freund. »Pat hingegen war nur eine von vielen, aber Peter war sehr beeindruckt von ihrer Herkunft. Das soll nicht heißen, daß er nicht verliebt gewesen wäre, doch ihr Herkunft war auch nicht von Schaden. Er wollte nicht Lana Turner oder Ava Gardner heiraten, sondern eine Frau, die nicht aus dem Filmgeschäft kam und gesellschaftlich etwas darstellte. Ich sage das zwar nicht gern, aber es ist die Wahrheit.«

Peters langjähriger Freund und Agent, Milton Ebbins, sprach fast täglich mit Peter. »Bei ihr hatte es gefunkt, aber nicht bei ihm. Er dachte, es sei an der Zeit zu heiraten, und sie paßte gut ins Bild. Er mochte sie, doch ich glaube nicht, daß er sie jemals liebte.«

Zwei Jahrzehnte später erzählte Peter seiner vierten und letzten Frau, Patricia Seaton, von seiner Beziehung zu Pat. »Ich denke, er liebte Pat wirklich«, sagte Patricia Seaton. »Beide waren zum erstenmal verheiratet, und sie verband eine tiefe Freundschaft. Doch er konnte nicht treu sein, und sie war zu unerfahren.«

Schon als junges Mädchen hatte Pat Filmmagazine verschlungen und von Hollywood geträumt. Und ihre kurze Verlobungszeit erschien ihr wie ein Film mit witzigen Dialogen, romantischen Szenen und, natürlich, dem obligatorischen Happy-End. Tatsache aber war, daß sie Peter nicht besser kannte als irgendein Fan in Omaha. Sie war kultivierter, gebildeter und mehr in der Welt herumgekommen als die meisten Stars und Starlets in Peters Leben, die als Menschen selten so interessant waren wie die Rollen, die sie spielten. Aber Pat wußte nichts über die Beziehung zwischen Männern und Frauen oder über Sex. Sie war einigen Geliebten ihres Vaters begegnet, hatte deren Existenz aber, wie ihre Mutter und ihre Schwestern, einfach ignoriert. Sie war noch Jungfrau und in allen sexuellen Dingen so schüchtern wie eine Klosterschülerin. Peter dagegen war in sexueller Hinsicht ein Genußmensch. Er wählte zwischen Geschlecht, Anzahl der Partner oder Liebestechnik, wie er beim Essen zwischen Fisch oder Fleisch wählte. Seine Mutter hatte ihn bis kurz vor der Pubertät heimlich in Mädchenunterwäsche gekleidet. Als er ungefähr zehn Jahre alt war, begann sein Kindermädchen, ihn zu streicheln und durch Fellatio zu befriedigen, was er nicht als Belästigung, sondern als angenehme Initiation empfand. Jahre später verewigte er seine Erfahrungen mit dem Kindermädchen in einem Gedicht.

In Hollywood dauerten Liebesgeschichten oft nicht länger als die Dreharbeiten zu einem Film, und Peter hatte unzählige Affären mit Stars und Starlets, unter anderem mit Lana Turner, Ava Gardner, Judy Garland und Judy Holliday. Hinterher kehrte er aber immer zu seinen Freunden am Strand zurück, zu einem Leben ohne Zwänge oder Verpflichtungen.

Peter und Pat flogen nach New York, um Rose und Joe zu treffen. Joe hatte mit seiner Meinung über Peter nicht hinter dem Berg gehalten: »Wenn es jemanden gibt, den ich als Schwiegersohn noch mehr hasse als einen Schauspieler, dann ist es ein britischer Schauspieler.« Joe hatte eine besondere Beziehung zu Pat, denn sie war die unbeschwerteste und lebenslustigste seiner Töchter, und wie bei allen Verehrern seiner Töchter ließ er auch Peters Vergangenheit durchleuchten. Er befragte seine Kontaktleute in Hollywood wie auch seinen Freund Edgar J. Hoover, den Direktor des FBI. Das daraus resultierende Dossier war voll von gemeinen Spekulationen. Die haltlosen Vermutungen über Peters Bisexualität waren noch vergleichsweise harmlos. So war im FBI-Bericht vom 29. Januar 1954 zu lesen, daß 1946 im Zusammenhang mit den »Aktivitäten von Mädchenhändlern in Los Angeles« gegen Peter ermittelt worden sei. Im selben Jahr habe er Kontakt zu einer Bordellbesitzerin gehabt und vier Jahre später »regelmäßigen Kontakt zu einem Callgirl« unterhalten.

Peter besaß sehr viel Charme, und als er Joes Suite betrat, war er fest entschlossen, das Familienoberhaupt der Kennedys bei ihrer ersten längeren Begegnung zu beeindrucken. Hinterher war er begeistert von Joe, vor allem von dessen Sinn für Humor. Und Joe wiederum war der Meinung, daß die Akte über Peter nichts enthielt, was einer Heirat ernsthaft im Wege stand. Er dürfte geahnt haben, daß Peters Dossier nicht länger war als das seines Sohnes John F. oder sein eigenes.

Joe wußte, wie sehr seine eigenwillige Tochter sich wünschte, Peter zu heiraten, und vermutlich wollte er nach Kathleen nicht noch eine zweite Tochter verlieren. »Joe Kennedy hatte keine Macht über Pat«, sagte Peters Freund Milton Ebbins. »Wenn sie etwas tun wollte, dann tat sie es. Er konnte sie nicht daran hindern, Peter zu heiraten. Er versuchte es, doch es klappte nicht.«

Es war keine Überraschung, daß Rose sich wegen Peters Religion Sorgen machte. Er gehörte offiziell der Episkopalkirche an, doch er willigte ein, daß seine Kinder mit Pat im katholischen Glauben erzogen werden sollten. Dies genügte, um ihre Zweifel an der Verbindung auszuräumen.

Peter hatte die Prüfung bei Joe und Rose zwar bestanden, doch Pat hatte große Schwierigkeiten mit ihrer zukünftigen Schwiegermutter, Lady May. Peters Mutter war eine scharfzüngige, engstirnige und blasierte Frau, die davon träumte, daß ihr Sohn in eine europäische Adelsfamilie einheiratete. Sie wußte, wie man mit Reportern umging, und äußerte sich öffentlich nur lobend über Pat. Privat aber stieß sie wüste Schmähungen gegen die Kennedys aus, nannte sie »barfüßige irische Bauern« und beschimpfte Pat als »Schlampe«, die ihren geliebten Sohn in »die Falle gelockt« habe.

Pat versuchte, höflich zu Lady May zu sein. Bei ihrem Besuch im Haus der Lawfords in Los Angeles ließ sie sich von Kardinal Francis McIntyre begleiten. Lady May hielt die katholische Kirche für eine Kirche der Bauern und war von Pats Begleiter daher nicht sonderlich beeindruckt. »Glauben Sie, Peter will Sie vergewaltigen?« fragte sie.

Pat war sehr stolz auf ihre Familie und nahm nur soviel von Lady Mays Beleidigungen hin, wie sie für angemessen hielt. Es war ihr klar, daß sie – wie Jackie bei ihrer Einführung in Hyannis Port – nicht das Recht hatte, Peters Mutter offen anzugreifen. Sie wählte einen indirekten Weg. Lady May plante eine Verlobungsfeier, auf der sie ihre künftige Schwiegertochter ihren Freunden vorstellen wollte. Pat willigte höflich ein. Am festgesetzten Tag jedoch erschien sie zwei Stunden zu spät, trug Sportkleidung und verließ die Party mit Peter schon nach kurzer Zeit, wobei sie vorgab, sich nicht wohlzufühlen.

***

Trotz aller privaten Schwierigkeiten war die Heirat des weltmännischen britischen Filmstars und der schönen Erbin der Knüller für die Filmmagazine. Fotografen und Reporter verfolgten sie auf Schritt und Tritt, ob sie nun durch den Central Park spazierten oder Hand in Hand durch den Country Club in Palm Beach gingen.

Pat wollte im April heiraten, und dieser Wunsch wurde ihr erfüllt, auch wenn ihre Hochzeit in New York weniger prunkvoll ausfiel als die ihrer Geschwister John F. und Eunice. Da Peter kein Katholik war, wurde die Trauung nicht in der St. Patricks Cathedral vollzogen, sondern in der Church of St. Thomas More. Nur 300 Verwandte und Freunde waren geladen, und es kamen bei weitem nicht so viele kirchliche Würdenträger wie bei Eunices Hochzeit.

Vor der Kirche warteten 3 000 weibliche Fans, die gekommen waren, um wenigstens einen Blick auf Peter zu erhaschen. Die Hochzeitsgäste waren überwiegend Verwandte und Freunde der Kennedys. Peter hatte nur ein paar alte Freunde eingeladen, die in der Menge der Kennedys und Fitzgeralds völlig untergingen.

Pat war eine strahlende, schöne Braut. Ihr Kleid aus perlweißem

Satin brachte ihre schmale, sportliche Figur gut zur Geltung. Das hochgeschlossene Dekolleté hätte auch vor den Augen der Nonnen in Rosemont Gnade gefunden und wurde von einer einreihigen Perlenkette, die eng um den Hals lag, zusätzlich betont. Der Bräutigam war mit seinen 33 Jahren ein Mann, dessen attraktives Äußeres durch die reifen Züge in seinem Gesicht noch verstärkt wurde. Als die beiden den Mittelgang entlangschritten und dann unter dem Jubel der Schaulustigen in die Aprilsonne hinaustraten, waren sie für viele der Inbegriff eines glücklichen Brautpaares.

Die Hochzeitsfeier fand im Hotel Plaza statt. Der große Ballsaal war mit rosafarbenem Löwenmaul, Rittersporn und Tulpen in einen richtigen Frühlingsgarten verwandelt worden, und der Tisch des Brautpaares war mit weißen Hortensien dekoriert. Peter tanzte mit seiner Braut zu »Stranger in Paradise«, dann tanzte Joe mit Pat und Peter mit Rose, und bald war die Tanzfläche mit Paaren gefüllt.

Die Flitterwochen verbrachte das frischvermählte Paar auf Hawaii, wo Peter in seiner Junggesellenzeit häufig gewesen war. Er hatte noch gute Freunde in Honolulu, die ihn und Pat vom Flughafen abholten. Jackie hatte in ihren Flitterwochen mit John F. entdeckt, daß die Ehe für einen männlichen Kennedy anscheinend weniger bedeutete als für seine Frau. Und auch Pat hatte auf Hawaii ihre eigenen Pläne, die ebenso einen Besuch des Parlamentsgebäudes enthielten wie Golfspielen. Peter hingegen wollte hauptsächlich surfen. Es waren seltsame Flitterwochen. Beide waren freundlich und rücksichtsvoll, zugleich aber auch eigensinnig und egoistisch – Eigenschaften, die alle ihre Bekannten früher oder später an ihnen entdeckten.

Eines Tages lieh sich Peter das rote Cabrio seines Freundes Rab Guild und setzte es in einen Graben. »Sei froh, daß ich dabei nicht umkam«, sagte Peter zu Rab, ohne einen Gedanken daran zu verschwenden, daß er den geliebten Wagen seines Freundes zu Schrott gefahren hatte.

An einem ihrer letzten Abende auf Hawaii ging die fröhliche, ausgelassene Clique ins Kino. Sie kamen spät, die Wochenschau war schon vorbei. Ihnen zuliebe zeigte sie der Kinobesitzer nach dem Hauptfilm noch einmal. Peter wurde hellhörig, als die Worte »Pat Kennedy heiratet Schauspieler« aus dem Lautsprecher drangen. »Peter war am Boden zerstört«, erzählte Rab Guild. »Er war fertig. Sie hatten nicht einmal seinen Namen genannt.«

In den gemeinsamen Monaten in Los Angeles versuchten Pat und Peter, die Grenzen in ihrer Ehe abzustecken. Peter stellte klar, daß er sich nicht von den Kennedys vereinnahmen lassen würde. Er lehnte Joes Angebot ab, ein Haus für sie zu kaufen, und mietete statt dessen ein Strandhaus in Malibu, im Norden von Los Angeles. Es verfügte über zwei Schlafzimmer und ein acht Meter breites Panoramafenster und hatte eine ähnlich anheimelnde Atmosphäre wie das Haus der Kennedys in Hyannis Port. Es lag direkt am Strand, wo Peter surfte und Volleyball spielte, als wollte er die besten Seiten des Junggesellenlebens ins Eheleben hinüberretten.

Pat und Peter hatten gute Freunde, doch sie hatten auch die bei Politikern und Schauspielern gleichermaßen verbreitete Angewohnheit, Menschen, die eben noch ihre besten Gefährten waren, ganz unvermittelt und scheinbar ohne jedes Bedauern fallenzulassen. Als Pat sich in Malibu zur Hausherrin aufschwang, fühlten sich viele Freunde ihres Mannes, die er vom Strand kannte, nicht mehr willkommen. Zum Teil nahmen sie Anstoß daran, daß Peter sich nicht bemühte, ihnen einen Platz in seinem neuen Leben zuzuweisen, doch die Hauptschuldige war für sie Pat. »Sie sorgte dafür, daß der Kontakt zu den meisten Jungs abbrach«, erinnerte sich Royal Marcher, einer von Peters Freunden. »Frauen tun so etwas. Sie haben Angst, daß die Jungs ihren Mann mit einer anderen ins Bett stecken. Aber Peter war nicht der Typ, der etwas tat, was er nicht wollte. Wenn er wirklich verrückt nach Pat war, dann hätte so etwas niemals getan.«

Die meisten alten Freunde von Peter betrachteten Pat als unwillkommenen Eindringling, der eine großartige Clique zerstörte. »Ich gehöre zu den wenigen, die nichts Schlechtes über Pat sagen können«, sagte Dick Livingston, ein anderer guter Freund von Peter. »Manchmal war sie schlechtgelaunt, aber das wäre wohl jeder in ihrer Situation gewesen. Wenn man irgendwo hinzieht, und dann kommen auf einmal die alten Kumpels vom Strand und trampeln im Haus herum, schiebt doch jede erst einmal einen Riegel vor. Sie hat sich mit mehr abgefunden, als die meisten anderen Frauen es getan hätten.«

Pat und Peter waren zwei echte Energiebündel, und wenn sie auf eine Party gingen, steckten sie mit ihrer Fröhlichkeit alle anderen an. Ihre Zuneigung war immerhin so groß, daß sie ihre Eigenheiten nicht zum Zankapfel werden ließen, sondern sich statt dessen neckten. Pat war manchmal furchtbar geizig, während Peter die Großzügigkeit in

Person war, fürstliche Trinkgelder gab und Preisschilder als etwas Vulgäres betrachtete, das beim Kauf eines Anzugs oder Pullovers ignoriert werden mußte. Pat plante ihren Tagesablauf sorgfältig, während Peter Entscheidungen am liebsten in letzter Minute traf. Beide brauchten ein hohes Maß an persönlicher Freiheit und betrachteten dies nicht als unangenehme Angewohnheit, sondern waren froh, einander gefunden zu haben. »Pat ist das einzige Mädchen, mit dem ich verheiratet sein kann«, gestand Peter stolz. »Ich war noch nie besonders häuslich. Pat übrigens auch nicht. Sie hatte auch nicht heiraten wollen.«

Peter gefiel sich in dem Gedanken, daß Pat niemals geheiratet und ihr fröhliches Singledasein bis an ihr Lebensende fortgeführt hätte. Er war, was Pat betraf, von vielen Dingen überzeugt, die so nicht immer stimmten. »Pat ist die verständnisvollste Frau der Welt«, fuhr er fort. »Ich vertraue ihr vollkommen, und sie vertraut mir. Es gibt keinen Besitzanspruch, keine Eifersucht. Das ist sowieso etwas für Unreife ... Würde ich sie jetzt anrufen und ihr sagen, daß ich zum Dinner nicht nach Hause komme, würde sie keine Einwände erheben. Ich müßte ihr nicht erklären, warum ich nicht komme oder wohin ich gehe. Man könnte das wohl ›verständnisvoll‹ nennen.«

Pat versuchte, 5000 Kilometer von ihren Schwestern und ihrer Mutter entfernt mit Peter ein eigenes Leben aufzubauen. Eunice hatte im April ihr erstes Kind, Robert Sargent, bekommen, und Pat war sich bewußt, daß ihre ganze Erziehung darauf ausgerichtet gewesen war, eine Familie zu gründen. Sie wußte zwar, daß es besser gewesen wäre, damit zu warten, bis sich auch ihr Ehemann an das Eheleben gewöhnt hatte, doch so etwas war aus der Sicht der katholischen Kirche undenkbar. Pat und Peter waren kaum vier Monate verheiratet, als sie schwanger wurde.

Peter war über die Aussicht, Vater zu werden, nicht sonderlich erfreut. Er befürchtete, seine Freiheit und Selbständigkeit zu verlieren, und je dicker Pats Bauch wurde, desto weniger Zeit verbrachte er zu Hause. Die Woche über blieb er im Haus seines Agenten Ebbins in Los Angeles. Ebbins wollte nicht zum Scheitern von Peters Ehe beitragen und bat ihn, in sein Haus in Malibu zurückzukehren, doch davon wollte Peter nichts wissen. Schließlich tauchte Pat bei Ebbins auf und sagte zu Peter: »Ich werde hier einziehen.« Sie blieb bis zum siebten Monat ihrer Schwangerschaft, dann flog sie nach Kanada zum Skifahren.

In den fünfziger Jahren war es für schwangere Frauen nicht gerade üblich, auf Skiern die kanadischen Rocky Mountains hinunterzusausen, doch Pat hatte nicht die Absicht, der Schwangerschaft wegen ihren Sport aufzugeben. Am 29. März 1955, kurz nachdem sie vom Skifahren zurückgekehrt war, brachte sie vor dem fälligen Termin einen sechs Pfund schweren Jungen zur Welt. Sie und Peter gaben ihm den Namen Christopher Kennedy Lawford, so daß beide Familiennamen vereint waren. Rose hielt sich zufällig in Los Angeles auf, als das Kind zur Welt kam, und half zum ersten und letzten Mal bei der Geburt eines ihrer Enkelkinder, eine Rolle, die bei den anderen Enkeln Luella Hennessy übernahm. Rose blieb nur einige Tage in Los Angeles. Anfang April reiste sie ab und trat zusammen mit ihrer Nichte Mary Jo Gargan eine Weltreise an. Nach zweieinhalb Monaten traf sie mit Mary Jo in Paris ein, wo sie ein paar Tage mit Joe verbrachte. Dort erfuhr sie auch, daß Ethel am 15. Juni 1955 ihr sechstes Enkelkind, David Anthony, zur Welt gebracht hatte.

***

Pat tat sich schwer mit ihrer neuen Rolle als Mutter, zumal ihr Mann es nicht ertragen konnte, wenn er durch das Schreien oder Wickeln des Säuglings in seinen Gewohnheiten gestört wurde. Peter bereinigte das Problem, indem er eine Wohnung in der Nähe mietete, in dem sein Sohn und das Kindermädchen den Tag verbringen konnten. Pat akzeptierte diese Regelung nicht nur, sie freute sich auch darüber, ihren Sohn für einige Stunden dem Kindermädchen überlassen zu können.

Die Geburt eines Enkels war in der Familie Kennedy immer ein besonderes Ereignis, und so flog auch Joe zur Taufe ein, die in der Kirche des Guten Hirten in Beverly Hills stattfand. Peter Sabiston war Pate und stand stolz neben Pat und Peter, während sich seine attraktive Freundin im Hintergrund hielt. Auch Dick Livingston, ein anderer guter Freund von Peter, war mit seiner hübschen jungen Frau anwesend. Joe musterte die Anwesenden, wobei sein Interesse beileibe nicht nur seinem neuen Enkel Christopher galt. Innerhalb weniger Minuten brachte er es fertig, sowohl Peter Sabistons Freundin als auch die junge Mrs. Livingston in seine Villa in Südfrankreich einzuladen. Auf der anschließenden Party am Strand wurden Joes Einladungen sogar noch drängender. »Wie soll ich mich denn verhalten?« fragte Sabistons Freundin.

Sabiston ging zu Joe und bedankte sich überschwenglich: »Vielen Dank für Ihre freundliche Einladung. Aber leider können wir es nicht einrichten.«

***

Pat besaß einen wesentlich besseren Geschäftssinn als Peter. Bei geschäftlichen Besprechungen war sie stets an seiner Seite und diskutierte über die Rollen, die er übernehmen sollte. Eines Tages bekam er das Angebot, in der Fernsehserie *Dear Phoebe* einen liebeskranken Kolumnisten zu spielen. Zunächst lehnte er ab. Das Fernsehen war immer noch der Feind des Kinos, und kein bedeutender Star war darauf erpicht, jede Woche auf einem kleinen Bildschirm zu erscheinen. Pat sah die Sache anders. Bei einem Treffen mit Peters Agenten Ebbins sagte sie: »Das hört sich gut an, Peter, warum willst du es nicht versuchen? Das wird doch bezahlt, oder nicht?«

»Natürlich«, erwiderte Ebbins. »5000 Dollar die Woche.«

»Was?« rief Pat aus. »Peter, das mußt du einfach machen!«

Peter übernahm nicht nur die Rolle, er und Pat stiegen sogar als Koproduzenten ein und steuerten jeweils 12 500 Dollar bei. Pat hatte Peter so gut wie nichts über ihr Vermögen erzählt. Jedes Jahr legten ihm Buchhalter unausgefüllte Steuerformulare vor, die er anstandslos unterschrieb. Eines Tages öffnete er einen Umschlag, in dem sowohl seine Steuerunterlagen als auch die seiner Frau zurückgeschickt worden waren. Er war äußerst überrascht, als er las, daß seine Frau allein an Zinsen 265 000 Dollar eingenommen hatte.

Bei den Dreharbeiten zu *Dear Phoebe* war Pat häufig im Studio, und in einer Episode übernahm sie sogar eine Statistenrolle. Sie versuchte, an Peters Leben und Karriere teilzuhaben, doch am glücklichsten war sie, wenn sie Familienmitglieder um sich hatte. Im ersten Jahr ihrer Ehe traf es sich, daß nicht nur Jean für Aufnahmen zur *Christopher-Stunde* nach Los Angeles kam, sondern auch Eunice für einige Tage in der Stadt weilte. Und auch Ted war da, in Begleitung seines Zimmergenossen vom College, Claude E. Hooton jr., der in Jean verknallt war.

»Die drei Schwestern hatten sich seit langem nicht mehr gesehen, und es war drollig, sie zu beobachten«, erinnerte sich Hooton. »Man kam überhaupt nicht zu Wort. Es war ihnen egal, wer außer ihnen da war. Peter versuchte, sich in die Unterhaltung einzuschalten, doch sie waren wie in einer anderen Welt. Es war einfach unglaublich. Sie waren alle schon in der Welt herumgekommen und hatten alles mögliche unternommen, aber jetzt waren sie wie kleine Kinder.«

Claude sah in der Szene ein Symbol für die liebevolle Zuneigung der Kennedys, andere jedoch bedauerten Peter, der im Schatten dieser Familie leben mußte. »Ich glaube, Peter fühlte sich ihnen nicht gewachsen«, erzählte eine enge Freundin von Pat. »Wenn Pats Schwestern zu Besuch kamen, zeigten sie eine Verbundenheit, die ich so noch nie gesehen hatte. Peter blieb außen vor. Die Schwestern waren gefühlsmäßig in einer anderen Welt als Peter. Sie hatten eine eigene Sprache. Sie lachten zusammen über ihre kleinen Geheimnisse. Und jeder, der nicht gerade vor Selbstvertrauen strotzte, fühlte sich eingeschüchtert und ausgeschlossen.«

Christopher war noch keine sechs Monate alt, als Pat mit Jean nach Moskau flog. Die beiden reisten wesentlich neugieriger und unvoreingenommener nach Rußland als Rose, Kathleen und Joe jr., die das Land vor dem Zweiten Weltkrieg besucht hatten.

»Wir verließen Rußland voller Bewunderung für die Frauen«, schrieben sie später in einem Artikel für *United Press*. »Sie arbeiten im Straßenbau, in den Fabriken, auf den Bauernhöfen. Es ist bedauerlich, daß sie so wenig Zeit für die Familie oder andere Freuden des Lebens haben, während das hier in Amerika selbstverständlich ist.«

Die 27jährige Jean war immer noch unverheiratet und fühlte sich plötzlich alt und einsam. Von Paris aus telegrafierte sie im Mai 1955 an Pat und fragte sie, ob sie sich so alt fühle, wie sie selbst aussehe. Dennoch hatte sie einen standesgemäßen Verehrer: den 28jährigen, irischstämmigen New Yorker Geschäftsmann Stephen Edward Smith, der an der Georgetown University studiert hatte und nun in einer leitenden Position bei Cleary Brothers, dem Transportunternehmen seiner Familie, arbeitete. Stephen war ausgesprochen charmant, aber auch hart, was er vor Frauen allerdings selten zeigte. Alles in allem war er ein Mann, den auch Joe als Schwiegersohn akzeptieren würde.

»Vater ließ mir die Wahl zwischen einer großen Hochzeit oder einem großen Geschenk«, erinnerte sich Jean. Schon als Debütantin war sie von ihm vor die gleiche Wahl gestellt worden, und nun traf sie die gleiche Entscheidung wie damals. Sie legte keinen großen Wert auf Publicity und entschied sich für eine Diamantbrosche.

Jeans Hochzeit am 19. Mai 1956 fiel nicht so prunkvoll aus wie die ihrer Geschwister John F. oder Eunice, doch an normalen Maßstäben gemessen, war sie immer noch sehr festlich. Die Trauung vollzog Kardinal Francis Spellman in der St. Patrick Cathedral. Eunice war Jeans Brautführerin. Als Jean in ihrem langen Kleid aus champagnerfarbenem Satin und einem Tüllschleier mit einer Krone aus Orangenblüten die Kirche verließ, lächelte sie strahlend.

* * *

Jean hatte sich kaum an das Eheleben gewöhnt, als sie und ihre Schwestern von einer großen Neuigkeit erfuhren. John F. sollte auf dem Parteikonvent der Demokraten 1956 in Chicago als möglicher Kandidat für das Amt des Vizepräsidenten vorgeschlagen werden. Dies war für die ganze Familie ein Anlaß, trotz der schwülen Augusthitze in die Großstadt im Mittelwesten zu fahren. Die einzige Kennedy, die fehlte, war Pat, die im achten Monat schwanger war. Auch Jackie hätte zu Hause bleiben sollen, denn nach ihrer Fehlgeburt im ersten Ehejahr war sie nun abermals in anderen Umständen. Sie brauchte eigentlich Ruhe, doch es war politisch wichtig, daß sie an der Seite ihres Gatten erschien. Die Mitarbeiter der Kennedys waren nämlich zu dem Schluß gekommen, daß der Präsidentschaftsanwärter Adlai Stevenson, der bereits einmal geschieden war, einen Vize an seiner Seite brauchte, der ein intaktes Familienleben vorweisen konnte. So gesehen war Jackie, deren Schwangerschaft nicht zu übersehen war, die beste Reklame für John F.

In Chicago wohnte Jackie nicht bei John F. im Hotel, sondern wurde zusammen mit Jean und Ethel in der Wohnung von Eunice untergebracht. Um Platz zu schaffen, hatte Eunice den zweijährigen Bobby jr. und die neun Monate alte Maria Owings nach Hyannis Port geschickt.

Eunice war eine der beiden Vorsitzenden des Unterhaltungskomitees. Dies war eine relativ wichtige Position für eine Frau, auch wenn es weitgehend den Männern vorbehalten blieb, die Kandidaten auszuwählen, die gegen Präsident Dwight D. Eisenhower antreten sollten. Eunice sah ihre politische Aufgabe darin, John F. nach Kräften zu unterstützen. Ihr Ehemann Sarge war ein Mann mit hohen moralischen Prinzipien und einem sicheren Gespür für die Probleme, die die amerikanische Gesellschaft in den sechziger Jahren erschüttern würden. Durch seine Arbeit im Schulausschuß und im Rat für die Beziehungen zwischen den Rassen war er auf Fragen wie Rassengleichheit und Armut aufmerksam geworden, und zwar lange vor den Kennedys. Während des Konvents hätte er sein eigenes politisches Debüt geben können, indem er auf diese Fragen hinwies. Doch wenn es um ihren Ehemann ging, entwickelte Eunice keinerlei politischen Ehrgeiz. »Ich finde, er macht sich als Präsident des Chicagoer Schulausschusses ausgezeichnet«, sagte sie zu einem Reporter, als habe sie über Sarges Zukunft zu entscheiden. Über John F. äußerte sie sich ganz anders. »Wir denken, daß ein öffentliches Amt genau das richtige für ihn wäre. Er wäre der ideale Vizepräsident. Aber er sagt, daß ihn bislang noch niemand gefragt habe.«

***

Eunice und ihre beiden Schwestern waren unter den Zuhörern, als John F. am ersten Abend des Konvents in bewegenden Worten die Geschichte der demokratischen Partei schilderte. Die Delegation aus Massachusetts feierte ihn begeistert. Am dritten Abend des Konvents hatten die drei Kennedy-Schwestern nochmals Gelegenheit, ihren Bruder im Rampenlicht zu sehen. Diesmal hielt er eine Nominierungsrede für Stevenson.

Stevenson nominierte seinen Vizepräsidentschaftskandidaten nicht selbst, sondern überließ die Wahl den Delegierten. John F. und seine Brüder hatten damit einen Tag, um möglichst viele Stimmen für sich zu gewinnen. Reporter beobachteten, wie Jackie, Ethel, Eunice und Jean »überall durch die Gänge wuselten«. Für die Kennedy-Frauen waren es turbulente Tage – die Nominierungsrede, die hektischen Verhandlungen, die donnernden Kundgebungen, die Abstimmung, der erste Wahlgang, bei dem John F. hinter Senator Estes Kefauver zurücklag, der zweite Wahlgang, in dem John F. die Führung übernahm, wobei ihm nur 68 Stimmen fehlten, und schließlich, trotz aller Anstrengungen, der Sieg Kefauvers. Nach der Entscheidung zog sich die Gruppe deprimiert in ein Haus nahe dem Tagungsort zurück. John F. und Eunice konnten die Tränen nicht länger zurückhalten.

»Keine Sorge um den jungen John F. Kennedy«, schrieb der *Boston Herald.* »Trotz der Niederlage nach einem großartigen Kampf an diesem Nachmittag ist er vermutlich der eigentliche Sieger des ganzen Konvents. Er war das neue Gesicht, das allen in Erinnerung bleiben wird.«

* * *

Nach dieser aufreibenden Woche flogen John F. und Jackie gemeinsam zurück nach New York. Eine Woche lang hatten sie keine Privatsphäre gehabt, und John F. hatte die letzten drei Tage nicht geschlafen. Auch Jackie war erschöpft, von ihrer Schwangerschaft wie von den Strapazen beim Konvent. Sie hatte am Frühstück der Delegierten aus Massachusetts teilgenommen, in der Loge der Kennedys eine Fahne für Stevenson geschwenkt, den Reportern Nettigkeiten in die Notizblöcke diktiert, bescheiden für John F. applaudiert und geweint, als er unterlag. So sehr sie ihm den Sieg gegönnt hätte, die Politik war für sie immer noch ein vulgäres Geschäft, vor dem sie manchmal fliehen wollte. Als eine besonders aufdringliche Journalistin ihr bei der Tagung auf Schritt und Tritt folgte, flüchtete sie schließlich aus der Loge, eilte die Treppen hinunter, rannte in die Garage und fuhr davon.

Der John F. Kennedy, der beim Konvent als Mustergatte präsentiert worden war, wäre vermutlich mit seiner Frau nach Newport zurückgeflogen, um in den letzten Monaten ihrer Schwangerschaft bei ihr zu sein. Doch der wahre John F. verabschiedete sich von seiner Frau auf dem New Yorker Flughafen und stieg zwei Stunden später in eine Maschine nach Paris, von wo aus er seinen Urlaub in Südfrankreich antreten wollte. Jackie flog weiter nach Newport, wo sie auf der Hammersmith-Farm mit ihrer Mutter »die baldige Geburt ihres Kindes erwartete«.

In Chicago hatte Jackie darüber gesprochen, daß John F. doch mit George Smathers und Ted Urlaub machen könnte. Smathers erinnerte sich daran, daß sie fragte: »Warum fahrt ihr nicht mit John F. ans Mittelmeer? Er hätte große Lust dazu.« Im Senat hatte Smathers einen ähnlichen Ruf als Frauenheld wie John F., und Jackie war vermutlich klar, daß sie ihren Mann nicht auf eine Bildungsreise schickte. Ihr Angebot war eine großzügige Geste, aber John F. hätte es nicht anzunehmen brauchen. Als sie unter sich waren, bat sie ihn, bei ihr zu bleiben, doch er war nicht dazu bereit, auf seinen Spaß zu verzichten.

In Südfrankreich besuchten John F. und seine Begleiter Joe und Rose, die eine Villa am Meer gemietet hatten. Rose fand, ihr Sohn sehe »frisch und braungebrannt aus.« Man sprach über den Konvent, und John F. beklagte sich über Leute, auf die er sich verlassen habe, die ihn dann aber verraten hätten. Verrat war ein wichtiges Thema bei den Kennedys, denn es gab viele, die sich bei ihnen anbiederten, sie hinterher aber im Stich ließen.

John F. war nicht nur an die Côte d'Azur gefahren, um mit seinen Eltern über Politik zu diskutieren. Er und seine Freunde mieteten in Cannes eine Yacht und segelten hinaus ins Mittelmeer, begleitet von einem französischen Starlet und anderen Frauen. Smathers fuhr nicht mit. Während John F. sich in der Sonne entspannte, bekam Jackie in Newport plötzlich Blutungen. Am 23. August 1956 wurde sie durch Kaiserschnitt entbunden, doch das Baby war bereits tot. Als Ursache wurde ihre »Erschöpfung und nervöse Anspannung nach dem Nationalkonvent der Demokraten« angegeben.

Als Jackie nach der Operation erwachte, saß Bobby neben ihrem Bett. Er hatte alles für das Begräbnis des Babys veranlaßt und war bereit, für seine Schwägerin zu tun, was in seiner Macht stand. »Auf Bobby war Verlaß«, sagte Jackie. »Wenn es Probleme gab, war er da.«

Rose saß in der Villa Las Fal Eze und schrieb gerade einen Brief an Clare Boothe Luce, als Bobby aus Amerika anrief und über den Tod des Babys berichtete. »Jackie hat ihr Baby verloren!« kritzelte Rose als Postskriptum unter den Brief. »Sie ist furchtbar traurig. John F. ist höchstwahrscheinlich mit einer Yacht unterwegs. Wir hoffen, ihn bald zu erreichen. Bete, liebe Clare, bitte.«

Smathers gelang es erst einige Tage später, John F. zu erreichen. »Sie [Jackie] war total emotional, und man wußte nicht genau, warum«, erinnerte sich Smathers, als sei der Verlust eines zweiten Babys dafür nicht Grund genug. »Ich habe ihn schließlich zur Rückkehr bewegt. Ich sagte ihm: ›Du solltest wirklich zurückkommen.‹ Und das tat er dann auch ... Sie hatten auf See wirklich viel Spaß gehabt.«

In seinem Buch *Zivilcourage* hatte John F. jene seltenen Momente beschrieben, in denen eine Rede, eine Tat oder eine Abstimmung über die gesamte weitere Karriere eines Politikers entschied. Solche Momente gibt es auch in einer Ehe. John F. hatte durch seinen Starrsinn und seine Gefühllosigkeit die emotionale Grenze überschritten. Trotz der Fehlgeburt seiner Frau wollte er auf dem Boot bleiben, um sich zu amüsieren und zu entspannen. Auf Jackie und ihre Gefühle nahm er wenig Rücksicht.

Trotz seiner hohen Intelligenz verstand John F. einfach nicht, daß Jackie zwar seine Seitensprünge akzeptierte, jedoch nicht gewillt war, Verrat hinzunehmen. Ihre Waffen gegen sein demütigendes Verhalten beschränkten sich auf Passivität und Rückzug, was freilich nicht nur ihn, sondern auch sie selbst verletzte. Jackie war so unglücklich, daß der Klatschreporter Drew Pearson von Scheidungsgerüchten schrieb. »Ich weiß, daß es schwierig für sie gewesen sein muß«, sagte Rose. »Aber ich hörte nie davon, daß es zu einem ernsten Bruch gekommen wäre oder daß sie über Scheidung redeten.«

Eine Scheidung war undenkbar. Joe sprach mit Jackie und sagte, er werde nicht zulassen, daß die Aussichten seines Sohnes, eines Tages ins Weiße Haus einzuziehen, durch eine zerrüttete Ehe gefährdet würden. Jackie willigte ein, die Ehe fortzuführen, aber zu ihren Bedingungen. Sie hatte sich lange mit der Lebensweise der Kennedys abgefunden, doch nun versuchte sie, zu ihnen auf Distanz zu gehen. Das Haus in McLean, Virginia, das sie für sich und das Baby eingerichtet hatte, wollte sie jetzt nicht mehr. Sie und John F. zogen in ein Haus in Georgetown und verkauften Hickory Hill an Bobby und Ethel.

John F. sah an seinem Verhalten nichts Falsches, ebensowenig wie sein Vater. Joe traf sich in New York mit Oleg Cassini und sprach mit ihm ganz offen über seine Familie. Cassini betrachtete die Verführung von Frauen als hohe Kunst, als eine Berufung, die ihn mehreren Kennedys näherbrachte. »Der alte Mann hatte ein Auge für alles, was weiblich war und Beine hatte«, sagte Cassini. »Nach dem Moralempfinden der Kennedys war das in Ordnung. Ich glaube nicht, daß Joe jemanden liebte. Er war ein Jäger, der symbolischen Erfolg im Leben suchte, und Erfolg bei Frauen war für ihn ein Zeichen von Macht. John F. hingegen liebte die Frauen auf seine Weise. Er fragte sie aus. Er besaß außergewöhnlichen Charme und versuchte, die Frauen durch sein Interesse an ihnen zu entwaffnen, ob es nun echt war oder nicht. Zu einer längeren Beziehung war er allerdings nicht fähig. Joe erzählte mir, daß John F. kein guter Liebhaber sei. Auf jeden Fall war er aber ein großer Verführer.«

* * *

Im Herbst 1956 engagierten sich einige Kennedys im Wahlkampf für den Präsidentschaftskandidaten Adlai Stevenson. Bobby begleitete ihn auf seiner Wahlkampftour, um zu lernen, wie man eine solche Kampagne organisierte. Er entwickelte jedoch eine solche Abneigung gegen Stevensons Trägheit, daß er für Eisenhower stimmte. John F. hielt in 26 Staaten Reden für Stevenson und setzte sich mehr ein als die beiden Kandidaten selbst. Auf diese Weise erwarb er sich den Respekt vieler Lokalpolitiker und machte seinen Namen auch in entlegeneren Regionen bekannt. Einige seiner Auftritte wurden mit denen eines Elvis Presley verglichen. Am College der Ursulinerinnen in Louisville schrien die jungen Frauen: »Du bist besser als Elvis!« Drei Wochen später wurde er in Queens Village von Hausfrauen, Müttern und Großmüttern umschwärmt, die seinen Namen riefen, um sein Autogramm baten und ihm die Haare streichelten. Einige fielen sogar in Ohnmacht. »So wie ihre Töchter sich um Elvis drängen, so drängen sich die Frauen um den jungen Mann mit dem wilden Haarschopf«, bemerkte eine New Yorker Zeitung. »Noch nie wurde jemand auf Long Island so begeistert empfangen wie Kennedy gestern.«

In der gleichen Woche hielt Eunice in South Bend, Indiana, eine sehr beeindruckende Rede. Unter anderem sprach sie über die Persönlichkeit der Präsidentschaftskandidaten. »Selbst Stevensons Freunde geben zu, daß sich seine jugendliche Ausstrahlung in Grenzen hält. Sein Widersacher im Kampf um das höchste Amt ist anders. Er hat das wunderbarste Lächeln seit Maurice Chevalier, doch seine Freunde räumen ein, daß er nicht gerade ein Gelehrter oder ein Philosoph ist.«

Der Kandidat mit »dem wunderbarsten Lächeln seit Maurice Chevalier« gewann die Wahl im November. Zu Thanksgiving versammelten sich die Kennedys in Hyannis Port und diskutierten stundenlang über die politische Zukunft. Alle waren da, Rose und Joe, die Kinder und die neun Enkelkinder, darunter auch die beiden jüngsten, Sydney Maleia Lawford und Mary Courtney, Ethels fünftes Kind.

Eunice hatte einen ausgeprägten politischen Verstand. »Eunice war Joe am ähnlichsten«, sagte Smathers. »Sie war extrem ehrgeizig, intelligent, besaß Überzeugungskraft und Ausdauer. Meiner Meinung nach machte sie John F. mehr Mut als Rose, fast soviel wie Joe.«

Doch die endgültige Diskussion über seine politische Zukunft führte John F. nur mit Joe. Eines Abends nach dem Dinner zogen sich die beiden ins Arbeitszimmer zurück. Joe war gegen eine Nominierung für die Vizepräsidentschaft gewesen, befürwortete aber eine Kandidatur für das Amt des Präsidenten im Jahr 1960. »Denke daran, daß dieses Land nicht für die Protestanten reserviert ist«, sagte er zu seinem 39jährigen Sohn. »Da draußen ist eine ganz neue Generation herangewachsen, die aus den Söhnen und Töchtern von Immigranten aus der ganzen Welt besteht. Diese Leute werden mächtig stolz darauf sein, daß sich einer von ihnen für das Präsidentenamt bewirbt. Und dieser Stolz wird dich anspornen, er wird deinem Wahlkampf eine nie dagewesene Intensität verleihen. Denke an meine Worte. Ich weiß, daß es so ist.«

»Also gut, Vater«, sagte John F. mit einem Lächeln. »Wann fangen wir an?«

18

Zu Hause bei den Kennedys

Im Frühjahr 1957 saßen Ethel und Jackie bei den Anhörungen des Senatsunterausschusses, der unrechtmäßige Gewerkschaftspraktiken untersuchte, häufig in der ersten Reihe. John F. war dem achtköpfigen Ausschuß eher widerwillig beigetreten, Bobby hingegen war der Kopf des Komitees. Er war ein unermüdlicher Inquisitor, der sich durch den Dschungel von Entschuldigungen und Rechtfertigungen korrupter Funktionäre kämpfte, unter ihnen David Beck, Präsident der LKW-Fahrer-Gewerkschaft. Manchmal kam auch Ted aus Charlottesville herüber, wo er die University of Virginia besuchte, und verfolgte mit seinen beiden Schwägerinnen das Spektakel. Rose war zwar nicht anwesend, doch sie verfolgte die Anhörungen sehr genau, vor allem jedoch das, was über Bobby geschrieben wurde. Sie schickte ihm einen Zeitungsausschnitt (»Faire und ehrliche Kritik hat noch niemandem geschadet«), um sicherzugehen, daß er ihn auch wirklich las. Sie beherrschte den besonderen Humor der Kennedys ebensogut wie jeder andere.

Bei den Kennedys wurde Zusammenhalt großgeschrieben, und die Brüder gingen ihren politischen Weg gemeinsam, wobei der Vater oft unauffällig Hindernisse aus dem Weg räumte. »Einer der Sätze«, erinnerte sich Rose, »die Joe immer wieder wiederholte, lautete: ›Dinge geschehen nicht einfach, man muß dafür sorgen, daß sie geschehen.‹ Und so war es, als John F. beispielsweise den Pulitzerpreis für sein Buch *(Zivilcourage)* erhielt oder als er oder Bob zum außergewöhnlichsten jungen Mann des Jahres gewählt wurden. Dies alles hatten sie ihren eigenen Fähigkeiten und der sorgfältigen Vorarbeit ihres Vaters zu verdanken, der wichtige Entscheidungen traf und die richtigen

Leute kannte. Joe hatte aber Glück, daß seine Söhne sich so gut bewährten. Sie benahmen sich gut, waren intelligent, und vor allem hatten sie Vertrauen in das Urteil ihres Vaters, das sich so oft als richtig erwiesen hatte.«

Die Kennedy-Frauen beobachteten ihre Männer oft bei ihren öffentlichen Auftritten und unterstützten sie, wo sie konnten. Selbst das Kinderkriegen war für sie inzwischen ein politischer Akt geworden, der die Verpflichtung gegenüber traditionellen Werten wie Heim und Familie symbolisierte. Im Februar 1958 wurde Ethel von ihrem sechsten Kind, Michael LeMoyne, entbunden. Und natürlich wurde dafür gesorgt, daß ein Foto der glücklichen Eltern mit ihrem Sohn im *Boston Traveler* erschien.

Die Hauptaufgabe der Kennedy-Frauen bestand darin, für ein harmonisches Familienleben zu sorgen, und Bilder aus diesem Familienleben wurden dem neugierigen Publikum präsentiert. Zu Dutzenden umschwärmten die Reporter die attraktiven Kennedys, und es bedurfte keiner besonderen Aufforderung, damit sie über die Familie berichteten. Die Kennedys bedankten sich mit Einladungen und oberflächlichen Vertraulichkeiten. An Weihnachten 1975 standen auf Ethels und Bobbys Geschenkliste die Namen von 37 Reportern, 10 Fotografen und 16 Rundfunk- und Fernsehtechnikern. Die Geschenke wurden sorgfältig ausgewählt, und ganz oben auf der Liste stand: »Keinen Alkohol schenken.«

Bei der Erziehung ihrer Kinder folgten Ethel und Bobby der Familientradition und schickten ihre älteste Tochter Kathleen auf die Heilig-Herz-Schule außerhalb Washingtons. An einem Septembermorgen nahm Ethel ihre sechsjährige Tochter an die Hand und brachte sie in die Schule. »Kathleen kam schreiend und strampelnd in das Klassenzimmer«, erinnerte sich Anne Coffey, die später ihre beste Freundin werden sollte. »Sie hatte den schlimmsten Wutanfall, den ich je erlebt habe. Als ich sie sah, beschloß ich sofort, Freundschaft mit ihr zu schließen. Sie hat mir das Leben in der ersten Klasse erleichtert.« Ethel übergab ihre Tochter der Nonne und eilte aus dem Raum. Sie ließ ein kleines Mädchen zurück, das sich der Disziplin der guten Schwestern vom Heiligen Herzen nicht so leicht fügen sollte.

* * *

Bis auf Rosemary und den 25jährigen Ted waren nun alle jungen Kennedys verheiratet, und von Ted wurde nun erwartet, daß er ebenfalls die Gründung einer Familie ins Auge faßte. In Harvard, wohin er nach dem Militärdienst zurückgekehrt war, fiel er mehr durch sportliche als durch intellektuelle Leistungen auf, und so wohnte er mit den anderen Harvardathleten im Winthrop-Haus.

Ted war weder so intelligent wie John F., noch besaß er die schnelle Auffassungsgabe Bobbys. Als Jurastudent mußte er viele Stunden über den Büchern brüten, um nur einigermaßen durchzukommen. »Ich muß mich viermal mehr anstrengen und viermal länger lernen als mancher Kommilitone«, erzählte er seinem Biographen. Er arbeitete und arbeitete, und dann wurde aus ihm plötzlich der gefeierte »Cadillac Eddie«, ein trinkfester, großspuriger und spendabler Partylöwe. Es war »Cadillac Eddie«, der einmal einem Streifenwagen mit 150 Sachen davonraste. Eine Woche später wurde er gefaßt. Er saß niedergeschlagen hinter dem Steuer, und als er zu dem Polizisten aufsah, wirkte er »harmlos wie ein junges Kätzchen«.

Ted konnte gut mit Menschen umgehen. Seine Stärke lag nicht auf wissenschaftlichem Gebiet, sondern in der mündlichen Auseinandersetzung. So bat ihn Rose im Oktober 1957, anläßlich der Einweihung einer neuen Sporthalle auf dem neuen Campus des Manhattanville College in Purchase, New York, eine Rede zu halten. Die Halle war dem Andenken von Kathleen gewidmet.

Die Schulen des Heilig-Herz-Ordens waren für die Erziehung der Kennedy-Frauen ebenso wichtig wie Harvard für die Männer. Wenn es für Rose oder ihre Töchter jemals eine Gelegenheit gab, eine Rede zu halten, dann die Einweihung dieser Sporthalle. Da das öffentliche Interesse jedoch sehr groß und mit einer ausführlichen Berichterstattung in der Presse zu rechnen war, beschloß die Familie, einen männlichen Vertreter sprechen zu lassen. Die Einweihung fand an einem Sonntagnachmittag statt. Nicht nur Joe und Rose waren anwesend, sondern auch Jean und Steve, Ethel mit ihrer sechsjährigen Tochter, die nach Kathleen benannt worden war, und der fünfjährige Joe II.

Ted war ein guter Redner, und es konnte nicht schaden, daß viele junge, unverheiratete Frauen im Saal saßen. Unter den wenigen Studentinnen des Colleges, die dem Festakt fernblieben, befand sich Joan Bennett. Sie war gerade von einem Wochenende in Yale zurückgekommen und damit beschäftigt, ihre liegengebliebene schriftliche Arbeit zu beenden. Die 1,70 Meter große, blonde Joan war eine echte Schönheit mit atemberaubender Figur. Die jungen Männer umschwärmten sie, und auch bei ihren Kommilitoninnen war sie sehr beliebt, denn sie hatte einfach alles: Schönheit, Intelligenz, Kunst- und Musikverständnis und menschliche Güte. Sie saß gerade in ihrem Zimmer und schrieb eifrig an ihrer Arbeit, als ihre Freundin Margot Murray ins Zimmer platzte. »Teddy ist hier«, sagte sie. »Du mußt ihn einfach kennenlernen.«

In Manhattanville gab es viele arrangierte Zufälle, bei denen junge Mädchen »zufällig« begehrenswerten jungen Männern begegneten. Für Joan und ihre Freundinnen war das ein aufregendes Spiel, und als Hauptpreis winkte eine Heirat in ferner Zukunft. Joan war in Bronxville aufgewachsen, nur drei Straßen vom Haus der Kennedys entfernt. Die Kreis der prominenten Katholiken war recht klein, und sie kannte fast jeden, zumindest dem Namen nach.

Joan hatte noch einen anderen Grund, ihre schriftliche Arbeit im Stich zu lassen. Das Leben in Manhattanville war immer noch vielen Regeln unterworfen, und wenn eine ältere Studentin wie sie wenigstens ein bißchen Spaß haben wollte, mußte sie lernen, die eine oder andere zu umgehen. Wenn sie sich jetzt beim Empfang sehen ließ, nahm die Nonne, welche die Namensliste führte, vermutlich an, sie sei die ganze Zeit anwesend gewesen.

Auf dem Empfang entdeckte Joan unter den Anwesenden auch Jean, die sie im Sommer zuvor auf einer Party im Haus der Skakels in Greenwich kennengelernt hatte. Jean begrüßte sie nicht nur sehr freundlich, sondern nahm sie bei der Hand und führte sie zu Ted. »Ich möchte dir meinen kleinen Bruder vorstellen«, sagte sie, und Joan sah an dem 1,90 Meter großen und 90 Kilo schweren kleinen Bruder hoch und fand, daß er »verdammt gut aussah«.

Ted ließ durchblicken, daß er jemanden suchte, der ihn zum Flughafen brachte, und Joan meinte, sie und ihre Freundin Margot würden ihn gerne fahren. Es war ihr egal, ob sie und Margot wegen unerlaubten Verlassens der Schule bestraft werden würden.

»Darf ich Sie anrufen?« fragte Ted, als er sich aus dem kleinen Wagen zwängte. »Natürlich«, erwiderte Joan. Mit dieser zufriedenstellenden Antwort eilte Ted in das Flughafengebäude, nicht ahnend, daß er bei dieser Intrige der einzige Unschuldige war.

Er rief am nächsten Abend an, und nach einer Reihe weiterer Telefonate lud er Joan für Samstagabend ein. Sie hatte bereits eine Verabredung, und so mußte sich Ted mit einem gemeinsamen Brunch am Sonntagmorgen begnügen. Er wußte aus Erfahrung, daß manche Heilig-Herz-Studentinnen außerhalb des Konvents alle Regeln vergaßen. Joan war anders. Ihre Mutter war strikt dagegen, daß sie alleine mit dem Zug nach New York fuhr, und so mußte Ted am Sonntagmorgen nach Bronxville hinausfahren.

Ted fuhr mit Joan zum Sherry Netherland, wo sie sich mit Pat und Peter zum Brunch trafen. Joan war beeindruckt von Teds berühmtem Schwager und fügte sich gut in die kleine Gruppe ein. Als er sie abends nach Bronxville zurückbrachte, war der Mann, mit dem sie sich für den Abend verabredet hatte, bereits da. »Es hätte nicht besser laufen können«, erinnerte Joan sich später.

Joan lebte Hunderte von Meilen von Ted entfernt. Während des restlichen Studienjahrs sahen sie sich nur zweimal, zunächst bei einem Skiausflug nach Stowe und dann, im Frühjahr, bei einem Wochenendausflug nach Charlotte. Joan ging weiterhin mit anderen jungen Männern aus, doch als bekannt wurde, daß sie sich mit einem Kennedy traf, wurden die anderen vorsichtig. »Ein Freund von mir verabredete sich gelegentlich mit Joan«, erzählte David Burns, dessen Vater einst einer von Joes engsten Partnern war. »Jemand erzählte ihm, daß sie mit Ted Kennedy ausgehe, und er antwortete: ›Ich führe das Gemälde nur aus. Es wird unversehrt in die Galerie Kennedy zurückkehren.‹«

Nach Joans Abschluß im Juni lud Ted sie ein, ein Wochenende in Hyannis Port zu verbringen. Rose war die einzige Kennedy im Haus. Joan hatte elegante Garderobe mitgebracht, doch anders als Jackie begriff sie schnell, daß schlichte Kleidung angemessener war, und ließ ihre schicken Sachen im Koffer.

Joan erinnerte sich später, daß sie bei ihrer ersten Begegnung mit Rose »überhaupt nicht empört war über die vielen persönlichen Fragen, die sie mir stellte. Sie war sehr daran interessiert zu erfahren, was ich dachte.« Joan war ein Kind vom Heiligen Herzen, und das bedeutete Rose sehr viel. Die beiden Frauen unterhielten sich lange über Manhattanville und die Nonnen. Rose stellte vorsichtige Fragen über Joans Herkunft, ihren Glauben, ihre Wertvorstellungen, ihre Einstellung zur Familie, doch sie ließ sie nie spüren, daß sie einer mündlichen Prüfung unterzogen wurde, deren Ergebnis darüber entschied, ob sie Zugang zur Familie Kennedy erhielt.

»Sie fragte mich über Bronxville, Manhattanville und die Nonnen aus, doch die meiste Zeit sprachen wir über Musik«, erinnerte sich Joan. »Sie spielte sehr gut Klavier und bat mich, ebenfalls etwas zu spielen. Bei meinen Abschlußprüfungen hatte ich ein kleines Konzert geben müssen, und nun spielte ich einige Stücke daraus, unter anderem Brahms. Sie spielte eine Étude von Chopin. Schon in der ersten Woche verstanden wir uns blendend. Wir hatten soviel gemeinsam, die Erziehung bei den Nonnen und vor allem unsere Liebe zum Klavierspiel. Später erzählte sie mir, sie habe immer gebetet, Ted möge ein nettes katholisches Mädchen finden, einen Hausstand gründen und Kinder haben. Er hatte ihr zwar einige seiner Bekannten vorgestellt, doch die hatten ihr nicht besonders gefallen. Irgendwann sprach sie mit Eunice über mich und sagte so etwas wie: ›Ich kann unser Glück kaum fassen.‹ Ich war ein nettes, katholisches Mädchen mit guter Erziehung aus der gehobenen Mittelschicht, und außerdem sah ich gut aus. Es war zu schön, um wahr zu sein.«

***

Rose war von Joan zwar beeindruckt, verließ sich aber nicht allein auf deren Auskünfte. Sie rief in Manhattanville an und sprach mit Mutter Elizabeth O'Bryne, der Direktorin des Colleges, zu der sie ein gutes Verhältnis hatte. Obwohl Joan nur mittelmäßige Leistungen gezeigt hatte, pries Mutter O'Bryne sie als gute Schülerin und als eine junge Frau, die einer Heirat mit Ted bestimmt würdig sei.

Joan hatte einiges mit den weiblichen Kennedys gemein. Ihre Mutter, Virginia »Ginny« Bennett, wollte gesellschaftlich hoch hinaus und betrachtete ihre Töchter Joan und Candy gewissermaßen als ihr Kapital. Sie hatte sie streng erzogen und schon bei kleinen Anlässen mit der Haarbürste bestraft. Delayne Dedrick Gold beschrieb Ginny als eine Frau, die ihren Ehrgeiz durch ihre Töchter auslebte. Für Joan jedoch war der Vater das Maß der Dinge, wie Joe für die Kennedy-Schwestern. Harry Bennett war ein charmanter, freundlicher Mann, der seine beiden schönen Töchter über alles liebte.

Joan legte auf Selbstdisziplin und eine positive Einstellung sogar noch mehr Wert als Rose. Ihre Mutter hatte ein ernsthaftes Alkoholproblem, und auch ihr Vater trank sehr viel. Dennoch gelang es der Familie, den Schein nach außen zu wahren. Joan versuchte, sich an die schönen Dinge des Lebens zu klammern, und schreckte vor allem zurück, was negativ oder widerlich erschien, als ob die bloße Berührung sie schon beschmutzen könne. Eines Abends war sie nach Greenwich Village gefahren, um Eugene O'Neills *Eines langen Tages Reise in die Nacht* zu sehen. Sie fand das Stück so düster, so überflüssig, daß sie sich nicht vorstellen konnte, jemand wolle es bis zum Ende sehen. Sie war nicht der Typ, der über negative Erfahrungen sprach, und Ted war nicht der Mann, der herumsaß und über Gefühle diskutierte. Er war ständig unterwegs und richtete den Blick immer nach vorn.

Joan verbrachte in diesem Sommer noch zwei weitere Wochenenden mit Ted. Als der Herbst näherrückte, war Joan immer noch Jungfrau. Es spielte keine Rolle, wie stark sie sich sexuell von Ted angezogen fühlen mochte, sie war entschlossen, ihre Jungfernschaft nicht vor der Hochzeitsnacht zu opfern. Das machte sie nur noch begehrenswerter. »Was wir auch unternahmen, es war immer jemand dabei«, erinnerte sich Joan. »Es war irgendwie romantisch. Man lernte sich kennen, während andere dabei waren.«

Eines Tages gingen die beiden Hand in Hand am algenbedeckten Strand spazieren. Immer wenn Ted unsicher war oder nicht wußte, was er sagen sollte, verfiel er in undeutliches Gemurmel. »Was hältst du davon zu heiraten?« fragte er, als wolle er ihr eine geschäftliche Partnerschaft vorschlagen.

»Nun, ich finde, das ist gar keine schlechte Idee!« erwiderte Joan. Ted ließ sich in den Sand fallen.

»Was tun wir als nächstes?« fragte er. Er wollte möglichst schnell heiraten.

Am selben Abend begegnete Joan zum erstenmal Joe und fuhr anschließend zurück nach Bronxville. »Damals war ich noch sehr jung und naiv«, erinnerte sich Joan. »Wenn ich heute zurückblicke, erkenne ich viele Warnsignale. In der Zeit vom Heiratsantrag bis zu unserer Verlobungsparty sahen wir uns überhaupt nicht.« Ted leitete den Wahlkampf seines Bruders John F., der erneut für den Senat kandidierte. Unter der Woche studierte er weiterhin Jura in Virginia, und an den Wochenenden reiste er in Massachusetts von einer Stadt in die andere. Wie die anderen Kennedys war Ted kein Mensch, der sich mit seinen Gefühlen auseinandersetzte. Er hatte gelernt, daß es bei schwierigen emotionalen Problemen am besten sei, davonzurennen. Und je größer sie waren, desto schneller rannte er.

Joan war mit dem gefeierten jüngsten Kennedy verlobt, doch Ted hatte ihr nicht einmal einen Verlobungsring geschenkt, und obendrein kam er auch noch zu spät zu ihrer Verlobungsfeier in Bronxville. Das Fest war schon halb vorüber, als er schließlich eintraf, sich heimlich ins Haus schlich, um Joans Mutter nicht bloßzustellen, und Joan den Verlobungsring überreichte, den Joe für ihn gekauft hatte.

Schließlich kam das Paar gemeinsam die Wendeltreppe hinunter, um die Familie und die Freunde zu begrüßen, und auf einmal war alles in Ordnung. Ted hatte den Charme seines Großvaters geerbt, und es gab kaum einen Gast, für den er nicht einige herzliche Worte fand, die ganz spontan und persönlich wirkten. Joan hatte sich bei ihm untergehakt und sah umwerfend schön aus. Die beiden gaben ein Traumpaar ab. In solchen Momenten erschien eine Heirat nur folgerichtig.

Für Joan kam nur eine Heirat mit einem Katholiken aus gutem Hause in Frage, der ebenso gut für sie sorgen konnte wie ihr Vater. Sie stellte sich die Ehe wie das Leben in einer Puppenstube vor. Ted wiederum brauchte eine starke Partnerin, die sich gegen ihn und seine Launen ebenso behaupten konnte wie gegen seine Familie, die zu ihm stand und ihn anspornte. Und sie durfte keine größeren psychischen Bedürfnisse haben als er. Beide, Ted und Joan, waren unter ihrem attraktiven Äußeren ausgesprochen verletzlich. Sie lebten nach einem Programm, das andere für sie entworfen hatten. In den Wochen vor ihrer Hochzeit im November hatte Ted keine Zeit, mit seiner Verlobten zusammenzusein und sie besser kennenzulernen. Sie sahen sich nur selten.

Die Aussicht, einen Mann zu heiraten, den sie kaum kannte, ließ Joan immer unsicherer werden. »Joans Vater, Mr. Bennett, arrangierte ein Treffen mit Ted und Joe«, erinnerte sich Mary Lou McCarthy. »Er sagte, daß Joan sich die Sache noch einmal überlegt habe. Die Heiratspläne sollten aufgegeben oder zumindest um ein Jahr aufgeschoben werden. Joe wurde wütend und sagte: ›Niemand wird in die Zeitung bringen, daß mein Sohn den Laufpaß bekommen hat.‹ Er setzte sich durch.«

Was als Collegeromanze begonnen hatte, war nun zum Teil eine arrangierte Heirat. »Das Komische war, daß alle an eine reine Liebesheirat glaubten, meine Eltern und ich, meine Schwiegereltern, alle unsere Freunde. Jeder dachte, das wird eine perfekte Ehe.«

* * *

John F. wußte, daß er die bevorstehende Wahl mit Leichtigkeit gewinnen würde. Er wollte allen zeigen, daß Massachusetts seinen Lieblingssenator mit einem überwältigenden Votum in das Rennen um die Präsidentschaft schickte. Die Wahl war vor allem ein Probelauf, und nicht nur für ihn, sondern auch für seine Familie. Anfang des Jahres hatten Jean und Steve die Kennedys bei der Überreichung mehrerer großer Spenden an die Kirche repräsentiert. Das Geld kam von der nach seinem toten Bruder benannten Stiftung und hatte offiziell nichts mit seiner Wiederwahl zu tun, doch die Familie sorgte dafür, daß solche Anlässe nicht unbemerkt blieben.

Jackie begleitete ihren Mann auf viele Wahlkampfreisen, und wenn sie einmal nicht bei ihm war, hielt sie sich in dem Haus auf, das Joe für sie und John F. in Hyannis Port, gleich gegenüber seinem eigenen, gekauft hatte. Sie war nicht gerne dort. »Es war wohl hauptsächlich Joe, der alle in Hyannis Port halten wollte. Ich wehrte mich dagegen, ich wollte fort. Wir zogen erst zwei Jahre, nachdem er es für uns gekauft hatte, ein.«

Eine Woche vor der Wahl fand das Wahlkampfereignis statt, das am meisten Aufsehen erregte. Fernsehzuschauer, die an diesem Morgen ihr Gerät einschalteten, konnten die Sendung *Zuhause bei den Kennedys* auf dem Bildschirm verfolgen. Die Kamera schwenkte über die Gesichter von Rose, Jackie, Eunice und Jean, die ihren einjährigen Sohn Steve jr. auf dem Schoß hatte. Die vier Frauen saßen in einem Wohnzimmer, waren konservativ gekleidet und trugen Perlenketten. »Guten Morgen, meine Freunde«, begann Rose und erinnerte daran, daß sechs Jahre zuvor ein ähnliches Programm ausgestrahlt worden sei. »Nun haben wir mit Jacqueline ein charmantes, neues Familienmitglied. Jackie war in den letzten Monaten mit John F. unterwegs, um ihn im Wahlkampf zu unterstützen. Einige von Ihnen haben sie bei dieser Gelegenheit vielleicht kennengelernt«, sagte Rose. »Willst du uns ein bißchen über deine Erfahrungen erzählen, Jacqueline?«

»Ich habe die Kampagne so sehr genossen, Mrs. Kennedy«, antwortete Jackie. »Seit dem 15. September sind John F. und ich durch den Staat gereist, um so viele Leute wie möglich kennenzulernen. Ihr Sohn Teddy, der, wie Sie ja wissen, die Kampagne leitet, bereitete den Terminplan für den Sommer vor. Wir haben 184 Gemeinden besucht ...« Jackies kleine Ansprache zeigte, daß sie ein gutes Gedächtnis besaß, und die Worte, die für sie geschrieben worden waren, gut gelernt hatte.

»Nun, ich gratuliere dir, Jackie«, sagte Rose, als spreche sie eine Ehrung aus. »Und ich gratuliere auch John F., weil er eine Frau gefunden hat, die ebensogerne in den Wahlkampf zieht wie er.«

»John F. war so ungalant zu erwähnen, daß Sie bereits seit 65 Jahren an Kampagnen teilnehmen«, sagte Jackie mit einem schwachen Lächeln, da Rose eher wie eine schicke 45jährige wirkte. »Damals waren Sie ja noch ein kleines Kind.«

»Das ist nicht ganz richtig. Da die Frauen in jenen Tagen noch nicht wählen durften, gingen sie auch nicht zu Versammlungen.«

»Ich bin überrascht, daß John F. nicht darauf bestanden hat, Caroline auf diese Reise mitzunehmen«, sagte Jackie. »Sie ist jetzt wieder in Boston, aber sie hat den Aufenthalt am Kap mit Ihnen sehr genossen.«

»Da wir gerade vom Kap sprechen, Jean, wie war euer Urlaub dort?« fragte Rose. Jean hatte viel Sinn für Humor und hätte ihrer Mutter gewiß das eine oder andere über das Leben am Kap erzählen können, doch dies war nicht der geeignete Augenblick. »Nun, Mutter«, sagte sie, »Bobby war mit seinen sechs Kindern da, Eunice mit ihren beiden Kleinen, und zeitweise war natürlich auch Jackie da. Ich hatte Steve jr. dabei. Wir alle hatten viel Spaß, da wir ja alle Nachbarn sind.«

Eunice, Jean und Jackie hatten inzwischen alle ihre eigenen Häuser am Kap.

»Und was habt ihr am Kap unternommen?« fragte Rose Eunice, die brav mit gefalteten Händen dasaß.

»Nun, die Kinder haben vor allem schwimmen und reiten gelernt«, antwortete Eunice. »Und Bobby hat sie auf einen Segeltörn mitgenommen.«

»Sag mal, hattet ihr auch Gelegenheit, ihnen Plymouth zu zeigen?« fragte Rose, obwohl sie die Antwort natürlich kannte.

»Dafür sind sie noch ein bißchen zu klein«, meinte Eunice.

Dies gab Rose die Gelegenheit, ihren Töchtern, ihrer Schwiegertochter und den Frauen von Massachusetts einen Vortrag darüber zu halten, wie wichtig es sei, Kindern die Bedeutung von Geschichte zu vermitteln. Dann stellte sie eine Reihe von Filmen aus dem Privatleben der Kennedys vor, die mit dezenter Hintergrundmusik und Erläuterungen von Eunice und Jackie unterlegt waren. Ein Film zeigte Eunice und Sarge mit ihren Kindern Bobby jr. und Maria im Zoo von Chicago, ein anderer Bobby und Ethel mit ihrer Kinderschar in Hickory Hill, ein dritter Peter und Pat in ihrem Strandhaus in Malibu. Nach den Filmen kamen die Kennedyfrauen wieder ins Bild, nun allerdings in Gesellschaft von John F., der hinter ihnen stand. Er erinnerte die Zuschauer daran, am 4. November zur Wahl zu gehen. Schließlich nahm er telefonische Fragen der Zuschauer entgegen.

Der Wahltag brachte das erhoffte Ergebnis. Mit 76,6 Prozent der Stimmen errang John F. den größten Sieg, den ein Kandidat für den Senat in Massachusetts jemals erzielt hatte.

***

Neben der Wahl fand im November 1958 ein weiteres wichtiges Ereignis für die Kennedys statt – die Hochzeit von Joan und Teddy. Je näher der Tag rückte, um so größer wurden die Zweifel der 22jährigen Joan und des 26jährigen Ted. Manchmal hatten sie den Eindruck, sie seien in den falschen Zug gestiegen und könnten nun nicht mehr abspringen. Was Joan anging, so beruhte dieser Eindruck auf einer Reihe kleinerer Zwischenfälle. Sie war es gewohnt, daß man ihr den Hof machte, doch Ted gab sich in dieser Hinsicht inzwischen nicht mehr viel Mühe.

Ted konnte Joan nicht erzählen, was ihn bedrückte. Einige Tage vor der Hochzeit gingen die beiden mit Bekannten aus, darunter auch Teds bester Freund vom College. Zu vorgerückter Stunde schickte Ted seine Verlobte mit einem Wagen nach Hause und feierte mit seinem Freund weiter. In einem Nachtclub entdeckten sie Aly Khan. Wenn jemand die Gefahren der Ehe kannte, dann dieser legendäre Playboy. Ted war ihm nie vorgestellt worden, doch er ging an seinen Tisch und erzählte ihm von seinen Zweifeln. Aly Khan blickte in das junge, gerötete Gesicht und schüttelte den Kopf. »Es ist zu spät für jeden Rat.« Am Abend vor der Trauung vertraute Ted seinem Freund an, daß er große Angst habe, einen schrecklichen Fehler zu begehen.

Joan hatte ebenfalls den Wunsch, die Verlobung aufzulösen, doch nach einem Gespräch mit Joe war sie bereit, Ted zu heiraten. Joan hatte sich eine intime Feier im engeren Kreis gewünscht, doch sie erkannte schnell, daß Joe »jeden politischen Spezi und andere Leute, die er beeindrucken wollte, einlud.« Sie begann zu verstehen, daß selbst private, familiäre Ereignisse von wichtigen Gönnern, treuen Anhängern und wohlmeinenden Journalisten beobachtet wurden und daß die Öffentlichkeit in Zukunft sehr viel über ihr Privatleben erfahren würde.

Ein Freund von Joans Vater filmte das Hochzeitsfest, und nach den Flitterwochen sah sie sich den Film an. Das Filmteam hatte kleine Mikrofone in die Taschen mehrerer Gäste plaziert. Das Resultat war erfrischend ehrlich. Die Brautjungfern wurden beim Anlegen ihrer Kleider gezeigt, sie selbst beim letzten Blick in den Spiegel. Da war Kardinal Spellman, der die Trauung vollzog. Und hinter dem Altar warteten John F. und Ted auf den Beginn der Zeremonie. John F. hatte offensichtlich vergessen, daß das, was er sagte, aufgenommen wurde, und während sein Bruder darauf wartete, das Treuegelübde abzulegen, hielt er ihm einen Vortrag über die Ehe. Er enthielt kaum die Art Ratschläge, die man in einer Kirche erwartete, und als John F. davon hörte, lief er »knallrot an«. Ted verehrte seinen älteren Bruder und war bereit, alles zu tun, um sich seinen Respekt und sein Lob zu verdienen, auch wenn er dafür das Ehegelübde brechen mußte.

Joan lachte, doch irgendwie war es eine bedrückende Situation. Vorn stand Kardinal Spellman und sprach über die Heiligkeit des Ehegelübdes, und hinter dem Altar hielt John F. eine ganz andere Predigt darüber, was die Ehe für einen Kennedy bedeutete. Schließlich wurde die ganze Szene herausgeschnitten, als sei das Leben selbst nichts anderes als Rohmaterial für einen Film, das vor der öffentlichen Vorführung bearbeitet werden mußte.

Joan war ihr Leben lang verwöhnt worden, doch in Charlottesville fand sie sich plötzlich in einer sehr bescheidenen Umgebung wieder. »Ich mußte kochen, putzen und waschen«, erinnerte sie sich. »Ich habe eine Menge gelernt. Und es hat Spaß gemacht, wenigstens eine Zeitlang.« Ted schloß sein Studium im nächsten Frühjahr ab und flog anschließend mit einer Gruppe von Senatoren nach Afrika, während er Joan nach Boston schickte, um in der Zwischenzeit eine Wohnung zu suchen. Sie fand ein Apartment am Lewisburg Square, allerdings hatte es schlechte sanitäre Einrichtungen und lag in einer etwas anrüchigen Gegend. Rose befand nach kurzer Prüfung, daß das Viertel nicht standesgemäß und zu unsicher sei. »Ich weiß es zu schätzen«, sagte sie, »daß du mit dem Geld der Kennedys sparsam umgehen willst, meine Liebe. Aber du mußt ein bißchen vorsichtiger sein.«

Kurz darauf zogen Ted und Joan in eine bessere Wohnung in einer besseren Gegend.

John F. reiste kreuz und quer durch das Land, hielt Reden und machte Reklame für sich. Doch zur gleichen Zeit waren auch Eunice und Sarge in Amerika unterwegs. Eunice hatte bemerkt, daß sich niemand um die Joseph-P.-Kennedy-jr.-Stiftung kümmerte, da die männlichen Familienmitglieder hauptsächlich mit Politik beschäftigt waren. Darauf war sie zu ihrem Vater gegangen und hatte gesagt: »Dad, ich würde gern etwas für die Stiftung tun. Vielleicht kann ich ihr eine neue Zielsetzung geben.«

»In Ordnung«, sagte Joe. Er hatte grenzenloses Vertrauen in die Fähigkeiten seiner Kinder und wollte auch Eunice eine Chance geben.

»Weißt du«, fuhr sie fort, »ich würde gern herausfinden, in welchen Bereichen ein wirklicher Bedarf besteht.«

Joe hatte es ihr überlassen, wo sie sich umsehen wollte. Und nach dem Gespräch hatte sie sofort Sarge angerufen und ihn gebeten, ihr zu helfen.

Eunice befragte führende Vertreter aus dem Wohlfahrtsbereich, Mediziner und andere Wissenschaftler und gelangte zu der Überzeugung, daß die Stiftung sich verstärkt um geistig behinderte Menschen kümmern sollte. Dieser Bereich lag ihr besonders am Herzen, da ihre Schwester Rosemary selbst geistig zurückgeblieben war. Normalerweise beschäftigten sich die großen Stiftungen Amerikas mit sozialen Problemen und mit Kulturförderung, nicht aber mit der undankbaren Aufgabe, einen vergessenen Teil der Bevölkerung finanziell zu unterstützen. Die medizinischen Forscher suchten nach Mitteln gegen Krebs, Herzkrankheiten und andere Leiden, und nur wenige setzten sich dafür ein, das Los von Menschen zu verbessern, deren Zustand weitgehend als hoffnungslos betrachtet wurde. Sozialarbeiter sahen sich mit Armut und Vernachlässigung konfrontiert und setzten entsprechende Prioritäten. Die Politiker hatten nur ein mäßiges Interesse daran, Gelder für Gruppen bereitzustellen, die weder wählten noch um öffentliche Aufmerksamkeit buhlten. In ganz Amerika gab es vor 1956 keine einzige Universität, an der ein nennenswertes Programm zur Erforschung geistiger Behinderungen lief. Und diejenigen, die mit geistig Behinderten arbeiteten, wurden ebenso ignoriert wie die Patienten selbst.

Nach einiger Zeit besuchte Eunice erneut ihren Vater und stellte ihm ihre Pläne für die Stiftung vor. Sie wollte sich vor allem auf den Bereich geistiger Behinderung konzentrieren. Joe hörte interessiert zu. Bislang waren die Gelder der Familienstiftung fast ausschließlich an katholische Organisationen geflossen, die von Kardinal Cushing gutgeheißen wurden. Auch Einrichtungen für geistig Zurückgebliebene waren unterstützt worden, so etwa die St. Coletta School in Wisconsin, wo Rosemary jetzt lebte. Eunice wollte jedoch etwas grundsätzlich anderes: Sie wollte die gesamten Mittel der Stiftung ausschließlich der Erforschung und Behandlung geistiger Behinderungen zukommen lassen.

Joe und seine Söhne nutzten den Namen Kennedy sehr geschickt, um die Karriere von John F. zu fördern. Und auch die Stiftung hätte dazu dienen können, populäre Projekte zu fördern und so die Gunst des Publikums zu erringen. Dennoch unterstützte Joe die Idee seiner Tochter. »Wenn wir die Werbetrommel für meinen Bruder hätten rühren wollen«, meinte Eunice, »hätten wir uns bestimmt nicht auf das Thema geistige Behinderung festgelegt. Wenn man werben will, geht man dorthin, wo man einflußreiche Leute trifft. Man spendet für ein staatliches Krankenhaus und hofft, daß sie es nach einem benennen. Dann läßt man sich in den Verwaltungsrat wählen und so weiter, bis man selber zu den einflußreichen Leuten gehört.«

Eunice war eine sehr energische Frau, die das durchsetzte, was ihr wichtig erschien. Sie hatte die Absicht, die Mittel der Stiftung multidisziplinären Forschungszentren der führenden Universitäten zukommen zu lassen. Mit dem Geld sollten Programme zur Vorbeugung und besseren Behandlung im Bereich geistiger Behinderungen entwickelt werden. Die Regierung hatte noch nicht mit der staatlichen Förderung von Projekten begonnen, und so fand sie in den Universitätspräsidenten aufmerksame Zuhörer. Die Stiftung vergab pro Jahr ungefähr zwei Millionen Dollar, eine bescheidene Summe verglichen mit späteren Jahren. Forschung war noch vergleichsweise billig, und das Geld sollte bei sinnvollem Einsatz ausreichen, einen deutlichen Fortschritt in der Erforschung einer Behinderung zu erzielen, von der über fünf Millionen Amerikaner betroffen waren.

Obwohl Eunices Engagement größer war als das jedes anderen Familienmitgliedes, wurde Sarge zum Direktor der Stiftung ernannt, während sie selbst die Projekte im Mittleren Westen betreute. Inoffiziell jedoch bildeten die beiden ein Team und reisten in Begleitung wissenschaftlicher Berater gemeinsam durch die Staaten. Eunice hatte großes Vertrauen in Fachleute und ließ sich von ihnen bei der Erstellung von Programmen für verschiedene Universitäten beraten. Doch bei aller Begeisterung über deren Vorschläge holte sie immer auch Joes Einverständnis ein. Es war ihr wichtig, von ihm akzeptiert zu werden. Sie war fast davon besessen, ständig das Richtige zu tun, anderen zu helfen und Gutes zu tun. In dieser Zeit lernte sie Dr. Robert Cooke kennen, der damals in der Kinderklinik der John Hopkins University arbeitete und später Berater der Stiftung werden sollte. Ihm fiel auf, daß sie ihren Vater ständig um Rat und Beistand bat. Hier lag für ihn der Schlüssel zu ihrem Leben. »Ich glaube nicht, daß es der katholische Glaube ist, der sie antreibt, oder irgend etwas, das sie gelernt hat«, sagte Cooke. »Läßt man das alles einmal beiseite, so hat man eine junge Frau, die sich ein Leben lang bemüht hat, ihrem Vater zu gefallen.«

Mary Ann Orlando, Sarges Sekretärin, vertrat die gleiche Ansicht. »Ich glaube«, sagte sie, »daß Eunice in einer bestimmten Zeit Angst vor ihrem Vater hatte. Vielleicht ist ›Angst‹ übertrieben, aber sie war verzweifelt bemüht, ihm zu gefallen. Sie wäre auch durch einen brennenden Reifen gesprungen, um ihm zu gefallen.«

***

Pat hatte die Stiftungsprojekte im Westen unter sich. Sie bemühte sich zwar um eine Zusammenarbeit mit dem Santa Monica Hospital, ging ihrer Aufgabe jedoch längst nicht so engagiert nach wie Eunice. Im Herbst 1956 kaufte ihr Mann Peter von dem Filmproduzenten Louis B. Mayer ein Haus an der berühmten Küstenstraße in Santa Monica. Die geräumige Villa verfügte neben einem Aufzug und einer Filmleinwand im Salon über vier separate Suiten und war somit ideal für Gäste. Sie wurde im Lauf der Zeit zu einer Art Erholungszentrum für die anderen Familienmitglieder. Vor allem John F. begrüßte die Möglichkeit, Abstand von der Politik zu gewinnen und sich am Meer mit jungen Dingern zu vergnügen. »Ich war oft da, wenn er sich mit Frauen verabredete«, erinnerte sich Peter Sabiston, Peters engster Freund. »Häufig hatte ich die Mädchen aufgetrieben. Eine Zeitlang kam Jakkie überhaupt nicht hierher. Vielleicht war es ihr verboten worden.«

Peter stand John F. in nichts nach. »Peter war sexuell etwas abartig veranlagt«, sagte sein Agent Ebbins. »Und ich bin mir sicher, daß Pat die Dinge, die er von ihr verlangte, verweigerte. Er sprach über sein Sexualleben mit Pat, genauer gesagt darüber, daß es nicht stattfand. Er traf sich mit tollen Frauen, die sich auskannten, aber er war mit Pat verheiratet, sie war die Mutter seiner Kinder.«

Manchmal wurde Peter Zeuge, wie sich Joe in Pats Anwesenheit mit Frauen verabredete, doch er selbst war vorsichtiger und auch zu sehr Gentleman, um seine Frauengeschichten vor Pat abzuwickeln. Außerdem war Pat nicht wie Rose, die ihre Augen vor allem verschloß. »Als Peter und Pat heirateten, ging er nicht mehr fremd«, sagte Ebbins, der seine eigenen Ansichten über eheliche Treue hatte. »Wenn er verreiste, ging er mal zu einer Masseuse oder so. Aber was ist da schon dabei? Das hat doch mit Fremdgehen nichts zu tun. Gut, als Pat schwanger war, hatte er ein paar Affären. Aber schließlich muß man ja nicht gleich wie ein Mönch leben, nur weil die Frau schwanger wird.«

Fred Otash, ein ehemaliger Polizist in Los Angeles, arbeitete jetzt als Privatdetektiv für das berüchtigte Boulevardblatt *Confidental,* das sich auf Prominentenskandale spezialisiert hatte. Die Methoden, die Otash und seine Arbeitgeber anwandten, erinnerten freilich mehr an Erpressung als an Journalismus. Sie hielten viele skandalöse Geschichten zurück in der Hoffnung, an andere Geschichten heranzukommen oder zumindest, um die Studios davon abzuhalten, sie zu verklagen. »Die Storys über Peter, in denen es um Huren und Haschisch ging, kamen von Zuhältern und Prostituierten«, erinnerte sich Otash. »Einmal stürmte einer von Peters Freunden brüllend in mein Büro. Peter war bei mir mit zwei schwarzen Prostituierten gewesen, und die hatten die Geschichte für 3600 Dollars an den *Confidental* verkauft. Es hat mich viel Mühe gekostet, die Sache zu unterdrücken. So etwas ist zwei- oder dreimal passiert. Peter hat gleich nach seiner Heirat kräftig herumgehurt.«

Pat hatte noch nicht alle Illusionen über die Filmwelt verloren, auch wenn die Stars aus der Nähe besehen nicht ganz so makellos waren. Frank Sinatra war für sie der Inbegriff des Hollywood-Glamour. Er hatte die gleiche Wirkung auf Frauen wie John F., und Pat war versessen darauf, seine Bekanntschaft zu machen. Nach seiner Rolle in *Verdammt in alle Ewigkeit* ging es mit seiner Karriere wieder bergauf, und überall, wo er auftauchte, war er von Leibwächtern umringt.

Pat bat ihren Mann, sie mit ihm bekanntzumachen. »Da bist du leider an die falsche Adresse geraten«, meinte Peter und erzählte von seinen ersten Jahren bei Metro-Goldwyn-Mayer, als er Sinatra kennengelernt hatte. Sinatra nahm damals fälschlicherweise an, Peter habe eine Affäre mit seiner Frau Ava Gardner, von der er getrennt lebte. Er rief Peter an und schilderte ihm detailliert, wie er ihm die Beine brechen lassen würde. Peter schätzte Sinatras Charme und Freundlichkeit, wußte aber auch, daß es besser war, sich von dem jähzornigen Sänger fernzuhalten.

Pat lernte Sinatra schließlich im August 1958 auf einer Dinnerparty bei Gary und Rocky Cooper kennen. Peter hatte bei Fernsehaufnahmen einen kleinen Unfall und kam deshalb später, und so konnte sich Pat den ganzen Abend lang angeregt mit Sinatra unterhalten. Sie war im sechsten Monat schwanger, doch sie verbarg diesen Umstand gut und sah immer noch unglaublich schlank aus. Sie kannte sich glänzend in der Politik aus und war für den partymüden Sinatra eine nette Abwechslung.

Schließlich kam Peter mit einer verbundenen Hand in den Salon geeilt. »Rate, was passiert ist!« sagte Pat zu Peter, ohne sich im geringsten für seine Verletzung zu interessieren. »Ich habe mich die ganze Zeit mit Frank Sinatra unterhalten. Er ist ja so charmant.«

Der Ärger von einst war vergessen, und so nahm Sinatra eine Einladung der Lawfords an. Pat schwärmte für ihn und machte keinen Hehl daraus. Wenn er da war, hatte sie nur noch Augen für ihn.

Sinatra behandelte die Frauen seiner Freunde mit tadelloser Höflichkeit, und zu der schwangeren Pat war er besonders liebenswürdig. Er war eine so faszinierende Persönlichkeit, daß er die Menschen in seinen Bann schlug und veränderte. Und auf einmal stand er im Mittelpunkt von Pats und Peters Leben. Gewöhnlich trafen sie ihn zweimal in der Woche, einmal bei ihm, einmal bei sich. Und die Wochenenden verbrachten sie häufig in Sinatras Haus in Palm Springs. Sie bekamen immer dasselbe Gästezimmer und fühlten sich bald so zu Hause, daß sie einen Teil ihrer Kleidung die Woche über dort ließen.

Am 4. November 1958, drei Monate nach Beginn ihrer Bekanntschaft, wurde Pat von ihrer zweiten Tochter entbunden. Sie ließ sie auf den Namen Victoria taufen, um an den Wahlerfolg ihres Bruders John F. am gleichen Tag zu erinnern. Ihren zweiten Namen, Francis, wählte sie zu Ehren Frank Sinatras.

Pat hatte kein großes Interesse an den Aufgaben einer Mutter, und so gab sie Victoria Francis gleich nach ihrer Entlassung aus dem Krankenhaus in die Obhut eines Kindermädchens. Ihr Interesse galt dem Film. Nur elf Tage nach ihrer Entbindung kauften sie und Peter für 1000 Dollar die Rechte an einem Drehbuch mit dem Titel *Ocean's Eleven.*

Sinatra bekundete Interesse, den Film zu produzieren, was die drei noch enger miteinander verband. Pat war begeistert von seiner Energie und seiner Ausstrahlung. Sinatra konnte sich von einer Minute zur anderen von einem netten, jungenhaften Freund in eine verwöhnte Primadonna verwandeln, oder auch in einen rauhen Burschen von der Straße. Pat hatte davon gehört, daß er Frauen mißhandelte und Fotografen verprügelte, doch das war noch längst nicht alles. Sinatra war mit einigen der gefährlichsten Gangster Amerikas aufgewachsen, und er kannte sie nicht nur, er brüstete sich auch damit.

***

In ihrer Jugend war Pat vor allem mit wohlerzogenen Katholikinnen befreundet gewesen, doch durch Sinatra lernte sie nun ganz andere Frauen kennen. Wohin sie auch gingen, überall trafen sie auf gutaussehende »Schauspielerinnen« oder »Models«, die ihren Lebensunterhalt offensichtlich damit verdienten, den Männern zur Verfügung zu stehen. Pat fühlte sich in ihrer Gesellschaft wohl. Sie hatte gelernt, daß es zwei Arten von Frauen gab, und diese jungen Damen gehörten zu der anderen.

Auf einer Reise mit Sinatra nach Hawaii im November 1959 wohnten Pat und Peter in der Suite neben ihm. Er wurde von Judith Campbell begleitet, die wie die erotische Ausgabe von Jackie aussah. Vor der Reise hatte sie sich noch nie mit Sinatra verabredet. Auf Hawaii war sie bereits am ersten Tag mit ihm im Bett, wie sie gestand.

Campbell hatte Pat als energische, wenn auch leicht verwirrte Person in Erinnerung, der in diesem Stück, das von Männern dominiert wurde, nur eine Statistenrolle zufiel. Eines Abends gingen die beiden Paare in ein japanisches Restaurant, wo zwei Japanerinnen das Essen direkt am Tisch zubereiteten. Sie flirteten mit Peter und Sinatra, während sie Pat und Judith überhaupt nicht beachteten. Pat wurde wütend. Sie schnappte sich eine Serviette, kritzelte eine Bemerkung darauf und zeigte sie Judith: »Ich glaube immer noch, daß die nur ein Haufen Scheiße sind!«

Für viele Junggesellen waren die asiatischen Masseusen eine der Hauptattraktionen Hawaiis. Und die Massage war häufig nur das Vorspiel. Als zwei hübsche Japanerinnen in Sinatras Suite kamen, bereit, den Männern eine »Massage« zu geben, geriet Pat außer sich. Ihre Mutter hätte ein solches Verhalten toleriert, doch sie gehörte einer anderen Generation an und konnte ihre Wut nicht verbergen. Gleichwohl machte sie auch Zugeständnisse. Eine andere Frau hätte Sinatra nach diesem Vorfall die Freundschaft aufgekündigt, aber Pat wollte auf seine Gesellschaft nicht verzichten. Und davon einmal abgesehen, war Peter ja auch kein Unschuldslamm. Während des Aufenthaltes versuchte er, sich an Judith heranzumachen, und sagte zu ihr: »Aber Liebling, mach dir doch keine Sorgen, Frank wird es nie erfahren.« Ob Pat es jemals erfahren würde, sagte er nicht.

***

Wenn Pat und Peter mit Sinatra oder anderen Freunden ausgingen, wirkten sie wie ein ideales Paar. Sie hatten beide Übung darin, den Leuten etwas vorzumachen, Peter als Schauspieler und Pat als Mitglied einer Politikerfamilie. Und in zunehmendem Maße machten sie sich auch gegenseitig etwas vor. Ihre Beziehung hatte sich zum Schlechten verändert, und ihr Groll machte sich in kleinen, verletzenden Bemerkungen Luft, die auch den Freunden nicht verborgen blieben. Pat hatte ein spitze Zunge und sezierte Peters Ego.

Pat war nicht in der Lage gewesen, ihren Mann sexuell zu befriedigen, doch er hätte sie wohl auch betrogen, wenn sie eine erfahrene Kurtisane gewesen wäre. Wie auch immer, durch seine Affären hatte Peter die Intimität und das Vertrauen, auf dem die Beziehung aufgebaut war, zerstört.

Pat war in einer Welt aufgewachsen, in der Sexualität ein Tabuthema war, und jetzt war sie mit einem Mann verheiratet, der Liebesdienste verlangte, die für eine Frau ihrer Herkunft unvorstellbar waren. »Ihre katholische Erziehung, ihre abendlichen Gebete und ihre Religiosität zermürbten ihn«, erzählte Patricia Seaton Stewart, Peters letzte Ehefrau. »Vor der Hochzeit hatten sie nicht miteinander geschlafen, und Pat war vermutlich noch Jungfrau. Er konnte ihr nicht erzählen, daß er gerne gefesselt und mißhandelt wurde. Er konnte ihr nicht klarmachen, daß normaler Verkehr ihm weniger Vergnügen bereitet als indirektere Methoden. Er konnte ihr nicht sagen, daß er es gern hatte, wenn zwei Frauen sich gegenseitig streichelten und anschließend oralen Sex mit ihm hatten. Dies waren die beiden höchsten sexuellen Genüsse für ihn, und seine kleinen schmutzigen Geheimnisse, die ihn bedrückten.«

Pat hatte nie viel getrunken, doch nun begann sie, mit Peter gleichzuziehen und Alkohol nicht nur in Gesellschaft zu trinken, sondern auch, um zu vergessen. Ihr Vater machte sich Sorgen um sie und schrieb am 25. Juni 1956: »Paß gut auf Dich auf, trinke nicht zuviel Scotch, rauche nicht zuviel und geh nicht so spät zu Bett. Wie Du es schaffst, trotz dieser Laster so schön zu bleiben, ist das achte Weltwunder.«

Anders als Jackie war Pat von ihrem Ehemann finanziell unabhängig. Sie war nicht dazu bereit, alles hinzunehmen und Peters Affären zu decken. Statt dessen tat sie etwas, was für eine Kennedy eigentlich undenkbar war: Sie ließ sich mit anderen Männern ein.

Peter spürte, daß Pat Affären hatte, doch statt ihr das gleiche zuzugestehen, was er selbst tat, entwickelte er Besitzansprüche. Otash erzählte, Peter habe ihn angerufen und ihm mitgeteilt, daß er die Telefonate seiner Frau abhören wolle. »Er war so geizig, daß er nicht einmal für jemanden bezahlen wollte, der die Abhöranlage installierte. Ich gab ihm die Ausrüstung und erklärte ihm, wie sie funktionierte.«

Peter erzählte Ebbins nie von der Abhöranlage, und dieser wollte nie glauben, daß Peter so etwas vor ihm verbergen konnte. »Er war mein bester Freund«, sagte Ebbins, »und es gab nichts in seinem Leben, wovon er mir nicht erzählte. Er hörte tatsächlich, wie Pat mit ihrem Liebhaber telefonierte. Aber er bekam es zufällig mit. Er war mehrmals im Raum, wenn sie telefonierte. Es waren vorsichtige, verschlüsselte Gespräche. Und so hörte er einfach zu. Er war am Boden zerstört, nun, vielleicht nicht gerade am Boden zerstört, aber doch enttäuscht. Er wußte Bescheid. Ein Mann merkt so etwas.«

Pat verbrachte viel Zeit mit Peter in Las Vegas, wo er in *Ocean's Eleven* mitspielte. Der Film gehörte inzwischen Sinatra, der das Drehbuch Pat und Peter abgekauft und die Rollen unter seinen Freunden verteilt hatte. Peter, Dean Martin und Sammy Davis jr. wirkten mit, und der Spaß hörte auch nach den Dreharbeiten nicht auf. Abends gingen die Schauspieler in den Copa-Raum im Hotel Sands. Es herrschte eine ausgelassene Stimmung. Jeder Schauspieler spielte seine Rolle, von Joey Bishop, der Witze über sich selbst riß, bis zu Dean Martin, der zuviel trank. Das Publikum war begeistert, die Hollywood-Größen hautnah mitzuerleben, und lachte wissend, als Bishop sich über Peters bekannten Schwager, John F. Kennedy, lustig machte. Sie alberten dauernd herum, bei den Dreharbeiten ebenso wie morgens in der Sauna, wo sie ihren Kater mit Gin-Fizz kurierten.

Dies war eine Männerwelt, und Pat blieb außen vor. Dennoch hatte sie den anderen, auch Sinatra, etwas voraus: Ihr Bruder John F. gab 1960 seine Kandidatur für das Amt des Präsidenten bekannt. Damit veränderten sich die Machtverhältnisse zwischen ihr und Peter zu ihren Gunsten.

Pat kannte ihren Bruder und seine Art, sich ganz auf eine bestimmte Sache zu konzentrieren, Leute in bestimmte Schubladen zu stecken und sich von jedem einzelnen das zu holen, was er brauchte. Sie war seine Verbindung zu Hollywood, und nun, Anfang 1960, als er kreuz und quer durchs ganze Land reiste, bestand ihre Aufgabe darin, ihm Erholung von den Wahlkampfstrapazen zu bieten, so wie sie es bereits in Los Angeles getan hatte.

Als John F. zusammen mit Ted in seinem Privatflugzeug im Spieler-Eldorado Las Vegas landete, erwartete Pat ihn bereits. Ihr fiel die Aufgabe zu, John F. in diese Welt einzuführen. In Sinatras Gefolge befanden sich mehrere Frauen, darunter auch Judith Campbell. Pat sah in ihr nicht mehr als ein hübsches Gesicht, das schnell durch ein anderes ersetzt werden konnte. Als sie mit ihr an einem Tisch saß, ahnte sie nicht, daß diese Frau für den Ruf und die Ambitionen ihres Bruders zu einer Gefahr werden konnte, die alles überstieg, was ihm in Washington oder im Wahlkampf zustoßen konnte.

In ihrem Buch *My Story* erinnerte sich Campbell an ihre erste Begegnung mit John F., wobei sie sich selbst als das brave katholische Schulmädchen darstellte, das sie früher einmal gewesen war. Sie schrieb, daß sie John F. und Ted an Sinatras Tisch im Hotel Sands kennenlernte. Später am Abend machte Ted einen Annäherungsversuch, den sie jedoch zurückwies. Tags darauf traf sie sich mit John F. zu einem Lunch, der drei Stunden dauerte und bei dem er sie hauptsächlich zu ihren Ansichten über Katholizismus und Politik befragte. Am Abend besuchte sie mit John F., Pat und einer anderen Frau die

Show im Copa-Raum. Obwohl sie sich noch nicht einmal geküßt hatten, wachte sie am nächsten Morgen auf und »fühlte sich wie Scarlett O'Hara, nachdem Rhett Butler sie die Treppe hochgetragen hatte«.

Campbell schrieb, daß John F. ihr einen Monat später ein Ticket für einen Flug nach New York geschickt habe, wo sie ihn im Hotel Plaza treffen sollte. Dort, in seiner Suite, habe sie seinen Annäherungsversuchen zunächst widerstanden, seinem beharrlichen Drängen aber schließlich nachgegeben.

Ebbins erinnerte sich an das erste Treffen von John F. und Campbell. »Ich war dabei, als sie sich kennenlernten. Pat und ich saßen im Copa-Raum und sahen Sinatras Auftritt. Auf einmal tauchte sie auf. Ich wußte nicht, wer sie war. Sie saß einfach da. Später erfuhr ich, daß sie eine Nutte war und für zweihundert Dollar mit John F. nach oben ging. Aus diesem Grund sagte Sinatra: ›Es gibt nichts Schlimmeres als eine Nutte, die ihre Autobiographie schreibt.‹«

Für Ebbins war das Wort »Nutte« die angemessene Bezeichnung für eine Frau, die für bestimmte Gegenleistungen mit einem Mann ins Bett ging. Campbell war das, was man in den fünfziger Jahren als »Party Girl« bezeichnete. Blair Clark, damals beim Rundfunk beschäftigt, war ebenfalls an jenem Abend in Vegas, und seine Erinnerung deckt sich mit der von Ebbins. »Es standen ein Menge Bimbos und Revuegirls herum«, sagte er. »Und dann war da noch diese Frau, sehr attraktiv, mit blauen Augen und rabenschwarzem Haar. Sie hieß Judith Campbell.«

Kurz nach ihrem Stelldichein mit John F. in New York nahm Campbell an einem Treffen von Sinatras »Clan« in Miami teil. Dabei lernte sie einen unauffälligen, etwas schmuddeligen 52jährigen Geschäftsmann aus Chicago kennen, der sich Sam Flood nannte. In Wahrheit hieß er Sam Giancana und war der Chef eines Verbrechersyndikats. Campbell gegenüber gab er sich als Gentleman, und in ihren Erinnerungen an ihr Leben mit dem Mafiaboss stellte sie sich wieder als schüchternes Schulmädchen dar und behauptete, »es dauerte fast eineinhalb Jahre, bis wir intim wurden«.

Jackie wußte von der zwanghaften Jagd ihres Mannes auf Frauen, die nicht nur ihre Ehe gefährdete, sondern auch seine politische Zukunft. Sie war nun so angeekelt von seinem Verhalten, daß sie mit guten Freunden darüber sprach. An einem Sonntag war sie zum Lunch bei Walter und Marie Ridder eingeladen. Wie üblich kam sie allein.

»Er ist wieder einmal fort«, sagte Jackie schulterzuckend, als sie alleine mit Walter Ridder war. »Ich weiß nicht wo, ich habe nichts von ihm gehört. Er ist auf Wahlkampftour, aber ich wette, er ist wieder mit einer Frau zusammen. Ich werde mich scheiden lassen müssen.«

»Das kann ich verstehen, Jackie«, meinte Ridder. »Aber willst du ihm wirklich die Chance verbauen, Präsident zu werden?«

»Nein«, antwortete Jackie und traf damit die Wahl, die jede andere Kennedy auch getroffen hätte.

* * *

Pat war möglicherweise nicht nur bei Judith Campbells erster Begegnung mit John F. dabei, sondern auch bei ihrem ersten Treffen mit Giancana. »Falls Pat Lawford da war, habe ich sie nicht bemerkt«, schrieb Campbell. »Sie gehörte zu der Sorte Frau, die ich nicht einmal bemerkte, wenn ich am gleichen Tisch saß.«

Pat hätte fast alles getan, um ihrem Bruder den Weg ins Weiße Haus zu ebnen. Und wenn dies bedeutete, ihn mit jungen Frauen zusammenzubringen, so war das in Ordnung. Sie hatte keine Ahnung, daß John F. durch ihre Hilfe an eine Frau geriet, die sich mit einem der mächtigsten Verbrecher in Amerika einließ. John F. war unvorsichtig. Für ihn war die Beziehung mit Campbell nur eine Affäre von vielen, doch in Wahrheit brachte sie ihn indirekt mit der Unterwelt in Verbindung.

Pats Einsatz für John F. erstreckte sich bis in ihre Ehe. Sie und Peter hatten Affären, und eine Trennung schien unvermeidlich. Doch eine Scheidung kam nicht in Frage, da sie den Gegnern ihres Bruders und der Presse zuviel Wahlkampfmunition geliefert hätte.

Also beschlossen Pat und Peter zusammenzubleiben, doch ihre Freunde bemerkten eine Veränderung in ihrer Beziehung. »Jemand sagte: ›Ihr könnt jetzt keinen Ärger machen, ihr werdet zusammenbleiben, bis John F. Präsident ist‹«, erinnerte sich ein Freund. »An den Wochenenden spielten wir Poker mit den Lawfords, und auf einmal fingen die beiden an, sich mit ›Häschen‹ oder ›Baby‹ anzureden. Wir waren ihre besten Freunde, und trotzdem verhielten sie sich so. Ich kann mich noch lebhaft daran erinnern. Ich hatte das Gefühl, daß sie es nur unseretwegen machten. Niemand sollte merken, daß sie nicht mehr wie Mann und Frau zusammenlebten.«

19

»Gib zu, du hast es geschafft«

John F. war der Kandidat, aber auch die Kennedy-Frauen standen im Rampenlicht der Öffentlichkeit. Die Fernsehkameras und die Reporter waren überall. Bekannte rückten näher und versuchten, in den engeren Freundeskreis aufgenommen zu werden. Das Leben der Familie wurde nach außen hin immer mehr zu einer Theatervorstellung, bei der die Frauen die Rollen spielten, die man ihnen zuwies, und die Dinge sagten, die man ihnen vorgab.

John F. beharrte unnachgiebig auf seiner Meinung, daß Jackies Lebensaufgabe darin bestehe, seine Karriere zu fördern. »Da ich mich vollkommen dafür einsetze, und sie sich an mich gebunden hat, muß sie sich ebenfalls dafür einsetzen«, sagte er mit unwiderstehlicher männlicher Logik. In der Öffentlichkeit stimmte Jackie schüchtern zu und präsentierte sich als gehorsame Frau. »Das Wichtigste für eine gute Ehe ist, daß der Ehemann das tut, was er am besten kann und am meisten will«, sagte sie. »Auch die Ehefrau wird dadurch ihre Erfüllung finden.«

Von Jackie wurde erwartet, daß sie überall in Amerika Wahlreden für ihren Mann hielt. Sie arbeitete hart, normalerweise nicht länger als drei Tage hintereinander, dann jedoch zwölf bis fünfzehn Stunden täglich. Allerdings äußerte Jackie kaum einmal eine eigene Meinung, sondern beteuerte nur ihre Zuneigung zu ihrem Mann. Ihre New Yorker Freunde wußten allerdings, wie es um ihre Ehe bestellt war. So kursierte das Gerücht, die von Jackie immer wieder beschworene ewige Liebe nähere sich einem raschen Ende. Red Fay erzählte John F. davon, der noch am gleichen Abend mit Jackie sprach. »Jackie, Red hat mich heute auf dem Golfplatz gefragt, ob es wahr sei, daß du dich nach dem Wahlkampf von mir scheiden lassen willst. Deine Freundin, die den Kerl mit dem russischen Namen geheiratet hat, tratscht das herum.«

»Diese kleine Hexe!« rief Jackie gereizt. »Und dabei tut sie immer so, als sei sie eine gute Freundin.«

Jackie mißtraute sogenannten Freunden und versuchte, sich und ihre Familie abzuschotten. So ließ sie in Hyannis Port einen Zaun um das Areal ziehen, auf dem die Häuser der Kennedys standen. Das war eine notwendige Sicherheitsmaßnahme für den Fall, daß John F. für die Kandidatur nominiert werden sollte. Die Nachbarn, die die Privatsphäre der anderen stets respektiert hatten, reagierten pikiert und mutmaßten, daß die Kennedys, und speziell Jackie, nichts mehr mit ihnen zu tun haben wollten.

Jackie mißtraute auch den Reportern, die sie ständig verfolgten, und machte selten eine klare Aussage. Im Wahlkampf war Jean die einzige, die relativ offen über Jackie sprach. So sagte sie zu einem Reporter: »Ich glaube nicht, daß sie sich viel aus Politik macht. Sie ist in einer anderen Umgebung aufgewachsen. Sie ist hochintelligent und sehr gebildet, aber nicht sonderlich gesellig. Es kostet sie viel Überwindung, sich unter Menschen zu mischen, die sie nicht kennt.«

Jackie versuchte, John F. und ihrem Kind, der im November 1957 geborenen Caroline Bouvier, wenigstens andeutungsweise ein normales Familienleben zu bieten. Doch ihr Mann und seine Berater sahen in ihr und Caroline vor allem ein reizendes Bild, das für die Kampagne ausgeschlachtet werden mußte. Und John F. war in den paar Stunden, die er zu Hause verbrachte, ebenso intensiv mit Politik beschäftigt wie im Wahlkampf. Rose pflegte zu sagen, ihre Söhne seien mit »politischen Wiegenliedern« in den Schlaf gesungen worden, so wie nun Caroline. Ihre ersten Worte waren »Flugzeug«, »Auf Wiedersehen«, »New Hampshire«, »Wisconsin« und »West Virginia«.

»Zu schade, daß nur in so wenigen Bundesstaaten Vorwahlen stattfinden«, sagte Jackie mit so feiner Ironie, daß sie kaum wahrnehmbar war. »Sonst hätte unsere Tochter den größten Wortschatz einer Zweijährigen in diesem Land.«

Jackie hatte beschlossen, bei ihrem Mann zu bleiben. Wenn darin ein Hauch von Zynismus lag, dann deshalb, weil sie mehr als eine elegante amerikanische Kurtisane war. Sie gab das Geld ihres Mannes mit vollen Händen aus, wobei sie, wie sie selbst sagte, einen Großteil dafür verwendete, aus ihrem Heim »einen Himmel auf Erden für ihn zu machen«.

Jackie hatte das Gefühl, sie und John F. seien wie zwei Eisberge: »Das öffentliche Leben spielt sich über der Wasseroberfläche ab, das Privatleben darunter.« Sie wollte sich niemandem gegenüber öffnen. Ihr Schwager Steve bemerkte, daß ihre Gelassenheit nur Fassade war. »Ich bin sicher, daß dahinter ein Sturm widerstreitender Gefühle tobt, doch wenn sie deprimiert ist, zieht sie sich einfach zurück.«

Sie öffnete sich niemandem, nicht ihren Schwägerinnen und schon gar nicht den Journalisten, die bereit waren, der Öffentlichkeit ihre intimsten Gefühle mitzuteilen. Sie erklärte sich bereit, dem kennedyfreundlichen Journalisten Fletcher Knebel einige Fragen zu John F. zu beantworten, vorausgesetzt, er fragte nicht zu direkt. Sich selbst stellte sie als eine Frau dar, die oft auf ihren Mann warten mußte und stets versuchte, ihm die gemeinsamen Stunden so angenehm wie möglich zu gestalten. Einige von Knebels Fragen empfand sie als »so kitschig«, daß sie ihre Beantwortung ablehnte, andere wiederum als »zu langweilig«. Seine Frage, ob John F. sich in seiner Freizeit auch im Haus nützlich mache, fand sie ausgesprochen albern. »Also wirklich, Fletcher!« erwiderte sie. »Glauben Sie etwa, ich würde meinen Mann nach zehntägiger Trennung mit der Bitte begrüßen, den Rasen zu mähen?« Sie versuchte, ihm ein Heim zu schaffen, in dem er »das verrückte Wahlkampfleben der letzten 14 Jahre« vergessen konnte. Sie wußte, wie sehr Caroline ihren Vater vermißte und wie gerne sie auf seinem Schoß saß. »Sie ist jetzt in dem Alter, in dem er ihr fehlt«, schrieb sie. »Vermutlich leidet er ebensosehr unter der Trennung wie sie (obwohl wahrscheinlich keiner von beiden sich dessen so bewußt ist wie ich).«

* * *

Keiner von John F. Kennedys Rivalen war in der Lage, unter dem weiblichen Publikum eine ähnliche Aufregung zu erzeugen wie er. Er brauchte die Stimmen der Wählerinnen, um zu gewinnen, doch die Schlüsselpositionen in seinem Wahlkampfteam waren fast ausschließlich von Männern besetzt. Die Frauen bildeten die Mehrheit der Stimmberechtigten, und doch wurden sie wie eine Minderheit behandelt. In Chicago schrieb nicht Eunice, sondern Sarge einen Brief an

Edith S. Sampson, eine schwarze Anwältin und führende Demokratin, in dem er sie bat, in einem Komitee für John F. zu arbeiten. Für die Frauen, so meinte er, sei »die Stunde gekommen, aktiv zu werden«. Der Brief war in einem Stil gehalten, den man heute als herablassend bezeichnen würde. Jackie saß als einzige Kennedy im Frauenkomitee der Kampagne. »Er [John F.] findet das toll«, sagte Jackie vor einer Gruppe distinguierter Amerikanerinnen, die sich in ihrem Haus in Georgetown versammelt hatten. »Vor langer Zeit sagte er zu mir, daß eine Frau soviel wert sei wie zehn Männer. Frauen hätten den nötigen Idealismus und die nötige Zeit und arbeiteten, ohne etwas dafür zu verlangen.«

* * *

Rose und ihre Töchter reisten im Winter in die entlegenen Städtchen in Wisconsin, über die Bergstraßen von West Virginia und kreuz und quer durch New Hampshire, um für John F. zu werben. Rose absolvierte ein Programm, das auch die Kräfte einer weit Jüngeren arg strapaziert hätte, und doch wußte sie, daß ihr Einsatz gering war im Vergleich zu dem, was Joe leistete. Ihr fiel auf, daß John F. zunehmend gereizt reagierte, wenn der Reichtum und Einfluß seines Vaters erwähnt wurde, »ebenso wie Joe gereizt auf Bemerkungen über Großvater Fitzgerald reagiert hatte«. Andererseits wußte sie aber auch, daß John F. ohne die Hilfe seines Vaters keine Chance hatte, Präsident zu werden. »Die Effizienz des Wahlkampfes«, schrieb sie in ihr Tagebuch, »und die erstaunlichen Ergebnisse, die erzielt werden, beruhen hauptsächlich darauf, daß ein reines Familienteam im Mittelpunkt steht: John F., seine Brüder, seine Schwäger und natürlich Joe, der für seine unermüdliche Arbeit und seine Gesamtstrategie wohl nie die ihm gebührende Anerkennung erhalten wird.«

In New Hampshire erzielte John F. einen klaren Sieg, doch Wisconsin war ein schwierigeres Pflaster. Die 69jährige Rose hatte sich im Wahlkampf bewährt, doch bislang war noch kein Versuch unternommen worden, sie in Wisconsin einzusetzen. »Sie sah wie eine 50jährige aus«, erinnerte sich Patrick J. Lucey, der dortige Wahlkampfleiter. »Wie sollte man die Leute davon überzeugen, daß ein Mann, dessen Mutter so jung aussieht, reif genug für die Präsidentschaft ist?«

Rose reiste dennoch nach Wisconsin und gab in den Kleinstädten Anekdoten aus der Jugend ihres Sohnes zum besten. Sie sprach über alles, außer über den Umstand, der die Kennedys mit Wisconsin verband, nämlich daß Rosemary in diesem Bundesstaat lebte. Auf seiner Wahlkampfreise hielt John F. sich unter anderem in der Nähe von Jefferson auf, wo er auch Rosemary besuchen wollte. Im letzten Moment wurden die Pläne jedoch geändert, und der Besuch fiel aus.

* * *

Die Töchter und Schwiegertöchter taten sich im Wahlkampf schwerer als Rose. Jackie war alles andere als eine geborene Wahlkämpferin. Sie stand spät auf und ging früh zu Bett. Die drei Kennedy-Schwestern arbeiteten da schon wesentlich engagierter. Jede von ihnen besuchte acht oder neun Tee- oder Kaffeekränzchen pro Tag. Eunice hielt mitreißende Ansprachen, in denen sie den Standpunkt ihres Bruders erläuterte, während sich Pat und Jean auf bloße Wahlaufrufe beschränkten.

Pat und Jean wollten gerne helfen, wußten aber nicht so recht, wie. Sie genossen nicht den legendären Ruf ihrer Mutter und trauten sich nicht, politische Reden zu halten. »Ich hätte damit Schwierigkeiten«, gestand Jean, kurz bevor sie nach Wisconsin fuhr. »Ich kenne mich in der Politik nicht gut genug aus. Es ist wohl am besten, wenn ich nur Fragen zur Familie beantworte.« Pat und Jean verzichteten zwar auf politische Aussagen, doch ihre bloße Anwesenheit signalisierte den Beginn einer neuen Zeit, in der die Frauen nicht mehr im Hintergrund blieben. »Dieses massive Aufgebot an Familienmitgliedern in Wisconsin wirft interessante Fragen auf«, schrieb der Kolumnist William S. White. »Bisher war es in der Politik üblich, daß Verwandte und vor allem Frauen im Hintergrund blieben und warteten.«

Die Kennedy-Frauen feierten viele Erfolge, doch sie erlebten auch unangenehme und sogar demütigende Situationen. So sollte Jean einmal in Prairie Stacks, Wisconsin, eine Rede halten, doch als sie dort ankam, warteten nur vier Leute auf sie, und natürlich gab sie sich selbst die Schuld an dem Fiasko. Als sie die Stadt verließ, fuhr sie an einer Menschenmenge vorbei, die sich zu einer Viehauktion versammelt hatte. Sie ließ den Fahrer anhalten und ging auf die mit Overalls bekleideten Bauern und ihre eingemummelten Frauen zu.

Von einer Kennedy erwartete jedermann, daß sie daran gewöhnt war, in der Öffentlichkeit aufzutreten und Reden zu halten. Jean jedoch war eine zurückhaltende Frau, die ihren Witz und Charme nur im privaten Kreis zeigte. Aber sie war auch eine Kennedy, und so marschierte sie zum Auktionator und bat um die Erlaubnis, eine kurze Ansprache zu halten. Der Auktionator ließ die Kuh, die gerade versteigert werden sollte, hinaustreiben, um ihr Platz zu schaffen. Die Bauern schauten sie ebenso mitleidlos an wie das Vieh, das sie kauften und verkauften, und warteten, was sie zu sagen hatte. Sie stand eine Minute, dann zwei Minuten da und fand immer noch keine Worte. Schließlich sagte sie: »Mein Bruder kandidiert für die Präsidentschaft. Ich hoffe, Sie alle werden für ihn stimmen.« Das war alles, was sie herausbrachte. Dann eilte sie durch die Menge zurück zum Wagen. »Jetzt schau dir die an!« rief eine Frau so laut, daß sie es hören konnte. »So eine blöde Ziege!«

***

Am Abend der Vorwahlen in Wisconsin gab Pat eine Party in Los Angeles. Judy Garland, Sid Luft und Mrs. Milton Berle waren unter den Gästen. Wenn es um ihren Bruder ging, scheute Pat keine Kosten, und so hatte sie eine direkte Telefonverbindung nach Wisconsin einrichten lassen. Zuerst sprach sie mit John F. und Bobby, anschließend mit ihrem Vater in Massachusetts. Sie hatte eine große Karte von Wisconsin aufgehängt und markierte die Wahlbezirke, deren Wahlergebnisse vorlagen. »Diesen Bezirk haben wir verloren«, sagte sie und deutete auf einen Punkt auf der Karte, obwohl die meisten Gäste sich in Wisconsin überhaupt nicht auskannten. »Den haben wir gewonnen!« rief sie begeistert. Je mehr Ergebnisse hereinkamen, desto deutlicher wurde, daß John F. gewonnen hatte, allerdings nicht mit einer so überwältigenden Mehrheit, daß das Thema seiner Konfession vom Tisch gewesen wäre. Der Kampf ging weiter, für John F. ebenso wie für die Kennedy-Frauen.

Die nächsten Vorwahlen fanden in West Virginia statt, und zum erstenmal nahm auch Joan am Wahlkampf teil. Sie reiste mit der Gruppe um John F. in die Appalachen. »Er hatte gerne ein weibliches Mitglied der Familie um sich«, erinnerte sich Joan. »Ich denke, es war ein guter Schachzug von ihm, stets eine Kennedy neben sich stehen zu haben, denn es gab viele Frauen, die diesen Platz liebend gerne eingenommen hätten. Eine Angehörge wirkte besser.« In einem Kohlebergwerk in West Virginia begrüßten die Kumpel die attraktive Joan mit anerkennenden Pfiffen und Rufen. Danach reiste sie nicht mehr mit, da sie die Aufmerksamkeit von John F. ablenkte. Nach der Wahl schenkte er ihr eine Silberdose, auf der die Worte *Zu schön, um sie zu verwenden* eingraviert waren.

Am Wahltag flog Jean mit John F. zusammen nach Washington zurück. Als feststand, daß er in West Virginia so überlegen gesiegt hatte, daß Humphrey keine Chance mehr hatte, begannen er und seine Schwestern zu feiern. Die Kennedys hatten Humphrey zermürbt. »Ich mußte nicht gegen einen kämpfen«, meinte er, »sondern gegen eine ganze Familie.«

John F. war dem Weißen Haus nun ganz nahe, und das hatte zur Folge, daß so viele Augen wie nie zuvor auf ihn gerichtet waren. Die Aura von Erfolg, Ruhm und Macht umgab auch die Frauen der Kennedys, und auch sie standen jetzt im vollen Rampenlicht.

Im Frühjahr 1960 brachte die *Time* eine Titelstory über die Kennedys. Auf ihrem Cover abgebildet zu werden stand für Erfolg, und jeder in der Familie sollte daran teilhaben. Im Juni beantwortete John F. zum ersten und letzten Mal Fragen über das Privatleben der Kennedys. Hugh Sidey, der Reporter der *Time,* bat ihn, zu einigen Gerüchten Stellung zu beziehen. Unter anderem werde erzählt, daß Rose so gut wie keinen Einfluß auf die Familie habe, daß das Leben aller Mitglieder von vornherein geplant und festgelegt und daß Joe ein gefühlloser Zuchtmeister sei, der die Familie mit »Drohungen und schonungsloser Kritik« regiere.

»Da fängt man an, sich zu fragen«, antwortete John F., »wieviel von dem, was über Lincoln und andere Persönlichkeiten überliefert ist, eigentlich stimmt.« Er konnte nicht ahnen, daß die erwähnten Gerüchte später einigen Historikern als Grundlage für die Behauptung dienen sollten, die Kennedys seien eine gestörte Familie gewesen. Es war ihm unangenehm, über seine Familie zu reden. Die Gerüchte entsprachen ebensowenig der Wahrheit wie das Bild von den glücklichen Kennedys, die gemeinsam in die Zukunft marschierten. John F. war ein Mann von strenger intellektueller Redlichkeit, der das ohne weiteres zugab. Seiner Meinung nach hatte man ein Zerrbild von seiner Familie gezeichnet, hinter dem die Wirklichkeit nicht mehr zu sehen war. Außenstehende konnten einfach nicht verstehen, daß die Kennedys einander wirklich liebten, auch wenn sie sich gegenseitig erbarmungslos kritisierten und Joe und Rose ihre Kinder stark unter Druck setzten. John F. erinnerte sich daran, wie seine Mutter Stunden mit ihm verbracht hatte, als er noch ein Kind war. »Sie legte großen Wert darauf, daß man an sich arbeitete«, sagte er. »Sie sorgte dafür, daß wir gute Bücher lasen und sinnvolle Unterhaltungen führten.« Er schilderte eine Familie, die von Joe und seinen Söhnen dominiert wurde. »Es war ganz normal, daß bei Tisch nur die Jungen sprachen«, erinnerte er sich. »Doch das hat sich geändert. Inzwischen reden auch die Mädchen.«

Die Gerüchte, die John F. am meisten schadeten, betrafen seine Frauengeschichten, und das waren nicht nur Gerüchte. Untreue war zwar ein weitverbreitetes Laster unter den Politikern, doch John F. war obendrein indiskret. In der Politik ist jede Information wertvoll, und überall in Amerika gab es Menschen, die Informationen über den nächsten Präsidenten sammelten, angefangen bei J. Edgar Hoover vom FBI bis zu den Republikanern, von Klatschkolumnisten bis zu Gangstern.

Die Affäre mit Judith Campbell war nicht die einzige, die John F. gefährlich werden konnte. Die Presse freilich verhielt sich diskret und sah es nicht als ihre Aufgabe an, in den Schlafzimmern der Kandidaten herumzuschnüffeln. Sidey von der *Time* dachte jedenfalls nicht daran, John F. mit gewissen Vorwürfen zu konfrontieren. Er verbrachte einige Stunden mit ihm und Jackie und zog aus seinen Beobachtungen den Schluß, daß die Gerüchte, ihre Ehe sei eine Vernunftehe, nicht zutrafen.

Auch Jean sprach mit einem Reporter von der *Time*. Wie John F. hatte sie einen ausgeprägten Sinn für Ironie, wagte aber selten, ihn zu zeigen. »In den letzten Jahren habe ich viele berühmte Leute kennengelernt«, sagte sie. »Senatoren und so. Und ich fand, daß sie nicht immer so waren, wie sie sein sollten.« Jean bezog sich auf die Schwindler und Betrüger in Washington, doch die Bemerkung ließ sich ebensogut für Angriffe auf John F. und seine Familie verwenden. Künftig hütete sie sich vor solchen Äußerungen.

John F. war zehn Jahre älter als die 32jährige Jean, und sie hatte ihn in ihrer Jugend gar nicht richtig kennengelernt, doch sie war sehr stolz auf ihren älteren Bruder. »Meiner Meinung nach ist John F.

wahnsinnig intelligent und ausgeglichen«, sagte sie. »Ich finde ihn einfach toll. Er ist hochqualifiziert – aber das klingt wohl zu sehr nach Schwesterliebe.«

Die Interviews, die Sidey und andere Reporter von der *Time* mit den Kennedy-Schwestern führten, fanden in entspannter Atmosphäre statt. Die Frauen fragten sich gegenseitig, was sie geantwortet hatten, dachten laut über Familienangelegenheiten nach und vertrauten darauf, daß in den Artikeln nichts wirklich Negatives stehen würde. Joe hingegen, der Sidey ebenfalls ein Interview gab, mußte sich auch zu einem sehr ernsten Thema äußern. Bisher hatte die Familie die Wahrheit über Rosemary vertuscht. In der quasiautorisierten, von James MacGregor Burns verfaßten Biographie von John F. aus dem Jahr 1960 war zu lesen, daß Rosemary »geistig behinderte Kinder betreute«.

Obwohl Joe relativ offen über dieses Thema sprach, war in der *Time* nur zu lesen, Rosemary sei als Kind an »Meningitis spinalis« erkrankt, ein Euphemismus für geistige Behinderung.

***

Los Angeles war Pats Stadt, und Pat verkörperte den Lebensstil Südkaliforniens. Im Sommer 1960 hätte man mit ihrem gebräunten, schlanken Körper Werbung für eine gesunde Lebensweise machen können. Auf dem Nationalkonvent der Demokraten eilte sie von einem Empfang zum anderen. Sie war in doppelter Hinsicht prominent, einmal als Frau eines Filmstars und dann als Schwester des Mannes, der vermutlich für die Präsidentschaft kandidieren würde.

Die Lawfords gehörten zu den berühmtesten Paaren von Hollywood, und das aufregende Leben ließ Pat kaum Zeit, über ihre Probleme mit Peter nachzudenken. An dem Samstag vor Beginn des Parteikongresses gaben sie für Eunice, die ihren 39. Geburtstag feierte, eine große Party in ihrem Haus in Santa Monica. »Wir sagten, die Party sei für Eunice«, erinnerte sich Pat, »doch eigentlich war das nur ein Vorwand, für John F. und alle Leute aus Hollywood, die wir einladen wollten, eine Riesenparty zu feiern. Wir hatten sogar einen richtigen Esel da.«

Einladungen zu der Party waren überaus begehrt. Prominente aus Film und Politik gaben sich die Ehre, angefangen bei Sinatra über

Judy Garland, Nat King Cole bis zu Henry Fonda, ebenso die gesamte Familie Kennedy bis auf die schwangere Jackie, die an der Ostküste geblieben war.

Beim Empfang für die demokratischen Delegierten im Ballsaal des Hotel Biltmore hatten die Kennedy-Frauen ihren offiziellen Auftritt. Auf dem Weg dorthin verstauchte sich Rose den Knöchel. Ihr Begleiter, der frühere Polizeipräsident von Massachusetts, Timilty, wollte sie ins Hotel zurückbringen, doch sie bestand darauf, zu dem Empfang zu gehen. Zwei Stunden lang stand sie aufrecht da, schüttelte Hände und demonstrierte, wie eine Kennedy Haltung bewahrte. In der Öffentlichkeit benahm sie sich wie die Königin von England, klagte nie, war nie unhöflich, verlor nie die Fassung und war stets tadellos gekleidet und frisiert. Pat hatte Eheprobleme, und Jeans Mann hatte begonnen, seinem Schwiegervater und seinem Schwager nicht nur in der Politik nachzueifern, doch die Schwestern hatten ihre Rolle zu spielen, und sie machten ihre Sache gut. Pat und Jean standen zusammen mit Joan den ganzen Nachmittag neben Rose. Sie schüttelten Hände, gaben Autogramme und plauderten mit den Delegierten, bis John F. schließlich erschien – wie immer zu spät und mit Eunice statt Jackie an der Seite.

Der Unterschied zwischen den weiblichen und den männlichen Kennedys kam bei dem einwöchigen Kongreß deutlich zum Vorschein. Die Frauen beschränkten sich auf öffentliche Auftritte, während die Männer darüber hinaus auch im Verborgenen wirkten. Bobby, Sarge, Steve und Ted versuchten, Delegierte für John F. zu gewinnen. Joe blieb fern. Er wußte, daß seine Person Kontroversen auslösen konnte, die John F. nur schadeten. Er hielt sich in einem Haus in Beverly Hills auf, das die Kennedys gemietet hatten. John F. akzeptierte die Zwänge des Politikerlebens nur auf seine Weise. Er schüttelte seine Polizeieskorte ab, als ob sie ihn nicht beschütze, sondern verfolge, und ging seiner eigenen Wege. Seine Wahlkampfzentrale befand sich im Biltmore, doch er hatte auch ein privates Quartier am North Rossmond Boulevard. Daniel Stewart, ein junger Polizist, wunderte sich über die vielen jungen Frauen, die das Apartment über die Hintertreppe aufsuchten und verließen.

Gegen Ende der Woche entdeckte die Presse das Apartment. Sofort war das Haus von Reportern belagert, und Leute von CBS und NBC richteten ihre Kameras auf die Fenster im dritten und vierten Stock.

John F. flüchtete über die Feuerleiter, kletterte über eine zwei Meter hohe Mauer und fuhr nach Beverly Hills zu seinen Eltern.

An dem Abend, an dem John F. nominiert wurde, wartete er mit seiner Familie in einem Raum in der Sports Arena. »Seine Schwestern waren da, Bob ging ein und aus, und Mrs. [Joseph P.] Kennedy war ebenfalls da«, erinnerte sich James J. P. McShane, ein ehemaliger New Yorker Polizist, der John F. bewachte. »Die Mutter wirkte sehr frisch und gelassen. Das ist auch etwas, das mich damals an den Kennedys beeindruckte: ›Es läuft alles wie erwartet, warum also sollen wir uns aufregen, wozu sollen wir uns in die Arme fallen und küssen und vor Freude weinen?‹ Schließlich betrat Frank Sinatra den Raum. Er war der einzige, der nicht zur Familie gehörte.«

Am Abend nach der Nominierung versammelte sich die Familie in dem gemieteten Haus in Beverly Hills und wartete auf das Erscheinen des Kandidaten. Als der Butler schließlich verkündete, daß John F. angekommen sei, bildeten die Kennedys automatisch einen Halbkreis in der Eingangshalle und warteten auf den Mann, der vermutlich der nächste Präsident der Vereinigten Staaten sein würde. Als er eilig durch die Tür trat, applaudierten die Kennedys, und Red Fay, einer der wenigen, die nicht zur Familie gehörten, stieß einen durchdringenden Pfiff aus. John F. begrüßte seine Familie und seine engsten Freunde mit ein, zwei Worten, doch alles hatte sich verändert.

* * *

Rose, ihre Töchter und Schwiegertöchter verbrachten den größten Teil des Sommers in Hyannis Port, und nach dem Parteikonvent kehrte auch der Rest der Familie dorthin zurück. Hyannis Port war eine Bastion der Republikaner, und viele Bewohner ärgerten sich über die Nominierung von John F. und die Horden von Touristen, die nun in die friedliche Stadt einfielen.

Jackie distanzierte sich innerlich so weit wie möglich von all den hektischen Manövern und Planungen. Die Welt der Politik war ihr immer noch fremd. An den langen Sommertagen las sie Henry Adams' Roman über das Washington des 19. Jahrhunderts mit dem Titel *Democracy*. Es war ein so zynisches Werk, daß Rose es spätestens nach dem zweiten Kapitel weggelegt hätte. Jackie las weiter, denn sie war, wie sie selbst sagte, »bezaubert« von Adams' Witz und allgemein sehr interessiert an politischer Literatur. So bat sie Arthur Schlesinger jr., den Schriftsteller Edwin O'Connor nach Hyannis Port mitzubringen. O'Connor hatte den Roman *The Last Hurrah* verfaßt, der von einem korrupten Bostoner Politiker handelte, dessen Ähnlichkeit mit James Curly, dem einstigen Widersacher des Großvaters von John F., unübersehbar war. O'Connor war ein Kenner der amerikanischen Politik, doch er war mit Sicherheit nicht sehr unterhaltsam.

In diesen Sommerwochen planten John F. und seine Ratgeber den Präsidentschaftswahlkampf. Für Eunice hatte die Karriere ihres Bruders Vorrang vor allem anderen, auch vor der ihres Mannes. Sarge war als demokratischer Kandidat für das Amt des Gouverneurs von Illinois im Gespräch gewesen. Da es jedoch unmöglich war, daß sich zwei Familienmitglieder im gleichen Staat um ein politisches Amt bewarben, verzichtete er freiwillig. Im engeren Kreis wurde er kaum geduldet. John F. behandelte ihn einigermaßen höflich, doch Bobby konnte seine Abneigung kaum verbergen. »Er konnte ihn einfach nicht ausstehen«, sagte Charles Peters, der im Wahlkampf von 1960 für Bobby arbeitete. »Seine Leute hielten Sarge für einen Schwächling, eine Null. Bevor ich ihn kennenlernte, dachte ich, er sei ein Blödmann, und ich stand nicht allein mit meiner Meinung. Das war sein Preis für die Heirat mit Eunice.«

* * *

In der Führungsmannschaft um John F. gab es für die Kennedy-Frauen ebensowenig Platz wie für andere Frauen, und so beschränkten sie sich auf die bescheidenen Rollen, die ihnen zugedacht wurden. Jackie stand ständig im Mittelpunkt des öffentlichen Interesses, was dem Wahlkampf ebenso schaden wie nützen konnte. Ein Präsidentschaftskandidat mußte seine Wähler davon überzeugen, daß er einer von ihnen war, doch Jackies Aussehen und gepflegte Sprache zeigten, daß sie mit den meisten Amerikanern nicht viel gemein hatte. Das wurde noch deutlicher, wenn man sie mit Pat Nixon, der Frau des republikanischen Gegenkandidaten, verglich. Sie verkörperte perfekt den mütterlichen Typ aus der Mittelschicht, den man in Frauenvereinen oder in der Kirche fand. Sie hatte nicht nur mehr mit den Wählern gemein als Jackie, sie war menschlich auch weitaus sympathischer als ihr Ehemann. Aus diesem Grund starteten die Republikaner eine eigene Kampagne für Pat.

Für Jackie mußte anders geworben werden. John F. hatte sie in seiner Nominierungsrede in Los Angeles nicht einmal erwähnt – ein Versäumnis, das nicht unbemerkt blieb. Die Wahlkampfleiter waren der Meinung, man müsse sie nicht nur in den Wahlkampf mit einbeziehen, sondern auch ihr Image der Linie der Demokraten anpassen. Also trug sie bei einem Interview mit Associated Press ein schlichtes Schwangerschaftskleid, das 29,95 Dollar gekostet hatte. »Ich gebe weniger Geld für meine Garderobe aus als Mrs. Nixon«, sagte sie, obwohl sie sich nie um Geld kümmerte. »Sie kauft ihre Kleider bei Elizabeth Arden, wo unter 200 oder 300 Dollar nichts zu haben ist.« Jackies Bild in der Öffentlichkeit mußte persönlicher werden, und so erlaubte man der Presse, tiefer in ihr Privatleben einzudringen. Die historische Fernsehdebatte zwischen John F. und Nixon, die erste dieser Art, verfolgte sie zu Hause in Hyannis Port am Bildschirm. Um sie herum saßen 25 Reporter, Kameraleute und Fotografen, die jede ihrer Gefühlsregungen beobachteten. »Abgesehen von den Prominenten, die in Hyannis Port zu Gast waren, sah das gemütliche Wohnzimmer der Kennedys gestern abend so aus wie Millionen andere in Amerika«, berichtete der *Christian Science Monitor*. Genau diesen Eindruck hatte Jackie vermitteln wollen.

Der für Jackie wohl schwierigste Moment im Wahlkampf war, als sie die Damen der Washingtoner Presse erstmals in ihrem Haus in Georgetown empfing. Die Reporterinnen hatten so lange gedroht und geklagt, bis ihnen im Rahmen eines Teenachmittages ein Interview gewährt wurde. Jackie hatte guten Grund, sich vor ihnen zu fürchten. Doch als die Frauen Platz nahmen, fand ein unerklärlicher Wandel statt. »Plötzlich waren alle sanft wie Lämmer«, erinnerte sich Barbara Coleman, die bei den Vorbereitungen geholfen hatte. »Sie überschlugen sich vor Nettigkeit. Es war beinahe so, als sei Jackie eine hochgestellte Dame, der sie Respekt schuldeten – ich hoffe, das ist ihnen gegenüber nicht unfair.«

Ähnliche Reaktionen hatte Charles Peters, Wahlkampfleiter in West Virginia, bei den Vorwahlen beobachtet, als er mit Jackie durch den Bundesstaat gereist war. »Die Frauen wollten sich nicht mit jemandem identifizieren, der wie sie war, sondern mit einer Prinzessin«, meinte Peters. »Es war deutlich, daß sie Jackie bewunderten.«

Die Amerikaner waren der Auffassung, daß sie in einer egalitären Gesellschaft lebten, in der jeder danach strebte, reich und »ungleich« zu werden. Die Wähler wünschten sich Kandidaten, die ihnen glichen und doch ungleich viel besser waren. Wie jeder große Politiker hatte John F. ein gutes Gespür für die Wünsche seiner Wähler. Indem seine Wahlkämpfer Jackie zur Prinzessin machten, erfüllten sie die Wünsche der Wähler. Pat Nixon konnte sich auf der politischen Bühne in schlichter Kleidung präsentieren, doch gegen Jackies glanzvolles Bild kam sie nicht an.

Auch die abgebrühteren Journalisten behandelten Jackie mit Ehrerbietung und schufen für sie den gleichen gläsernen Käfig, in dem auch königliche Hoheiten lebten. In diesem Käfig, das spürte sie, konnte sie niemals so sein, wie sie wirklich war. »Sie hatte eine genaue Vorstellung davon, wie die Frau eines Politikers sein sollte«, sagte Barbara Coleman. »Sie wollte die Reporterinnen mit ihrem Engagement im Wahlkampf ihres Mannes beeindrucken. Manchmal wirkte sie dabei nicht ganz ehrlich, finde ich. Ich habe sie gelegentlich im Gespräch mit Freunden oder Bekannten gesehen. Da war sie ein anderer Mensch und nicht so, wie sie sich vor Journalisten gab.«

Zwischen Jackie und ihren Schwägerinnen kam es zwangsläufig zu Spannungen. »Sie verehren John F. und würden alles tun, um ihren Namen in die Presse zu bringen«, sagte Jackie zu Joseph Alsop. Die Schwestern konnten nicht verstehen, daß Jackie zögerte, mit beiden Beinen in die politische Arena zu springen, auch wenn der Erfolg Jakkie teilweise recht gab. Peter Dugal, der Pat auf ihren Reisen durch Wisconsin begleitet hatte, meinte: »Die Mädchen bemühten sich nach Kräften, ohne freilich echte politische Erfolge zu erzielen. Aber sie standen im Rampenlicht der Öffentlichkeit, und das brauchten sie.« Publicity war für sie der Maßstab des Erfolgs. Sie betrachteten jeden Artikel, der über ihre Auftritte erschien, als Werbung für ihren Bruder.

Doch nicht alle Kennedy-Frauen dachten so und zählten Zeitungsausschnitte. Joan zum Beispiel scheute die Öffentlichkeit. Obwohl sie zu Hause ihre sechs Monate alte Tochter Kara Ann hatte, erwartete man von ihr, daß sie mit ihren Schwägerinnen am Wahlkampf teilnahm. Im September besuchte sie mit Ethel in Chicago innerhalb von drei Tagen ein Dutzend Teenachmittage und andere Treffen, die hauptsächlich für Frauen veranstaltet wurden. Man bat sie, in einer Fernsehsendung, zu der prominente Politikerfrauen geladen waren, die Kennedys zu vertreten. »Ich habe keine Ahnung, was ich sagen soll«, meinte sie erschrocken und lehnte ab. Ted war für den Wahlkampf in Kalifornien verantwortlich, und sie tat, was er wollte. »Mein Mann sagt, ich soll ihn heute begleiten«, erzählte sie einem Reporter, ohne zu ahnen, daß sie sich anhörte wie eine willenlose Puppe. Zusammen mit Pat besuchte sie Veranstaltungen in ganz Kalifornien, schüttelte Hände und machte Konversation. Sobald aber Fragen gestellt wurden, zog sie sich zurück und überließ Pat das Feld. »Sie braucht lediglich hübsch auszusehen«, stellte ein Beobachter fest. Dies war schon immer ihre Aufgabe gewesen, und nun wurde ihre Attraktivität zu ihrem Wahlkampfbeitrag. Außerdem lernte sie in dieser Zeit, das zu übersehen, was sie nicht sehen sollte.

Ihr Leben mit Ted war bislang ein einziger langer Wahlkampf gewesen. Ted war selten zu Hause, und wenn, dann hauptsächlich nur, um die Kleider zu wechseln und sich kurz auszuruhen, bevor er sich wieder in die Arbeit stürzte. Anstandsregeln beachtete er nur, solange sie ihn nicht störten. Auf einem Flug nach Hawaii, wo er Peter Lawford und Sinatra treffen wollte, verließ er seinen Platz in der ersten Klasse und begab sich zu einer Schönheitskönigin in der Touristenklasse. Peter hatte schon von Teds kleinem Geheimnis erfahren, und noch während das Flugzeug in der Luft war, rief er Dick Livingston an, der bei der Kampagne in Honolulu half. Auch wenn Peter selbst kein Mustergatte war, so glaubte er doch, Pat und John F. ein Mindestmaß an Diskretion zu schulden. Er war entsetzt über Teds Verhalten und bat Livingston, Ted am Flughafen abzuholen. »Dieser verdammte Kerl fliegt mit einer Schönheitskönigin hierher und glaubt, daß niemand etwas merkt.«

Livingston eilte zum Flughafen, fing die beiden ab und brachte sie in verschiedenen Hotels unter. »Am selben Abend gab Frank [Sinatra] eine Dinnerparty im Don the Beachcomber«, erinnerte sich Livingston. »Wir saßen an einer langen Tafel, aber Ted kam und kam nicht, und Frank wurde sauer. Schließlich rauschte Ted mit der Schönheitskönigin am Arm herein. Ich dachte, Frank würde ihm eine schmieren, so sauer war er.«

Jackie hielt Peter und seine Freunde – Sinatra, Dean Martin und ihre Clique – für unkultiviert und gefährlich. Das machte sie natürlich zur Gegnerin ihrer Schwägerin Pat. Sie weigerte sich, mit diesen Leuten auf der gleichen Wahlkampfbühne zu stehen, und war der Meinung, daß auch John F. von ihnen Abstand nehmen sollte. Ihr scheinbarer Snobismus war in Wirklichkeit eine realistische Einschätzung der Gefahr, die ihrem Mann durch Sinatras Ruf drohte. Die Clique hielt sich zwar von Jackie und John F. fern, doch Sinatra engagierte sich aktiv für John F., indem er auf Hawaii und in New Jersey Dinnerparties veranstaltete, auf denen Geld für den Wahlkampf gesammelt wurde.

Während die schwangere Jackie zu Hause blieb, reisten die anderen Kennedy-Frauen auf Stimmenfang durch ganz Amerika. Nach wie vor nahmen sie an Tee- und Kaffeekränzchen teil, doch inzwischen hatten diese Veranstaltungen eine andere Funktion. Die Anwesenden wurden aufgefordert, selbst solche Treffen zu organisieren. »Vielleicht halten Sie das für einen unbedeutenden Beitrag«, sagte Eunice. »Aber es könnte einen Unterschied von 20 oder 30 Stimmen ausmachen.«

Eunice wäre viel lieber in die Kohlenbergwerke von West Virginia hinabgestiegen, doch statt dessen hielt sie Teetassen in der Hand und plauderte über Belanglosigkeiten. Sie führte ihren Wahlkampf in der Welt der Frauen, schlüpfte in Tweedkostüme von Bonwit Teller's, legte eine Perlenkette um und begab sich in politisch unberührte Gefilde wie das Anwesen der Englehards in Far Hills, New Jersey, oder den Elks Club in New Philadelphia, Ohio. Sie mußte Fragen beantworten, die man Bobby oder Ted nie gestellt hätte. So war Jackies neueste Frisur immer wieder ein fesselndes Thema. »Sie trägt ihr Haar immer wieder anders«, antwortete Eunice so ernsthaft, als habe man sie nach der Zukunft des Kommunismus gefragt. »Aber ich glaube nicht, daß sie das tut, um Wähler zu gewinnen, sondern weil es ihr Spaß macht.«

Am 4. September wurde Jean von ihrem zweiten Sohn, William Kennedy, entbunden. Jeder hätte es verstanden, wenn sie sich nun aus dem Wahlkampf zurückgezogen hätte, doch in der zweiten Oktoberhälfte reiste sie wieder mit Ethel durch Florida. Ethel hatte sieben Kinder, Jean zwei, doch beide sahen so gut aus, als sei Kinderkriegen eine neue Gymnastik. Sie bildeten ein hervorragendes Gespann. Ethel lokkerte die Stimmung unter dem weiblichen Publikum mit lustigen Anekdoten auf, und anschließend sprach Jean sehr gefühlvoll über ihren Bruder. In Tampa sagte Ethel: »Ich bin nicht hier, weil Bobby oder Ted mich darum gebeten haben, sondern weil ich an John F. glaube, an seinen Mut und seine Integrität. Seine Bekanntschaft hat mich um vieles reicher gemacht.«

Gegen Ende des Wahlkampfes war John F. sichtlich erschöpft, doch Rose wirkte so frisch wie zehn Monate zuvor, als sie nach New Hampshire aufgebrochen war, obwohl sie inzwischen 55 000 Kilometer zurückgelegt hatte. In ihrer Suite im Hotel Statler-Hilton empfing sie die Reporter in einem eleganten schwarzen Kleid, zu dem sie weiße Handschuhe, einen Hut aus weißem Nerz und eine Perlenkette trug. »Es stimmt«, sagte sie, »daß die Frauen sich zu ihm hingezogen fühlen. Immer wieder sagten sie zu mir: ›Ich liebe Ihren Sohn.‹« Sie würdigte den Einsatz der vielen freiwilligen Wahlhelferinnen und das Engagement ihrer Töchter und Schwiegertöchter und fügte hinzu, daß Jackie es sehr bedauere, aufgrund ihrer Schwangerschaft verhindert gewesen zu sein: »Aber die Mädchen sind hinausgegangen und haben versucht, diesen Verlust wettzumachen. Natürlich weiß ich jetzt noch nicht, wie das Land auf sie reagieren wird.« Sie hielt für einen Moment inne und sah die Reporter an. »Aber es wird nicht mehr lange dauern.«

***

Am Wahltag saß die Familie Kennedy in Bobbys Haus vor dem Fernseher und wartete auf die Wahlergebnisse. Eunice, Pat und Jean jubelten, als die ersten, positiven Zahlen kamen, und rannten aufgeregt durchs Haus. John F. saß regungslos vor dem Bildschirm. Ein Reporter berichtete aus Hyannis Port, seine Schwestern hätten gesagt, er hüpfte vor Freude auf und ab, was er so unpassend fand, daß er sie scharf zurechtwies. Die Resultate aus dem Osten wurden immer besser, und um halb elf konnte selbst Jackie sich nicht mehr beherrschen. Sie drehte sich zu ihrem Mann um und sagte: »Oh, Schatz, jetzt bist du Präsident!« John F. wandte sich für einen Moment vom Fernseher ab und erwiderte: »Nein … nein … es ist noch zu früh.«

Das Verhalten von John F. gegenüber Jackie und seinen Schwestern ähnelte dem eines Vaters, der seine Kinder zur Ruhe mahnte. Außer Eunice wußte keine von ihnen allzuviel über politische Details und die seltsamen Schwankungen bei den Wahlergebnissen. Als er Bobbys Haus um drei Uhr morgens schließlich verließ, sagte Pat: »Gute Nacht, Herr Präsident!«

Im Lauf der Stunden wurden die Ergebnisse immer knapper. Für die Familie wurde es nach Jackies Worten »die längste Nacht in der Geschichte«. Erst am nächsten Morgen um halb zehn stand fest, daß John F. die knappste Wahl in der amerikanischen Geschichte gewonnen hatte – mit nur 112881 Stimmen Vorsprung vor Nixon.

Nach der Wahl signierte er eine Foto für seine jüngste Schwester: »Für Jean – gib zu, du hast es geschafft. John Kennedy.« »Es war ein Scherz«, sagte Jean. Seit seinem ersten Teenachmittag im Jahr 1946 wußte John F., daß er eine außergewöhnliche Wirkung auf Frauen hatte, und im zurückliegenden Wahlkampf hatte er zuweilen die elektrisierende Ausstrahlung eines Rock-and-Roll-Stars entwickelt. Doch offensichtlich wollte nicht jede Frau einen Elvis in der Politik, und so kam es, daß sich am Ende 51 Prozent der Wählerinnen für den biedereren Nixon entschieden hatten.

Erst gegen Mittag fuhren der neugewählte Präsident und seine Familie in vier Wagen zum alten Zeughaus in Hyannis. Dort sagte John F. den Reportern, daß er und seine Frau sich »auf eine neue Regierung und ein neues Baby« vorbereiteten. Jackie, die neben ihm auf dem geschmückten Podium stand, sah ihn mit heiterer Gelassenheit an, froh, daß der Wahlkampf vorüber war.

Rose hingegen wußte, daß der Kampf in der Politik niemals vorüber war, auch nicht für die Frauen der Politiker. Als Jackie sich für ein Gruppenfoto neben sie stellte, schaute Rose sie entsetzt an – sie trug ein kirschrotes Kleid, Jackie ein scharlachfarbenes. »Unsere Kleider würden sich auf einem Farbfoto schrecklich beißen«, sagte sie zu der neuen First Lady, und Jackie stellte sich woanders hin.

***

Nach den Strapazen des Wahlkampfs erlitt Eunice einen Zusammenbruch und kam für eine Woche in das Bostoner Hospital. Ihr Akku war leer und mußte wieder aufgeladen werden. Bei dieser Gelegenheit stellten die Ärzte fest, daß sie wie John F. an der Addisonschen Krankheit litt. Sie ähnelte ihrem Bruder nicht nur psychisch, sondern auch physisch. Sie waren wie Zwillinge, nur hatte man sie zu unterschiedlichen Geschlechterrollen erzogen.

Eunice konnte einfach nicht ausspannen und las im Bett die *New York Times*. In jedem Artikel fand sie ein neues Problem, um das sich ihr Bruder würde kümmern müssen. In einem Artikel ging es um geistige Gesundheit, und sie war empört, nicht ein Wort über geistige

Behinderung zu finden. »Da stand einfach nichts darüber«, erinnerte sie sich. »Das machte mich wütend.«

Ihr ganzes Leben lang hatte Eunice nach einer Aufgabe gesucht, der sie ihre ganze Energie widmen konnte. Ihre Arbeit für die Joseph-P.-Kennedy-Stiftung war ein Anfang, doch sie war der Ansicht, die geistig Behinderten müßten noch viel größere Beachtung finden. In Palm Beach sprach sie mit John F. und Joe darüber. Der neugewählte Präsident amüsierte sich manchmal über Eunices Eifer, doch er verstand ihre Beweggründe. Joe war einer Meinung mit Eunice. »Ja, wir alle sollten etwas tun«, sagte er. »Die Situation im Land ist wirklich schlimm. Die Stiftung kann nicht alleine mit dem Problem fertig werden. Es betrifft einfach zu viele Familien in diesem Land.«

Eunice schlug John F. vor, ein nationales Komitee ins Leben zu rufen, das sich mit dem Problem beschäftigen sollte. »Das ist eine gute Idee« sagte er. »Sprich mit Mike Feldman und bringe die Sache in Schwung.«

***

In ihrem Haus in Georgetown schmiedete Jackie Pläne für ihr Leben als First Lady. Gelegentlich nahm sie auch an politischen Besprechungen teil und bestach durch kluge Bemerkungen. »Ich erinnere mich an eine Sitzung nach der Nominierung«, sagte Mike Feldman, ein Mitarbeiter der Kennedys. »Jackie, der Präsident, Lyndon B. Johnson und Lady Bird Johnson waren dabei. Einige von Jackies Beiträgen waren sehr weitsichtig. Sie erkannte, was nötig war, aber sie war keine geborene Politikerin. Ihr Mann war der beste Politiker, den ich je erlebt habe, aber auch er liebte die Politik nicht so wie die meisten seiner erfolgreichen Kollegen.«

In dem Maße, wie die Belastungen und Verpflichtungen stiegen, wurde auch die Zwiespältigkeit von Jackies Persönlichkeit deutlicher. Ein Teil von ihr lehnte das Leben als First Lady ab. »Ich wollte meine Familie auch im Weißen Haus zusammenhalten«, sagte sie. »Ich wollte weder in die Kohlebergwerke hinabsteigen noch ein Symbol für Eleganz darstellen. Ich wollte vor allem ein normales Leben für John F., die Kinder und mich. Mein erster Kampf galt einem gesunden Leben für meine Babies und ihren Vater.« Sie hatte bereits ein Kind verloren und war sich darüber im klaren, daß die Aufregungen und die Hektik des Wahlkampfes das Leben ihres Ungeborenen bedrohten. Die Ärzte hatten sie unmißverständlich gewarnt: Wenn sie nicht noch ein Kind verlieren wolle, dürfe sie nicht reisen.

John F. war nicht dagewesen, als sie ihr erstes Kind verloren hatte, und hatte sie auch während des Wahlkampfs nur selten gesehen. Es wäre also durchaus verständlich gewesen, wenn er nun den Wunsch gehabt hätte, bei ihr zu bleiben. Doch als gewählter Präsident hatte er die beste aller Entschuldigungen für seine häufige Abwesenheit und seine nächtlichen Ausflüge. Nach dem Dinner zu Thanksgiving verabschiedete er sich von Jackie und Caroline und flog mit seinem Stab nach Palm Beach. Jackie sollte erst einen Monat später niederkommen, doch kurz nachdem John F. gegangen war, bekam sie Blutungen und wurde schnellstens in die Klinik der Universität von Georgetown gebracht. Dort gebar sie am 25. November einen knapp sechs Pfund schweren Sohn, John Fitzgerald jr.

Selbst in der Entbindungsstation hatte Jackie keine Ruhe vor der Neugier der Öffentlichkeit. So wie ihr Mann überall Aufmerksamkeit erregte, so erweckte auch sie den Wunsch, mehr über sie zu erfahren. Als sie in einem Rollstuhl in die Säuglingsstation gebracht wurde, wo sie zum ersten Mal ihren Sohn sehen sollte, sprang ein Fotograf aus einem Schrank und versuchte, einen Schnappschuß von ihr zu machen.

Jackie war körperlich und seelisch erschöpft und lag im Krankenbett, als sie einen Brief von Eleanor Roosevelt erhielt. Niemand konnte besser verstehen, was sie durchmachte, als die ehemalige First Lady. Sie schrieb Jackie, daß »einem die meisten Dinge leichter gemacht werden, obschon ich denke, daß das Leben im gläsernen Käfig sowohl für die Kinder als auch für die Eltern insgesamt eher schwierig wird.« Trotz ihrer Schwäche beantwortete Jackie den Brief sofort. Briefe zu schreiben empfand sie nicht als lästige Pflicht. Sie wußte, daß die Ehe der Roosevelts nicht sehr glücklich war, und schrieb Mrs. Roosevelt, daß ihre Zeilen »ein großer Trost« für sie seien. Sie habe schon von anderen Hilfsbereitschaft erfahren, und das erleichtere ihr das ständige Leben in der Öffentlichkeit. Doch in den langen Monaten des Wahlkampfes, so gestand sie, habe sie sich schrecklich davor gefürchtet, als First Lady »in Panik« zu geraten.

Luella, die aus Massachusetts gekommen war, um sie zu pflegen, wußte, wie verletzlich Jackie physisch und psychisch geworden war. Sie warnte sie davor, das Krankenbett zu früh zu verlassen, da das ihren Tod bedeuten könne. Doch obwohl Jackie die Warnungen der Krankenschwester ernst nahm und sich nach einem ruhigen Privatleben sehnte, bastelte sie unermüdlich an ihrem Image. Vor ihrer Einlieferung in die Klinik hatte sie begonnen, für *Ladies' Home Journal* ihre Lebensgeschichte zu schreiben. Sie wollte sie nicht unter ihrem eigenen Namen veröffentlichen, sondern von ihrer Freundin Mary Van Rensselaer Thayer herausbringen lassen. Dies erlaubte ihr, Kindheit und Jugend romantisch zu verklären und eine noble, französische Herkunft vorzugeben.

Dies war jedoch die Vergangenheit, und die Zukunft lag im Weißen Haus. Jackie lag noch in der Klinik, als ihr Mann Oleg Cassini anrief und ihn bat, sie sofort aufzusuchen und der First Lady Vorschläge für ihre Garderobe zu machen. Als Cassini das Krankenzimmer betrat, lagen überall Entwürfe der bekanntesten amerikanischen Modeschöpfer verstreut. Für Menschen wie ihn bestand das Leben darin, wunderbare Illusionen zu schaffen, die Wirklichkeit in schöne Stoffe oder Worte zu kleiden. Er kannte Jackie und sah in ihr immer noch das Mädchen. In den Entwürfen, die er ihr zeigte, schuf er die Illusion einer neuen, strahlenden Jackie, die mit ihrer jugendlichen, königlichen und doch schlichten Eleganz eine neue Ära verkörperte.

»Sie haben die Möglichkeit, ein amerikanisches Versailles zu schaffen«, sagte er. Er wollte nicht nur ein oder zwei Kleider für sie entwerfen, sondern ihre gesamte Garderobe. Sie sollte ganz in seiner Illusion aufgehen und nur seine Kleider, Mäntel, Schuhe und Handtaschen tragen. Er wollte ihr »Hof-Couturier« werden. Jackie stimmte seinen ehrgeizigen Plänen zu, dachte dabei jedoch keineswegs an Haute Couture. Für sie waren Kleider nur ein Symbol für den Stil, den sie im Weißen Haus einführen wollte. Die fünfziger Jahre waren für sie eine biedere Zeit gewesen, personifiziert in der großväterlichen Gestalt von Präsident Dwight David Eisenhower und seiner dicklichen Frau. Sie hingegen wollte als First Lady Stil und Lebensart ins Weiße Haus bringen, Künstler, Intellektuelle und Schriftsteller einladen und natürlich alles von Grund auf renovieren. »Sie stand unter großem Druck«, erinnerte sich Cassini. »John F. stellte die neue Regierungsmannschaft zusammen, und Jackie dachte über ihre eigenen Aufgaben nach und konnte es kaum abwarten, anzufangen. Doch obwohl sie im Moment unter Druck stand, mußte sie an die Zukunft denken, das wußte sie. Sie hatte nur wenige Kleider, und wenn sie ins Weiße Haus einzog, mußte sich das ändern. Und so entwarfen wir in gewisser Weise gemeinsam das Erscheinungsbild der neuen Jackie.«

Joe war der dritte im Bund. Im Gegensatz zu John F., der sich der magischen Ausstrahlung seiner Frau nicht bewußt war und die Ausgaben für ihre neue Garderobe für maßlos übertrieben hielt, gab er Cassini den Auftrag, ohne Rücksicht auf die Kosten eine neue, unvergleichliche Jackie zu schaffen. »Schicken Sie mir am Ende des Jahres die Rechnungen«, sagte er zu Cassini. »Ich werde das regeln.«

Mit Joes Unterstützung arbeiteten Jackie und Cassini an ihrem neuen Image, doch Jackie hatte sich auch um andere Verpflichtungen zu kümmern. Sie wußte, daß es sehr riskant war, an dem Tag, an dem sie aus der Klinik entlassen wurde, den obligatorischen Rundgang durch das Weiße Haus zu machen. »Ich wußte, daß es mich überfordern würde«, erinnerte sich Jackie, »doch John F. bestand darauf.« Er ließ nicht zu, daß seine Frau das Protokoll verletzte. Er verlangte von ihr die gleiche stoische Haltung, die er von seiner Mutter und seinen Schwestern kannte. Jackie war nicht in der Lage, mehr als ein paar Schritte zu gehen, doch sie stimmte unter der Voraussetzung zu, daß ein Rollstuhl bereitgestellt wurde.

Jackies erster Besuch im Weißen Haus war gleichzeitig ihr Amtsantritt als First Lady. Fotografen, Reporter und das Hauspersonal warteten neben Mamie Eisenhower auf ihr Erscheinen. Es war üblich, daß die neue First Lady das ganze Haus besichtigte. »Ich war eigentlich nur an den Räumen interessiert, die wir mit den Kindern bewohnen würden«, erinnerte sie sich. Der Rollstuhl war nicht bereitgestellt worden, und sie bat auch nicht mehr darum. Klaglos marschierte sie durch die langen Korridore, lief die Treppen hinauf und hinab, klaglos stellte sie sich den Fotografen und stieg schließlich wieder ins Auto.

Der Besuch war eine Tortur, und ihr Gesundheitszustand verschlechterte sich. Sie floh mit John jr. und der Pflegerin nach Palm Beach, um sich zu erholen. Das Haus dort besaß zwar einen vielgerühmten Charme, doch es war seit den zwanziger Jahren nicht renoviert worden und verfügte weder über eine Klimaanlage noch über eine Heizung. Der Aufenthalt wurde für Jackie zum Martyrium. »John, der ja zu früh auf die Welt gekommen war, ging es sehr schlecht«, erinnerte sie sich. »Gott sei Dank gab es in Palm Springs einen hervorragenden Kinderarzt, der ihm das Leben rettete. Ich selbst war ebenfalls krank und lag in einem Zimmer, das ich mit meinem

Mann teilte. Das Haus war völlig überfüllt. John F. schrieb in unserem Zimmer an seiner Antrittsrede. Ich kann mich daran erinnern, daß überall im Zimmer gelbe Zettel lagen. Wenn er hinausging, stand ich auf, ordnete die Papiere und stapelte sie unter einem Briefbeschwerer auf dem Schreibtisch. Oft kamen Leute zu Besprechungen herein, dann zog ich mich ins Badezimmer zurück, bis sie wieder fort waren. Zu den Mahlzeiten erschien ich gar nicht mehr, weil ich nichts mehr bei mir behalten konnte.«

Auf Jackies Schultern ruhte die ganze Last ihrer Zukunft, und das in einer Welt, in der Träume manchmal tödlich enden. In der Öffentlichkeit wollte sie als eine Art demokratische Königin gesehen werden und Amerika mit ihrem Stil und ihrer Anmut würdig repräsentieren. Als sie jedoch am zweiten Sonntag im Dezember mit John F. zum traditionellen Kirchgang aufbrach, wartete am North Ocean Boulevard nicht etwa eine Schar von Bewunderern, sondern Richard P. Pavlik, der sieben Dynamitstangen bei sich trug. Pavlik war der Meinung, John F. habe sich die Wahl erkauft. Er hatte die Absicht, mit seinem Wagen den der Kennedys zu rammen und gleichzeitig das Dynamit zur Explosion zu bringen. Als er Jackie im Wagen sah, verschob er den Anschlag. »Ich wollte ihr und den Kindern nichts tun«, erzählte er später dem Secret Service. »Also beschloß ich, es später in der Kirche oder woanders zu versuchen.«

Jackie hatte vermutlich ihrem Mann und sich selbst das Leben gerettet. Als sie in Begleitung von Sicherheitsbeamten zur Kirche gefahren war, hatte sie sich sicher gefühlt und keine Ahnung gehabt, daß John F. belauert wurde und daß Sicherheit manchmal ebenso nur eine Illusion war wie die Kleider, die Cassini für sie entwarf.

***

Das Haus in Palm Beach gehörte Rose, nicht Jackie. Die 70jährige bevorzugte einen regelmäßigen Tagesablauf, doch auf einmal war nichts mehr wie zuvor. Sie hatte keine Privatsphäre mehr. »Wenn ich ins Arbeitszimmer gehe, sitzt John F. dort wahrscheinlich in einer Besprechung«, schrieb sie in ihr Tagebuch. »Wenn ich durch den Vordereingang auf die Straße gehe, wird die Tür hinter mir abgeschlossen, bevor ich richtig draußen bin. Auch die Hintertür ist jetzt immer verschlossen. An sich stört mich das nicht übermäßig, aber es verwirrt mich.«

Rose und Jackie machten eine Zeit durch, die von Unsicherheit und Verwirrung geprägt war. Doch sie konnten es beide nicht offen zugeben, weder ihren Ehemännern noch sonst jemandem gegenüber. Sie versuchten, ganz normal weiterzumachen. »In Deinem Haus herrschte ein Chaos«, gestand Jackie ein Jahrzehnt danach, »und ich ließ Dich niemals wissen, was mit mir los war ... Du mußt unter einer entsetzlichen Anspannung gestanden haben.«

Rose benötigte keinen persönlichen Modeschöpfer für ihr neues Image als Präsidentenmutter. Sie war stolz auf ihren zeitlosen Stil und ohnehin nie bereit gewesen, jede Mode mitzumachen. Sie beschloß, auf dem Ball anläßlich der Amtseinführung das Kleid zu tragen, das sie 1938 bei ihrer Einführung am englischen Hof getragen hatte – eine Huldigung an ihren Stil und ihre Disziplin.

Rose war immer klar, wie sich eine Kennedy zu verhalten hatte, und wenn sie das Gefühl hatte, daß Jackie diesem Anspruch nicht genügte, konnte sie hin und wieder eine spitze Bemerkung nicht unterdrücken. Ein tiefer Ausschnitt an einem von Cassinis halbfertigen Kleidern wurde mit ein, zwei Worten kommentiert. Ein andermal war sie ungehalten darüber, daß jemand im Garten mit Caroline spielte, obwohl ihre Enkelin in ein paar Minuten einen Fototermin hatte und frisch und aufmerksam wirken sollte.

Bei einem Dinner mit Joe, Rose, John F. und Jackie kam das Gespräch auf Caroline. Für Rose war es eine Selbstverständlichkeit, daß eine Kennedy von den Nonnen des Heilig-Herz-Ordens erzogen wurde. Jackie war anderer Meinung, doch Rose machte Pläne für Carolines Zukunft und hörte kaum zu. »Hier liegt das Problem«, sagte Jackie schließlich, »du willst, daß Caroline so wird wie du, und ich will, daß sie so wird wie ich.«

John F. verbrachte nur wenige Abende zu Hause. Palm Beach war schon immer eines seiner Jagdreviere gewesen, und er sah keinen Grund, das zu ändern. Eine seiner bekanntesten Affären hatte er mit Florence Smith, der Frau von Earl Smith, dem amerikanischen Botschafter in Kuba. Das Haus der Smiths lag ein Stück weiter unten am Strand, und John F. wurde dabei beobachtet, wie er die Hintertreppe hinaufeilte.

Jackie war nicht in der Verfassung, sich um die Affären ihres Mannes zu kümmern. Sie war so krank, daß sie einem Zusammenbruch nahe war. Die meiste Zeit verbrachte sie im Bett, und ab und zu schrieb sie an Cassini oder telefonierte mit ihm. Mit psychologischer Finesse wickelte sie ihn um den Finger. Sie wußte, daß er sich selbst als aristokratischen Couturier sah, nicht als gewöhnlichen Schneider. Sie nannte ihn einen »Gentleman«, der die Aufgabe habe, »den armen Präsidenten und seine Frau in diesem trostlosen Maison Blanche zu unterhalten«, und bestärkte ihn in dem Glauben, er sei ihr »intellektuell – und gesellschaftlich – ebenbürtig«. Sie durchschaute seine männliche Eitelkeit und forderte ihn heraus (»Sind Sie sicher, daß Sie das schaffen, Oleg?«). Jackie und Cassini waren ausgesprochene Snobs, was für einen Couturier vollkommen in Ordnung war, für eine First Lady jedoch eine unverzeihliche Sünde. Nur Cassini gegenüber gab sie ihre Abneigung gegen die breite Masse zu: »Ich will, daß alle meine Kleider Einzelstücke sind und keine kleinen, fetten Frauen darin herumlaufen.« Sie spielte Cassini die Rolle einer hilflosen jungen Frau vor, die zu schwach war, um ohne ihn fertig zu werden. Die Amtseinführung im Januar rückte näher, und schließlich traf Jackies neue Garderobe ein: Kleider, Pelze und Schuhe, alle aufwendig und exquisit gearbeitet. Doch für Jackie waren die Einzelstücke, die Cassini lieferte, nicht einfach nur Kleider, sondern die Kostüme, die sie in ihrer größten Rolle tragen würde.

***

In den letzten Wochen in Palm Beach wählte John F. die Leute für sein Kabinett und andere Regierungsämter aus. Die Diskussionen über die Ernennungen wurden in einer derben und vulgären Sprache geführt, die vor Frauen niemals verwendet worden wäre. Frauen waren dabei nicht erwünscht, und selbst Sarge, der selten fluchte, wurde nur geduldet.

John F. ernannte Sarge zum Leiter des Friedenskorps, einer wohltätigen Organisation, doch Bobby war ein Problem. »Was soll ich denn mit Bobby machen?« fragte John F. eines Tages George Smathers. »Er hat sich den Arsch für mich aufgerissen, aber er hat sich auch ganz schön unbeliebt gemacht. Was, zum Teufel, soll ich nur tun?«

»Machen Sie ihn zum Staatssekretär im Verteidigungsministerium«, sagte Smathers, der Bobby nicht leiden konnte. »In ein paar Jahren können Sie ihn zum Verteidigungsminister befördern. Er denkt sowieso wie ein Soldat, und kampflustig ist er auch.«

»Dad ist dagegen«, meinte John F. »Er will, daß er Justizminister wird. Also tun Sie mir den Gefallen und reden Sie mit ihm.«

Smathers nahm seinen Mut zusammen und ging zu Joe, der mit einer Zeitung am Swimmingpool saß, und trug seinen Vorschlag vor.

»Hat John F. Sie gebeten, mit mir zu reden?« fragte Joe.

»Nein, Herr Botschafter, das ist meine Idee.«

»Das glaube ich nicht«, erwiderte Joe und schaute an Smathers vorbei zu seinem Sohn, der am anderen Ende des Pools saß. Dann stand er auf und ging zu ihm hinüber. »Zum Donnerwetter, ich sage es dir zum letzten Mal. Schick mir keine Laufburschen. Bobby hat alles für dich getan. Er hat sich für dich eingesetzt. Und er will Justizminister werden, und ich will es auch, und damit basta. «

»Jawohl, Sir«, erwiderte John F.

Als John F. mit Bobby über die Ernennung sprach, meinte dieser: »Wenn du mich zum Justizminister machst, zerreißen sie dich in der Luft.« Zwei Tage später teilte John F. seinen Mitarbeitern die umstrittene Ernennung mit. »Also, Gentlemen, das wär's«, sagte er zum Schluß. »Gehen wir es an.«

John F. flog im Januar nach Washington, und Jackie winkte ihm auf dem Flughafen nach, während Fotografen Bilder schossen. Niemand ahnte, daß Jackie tagelang alleine im Schlafzimmer gelegen hatte. »Ich glaube, ich war ganz einfach körperlich und geistig erschöpft«, erinnerte sie sich später. »Die Wochen nach der Geburt des Babys waren alles andere als erholsam gewesen.«

Die Ärztin Dr. Janet Travell informierte John F. über den schlechten Gesundheitszustand seiner Frau. Er schickte die *Caroline* nach Florida, um Jackie nach Washington zu holen. Sie flog allein zurück, und während John F., Eunice, Jean und Pat an den ersten Feiern anläßlich der Amtseinführung teilnahmen, lag Jackie in ihrem Bett in Georgetown.

20

Die Frau, die alles hatte

Das Washington-Denkmal schien mitten auf einer grünenden Wiese zu stehen, doch das noch schlafende Gras war nur grün angemalt und der Boden immer noch gefroren. Am Nachmittag vor der Amtseinführung begann es in Washington jedoch so heftig zu stürmen und zu schneien, daß bald nicht nur die Straßen unter einer 18 Zentimeter dicken Schneedecke verschwunden waren, sondern auch der gefärbte Rasen, aus dem das Washington-Denkmal nun wie ein weißer Elfenbeinturm hervorragte.

Normalerweise hätte Rose das Haus bei einem solchen Schneesturm nicht verlassen, doch dies war der Morgen des Tages, an dem John F. als 35. Präsident der Vereinigten Staaten vereidigt werden sollte. Für Rose war die Amtseinführung ihres Sohnes ein politisches und ein spirituelles Ereignis zugleich, der bestmögliche Beweis dafür, daß alles, woran sie als Mutter und Ehefrau geglaubt und wofür sie gelebt hatte, richtig war. Sie wußte, daß sie die Messe besuchen mußte. In einen Wintermantel, dicke Schals und warme Galoschen eingepackt, trat sie entschlossen aus dem Haus, das die Kennedys in Georgetown gemietet hatten, und stapfte in der Morgendämmerung durch die noch leeren Straßen der Hauptstadt.

Als sie vor der Dreieinigkeitskirche ein großes Aufgebot an Polizeiautos und Sicherheitskräften sah, wußte sie, daß auch John F. die Messe besuchte, und war selig. Doch da sie sich, so eingemummt wie sie war, nicht passend angezogen fühlte, um zu ihrem Sohn vorzugehen, setzte sie sich ganz allein in eine der hintersten Bänke. Nachdem John F., umringt von Sicherheitsleuten des Secret Service, die Kirche wieder verlassen hatte, lief sie zu einem der vorne stehenden Beamten und sagte mit ihrer zarten Stimme: »Ich bin Mrs. Kennedy, die Mutter des Präsidenten. Könnten Sie vielleicht einen ihrer Kollegen bitten, einen Wagen zu schicken, der mich abholt?«

Der Mann nickte höflich, doch Präsidentenmütter kamen in der Regel nicht zu Fuß zur Kirche, erst recht nicht an einem Tag wie diesem. Kurzum, der Wagen traf nie ein. Irgendwann drehte Rose sich um, verließ die Kirche und marschierte alleine durch die verlassenen Straßen nach Hause.

* * *

Um die Mittagszeit wohnte Rose zusammen mit Joe und ihren Töchtern und Schwiegertöchtern auf dem Platz vor dem Kapitol der Vereidigung ihres Sohnes bei. Sie trug einen Pelzmantel und eine Pelzmütze und saß mit einer dicken, grauen Wolldecke auf dem Schoß am äußersten Ende der ersten Reihe. »An dem Tag schlug ich vor, den Vater und die Mutter doch näher bei ihrem Sohn zu plazieren«, erinnerte sich Rose. »Wir saßen in der Reihe so weit außen, daß wir auf vielen Fotos gar nicht zu sehen waren.«

Nachdem John F. – mit der linken Hand auf der Familienbibel der Fitzgeralds – seinen Schwur geleistet hatte, hielt er eine der denkwürdigsten Antrittsreden der amerikanischen Geschichte. Für Rose klangen in seinen Worten all die Ideen an, die Joe und sie ihm vermittelt hatten. Während sie so dasaß und der klaren energischen Stimme ihres Sohnes lauschte, dachte sie an die Worte aus dem Lukasevangelium, die sie ihm als Kind immer wieder vorgesprochen hatte: »Denn welchem viel gegeben ist, bei dem wird man viel suchen.« Und nun erklärte John F. den Bürgern dieser reichen und mächtigen Nation: »Fragen Sie nicht, was Ihr Land für Sie tun kann – fragen Sie, was Sie für Ihr Land tun können.«

Rose wurde von ihren Gefühlen beinahe überwältigt: »Dank sei dem allmächtigen Gott, der mich, unter all den Millionen von Müttern auf der Welt, an diesem Tag zur Mutter des gewählten Präsidenten auserkoren hat. Ein Wunder. Eine Sensation … Es war die demütige Lobes- und Dankeshymne einer Mutter an ihren Gott, der ihrem Sohn den Mut, die Entschlossenheit und die Einsatzbereitschaft mitgegeben hatte, die seine Wahl in dieses hohe Amt erst möglich gemacht hatten.«

Am Spätnachmittag saß Rose zusammen mit anderen wichtigen Persönlichkeiten auf der Ehrentribüne vor dem Weißen Haus. Obwohl die Tribüne auf drei Seiten geschlossen war, spürte sie die empfindliche Kälte. Als John F. eintraf, um die Parade abzunehmen, erhob sich Joe und begrüßte ihn. Die beiden Kennedys, Vater und Sohn, dort nebeneinanderstehen zu sehen, war für Rose und ihre Kinder ein Erlebnis, das so erhebend und denkwürdig war wie dieser ganze Tag.

***

Das große Symbol der neuen Kennedy-Ära war die strahlende Jackie, die bei den öffentlichen Auftritten des Präsidentenpaares stets neue, hochelegante Kleider trug und ihren Mann oft voller Bewunderung anblickte. Doch die Fotos, die in Amerika die Titelseiten fast aller Zeitungen und Magazine schmückten, waren Täuschungsversuche. »Diese Monate … waren für mich keine glückliche Zeit, wie die Fotos glauben machen«, sagte Jackie ein Jahrzehnt später. Es zehrte an ihren physischen und psychischen Kräften, ununterbrochen im Rampenlicht zu stehen und dabei zu wissen, daß dieses Leben, das fast nur noch aus Fototerminen bestand, noch mindestens vier Jahre lang so weitergehen würde. Sie absolvierte die öffentlichen Pflichtauftritte in ihren schönsten Kleidern und mit ihrem strahlendsten Lächeln, doch hinterher ließ sie sich im oberen Stock ihres stets umlagerten Hauses in Georgetown ermattet ins Bett fallen.

Zur Galaveranstaltung am Vorabend der Amtseinführung erschien sie zwar am Arm ihres Mannes, doch schon nach der ersten Darbietung, als das Fest gerade erst begonnen hatte, zog sie sich bereits wieder zurück. Und obwohl sie am Morgen vor dem großen Ereignis mit John F. gern die Messe besucht hätte, blieb sie zu Hause und fuhr erst später zusammen mit Mamie Eisenhower zur Vereidigungszeremonie. »Im Wagen sagte Mrs. Eisenhower zu mir, Präsident Eisenhower sehe mit seinem Zylinder wie ein Ire aus«, erinnerte sich Jackie. »Doch im nächsten Augenblick begriff sie, daß sie mit der Bemerkung einen kleinen Fauxpas begangen hatte.«

Während der Vereidigungszeremonie stand Jackie neben ihrem Ehemann und blickte ihn ebenso hingebungsvoll wie benommen an. Anschließend fuhren sie gemeinsam die Pennsylvania Avenue hinunter zum Weißen Haus. Jackie verließ die eisige Ehrentribüne jedoch schon nach knapp einer Stunde. Sie hatte einfach nicht die robuste Gesundheit der Kennedys, die sich das Defilee der Soldaten, Musikkapellen und Festwagen bis zum Schluß anschauten, als säßen sie gemütlich in der warmen Sommersonne. Doch so unpäßlich Jackie sich auch fühlte, ihre kurze Vorstellung war offenbar so gelungen, daß die *New York Times* offiziell verkündete: »Sie schien die Zeremonie wirklich zu genießen und sich bester Gesundheit zu erfreuen.«

Später fand im Weißen Haus noch ein Familienempfang statt, bei dem sich die Kennedys, die Fitzgeralds und die Bouviers zunächst wie verfeindete Clans beäugten, bis der Alkohol und die erzwungene Nähe sie schließlich doch zusammenbrachten. Alle drei Gruppen waren nicht nur stolz auf John F., sondern auch gleichermaßen enttäuscht, daß die neue Hausherrin auch diesmal nur durch Abwesenheit glänzte. Jackie lag die ganze Zeit über in ihrem Bett im zweiten Stock – mit einem Heizkissen auf dem Rücken.

John F. war bester Laune, doch Jackie nahm selbst am Abend an keinem Empfang und keiner Party mehr teil, sondern blieb im Weißen Haus, bis John F. sie schließlich um halb elf abholte. »Ich verbrachte mehrere Tage in meinem Zimmer, ohne das Bett zu verlassen«, erinnerte sich Jackie. »Das alles war mir einfach zu viel. Ich glaube, ich befand mich schlicht in einem Zustand körperlicher und nervlicher Erschöpfung, denn die Monate nach der Geburt des Babys waren alles andere als erholsam gewesen. Ich habe alle Galaveranstaltungen verpaßt. Ich habe es immer bedauert, daß ich in diesen strahlenden ersten Stunden nicht mehr Zeit mit John F. verbracht habe, doch wenigstens, dachte ich mir dann, hatte ich ihm unseren John geschenkt, den Sohn, den er sich so sehr gewünscht hatte.«

Jackie besuchte mit John F. zwar den ersten Inaugurationsball und wäre auch liebend gerne bis zum Schluß geblieben, doch sie fühlte sich so erschöpft, innerlich ausgelaugt und von ihren Pflichten überfordert, daß sie nach einer Weile darauf bestand, ins Weiße Haus zurückgebracht zu werden. So mußte der neue Präsident den Rest des Abends ohne sie verbringen. »Danach mußte ich eine Woche lang das Bett hüten«, erzählte Jackie.

***

Die Schwestern und Schwägerinnen des neuen Präsidenten wären nie auf die Idee gekommen, sich in der ereignisreichen Woche der Amtseinführung ins Bett zu legen. Dabei hätte Eunice durchaus Grund gehabt, sich etwas zu schonen, denn sie hatte sich gleich zu Anfang der Woche, als sie in Washington in letzter Minute zu einem wartenden Flugzeug hastete, so schlimm den Knöchel verstaucht, daß sie gleich nach ihrer Ankunft in Chicago die Flughafenambulanz aufsuchen mußte. Doch schon wenig später nahm sie, auf einen Stock gestützt, an einem Empfang teil und humpelte auch in den darauffolgenden Tagen unermüdlich von einer Veranstaltung zur anderen.

Eigentlich hätte auch Jackie in der Nationalgalerie der Künste erscheinen sollen, doch die übrigen Kennedy-Frauen trösteten die Gäste souverän über ihr Fehlen hinweg. Mit ausgesuchter Freundlichkeit empfingen sie 6000 Frauen aus ganz Amerika, die geduldig Schlange standen, bevor sie schließlich unter Gemälden von Tintoretto und El Greco ihre Drinks schlürften. Rose, Eunice, Pat, Jean und Joan trugen allesamt elegante, schwarze Kleider, während Ethel, die quirlige siebenfache Mutter, sich nicht nur durch ihr ärmelloses, pinkfarbenes Kleid von den feierlich-dunklen Tönen ihrer Umgebung abhob, sondern auch durch ihr kreischendes Gelächter.

Am Abend vor der großen Gala hatten der angehende Präsident und seine Familie bereits auf einer etwas intimeren, von Jean veranstalteten Party ihr Debüt gegeben. Zu Ehren ihres Bruders hatte Jean 200 illustre Persönlichkeiten aus Politik und Showbusiness eingeladen, unter anderem Frank Sinatra, Nat King Cole, Gene Kelly, den Vizepräsidenten und Mrs. Johnson. Die Party war das herausragende Ereignis des Abends gewesen.

Für die Gäste aus Hollywood hatten die Lawfords die Verantwortung übernommen. Eigentlich hätte dieser Abend für Pat ebenso ein Triumph sein müssen wie für Peter und Sinatra, denn das glitzernde Staraufgebot war nur ihrer gemeinsamen Vorarbeit zu verdanken. Lange Zeit stand sie direkt neben John F., der für diesen Anlaß extra seinen schwarzen Schlips umgebunden hatte. Sie trug ein verführerisches, tief ausgeschnittenes Kleid, doch ihr Körper wirkte darin viel zu schmal – wie ein zierlicher Gegenstand, den man in eine viel zu große Verpackung gesteckt hatte. Nachdem die Künstler dem neugewählten Präsidenten den ganzen Abend lang mit Liedern, Gedichten und amüsanten Reden die Ehre erwiesen hatten, sprach John F. noch ein paar abschließende Worte: »Die im Verlaufe unserer langen Geschichte stets glückliche Beziehung zwischen Kunst und Politik hat in meinen Augen heute abend einen neuen Höhepunkt erreicht.« Ein Scheinwerfer erhellte seine schön geschnittenen Gesichtszüge, als er fortfuhr: »Ich weiß, wir alle verdanken diesen Abend einem großen Freund – Frank Sinatra ... Und ich möchte, daß er und Pats Ehemann Peter Lawford wissen, daß wir ihnen dafür großen Dank schulden und stolz darauf sind, sie bei uns zu haben.«

Während Pat und Peter voller Stolz der Lobeshymne lauschten, raunte Bobby, der angehende Justizminister, Red Fay und ein paar Freunden zu: »Ich hoffe, Sinatra wird sich der öffentlichen Rolle würdig erweisen, die der Präsident ihm durch soviel Anerkennung einräumt.« Bobby hatte für Pats Bekannte aus Hollywood wenig übrig und befürchtete, daß solche Kontakte dem neuen Präsidenten irgendwann schaden könnten. Während der Vorbereitungen für die Party waren Peter, Sinatra und ein paar weitere Hollywood-Entertainer nach New York geflogen, um dort organisatorische Einzelheiten zu besprechen. Gerüchten zufolge wurde in dieser Zeit ein gutes Stück vom Hotel entfernt die Leiche einer Prostituierten gefunden, doch die Sache wurde geheimgehalten. Das war nur eine Geschichte von vielen, und Bobby hoffte, daß sie die letzte sein würde, sonst konnten Pats Freunde für John F. leicht zu einer gefährlichen Belastung werden.

Pat genoß den Triumph ihres Bruders und sonnte sich in dessen Ruhm, doch mit ihrer Ehe ging es steil bergab. Ihr Mann war in den vergangenen Monaten immer mehr seine eigenen Wege gegangen und galt inzwischen sogar im sonst so großzügigen Hollywood als notorischer Schürzenjäger. Für seinen Schwiegervater zählte in einer Ehe vor allem die wohlanständige Fassade, doch Peter machte sich längst nicht mehr die Mühe, wenigstens nach außen hin den Schein zu wahren. »Du solltest in so einem Augenblick wirklich bei ihr sein, schließlich ist sie deine Frau, Peter«, ermahnte ihn sein Agent Ebbins, als er hörte, daß Peter während der Amtseinführungsfeierlichkeiten im Hotel Statler-Hilton bleiben wollte, anstatt zu Pat nach Hickory Hill zu fahren. »Oh, *ihr* ist das völlig gleichgültig«, erwiderte Peter. »Mach dir deswegen keine Sorgen.«

***

Nun war Washington die Stadt der Kennedy-Frauen. Jackie lebte im Weißen Haus, Jean in Georgetown, Ethel in Hickory Hill und Eunice in Maryland. John F. betrachtete seine männliche Verwandtschaft als ideales Mitarbeiterreservoir. Sarge und Bobby bekleideten hohe Positionen, und Steve arbeitete als Berater für den Entwicklungsdarlehensfonds. Einer seiner Schwestern ein wichtiges politisches Amt anzuvertrauen, zog der neue Präsident allerdings nicht in Erwägung. Für ihn und die meisten Mitglieder seiner Regierung war Politik Männersache. Sie fühlten sich unwohl, wenn Frauen an Kabinettssitzungen und wichtigen Diskussionen im Oval Office teilnahmen, es sei denn als Sekretärinnen. Nicht daß er eine geheime Direktive ausgegeben hätte, alle Frauen abzuweisen; es war einfach so, daß John F. und sein Gefolge meist zu dem Urteil gelangten, daß die weiblichen Kandidaten einfach nicht ganz den Erwartungen entsprachen.

Margaret Price, die neue stellvertretende Vorsitzende des Demokratischen Nationalkomitees, schlug dem Präsidenten mehrere Frauen vor, die beste Voraussetzungen für ein hohes Amt mitbrachten, doch keine von ihnen wurde eingestellt. Eleanor Roosevelt überreichte John F. bei einem Besuch ein dreiseitiges Schreiben, in dem sie ihm zahlreiche hochqualifizierte Frauen vorstellte. Bevor sie ihn wieder verließ, sagte sie noch: »Manche Männer müssen gelegentlich daran erinnert werden, daß es solche Frauen gibt.« India Edwards, die prominenteste Politikerin der Truman-Regierung, war davon überzeugt, daß Kennedys engste Mitarbeiter Frauen regelmäßig abwiesen und daß John F. selbst Frauen »ausschließlich als Sexualobjekte« betrachtete. Etliche bekannte Frauen aus dem Lager der Demokraten klopften an die verriegelten Tore des Weißen Hauses oder schrieben Protestbriefe, doch niemals setzte sich eine Kennedy bei John F. für eine verstärkte Beteiligung von Frauen an der Regierung oder andere frauenspezifische Belange ein. Mit Frauen, die selbst politische Verantwortung übernehmen wollten, konnten sie sich einfach nicht identifizieren.

Selbst im Vergleich zu der in dieser Hinsicht auch nicht sehr fortschrittlichen Eisenhower-Administration schnitt die neue Regierung ziemlich schlecht ab. Im März rechnete die Journalistin Doris Fleeson in einer ihrer politischen Kolumnen aus, wieviele der 200 politischen Spitzenämter unter den Präsidenten Eisenhower und Kennedy mit Frauen besetzt waren. »Mr. Eisenhower schenkte acht Frauen sein

Vertrauen und gab ihnen Spitzenjobs ...«, schrieb sie. »Unter Kennedy muß sich dagegen die Hälfte beziehungsweise die größere Hälfte der Bevölkerung mit sechs nicht allzu einflußreichen Posten zufriedengeben.«

Das einzige Mitglied der neuen Regierung, das sich speziell mit Frauenthemen beschäftigte, war Esther Peterson, die Leiterin des Frauenbüros im Arbeitsministerium. »Ich überredete Präsident Kennedy zu dieser Kommission über die Stellung der Frau«, erzählte sie. »Keine Kennedy unterstützte mich dabei. Wir dachten nicht einmal daran, sie mit einzubeziehen. Die Gleichberechtigung der Frau lag Präsident Kennedy nicht sehr am Herzen. Für ihn war das eine rein politische Angelegenheit, so nach dem Motto: ›Wir haben etwas für die Frauen getan.‹«

John F. nahm sich der Frauen unter anderem dadurch an, daß er eine Kommission zur Stellung der Frau ins Leben rief. Diese von Eleanor Roosevelt geleitete Kommission wäre eigentlich ein naheliegendes Betätigungsfeld für Jackie oder eine der Schwestern oder Schwägerinnen des Präsidenten gewesen, doch die Kennedy-Frauen glänzten auch diesmal durch Abwesenheit. Im Oktober listete der Sonderassistent Myer »Mike« Feldman in einem Schreiben an den Präsidenten auf, was seine Regierung bisher für die Frauen getan hatte. Er nannte die Kommission, das Gesetz über gleiche Bezahlung und die Zusatzverordnung über gerechte Arbeitsbedingungen, ging jedoch bezeichnenderweise mit keinem Wort auf die Zahl der weiblichen Regierungsmitglieder ein.

Im Grunde seines Herzens hielt John F. das Weiße Haus für eine Männerwelt, in die Frauen einfach nicht hineinpaßten. Dort herrschte nach Aussagen des stellvertretenden Sonderassistenten für nationale Sicherheitsfragen, Walter Rostow, ein ganz spezielles Arbeitsklima, in dem »Gefühle auf beiden Seiten massiv unterdrückt« wurden. Er verglich das Verhältnis zwischen dem Präsidenten und seinen Männern mit dem zwischen einem beliebten Kommandeur und seiner Einheit im Krieg. Und Feldman war überzeugt, daß mindestens ein halbes Dutzend Kabinettsmitglieder sich bei einem Attentatsversuch über ihren Präsidenten geworfen hätten, um die ihm geltende Kugel abzufangen.

An den Fronten dieses Krieges war für Frauen kein Platz. Die politisch engagierte britische Autorin Barbara Ward gehörte zu den wenigen Frauen, mit denen John F. diskutieren konnte, ohne sich dabei unbehaglich zu fühlen. Doch selbst ihr fiel auf, daß er in Frauen nicht mehr sehen konnte als Vertreterinnen des schwachen Geschlechts. »Alles in allem hatte ich den Eindruck, daß Präsident Kennedy mit gutausgebildeten, intelligenten Frauen wenig anfangen konnte. Doch ich glaube, die Vorbehalte beruhten auf Gegenseitigkeit ... Ich glaube, er hätte Schwierigkeiten gehabt, mit einem gemischten Team zusammenzuarbeiten.«

Die Schwestern des Präsidenten beklatschten lieber die Erfolge der Männer, inbesondere die ihres Bruders, und begegneten jedem, der sich ihm in den Weg zu stellen schien, mit argwöhnischer Wachsamkeit. Einmal saß Pat bei einem Dinner im Weißen Haus neben John Hersey, dem Verfasser des im *New Yorker* erschienenen Artikels über das Torpedoboot PT-109, der John F. zu frühem Ruhm verholfen hatte. Er wäre sicher nicht eingeladen worden, wenn man ihn nicht als einen Freund der Familie betrachtet hätte, doch Pat war trotzdem mißtrauisch.

»John Hersey«, überlegte sie laut. »Irgend etwas stimmt mit Ihnen nicht. Waren Sie für Nixon?«

»Aber nein, Mrs. Lawford. Niemals! Ich bin bis zum Parteikonvent stets für Stevenson gewesen.«

»Aha«, sagte Pat, die damit ihren Verdacht bestätigt sah. »Ich wußte doch, daß mit Ihnen etwas nicht stimmt.«

John F. war noch nicht sehr lange Präsident, als er auch schon die wohl größte Niederlage seiner gesamten Amtszeit hinnehmen mußte: die von den Vereinigten Staaten unterstützte, gescheiterte Invasion in Kuba. Der Plan war von der Eisenhower-Regierung entwickelt worden, doch John F. setzte ihn schließlich in die Tat um – unter anderem, um seine politische Entschlossenheit zu beweisen. Am kritischen Tag schrieb Rose in ihr Tagebuch: »Rief Joe an. Er sagte, er habe fast den ganzen Tag mit John F. telefoniert ... Zum Schluß fragte ich ihn, wie er sich fühle, und er sagte ›sterbenselend‹ – das Ergebnis seiner Versuche, John F. nach dem Kuba-Debakel moralisch wieder aufzurichten.«

Am selben Abend begleitete Rose John F. und Jackie wie geplant zu einem Dinner in die griechische Botschaft und kam hinterher noch mit ins Weiße Haus. »Jackie ging mit mir nach oben und sagte, er [John F.] sei den ganzen Tag sehr aufgeregt gewesen«, hieß es in ihrem Tagebuch weiter. »Er sei buchstäblich den Tränen nahe gewesen und habe sich von der CIA, deren Chef damals Allan Dulles war, falsch unterrichtet gefühlt. Er tat mir so leid. Jackie schien voller Mitgefühl und sagte, sie sei bei ihm geblieben, bis er sich nachmittags kurz hingelegt habe, da sie ihn, außer in der Zeit nach seiner Operation, nie so deprimiert erlebt habe.«

* * *

John F. war noch keine zwei Monate im Amt, als die 39jährige Eunice krank wurde und zu einer schwierigen Unterleibsoperation nach Boston geflogen werden mußte. Jemand anderes wäre bei so vielen Krankheiten und Operationen leicht zum Hypochonder geworden, der beim kleinsten Symptom von einem Spezialisten zum anderen rennt, doch Eunice ging mit ihrem Körper ebenso rücksichtslos um wie mit ihren Autos, mit denen sie, ohne auf lästige Notwendigkeiten wie Ölstand und Reifendruck zu achten, solange durch die Gegend fuhr, bis sie schließlich liegenblieben.

Im Herbst 1961 bezogen die Shrivers das gemietete Anwesen Timberlawn im Washingtoner Vorort Maryland. Sarge war mit dem Aufbau des Friedenskorps beschäftigt, dem idealistischen Kernstück der unter dem Schlagwort »New Frontier« propagierten neuen Politik unter Kennedy. Eunice befürwortete das Friedenskorps so leidenschaftlich, daß sie ihren Ehemann und sein Team bei ihren häufigen Besuchen im Washingtoner Hauptquartier des Korps stets mit Ratschlägen und Kritik überschüttete. Sarges überlastete Mitarbeiter begriffen schnell, daß es besser war, sich zu verdrücken, wenn die Frau des Direktors ins Haus gerauscht kam. »Dann hieß es immer: ›In Deckung und keine Bewegung. Eunice ist im Haus‹«, erinnerte sich Coates Redmon, der schon sehr früh zu Sarges Stab gehörte und später ein Buch über das Friedenskorps schrieb. »Alle hatten Angst vor ihr, weil sie angeblich ein heilloses Chaos anrichtete, sobald sie nur den Raum betrat. Und ich Idiot wollte das unbedingt einmal selbst miterleben. An besagtem Tag platzte sie mit den Worten in Sarges Büro: ›Sarge, ich verstehe einfach nicht, warum du das, was du in deiner letzten Rede gesagt hast, unbedingt von dir geben mußtest. Meine Brüder würden sich nie so zum Narren machen.‹«

Eunice war zwar mit Sarge verheiratet, doch ihre Loyalität gegenüber John F. hatte Vorrang. Die Feinde ihres Bruders waren auch ihre

Feinde, und ihre Lieblingswaffe waren ihre unverblümten verbalen Attacken. Als Präsident konnte John F. schwerlich laut und offen sagen, was er über den indischen Premierminister Jawaharlal Nehru dachte, der Amerika im November 1961 einen Staatsbesuch abstattete. Doch Eunice marschierte schnurstracks auf den politischen Führer des größten demokratischen Staates der Welt zu, musterte ihn, als habe sie eine zu teuer angebotene Skulptur vor sich, und sagte: »So sehen Sie also aus, Sie alter Gauner.«

Von allen Kennedy-Frauen brachte Eunice die besten Voraussetzungen für einen Posten in der neuen Regierung mit. Ihr Bruder hätte sie ohne weiteres zur Vorsitzenden der Kommission ernannt, die sich mit der Situation der geistig Behinderten beschäftigte, doch Eunice wollte in diesem Gremium, das Empfehlungen für den Präsidenten erarbeiten sollte, bewußt nur eine Beraterfunktion übernehmen. Die Ehre, ihrem Bruder zur Seite stehen zu dürfen, bedeutete ihr mehr als ein Titel. Zudem war sie der Überzeugung, als Frau manche Dinge leichter erreichen zu können. »Ich glaube, daß ich meine Vorstellungen in diesem Rahmen optimal verwirklichen konnte«, sagte sie drei Jahrzehnte später und verwahrte sich gegen den Gedanken, daß eine Frau wie sie ihr Geschlecht zuweilen als ein Gefängnis empfunden haben könnte. »Als Mann oder in einer anderen Position hätte ich bestimmt nicht mehr bewirken können. Wissen Sie, ich weiß gar nicht, was ich sonst noch hätte tun können. Ich war dort, wo ich war, vollkommen glücklich. Ich hatte ein phantastisches Verhältnis zu meinem Bruder, der sich in dieser Sache wirklich großartig verhielt. Und das sage ich nicht nur so dahin.«

Eunice sah sich in der Medizin, in der medizinischen und soziologischen Forschung sowie in sozialen Einrichtungen um und mußte feststellen, daß man sich dort zwar ausgiebig mit der geistigen Gesundheit im allgemeinen, den Problemen des Alterns oder den Kinderkrankheiten beschäftigte, sich für geistig zurückgebliebene Menschen aber aus den unterschiedlichsten Gründen nicht zuständig fühlte. Eunice erfuhr, daß es in der Unterrichtsbehörde eine Abteilung für Sondererziehung gab, die sich speziell mit geistiger Retardation befaßte, aber sie brauchte drei Tage, um diese Abteilung zu finden. »Niemand konnte mir sagen«, erinnerte sie sich, »in welchem Stockwerk sie lag, in welchem Amt ihr Büro untergebracht war, wo sie sich befand oder was sie überhaupt machte. Das Ganze war ein Witz.«

Als Eunice mit ihrer Arbeit begann, wußte sie, daß es in Washington unzählige Kommissionen und Ausschüsse gab, deren Mitglieder nichts weiter taten, als ab und zu einen Pressebericht zu verfassen, den kaum jemand las, und sich gegenseitig zu beglückwünschen. Doch ihre Kommission sollte eine Revolution im Verständnis und in der Behandlung geistig behinderter Menschen einleiten. So holte sie sich einige der besten Ärzte, Wissenschaftler und Spezialisten Amerikas in das Beratergremium des Präsidenten.

Da sie wußte, daß Ideen nichts bedeuteten, solange sie nicht mit Macht gekoppelt waren, sorgte sie dafür, daß die erste Sitzung der Kommission im Weißen Haus stattfand. Normalerweise brachte der Präsident seine Tage nicht damit zu, die Mitglieder irgendwelcher Gremien im Rosengarten zu empfangen, doch Eunice konnte er diesen Gefallen schlecht abschlagen. Seine Anwesenheit sollte signalisieren, daß die Kommission mehr war als nur eine ehrenamtliche Beschäftigung für seine Schwester.

Eunice erkor Dr. Leonard Mayo, den Direktor der Vereinigung zur Unterstützung behinderter Kinder, zum Vorsitzenden des Gremiums. Im Weißen Haus ging Mayo auch zu Sarge und sagte ihm, wie sehr er sich über seine Ernennung freue. »Auf dem Papier hat Ihre Frau zwar nur eine Beraterfunktion, Mr. Shriver«, erklärte er ernst, »doch für mich ist sie die Vorsitzende.«

Sarge blickte väterlich auf den kleingewachsenen Arzt hinunter. »Ich sehe, daß ich Ihnen nichts vorzumachen brauche, Dr. Mayo. Sie sind sehr intelligent. Von allen Mitgliedern der Familie ist sie ihrem Bruder am ähnlichsten. Sie gleichen sich wie ein Ei dem anderen. Die Kommission war in Wirklichkeit ihre Idee.«

Zielstrebig und entschlossen machte sich Eunice an die Arbeit. Sie war vom Sinn ihrer Arbeit so überzeugt, daß sie daraus das Recht ableitete, extrem hohe Anforderungen an ihre Untergebenen zu stellen. Edwin R. Bayley saß im Büro im Weißen Haus und hatte die undankbare Aufgabe, für die Kommission Reklame zu machen. Er fand Eunice »stur« und »unvernünftig«. Nach der ersten Sitzung im Weißen Haus, die an einem Samstag stattfand, bat er jeden Reporter, den er erreichen konnte, etwas über das Gremium zu schreiben.

Am Sonntagmorgen um neun Uhr wurde Bayley von einer »fuchsteufelswilden, kreischenden« Eunice geweckt. »Es steht ja überhaupt nichts in der Zeitung!« schrie sie in den Hörer und warf dem Pressereferenten vor, daß in der *New York Times* kein Bericht erschienen sei. Kommentarlos hörte sie sich seine Entschuldigungen an und legte auf. Als Bayley dann jedoch selbst die *New York Times* studierte, entdeckte er darin einen Einspalter über die Kommission. Er fühlte sich einigermaßen entlastet, griff mutig zum Telefon und rief Eunice zurück. »Es ist *doch* ein Artikel drin«, sagte er. »Auf Seite 14.«

»Sicher, den habe ich gelesen«, schnaubte Eunice. »Doch ich meinte einen richtig großen Artikel. Und warum war er nicht auf Seite eins?«

Die Mitarbeiter des Präsidenten behandelten Eunice und die Mitglieder ihres Gremiums manchmal etwas herablassend. »Das große Problem war, daß die Leute um Kennedy dem Thema geistige Behinderung keinen sehr hohen Stellenwert beimaßen«, erklärte Dr. Patrick J. Doyle, der damals im öffentlichen Gesundheitsdienst arbeitete. »Manchmal hatte man das Gefühl, daß sie sich sehr gönnerhaft benahmen, weil Eunice an der Sache beteiligt war, und daß sie einen auch nur aus diesem Grund unterstützten, und nicht etwa, weil sie wirklich ein echtes Interesse an unserer Arbeit hatten.«

John F. mochte seine Schwester zwar, doch zuweilen ging es ihm auf die Nerven, daß sie ständig seine Zeit in Anspruch nahm. »John F.«, erzählte sie ihm eines Tages am Telefon, »die Gruppe, die sich für geistig Behinderte interessiert, kommt demnächst nach Washington. Könnte ich sie zu einem Empfang ins Weiße Haus einladen?«

»Aber Jackie ist nicht da«, wandte er ein. Das war für Eunice noch lange kein Hinderungsgrund.

»Könnte ich sie nicht trotzdem ins Weiße Haus bringen?«

Der Präsident gab sich geschlagen: »Also schön. Bring sie her. Aber sieh zu, daß ich hinterher keine horrende Spirituosenrechnung bekomme. Servier ihnen irgendeinen Punsch.«

»Fein«, sagte Eunice, doch ihr Bruder hatte bereits aufgelegt.

Eunice fühlte sich John F. so eng verbunden, daß sie nichts dabei fand, ihn anzurufen, wann immer ihr danach war. Einmal läutete beim Präsidenten das Telefon, als er gerade mit Jackie und zwei befreundeten Ehepaaren – Tom und Joan Braden und Leonard und Felicia Bernstein – in fröhlicher Runde ein ganz privates Abendessen einnahm. John F. hörte sich Eunices Geplapper eine Weile geduldig an, dann reichte er den Hörer an den verblüfften Bernstein weiter, der seine Schwester gar nicht kannte. »Sprich du mit ihr. Ich kann nicht mehr mit ihr reden.«

»Komm, nun erzähl schon, was ihr gerade macht«, drängte Eunice und redete volle 20 Minuten lang weiter. »Ihr habt so viel Spaß, und ich werde nie gefragt, wenn es mal irgendwo lustig zugeht. Was gab's denn zum Abendessen?«

John F. hatte Verständnis für Eunices Marotten und billigte ihr Engagement für geistig zurückgebliebene Menschen, doch er war ein Politiker und kein Sozialaktivist. Ihr Projekt war nur eines von vielen, die geprüft und finanziert werden mußten. Er versuchte, seine Schwester an seinen Assistenten Feldman und an Wilbur Cohen, einen Rechtsexperten im Ministerium für Gesundheit, Erziehung und Wohlfahrt, zu verweisen.

Eunice stritt sich ständig mit Cohen – selbst in den Korridoren des Weißen Hauses. Einmal wurde Cohen beim Betreten des Oval Office von John F. mit folgenden Worten begrüßt: »Hallo, Wilbur. Hat meine Schwester Ihnen wieder Schwierigkeiten gemacht?«

»Woher wissen Sie das?« fragte der verblüffte Cohen, der tatsächlich gerade einen Disput mit Eunice hinter sich hatte.

»Ach, ich kenne doch meine Schwester«, erwiderte der Präsident.

»Hätte sie [Eunice] Sarge Shriver und ihrem Bruder nicht ununterbrochen zugesetzt«, räumte Cohen zwei Jahrzehnte später ein, »dann gäbe es dieses Programm für geistig zurückgebliebene Menschen heute nicht ... Die treibende Kraft war sie, nicht John F. Ehrlich gesagt, glaube ich, daß er Eunice nur zum Schweigen bringen wollte – er war mit anderen Dingen beschäftigt. Wenn Eunice das will, dann macht es eben, in Gottes Namen! Haltet sie mir einfach vom Leib!«

* * *

Ein Kolumnist schlug einem Nachrichtensprecher vom Fernsehen vor, seine Sendung doch mit dem Satz zu beenden: »Gute Nacht, Mrs. Kennedy, wo immer Sie auch sind.« Anstatt an der Seite ihres Mannes die traditionelle Rolle der First Lady einzunehmen, hielt Jackie sich meistens dort auf, wo sie gerade sein wollte: in den Reitclubs von Virginia, in den Theatern von New York, in Palm Beach oder auch auf einer Privatreise in Europa.

Doch selbst wenn sie an der Seite von John F. ihre gesellschaftlichen Verpflichtungen erfüllte, beherrschte sie den subtilen Pas de deux der Politik nicht immer perfekt. Anstatt mit routinierter Liebenswürdigkeit, jedoch ohne sich aufhalten zu lassen, an Anhängern vorbeizugehen, blieb sie oft stehen und sprach mit den Leuten. John F. machte es so nervös, ständig auf seine Frau warten zu müssen, daß er seiner Mutter sein Leid klagte. »Das Mädchen kann die Leute nicht einfach stehenlassen und davonrennen«, antwortete Rose. »Du solltest immer einen Mann vom Secret Service oder sonst jemanden dabei haben, der in solchen Fällen zu ihr sagt: ›Ihr Gatte wartet‹ oder ›Denken Sie an Ihre Verabredung, Mrs. Kennedy‹. Sonst könnte sie einen schlechten Eindruck machen.«

Jackie war auch nicht bereit, sich im Weißen Haus ununterbrochen den gräßlichen Pflichten der First Lady zu unterwerfen. Es widerstrebte ihr, tagtäglich mit Senatoren- oder Abgeordnetengattinnen zu dinieren, die Ehefrauen von Botschaftern aus obskuren Ländern zu empfangen, Wohltätigkeitsveranstaltungen zu besuchen oder irgendwelche belanglosen Kommentare abzugeben. Sie entschuldigte sich fast so häufig, wie sie eingeladen wurde, und nahm nur die wichtigsten und absolut unumgänglichen Termine wahr.

Jackie wollte nicht, daß jedes Wort und jeder Schritt von ihr für die Nachwelt festgehalten wurden. »Es kommen so viele Leute mit einem eingeschalteten Diktiergerät ins Weiße Haus«, klagte sie. »Ich habe nie Tagebuch geführt. Ich habe mir immer gesagt: ›Ich will mein Leben leben, nicht aufzeichnen.‹«

Allerdings zog sich Jackie in Washington durchaus nicht ständig ermattet in ihre Gemächer zurück, während John F. seinen Amtsgeschäften und gesellschaftlichen Verpflichtungen nachging. Im Weißen Haus gab es einen Westflügel und einen Ostflügel – eine Unterteilung, die zugleich auch Symbolcharakter hatte. Der von John F. beherrschte Westflügel war eine Männerbastion. Dort wurde Macht ausgeübt und Politik gemacht. Im Ostflügel, wo Jackie das Zepter führte, überwog dagegen das weibliche Element. Nicht nur Jackies Angestellte, sondern auch die Presseleute, die ins Haus kamen, um über die First Lady zu berichten, waren in der Mehrzahl Frauen.

Jahre später erzählte Jackie der Journalistin Laura Bergquist über die Zeit im Weißen Haus: »Wissen Sie, man gehörte immer zu *seinem* Flügel.« Im Washington des Jahres 1961 empfand man die Aufgabenteilung im Weißen Haus als völlig natürlich. Die Frauen im Ostflügel waren für die Bereiche Kultur, Gesellschaft und Soziales zuständig, und die Männer im Westflügel für Krieg und Frieden, Wirtschaft und

Handel. Doch Journalistinnen ohne Niveau konnte Jackie in ihrem Flügel nicht gebrauchen. Frauen, die nur den Stil von UPI oder AP beherrschten, wurden von ihr kurz und erbarmungslos abgefertigt.

Jackie schien sich in den Kopf gesetzt zu haben, das Weiße Haus in einen glanzvollen Königspalast zu verwandeln, der seine Strahlen bis in die abgelegensten Winkel Amerikas warf. Arthur Schlesinger jr. war ihr großer Verbündeter im Westflügel. Sie behandelte den Historiker wie ihren Kulturminister, deckte ihn mit Informationen über ihre neuesten Projekte ein und ließ ihn eine Informationsbroschüre über das Weiße Haus erarbeiten, die auch für Kinder verständlich sein sollte. Sie begriff, daß er eher ein vertrautes Verhältnis zu den Mächtigen anstrebte als Macht an sich. Und ihre hartnäckigen, aber äußerst liebenswürdig vorgetragenen Bitten waren genau die Melodie, die er hören wollte. Ständig ließ sie ihm handschriftliche und mit kleinen Skizzen versehene Botschaften zukommen, in denen sie ihm charmant eine Aufgabe nach der anderen auflud.

Die Männer im Westflügel betrachteten Schlesinger nicht voll und ganz als einen der Ihren. Nach der gescheiterten Invasion in Kuba fiel John F. ein Interview mit Schlesinger in die Hände, in dem dieser behauptete, er habe den Präsidenten dazu bewegt, seine Meinung über Kuba zu ändern. »Schauen Sie sich dieses verfluchte Interview an«, fluchte John F. voller Ärger über seinen Mitarbeiter, aber auch über sich selbst. »Ich werde euch sagen, auf welchem Gebiet Artie sachkundige Ratschläge geben kann. Er kann seine intellektuellen Fähigkeiten dazu benutzen, Jackie über die historische Bedeutung der Möbelstükke aufzuklären, mit denen sie das Weiße Haus ausstattet.«

* * *

Im Jahr 1961 war die traditionelle Kunst für viele Amerikaner im Grunde nicht mehr als eine tote europäische Ausdrucksform, das überkommene Erbe eines Kontinents, der die übrige Welt bestenfalls ein paar schlechte Beispiele lehren konnte. Jackie teilte diese Auffassung nicht. Sie hatte in Paris gelebt und studiert und betrachtete Europa als die Wiege aller Kultur. Sie richtete ihren Blick stets nach Europa, wenn sie kulturelle oder modische Anregungen suchte, doch das war von nun an verpönt. Fortan mußte sie sich an Amerika orientieren. Und als die First Lady sich auf die Suche nach den Vorzügen ihres eigenen Landes machte, entdeckte sie dabei viel Gutes, Schönes und Wertvolles. Indem sie den Amerikanern diese positiven Aspekte bewußt machte, trug sie dazu bei, ihre Einstellung gegenüber ihrer eigenen Geschichte und in gewissem Sinne auch ihr Selbstbild entscheidend zu verändern.

Der sichtbarste Ausdruck einer bestimmten Kultur ist die Kleidung. Daher schlug sich Jackies Einfluß zunächst vor allem im Bereich der Mode nieder. Sie war kaum ins Weiße Haus eingezogen, als auch schon Millionen von Frauen ihren Stil nachzuahmen begannen – von den Pillbox-Hütchen über die klassisch geschnittenen Kleider bis hin zur Frisur. Es war ein amerikanischer Stil, den sie kreierte, und mit dem sie den erbitterten Konkurrenten Cassinis zu einem entscheidenden Sieg verhalf. Rose war ihr Leben lang zweimal im Jahr nach Paris gefahren, um sich über die neuesten modischen Trends zu informieren, doch Jackie suchte ihre Anregungen inzwischen nur noch zu Hause.

Mit großer Hingabe gestaltete die neue First Lady auch das Weiße Haus um. Sie füllte es bis an den Rand mit amerikanischen Antiquitäten und verwandelte es so in ein lebendiges Museum der Kulturgeschichte Amerikas. Unermüdlich suchte sie nach Zeugnissen der amerikanischen Vergangenheit und achtete dabei auf die kleinsten Details. Für die Kulturbanausen unter den Männern im Westflügel war es fast schon revolutionär, in einem Stuhl mehr als eine bloße Sitzgelegenheit und in einem Bild mehr als einen Wandschmuck zu sehen. Jackie wollte in einer schönen, kultivierten Umgebung leben. Fast all ihre politischen und kulturellen Bemühungen galten diesem einen Ziel. Vom Weißen Haus aus konnte sie über die Pennsylvania Avenue zum Lafayette Square mit seinen prunkvollen, geschichtsträchtigen Bauten aus dem 19. Jahrhundert hinüberblicken. Doch viele dieser schönen Kulturdenkmäler sollten abgerissen werden, um Bürogebäuden Platz zu machen.

Es gab in der Hauptstadt eine ganze Reihe von Initiativen, die für die Erhaltung historischer Gebäude kämpften. Doch Jackie war als First Lady natürlich die einflußreichste Denkmalschützerin. Ihren engagierten Bemühungen und ihrem diplomatischen Geschick verdankte die Bewegung einige wichtige Erfolge. »Unglücklicherweise hat der Präsident letzten Sommer einigen neuen Bauplänen zugestimmt«, schrieb sie im März 1962 an Bernard L. Boutin, den Verwaltungschef der Baubehörde. John F. bekam zu hören, daß die Mühlen der Bürokratie nicht mehr aufzuhalten seien, wenn er sie durch seine Unterschrift erst einmal in Gang gesetzt habe. »Du kannst nicht aufhören, bis die Bagger rollen«, rügte Jackie ihn in Gegenwart des Künstlers und gemeinsamen Freundes William Walton. Schließlich wurden die neuen Bürogebäude einen Block weiter hinten errichtet. Der Lafayette Square war gerettet, und die Denkmalschützer verbuchten ihren ersten großen Sieg.

John F. war ihr dabei behilflich, sich eine schöne, kultivierte Welt zu schaffen, indem er bedeutende Künstler einlud. Ein besonders denkwürdiges Ereignis war das Konzert des 85jährigen Pablo Casals, der zum letzten Mal 1904 vor Präsident Theodore Roosevelt im Weißen Haus gespielt hatte.

»Ich mußte an diesem Abend unwillkürlich an mein letztes Gastspiel im Weißen Haus zurückdenken«, erinnerte sich Leonard Bernstein. »Das war unter Eisenhower gewesen, und ich hatte mit ungefähr 30 Mitgliedern meines Orchesters dort gespielt. Aber mit dem Casals-Dinner war das Dinner von damals nicht zu vergleichen, es war ein Unterschied wie Tag und Nacht. Beim Eisenhower-Dinner ging es sehr steif und nicht einmal besonders gepflegt zu. Die Weine waren von schlechter Qualität, und das Essen war auch nicht besonders. Zudem durfte man nicht rauchen. Das Casals-Dinner war völlig anders, ganz wie ein Abendessen mit guten Freunden. Das Essen war ausgezeichnet. Die Weine waren hervorragend. Auf dem Tisch lagen Zigaretten. Die Leute lachten aus voller Kehle, erzählten sich Geschichten und Witze, amüsierten sich und freuten sich, dabei sein zu dürfen. Das war wie in einer anderen Welt, wie auf einem anderen Planeten.«

Besondere Aufmerksamkeit schenkte Jackie an diesem Abend auch ihrer Schwiegermutter. Rose hatte sich bis spät in die Nacht mit Casals unterhalten. Hinterher ließ Jackie ihr eine auf dem Briefpapier des Weißen Hauses geschriebene Botschaft zukommen, in der sie sie mit »Liebste Belle Mère« anredete und ihr dankte, daß sie dazu beigetragen hatte, dem Abend einen »unbeschreiblichen Glanz« zu verleihen.

* * *

Zu Beginn seiner Amtszeit machte John F. sich mehr Gedanken über Jackies Gesundheitszustand als über ihren möglichen Beitrag zu seiner »New Frontier«. Im Wahlkampf hatte er an einem seiner engsten

Freunde eine wirklich erstaunliche Veränderung festgestellt. Als er den Betreffenden fragte, wie es komme, daß er auf einmal so ungewöhnlich viel Schwung und Energie habe, erhielt er zur Anwort, daß ein phantastischer Arzt von der East Side namens Dr. Max Jacobson diese wundersame Verwandlung bewirkt habe. John F. beschloß, den Mann aufzusuchen, vielleicht konnte er Jackie wieder in Form bringen. Die Behandlung bestand im Grunde nur aus einer einzigen Wunderspritze, die nach Auskunft des Doktors alle möglichen Substanzen enthielt, unter anderem das Blut eines jungen Lammes. Jedenfalls fühlten sich die meisten Patienten hinterher so frisch, als hätten sie in einem Jungbrunnen gebadet; der Freund von John F. hatte nach der ersten Injektion drei Tage lang nicht schlafen können. Jacobson war inzwischen so berühmt, daß sich in seinem geschmacklosen Wartezimmer so prominente Leute wie Truman Capote, Tennessee Williams und Marlene Dietrich die Klinke in die Hand gaben.

Beamte des Secret Service hatten vor dem Besuch des Präsidenten das Wartezimmer räumen lassen, und als John F. die Praxis nach einer Weile wieder verließ, hatte er bereits seine erste Behandlung hinter sich. Nach seinen zahlreichen Erfahrungen mit Ärzten wußte er zwar, daß eine Injektion keine Wunder bewirken konnte, doch Dr. Jacobson wirkte so überzeugend und seriös – unter anderem deshalb, weil er jede Form von Alkohol mit ganz traditionellen Argumenten vehement ablehnte –, daß man ihm durchaus zutraute, eines der großen Geheimnisse seiner Zeit entdeckt zu haben. Und das hatte er tatsächlich, denn das große Geheimnis der sechziger und der siebziger Jahre waren Amphetamine und Steroide, kurzlebige Wunder aus der Spritze, die so abhängig machen konnten, daß manche dafür sogar ihr Leben aufs Spiel setzten.

Auf die Bitte des Präsidenten hin flog Jacobson im Mai nach Palm Beach, um dort Jackie zu treffen. Der Doktor sollte entscheiden, ob ihr Gesundheitszustand einen anstrengenden Kanadabesuch und einen langen Staatsbesuch in Europa zuließ. »Er war sehr besorgt, weil Jackies Verfassung sich nach ihrer letzten Entbindung deutlich verschlechtert hatte«, schrieb Jacobson in seiner unveröffentlichten Autobiographie. »Sie litt an periodischen Depressionen und Kopfschmerzen.« Der Arzt wurde zu seiner neuen Patientin geführt, die einen unglücklichen Eindruck machte und über starke Kopfschmerzen klagte. »Nach einem kurzen Gespräch sagte ich: ›Das mindeste, was ich für Sie tun kann, ist, ihre Migräne zu beseitigen.‹ Und das tat ich dann auch«, erinnerte sich Jacobson. »Das brach das Eis. Ihre Stimmung änderte sich schlagartig.«

Jacobson hatte ein weiteres kleines Wunder vollbracht, und wenig später flog Jackie mit ihrem Mann zu dem geplanten Staatsbesuch nach Ottawa. Von der Zuschauergalerie des Unterhauses aus hörte sie den Senatspräsidenten Mark Drouin sagen: »Sie hat mit ihrem Charme, ihrer Schönheit und ihrem wachen Verstand unsere Herzen im Sturm erobert.« Nie zuvor hatte sie so begeisterte Ovationen erhalten. Sie zeigten, daß man nicht nur in Amerika, sondern auch im Ausland von Jackie tief beeindruckt war, und führten John F. die überwältigenden politischen Vorteile seiner Ehe deutlich vor Augen.

Im Verlauf der Kanadareise half John F. seiner Frau, vor dem Regierungsgebäude als symbolische Geste Bäume zu pflanzen. Jackie schippte ein paar Häufchen Erde, doch der männliche junge Präsident mußte sich natürlich schon etwas mehr anstrengen. Energisch stieß er den Spaten zehnmal tief in die Erde und zog sich dabei erneut eine schwere Rückenverletzung zu. Die Schmerzen waren qualvoll und kamen zudem zu einem denkbar ungünstigen Zeitpunkt, denn die Verhandlungen, die ihm in den nächsten Wochen bevorstanden, konnten für sein weiteres politisches Schicksal von entscheidender Bedeutung sein. Bei dem bevorstehenden Staatsbesuch in Frankreich würde er dem mächtigen Staatspräsidenten Charles de Gaulle gegenüberstehen, der vehement auf die Unabhängigkeit seines Landes pochte und dabei oft herausfordernd nationalistische Töne anschlug. Und anschließend war ein Gipfeltreffen mit Nikita Chruschtschow in Wien vorgesehen, auf dem er den russischen Diktator durch Stärke und Entschlossenheit beeindrucken wollte, da er der Meinung war, nur so eine verheerende Eskalation des kalten Krieges verhindern zu können.

John F. lud Dr. Jacobson ins Weiße Haus ein, wo der Arzt zunächst mit Jackie zusammentraf. »Sie hatte Bedenken wegen der bevorstehenden Europareise und des gedrängten Terminplans«, erinnerte sich Jacobson. Doch der Arzt nahm ihr die Angst mit einer weiteren »Behandlung«. Jacobson ließ seine Patienten stets mit einem geheimnisvollen, sanften Lächeln auf den Lippen zurück, wenn er weiterzog. Diesmal war seine nächste Station das Schlafzimmer des Präsidenten, dem er ebenfalls eine »Behandlung« verabreichte. »Ich fühle mich viel besser«, sagte John F. hinterher.

Bevor Jacobson Washington wieder verließ, hatte er eigenen Aussagen zufolge noch einige weitere Verabredungen im Weißen Haus. Jackie zeigte dem Arzt Demerol-Tabletten, die sie im Schlafzimmer ihres Mannes gefunden hatte. Sie spürte, daß da etwas Gefährliches im Gange war, und Jacobson bestätigte ihre Befürchtungen. Ein Mann vom Secret Service hatte dem Präsidenten die Pillen gegeben – vermutlich auf seinen eigenen Wunsch hin. John F. war so fest entschlossen, seine Schmerzen zu verbergen, daß er das opiumhaltige Demerol mit den Wunderspritzen des Doktors kombinierte und damit riskierte, abhängig zu werden. Jacobson sagte, er habe den Präsidenten gewarnt: »Demerol ist nicht nur stark suchterzeugend, es beeinträchtigt auch Ihre Leistungsfähigkeit.« Diese letzte Warnung war wohl die wirksamste. Jedenfalls bat John F. den Arzt daraufhin, ihn mit seiner kleinen schwarzen Tasche nach Europa zu begleiten.

***

Besuchern aus der Provinz, ob sie nun aus Avignon oder Washington kamen, begegnete man in Paris stets mit skeptischer Herablassung. Auch Jackie und John F. rechneten mit einem eher kühlen Empfang. Doch als sie in der Präsidentenmaschine Air Force One in Orly landeten, wo sie von Staatspräsident Charles de Gaulle und seiner Gattin abgeholt wurden, hatte sich hinter den Sicherheitszäunen bereits eine riesige Menschenmenge versammelt, die beim Anblick des amerikanischen Präsidentenpaares sogleich in Jubel ausbrach: »*Vive Jacqui! Vive Jacqui!*« Dieser Ruf hallte ihnen auch auf den von zahlreichen Menschen gesäumten Boulevards der französischen Hauptstadt entgegen, durch die der Autokorso zum Quai d'Orsay fuhr. Paris war Jackies Stadt, und die Pariser empfingen sie, als kehre sie nach Hause zurück.

Beim Mittagessen saß Jackie neben de Gaulle und plauderte mit ihm in tadellosem Französisch über Ludwig XVI. und die Bourbonen. Für das, was man seiner Meinung nach in Amerika für Kultur hielt, hatte der französische Staatschef nur mitleidige Verachtung übrig. Gleichwohl war er sehr beeindruckt von dieser Amerikanerin, die, wie er zugab, die Geschichte Frankreichs besser kannte als die meisten Französinnen. Was John F. anging, so war er immer schon stolz auf seine kulturbegeisterte Frau gewesen, jedenfalls solange sie nicht von ihm erwartete, ihr zuliebe stundenlang in einem Konzertsaal zu sitzen.

Er war hoch erfreut, daß Jackie überall so gut ankam. Das unterstrich seine Männlichkeit, seine Macht und seinen Erfolg und bewies, daß er anderen stets eine Nasenlänge voraus war.

Dr. Jacobson erzählte, er sei am Abend ins Palais d'Orsay gerufen worden, wo das Präsidentenpaar untergebracht war. Er suchte zuerst Jackie auf, die »im Gegensatz zu ihrer sonstigen Zurückhaltung mir gegenüber außerordentlich gesprächig war«. Und am nächsten Morgen erschien er erneut, »um den Präsidenten zu behandeln« und für einen weiteren anstrengenden Tag fit zu machen.

Zum feierlichen Abschluß des Staatsbesuchs gab de Gaulle im Schloß von Versailles ein letztes Diner, zu dem Jackie, um der Pariser Haute Couture ihren Tribut zu zollen, in einem Abendkleid von Givenchy erschien. Wenn der First Lady für das Weiße Haus irgendein Vorbild vorschwebte, dann war es dieses prunkvolle, unter Ludwig XIV. errichtete Schloß. Der Sonnenkönig hatte die Künste gefördert, das Handwerk neu belebt und den Geschmack seiner Epoche entscheidend geprägt.

Jackie saß an diesem letzten Abend zwischen John F. und de Gaulle und spielte die Dolmetscherin. Der französische Staatspräsident redete erneut über alle möglichen Epochen der französischen Geschichte. Doch welches Thema er auch immer anschnitt, seine charmante Tischnachbarin konnte stets mit scharfsinnigen Kommentaren aufwarten, die eine detaillierte und fundierte Sachkenntnis verrieten. »Ich habe jetzt mehr Vertrauen in Ihr Land«, erklärte de Gaulle dem amerikanischen Präsidenten am Ende – ein Gesinnungswandel, zu dem Jackie zweifellos ebensoviel beigetragen hatte wie John F.

In Wien und in London war man von Jackie beinahe ebenso begeistert wie in Frankreich. Da sie der Meinung war, damit ihre Pflichten erfüllt zu haben, flog sie von England aus gleich zu einem privaten Erholungsurlaub nach Griechenland weiter. Für Jacobson war die Reise ebenfalls ein Erfolg gewesen, obwohl es in dieser Zeit beinahe zu einem handfesten Streit mit Dr. Janet Travell, der Hausärztin des Präsidenten, gekommen wäre. Ihre Bedenken entsprangen nicht nur beruflicher Eifersucht. Vielleicht ahnte sie, worauf Jacobsons Behandlungserfolge beruhten. Als der Arzt auf dem Rückflug zu seinem Sitzplatz zurückkehrte, sah er Eunice auf seine Frau Nina einreden. Eunice machte sich ernsthaft Sorgen um John F. und hatte daher Nina aus der Nase zu ziehen versucht, warum John F. ihren Mann nach

Europa mitgenommen hatte. Doch aus der Arztgattin war nichts herauszubekommen, so daß Eunice schließlich unverrichteter Dinge von dannen ziehen mußte.

Kurz vor seinem Amtsantritt hatte John F. seinem alten Freund Charles Bartlett erklärt: »Eines sage ich dir: ich werde das Weiße Haus sauber halten!« Zumindest in einer Hinsicht hielt er sich nicht an diesen Vorsatz. Er hatte weiterhin flüchtige Affären und bestand hartnäckig darauf, auch als Präsident und Ehemann so leben zu können, wie er wollte.

Jackie versuchte, so oft wie möglich aus dem Weißen Haus wegzukommen. Ihr Verhältnis zu ihrem Mann war äußerst vielschichtig. Es gab kaum ein Gefühl, das sie ihm gegenüber noch nicht zum Ausdruck gebracht hatte, ob Liebe oder Haß, Leidenschaft oder Gleichgültigkeit, Freude oder Niedergeschlagenheit.

»Ich glaube, es war nicht gerade leicht, mit John F. verheiratet zu sein«, sagte Bartlett. »Für Jackie war er keine gute Wahl. Sie war ein außergewöhnlicher Mensch, eine Romantikerin aus einer gefühllosen Familie. Ich denke, daß John F. auf seine Weise enorm stolz auf Jackie war. Ich glaube, auf seine Art bewunderte er sie wirklich. Aber eben auf seine Art. Doch das war nicht unbedingt das, was Jackie brauchte. Meiner Meinung nach hätte sie einen warmherzigeren, ruhigeren und treueren Mann gebraucht. John F. war schwierig, schnell gelangweilt und wollte unterhalten werden – nicht das, was sie brauchte.«

Bartlett verfügte über jene unverdorbene moralische Sensibilität, die einige Kennedy-Männer für unmännlich hielten. Er glaubte, seinen Freund gut zu kennen, doch er wußte weder von dessen Affären noch von gewissen unsauberen politischen Machenschaften im Weißen Haus. John F. hatte für jeden Menschen, den er kannte, eine eigene kleine Schublade. Daher lernte Bartlett nur ganz bestimmte Seiten an ihm kennen. Unter anderem erlebte er John F. als charismatische Persönlichkeit: »Ich halte es für ausgeschlossen, je wieder einen Menschen zu treffen, der dieses Licht verbreitet, der diesen unglaublichen Witz und eine so außerordentlich großzügige Gesinnung hat.« Nachdenklich fügte er hinzu: »John F. war auch egoistisch und verwöhnt und hatte viele Fehler, doch er hatte so etwas Inspirierendes und Strahlendes. Man braucht nur an ihn zu denken, und schon geht im Kopf eine Glühbirne an – John F., dieses einzigartige, starke Wesen, das irgendwie vom Himmel auf die Erde fiel.«

Jackie erlebte im Weißen Haus ihre eigenen unvergeßlichen Augenblicke. Ihr Ehemann hatte kein Interesse an klassischer Musik. Einmal gelang es Jackie, einige der größten klassischen Musiker dazu zu bewegen, im Weißen Haus zu spielen. Das schauspielerische Talent, mit dem John F. allen Anwesenden vortäuschte, daß ihm die Musik gefalle, war fast so beeindruckend wie das Talent der vortragenden Künstler. Der Präsident bevorzugte Musicals. Seine Lieblingsmusik war das damals gerade am Broadway gespielte Stück *Camelot,* eine amerikanisierte, geschönte Version der Artussage von Lerner und Loewe, die mit eingänglichen, sentimentalen Melodien unterlegt war. John F. hörte diese Musik gerne morgens beim Rasieren oder abends vor dem Zubettgehen. Jackie überlegte sich, daß es ihrem Mann sicherlich großes Vergnügen bereiten würde, den Komponisten Frederick Loewe persönlich kennenzulernen.

Loewe kam zu einer kleinen Dinnerparty ins Weiße Haus, an der außer ihm nur ein paar enge Freunde des Präsidenten teilnahmen. Nach dem Essen erklärte er sich bereit, sich ans Klavier zu setzen. Die Gäste baten ihn, ein paar Stücke aus *My Fair Lady,* dem klassischen, an Bernard Shaws *Pygmalion* angelehnten Musical von Lerner und Loewe, zum besten zu geben. Danach forderte der Präsident den Komponisten auf, die *Camelot*-Songs zu spielen. John F. kannte fast alle Melodien auswendig. An diesem unvergeßlichen Abend wurde Jackie erst richtig bewußt, wieviel die Musik von Lerner und Loewe ihrem Mann bedeutete.

* * *

Sommer hieß für die Kennedys nach wie vor Hyannis Port. Am langen Wochenende um den 4. Juli versammelte sich die ganze Familie in ihrem Feriendomizil, um dort ein paar unbeschwerte Tage zu verleben.

Joan tat sich oft mit Jackie zusammen, denn die beiden jüngsten Kennedy-Frauen hatten manches gemeinsam. Jackie pflegte zu sagen: »Die haben keine Ahnung, was wir machen, wenn wir für uns sind. Ich weiß, daß du, wenn du alleine bist, nach Squaw-Island rüberfährst oder Klavier spielst, und ich gehe malen. Die halten uns für verrückt, weil wir etwas alleine unternehmen. Sie können es nicht ertragen, allein zu sein.«

Manchmal zogen Jackie und Joan auch gemeinsam los. »Oft baten wir die Männer vom Secret Service, ihr Schnellboot anzuwerfen, damit wir Wasserski fahren konnten«, erinnerte sich Joan. »Jackie fuhr zuerst. Dann ruhte sie sich aus, und ich kam an die Reihe, und das reichte mir dann auch schon. Aber sie war sehr, sehr gut und fuhr noch eine Runde. Ein anderes Mal ließen wir uns anderthalb Kilometer vom Hafen entfernt aussetzen und schwammen zusammen zurück. Wir machten das die ganze Zeit, als sie First Lady war, und kaum jemand wußte davon.«

Fotografen und Reporter wurden in diesen Tagen von den drei benachbarten Häusern der Kennedys ferngehalten. Jackie bestand am hartnäckigsten darauf, das Privatleben ihrer Kinder zu schützen, weil die Presse Caroline und den kleinen John ohnehin schon ständig umlagerte. Erst im Mai hatte die *Newsweek* Caroline auf der Titelseite gebracht und sich in ihrem Begleitartikel dann paradoxerweise darüber ausgelassen, wie sehr Jackie sich bemühe, ihre Tochter vor eben solcher Publicity zu schützen.

Eunice war bei weitem nicht so erpicht darauf, ihren Kindern die Presse vom Leibe zu halten. Sie erlaubte Stanley Tretick, der als Fotograf für *Look* arbeitete, sogar ausdrücklich, Aufnahmen von ihnen zu machen. Der schmächtige Mann verstand es hervorragend, sich bei seinen kleinen Modellen einzuschmeicheln. Vergnügt unterhielt er sich auf der Veranda mit Bobby Shriver und seiner Schwester Maria, als plötzlich Caroline auftauchte.

Tretick machte die obligatorischen Fotos von den Shrivers, doch die kostbarste Ausbeute dieses Fototermins waren für ihn die Schnappschüsse von Caroline. Um die Mittagszeit trafen John F., Joe und Jackie in einem Caddie ein. Der gewiefte Fotograf legte schnell seine Kamera beiseite, denn er wußte genau, daß der Präsident sehr böse geworden wäre, wenn er ihn in dem Gefährt fotografiert hätte. John F. wollte um keinen Preis mit Golf in Verbindung gebracht werden, denn dieser Sport galt als Freizeitvergnügen der Reichen, und die Demokraten hatten sich mehrfach über Präsident Eisenhowers Golfbegeisterung lustig gemacht.

Jackie stand hinten auf dem Caddie und funkelte Tretick an wie eine rachsüchtige Walküre. »Sie haben doch nicht etwa vor, uns zu fotografieren, Stan, oder?« Sie hatte für diesen Fotografen wenig übrig. Er gehörte zu den Leuten aus dem Westflügel. Die First Lady ließ sich nach Möglichkeit von Fotokünstlern wie Richard Avedon oder Mark Shaw ablichten und nicht von einem so stillosen, aufdringlichen Wicht wie Tretick.

»Das überlasse ich Ihnen«, erwiderte der Fotograf.

»Also mich fotografieren Sie nicht. Und Caroline auch nicht.«

»In Ordnung«, sagte Tretick, verschwieg ihr jedoch, daß er schon entzückende Fotos von ihrer spielenden Tochter im Kasten hatte. Der Fotograf trottete auch mit, als die Shrivers, Ethel, Bobby und eine Horde Kinder – darunter auch Caroline – zu einer Segelpartie durch den Sund mit anschließendem Picknick aufbrachen. »Caroline, wirst du wohl aufhören, im Boot herumzuspucken!« schimpfte Bobby seine Nichte. Beim Picknick schoß Tretick dann ein Foto nach dem andern.

Innerhalb weniger Stunden hatte der Fotograf eine ganze Kollektion herrlich lebendiger Schnappschüsse von Caroline beisammen. *Look* stellte die Aufnahmen zu einem Album zusammen, und Laura Bergquist, die Hofjournalistin der Kennedys, sollte ihre Veröffentlichung von John F. genehmigen lassen.

John F. wollte das Wochenende in Hyannis Port verbringen und war bereits reisefertig, als Laura Bergquist eintraf. In kurzen Hosen und mit heraushängenden Hemdzipfeln blätterte er die Fotos durch und ließ gelegentlich einen kurzen Kommentar fallen. Wäre auf einer der Aufnahmen zu sehen gewesen, wie er sich mit schmerzverzerrtem Gesicht den kranken Rücken hielt oder wie er Golf spielte, dann hätte er das Album sicherlich wütend zugeknallt, doch die Vorstellung, daß bald Millionen von Menschen die gelungenen Schnappschüsse von seiner niedlichen dreijährigen Tochter bewundern würden, bereitete ihm keinerlei Mißbehagen, denn in seiner Familie war es seit Großvater Fitzgeralds Zeiten absolut üblich, daß auch der Nachwuchs im Rampenlicht stand. Jackie dagegen war der Überzeugung, daß Kinder in der politischen Arena nichts zu suchen hatten.

Am Wochenende sprach John F. mit Jackie über die Fotos. Sie war nicht bereit, ihre Meinung zu ändern, sondern schrieb sogleich einen Brief an Laura Bergquist: »Sie haben recht, die Fotos sind wirklich sehr gut ... Doch ich bedauere, Ihnen mitteilen zu müssen, daß ich Ihnen unter anderem aus genau diesem Grund nicht erlauben kann, sie zu veröffentlichen. Caroline wird jetzt schon überall, wo sie hingeht, erkannt. Sich daran zu gewöhnen, ist in jedem Alter ziemlich sonderbar – aber höchst bedauerlich, wenn man erst drei Jahre alt ist. Jeder Artikel erhöht nur das Interesse an ihr – ihre kleinen Freunde und ihre Cousinen und Cousins sehen ihn und erzählen ihr davon, und das ist ganz schlecht für sie.«

Jackie mochte zwar keinen Presserummel, doch sie liebte Familien und war stolz, wenn Mitglieder der Regierung ihre Kinder ins Weiße Haus mitbrachten oder in Carolines kleine Schule auf dem Gelände steckten. »Wir gaben einen Empfang für alle Kabinettsmitglieder, bei dem auch Kinder herumsprangen«, erinnerte sich Jackie. »Wann immer es ging, bat ich die Gäste, ihr Kind mitzubringen. Zum Beispiel nahmen die Mädchen der Johnsons an einer Steakparty teil, als der Vizepräsident und seine Frau hier waren. Wenn wir wußten, daß jemand etwas Kleines hatte, versuchten wir immer, die ganze Familie einzuladen.«

***

Pat war die einzige Kennedy, die in diesem Sommer nicht nach Hyannis Port kam. Fernab von ihren Geschwistern vereinsamte sie in einer Ehe, in der alles schieflief. Alle Welt hielt Pat für eine Frau, die alles hatte. Sie war eine Schwester des Präsidenten, die Ehefrau eines Leinwandidols, hatte drei gesunde Kinder und erwartete gerade ihr viertes.

Ihr Mann Peter war für die Kennedys ein zusätzlicher Gast am Tisch, ein liebenswürdiger Gastgeber, eine Quelle unzähliger Klatschgeschichten, aber auch der ewige Außenseiter. Er kam offenbar nicht damit klar, daß er nicht richtig dazugehörte, ja selbst für seine Frau in gewisser Weise ein Fremder blieb, und suchte Trost im Alkohol und in Frauengeschichten.

Anders als ihre Mutter war Pat offenbar nicht länger gewillt, über die Schwächen und Eskapaden ihres Ehemannes stillschweigend hinwegzusehen, sondern machte Peter regelmäßig heftige Szenen. Ebbins kommentierte das Verhältnis der beiden folgendermaßen: »Wissen Sie, wenn ein Hund spürt, daß Sie Angst vor ihm haben, dann beißt er Sie. Als Pat merkte, daß Peter labil war, war es aus zwischen ihnen, denn Schwäche können Kennedys nicht ertragen. Junge, vergiß es. Anstatt ihn zu bemitleiden, bäumte sie sich gegen ihn auf und griff ihn an.«

Ebbins war Peters Agent und wurde dafür bezahlt, daß er den Mund hielt, doch das Paar zankte sich inzwischen selbst in Gegenwart von Freunden. »Pat regte sich schrecklich auf, warf Peter ein paar Kraftausdrücke an den Kopf und ging dann ins Bett«, erzählte Dick Livingston. »Sie ging sehr häufig ins Bett.«

»Junge, das ist das Letzte«, erklärte Pat eines Tages lachend einer Freundin, zog sich dann aber sofort wieder hinter eine Mauer des Schweigens zurück.

Sie konnte es sich nicht leisten, ihre innersten Geheimnisse Leuten anzuvertrauen, die nicht zur Familie gehörten. Schließlich konnte man nie wissen, wozu sie ihr Wissen später mißbrauchten. Im Gegensatz zu den übrigen Kennedys nahm Pat alles, was um sie herum vorging, mit einer geradezu schmerzlichen Intensität wahr. Und aus dieser übergroßen Sensibilität wurde allmählich eine Wunde, die nicht mehr zuheilen wollte. Pat lebte in einer qualvollen Zurückgezogenheit. Sie mißtraute allen Menschen, die sie nicht näher kannte, und sah in ihnen eine potentielle Gefahr für sich und ihre Familie. Sie litt, um die Worte des Lawford-Freundes Leonard Gershe zu gebrauchen, unter »einem psychotischen Rückzugsbedürfnis«.

Pat hatte inzwischen heftig zu trinken begonnen. Doch noch lieber als mit Alkohol betäubte sie sich mit pausenlosen Aktivitäten. Ihre mütterlichen Instinkte waren ausgesprochen schwach entwickelt. Sie überließ ihre Babies lieber einer Säuglingsschwester und verreiste. Während der Regierungszeit John F.s unternahm sie unzählige Ausflüge. Ihre Ruhelosigkeit ließ ihr wenig Zeit, über ihr Leben oder ihre Zukunft nachzudenken.

Pat erwartete ihr viertes Kind. In dieser Hinsicht war sie eine echte Kennedy und konnte mit allen anderen, bis auf Ethel, durchaus mithalten. Doch im Gegensatz zu Ethel fand sie keinen Gefallen daran, in Schwangerschaftskleidern herumzustolzieren und von Freunden wie Fremden wegen ihres Zustands mit besonderer Rücksicht behandelt zu werden.

Am 2. Juli 1961 brachte Pat ein fünfeinhalb Pfund schweres Töchterchen zur Welt, das den Namen Robin Elizabeth erhielt. Zur Taufe in der Santa Monica Church kamen Pat, Peter und der Taufpate Bobby 20 Minuten zu spät. Während der Zeremonie blieb Pat geduldig sitzen, doch gleich danach sprang sie auf und übergab das Baby einer Säuglingsschwester.

Der Sommer war für Pat schon immer eine ganz besondere Zeit gewesen, und sie hatte nicht die Absicht, ihre Pläne zu ändern, nur weil sie gerade ein Kind bekommen hatte. Robin war kaum einen Monat alt, als ihre Mutter in die Hauptstadt flog, um die zu dieser Zeit in Hyannis Port weilende First Lady bei offiziellen Anlässen vorübergehend zu vertreten. Von Washington aus reiste sie für eine Woche ans Kap und flog anschließend gleich nach Südfrankreich weiter. Nachdem sie ihren Eltern in deren Ferienhaus in Antibes einen Besuch abgestattet hatte, fuhr sie nach Nizza zu Peter, der mit ein paar Freunden auf einer gemieteten Yacht eine kleine Kreuzfahrt machen wollte. Die alte, dampfgetriebene *Hiniesta* war innen zwar wunderschön eingerichtet, wirkte von außen jedoch wie ein behäbiger Frachter, erst recht neben all den schnittigen Luxusyachten, die im Hafen von Nizza vor Anker lagen. Stavros Niarchos, der griechische Industriemagnat, hatte in Erwägung gezogen, sich zusammen mit seiner Frau Tina der Gruppe anzuschließen, doch Pat wollte keinesfalls auf so einem alten Boot gesehen werden. »Leg mit dem Mistkahn bloß nirgendwo an, wo sie ihn sehen können«, ermahnte sie Peters Freund Bob Neal auf dem Weg zu einem Lunch in der Niarchos-Villa.

Während der alte Dampfer langsam von Hafen zu Hafen fuhr, ließ sich die Gruppe den Champagner, den Kaviar und all die anderen Köstlichkeiten aus der gut bestückten Kombüse munden. Mitten auf der Kreuzfahrt erhielten Pat und Peter plötzlich ein Telegramm, in dem es hieß, ihre kleine Robin habe nach einem Erstickungsanfall vorübergehend ins Krankenhaus gebracht werden müssen, sei inzwischen aber wieder wohlauf. Pats traumatischste Kindheitserfahrung war, daß ihre Mutter an jenem Sommertag, als sie wegen einer Blinddarmentzündung ins Krankenhaus gebracht werden mußte, nicht bei ihr sein konnte, weil sie sich damals gerade in Europa aufhielt. Dennoch beschlossen die Lawfords, die Kreuzfahrt fortzusetzen.

Drei Tage später ging ein zweites Telegramm ein. Robin sei wieder ins Kinderkrankenhaus eingeliefert worden und müsse am Unterleib operiert werden. Pat und Peter gaben telefonisch ihr Einverständnis und flogen nach Amerika zurück. Als sie am 16. August in Los Angeles eintrafen, hatte die kleine Robin ihre Operation bereits hinter sich, mußte jedoch noch eine Weile im Krankenhaus bleiben.

Pats Bedürfnis, ihr eigenes Leben zu leben, ohne sich an Heim und Herd gefesselt zu fühlen, war so übermächtig, daß nicht einmal der

Anblick ihres Töchterchens im Krankenhausbett sie lange in Los Angeles halten konnte. Anstatt wie geplant mit Eunice und Jean nach Polen und Jugoslawien zu reisen, flog sie am 26. August mit Peter nach Frankreich zurück, denn dort sollten in Kürze die Außenaufnahmen für Darryl F. Zanucks Filmepos über die Invasion in die Normandie mit dem Titel *Der Längste Tag* beginnen, in dem Lawford den Kriegshelden Lord Lovat spielen würde.

Pat wußte aus eigener bitterer Erfahrung, daß solche langen Drehtage vor Ort der ideale Nährboden für kurze Affären waren. Doch ironischerweise lief das übliche Spiel diesmal andersherum ab. Bei den Dreharbeiten war auch der »echte« Lord Loval zugegen, ein Bilderbuchschotte mit einem Faible für Rollkragenpullover, Barette und Dudelsäcke. Eine Weile schaute er neugierig zu, wie Peter seinen Platz einzunehmen versuchte, dann beschloß er, seinerseits Peters Platz einzunehmen.

»Kommen Sie, Pat, lassen Sie uns zusammen irgendwo hinfahren«, schlug der Lord nach Aussagen von Ebbins mit derselben Kühnheit vor, mit der er seinerzeit bei der Invasion seine Soldaten geführt hatte.

Doch Pat antwortete dem forschen Schotten: »Sie machen wohl Witze. Ich bin verheiratet. Vergessen Sie nicht, wer er ist.«

»Ich bin ebenfalls verheiratet«, entgegnete Loval unbeeindruckt, als hebe ein Seitensprung den anderen auf. Pat lachte nur. Doch selbst wenn Pat Interesse an dem schottischen Lord gehabt hätte, wäre diese Affäre nur von kurzer Dauer gewesen, denn kurz darauf reiste sie bereits wieder ab.

Am 26. September stand sie mit dem sechsjährigen Mädchen, das auf dem Plakat der Leukämiegesellschaft abgebildet war, auf dem Rasen an der Südseite des Weißen Hauses. Sie vertrat die First Lady, die zu dieser Zeit gerade mit John F. in Newport Urlaub machte und solche Aufgaben ohnehin haßte, mit der routinierten Würde und Selbstsicherheit einer echten Kennedy. Lächelnd präsentierte sie sich den Fotografen mit einem fremden Mädchen im Arm, während ihre eigenen vier Kinder zu Hause ihre Mutter schon seit vielen Tagen nicht mehr zu Gesicht bekommen hatten.

***

Auch Ethel war oft unterwegs, doch sie verließ Hickory Hill in der Regel zusammen mit Bobby. Hickory Hill war ein Musterbeispiel für die revolutionären Neuerungen, aber auch die Exzesse der sechziger Jahre. Die strengen Ermahnungen, die Rose zwischen 1910 und 1920 von Dr. Emmett Holt zu hören bekommen hatte, waren inzwischen verpönt und durch die antiautoritären Methoden von Dr. Benjamin Spock ersetzt worden, die jedem Kind eine möglichst freie Entfaltung seiner Persönlichkeit ermöglichen sollten. Ethels Kinder durften alles selbst ausprobieren. So war es völlig in Ordnung, wenn sie einen lebendigen Fisch in den Swimmingpool warfen oder das Erdgeschoß von Hickory Hill in einen Zoo verwandelten, denn schließlich waren ja immer irgendwelche Dienstboten oder Kennedy-Fans da, die hinterher wieder aufräumten. Trotz all dieser Reformen blieben sie in vielerlei Hinsicht echte Kennedys. Das ganze Grundstück war eine Art Abenteuerspielplatz, auf dem sie sich ganz im Sinne ihres konkurrenzbewußten Vaters beim Football, beim Erklettern der Bäume und bei Wettläufen gegenseitig zu übertreffen versuchten.

Ethels Terminkalender hätte die meisten Kabinettsmitglieder zur Verzweiflung getrieben. An einem typischen Tag im Oktober 1961 besuchte sie zuerst einen Weihnachtsbazar der Junior League und hastete anschließend zum Internationalen Reit- und Springturnier von Washington, wo sie an einem Wettkampf teilnahm. Ethel war seit 14 Jahren nicht mehr geritten, doch ihre Kinder, die von der Tribüne aus beobachteten, wie sie ihr geliehenes, haselnußbraunes Pferd Sky Pride, mit dem sie am Vortag lediglich fünf Minuten geübt hatte, in einem geliehenen Reitkostüm über den Parcours dirigierte, hatten die Sprüche von John F. und Bobby, daß Amerikaner mehr leisten könnten, als andere ihnen jemals zutrauten, so verinnerlicht, daß sie vom Sieg ihrer Mutter überzeugt waren. Natürlich gewann Ethel nicht. Sie konnte sich nicht einmal plazieren. Doch sie kam ans Ziel, und das war Sieg genug, zumindest für diesen Tag, der damit allerdings noch längst nicht zu Ende war. Der Chauffeur wartete schon, um Ethel, Bobby und ihre fünf ältesten Kinder nach Hause zu fahren, und knapp eine Stunde später verfolgte Ethel bereits in einem Samtkleid von der Tribüne aus das internationale Springturnier und überreichte am Ende dem Gewinner aus Argentinien die Joseph-P.-Kennedy-jr.-Gedächtnistrophäe.

Jean ließ ihren beiden Söhnen eine etwas solidere Erziehung angedeihen und verbrachte mit ihnen nur hin und wieder einen Nachmittag in Hickory Hill. Sie ließ den vierjährigen Stephen und den einjährigen Willie lieber im Weißen Haus mit Caroline und John spielen, als sie Ethels wilder Horde auszusetzen. »Ich hatte damals einen kleinen Sohn«, erinnerte sich Jean. »Und mit diesem neuen Baby war mein Leben ausgefüllt. Jackies Kinder waren im gleichen Alter, daher fuhr ich oft ins Weiße Haus, und wir spielten zusammen. Ich machte damals alles mögliche. Manchmal fuhren wir nach Camp David hinaus. Mein Mann und der Präsident kamen prima miteinander aus. Sie waren gute Freunde, und wir haben sehr viel gemeinsam unternommen. So sah damals mein Leben aus.«

Jean genoß ihre Privilegien als Schwester des Präsidenten, so auch eine Südostasienreise mit dem Vizepräsidenten. Da sie wie ihre Schwestern eine geschickte Briefschreiberin war, unterschrieb sie ihren überschwenglichen Dankesgruß an Johnson mit: »Viele liebe Umarmungen und Häschengrüße vom ›kleinen Schwesterchen‹.«

***

Rose redete John F. in der Öffentlichkeit stets höflich mit Mr. President an und verhielt sich auch sonst ausgesprochen förmlich. Wenn sie das Weiße Haus besuchte, benahm sie sich wie die Königinmutter und wahrte emotionale Distanz. Sie kannte alle Feinheiten des Protokolls und wußte, wie man sich als Mutter des Präsidenten oder als Schwiegermutter zu betragen hatte. Manchmal lief sie über den Rasen des Weißen Hauses zu den Fenstern des Oval Office hinüber, um ihren Sohn heimlich bei der Arbeit zu beobachten. Sie wollte nicht stören, daher blieb sie nie sehr lange. Sie machte es sich sogar zum Prinzip, nie den ganzen Sommer in Hyannis Port zu verbringen. Statt sich dort an ihren Enkelkindern zu freuen, reiste sie diskret mit Joe nach Südfrankreich.

Rose war stets eine sehr beherrschte Ehefrau und Mutter gewesen, die großen Wert auf gute Umgangsformen legte. Insofern war ihr jetziges Verhalten John F. gegenüber für sie typisch. »Es ist eine Art Leitmotiv in meinem Verhältnis zu meinem Sohn und meinem Mann, das sich durch mein ganzes Leben gezogen hat«, bemerkte sie später. Da war kein Platz für düstere Gedanken, lange Diskussionen und all die kleinen Unannehmlichkeiten des Lebens. Selbst wenn Rose sich im Weißen Haus aufhielt, sah sie ihre beiden Enkelkinder nur selten und nach einem genau festgelegten Zeitplan. »Mein Zimmer lag im zweiten Stock, und sie [Caroline und John] waren im Obergeschoß«, erinnerte sie sich. »Sie hatten ihre festen Zeiten. Außerdem hatte ich jede Menge zu tun. Meine Besuche waren immer recht kurz und boten mir die seltene Gelegenheit, mit dem Präsidenten und Mrs. Kennedy zusammen zu sein. Doch anders als am Kap wurden in Washington keine Geschichten ausgetauscht oder Anekdoten [über die Enkelkinder] erzählt.«

Rose behandelte ihren Sohn überaus respektvoll, als sei ihre Beziehung so zerbrechlich, daß mütterliche Gefühle sie möglicherweise hätten zerstören können. »Ich wollte seine Zeit nie über Gebühr in Anspruch nehmen, und die meines Mannes ebensowenig«, sagte sie. »Ich dachte mir immer, daß sie viel Verantwortung trugen und jede Menge Dinge im Kopf hatten. Daher hielt ich mich zurück und störte sie nicht bei der Arbeit. Ich wäre nie auf die Idee gekommen, zu John F. zu gehen, um mich mit ihm zu unterhalten. Wenn er mir etwas zu sagen hat, dachte ich mir, dann wird er schon kommen oder mir durch einen Mitarbeiter sagen lassen, daß er kommt ... Doch ich habe nie erwartet, ihn beim Mittagessen oder beim Abendessen zu sehen, niemals. Ich wußte, daß er nach mir schicken würde, wenn es ihm möglich war; wenn nicht, war er zu beschäftigt und hatte andere Dinge im Kopf. Diese Haltung habe ich mein ganzes Leben lang eingenommen, sei es meinem Vater, meinem Mann oder meinem Sohn gegenüber.«

Rose war inzwischen 71 und Joe ein vitaler 73jähriger. Der Kennedy-Patriarch hatte es sich zum Prinzip gemacht, dem Weißen Haus fernzubleiben, um böswilligen Spekulationen über die »graue Eminenz« der Regierung Kennedy vorzubeugen. In Wirklichkeit hatte Joe nicht annähernd soviel Einfluß auf John F., wie manche erwartet hatten, obwohl die beiden regelmäßig miteinander telefonierten.

Diese Situation war für einen Mann von Joes Stärke und Autorität alles andere als einfach. Cassini, einer der wenigen Männer, mit denen er offen redete, empfand damals fast ein wenig Mitleid mit seinem alten Freund: »Er war ein Mann mit großen Fähigkeiten, der seinen Sohn zum Präsidenten gemacht hatte«, sagte er. »Die Liberalen wollten den alten Mann nicht im Weißen Haus haben. Er hatte gedacht, er würde mit seinen Feinden abrechnen können, doch John F. und Bobby waren umsichtig genug, gänzlich auf ihn zu verzichten. Er war im Weißen Haus eine Unperson. Das verletzte ihn wirklich.«

Ende Herbst 1961 erhielt Joe Besuch von Frank Waldrop, dem Zeitungsredakteur, den er schon seit den späten dreißiger Jahren kannte. Joe war kein Mann, der anderen seine Gefühle anvertraute, zuallerletzt Rose. Er spielte niemandem persönliche Informationen in die Hände, die hinterher gegen ihn verwendet werden konnten, doch ein paar wenigen Männern gewährte er gelegentlich doch kleine Einblikke in sein Innenleben. Auf einem gemeinsamen Spaziergang am Strand blieb Waldrop plötzlich stehen und sagte voller Bewunderung zu Joe: »Es ist einfach unglaublich, daß John F. jetzt Präsident ist. Das muß für dich doch ein großartiges Gefühl sein.«

Joe blickte seinen alten Freund an und erwiderte: »Manchmal werde ich schrecklich trübsinnig.« Dann stapfte er wortlos weiter.

Joe kam allmählich in ein Alter, in dem er nicht mehr so leicht und genüßlich wie früher seinen Lastern frönen konnte, und verbrachte jetzt mehr Zeit zu Hause bei Rose. Doch selbst wenn sie zusammen waren, gingen beide ihre eigenen Wege. »Ich glaube nicht, daß sie jemals miteinander über Hausangelegenheiten sprachen«, mutmaßte ihr Chauffeur Frank Saunders. »Oft trug mir Mrs. Kennedy etwas auf, und gleich darauf gab mir Mr. Kennedy genau dieselbe Anweisung.«

Joe hatte nie Zeit für die Vergnügungen, mit denen sich die übrigen Bewohner der Ferienkolonie Palm Beach so gerne die Zeit vertrieben: Kiebitzen auf dem Golfplatz, Faulenzen am Strand oder Parties mit immer denselben Leuten. Jeden Morgen verließ er um acht das Haus und spielte mit Freunden eine Partie Golf, die stets mit ein paar Wetten und dem neuesten Klatsch aufgelockert wurde. Er hatte auch keine Zeit, Rose auf dem Golfplatz bei ihren kurzen Drives zuzusehen. Seine Frau verstand das, wie sie schon so vieles verstanden hatte, und zog rücksichtsvollerweise erst später los, und zwar ganz allein, obwohl sie sich jederzeit mit jemandem hätte zusammentun können. Sie war keine begeisterte Golferin, sondern spielte nur, um sich Bewegung zu verschaffen. Daher eilte die zierliche, kleine Frau stets gleich zur Mitte des Platzes, plazierte dort irgendwo ihre drei Golfbälle und schlug einen nach dem anderen ab – drei Bälle, das war ihr selbstverordnetes Tagesprogramm. Sobald sie im Loch waren, klemmte sie sich den Schläger unter den Arm und kehrte zu ihrem Haus im Norden von Palm Beach zurück.

Die besten Tage waren immer noch die, an denen die Familie beisammen war. Mitte Dezember fuhr Joe zum Flughafen, um Caroline, John und ihr Kindermädchen abzuholen, denn John F. und Jackie befanden sich gerade auf einer Südamerikareise. Auf dem Rückweg machte die Präsidentenmaschine eine Zwischenlandung in Florida, doch die wohlverdiente Verschnaufpause des vielbeschäftigten Präsidenten dauerte diesmal nur einen kurzen Tag. Am nächsten Morgen sah Joe seinen Sohn noch das Haus verlassen. Auch Rose machte sich schon sehr früh auf den Weg zur Worth Avenue, um Weihnachtseinkäufe zu tätigen, denn man schrieb bereits den 19. Dezember. Es war jedesmal ein wenig traurig, wenn die Air Force One John F. wieder nach Washington entführte.

Joe hatte inzwischen in seiner Nichte Ann Gargan eine liebenswürdige Gefährtin gefunden. Ann war eine der unbedeutenderen Kennedys. Nach dem Tod ihrer Eltern hatten Joe und Rose sich um sie und ihren Bruder Joe gekümmert. Ann hatte ursprünglich Diakonissin werden wollen, war jedoch nach drei Jahren im Kloster an Multipler Sklerose erkrankt und hatte daraufhin den Orden verlassen. Sie war immer schon eine von Joes Lieblingsverwandten gewesen. Nach dem Ausbruch ihrer Krankheit hatte er sie gleich zu den besten Spezialisten in die Lahey-Klinik geschickt, ihr beim Essen das Fleisch geschnitten, um ihr Peinlichkeiten zu ersparen, und immer wieder Mut zugesprochen. Ann genas nach einer Weile und entwickelte sich zu einer nützlichen Hausgenossin, die Rose und Joe mit viel Geschick alle möglichen Aufgaben abnahm. Sie war so anspruchslos und aufopfernd fürsorglich wie eine Nonne und hatte einen unbekümmerten Humor, der ihrem Onkel Joe gut gefiel.

Nach der Abreise von John F. begleitete sie ihn zum Golfplatz. Am sechsten Loch fühlte Joe sich auf einmal etwas matt, dachte sich aber nichts weiter dabei. Das Schwächegefühl und die leichte Übelkeit würden sicher bald vorübergehen. Doch dann begann er plötzlich, wie ein Betrunkener über den Rasen zu torkeln. Ann bugsierte ihn schnell in einen Caddie, dann in ein Auto und fuhr ihn nach Hause.

»War er in der Lage, selbst ins Haus zu gehen?« fragte Rose, als sie nach der Rückkehr von ihrem Einkaufsbummel erfuhr, daß Joe im Bett lag. Diese Formulierung war typisch für Rose. Sie suchte immer das Positive.

»Ja, aber ich mußte ihn stützen«, antwortete Ann.

Rose ging zu Joe hinauf, plauderte ein wenig mit ihm und fragte ihn nach seinem Befinden. Sie wußte von vornherein, was er antworten würde, denn sie hätte in seiner Situation dasselbe geantwortet. Bevor sie das Zimmer verließ, sagte sie noch aufmunternd, daß er sich nach einem Nickerchen sicher wieder besser fühlen werde.

Nach dem Mittagessen sah Rose noch einmal nach ihm. Sein Zustand verschlechterte sich zusehends. Ein Arzt wurde gerufen. Er traf wenig später ein und forderte sofort einen Krankenwagen an. Als die Sanitäter Joe vorsichtig einluden, sprang Ann gleich mit hinein und setzte sich neben ihn.

Rose stand in der Einfahrt und sah dem mit heulenden Sirenen davonrasenden Krankenwagen nach. Bisher war Joe immer, wenn Tod oder Krankheit über die Familie hereingebrochen waren, an ihrer Seite gewesen und hatte sie vor der harten Wirklichkeit abgeschirmt. Doch diesmal mußte sie mit der Situation allein fertigwerden. Sie wollte nicht ins Krankenhaus fahren, jedenfalls jetzt noch nicht. Was sie nicht sah, existierte für sie nicht, und was sie nicht an sich heranließ, konnte ihr nichts anhaben.

»Ich kann ja doch nichts tun außer beten«, sagte sie zu Frank Saunders. Doch der Chauffeur sah ihr leichenblasses Gesicht, das ihre Worte Lügen strafte und ihre Angst verriet. »Er wird sich erholen. Ann ist bei ihm. Er kommt wieder in Ordnung, Sie werden sehen. Ich darf mich davon nicht unterkriegen lassen. Ich muß meinen gewohnten Tagesablauf beibehalten. Ich habe mein Programm. Ich werde jetzt Golf spielen gehen, Frank, ja, das werde ich machen.«

Rose ließ sich zum Golfclub von Palm Beach fahren und schlug wie gewohnt ihre drei Bälle die Fairway hinauf. Auf dem sonnenüberfluteten, makellosen Rasen schien das Leben weiterzugehen, als sei nichts geschehen. Routine und Verdrängung, Roses liebgewordene Weggefährten, halfen ihr auch an diesem Tag, die rauhe Wirklichkeit vorübergehend zu vergessen. Joe machte sich oft über ihre kurzen Drives lustig, doch nach mehreren Schlägen landeten ihre Bälle stets im Green. Wieder und wieder holte sie aus, bis das Geräusch eines nahenden Caddies sie aus ihrer Konzentration riß. Verwirrt schaute sie auf.

»Mrs. Kennedy, das Krankenhaus hat angerufen. Sie möchten bitte kommen«, stieß Saunders aufgeregt hervor.

»Was ist denn los?« fragte Rose gereizt. Sie konnte nicht verstehen, warum man sie nicht in Ruhe ließ.

»Das Krankenhaus war am Apparat.«

»Was wollen sie denn?«

»Sie sollen einige Papiere unterzeichnen.«

»Na gut.«

Der Chauffeur wollte unbedingt gleich ins St.-Mary-Krankenhaus fahren, doch davon wollte Rose nichts wissen. Sie befahl ihm, sie zuerst nach Hause zu bringen. »Es geht ihm sicher schon besser«, sagte sie in halb beschwörendem und halb flehentlichem Ton. »Ich werde zuerst noch eine Runde schwimmen, Frank.«

Rose schlüpfte in ihren Badeanzug, ließ sich langsam ins Wasser gleiten und schwamm an der seichten Seite des Beckens mit gleichmäßigen Zügen auf und ab. Sie absolvierte ihre Runden im Swimmingpool mit der gleichen stoischen Disziplin wie die auf dem Golfplatz. Ihr Leben lang hatte sie sich fit und schlank gehalten und alle Exzesse vermieden. Sie ließ sich nicht gehen wie viele andere ältere Frauen in Palm Beach, aß nie zuviel und trank sich nie einen Schwips an. Doch diesmal hatte Saunders den Eindruck, als wollte sie bis zur Erschöpfung weiterschwimmen.

Als sie schließlich aus dem Wasser stieg, war ihr Gesicht immer noch genauso ausdruckslos wie zuvor. »Jetzt muß ich unter die Dusche«, sagte sie und verschwand, um sich wie gewohnt abzubrausen und anzukleiden.

Seit Joes Abtransport waren mehrere Stunden vergangen, und es wurde schon dunkel, als der Wagen, von einigen Polizeiautos mit eingeschaltetem Blaulicht eskortiert, den North Ocean Boulevard entlangrollte. Auf den Kreuzungen hielten Polizisten den Verkehr an, wenn sie ihn kommen sahen. Plötzlich war es vorbei mit der Routine und der Verdrängung. Hellwach und allein saß Rose im Fond des Chrysler, der sie zu Joe brachte.

* * *

Joe hatte einen schweren Schlaganfall erlitten. Sein rechter Arm und sein rechtes Bein waren gelähmt, und wenn er zu sprechen versuchte, kamen nur Wortfetzen aus seinem Mund, die keinen Sinn ergaben. Da seine rechte Gesichtshälfte ebenfalls gelähmt war, konnte er seine Mundmuskulatur nicht mehr kontrollieren, so daß ihm der Speichel übers Kinn lief.

Rose trat an sein Bett, doch er erkannte sie nicht. Darauf ging sie in die Kapelle und betete. Wenig später traf John F. aus Washington ein und begab sich mit Jackie und Bobby ebenfalls in die Kapelle. Alle Kennedy-Frauen waren nach Erhalt der schlimmen Nachricht sofort nach Florida aufgebrochen. Einige waren bereits da.

Ihr ganzes Leben lang waren sie von Joe abhängig gewesen. Er hatte ihnen ein Leben in Reichtum beschert, von dem die meisten nur träumen konnten. Doch er hatte ihnen weit mehr gegeben als nur Geld. Kein Außenstehender konnte wirklich erfassen, wie stark ihr Schicksal mit seinem verflochten war. Und in ihrer Verzweiflung über Joes plötzliche Erkrankung wurde den Kennedy-Frauen ihre Abhängigkeit von ihm deutlicher bewußt denn je. Die Liebe der Töchter zu ihrem Vater war stets tief und furchtsam zugleich gewesen. Und in seinem jetzigen Zustand der Hilflosigkeit liebten sie ihn ebensosehr wie in seinen Jahren unvergleichlicher Stärke.

Sie brachten Joe nach Hause und legten ihn ins Bett. Die Krankenschwestern kleideten ihn an, fütterten ihn und schoben ihn im Rollstuhl nach draußen. Er konnte weder laufen noch sprechen, war jedoch im Vollbesitz seiner geistigen Kräfte. Der wache Ausdruck in seinen Augen, seine anfallartigen gellenden Schreie und sein hilfloses Rudern mit den Armen verrieten seiner Frau und seinen Töchtern, daß Joseph P. Kennedy voll da war und mit aller Gewalt versuchte, sich aus dem Gefängnis seiner Behinderung zu befreien. Doch sobald er die Vergeblichkeit seiner Anstrengungen erkannte, schien er in einen Zustand tiefer Verzweiflung zurückzusinken.

Für die Kennedys war dieser Schicksalsschlag beinahe schwerer zu verkraften als alle anderen davor. »Sie wollen sich ausschließlich auf positive Dinge konzentrieren«, sagte D. Henry Betts, einer der Spezialisten, die Joe rund um die Uhr betreuten. »Wenn etwas Schlimmes passiert, dann vergiß es und wende dich etwas Erfreulichem zu ... Nach diesem Wahlspruch hatten sie immer gelebt. Und nun waren sie auf einmal mit einer bösen Sache konfrontiert, die sich einfach nicht beseitigen ließ ... Für Menschen, die unangenehmen Tatsachen nicht ins Auge sehen wollen, war das eine schwere Prüfung, vielleicht sogar eine schwerere als der Tod, denn nach jedem Todesfall machten sie einfach weiter wie bisher. Sie verließen wie gewöhnlich morgens das Haus und kehrten abends wieder zurück. Sie hatten Gott, diverse Zerstreuungen und Vergnügungen, ihre Arbeit und dergleichen mehr. Sie machten weiter, weil sie das Geschehene in gewisser Weise verdrängten. Doch das ging diesmal nicht, weil er ständig unter ihnen weilte und sie an die schreckliche Wahrheit und den Tod erinnerte.«

Joe hatte bisher in einer Welt gelebt, in der Frauen für ihn nur Objekte gewesen waren. Und nun war er plötzlich in einer von Frauen dominierten Welt eingesperrt. In den ersten Monaten des Jahres 1962 lieferten sich vier starke Frauen einen subtilen Kampf um die Kontrolle über Joes Genesung. »Jede, die verstand, was Mr. Kennedy sagen wollte, konnte in der Familie das Kommando übernehmen«, sagte Dr. Betts. Es lag natürlich auf der Hand, daß in erster Linie Rose, Joes Ehefrau, zu entscheiden hatte, was mit ihrem Mann geschah. Andererseits war für Ann Gargan die Krankheit ihres Onkels nicht nur eine gute Gelegenheit, sich bei den Kennedys für die ihr erwiesene Großzügigkeit zu revanchieren, sondern auch eine Möglichkeit, sich zu behaupten und ihre bisherige Rolle als arme Verwandte endlich abzustreifen. Sie war, um mit Dr. Bett zu sprechen, »völlig auf Joe fixiert«. Ann hatte einige Kenntnisse in Krankenpflege, doch sie pflegte ihren Onkel Joe nicht nur, sie bemutterte ihn regelrecht und war stets beflissen, ihm jeden noch so kleinen Wunsch von den Augen abzulesen. Rita Dallas, die hauptverantwortliche Krankenschwester, war die energische Stimme der Medizin. Sie war sich voll bewußt, daß sie keinen Geringeren als den Vater des Präsidenten behandelte und bemühte sich auf ihre Weise um die Kontrolle über den »Fall Kennedy«, wie sie ihn nannte. Auch Luella, die bei jeder Geburt und jedem medizinischen Notfall in der Familie immer sofort zur Stelle war, hatte sich inzwischen in Palm Beach eingefunden. Die Kennedys liebten Luella, und ihre Anwesenheit war ein gutes Zeichen. Doch auch sie fühlte sich natürlich als maßgebliche Autorität.

Entschlossen ging Rose in Joes Schlafzimmer, um nach ihrem Mann zu sehen. »Nein! Nein! Nein!« schrie er ihr entgegen. Seine Worte hallten durch den Raum wie ein schrecklicher Fluch. »Nein! Nein! Nein!« brüllte er erneut und trommelte mit seinem linken Arm gegen die Bettkante. »Ich geh ja schon, Liebling, ich geh ja schon«, beschwichtigte ihn Rose und rannte aus dem Zimmer, als sei es völlig normal, daß ihr eigener Ehemann bei ihrem bloßen Anblick zu fluchen begann.

Rose schrieb Joes Verhalten seiner Krankheit zu, doch wenn andere den Raum betraten, schrie er nicht. »Seine Kinder sagten mir damals, er habe sie auch schon vor dem Schlaganfall nicht gerne um sich gehabt«, erzählte Dr. Betts. »Sie machte ihn nervös, angeblich deshalb, weil sie dauernd mit etwas Neuem ankam – ständig regte sie sich über etwas auf und wollte etwas ändern.« Vielleicht symbolisierte die häufige Anwesenheit seiner Frau in diesen ersten Wochen seiner Krankheit für ihn die Verengung seiner Welt und Roses schließliche Dominanz über ihn.

Doch nach einigen Wochen hörte Joe auf, seine Frau anzuschreien, und schien ihre Besuche sogar zu genießen. »Sie war nach seinem Schlaganfall sehr gut zu ihm«, erinnerte sich Luella. »Es war nicht das, was man ein normales Verhältnis zwischen Mann und Frau nennen würde … Rose kümmerte sich um ihn, doch es war nur noch sehr wenig Gefühl übrig. Das war schon vor vielen Jahren abhanden gekommen.«

Rose wollte, daß Joes Leben weiterging wie bisher. In der ersten Zeit ließ sie ihn jeden Morgen von Rita Dallas nach unten fahren, damit er zwischen ihr und seiner Nichte am Frühstückstisch sitzen konnte. Während das Dienstmädchen das Essen auftrug, las Rose Joe laut aus der Zeitung vor. Einmal, als sie, die Zeitung vor dem Gesicht, gerade wieder die neuesten Nachrichten herunterspulte, glitt Ann leise von ihrem Stuhl, ging vor Joe auf alle viere und äffte die lesende Rose nach.

Rose, die nichts mitbekommen hatte, las unbeirrt weiter. Da stieß Joe plötzlich einen durchdringenden Laut aus, der zunächst wie ein freches, lautes Lachen klang, dann aber in einen langgezogenen, gellenden Schrei überging. Rose legte die Zeitung beiseite und starrte ihren Mann an. Früher hatte ihr gemeinsames Leben ganz im Zeichen von Disziplin und Selbstbeherrschung gestanden, doch dieses Leben existierte nun nicht mehr. Joe war unberechenbar geworden, und Rose wußte nie, was sie im nächsten Augenblick erwartete und wie sie darauf reagieren sollte. »Was habe ich denn getan?« fragte sie verstört, dabei hatte sie gar nichts getan. Sie versuchte verzweifelt, ihre Gefühle im Zaum zu halten. »Oh Joe, bitte, um Himmels willen, sag mir doch, was ich getan habe.«

Joe gab noch mehr unverständliche Laute von sich und schlug so heftig mit seinem gesunden Arm auf den Tisch, daß die Teller zu Boden fielen. Er schien einen hysterischen Anfall zu haben. Rose sprang von ihrem Stuhl auf und rannte aus dem Zimmer, während Joe dasaß und hemmungslos schluchzte. »Oh, Onkel Joe!« rief Ann und schlang ihre Arme um seinen Hals. »Ich verspreche dir, daß du nie wieder so etwas durchmachen mußt. Du bist ein Kennedy und brauchst nichts zu tun, was du nicht tun willst.«

Der alte Mann wurde in sein Schlafzimmer zurückgerollt. Er sah fern und lebte nur noch für die Besuche seiner Familie und speziell für die Telefonate mit John F. »Jeden Morgen rief ich das Weiße Haus an und sagte, daß Mr. Kennedy den Präsidenten zu sprechen wünsche«, erinnerte sich Luella. »Wenn John F. dann am Apparat war, erzählte er, was gerade anstand, und Mr. Kennedy grunzte dann ›ah‹ oder ›oh‹ und reagierte entweder erfreut oder skeptisch. Am nächsten Tag erzählte John F. ihm dann, wie die Sache ausgegangen war.«

Im April hatte sich Joes Zustand soweit gebessert, daß endlich mit einer ernsthaften Rehabilitation begonnen werden konnte. Rose, Ann, Luella und Rita flogen mit ihm in der *Caroline* zum Institut für Rehabilitationsmedizin in New York. Joe und Rose hatten ihre Kinder dazu erzogen, sich nicht nur bei wichtigen öffentlichen Ereignissen und in den Ferien zu treffen, sondern sich auch bei sonstigen öffentlichen oder privaten Anlässen gegenseitig zu unterstützen. Und dies war ein solcher Anlaß, daher flogen an diesem Tag auch alle übrigen Kennedys nach New York. Nun war endlich die Zeit gekommen, wieder etwas Positives zu tun. Und sie packten diese Gelegenheit so fanatisch beim Schopf, als stehe nicht nur Joes Genesung, sondern das optimistische Selbstverständnis der ganzen Familie auf dem Spiel.

Voller Enthusiasmus stürmten die Kennedy-Frauen in Joes Privatbungalow im neuen Rehabilitationszentrum Horizon House, als könnten sie durch bloße Willensanstrengung seine Genesung erzwingen. Pat hatte ihre ganz eigene Art, mit ihrem Vater zu kommunizieren, und verhielt sich ihm gegenüber nach Aussagen von Dr. Betts »absolut phantastisch«. Jean flötete ihrem Vater Liebenswürdigkeiten ins Ohr und versicherte ihm, daß es ihm nun bald wieder bessergehen werde. Auch Eunice sprach ihrem Vater Mut zu, beschränkte ihre Bemühungen jedoch nicht nur auf tröstende Worte. Sie hatte schon vor seiner Ankunft die Einrichtung besichtigt und die Ärzte mit einer Flut von Fragen überschüttet. Und auch heute stapfte sie geschäftig auf und ab, erteilte Anweisungen und bestand auf einer Besprechung mit den behandelnden Ärzten.

Alle versuchten zwanghaft, irgend etwas zu tun. Bobby und Ethel spazierten durch den kleinen Bungalow, betätigten die Toilettenspülung, drehten die Dusche an und nahmen alles genau unter die Lupe. »Alles funktioniert, Dad«, konstatierte Bobby nach seiner Inspektionsrunde, doch Rose war noch nicht so recht zufrieden und bestand darauf, sofort mit der *Caroline* den Koch und das Dienstmädchen einzufliegen. Die Familie verbreitete eine solche Hektik, daß Joe irgendwann einen markerschütternden Schrei ausstieß und wütend auf den Boden stampfte. Verstört stoben die Frauen auseinander und rannten hinaus.

Auf einmal war es ganz still im Haus. Joe saß ganz allein in seinem Rollstuhl im Wohnzimmer, als Jackie eintraf und sich leise in den Raum schlich. Die First Lady konnte sehr eigensinnig und egozentrisch sein, doch sie war auch eine sehr sensible Frau mit großem Einfühlungsvermögen. Voller Anteilnahme kniete sie auf einem Fußschemel vor Joe nieder und flüsterte ihm zu: »Ich bete jeden Tag für dich, Großpapa, also arbeite hart, solange du hier bist.« Sie wußte, daß Joe seine Umgebung stets beherrscht hatte, daher legte sie ihren Kopf in seinen Schoß, als brauchte sie seinen Trost. Dann küßte sie seine gelähmte Hand und sein halbgelähmtes Gesicht. Während sie im Flüsterton auf ihn einredete, wurde er ganz friedlich. Plötzlich sah sein Gesicht überhaupt nicht mehr verzerrt, sondern völlig entspannt aus.

* * *

Joe wollte unbedingt gesund werden, und die Familie bot ihre ganze Energie auf, um seine Genesung voranzutreiben. Dr. Betts überwachte seine Fortschritte, und Rose, Ann, Luella und Rita unterstützten ihn nach besten Kräften. Eunice stellte wie ihre Schwestern alle anderen Pflichten und Interessen zurück und besuchte ihren Vater so oft sie nur konnte. Lachend stürmte sie in sein Zimmer, warf die Arme um seinen Hals und rief: »Oh Daddy, du bist wirklich nicht unterzukriegen!« Sie heiterte Joe mit ihrer Fröhlichkeit auf, ohne ihn je wissen zu lassen, wieviel Zeit sie damit zubrachte, sich über seinen Zustand zu informieren. »Du kannst alles tun, was du willst«, beteuerte sie. »Absolut alles.«

Joe war eine so dominante Persönlichkeit gewesen, daß ein bestimmter Unterton in seiner Stimme in der Regel schon genügt hatte, um seinem Willen Geltung zu verschaffen. Doch nun konnte er kaum mehr als grunzen. Die stundenlangen Übungen stellten seine Geduld auf eine harte Probe. Er wiederholte sie wieder und wieder, und wenn es einfach nicht klappen wollte, fuchtelte er verzweifelt mit seinem Arm in der Luft herum oder stieß wütende, unverständliche Laute aus, doch allmählich machte er Fortschritte. Jackie schenkte ihm einen eleganten Stock, mit dem er seine ersten Gehversuche unternahm. Nachdem er den Flur einmal hinauf- und wieder hinuntergelaufen war, mußte er sich völlig erschöpft hinsetzen. Jackie küßte ihm die Hände und sagte: »Großpapa, weißt du noch, wie du uns gesagt hast, daß du nichts davon hältst, Zweiter zu werden? ... Heute bist du Erster gewesen. Du hast einen Sieg errungen.«

Rose einigte sich mit den Ärzten darauf, daß Joe bei seinen Übungen weder von Außenstehenden noch von Familienmitgliedern gestört werden sollte. Diesem Besuchsverbot lag unter anderem die Absicht zugrunde, Ann von ihrem Onkel fernzuhalten. Sie meinte es gut, doch ihre ständigen Beteuerungen, daß Joe nichts zu tun brauche, was er nicht wolle, hemmten den Genesungsprozeß. »Ann machte ihn nicht glücklich«, bestätigte Dr. Betts. »Sie war ihm sehr ergeben, doch gleichzeitig manipulierte sie ihn sehr stark. Er liebte sie und haßte sie zugleich. Wenn sie da war, konnte er sich nicht entspannen, sondern wurde unruhig.«

Es war Joes Hilflosigkeit, die Ann an ihn fesselte. Sie wollte unbedingt im Horizon House bleiben, doch Rose erklärte ihr, daß sie Joe in Zukunft tagsüber nicht mehr stören dürfe, und drängte sie, New York zu verlassen und ihre Schwester in Detroit zu besuchen.

Von nun an hatte Rose ihren Mann am Abend für sich allein. Joes Lieblingsrestaurant in New York war das *Caravelle,* und Rose ließ nicht nur das Abendessen von dort kommen, sondern sorgte obendrein dafür, daß Joes gewohnter Kellner es ihnen auf einem mit feinem chinesischen Porzellan, Silberbesteck und Kerzen gedeckten Tisch persönlich servierte. In ihr Leben war inzwischen wieder Ordnung und Disziplin eingekehrt. Ihre Nervosität hatte sich etwas gelegt, da sie nicht mehr ständig mit einem plötzlichen Zornausbruch ihres Mannes rechnen mußte. Nach dem gemeinsamen Dinner zog sie die Schuhe aus und setzte sich zu ihm vor den Fernseher. »Sie saßen da, wie man ältere Ehepaare oft dasitzen sieht, und waren, soweit ich das beurteilen konnte, sehr zufrieden«, sagte Dr. Betts.

Nebenbei hielt Rose wieder Vorträge über ihre Jahre in der Londoner Botschaft – ein Thema, das es ihr erlaubte, tragische Ereignisse und unglückliche Zeiten gänzlich auszuklammern. Und Ende April flog sie zu einem Einkaufsbummel nach Paris.

Am Vatertag rief Ann von Detroit aus ihren Onkel an. Joe hatte kaum den Hörer aufgelegt, als er einen Wutanfall bekam. Erschüttert stürzte Rose aus dem Haus. »Ich verstehe das nicht«, sagte sie weinend zu Rita Dallas. »Ich verstehe das einfach nicht. Ich dachte, er käme so gut voran, und nun das. Es ist wieder so wie am Anfang.«

In den darauffolgenden Wochen rief Ann mehrmals an und bat Joe inständig, doch wieder in den Schoß der Familie zurückkehren und ihn pflegen zu dürfen. Der alte Mann konnte zwar nicht sprechen, doch er verstand jedes Wort und grunzte seine Antworten in den Hörer.

Rose überlegte hin und her, was sie tun sollte. Dr. Betts war nach Long Island gefahren, doch sie wußte, wo er zu erreichen war. »Ich kann jetzt entweder mit Mr. Kennedy hier bleiben oder ans Kap zurückkehren«, erklärte sie ihm am Telefon. »Ich könnte hier bleiben und Ann sagen, sie soll in Detroit bleiben, oder ich könnte ans Kap fliegen und Ann herkommen lassen. Also, was soll ich tun?«

Der junge Arzt merkte, daß er in ein Psychodrama hineingezogen wurde. Die Kennedy-Töchter hatten ihm erzählt, daß es ihren Vater nervös mache, Rose ständig um sich zu haben, doch in den letzten Wochen hatte er eher den Eindruck gewonnen, daß Joe sich in ihrer Gegenwart ausgesprochen wohl fühlte. Das Verhalten, das sein Patient an den Tag legte, hatte er bei älteren, durch einen Schlaganfall plötzlich gelähmten Menschen schon häufig beobachtet. Sie hatten Angst vor Abhängigkeit, waren aber schließlich doch bereit, sich auf andere zu verlassen. Das galt in besonderem Maße für einen einst so starken und unabhängigen Mann wie Joseph Kennedy. Wochenlang hatte in seinem Innern ein heftiger Kampf getobt, und dessen Ende signalisierte, daß er die Hilfe seiner Frau nun annahm. »Ich weiß es nicht«, sagte Dr. Betts zu Rose, obwohl er die Antwort zu kennen glaubte, zumindest aus Joes Perspektive. Der kluge Arzt wollte Rose diese wichtige Entscheidung nicht abnehmen: »Ich glaube nicht, daß es meine Aufgabe ist, Ihnen zu sagen, was Sie zu tun haben, doch ich kann Ihnen versichern, daß Ihr Ehemann am glücklichsten ist, wenn Sie da sind.«

Rose legte auf. Sie steckte in einem schrecklichen Dilemma. In den viereinhalb Jahrzehnten, die sie nun mit Joe verheiratet war, hatte sie ihr Leben gelebt und ihr Mann das seine. Joe hatte es so gewollt, und deshalb hatte sie sich im Laufe der Jahre eine eigene Existenz aufgebaut. Doch nun lebten sie beide nur noch sein Leben. Durch die ständige Gegenwart ihres behinderten Mannes, der nur noch ein Schatten seiner selbst war, kaum verständliche Laute stammelte und immer wieder Wutanfälle bekam, wurde sie ununterbrochen mit dem Schmerz und den Schatten der Vergangenheit konfrontiert. Ihr Leben lang hatte sie alles Leid entschlossen beiseite geschoben. Den Tod ihres Sohnes Joe jr., die Heirat und den tödlichen Unfall Kathleens, Rosemarys trauriges Schicksal und die Enttäuschungen in ihrer Ehe hatte sie mit viel Verdrängungsaufwand irgendwie überstanden, doch dieses Leid konnte sie nicht beiseite schieben, da sie es täglich vor Augen hatte.

Rose hatte ihre festen Gewohnheiten, und nun war es an der Zeit, nach Hyannis Port zurückzukehren und wie früher jeden Tag die Messe zu besuchen, zu schwimmen und am Strand spazierenzugehen. Sie wählte erneut Dr. Betts' Nummer. Eigentlich suchte sie weniger seinen Rat als die Bestätigung, daß ihr bereits gefaßter Entschluß richtig war. Sie rief den Arzt insgesamt dreimal an, doch jedesmal schilderte er ihr nur sachlich seine Beobachtungen. Im Grunde war es sinnlos, sich weiter mit ihm zu unterhalten, denn sie wußte ja bereits, was sie tun wollte. Und sie mußte es jetzt gleich tun, um es endlich hinter sich zu bringen.

Rose kehrte ins Horizon House zurück und teilte ihrem Mann mit, daß sie Ann erlauben werde, herzukommen und ihn zu pflegen, da sie die Absicht habe, nach Hyannis Port zurückzukehren. »Nein! Nein! Nein!« schrie der alte Mann und schlug wie wild mit dem Arm nach ihr. Rose wich zurück, um den Schlägen zu entgehen. »Du kannst ja um den 4. Juli herum ein paar Wochen nach Hause kommen«, versuchte sie ihn zu beschwichtigen. »Oh Joe! Wir wollen doch nur dein Bestes, und du weißt doch, daß wir uns um Ann kümmern müssen.«

Doch Joe ließ sich nicht beruhigen. Mit lauten Schreien machte er seinem angestauten Schmerz, Zorn und Mißtrauen Luft. Und als Rose sich zum Gehen wandte, warf er ihr wütend alle möglichen Gegenstände hinterher.

Als Dr. Betts aus dem Wochenende zurückkehrte, war Rose bereits verschwunden. Dafür hatte Ann sich wieder im Haus eingenistet und wich ihrem Onkel Tag und Nacht nicht mehr von der Seite. Nun hatte sie die Verantwortung für Joes Leben übernommen, und ihr Onkel ergab sich so resigniert in sein Schicksal, als habe der ständige Kampf um die Wiedererlangung seiner Unabhängigkeit ihn völlig erschöpft.

Kurz darauf verließ Joe das Rehabilitationszentrum, um einige Wochen am Cape Cod zu verbringen, und kehrte nie wieder. »Mrs. Kennedy«, erinnerte sich Rita Dallas, »hatte sich sehr verändert, als ihr Mann aus Horizon House zurückkam – vielleicht, weil endlich eine Entscheidung getroffen worden war, die sie nicht nur entlastete, sondern gleichzeitig auch ihr Gewissen beruhigte. Es machte sie nervös und unsicher, von Krankheit umgeben zu sein, und sie hatte in der Zeit, als sie sich bemühte, mit dem Zustand ihres Mannes zurechtzukommen, einen schweren Schock bekommen. Ich glaube, sie war ehrlich davon überzeugt, die richtige Entscheidung getroffen zu haben, als sie Ann die Verantwortung übertrug. Sie wußte, daß sie weder physisch noch psychisch in der Lage gewesen wäre, ihren Mann zu pflegen.«

Von nun an wurde Joe unter den wachsamen Augen seiner Lieblingsnichte alle paar Wochen von Hyannis Port nach Palm Beach und wieder zurück verfrachtet. Mehrere Krankenschwestern unterstützten Ann rund um die Uhr, doch Rose konnte es nicht ertragen, sie ständig in ihren gestärkten, weißen Uniformen wie Todesengel durchs Haus flitzen zu sehen, und bestand darauf, daß sie in zwangloser Kleidung erschienen, wenn auch nicht gerade in ihrem Lieblingsrosa.

21

Sag dem Präsidenten Lebewohl

Die Kennedy-Frauen brauchten sich nur umzuschauen, um bestätigt zu finden, daß einem männlichen Kennedy alles möglich war. Keine Position war unerreichbar, keine Herausforderung zu groß und kein Ziel zu hoch. John F. war der populärste Präsident seit Jahrzehnten, Bobby, sein engster Vertrauter, war der zweitmächtigste Mann in Washington, und der 30jährige Teddy machte bereits Anstalten, in Massachusetts für den Senat zu kandidieren. Noch nie hatten im modernen Amerika drei Brüder gleichzeitig so wichtige politische Ämter bekleidet. Die Kennedys hatten wirklich das Zeug zu einer großen Politikerdynastie.

In den Medien waren die Kennedy-Frauen allerdings in gleichem Maße Gegenstand ehrfürchtiger Bewunderung wie die Männer. Jackie stand als demokratische Königin allen anderen Monarchinnen in nichts nach. Jeder Schritt, den sie tat, wurde von der Presse für die Nachwelt festgehalten. Im März 1962 reiste sie mit ihrer Schwester Lee Radziwill zu einem »Privatbesuch« nach Indien und Pakistan. Die *New York Times* berichtete: »Die Rundreise hat sich in eine asiatische Karawane solchen Ausmaßes verwandelt, daß selbst einem modernen Marco Polo die Augen übergehen würden.«

Auch Ethel brach mit Bobby zu einer Weltreise auf. Sie war der Spaßvogel der Familie und betrachtete das Leben als eine Kette von Herausforderungen. Sie lieferte den Reportern nicht nur Stoff für vielgelesene Artikel, sondern war für sie auch eine nie versiegende Quelle der Erheiterung. Bei einem gemeinsamen Essen in Rom, der Endstation der Reise, schenkten sie ihr zum Abschied eine leuchtend grüne Vespa. Ethel hatte noch nie auf einem Motorroller gesessen, doch sie schwang sich so unbekümmert in den Sattel, als handelte es sich dabei um eines der Ponies ihrer Kinder, und fuhr sogleich in wackeligen Schlangenlinien um den Block. Bei den nächsten Runden knatterte sie immer schneller um die Ecken, bis sie schließlich mit voller Wucht gegen ein Auto prallte. Ihr neuer Motorroller war zerbeult und das Auto ebenfalls, doch sie selbst hatte keinen Kratzer abbekommen.

Auf den meisten Empfängen in Washington ging es so steif und phantasielos zu, daß sich Ethel regelrecht dazu herausgefordert fühlte, das langweilige Protokoll zu durchbrechen. Im Juni veranstaltete sie eine Party für Pat und Peter, bei der sie die Tanzfläche direkt neben den Swimmingpool legte – mit dem Ergebnis, daß sie irgendwann mit ihren Stöckelschuhen und ihrem schicken Abendkleid ins Wasser purzelte. Im weiteren Verlauf des Abends fiel auch noch Arthur Schlesinger jr. in den Pool, gefolgt von der Kennedy-Freundin Mrs. Spencer Davis.

Joe konnte kaum sprechen, doch als er von der aufsehenerregenden Party hörte, stampfte er wütend auf den Boden. »Die Sache mit dem Swimmingpool war keine gute Publicity«, kommentierte Rose. »Ihr Vater schrie sie deswegen an, doch wie ich schon sagte, der Präsident ging nicht hin. Bobby und Ethel waren ausgelassen und fröhlich, und was ist schon Schlimmes dabei, wenn sie zwei Leute in den Swimmingpool werfen. Niemand nahm ernsthaft Anstoß daran.«

Joan gab in ihrem Heim am Charles River Square in Boston keine Poolparties. Ted, der neue stellvertretende Distriktstaatsanwalt von Suffolk Country, und ihre beiden Kinder – die im Februar 1960 geborene Kara und der im September 1961 zur Welt gekommene Edward Moore jr. – hielten sie voll auf Trab. Joan und Ted waren ein strahlendes Paar, das nie krank oder älter zu werden schien. John F. machte sich gerne über seinen kleinen Bruder lustig, doch selbst er beneidete Ted um seine unbändige Lebensfreude und seine robuste Gesundheit. »Teddy war weniger gehemmt als John F.«, erzählte Rose. »Er war stets sehr kräftig und vital, und John F. beneidete ihn um seine gute körperliche Verfassung, die es ihm erlaubte, jede Art von Sport zu treiben.«

Ted und Joan hatten in Erwägung gezogen, in den Westen überzusiedeln, und sich dort außer Reichweite der Familie eine eigene Existenz aufzubauen, doch Ted war ein Kennedy und hatte anderweitige Verpflichtungen. Nachdem er seine Kandidatur für den Senat bekanntgegeben hatte, fuhr der Lebenszug, auf den Joan mit ihrem Mann aufgesprungen war, schneller denn je. Seit ihrer Heirat war eine Kampagne auf die andere gefolgt. Und als John F. ins Weiße Haus einzog, ging der Wahlrummel mit noch größerer Intensität weiter. Ted mußte zunächst die schwierigen Vorwahlen gewinnen, bevor er gegen den republikanischen Kandidaten antreten konnte. »Die Kampagne begann bereits im Januar oder Februar 1960, zwei Jahre bevor Ted seine Kandidatur bekanntgab«, erinnerte sich Joan. »Wir besuchten jeden kleinen Ort in ganz Massachusetts, entweder gemeinsam oder getrennt. Ted ging in die Großstädte und ich in die Provinz. Dort, in den Kleinstädten, lernte ich das politische Handwerk.«

Joan war erst 23 Jahre alt, als sie und Ted überall im Bundesstaat Reden zu halten begannen. Sie mußte sich Umgangsformen aneignen, die eher zu einer reifen Dame der älteren Generation gepaßt hätten. Wenn sie ihren Mann zu Wahlversammlungen begleitete, blickte sie stets bewundernd zu ihm auf, dabei hatte sie seine Argumente schon tausendmal gehört. Eunices lebhaftes Interesse an der Politik war ihr fremd. Statt die üblichen Phrasen von sich zu geben, spielte sie lieber ein paar Takte klassische Musik, denn in dieser Sprache fühlte sie sich eher zu Hause.

Ted verzichtete bei seinen Wahlkampagnen nicht nur auf Teeparties, sondern auch auf die Unterstützung der Kennedy-Frauen. »Ted bat uns ausdrücklich, uns aus seinem Wahlkampf in Massachusetts rauszuhalten«, sagte Jean mit gespielter Empörung. »Wir kommen uns vor, als hätte man uns des Bundesstaates verwiesen, in dem wir den größten Teil unseres Lebens zugebracht haben, doch Ted ist fest entschlossen, den Wahlkampf alleine zu führen.«

Seine politischen Gegner warfen ihm vor, er habe außer seinem berühmten Namen nichts vorzuweisen und wolle am Rockzipfel seines großen Bruders in den Senat einziehen, deshalb hielt er es für besser, nicht auch noch nach den Rockschößen seiner Schwestern zu greifen. Jean leistete einen einzigen wichtigen Beitrag zu seiner Kampagne: Sie stellte ihm ihren Mann als Wahlkampfmanager zur Verfügung. Während Steve in Massachusetts weilte, bekam ihn Jean lange nicht zu Gesicht, doch ihrem Lieblingsbruder zuliebe nahm sie das gerne in Kauf. Sie war nicht nur sehr stolz auf Teddy, sondern auch sehr bemüht, ihn vor jeder unfairen Kritik zu schützen. George Lodge, der Gegenkandidat der Republikaner, war der Sohn jenes Mannes, den

John F. seinerzeit bei den Senatswahlen geschlagen hatte. Jean betrachtete Lodge daher als »einen alten Bekannten« und stellte drohend die Nackenhaare auf, als er die Geschmacklosigkeit besaß, sich in seinen Wahlreden gegen ihren Bruder einer »ungehobelten Sprache« zu bedienen.

Die Kennedy-Schwestern waren in diesem Wahlkampf zwar unerwünscht, doch seiner Mutter konnte Ted schwerlich den Mund verbieten. Rose hielt keine klassischen Wahlreden, sondern präsentierte den Wählern wie immer ihren Lebenslauf. Was ihr Publikum jedoch mindestens ebenso beeindruckte wie die vielen Lords, Ladies, Prinzen und Könige, die darin vorkamen, war das jugendliche Aussehen der Präsidentenmutter. Im Programmheft hieß es zwar, sie sei 72, doch das konnte nur ein Druckfehler sein. Seit der Wahl ergänzte Rose ihr Programm durch Dias über die Präsidentschaft ihres Sohnes und blendete geschickt von Schloß Windsor zum Weißen Haus über.

An der Cardinal Cushing High School im Süden von Boston schilderte sie ihrer Zuhörerschaft sehr ausführlich und lebendig, wie sie seinerzeit mit ihrem Vater, dem Bürgermeister, diesen Stadtteil besucht hatte. Joan verfolgte vom abgedunkelten Zuschauerraum aus, wie Rose auf der Bühne ihre Dias von Päpsten, Prinzen und Präsidenten erläuterte und dabei den Strahl einer Taschenlampe als Zeigestock benutzte. Obwohl sie die Geschichten schon so oft gehört hatte, war sie nach wie vor beeindruckt, insbesondere von der Tatsache, daß der Heilige Vater persönlich Ted die erste Kommunion erteilt hatte.

»Ich hoffte, Ted würde später einmal Priester oder sogar Bischof werden«, erzählte Rose dem katholischen Publikum, »doch dann begegnete er eines Abends einer schönen Blondine.« Bei diesen Worten richtete sie den Strahl ihrer Taschenlampe mit einer flinken Bewegung aus dem Handgelenk in den Zuschauerraum – direkt auf die errötende Joan. »Das war das Ende meiner Hoffnungen auf eine geistliche Laufbahn Teds.«

Die Frauen im Publikum kicherten zustimmend, und selbst die Nonnen nahmen mit einem verständnisvollen Nicken zur Kenntnis, daß die Kirche an eine so schöne und vorbildliche Katholikin einen Priester verloren hatte. Joan wußte, daß die Geschichte nicht stimmte, sondern, wie so vieles in der Politik, nur erfunden war. Die Wahrheit war viel komplizierter und längst nicht so erbaulich.

»Meine Schwiegermutter zog oft mit mir zusammen in den Wahlkampf«, erinnerte sich Joan. »Das machte ihr Freude, und ich lernte eine ganze Menge von ihr. Sie zeigte mir, wie man auf der Bühne sicher und anmutig dasitzt. Du setzt dich hin wie die Nonnen vom Heiligen Herzen. Du schlägst die Beine nicht übereinander. Genau so saß sie immer da. Sie tadelte mich wegen meiner schlechten Haltung. Ich war mit zwölf Jahren schon knapp 1,73 Meter groß und ließ wie viele aufgeschossene Mädchen die Schultern hängen. Und sie sagte stets zu mir: ›Halte dich gerade! Du hast eine schöne Figur. Steh auf und zeig sie!‹«

Joans Mann lag die Politik mehr im Blut als allen anderen Kennedys. Er war wie sein Großvater mütterlicherseits ein geborener Politiker, der seinen Beruf mit Temperament und Begeisterung ausübte. Seine Ähnlichkeit mit dem alten Fitzgerald ging so weit, daß er bei einem irischen Tanz sogar einen Refrain aus *Süße Adeline,* der »Erkennungsmelodie« von Honey Fitz, schmetterte. Joan erlebte mit, wie ihr Mann Vorwürfe, die ihr die Sprache verschlagen hätten, mit kurzen, rhetorisch perfekten Kontern mühelos entkräftete und anschließend darlegte, warum er für Massachusetts mehr tun könne als sein Gegner. Die meisten Wähler waren offenbar auch dieser Meinung, denn sie entsandten ihn kurz darauf als ihren neuen Senator nach Washington.

Jackie riet ihrer jüngsten Schwägerin: »Zieh hierher, wenn du deinen Mann oft sehen willst.« Joan und Ted mieteten sich sofort ein Haus in Georgetown. Das Leben, das Joan dort führte, war nach gängigen Maßstäben beneidenswert angenehm und sorgenfrei. Sie hatte einen französischsprachigen Koch, ein Kindermädchen und genug sonstiges Personal, das ihr alle Pflichten im Haushalt abnahm.

Doch in Washington stellte Joan fest, daß das Leben einer Senatorengattin zu einem großen Teil aus endlosem Warten, halbgegessenen Mahlzeiten, unterbrochenen Gesprächen und komplizierten Entschuldigungen bestand. Gleich nach ihrer Ankunft wurde sie von ihrem Mann gedrängt, an einem Dinner zur Feier des zweiten Jahrestages der Amtseinführung teilzunehmen, für das jeder Gast 1000 Dollar Eintritt zu entrichten hatte. Da Ted eine anderweitige Verpflichtung hatte, saß sie allein an einem Tisch in der Nähe des Präsidentenpaares. Eigentlich galten John F. und Jackie als die Hauptattraktion des Abends, doch Joans Tisch war stets am meisten umlagert. Sie stand auf und lief eine Dreiviertelstunde lang zwischen den verschiedenen Gruppen hin und her. Ted nannte das »Leute treffen und begrüßen«.

Er schaltete bei solchen politischen Pflichtveranstaltungen einfach auf Automatik und glitt souverän und mit routinierter Liebenswürdigkeit durch den Raum, ohne sich aufhalten zu lassen und ohne sich hinterher an viel zu erinnern. Doch Joan blieb ständig stehen und führte statt der kurzen, oberflächlichen Smalltalks lange, herzliche Gespräche mit Leuten, die fast alle mindestens eine Generation älter waren als sie. »Ich kann es einfach nicht fassen, wie ein schönes Kind wie sie so engagiert über einen Gesetzesentwurf sprechen kann«, staunte ein Gast nach seiner Begegnung mit Joan. »Irgendwie paßt das nicht zusammen.«

Bei ihren öffentlichen Auftritten beeindruckte Joan die Leute durch ihre Schönheit. Sie mußte nur selten etwas Witziges, Gescheites oder Provozierendes von sich geben, um im Mittelpunkt des Interesses zu stehen. Privat trank Joan inzwischen gelegentlich etwas zuviel. Sie beteuerte zwar bis Anfang der siebziger Jahre, keine Alkoholprobleme zu haben, doch einige, die sie damals ständig miterlebten, gewannen einen anderen Eindruck. Eine Hausangestellte gab an, auf einer Party, die die Kennedys Anfang November 1963 zur Feier des ersten Jahrestages von Teds Wahl veranstaltet hatten, vom Gastgeber ersucht worden zu sein, den Spirituosenschrank abzuschließen. Und eine andere Angestellte erinnerte sich, wie Joan sie gebeten hatte, ihr Wodka einzuschenken und so zu tun, als handele es sich nur um Wasser. Wenn Joan sich tatsächlich angewöhnt hatte, ihre überlasteten Nerven gelegentlich mit ein, zwei, drei oder mehr Drinks zu beruhigen, so gestand sie ihre Alkoholprobleme jedenfalls niemandem ein, nicht einmal sich selbst. In Politikerkreisen war man überwiegend der Meinung, ihr beneidenswerter Mann habe in ihr die perfekte Gattin gefunden.

Ted hatte eine schöne Verpackung geheiratet, doch der Mensch, der sich dahinter verbarg, entsprach nicht ganz seinen Erwartungen. Joan war eine äußerst verletzliche Frau, die das hektische Leben in Washington und die Doppelmoral einer Ehe mit einem Kennedy manchmal überforderten. Dennoch sagte Ted die Wahrheit, als er seinen Kindern Jahre später erzählte, sie seien »Kinder der Liebe« gewesen. Wenn er Wahlreden hielt, schaute Joan oft ganz verzückt zu ihm auf. Vieles an ihrem Mann liebte und bewunderte sie aufrichtig. Und Ted wiederum war enorm stolz auf seine schöne, kultivierte Frau, deren ausgezeichneter Geschmack von allen Gästen gelobt wurde.

Hätten die Kennedys geahnt, wie schnell und widerstandslos sich

Joan dem Alkohol ergeben würde, dann hätte Ted sie wohl kaum geheiratet, und wäre Joan von Anfang an klar gewesen, mit wie vielen Frauen sie ihren Mann würde teilen müssen, dann hätte vielleicht auch sie von einer Ehe Abstand genommen. Ted versuchte, seine Frau zu verstehen. Auch er trank gern, doch wieviel er auch erwischte und wie spät es auch wurde, am nächsten Morgen war er stets wieder auf den Beinen. Und obwohl er wie sein älterer Bruder die Gewohnheit hatte, allen möglichen Frauen nachzustellen, war er doch sehr um Joan besorgt. Er stellte Putzhilfen, Köche, Kindermädchen, Gouvernanten und Chauffeure ein, um ihr das Leben angenehmer zu machen, und kam abends nach Hause, auch wenn er ein paar Stunden später bereits zum nächsten Treffen oder zu einer Party eilte.

Ted hatte es weitgehend seinem berühmten Namen zu verdanken, daß er in den Senat eingezogen war, daher mußte er nun alles tun, um sich seines Namens und seines Amtes würdig zu erweisen. Joan entwickelte sich zu einem Problem, das, wie so vieles in der Politik, gut kaschiert werden mußte. Bei offiziellen Anlässen wurde sie den Fotografen weiterhin regelmäßig als eine schöne, lächelnde Ikone vollkommenen Familienglücks präsentiert.

***

In Los Angeles verfiel Peter zunehmend dem Alkohol. Pat versuchte, so weiterzuleben wie früher, als John F. noch nicht Präsident gewesen war, doch auch ihr glitt das Leben mehr und mehr aus den Händen. Sie trank zuviel und wurde ohne ihr Dazutun in nebulöse politische Machenschaften hineingezogen. Pat hatte ein fast schon krankhaftes Rückzugsbedürfnis. Wenn sie Jean, Eunice oder John F. am Telefon persönliche Informationen anvertraute oder in ihrem Badezimmer mit Peter stritt, fühlte sie sich vor neugierigen Zuhörern sicher, doch in Wirklichkeit wurde sie wahrscheinlich die ganze Zeit über von Abhörspezialisten belauscht. Fred Otash und zwei seiner Mitarbeiter waren nach eigenen Aussagen von Jimmy Hoffa, dem korrupten Chef der Lastwagenfahrer-Gewerkschaft, beauftragt worden, Informationen über die Kennedys zu sammeln, und hatten zu diesem Zweck auch das Haus der Lawfords mit Wanzen versehen.

Pat liebte die anregende Gesellschaft und den lockeren Umgangston der Hollywoodstars, doch sie verschwanden einer nach dem anderen aus ihrem Leben. Der erste, der aus politischen Gründen entfernt wurde, war Frank Sinatra. Im März 1962 wollte der Präsident einen Abstecher nach Südkalifornien machen, und Peter hatte Sinatra gebeten, in dieser Zeit John F. bei sich aufzunehmen. Der geschmeichelte Sänger hatte neben seinem Haus in Palm Beach eigens einen Hubschrauberlandeplatz anlegen und Unterkünfte für die Leibwächter vom Secret Service bauen lassen. Selbst an einen Mast für die Präsidentenfahne hatte er gedacht.

Doch Bobby führte als Justizminister einen entschlossenen Kampf gegen das organisierte Verbrechen, der in der amerikanischen Geschichte einmalig war. Er warnte John F. immer wieder aufs neue vor Sinatras anrüchigen Verbindungen. »Jeder beschwert sich über meine Bekanntschaft mit Sinatra«, vertraute John F. Charles Bartlett an. »Aber Sinatra ist der einzige, der Peter Lawford Jobs vermittelt, und ich kann diese Ehe nur am Leben erhalten, wenn ich dafür sorge, daß Peter Arbeit hat. Also bin ich nett zu Sinatra.«

Möglicherweise hielt John F. also hauptsächlich seiner Schwester zuliebe an dem ins Zwielicht geratenen Hollywoodstar fest. Bobby war außer sich, als er von dem geplanten Aufenthalt bei Sinatra hörte. Er war seines Bruders Hüter und konnte nicht dulden, daß John F. mit einem Mann in Verbindung gebracht wurde, der in solchen Kreisen verkehrte. Peter kam die undankbare Aufgabe zu, dem Sänger mitzuteilen, daß der Präsident nun doch nicht bei ihm wohnen würde.

Sinatra machte seiner Wut Luft, indem er vor den Augen Peters mit einem Vorschlaghammer den betonierten Landeplatz demolierte. Ähnlich gewaltsam beendete er auch seine Freundschaft mit den Lawfords, die Pat immer so genossen hatte. Ihr Leben war inzwischen so kompliziert geworden, daß sie sich nicht einmal ihre Bekannten selber aussuchen konnte.

Schließlich wohnte John F. während seines Aufenthalts in Palm Beach bei Bing Crosby. Marilyn Monroe kam mit dem Flugzeug angereist, um den Präsidenten zu sehen, was zwangsläufig dazu führte, daß sich zwischen Hollywoods amtierender Sexgöttin und John F. eine Affäre entspann, und sie die Nacht in seinem Schlafzimmer verbrachte.

Otash sagte aus, er und seine Mitarbeiter hätten mit Hilfe ihrer im Haus der Lawfords installierten Wanzen mit angehört, wie der Präsident Marilyn liebte, als er bei einem weiteren Ausflug an die Westküste bei seiner Schwester übernachtete. Auch Joe Naar, Peters engstem Freund in Hollywood, blieben gewisse Vorfälle im Strandhaus der Lawfords im Gedächtnis. »Ich erinnere mich, wie ich dort auf einer Party mit Marilyn tanzte. Auf einmal wollte auch Bobby mit ihr tanzen und ließ ein paar anzügliche Bemerkungen fallen. Daraufhin gab sie mir mit einer Geste zu verstehen, daß sie genug von ihm hatte. Er setzte ihr ununterbrochen zu.«

Peters Leben reduzierte sich inzwischen auf seine Rolle als Kennedy-Schwager, als Statist in ihrem Familiendrama. Er war nie eine starke Persönlichkeit gewesen, doch als seine Karriere ins Stocken geriet, befielen ihn so große Selbstzweifel, daß für Pat und die übrigen Kennedys seine Schwäche vollends offenkundig wurde.

Selbst John F. empfand Mitleid mit dem armen Peter und wurde wütend, als er in einer Zeitungskolumne von Drew Pearson lesen mußte, daß die Gegenwart des Schauspielers den Präsidenten inzwischen langweile. »Dieser verfluchte Pearson«, schimpfte John F. »Der ganze Artikel ist eine einzige dreckige Lüge. Das ist unfair. Und jetzt, wo Peter sowieso schon mitten in einer Krise steckt, ist es schlicht grausam. Da bin ich nun Präsident der Vereinigten Staaten und kann trotzdem nichts tun, um einem Schmierfinken wie Pearson das Handwerk zu legen.«

Pat hätte sich ihrem Mann gegenüber solidarischer verhalten können, doch ihr letzter Rest an gutem Willen war inzwischen aufgebraucht. Während der Dreharbeiten zu einem Fernsehfilm, in dem die 27jährige Lee Remick die Hauptrolle spielte, entspann sich zwischen Peter und der begabten Schauspielerin eine leidenschaftliche Affäre. Lawford war schon oft fremdgegangen, doch diesmal meinte er es wirklich ernst. Er war so unsterblich verliebt, daß er sich nicht darum scherte, daß Lee Remick mit dem Regisseur Bill Colleran verheiratet war und zwei kleine Kinder von ihm hatte. Er gab sich nicht die geringste Mühe, ihr Verhältnis geheimzuhalten. Hedda Hopper schrieb in ihrer Klatschkolumne: »Das Neueste aus Hollywood ist eine Romanze, über die man nichts schreiben darf. Eigentlich mag ich solche mysteriösen Andeutungen nicht, doch ich garantiere Ihnen, wenn diese Geschichte in die Zeitungen gelangt, dann stehen den Leuten von Washington bis Santa Monica die Haare zu Berge.« Doch selbst diese diskrete Zeitungsnotiz war Peter keine Warnung, so daß die Kolumnistin vier Tage später hinzufügte: »Was meine kürzlich gemachte Anspielung auf Hollywoods allergeheimste Romanze betrifft, so scheint es den beiden Beteiligten offenbar völlig gleichgültig zu sein, wer davon erfährt. Sie speisten gemeinsam in einem beliebten Restaurant, und wenn er nicht aufpaßt, könnte er sein millionenschweres Schätzchen verlieren.«

Zu einer aufwendigen Party, die Peter und Pat kurz darauf in ihrem Strandhaus gaben, wurden auch Lee Remick und ihr Ehemann eingeladen. Als die ersten Gäste eintrafen, stand Pat in der Nähe des Vordereingangs. »Hallo Pat, ich bin Lee Remick«, begrüßte die Schauspielerin die Gastgeberin, als wüßte diese nicht ganz genau, wer sie war. Pat ergriff die ihr entgegengestreckte Hand und erwiderte: »Und ich bin das millionenschwere Schätzchen.«

Pats Triumphe bestanden im Grunde nur noch darin, anderen mit ebenso geschickten wie sinnlosen Spielchen zu beweisen, daß sie ihnen stets eine Nasenlänge voraus war. Jeder, der die Lawfords kannte, wußte, daß ihre Ehe nur noch eine Farce war. Pat hatte nach wie vor ihre Familie, und je dramatischer sich ihre Ehe verschlechterte, desto mehr rückten wieder ihre Brüder und Schwestern in den Mittelpunkt ihres Lebens. Im April 1962 flog sie mit Jean für zwei Wochen nach Frankreich. In dem kleinen Alpendorf Courcheval führten die beiden Schwestern lange, offene Gespräche über ihr Leben. Auch Jeans Ehe war alles andere als harmonisch, und ab und zu überkam auch sie eine tiefe, unerklärliche Traurigkeit. »Manchmal fing Jean urplötzlich zu weinen an«, erzählte Ebbins. »Man sagte zu ihr: ›Ach komm, jetzt doch nicht‹, aber sie weinte weiter. Ich fragte sie: ›Habe ich etwas Falsches gesagt?‹ Doch die andern sagten nur: ›Nein, nein, sie hat nur wieder einen Anfall.‹ Es gab keinen Grund.«

Die beiden Frauen redeten stundenlang miteinander. Schließlich schrieb Pat von Courcheval aus einen langen Brief an Peter, in dem sie viele Konfliktpunkte in ihrer Ehe ansprach, die andere Paare wohl eher in einem persönlichen Gespräch erörtert hätten.

Sie äußerte den Verdacht, daß Peter im Begriff sei, endgültig in den Alkoholismus abzugleiten, und erinnerte ihn daran, daß sie seit anderthalb Jahren mit ihm über sein Problem zu reden versuche, von ihm jedoch jedesmal barsch abgeblockt worden sei. Zu Beginn ihrer Ehe sei er nach ein paar Drinks immer sehr amüsant gewesen und habe viel gelacht, doch nun sei alles ganz anders. Sie sei schon froh, daß sie wenigstens tagsüber nicht mit ansehen müsse, wie er schweigend in Trübsinn versinke, doch am Abend bekomme sie ihn schließlich doch mit, und das sei fast genauso schlimm.

Sie habe zwar Verständnis für die Enttäuschungen, die er mit ihr und in seinem Beruf erlebe, doch müsse er ihrer Meinung nach lernen, mit diesen Problemen anders umzugehen, und vielleicht tagsüber auf das Trinken verzichten. Pat war dazu erzogen worden, sich den Wünschen der Männer zu beugen, und hielt ihre Haltung für einen guten Kompromiß. Sie machte ihrem Mann keine Vorhaltungen, weil er eine andere Frau hatte und sein eigenes Leben lebte. Das konnte sie noch akzeptieren, keinesfalls aber seine selbstzerstörerische Alkoholsucht.

Der Brief wirkte wie ein Dokument, dessen endgültige Fassung höchstwahrscheinlich in Absprache mit Jean zustande gekommen war. Erst im letzten Satz brachte Pat auch ihren eigenen Schmerz zum Ausdruck: »Es tut mit leid, daß ich Dir einen solchen (wahrscheinlich sehr schlechten) Brief schreiben muß, doch ich habe Dich einmal sehr geliebt und habe das starke Gefühl, daß dies das Hauptproblem ist, an dem unsere Ehe scheitert.«

***

John F. bedeutete seinen Schwestern so viel, daß sie alles getan hätten, um ihn vor Schaden zu bewahren. In ihren ersten Jahren in Hollywood hatte Pat nur ein sehr oberflächliches Verhältnis zu Marilyn Monroe gehabt. Doch seit Marilyn das Spielzeug ihres Bruders war, vertiefte sie ihre Beziehung zu der Schauspielerin.

Vermutlich freundete sich Pat teilweise auch ihrem Bruder zuliebe mit Marilyn an, doch die Frauen fühlten sich auch noch aus einem tieferen Grund zueinander hingezogen. Oberflächlich betrachtet hatten sie außer ihrem Geschlecht wenig gemeinsam. Pat stammte aus der berühmtesten Familie Amerikas, Marilyn dagegen kam aus einem zerrütteten Elternhaus und hatte eine entbehrungsreiche Kindheit hinter sich. Pat galt in Hollywood als »hübsch« – eine Beschreibung, in der auch eine Spur Geringschätzung mitschwang –, während Marilyn eine Frau von atemberaubender Schönheit war. Pat war ein Heilig-Herz-Zögling, doch Marilyn suchte, wie viele ihrer Zeitgenossen, ihr Seelenheil in den Weisheiten der Psychotherapie und des liberalen Humanismus. Pat war immer noch mit ihrem ersten Mann verheiratet, während Marilyn schon auf mehrere gescheiterte Ehen und unzählige

Liebhaber zurückblicken konnte. Doch die Rolle, die jede von ihnen in der Öffentlichkeit spielte, war nur eine Fassade, hinter der sich eine verzweifelte Suche nach Sicherheit und einem tieferen Sinn verbarg.

Am 19. Mai 1962 saß Pat bei einer Veranstaltung der Demokraten anläßlich des 45. Geburtstages von John F. in der Präsidentenloge des Madison Square Garden. Auch Rose, Ethel und Eunice waren erschienen, doch wer in diesem stattlichen Aufgebot an Kennedy-Frauen fehlte, war Jackie. Anstatt nach New York zu fliegen und zusammen mit ihrem Mann zu feiern, hatte sie an einem Reitturnier teilgenommen und den dritten Platz errungen. Und den Abend verbrachte sie in Glen Ora in Virginia, wo die Kennedys ein Anwesen gemietet hatten.

Pat schaute zu der großen Bühne hinüber, auf der Stars von Jack Benny über Maria Callas bis hin zu Ella Fitzgerald dem Präsidenten die Ehre erwiesen. Nach der ersten Hälfte des Abends eilte der inzwischen etwas aufgedunsene Peter ans Mikrofon. Sein Gesicht war gerötet, als er, übers Rednerpult gelehnt, verkündete: »Mr. President, zu Ihrem Geburtstag erscheint diese entzückende Lady nicht nur in all ihrer Schönheit, sondern auch pünktlich. Mr. President – Marilyn Monroe!« Die 15 000 geladenen Demokraten, für die Marilyn das Sexsymbol Amerikas überhaupt war, brachen in stürmischen Applaus aus, doch der Star ließ auf sich warten. Verwirrt lief Peter hinter die Kulissen.

In Hollywood arbeitete Marilyn gerade an einem Film mit dem Titel *Something's Got to Give*. Da sie inzwischen als schwierige und unzuverlässige Darstellerin galt, war es für ihre Karriere von entscheidender Bedeutung, daß dieser Film zügig und ohne größere Komplikationen abgedreht wurde. Dennoch hatten die Kennedys darauf bestanden, daß die Schauspielerin die Dreharbeiten verließ und auf der Geburtstagsfeier des Präsidenten in New York auftrat. Doch das Studio hatte seine Zustimmung verweigert. Bobby hatte daraufhin den Filmmanager Milton Gould angerufen, und als dieser bestätigte, daß Marilyn im Augenblick unabkömmlich sei, reagierte der Justizminister »irritiert und ausfallend«.

Jackie hatte sich mit dieser kleinen Intrige ihres Ehemannes abgefunden, war jedoch nicht bereit, auch noch neben ihm zu sitzen, während er sich von einer seiner Mätressen ein Ständchen bringen ließ. John F. schien das wenig auszumachen. Er hatte ja seine Schwestern und seine Mutter dabei, die jeden Verdacht zerstreuten, daß dieses

Geburtstagsfest eher eine Junggesellenparty war. Solche Gefälligkeiten waren für Pat und Eunice eine Selbstverständlichkeit. Nachdem Peter Marilyn ein weiteres Mal vergeblich angekündigt hatte, trippelte die Sensation des Abends schließlich doch noch auf die Bühne. Hollywood hatte ihr für den spektakulären Auftritt ein schimmerndes silbernes Abendkleid verpaßt, das so eng anlag, daß die vielen tausend Perlen, mit denen es übersät war, direkt auf ihrer Haut zu kleben schienen. Sie spielte die Sexgöttin Hollywoods inzwischen schon so lange und so perfekt, daß sie begonnen hatte, ihre eigene Rolle zu parodieren. Atemlos und bewußt lasziv hauchte sie ihr Ständchen ins Mikrofon: »Happy birthday to you, happy birthday to you ...« Das Publikum lachte und grölte.

***

Marilyn kehrte nach Los Angeles zurück. Deprimiert und hysterisch schluckte sie am ersten Juniwochenende offenbar eine Überdosis Beruhigungsmittel. In der darauffolgenden Woche wurden die Dreharbeiten zu *Something's Got to Give* abgebrochen. Das Studio hatte seinen Star gefeuert und auf 500 000 Dollar Schadenersatz verklagt. Wohin Marilyn auch ging, überall lauerte man nur darauf, sich ihres Körpers, ihres Talents oder ihres Namens zu bedienen. Um das zu verkraften, konsultierte sie fast täglich ihren Psychiater und mehrmals die Woche ihre Ärzte.

In den folgenden Wochen rief Marilyn Bobby mindestens achtmal in Washington an und verbrachte etliche Nächte im palastähnlichen Strandhaus der Lawfords. Don Pack, ein mit Peter befreundeter Fotograf, erinnerte sich noch daran, wie sie dort eines Abends auf einem Sofa bewußtlos wurde.

»Pat kam Marilyn in diesen Wochen sehr nahe«, sagte Peters Witwe Patricia Stewart später. »Peter erzählte mir, sie habe sich wundervoll verhalten und Marilyns endlosen Monologen voller Verständnis zugehört.« Jahre später vertraute er ihr an, daß Marilyn damals sehr verwirrt und verzweifelt gewesen sei, weil man sie aus dem Leben des Präsidenten zu entfernen versuchte. Pat befand sich damals in einer gefühlsmäßig sehr komplizierten Situation. Eigentlich hätte sie selbst Beistand benötigt. Ihre Ehe war nur noch Fassade, und auch sie griff inzwischen häufiger zu Tabletten und Alkohol. Dennoch hörte sie geduldig einer zutiefst verstörten und einsamen Frau zu, die nicht nur für sie und Peter, sondern auch für John F. und das ganze sorgfältig gepflegte Familienimage der Kennedys eine Gefahr darstellte.

Manchmal hörten die Lawfords nachts Marilyns Schritte im dunklen Flur. Peter erinnerte sich, wie er sie einmal mit tränenüberströmtem Gesicht durchs Haus tappen sah und besorgt fragte: »Bist du in Ordnung?« Anschließend unterhielten er und Pat sich stundenlang mit der Schauspielerin.

Ein anderes Mal stand Marilyn neben dem Ehebett der Lawfords und fragte: »Wie kommst es, daß ich nicht so glücklich sein kann wie ihr zwei?« Es war schon grotesk, daß sie in dieser freudlosen Ehe ein Musterbeispiel vollkommenen Liebesglücks sah.

Im Juni flogen Pat und Peter mit Marilyn zur Cal-Neva Lodge am Tahoe-See. Das luxuriöse Kasinohotel in der Sierra Nevada gehörte zur Hälfte Frank Sinatra. Weitere Anteile waren angeblich im Besitz von Sam Giancana und seinen Leuten, doch das waren Männergeschäfte, die Pat und Marilyn nicht interessierten. Für sie war die Cal-Neva Lodge nur ein einsames Ferienhotel in den Bergen. Das Trio wurde in Bungalow Nr. 52 untergebracht, den es das ganze Wochenende über kaum verließ. Möglicherweise schluckte Marilyn dort eine gefährliche Menge Alkohol und Barbiturate. Jedenfalls flog Pat anschließend direkt nach Hyannis Port, während Peter und Marilyn in einem Privatflugzeug nach Los Angeles zurückkehrten.

Pat verbrachte stets einen Teil des Sommers am Kap. Nun, da John F. Präsident war und ihr Leben in Los Angeles immer mehr zur Posse wurde, bedeuteten ihr diese Tage in Hyannis Port, die glückliche Erinnerungen an längst vergangene Sommer wachriefen, mehr denn je. Joe war inzwischen nicht mehr die unbezwingbare Vaterfigur, die Pats Probleme wie Krümel vom Tisch fegen konnte. Doch ihre Mutter hatte sich kaum verändert. Wie eh und je brach sie jeden Morgen zur Messe auf und unternahm ihre langen Spaziergänge. Allerdings war die Welt, in der Pat nun lebte, Rose so fremd, daß sie als Vertraute nur bedingt in Frage kam. Wirklich offene Gespräche konnte sie nur mit ihren Schwestern führen, doch sie hätte auch die heiteren Stunden mit John F., Bobby und Teddy nie missen wollen. Hyannis Port war für sie ein sicherer Zufluchtsort fernab von Peter, Los Angeles und der restlichen Welt.

Doch die Wirklichkeit holte sie schnell wieder ein. Nach einer

Woche am Kap erreichte sie die Nachricht, daß Marilyn offenbar an einer Überdosis in ihrem Haus in Brentwood gestorben war. Am Samstagnachmittag, wenige Stunden vor ihrem Tod, hatte die Schauspielerin Peter angerufen und ihn gefragt, wo Pat zu erreichen sei. Lawford erzählte dem Kolumnisten Earl Wilson, er habe Marilyn geantwortet: »Pat ist in Hyannis Port und spielt vermutlich gerade Golf oder fährt Wasserski.«

»Könntest du mir dann vielleicht ihre Telefonnummer geben?« bat Marilyn.

»Sicher«, erwiderte der nichtsahnende Peter.

Am Nachmittag des 4. August 1962, dem letzten ihres Lebens, wollte Marilyn noch mit Pat reden, rief dann aber doch nicht in Hyannis Port an. Als Peter in den frühen Abendstunden ein weiteres Mal mit Marilyn telefonierte, klang sie völlig abwesend, benommen und depressiv. »Sag Pat Lebewohl, sag dem Präsidenten Lebewohl und sag dir Lebewohl, du bist nämlich ein netter Kerl«, nuschelte sie in den Hörer. Peter wußte nur zu gut, daß eine bestimmte Kombination aus Alkohol und Drogen tödlich sein konnte. Er hatte Marilyn bereits in seinem eigenen Haus bewußtlos werden sehen und spürte, daß sie in Lebensgefahr war. Er hätte einfach in sein Cabrio springen und schnell zu ihrem Haus hinüberfahren können, doch er war ein Star, und ein Star nahm nichts selbst in die Hand. Also rief er Milt Ebbins an. »Laß uns rüberfahren«, drängte er seinen Agenten. »Ich möchte auf der Stelle rüberfahren – ich glaube, daß mit Marilyn gerade etwas Schreckliches geschieht.«

Ebbins fühlte sich als Peters Manager verpflichtet, seinen Star zu schützen, und hielt es nicht für seine Aufgabe, herumzurennen und den lieben Gott zu spielen. »Tu das nicht, Peter!« warnte er eindringlich. »Wenn dort wirklich etwas nicht stimmt, dann bist du der letzte, der jetzt dort sein sollte. Du bist der Schwager des Präsidenten!«

Ebbins rief Marilyns Anwalt an, der sich daraufhin mit ihrer Haushälterin in Verbindung setzte und von ihr die Auskunft erhielt, daß es Marilyn gutgehe. Damit schien die Sache erledigt. Doch Peter war so besorgt, daß er im Verlaufe des Abends noch weitere Leute anrief, unter anderem Joe Naar, den er bat, bitte gleich nach Marilyn zu schauen. Naar war noch beim Anziehen, als Peter abermals anrief und ihm sagte, er solle die Sache vergessen. Zu diesem Zeitpunkt war Marilyn wahrscheinlich bereits tot.

Pat flog nach Los Angeles zurück, um ihrer Freundin die letzte Ehre zu erweisen. Joe DiMaggio machte als Marilyns geschiedener Ehemann Rechte auf ihre sterblichen Überreste geltend und lud nur 30 Verwandte und Freunde zur Beerdigung auf dem Friedhof von Westwood Village ein. Obwohl die Lawfords zu Marilyns engsten Freunden gehört hatten, erhielten sie keine Einladung, was einer scharfen Zurechtweisung gleichkam. »Ich bin schockiert«, lautete Peters Kommentar. »Pat machte mit den Kindern in Hyannis Port Urlaub und flog Montag nacht extra hierher, um an Marilyns Begräbnis teilzunehmen.«

Marilyn war tot, doch die Erinnerungen an sie ließen Pat und Peter nicht mehr los. »Ich führe es auf Marilyns Tod zurück, daß Peter sich so dramatisch veränderte und schließlich nicht mehr von der Flasche loskam«, sagte Naar. »Peter wiederholte ständig: ›Ich hätte dich gehen lassen sollen. Ich habe sie umgebracht.‹«

***

Für Pat war Marilyn Monroes Tod nur eine Station auf einem langen Weg nach unten. Sie hatte unzählige Stunden mit Marilyn verbracht, teilweise wohl auch, um zu verhindern, daß ihre Affäre mit John F. bekannt wurde. Doch sie selbst hatte niemanden, der auf sie aufpaßte. Im September hatte sie einen kleineren Autounfall, nach dem man sie wegen Fahrens ohne gültigen Führerschein anklagte. Obwohl solche Verkehrsdelikte normalerweise nur mit einem Bußgeld geahndet wurden, verurteilte sie der Richter W. Blair Gibbens dazu, im Krankenhaus Kinder zu besuchen, die Opfer von Verkehrsunfällen geworden waren. Angesichts der Geringfügigkeit ihres Vergehens schien diese Strafe ungewöhnlich hart, doch in Wirklichkeit hatte der Richter Milde walten lassen. »Der Polizist, der den Unfall aufnahm, hatte ihre Alkoholfahne gerochen«, erzählte Ebbins. »Und als sie dann vor Gericht erscheinen mußte, sorgte natürlich die große Kennedymaschine für einen glimpflichen Ausgang.«

Pat und Peter verbrachten ihr Leben inzwischen nur noch in einem Alkoholnebel. Im Matteo's, einem Lokal am Westwood Boulevard, kippte das Paar einen Drink nach dem andern, und der Kneipenbesitzer Matty Jordan überhörte diskret ihre zahllosen Wortgefechte. Pat hatte mindestens ebensoviel schauspielerisches Talent wie ihr Mann, doch ihr Ehedrama hatte mittlerweile einen Punkt erreicht, an dem jeder Gedanke an ein weiteres Zusammenleben unerträglich schien. Inzwischen war nicht mehr Rose, sondern John F. die Autorität, die von solchen Entscheidungen zuerst unterrichtet werden mußte. Also flog Peter nach Washington, um dem Präsidenten seine Version der Geschichte zu erzählen. Doch selbst das schaffte er nicht alleine. Er ließ sich von seinem Manager Ebbins begleiten, der ja auch sonst alles für ihn regelte.

Soweit Ebbins sich erinnerte, vergrub Peter bei diesem Treffen im Kabinettszimmer des Präsidenten verzweifelt seinen Kopf in den Händen und weinte bitterlich. »Es tut mir leid, John F. Es tut mir so leid«, stieß er unter Tränen hervor.

»Hör zu, Peter«, sagte der Präsident mitfühlend zu seinem Schwager. »Mach dir deswegen keine Sorgen. Wenn es sein muß, dann muß es eben sein. Laß dir gesagt sein – es ist nicht allein deine Schuld. Ich kenne Pat besser als du.«

Vielleicht kannte John F. seine Schwester tatsächlich besser als Peter. Jedenfalls wußte er, daß sie dazu erzogen worden war, die Verfehlungen ihres Ehemannes stillschweigend zu tolerieren. Peter war kein schlimmerer Schürzenjäger als er selbst, Steve oder Ted, und sie waren alle drei nach wie vor verheiratet. Vielleicht trank Peter zuviel, doch das taten viele andere Männer auch. Zumindest hatte er durch sein Verhalten nie das Ansehen des Präsidenten gefährdet. John F. mochte Peter mehr als alle übrigen Mitglieder der Familie und hatte großes Mitleid mit ihm. »Du und ich, wir werden immer Freunde bleiben, Peter. Du wirst mich nicht verlieren«, versicherte er ihm. Die Trennung von seiner Schwester war noch lange kein Grund, ihr bisher so gutes Verhältnis zu beenden.

Ebbins wandte ein, daß im Falle einer Scheidung mit negativen Schlagzeilen zu rechnen sei, deren Auswirkungen auch der Präsident unweigerlich zu spüren bekäme. John F. dachte einen Augenblick lang über diese Warnung nach und sagte dann: »Vielleicht sollten wir lieber noch eine Weile warten.«

So erklärten sich Peter und Pat mit Rücksicht auf John F. und die Familie bereit, sich erst nach der nächsten Wahl im Jahre 1964 scheiden zu lassen, und spielten der Öffentlichkeit weiterhin das harmonische Ehepaar vor.

22

»Mommy, war Daddy beliebt?«

Trotz ihres politischen Engagements stellte Eunice immer die Kinder und die Familie in den Mittelpunkt ihres Lebens. »Ich glaube nicht, daß sich meine Eltern speziell Zeit für uns nehmen mußten«, erinnerte sich ihre Tochter Maria nachdenklich. »Ich halte das ohnehin für Unfug. Gewiß, als Bobby und ich noch klein waren, sind meine Eltern viel herumgereist und haben ungeheuer viel gearbeitet, aber später, als meine kleinen Brüder älter wurden, waren sie viel häufiger zu Hause. Ich erinnere mich jedenfalls nicht, daß ich jemals ohne Eltern zu Hause gewesen wäre. Tatsächlich glaube ich, daß meine Eltern praktisch ihr ganzes soziales Leben mit uns verbrachten.«

Für Eunice wäre es undenkbar gewesen, ein Kind bevorzugt zu behandeln, doch Maria hatte als einzige Tochter bei den Eltern eine Sonderstellung inne. Sie gehörte zu den wunderschönen dunkelhaarigen Mädchen, die häufig so lange verhätschelt und bewundert werden, bis sie ihr gesamtes Kapital für das Leben in ihrer Schönheit und Weiblichkeit sehen. Doch Maria wurde anders erzogen. »Wenn Leute in meinem Beisein sagten, ich sei ein hübsches Kind, fuhr ihnen meine Mutter sofort über den Mund. Und zu mir sagte sie: ›Hör nicht hin. Und bilde dir nur nichts ein.‹ Ich habe nie begriffen, was sie von mir wollte.

Heute glaube ich, daß sie eine sehr fortschrittliche Mutter war. Sie hat mich immer dazu ermuntert, mich mit den gleichen Dingen zu beschäftigen wie die Jungs und im Beisein von Jungs meine Meinung zu sagen. Wenn mein Vater sich ein Baseballspiel ansehen wollte, mußte er mich immer mitnehmen. Das ging so weit, daß ich schließlich glaubte, ich sei auch ein Junge.«

Im Sommer 1961 eröffnete Eunice auf dem Landsitz der Shrivers in Maryland ein Ferienlager für geistig behinderte Kinder, wo sie in der Folgezeit jeden Sommer einen Monat verbrachte. Hier war sie ganz in ihrem Element. Ursprünglich hatte sie Sportlehrerin werden wollen, was für eine Kennedy kaum das richtige war. Jetzt, in ihrem Ferienlager, konnte sie verschlampt herumlaufen, mit Kindern toben und überall nach dem Rechten sehen.

Für Eunices Kinder wurde es zu einer Selbstverständlichkeit, daß sie einen Teil der Sommerferien mit geistig Behinderten verbrachten. »Keine andere Mutter hat so etwas auf die Beine gestellt«, erinnerte sich Maria. »Aber meine mußte immer ihren Dickkopf durchsetzen. Und sie eckte dauernd an. Wenn man zu ihr sagte: ›Das kannst du nicht machen‹, dann tat sie es erst recht. Sie hatte eine unglaubliche Energie. Manche Leute dachten: ›Mein Gott, nicht auszudenken, wenn sie eine robuste Gesundheit hätte. Was sie dann wohl alles anstellen würde?‹ Das frage ich mich auch.«

Das Ferienlager dauerte vier Wochen. Eunices Schützlinge waren durchaus nicht nur Kinder mit leichten Behinderungen wie die junge Rosemary, Kinder aus Sonderschulen, die zu Hause bei den Eltern wohnten. Die meisten wurden mit Bussen aus Heimen in Washington hergefahren. Einige konnten kaum laufen oder sprechen und mußten intensiv betreut werden. Eunice ging zu privaten Eliteschulen in Washington und engagierte als Betreuer Jugendliche aus besser gestellten Familien, die noch nie mit geistig Behinderten zu tun gehabt hatten.

Obwohl in dem Ferienlager gewaltige menschliche und gesellschaftliche Gegensätze aufeinanderprallten, klappte das Miteinander meist überraschend gut. Eunice selbst begnügte sich nicht mit der Rolle der Zuschauerin, sondern suchte den intensiven Kontakt zu den Kindern, nahm an Spielen wie Tauziehen teil, half Kleinen aufs Pony und verteilte Sandwiches. Obwohl sie keine Wunder erwartete, gab es sie in bescheidenem Umfang doch. »Wir hatten einen Jungen im Pubertätsalter mit Down-Syndrom«, erinnerte sich der Freiwillige Chris McNickle. »In dem Alter wird eine Prognose erstellt, welche Entwicklungsstufe man noch erreichen kann. Der Junge konnte gerade kriechen, nicht selbständig essen und auch sonst nichts alleine tun. Er war ein Kandidat für den hinteren Flügel des Heims, wo die Kinder mit Wasser abgespritzt wurden. Nach vier Wochen im Lager fing er an zu sprechen und sich selbst anzuziehen. Er brachte zwar keine vollständigen Sätze hervor, versuchte sich aber immerhin mitzuteilen. Schließlich kam er nicht in den hinteren Flügel, sondern wurde in einer Wohngruppe untergebracht.«

***

Viele, die sich in Behinderten-Initiativen engagierten, wußten von Rosemary und kritisierten die Kennedys hinter vorgehaltener Hand, weil sie sich nicht offen dazu bekannten, daß sie eine geistig Behinderte in der Familie hatten. Es war nur eine Frage der Zeit, bis das Thema an die Öffentlichkeit kam. Schon im September 1960 wies *Children Limited,* das Presseorgan eines nationalen Behindertenverbandes, in einer kurzen Notiz auf Rosemarys Verfassung hin: »Der zukünftige Präsident hat eine geistig zurückgebliebene Schwester. Sie lebt in einem Heim in Wisconsin.« Und im August des nächsten Jahres wurde Luella in einem Artikel der Frauenzeitschrift *Good Housekeeping* mit den Worten zitiert: »Rosemary fühlte sich im Pflegeheim am wohlsten ...«

Darauf ergriff Eunice die Initiative und beschloß, mit den Lügengeschichten der letzten drei Jahrzehnte ein für allemal Schluß zu machen. Als Forum wählte sie ein besonders einflußreiches Blatt, die *Saturday Evening Post.* Natürlich hielt sie vorher Rücksprache mit ihrem Vater und ihrem Bruder, dem Präsidenten. »Ich redete mit beiden, und sie hatten keine Einwände«, erinnerte sie sich. »Meine Mutter hatte auch nichts dagegen. Besser hätten sie nicht reagieren können.«

Im September 1962 erschien ihr Artikel »Hoffnung für geistig behinderte Kinder«, der Millionen Leser erreichte. »Rosemary war von Anfang an anders«, schrieb Eunice. »Sie krabbelte später, lernte später laufen und konnte später sprechen als ihre beiden Brüder. Meiner Mutter wurde gesagt, sie werde später aufholen, aber das war nicht der Fall. Rosemary blieb geistig zurück.« Für die Behindertenbewegung in den USA war das ein historischer Augenblick. Die Kennedys hatten sich nicht nur zu ihrer geistig behinderten Schwester bekannt, sondern das Los entwicklungsgestörter Menschen schlagartig ins öffentliche Bewußtsein gerückt. »Wegen Rosemary nahm unsere Familie am Schicksal dieser Menschen besonderen Anteil«, schrieb Eunice. Auf die an Rosemary vorgenommene Lobotomie ging sie allerdings nicht ein, sondern beschränkte sich darauf, den Ratschlag der Ärzte wiederzugeben: »Sie ist am besten in einem Pflegeheim aufgehoben.«

Luella legte den Artikel Joe vor. Als der alte Mann das Foto der hübschen Rosemary neben John F. und Eunice sah und die Bildunterschrift »Die Kennedys im Kampf gegen falsches Mitleid« las, wurde er furchtbar wütend. Da er von der Veröffentlichung des Artikels vorher gewußt hatte, vermutete Eunice zu Recht, daß er nur deshalb so aufgebracht war, weil er in der Familientragödie eine so unselige Rolle gespielt hatte.

Der Artikel war für Eunice nur eines von vielen Mitteln im Kampf gegen die schwierige Situation geistig Behinderter. Die Entscheidungsschlachten schlug sie hinter verschlossenen Türen in Washington, wo sie mit Bürokraten erbittert um Formulierungen rang. Viele Ärzte, vor allem Psychiater, betrachteten geistige Entwicklungsstörungen vornehmlich als Krankheit, nicht als geistige Verfassung. Bevor beides klar voneinander getrennt wurde, waren harte Kämpfe nötig, zunächst in der Hauptstadt und dann in den Köpfen der Amerikaner. Hinzu kam das Ringen im Haushaltsausschuß um die Bewilligung von Geldern und der Konflikt mit Interessenvertretern anderer Problemgruppen.

All diese Fragen schlugen sich in der ersten Botschaft des Präsidenten an den Kongreß zum Thema Geisteskrankheiten und Entwicklungsstörungen nieder. Am Samstag vor der Ansprache, die für den 5. Februar 1963 angesetzt war, fuhr Mike Feldman zu den Shrivers, um mit ihnen und Dr. Leonard Mayo, dem Vorsitzenden des Ausschusses zur Situation geistig Behinderter, den Entwurf durchzugehen. Für Eunice war diese Sitzung alles andere als eine reine Formsache, bei der es nur darum ging, die Rede ihres Bruders abzusegnen. Im Gegenteil, sie ging den Text sechs Stunden lang Wort für Wort durch und klopfte ihn auf alle Nuancen hin ab.

Feldman war ein glänzender Unterhändler. Seine Aufgabe bestand darin, die Rede und damit die Position des Präsidenten zu verteidigen. Dabei mußte er sich gegebenenfalls auch gegen Eunice durchsetzen. Eine Zeitlang kamen sie gut voran, dann aber gerieten sie wegen einer Formulierung heftig aneinander. Eunice bestand auf einer Änderung, Feldman weigerte sich.

Mayo, der Eunice in zahlreichen Sitzungen dieser Art miterlebt hatte, berichtete später, sie habe ihre ganze Überredungskunst aufgeboten. Als alle rationalen Argumente nichts fruchteten, versuchte sie es mit Bitten und dann mit Drohungen. Feldman blieb standhaft. Schließlich geschah, was Mayo befürchtet hatte: Eunice brach in Tränen aus. Feldman sah seine Argumentation wie ein Kartenhaus in sich zusammenstürzen und gab schließlich nach.

Eunice wischte sich die Tränen ab. Schon im nächsten Moment war sie wieder eine entschlossene Verhandlungspartnerin und stellte weitere Forderungen. Jeder bezwungene Berg war für sie nur ein Aussichtspunkt, von dem aus sie in der Ferne noch höhere zu bezwingende Gipfel erblickte. Im Mai 1963 hielt sie eine Rede vor einem Ausschuß zur Beschäftigungslage geistig behinderter Menschen. Sie geißelte die Regierung, weil sie diese Behindertengruppe von Anstellungen grundsätzlich ausschloß. »Es gibt keinen Hinweis darauf«, rügte sie in scharfem Ton, »daß unter den 200 000 Behinderten, die von der Bundesregierung seit dem Zweiten Weltkrieg eingestellt worden sind, auch nur ein einziger geistig Behinderter ist.«

***

Als das Gewissen der Kennedys versuchte Eunice ihren Bruder im Kampf um soziale Errungenschaften zu stärkerem Engagement anzuspornen. »Du solltest mehr Feuer in deine Reden bringen«, ermahnte sie ihn.

»Und du solltest mehr deiner Reden ins Feuer werfen«, gab John F. bissig zurück.

Eunice beschränkte ihr politisches Engagement nicht auf den Kampf für die Rechte geistig behinderter Menschen. Sie trat an die Mitarbeiter aller Ressorts mit Forderungen heran. So setzte sie sich für die Schaffung eines nationalen Friedenskorps ein, dessen junge Freiwillige den Behinderten, den sozial Schwachen in den Ghettos der amerikanischen Großstädte und den Armen in den ländlichen Gebieten der Appalachen helfen sollten. Sie sprach ihren Bruder immer wieder auf dieses Thema an. »Ein guter Gedanke, Eunice«, antwortete er und verwies sie jovial an ihren Mann.

John F. hielt Sarge für einen zu zaghaften Menschen, der besser Priester als Politiker geworden wäre. Trotzdem bewunderte und beneidete er ihn etwas. Sarge erfüllte seine Aufgaben bei der Leitung des Friedenskorps glänzend. Die Freiwilligen wurden nach Asien, Afrika und Lateinamerika entsandt und spielten nur im Inland noch keine Rolle. Eines Abends versuchte es Eunice bei John F. erneut: »Wann nimmst du die Sache endlich in Angriff? Für die jungen Menschen wäre das ein großer Gewinn. Und für dich auch. Ganz zu schweigen vom großen Nutzen für die Kinder der sozial Schwachen.«

»Wann läßt du mich endlich damit in Ruhe?« fragte John F. verärgert.

»Ich glaube, du läßt eine große Chance ungenutzt, John F.«

»Warum wendest du dich nicht an Bobby? Bei ihm hast du bestimmt Erfolg.«

Bobby konnte zuhören. Er hörte seine Schwester an und sprach mit David Hackett, einem Jugendfreund und engen Mitarbeiter. Hackett schlug ein Komitee auf Kabinettsebene vor, das in drei Wochenendsitzungen Pläne zur Einrichtung eines nationalen Dienstkorps erstellte. Bobby übernahm die Idee von Eunice und verfocht auf dem Kapitol eine entsprechende Gesetzesvorlage. Als Justizminister hatte er sich neben Rechtsfragen auch mit dem Problem der sozialen Gerechtigkeit zu befassen. Er begab sich aus den heiligen Hallen des offiziellen Amerika ins Land der Armen und Schwachen. Diese Welt hatte Eunice entdeckt. Es war ihr Verdienst, daß ihre Familie auf dieses andere Amerika aufmerksam wurde.

Bobby hatte medienwirksame Auftritte in den Ghettos von Washington und New York, bei kleinen Farmpächtern am Mississippi und in Indianerreservaten im Westen, wo sich Mitglieder des Kabinetts bislang nur selten hatten blicken lassen. In seinen Berichten, in denen er die Notwendigkeit der Einrichtung eines nationalen Friedenskorps begründete, schilderte er haarsträubende Zustände: Pflegeheime, in denen geistig Behinderte »nackt in hundezwingerähnliche Schlafräume gesperrt wurden«, Wanderarbeiter, die »drei Monate im Jahr in ihren Fahrzeugen hausten«, die Armut von Indianern und Eskimos, die Verbreitung des Analphabetentums. Bei seinen Blitzbesuchen machte er sich selbst ein Bild von den skandalösen Zuständen, die den Einsatz junger Freiwilliger notwendig machten.

Bobby engagierte sich leidenschaftlich für die Sache, neigte bei aller Betroffenheit aber zu einer verhängnisvollen Romantisierung der Armen und Unterprivilegierten. Eine Ernüchterung konnte da kaum ausbleiben, und war sie erst einmal eingetreten, drohte auch das Interesse der Öffentlichkeit an den unteren Schichten wieder zu erlöschen. Eunice wurde nun in den Hintergrund gedrängt, und das war bedauerlich, weil sie viel tiefere Einblicke in die gesellschaftlichen Randgruppen hatte als ihr Bruder. Im Gefängnis Alderson hatte sie Erfahrung im Umgang mit Strafgefangenen gesammelt und begriffen, daß ihnen nicht geholfen war, wenn man ihr Verhalten entschuldigte. Sie hatte sich mehr als ihre Geschwister mit Rosemary beschäftigt und wußte, welche Engelsgeduld der Umgang mit Behinderten erforderte. Eunice, die in Chicago eine jugendliche Straftäterin niedergerungen hatte, war sich sehr wohl bewußt, daß man solche sozialen Aufgaben nur mit unnachgiebiger Härte bewältigen konnte. »Sie ist alles andere als eine gute Fee«, charakterisierte Sarge sie. »Sie hat überhaupt nichts von einer Wohltäterin. Und sie hat keinerlei Schuldkomplexe.«

Die Gesetzesvorlage für das nationale Friedenskorps passierte 1963 den Senat, scheiterte aber im Repräsentantenhaus.

***

Eunice wurde in allen ihren Bemühungen von Sarge unterstützt. Er stand ihr mit Rat und Tat zur Seite, nahm mit ihr an Sitzungen teil, erledigte Telefonate und gab ihr seelischen Halt, wenn sie wieder einmal völlig am Ende war. Das Politikerehepaar Shriver wurde oft mit Eleanor und Franklin Roosevelt verglichen. Aber anders als die Roosevelts, die tagsüber getrennte Wege gingen und eine unterschiedliche Wählerschaft hatten, lagen die Shrivers ideologisch und politisch auf einer Linie und hatten eine starke emotionale Bindung, die sich in der Ehe der Roosevelts früh gelockert hatte.

»Meine Mutter wollte einen Mann, der ihr in allem freie Hand ließ und sie unterstützte«, berichtete Maria. »Sie kann das alles nur tun, weil sie sich auf meinen Vater verlassen kann. Andere hätten ihr die Leviten gelesen und nicht zugelassen, daß 100 behinderte Kinder auf ihrem Rasen herumtollen. Sie hätten ihrer Frau verboten, in der Weltgeschichte herumzureisen, mit Ärzten und Pflegern über geistige Behinderungen zu sprechen und skandalöse Zustände anzuprangern. Es ehrt meinen Vater, daß er die Fähigkeiten meiner Mutter erkannt hat. Anders als die meisten Männer damals und wohl noch heute hat er sie nicht unterdrückt oder ihr Steine in den Weg gelegt, sondern ihr vielmehr geholfen, ihre Fähigkeiten voll zu entfalten. Sie hätte das, was sie sich vorgenommen hatte, niemals bewältigt, wenn mein Vater besitzergreifend, unsicher oder rechthaberisch wäre.«

Eunice und Sarge hatten etwas gemein. Sie benutzten beide Menschen, aber nicht aus Eigennutz und niedrigen Beweggründen, sondern zur Verwirklichung ihrer Ideale und hochgesteckten Ziele. Bei der Arbeit für das Freiwilligenkorps hielt sich Sarge an den Wahlspruch auf seinem Schreibtisch: »Anständige Jungs gewinnen nicht bei Ballspielen.« Wie Eunice stellte er lieber Forderungen, als Menschen zu loben, und eine Leistung war ihm wichtiger als derjenige, der sie erzielt hatte. »Shriver macht sich nichts aus Menschen«, meinte ein enger Mitarbeiter halb im Scherz. »Er benutzt sie. Er benutzt mich. Wenn ich nichts zustande bringe, muß ich gehen. Eine zweite Chance bekomme ich hier nicht.«

***

Im Juni 1963 flog John F. zum Staatsbesuch nach Europa. Allgemein wurde erwartet, daß Jackie an seiner Seite wie schon zwei Jahre zuvor Triumphe feiern würde. Aber sie war nach ihren Fehlgeburten wieder im sechsten Monat schwanger, also nahm John F. seine Schwestern Eunice und Jean auf die Reise mit.

Während der Präsident in Bonn mit deutschen Politikern zusammentraf, besuchte Eunice ein Heim für geistig Behinderte, doch es war keine Stippvisite und kein Phototermin mit ein paar ermunternden Worten und raschem Aufbruch. Sie nahm sich Zeit für die Kinder, redete mit ihnen und drückte einige an sich. Sie holte sich Anregungen bei der Heimleitung und teilte ihre Eindrücke hinterher den Reportern mit.

Diese Europareise war kein reiner Staatsbesuch, denn sie war den Kennedys auch aus privaten Gründen wichtig, vor allem der Besuch in Irland, dem Land ihrer Väter. Von jeher hatte die Familie zu ihrer irischen Abstammung ein zwiespältiges Verhältnis gehabt. Daß ihre Ahnin Bridget Murphy sich in Boston zeitweise als Hausmädchen hatte durchschlagen müssen, vergaßen sie allzu gerne, während sie die Erinnerung an den jähzornigen Fitzgerald hochhielten und gerne Geschichten über ihn erzählten. Der Besuch auf dem alten Gehöft der Familie in Dunganstown 1947 hatte bei John F. einen stärkeren Eindruck hinterlassen als bei den Geschwistern. In den USA stießen die

Nachkommen irischer Einwanderer nach wie vor auf Vorurteile. »Wußtest du, daß der Bostoner Somerset Club keine irischen Katholiken aufnimmt?« erklärte John F. seinem Freund Red Fay einmal. »Wenn ich als Präsident jetzt wieder nach Boston käme, würde sich daran auch nichts ändern.«

John F. hatte zu seinen Vorfahren eine so große Distanz, daß er über antiirische Gefühle sogar schmunzeln konnte. Jetzt kehrte er geradezu stolz ins Land der Ahnen zurück. Sein Besuch in Irland wurde als die Rückkehr eines prominenten Landeskindes stürmisch gefeiert. Er stand stellvertretend für die Millionen, die nach Amerika ausgewandert waren, und mit ihm bejubelte die irische Bevölkerung auch sich selbst, ihren Mut zum Sprung ins Ungewisse und ihren Erfolg in Übersee. »Die Woge der Sympathie war überwältigend«, schwärmte Jean. »Es begeistert die Leute einfach, wenn ein Auswanderer Irland verlassen hat und sein Nachfahr 100 Jahre später als Präsident der Vereinigten Staaten zurückkehrt. Das ist ein ergreifender Augenblick. John F. hatte großartige Auftritte, er ging auf jeden ein. Er war wie elektrisiert, völlig überwältigt von dieser Reaktion. Ich habe ihn niemals so erregt gesehen.«

Der ergreifendste Teil der Reise war allerdings nicht der stürmische Empfang in Dublin, sondern der Besuch des ehemaligen Kennedy-Gehöfts in Dunganstown in der Grafschaft Wexford. Der Präsident und seine Begleiterinnen nahmen den Hubschrauber. In New Ross sang ein Kinderchor die Ballade *The Men of Wexford,* eine Huldigung an die Iren. Am Ende bat John F. die Kinder begeistert um eine Wiederholung und stimmte in den Gesang mit ein. Am Haus ihrer Ahnen wurden der Präsident und seine Schwestern von Mary Ryan, einer entfernten Cousine, empfangen. Tagelang hatte die Frau die Fragen und Anweisungen des amerikanischen Secret Service und irischer Sicherheitsleute über sich ergehen lassen müssen. Arbeiter hatten auf ihren Feldern einen Parkplatz gebaut und eine behelfsmäßige Telefonleitung verlegt. Das strohgedeckte kleine Landhaus, von dem aus Patrick Kennedy vor 130 Jahren aufgebrochen war, lag jetzt öde und verlassen in der Nähe eines bescheidenen Bauernhauses. Die rundliche, unscheinbare und offenherzige Mrs. Ryan war der Typ jener irischen Frauen, die in den Neuenglandstaaten zu Tausenden die Häuser der reichen Protestanten geputzt und die Familien der Einwanderer zusammengehalten hatten. Sie begrüßte John F. mit einer Umarmung und einem Kuß auf die Wange und stellte ihm ihre beiden erwachsenen Töchter Mary und Josephine vor. John F. lud sie alle ins Weiße Haus ein und begrüßte anschließend mit Eunice und Jean die zahlreichen anderen Verwandten ihrer Gastgeberin.

Für die drei Kennedys waren diese Augenblicke das anschaulichste Zeugnis für den gewaltigen Aufstieg der Familie, für den Mythos, an dem sie alle Anteil hatten. Rose hatte sie nach Plymouth Rock und Bunker Hill geführt, niemals aber hierher zu diesem lebendigen Denkmal der Familiengeschichte.

Die Gruppe ging hinaus auf den Hof, wo die Ryans einige Tische mit Sandwiches und Tee aufgestellt hatten. John F. erhob seine Tasse, ließ seinen Blick über die Verwandten schweifen und brachte einen Toast auf »alle abgewanderten und dagebliebenen Kennedys« aus. Nach dem feierlichen Versprechen, im nächsten Frühjahr wiederzukommen, stieg er mit seinen Schwestern in den Hubschrauber und entschwebte über die grünen Weiden. Mit Witz und Ironie hatte John F. jeder Sentimentalität vorgebeugt, die sich bei so viel Ergriffenheit und Freude leicht hätte einstellen können.

Auf dem Flug von Irland nach England legte die Maschine des Präsidenten einen Zwischenstopp auf dem Militärflughafen Waddington ein. John F. und Jean stiegen wieder in einen Hubschrauber, flogen über den Flickenteppich der Felder und landeten auf einem Feld des Dorfes Edensor. Die Einwohner waren schon seit Tagen über ihr Kommen unterrichtet, aber dank der Geheimhaltung konnten John F. und seine Schwester ohne jubelnde Mengen über die Landstraße zum baumbestandenen Friedhof schlendern. Sie gingen zu Kathleens Grab mit der Inschrift: »Freude gab sie, Freude hat sie gefunden.« In andächtiger Stille legte Jean drei Sträuße Rosen nieder.

* * *

Eunice hatte das Ende des Sommerlagers zeitlich so gelegt, daß sie zum 4. Juli zur übrigen Familie ans Kap fliegen konnte. John F. und Jackie hatten sich auf Squaw Island, nur eine kurze Wegstrecke vom Anwesen der Kennedys entfernt, in einem Haus eingemietet. Ethel, die gerade ihr achtes Kind austrug, war mit ihrer Familie ebenso eingetroffen wie die anderen Kennedys.

Der Film vom Besuch in Irland war bereits entwickelt. Wie gebannt verfolgte John F. das Geschehen auf der Leinwand. »Er war wie verzaubert«, erinnerte sich der Chauffeur Frank Saunders. »John Kennedy war glücklicher, als ich ihn je zuvor erlebt hatte. Er war wie ein Kind.« Der Film gefiel ihm so gut, daß er ihn solange immer wieder von vorn ansehen wollte, bis es den Geschwistern zuviel wurde.

Die Kennedys hatten insgesamt zwanzig Enkelkinder, für die ein Sommerlager mit eigenen Tennis- und Schwimmlehrern organisiert wurde. Manchmal schlichen sie zum Schlafzimmer des Großvaters, warfen einen Blick hinein und liefen dann wieder die Treppe hinab. Am beliebtesten waren die Ausflüge auf der *Marlin,* und wenn an den Wochenenden die Männer ans Kap kamen, nahmen auch sie an der Bootspartie teil. Das Schiff hatte dann besonderen Tiefgang, und einmal war es so überladen, daß John F. beschloß, auch mit der Yacht des Präsidenten, der *Honey Fitz,* in See zu stechen. Als beide Schiffe nebeneinander bei einem Rennen über die Wellen glitten, schrie John F. seinem Hund auf der *Marlin* ein paar Worte zu. Das Tier spitzte die Ohren, sprang ins Meer, paddelte ein Stück und trieb unweigerlich auf die Schiffsschrauben zu. Bobby stürzte sich ins Wasser, schwamm dem Hund hinterher, erreichte ihn einen knappen Meter vor den Schiffsschrauben und verschwand mitsamt dem Hund in den Wellen. Gespanntes Schweigen herrschte unter den Beobachtern der Szene, bis Bobby unter Händeklatschen, Gejohle, Pfiffen und Tränen der Erleichterung wieder an die Oberfläche kam.

Das Rennen wurde fortgesetzt, obwohl allen Beteiligten der Schreck noch in den Gliedern steckte. Es mag als töricht und großspurig erscheinen, wenn der Justizminister der Vereinigten Staaten, der Bruder des Präsidenten und Vater von sieben Kindern sein Leben aufs Spiel setzt, um einem Hund das Leben zu retten. Aber die Kennedys sahen das anders. Bobbys beherzte Tat war keine überlegte Entscheidung gewesen, er hatte die Risiken nicht bedacht und sich keine Alternativen überlegt. Vielmehr hatte er sich wie so oft einfach vom Instinkt leiten lassen. Gerade wegen einer tollkühnen Tat wie dieser wurde er von seiner Frau bewundert. Von Ethel und den anderen Kennedy-Frauen wurde ähnliches freilich nicht erwartet. Sie sollten den Männern den Rücken stärken, sie anspornen und ihre Söhne dazu ermuntern, sich am väterlichen Beispiel zu orientieren.

Während dieser langen Sommertage organisierte Rose ihren Tagesablauf mit der Regelmäßigkeit eines Metronoms. Sie heftete sich

Merkzettel ans Kleid, hatte aber ein ausgezeichnetes Gedächtnis und freute sich jedesmal, wenn sie einen Zettel, ohne ihn gebraucht zu haben, als erledigt entfernen konnte. In ihrem Leben drehte sich alles um Gesundheitsvorsorge und Kosmetik. Sie wollte um jeden Preis jung bleiben und hatte Angst vor einem Leben wie das ihrer senilen Mutter, die ihr kleines Haus in Hyannis Port im Sommer nicht mehr verließ. Besuche bei Josie waren ihr unerträglich. Sollte sich ihr Bruder um sie kümmern. Rose zahlte lieber für Pflegekräfte und vermied es, an der Feier zu ihrem 98. Geburtstag teilzunehmen.

Etwas länger hielt sie es lediglich mit ihrem Mann aus. Einmal tänzelte sie stolz in einem neuen Ballkleid in Joes Schlafzimmer. Als sie sich neben seinem Bett postierte, spuckte er plötzlich Gift und Galle und holte zum Schlag aus. Zu Tode erschreckt stürzte sie aus dem Raum.

Rose wußte, daß Joe nicht mehr lange zu leben hatte, und in ihrem Wandschrank hing bereits das schwarze Kleid, das sie auf seiner Beerdigung tragen würde.

Von den Enkelkindern wurde sie im großen und ganzen respektiert. Sie gehorchten ihr meistens und behandelten sie so behutsam wie einen kostbaren Teller aus Porzellan. Rose hatte ein vornehmes Leben hinter sich, aus dem sie alles Widrige, Häßliche und Unschickliche verbannt hatte. Von den Schattenseiten der Wirklichkeit hatte sie inzwischen keine Vorstellung mehr. Als man ihr sagte, Pat habe am Morgen eine ganze Flasche Wein getrunken, meinte sie nur: »Das kann nicht sein. Pat trinkt nicht.«

* * *

In diesem Sommer waren mehrere Kennedy-Frauen guter Hoffnung. Am 4. Juli wurde neben Kathleens zwölftem Geburtstag auch die Geburt von Ethels und Bobbys achtem Kind Christopher George gefeiert. Joan reagierte bedrückt. Sie hielt mit den Schwägerinnen nicht mit, weder beim Gebären noch in anderer Hinsicht. Im Mai hatte sie im fünften Monat der Schwangerschaft ihr drittes Kind verloren. Eunice, die ebenfalls nur drei Kinder hatte, hatte soeben erfahren, daß sie wieder schwanger war. Die 33jährige Jackie hatte ihre Schwangerschaft fünf Monate lang geheimgehalten, aber inzwischen war bekannt, daß sie voraussichtlich im August niederkommen würde.

Die Kennedys waren fruchtbar, und wer sie in diesem Sommer besuchte, hatte den Eindruck einer geradezu explosionsartigen Vermehrung. Überall tollten Kinder über den Rasen, allen voran Ethels wilde Nachkommenschaft. Die Erwachsenen versammelten sich in einem der Häuser mit Freunden, Prominenten und Regierungsbeamten. Höhepunkt jedes Wochenendes war der Moment, wenn der Hubschrauber des Präsidenten auf dem Rasen aufsetzte, John F. ausstieg und zum Haus gelaufen kam.

Jackie fühlte sich in diesem wilden Haufen noch immer nicht ganz zu Hause. Dieser Sommer sollte ihr letzter in Hyannis Port sein, denn nächstes Jahr wollte sie mit John F. ein Haus im ruhigeren Newport mieten. Wenigstens hatten sie auf Squaw Island vor dem Rest der Familie Ruhe. Das Haus, das sie dort gemietet hatten, war in vielerlei Hinsicht der richtige Ort, um die Geburt des Kindes zu erwarten.

Jackie hatte geplant, ihr drittes Kind in einem Militärkrankenhaus in Washington zur Welt zu bringen. Von Squaw Island aus gab sie Anweisungen, wie das Kinderzimmer im Weißen Haus eingerichtet werden sollte. Das weiße Bettchen und die weißen Vorhänge und Bettvorleger hoben sich von den himmelblauen Wänden ab. Am Morgen des 7. August setzten unerwartet die Wehen ein. Für diesen Notfall war vorgesorgt. Acht Minuten, nachdem ihr Arzt Dr. John Walsh den Helikopter angefordert hatte, wurde Jackie von Squaw Island aus zur Klinik auf der Otis Air Force Base geflogen. Nach einem Kaiserschnitt entbanden sie die Ärzte von einem Jungen, der gerade etwas über vier Pfund wog. Das zu früh geborene Kind war so schwach, daß es sofort getauft werden mußte. Als sich der Zustand des kleinen Patrick Bouvier Kennedy verschlechterte, wurde er in eine Bostoner Kinderklinik geflogen und in einen neu entwickelten Brutkasten gelegt. Jackie blieb in Otis zurück. Drei Tage nach der Geburt trat Dr. Walsh frühmorgens an ihr Bett und teilte ihr mit, daß ihr Kind gestorben sei. Sie erhielt ein Beruhigungsmittel und mußte weiterhin das Bett hüten. Die Trauerfeier in der Privatkapelle Kardinal Cushings und die Beisetzung im Familiengrab auf dem Hollyhood Cemetery in Brookline fanden ohne sie statt.

Der Sommer war vorüber. Anfang September feierte das Präsidentenehepaar in Newport den zehnten Hochzeitstag. In der zweiten Septemberwoche verließ Eunice Hyannis Port mit einer Schar braungebrannter Kinder. Ein seltsamer Anblick, als am Flugplatz von

Hyannis Port ungefähr fünfzehn Kinder mit Hunden und Schildkröten aus drei Autos stiegen und über die Rollbahn zur *Caroline* liefen.

***

John F. war der Mittelpunkt der Familie. Die Schwestern verehrten ihn, die Brüder bewunderten ihn hemmungslos. Sie hätten sich nicht träumen lassen, daß er der erste Präsident sein würde, dessen private Affären in der Öffentlichkeit den gleichen Stellenwert hatten wie seine Außenpolitik. Seine Anhänger wiesen den Klatsch später als grobe Übertreibungen zurück. »Hatte John F. Kennedy während seiner Amtszeit im Weißen Haus Affären?« fragte Feldman rhetorisch. »Das bestimmt. Andererseits ist die Anzahl der Geschichten, die man ihm angedichtet hat, mit Sicherheit maßlos übertrieben. Man hat ihm unter anderem nachgesagt, er habe täglich Sex gebraucht. Ich bin manchmal drei oder vier Tage am Stück ständig in seiner Nähe gewesen. Er hat die ganze Zeit fieberhaft gearbeitet. Zu erotischen Abenteuern hatte er überhaupt keine Gelegenheit. Ich kannte seinen Arbeitsplan ziemlich genau. Danach hätte er sich den zahlreichen Affären, die man ihm angedichtet hat, nur mit großer Mühe widmen können.«

Seine Privatsekretärin Evelyn Lincoln wußte über seinen Tagesablauf am besten Bescheid. Auch sie hielt das Gerede für stark übertrieben. Doch es war nicht die Zahl seiner Affären, die ihm gefährlich werden konnte. Gefährlich war vielmehr, mit wem er sie hatte. John F. machte keinen Unterschied, ob es sich um eine Mitarbeiterin Jackies, eine Prominente aus Washington, ein Starlet oder um die Gattin eines Mafiabosses handelte. Er suchte das Vergnügen des Augenblicks, Ablenkung vom politischen Geschäft und den damit verbundenen schwierigen Entscheidungen. Sein gefährlichstes Techtelmechtel hatte er mit Judith Campbell, die der Mafia durch ihr Verhältnis mit Sam Giancana einen direkten Zugang zum Oval Office verschaffen konnte.

»Kennedy sollte erpreßt werden«, berichtete Evelyn Lincoln. »Hoover kam ins Weiße Haus und sagte: ›Ich wollte Ihnen nur mitteilen, daß Ihre Freundin Beziehungen zu Giancana unterhält. Sie hat 80mal bei Ihrer Sekretärin angerufen. Haben Sie mit ihr gesprochen?‹ Und der Präsident antwortete: ›Nein, ich habe die Sache beendet.‹

Ich habe über die Anrufe Buch geführt. Sie hatte tatsächlich 80mal angerufen. Ich habe sie nicht durchgestellt. Die Bücher belegen, daß Kennedy nicht mit ihr gesprochen hat. Trotzdem hat J. Edgar Hoover vor möglichen Erpressungen gewarnt. Er hat das gegen ihn benutzt, wenn er etwas wollte. Hoover war meines Erachtens nicht integer.«

Mit seiner Sorglosigkeit brachte John F. seine Präsidentschaft ernsthaft in Gefahr. »Hoover haßte Kennedy«, verriet Edwin O. Guthman, Bobbys Pressesekretär im Justizministerium. »Er scheute sich nicht, unausgewertete persönliche Akten zu benutzen und Material über Leute nach draußen zu geben. Wenn John F. Kennedy nicht ermordet worden wäre und für eine zweite Amtszeit kandidiert hätte, hätte die Affäre um Judith [Campbell] Exner im Wahlkampf sicher eine Rolle gespielt. Und auch wenn sein Gegner Senator Barry Goldwater erklärt hatte, er werde diesen ›Scheiß‹ nicht verwenden, wäre die Sache durch das FBI oder andere ans Licht gekommen und zum Wahlkampfthema geworden. Das steht für mich außer Frage.«

***

Bis zur Wahl war es noch ein ganzes Jahr. Trotzdem bereiteten sich der Präsident und die Kennedys bereits auf den Wahlkampf vor. Jean und ihre Familie waren in ein Doppelhaus in der Park Avenue in New York gezogen. Steve hatte seine Stelle im State Department aufgegeben, um sich ganz seiner Tätigkeit für John F. widmen zu können. Er koordinierte jetzt den Wahlkampf in den Staaten New York, Pennsylvania, Ohio und Michigan, Industrieregionen von zentraler Bedeutung. Er wollte die bevorstehende Kampagne ebenso tatkräftig, geschickt und engagiert leiten wie damals bei Teddys Sieg. Wenn er an den Wochenenden in der Stadt war, zog er sich mit seiner Familie oft nach Westbury zurück, wo sie ein zweites Haus hatten. Jean war auf Steve zwar stolz, weil er für John F. so nützlich war, aber sie interessierte sich für Politik nicht besonders. Sie beaufsichtigte das Kindermädchen, den Koch und das Dienstmädchen und ging so oft wie möglich mit Steve jr. und Willie in den Central Park. Sie scheute die Öffentlichkeit und wollte in Manhattan möglichst unbehelligt leben.

»Ich weiß nicht, ob ich ihn 1964 unterstützen werde«, gestand sie einem Reporter, »ich glaube nicht.«

Eunices siebenjährige Tochter Maria hingegen erlebte mit, wie ihre Mutter von Termin zu Termin hetzte: Sie kam ihren Aufgaben als geschäftsführende Vizepräsidentin der Joseph-P.-Kennedy-Stiftung nach, gab geistig Behinderten Gymnastikunterricht und nahm an Sitzungen im Weißen Haus teil. Maria fragte sich, warum sie nicht anstelle ihres Onkels das Amt des Präsidenten übernahm. Aber Eunice hatte keine eigenen politischen Ambitionen. Sie war damit zufrieden, die Schwester des Präsidenten zu sein.

John F. war ihr zunächst am wichtigsten. Auch Sarge würde es in der Politik weit bringen, aber er mußte sich gedulden. »Er würde einen hervorragenden Gouverneur von Illinois abgeben«, meinte sie damals, »aber es wäre mir nicht recht, wenn er 1964 kandidieren würde.« Im Augenblick hatte Sarge seinen politischen Sachverstand und seine Energie auf die Wiederwahl seines Schwagers zu konzentrieren.

Auch Pat widmete sich in ihrem großzügigen Haus am Strand von Los Angeles ganz der politischen Zukunft ihres Bruders. Von Peters Lebenswandel hatte sie genug. Nach dem Aufstehen trank er eine Flasche Bier, den Morgen über Wodka, am Nachmittag Gin und abends Whiskey. Sie warf ihn mehrmals hinaus, aber jedesmal kehrte er, nach Alkohol und billigen Parfüms riechend, wieder zurück. Pat hätte sich damit abfinden können, als erste Kennedy geschieden zu werden, aber sie hätte den Gedanken nicht ertragen, für John F. im Wahlkampf zu einer Belastung zu werden. Sie verehrte ihren Bruder und brachte ihm jedes Opfer, auch das, eine unerträgliche Ehe mit einem Trinker zu führen. Jedenfalls bis nach der Wahl.

Durchhaltevermögen hatte auch Joan unter Beweis zu stellen. Ted hatte die Wahlen im Jahr 1962 gewonnen, war aber nur für die letzten beiden Jahre der sechsjährigen Amtsperiode Senator geworden. Deshalb steckte er praktisch seit seinem Amtsantritt wieder im Wahlkampf und damit auch sie. Ihr Mann verehrte John F. mit einer Offenheit und Hingabe, wie sie sonst keiner zeigte. Selbst wenn er mit ihr und seinen Schwestern über John F. sprach, redete er von »Präsident Kennedy« und ließ sich diesen Titel geradezu auf der Zunge zergehen. So wie Joe den Wohlstand der Familie begründet hatte, so beruhte ihr gesamtes politisches Kapital auf diesem vitalen, jugendlichen Mann im Weißen Haus. Wenn John F. wiedergewählt würde, wäre auch Teds Wiederwahl gesichert. Dann hätte Joan etwas Ruhe und könnte ihr Leben wieder mehr nach ihren Bedürfnissen ausrichten.

* * *

Von allen Frauen der Familie kümmerte sich Jackie um die Wiederwahl von John F. am wenigsten. Der Tod ihres Sohnes Patrick überschattete ihr Leben. Sie hatte das Kind in den drei Tagen, die es gelebt hatte, nicht einmal gesehen und es nicht mit ihrem Mann zu Grabe tragen können. Das hatte sie noch immer nicht verschmerzt.

Jackie begegnete John F. mit einer zwiespältigen und widersprüchlichen Haltung. Sie hatte mit Rose jetzt wohl mehr gemein, als sie je zugegeben hätte, und nahm die bekannten Affären ihres Ehemanns ebenso hin wie ihre Schwiegermutter einst die Seitensprünge Joes. Aber in manch anderer Hinsicht konnte sie sich mit ihrem Leben nicht arrangieren.

Evelyn Lincoln beobachtete Jackies Gleichgültigkeit gegenüber nahezu allen Verpflichtungen einer Politikergattin, ihre Extravaganzen, das Kommen und Gehen ihrer blasierten Freunde aus dem Jet-set, ihre gefühlsmäßige Ablösung von John F. Sie war fest davon überzeugt, daß die Ehe der Kennedys in einer tiefen Krise steckte und daß die beiden sich nach den Wahlen möglicherweise als erstes amerikanisches Präsidentenpaar scheiden lassen würden.

Evelyn Lincoln machte sich von Jackies Verhalten wohl ein falsches Bild und unterschätzte die Toleranz beider Partner. Fest steht hingegen, daß Jackie das Leben als First Lady furchtbar langweilte. Die Schwangerschaft und dann die Trauer um Patrick lieferten ihr einen Vorwand, sich aus Washington fernzuhalten. Als sie in der vierten Septemberwoche zurückkehrte, hatte sie das Weiße Haus fast drei Monate nicht mehr betreten. Sie hatte sich über einen Monat auf Squaw Island und in Newport erholt, aber diese Ruhepause genügte nicht. Auf dem Rückweg nach Washington gab sie bekannt, daß sie bis Ende des Jahres keine offiziellen Verpflichtungen mehr wahrnehmen werde.

Ihre Schwester Lee besorgte ihr eine Einladung zu einer Kreuzfahrt auf der fast 100 Meter langen Yacht *Christina* des griechischen Tankerkönigs Aristoteles Onassis, den John F. und sie in den fünfziger Jahren kennengelernt hatten. Onassis, der in der Kindheit bettelarm gewesen und durch skrupellose Geschäftspraktiken bekannt und

John F. Kennedy und Jacqueline Bouvier bei ihrer Hochzeit 1953. (© John F. Kennedy Library)

Eunice Kennedy 1953 mit ihrem Ehemann Sargent Shriver. Daneben Jean und Bobby. (© Wide World Photos)

Pat Kennedy bei ihrer Hochzeit mit Peter Lawford 1954. (© Arizona State University)

Jean Kennedy und ihr Bräutigam Stephen Smith 1956. (© UPI/Bettmann)

Joan Bennett und Edward Kennedy an ihrem Hochzeitstag 1958. Hinter ihnen John F. Kennedy. (© Wide World Photos)

Die Kennedy-Frauen. Von links nach rechts: Joan, Jean, Eunice, Jackie und Ethel. (© Jacques Lowe)

Eunice, Jean und Pat mit John F. im Fernsehstudio in Boston am Vorabend der Wahl vom November 1960. (© Jacques Lowe)

Ted, Eunice, Pat und Ethel verfolgen die Ergebnisse der Präsidentschaftswahlen in Hyannis Port im November 1960. (© Jacques Lowe)

Die Kennedys posieren mit dem frisch gewählten Präsidenten John F.. Von links nach rechts sitzend: Eunice, Rose, Joe, Jackie und Ted. Stehend: Ethel, Steve Smith, Jean, John F., Bobby, Pat, Sarge Shriver, Joan und Peter Lawford. (© Jacques Lowe)

Eunice mit ihrem Bruder John F. als Präsident bei der Arbeit in Hyannis Port. (© Jacques Lowe)

Ethel Kennedy, Jean Smith und Eunice Shriver bei einer Pressekonferenz von Sargent Shriver 1961. (© UPI/Bettmann)

Pat und Peter Lawford mit ihren Freunden Frank Sinatra und Nat King Cole. (© Arizona State University)

Rose mit ihrem Sohn, dem Präsidenten, 1962 bei einem Dinner der Kennedy Foundation. (© Wide World Photos)

Jackie und Caroline im Weißen Haus. (© Wide World Photos)

John F. und Jackie Kennedy bei der Rückkehr von der Messe in Palm Beach 1963. (© Wide World Photos)

Pat Lawford. (© Arizona State University)

Jackie auf dem Nationalfriedhof in Arlington bei der Beisetzung ihres Mannes am 25. November 1963. Neben ihr Bobby, Rose und Eunice. (© UPI/Bettmann)

Jackie Kennedy auf der Jacht »Christina« mit Aristoteles Onassis und Franklin Roosevelt jr. (© Wide World Photos)

Jackie Kennedy und Peter Lawford auf Hawaii. (© Patricia Seaton Stewart)

Pat Lawford und Jackie Kennedy mit ihren Töchtern Victoria (links), Sydney und Caroline beim Gang zur Schule des Heilig-Herz-Klosters 1964.
(© Wide World Photos)

Rosemary und ihre Betreuerin, eine Ordensschwester, in Palm Beach 1975.
(© Davidoff Studios)

Rose Kennedy wiegt ihren ersten Urenkel, Meaghan Townsend, in den Armen. Daneben die Eltern David Townsend und Kathleen Kennedy Townsend, 1978. (© Davidoff Studios)

Sydney Lawford mit Vater Peter bei ihrer Hochzeit 1983. (© Patricia Seaton Stewart)

Familie Smith zu Hause. Von links nach rechts: Steve jr., Amanda, Steve, Jean, Kym und Willie. (© Frank Teti)

Joan bei einer Ansprache in ihrer früheren Universität, dem Manhattanville College, 1984. Von links nach rechts: Ted jr., Joan, Patrick und Kara. (© Brian Quigley)

Drei Generationen von Kennedys an Roses 100. Geburtstag. (© Wide World Photos)

Rose am Nachmittag ihres 100. Geburtstages. (© Wide World Photos)

Rose beim Gebet in der Kirche St. Edward's in Palm Beach 1979.
(© Davidoff Studios)

steinreich geworden war, umgab sich gerne mit den Reichen und Mächtigen der Welt. Um sich in ihrem Glanz zu sonnen, bewirtete er sie großzügig und überschüttete sie mit Geschenken.

John F. konnte mit Onassis nichts anfangen. Gegen den Mann war mehrfach ermittelt und einmal sogar Anklage wegen Betrugs erhoben worden. Während seiner letzten Europareise hatte der Grieche in der amerikanischen Botschaft in Rom für ihn ein Schiffsmodell hinterlegen lassen. Er erfuhr es erst, als er das Schiff auf dem Schreibtisch seiner Sekretärin im Weißen Haus entdeckte. »Wo haben Sie das her?« fragte ein Mitarbeiter. Evelyn Lincoln hatte den Namen Onassis noch nicht ganz ausgesprochen, als John F. ihr ins Wort fiel: »Schaffen Sie das weg.«

Jackie wollte die Einladung des Griechen unbedingt annehmen. »Kennedy sagte mir, Onassis sei ein Schwindler und Betrüger«, erinnerte sich Evelyn Lincoln. »Er wollte mit ihm nichts zu tun haben und war dagegen, daß Jackie mit ihm auf Kreuzfahrt ging. Er konnte es nicht verhindern, schickte aber Franklin Roosevelt jr. als Anstandswauwau mit.«

Roosevelt, Staatssekretär im Handelsministerium, war über das Ansinnen überrascht, aber der Präsident bestand darauf, daß er mit seiner Frau Suzanne an der Kreuzfahrt teilnahm. So stachen sie bald darauf auf der luxuriösesten Yacht der Welt mit 60 Besatzungsmitgliedern, zwei Friseuren und einer Tanzkapelle an Bord in See.

Die Lieblingsbeschäftigung auf der *Christina* waren Flirts und heimliche Stelldicheins. Onassis hatte die Hocker in der Schiffsbar aus den Hodensäcken von Walen fertigen lassen, aber noch subtiler und raffinierter waren seine Sexspiele. Jackies Schwester Lee, die mit ihrem Mann Fürst Radziwill an der Kreuzfahrt teilnahm, hatte mit dem Tankerkönig, der seine langjährige Geliebte, die Callas, in Paris zurückgelassen hatte, ebenfalls eine Affäre. Jackie und Lee waren von jeher Rivalinnen gewesen. Beim Flirt mit Jackie erlosch Onassis' Interesse an Lee. Obwohl kein schöner Mann, zog er die Frauen nicht nur des Geldes wegen an. Und bei Jackie legte er sich mit seinem ganzen Charme ins Zeug.

In seiner Begleitung bummelte Jackie aufgeräumt durch die alten Gassen von Smyrna. Am Ende der Kreuzfahrt verehrte Onassis ihr zum Abschied eine kostbare Halskette mit Brillanten und Rubinen. Erstmals seit dem Einzug John F. Kennedys ins Weiße Haus geriet sie ins Visier der Republikaner. Sie warfen die Frage auf, ob es sich »für die Frau des Präsidenten schicke«, Onassis' »verschwenderische Gastfreundschaft in Anspruch zu nehmen«. Die Journalisten im Weißen Haus, die sich zweieinhalb Jahre lang ihren Forderungen hatten fügen müssen, ärgerten sich besonders: »Bei der Kreuzfahrt mit ihrer Schwester Lee Radziwill läßt sich Mrs. Kennedy in Situationen und Posen fotografieren, in denen man sie in den Vereinigten Staaten niemals ablichten dürfte«, schrieb Merriman Smith von der Nachrichtenagentur UPI. »Die Ergebnisse sind einfach reizend, aber sie zeigen einmal mehr, daß sie ein ganz anderer Mensch ist, wenn sie, wie in diesem Fall, alleine reist ... Wenn Onassis im Land ist, scheint es geradezu geboten, daß die Kennedys ihn im Weißen Haus empfangen. Das wäre nicht mehr als höflich.«

Kurz nach ihrer Rückkehr nach Washington luden Jackie und John F. Ben Bradlee, den Korrespondenten der Zeitschrift *Newsweek*, mit seiner Frau Tony zum Abendessen ins Weiße Haus ein. Obwohl Jackie mit der Kreuzfahrt eine Lawine von Kommentaren losgetreten hatte, schwärmte sie von ihrem Gastgeber und nannte ihn einen »tatkräftigen und vitalen Menschen«, der sich aus eigener Kraft nach oben gearbeitet habe. Da die Republikaner den Europatrip seiner Frau dazu benutzt hatten, die Kennedys als vergnügungssüchtige Sippe hinzustellen, gab John F. sich sehr distanziert und machte deutlich, daß der griechische Geschäftsmann in den USA vor den Wahlen unwillkommen sei. »Vielleicht begleitest du mich nächsten Monat nach Texas«, schlug er Jackie als fairen Tauschhandel vor.

»Aber natürlich«, sagte sie mit einem Seitenblick auf Bradlee.

John F. wußte, daß seine Frau für seine Wiederwahl wichtig war. Wenn sie in Washington weilte, befaßte sie sich allerdings mehr mit ihren beiden Kindern als mit Politik. Die Erziehung überließ sie dagegen weitgehend dem Kindermädchen Maude Shaw. Auch sie war so aufgewachsen, und so sah sie darin keine Vernachlässigung ihrer Pflichten als Mutter.

Sie hatte für Caroline und andere Kinder im Weißen Haus eine private Vorschule organisiert, und nun war es an der Zeit, sich um die religiöse Erziehung der Fünfjährigen zu kümmern. Sie bat die Rektorin, sich für ihre Tochter und die fünf anderen katholischen Kinder der Schule nach einer geeigneten Einrichtung zum Unterricht im Katechismus umzusehen.

Caroline erhielt den ersten Religionsunterricht in einem Kloster in Georgetown. Jackie nahm hinten in dem Raum Platz, in dem Ordensschwester Joanne Frey den Kindern den katholischen Glauben nahebrachte. Sie erzählte die Schöpfungsgeschichte und forderte sie auf, die Köpfe auf die Bänke zu legen, nachzudenken und dann ein Bild von der Entstehung der Welt zu malen.

Caroline zeichnete mit schwarzem Stift ein Rechteck auf das weiße Papier und malte es schwarz aus. Schwester Frey war sichtlich nervös, daß in ihrem Religionsunterricht die Tochter des Präsidenten saß. Sie erschrak über Carolines Zeichnung und fürchtete schon, ihr ein falsches Bild vom Glauben vermittelt zu haben.

Sie wandte sich an die anderen Kinder: »Möchte jemand jetzt erklären, was er gemalt hat?« Caroline hob die Hand: »Am Anfang war nichts, bloß Dunkelheit«, sagte sie und blickte auf ihr bemaltes Blatt. »Und Gott setzte ein Licht in den Himmel und einen großen Mond.« Die Nonne blickte auf Carolines Bild und entdeckte in der schwarzen Fläche Aussparungen für den Mond und die Sterne.

Caroline besuchte den Religionsunterricht einmal die Woche, manchmal mit und machmal ohne Mutter. Oft wurde sie von ihrem Bruder und Beamten des Secret Service vom Unterricht abgeholt. Einmal marschierte er mit einem Stock in der Hand zur Tür herein. »Wissen Sie, was der da macht, Schwester«, fragte Caroline Schwester Frey. »Er spielt Soldat. Er marschiert und tut so, als sei er ein Soldat, dabei kann er nicht einmal grüßen.«

Jackie hielt ihr Versprechen, nach Texas mitzukommen, auch wenn sie am Morgen der Abreise, am 21. November 1963, auf sich warten ließ. John F. trommelte nervös mit den Fingern auf seine Schenkel und schickte schließlich einen Mitarbeiter los, um die First Lady zum wartenden Hubschrauber zu geleiten. Der Abstecher nach Dallas war für John F. eine lästige Pflicht. In der Demokratischen Partei von Texas waren erbitterte Flügelkämpfe zwischen Liberalen und Konservativen ausgebrochen. Sie attackierten sich gegenseitig heftiger als die Republikaner und mußten rechtzeitig vor dem Wahlkampf zur Raison gebracht werden.

Jackie hatte von den Problemen, mit denen sich ihr Mann herumschlagen mußte, nur ein vage Vorstellung. Am nächsten Morgen, als sie mit John F. zum Frühstück in der Handelskammer von Dallas erscheinen sollte, verspätete sie sich erneut. Sie hatte zu lange darüber gegrübelt, ob sie kurze oder lange Handschuhe tragen sollte. John F. wurden die zwanzig Minuten zur Ewigkeit, aber als seine Gattin schließlich in einem atemberaubenden rosa Kostüm und einem todschicken Hütchen in den Ballsaal schritt, schien sich das Warten, zumindest für die Texaner im Raum, gelohnt zu haben. »Vor zwei Jahren habe ich mich in Paris mit den Worten vorgestellt, ich sei der Mann, der Mrs. Kennedy nach Paris begleitet habe«, erklärte John F. vor den versammelten Geschäftsleuten. »Bei meiner jetzigen Reise durch Texas habe ich fast den gleichen Eindruck.«

So anmutig Jackie lächelte und so graziös sie Komplimente entgegennahm, für sie war diese Reise ebenso anstrengend wie langweilig. Sie schnappte Fetzen aus der Diskussion auf, die John F. mit Beratern über die Flügelkämpfe der Demokraten führte, und fand diese Gespräche banal und geistlos. Beim Verlassen des Ballsaals zeigte ihr John F. eine ganzseitige schwarzumrandete Anzeige aus der *Dallas News* vom gleichen Morgen. Der rechte Flügel beschuldigte ihn, er sei verantwortlich für die Inhaftierung und den Hunger von Tausenden Kubanern. Man verdächtigte ihn sogar, er habe sich heimlich mit den amerikanischen Kommunisten verständigt. Jackie war betroffen. »Gestern abend muß die Hölle losgewesen sein«, sagte John F., »eine Stimmung, in der man glatt den Präsidenten ermorden könnte.«

Mit noch immer finsteren Gedanken stieg John F. in seine offene Staatskarosse und fuhr mit Jackie, Gouverneur Connally und dessen Frau durch die Straßen von Dallas. Trotz der Schmutzkampagne jubelten die Texaner begeistert. Jackie fühlte sich an den Präsidentenbesuch in Mexiko City erinnert, wo ihnen eine Woge der Sympathie entgegengeschlagen war. So oft schon hatte sie mit John F. in dieser Limousine gesessen, und der Eindruck war jedesmal der gleiche: vorüberhuschende Bilder, halb entzifferte Schilder, Gesprächsfetzen und jubelnde, begeisterte Gesichter. Immer weiter fuhren sie durch die winkende Menge, während die sengende Sonne in den großen offenen schwarzen Wagen stach. Als sich vor ihnen ein Straßentunnel öffnete, freute sich Jackie auf die angenehm kühle Luft.

***

Rosemary saß in ihrem Haus im St. Coletta's vor dem Fernsehgerät. Sie sah für ihr Leben gern fern und konnte stundenlang auf die tanzenden Bilder starren. Fast eineinhalb Jahrzehnte war sie nun schon im Heim und hatte John F. seit Jahren nicht mehr persönlich gesehen. Trotzdem war er allgegenwärtig, in den Zeitschriften, im Fernsehen und in der Gesprächen der Nonnen. Plötzlich wurde das Programm unterbrochen und gemeldet, daß auf den Präsidenten geschossen worden sei.

Eunice saß zu diesem Zeitpunkt mit Sarge und dem vierjährigen Timmy, dem jüngsten ihrer drei Kinder, im Speisesaal des Hotels Lafayette. Sie war wegen eines Termins beim Geburtshelfer der Kennedys, Dr. John Walsh, in die Stadt gefahren und anschließend auf die Idee gekommen, sich telefonisch mit ihrem Mann zum Essen zu verabreden. Obwohl die Ärzte von einer Schwangerschaft in ihrem Alter abrieten, war sie mit ihren 42 Jahren zum viertenmal schwanger geworden und strahlte mütterliche Lebenskraft aus. Jetzt trug sie nur noch Schwarz, denn Schwarz macht schlank.

Die Shrivers blickten noch in die Speisekarte, als Sarge ans Telefon gerufen wurde. Eunice wartete mit der Bestellung bis zu seiner Rückkehr. Minuten später kam er im Laufschritt zurück.

»John F. ist etwas passiert«, sagte Sarge und starrte seine Frau an.

»Was?« fragte Eunice betroffen.

»Er ist niedergeschossen worden.«

»Geht es ihm gut?«

»Wir wissen es nicht.«

Eunice dachte einen kurzen Augenblick nach und sagte dann: »Er hat in seinem Leben schon so viele Krisen durchgemacht. Er wird auch diese überstehen.«

Eunice, die an ihrem Bruder sehr hing, war bestürzt, wollte aber nicht an eine ernsthafte Verletzung glauben. Sie gab die Bestellung auf. Alles würde in Ordnung kommen. Als serviert wurde, griff sie, die gewöhnlich im Essen herumstocherte, nach einer dicken Scheibe Brot und löffelte hastig die Suppe.

Unterdessen bummelte Jean durch die noch nicht geschmückten New Yorker Straßen, um Weihnachtseinkäufe zu erledigen. »Wissen Sie es noch nicht?« fragte eine Frau mit schriller Stimme. Jean erfuhr es aus einem Autoradio: John F. war in Dallas von einem Attentäter angeschossen worden. Sein Zustand war kritisch. Statt ein Taxi nach Hause zu nehmen und sich den klingelnden Telefonen, dem Unfaßbaren zu stellen, legte sie die weite Strecke zu ihrem Doppelhaus in der

Park Avenue zu Fuß zurück. Unterwegs ging die Schreckensmeldung von Mund zu Mund. Es war, als habe der hektische Lärm in den Geschäftsstraßen nachgelassen, als sei die Stadt vor Entsetzen erstarrt.

***

»Stell den Fernseher ab«, sagte Rose in Hyannis Port gereizt zu Ann Gargan. »Ich will mich etwas hinlegen.«

»Tante Rose!« rief Ann. »Auf John F. ist geschossen worden!«

So etwas kommt vor, dachte sie bei sich selbst, es wird schon nicht so ernst sein. Sie legte sich die zitternde Hand an die Stirn und blickte die betroffene Nichte an. »Mach dir keine Sorgen«, sagte sie. »Das wird schon wieder. Du wirst sehen.«

Sie begab sich in ihr Schlafzimmer und ging unruhig auf und ab. »John F. hat bestimmt Glück«, dachte sie wie Eunice und alle anderen Frauen der Kennedys. Es würde alles wieder gut werden. Dann wurde sie ans Telefon gerufen. »Es sieht schlecht aus«, erfuhr sie von Bobby aus Virginia. »Soweit ich weiß, kommt er nicht durch.«

Bei einem zweiten Anruf etwas später erfuhr sie, daß John F. tot war. Sie legte den Hörer auf die Gabel, warf sich ihren alten schwarzen Mantel über und ging lange allein am Strand spazieren, über den eisige Nebelschwaden trieben. Nach einer Weile stieß ihr Neffe Joe Gargan zu ihr. Gemeinsam gingen sie über Pfade, über die sie so oft schon gegangen waren. »Das Leben muß weitergehen, Joey«, sagte die alte Dame. »Wir dürfen nicht zurückschauen. Viele Menschen brauchen uns. Du mußt an deine Zukunft denken, an deine Familie und an deine Ausbildung. Wir müssen weitermachen.«

***

Die Frauen der Kennedys hatten es nicht wahrhaben wollen, doch jetzt wußten sie es. Eunice und Sarge knieten in den Räumen des Friedenskorps nieder und sprachen ein Ave Maria. Ihrer achtjährigen Maria wurde derweil von einer Ordensschwester im Klassenzimmer die Nachricht vom Tod des Onkels überbracht.

Die Shrivers liefen zum Wagen und fuhren zum Weißen Haus. Sie durchfuhren eine Einbahnstraße in falscher Fahrtrichtung, bogen in die West Executive Avenue ein und stellten den Wagen am Eingang für Diplomaten ab. Im Weißen Haus wartete Ted. Er war unruhig und wollte sofort zu seiner Frau. Joan war sehr sensibel. Sie hatte die Todesnachricht beim Friseur in der Connecticut Avenue von einem Berater erfahren. Sie war erschüttert nach Hause geeilt, hatte eine Schlaftablette genommen und sich ins Bett gelegt. Nach dem Gespräch mit Ted galt Eunices nächster Gedanke Pat, die die Nachricht sicherlich ebenfalls hart getroffen hatte. Als Eunice bei ihr anrief, erklärte das Dienstmädchen, sie wolle niemanden sprechen.

Pat hatte sich von dem Mädchen gerade beim Umziehen helfen lassen, als sie Bobbys Anruf mit der Todesnachricht erreichte. Eunice war zu Recht besorgt. Pat war ganz allein. Peter war am Lake Tahoe mit Jimmy Durante im Harrah's aufgetreten und hatte die Nächte mit Revuetänzerinnen verbracht. Jetzt war er auf dem Rückweg nach Los Angeles. Die Menschen rückten näher zusammen, nicht nur die Kennedys und ihre Freunde, auch ganz normale Bürger. Eine Gruppe von Leuten aus Santa Monica stieg zu Pats Strandhaus hinunter: ein Priester und zwei Nonnen, Nachbarn, Freunde und Prominente, darunter Judy Garland. Ein Nervenarzt gab Pat eine Beruhigungsspritze.

Einige weinten, erzählten alte Geschichten über John F. und hielten sich aneinander fest. Pat saß zwischen ihnen, stumm und reglos, als habe der Schock alles in ihr ausgelöscht. Peter und Milt Ebbins landeten mit einem Hubschrauber auf dem Strand. Als sie eintraten, ging Pat ins Schlafzimmer.

Ebbins folgte ihr später. Sie hatte sich aufs Bett gelegt und sah aus wie eine lebende Leiche. Ebbins wußte, wie es um ihre Ehe stand. Jetzt, wo John F. tot war, brauchten sie niemandem mehr etwas vorzumachen. »Pat«, sagte Peters Manager sanft, »Lem Billings ist am Telefon. Er hat Anweisung, hierher zu fliegen und Sie nach Washington zurückzubringen.«

»Ich kehre mit meinem Mann nach Washington zurück«, sagte sie bestimmt und drehte sich weg.

***

Eunice war die älteste der noch lebenden Geschwister. Auch in dieser schweren Stunde dachte sie nicht an sich, sondern immer nur an andere. Selbst für die erschütterten Mitarbeiter des Präsidenten im Weißen Haus fand sie Worte des Trostes. Sie erkundigte sich nach Gouverneur John Connally, der bei dem Attentat verletzt worden war. Sie dachte an ihre Eltern, vor allem an ihren Vater, der von allem abgeschottet in seinem Bett lag. Eunices Generation hatte die Verantwortung. Nicht Rose kam die traurige Pflicht zu, Joe die Nachricht vom Tod seines Sohnes zu überbringen. Eunice und Ted nahmen den Hubschrauber zum Militärflughafen Andrews und flogen von dort aus mit einer kleinen Maschine nach Hyannis.

Als der Chauffeur bei Einbruch der Dunkelheit in Hyannis Port in die Auffahrt zum Haus einbog, rief Eunice leise den Gekreuzigten an. Sie mußte nicht nur selbst mit dem Tod ihres Bruders fertigwerden, sondern die bittere Nachricht ihrem Vater beibringen und Teddy einen Halt geben. Vom Schmerz übermannt, brachte Ted kein Wort mehr hervor. Bei ihm lagen Stärke und Schwäche so dicht beieinander, daß mit dem einen stets auch das andere in Erscheinung trat. Eunice blickte auf ihren Bruder, der zusammengesunken im Fond des Wagens saß, ein empfindsamer Mensch und ein Häuflein Elend, dem Trauer und Bestürzung die Sprache verschlagen hatten.

Eunice warf ihren Pelzmantel über einen Knauf des Geländers und verhandelte mit den Krankenschwestern vor der Tür ihres Vaters. Sie wußte über seine Verfassung besser Bescheid als jeder andere in der Familie. Ted stand mit tränenfeuchten Augen hinter ihr auf der Treppe und stieß, kaum vernehmlich, einen Seufzer aus. Eunice warf ihm einen strengen Blick zu. Er nahm sich zusammen und folgte ihr ins Schlafzimmer. Joe hatte keine Ahnung, daß sein Sohn und seine Tochter im Haus waren, und sah sie verblüfft an. Eunice nahm seine ausgemergelte Hand, küßte ihn und flüsterte ihm zu, John F. habe einen Unfall gehabt, sei aber wohlauf. Dann korrigierte sie sich sofort und sagte die ganze Wahrheit. »O Daddy, John F. ist tot. Er ist tot, aber er ist im Himmel. O Gott, Daddy, es geht John F. gut, nicht wahr?«

Eunice schöpfte aus dem Glauben viel Kraft. Ihr Vater war allerdings »nicht im üblichen Sinn religiös«, wie es sein Freund, Father Cavanaugh, ausdrückte. Der alte Mann blickte Eunice und dann Ted an.

»Dad, John F. ist erschossen worden!« stieß Ted plötzlich hervor.

Eunice legte ihr Gesicht in die Hände ihres Vaters. Ted küßte seine Stirn, legte die Hand auf seine Schulter, sank auf die Knie und vergrub sein Gesicht in den Händen. »Er ist tot, Daddy«, sagte Eunice. »Er ist tot.«

***

Jeans Besuch im Weißen Haus fiel kürzer aus als der ihrer Schwestern. Sie blickte nervös ins Oval Office, in der Hand die Reisetasche mit dem schwarzen Kleid. Sie war mit dem Shuttle um vier Uhr nachmittags aus New York herübergeflogen. Niemand von ihren Geschwistern war da. Vom Chefpförtner West erfuhr sie, daß die First Lady nicht direkt zum Weißen Haus kommen, sondern den Leichnam des Präsidenten ins Marinehospital Bethesda begleiten werde. Jean beschloß, mit Jackies Eltern zum Krankenhaus nach Maryland zu fahren.

Ein großes Polizeiaufgebot und öffentliches Aufsehen waren ihr von jeher unangenehm gewesen. Unter normalen Umständen hätte sie die Motorradeskorte vor ihrer Limousine geradezu erschreckt. Als sie eingestiegen war, ließen die Polizisten die Sirenen heulen und rasten mit 150 Kilometern pro Stunde vor ihr her über die Ausfallstraße. Der Fahrer bremste und beschleunigte heftig. Jean sah die Landschaft und die Menschen an den Straßen vorüberfliegen. Irgendwann wurde ein Polizist aus der Kurve getragen, stürzte und rutschte mit seinem Fahrzeug in die Menge am Straßenrand. Der Konvoi fuhr rasch weiter. Jean hatte den Unfall kaum wahrgenommen – ein kleines Desaster am Rande der großen Katastrophe.

In der Klinik wartete sie in sich gekehrt und abseits von den zahlreichen Fremden und zog sich die Lippen nach. Dann kam Jackie. Ihr rosa Kostüm und ihre Strümpfe waren blutbespritzt. Niemand hatte sie dazu überreden können, sich umzuziehen. Sie sprach pausenlos über die Ereignisse in Dallas. Jean erlebte alles wie im Traum. Bobby gab Anweisungen am Telefon, und ihr fiel gerade noch ein, ihn darum zu bitten, die Lieblingsanzüge und -krawatten des toten Bruders aus dem Weißen Haus holen zu lassen.

Auf Dr. Walsh, den Arzt der Kennedy-Frauen, der wenige Stunden zuvor noch die schwangere Eunice untersucht hatte, warteten jetzt andere Aufgaben: Er verabreichte Jean eine Schlaftablette, worauf sie bald schwankend in ein Krankenzimmer ging und sich in ein vorbereitetes Bett legte. Dann zog er eine Beruhigungsspritze für Jackie auf, die trotz der hohen Dosis kaum Wirkung zeigte.

»Ich denke, Miss Shaw sollte tun, was sie für richtig hält«, sagte Jackie zu ihrer Mutter Janet Auchincloss. Mrs. Auchincloss hatte vom Marinehospital Bethesda das Kindermädchen im Weißen Haus angerufen und ihr die traurige Pflicht übertragen, Caroline über den Tod ihres Vaters in Kenntnis zu setzten. Miss Shaw hielt es für besser, das Mädchen erst vor dem Schlafengehen mit der Nachricht zu konfrontieren. Am Abend ging sie in Carolines Zimmer und sagte, was sie sagen mußte. Caroline drückte das Gesicht ins Kissen und weinte sich in den Schlaf.

Gegen sieben Uhr morgens traten Caroline und John jr. ins Schlafzimmer ihres Vaters, wo sie von Janet und Hugh Auchincloss erwartet wurden. Mit ihrer Stoffgiraffe im Arm trat Caroline an das Bett, als ihr Blick auf die Morgenzeitung mit einem Foto auf der Titelseite fiel.

»Wer ist das?« fragte sie und deutete auf das Bild ihres Vaters.

»Das ist dein Vater, Caroline«, sagte Mrs. Auchincloss.

»Er ist tot, nicht wahr?« sagte sie nachdenklich. »Ein Mann hat ihn erschossen, nicht?«

***

Jackie hatte den Leichnam ihres Ehemanns in den frühen Morgenstunden nach Washington ins Weiße Haus begleitet, wo man ihn anschließend aufgebahrt hatte. Als Father Cavanaugh ihr Schlafzimmer betrat, lag sie noch immer im gleichen Kostüm und mit Strümpfen auf dem Bett. Sie grüßte den alten Priester, setzte sich auf die Bettkante, blickte ihn an und schüttelte ungläubig den Kopf.

Cavanaugh versuchte sie erst gar nicht mit einer Floskel zu trösten. Er kannte sie seit John F. Kennedys erstem Jahr im Senat. Er streckte die Arme aus und ergriff ihre beiden Hände. »Was kann ich für Sie tun, Jackie?«

»Was meinen Sie? Wo soll die Totenmesse stattfinden?«

»Ich denke im Osten der Stadt in der Nähe des Aufbahrungsortes.«

»Das dachte ich auch«, sagte Jackie. »Bitte bereiten Sie möglichst schnell alles vor.«

***

Am Samstagabend aßen die Kennedys mit Freunden im Speisezimmer der Familie zu Abend. Es ging hoch her in der Runde. Jemand zog Ethel die Perücke vom Kopf und reichte sie dem Tischnachbarn weiter, der sie seinerseits weitergab. Bei Verteidigungsminister Robert McNamara, einem würdevollen Herrn, blieb sie schließlich hängen.

Um keine Verzweiflung aufkommen zu lassen, beteiligten sich auch die Frauen am ausgelassenen Treiben. Nur Peters Manager Milt Ebbins war seltsam still. Er hatte am frühen Abend im Ostzimmer miterlebt, wie Bobby den Sarg umarmt und sanft mit dem toten Bruder gesprochen hatte. Die Szene ging ihm nach. Als er Pat sein Erlebnis schildern wollte, fiel sie ihm ins Wort. »Wir wollen das jetzt nicht hören«, sagte sie und wandte sich wieder dem Gelächter zu.

Wenn John F. Kennedys Andenken an diesem langen Wochenende ein einziges Mal gelitten hatte, so nicht durch diesen feuchtfröhlichen Abend, sondern durch die Anwesenheit von Aristoteles Onassis. Obwohl John F. ihn nicht hatte ausstehen können, war er – zweifellos auf Jackies Bitte – von Angier Biddle Duke, dem Protokollchef, eingeladen worden. Bobby machte Onassis am nächsten Abend wegen seines immensen Vermögens heftige Vorwürfe und schlug ihm vor, sich urkundlich zu verpflichten, die Hälfte den Armen in Lateinamerika zu spenden.

Trotz Trauer und Bestürzung kümmerte sich Jackie um die Vorbereitungen für die Beisetzung persönlich. Als letztes Geschenk an den toten Gatten wollte sie dafür sorgen, daß er der Nachwelt als ein untadeliger Präsident, Ehemann und Vater in Erinnerung blieb, ein Bild, das auch ihre Kinder Caroline und John zurückbehalten sollten. Jakkie wußte bei den Feierlichkeiten wirkungsvolle Akzente zu setzen: Kameraden von der Marine sollten den Pferdewagen mit dem Sarg John F. Kennedys ebenso eskortieren wie Dudelsackpfeifer des schottischen Black Watch Regiment, an dessen Musik er sich vor kurzem erst erfreut hatte. Sie selbst wollte, das Gesicht mit einem Schleier bedeckt, dem Sarg zu Fuß zur kleinen St. Matthew's Cathedral folgen, wo der Trauergottesdienst stattfinden und die eigenen Worte des Verstorbenen verlesen werden sollten.

Rose war am Sonntag mit Eunice und Ted nach Washington geflogen. Damit hatten alle Frauen der Kennedys Quartier im Weißen Haus bezogen. Mit Beginn der offiziellen Trauerfeierlichkeiten wurde ihre Fassung auf eine harte Probe gestellt. Zehntausende von Amerikanern erhielten in ihrem Beisein die Gelegenheit, in der Rundhalle des Kapitols zu den Klängen eines Trauermarschs von ihrem Präsidenten Abschied zu nehmen. Jean und Eunice befürchteten, daß Pat zusammenbrechen könnte, und blieben ständig in ihrer Nähe. Aber Pat wahrte ihre Fassung. Jackies Beispiel war ihr eine große Hilfe.

John F. war ihr Bruder gewesen, und so, wie sie in seinem Leben nur Zuschauerinnen gewesen waren, so blieben sie auch jetzt nur Zuschauerinnen. Die Bibelstelle, die auf dem Friedhof verlesen werden sollte, wurde von Bobby und Ted ausgewählt. Und eine Ansprache der Schwestern war am Grab nicht vorgesehen. Ähnlich sah die Anordnung des Trauerzuges aus, der sich am Morgen nach der Aufbahrung im Kapitol zur St. Matthew's Cathedral bewegte. Mit Jackie in ihrer Mitte schritten die beiden Brüder hinter John F. Kennedys Sarg her, gefolgt von zwei weiteren Männern der Familie, Sarge und Steve. Dann kamen Seite an Seite die Staats- und Regierungschefs der zwölf wichtigsten Länder und erst dann, verloren in der Menge der Diplomaten, die drei Schwestern John F. Kennedys. Rose folgte in einer Limousine. Obwohl sie am Rande des Zusammenbruchs stand, wartete sie lange im Stehen, bevor sie in der halbdunklen, überfüllten Kathedrale ihren Platz in der ersten Reihe einnahm.

Kardinal Cushing sprach mit erhobener Stimme: »Mögen dir, lieber John F. Kennedy, die Engel den Weg ins Paradies weisen.« Eunice vermißte an diesem Gottesdienst die Hoffnung. Er hatte für sie etwas allzu Trauriges, und ihr Bruder war nie traurig gewesen. Andere erlebten diesen Tag anders. Der Verstorbene hatte die Sprache geliebt. Jackie hatte salbungsvolle Stellen aus der Heiligen Schrift und Worte aus seiner Antrittsrede ausgesucht, majestätische Worte der Hoffnung und Stärke. Als sie verhallt waren, wurde der Sarg in den grauen Tag hinausgetragen.

»John«, sagte Jackie ihrem Sohn, als der Trauermarsch ein letztes Mal angestimmt wurde, »jetzt darfst du salutieren und von Daddy Abschied nehmen.« Wie ein Spielzeugsoldat hielt der kleine Junge die Hand an die Stirn.

Auf dem Friedhof von Arlington blickte Eunice auf den Blumenteppich um das Grab, in das John F. Kennedy zur letzten Ruhe gebettet wurde. Ted sollte aus der Heiligen Schrift vorlesen, aber wieder versagte ihm die Stimme. Jackie nahm die Wachskerze entgegen, trat ans Grab und entzündete das Ewige Licht. Jetzt war Rose an der Reihe, aber sie betete still, so daß Bobby die Kerze an Ted weiterreichte.

Nach der Beisetzung kehrten die ausländischen Politiker, die amerikanischen Würdenträger und die Angehörigen und Freunde ins Weiße Haus zurück. Jackie hatte nicht Zeit für alle, wechselte aber ein paar Worte mit de Gaulle und Haile Selassie – und mit Mary Ryan, der entfernten Cousine, die John F. beim Besuch in Irland kennengelernt hatte. »Jacqueline hatte mich gebeten zu kommen«, erinnerte sie sich später. Jackie hatte sie nie kennengelernt, aber sie wußte, wie wichtig ihrem Gatten diese Begegnung gewesen war. Sie war zu spät gekommen und hatte mit Martin Luther King als letztem Trauergast im Weißen Haus Platz genommen.

Jackie nahm Mary Ryan beiseite und redete mit ihr über den Besuch ihres Mannes in Irland fünf Monate zuvor. »Es hat ihm wirklich viel bedeutet«, versicherte sie. Zum Andenken gab sie ihr seinen Rosenkranz und ein Maskottchen von der Marine mit nach Hause und wünschte eine gute Reise.

Als alle, die Mächtigen der Welt, die Freunde und Verwandten, gegangen waren, versammelte sich der engste Familienkreis ein letztes Mal im Oval Office. Jackie sprach gerade mit Rose, da lief Caroline in den Raum.

»Mommy, war Daddy beliebt?« fragte sie und blickte ihre Mutter an.

»Ja, sehr sogar«.

»Nein, Mommy, das stimmt nicht«, widersprach Caroline. »Wenn er beliebt gewesen wäre, hätten sie ihm das nicht angetan.«

Jackie sagte nichts. »Mommy, bist du beliebt?« Nach einer Weile wiederholte sie: »Bist du beliebt?«

»Ich habe deine erste Frage nicht genau beantwortet, Caroline«, antwortete Jackie. »Daddy war sehr beliebt, beliebter als ich, auch wenn mich viele Menschen mögen. Aber ich verstehe, was du meinst, und wir müssen uns nicht wundern, wenn es auch Menschen gibt, die Daddy nicht mochten. Schließlich war auch Jesus nicht bei allen beliebt, nicht wahr?«

Caroline blickte zu ihrer Mutter auf. Dann lächelte sie plötzlich und lief aus dem Saal.

23

Kennedys weinen nicht

Zwei Tage nach der Beisetzung kam Schwester Joanne Frey früher als sonst zum wöchentlichen Religionsunterricht und war erstaunt, Caroline Kennedy im Klassenzimmer anzutreffen. »Schwester, wir sind herumgefahren und wußten nicht wohin«, sagte das Mädchen, neben dem ein Beamter des Secret Service stand. »Deshalb sind wir hergekommen.«

Schwester Joanne versuchte ihre Überraschung zu verbergen. Ein Mitarbeiter des Weißen Hauses hatte ihr telefonisch mitgeteilt, daß Caroline nicht zum Religionsunterricht erscheinen werde, was sie in Anbetracht der Umstände auch für ausgeschlossen gehalten hatte. »Ich möchte Ihnen etwas zeigen«, plapperte Caroline, knöpfte ihren kleinen Trenchcoat auf und zeigte ein Medaillon an ihrem Hals vor.

»Was ist das, Caroline?«

»Das habe ich von Haile Selassie«, antwortete Caroline. Die Schwester lächelte nachsichtig. Was die Mädchen nicht alles erfanden!

»Schwester, ich muß Ihnen etwas sagen: Ich habe etwas getan, was ich nicht hätte tun dürfen. Sie hatten es verboten«, fuhr Caroline kleinlaut fort. »Aber ich mußte in den Tagen doch etwas tun. Meine Mutter hat mir gesagt, ich könnte doch im Religionsbuch blättern. Also habe ich ein paar Seiten weitergeblättert.«

»Das ist schon in Ordnung, Caroline«, antwortete die Schwester sanft.

Nach dem Religionsunterricht wurde Caroline nach Hause gebracht. Jackie flog mit den Kindern zu Thanksgiving nach Hyannis Port. Am Freitagmorgen teilte sie dem Journalisten Theodore White am Telefon mit, sie habe Informationen für die Zeitschrift *Life*. White traf am gleichen Abend bei strömendem Regen im Dorf ein. Die ehemalige First Lady führte ihn allein in einen Raum und redete lange über ihren toten Ehemann.

White hatte die Absicht, den verstorbenen Präsidenten einfühlsam, aber realistisch zu porträtieren. Jackie hatte anderes im Sinn. »Geschichte!« rief sie geringschätzig. »Geschichte ist doch etwas für verbitterte alte Männer.« Die Nachwelt sollte ihres Mannes nicht in Trauer gedenken. Sie war die Sachwalterin seines Andenkens und wollte entscheiden, wie die Millionen John F. Kennedy in Erinnerung behalten würden. Auch ihren Kindern wollte sie ein bestimmtes Bild von ihrem Vater auf den weiteren Lebensweg mitgeben. Sie hatte die Fehler und Schwächen ihres Mannes gekannt und gewußt, daß es andere Frauen und dunkle Seiten in seinem Leben gab. Aber das war jetzt vorbei. John F. war für sie ein jugendlicher Held, der frei von faulen Kompromissen und den bitteren Wahrheiten des Lebens gelebt hatte. Er war wie der König von Camelot in jenem Musical, das er so sehr geliebt hatte. »Dies eine möchte ich noch sagen.« Jackie senkte die Stimme. »Es ist geradezu eine Obsession vor mir, aber immer muß ich an diese musikalische Komödie denken.« Jackie wirkte auf White überzeugender als alle Präsidenten und Potentaten, die er bislang interviewt hatte. Er hatte sich nie beeinflussen lassen, aber an diesem verregneten Freitagabend korrigierte Jackie mit dem Bleistift das maschinengeschriebene Manuskript, das er vorbereitet hatte. Eine Woche später erfuhren Millionen von Lesern, daß das Weiße Haus für »einen kurzen glücklichen Augenblick für John F. und Jackie ein Camelot« gewesen sei.

* * *

Die Kennedys versuchten, über den Schlag hinwegzukommen. Gleich nach dem Attentat hatte Jackie zu Charles Bartlett gesagt: »Eines versichere ich Ihnen: Man wird aus mir keine arme alte Witwe machen wie aus Mrs. Wilson nach dem Tod von Präsident Wilson. So wird man mich nicht benutzen.«

Jackie suchte Ablenkung und nahm in diesem Sommer in Hyannis Port Segelunterricht bei John Linehan, dem Lehrer zahlreicher junger Kennedys. »Ich konnte mich nur mittags davonschleichen, um Mrs. Kennedy Privatstunden zu geben«, erinnerte sich Linehan. »Gewöhnlich fuhr ich mit ihr, Caroline und John hinaus, die damals noch Kinder waren und ihre kleinen Lunch-Pakete mitbrachten. Mrs. Kennedy erzählte mir viel, und dann rannen ihr dabei Tränen übers Gesicht. In der Einsamkeit dort draußen, wo sie keiner sehen konnte, sprach sie viel und weinte oft. Sie erinnerte sich an ihren Mann und an gemeinsame Segeltörns. Sie tat mir leid.«

Von den Kennedy-Schwestern stand Jean Jackie am nächsten. Sie brachte viel Zeit damit zu, mit ihr Pläne für die John F. Kennedy Library in Boston durchzugehen, mit den Architekten zu reden und Entwürfe zu kritisieren. Jeans Mann Steve war federführend beim Aufbau der Einrichtung, und die Gespräche der Smiths drehten sich immer wieder um John F. und die Bibliothek.

Die Erinnerung an John F. beherrschte auch Joans Leben. Teds Frau begriff, daß sie von jetzt an keine Atempause mehr haben würde. Ihr Mann startete die Kampagne zu seiner Wiederwahl, und auf ihnen beiden lastete das gewaltige Vermächtnis seines Bruders.

Pat war alles zuviel. Sie war mit den Nerven am Ende und nicht mehr belastbar. Die finsteren, bedrückenden Gedanken ließen sie nicht mehr los. Ihre Freundinnen gingen vorsichtig auf Distanz zu ihr und versuchten, sich von ihrem Trübsinn nicht anstecken zu lassen.

Auch ein anderes Familienmitglied fiel der Verzweiflung anheim. Bobby grübelte stundenlang und brütete über seinen Erinnerungen. Er brauchte Hilfe, aber die Kennedys hatten lernen müssen, nach vorne zu blicken und nicht in den anderen hineinzusehen. Rose sprach Bobby auf seine Verzweiflung niemals an.

Ethel verehrte ihren Ehemann noch immer, aber sie hatte intellektuell und emotional nicht genug zu bieten, um ihm einen Halt zu geben. Auf einer Dinnerparty in Hickory Hill, als ein Gespräch wieder einmal um den toten Bruder kreiste, hob er irgendwann den Kopf und sagte finster in die Runde: »An John F. kommt keiner heran.« Ethel, die am anderen Ende der Tafel saß, rief erschreckt in die entstandene Stille: »Wir brauchen uns keine Sorgen zu machen, Bobby. John F. sieht uns vom Himmel aus zu und kümmert sich um alles.« Bobby warf Ethel einen fassungslosen Blick zu. »Das sagt die Frau des Justizministers der Vereinigten Staaten von Amerika.«

***

Um über ihre endlose Trauer hinwegzukommen, suchte Jackie Hilfe bei Dr. Jacobson. Als sie ihn nach Washington kommen ließ, fand er sie in einem spärlich beleuchteten Schlafzimmer im ersten Stock ihres Hauses in Georgetown vor. Sie saß trübsinnig und kraftlos in einem Polsterstuhl und starrte die Wand an. »Das Leben ist öde und sinnlos geworden«, seufzte sie. Jacobson versuchte sie mit Worten aufzumuntern, eine Medizin, die er weitaus seltener verabreichte als die chemischen Mittel in seiner schwarzen Tasche. Eine Dreiviertelstunde redete er mit ihr, bis sie plötzlich aufstand und sagte: »Bobby kommt die Treppe herauf. Bitte gehen Sie jetzt. Durch diese Tür bitte.«

Bobby suchte Jackies Haus in Georgetown in jenen Tagen oft auf. Er setzte sich vor den Kamin im Salon und las griechische Tragödien oder Albert Camus. Zu Ostern flog er mit Jackie und Freunden nach Antigua. Die Witwe des Präsidenten spendete ihm den intellektuellen und seelischen Trost, den Ethel nicht bieten konnte. Aus einer anfänglichen Freundschaft war weitaus mehr geworden. »Er war Jacqueline gegenüber sehr fürsorglich«, berichtete Rose. »Er übernahm beim Aufbau ihres neuen Lebens eine große Verantwortung, und sie war ihm dafür sehr dankbar. Er war oft mit ihr zusammen, denn sie mußte sich an das neue Heim und die neue Situation gewöhnen. Aber das war allgemein bekannt.«

Im engeren Familienkreis wurde über Jackies Verhältnis zu Bobby derweil heftig spekuliert. »Nach dem Tod ihres Mannes verfiel sie in eine Art Lethargie«, berichtete Red Fay, »und Bobby war fast täglich bei ihr. Ich weiß nicht, ob er sich in sie verliebt hat. Sie war eine großartige Frau. Wenn sie ihren Charme spielen ließ, geriet man unweigerlich in ihren Bann.«

Die Beziehung war in der Tat so bekannt, daß selbst Journalisten, die sich für Klatsch sonst nicht interessierten, Bescheid wußten. »Ich sprach mit Bobby einmal über Jackie«, berichtete der Kolumnist Murray Kempton mit gewohnter Nonchalance. »Ich hatte keine bohrende Frage gestellt, aber Bobby sagte mit der ihm eigenen traurigen Stimme: ›Sie wird niemals glücklich werden.‹ So etwas sagt man gewöhnlich über jemanden, mit dem man geschlafen hat. Aber gerade das konnte ich mir bei Bobby nicht vorstellen. Nach dem, was sein Bruder ihm bedeutet hatte, konnte er unmöglich mit dessen Witwe geschlafen haben. Für einen strenggläubigen Katholiken wäre das eine Todsünde gewesen. Das Ganze erinnerte mich an die Situation bei der New Yorker Feuerwehr, bei der jahrelang die Regel galt, daß Frauen den nichtöffentlichen Bereich des Feuerwehrhauses nicht betreten durften, außer die Witwen von Feuerwehrleuten. Sie kamen zum Putzen und hatten so ein Auskommen. Sie kamen zweimal die Woche und waren im übrigen wie Nonnen. Sie waren die Witwen unserer Helden. Die Feuerwehr stand in irischer Tradition, und so war es wohl auch mit Bobby.«

***

Bobby betrachtete Präsident Johnson als Opportunisten, der sich das Amt seines Bruders angemaßt hatte und sich nun schamlos im Glanz der unverdienten Würde sonnte. Johnson war ein gerissener Taktiker. Er wollte eine neue Ära einleiten und Amerika seinen Stempel aufprägen, ohne es sich jedoch mit den Kennedys zu verderben. So umwarb er die Frauen und Männer des Clans gleichermaßen. Mit Jackie tauschte er herzliche Schreiben aus, während seine Berater gierig jede noch so unbedeutende negative Information über die frühere First Lady sammelten. Auch Eunice pflegte Beziehungen zum neuen Präsidenten. Keine Woche nach dem Tod ihres Bruders gab sie bekannt, sie wolle ihn dazu bewegen, sich mit seinem Kabinett verstärkt für geistig Behinderte zu engagieren. In Johnsons Sozialpolitik, die unter dem Schlagwort »Great Society« bekannt wurde, sah sie eine Möglichkeit, auf den Fundamenten aufzubauen, die während der Regierung ihres Bruders gelegt worden waren. Ihre Position war denkbar günstig, denn Johnson hatte Sarge zum Leiter der staatlichen Kampagne »War on Poverty« ernannt, eines großangelegten Programms zur Bekämpfung der Armut, zu dem auch das nationale Freiwilligenprogramm VISTA gehörte, das Eunice angeregt hatte. Die anderen Kennedy-Getreuen schieden aus der Regierung aus: Daß Sarge in der neuen Administration eine wichtige Funktion bekleidete, schuf zwischen den Shrivers und dem übrigen Clan der Kennedys eine deutliche Kluft.

Johnson berief sich immer wieder auf John F., aber mit jeder Gesetzesinitiative und jedem Erfolg stürzte er Bobby in noch tiefere Verzweiflung. Und Jackie wurde überall in den Washingtoner Straßen an John F. und die gemeinsamen Jahre in der Hauptstadt erinnert. Mitte 1964 siedelte sie nach New York über. Im September wurde die sechsjährige Caroline im Osten Manhattans eingeschult. Jackie und Pat brachten sie, die achtjährige Sydney und die fünfjährige Victoria zur katholischen Klosterschule des Heilig-Herz-Ordens. Die drei kleinen Mädchen in Uniformen mit Blazern aus grauem Flanell, Faltenröckchen und weiße Blusen erwartete eine Erziehung, die bereits zwei Generationen von Kennedys genossen hatten. Caroline wurde an ihrem ersten Schultag von Fotografen und Reportern umlagert, aber als sie und ihre beiden Cousinen den Bau an der Fifth Avenue betreten hatten, bemühten sich die Lehrer, sie möglichst so zu behandeln wie alle anderen Kinder. Vor allem für Caroline bedeuteten die Jahre in der Klosterschule eine Chance, sich vollständig in einen Klassenverband zu integrieren. Die Mitschülerinnen waren Töchter von Börsenmaklern, Diplomaten, namhaften Journalisten und anderen Mitgliedern einer gehobenen Schicht, so daß zu erwarten war, daß sie mit Caroline ganz normal umgehen würden. Gelegentlich lauerten vor der Schule Reporter, die ihre Klassenkameradinnen nach ihr ausfragten.

»Ich erinnere mich nicht«, berichtete die Mitschülerin Patti Blair Brown, »daß die Schwestern Caroline jemals besonders behandelt hätten. Warum sollten sie auch? Dort waren ja so viele Mädchen aus höhergestellten Familien. Carolines familiärer Hintergrund war mir gar nicht mehr bewußt. Ich erinnere mich, daß ich einmal einen Film in die Schule mitbrachte, den mein Bruder über die Ermordung Präsident Lincolns gedreht hatte. Erst nach der Vorführung fiel mir die Sache mit Caroline ein. Ich war betroffen, sie hatte sich den Film angesehen und kein Wort gesagt. Falls sie die Vorführung als beklemmend empfand, so ließ sie sich jedenfalls nichts anmerken. Es war gewiß schlimm für jemanden, dessen Vater das gleiche zugestoßen war.«

***

Für die Kennedys gab es kein größeres Glück als die Geburt eines neuen Familienmitgliedes. Im Februar 1964 brachte die 42jährige Eunice ihr viertes Kind, Mark Kennedy Shriver, zur Welt. Joan war nach ihrer Fehlgeburt im letzten Jahr über eine erneute Schwangerschaft überglücklich. Ted nahm nach Ende der offiziellen Trauer wieder Einladungen an, und Joan begleitete ihn, obwohl sie in anderen Umständen war. Im April flogen beide mit Jackie nach Boston und verhandelten dort über den Bau der John F. Kennedy Library. Am letzten Tag im Mai befiel Joan ein Unwohlsein. Ted, der sich in Neuengland aufhielt, flog mit einer Privatmaschine nach Hause. Als er am nächsten Tag dort eintraf, verlor Joan ihr Kind.

Da eine Trauerzeit bei einer Fehlgeburt unüblich war, reiste Ted schon bald wieder ab. Drei Wochen nach der Entlassung aus dem Krankenhaus mußte Joan ihrem Mann wieder zur Seite stehen. In Springfield fand eine Parteiversammlung der Demokraten statt. Joan wartete in einem Privathaus in West Springfield auf Teds Rückkehr aus Washington, wo er über einen Gesetzentwurf abstimmte. Das Warten bestimmte das Leben einer Politikerfrau. Joan wartete in tristen Hotelzimmern, sie wartete auf Cocktail-Parties, während Ted sich unterhielt, sie wartete mit dem Abendessen. Und an diesem schmuddelig-feuchten Abend wartete sie auf den Einbruch der Nacht.

Aus den Elf-Uhr-Nachrichten erfuhr sie, daß Teds Privatflugzeug mit drei weiteren Personen an Bord beim Anflug auf den nebligen Flughafen abgestürzt war. Auf dem Weg ins Krankenhaus klebte sie am Autoradio. In der Dunkelheit versuchte sie den Gedanken abzuschütteln, daß ihr Mann den Absturz nicht überlebt haben könnte. In der Klinik lief sie im rosa Kleid durch die Korridore, bis sie ihren Mann unter einem Sauerstoffzelt fand. Er erhielt gerade eine Bluttransfusion. »Hallo Joansie«, hauchte er ihren Kosenamen. »Mach dir keine Sorgen.«

Der Pilot und einer von Teds Mitarbeitern waren tot. Er selbst hatte zwei gebrochene Rippen, eine teilweise kollabierte Lunge und drei angeknackste Rückenwirbel. Pat traf im Krankenhaus ein und setzte sich, rührend besorgt, vor die Tür ihres Bruders. Joan kehrte nach Washington zurück. Ted hatte mehrere Monate einer schwierigen Rehabilitation vor sich. Auch seiner Frau stand eine aufreibende Zeit bevor, denn sie mußte ihn auf Wahlkampfveranstaltungen vertreten und zahllose Termine für ihn wahrnehmen. Aber entgegen den Befürchtungen der Berater schlug sie sich erstaunlich gut.

Joan hatte einen neuen Lebenssinn gefunden. »Sie ist die erste Frau eines Kandidaten«, schwärmte ein Reporter, »die den Wahlkampf ihres Mannes von Anfang bis Ende durchzieht und nicht nur auf Versammlungen für Frauen spricht.« Unermüdlich setzte sie sich für die Sache ihres Mannes ein. Als Ted schließlich einen überwältigenden Wahlsieg errang, verdankte er dies neben der eigenen harten Arbeit im Senat und dem Namen seines Bruders vor allem dem Engagement seiner Frau.

***

Derweil führte Eunice ihre eigene Kampagne, die allerdings keinem offiziellen Amt galt, sondern darauf abzielte, bessere Lebensbedingungen für geistig Behinderte zu schaffen und den Behindertenanteil unter den Neugeborenen zu senken. Im Juli nach dem Sommerlager in Timberlawn flog sie nach Schweden und England und informierte sich über die neuesten Behandlungsmethoden in Europa. Im August besuchte sie das Kenniston Day Camp in Philadelphia. Sie sprang im Badeanzug in den Swimmingpool und zeigte geistig Behinderten Schwimmbewegungen. Sie war überzeugt, daß körperliche Aktivität für sie ebenso wichtig sei wie für Nichtbehinderte, eine Erkenntnis, die sie dem Umgang mit Rosemary verdankte.

Eunice engagierte sich bis an die Grenzen ihrer psychischen und physischen Belastbarkeit. Auf dem Flughafen von Philadelphia brach sie zusammen und wurde zur Behandlung eines Nierenleidens nach Boston geflogen. Nach wenigen Tagen war sie wieder auf den Beinen und erklärte den Reportern, es gehe ihr blendend.

* * *

Nach seinem Rücktritt als Justizminister kandidierte Bobby in seinem neuen Wahlkreis im Bundesstaat New York für den Senat. Sein Wahlkampf im Jahr 1964 gegen den republikanischen Senator Kenneth Keating war bedeutend schwieriger als Teds Kandidatur. Steve Smith leitete den Wahlkampf, und seiner Arbeit kam entscheidende Bedeutung zu. Wie seine Frau scheute er die Öffentlichkeit. Für die Presse war er »der Mann des Kennedy-Clans, den keiner kennt«. Steve war inzwischen in jeder Hinsicht ein Kennedy, vom seinem Namen und seinen fehlenden Aussichten, in ein Amt gewählt zu werden, einmal abgesehen. So machte er auch wenig Anstalten, seine Liebesaffären vor seinen Mitarbeitern zu verbergen. »Er hatte etwas mit einer eleganten Brünetten Anfang 20«, erinnerte sich ein Mitglied der Wahlkampfmannschaft. »Jeder wußte es ... Es war nicht zu fassen. Ich kann mir nicht vorstellen, daß Jean es nicht wußte. Die Frau kam direkt zu uns ins Büro. Auch Bobby muß Steves Verhältnis bekannt gewesen sein.«

Heftige Spekulationen hatte es auch wegen Bobbys Beziehung zu Jackie gegeben. Mitglieder des Wahlkampfteams sahen sie Hand in Hand, machten Bemerkungen hinter vorgehaltener Hand und hofften, daß sie keinem Fotografen vor die Linse liefen. »Jackie rief dauernd an und erkundigte sich nach Kennedy«, erinnerte sich eine Sekretärin. »Sie sagte, sie sei mit den Nerven am Ende. Und immer wieder fragte sie, ob Bobby Sorgen habe. Sie brauchten einander wohl sehr. Beide hatten einen schweren Schlag zu überwinden. Bobby lächelte nie, und wenn er allein war, weinte er.«

Nur einmal wurde die enge Beziehung zwischen Bobby und Jackie von der Presse aufgegriffen. »Die ehemalige First Lady und der ehemalige Justizminister sind überall in New York und anderswo zusammen gesehen worden«, führte der *New York Express* am 19. Oktober 1964 als Erklärung dafür an, warum sich Jackie nicht am Wahlkampf beteiligt hatte. »Beobachter vertreten die Ansicht, diese rein familiäre Beziehung, die durch die Trauer um einen bewunderten und geliebten Menschen gefestigt worden ist, sollte jetzt, in der heißen Phase des Wahlkampfs, nicht öffentlich zur Schau gestellt werden. Die Klatschmäuler warten nur darauf, sie in den Schmutz zu ziehen und den untadeligen Ruf von Mrs. Kennedy zu besudeln.«

Bobby wandte sich zu Beginn des Wahlkampfs nicht nur gegen eine Mitwirkung Jackies, sondern auch gegen Auftritte von Pat und Eunice. Er hatte mit Vorwürfen zu kämpfen, er habe zu seinem Wahlkreis im Staate New York keine echte Beziehung, und die Unterstützung seiner Schwestern aus Kalifornien und Washington wäre in dieser Situation wenig hilfreich gewesen. So vermerkte ein Berater in der entscheidenden Phase in einem inoffiziellen Bericht: »Robert F. Kennedy wünscht keine breite Berichterstattung über die Kennedy-Schwestern.«

In der Schlußphase des Wahlkampfs kam Bobby dann aber doch zur Überzeugung, daß er auf ihre Unterstützung nicht verzichten könne. Alte Zeiten schienen wieder aufzuleben. Am 27. Oktober 1964 berichtete das *New York World-Telegram:* »Robert F. Kennedys drei Schwestern, seine Frau und seine Mutter könnten sich als seine Geheimwaffe herausstellen … Sie haben mit schätzungsweise 52 800 New Yorker Frauen Tee getrunken, waren bei ihnen zum Kaffeeklatsch, haben Reden gehalten, Hände geschüttelt, Autogramme verteilt und Hausbesuche gemacht.« Pat hatte im Juli auf der East Side sogar eine Wohnung gekauft und konnte so Vorwürfe, sie sei von außerhalb, leicht entkräften. Um ganz andere Fragen ging es freilich bei den anstehenden eleganten Tee-Gesellschaften und Empfängen.

Obwohl Jean den Wahlkampf verabscheute, besuchte sie neben einer Party im El Morocco, wo sie sich auf gewohntem Terrain bewegte, auch tapfer Hemdenfabriken, Altenheime und Jahrgangstreffen von Studenten. Mit einem Hang zur Selbstkasteiung entschuldigte sie sich bei ihren Auftritten ständig. So verkündete sie Ende September vor Demokraten in der Bronx: »Ich weiß, Sie haben Ethel erwartet. Aber so ist mein Leben. Zuerst will man immer Jackie, dann Ethel und dann Pat Lawford. Und dann bekommt man immer nur mich.«

Da alle Kennedys eine königliche Aura umgab, geriet der Wahlkampf der weiblichen Mitglieder der Familie eher zu einem Hofzeremoniell. Wenn Ethel beispielsweise Frauen in ihr neues Heim in Glen Cove einlud, warfen sie erst einmal bewundernde Blicke auf das Mobiliar, bevor es dann mit einem Werbefilm über den Kandidaten, den Ethel mit begeisterten Kommentaren begleitete, weiterging. Auch in den Häusern von Anhängerinnen traten die Frauen der Kennedys auf. Die Taktik war fast die gleiche wie seinerzeit bei der ersten Kandidatur von John F. für den Kongreß, nur fanden die Veranstaltungen nicht mehr in bescheidenen Heimen in Charlestown statt, sondern auf Anwesen auf Long Island oder im reichen Norden des Staates New York.

Rose wurde von der Presse und in der Öffentlichkeit mit besonderer Hochachtung behandelt. Die 75jährige verbrachte den ganzen Morgen vor einem CBS-Interview bei Kenneth's mit Haarwäsche, Frisieren und Maniküre. Und bevor die Aufnahmen um zwei Uhr begannen, saß sie eine weitere Stunde bei der Maskenbildnerin. Am nächsten Tag absolvierte sie zwei exklusive Wahlveranstaltungen: Tee bei Gräfin Ilinska in der East 57th Street und einen Empfang im Dakota, einem eleganten Wohnhaus westlich des Central Park.

Bobby appellierte im Wahlkampf leidenschaftlich an die Bedrückten und Verzweifelten, während seine Frau, seine Mutter und seine Schwestern eine völlig andere Taktik einschlugen. Nur Eunice wagte sich aus dem schützenden Blätterwerk der Nachmittagstees, Filmvorführungen und unverbindlichen Floskeln in den echten Wahlkampf hinaus. Vor kritischem Publikum machte sie sich leidenschaftlich und mit einer Stimme, die schaurig an John F. erinnerte, für Bobbys Wahl stark. Dabei sprach sie vor einer Versammlung von Frauen eines Colleges ebenso souverän wie vor Puertoricanern in einer Festhalle oder bei einem offiziellen Mittagessen im Norden des Staates New York, einer Hochburg der Republikaner. Niemand, der ihre Auftritte miterlebte, hätte je vermutet, daß sie durch ihren Gesundheitszustand fast ebenso gehandikapt war wie einst John F. Kennedy.

Eunice, ihre Mutter, ihre Schwestern und ihre Schwägerin trugen vielleicht nicht entscheidend zu Bobbys Wahlsieg im November bei, aber sie hatten sich wacker geschlagen und in dem inzwischen schon Tradition gewordenen Wahlkampf der Kennedys ihre Rolle gespielt. Zu Recht empfanden sie Stolz bei seiner Vereidigung als Senator. Und für Eunice gab es eine weitere positive Neuigkeit. In einem Alter, in dem die Kinder der meisten Mütter schon ausgeflogen sind, war sie erneut schwanger geworden. 1965 brachte sie als 44jährige ihr fünftes Kind, Paul Kennedy Shriver, zur Welt.

Um den äußeren Anschein zu wahren, hatte Pat auf eine Scheidung bislang verzichtet, aber jetzt, nach Bobbys Wahl, fühlte sie sich zu nichts mehr verpflichtet. Zwar konnte sie sich nicht über alles hinwegsetzen, was ihr die katholischen Ordensschwestern über Ehe und Familie beigebracht hatten, aber das Zusammenleben mit ihrem Mann war endgültig gescheitert. Die Nachricht von ihren Scheidungsplänen war für Peter ein schwerer Schlag. Er hatte schon soviel verloren: die Beziehung zu John F., die schönen Zeiten mit Sinatra, die Rollen als junger Mann. Nichts war ihm geblieben als Alkohol, Erinnerungen und seine Frau und die Kinder. Und nun wollte sich Pat von ihm trennen.

Peter hatte die besondere Überredungsgabe schwacher Menschen. Er wollte an Pats Mitleid appellieren, sie vor einem Skandal bewahren, um eine weitere Chance betteln. Als er in Hyannis Port anrief, meldete sich Bobby am Telefon. Bei Bobby hatte er keine Chance. Für ihn verkörperte er das dekadente und verkommene Hollywood, eine Welt, mit der er nie wieder etwas zu tun haben wollte. Und so hörte Peter am Telefon die eisige Stimme Bobbys, der einen ebenso biblischen Zorn entwickeln konnte wie sein Vater. Ihn traf ein hartes Urteil.

»Soll das heißen, daß ich sie nie wiedersehen soll?« stammelte Peter und wagte nicht, Bobbys Vorwürfe zu entkräften. »Ich soll nicht mehr anrufen, und sie kommt nicht mehr zu mir zurück?«

Peter legte den Hörer auf die Gabel und wandte sich mit Tränen in den Augen seinen beiden Freunden zu. »Wenn einem diese Familie etwas verbietet, dann hält man sich an das Verbot.«

»Warum?«

»Weil man es sonst früher oder später bereut. Das merkt man sehr schnell. Wenn sie einem etwas verbieten, läßt man es.«

Im Dezember trafen Pat und Peter in New York zusammen und unterzeichneten die Einwilligung zur Auflösung ihrer ehelichen Gemeinschaft. Pats Vermögen wurde durch eine Phalanx von Anwälten und Rechtsberatern geschützt. Unterhaltszahlungen von Peter kamen nicht in Frage. Pat hatte nicht die Absicht, jemals wieder nach Los Angeles zurückzukehren. Die Scheidung von Peter bedeutete auch den Abschied von Kalifornien. Die Kinder wurden ihr zugesprochen, Peter erhielt ein Besuchsrecht, das er außer im Sommer und zu Weihnachten aber wohl kaum in Anspruch nehmen würde. Das einzige gemeinsame Eigentum war ihr Strandhaus, durch das die Gespenster der Vergangenheit spukten. Nach dem Verkauf sollte Peter seine Frau auszahlen.

Pat unterzeichnete das zehnseitige Dokument mit der adretten Unterschrift einer Heilig-Herz-Schülerin. Peter unterschrieb mit schnörkeliger Schrift und unterstrich seinen Namenszug. Steve Smith fungierte für Pat als Zeuge, Royal Marcher für Peter. Die Sache war erledigt.

Gleich nach der Rückkehr nach Los Angeles rief Peter seinen alten Freund Dick Livingston an. »Ich glaube, ich habe den Witz meines Lebens gerissen«, lachte er.

»Inwiefern?« fragte Livingston.

»Du weißt doch, wie knickrig Pat ist. Ich habe ihr 50 Flaschen Wasser in ihre New Yorker Wohnung liefern lassen und folgende Nachricht beigelegt: ›Liebe Pat, du hast vergessen, das Wasser aus dem Swimmingpool abzulassen.‹«

Peter hatte sich einen Rest seines Humors bewahrt, aber seine Witze waren häufig geschmacklos. »Er kam oft zu mir nach Hause«, erinnerte sich Livingston. »Aber er war nicht mehr derselbe, er betrank sich furchtbar und wurde unausstehlich. Einmal sagte er, er gewöhne sich gerade das Trinken ab. Er trinke nach dem Aufwachen eine Bloody Mary, vor dem Mittagessen einen Dubonnet und einen Gin, zum Abendessen Wein und dann noch ein paar Gläser Likör. Er habe sein tägliches Quantum auf ein Viertel reduziert. Er war sich seines Problems also bewußt. Er stieg auf kleinere Mengen Haschisch um und trank nur noch Wein. Es war übel, mit ansehen zu müssen, wie Peter, der immer so gute Manieren gehabt hatte, sich jetzt bekiffte und diesen Jargon benutzte, den ich nicht ausstehen konnte. Seine ganze Haltung und seine Werte hatten sich verändert. Wie es beruflich aussah, weiß ich nicht, aber viel arbeitete er jedenfalls nicht. Milt Ebbins sagte mir einmal, Peter könnte augenblicklich mehr Geld verdienen als in seinem ganzen Leben, wenn er sich nur nicht so gehen ließe. Aber Peter soff und rauchte Haschisch.«

***

Am Abend nach der Unterzeichnung der Scheidungspapiere ging Marcher in das bekannte New Yorker Lokal P. J. Clarke's und entdeckte dort Pats Schwager Steve Smith, den er am Nachmittag in der Anwaltskanzlei kennengelernt hatte. Marcher beauftragte einen Kellner, ihm einen Drink zu bringen. Steve ließ den Drink zurückgehen und drehte Marcher demonstrativ den Rücken zu.

Aber auch Steve war alles andere als ein mustergültiger Ehemann. »Ich kann mir nicht vorstellen«, erinnerte sich eine ehemalige Mitarbeiterin der Kennedys, »daß Jean nichts gemerkt hat. Bobby hatte sicher von Steves Affären erfahren. Er hatte etwas mit dieser hübschen Blondine mit dem kurzen Haar und der tollen Figur. Manchmal ging ich mit den beiden und einem Freund in einen Club oder ein Restaurant. Steve bestellte gewöhnlich Champagner und zahlte immer die Rechnung. Er war außer Rand und Band und gab sich nicht die geringste Mühe, seine Affären geheimzuhalten. Eines Abends segelten wir auf einer gemieteten Yacht den East River nach Westchester hinauf und am nächsten Morgen wieder hinunter. Mein Begleiter hatte leichte Slippers dabei. Als er und Steve herumalberten, schleuderte Steve sie in den Fluß. So etwas war typisch für ihn.«

Wie die anderen Kennedy-Frauen fand sich auch Jean mit den Seitensprüngen ihres Mannes ab. Mit ihr befaßte sich die Presse seltener als mit ihren Schwestern. Und wenn doch einmal ein Artikel über sie erschien, so wurde sie stets als treue Ehefrau und fürsorgliche Mutter porträtiert, als ein Vorbild für alle Frauen.

Jean wurde dieses Image nicht los. Sie interessierte sich weder besonders für Politik noch für die Geschäftswelt und war, anders als Eunice, auch nicht sozial engagiert. Und im Gegensatz zu Ethel war sie nicht bereit, ihr ganzes Leben der Karriere ihres Mannes zu opfern, schon gar nicht einem Ehebrecher. Jean hatte sehr viel Sarkasmus und Witz, Eigenschaften, die bei Frauen von Politikern kaum geschätzt werden. Hatte sie früher stets als die gewiefte freche Kennedy gegolten, so war sie jetzt mit ihren 37 Jahren eine elegante Schönheit, die mit ihrer Schlagfertigkeit Männer wie Frauen in Bedrängnis brachte.

Jean war sehr stolz und wurde rasch wütend. Wahrscheinlich hat es sie viel Kraft gekostet, das Bild einer vollkommenen Ehe aufrechtzuerhalten. Bald sah sie sich nach einer Abwechslung vom unbefriedigenden Leben mit Steve um: nach einem galanten Abenteuer.

Sie traf eine kühne Wahl und knüpfte eine intime Freundschaft mit Alan Jay Lerner an, ein Schritt, der das Image der Kennedys ebenso sehr gefährdete wie einst die Abenteuer von John F. Zudem war die Doppelmoral in den USA in den sechziger Jahren weit verbreitet. Während Steve mit seiner Geliebten Arm in Arm in Bobbys Büro auftauchen konnte, hatte Jean ihre Beziehungen sehr viel diskreter zu pflegen, und dies war schwierig bei einem Mann wie Lerner. Er war nicht nur der gefeiertste Musical-Texter seiner Zeit, sondern auch ein extravaganter Dandy, der Rolls-Royce fuhr und nicht nur in seinen Texten Charme und Witz versprühte. Seine Songs voller sanfter Ironie, humoristischer Gedanken und tiefer Gefühle drehten sich vornehmlich um Romanzen, die Lerner mit gleichem Geschick auch hinter der Bühne schuf. Diesem raffinierten Elegant, bei dem selbst die allgegenwärtige Zigarette als Requisit erschien, lagen die Frauen zu Füßen. Lerner, einer von Jacobsons ergebensten Patienten, hielt es für seine Natur, das Leben bis zur Neige auskosten zu müssen.

Jean lernte ihn kennen, als er sich gerade zum viertenmal scheiden ließ, und erlag seinem Charme sofort. »Frances ist bislang offenbar noch nie verliebt gewesen«, vertraute er seiner Angestellten Doris Shapiro an, in deren Bericht Jean unter dem Pseudonym Frances Douglas auftritt.

»In der Öffentlichkeit würde man nicht vermuten, daß sie in der Liebe so unkompliziert ist«, verriet Lerner seiner Angestellten. Jean sei »so offen« – eine ungewöhnliche Charakterisierung für die Zurückhaltendste der Kennedys, die Fremden gewöhnlich mit Argwohn begegnete. Wenn sie Lerner vertraute, so grenzte das an ein Wunder. »Bei ihr gibt es keine nichtssagenden Gesten«, schwärmte er. »Alles hat eine Bedeutung, selbst ihre amüsanten Freudschen Fehlleistungen.« Einmal, als Lerner mit ihr bei einem Bummel durch die Madison Avenue am »American Primitive Museum« vorbeikam, las sie in Vorahnung einer drohenden Strafe »American Punitive Museum«.

Aber Jean hatte über ihrer Romanze ihre Skepsis nicht verloren. Doris Shapiro erinnerte sich daran, wie Lerner sie zu Dr. Jacobsons berühmtem »Supermarkt der künstlichen Träume« mitnahm. Sie thronte auf einem Hocker, während Jacobson davon schwärmte, wie er die gesamte US-Armee unter Drogen setzen werde. Während Jacobsons Rede beobachtete Doris, wie Jeans Lächeln »zu einem höhnischen Grinsen gefror«. Mit diesem Gesichtsausdruck, ihrem markantesten, und ihrem eisigen Blick konnte sie jedes Gespräch mitten im Satz ersterben lassen.

Anders als die Kennedys gab Lerner verdientes – und auch nicht verdientes – Geld sofort wieder aus. Er hatte eine Schwäche für die schönen Dinge des Lebens und machte Jean mit einer neuen Form von Luxus vertraut. Lerner leistete sich einen eigenen Barbier, einen Schneider und eine Sekretärin, unternahm seine verschwenderischen Einkaufstouren mit einem Hausangestellten und ließ sich die Toilettenartikel aus der Parfümerie von einem Laufburschen nach Hause bringen.

Mit Jean flog er für zwei Tage nach Venedig. Bei Regen schlenderten beide unter einem Schirm über den Markusplatz. Nach der Rückkehr hielt der Textdichter eine Überraschung bereit, die ebenso ungewöhnlich war wie er selbst. Im August 1965 sollte sein neues Musical mit dem Titel *On a Clear Day You Can See Forever* in Boston probeaufgeführt werden, und zu diesem Anlaß wollte er für ihre heimlichen Rendezvous eine Yacht auf dem Charles River chartern.

Nur wenige Szenen in Lerners Musicals waren so romantisch wie das Stelldichein, bei dem er sich auf einem Boot vor dem glitzernden Hintergrund der Bostoner Skyline zu der großen weißen Yacht hinausfahren ließ, auf der Jean ihn erwartete. Lerner genoß diesen arbeitsamen und aufregenden Sommer, bis ihn ein Anruf jäh aus den Träumen riß.

»Ich glaube, es war Robert Kennedy«, erinnerte sich Doris Shapiro. »Er warnte Lerner und verbot ihm, sich weiterhin mit Mrs. Douglas [Jean] zu treffen. Andernfalls werde man ›seine Gondel an Land ziehen‹. Lerner antwortete, er wolle Jean heiraten, sie sei schließlich nicht Anna Karenina.«

Lerners Heiratspläne waren freilich kaum ernstzunehmen, denn in der Welt des schönen Scheins war so manches rasch dahingesagt. Sich fest an Jean zu binden, entsprach kaum seinem Lebensstil. Zudem konnte diese Kennedy sehr besitzergreifend sein. Im Sommer 1965 verfolgte sie die Proben zu Lerners Stück und wich ihm in Boston nicht von der Seite, während er angestrengt an der Aufführung herumfeilte, die Publikum und Kritiker gleichermaßen ins Schwärmen bringen sollte. Obwohl die Yacht auf dem Charles River lockte, arbeitete Lerner die meiste Zeit im Ritz-Carlton, wo er von Dr. Jacobson besucht wurde, der ihn und seine Freunde mit den Wundermittelchen aus seiner Tasche wach und munter zu halten versuchte.

Ein Probelauf vor der Aufführung am Broadway war durchaus mit einem politischen Wahlkampf vergleichbar: Er erforderte höchsten persönlichen Einsatz, brachte eine erschreckende Vielzahl von Terminen mit sich und sorgte für böses Blut, wenn etwas nicht so lief wie gewünscht. Jean war Wahlsiege gewohnt, und Lerner wollte sie nicht dabei haben, wenn sein Musical, dessen Inszenierung seiner Meinung nach noch unausgereift war, zum ersten Mal über die Bretter ging. Trotzdem saß sie mit Pat bei der Eröffnungsvorstellung im Mark Hellinger Theater in einer der ersten Reihen. Und bei der anschließenden Feier am späten Abend im Luchow's hatte sie ihren Platz am ersten Tisch neben dem Textdichter.

An weniger herausragender Stelle saß Karen Gundersen, eine grazile dunkelhaarige Journalistin, der Lerner während der Proben ein Interview gegeben hatte. Lerner, der für jüngere Frauen ein Faible hatte, begann eine Affäre mit der lebhaften Reporterin, die ihn für »sehr romantisch« hielt und sich von seinen mitternächtlichen Anrufen überraschen ließ. Im folgenden Sommer war die Sache so weit gediehen, daß Karen Gundersen die Wochenenden mit dem Dichter in seinem Haus auf Center Island außerhalb von New York verbrachte. Das hinderte Jean allerdings nicht daran, sich unter der Woche mit ihm zu treffen.

Jean war in der Überzeugung erzogen worden, daß es nichts Schlimmeres gebe, als Schande über die eigene Familie zu bringen. Sie hatte miterlebt, wie sich ihre Mutter mit den Affären ihres Mannes arrangierte und sich trotzdem für die Familie aufopferte. Auch sie liebte ihre Kinder und setzte alles daran, daß sie ihren Familiennamen mit Stolz tragen konnten, wollte aber auch ein eigenes Leben: Im Sommer 1966 flog sie allein nach Paris, um sich mit Lerner zu treffen –

ein großes Wagnis, das für ihre Großmutter, ihre Mutter und ihre Schwestern undenkbar gewesen wäre.

Lerner, der romantische Gesten liebte, hatte für die prosaischen Seiten des Lebens, für Bindungen und Verpflichtungen, wenig übrig. Auch wenn er das amouröse Intermezzo mit Jean genossen hatte, zeigte er wenig Neigung, zu einem Scheidungsgrund zu werden oder sich gar den Zwängen eines Schwagers der Kennedys zu unterwerfen.

Als er in Paris nicht eintraf, flog Jean nach New York zurück. Lerner war im Umgang mit versetzten Geliebten ebenso geschickt wie beim Abwimmeln von Gläubigern. Um eine kompromittierende Szene zu vermeiden, schickte er seinen Chauffeur zum Flughafen. »Jean erhielt die schlichte Mitteilung, das Verhältnis sei beendet«, wußte ein enger Beobachter der Ereignisse später zu berichten.

Jean kehrte zu ihrem Gatten und in ein Familienleben zurück, das von da an nicht mehr dasselbe war. Trotz der Eheprobleme adoptierten sie und Steve in den folgenden Jahren zwei Töchter: die im April 1967 geborene Amanda Mary und Kym Maria, ein vietnamesisches Mädchen, das im November 1972 zur Welt kam. Jean reagierte sehr empfindlich darauf, daß man ihre beiden jüngsten Töchter stets als »adoptiert« bezeichnete. Sie zog beide liebevoll und aufopfernd auf und versuchte, vollwertige Mitglieder der Familie Kennedy aus ihnen zu machen.

Steve pflegte weiterhin außereheliche Beziehungen, einschließlich seiner 15jährigen Freundschaft zu Cushing Amory, die in New York zu den oberen Zehntausend zählte. »Ich glaube«, meinte Cushing Amory, »Steve liebte seine Kinder und Jean, aber er traf sich auch mit anderen Leuten, und sie machte es nicht anders. Sicher hatte er ein Verantwortungsgefühl gegenüber seiner Familie und den Kennedys. Das änderte nichts an seinen anderen Beziehungen. Wenn ich mich von Zeit zu Zeit mit ihm traf, war immer klar, daß er Jean niemals verlassen würde. Jean lud mich sogar zum Abendessen ein ... Jean wußte wohl, daß die Familie meinetwegen nicht auseinanderfallen würde, und Steve hatte auch zu anderen Frauen Kontakt. Ich glaube, er wollte Kameradschaft, jemanden, mit dem er richtig reden konnte, und ich habe mich immer gewundert, wieviel die beiden sich zu sagen hatten. Was sie verband, war die Liebe zu ihren Kindern.«

***

Mit ihren 74 Jahren sorgte sich Rose noch immer um das Image der Familie. Im Mai 1965 erinnerte sie ihre Kinder in einem Brief daran, wie wichtig richtiger Umgang sei, und verwies auf ein Ansprache, die die englische Königin unlängst gehalten hatte. Im September schrieb sie Bobby in einer ernsteren Angelegenheit: »Ich dachte, Du solltest Dir das ansehen. Ich wollte Jackie die Aufregung ersparen und habe es ihr deshalb nicht geschickt.« Beigefügt war ein Ausschnitt aus einer französischen Zeitung mit einem Interview Oleg Cassinis zu Jackie. Die Überschrift lautete: »Der Warnschrei ihres besten Freundes.« Cassini wurde mit den Worten zitiert, Jackie sei die Gefangene des Kennedy-Clans. »Sie weiß, daß sie jetzt die einzige Berühmtheit in der Familie ist, und die Kennedys benutzen sie in jeder Hinsicht dazu, die politische Karriere ihres Schwagers Bobby zu fördern.«

Jackie wußte, daß sie von ihrem Schwager benutzt wurde, aber so war die Politik eben. Bobby bat sie, sich bei Präsident Johnson dafür einzusetzen, das Raumfahrtzentrum Cape Canaveral in Cape Kennedy umzubenennen. Nur widerwillig erklärte sie sich dazu bereit. »Es ist mir sehr unangenehm«, sagte sie Bartlett. »Bobby bittet mich ständig, wieder Trauer zu tragen und Lyndon um neue Gefälligkeiten zu bitten.« Jackie kleidete sich wieder normal, nahm gesellschaftliche Verpflichtungen wahr und zeigte sich auf Bällen und exklusiven Dinner-Parties. Ihre Auftritte sorgten bei der Presse und in der Öffentlichkeit stets für gewaltiges Aufsehen. Bei ihrer Ankunft auf dem Flughafen von Hyannis Port im Sommer wurde sie von 300 Schaulustigen am Rande des Rollfelds erwartet. Als sie 1964 die Weihnachtsferien mit zahlreichen Mitgliedern des Kennedy-Clans in Aspen verbrachte, berichtete neben den Boulevardblättern auch die renommierte Zeitschrift *Time* über jeden ihrer Schritte. Beim Lunch im Aspen Alps Club habe sie »eine Bloody Mary und einen Cheeseburger« zu sich genommen, meldete das Blatt am 8. Januar 1965.

Jackie, Jean und die anderen Kennedy-Frauen waren den ständigen Ansturm von Reportern und Neugierigen inzwischen ebenso gewohnt wie die 13jährige Kathleen, die älteste der jüngeren Generation der Kennedys, und ihre Geschwister und Cousins.

* * *

Im April 1966 fertigte Präsident Johnsons Top-Beraterin Liz Carpenter einen vertraulichen Bericht über Bobby Kennedy an. Der neue Senator aus New York wurde Johnson zunehmend verdächtig, weil er neuerdings darüber nachdachte, wie der Krieg in Vietnam beendet werden könnte, und sich damit in der rebellischen Jugend zahlreiche Freunde schuf. Um seinen gefährlichen Einfluß einzudämmen, schlug Liz Carpenter unter anderem vor, Druck auf »die Riege der kennedyfreundlichen Kolumnisten« auszuüben und dafür zu sorgen, »daß sie seine Meinung nicht blind übernehmen«. Johnson las den Bericht am gleichen Abend um halb zehn: »Zerreißen Sie das und spülen Sie es auf der Toilette hinunter«, wies er Liz Carpenter an. Über so etwas durfte nur hinter vorgehaltener Hand nachgedacht werden. Im unterschwelligen Konflikt zwischen Johnson und den Kennedys spielten die Frauen die wichtigste Rolle. Obwohl sie wie Johnson gute Miene zum bösen Spiel machten, sagten sie zuweilen auch ehrlich ihre Meinung und durchbrachen für Augenblicke die heuchlerischen Spielregeln der männlichen Politik.

Sarge spielte in Johnsons Kabinett eine wichtige Rolle, und Eunices Berichte zur Situation geistig Behinderter fielen im Oval Office auf fruchtbaren Boden. Sie wurde zur Vorsitzenden des Behindertenausschusses ernannt, den sie unter der Präsidentschaft von John F. angeregt hatte. Jackie kannte Bobbys Abneigung gegen den Präsidenten, hielt ihre Beziehungen zu den Johnsons aber aufrecht. Nur eine Woche nach Liz Carpenters Bericht schrieb sie der neuen First Lady von Hand einen Brief, in dem sie auf die Renovierung des Weißen Hauses einging. Jackie war in ästhetischer Hinsicht übersensibel, und ihr Stilempfinden war sofort verletzt, wenn etwas nicht richtig zusammenpaßte. »Ich fürchte, Mrs. Roosevelts Porträt aus dem 20. Jahrhundert vor dem Ostzimmer stört den Gesamteindruck auf dieser Etage«, beklagte sie sich unter anderem.

Caroline und John jr. erhielten vom Präsidenten Geburtstagsgrüße, und Jackie bedankte sich in einem weiteren handschriftlichen Schreiben: »Wie aufmerksam von Ihnen.« Als Joe im November ins Krankenhaus eingeliefert wurde, sandten die Johnsons Blumen, worauf Rose Mrs. Johnson in einem Brief antwortete: »Daß sie an ihn gedacht haben, hat ihn gewiß ebenso gerührt wie mich.« Obwohl der Präsident schon bei der Erwähnung von Bobbys Namen blaß wurde, schickten er und seine Frau Blumen, wenn Bobbys Kinder krank waren. Ethel ließ ihre Kleinen Dankesschreiben verfassen, was sie als wichtige Übung für den gesellschaftlichen Umgang ansah. Und die 14jährige Kathleen bedankte sich ebenfalls überschwenglich für einen Brief der Johnsons.

* * *

Die Frauen der Familie bemühten sich zugleich darum, das Andenken John F. Kennedys wachzuhalten und den Verstorbenen ins rechte Licht zu rücken. Sorgfältig kontrollierten sie die Bücher, die über ihn im Entstehen begriffen waren.

Der Historiker und Pulitzer-Preisträger Schlesinger hatte sofort nach den Todesschüssen ein Werk begonnen, das als Geschichte des Weißen Hauses unter Kennedy angelegt war. Schlesinger, der Jackie von allen Beratern des Präsidenten am nächsten gestanden hatte, schickte ihr das Manuskript zu seinem Buch *Die tausend Tage Kennedys* zur Durchsicht, Kritik und Korrektur, ein bei einem objektiven Geschichtswerk völlig unüblicher Schritt. Schlesinger befürchtete, die Aufgabe könnte alte Wunden aufreißen, aber Jackie betrachtete sie als Verpflichtung gegenüber dem Andenken ihres verstorbenen Mannes.

Da es ihr bei der Sache tatsächlich nur um John F. ging, ließ sie bei der Durchsicht des Textes kritische Bemerkungen über sich ohne weiteres durchgehen, etwa daß sie als »politische Belastung für John F.« galt, als »snobistische Frau mit toupiertem Haar und französischen Kleidern, die Politik haßte«. Dagegen strich sie fast alle intimen Details über ihr Eheleben. »Auf sein Privatleben hat die Nachwelt keinen Anspruch«, schrieb sie dem Historiker in einem eindringlichen Appell. »Ich habe mit ihm in diesen Räumen gelebt, nicht mit den Leserinnen der Regenbogenpresse, also will ich nicht, daß sie jetzt durch unsere Vergangenheit stolpern. Bitte lassen Sie diese Stellen alle weg.«

In Schlesingers Buch sollten keine persönlichen Einzelheiten ausgebreitet werden, auch nicht in unentstellter Form. Der Autor schilderte in seinem Manuskript beispielsweise, daß Jackie sich bei John F. für ihr mangelndes Interesse an der Politik entschuldigt habe. Er antwortete darauf, daß er sie so liebe, wie sie sei. Jackie strich die Passage. »Zu kitschig«, schrieb sie an den Rand.

Schlesinger war nicht der einzige, der über John F. Kennedy zu dieser Zeit ein Buch verfaßte. John F. hatte Freunde gehabt, und daß einige von ihnen nach seinem Tod ein Werk über ihn schrieben, war nur natürlich. Als erster verfaßte Red Fay einen bescheidenen, netten und sehr menschlichen Bericht über seine lange Freundschaft mit ihm. Bobby und Jackie wußten von der Entstehung des Buchs. Bobby verwies Red an Evan Thomas, einen Lektor von Harper & Row, und vereinbarte, daß die Kennedys das Manuskript vor der Veröffentlichung gegenlesen würden. Als Bobby und Jackie sich im Frühjahr 1966 an die Arbeit machten, waren sie über den anekdotischen Charakter des Buchs schockiert. Das Ganze kam ihnen wie Verrat vor. Bobby strich alle politisch brisanten Stellen, während Jackie Passagen tilgte, die sie als anstößig empfand. Fay schilderte beispielsweise eine Anekdote, nach der John F. über eine Muskelzerrung in der Leistengegend geklagt habe, es sich aus puritanischem Anstand aber verbeten habe, das Wort in der Zeitung zu benutzen. Er schlug dem Reporter vor, er solle die Muskelzerrung doch an seinen Rücken verlegen. Jakkie nahm Anstoß am Wort »Leistengegend«, stimmte der Veröffentlichung der Anekdote aber zu, wenn von einer Zerrung am Bein die Rede sein würde.

Die Witwe, die der Welt in einem blutbespritzten Kostüm ihre Empörung über das feige Attentat kundgetan hatte, hegte einen erbitterten Zorn gegen alle, die John F. zu kritisieren wagten. »Laß es stehen«, kritzelte sie neben eine Passage. »Red bringt sich damit selbst in Mißkredit ... Sollen die Wichte ihn kritisieren. Damit entlarven sie sich nur selbst.«

Jackies Verärgerung über Red Fay war nur ein Vorgeschmack auf ihre Empörung über William Manchester, der einige Monate später seinen Bericht zum Attentat mit dem Titel *Der Tod des Präsidenten* veröffentlichte. Die Kenndeys hatten den jungen Autor engagiert und gehofft, sein Werk werde eine Ausschlachtung des Themas in anderen Büchern verhindern. So erhielt er von der Familie und den Freunden des Ermordeten mehr Unterstützung als alle anderen Autoren. Eunice verschaffte ihm sogar Kontakt zu Johnson. Für den Präsidenten war das Thema so brisant, daß er Manchester nicht nur um vorherige Zusendung seiner Fragen bat, sondern die Antworten auch noch von seinen Beratern vorbereiten ließ.

Manchester beging den Fehler, das Thema zu einfühlsam anzugehen, so daß ihm der Bericht über die Tage im November zu einer spannenden, romanhaften Schilderung geriet. Bobby und seine Mitarbeiter waren deshalb so betroffen, weil Manchester wahrheitsgemäß Bobbys schwierige Beziehung zu Lyndon Johnson unmittelbar nach dem Attentat beleuchtete. Jackie wiederum nahm an den persönlichen Details Anstoß. Sie hatte Manchester, als sich die »Schleusen öffneten«, wie sie sich ausdrückte, schmerzliche Einzelheiten über die Bluttat anvertraut, und der Autor hatte pflichtbewußt alles bis ins kleinste wiedergegeben.

Jetzt waren die Schleusen wieder geschlossen, und Jackie wollte nicht zulassen, daß ihre Gefühle an Kiosken und in Buchläden feilgeboten wurden. Sie und die Anwälte verlangten von Manchester die Streichung verschiedener Stellen; so seine Schilderung ihrer Weinkrämpfe, die Berichte, nach denen sie ihr Brautband auf den Leichnam ihres Mannes im Sarg gelegt und Caroline dem toten Vater einen Brief geschrieben hatte.

Jackie belangte Manchester gerichtlich. In der Presse erschien sie jetzt nicht mehr als die tapfere Witwe des ermordeten Präsidenten, sondern als halsstarrige und arrogante Frau, die das Bild ihres Mannes, den sie zu Lebzeiten nicht im Zaum hatte halten können, nach seinem Tod zu schönen versuchte. Am Ende des Verfahrens stand ein gerichtlicher Vergleich. Obwohl das Buch erscheinen konnte, hatte der Rechtsstreit die Kennedys in ein schlechtes Licht gerückt. »Man kann Jacqueline Kennedy gut verstehen«, schrieb James Reston von der *New York Times*. »Keine Familie eines Präsidenten war mit dessen Biographen je zufrieden. Sie kann den Tod ihres Mannes nicht mehr rückgängig machen und ist mit dem Untergang von Camelot konfrontiert, mit dem Tod eines Mythos. Das ist unerträglich, aber unvermeidlich.«

Obwohl Manchester nur die Wahrheit geschrieben hatte, kann man Jackie wegen der Affäre moralisch nicht verurteilen. Es war ihr nicht um Geschichtsfälschung gegangen, sondern um die Wahrung der Intimsphäre ihrer Familie. Vom Leben mit John F. waren ihr nur Erinnerungen geblieben, und nun hatte sie das Gefühl, daß man ihr auch das noch nehmen wollte. Ihr Leben und das der anderen Kennedys war zu einer Ware geworden, die an Kiosken, in Zeitungsläden und Buchhandlungen zum Kauf angeboten wurde.

***

Obwohl auch Rose im öffentlichen Leben stand, hatte sich ihr Leben seit dem Tod ihres Sohnes weniger verändert als das der anderen weiblichen Kennedys. »Weißt du, was mir passiert ist?« fragte sie ihre Freundin Gloria Guinness. »Ich bin zu einer der zehn bestgekleideten Frauen in der Welt gekürt worden.« Nach Glorias Auskunft fühlte sich Rose wie »ein Mädchen, das die größte Puppe geschenkt bekommen hat«.

Als Mutter des ermordeten Präsidenten wurde sie immer wieder zu Gedenkveranstaltungen eingeladen. Sie reiste in mehrere europäische Städte zur Eröffnung einer Wanderausstellung der Kennedy Library, bei der unter anderem der Schreibtisch und handschriftliche Dokumente ihres Sohnes gezeigt wurden. In Paris, wo die Ausstellung in drei Tagen 50 000 Menschen anzog, glänzte sie durch eine Ansprache auf Französisch. In Bonn überraschte sie ihr Publikum mit einer fließend vorgetragenen Rede in Deutsch. Auch Jean und Joan hatten Auftritte bei dieser Ausstellung, die durch 15 Länder reiste und in den europäischen Hauptstädten von Dublin bis Warschau und von Rom bis Belgrad für gewaltiges Aufsehen sorgte.

Roses öffentliche Auftritte beschränkten sich allerdings nicht auf Gedenkveranstaltungen. Auf Eunices Bitten hin beteiligte sie sich am neuesten Projekt einer ganzen Serie von Aktionen zugunsten geistig Behinderter: Sie reiste durch die ganzen USA und warb in Kaufhäusern vor gewaltigem Andrang für den Verkauf von Kerzen und später von Parfüms. Oft trat sie im Fernsehen auf und gab Lokalzeitungen Interviews. Reportern, die nach Einzelheiten aus dem Privatleben der Kennedys gierten, warf sie geschickt eine Anekdote hin und griff rasch das eigentliche Thema wieder auf: die finanzielle Unterstützung geistig behinderter Menschen. Nach Erledigung ihres Auftrags flog sie dann nach Hyannis Port oder Palm Beach zurück.

Ihr erster Gang führte sie jedesmas ins Schlafzimmer ihres Mannes. Joe war geistig noch rege, und jedes Familienmitglied versuchte, auf irgendeine Weise mit ihm gefühlsmäßig in Kontakt zu treten. Rose wußte von ihren Reisen allerhand lustige Begebenheiten zu berichten, und die Worte sprudelten nur so aus ihr heraus. Um seinem Vater ein Lächeln zu entlocken, kroch Ted auf allen vieren, schnitt Grimassen und spielte den Kasper. Und die kleine Caroline schrieb ihm zu Weihnachten 1967 ein Gedichtchen über eine kleine blaue Maus und einen Spatz, die im Leben alles hatten, nur keinen »so netten Großpapa«.

Zu seinem Geburtstag sangen die Enkel lustige, zuweilen spöttische Lieder mit selbstverfaßtem Text.

Auch andere besuchten den alten Mann. Wyett Dickerson, ein Freund der Familie, holte Jean, Pat und Odile Rodin Rubirosa, die schöne Witwe des verstorbenen Diplomaten und Frauenhelden, in Boston ab und brachte sie nach Hyannis Port. Joe hatte Odile vor ihrer Heirat kennengelernt. Sie erschien in einem enganliegenden schwarzen Kleid, das ihre attraktive Figur betonte, und in schwarzen Seidenstrümpfen. Als sie eintrat, erhob sich Joe in einer Aufwallung der Gefühle, streckte die Hand nach ihr aus, stöhnte etwas Unverständliches und sackte in den Rollstuhl zurück.

Es schmerzte, mit ansehen zu müssen, wie sich dieser kräftige Mann gegen sein Schicksal aufbäumte. Mehrmals hatte er die Sterbesakramente empfangen und sich jedesmal erholt. Rose nahm ihn zuweilen nach Palm Beach auf einen Ball mit, wo er dann im Rollstuhl in einer Ecke saß und den Paaren beim Walzer zusah, ging mit ihm auswärts essen oder sah abends mit ihm fern.

»In jenen Jahren waren wir immer angespannt«, berichtete John Ryan, der sich täglich um Joe kümmerte. »Wir mußten ständig mit einem Schlaganfall rechnen. Er war für alle nur der Großpapa. Die Kinder gingen nach oben und küßten ihn auf die Stirn. Er verständigte sich mit einer bejahenden oder verneinenden Geste mit der linken Hand, einem Lächeln oder einem Stirnrunzeln. Wenn man mit ihm redete, mußte man ihm in die Augen schauen. Seine Augen waren besonders ausdrucksstark. Ich glaube, Mr. Kennedys Verfassung war für seine Frau eine der härtesten Prüfungen ihres Lebens. Und man kann sich nicht einfach im Sessel zurücklehnen und sterben. Das behielt Mrs. Kennedy wohl das ganze Leben lang im Auge. Das Leben geht immer weiter.«

* * *

Ende 1967 waren über eine halbe Million amerikanischer Soldaten in Vietnam stationiert, und jede Woche kamen Hunderte im feuchtheißen Dschungel Südostasiens ums Leben. In den Ghettos der amerikanischen Metropolen gärte die Unzufriedenheit. An den Universitäten war die US-Flagge zum Symbol für eine menschenverachtende Politik geworden. Johnson konnte sich kaum aus dem Weißen Haus trauen, ohne Proteststürme zu entfachen. Senator Eugene McCarthy aus Minnesota hatte seine Kandidatur für die Vorwahlen zu den Präsidentschaftswahlen bekanntgegeben und forderte jetzt den amtierenden Präsidenten heraus.

Bobby beschränkte sich monatelang auf verbale Attacken gegen den Präsidenten, ohne daß der Entschluß fiel, gegen ihn zu kandidieren. Die nüchternen politischen Strategen in seiner Umgebung – Ted Sorensen, Pierre Salinger und Fred Dutton – rieten ihm von einer Kandidatur ab. Und selbst Ted, der fähigste Politiker der Familie, war dagegen.

Ethel ließ sich von Sorensen die Gründe erläutern, die gegen eine Kandidatur sprachen. Er konnte sie nicht überzeugen: »Und das nach all den hochtrabenden Phrasen, die du für den Präsidenten Kennedy geschrieben hast!« Bobby sollte ins Rennen gehen, er war der Hoffnungsträger für Amerikas Arme und Entrechtete, ein Friedensbote für die Ghettos, ein Friedensstifter für Vietnam. Obwohl Ethel bei dieser Entscheidung keine Stimme hatte, sagte sie laut ihre Meinung. Und selbst die unpolitische Jean stieß in dasselbe Horn. Bobby sollte es mit Lyndon B. Johnson aufnehmen.

Ethel und Jean appellierten an den Idealismus der Familie und beschworen das Erbe der Kennedys herauf, um Bobbys Kandidatur durchzusetzen. Weniger wortreich, aber nicht minder leidenschaftlich machte sich auch Pat für sie stark. »Das wird euch sehr viel Geld kosten«, warnte Bobby Pat und Jean bei einem Abendessen, aber sie waren bereit, für ihre Überzeugungen auch zu bezahlen. Auch Jackie meldete sich zu Wort und übersandte Bobby einen Aufsatz von William Graham Sumner, der Nationen geißelte, die im Namen der Zivilisation anderen ihren Willen aufzwingen wollten. Nur von Eunice, der energischsten und einflußreichsten, kam kein Zuspruch. Ihr Mann hatte in der jetzigen Regierung eine wichtige Funktion.

Niemals zuvor hatten die Kennedy-Frauen so entschlossen für ein politisches Ziel gekämpft. Als Mütter verurteilten sie den Krieg in Vietnam, der die Söhne des Landes verschlang und zudem auf dem Rücken der Ärmsten ausgetragen wurde. Trotzdem versäumte es Bobby, an diese nützlichen Appelle der Kennedy-Frauen zu erinnern, als er im März 1968 im Senat seine Kandidatur für das Amt des Präsidenten bekanntgab. Er beschränkte sich auf nichtssagendes Gerede, durchsetzt mit apokalyptischen Beschwörungen und überheblichen

Phrasen: »Es geht nicht einfach nur um die Führung unserer Partei oder unseres Landes, sondern um unser Recht auf die moralische Führung auf diesem Planeten.«

Rose verfolgte die pathetische Ansprache ihres Sohnes mit Bestürzung und bösen Vorahnungen. Ihrer Freundin Gloria Guinness sagte sie am Telefon: »Wenn Joe noch der alte wäre, hätte er das nicht zugelassen. Das ist zu früh und der falsche Zeitpunkt.« Gloria berichtete später, Rose sei über die Rede »sehr unglücklich und entsetzt gewesen. Und alle sehnten sich nach der Zeit unter John F. zurück.« Obwohl Jackie Bobbys Kandidatur leidenschaftlich unterstützte, fürchtete sie wie Rose eine Katastrophe. »Wissen Sie, was ich glaube?« vertraute sie Schlesinger einige Tage nach Bobbys Rede im Senat an. »Daß Bobby das gleiche zustößt wie John F. Es gibt so viel Haß in diesem Land, und Bobby wird noch mehr gehaßt als er. Das habe ich ihm auch gesagt, aber er sieht die Dinge weniger pessimistisch.«

Auf seiner Wahlkampftour gönnte sich Bobby Kennedy nur kurze Erholungspausen in Hickory Hill oder Hyannis Port. Bei seinem ersten Aufenthalt am Kap war fast die ganze Familie anwesend. Auch Jackie kam, um auf den Schwager anzustoßen. In den Augen der Welt und so, wie sie in den letzten viereinhalb Jahren gelebt hatte, war sie nach wie vor voll in den Kennedy-Clan integriert. Sie unterstützte Bobbys Wahlkampf begeistert und war am Aufbau der neuen Bibliothek, die John F. Kennedys Namen trug, maßgeblich beteiligt. Bobby verbreitete Optimismus, berichtete von günstigen Meinungsumfragen und jubelnden Menschenmengen in den Städten.

»Es sieht so aus, als könnten wir es schaffen«, verkündete er.

Da Bobby sich abseits der Rednertribüne nur selten so optimistisch äußerte, steckte er Jackie mit seiner Euphorie an. »Wäre es nicht herrlich, wenn wir wieder ins Weiße Haus einziehen würden?« schwärmte sie.

»Was heißt hier ›wir‹?« schnitt ihr Ethel das Wort ab.

Ethels oft barsche Bemerkungen wurden von Bewunderern als Humor ausgelegt, aber in Wirklichkeit waren sie reine Bosheit. Jackie, die einen höflicheren Umgangston gewöhnt war, schwieg betroffen. Ethel hatte freilich recht. Auch wenn Jackie in Erinnerungen an das harmonische Miteinander der Kennedys zur Zeit von John F. schwelgte, so würde die nächste First Lady doch Ethel heißen.

Jackie stand auf und ging. Unter anderen Umständen hätte Bobby sie nach Hause begleitet, aber jetzt blickte er ihr nur nach. Er war von ihr begeistert gewesen, aber die Leidenschaft war nun vorüber. Jetzt waren andere Dinge wichtig. Am nächsten Tag trieb sich Jackie lange an Schauplätzen der Vergangenheit herum, von den Pferdeställen, die John F. mit Caroline besucht hatte, bis zum Strand auf Squaw Island, an dem sie einen Sommer lang zu Hause gewesen waren. Sie ließ ihr Leben mit John F. noch einmal an sich vorüberziehen, um es für immer im Gedächtnis zu behalten. Erst am Abend kehrte sie zurück und ging zu Joe. »Ich habe heute viel nachgedacht«, vertraute sie dem alten Mann an. »Ich werde dich immer lieben, Großpapa. Das weißt du doch, oder?«

***

Bei aller Begeisterung über Bobbys Kandidatur sah Ethel dem aufreibenden Wahlkampf doch mit Schrecken entgegen. Trotz ihrer Extrovertiertheit war sie nämlich bei öffentlichen Auftritten und Interviews stets unsicher. Immer hatte sie das Gefühl, das Falsche zu sagen oder falsch verstanden zu werden, und manchmal rutschte ihr etwas heraus, das Bobby in Verlegenheit brachte. Diesmal beließ sie es in ihren Ansprachen bei wenigen lobenden Worten auf ihren Gatten. Sie war mit dem elften Kind schwanger, also mußte man ihr die Einsilbigkeit nachsehen.

Ethels Familie, die Skakels, waren sehr wohlhabend, von Haus aus gesund und mit einer zahlreichen Nachkommenschaft gesegnet. Allerdings überschattete eine Serie tragischer Unglücksfälle ihr Leben. Ethels Eltern waren im Oktober 1955 bei einem Flugzeugabsturz ums Leben gekommen, und ihr Bruder George jr. starb 1966 ebenfalls beim Absturz einer Maschine. Als Georges älteste Tochter, die 17jährige Kathleen, im Februar 1967 mit ihrem Wagen über ein Schlagloch raste, wurde auf dem Rücksitz ein Kind aus dem Fenster geschleudert und getötet. Einige Monate später erstickte Georges Witwe bei einem Abendessen im Kreis der Familie an einem Stück Fleisch. Ethel war es trotz allem gelungen, diese Tragödien aus ihrem Bewußtsein zu verbannen.

Sie liebte ihren Mann nach fast 18 Jahren Ehe noch immer so heiß und innig wie am Anfang. Während der Wahlkampftour hatte sie keinen sehnlicheren Wunsch, als täglich bei ihm zu sein, was sich allerdings nicht immer einrichten ließ. So mußte sie manchmal auch eine kleinere Maschine ohne ihren Gatten besteigen, und dann kam ihr selbst der kürzeste Flug wie eine Ewigkeit vor.

Der bloße Anblick eines Flugzeugs erschreckte Ethel. Richard »Dick« Tuck, ein Berater, der für seinen Witz und Humor bekannt war, versuchte sie nach Möglichkeit abzulenken. In der Maschine, die im Wahlkampf am häufigsten eingesetzt wurde, sorgte er dafür, daß die Stewardessen die Starts und Landungen nicht ansagten und nur Getränke reichten. Auf ein Signal hatten sich die Passagiere auf den Boden zu setzen oder ihre Plätze einzunehmen. Auch Freckles, der Hund der Familie, flog zu Ethels Ablenkung mit.

* * *

Die Presse feierte die 40jährige Ethel als eine elegante, jugendliche Frau, die ihre Aufgaben als Mutter, Ehefrau, Gastgeberin und Freundin selbstbewußt und mit Bravour meisterte. »Ich glaube an Disziplin«, verkündete sie am 20. April 1968 in der *New York Times*. »Wenn ich meinen Kindern etwas verbiete, dann halten sie sich daran.« Der 71jährige Jack Kopson, ein Wartungsmonteur, der in einem kleinen Haus hinter dem Anwesen der Kennedys wohnte, klagte allerdings, ihr 13jähriger David und seine Brüder hätten sein Haus nachts mit Feuerwerkskörpern beschossen. Er schlug die Jugendlichen mit einem Warnschuß aus seiner Schrotflinte in die Flucht. »Mrs. Kennedy sollte vielleicht besser nach Hause kommen und auf ihre Kinder aufpassen, statt durch Indiana zu ziehen«, ärgerte sich Kopson. »Statt in Hippie-Kleidern zur posieren, sollte sie sich lieber um ihre Kinder kümmern. Nach denen sieht nämlich nur ein farbiges Hausmädchen, und das reicht offenbar nicht.«

Einige Wochen nach Kopsons Beschwerde schleuderten David und ein Freund an einem Highway Steine gegen heranfahrende Autos. Eine Windschutzscheibe ging zu Bruch. Die Übeltäter wurden von der Polizei gefaßt. Während Davids Freund von den Eltern abgeholt wurde, bemühte sich um seine Freilassung eine Hauslehrerin.

Bei den Wahlkampfveranstaltungen trat Ethel fast immer neben ihrem Mann oder zusammen mit anderen Frauen auf. Rechtzeitig zu einem Empfang für die Ehefrauen der Journalisten, die an der Tagung des Verbandes amerikanischer Zeitungsverleger teilnahmen, kehrte sie nach Hickory Hill zurück. Über den Wahlkampf berichteten fast nur Männer, aber einige ihrer Frauen arbeiteten auf Wahlveranstaltungen der Kennedys als Hostessen, darunter Mrs. Roger Mudd und Mrs. Sandor Vanoncur, die mit politischen Korrespondenten verheiratet waren, und Mrs. Ann Buchwald, deren Mann Glossen schrieb. Eine Einladung bei Ethel Kennedy war eine Prestigefrage, ob als Gesellschafterin oder nur zu einem Nachmittag in ihrem Haus. »Die meisten Damen wollten eigentlich nicht hingehen«, kommentierte der Kolumnist James J. Kilpatrick, »weshalb dann 1 000 in feiner Toilette 35 Minuten Schlange standen und um einen Platz im ersten Bus kämpften.«

Auch Eunice und Joan halfen als Hostessen. Eunice war soeben aus dem Wahlkampf in Indiana zurückgejettet. Diese besondere Opferbereitschaft gegenüber dem Bruder hatte ihren Grund. Sarge war von Präsident Johnson zum Botschafter in Paris ernannt worden. Am gleichen Tag hatte der Senatsausschuß für auswärtige Beziehungen mit bohrenden Fragen seine Loyalität gegenüber der jetzigen Administration überprüft. Zwar hatte sich Johnson aus dem Rennen um das Präsidentenamt überraschend zurückgezogen, doch saß er noch immer im Weißen Haus und führte Krieg in Vietnam. Mit seiner Loyalitätserklärung hatte sich Sarge auf politische Positionen festgelegt, die Bobby als skandalös empfand.

Wenn es um ihren Bruder ging, trennte Eunice nicht zwischen Politik und Privatleben. Sie unterstützte Bobby, ohne daß sie damit jemandem in den Rücken fallen wollte. Obwohl ihre Wahlkampfhilfe einen Keil in die geschlossene Front der Administration zu treiben drohte, verlangten Bobbys Berater eine noch klarere Entscheidung: Sarge sollte sein Amt niederlegen und sich ganz Bobbys Wahlkampf widmen. »Ich war etwas unschlüssig«, gestand Eunice, »ob ich nach Europa gehen oder meinen Bruder unterstützen sollte. Aber der Gedanke, die Vereinigten Staaten diplomatisch zu vertreten, war sehr verlockend, und mit Sarges Stellung als Botschafter waren gewaltige Möglichkeiten verknüpft.«

Was Rose anging, so zweifelte sie zwar an der Richtigkeit von Bobbys Entscheidung, hielt aber loyal zu ihm. Keiner ihrer Zuhörer auf den Wahlkampfveranstaltungen hätte vermutet, daß sie böse Vorahnungen hatte. Auch die anderen Frauen der Kennedys wirkten aktiv mit, obwohl die traditionelle Form des Wahlkampfs mit Teeparties und Artigkeiten nicht mehr zu greifen schien. Bobby berührte in seinen Reden die brennendsten sozialen Fragen und schlug Töne an, wie man sie in den USA seit der Weltwirtschaftskrise nicht mehr gehört hatte. Da der Wahlkampf zudem von der Ermordung Martin Luther Kings überschattet wurde, schienen Veranstaltungen mit Tee und kleinen Sandwiches höchst unpassend. Trotzdem bediente sich Bobby seiner Schwestern, so gut es ging, und scherzte: »Jean war in Salt Lake City besser, aber Pat scheint hier das Rennen zu machen.«

Die wertvollste Unterstützung kam freilich von Rose. Sie erzählte drollige Anekdoten aus Bobbys Kindheit und widerlegte damit Vorwürfe, er sei ein skrupelloser Politiker. Mit ihren 77 Jahren bewegte sie sich auf der politischen Bühne noch immer sicher und beging kaum einen Fehler. Der einzige dieses Wahlkampfs unterlief ihr in einem Interview mit dem Blatt *Women's Wear Daily:* »Mit unserem Geld können wir tun, was wir wollen. Geld gehört zum Wahlkampf. Wenn man es hat, gibt man es aus, um zu gewinnen.« Diese Grundwahrheit des amerikanischen Wahlkampfs durfte nicht ausgesprochen werden. Wäre der Fehler Bobby unterlaufen, so hätte ihm McCarthy einen Strick daraus gedreht. Aber nicht einmal der zynische Senator aus Minnesota wagte es, die Mutter des ermordeten Präsidenten zu kritisieren, und so setzte sie ihre Wahlkampftour unbehelligt fort und erzählte weiter Anekdoten über ihren Sohn und ihre Familie.

Die Kampagne für die wichtigen Vorwahlen in Oregon leitete Edith Green, Mitglied des Repräsentantenhauses und eine der wenigen Frauen, die im Wahlkampf der Kennedys eine wichtige Position bekleideten. »In Oregon interessierten die Schwestern und Schwägerinnen überhaupt nicht«, erinnerte sie sich. »Rose Kennedy mag hilfreich gewesen sein, aber die anderen nicht. Die Teeparties der Schwestern wurden oft negativ kommentiert. Viele hielten sie für eine Verschwendung von Zeit, Geld und Energie. Ich habe noch nie einen Wahlkampf erlebt, an dem sich die Familie eines Kandidaten so intensiv beteiligt hat. Aber die Menschen in Oregon wollten mit dem Kandidaten sprechen, nicht mit Schwestern und Cousinen.«

Da Politik in Oregon ernstgenommen wurde, waren die Kennedy-Frauen im Wahlkampf eine Belastung. Roses rührende Erinnerungen mochten noch angehen, aber von ihren Töchtern und Schwiegertöchtern wurden Stellungnahmen zu wichtigen politischen Themen erwartet, und gerade davor schreckten sie zurück. Jean und Pat, die sich so leidenschaftlich für Bobbys Kandidatur eingesetzt hatten, sahen ihre Rolle vornehmlich darin, ihre Brüder im Wahlkampf anzufeuern. Um Stimmen werben zu müssen, empfanden sie mitunter als demütigend. Joan versuchte ihre Aufgabe mit der Opferbereitschaft einer echten Kennedy zu erfüllen. Neben Besuchen in Holzlagern und Konservenfabriken verschickte sie Hunderte handgeschriebener Dankesschreiben.

Bobby verlor in Oregon gegen McCarthy und erlitt damit die erste Niederlage eines Kennedys seiner Generation. Die wichtigste Vorwahl erwartete ihn allerdings erst in Kalifornien. Sein Wahlkampfteam war aufgeschreckt. Steve Smith und John Seigenthaler änderten das Wahlkampfkonzept für die Schlußphase, während Intellektuelle und Autoren wie Adam Yarmolinsky, Daniel Moynihan, George Plimpton, Arthur Schlesinger und Roger Hilsman die Universitäten mobilisierten, an denen die Anhänger McCarthys besonders stark waren. Bobby redete vor begeisterten gemischtrassigen Zuhörerschaften und beschwor die multikulturelle Gesellschaft, die seine Vision von Amerika widerspiegelte.

***

Diane Broughton, die als Wahlhelferin für Bobby aktiv geworden war, hütete am letzten Tag des Wahlkampfs im Hotel *Beverly Hills* sechs von Ethels Kindern. Die junge College-Absolventin hatte sich ihre Rolle zwar anders vorgestellt, war aber begeistert gewesen von der Aussicht, eine Kennedy persönlich kennenzulernen.

»Tante Jean ist in einem Bungalow«, sagte der vierjährige Christopher. »Willst du zu ihr?«

Diane, die Zeitungsausschnitte zu allen Kennedys sammelte, wollte die Gelegenheit zu einer Begegnung unbedingt nutzen. Jean begrüßte sie mit einem eisigen Blick und ging dann mit ihr und den Kleinen in den Bungalow für die Kinder. »Was ist das?« fragte Jean und blickte auf einen Haufen schmutziger Wäsche.

»Das ist für die Waschmaschine«, strahlte Diane.

»Und was ist damit?« fragte Jean und deutete auf eine Strumpfhose.

»Die wollte ich von Hand waschen.«

»Dann tun Sie es!« rief Jean, warf ihr die Strumpfhose ins Gesicht und eilte aus dem Bungalow.

Am gleichen Morgen kehrte die elfjährige Courtney weinend vom Swimmingpool der Hotelanlage zurück. Sie hatte sich weh getan und schrie nach ihrer Mutter. Diane rief im Strandhaus von Direktor Frankenheimer an, wo Ethel und Bobby untergekommen waren. Ethel rief später zurück und sagte Courtney am Telefon, sie und die Geschwister dürften den Tag mit den Eltern verbringen. Kaum hatte die Elfjährige aufgelegt, stürzte Jean herein. Sie war für die Kinder verantwortlich und warf Diane aufgebracht vor, ihre Autorität umgangen zu haben. »Jean drückte mich regelrecht gegen die Wand«, erinnerte sich Diane. »So etwas ist mir noch nie passiert. Es war wie in einem zweitklassigen Film.«

Die vielgerühmte Küste von Malibu wirkte an diesem trübsinnigen Tag grau und bedrückend, aber die Kinder der Kennedys wollten im Sand herumtoben. Obwohl noch sehr abgespannt, rannte Bobby mit den Sprößlingen über den nebligen Strand. Irgendwann zog er David aus dem Sog der Wellen und machte ein Nickerchen am Pool.

Am Abend fuhr John Frankenheimer Bobby und Ethel in seinem Rolls-Royce Silver Cloud zum Hotel *Ambassador* im Zentrum von Los Angeles, wo man die Wahlkampfzentrale eingerichtet hatte. Nach der Ankunft eilte Ethel mit Bobby durchs Getümmel vor den Suiten, teilte nach rechts und links Grüße aus und warf nette Worte in die Menge. In Bobbys Suite warteten, bunt gemischt, Anhänger und befreundete Journalisten. An einem solchen Tag waren Jean und Pat ebenso anwesend wie Steve, der die unten wartende Menge auf den Kandidaten einstimmte. Die drei ältesten der Kennedy-Kinder waren wegen der Schule an der Ostküste geblieben, während David, Michael, Courtney und Kerry den frühen Abend im Hotel in Los Angeles verbrachten, bevor man sie wieder zu den jüngeren Geschwistern Chris und Max in den Bungalow im Hotel *Beverly Hills* bringen würde.

Ethel war nicht gerne allein und fühlte sich in Gesellschaft am sichersten. Jetzt war sie unter Freunden. Vor einigen Tagen waren sie im offenen Wagen in San Francisco durch Chinatown gerollt. Als sie plötzlich einen lauten Knall hörte, warf sie sich auf den Wagenboden und kauerte sich zusammen. Als der letzte Knall verhallt war, bemerkte sie, daß Bobby immer noch stand und auf sie herabblickte. Es waren nur Feuerwerkskörper gewesen. Unter allgemeinem Gelächter war die Wagenkolonne weitergefahren.

Ethel hatte Angst vor weiteren Peinlichkeiten. Bei der Ankunft in Los Angeles hatte sie den Reportern begeistert zugerufen, sie freue sich über ihre Ankunft in »Anaheim«. »Um Himmels willen, Ethel«, ermahnte Bobby sie, »wenn du schon den Namen der Stadt verwechselst, dann sprich ihn wenigstens leiser aus.«

Die ersten Wahlergebnisse deuteten auf einen Sieg für Bobby hin. Als Ethel sich für einige Minuten in einem vorbereiteten Gästezimmer ausruhen wollte, saß er mit dem Romancier Budd Schulbert auf dem Bett und diskutierte. Angestrengt hörte sich Bobby das Anliegen seines Gesprächspartners an.

Sie scheuchte Bobby und Schulbert aus dem Raum, legte sich hin und versuchte, Kräfte für den gewaltigen Trubel zu sammeln, der sie unten im Ballsaal des Hotels in Kürze erwartete.

Später wurde sie von Bobby abgeholt.

Umringt von Beratern, Bundesbeamten und Politikern schritt er vor ihr durch den Ballsaal zum Podium. Ethel nahm ihren Ehrenplatz direkt hinter ihm ein. Wie schon so oft hörte sie sich stolz seine Ansprache an. Bobby begann wie gewöhnlich mit ein oder zwei Scherzen, dann sprach er seinen Anhängern Mut zu und schwor sie auf das kommende Rennen ein. »Und jetzt nach Chicago, dort holen wir uns den Sieg.«

Bevor er wieder in die Menge eintauchte, wies er seinen Leibwächter Bill Barry an, auf Ethel aufzupassen. Barry war normalerweise dazu abgestellt, Bobby den Weg durch die Menge zu bahnen und Ausschau nach möglichen Angreifern zu halten. Aber Ethel war schwanger, und deshalb war im Gedränge besondere Vorsicht geboten.

Seit dem Tod von John F. hatte Bobby bei seinen Auftritten überall zügellose Begeisterung ausgelöst. Er genoß die Ovationen und hatte sich von Indianapolis bis Los Angeles auf der Motorhaube seines Cabriolets zujubeln lassen und zahllose Hände geschüttelt. Verschärfte Sicherheitsvorkehrungen, die ihn von der Menge trennten, lehnte er ab. Wo sich der Jubel in Grenzen hielt, errichteten seine Mitstreiter Zäune, die im entscheidenden Augenblick weggezogen wurden, um eine Woge jubelnder Menschen gegen sein Fahrzeug anbranden zu lassen.

An diesem Abend gab es keinen Grund zur Vorsicht. Bobby war unter seinen Leuten. Sie waren über den Sieg außer sich vor Freude und fest davon überzeugt, daß er in Chicago das Rennen machen und im August zum Präsidentschaftskandidaten nominiert werden würde.

Ethel war im Pulk von Bobbys Leibwächtern bestens aufgehoben. Solange sie Schritt hielt, konnte ihr das Geschiebe und Gedränge nicht gefährlich werden. Bobby war direkt vor ihr. Sie hatte keine Ahnung, was nun auf dem Programm stand. Sie ließ sich durch die Menge, die »Wir wollen Bobby« skandierte, auf den Korridor hinaus führen und sah nichts als die Rücken ihrer dunkel gekleideten Beschützer. Dann knallte es dreimal unmittelbar vor ihr. Ein Knallfrosch, die Fehlzündung eines Wagens, schoß es Ethel durch den Kopf. Alles, aber keine Schüsse. Dreimal knallte es noch. Der 17jährige Irwin Neal Stroll warf sich schützend auf sie und wurde am linken Bein von einer Kugel getroffen. »Mein Gott«, schrie Ethel, »nehmt ihm die Waffe weg!« Eine Panik brach aus, Schreie gellten. »Nehmt ihm die Waffe ab!« Trotz lähmenden Entsetzens hatte Ethel nur den einen Gedanken, Bobby zu Hilfe zu eilen, ihn vor der Gefahr zu schützen. Bobbys Kopf lag in einer Blutlache. Im Kopf, im Nacken und unter der rechten Achselhöhle klafften Einschußlöcher. Er hielt einen Rosenkranz umklammert, den ihm ein Kellner in die Hand gedrückt hatte. Ethel kniete neben ihm nieder, murmelte verzweifelt etwas vor sich hin, berührte sein Gesicht und drückte Eiswürfel auf seine Wange.

Die Kinder schliefen schon längst in ihren Betten im Hotel *Beverly Hills*. Nur David saß mit Diane Broughton vor dem Fernseher. Der Viertälteste mußte noch nicht wie seine drei älteren Geschwister auswärts zur Schule. Er blickte fassungslos auf die Mattscheibe, wo Journalisten von den Schüssen auf seinen Vater berichteten. Diane legte ihm eine Decke über die Schultern und versuchte, ihn zu beruhigen.

Ethel beugte sich schützend über ihren Mann. Keiner würde ihm mehr etwas antun. Der Fahrer und der Notarzt des Rettungswagens schoben die Rollbahre an seine verkrümmte Gestalt am Boden. »Rührt ihn nicht an, ich bin seine Frau«, sagte Ethel und versuchte, den Arzt abzudrängen. Die Männer hoben Bobby auf die Bahre. Im Fahrstuhl auf dem Weg zum Rettungswagen herrschte Ethel die Männer an, doch leiser zu sprechen. Jean bahnte sich einen Weg zum überfüllten Fahrstuhl, aber als die Bahre zwischen den Männern der Begleitmannschaft rasch zum Rettungswagen gerollt wurde, blieb sie zurück.

Der Notarzt forderte Ethel auf, für seinen Bericht den Hergang des Vorfalls zu schildern. Ethel hatte genug. »Das interessiert mich einen

Dreck, was Sie wollen!« schrie sie ihn an und schleuderte das Berichtsheft hinten aus dem Wagen, als die Bahre mit Bobby hineingeschoben wurde. Für sie waren Notarzt und Fahrer zwei aus der Menge der Angreifer und Mörder. Während der zweiminütigen Fahrt ins Central Receiving Hospital schlug sie dem Arzt ins Gesicht. Am Eingang der Notaufnahme hatte sich ein Fotograf postiert. Ethel geriet außer sich. Sie schrie ihn an, stellte sich ihm in den Weg und vertrieb ihn.

»Bitte helfen Sie ihm! Bitte!« bettelte Ethel. »Bitte tun Sie ihm nicht weh!« flehte sie gebetsmühlenhaft. Der Unfallarzt Dr. Victor F. Bazilauskas wußte, daß lebensrettende Sofortmaßnahmen oft als Gleichgültigkeit gegenüber dem Schmerzen des Patienten erschienen. Er müsse Bobbys Herz massieren, versuchte er zu erklären. Nach einer Injektion Adrenalin setzte der Herzschlag wieder ein. »Das Herz schlägt wieder, wenn auch unregelmäßig«, erläuterte der Mediziner. »Jetzt gibt es wieder etwas Hoffnung.«

»Ich glaube Ihnen nicht«, sagte Ethel leise. »Er bewegt sich nicht. Er ist tot. Ich weiß, daß er tot ist.«

Ethel begleitete Bobbys Bahre ins Good Samaritarian Hospital, wo die Gehirnoperation vorgenommen werden sollte. Sie war dabei, als der vorbereitende Luftröhrenschnitt vorgenommen wurde, und sie begleitete die Bahre auf ihrem Weg in den Operationssaal. Angespannt ging sie auf dem Korridor auf und ab, während die Ärzte um Bobbys Leben kämpften. Als Pat und Jean eintrafen, überredeten sie ihre Schwägerin, sich etwas hinzulegen. Drei Stunden und vierzig Minuten dauerte die Operation. Teile des Gehirns waren zerstört, aber eine erstaunliche Lebenskraft hielt Bobbys Herz am Schlagen. Die Familie sorgte sich um Rose. Sie stand immer kurz nach Morgengrauen auf und schaltete dann den Fernseher ein.

Nach der Schreckensnachricht machte sich Rose für den gewohnten Gang zur Frühmesse fertig. In einem schwarzen Mantel und mit einem schwarzen Schal ließ sie sich zur Messe fahren. Begleitet von einem Blitzlichtgewitter und den Fragen, die ihr die Journalisten zuriefen, eilte sie in die Kirche. »Fühlen Sie sich genauso elend wie damals nach der Ermordung des Präsidenten?« hörte sie noch. Mit erstaunlich gefaßtem Gesicht setzte sie sich in die erste Reihe. Nach der Messe kehrte sie nach Hause zurück, stieg die Treppen zum Schlafzimmer ihres Mannes empor und teilte ihm die Neuigkeit mit. Gemeinsam beweinten sie ihr endloses Leid.

Aber Bobbys Herz schlug noch. Kathleen erfuhr von den Schüssen in Putney. Sie packte ihre Bücher zusammen und flog mit ihren ältesten Brüdern Joe II. und Bobby jr. nach Los Angeles. Eunice nahm in Paris eine Verabredung mit Madame de Gaulle wahr und flog anschließend mit Sarge und Joan, die sich bei ihnen in der Botschaft aufhielt, in die Vereinigten Staaten. Die Shrivers weinten auf diesem langen Flug nicht. Joan dachte »vor allem an Ted und seine familiären Verpflichtungen«. Jackie wurde in ihrer New Yorker Wohnung durch einen Anruf ihrer Schwester, Fürstin Lee Radziwill, geweckt: »Das kann doch nicht wahr sein«, stammelte sie. Sie charterte auf dem internationalen Flughafen John F. Kennedy umgehend eine Privatmaschine und flog nach Los Angeles.

Bobbys Herz schlug noch immer. Alle hatten sich im Raum des Klinikdirektors versammelt: Ethel, Jean, Pat, Jackie und Ted. Ted stand, zusammengekrümmt wie nach einem Faustschlag in die Magengrube, bei halb geöffneter Tür in der Toilette. Eine Schwester rollte einen Servierwagen mit alkoholischen Getränken herein. Die Kennedys bedienten sich und tranken hemmungslos, ohne betrunken zu werden. Jackie hielt sich als einzige zurück. »Die Kirche«, erklärte sie dem Pressesprecher Frank Mankiewicz nachdenklich, »kann man nur in Zeiten des Todes richtig ernst nehmen. Sonst besteht sie aus albernen Wichtigtuern ... Wir kennen den Tod. Wenn wir keine Kinder hätten, würden wir ihn begrüßen.«

Gegen 18.30 Uhr zeigten die Apparaturen, an die Bobbys Gehirn angeschlossen war, keinerlei Aktivität mehr an. Aber das Herz schlug noch immer. Die Kennedys hatten im Trauern inzwischen Routine. Während sie tranken, planten sie die Beisetzung: den Gottesdienst in der St. Patrick's Cathedral, die Überführung des Leichnams im Zug von New York nach Washington und seine Beerdigung auf dem Arlingtoner Nationalfriedhof nahe dem Grab John F. Kennedys. Gegen 0.30 Uhr wurden die Herzschläge langsamer. Ethel wachte bei Bobby und hielt seine Hand. Die anderen hatten sich zurückgezogen und ermöglichten ihr so einen letzten intimen Augenblick mit dem sterbenden Gatten. Nur die Pieptöne des Herzschlags waren noch zu hören. Bald waren sie verstummt.

* * *

Ethel ging den Mittelgang der regierungseigenen Maschine auf und ab, die mit Bobbys Sarg an Bord nach New York zurückflog. Von Zeit zu Zeit blieb sie stehen, um mit ihrer Familie oder Freunden ein paar Worte zu wechseln oder zu scherzen. Auf dem langen Flug vermittelte sie ihrer 16jährigen Tochter Kathleen das Bild der tapferen Kennedy-Frau, ein Bild resoluter Stärke, dem auch Jackie, Jean und Pat entsprachen. Irgendwann setzte Ethel sich neben den Mahagonisarg und nickte ein.

Während die Frauen trauerten, erfüllten die Männer ihre Pflicht. Nach der Landung auf dem Flughafen La Guardia erschien Ted in der vorderen Passagierluke. Bei ihm waren der 14jährige Joe II. und der 15jährige Robert jr. Die beiden waren fast noch zu jung, um mit anzufassen, als der Sarg aus der Maschine getragen wurde. Einer strauchelte und wäre fast gestürzt. Der Zorn von Bobbys Mitarbeitern war ungebrochen. Sie schoben Sarge beim Hinaustragen des Sarges beiseite: Er war als Botschafter nach Paris gegangen und hatte Bobby im Stich gelassen.

In der St. Patrick's Cathedral hielten die Männer einschließlich zweier von Bobbys Söhnen abwechselnd am Sarg Wache, während die weiblichen Kennedys in Schwarz in den Kirchenbänken saßen. Ted stellte sich beim Gottesdienst vor die gewaltige Trauergemeinde und beschwor wortreich das Andenken an Robert Kennedy: »Mein Bruder muß nicht idealisiert oder als bedeutender dargestellt werden, als er im Leben tatsächlich gewesen ist. Man muß ihn nur als einen tief moralischen, lauteren Menschen in Erinnerung behalten. Er hat Unrecht gesehen und wollte es beheben, er hat Leiden gesehen und wollte es heilen, und er hat Krieg gesehen und wollte ihn beenden ... Und oft und in vielen Teilen dieses Landes sagte er denen, mit denen er Kontakt hatte und die den Kontakt zu ihm suchten: ›Einige sehen die Dinge und fragen sich, warum sie so sind. Ich aber erträume mir Dinge, die es niemals gab, und frage mich, warum es sie denn nicht geben sollte.‹«

Nicht einmal in den Stunden der Trauer waren die Kennedys vor Gewalt und Tod sicher. Ein Trauergast versuchte in der Brieftasche eine ungeladene Pistole in das Gotteshaus zu schmuggeln, während ein zweiter am Seitenportal dabei ertappt wurde, wie er in das Innere des Gebäudes zu feuern versuchte. Hunderttausende säumten den Schienenweg von New York nach Washington, um dem vorüberfahrenden Leichnam Robert Kennedys die letzte Ehre zu erweisen: Zwei der Trauernden gerieten unter den fahrenden Zug.

Ethel schritt durch die 21 Waggons und grüßte die Menschen draußen. Als ältester Sohn erfüllte Joe II. die gleiche Pflicht. Rose saß mit fast schaurig gelassener Miene in ihrem Sessel. Unter den Trauergästen befand sich Herzog Andrew von Devonshire. Die Mutter des Herzogs hatte sich, nachdem Kathleen durch den Tod ihres Sohnes zur Witwe geworden war, mit Rose angefreundet und jetzt, fast ein halbes Jahrhundert später, ihren zweiten Sohn zu Bobbys Beisetzung geschickt. Nach mütterlicher Anweisung hielt sich der Herzog diskret im Hintergrund, wollte Rose auf der Fahrt nach Washington aber persönlich das Beileid aussprechen. »Ich schied von ihr in der Überzeugung«, erinnerte sich Andrew später, »daß nicht einmal der Tod ihres dritten Sohnes sie in ihrem Glauben erschüttern konnte. Die Dinge dieser Welt bedeuteten ihr nichts mehr. Wenn ich je mit einem beispielhaften Glauben konfrontiert worden bin, so war es dieser. Wir verweilten nicht beim Tod ... Wir sprachen mehr über meine als über ihre Familie.«

Auf dem Nationalfriedhof von Arlington wurde Bobby in einer Frühlingsnacht ohne Salutschüsse und Ehrengarde beigesetzt. Der Ex-Astronaut John Glenn reichte Ted die aufgerollte Flagge. Ted gab sie Joe II., und der reichte sie an Ethel weiter. Dann trugen die Sargträger, angeführt von Bobby jr., den Sarg an seinen Bestimmungsort, der keine 20 Meter südöstlich vom Grab John F. Kennedys lag. Hinter dem Sarg schritten die anderen der Familie, zunächst Ethel, dann Kathleen, Rose, Pat, Jean und Eunice. Alle knieten am Grab nieder und küßten den Mahagonisarg.

Als die Familie in dieser mondhellen Nacht den Friedhof von Arlington verließ, hatte Bobby seinen Platz im Pantheon neben Joe jr. und John F. gefunden. Ethel nahm Erinnerungen mit nach Hause, Erinnerungen an Stunden des Glücks, an Versprechungen und Hoffnungen. Wie John F. war Bobby jetzt unsterblich, gefeit gegen faule Kompromisse und sicher vor schlechten Erfahrungen. Und kein Sterblicher konnte sich mit ihm jetzt noch messen. Auch Bobbys Schwestern trauerten, obwohl für Eunice kein Schmerz größer sein konnte als der über den Verlust ihres Bruders John F. Pat und Jean, den jüngeren, war Bobby ein lieber Bruder und guter Freund gewesen, und keiner konnte je an seine Stelle treten. In ihrer Erschütterung vermochten sie über seinen Tod nicht einmal richtig zu reden.

Von Bobbys Kindern hatte den Vater keines besser gekannt, leidenschaftlicher geliebt und heftiger verehrt als die 16jährige Kathleen. Sie erwies ihrem Vater bei den Frauen, nicht bei den Kindern die letzte Ehre. Erinnerungen an den lieben Vater halfen ihr über Schmerz und Verzweiflung hinweg.

24

»Und erlöse uns von dem Bösen ...«

Ethel schwankte zwischen tiefer Verzweiflung, chronischer Reizbarkeit und rastlosem Aktivismus. Nach Bobbys Tod sollten ihr Ältester Joe II. und seine jüngeren Brüder in die Fußstapfen des Vaters treten. Doch Joe, ein mittelmäßiger Student an der Milton Academy, hatte weder die rasche Auffassungsgabe noch die sozialen Fähigkeiten des Vaters. Ethel setzte ihn beim Essen trotzdem auf Bobbys Platz an der Stirnseite des Tischs. Der unreife 16jährige kam mit der neuen Rolle des Familienvorstandes noch nicht zurecht: Als Kerry zu laut schmatzte, verpaßte er ihr eine Ohrfeige, woraufhin Ethel ihn 100mal die Treppe hinauf- und wieder hinuntersteigen ließ.

Die drei ältesten Söhne Joe II., Bobby jr. und David hatten das launenhafte Temperament ihrer Mutter geerbt, während sich die Töchter eher still im Hintergrund hielten. In Sommer 1968 wurden sie zur Messe geschickt, um für die Seele ihres Vaters zu beten. Daß Söhne anders als Töchter Vaterfiguren benötigten, war geradezu selbstverständlich. Ted, das jetzige Oberhaupt des Clans, verbrachte viel Zeit mit Joe II., der die Rolle des Familienoberhauptes mit ihm teilte. Dagegen diente Lem Billings dem 14jährigen Bobby jr. als Ersatzvater. In diesem Sommer nahm er ihn auf eine Fotosafari nach Afrika mit. Bobby hielt die Etappen des Abenteuers in einem Tagebuch fest. Joe II. reiste dagegen auf Hemingways Spuren nach Spanien, zog sich beim Kampf mit einem Jungbullen eine leichte Verletzung zu und knatterte mit einem Freund auf Motorrädern durch die andalusische Landschaft. Der 13jährige David und sein gleichaltriger Cousin Chris flogen zum Tennisspielen und Skifahren nach Österreich, wo David erste sexuelle Erfahrungen mit einem Mädchen machte.

Kathleen hatte vor dem Tod ihres Vaters versprochen, im Sommer in einem Indianerreservat in Arizona zu arbeiten, und flog mit einer Freundin aus Putney in den Südwesten der USA. Die Freiwilligen waren zumeist Söhne und Töchter aus der amerikanischen Oberschicht, Studenten von der Princeton University und Mitglieder der radikalen Bewegung »Studenten für eine demokratische Gesellschaft«.

Morgens unterrichtete Kathleen Indianerkinder in Englisch, nachmittags pflanzte sie Pistazienbäume und half beim Bau eines Dokumentationszentrums aus luftgetrockneten Lehmziegeln, und abends saß sie bei den Studenten, die über den Aufbau einer Indianerbewegung debattierten. Kaum war der Sommer vorbei, verdorrten die Bäumchen, die Indianerkinder verlernten ihr Englisch, und die Revolution der Indianer lag wieder auf Eis.

Es mochte lächerlich und gefährlich sein, wenn sich eine Schar Jugendlicher aus der Oberschicht für die Revolution der Indianer stark machte, aber Kathleen hatte das Bedürfnis nach einem gesellschaftlich nützlichen Leben, das ihr geistige Anregungen bot und sie zugleich körperlich forderte. In Sommer 1968 machte sie ihrem ermordeten Vater sicher mehr Ehre als ihre Brüder.

Ursprünglich hatten die Kennedys geplant, den Sommer bei Bobbys Nominierung zum Präsidentschaftskandidaten in Chicago zu verbringen. Jetzt, sieben Wochen nach dem Attentat, flog nur Eunice in die Großstadt im Mittelwesten, allerdings nicht zum Parteikonvent, sondern zu den *Special Olympics*, den ersten Olympischen Spielen für geistig Behinderte, die am 20. Juli 1968 mit über 1000 Teilnehmern aus 26 Bundesstaaten und aus Kanada stattfinden sollten.

Angeregt worden waren die Spiele von der Sportlehrerin Anne Burke aus Chicago, die sich mit ihrem Vorschlag im Frühjahr an die Kennedy-Stiftung gewandt hatte. Der kanadische Behindertenspezialist Dr. Frank Hayden hatte Eunice sein Konzept vorgestellt, und sie hatte mit gewohnter Voraussicht vorgeschlagen, die Spiele auf nationaler Ebene zu veranstalten, und für eine entsprechende Finanzierung durch die Stiftung gesorgt.

Mehrere Monate lang bereitete ein kleines engagiertes Team die *Special Olympics* in den Soldier's Fields, dem großen Stadion von Chicago am Michigan-See, vor. Am Ende des Football-Feldes wurde ein über 27 Meter langer Swimmingpool mit einer Tiefe von nur ungefähr einem Meter angelegt: Da die Teilnehmer der Spiele zu öffentlichen Schwimmbädern und Sportanlagen oft keinen Zutritt hatten, konnten die meisten nicht schwimmen.

Die spindeldürre Eunice eröffnete die Spiele in einem grünen kurzärmeligen Kleid vor einem fast leeren Stadion. Ganze 1000 Zuschauer verloren sich auf den Rängen und boten einen Anblick, der alle hochfliegenden Visionen scheinbar zum Absturz brachte. Doch Eunice blickte gespannt auf das Spielfeld, wo zahllose Mädchen und Jungen aus ganz Amerika von Trainern mit klangvollen Namen betreut wurden, unter ihnen Olympiasieger wie Rafer Johnson und Jesse Owens und bekannte Footballstars. »Im alten Rom«, begann Eunice mit leicht zitternder Stimme, während sie die Worte wie einst ihr Bruder mit der linken Hand dirigierte, »sprachen die Athleten beim Einzug in die Arena folgende Worte: ›Laßt mich gewinnen, doch gewinne ich nicht, laßt mich bei meinem Versuch tapfer sein.‹ Ihr alle seid heute in der Arena. Viele von euch werden gewinnen, aber wichtiger ist, daß ihr tapfer seid und euren Eltern und eurem Land Ehre macht. Die Olympischen Spiele sind eröffnet.«

Fast keiner dieser Jungen und Mädchen hatte je an einem Wettkampf teilgenommen. Manche hatten noch nicht einmal eine Veranstaltung besucht, bei der Gold, Silber und Bronze vergeben wurde. Hier war darüber hinaus jedem Teilnehmer ein Siegerband sicher. Gelaufen wurden maximal 300 Meter, eine Strecke, die einige Teilnehmer ohne Pause nicht bewältigten. Trotzdem wurden sie bis zur Ziellinie angefeuert, und der letzte erntete nicht weniger Applaus als der erste. Eunice blieb nicht bei der Prominenz auf der Tribüne, sondern ging zum Spielfeld hinunter und feuerte die jungen Athleten enthusiastisch an. Zu Hause in Timberlawn hatte sie gesehen, daß sie mehr leisten konnten, besser schwammen, weiter sprangen und schneller liefen, als irgendjemand sich vorgestellt hätte.

Als die Teilnehmer der Olympiade am Ende des Tages eine letzte Stadionrunde drehten, salutierte Eunice begeistert.

Das Sportereignis erhielt freilich nicht die erhoffte Publizität. Die Redakteure der Zeitschrift *Life*, die offiziöse Hofpostille der fotogenen Kennedys, wollte die Leser lieber nicht mit unschönen Bildern behelligen. Auch hatte es bei der Veranstaltung alle möglichen Pannen gegeben, doch Eunice war überzeugt, mit der Schaffung eines speziellen Komitees zur Ausrichtung der *Special Olympics* innerhalb der

Kennedy-Stiftung die Probleme beim nächsten Mal in den Griff zu bekommen.

***

Ethel war mit Bobbys elftem Kind schwanger, für sie ein unschätzbares Glück. Obwohl schon im sechsten Monat, spielte sie in Hyannis Port Tennis und bestritt an der Seite von Jim Whittaker, dem Gipfelstürmer des Everest, ein Doppel gegen Art Buchwald und Andy Williams. Ethel ging nichts über ein Mannschaftsspiel, und jedesmal, wenn sie einen wichtigen Ball verschlug, sank sie in die Knie und stieß ihren Kopf mehrmals gegen den Boden.

Im Oktober hatte sie fast eine Fehlgeburt. Von da an verbrachte sie ihre Tage in einem großen Bett oben in ihrem Schlafzimmer in Hickory Hill. Ted rief Luella in Massachusetts an und bat sie zu kommen. »Das Baby bedeutet ihr sehr viel«, sagte er. Die Krankenschwester setzte sich in die nächste Maschine und betreute Ethel in den verbleibenden Tagen ihrer Schwangerschaft. Die sieben jüngeren Kinder, die noch immer zu Hause wohnten, brachten ihrer Mutter Butterblumen oder Gänseblümchen ans Bett, berichteten aus der Schule, umarmten und küßten sie. Ethel verließ das Bett nicht einmal, um an der im Haus stattfindenden Pressekonferenz teilzunehmen, bei der Ted die Gründung der Robert F. Kennedy Memorial Foundation bekanntgab. Sie hütete bis zum 11. Dezember eisern das Bett, wurde dann in die Universitätsklinik von Georgetown eingeliefert und am nächsten Tag durch Kaiserschnitt von einem Mädchen entbunden. Das Kind, es wog etwas über acht Pfund, erhielt den Namen Rory Elizabeth Katherine Kennedy.

In der amerikanischen Öffentlichkeit galt Ethel als eine bedauernswerte Frau, deren Unglück selbst noch Jackies Leid übertraf. Nach dem Meinungsforschungsinstitut Gallup wurde sie von allen Frauen in Amerika am meisten bewundert; an zweiter Stelle rangierte Rose Kennedy. Von ihrem Leben als Witwe hatte sie eine völlig andere Vorstellung als Jackie, die sich nicht zu einem nationalen Symbol der Trauer hatte machen lassen und mit ihren beiden Kindern nach New York gezogen war, um alte Kontakte wieder aufzunehmen.

Dagegen wollte Ethel den Rest ihres Lebens dem Andenken ihres Mannes widmen. »Können wir nicht in Hickory Hill bleiben?« fragte

Kathleen, und Ethel entsprach ihrer Bitte, obwohl alles im Haus an Bobby erinnerte. Ethel verfügte über genug Geld, Energie und Selbstbewußtsein, um sich eine eigene Welt zu schaffen. Da Bobby ein unerschütterlicher Optimist gewesen war, wollte sie ihn mit ihrer Familie betrauern, indem sie alle Trauer aus ihrer Nähe verbannte. Gelächter, keine Tränen sollten sein Andenken hochhalten. Wenn Freunde zum Essen kamen, gab es keine angeregten Unterhaltungen über verschiedenste Themen mehr wie zu Bobbys Lebzeiten. Das hätte zu trübsinnigen Gedanken führen können, und Ethel, ohnehin keine Freundin von oberflächlichem Geplauder, löste mit den Gästen lieber Silbenrätsel oder machte mit ihnen Gesellschafts- und Fragespiele. »So, und jetzt ein Rennen«, verkündete sie nach einem Abendessen und ließ ihre Gäste über den Rasen sprinten.

Da Ethel an Bobbys Leben intensiven Anteil gehabt hatte, war der Kreis ihrer Freunde fast derselbe gewesen. Sie kamen nach wie vor nach Hickory Hill und lernten dort das Lachen. »Wenn sie niedergeschlagen ist, läßt sie sich nichts anmerken«, berichtete Buchwald, der Clown im Haus. Bei ihr herrschte niemals betretenes Schweigen, dafür aber oft gezwungenes Gelächter.

Ethel war umgeben von einer Atmosphäre der Beflissenheit. Von jeher hatte sie den Damen, die sie auf Reisen begleiteten oder Botengänge für sie erledigten, im aufreibenden Trubel von Hickory Hill allerhand zugemutet. Das gleiche verlangte sie noch immer von ihnen, doch führte die Straße von Hickory Hill nicht mehr ins Weiße Haus, so daß die ehrgeizigeren Damen ihre Kontakte anderswo suchten. Und die wirklichen Freundinnen erkannten langsam ihren Eigennutz und gingen auf Distanz. Auch war ihr Umgang mit dem Hauspersonal berüchtigt. Dienstmädchen, Köche und Gärtner hielten es bei ihr selten lange aus, so daß ein ständiger Personalwechsel zum Leben von Hickory Hill gehörte. Ausnahme war die aus Costa Rica stammende Ena Bernard. Sie vertrat Ethel bei Abwesenheit und kümmerte sich um ihre Kinder wie eine Mutter.

Als Ethel für Bobby eine Gedenkmesse plante, half ihr eine Gruppe von Damen in Hickory Hill bei den Vorbereitungen. Ethel nahm den Ablauf der Veranstaltung genauestens unter die Lupe, erhob zahlreiche Einwände, unter anderem gegen die Farben des gedruckten Programms. Obwohl die Frauen fast sechs Stunden bei ihr zubrachten, bot sie ihnen nicht mehr als ein kühles Getränk an. Sie stimmte zwar zu, daß die *Battle Hymn of the Republic* gesungen werden sollte, wollte sie im Programm aber mit dem Refrain *Glory Glory Hallelujah* ankündigen lassen, da ihr eine Kriegshymne für den Anlaß ungeeignet schien. Kaum hatte sie den Damen dies eröffnet, stand sie auf und eilte ins obere Stockwerk. »Kommt sie noch einmal zurück, um sich zu bedanken oder wenigstens auf Wiedersehen zu sagen?« fragte eine der Zurückgebliebenen, und eine andere antwortete: »Nein, ich glaube, das war's.«

Ethel hatte ausgesprochen schlechte Manieren, die sie als Erblast an den Kennedy-Nachwuchs weitergab. Sie engagierte einen Tennisprofi, der ihre Kinder, Teds Jüngsten Patrick und Jeans Jüngsten Willie unterrichtete. Nachdem er ihnen auf dem Platz Bälle zugespielt hatte, forderte er sie auf: »So, Jungs, jetzt sammeln wir die Bälle wieder ein. Wer die meisten bringt, spielt eine halbe Stunde extra mit mir. Was meint ihr?«

»Sammeln Sie die Bälle doch selber ein«, murrte Patrick. »Dafür bezahlen wir Kennedys Leute wie Sie.«

Als der Tennislehrer mit David allein trainierte und den Spielstand aus pädagogischen Gründen ausgeglichen zu halten versuchte, stellte er plötzlich fest, daß sein Schüler schummelte: Selbst wenn der Ball 15 Zentimeter vor der Grundlinie im Feld aufschlug, behauptete er, er sei Aus gewesen.

Der Trainer bat Ethel, das Spiel zu beobachten. Sie war eine routinierte Spielerin, und so konnten ihr die Tricks ihres Sohnes kaum entgehen. »Ist Ihnen etwas aufgefallen, Mrs. Kennedy?« fragte der Tennisprofi hinterher. Ethel verneinte. Der Lehrer insistierte, David entscheide bei manchen Bällen fälschlich auf Aus. »Ich bezahle Sie dafür, daß Sie ihm Tennis beibringen, nicht Moral«, gab sie zurück und verschwand.

* * *

An einem Nachmittag im Oktober erhielt Rose einen interessanten Anruf von ihrer jüngsten Tochter Jean. Jean teilte ihr mit, daß Jackie, zu der sie noch immer enge Beziehungen unterhielt, sie demnächst anrufen und von ihrer Heirat mit Aristoteles Onassis unterrichten werde. Verblüfft legte Rose den Hörer auf die Gabel. »Ich war wirklich überrascht«, schrieb sie in ihr Tagebuch. »Ich wußte, daß er hier gewesen war, aber da sie nach dem Tod von John F. auch anderen Besuch gehabt hatte, nahm ich die Sache nicht sehr ernst.« Für Rose war diese Heirat unvorstellbar. Sie hatte gewußt, daß Jackie wieder mit Männern ausging, so etwa mit Lord Harlech, ihrem alten Freund. Den Tankerkönig hatte sie bereits persönlich gesehen und konnte sich einfach nicht erklären, warum Jackies Wahl gerade auf ihn gefallen war.

Das genaue Datum der Hochzeit erfuhr Rose erst zwei Tage vorher von Jean. Sie wurde an den wichtigen Entscheidungen der Familie also nicht mehr beteiligt. Alle hatten seit Monaten von den Vorbereitungen gewußt. Ted hatte Onassis im August auf seiner Insel Skorpios besucht, um nötige Übereinkünfte vor der Heirat zu treffen. Wenn Rose nicht zugegen gewesen war, hatten die anderen Mitglieder der Familie sicher stundenlang über die Heirat diskutiert. Selbst ihre besten Freundinnen, Kardinal Cushing und einige Nachbarn waren auf dem laufenden gewesen. »Ihre Romanze spielte sich vor meinem Haus auf der Straße ab«, erinnerte sich Larry Newman, der die Aktivitäten der Kennedys von seinem Haus aus genau verfolgen konnte. »Sie nahmen dort gewöhnlich ein Mittagessen mit Champagner, spazierten dann beschwingt die Anhöhe vor meinem Haus hinauf und kamen später pfeifend wieder herunter. Ich fragte mich jedesmal: ›Mein Gott, was findet sie nur an dem Kerl?‹«

Rose durfte das Rätsel als letzte lösen. »Jackie rief später an«, schrieb sie in ihr Tagebuch. »Zu dem Zeitpunkt war ich schon wieder sehr gelassen.« Die gutgemeinte Geheimniskrämerei, mit der ihre Kinder sie gegen unangenehme Neuigkeiten abschirmen wollten, hatte den gegenteiligen Effekt und traf Rose sehr hart. Sie hatte von Jackie keine Witwenverbrennung erwartet, sich aber doch gewünscht, von ihr als eine der ersten über ihren Schritt unterrichtet zu werden. Sie hätte ihr einen Ratschlag gegeben und ihr auch gerne gratuliert. Jetzt aber stand sie vor vollendeten Tatsachen und durfte sich die Enttäuschung nicht einmal anmerken lassen.

Als Rose von ihrem Chauffeur auf die Heirat angesprochen wurde, antwortete sie: »Ich weiß es seit einiger Zeit. Ari hat meine Einwilligung erbeten.«

»Sie war die einzige«, erinnerte sich Jackie, »die mir Mut machte und sagte, er sei ein anständiger Mensch und ich solle mir keine Sorgen machen. Sie war so großzügig. Ich war mit ihrem Sohn verheiratet und hatte Kinder von ihm, und ausgerechnet sie riet mir zur Heirat mit Ari.«

Rose mochte ihre Schwiegertochter unterstützen, aber Millionen von Amerikanern sahen in Jackies Entschluß einen Verrat an dem Bild, das sie sich von ihr gemacht hatten. Onassis war eher häßlich und kein Mann von edler Herkunft, sondern ein milliardenschwerer griechischer Neureicher, der sie wie eine Kriegsbeute auf seine Insel verschleppte. »Die Menschen sind verärgert, schockiert und bestürzt«, verkündete die Schlagzeile in der *New York Times*.

Jackie war die Gewalt in Amerika, die sich immer wieder gegen Träger des Namens Kennedy richtete, unerträglich geworden. Onassis bot ihr märchenhaften Reichtum und mehr Sicherheit als jeder Geheimdienst. Zur Hochzeit verehrte er ihr ein von Brillanten umrahmtes herzförmiges Arrangement aus Rubinen im Wert von 1,2 Millionen Dollar. Kampfhunde sorgten auf seiner Insel Skorpios dafür, daß niemand ihre Privatsphäre zu stören wagte.

Für den 62jährigen Onassis, der sich gerne mit Schönheiten und Prominenten schmückte, war seine 39jährige Braut eine Errungenschaft von unschätzbarem Wert. Sie war schön wie ein Filmstar und hatte die geschliffenen Umgangsformen einer Königin. Obwohl Onassis scherzte, sie komme mittellos in die Ehe, brachte sie eine Mitgift ein, deren Wert für ihn kaum abzusehen war. Über diesen Aspekt der Heirat wußte John W. Meyer Bescheid, der sich selbst als »Adjutant« des Tankerkönigs bezeichnete. Meyer sprach oft in seiner Wohnung in Palm Beach in Florida mit der schönen Rita Whitely, die zu den oberen Zehntausend gehörte. »Johnny redete gerne«, erinnerte sich Rita, »und ich hörte gerne zu. Er verriet mir einmal, Onassis sei sich durchaus bewußt, daß Jackie eine nationale Ikone war, und spekuliere deshalb darauf, daß ihm die US-Regierung nach der Hochzeit nicht mehr im Nacken sitzen werde. Die Regierung war hinter Onassis her, und er erhoffte sich jetzt, nicht nur in Ruhe gelassen zu werden, sondern auch seinen Superhafen in New Hampshire bauen zu können.«

Onassis hatte Jackie schon zu Bobbys Lebzeiten ernsthaft umworben. Bobby mochte Onassis nicht. Als Jackie ihn im Frühjahr telefonisch von ihren Heiratsabsichten in Kenntnis setzte, war er zunächst sehr wütend. Onassis wußte, daß Bobby, wenn er Präsident würde, seine Geschäfte durchkreuzen konnte, daß er aber nie die neue Ehe seiner früheren Schwägerin ruinieren würde. Und jetzt, nach Bobbys

Tod und seiner Heirat mit Jackie, konnte er wieder ungehindert seinen Geschäften nachgehen. Verglichen mit dem Nutzen seiner Ehe waren die Juwelen für Jackie und die Kosten für ihre Extravaganzen geradezu ein Trinkgeld.

Da Jackie ihren Hausstand in Hyannis Port aufrechterhielt, riß der Kontakt zum Kennedy-Clan nicht ab. Als fürsorgliche Mutter wollte sie Caroline und John jr. ihrem vertrauten Umfeld nicht entreißen. Auch wenn ihre Mutter einen griechischen Milliardär heiratete, sollten sie Kennedys bleiben und die enge Freundschaft zu ihren Cousins und Cousinen aufrechterhalten. »Jetzt wohnen in allen Häusern [in Hyannis Port] Eltern mit Kindern«, sagte sie. »Die Kinder fliegen aus und heiraten, aber sie werden immer wiederkommen. Man braucht einen Ort, an dem man sich zu Hause fühlt, auch wenn es dieses Zuhause nicht mehr gibt.«

Rose besuchte Jackie in Griechenland. Onassis stieg mit ihr an einem Abend die Akropolis hinauf. Der Abstieg verlief durch ein kleines Blitzlichtgewitter von Fotografen, die sich zwischen Büschen versteckt hatten. Trotz ihrer anfänglichen Vorbehalte verstand Rose Jackies Entscheidung nur zu gut. Der griechische Reeder erinnerte sie an ihren eigenen Ehemann. Beide waren gleichsam Freibeuter, die es genossen, wenn sie dünkelhafte Konkurrenten aus dem Rennen werfen konnten. Beide liebten ihre Familien abgöttisch und waren zugleich für Seitensprünge bekannt. Beide hatten eine Affäre mit Gloria Swanson gehabt. Und obwohl beide rüde Umgangsformen hatten, konnten sie erstaunlich nett und charmant sein.

Wie einst Joe hatte auch Onassis in eine höhere gesellschaftliche Schicht eingeheiratet. Allerdings war Rose, obwohl die Tochter eines Bürgermeisters, keine so gute Partie gewesen wie jetzt Jackie. Für Onassis war sie gleichsam ein glitzernder Edelstein, der erst in der richtigen Fassung voll zur Geltung kam. Er behandelte sie am Anfang der Ehe wie eine Königin, und Jackie legte zeitweise entsprechende Allüren an den Tag. Bei einem Besuch in Palm Beach arrangierte Onassis auf der *Christina* allein für Jackie eine Modenschau. Vor der Präsentation wurden die Mannequins darauf aufmerksam gemacht, sie hätten beim Gang über den Laufsteg auf Mrs. Onassis' Beine, niemals aber in ihr Gesicht zu blicken. Bei einem Landausflug verlangte Jackie einmal von James Connor, einem Polizeibeamten aus Palm Beach, der nebenberuflich für die älteren Kennedys arbeitete, sie sofort zur Yacht zurückzubringen. Da Connor auf Rose warten mußte, bat er um einen Augenblick Geduld. Jackie bestand darauf, sofort aufzubrechen.

»Tut mir leid, ich muß auf Mrs. Kennedy warten«, widersprach ihr der Beamte.

»Sie sind entlassen!« teilte Jackie ihm mit. Rose erschien gerade noch rechtzeitig, um das Ende der Auseinandersetzung mitzubekommen. »Du kannst ihn nicht entlassen, Jackie«, sagte sie. »Er arbeitet für mich.«

***

Rose war um ihre Kinder noch immer besorgt. Von Sarges Ernennung zum Botschafter war sie entzückt, doch erschreckte sie der Gedanke, daß ihre Tochter verschlampt, mit Laufmaschen in den Strümpfen und unfrisiert in die Welthauptstadt der Haute Couture fliegen würde. Als sie erfuhr, daß sich ihre Freundin Gloria Guinness an der Neuausstattung der Residenz des Botschafters beteiligte, schrieb Rose ihr, sie möge sich doch bitte weniger um den Kauf neuer Möbel kümmern als vielmehr Eunice bei der Wahl neuer Kleider beraten. Eunice besaß immerhin genug diplomatischen Instinkt, um einzusehen, daß ihr Äußeres in Paris eine große Rolle spielte. Nur wenige, die sie in ihrer neuen Eleganz sahen, hätten sich träumen lassen, welche Verwandlung sie durchgemacht hatte.

Eunice rief ihre Mutter aus Paris regelmäßig an und wußte zahlreiche Ereignisse aus ihrem Leben als Frau des Botschafters zu berichten. Auch Pat telefonierte mit Rose oft, trieb mit ihr angeregt Konversation und zeigte gute Laune. Sie hatte ein wichtiges Projekt im Auge: ein Buch mit ihren Erinnerungen an Bobby, das sie privat drucken lassen wollte. Robert F. Kennedy war für sie kein Held der Geschichte gewesen, sondern ein Bruder und Freund, an dem sie sehr gehangen hatte, ein »warmherziger und liebevoller Mensch«, so ihr Buch *That Shining Summer.* Nach den schlimmen Jahren, in denen sie ihren Kummer im Alkohol zu ertränken versucht hatte, wollte sie keine Traurigkeit verbreiten. Vielmehr sollte das ganze Buch mit ihren Erinnerungen an die Kindheit, den Vater Joe und John F. Fröhlichkeit ausstrahlen: Sie läßt darin verblassende Bilder, halb vergessene Anekdoten, Momentaufnahmen und andere Fetzen aus dem Nebel von Gefühl und Erinnerung auftauchen und sogleich wieder verschwinden.

Jean hingegen hatte für ihre Mutter nicht soviel Zeit. Sie war reizbar und hielt zu Rose wie überhaupt zur gesamten Familie kritische Distanz.

Ted, der jüngste und nunmehr der einzige Sohn, war Roses Liebling. Opferbereit verbrachte er fast mehr Zeit bei den Eltern in Hyannis Port als zu Hause auf Squaw Island. Rose vergötterte ihn. Er erfüllte alle familiären Pflichten als letzter Sohn mit dem vorbildlichen Eifer eines Kennedy. In diesem Frühjahr hatte er mit persönlichen Besuchen mehrere Sponsoren in den gesamten USA aufgetan, die für die Schulden aus Bobbys Wahlkampf aufzukommen bereit waren. Ted, der nach seinem Flugzeugabsturz noch immer einen Stützverband tragen mußte, klagte niemals über die Vielzahl seiner Aufgaben. Er hatte sich um Ethel und ihre Kinder gekümmert wie um die anderen Schwestern und um Jackie. In den Augen seiner Mutter war er der edelste Sproß einer noblen Familie.

Auch für seinen Vater war Teddy der Liebling. Seit seinem Schlaganfall hatten seine Augen stets aufgeleuchtet, wenn er vor Lebhaftigkeit sprühend zu ihm gekommen war. Im Frühsommer 1969 begann der alte Mann abzubauen und war dann »selbst dieses Fünkleins beraubt«, so Rose. Joe verließ sein Zimmer kaum noch. Er lag in seinem Bett und konnte außer Speiseeis oder Säuglingsnahrung nichts mehr zu sich nehmen.

Von Teds anderer Seite wußten Rose und Joe kaum: Als er im April aus Alaska zurückkehrte, wohin er in seiner Eigenschaft als Vorsitzender eines Unterausschusses gereist war, hörten ihn Reporter völlig betrunken lallen: »Man wird mir den Arsch abschießen, so wie man Bobby abgeknallt hat.« Auch von seiner zerrütteten Ehe wußten die Eltern nichts. Einer seiner engsten Freunde hatte ihm vorige Weihnachten seine Affären vorgehalten und Joan Vorwürfe wegen ihrer Trinkerei gemacht. Rose hatte zu ihrer jüngsten Schwiegertochter nur noch wenig Kontakt. Joan wußte, daß sie bei ihrer Schwiegermutter anständig aussehen und sich anständig benehmen mußte. Die wenigen Male, wenn sie sie besuchte, war sie unsicher und nervös und saß wie auf Kohlen.

Rose ging allmorgendlich zur Messe, spielte dann eine Runde Golf und spazierte schließlich den Strand entlang. Gesellschaftliche Veranstaltungen besuchte sie nur selten. Am 19. Juli 1969 nahm sie eine Einladung zu einer Gartenparty der Kirchengemeinde St. Francis

Xavier an. Als sie das Haus verlassen wollte, teilte ihr Ann Gargan mit, Ted habe auf der Insel Chappaquiddick einen Unfall gehabt. Eine Sekretärin sei ertrunken. Kurz darauf traf Ted ein. Er war mit einem Privatjet gekommen und zum Haus gefahren worden.

Ted eilte zu seinem stummen Vater nach oben, legte ihm die Hand auf die Schulter und berichtete von der Tragödie. »Ich sage die Wahrheit, Dad«, verkündete er erschüttert. »Es war ein Unfall.« Joe nahm die Hand seines Sohnes und drückte sie fest an seine Brust. In einem solchen Augenblick hätte er früher alle Kräfte, alle List und allen Verstand mobilisiert, aber jetzt war alles in ihm erloschen. Er konnte seinem Sohn nicht mehr helfen. Joe schloß die Augen, und Ted verließ den Raum.

Ted eilte nicht zu seiner Mutter, um ihr die tragischen Neuigkeiten zu berichten. »Ich habe mit ihm niemals darüber gesprochen«, verriet Rose zweieinhalb Jahre später. Die Einzelheiten des Unglücks, bei dem Ted eine Frau in den Tod gefahren hatte, erfuhr sie aus dem Fernsehen, den Zeitungen und aus Gesprächen in der Familie. Ted war von Washington auf die kleine Insel Martha's Vineyard geflogen, um an der Regatta von Edgartown teilzunehmen. Das darauf folgende Wochenende wollte er auf der kleinen Insel Chappaquiddick verbringen, wo für sechs junge Mädchen eine große Party gegeben werden sollte, als Dankeschön für ihren aufopferungsvollen Einsatz in Bobbys Wahlkampf. Am Freitagabend trank er ein paar Flaschen Bier auf der *Victura,* die bei der Regatta Platz neun belegte, dann Cola mit Rum auf dem Siegerschiff und abends wieder Bier im Shiretown Inn in Edgartown. Dort schmiedete er Pläne für die Nacht.

Teds Chauffeur John »Jack« Crimmins fuhr ihn zur Fähre und setzte mit ihm nach Chappaquiddick zur Party über. Obwohl unter den Gästen neben sechs verheirateten Männern sechs weibliche Singles waren, benutzte der Senator die Gelegenheit nicht dazu, eine außereheliche Beziehung anzuknüpfen. Er feierte vielmehr den Einsatz der Anhängerinnen seines Bruders. Er trank den ganzen Abend. Gegen Viertel nach elf bat er Crimmins um die Autoschlüssel. Er stieg mit der jungen Mary Jo Kopechne, deren Familiennamen er nicht kannte, in den Wagen und fuhr davon. Später sagte er aus, er habe das Mädchen nach Edgartown zurückfahren wollen. Um zur Fähre zu gelangen, hätte er auf der gepflasterten Straße scharf nach links abbiegen müssen, statt dessen nahm er eine Abzweigung nach rechts und folgte einem abschüssigen

Schotterweg, der zu einem Teich führte, über den sich eine schmale Brücke spannte, und von dort weiter zu einem Privatstrand. Als Ted auf die Brücke fuhr, kam der Wagen von der Fahrbahn ab und stürzte ins Wasser. Er erklärte später, er habe wiederholt nach Mary Jo Kopechne getaucht, sie aber im dunklen Wasser nicht mehr gesehen. Der Taucher, der später ihre Leiche fand, vermutete entgegen der offiziellen Darstellung, daß sie nach dem Sturz ins Wasser nicht sofort ertrunken sei, sondern noch eine ganze Weile mit dem Kopf in der Luftblase am Wagendach ausgeharrt habe. Das Mädchen war tot, während Teds Ruf, seine Ehre und seine Zukunft noch gerettet werden konnten. Bald trafen alle Berater der Kennedys in Hyannis Port ein: unter anderem John F. Kennedys Alter ego Sorensen, der ehemalige Verteidigungsminister Robert McNamara und der Redenschreiber Richard Goodwin. Claude E. Hooton jr., einer von Teds engsten Freunden, der in Paris arbeitete, flog ebenfalls sofort ein. Am Sonntag teilte Pat ihrer Mutter telefonisch mit, sie komme mit dem Flugzeug aus Kalifornien. »Ich versuche, immer optimistisch zu sein und Neuigkeiten gelassen zu sehen«, schrieb Rose in ihren persönlichen Aufzeichnungen zu dem Unglück. »Als sie mir sagte, sie werde herkommen, versuchte ich sie davon abzubringen, die lange Reise auf sich zu nehmen. Als sie dann aber doch kam, war ich überglücklich. Auch Ted freute sich. Sie ging sofort nach oben, aß dort und verbrachte die ganze Zeit bei ihm. Ethel und LeMoyne Billings riefen später Jean und Eunice an und baten sie ebenfalls her. Jean verbrachte einen Monat in einem Haus auf Mallorca, kam aber schon einige Tage früher zurück.«

Wie immer in Krisenzeiten und nach Tragödien waren alle Schwestern der Kennedys und ihre Mutter in Hyannis Port versammelt. Jean und Steve trafen gemeinsam ein. Pat, schon länger anwesend, war übernächtigt und hatte Ringe unter den Augen. Eunice lief ins Haus, rief gereizt nach ihrem Bruder und rannte, ohne ihre Eltern zu begrüßen, wieder hinaus, um ihn zu suchen. Jackie, die sich noch immer als Teil der Familie betrachtete, traf ebenfalls bald ein.

Daß alle Frauen gekommen waren, bedeutete freilich keineswegs, daß der Ehrenkodex der Familie einen weiblichen Kriegsrat vorgesehen hätte. Alle Entscheidungen lagen in den Händen der Männer. Außer Hooton waren alle Berater ehrgeizige Politiker, die den Ruf der Familie Kennedy, die eigene Zukunft und den Traum der Wiederherstellung einer Regierung unter einem Kennedy in den schlammigen

Fluten eines Teichs auf Chappaquiddick versinken sahen. Über der verzweifelten Suche nach einem Ausweg vergaßen die Berater nicht nur Mary Jo Kopechnes Tod, sondern auch Teddys Leben. Sein Name wurde zum Markenartikel, für den man nach Reklamationen verlorene Marktanteile zurückerobern mußte.

Rose wollte mit Ted reden, fand im Beisein der wichtigsten Berater und engsten Mitarbeiter der Kennedys dazu aber keinen Mut. So ging sie mit ihrem verstörten Sohn hinaus auf den Rasen und führte mit ihm ein Gespräch, über dessen Inhalt sie offenbar niemals etwas verlauten ließ.

Ted schlenderte den Strand entlang und grübelte über seinen Rücktritt als Senator nach. Er dachte an eine Flucht mit Helga Wagner, einem sinnlichen blonden Model, zu dem er engste Kontakte pflegte. Helga, und nicht etwa Joan oder seine Schwestern, hatte er nach dem Unglück als erste informiert. Sie plante einen Urlaub in Europa mit Steve und Jean. Für Jean hatte es nichts Anstößiges, ihre alkoholkranke Schwägerin links liegenzulassen und mit der Geliebten ihres Bruders auf Vergnügungsreise zu gehen.

Joan spielte in diesem Trauerspiel eine unverzichtbare Rolle. Sie reiste mit Ted nach Plymouth in Pennsylvania und nahm an Mary Jos Beerdigung teil. Auch Ethel war in der kleinen Kirche zugegen. Ted, der nicht nur empfindsam, sondern auch sentimental war, ließ sich rasch von Gefühlen übermannen und redete dann nur noch zusammenhangloses Zeug. Nach der Beerdigung sprach er unter sechs Augen mit den Eltern der Verunglückten. »Ich verstand kein Wort, so erregt war er«, erinnerte sich Joseph Kopechne. Bald hatte Joan alles überstanden: Mrs. Kopechnes leises Schluchzen in der überfüllten Kirche, die Korona von Fotografen und Reportern, die Diskussionen im Wagen und in der Privatmaschine. Joan war schmückendes Beiwerk in der Politik, die loyale Ehefrau und ein reines Symbol. Sie wollte mehr sein, aber als sie wieder in Hyannis Port waren, ging er mit den Schwestern und nicht mit ihr in Klausur.

Am Freitagmorgen war sie mit ihrem Mann wieder auf dem Posten, diesmal im Gerichtsgebäude in Edgartown, wo die Anklage gegen Ted verlesen wurde, der »einen PKW über eine öffentliche Straße« gelenkt habe. »Nachdem er Mary Jo Kopechne wissentlich verletzt hatte, entfernte er sich, ohne Namen, Anschrift und die Nummer seines Fahrzeuges zu hinterlassen, unerlaubt vom Unfallort.«

Der Urkundsbeamte wandte sich Ted zu: »Auf was plädieren Sie? Schuldig oder nicht schuldig?« Das Wort »schuldig« kam im Wortschatz der Kennedys nicht vor: Rose und Joe hatten sich bei der Erziehung ihrer neun Kinder niemals etwas vorzuwerfen gehabt, und auch das öffentliche Leben der Kennedys war stets makellos gewesen. Ted, der sich in schwierigen Augenblicken stets an Berater gewandt hatte, blickte seine Anwälte erwartungsvoll an. Ihre Gesichter waren ausdruckslos. »Schuldig«, sagte er nach einer Weile mit kraftloser Stimme. Dann ein zweites Mal vernehmlich: »Schuldig.«

Ted wurde von Richter Boyle zu zwei Monaten Gefängnis auf Bewährung verurteilt. Am gleichen Abend bat er das Fernsehen um Sendezeit, denn seine eigentlichen Richter waren die Bürger der Vereinigten Staaten. Angespannt traf er in seinem Wohnzimmer die letzten Vorbereitungen für seine Ansprache, die über alle drei Kanäle ausgestrahlt wurde. Nach dem vertrauten Szenario blieben seine Mutter, seine Schwestern und seine Frau in einem angrenzenden Raum, um das Geschehen vor den Kameras zu verfolgen. Eunice trat ins Wohnzimmer. Sie hatte von allen Schwestern die höchste moralische Autorität. Auch ohne ein sexuelles Fehlverhalten oder Trunkenheit war die Tragödie von Chappaquiddick für einen Kennedy ein unglaublicher Vorgang, der den Namen der gesamten Familie in Mißkredit brachte. Aber Ted war ihr Bruder, und das war mindestens ebenso wichtig. Statt ihm Vorwürfe zu machen, umarmte sie ihn und versuchte, ihm Mut zu machen. Sie blickte in die Runde der Gefolgsleute und Berater und schickte sie hinaus. Nur die Familie sollte dabei sein. Dann trat auch Joan ins Wohnzimmer zu Ted, der auf ihre aufmunternden Worte wartete. Rasch schickte er sie wieder zu den anderen Frauen hinaus.

»Liebe Mitbürger«, begann er seine hauptsächlich von Sorensen verfaßte Rede, »ich habe um diese Gelegenheit gebeten, mich an Sie zu wenden. Gesundheitliche Gründe hatten meine Frau daran gehindert, mich nach Chappaquiddick zu begleiten.« Joan war wieder schwanger, aber in einer so guten körperlichen Verfassung, daß ihr Nachbar Harry Fowler am Tag des Unfalls beobachtet hatte, wie sie mit ihrer Tochter Tennisspielen gegangen war. Es wäre ihr auf alle Fälle ein Greuel gewesen, an dem feuchtfröhlichen Abend, an dem altbekannte Anekdoten aufgewärmt wurden, teilnehmen zu müssen.

Ted versicherte, er sei in der bewußten Nacht nicht betrunken gewesen. Er habe Mary Jo Kopechne nach Edgartown fahren wollen, habe sich in der Abzweigung geirrt und sei mit dem Wagen von der Brücke gestürzt. »Als das kalte Wasser um meinen Kopf herumschoß, hielt ich das für das Ende. Bald geriet Wasser in meine Lungen.« Ted beteuerte, er sei in der Dunkelheit sofort mehrmals getaucht, um Mary Jo zu retten. Bei seinem anschließenden Verhalten räumte er Fehler ein, da er völlig kopflos gewesen sei. Nach den fehlgeschlagenen Rettungsversuchen sei er zum Ferienhäuschen zurückgekehrt und habe Joe Gargan und Paul Markham alarmiert. Nachdem auch ihre Rettungsaktionen gescheitert seien, hätten sich alle drei zur Anlegestelle begeben. Die Fähre hatte den Betrieb inzwischen eingestellt.

»Ich sprang ins Wasser und schwamm instinktiv ans andere Ufer. Wieder wäre ich fast ertrunken«, sagte er und rief die Bürger des Staates Massachusetts dazu auf, selbst zu entscheiden, ob er dem Senat weiterhin angehören solle. »Was auch entschieden wird«, schloß er seine Rede, »was mir die Zukunft auch bringt, ich hoffe, daß ich über diese jüngste Tragödie hinwegkommen werde und für unseren Staat und die Menschen im öffentlichen und privaten Leben nützlich sein kann. Vielen Dank und gute Nacht.«

Als die Scheinwerfer erloschen waren, ging Ted ins Schlafzimmer seines Vaters hinauf. »Ich habe mein Bestes gegeben, Dad«, sagte er seinem Vater, der so viel von ihm und seinen Brüdern erwartet hatte. »Es tut mir leid.« Als aufgewecktes Bürschlein hatte er Joe einst mit seiner ausgelassenen Art aufgeheitert. Er hatte politische Verantwortung übernommen und eine Familie gegründet, aber anders als seine Brüder John F. und Bobby handelte er nicht immer entschlossen und richtig. Aber er hatte sein Bestes gegeben.

Millionen hatten Ted Kennedys Ansprache im Fernsehen verfolgt. Für die einen war er ein aufrichtiger, tief erschütterter Mensch, der kein anderes Ziel hatte, als sich weiterhin um den Bundesstaat und die Nation verdient zu machen. Für die anderen war er nicht mehr als ein Heuchler, der sich vor der Verantwortung drücken wollte. Seine Schwestern und seine Frau hielten fest zu ihm. Keine drei Wochen nach dem Unglück wirkte Joan bei einem Musikfestival in Tanglewood bei einer Aufführung von »Peter und der Wolf« des Boston Pops Orchestra als Erzählerin mit. Später erklärte sie feierlich, sie werde Teds Rede gegen die Raketen-Vorlage von der Tribüne aus verfolgen.

In den furchtbaren Wochen, in denen Joan die aufopfernde Ehefrau spielte, sich am Arm ihres Mannes zeigte und ihn unterstützte, wußte kaum einer, daß sie noch andere Sorgen quälten. Ihre Mutter Ginny war kurz vor dem Unglücksfall von Chappaquiddick mit einer Freundin zu einer Rundreise durch Europa gestartet. Wie ihre Tochter war Ginny eine Perfektionistin, für die das Leben aus unerfüllten Erwartungen und unerreichten Zielen bestand. Nicht genug damit, daß sie ein Alkoholproblem hatte. Kurz vor der Abreise hatte sie auch noch erfahren, daß ihr Ehemann Harry sich von ihr scheiden lassen wollte. »Sie war eine schöne Frau«, erinnerte sich ihre Reisebegleiterin, »aber ich war entsetzt, wie schlecht sie aussah.«

Nach dem Schrecken über die bevorstehende Trennung erfuhr Ginny auf der Reise auch noch von der Tragödie von Chappaquiddick. »In England erfuhren wir vom Maître d'Hôtel, daß einem Gast übel geworden war«, erinnerte sich die Begleiterin. »Ginny saß draußen am Boden und zitterte wie bei einem epileptischen Anfall. Als wir gegen zwei Uhr morgens schließlich Joan und Ted erreichten, sagten sie, wir sollten sie mit einem Arzt zurückschicken und uns vergewissern, daß man sich um sie kümmern würde.« Sie wurde in ein Sanatorium in White Plains im Bundesstaat New York gebracht. Die Rechnung von 2000 Dollar monatlich bezahlten die Kennedys.

Ende August erlitt Joan ihre dritte Fehlgeburt, während Ted im Wahlkampf unterwegs war. »Nach Chappaquiddick wurde es schlimmer«, erinnerte sich Joan. »Ein paar Monate lang mußte jeder das Theater noch mitmachen, danach war mir alles egal. Ich sah keine Zukunft mehr. Damals wurde ich zur richtigen Alkoholikerin.«

***

Rose verfolgte Teds Stellungnahmen zur Tragödie von Chappaquiddick als loyale Mutter und Frau eines Mannes, der eine bedeutende Politikerfamilie begründet hatte. Der große moralische Kredit der Familie schien Teds Versagen wettzumachen, so daß man zur Tagesordnung übergehen konnte. Nach ihren öffentlichen Äußerungen zu urteilen, war Rose offenbar nicht bewußt, daß es zwischen der jetzigen und den vorigen Katastrophen einen großen Unterschied gab: Diesmal war kein Kennedy ums Leben gekommen. »Es war eine sehr traurige Erfahrung«, erklärte sie im September. »Aber ich habe meine Kinder mit der Vorstellung erzogen, daß man große Augenblicke, Prüfungen und Triumphe hat. Manche nennen das Glanz und Elend oder das Auf und Ab des Lebens. Ich nenne es Prüfungen und Triumphe.«

Rose und mehrere von Teds Mitarbeitern machten immer wieder Personalmangel für die Tragödie mit verantwortlich. »Natürlich war ich überrascht, daß ihn niemand an diesem Abend begleitet hat«, gab Rose zu bedenken. »Vor Jahren versicherte mir Mr. Kennedy, er habe stets Eddie Moore bei sich und könne sich jederzeit auf ihn verlassen. An jenem Abend hätte jemand problemlos mit ihm in den Wagen steigen können, und ich begreife nicht, warum keiner auf diesen vernünftigen Gedanken kam, nicht einmal er selbst. Die Erfahrung war für Teddy doch nicht neu. Man will mit dem Kandidaten fotografiert werden, legt ihm den Arm um die Schulter und posiert für die Kamera der Freundin. Die Erfahrung haben schon alle gemacht. Sie standen alle herum. Ich fand es abscheulich, wie man Ted vor Gericht hingestellt hat. Dabei kannten alle die Politik zur Genüge und wußten doch, wie das ist. Wenn einer nachts mit einem Mädchen fortfährt ... und es geschieht ein Unglück, dann hat natürlich er die Schuld. Für die Familie ist das ein schwerer Schlag. Bei dem Gedanken, daß er verantwortlich war, wurde mir ganz elend. Sie war so ein hübsches Mädchen. Es war dumm, fürchterlich dumm von diesen Menschen, daß sie es soweit kommen ließen!«

Für Rose hatten die richtigen Leute an der richtigen Stelle gefehlt, und zwar vor und nach dem Unfall. »Ich verstehe nicht, warum Joe Gargan oder Markham die Sache nicht gleich der Polizei gemeldet haben, wenn schon Ted in seiner Verfassung dazu nicht mehr in der Lage war. Das Mädchen war doch noch im Wagen«, kritisierte Rose den Hergang des Unfalls in ihren persönlichen Aufzeichnungen. »Für mich war das ein unverzeihlicher Fehler, und ich vermute, die Presse wird sich an dieser Frage festbeißen.«

Rose sah freilich ein, daß es sinnlos war, über die Sache ewig nachzugrübeln. »So sehe ich das Leben«, meinte sie. »Teddy hat das Glück auf seiner Seite, dann hat er eines Abends diesen Unfall und alles ist zerstört. Das Schicksal scheint tatsächlich eine so große Rolle zu spielen wie bei Shakespeare ...«

***

Ted hätte eigentlich keine schlimmere Strafe treffen können: Er hatte den Namen seiner Familie und das Andenken seiner Brüder beschmutzt. Dennoch unterhielt diese schillernde Persönlichkeit nach Chappaquiddick auch weiterhin mit ungezügelter Leidenschaft ganz offen Kontakte zu anderen Frauen.

Ted reiste bald darauf nach Paris zu einem Besuch bei Eunice und Sarge. »Man hätte eigentlich etwas Reue erwartet«, erinnerte sich Dr. Herbert Kramer, der wegen eines gemeinsamen Projektes mit Sarge in der Residenz des Botschafters wohnte. »Das war aber nicht der Fall. Er spazierte nackt durchs Wohnzimmer und war meistens betrunken. Wir verkehrten damals mit einem brillanten Mann, einem Wirtschaftswissenschaftler. Bei einem Spaziergang an der Notre-Dame sagte ich zu ihm: ›Teddy sollte sich für ein oder zwei Jahre aus dem Senat zurückziehen und seinen Fehler mit guten Werken wiedergutmachen. Er muß einsehen, daß die Nacht in Chappaquiddick ein schlimmer Exzeß war.‹ Mein Begleiter reagierte mit ungläubigem Staunen: Ted sei doch kein Moralist, sondern ein Politiker. Der werde den Senat bestimmt nicht verlassen.«

Reue hat freilich viele Gesichter. Sie drückt sich nicht nur in Gebeten und Tränen aus, und so mancher versucht sie im Whiskey zu ertränken. Was Ted Kennedy nach der Tragödie von Chappaquiddick tatsächlich empfunden hat, kann letztlich keiner sagen.

* * *

Jahrelang war Joe von seinen Töchtern und seinem Sohn angerufen worden und hatte für diese Stimmen am Telefon gelebt. Eunice, Pat, Jean und Ted riefen an, egal wo sie waren und was sie taten, doch jetzt war Joe nur noch selten richtig wach, und wenn er eingenickt war, wurden ihre Anrufe nicht durchgestellt. Seit Chappaquiddick aß er kaum noch. Er war fast blind, und stets standen Tränen in seinen geröteten Augen, als weine er ständig.

Rose hielt sich jetzt öfter bei ihm auf als früher. Abends saß sie an seinem Bett, während seine geliebte klassische Musik durch das alte Haus hallte. Joes Ende war nahe. Am 15. November traf Jackie in Hyannis Port ein. Die Ehe mit Onassis hatte sie zu einer verschwendungssüchtigen Frau gemacht, deren gesamtes Leben sich um maßgeschneiderte Kleider und Schuhe drehte, die sie jetzt zu Hunderten kaufte. Onassis hielt die Rechnungen, die ihm ins Haus flatterten, für Spiegelbilder ihres Charakters, doch nun kniete diese augenscheinlich kapriziöse und frivole Frau am Bett ihres ehemaligen Schwiegervaters. Sie hatte den Namen Kennedy abgelegt, nicht aber ihre Liebe zu Joe. »Ich bin's, Jackie, Großpapa«, sagte sie und küßte das faltige Gesicht mit der Atemsonde.

Pat und Jean flogen nach Hyannis, dann kamen auch Eunice und Sarge aus Paris. Eunice hatte ihren Vater mehr als nur verehrt: Sie hatte ihr gesamtes Leben einem Werk gewidmet, bei dem sie sich seine besten Seiten zum Vorbild genommen und seinem Namen alle Ehre gemacht hatte. Die resolute, starke Eunice liebte ihren Vater grenzenlos, und jetzt, wo er hilflos in seinem Bett lag, hielt sie nicht mehr an sich. Sie küßte ihn, stand auf und lief hinaus, um in einem anderen Zimmer zu weinen.

Rose verbrachte den ganzen 16. November am Bett ihres Mannes. Sie konnte nicht mehr für ihn tun, als schweigend Wache zu halten und ihm so für fast fünfeinhalb Jahrzehnte eines gemeinsamen Lebens zu danken. Obwohl Joe keine Regung mehr zeigte, schlummerte in ihm eine erstaunliche Lebenskraft. In der folgenden Nacht wachten Jackie und Ted bis in die frühen Morgenstunden an seinem Bett und ließen ihn dann mit der Krankenschwester Rita Dallas allein.

Um 10.30 Uhr morgens drückte die Schwester auf die Alarmglocke. Sie hallte bis weit über das Anwesen auf den grauen Ozean hinaus. Nach und nach traten alle Mitglieder der Familie in Joes Zimmer. Pat war die erste. Jetzt mußte sie ihre Tränen nicht mehr verbergen. Sie beugte sich über ihren Vater und küßte ihn, während ihre Tränen über sein Gesicht rannen. Doch sein Puls schlug noch heftig. Jackie war ohne Schuhe und ohne Jacke aus ihrem Haus gestürzt und eilte barfuß in einem kurzärmeligen Kleid ins Schlafzimmer.

Alle waren im Raum versammelt außer Rose. Ted holte sie ab und führte sie am Arm ans Bett ihres sterbenden Mannes. Sie setzte sich zu ihm, legte ihren Kopf neben seine Hand und begann, ihren Kummer laut hinauszuweinen. Nur selten hatten ihre Töchter und ihr Sohn sie weinen sehen, und niemals mit solcher Heftigkeit.

Ethel, Joan, Jackie, Steve und Sarge traten zurück, so daß nur noch Rose, Eunice, Pat, Jean und Ted um das Bett standen. Rose blickte einen Moment auf und nahm aus der Hand der Krankenschwester Joes Rosenkranz entgegen. Dann weinte sie still weiter. Sie führte das kleine Kruzifix kurz an Joes Lippen und legte die Kette in seine reglose Hand. Dann war es ganz still im Raum.

Eunice, die von jeher vor allem aus dem Glauben Trost gezogen hatte, begann mit tonloser Stimme das Vaterunser zu sprechen.

»Vater unser, der du bist im Himmel, geheiligt werde dein Name.«

Auch für Ted, der seinen Glauben weniger intensiv praktizierte als seine Schwester, waren diese Worte tröstlich. »Dein Reich komme, dein Wille geschehe«, sprach er in sanftem Ton.

Auch Jean war dieses Gebet bestens vertraut: »... wie im Himmel so auch auf Erden.«

Pat stimmte in seinen natürlichen Rhythmus mit ein: »Unser täglich Brot gib uns heute.«

»Und vergib uns unsere Schuld«, murmelte Ethel sacht.

»Wie auch wir vergeben unseren Schuldigern«, sagte Jackie.

Eine tiefe Stille lag über dem Raum. Voller Inbrunst sprach Rose schließlich: »Und erlöse uns von dem Bösen. Amen.« Der Mann, mit dem sie die meiste Zeit ihres Lebens verbracht hatte, war für immer von ihr gegangen.

* * *

Rose war jetzt allein. Sie hatte mit Jackie ihre Schwierigkeiten gehabt, als diese noch First Lady gewesen war, doch dann waren sich beide Frauen nähergekommen. Ihr Verhältnis beruhte auf Respekt und der Vertrautheit, die sich oft in stillen Gesten ausdrückt. Wenn Jackie sie nach Joes Tod besuchte, konnte schon ein Wort oder eine Erinnerung das ganze Leid in ihr wieder zum Ausbruch bringen. Einmal, als sie zu weinen begann, griff sie nach Jackies Hand, als suche sie einen Halt, und faßte sich wieder. »Keiner soll mich je bemitleiden«, sagte sie und setzte die Unterhaltung fort.

Jackie staunte über Roses seelische Stärke. »Ich habe sehr viel von ihr gelernt«, meinte sie. »Ich neige wohl dazu, mich der Depression zu überlassen oder mich abzukapseln, wenn ich traurig bin. Die Kennedys gehen in solchen Situationen hinaus, machen einen Spaziergang oder schwimmen. Das ist wirklich befreiend.«

Jackie diente auch weiterhin als elegantes Aushängeschild für alle Kennedys. Die Zeitschrift *Newsweek* hatte Ted wegen der Tragödie von Chappaquiddick besonders heftig kritisiert. Als die Redakteure mit der Familie Frieden schließen wollten, luden sie Jackie zu einem offiziellen Mittagessen ein. Die Herausgeberin Katherine Graham, die zugleich die *Washington Post* herausgab, kam aus der amerikanischen Hauptstadt persönlich zu der Verabredung. Als Jackie sie kennengelernt hatte, war sie noch eine einfache Ehefrau gewesen. Sie hatte sich erst zu einer herausragenden Figur im öffentlichen Leben gemausert, nachdem sich ihr manisch-depressiver Mann das Leben genommen hatte. Beide Frauen hätten sich viel zu sagen gehabt, aber Jackie erging sich bei dem Essen mit ihrer zarten Elfenstimme in Artigkeiten.

Bei der *Newsweek* waren fast nur Männer Redakteure, während Lokaltermine nahezu ausschließlich von Frauen wahrgenommen wurden. Die weiblichen Mitarbeiter wurden zusehends unzufrieden, und eine Redakteurin wußte von einem aufkeimenden Feminismus am Arbeitsplatz zu berichten. »Bei mir stimmt das nicht«, sagte Jackie mit kaum vernehmlicher Stimme. »Ich hatte keine Schwierigkeiten, als Fotografin eine Stelle zu finden.«

Jackie verbrachte nicht mehr jeden Sommer in Hyannis Port. Sie führte jetzt ein anderes Leben, und zu viele Erinnerungen knüpften sich an das Haus. Doch die Zeit heilte viele Wunden, und jetzt hatte sie nicht einmal mehr die Stimme von John F. im Ohr. Sie vermied es nach all den Jahren, sich sein Foto anzusehen. Das Haus in Hyannis Port war das einzige gewesen, in dem sie mit John F. richtig gewohnt hatte. Hier erinnerte selbst der Gurkentopf an ihn.

An einem Abend ging sie zu dem großen Haus hinüber und redete eine Weile mit Rose. »Du leidest sehr darunter, nicht wahr?« fragte Jackie, als das Gespräch auf Joe gekommen war. Mehr hatte sie nicht zu sagen. Rose rief später bei ihr an und fragte, ob sie mit ihr einen Spaziergang am Strand machen wolle. Jackie war über den Anruf überrascht. Rose zeigte sich von einer neuen Seite.

Jackie bemerkte an ihrer früheren Schwiegermutter eine Veränderung. All die Jahre hatte sie in Joes Schatten gestanden. »Jetzt, wo sie allein ist«, sagte Jackie, »hat man viel mehr Gelegenheit zu sehen, wer sie wirklich ist. Ich glaube, vor Mr. Kennedys Schlaganfall – er war doch immer der Dominante – war sie eine sehr unsichere Person.«

Nicht nur ihr fielen die Veränderungen an Rose auf. »Vorher verhielt sie sich wie eine ältere Dame«, erinnerte sich Gloria Guinness. »Sie war nicht die fröhliche, göttliche Person, die sie später wurde. Sie war von lauter Prominenten umgeben. Alle in ihrer Nähe hatten für

Schlagzeilen gesorgt. Alle hatten es zu etwas gebracht. Für eine eigene Karriere war es zu spät, also mußte sie sich etwas anderes einfallen lassen. Leiden und beten reichten ihr nicht. Was also tat sie? Sie wurde zur bestgekleideten Frau der Welt und achtete sorgsam darauf, daß sie diese Stellung behauptete. Von dem Augenblick an stand sie im Rampenlicht: Rose Kennedy, die vorbildliche Mutter, die tapfere Frau. Man wird Rose nicht dabei ertappen, daß sie sich gehen läßt, wie es Jackie oft passiert ist. Sie sieht immer ordentlich und adrett aus. Für ihr Alter eine schöne Frau.«

Für Rose war die Welt eine große Bühne, auf der sie sich mit Eleganz und Anmut bewegte. Sie hatte nie als Schönheit gegolten, aber fast alle schönen Frauen ihrer Generation waren jetzt tot oder senil. Sie besaß eine Schönheit des Alters, die vornehmlich von Frauen geschätzt wurde. Ihre majestätische Haltung und ihr Gesicht waren das Ergebnis jahrzehntelanger Selbstdisziplin, Einschränkungen und Pflege. In den halb abgedunkelten Räumen, in denen sie gesellschaftliche Abende verbrachte, wirkte Rose noch sehr jugendlich.

Kaum ein Außenstehender sah die ungeschminkte Rose. Gloria Guinness war eine der wenigen, die sie auch ganz privat kannten. Die Freundinnen kreuzten auf einer Privatyacht durch die Ägäis. »Einmal gingen wir an Land und stiegen zu einer Festung am Strand hinauf«, erinnerte sich Gloria. »Rose setzte sich an den Strand und zog die Hosen aus. Ich war entsetzt, aber sie sagte nur: ›Und wenn man mich schlägt, mir ist furchtbar heiß.‹ Dann gingen wir zur Kirche, traten ein und setzten uns ans Ende einer Bank. Sie wischte sich das ganze Make-up aus dem Gesicht und schminkte sich erneut. Sie hatte sehr geschwitzt. Ich glaube, daraus zieht sie viel Kraft, nicht nur aus den Gebeten, auch wenn sie sich bei Gott und der Mutter Maria geborgen fühlt. Spiegel, Puderdose und Lippenstift sind ebenso wichtig. Das war das Beste, was ich in meinem Leben je sah.«

Für Rose war es kein Sakrileg, sich in einem Gotteshaus zu schminken. Für sie war beides ein Trost: der Glauben und ihre Eitelkeit. Im Sommer 1969 erhielt sie im Ritz in Paris Besuch von ihrer ältesten Enkelin Kathleen, die gerade mit einer Freundin durch Europa reiste. Sie schlenderten in Bluejeans, mit Rucksäcken und Regenzeug in die Empfangshalle, während der Portier ihnen mißbilligend nachsah. Später, als sich Rose bei ihm nach dem Weg zu dem Hotel erkundigte, in dem sie untergekommen waren, reagierte er auf den Namen geradezu beleidigt. Rose bestellte ein Taxi und unternahm eine Erkundungsfahrt zu dieser ominösen Herberge.

In Kathleens Alter hatte Rose in Blumenthal unter der strikten Aufsicht der Nonnen vom Heiligen Herzen gestanden. Schlichte Kleidung war damals nur als adrette Uniform statthaft gewesen. Kathleen hingegen war angezogen wie eine Obdachlose. Statt einer religiösen Erziehung hatte sie sich für eine Ausbildung in Putney entschieden und wollte zu Roses Befremden im Herbst nicht in Manhattanville aufs College gehen, sondern in Radcliffe, wo sie in Kontakt mit Männern aus Harvard kommen würde.

Das Hotel entsprach ganz dem Aufzug der beiden Mädchen. Dennoch hatte es einen guten Ruf und war bei Touristen mit schmalem Geldbeutel, vor allem bei Studenten, sehr beliebt. »Das mag etwas für Jungs sein«, meinte Rose, als sie bei der Inspektion in ihrem Modellkleid von Dior durch die Flure schritt und sich wie durch eine Lasterhöhle bewegte. »Aber für junge Damen? – Gibt es eine Dusche?« fragte sie den Hotelier auf Französisch. »Sind die Mädchen hier sicher?«

Sie waren vollkommen sicher, aber Rose bestand darauf, daß sie ihre Habseligkeiten packten und in ein weitaus besseres Hotel zogen. Kathleen unterhielt sich gerne mit ihrer Großmutter, von der sie beileibe nicht immer verwöhnt worden war. Für sie war Rose »immer sehr reizbar«, denn sie begleitete sie stets mit kritischen Blicken und ermahnte sie dauernd. Sie solle sich aufrecht halten, nicht die Hand in die Hüften stemmen und die lockere Kontrapoststellung einer anmutigen griechischen Statue einnehmen. Rose hatte stets versucht, eine richtige Kennedy aus ihr zu machen.

Kathleen und ihre Großmutter wollten Eunice in der amerikanischen Botschaft besuchen. Rose schritt in einem leichten Seidenkleid unter einem weißen Sonnenhut durch den Garten. Kathleen betrat das Gebäude und erkundigte sich nach Eunice, die in der riesigen Residenz des Botschafters praktisch überall sein konnte. Vielleicht war sie sogar auf dem Tennisplatz oder unterwegs bei einer ihrer zahllosen Kampagnen.

Eunice und Sarge arbeiteten sich in Paris in die Hände. Obwohl die französische Lebensart Eunice ziemlich fremd blieb, bewegte sie sich anders als viele Amerikanerinnen in der vornehmen und kultivierten französischen Gesellschaft sicher. Sarge mußte sich oft erbitterte Kritik am Krieg in Vietnam anhören, ging mit den Anwürfen aber so souverän um wie zu Hause in den USA. Zahlreiche französische Intellektuelle verurteilten den Materialismus des *American way of life*, wobei sie oft ebensoviel Bosheit wie Unkenntnis unter Beweis stellten. Die Shrivers machten es sich in ihrer eleganten Residenz nicht einfach bequem: Sie verwandelten sie vielmehr in eine Insel amerikanischer Lebensart und Kultur. Sarge, ein Liebhaber der amerikanischen Modern Art, dekorierte die Wände des Botschaftsgebäudes mit abstrakter Malerei. Einen Saal staffierten er und Eunice mit amerikanischen Antiquitäten aus. Bei offiziellen Empfängen ertönte Rock 'n' Roll, und das Spektrum der Gäste reichte von Nobelpreisträgern über ominöse Pariser Intellektuelle, französische Familien aus der Mittelschicht und Vanessa Redgrave – sie hatte 1966 durch Nacktszenen in dem Film *Blow-up* von sich reden gemacht – bis hin zu geistig Behinderten und ihren Betreuern.

Einmal, so erinnerte sich Sarge, habe sich eine französische Sekretärin der Botschaft beklagt, man müsse schon geistig behindert sein, um eine Einladung in die Botschaft zu erhalten. »Eunice organisierte Kurse, holte Lehrer aus den USA und weckte bei den Franzosen Interesse. Als wir unsere Zelte in Paris abbrachen, gab es eine Rahmenorganisation. In Frankreich kümmerte man sich nicht um Teenager, und die Vorstellung, daß sie das Haus des US-Botschafters besuchten, war schockierend. Und die hochintellektuellen Franzosen wunderten sich über das Engagement für geistig Behinderte. Für sie war das nur die Marotte einer verschrobenen Botschaftergattin.«

Die Shrivers nahmen in ganz Frankreich von Lille bis Marseille an Veranstaltungen teil, und ihr Terminkalender war stets so überfüllt, daß sie meistens zu spät kamen. Diese Unpünktlichkeit war es denn auch, die Sarge als Botschafter hauptsächlich angekreidet wurde. Wie sehr die Shrivers auch sonst gegen diplomatische Gepflogenheiten verstießen, drückt sich in der harschen Kritik Betty Beales aus, der Gesellschaftskolumnistin des *Washington Star:* »Man darf davon ausgehen, daß nur die Jugendlichen traurig sein werden, wenn er [der Botschafter] Frankreich wieder verläßt. Die Älteren werden seine Abreise wohl feiern.«

Da die Shrivers eine große Familie waren, hallte oft das Geschrei ihrer fünf Kinder durch ihre Residenz. »Wir wohnten in dem imposanten marmornen Botschaftsgebäude«, erinnerte sich Maria. »Mein

Zimmer hatte Ausblick auf den Eiffelturm, der mir sehr gefiel. Mein Vater steckte mich in eine Schule, wo niemand Englisch sprach, und ich mußte lernen, mich rasch anzupassen.« Eunice war nicht die Mutter, die ihre Kinder kurz den Gästen vorführte und sie dann auf ihre Zimmer schickte. Ihre Söhne und Töchter sollten rasch in der Welt der Erwachsenen Erfahrungen sammeln. Die Gäste waren überrascht, wenn sie beim Abendessen nicht dem Botschafter oder einem Angestellten gegenübersaßen, sondern Timmy, Mark, Maria oder Bobby.

Eunice setzte ihre Arbeit für geistig Behinderte in Frankreich mit unvermindertem Einsatz fort und diskutierte ihr Anliegen sogar mit Staatspräsident de Gaulle, der selbst ein geistig behindertes Kind hatte. Da den Franzosen dieses Engagement damals ebenso fremd war wie Rock 'n' Roll, wollte Eunice ein Beispiel geben. Jeden Montagmorgen gab sie 140 Schützlingen Gymnastikunterricht. Die meisten bekamen gar nicht mit, daß sie die Frau des Botschafters war, befolgten aber die Anweisungen, die sie ihnen in gebrochenem Französisch gab. »Gut«, rief sie und nahm ein Kind bei der Hand, *»un jeu maintenant!«*

***

In Radcliffe wurde Kathleen mit den Göttern der modernen Zivilisation von Erikson bis Freud konfrontiert. Für sie war die konventionelle Religiosität oft nur ein bequemes Mittel, sich vor eigener Verantwortung zu drücken. Sie störte sich am selbstgefälligen Altruismus ihrer Großmutter, wenn diese sich rühmte: »Mein Gatte schafft das durch das Geschäft. Wir haben diesen armen Menschen geholfen.« Aber Kathleens Welt sah inzwischen ganz anders aus.

Wenn Kathleen ihre Großmutter besuchte, wurde sie von ihr unentwegt ausgefragt und mußte Rede und Antwort stehen, was sie gerade unternahm, was sie auf dem College lernte und welche Bücher sie las. Kaum hatte sie geantwortet, stellte Rose Bezüge zu ihrem eigenen Leben her. Nach Kathleens Meinung »brachte sie viele Dinge zusammen und sah sie in einer Ganzheit«. Sie gab der Großmutter gegenüber zu, daß sie Schwierigkeiten mit der Rolle einer Kennedy hatte. Alle anderen durften sich am Strand austoben, und wenn sie es tat, galt es als anstößig und wurde mit ihrer Herkunft erklärt. In Radcliffe wußte sie zuweilen nicht, ob sie als Mensch oder nur wegen ihres Namens akzeptiert wurde. Rose fühlte sich an die eigene Jugend erinnert: »Weißt du, mein Vater war Bürgermeister von Boston, ich hatte ähnliche Probleme, wenn auch nicht im gleichen Ausmaß ...« Kathleen kannte Roses Leben freilich schon und empfand ihre Ratschläge »manchmal als lästig. Man will schließlich seine eigenen Erfahrungen machen.« Aber trotz allem war sie sehr froh über ihre 80jährige Großmutter, die gesund und geistig so rege war, daß man mit ihr über alles reden konnte.

Rose reiste zuweilen allein in Länder, in die sich bedeutend jüngere Frauen nicht einmal in Begleitung gewagt hätten. Im Sommer 1970 besuchte sie ein Heilbad in der Schweiz, jettete zu Jackie und Onassis nach Griechenland weiter und flog schließlich nach Äthiopien, wo sie am 22. Juli mit Kaiser Haile Selassie, der einen Tag später 78 wurde, ihren 80. Geburtstag feierte. »Mutter reiste sehr gerne«, erinnerte sich Jean. »Sie rief mich an und sagte mir, Haile Selassie habe sie gebeten, mit ihm ihren Geburtstag zu feiern. Sie sagte, sie werde nach Afrika fliegen und wir könnten uns in Addis Abeba treffen, was ich für ihr Alter doch sehr gewagt fand. Sie flog tatsächlich, und ich traf mich mit ihr in Kenia. Es wurde eine sehr schöne Reise.«

***

Rose verbrachte die meiste Zeit in Hyannis Port, aber zu Ethel ging sie fast nie. Von dort dröhnte Rockmusik über den Rasen, und das war nur die kleinste Bedrohung ihres abgeschlossenen Universums. Von Joe II. und Bobby jr. wurde erwartet, daß sie das väterliche Erbe antraten und die Führung der Familie übernahmen. In Ethels Haus regierten die jungen Männer, während die Mädchen reine Beobachterinnen waren. Es war eine Welt, die wie *Tom Sawyer* begonnen hatte, am Ende aber, so Chris Lawford, eher an Goldings *Herr der Fliegen* erinnerte. Ethels ältere Söhne und einige Jugendliche aus der Nachbarschaft wurden in Hyannis Port zu einer regelrechten Landplage. Sie banden vertäute Yachten los und ließen sie genüßlich bei Flut stranden. Sie bewarfen fahrende Autos, vornehmlich Streifenwagen, mit wassergefüllten Luftballons. Am 4. Juli warf man ihnen vor, sie hätten an der Tür eines 82jährigen Nachbarn geklopft und nach dem Öffnen brennende Feuerwerkskörper ins Haus geworfen.

Harry Fowler erinnerte sich, Ethels Söhne hätten »die Köchin der Familie gefesselt, sie in einen Baum gehängt und ihr gedroht, sie anzuzünden«. Sancy und Larry Newman entdeckten bei sich, daß Lebensmittel fehlten. Später erfuhren sie, daß Ethels Söhne von ihrer Mutter ausgesperrt worden waren und sich mehrere Tage bei ihnen im Keller versteckt hatten, wo sie von ihren Kindern mit Lebensmitteln versorgt worden waren. Als sie dahinterkamen, waren die ungebetenen Gäste bereits ausgezogen und hatten sich in einem abgedeckten Erdloch im Wald einquartiert.

Auf einem Geburtstagsfest zückte einer der Jungen ein Messer, dann machten er und seine Brüder sich mit dem Geschenk eines kleinen Mädchens aus dem Staub. »Für diese Burschen war das kein Unrecht«, erinnerte sich Larry Newman. »Nur ein Riesenspaß.«

An einem Abend im Sommer zerschossen sie nach Einbruch der Dunkelheit mit Luftgewehren das Tafelglas einer Kirche im Dorf. Fowler wurde dazu bestimmt, mit Mitgliedern der Bürgervereinigung Ethel ins Gewissen zu reden. Sie hörte sich alle Beschwerden über ihre Söhne höflich an. »Ich bin Witwe und allein«, sagte sie schließlich mit tränenerstickter Stimme. »Eine Mutter hat es heute so schwer. Ich tue mein Bestes. Mehr kann ich nicht sagen.«

Ethel und ihre Söhne brachten es nicht nur in Hyannis Port zu trauriger Bekanntheit. Wenn die Familie in Vail oder Aspen Skifahren ging, hausten sie in den gemieteten Unterkünften wie Vandalen und lebten ihre Zerstörungswut ohne Rücksicht auf den Ruf der Familie aus. Vergeblich ermahnte Rose die jungen Kennedys in der Öffentlichkeit zu besonderer Vorsicht, weil die Presse auf Streiche nur wartete. Das interessierte die Halbstarken nicht.

Eunice versuchte Ethel bei der Erziehung ihrer Söhne zu unterstützen, doch geriet ihr Ältester dabei zusehends unter deren schlechten Einfluß. Nach der Amtsübernahme Präsident Nixons war Sarge aus Paris abberufen worden, so daß die Familie den größten Teil des Sommers in Hyannis Port verbrachte. Eines Abends im Sommer 1970, als Ethel und ihre Kinder bei Eunice zu Gast waren, klingelte es an der Tür. Draußen standen mehrere Polizeibeamte. Sie eröffneten den Shrivers, daß ihr 16jähriger Bobby und der 17jährige Bobby jr. Kennedy beschuldigt wurden, Marihuana zu besitzen. Die beiden waren einem verdeckten Ermittler auf den Leim gegangen. Ethel geriet außer sich. Sie trieb Bobby jr. in den Garten hinter dem Haus, stieß ihn in die

Büsche und schrie ihn an: »Du hast den Namen deiner Familie beschmutzt!«

Eunice und Sarge, denen die psychedelische Kultur Ende der sechziger Jahre völlig fremd war, reagierten dennoch nicht mit moralischen Vorwürfen. Als ihre Wut verraucht war, nahmen sie ihren ältesten Sohn beiseite, und Sarge machte ihm einfühlsam deutlich, daß er sich auf einen gefährlichen Pfad begeben hatte, der mit einem Vorstrafenregister und einem ruinierten Leben enden konnte. Bobby hörte seinem Vater zu und begriff, daß er den Kontakt zu seinem Cousin besser mied.

Die krankhaft launische Ethel, die ihren Zorn unterdrückte, konnte ihren Söhnen die dringend benötigte feste Führung nicht geben. So setzten sie ihren Weg fort und wagten sich auf ein Terrain, das junge Kennedys bislang noch nie betreten hatten. Ziellos lebte Joe II. in den Tag hinein, eilte von Mißerfolg zu Mißerfolg und wechselte vom Massachusetts Institute of Technology nach Berkeley über. Er verkehrte mit mutmaßlichen Drogenhändlern und ging zum Psychiater. An einem Sonntag lieh er sich den Jeep eines Freundes und unternahm mit seinem jüngeren Bruder David und dessen Freundin Pam Kelley eine Vergnügungsfahrt. Ausgelassen lachend und johlend schleuderte er mit dem Wagen wie im Rausch im Kreis herum. Als ein Kombi auftauchte, riß er das Steuer in die andere Richtung und jagte den Wagen in einen Graben. Die Insassen wurden aus dem Fahrzeug geschleudert. Er und David überstanden den Unfall unverletzt, Pam erlitt eine Querschnittslähmung.

Bobby jr., David Kennedy und Chris Lawford änderten sich nicht. Hatte sich Robert F. Kennedy einst als einer von wenigen Weißen in die Ghettos der Schwarzen gewagt, so fuhren seine Söhne jetzt nach Harlem, um Heroin aufzutreiben. Sie jagten sich die Spritze in die Venen und fühlten sich als Grenzüberschreiter, die ganz neues Gebiet eroberten.

Ethel brach den Kontakt zu ihren verlorenen Söhnen praktisch ab. Während Bobby jr. Willensstärke zeigte und weiterhin in Harvard studierte, verfiel David ohne Mutter und Familie völlig den Drogen. Kaum besser erging es Chris. Seine Mutter Pat war Alkoholikerin und dachte daran, sich den familiären Verpflichtungen zu entziehen, indem sie alleine nach Paris übersiedelte. 1972 bat Chris seinen Vater in einem Brief, zu ihm nach Kalifornien ziehen zu dürfen. Auch wenn aus dem Umzug nichts wurde, besuchte er ihn oft, rauchte Haschisch mit ihm und tauschte Drogenerfahrungen aus.

Vier Jahre später flog Peter nach New York, um in Pats Apartment an der Party zu Christophers 21. Geburtstag teilzunehmen. Jovial bat Pat ihren Ex-Ehemann, seine Freizeithosen anprobieren zu dürfen, und verschwand mit ihnen aus dem Schlafzimmer. Mit einem Handtuch um die Hüften kehrte Peter zu den übrigen Gästen zurück. Sein Geschenk an Chris war das originellste: ein Fläschchen Kokain. Der Sohn bedankte sich herzlich in einem Brief, in dem er gleichwohl eingestand, es habe leider »nicht sehr lange gereicht«.

***

Rose verbrachte die Wintermonate nach wie vor in Palm Beach. Das Haus war seit Jahrzehnten nicht renoviert worden. Die Fenster hatten noch immer die Verdunkelungsvorhänge aus dem Zweiten Weltkrieg, und das gesamte Anwesen machte den Eindruck, als sei die Zeit in den vierziger Jahren stehengeblieben. Samstag abends ging sie stets zur Familie Guinness zum Essen, hielt sich aber vom abendlichen geselligen Leben in Palm Beach fern. James Connor diente ihr halbtags als Leibwächter und Fahrer. Der Polizeibeamte aus Palm Beach mit dem rauhen Umgangston begleitete sie oft auf ihren ausgedehnten Spaziergängen. Wenn die 80jährige allzu rasch dahineilte, bat der dicke Beamte gelegentlich um eine Rast. Rose war von der ganzen Familie die großzügigste. Connor lieh sie 500 Dollar zur Schuldentilgung und ermöglichte seiner Tochter den Besuch eines kostspieligen katholischen Internates. Als er sich eines Morgens fünf Minuten verspätet hatte, trat sie auf den North Ocean Boulevard hinaus, streckte den Daumen hinaus und befahl dem Fahrer eines haltenden Wagens: »Ich bin die Mutter des Präsidenten. Fahren Sie mich zur St. Edward's Church.«

Rose scherzte mit Jackie mit einer Unbefangenheit, wie sie sie bei ihren Töchtern nur selten zeigte. »Sie redete nicht viel über persönliche Dinge«, erinnerte sich Connor, »außer als Jackie einmal nackt beim Sonnenbaden erwischt worden war. Sie lachte und sagte: ›Ich habe ihr ja gesagt, daß man sie erwischen würde, und dann hat man sie erwischt.‹«

»Lieben Sie Ihre Mutter?« fragte sie den Polizeibeamten einmal.

»Sicher, Ma'am«, antwortete Connor.

»Wie kann ich ihr eine Freude machen?« fragte Rose.

»Wahrscheinlich, wenn Sie ihr erlauben, Sie kennenzulernen, Mrs. Kennedy.«

Rose erschien der Aufwand vertretbar. »Ich sage Ihnen etwas. Wir trinken am Sonntag mittag Tee miteinander.«

»Okay«, sagte Connor und fügte nachdenklich hinzu: »Würde es Ihnen etwas ausmachen, meine Schwiegermutter auch einzuladen?«

»Kommen Sie mit Ihrer Schwiegermutter gut aus?«

»Ja, Ma'am.«

»Nun, Sie wissen doch, daß viele ihre Schwiegermutter nicht ausstehen können«, fuhr Rose fort. »Ja, lassen wir beide Damen kommen und behandeln sie mit soviel Respekt wie jeden anderen Gast.«

Als beide Damen zur vereinbarten Zeit ankamen, hielt Connor ihnen die Wagentür mit der gleichen Akkuratesse auf wie bei Roses berühmten Gästen. Während das Dienstmädchen »Mademoiselle« den Damen Kaffee und Plätzchen reichte, plauderte die Hausherrin freundlich mit ihnen und entsprach mit huldvoller Nachsicht ihrer Bitte, sich mit ihr fotografieren zu lassen.

Beide Damen trugen ihre elegantesten Kleider, bemühten sich um feines Benehmen, knabberten vornehm an ihren Keksen und nippten am Tee. Rose hielt die Konversation am Laufen, aber etwas störte sie. Connors Mutter und Schwiegermutter hatten beide die Beine über dem Knie übereinandergeschlagen. Bald hielt Rose nicht länger an sich: »Man kreuzt die Beine über den Knöcheln«, belehrte sie ihre Gäste plötzlich, »nicht über dem Knie. Über dem Knöchel.«

Beide Damen brachten ihre Beine in die für die Nonnen vom Heiligen Herzen akzeptable Stellung. Noch Tage später redeten und lachten sie über diese Nachhilfestunde in Sachen Etikette.

* * *

Kathleen besuchte ihre Großmutter nicht mehr oft, erhielt aber noch immer ihre Rundbriefe, in denen sie ihren Enkeln Ratschläge erteilte, wie man sich als Kennedy benahm. »Drogen sind abscheulich«, schrieb sie Anfang 1970, »und ihr Kinder müßt mit gutem Beispiel vorangehen. Ihr habt einen gewissen Status in der Nation und solltet vielleicht eine Kampagne gegen Drogenmißbrauch starten.«

So hätte Kathleen erwartet, daß Rose auf den Drogenkonsum einiger Kennedys mit besonderer Empörung reagierte. Statt dessen zeigte sie unwiderstehlichen Optimismus. »Vielleicht ist ja etwas dran«, sagte sie nachdenklich zu ihrer ältesten Enkelin.

»Großmutter, möchtest du Gras probieren?« fragte Kathleen ironisch. Der Gedanke, die 80jährige an einem Joint saugen zu sehen, hatte schon etwas Amüsantes.

»Aber sicher, hast du etwas mitgebracht?« ging Rose auf das Scheinangebot der Enkelin ein.

»Leider nicht«, bedauerte sie.

»Nun, ich muß ja auch auf meine Linie achten«, meinte Rose, die gehört hatte, daß Marihuana den Appetit anregt.

Neugierig geworden, diskutierte sie das Thema auch mit ihrer Freundin Mary Sanford, der Schlüsselfigur im gesellschaftlichen Leben Palm Beachs. »Hast du schon einmal Marihuana geraucht?« fragte sie die mondäne Freundin.

Mary Sanford, die die Frage für einen Scherz hielt, verneinte gelassen.

»Ich auch nicht«, gestand Rose. »Was glaubst du, wie es ist? Meinst du, wir sollten es probieren?«

***

In Harvard lebte Kathleen unter geistigen Nomaden, von denen viele ihre Zelte wieder abbrachen und zu einer neuen Oase des Wissens weiterzogen. Als sie zwei Jahre zuvor von Putney hierher gekommen war, um einen Freund zu besuchen, hatte sie das Wohnheim um sieben Uhr abends verlassen müssen, aber trotzdem wäre dieser Besuch bei der Generation ihrer Mutter ein Skandal gewesen. Jetzt wohnte sie im Eliot House, dem ersten gemischten Wohnheim von Harvard-Radcliffe, auf einem Stock mit Männern und teilte mit ihnen die sanitären Einrichtungen.

Seit Putney ging Kathleen gelegentlich wieder zur Messe. Es ärgerte sie freilich, wenn Priester versuchten, den Gehorsam gegenüber der Obrigkeit als Gebot Gottes hinzustellen. Für sie mußte Unterordnung unter die Staatsgewalt auf reiner Einsicht beruhen. Ihr Vater hatte ihr eine existentielle Überzeugung auf den Lebensweg mitgegeben: Im Leben muß man alles mit sich selbst ausmachen. »Keiner plant offen mit den anderen seine Zukunft«, meinte sie. »Dazu ist die Familie nicht da.«

Für ein aufgeschlossenes Mädchen mit katholischer Erziehung gab es Anfang der siebziger Jahre kein brisanteres Thema als Abtreibung. Harvard-Radcliffe war nicht mehr die Enklave weißer angelsächsischer Protestanten, die es am Anfang des Jahrhunderts zur Studienzeit von Kathleens Großvater Joe noch gewesen war, doch obwohl der Katholizismus nicht mehr als Aberglaube galt, wurden Katholiken, die das kirchliche Verdammungsurteil gegen den Schwangerschaftsabbruch akzeptierten, schief angesehen.

Kathleen kannte die entsprechenden Haltungen der anderen weiblichen Kennedys, besonders die von Eunice. Sie hatte einen Sommer in ihrem Ferienlager gearbeitet und bewunderte sie. Eunice, die das Thema oft angeschnitten hatte, wandte sich freilich nicht einfach gegen Abtreibung, sondern trat für eine gesellschaftliche Umstrukturierung ein, die es in Not geratenen Müttern einfacher machen sollte, ein Kind aufzuziehen oder wenigstens zur Adoption freizugeben. Eunice war trotz liberaler Positionen wertkonservativ, ein Widerspruch, der bei allen zwiespältige Gefühle auslöste. Sie fürchtete, Amerika könnte sich zu einer »harten Gesellschaft« entwickeln, wie sie es nannte. »Ich würde die ›harte Gesellschaft‹ als eine Gesellschaft ohne Liebe definieren, eine Gesellschaft, in der sich die Menschen selbst genug sind, die anderen nur zur Befriedigung ihrer Bedürfnisse benutzen und keine echten Beziehungen aufbauen, weil sie Verantwortung scheuen«, schrieb sie im Mai 1969 in der Zeitschrift *Vogue*. »Diese Gesellschaft ist gekennzeichnet durch eine Trennung zwischen arm und reich, zwischen weiß und schwarz, zwischen der geistigen Elite und den ungebildeten Massen. Individuen und Gruppen sind nur daran interessiert, möglichst bequem zu leben und eigene Vorurteile bestätigt zu bekommen.«

Kathleen steckte in einem Dilemma. Ihre Mutter hatte sich mit Eunice demonstrativ zur »Freundin des Ungeborenen« erklärt und sich damit bei fortschrittlichen Frauen in Mißkredit gebracht. Kathleen hatte zwar Eunices Artikel und Interviews gelesen, war aber nicht bereit, einen Heiligen Krieg gegen den Schwangerschaftsabbruch zu führen.

Sie war in einer Orientierungsphase, in der man Lebenserfahrung sammeln und eigene Entscheidungen treffen will. Sie erkannte, daß eine geistig oder wirtschaftlich privilegierte Stellung rasch zu Arroganz und Borniertheit führen kann. Sie liebte ihre Mutter und war zugleich erschreckt, wie sehr sie die gesellschaftliche Wirklichkeit aus den Augen verloren hatte. Als sie einmal mit ihr über die Notwendigkeit von Kindertagesstätten für berufstätige Mütter redete, antwortete Ethel: »Das mag ja sein, Kind, aber wenn Mütter schon arbeiten gehen müssen, dann können sie doch wohl ein Kindermädchen einstellen!« Selbst Eunice wußte vom täglichen Leben nur wenig. Sie predigte den Wert der Familie, konnte aber nicht kochen und überließ Hausarbeit und Kinderbetreuung dem Personal. Sie äußerte sich zu Geburtenkontrolle und sexueller Abstinenz, aber eine Mitarbeiterin der Kennedy-Stiftung mußte sie darüber aufklären, daß sich Männer nicht jeden Morgen Kondome überstreiften.

Kathleens Mutter und ihre Tante waren keine unangefochtenen Vorbilder mehr, auch nicht für Kathleens Brüder, die ebenfalls auf der Suche nach einer Identität waren und sich dabei auch für Rauschgift interessierten. Um Bobby kümmerte sich Lem Billings, der mit ihm mit Drogen experimentierte und ihn auf Abenteuerreisen mitnahm.

Kathleen suchte ebenfalls das Abenteuer, aber von ganz anderer Art. Da sie den abstrakten Intellektualismus in Cambridge verabscheute, nahm sie in einem Sommer an Ausgrabungen in Griechenland teil. In einem anderen Sommer arbeitete sie als Lehrkraft in einem Förderprogramm in Alaska. Kathleen war eher Außenseiterin, und sie teilte die vorherrschenden Interessen ihrer Generation zumeist nicht. Dabei empfand sie es stets als bedrückend, in Radcliffe zu einer Bildungselite zu gehören, die ganz andere Bedürfnisse und Wünsche hatte als die meisten anderen Menschen in ihrem Land.

Anfang der siebziger Jahre erhielt die Frauenbewegung eine politische und kulturelle Bedeutung, wie sie sie seit den Suffragetten in Roses Jugendzeit nicht mehr gehabt hatte. Als verantwortliche älteste Tochter ihrer Familie wäre Kathleen eigentlich zur radikalen Feministin prädestiniert gewesen, aber ihre Entwicklung verlief anders. Ethel hatte sie zur konservativen Katholikin zu erziehen versucht. »Es wurde nicht erwartet, daß ich in die Politik gehen, Anwältin werden, eine Arbeit annehmen oder sonst etwas tun würde«, zeichnete sie ihren Lebensweg nach. »An so etwas war nicht einmal im Traum zu denken.«

Rückblickend meinte sie Jahre später, sie habe »nach der Frauenbefreiung zum Glück eine Situation vorgefunden, in der man völlig andere Träume haben konnte als zuvor«. Als Studentin war sie hin- und hergerissen zwischen der Verlockung, wie ihre Brüder einen Beruf anzustreben, und dem Wunsch nach der eigenen Familie. Beides miteinander zu vereinbaren würde nicht leicht sein. »Ich bin wohl eine leidenschaftliche Verfechterin der Familie«, meinte sie damals. Sie hatte Joan Didions Artikel gegen »Chauvinistinnen« gelesen, nach denen die Rolle der Töpferin kreativer sei als die der Ehefrau und Mutter, und stimmte der Kritik voll zu. »Es freut mich«, meinte sie andererseits, »wenn Frauen in der Politik ihren Mann stehen, und nicht immer nur Kaffeekränzchen halten wie früher meine Mutter. Keine der Frauen an der Uni will einfach nur heiraten. Sie haben die Gewißheit, daß sie mehr werden können als nur Lehrerin oder Sekretärin. Schwieriger ist die Frage dagegen, wen man heiratet.«

Kathleen kannte ihren Zukünftigen allerdings schon: Der vier Jahre ältere David Townsend war in Harvard ihr Tutor und Mentor. Dieser ehrliche, zurückhaltende und begabte junge Mann hatte ein schüchternes, aber charmantes Lächeln, das fast schon vergeistigt wirkte. Gedanken waren für den Intellektuellen David kein farbloser Ersatz für das Leben, sondern vielmehr das Leben selbst. Wie Kathleen war er freidenkender Katholik, wobei es ihm allerdings moralische Bedenken verboten, sich mit einer Studentin zu verabreden, die seiner akademischen Autorität unterstand.

Bei aller Brillanz war David in Sachen Frauen und Liebe hoffnungslos ungeschickt und naiv. Da hatte Kathleen einen erstaunlich kühnen Gedanken. Für eine Seminararbeit hatte sie Mark Twains *Leben auf dem Mississippi* gelesen und wollte nun Hucks und Toms Floßfahrt mit David nachstellen. David stimmte dem sommerlichen Abenteuer zu, ohne zu wissen, daß er sich gleich auf zwei Abenteuer einließ. »Ich sagte es nicht, aber ich unternahm diesen Ausflug nur deshalb, weil ich in David verliebt war«, gestand Kathleen. »Er war überkorrekt und hielt es enttäuschenderweise für unschicklich, mit einer seiner Studentinnen auszugehen. Außerdem hatte er schon eine Freundin. Ich mußte mir also etwas einfallen lassen, wenn ich an ihn herankommen wollte. Ich kam auf den Gedanken, wir könnten uns den Mississippi hinabtreiben lassen. Dann bauten wir das Floß.«

Im Sommer 1972 trat Kathleen mit David und drei Freunden eine Reise an, die 800 Kilometer den Mississippi hinab führte. »Ich wollte fort von diesem endlosen Gerede«, erinnerte sie sich. »Es machte mir ungeheuren Spaß, das Holz für das Floß zurechtzusägen. Ich liebte sogar den Schlamm des Flusses.« Es wurde tatsächlich ein aufregendes Abenteuer. Das quadratische Floß von etwas mehr als dreieinhalb Metern Seitenlänge trieb in den feuchtheißen Julitagen gen Süden. Als es bei einem Gewitter durch die heftige Strömung schlingerte, ging die Ausrüstung über Bord. Und die Kapitäne der großen Lastkähne machten sich einen Spaß daraus, auf das Floß zuzuhalten und erst im allerletzten Moment abzudrehen. Erfolgreich war auch das andere große Abenteuer des Sommers, denn als sich das Floß seinem Ziel Louisiana näherte, hatten David und Kathleen zueinander gefunden.

* * *

Kathleen traf in Bluejeans und mit einem verschnürten Pappkarton als Koffer zum Nationalkonvent der Demokraten von 1972 in Miami ein. Ted wäre ohne die Tragödie von Chappaquiddick diesmal sicher zum Präsidentschaftskandidaten nominiert worden und hätte auch so – zum Entsetzen von Rose – noch immer Chancen gehabt. Als Rose 1971 in ihrer Biographie Gail Camerons über sich gelesen hatte, sie »brenne« darauf, ihren Jüngsten als Präsidenten zu sehen, hatte sie an den Rand geschrieben: »Niemals!« Bei Teds Absage war sie überglücklich und erleichtert gewesen, daß er anders als seine Brüder nicht den Ehrgeiz hatte, um jeden Preis ins Weiße Haus einzuziehen. »Ich will nicht, daß er Präsident wird«, verriet sie in einem Interview. »Ein weiteres Mal würde ich das nicht ertragen. Chancen für ein Attentat gibt es immer. Verrückte treiben sich selbst hier in Palm Beach um das Haus herum. Sie kommen zum Gaffen und um nachzusehen, ob er da ist. Und man weiß ja gar nicht, was in diesen Leuten vor sich geht. Man hat mir geraten, ihn von einer Kandidatur abzuhalten. Das ist keine Frage der Courage. Mir geht es nur darum, daß ich keinen weiteren Sohn verlieren will. Und so viele Kinder haben jetzt keinen Vater mehr. Bobbys elf sind Halbwaisen, und ein Präsident der Vereinigten Staaten hätte kaum noch Zeit, sich um seine Neffen und Nichten zu kümmern.«

Die Demokraten kürten McGovern zu ihrem Kandidaten für die Präsidentschaft. Als Senator Thomas Eagleton, der Anwärter für den Posten des Vizepräsidenten, zugeben mußte, daß er wegen manisch-depressiven Verstimmungen therapeutisch behandelt wurde, fiel die

Entscheidung auf Sarge als Nachfolger. Damit befanden sich die Kennedys unerwartet wieder einmal in einem Wahlkampf um die Präsidentschaft der Vereinigten Staaten.

In der Politik hatte Eunice ihren Brüdern stets den Vorzug gegeben, aber diesmal bestritt Sarge das Rennen, wenn auch erst als siebte Wahl McGoverns. Abgesehen von einigen eigenen Reisen begleitete sie ihren Mann auf dem Wahlkampf-Marathon mit einem Fünfzehnstundentag kreuz und quer durch die USA. Sie saß hinter ihm, wenn er auf der Rednerbühne zur Menge sprach, und schritt in den Städten an seiner Seite durch die Schaulustigen. Sarge war ein unermüdlicher Verfechter eines erneuerten Liberalismus. Obwohl seine geschliffenen Manieren und maßgeschneiderten Anzüge zahlreichen Amerikanern negativ aufstießen, gewann er durch Aufrichtigkeit und Begeisterung viele Stimmen. Meistens war der Wahlkampf allerdings kraftlos und entmutigend, und während McGovern den Weckruf des Liberalismus in ein Weinen verwandelte, schürte Nixon brillant die Ängste und Zweifel der Millionen, die ehemals demokratisch gewählt hatten.

Als die Meinungsforscher den Demokraten die schlimmste Niederlage ihrer jüngeren Geschichte prophezeiten, sagte Sarge dem Gespann McGovern/Shriver – als einziger freilich – einen massiven Aufschwung in der Wählergunst voraus, wenn nur alle Reserven mobilisiert würden. »Er stürmt durchs Land und verkündet, noch sei nichts verloren«, schrieb Mary McGrory. »Um sein Publikum wachzurütteln, unternimmt er außer einer Massage am offenen Herzen alles.«

Eunice beobachtete das Debakel der Demokraten aus allernächster Nähe. Sie war inzwischen 51 Jahre alt und hatte bereits die ledrige Gesichtshaut eines Seemanns, deren Falten und Runzeln weder Make-up noch Schönheitschirurgie zu verbergen oder glätten vermochten. Auf der Wahlkampftour erschien sie gelegentlich zwar noch immer in einem Pariser Modellkleid – zuweilen mit fehlendem Knopf oder hervorlugendem Unterrock –, doch ansonsten trug sie wie früher eine saloppere Garderobe, die ihre modebewußten Freundinnen zur Verzweiflung trieb. Sie holte wie gewohnt das Letzte aus sich heraus, aber während des zermürbenden Wahlkampfes machten sich schließlich auch bei ihr Anspannung und Ermattung bemerkbar.

Mitte Oktober nahm sie an einem Bierfest für Senator Joseph Staszak teil. Wie als Katholikin war Eunice auch als Demokratin eine kompromißlose Verfechterin von Prinzipien: Staszak, der soeben seine

Unterstützung für Nixon bekanntgegeben hatte, war in ihren Augen nichts anderes als ein Verräter. Sie schritt forsch durch den Saal, der mit der Parole: »Demokraten für Nixon« geschmückt war, und erklomm die Rednertribüne, ergriff das Mikrofon, begrüßte die 900 Gäste und setzte zu einer Lobeshymne auf Sarge und McGovern an. Kaum waren ihre Namen gefallen, nahm ihr das Komiteemitglied John Jakubik das Mikrofon weg. »Ich bin noch nicht fertig«, zischte sie und riß das Mikrofon wieder an sich.

»Ich stamme aus einer stolzen irischen Familie«, sagte sie mit einer Stimme, die kaum bis ans Ende der Halle durchdrang, »und ich weiß, daß ihr alle stolz seid auf euer Erbe.«

»Ich bin zum Tanzen hergekommen«, rief eine Stimme, »nicht um mir Blödsinn anzuhören!« Eunice beendete die kleine Ansprache und ging. Sie war tief enttäuscht, daß die Botschaft ihres Mannes bei den Amerikanern auf Unverständnis stieß. »Aber so ist im Augenblick die Stimmung im Land«, versuchte sie Mitte Oktober zu erklären. »Man hört keinem mehr zu.«

Am Wahltag spielte Eunice auf dem Rasen in Timberlawn Football mit ihren Kindern, Freunden, Mitgliedern des Wahlkampfteams und Journalisten, die über die lange Kampagne berichtet hatten. Abends saß sie mit nichtssagender Miene auf dem Sofa vor dem Fernseher. »Das wird eine Nacht werden«, seufzte sie. »Die Nacht, in der die Kennedys verloren.«

Weitere entmutigte Äußerungen gestand sie sich nicht zu und eilte statt dessen wieder geschäftig durchs Haus. Schließlich war sie Gastgeberin einer Cocktailparty. Bald nahm sie wieder ihren Platz neben Sarge ein und hörte sich Satiren zum Wahlkampf an.

Auch ihr blieb es nicht erspart, auf die Schippe genommen zu werden. Für ihren Sieg im Tauziehen während ihres Auftrittes in Baltimore bekam sie als »Staszak-Preis« ein Mikrofon verliehen. Als McGovern sich vor der Kamera zu seiner Niederlage bekannte, machte sich unter den Gästen Bedrücktheit breit. Ein Wahlkampf war wie das Leben – es gab Freundschaften, Liebe, Affären, Eifersucht, Leidenschaft, Helden und Sündenböcke, neue und geplatzte Karrieren. Und dann war plötzlich alles vorbei, und alle verschwanden. Die Gäste gingen, die Presseleute hetzten weiteren Terminen nach, die Politiker begaben sich wieder auf Kandidatensuche, und Eunice konzentrierte sich erneut auf das Wesentliche: auf das Morgen, nicht auf das Gestern.

25

»*Sag es Mutter nicht*«

Die langen, gemeinsamen Sommer in Hyannis Port gehörten der Vergangenheit an. Jean und Steve hatten ihr Haus verkauft, Pat war die meiste Zeit in Europa oder sonstwo unterwegs. Es kam nur noch selten vor, daß sich alle drei Schwestern hier versammelten, und wenn, dann saßen sie oft mit Rose an dem langen Tisch im Eßzimmer, von dem aus man den Atlantik sehen konnte und das Gefühl hatte, auf einem in der Zeit verlorenen Ozeandampfer über die unendliche Weite des Meeres zu fahren.

Sie hatten im Lauf der Jahre so viele denkwürdige Momente an diesem Tisch erlebt, und oft schwelgten sie in ihren von der Zeit gemilderten Erinnerungen. Sie erzählten sich Geschichten von damals, ließen einen wunderbaren Augenblick nach dem anderen wieder auferstehen und lachten, bis ihnen die Tränen kamen. »Was kannst du dir mehr vom Leben wünschen, Mutter«, rief Jean bei einem dieser Treffen, »als deine Töchter um dich zu haben, mit ihnen zu lachen und die Zeit zu genießen?«

»Meine Söhne«, antwortete Rose leise, »meine Söhne.«

Rose wußte, daß ihr Leben vor allem in der Vergangenheit stattfand, und jetzt, in ihrem 81. Lebensjahr, hatte sie beschlossen, ihre Lebenserinnerungen zu einem Buch zusammenzufasssen. Der Verlag Doubleday hatte ihr einen Vorschuß von über einer Million Dollar gezahlt, Geld, das der Joseph-P.-Kennedy-jr.-Stiftung zugute kommen sollte. Die Familie nahm das Vorhaben sehr ernst und engagierte den renommierten Schriftsteller Robert Coughlan für die Mitarbeit an der Autobiographie. Coughlan mietete sich ein Haus in Palm Beach und stand im Winter 1972 jeden Morgen um Punkt zehn Uhr vor dem

Haus der Kennedys. Dann verschwand er mit Rose in dem Büro, das in Joes altem Schlafzimmer eingerichtet worden war, und zwei Stunden lang sprach sie, nur von gelegentlichen Zwischenfragen unterbrochen, in seinen Kassettenrecorder. Niemals zuvor hatte Rose einem anderen Menschen so tiefen Einblick in ihr Leben gewährt, ein Leben, das ihr zum Teil nur deswegen erträglich war, weil sie über einen großen Teil ihrer Erinnerungen den Schleier des Vergessens ausgebreitet hatte, und sie brauchte ihre ganze Willenskraft und Selbstdisziplin, um die gefährlichen Riffe in ihrem Gedächtnis zu umschiffen und Coughlan vor den Untiefen der Zeit zu warnen.

»Mr. Coughlan«, sagte Rose jeden Tag exakt um zwölf Uhr, »ich denke, es ist jetzt Zeit zum Schwimmen. Hätten Sie nicht Lust, mich zu begleiten?«

»Mit dem größten Vergnügen, Mrs. Kennedy«, antwortete er jedesmal und nahm ihren Arm, wenn sie die Treppen hinunter zum Strand gingen.

»Darf ich Ihnen ins Wasser helfen, Mrs. Kennedy?« fragte er.

»Oh, vielen Dank, Mr. Coughlan«, erwiderte sie und hielt sich an seinem Ellenbogen fest. Sie schwamm eine Viertelstunde, dann half er ihr wieder aus dem Wasser, und sie ging nach oben zum Mittagessen.

»Rose wußte, daß sie ein außergewöhnliches Leben geführt hatte«, meinte Coughlan später. »Sie war sehr um ihren Ruf besorgt und versuchte, die Dinge zurechtzurücken. Das und ihre Eitelkeit waren ihre Beweggründe, dieses Buch zu schreiben. Ein Teil des Buches war reine Mythenbildung. Sie wollte, daß der Mythos weiterlebte. Dazu gehörte auch, daß sie durch eine Art Selbsthypnose, eine Art geistigen und emotionalen Gedächtnisschwund einen Teil ihres Lebens ausblendete.

Ihr Leben ist sehr komplex, nichts war einfach und klar und eindeutig. Ich finde, daß sie dank dieser Mischung aus Heuchelei und Einsicht erstaunlich gut mit den Höhen und Tiefen ihres Lebens zurechtkam. Die Familie stand für sie immer an erster Stelle. Sie liebte und bewunderte Joe. Natürlich wußte sie, daß er kein perfekter Ehemann war. Aber er gab einen verdammt guten Vater ab, und dafür respektierte sie ihn.«

Rose präsentierte sich Coughlan als selbstbeherrschte Frau, die ihre Gefühle fest unter Kontrolle hatte. Was er nicht sah, nicht sehen konnte: Nach jeder Sitzung saß sie, über ihren Notizblock gebeugt, da und brachte hastig Erinnerungen an Begebenheiten zu Papier, die teilweise ein halbes Jahrhundert zurücklagen. »Sie war dazu verurteilt, jede einzelne Seite des Buches nachzuerleben, jedes Detail nachzufühlen«, sagte Connor. »Sie hat ihr Buch mit dem Herzen geschrieben.«

Rose nannte das Buch *Alles hat seine Zeit*. Seit Joes Tod hatte sie einen subtilen Sarkasmus entwickelt, den sie Coughlan gelegentlich erleben ließ. An einem Januarmorgen zeigte er ihr eine Passage des Buches, in dem er sie als immer ruhig und beherrscht beschrieb, als eine Frau, die sich niemals beklagte.

»Das war ein großer Fehler!« rief Rose aus. »Es gibt viel, über das ich mich beklagen könnte, aber jetzt werde ich es natürlich nicht mehr tun. Ich würde ja meinen Ruf ruinieren, wenn ich plötzlich anfinge, an allem herumzumäkeln, also lasse ich es lieber. Andererseits, warum eigentlich nicht? Man würde sagen: ›Solange ihr Mann noch am Leben war, hat sie den Mund nicht aufgemacht, aber hinterher hat sie das nachgeholt.‹« Doch in dem umfangreichen Manuskript, das eineinhalb Jahre später von der gesamten Familie gegengelesen wurde, fand sich fast keine Spur mehr von diesem Sarkasmus. An einem Sommertag kamen Eunice, Patricia, Jean und Teddy nach Hyannis Port und besprachen zusammen mit Rose und Coughlan den Text. Dabei ging es ihnen weniger darum, daß das Leben ihrer Mutter korrekt dargestellt wurde. Jeder von ihnen nahm sich das Recht heraus, zu kürzen und hinzuzufügen, bis das Image der Familie auf Hochglanz poliert vor ihnen erstrahlte. Eunice störte sich daran, daß soviel von Zimmermädchen und Gouvernanten die Rede war und der Eindruck entstand, die Familie sei nur mit fremder Hilfe zurechtgekommen. Ebenso mißfielen ihr die zahlreichen Zitate aus Rosemarys Briefen, die, wie sie meinte, mit tatkräftiger Hilfe der Nonnen verfaßt worden waren und Rosemary viel zu normal erscheinen ließen. Sie kritisierte, daß zu viel von Honey Fitz und zu wenig von Roses Eheleben die Rede war. Außerdem hatte sie das Manuskript ihrer Freundin Barbara Walters, einer Fernsehjournalistin, gezeigt, und die hatte ebenfalls nicht mit Kritik gespart. Pat bemängelte, daß zuviel über Gloria Swanson gesprochen wurde und daß Rose sich zu häufig entschuldigte. »Mach dich nicht so herunter«, schrieb sie mehrmals an den Rand des Manuskripts. Jean wiederum fürchtete, die Berichte über Joes Abwesenheit bei der Geburt seiner Kinder könnten Steve auf den Gedanken bringen, ein solches Verhalten sei akzeptabel, während Ted sich am meisten um den politischen Gehalt des Werkes sorgte. Er wollte klargestellt haben, daß »Dad nicht dafür verurteilt werden darf, Hitlers Absichten mißverstanden zu haben«. Außerdem schlug er vor, Rose solle schreiben, daß »eines Tages vielleicht eine ihrer Enkelinnen in den Senat einziehen wird«.

Anfangs hörte Coughlan ruhig zu, wie Ted und Eunice das Buch auseinandernahmen, doch schließlich wandte er sich an Rose, die schweigend in ihrem Sessel saß. »Mrs. Kennedy, das ist *Ihre* Geschichte«, sagte er, aber Rose reagierte nicht. Sie kam ihm vor wie »die Gefangene ihrer Familie«.

Doch die Vorlage stammte nicht aus Roses Feder, und in den folgenden Wochen legte sie selbst eine umfangreiche Liste mit Änderungswünschen vor. Sie wollte, daß weder »Teds emotionaler Streß« nach dem Unfall von Chappaquiddick noch »chronische Verdauungsprobleme« in dem Buch erwähnt wurden. All das mußte, wie auch die Stellen, an denen Coughlan sich zu ausführlich mit Ted beschäftigte, gestrichen werden.

Coughlan nahm die gewünschten Korrekturen vor. Kurz bevor das Buch in den Satz ging, wurde er mit einer Blinddarmentzündung ins Krankenhaus eingeliefert. Wochenlang hörte er nichts, weder von Rose noch von den anderen, und als er schließlich das Buch in Händen hielt, mußte er feststellen, daß nachträglich weitere Kürzungen vorgenommen worden waren und daß jemand einige Seiten religiösen Inhalts hinzugefügt hatte.

Alles hat seine Zeit wurde in mehreren Ländern ein Bestseller und brachte Rose einen bislang unbekannten Ruhm ein. Aber die Arbeit an dem Buch hatte sie emotional sehr angestrengt, und als sie nach Palm Beach zurückkehrte, sah sie sehr gealtert aus.

Im November 1973 trat Kathleen in einem langen, weißen Kleid in der Trinity Church in Georgetown vor den Traualtar und gab David Townsend das Ja-Wort. Trotz ihres wilden Boheme-Lebens feierte sie eine traditionelle Hochzeit mit Brautjungfern und allem drum und dran. Wie schon vor vier Jahren bei der Beerdigung ihres Vaters sang Ethels Freund Andy Williams das »Ave Maria«. Später sangen alle, selbst Rose, »When Irish Eyes Are Smiling«, und anschließend ließen sich Kathleen und David auf dem Notsitz eines geliehenen Packard-Oldtimers Baujahr 1932 zur Hochzeitsfeier nach Hickory Hill fahren.

Alle Freunde und Verwandte folgten ihnen, nur Ted fuhr zurück ins

Krankenhaus der Georgetown University, wo er und Joan die Nacht verbracht hatten. Am Morgen hatten die Chirurgen dem zwölfjährigen Ted jr. knapp oberhalb des Knies das vom Krebs zerfressene Bein amputiert.

»Nach der Operation ging ich jeden Morgen um neun Uhr ins Krankenhaus«, erzählte Joan. »Ted kam später. Der kleine Teddy mußte sich auf den großen Ted vorbereiten, seine Rolle einstudieren. Er mußte stark sein für seinen Vater. Er mußte ein Kennedy sein. Die ganze Lebensanschauung der Kennedys baut doch darauf auf, daß man nicht über seine Schmerzen jammert und sich um Gottes willen nicht selbst bemitleidet. Ted ließ alle Stürmer der Washington Redskins aufmarschieren. Einer nach dem anderen klopfte dem kleinen Teddy auf die Schultern und sagte: ›Du bist ein tapferer Junge, das wird schon wieder.‹ Nachmittags schickte er Prominente, Krankenschwestern und alle möglichen anderen Leute zu ihm. Er war überzeugt, daß wir den Jungen keinen Moment zur Ruhe, zum Nachdenken kommen lassen durften. So ging es in einem fort, bis Teddy mir nach fünf oder sechs Tagen sagte: ›Ich bin so erschöpft, aber ich kann es Dad nicht sagen.‹ Also blieb es wieder an mir hängen.

Irgendwie wurde ich in unserer Ehe immer wieder in die Rolle des Spielverderbers gedrängt. Dabei habe ich mich nur um meine Kinder gesorgt. Ich sagte Ted, daß unser Sohn Ruhe brauche und nichts weiter wolle als fernsehen. Er wurde wütend und warf mir vor, Teddy keinen Spaß zu gönnen, und ich mußte gute Miene zum bösen Spiel machen. Ich bewachte die Tür und spielte Verkehrspolizist. Als die Chemotherapie anlief, wachte ich am Bett des kleinen Teddy, und mehr als einmal kotzte er mich voll. Trotzdem waren alle gegen mich, selbst Teds Schwestern verstanden mich nicht. Teddy hatte Angst vor seinem Vater. Wenn ich da war, durfte er sich krank fühlen, heulen wie ein Baby, sich gehenlassen, und ich nahm ihn in die Arme. Aber außer mir zeigte er niemandem seine Schmerzen. Teddy war eben ein echter Kennedy.«

Die Chemotherapie dauerte achtzehn Monate, eine für Joan und Ted sehr harte Zeit. Welche Schwächen Ted auch immer als Ehemann haben mochte, er war ein treusorgender Vater. Einmal im Monat flog er mit Teddy für ein Wochenende nach Boston und wachte neben seinem Bett im Bostoner Kinderkrankenhaus. Er gab ihm seine Medikamente und lernte, Spritzen zu setzen. »Manchmal war es so schlimm«, erinnerte sich Ted jr. später, »daß ich dachte, lieber mit der Krankheit leben als nochmals eine Behandlung über mich ergehen lassen, lieber sterben als weiterleben. In diesen Momenten waren mein Vater und meine Freunde für mich sehr wichtig. Sie waren immer da, und ihre Gegenwart war Ansporn genug, die Zähne zusammenzubeißen.«

Teddy war ein Kennedy, und er verstand seine Krankheit als eine Prüfung, als eine Gelegenheit, seine Männlichkeit unter Beweis zu stellen. Daß seine Mutter die ganze Zeit über neben ihm gewacht hatte, vergaß er.

Die schwere Krankheit ihres Sohnes gab Joan ein Ziel, einen Lebensinhalt, an dem sie sich aufrichten konnte und der ihr half, gegen ihre Alkoholsucht anzukämpfen. »Es ist seltsam«, sagte sie, »aber aus irgendeinem Grund konnte ich in Zeiten der Not, oder wenn ich gebraucht wurde, über mich hinauswachsen und die Finger vom Alkohol lassen. Aber dann, wenn alles vorbei war, hatte ich kein Ziel mehr, fühlte mich einsam und nutzlos ... Solange Teddy im Krankenhaus lag, ging es mir gut, denn er brauchte seine Mutter. Aber als er über den Berg war und wieder zur Schule ging, brach ich zusammen. Ich war die ganze Zeit so verdammt tapfer gewesen und konnte einfach nicht mehr.«

Joans Alkoholismus hatte so ernste Formen angenommen, daß die Familie anfing, über Gegenmaßnahmen zu diskutieren. »Anfang der siebziger Jahre, als mein Alkoholproblem offensichtlich wurde, kam Eunice zu mir heraus und unterhielt sich mit mir«, erinnerte sich Joan. »Obwohl alle in der Familie wußten, was los war, hatte bis dahin niemand mit mir darüber gesprochen. Eunice verstand mich. Sie ahnte, daß Ted mich betrog, und sie wußte, wie sehr mich das schmerzte und daß ich versuchte, meinen Kummer zu ertränken. Sie half mir. Auch Jackie verhielt sich gut, ich konnte mit ihr reden, mich ihr anvertrauen. Wenn man es recht bedenkt, hatten wir viel gemeinsam. Wir beide waren mit attraktiven Kennedys verheiratet, die in der Politik Karriere machten und hinter jedem Rock her waren.«

Teds ständige Affären hatten Joans Selbstbewußtsein erschüttert und ließen sie an dem zweifeln, woran sie nie gezweifelt hatte: ihrer makellosen Schönheit. Sie fragte sich, ob sie nicht mehr sexy sei, zumindest nicht in Teds Augen. Sie fing an, sich extravagant zu kleiden, die Aufmerksamkeit auf ihre großartige Figur zu lenken, mit ihrem Aussehen zu werben. Sie wollte von Ted wieder geliebt und gebraucht werden. Sie unternahm Ausflüge nach New York, flirtete mit anderen Männern herum und hoffte, Ted dadurch die Augen zu öffnen, ihn wieder enger an sich zu binden. Aber immer wenn sie aus New York zurückkam, konnte sie in ihrem Ehebett das Parfüm einer anderen Frau riechen.

Die Familie fürchtete, daß Joans Alkoholsucht früher oder später bekannt werden könnte, und unternahm alles, um das zu verhindern. Teds Berater behandelten sie wie ein ungezogenes Kind, das man keinen Augenblick aus den Augen lassen durfte. Sie trieben einen Priester mit psychiatrischer Ausbildung auf, der jede Woche nach Washington kam, um sich mit ihr zu treffen. »Ein Priester und Psychiater in einer Person«, kommentierte Joan bitter, »da konnten sie sich doppelt sicher sein, daß er den Mund halten würde.«

Mehrere ihrer Freunde bekämpften ihre Sucht mit Hilfe der Anonymen Alkoholiker. Da zu der Therapie jedoch Gruppensitzungen gehörten, bei der jeder aufstehen und vor den anderen seine Probleme mit schonungsloser Offenheit ausbreiten mußte, legte die Familie ihr Veto ein. Aber Joan war so verzweifelt, daß sie die Bedenken der anderen in den Wind schlug und sich mit Del Sharbutt, einem Washingtoner Journalisten und prominenten Mitglied der Organisation, traf.

»Wenn der Familienrat zusammenkommt, sprechen sie über mich, als existiere ich überhaupt nicht«, klagte sie. »Sie sind gegen die Anonymen Alkoholiker, weil das Öffentlichkeit bedeutet. Statt dessen zwingen sie mich, mit diesem Priester-Psychiater zu reden. Aber es ist sinnlos. Sobald er wieder weg ist, verziehe ich mich mit einer Flasche Wodka in mein Zimmer.«

***

Weihnachten stand vor der Tür. Ethel hatte Rose versprochen, mit ihren Kindern nach Palm Beach zu kommen, wo die Familie so viele Weihnachtsfeste gefeiert hatte. Rose freute sich sehr darauf, in dem großen stillen Haus endlich wieder einmal fröhliches Kinderlachen zu hören. Sie beauftragte ihre Sekretärin, Geschenke einzukaufen, und half ihr beim Verpacken. Im Wohnzimmer ließ sie Connor einen über drei Meter hohen Weihnachtsbaum aufstellen.

Alles war bereit, als sie drei Tage vor Heiligabend Connor anrief. »Arbeiten Sie morgen, Jim?« wollte sie von ihm wissen.

»Nein, Mrs. Kennedy. Sie wissen doch, daß ich mir über Weihnachten ein paar Tage frei genommen habe.«

»Jim, ich habe eine Bitte. Ich will, daß Sie den Weihnachtsbaum wieder abbauen und einer karitativen Organisation bringen. Und ich will, daß Sie die Geschenke an Bedürftige verteilen.«

»Stimmt etwas nicht, Mrs. Kennedy?«

»Ethel kommt nicht. Sie haben beschlossen, zum Skifahren nach Colorado zu fliegen.«

Trotz des vielbeschworenen familiären Zusammenhalts verbrachte Rose einen Großteil ihrer Zeit allein. Verwandte und Freunde der Familie, die sie in Hyannis Port oder Palm Beach besuchten, waren oft überrascht, was für ein isoliertes Leben sie führte. »Ich glaube, Rose lud uns vor allem deshalb ein, weil ihre Kinder zu beschäftigt waren, sie zu besuchen«, sagte ihr Neffe Charles Burke, der viel Zeit mit ihr verbrachte.

Auch Herbert Kramer, der sich in der Stiftung und für die Special Olympics engagierte, fand die Situation unerträglich. »Als ich nach Palm Beach kam, erschrak ich regelrecht. Das Haus zerfiel zusehends, und bis auf eine Sekretärin und ein paar alte Damen kümmerte sich niemand um Rose.«

Doch es war Rose selbst, die sich knauserig zeigte, wenn es darum ging, ihr Haus in Schuß zu halten. Wie viele alte Menschen nahm sie ihre Umgebung so wahr, wie sie einmal gewesen war, und bemerkte nicht, wie alles um sie herum langsam zerfiel. Das Haus in Palm Beach hatte immer noch keine Klimaanlage, und an den Wänden hingen die alten Familienfotos, umrankt von billigen Plastikblumen. Doch eine Renovierung hätte viele Dinge verschwinden lassen, die sie als Teil ihres Lebens betrachtete, und die Anwesenheit von Krankenschwestern oder weiteren Bediensteten hätte ihr nur ihre zunehmende Abhängigkeit vor Augen geführt.

Nach wie vor unterstützte sie Verwandte mit Geld, und wie eh und je besuchte sie zweimal pro Jahr die Pariser Modetempel. Einmal, als sie aus Paris zurückkehrte, wollte ihre Sekretärin Barbara Gibson einen Wagen mit Chauffeur zum Flughafen schicken, aber sie bestand darauf, ein Taxi zu nehmen. »Mutter spart ihr ganzes Geld für die Verwandten, damit sie nach ihrem Tod in dicken Limousinen herumfahren können«, bemerkte Eunice dazu.

Im Gegensatz zu seinen Schwestern schaute Ted öfters vorbei, wenn

Rose in Palm Beach weilte. Einmal verbrachte er sogar Silvester mit ihr und ging mit ihr zum Tanzen in den Poinciana Club. »Ted besuchte sie, so oft er es einrichten konnte«, erinnerte sich Connor. »Natürlich ging er trotzdem auf Parties und so, nicht daß Sie mich falsch verstehen. Aber meistens ging er erst aus, wenn Rose im Bett lag. Und natürlich brachte er Frauen mit nach Hause. Rose hat nie etwas davon bemerkt. Trotzdem, er kam vor allem wegen ihr. Er liebt und bewundert seine Mutter. Immerhin ist er das Nesthäkchen.«

* * *

Nach Joes Tod hatte Rose angefangen, Rosemary in Wisconsin zu besuchen. Rosemary, nicht ihre toten Söhne, war die eigentliche Tragödie in ihrem Leben. Joe jr., John F. und Bobby lebten in ihrer Phantasie weiter, in Erinnerungen, über die die Zeit eine goldene Patina gelegt hatte.

Sie erinnerte sich zwar auch an glücklichere Tage mit Rosemary, daran, wie sie ihr Tennis beigebracht oder wie sie vor dem Debüt am englischen Hof neben ihr und Kathleen gestanden hatte.

Aber Rosemary lebte und ließ schönen Erinnerungen keinen Raum. Nach der Operation hatte sich ihr Zustand nicht gebessert, im Gegenteil. Die Rosemary, die Rose in dem kleinen Häuschen in St. Coletta besuchte, war kein Kind mehr, sondern eine dickliche Frau in den Fünfzigern mit einem komplizierten Seelenleben. Wer sie vor der Operation gekannt hatte, erschrak, wenn er jetzt ihr Gesicht erblickte: tiefliegende Augen, ein zu einer Grimasse gefrorenes Lächeln, das dichte, schwarze Haar und die faltenfreie Haut einer Frau, die 30 Jahre jünger war als sie. Obwohl ihr ausgeprägtes Kinn und ihre kantigen Gesichtszüge immer noch an die typische Kennedy-Physiognomie erinnerten, hätte sie niemand auf den ersten Blick als eine Kennedy erkannt.

In den 25 Jahren, die Rosemary nun schon in St. Coletta lebte, war das Häuschen zu ihrem Zuhause geworden. Das »Kennedy-Cottage«, wie die Nonnen es nannten, war weit besser ausgestattet als die der anderen Patientinnen. Wie ihre Geschwister besaß Rosemary einen eigenen Treuhandfonds. Bei ihr lebten zwei Nonnen, die sich ausschließlich um sie kümmerten. Sie hatte einen Hund und ein Auto, in dem die Nonnen sie zu Ausflügen aufs Land mitnahmen.

Zum Weihnachtsfest 1975 lud Rose ihre älteste Tochter erstmals seit ihrer Einlieferung in St. Coletta nach Palm Beach ein. Das war ein sehr mutiger Schritt. »Rosemarys Geist ist vollkommen leer«, hatte sie noch 1972 Coughlan anvertraut. »Wir haben sie nach St. Coletta geschickt, weil ihre Anwesenheit hier nur endlose Diskussionen auslösen und die Leute veranlassen würde, Vergleiche anzustellen. Ich habe zwar mit dem Gedanken gespielt, sie heimzuholen, aber sie hat sich an das Leben dort gewöhnt.«

Als Rosemary hörte, daß sie zu einem Besuch nach Hause fahren würde, sagte sie »Bronxville«. Das war ihr Zuhause, das Zuhause, an das sie sich erinnerte. »Europa« war ein anderes Wort, das sie wie eine Zauberformel immer wieder vor sich hin murmelte.

Connor holte Rosemary und die beiden Nonnen, die sie begleiteten, am Flughafen von West Palm Beach ab. »Als wir zum Haus kamen, sprang sie die Stufen hinauf und rief: ›Mommy. Du Mommy, ich Baby‹«, erzählte Connor. Zu der Zeit hielt sich auch Bob Davidoff, ein Fotograf aus Palm Beach, im Haus auf. »Sie hatten sich alle für ein Familienbild im Wohnzimmer versammelt und stritten darüber, ob Rosemary nun mit aufs Bild sollte oder nicht, weil sie so zappelig war.«

Rosemary gewöhnte sich nur schwer an neue Gesichter und konnte es nicht ausstehen, wenn sich ihr jemand unbemerkt näherte. Sie spürte, wer in ihrer Gegenwart ungezwungen blieb, und das waren auch die Menschen, zu denen sie Vertrauen faßte. Caroline kam mit ihr besonders gut zurecht und ging mit ihr und ihrer Cousine Victoria oft zum Schwimmen ans Meer.

Für Rose wurde die Reise nach Wisconsin mit jedem Jahr strapaziöser, und so ließ sie Rosemary jedes Jahr nach Palm Beach und Hyannis Port kommen. Gleichwohl stellten diese Besuche für sie eine große emotionale Belastung dar. Schon Tage vor der Ankunft ihrer ältesten Tochter wurde Rose nervös und fand keine Ruhe mehr, und wenn sie dann da war, geriet Rose wegen jeder Kleinigkeit aus der Fassung.

Eines Abends saß Rosemary mit einer Nonne aus St. Coletta und Kerry McCarthy im Wohnzimmer und sah fern. Rose hatte sich bereits in ihr Schlafzimmer zurückgezogen, kam aber nach einer Weile wieder herunter und legte die Arme um Rosemary. »Ich konnte einfach nicht einschlafen, ohne Rosie noch einmal zu umarmen«, erzählte sie. Als Rosemary nicht reagierte, stellte Rose sich hinter sie, ließ die Finger durch ihr Haar gleiten und küßte sie auf den Nacken. Dann wandte sie sich um und ging langsam wieder die Stufen hinauf. Ein paar Minuten später kehrte sie erneut zurück und stellte sich hinter Rosemary, die in ihrem Schaukelstuhl schaukelte und Karten mischte.

»Kerry, sieh dir Rosies Haar an«, sagte Rose plötzlich und ließ ihre Finger wieder durch Rosemarys Haar gleiten. »Sie hat nicht ein einziges graues Haar. Rosie ...? Rosie, erinnerst du dich an Tante Loretta, Kerrys Großmutter?« Rosemary zuckte zusammen. Hatte sie etwas verstanden? »Rosie ... Erinnerst du dich noch, wie du Schreiben gelernt hast und Tante Loretta aus England einen Brief geschickt hast? Erinnerst du dich daran, Rosie? Erinnerst du dich?« Rose wurde von einem Weinkrampf geschüttelt. Kerry nahm sie beim Arm und führte sie hinauf in ihr Schlafzimmer. Rosemary saß einfach in ihrem Schaukelstuhl und schaukelte und mischte Karten und schaukelte und mischte Karten ...

***

Rose fürchtete weniger den Tod als ein langes und schmerzhaftes Siechtum. Sie schlief schlecht, und mit der Zeit wurde sie abhängig von den Schlafmitteln, mit deren Hilfe sie ihren Lebensrhythmus steuerte. Gelegentlich überkam sie Panik, und sie glaubte, einen Schlaganfall erlitten zu haben, aber sie erholte sich immer wieder schnell. Selbst als sie auf die 90 zuging, war sie eitel und brüstete sich mit ihrem Aussehen und ihrem Ruhm. »Manchmal, wenn ich mich herausputze und mir wieder jung und strahlend vorkomme und dann mein 57jähriger Schwiegersohn Sarge quer durch den Raum ›Großmutter‹ ruft, fühle ich mich doch ziemlich entmutigt und verzweifelt«, hatte sie Coughlan in ihrem 81. Lebensjahr gestanden. Auch im Alter sorgte sie sich ständig um ihr Haar, ihren Teint und ihre Linie. Meistens aß sie nur kleine Portionen Reis mit Hühnchen, manchmal nur eine gebackene Kartoffel.

Mitte der siebziger Jahre entwickelte Rose ein enges Verhältnis zu ihrer Großnichte Kerry McCarthy. Die McCarthys waren nach Hyannis Port gezogen, und jeden Sommer verbrachte Kerry mehr und mehr Zeit mit Rose, ging nachmittags mit ihr spazieren und unterhielt sich mit ihr lange im Haus. Roses Töchter interessierten sich nicht für die Familiengeschichte. Die eigentlichen Chronisten des Clans waren Kerry und ihre Mutter, und vor allem Kerry gefiel es, mit ihrer Großtante über die Vergangenheit zu sprechen.

Eines Nachmittags trat sie in Roses Schlafzimmer und sah sie in blauen Hosen und einem dazu passenden Rollkragenpulli vor dem Spiegel stehen und sich bewundern.

»Ich muß auf meine Haltung achten«, erklärte Rose, »sonst bekomme ich noch einen Hängebusen.« Mit einem tadelnden Blick auf ihre etwas plumpe Großnichte fuhr sie fort: »Mein Gott, Kind, kannst du nicht aufrecht stehen? Deine Haltung ist in Ordnung, aber ich werde dir ein paar Übungen zeigen. Und dann müssen wir uns uns mal über Büstenhalter unterhalten.«

»Mein Gott, du verstehst es wirklich, mein Selbstbewußtsein zu stärken«, erwiderte Kerry.

»Sei nicht albern, wir alle haben einen Busen. Wir müssen ihm nur helfen, dort zu bleiben, wo er hingehört.«

Rose war sich bewußt, welche Anziehungskraft der Name Kennedy ausübte. Oft fuhren die Touristenboote so nahe an den Strand heran, daß sie die Stimmen der Reiseführer hören konnte. Immer wieder tauchten wildfremde Menschen, manche von ihnen offensichtlich geistig verwirrt, vor dem Haus auf und wollten Rose berühren oder mit dem Geist der Kennedys in Verbindung treten.

Rose genoß die Aufregung, die sie bei ihren täglichen Spaziergängen unter den Touristen auslöste. Einmal lud sie eine Familie aus Colorado zu einem Rundgang durch das Haus ein und erlaubte ihnen, ihr monströses Campingmobil auf dem Gelände zu parken und die Nacht dort zu verbringen. Doch normalerweise mochte sie es nicht, wenn die Schaulustigen zu aufdringlich wurden oder sie mit unverschämten Fragen löcherten. Sie hatte sich sogar eine kleine Rede zurechtgelegt, die sie jedesmal herunterbetete, wenn jemand allzu hartnäckig nachbohrte.

Eines Abends ging sie mit Eunice spazieren. Ein Auto näherte sich, bremste ab und fuhr im Schrittempo neben ihnen her. »Ich freue mich über Ihr Interesse«, sagte Rose mit fester Stimme, »aber ich brauche ein wenig Zeit für mich selbst, was Sie angesichts meines Alters sicherlich verstehen werden.«

»Ich freue mich über Ihr Interesse«, echote es aus dem Auto, und

Rose äugte mißtrauisch durch das Fenster. In dem Wagen saßen Kerrys Eltern und ihr Sohn Kevin. »Es ist kein gutes Zeichen, wenn die einzigen, die anhalten und mich begaffen, meine Verwandten sind«, beschwerte sich Rose, aber ihre Worte gingen im schallenden Gelächter von Eunice unter.

Die Familie war für Rose ein großer Clan, zu dem sie jeden Cousin und jede Cousine der Kennedys und der Fitzgeralds zählte. Seit Jahrzehnten pflegte sie die Familienbande, verschickte Briefe und Karten, vergab Stipendien für Colleges und Privatschulen und lud die Verwandtschaft immer wieder nach Hyannis Port oder Palm Beach ein. Für ihre Töchter hatte das Wort Familie eine weit engere Bedeutung, und sie konnten sich ärmeren oder entfernten Verwandten gegenüber sehr hochnäsig geben. Jean zum Beispiel betrachtete Verwandte wie Kerry als Eindringlinge und erwartete, daß sie für die Nähe zur »echten« Familie mit Handlangerdiensten bezahlten.

Kurz nach dem Umzug der McCarthys nach Hyannis Port wurden Kerry und ihr Bruder Kevin zu einer »Teenager-Party« in das Haus der Shrivers eingeladen. Eunice war das einzige von Roses Kindern, das sich ernsthaft um den Zusammenhalt der Familie bemühte. Die fünf Shriver-Kinder waren da, die meisten von Ethels Sprößlingen, Chris Lawford und Lem Billings. Kerry war kaum angekommen, als sie hörte, wie ein paar von Ethels Kindern ihren Cousins hochnäsig vorhielten: »Wir sind Kennedys, und ihr nur Shrivers oder Lawfords.« Auch die nachrückende Kennedy-Generation hatte die Familienhierarchie bereits verinnerlicht.

Kerry fiel auf, daß viele der jungen Kennedy-Söhne auf die schiefe Bahn zu geraten drohten. Das galt vor allem für Ethels drei älteste Söhne, Joe II., Bobby und David, sowie für Chris Lawford. Aber auch die anderen schlugen sich mit Problemen herum und hatten Schwierigkeiten, sich im Alltag zurechzufinden.

Eines Morgens hörte sie laute Stimmen aus der Küche und rannte hinunter.

»Sofort aufhören!« schrie sie Willie, Jeans jüngsten Sohn, und die Köchin an. »Oder wollt ihr Tante Rose aufwecken? Was ist hier eigentlich los?«

»Es ist zehn Uhr, und dieser faule Nichtsnutz kommt hier rein und will, daß ich ihm ein Frühstück mache.«

»Ja und? Ich bin hungrig«, erwiderte Willie.

»Um Himmels willen, kannst du dich nicht mit einem Toast und Getreideflocken zufrieden geben?«

»Klar, aber ich weiß nicht, wie man das macht.«

Kerry erklärte ihm, wie man einen Toast zubereitet, und deutete auf die großen Packungen mit Getreideflocken, die auf dem Regal standen. Willie starrte die Packungen mit großen Augen an. »Und ich dachte immer, Getreideflocken würde es nur in diesen kleinen Schachteln geben, die sie einem im Restaurant auf den Tisch stellen.«

Je länger Kerry die Kennedy-Enkel, und zwar vor allem die Söhne, beobachtete, desto mehr gelangte sie zu der Überzeugung, daß etwas unternommen werden mußte. Schließlich beschloß sie, mit Rose zu reden.

»Tante Rose, deine Enkelkinder sind destruktiv. Sie sind unglücklich, sie wissen nicht, woran sie sich orientieren sollen. Ihre Väter sind gestorben, und sie glauben, daß sie ebenfalls sterben müssen. Sie sind so traurig, so verzweifelt und benehmen sich unmöglich, aber man kommt einfach nicht an sie heran.«

»Warum sagt mir das niemand?« wunderte sich Rose.

»Weil deine Kinder immer alles vor dir geheimhalten«, anwortete Kerry. »Sie können sich streiten, bis die Fetzen fliegen, aber in einem sind sie sich einig: dir nichts zu sagen.«

* * *

Rose wurde vor vielem abgeschirmt, was ihr Sorgen hätte bereiten können. So wußte sie auch nicht, daß Jackies Ehe mit Aristoteles Onassis zerrüttet war. In den ersten Monaten hatten sich beide Partner von ihrer besten Seite gezeigt, doch das gehörte längst der Vergangenheit an. Onassis klagte verbittert, von Jackie links liegengelassen zu werden, und Jackie umgab sich mit einem undurchdringlichen Mantel aus Selbstsucht und emotionaler Distanz.

Onassis durchlebte eine schwierige Zeit. Sein Sohn Alexander war bei einem mysteriösen Flugzeugabsturz ums Leben gekommen, und seine frühere Frau Athina starb nach einem, wie man allgemein annahm, Selbstmordversuch an einem akuten Lungenödem. Sein Wirtschaftsimperium war ins Wanken geraten, aber er besaß nicht mehr die Kraft, gegen den Niedergang anzukämpfen. Um so mehr fehlte ihm die stützende Frau an seiner Seite, die er so dringend gebraucht hätte.

Doch so einfach gab sich ein Aristoteles Onassis nicht geschlagen. Er traf sich in New York mit dem Kolumnisten Jack Anderson zum Essen im La Carvelle. Anfangs redete er um den heißen Brei herum, doch nach dem Essen stellte er dem Journalisten mehrere Mitarbeiter vor, die über Jackies Extravaganzen herzogen. Zweifellos rechnete Onassis damit, daß die Informationen Eingang in Andersons Kolumnen finden würden. Dann traf er mit Hilfe seines Partners John Meyer Vorbereitungen für einen Lauschangriff auf Jackies Haus. »Ich traf Onassis und Meyer bei P. J. Clarke's in New York«, berichtete Fred Otash, der Abhörspezialist, der vor Jahren angeblich schon das Haus der Lawfords in Santa Monica mit Wanzen gespickt hatte. »Onassis setzte sich und bestellte einen Hamburger. Dann sah er mich an und meinte: ›Johnny hat mir gesagt, daß Sie der richtige Mann sind, wenn man das eine oder andere Problem hat. Und ich habe ein Problem. Ich bin mit Jackie Onassis verheiratet.‹ Natürlich wußte ich das. ›Ich habe Grund zu der Annahme, daß sie es mit anderen Männern treibt‹, fuhr er fort, ›aber ich bin mir nicht ganz sicher.‹ Da ich damals kaum in der Gegend war, lehnte ich den Auftrag ab, brachte ihn aber mit Bernard Spindel zusammen, einem der besten Männer in seinem Fach. Wir trafen uns, und Spindel gab Onassis die Sachen und erklärte ihm, wie und wo er sie bei seinem nächsten Besuch bei Jackie anbringen sollte.«

Onassis schrieb ein Testament, in dem er Jackie mit einer jährlichen Apanage von 200 000 Dollar abspeiste, eine bescheidene Summe angesichts seines auf fast eine Milliarde Dollar geschätzten Vermögens. Und er bestand auf Scheidung. Er wollte sich die Gelegenheit, Jackies Ansehen in den Schmutz zu ziehen, nicht nehmen lassen. Doch Rache braucht mehr Zeit als Verzeihen, und Onassis blieb nicht mehr viel Zeit, denn er war ein schwerkranker Mann. Im März 1975 wurde ihm in einem Pariser Krankenhaus die Gallenblase herausgenommen. Nach der Operation lag er, an ein Atemgerät und eine künstliche Niere angeschlossen, drei Tage lang auf der Intensivstation, bevor er am 15. März starb.

Jackie behielt den Namen Onassis und erstritt sich in einem langwierigen Gerichtsverfahren ein Erbe von 26 Millionen Dollar. Damit verfügte sie über ein eigenes Vermögen und war nun auch finanziell nicht mehr auf die Kennedys angewiesen.

***

Obwohl die Kennedy-Frauen Ted respektierten, hatte sich die Familie weitgehend in ein Matriarchat verwandelt. An der Spitze thronte Rose als formales Oberhaupt, während Eunice in ihrer Generation das Sagen hatte. Eunice, Pat und Jean waren inzwischen zwar weit über 40 Jahre alt, aber noch immer wurden sie »die Mädchen« genannt. Und daran würde sich auch nichts ändern, solange ihre Mutter noch lebte.

Rose bewunderte Eunice, doch hielt sie das nicht davon ab, über ihre kleinen Eigenheiten verwundert den Kopf zu schütteln. Rose war in einer Zeit aufgewachsen, in der eine anständige Frau nicht rauchte, und Eunice paffte dünne, schwarze Zigarren. Rose hatte ein ruhiges, diszipliniertes Leben geführt, und Eunice hetzte mit der Grazie einer aufgescheuchten Henne von einem Termin zum nächsten.

Auf einem abendlichen Spaziergang begegneten Rose und Kerry einer seltsamen Gestalt, die aussah wie eine Vogelscheuche in Hosen und einem schweren, knielangen Mantel.

»Um Himmels willen, wer ist das?« rief Rose aus.

»Mutter«, sagte die Vogelscheuche mit einer Stimme, die verdächtig nach Eunice klang.

»Das ist Eunice!« rief Kerry.

»Das darf doch nicht wahr sein!« rief Rose halb entsetzt, halb lachend. »Eunice, meine Liebe, wer um alles in der Welt wählt bloß deine Kleider aus?«

»Was stört dich daran? Mir ist kalt.«

»Du bist für den Nordpol angezogen«, erwiderte Rose. »Einfach schrecklich. Na ja, du kannst dich ja hinter uns verstecken. Vielleicht erkennt dich dann niemand.«

»Nein, das werde ich nicht«, sagte Eunice und eilte die Straße hinunter. »Ihr zwei seid überhaupt nicht nett heute abend.«

Mochte Rose auch über Eunices Eigenarten lachen, sie wußte doch, daß ihre drittälteste Tochter eine starke, selbstbewußte Frau war. Im Gegensatz zu ihr schien Pat am Leben zu zerbrechen. Pat konnte eine von Roses Köchinnen nicht ausstehen, deshalb kam sie immer nur dann nach Hyannis Port, wenn die Frau im Urlaub war. »Manchmal will ich Pat einfach packen und schütteln«, sagte Rose zu Kerry, »und ihr sagen, daß sie es versuchen soll, wenigstens versuchen.« Gelegentlich schrieb sie Peter, machte ihm aber klar, daß sie es ihm nie verzeihen würde, wie er Pat behandelt hatte, und gab ihm die Schuld an Pats Zustand. Obwohl Pat ein sehr abgeschottetes Leben führte, wollte

Rose nicht, daß sie ein zweites Mal heiratete. »Sie ist geschieden«, sagte Rose, als ob das allein Grund genug wäre. »Außerdem würde sie nur einen Mann finden, der über 50 ist, und die Männer werden immer schwieriger, je älter sie werden.«

Jeans Probleme waren völlig anderer Natur, und im Gegensatz zu Pat, die sich in ihrem Leid verkroch, legte sie eine aggressive Offenheit an den Tag. Eines Tages, als Rose in Palm Beach gerade im Pool schwamm, sagte Jean plötzlich: »Ihr habt mich mit acht Jahren ins Internat abgeschoben.«

»Was hätte ich tun sollen?« verteidigte sich Rose. »Dein Vater war nie da, und die ganze Zeit über hatten wir Gäste in der Botschaft oder mußten auf Empfänge gehen. Ich hatte einfach keine Zeit, mich um euch Kinder zu kümmern.«

»Genau das ist der Grund, warum ich es immer noch nicht geschafft habe, meinen Weg zu finden.«

Diese Neigung, Rose die Schuld an ihrer Unzufriedenheit zu geben, brach in Jeans Leben immer wieder durch, gleichgültig, wieviel Zeit vergangen war oder wieviele Enttäuschungen sie zwischenzeitlich erlebt hatte.

Ein andermal – Rose war inzwischen 88 und Jean 50 – schwammen die beiden in Hyannis Port nebeneinander im Pool, als Rose etwas sagte, das ihre Tochter in Wut brachte. »Hör zu, Mutter«, rief Jean aufgebracht, während sie aus dem Becken kletterte, »genau solche Bemerkungen haben mich in die Scheiße gebracht!«

Hinterher sprach Rose mit Kerry über den Streit. »Stell dir vor«, rief Rose aus und schüttelte ungläubig den Kopf, »›Scheiße‹, in meiner Gegenwart so ein Wort in den Mund zu nehmen! Ich habe ihr gesagt, daß ich nicht verstehe, warum sie nach jahrelanger Therapie, die Tausende von Dollar gekostet hat, immer noch mich für alles verantwortlich macht ... Ich bin zu alt, um mich mit einer Tochter auseinanderzusetzen, die immer wieder Salz in die alten Wunden streut.«

Jean stritt zwar nicht ab, daß sie solche Auseinandersetzungen mit ihrer Mutter hatte, interpretierte sie aber ganz anders als Rose oder dritte, die zufällig anwesend waren. »Das war doch nur Spaß«, sagte Jean später. »Wenn ich wirklich durchgedreht wäre, hätte ich doch nicht solche Dinge gesagt.«

***

Rose duldete nicht die geringste Störung in ihrem streng geregelten Tagesablauf. Jeden Morgen besuchte sie die Kirche, wo sie einen Lieblingsplatz mit ungehindertem Blick auf den Priester hatte. Ohne Rücksicht auf das Wetter ging sie jeden Tag ihre fünf Kilometer spazieren. Sie übte sich im Deutschen und Französischen und notierte sich neue Vokabeln, die sie lernen wollte. In einem kleinen Büchlein hielt sie wichtige Gedanken oder Zitate fest. Sie hatte klare Vorstellungen, wie die Familie leben und in der Öffentlichkeit auftreten sollte, und weder die Zeit noch das Alter hatten daran etwas geändert. Als sie einmal ein Buch las, in dem Ted mit dem Wort »Arsch« zitiert wurde, regte sie sich so auf, daß sie ihm einen Brief schrieb: ›Sicherlich ist Dir bewußt, wie wenig vorteilhaft sich dieses Wort in gedruckter Form ausnimmt.‹ Und wenn ihm in einer Rede Grammatikfehler unterliefen, schrieb sie ihm und belehrte ihn, wie es korrekt heißen mußte.

Mit zunehmendem Alter mußte Rose einen ähnlichen, wenn auch nicht so dramatischen Kampf um ihre Unabhängigkeit ausfechten wie Joe vor ihr. »Im Jahr 1974«, bemerkte Gibson, »war das Haus ein Spiegelbild der Persönlichkeit der 84jährigen Rose Kennedy geworden. Es war verschlossener geworden, Routine, Ordnung und Organisation herrschten vor … Mrs. Kennedy … errichtete immer mehr Barrieren zwischen sich und dem hektischen Fluß des Familienlebens um sie herum.«

Jean hatte 1974 eine Organisation mit dem Namen »Very Special Arts« ins Leben gerufen, die behinderten Menschen den Zugang zur Kunst erleichtern sollte, und lud ihre Mutter zu einem wichtigen Empfang dieser Organisation in New York ein. Das war kaum zuviel verlangt, doch Rose schlug die Bitte ab. »Ich bin in meinem Leben auf so vielen Empfängen gewesen, ich will einfach nicht mehr«, vertraute sie Kerry an. »Ich hoffe, Jean versteht das.«

Auch als Pat und Jean sie in das neue Sommerhaus der Smiths auf Long Island einluden, lehnte sie zunächst ab. Allein die Vorstellung, Cape Cod zu verlassen, erschreckte sie. Erst nach mehrmaligem, hartnäckigem Nachhaken erklärte sie sich bereit, für drei Tage nach New York zu kommen.

Schon am nächsten Tag fuhr sie wieder zurück.

»Tante Rose, du warst noch nicht einmal 24 Stunden weg«, sagte Kerry.

»Das ist mir gleich. Die Mädchen können herkommen und mich besuchen, wenn sie mich vermissen.«

Jean und Pat schienen nicht zu verstehen, was sie ihrer Mutter abverlangten. »Sie sind liebe Frauen«, erklärte Rose, »aber sie ermüden mich.«

***

Im Mai 1973 hielt Eunice bei der Jahresabschlußfeier des Newton College, einer katholischen Schule in der Nähe von Boston, eine Rede. Noch hatte Amerika die ganze Tragweite des Watergate-Skandals nicht erfaßt, noch hatte niemand die Stimme erhoben und die Amtsenthebung Präsident Nixons gefordert, noch sprach kaum einer der Männer, die über Macht und Einfluß verfügten, mit der Leidenschaft und der prophetischen Hellsichtigkeit, die in Eunices Ansprache zum Ausdruck kamen:

> Das sind bittere Tage, und doch erkennen wir in unseren bloßgestellten Führern keine Bösewichte, sondern oberflächliche und bemitleidenswerte Männer. Die Vergehen, die man diesen Männer letztlich vorwerfen wird, werden, so denke ich, nicht ihre schäbigen Machenschaften und hektischen Vertuschungsaktionen sein. Nein, ihr eigentliches Vergehen ist, daß sie kaum einen Versuch unternommen haben, den Menschen in diesem Land und auf der ganzen Welt zu helfen, obwohl ihnen dazu außergewöhnliche Macht und Möglichkeiten gegeben wurden. Um ihre Selbstsucht und ihre armseligen Ziele zu rechtfertigen, haben sie uns gesagt, es gebe keine Träume, keine Ideale, keine Liebe und keine Großzügigkeit mehr. Ihre Botschaft lautete: Nimm, was du kriegen kannst, und dann hau ab. Laßt sie abhauen, und laßt uns sehen, ob wir die Wüste, die sie uns hinterlassen haben, wieder zum Blühen bringen können.

Für Eunice stand die Familie immer an erster Stelle, und in der Politik hieß das, daß zuerst ihre Brüder kamen und dann ihr Ehemann. »Freunde der Familie behaupten, daß Euncie der politischen Karriere ihrer drei Brüder immer Vorrang vor der ihres Mannes eingeräumt hat«, schrieb die Kolumnistin Marianne Means. »1970 warb Shriver überall im Land für Kongreßkandidaten, weil er hoffte, sich dadurch als Präsidentschaftskandidat ins Gespräch zu bringen. Doch als er nach Hause zurückkam, war seine Frau offensichtlich mehr daran interessiert, wie die Basis über Teddy dachte als über ihn.«

Im Jahr 1975 beschloß Sarge, sich um die Nominierung als Präsidentschaftskandidat der Demokraten zu bewerben. Aber zunächst mußte er zu Ted gehen und seine Zustimmung einholen. Erst als Ted ihm versichert hatte, daß er nicht ins Rennen einsteigen wolle, konnte er sich offiziell um die Nominierung bewerben. »Wenn du dich schon nicht bewirbst, wie wär's dann, wenn ich es tue?« fragte Sarge seinen Schwager im Juni 1975. »Ich wünsche dir viel Glück«, antwortete Ted betont neutral.

Jean, Pat, Jackie, Ethel und Rose traten zwar dem Komitee »Shriver for President« bei, hielten sich aber im Wahlkampf selbst zurück. Hinzu kam, daß Steve nicht mithalf, den Wahlkampf zu organisieren, wie er es für Ted, dem er sich wie ein Bruder verbunden fühlte, zweifellos getan hätte.

Ted verfolgte den Verlauf des Wahlkampfes aus der wohlberechneten Distanz. »Armer Sarge, ich hoffe im Interesse der Gesundheit meiner Schwester Eunice, daß er nicht allzu lange im Rennen bleibt«, bemerkte er in Hörweite des Kongreßabgeordneten Paul Tsongas, der mit dem Gedanken spielte, Sarge zu unterstützen. Auch wenn Ted die Sorge um Eunice vorschob, konnte er doch niemanden darüber hinwegtäuschen, daß er neidisch war und die Vorstellung, daß Sarge womöglich gewinnen könnte, kaum zu ertragen vermochte.

Obwohl Sarge um jede Stimme kämpfte, hatte er keine Chance. Er war der falsche Mann zur falschen Zeit. Die Wunden, die Watergate dem Land geschlagen hatte, waren noch nicht verheilt, und je weniger ein Kandidat mit dem politischen Establishment zu tun hatte, desto besser. So verwunderte es kaum, daß ein Mann nominiert wurde, der in Washington weitgehend unbekannt war: Jimmy Carter, der Gouverneur von Georgia. Es ist zwar zweifelhaft, ob Sarge selbst mit der bedingungslosen Unterstützung der Familie eine Chance gehabt hätte, gleichwohl hinterließ die Angelegenheit bei den Shriver-Anhängern einen schalen Nachgeschmack. »Teddy hat 1976 keinen Finger für meinen Vater gerührt«, klagte Bobby Shriver später voller Verbitterung.

***

Den Dreh- und Angelpunkt in Eunices öffentlichem Leben bildeten die Special Olympics. Die Menschen, die mit ihr zusammen für diese noble Sache arbeiteten, mußten allerdings feststellen, daß sie im Namen der Humanität die Humanität im direkten Umgang mit Menschen oft vergaß. In einem Moment konnte sie sich zu einem geistig behinderten Kind hinunterbeugen und im Spiel mit ihm aufgehen, und im nächsten Moment konnte sie ihrer Sekretärin oder einem Assistenten wegen irgendeines kleinen Lapsus grob über den Mund fahren. »Ich glaube, daß meine Mutter den meisten Leuten ganz gehörig Angst einjagt«, sagte Maria. »Sie ist eine Perfektionistin. Sie verlangt sich selbst alles ab, und deswegen verlangt sie auch ihren Mitarbeitern alles ab. Mein Vater hatte zwei Chefsekretärinnen, und beide hielten ihm 25 Jahre lang die Treue. Meine Mutter kann sich glücklich schätzen, wenn es eine mehr als zwei Wochen bei ihr aushält.«

Eunice schien zu denken, daß es Belohnung genug sein mußte, an dieser edlen Sache mitarbeiten zu dürfen, und daß Leute, die sich nicht voll einbrachten, nichts dabei verloren hatten. Die Berater und Mitarbeiter der Stiftung lernten schnell, daß sie einen gewissen Abstand zu Eunice wahren mußten, wollten sie nicht Gefahr laufen, von ihr vereinnahmt und auf Kosten ihrer eigenen Vorstellungen zu bloßen Befehlsempfängern degradiert zu werden.

Niemand hatte sich der Idee der Special Olympics mehr verschrieben und litt mehr unter Eunice als Herb Kramer. Kramer war Pressechef und Assistent der Vorsitzenden sowohl der Stiftung als auch der Special Olympics International. Er sprühte vor Ideen. Aus seiner Feder stammten die meisten von Eunices Reden und Artikenl, und wie kein anderer verstand er es, das Image der Shrivers und der Spiele zu heben.

Als Jugendlicher hatte Kramer J. M. Barries Theaterstück *Zurück zur Natur* gesehen und sich mit dem edlen Diener identifiziert, einem Mann von beneidenswertem Geschmack und absoluter Hingabe. Eunice war nur zu bereit, in die Rolle der Herrin zu schlüpfen, und es fehlte nur noch, daß Kramer eine Livree trug. Dabei war er der einzige Mitarbeiter, der es wagte, sich gegen sie zur Wehr zu setzen und mit ihr zu streiten. Aber meist dauerte es nicht lange, bis er sich in sein kleines Büro zurückzog und wieder der »bewundernswerte Kramer« war.

»Ich sagte ihnen, daß sie mit ihrem Namen gute Leute billig einkaufen und für sich einspannen konnten«, sagte Kramer. »Und genau das taten sie auch. Bei den Special Olympic Games 1979 in Rockport kümmerte ich mich praktisch um alles – Öffentlichkeitsarbeit, Fernsehen, alles eben. Am dritten Tag wurde ich sehr krank und dachte schon, daß es mit mir zu Ende gehen würde. Ein Krankenwagen brachte mich ins Rochester Memorial Hospital. Ich hatte einen Nierenstein. Aber niemand kam mich besuchen, niemand. Ich saß im Rollstuhl und mußte selbst zusehen, wie ich nach New York zurückkam. Mein Sohn holte mich ab, aber von Eunice oder Sarge hörte ich nichts. Ich schrieb Eunice einen Brief und erklärte darin, daß im Gegensatz zu ihr die Aristokraten wenigstens nach dem Grundsatz ›Adel verpflichtet‹ gehandelt und sich um ihre Bediensteten gekümmert hatten, wenn sie krank waren.«

Doch Eunice hatte die Fähigkeit, unangenehme Tatsachen zu ignorieren, und tat einfach so, als habe sie den Brief nie erhalten. Und wie nicht anders zu erwarten, saß Kramer kurz darauf wieder in seinem Büro.

***

Eunice hielt die Familie für den geistigen und moralischen Mittelpunkt des Lebens und trieb ihre Kinder ebenso gnadenlos zu Höchstleistungen an wie ihre Mitarbeiter. Maria war ihre einzige Tochter, und sie versuchte alles an sie weiterzugeben, was sie im Leben einer Frau für wichtig hielt. Im Gegensatz zu ihren Schwestern Kathleen und Pat war Eunice niemals wegen ihrer Schönheit gelobt worden, und wie ihre Mutter hatte sie schon als Kind gewußt, daß sie sich nicht auf ihr Aussehen verlassen konnte.

Sie drängte Maria, mit den Jungs zu spielen, ebenso wie ihre vier Brüder an den Diskussionen teilzunehmen und mit ihrem Vater nach Baltimore zu fahren, wenn die Orioles spielten. Oft wünschte sich Maria, eine »normale« Mutter zu haben, eine Mutter wie alle anderen. Wenn sie vor dem Tor der Heilig-Herz-Akademie darauf wartete, abgeholt zu werden, blickte sie neidisch den elegant gekleideten Müttern ihrer Mitschülerinnen hinterher. Wenn dann Eunice in ihrem Lincoln-Cabriolet die Auffahrt heraufgebraust kam, auf dem Rücksitz zwei ihrer Brüder und ein paar Hunde, die Haare ein wirres, von Spangen zusammengehaltenes Knäuel, dachte sie mehr als einmal: »Hoffentlich sieht uns niemand.«

Eunice erzog Maria streng, aber, wie sie immer wieder betonte, nicht halb so streng, wie sie selbst erzogen worden war. »Wenn man bedenkt, wie meine Mutter mich behandelt hat«, sagte sie, »kommst du noch gut davon. Sie hat uns mit einem Kleiderbügel geschlagen.«

Als Maria älter wurde, nahm sie stark zu. »Sie war ungefähr so breit wie hoch«, erinnerte sich Connor. »Am liebsten aß sie Schokoladencremetorte, die sie sich mit den Händen in den Mund stopfte und mit Coca-Cola hinunterspülte.«

Eunice, für die Fettleibigkeit ein physisches Zeichen psychischer Trägheit war, konnte sich nicht damit abfinden, eine übergewichtige Tochter zu haben. Einmal, als sie und Maria mit General Robert M. Montague, dem Präsidenten der Kennedy-Stiftung, und seiner Frau Chris, einer schlanken, athletischen Frau am Pool in ihrem Haus in Timberlawn saßen, platzte ihr der Kragen. Sie fuhr Maria an: »Warum kannst du nicht so dünn sein wie sie?« Selbst nachdem Maria etliche Pfunde abgespeckt hatte, fand Eunice sie immer noch zu dick. An Marias 20. Geburtstag betrat sie ein Bekleidungsgeschäft in Georgetown und sagte zu der Verkäuferin: »Meine Tochter wünscht sich einen Rock, der sie schlanker macht.«

Eunice gestattete weder sich noch ihren Kindern Selbstmitleid oder Entschuldigungen. »Ich glaube, Mutter hat in ihrem Leben vieles durchgemacht, von dem niemand etwas weiß«, sagte Anthony, ihr jüngster Sohn. »Sie kann ihre Probleme, seien sie nun physischer oder psychischer Art, hervorragend verbergen. Keiner von uns wußte, wie es ihr gesundheitlich ging, weil sie einfach nie darüber sprach. Das hat wohl auf uns abgefärbt.

Ich weiß noch, daß sie uns als Kinder eigentlich immer zur Schule schickte, selbst wenn wir krank waren. Man mußte schon halbtot sein, damit man zu Hause bleiben durfte. Mich hat das verrückt gemacht. Meine Freunde brauchten nur einen kleinen Schnupfen zu haben, und schon durften sie zu Hause bleiben. Wenn ich sagte, daß sogar meine Cousins zu Hause blieben, bekam ich zu hören: ›Was, wegen einer harmlosen Erkältung willst du nicht in die Schule gehen? Mein Gott, stell dich nicht so an, es könnte schlimmer sein.‹ Das war ihre Einstellung: Man mußte die Zähne zusammenbeißen und durchhalten.«

* * *

Im September 1972 traf Caroline in Begleitung ihrer Mutter Jackie – und fünf Agenten des Secret Service – in der exklusiven Concord Academy ein, wo sie ihr zweites High-School-Jahr absolvieren sollte. Rose weilte gerade in Paris, was sie freilich nicht daran hinderte, ihre Enkelin in einem Brief darum zu bitten, an sie zu denken, wenn sie an der Bibliothek vorüberkam. Es war fast 70 Jahre her, seit die junge Rose im Sommer mit Pferd und Wagen zur Bibliothek gefahren war und nach den Romanen Louisa Alcotts gesucht hatte.

Noch vor Carolines Ankunft hatte die wöchentlich erscheinende Lokalzeitung sie in einem Artikel als das »wahrscheinlich am meisten bewunderte, kritisierte, verleumdete und verfolgte Kind dieses Jahrhunderts« vorgestellt und die Bürger dazu aufgerufen, »dem Kind eine Chance zu geben, so zu leben und aufzuwachsen, wie wir es unserer eigenen Tochter oder Enkelin wünschen«. Die meisten Einwohner beherzigten diese Worte zwar, aber es war fast unmöglich, dieser wohl berühmtesten 15jährigen Schülerin Amerikas keine besondere Aufmerksamkeit zu schenken. »Ich weiß noch genau, wie jemand erzählte, daß Caroline Kennedy in Andersons Laden ein paar Trauben hatte mitgehen lassen«, erzählte John Sheehan, der seit seiner Geburt in Concord lebte. »Was soll das, frage ich mich. Ich jedenfalls kenne niemanden, der in Concord aufgewachsen ist und nicht wenigstens einmal eine Handvoll Trauben geklaut hat, ohne erwischt zu werden.« Caroline verbrachte viel Zeit in der Bibliothek, die ihr und ihren Freundinnen als Treffpunkt diente, sehr zum Mißfallen der Aufsichtskräfte, die sie gelegentlich ermahnen mußten, nicht so laut zu reden. Einmal versäumte sie es, ihre Bücher rechtzeitig zurückzugeben, ein so schändliches Verbrechen, daß es sogar in der *Chicago Tribune* vermerkt wurde.

Wie ihre Cousinen Maria und Kara litt Caroline als Teenager unter einem zügellosen Appetit und mußte sich mit Gewichtsproblemen herumschlagen. Es kam öfter vor, daß Jackie sie in Concord abholte und mit ihr zum Essen ins Ritz-Carlton nach Boston fuhr. Als Caroline nach einem besonders üppigen Menü voller Vorfreude die Dessert-Karte aufschlug, warf ihr Jackie einen strengen Blick zu und sagte: »Du bekommst keinen Nachtisch. Wenn du so weitermachst, wirst du noch so fett, daß kein Mann dich heiraten will.«

Caroline saß im Publikum, als Rose in der *David Frost Show* auftrat. »Die Leute hinter mir fanden sie schrecklich«, erinnerte sich

Caroline an den Abend. »Sie meinten, mit ihren Sprüchen über Fleiß und Hilfsbereitschaft und so weiter könne man keinen Hund mehr hinter dem Ofen vorlocken.«

Rose fürchtete vor allem eins: daß der Reichtum und der Ruhm, den die Kennedys erworben hatten, ihre Kraft und ihren inneren Zusammenhalt zerstören könnten. Ihr ältester Enkel Joe II. schien sich seit dem tragischen Unfall, bei dem eine junge Frau fast ums Leben gekommen wäre, gefangen zu haben. Im Jahr 1976 hatte er die Wiederwahlkampagne seines Onkels Ted organisiert, eine Aufgabe, die in der Familie als das ideale politische Übungsfeld galt. Obgleich er mit seinen knapp 25 Jahren noch ein Neuling war, traten nach dem Wahlkampf mehrere Politiker aus Massachusetts an ihn heran und fragten ihn, ob er sich nicht zur Wahl für das Amt des Vizegouverneurs oder des Schatzmeisters aufstellen lassen wolle.

Joe II. ging zu seiner Großmutter und bat sie um ihre Zustimmung. »Joe verließ das Haus wütend und in Tränen aufgelöst«, berichtete Kerry McCarthy. »Bei unserem Spaziergang am selben Tag erzählte sie mir, daß sie Joe ausdrücklich verboten habe, sich zur Wahl aufstellen zu lassen. Sie hat ihm gesagt, er sei ›zu jung und unerfahren‹ und schulde seinen Wählern und den Bürgern des Staates ›mehr Reife und mehr Erfahrung‹. Sie wollte nicht, daß die nächste Kennedy-Generation die Unterstützung von Menschen mißbrauchte, die ihren Vätern und Vorvätern vertraut hatten. Aber sie sagte ihm auch, daß er seine Chance bekommen werde, wenn er seine Vertrauenswürdigkeit unter Beweis gestellt habe. An dieser Entscheidung hielt sie eisern fest.«

In Hyannis Port ging Rose nur selten zu Ethels Haus hinüber, denn deren ungezogene, lärmende Kinder gingen ihr auf die Nerven. Ebensoselten besuchte sie Jean. Einmal nahm sie eine Einladung Teds und Joans zum Dinner auf Squaw Island an. Joans Haus war ganz anders eingerichtet als ihr eigenes. Das in Blau, Weiß und Grün gehaltene Wohnzimmer schien durch das große Fenster mit den Farben des Meeres zu verschmelzen. Jedes Detail, von den Leinenservietten bis zu den einzelnen Gängen des von ihrem Koch zubereiteten Menüs, genügte den höchsten Ansprüchen.

Ted war in Washington aufgehalten worden, und obwohl nur Familienmitglieder anwesend waren, machte Joan einen ziemlich nervösen Eindruck. Kurz bevor sich die Gesellschaft am Tisch niederließ, führte die neue deutsche Gouvernante Patrick herein, damit er sich, wie es sich gehörte, vor dem Schlafengehen verabschiedete. Patrick war ein schwächliches Kind, das an Asthma litt und hin und wieder Sauerstoff inhalieren mußte. Kaum hatten die beiden das Zimmer betreten, entzog sich Patrick dem festen Griff der Gouvernante und rannte heulend zu Rose. »Großmama, Großmama«, schluchzte er aufgelöst, während die Gouvernante versuchte, ihn zurückzuziehen.

Rose schob die Gouvernante zur Seite und nahm Patrick in die Arme. »Der Junge sieht völlig überanstrengt aus«, sagte Rose und blickte Joan vorwurfsvoll an.

Joan wiederum sah die Gouvernante an, und die Deutsche antwortete mit fester Stimme: »Der Junge hatte einen ganz normalen Tag.« Dieser »normale Tag« bestand, wie Rose durch Nachfragen in Erfahrung brachte, aus über sechs Stunden Sport und sonstigen Übungen und Aufgaben.

»Was soll der Unsinn!« rief Rose. »Patrick ist ein kleiner Junge, kein Olympiakandidat. Er ist geistig völlig überdreht und von dem, was seinem Körper zugemutet wird, völlig erschöpft.«

Rose bestand darauf, daß der kleine Patrick sofort ins Bett gebracht wurde, und forderte von Joan eine Erklärung. Joan war stets bemüht, anderen zu gefallen: Ted, ihrer Großmutter, ihren Schwägerinnen, wem auch immer. Die deutsche Gouvernante war Teds Idee gewesen. Er wollte nicht, daß Patrick zu einem Schwächling heranwuchs, und glaubte, daß ein gesundes Maß an deutscher Zucht und Ordnung genau das war, was sein kränkelnder Sohn brauchte.

Rose hörte ihrer Schwiegertochter schweigend zu, dann rief sie die Gouvernante zurück ins Speisezimmer. »Ich will, daß Patrick sich morgen ausruht, nicht zuviel ißt und einen guten Teil des Tages im Bett verbringt«, ordnete Rose an. »Ich werde mit dem Senator darüber sprechen und morgen anrufen, um mich nach Patricks Befinden zu erkundigen.«

Obwohl Ted die Gouvernante eingestellt hatte, war es Joan, die, wie immer, am Ende den Kopf hinhalten mußte. »Patrick litt an schwerem Asthma«, erinnerte sich Joan. »Aber wenn ich ihn schonen wollte, sagte Ted: ›Joan, du behandelst ihn wie ein Baby.‹ Wenn Patrick mit seinem Vater etwas Aufregendes unternahm, keuchte er hinterher oft schrecklich. Aber wenn ich dann losrannte und seine Medizin holte und ihn an das Beatmungsgerät anschloß, warf Ted mir vor, ich ließe mich von Patrick um den Finger wickeln. Für ihn war Patricks Asthma eine Charakterschwäche, keine Krankheit.« In Gegenwart ihrer Schwiegermutter wirkte Joan nicht nur eingeschüchtert, sondern geradezu verängstigt, und Roses Verhältnis zu ihr war seltsam zwiespältig: Sie kritisierte sie heftiger als ihre Töchter, manchmal aber schien sie sie um ihre immer noch jugendliche Schönheit zu beneiden.

Nach den Maßstäben, die Rose anlegte, besaß Joan alles, was eine Frau brauchte. Doch sie konnte nicht verstehen, warum Joan die Stärke der anderen Kennedy-Frauen fehlte, warum sie es nicht fertigbrachte, zu Ted zu stehen und ihn bei seiner Karriere zu unterstützen. In ihrem Haus in McLean, Virginia, stand ein französischer Koch am Herd, der schon für den Herzog von Windsor gekocht hatte. Ein Hausmädchen, eine Krankenschwester für die Kinder und eine Privatsekretärin nahmen ihr einen Großteil der häuslichen Pflichten ab. Sie hatte ein wunderschönes Haus auf Squaw Island und das Geld und die Freiheit, nach Europa oder sonstwohin zu reisen und zu tun und zu lassen, was ihr beliebte.

Und trotzdem trank sie. Joans Alkoholismus war lange Jahre das große Tabuthema in der Familie. »Ich versuchte, darüber zu reden, aber es war mir peinlich, und Ted auch«, sagte Joan. »Es war allen peinlich, aber niemand wollte darüber reden.« Jahrelang hatte die Familie versucht, Joans Sucht zu vertuschen, aber wenn sie trank, konnte niemand sagen, was passieren oder wo sie landen würde. Einmal fuhr sie, nach einem Besuch bei ihrem Vater, völlig betrunken in einem Bus nach Palm Beach, wo man sie sofort in ein Flugzeug nach Washington setzte. Ein andermal entdeckte Connor sie in einem Auto auf dem Parkplatz des Kennedy-Anwesens, wo sie mit einem prominenten Mann aus Palm Beach ihren Rausch ausschlief.

Joan kleidete sich gern nach der neuesten und gewagtesten Mode. Im Jahr 1969 erschien sie zu einem Abendempfang im Weißen Haus, zu dem Nixon geladen hatte, in einem silbrigglänzenden Mini-Kleid und provozierte damit die versammelten republikanischen Damen in ihren bodenlangen Kleidern zu empörten Kommentaren. Aber auch die Demokraten reagierten aufgebracht: Joan hatte Ted vor dem offiziellen Washington blamiert. Bei einem Essen im Weißen Haus ein Jahr später erschien sie in einem silbrigen, halblangen Lederrock, schwarzen Stiefeln und einer durchsichtigen Bluse. Im Jahr darauf verursachte sie einen kleinen Skandal, als sie bei einer Party in ihrem Haus unter einem kurzen, geschlitzten Rock Hot Pants trug.

Wenn sie in New York oder Paris gelebt hätte, wäre sie als Trendsetterin betrachtet worden und nicht als eine unbefriedigte Ehefrau, die verzweifelt um Aufmerksamkeit heischt. Washington war damals eine durch und durch konservative Stadt, wo das kleine schwarze Kleid fast ebenso verbreitet war wie die Mao-Uniform in Peking, und so sehr ihre Freunde sie auch verteidigten, so sehr zerrissen sich die Damen der Washingtoner Gesellschaft die Mäuler über ihre ausgefallenen Kostüme.

Sie war keineswegs das dumme Blondchen, für das sie viele ihrer Kritiker hielten. Nach Laura Bergquist waren ihre modischen Eskapaden wohl eher »kleine Zeichen der Rebellion« in einer Ehe, in der ihr wenig andere Waffen blieben.

»Ausgefallene Kleider waren ihre Methode, es Ted heimzuzahlen und sich ihrer eigenen Individualität zu versichern«, meinte eine enge Freundin. »Sie hatte ein gutes Gespür dafür, wo Ted verwundbar war.«

Im Jahr 1972 gestand Joan in einem Interview in der Zeitschrift *Good Housekeeping* ein, daß sie sich in der Kennedy-Familie machtlos fühle und die Hilfe eines Psychiaters in Anspruch nehme. Sie sagte, sie lerne, ihre Probleme zu meistern und ein glücklicheres, erfüllteres Leben zu führen. Einige Monate später äußerte sie gegenüber dem Bostoner *Herald-American,* daß »die Gerüchte über Teds angebliche heimliche Affären sie zu Tode langweilten«. Insbesondere wies sie alle Behauptungen zurück, er habe eine Romanze mit Mrs. Amanda Burden, einer Frau aus der New Yorker Gesellschaft. »Amanda soll mit Ted und Senator Tunney an Bord einer Yacht in Maine gewesen sein«, erklärte sie. »Die Klatschkolumnisten behaupteten, daß auch eine zweite Frau mit an Bord war. Aber wie sich dann herausstellte, handelte es sich bei den beiden Frauen um meine Schwägerinnen Pat und Jean.« Doch Joan wußte, daß die Gegenwart ihrer Schwägerinnen kaum als Beweis für Teds Unschuld taugte. Die Loyalität der beiden galt Ted, nicht dem hehren Ideal der Ehe. Und wenn sie Ted auch öffentlich verteidigte, so demütigten seine Affären sie doch sehr. »Wenn man mit dem Gefühl aufwächst, daß man etwas Besonderes ist, und dann feststellen muß, daß der eigene Mann nicht dieser Ansicht ist, dann ... Ich verlor zwar nicht alle Selbstachtung, aber es tat verdammt weh, immer wieder diese Gerüchte zu hören. Ich fing an zu denken, daß ich vielleicht nicht attraktiv genug sei, oder nicht mehr.

Von da an war es nur noch ein kleiner Schritt zu dem Punkt, an dem ich dachte, na gut, wenn das so ist, dann kann ich ja genausogut einen Drink nehmen.

Ich bin keine Frau, die Theater macht, herumschreit und so weiter. Ich bin eher scheu und zurückhaltend. Statt wütend zu werden und Ted zu fragen, was an den Gerüchten über seine Liebschaften dran war, oder einfach aufzustehen und für meine Rechte zu kämpfen, griff ich zur Flasche und tat so, als sei nichts, als sei ich nicht verletzt und wütend. Ich wußte einfach nicht, wie ich mit der Situation umgehen sollte.

Oft fuhr ich nach New York und traf mich mit Lenny Bernstein und anderen. Ich flirtete mit Männern. Ich wollte Ted zeigen, daß andere Männer mich attraktiv fanden, wollte ihn dazu bringen, mich zu begehren. Mehr war da nicht.« Ihre Freunde und Bekannte haben diese kurzen Flirts in anderer Erinnerung. Ihrer Sekretärin Marcia Chellis vertraute sie einmal an, daß sie ein Rendezvous mit einem alten Liebhaber aus Europa vereinbart hatte. Als er jedoch in ihr Hotelzimmer kam, war sie so betrunken, daß sie kaum mehr laufen konnte. Das Schäferstündchen fiel ins Wasser.

An einem Nachmittag im Oktober 1974 rammte Joan mit ihrem Pontiac-Cabriolet ein vor einer roten Ampel wartendes Auto. Der Aufprall war so stark, daß der Wagen auf das vor ihm stehende Auto geschoben wurde. Wegen Trunkenheit am Steuer wurde ihr für ein halbes Jahr der Führerschein entzogen.

In den nächsten Jahren ließ sich Joan wiederholt von verständnisvollen Journalisten interviewen, die in ihren Artikeln detailliert ihr Leiden als Alkoholikerin beschrieben und stets mit der Feststellung schlossen, daß sie sich auf dem Wege der Besserung befinde. Doch meistens hing sie wenig später erneut an der Flasche und wurde in eine Entziehungsklinik eingeliefert. Und wenn sie dann wieder nach McLean zurückkehrte, schrieb ein anderer Journalist von einer anderen Zeitschrift einen Bericht über die Wiedergeburt der Joan Kennedy. In gewisser Weise konnte man Joans Verhalten mutig nennen, immerhin setzte sie sich mit den Ursachen ihrer Sucht auseinander, und zwar mit Genehmigung, wenn nicht sogar auf Veranlassung von Teds Beratern. Allerdings blieb der Verdacht der Selbstbeweihräucherung in diesem Kreislauf von Sucht, Genesung, Publizität und Rückfall. Wenn ihr Mann sie schon nicht liebte, dann sollte wenigstens die Welt sie lieben.

Die öffentliche Entblößung der eigenen Persönlichkeit war in den siebziger Jahren zu einer anerkannten Währung auf dem amerikanischen Jahrmarkt der Eitelkeiten geworden, austauschbar gegen Ruhm und Medienbeachtung. Dennoch war es praktisch undenkbar, daß eine Kennedy sich diesem Rummel anschließen würde. Rose war über Joans öffentliche Bekenntnisse empört, und als sie die neueste Reinkarnation ihrer Schwiegertochter auf der Titelseite eines Frauenmagazins ihrer Köchin entdeckte, rief sie: »Also wirklich, können die nicht jemand anderes interviewen?« Während sie die Seiten durchblätterte, fragte sie die neben ihr stehende Kerry: »Sie schwärmen immer von ihrer Schönheit. Findest du sie auch schön?«

»Ja, Tante Rose. Sie ist eine Naturschönheit. Die meisten Mädchen wünschen sich, einmal so auszusehen.«

»Vielleicht hast du ja recht. Aber ich sehe immer noch keinen Grund, warum man seine schmutzige Wäsche in aller Öffentlichkeit waschen muß.«

In keinem ihrer Interviews kritisierte Joan Ted auch nur mit einem Wort, doch für seine Gegner war er ein Schurke, der eine unschuldige junge Frau in den Alkoholismus trieb. »Es versteht sich eigentlich von selbst, daß Ted den Informationsfluß steuerte«, sagte Joan. »Ich war mit einem mächtigen Mann verheiratet, und er bestimmte, was die Öffentlichkeit über die Familie erfahren durfte. Wenn er wegen seiner Frauengeschichten Ärger bekam, fütterte er durch seinen Pressesekretär Richard Drayne ausgewählte Journalisten mit Informationen. Die dahintersteckende Absicht war klar. Die Leute sollten ihn bemitleiden, ihn, den armen Senator mit seiner alkoholsüchtigen Ehefrau. Der Witz an der ganzen Sache war, daß ich trank, weil er mit anderen Frauen herummachte.«

Pressesekretär Drayne hatte selbst ein Alkoholproblem, und er mag gegenüber Journalisten das eine oder andere Detail herausgelassen haben, aber es ist unwahrscheinlich, daß dies auf Teds Geheiß geschah. Joan war die Mutter seiner Kinder, und ihre Alkoholsucht an die große Glocke zu hängen, bedeutete, den Namen seiner Familie zu beschmutzen. Genausowenig hätte es ihm geholfen, wenn er darauf hingewiesen hätte, daß auch Joans Mutter Alkoholikerin war und seine Frau in dieser Hinsicht möglicherweise erblich vorbelastet war oder daß er nicht der einzige war, der Affären mit Frauen hatte.

Teds Gefühle für Joan waren tot, und selbst in der Öffentlichkeit brachte er es kaum mehr über sich, wenigstens ein Mindestmaß an ehelicher Zuneigung vorzutäuschen. Er hatte alles versucht, um ihr zu helfen, hatte sie zu Priestern und Psychiatern geschickt und sogar Luella Hennessey und ihren Mann George Donovan in die Sache mit hineingezogen. »Wir haben Ted oft geholfen«, sagte Luella. »Joan tat alles, worum George sie bat, und unser Einfluß hat sehr zu ihrer Genesung beigetragen. Aber wen König Alkohol erst einmal am Wickel hat, den läßt er nicht mehr so schnell los. Joan braucht jemanden, der bei ihr bleibt und auf sie achtgibt, eine ältere Person, die sie auf Kurs hält. Sie ist so süß und unschuldig, so lustig und offen. Die Leute versuchen, das auszunutzen.«

Innerhalb des engen Beziehungsgeflechts der Familie war Joan weitgehend isoliert. Nur Eunice streckte ihr die Hand entgegen. »Eunice hat mich immer unterstützt«, sagte Joan. »Ich habe häufig mit ihr telefoniert. Wir haben Kontakt gehalten, und ich fühle mich ihr wirklich verbunden. Sie ist eine wundervolle Frau. Wann immer ich wegen meiner Probleme mit Ted zu ihr ging und mit ihr redete, hörte sie mir zu und gab mir Ratschläge. Sie setzt sich für mich ein. So ist sie eben. Bei ihr habe ich mich immer geborgen gefühlt.«

Im Februar 1976 ging Joan in das New Yorker Rehabilitationszentrum Smithers. Das Zentrum arbeitete nach den gleichen Methoden wie die Anonymen Alkoholiker. Bei Treffen und Meditationen mußten die Patienten vor ihren Leidensgenossen aufstehen und mit schonungsloser Offenheit über ihre Probleme sprechen, wobei ihnen zugesichert wurde, daß nichts von dem, was sie sagten, jemals nach außen dringen würde. Joan konnte deshalb kaum ahnen, daß zwei der anderen Patienten ihre Geschichte an den *National Enquirer* verkaufen würden. Einer der beiden, der sich als freier Autor und PR-Berater bezeichnete, blieb nach den Mahlzeiten sogar bei Joan sitzen und versuchte, sich nach und nach in ihr Vertrauen einzuschleichen. Für Joan war es ein Schock, als sie entdeckte, daß sie selbst hier nicht in Ruhe gelassen wurde.

Eunice traute der Sensationspresse alles zu und war nicht sonderlich überrascht, daß der *National Enquirer* die Geschichte abdruckte. Als sich jedoch auch der *Washington Evening-Star* an der Schlammschlacht beteiligte, warf sie den alten Kennedy-Grundsatz, keine negativen Geschichten durch Widerspruch wieder aufzuwärmen, über Bord. Wütend schrieb sie einen Artikel für den *Star*, in dem sie das

Blatt beschuldigte, mit dem Abdruck unbestätigter Gerüchte »gegen jeden Grundsatz des anständigen Journalismus« verstoßen zu haben.

Doch Joans Alkoholismus konnte schon lange nicht mehr als Gerücht abgetan werden. Als Ted sie in ihrem Haus auf Squaw Island einmal einem Journalisten hatte vorstellen wollen, liefen die beiden auf der Suche nach ihr durchs Haus und fanden sie schließlich betrunken auf dem Rücksitz eines Autos. »Sie sah wie ein Wrack aus«, erinnerte sich der Journalist. »Ich habe schon viele Betrunkene gesehen, aber die Frau, die da vor mir lag, hatte eine zwei- oder dreitägige Sauftour hinter sich. Ich glaube, Kennedy wollte mir zeigen, womit er sich herumzuschlagen hatte.«

Die Tatsache, daß Ted einem Außenstehenden, und noch dazu einem Pressevertreter, seine betrunkene Frau vorführte, machte deutlich, wie weit er sich emotional von ihr entfernt hatte. Er war in diese Ehe hineingestolpert und hatte seiner Frau niemals die Liebe geschenkt, nach der sie sich so verzehrte. Jedesmal, wenn Joan aus einer Klinik oder einem Rehabilitationszentrum entlassen wurde, suchte sie erneut Teds Liebe. Und jedesmal wurde sie zurückgestoßen. Er konnte ihr alles geben, nur nicht das, was sie von ihm wollte, und kein Therapeut, kein Eheberater und kein Psychiater konnte daran etwas ändern.

Im Herbst 1977 mietete Joan eine Wohnung in Bostons Back Bay. Sie flüchtete nicht nur vor Ted, der Politik und Washington, sondern auch vor ihren Kindern. Sie wurde zu einer Mutter für besondere Anlässe, nahm den kleinen Patrick für ein paar Tage mit nach Disneyland oder verbrachte mit Teddy jr. und Kara ein Wochenende auf Squaw Island. Sie ließ keinen Zweifel daran aufkommen, daß niemand, auch nicht Ted oder die Kinder, bei ihr »hereinplatzen« durfte, ohne vorher anzurufen und einen Termin zu vereinbaren. Sie schrieb sich an der pädagogischen Fakultät der Universität ein und ging dreimal wöchentlich zu ihrem Psychiater.

Was Joan da unternahm, mochte im Sprachgebrauch der siebziger Jahre als »Suche nach dem Selbst« gelten, aber sie war kein junges Mädchen mehr, sondern eine reife Frau, deren Leben in ihrer Familie verankert war. In Boston lebte sie als Mutter ohne Kinder und als Ehefrau ohne Mann. Es schien, als versuche sie in diesen Monaten, ihre Lebensuhr zurückzudrehen zu den unschuldigen Tagen, in denen sie Ted kennengelernt hatte. Er besuchte sie häufig, blieb aber nie über Nacht. »Meistens gehen wir zum Essen aus«, erzählte sie der Journalistin Joan Braden bei einem Interview. »Wenn wir in Washington ausgingen, waren immer die Kinder, Verwandte oder ein paar seiner Freunde dabei. Jetzt gehen wir alleine aus. Es ist fast wie ein Rendezvous.« Braden lobte Joans »Mut und ihren Versuch, sich selbst zu finden« und schloß ihren Bericht mit der Prophezeiung, daß sie ihre Probleme endlich gemeistert habe. Doch als der Artikel im August 1978 mit Joans strahlendem Gesicht auf dem Titelbild in *McCall's* erschien, torkelte sie betrunken durch ihr Apartment, und kurz darauf wurde sie erneut in das McLean Hospital in Belmont, Massachusetts, eingeliefert.

Die Frauenzeitschriften scherten sich nicht um Joans qualvolle Bemühungen, ihre Sucht in den Griff zu bekommen. Sie wollten eine andere Joan, eine Heilige, die sie der Welt präsentieren und deren Gesicht sie auf den Titelseiten abdrucken konnten. Im April 1979 veröffentlichte *Good Housekeeping* einen vor Optimismus nur so strotzenden Bericht aus der Feder der Pop-Psychologin Dr. Joyce Brother, und einen Monat später brachte *Ladies Home Journal* einen Artikel von Lester Davids mit dem Titel »Joan Kennedy: Auf der Suche nach ihrem Selbst«. David fragte Joan, ob Ted sie immer noch liebe. Rose Kennedy hätte man eine solche Frage niemals gestellt. Aber Joans Leben hatte inzwischen die Qualität einer Seifenoper angenommen, und so wurde von ihr erwartet, daß sie brav ihre Rolle spielte. »Ich weiß es nicht«, gab sie zu. »Ich weiß es wirklich nicht.« Ob sie sich von Ted trennen wolle, fragte David weiter. »Ich weiß es nicht«, antwortete sie. »Das hört sich jetzt zwar so an, als wollte ich ausweichen, aber ich weiß es einfach nicht ... Ich glaube nicht, daß wir uns trennen werden. Im Moment sehe ich dafür keinen Grund.«

Ted und seine Mitarbeiter verfolgten diese Enthüllungen in der Klatschpresse und versuchten, daraus Joans emotionalen Zustand abzulesen. Der war wichtig geworden, weil Ted erstmals seit Chappaquiddick ernsthaft mit dem Gedanken spielte, sich um das Präsidentenamt zu bewerben und in den Vorwahlen gegen den unpopulären demokratischen Amtsinhaber Jimmy Carter anzutreten. Politisch gesehen standen Teds Chancen gut: Er hatte sich zum einflußreichsten Liberalen im Senat aufgeschwungen und wurde von seinen Kollegen als kluger Parlamentarier bewundert. Es waren persönliche Themen, Chappaquiddick und Joan, von denen die größte Gefahr für seine mögliche Kandidatur ausging.

Im Frühjahr 1979 flog Joan nach Palm Beach, um mit Ted und der Familie die Möglichkeiten einer Präsidentschaftskandidatur auszuloten. Ted hatte vier Psychiater nach Palm Beach bestellt: Joans Bostoner Therapeuten und drei führende Sucht-Experten aus Yale, der Mayo-Klinik und Kalifornien. Diese vier Psychiater waren keine Schönredner. Sie wußten, daß die besten Therapeuten es nicht geschafft hatten, Joan zu helfen, und entsprechend düster fielen ihre Prognosen aus. »Kein Medikament wird sie heilen«, hörte Richard Burke, damals Teds Verwaltungsassistent, einen der Ärzte sagen. »Wenn sie gesund werden will, wird sie gesund werden – aber sie muß es wollen. Und sie braucht die Unterstützung ihrer Angehörigen und Freunde.«

Entgegen dem dringenden Ratschlag mehrerer enger Berater, wegen der Risiken für sein Leben auf eine Kandidatur zu verzichten, beschloß Ted, sich zur Wahl aufstellen zu lassen, falls die Familie zustimmte. Mit seinen drei Kindern hatte er bereits gesprochen und war zu dem Urteil gelangt, daß sie alt und stark genug seien, um die Belastung auszuhalten. Damit blieb nur noch Joan.

Jean, Ethel und Eunice hörten den Ärzten zu. Sie alle wußten, welchen Lohn die Politik bereithielt, aber Ted war das Oberhaupt der Familie, und Ethel und Jean sicherten ihm ihre Unterstützung im Wahlkampf zu. Nur Eunice riet zur Zurückhaltung. »Eunice war sehr engagiert und stellte sich eindeutig auf Joans Seite«, erinnerte sich Burke. »Sie bezweifelte, daß eine Präsidentschaftskampagne in ihrem Interesse sei.«

Nachdem die Kinder um ihre Meinung gefragt worden waren – Kara und Patrick machten ihre Zustimmung von der ihrer Mutter abhängig, während Teddy seinen Vater bedingungslos unterstützte –, ergriff Ted das Wort. »Ich will Präsident werden«, sagte er, eine Aussage, wie er sie in dieser Klarheit und Sicherheit bisher noch nicht getroffen hatte.

»Auch ich möchte, daß Ted Präsident wird«, sagte Joan. Joan war Mrs. Edward M. Kennedy, und an diese Identität klammerte sie sich wie eine Schiffbrüchige an ein Rettungsfloß. Sich dem Wunsch ihres Mannes zu verweigern, hieße, sich allen Kennedys zu verweigern und ihre eigene Geschichte zu verleugnen. Mrs. Edward M. Kennedy wollte, daß ihr Mann Präsident wurde.

Im September würde Joan 43 Jahre alt werden. Auch wenn sie von ihrem neuen Leben in Boston schwärmte, so fühlte sie sich dort doch häufig einsam. Sie hatte viele Affären, auch mit jüngeren Männern, aber keine konnte ihren Schmerz betäuben. Teds Entscheidung, sich um die Nominierung zum demokratischen Präsidentschaftskandidaten zu bewerben, bot ihr die einmalige Chance, in den Schoß der Familie zurückzukehren und sich als eine echte Kennedy zu beweisen. In ihrem Kopf vermischten sich Realität und Phantasie zu einem berauschenden Traum, und sie sah sich und Ted zusammen auf den Wahlkampftribünen, vielleicht sogar zusammen im Weißen Haus. »Im Wahlkampf von 1980 lief ich zu Hochform auf«, erinnerte sich Joan. »Ich war trocken. Ich wollte Ted, meiner Familie und der ganzen Welt beweisen, daß es mir gutging, daß ich im Wahlkampf so gut wie eh und je war, daß ich ein Gewinn für die Kampagne war.«

***

Bei der Einweihung der John-F.-Kennedy-Bibliothek am 20. Oktober 1979 in Dorchester stand Joan an Teds Seite. Das schwarz-weiße Gebäude aus Glas und Beton sieht aus wie die postmoderne Version eines indianischen Bauwerks, das ebensogut nach Stonehenge gepaßt hätte wie auf diese einsame Anhöhe über der Bucht von Boston.

Obwohl Rose nur einen Monat zuvor wegen eines eingeklemmten Bruchs operiert worden war, hatte Jean sie gedrängt, an der Einweihung teilzunehmen. Doch die Krankenschwestern in Hyannis Port fürchteten, daß die alte Frau die Anstrengung nicht überleben würde, und so hatte Eunice entschieden, daß sie zu Hause bleiben sollte.

Es war ein wunderschöner Herbsttag. Neben den drei Schwestern saßen Ted, Jackie und Ethel, und mit Ausnahme von Kathleen, die kurz vor der Geburt ihres zweiten Kindes stand, waren alle 29 Enkelkinder von Rose zugegen. Obgleich der Tag vornehmlich der Erinnerung an John F. galt, war die Einweihung der Bibliothek auch ein Gedenktag für die gesamte Familie und eine Gelegenheit für Ted, sich als der legitime Erbe seiner Brüder zu präsentieren. Eigentlich hätte die 22jährige Caroline als ältestes Kind von John F. stellvertretend für die Generation der Enkelkinder sprechen sollen. Aber schüchtern und öffentlichkeitsscheu wie sie war, fiel es ihr schon schwer genug, aufzustehen und ihren Bruder John als Redner anzukündigen. John hatte das gute Aussehen seiner Eltern geerbt und hätte wohl auch ohne den

Namen Kennedy auf eine Karriere als Schauspieler oder Dressman hoffen können. Er erinnerte sich so gut wie gar nicht mehr an seinen Vater und las Stephen Schneiders Gedicht »I Think Continually of Those Who Were Truly Great« vor.

Die Bibliothek diente auch der Erinnerung an Bobby, und in seinem Namen stand Joseph Patrick II., Ethels ältester Sohn, auf und sprach von vergangener und zukünftiger Größe. Joe II. besaß eine kämpferische Natur und war für diesen Tag als Vertreter der Familie ausgewählt worden. Er war ein unbeherrschter junger Mann, der gelegentlich Unverschämtheit mit Wahrheit verwechselte. Er war darüber empört, daß sein Vater nicht mit der gleichen Achtung geehrt wurde wie sein Onkel John F. und attackierte in seiner Rede verschiedene Interessengruppen von den Banken bis zu den Ölkonzernen. »Eines Tages werden hier andere Zustände herrschen, aber nur, wenn wir das weiterentwickeln, was mein Vater ›moralischen Mut‹ nannte«, rief er, während Präsident Carter vor ihm saß wie ein kleiner Sünder auf der Kirchenbank. Die älteren Kennedys blickten sich peinlich berührt an, aber seine Cousins und Cousinen klatschen und trampelten vor Begeisterung mit den Füßen.

***

Die Jackie, die der Einweihung der Kennedy-Bibliothek beiwohnte, war eine andere Frau als die Witwe, die sich einstmals einen strahlenden Tempel des Wissens zum Andenken an ihren Ehemann gewünscht hatte. 1975 hatte sie angefangen, als Lektorin für den Verlag Viking Press zu arbeiten, zwei Jahre später war sie zu Doubleday gewechselt. Einige Leute sahen darin nicht mehr als einen plumpen PR-Trick und mokierten sich über die dilettantische Mrs. Onassis, die sich als gute Fee der Literatur für ein paar aufregende Stunden pro Woche in die Welt der Bücher versenkte. Es stimmte, daß sie nur drei Tage pro Woche in ihrem bescheidenen Büro arbeitete und von den endlosen Streitereien, Intrigen und der gnadenlosen Terminhetze des modernen Verlagswesens weitgehend unberührt blieb. Doch sie schenkte jedem Buch ihre volle Aufmerksamkeit, und sie verstand sehr wohl, daß sie der Köder war, mit dem ihr Arbeitgeber viele Autoren und Prominente lockte.

Jackie gab keine Interviews und versuchte, sich die Medien vom

Leib zu halten. »Solange es einen Markt für Sensationsberichte gibt, wird die Klatschpresse sie auch drucken«, schrieb sie Laura Bergquist 1978. »Mein eigentliches Leben findet auf einer anderen, privateren Ebene statt.«

Einen wichtigen Platz in diesem Leben nahm die Beziehung zu Maurice Tempelsman ein, der sich Jackie als kluger Verwalter ihres 26-Millionen-Dollar-Erbes von Onassis empfohlen hatte. Gerüchten zufolge war es ihm gelungen, die Summe zu vervierfachen. Er war im gleichen Alter wie Jackie, und das war, wenigstens oberflächlich gesehen, ihre einzige Gemeinsamkeit.

Tempelsman war als Sohn orthodoxer Juden in Belgien aufgewachsen und 1940 durch die Flucht in die Vereinigten Staaten dem Holocaust entgangen. Als millionenschwerer Geschäftsmann verkehrte er in den höchsten Kreisen von Politik und Wirtschaft und kannte die Kennedys seit den fünfziger Jahren. Er war ein Mann, der Diskretion als eine der hervorragendsten Tugenden betrachtete, und hatte das Kunststück vollbracht, als US-Importeur für das südafrikanische Diamantenkartell DeBeers aufzutreten und gleichzeitig Kontakte zum Afrikanischen Nationalkongreß unter seinem damals noch inhaftierten Führer Nelson Mandela zu knüpfen.

Im Gegensatz zu Jackies beiden Ehemännern interessierte sich Tempelsman sehr für Kultur. Er sammelte afrikanische Kunst und sprach fließend Französisch, und Jackie genoß es, sich mit ihm in dieser Sprache unterhalten zu können. Allerdings war Maurice Tempelsman verheiratet und Vater von drei erwachsenen Kindern. Nach 30jähriger Ehe kam eine Scheidung für ihn nicht in Frage. Statt dessen wurde er Jackies »Lebensgefährte«.

***

Nach dem Ende der offiziellen Einweihungszeremonie überredete der Fernsehjournalist Roger Mudd Ted zu einem Interview für CBS – und führte ihn gehörig aufs Glatteis.

»Wie steht es um Ihre Ehe, Senator?« lautete seine erste Frage. Mudd war ein alter Freund der Familie, und es war kaum die Art Frage, die Ted ein paar Wochen vor dem Wahlkampfauftakt von ihm erwartet hatte. Tatsache war, daß er und Joan seit ihrem Umzug nach Boston praktisch getrennt lebten.

»Nun, ich glaube, äh, wir hatten schwierige Zeiten«, fing Ted unsicher an, »aber ich denke, daß wir, äh, daß wir wirkliche Fortschritte erzielt haben, und ich bin – ich meine – ich bin froh, daß wir die Zeit und die Beziehung miteinander teilen, die wir – die wir miteinander teilen.«

»Leben Sie getrennt ...?« bohrte Mudd weiter.

»Nun, ich weiß nicht, ob sich die Situation mit einem einzigen Wort – beschreiben läßt. Joan absolviert ein Programm wegen ihrer – ihrer Alkoholabhängigkeit und – und es geht ihr prächtig, und ich bin unendlich stolz, daß sie sich der Sache stellt und Fortschritte macht. Und ich bin – sie macht weiter Fortschritte und – an einer solchen Krankheit muß man eben arbeiten.«

Seine Ausführungen über Chappaquiddick und die Gründe, die ihn dazu bewogen hatten, gegen den amtierenden Präsidenten seiner eigenen Partei anzutreten, fielen genauso nichtssagend aus, und die Fernsehzuschauer waren enttäuscht. Doch das Interview mit Mudd, das am 3. November ausgestrahlt wurde, war nur eines von vielen Debakeln in einer von vornherein zum Scheitern verurteilten Wahlkampagne. Kurz nachdem Ted mit Joan an seiner Seite seine Kandidatur offiziell bekanntgab, erschien im *The Washington Monthly* ein Artikel von Suzannah Lessard mit der Überschrift: »Kennedys Probleme mit Frauen – die Probleme von Frauen mit Kennedy.« Die Zeitschrift war ein seriöses Blatt, das von der politischen Elite Washingtons gelesen wurde. Der provokante Artikel war bald in aller Munde und legitimierte Fragen nach Teds Sexual- und Eheleben, die zuvor nur von der Boulevardpresse und den Klatschkolumnisten gestellt worden waren.

Ted und seine Berater kamen zu dem Schluß, daß es zu riskant war, Joan im Wahlkampf einzusetzen. Sie blieb in Boston, wo sie Anfang Dezember eine Gruppe handverlesener Journalisten zu einer Pressekonferenz in ihre Wohnung einlud. Da Teds Wahlkampf kein zweites Debakel wie das Mudd-Interview überleben würde, wurde sie von ihrem Psychiater und Teds Beratern für jede mögliche und unmögliche Frage präpariert. Sie gaben sich erst zufrieden, als Joan jede Antwort herunterbeten konnte und keine Gefahr mehr bestand, daß sie aus Versehen irgendein peinliches Detail ausplaudern würde.

»Das ist doch schon Urzeiten her«, teilte sie der kleinen Reporterschar mit, als sie auf ihre Minderwertigkeitsgefühle gegenüber der Familie Kennedy angesprochen wurde.

»Die große Liebe des Senators ist die Politik«, erklärte ein Journalist. »Wie fühlt man sich, wenn man erst an zweiter Stelle steht?«

»Das tue ich nicht«, erwiderte Joan. Sie errötete und ihre Hände zitterten leicht. »Wenn Sie mir nicht glauben, fragen Sie Ted Kennedy.«

»Wie steht es um Ihre Ehe mit dem Senator?«

»Besser als jemals zuvor«, erklärte Joan mit fester Stimme. »Ich habe die Hölle hinter mir und bin gottfroh, daß es vorüber ist.«

Der *Boston Globe* feierte Joans Wiederauferstehung auf der Titelseite, und ein paar Tage später zog sie mit Ted in den Wahlkampf. Sie hatte nie erwartet, die Rolle einer zweiten Rosalyn Carter zu spielen, die strategischen Besprechungen beiwohnte und ihren Mann in politischen Fragen beriet. Genausowenig beabsichtigte sie, Nancy Reagan nachzueifern, die den Spitzenkandidaten der Republikaner aus großen Augen anhimmelte, Hand in Hand mit ihm auf das Podium trat und ihn »Daddy« nannte. Doch Ted brachte es nicht einmal fertig, Joan jene minimalen Zeichen der Zuneigung zukommen zu lassen, die von ihm bei öffentlichen Auftritten erwartet wurden. »Dem Senator schien die ganze Prozedur unangenehm zu sein«, schrieb die *Washington Post* nach einem gemeinsamen Auftritt der beiden. »Weder sprach er mit seiner Frau, noch berührte er ihren Arm oder lachte mit ihr ... Selbst einige Mitarbeiter des Senators äußerten sich besorgt darüber, wie distanziert sich das Paar gab.«

Teds Verhalten bewies, daß er keineswegs der meisterhafte Heuchler war, den seine Kritiker in ihm vermuteten. Er hatte andere Sorgen, und wie seinen Brüdern bereiteten ihm öffentliche Demonstrationen ehelicher Verbundenheit große Schwierigkeiten. Erholung von den Strapazen des Wahlkampfs suchte er im Sex, aber nicht mit seiner Frau, sondern, wie Burke berichtete, mit anderen Frauen.

* * *

Im Februar hielt Joan in Concord eine Rede, in der sie sich sehr positiv über die Frauenbewegung äußerte, ein Novum in der Geschichte der Kennedy-Frauen. Weder hatte Rose an den Märschen der Sufragetten in Boston teilgenommen, noch hatten Joans Schwägerinnen jemals öffentlich den Feminismus unterstützt. »Meine Erfahrungen in den vergangenen Jahren haben mir die zentrale Bedeutung des Feminismus stärker zu Bewußtsein gebracht«, erklärte Joan ihrem Publikum. Allerdings stammte der Inhalt der Rede ebensowenig von ihr wie die Antworten, die sie auf der Pressekonferenz in ihrer Bostoner Wohnung gegeben hatte. Teds Redenschreiber verfolgten nicht die Absicht, Joan mit Betty Friedan und Gloria Steinem in eine Reihe zu stellen, sondern, wie die *New York Times* schrieb, Teds Anspruch zu untermauern, er sei »der Mann für die Frauen Amerikas«. Ihr Feminismus war also, zumindest zum Teil, ein Mäntelchen, das sie sich ihrem Mann zuliebe umgehängt hatte.

Joan war nicht die einzige Kennedy, die sich auf Wahlkampftour begeben hatte. Ungeachtet ihres hohen Alters und ihrer labilen Gesundheit trat Rose in Florida und Iowa auf Veranstaltungen auf. Dies war ein eindrucksvoller Beweis für die Liebe, die sie ihrem jüngsten Sohn entgegenbrachte, und ihren ungebrochenen Ehrgeiz. »Ihr habt meinen Söhnen geholfen, als sie sich um das höchste Amt in diesem Land bewarben«, verkündete sie auf einer Versammlung in Iowa. »Und ich sehe mit Freude, daß ihr meinem jüngsten Sohn – meinem letzten Sohn – ebenso helfen werdet.«

Eunices Beitrag zu Teds Wahlkampf war beträchtlich, wenn auch nicht immer unumstritten, und sie drängte ihm ihre Vorstellung mit derselben Vehemenz auf, wie sie es gegenüber allen tat. Noch bevor der Wahlkampf in seine heiße Phase trat, fuhr sie nach Boston, um ihre Schwägerin im Umgang mit den Medien zu beraten. »Ich gewann den Eindruck«, erinnerte sich ihre damalige Assistentin Marcia Chellis, »daß sie versuchte, Joan im Interesse Teds und der gesamten Familie davon zu überzeugen, bestimmte Dinge ungesagt zu lassen.«

Eunice, die 15 Jahre älter als Joan war, konnte die Vorstellung nicht ertragen, daß Joan ihr Leben mit Ted vor aller Öffentlichkeit ausbreitete. Sie war der Ansicht, daß es für ihre Schwägerin an der Zeit sei, die ergebene Ehefrau zu mimen.

In den zurückliegenden Jahren hatte Eunice ihren jüngeren Bruder mit Forderungen, Positionspapieren und Ratschlägen überschwemmt, vor allem zum Thema Abtreibung. Nach Ansicht von Teds Beratern scherte sie sich dabei keinen Deut um die politischen Realitäten im liberal geprägten Massachusetts oder um Teds persönliche Meinung in dieser Frage. Allerdings war Ted schlau genug, zu erkennen, daß ihm die konservative Position seiner Schwester im Wahlkampf zugute kommen konnte.

»Ich möchte, daß Eunice in Iowa so oft wie möglich mit mir auftritt«, sagte er zu Burke.

»Warum?« fragte dieser überrascht.

»Weil sie mir die Abtreibungsgegner vom Hals halten kann.«

Pats Rolle erschöpfte sich weitgehend darin, als Ersatz einzuspringen, wenn Joan ausfiel, sozusagen als sichtbarer Beweis, daß Ted Familiensinn hatte. Was Jean anging, so taugte sie nicht für Auftritte vor einem großen Publikum, denn sie war eine schlechte Rednerin. Aber sie stand Ted von allen in der Familie am nächsten und tat alles für ihn, was in ihrer Macht stand. Zusammen mit einer kleinen Gruppe von Getreuen beackerte sie das politische Hinterland. So fiel ihr die undankbare Aufgabe zu, in Carters Heimatstaat Georgia, wo die Journalisten sich ebensowenig für den Namen Kennedy interessierten wie die Wähler, die Werbetrommel für Ted zu rühren. Auch Jackie engagierte sich und trat im New Yorker Stadtteil Queens vor einer begeisterten Menge griechischstämmiger Amerikaner auf.

Von den drei Schwestern fühlte sich Pat in der Wahlkampfarena am wenigsten wohl, aber selbst sie sprang ein, wenn Not am Mann war. Eines Tages wurde sie in New York von einer aufgeregten Wahlkampfhelferin angerufen. »Mrs. Lawford, wir haben zugesagt, daß ein Mitglied der Familie auf dieser Veranstaltung auftreten wird, aber wir haben niemanden«, rief die Frau gehetzt ins Telefon.

»Wann soll die Veranstaltung denn stattfinden?«

»In einer Stunde.«

»In einer Stunde!« rief Pat aus. »Absolut unmöglich. Mein Haar ist nicht gerichtet, und geschminkt bin ich auch nicht. Ich sehe furchtbar aus.«

»Mrs. Lawford, Sie sind unsere einzige Hoffnung.«

»Na gut«, gab Pat schließlich nach, »dann komme ich eben als Eunice.«

***

Auch die Kennedys der jungen Generation schwärmten für Ted aus. Caroline stellte sich hin und wieder zur Verfügung, Kathleen ließ ihr Neugeborenes in der Obhut ihres Mannes zurück, und Maria, die beim *PM Magazine* arbeitete, nahm sich extra frei. Besonders auffallend war, daß die jungen Kennedy-Frauen in den wichtigen politischen Fragen ebenso kundig waren und sich ebensogut in Szene zu setzen verstanden wie ihre Brüder. John H. Davis, der damals an einer Familienbiographie arbeitete, merkte an, daß es nicht einmal eine echte Kennedy war, die als die Beste galt, sondern die Frau von Joe II., Sheila Rauch Kennedy.

Wenn die männlichen Vertreter der neuen Kennedy-Generation Schlagzeilen machten, dann nicht wegen politischer oder sportlicher Triumphe. Im September 1979 fuhr der damals 24jährige David mit seinem braunen BMW nach Harlem, um sich Heroin zu besorgen. Im Hotel Shelton Plaza, einem berüchtigten Drogenumschlagplatz, wurde er zusammengeschlagen und ausgeraubt. Ein Drogenfahnder sagte, David sei im Shelton Plaza als »White James« bekannt gewesen. »White James« wurde nach Boston zurückgebracht und mußte sich im Massachusetts General Hospital einer Entziehungskur unterziehen. Nach seiner Entlassung wurde er nach Kalifornien verfrachtet, möglichst weit weg von der Familie. Im April des darauffolgenden Jahres, auf dem Höhepunkt von Teds Wahlkampagne, saß er in einem schäbigen Zimmer in Sacramento und halluzinierte.

Chris Lawford war von Kokain auf Heroin umgestiegen, versuchte aber, von seiner Sucht loszukommen und begann, sich in Teds Wahlkampf zu engagieren. Doch in einer Wahlkampfpause über die Weihnachtsfeiertage wurde er in Aspen verhaftet, als er in einer Apotheke ein gefälschtes Rezept für Darvon vorlegte.

Joan war nicht die einzige Kennedy, die sich mit der Hoffnung auf ein neues Leben in den Wahlkampf stürzte. Die junge Generation träumte davon, den Präsidentschaftswahlkampf von John F. zu wiederholen, wie sie ihn aus Büchern, Filmen und den Schaukästen in der Kennedy-Bibliothek kannte. Aber 1980 war nicht 1960, und als Ted Vorwahl um Vorwahl verlor, trat Steve Smith von seinem Posten als Wahlkampfleiter zurück und wurde von der nachrückenden Generation ersetzt. Die jungen Kennedys waren dazu erzogen worden, an die große Bestimmung ihrer Familie zu glauben, aber draußen, in den Versammlungssälen, mußten sie mit anhören, wie ihr Onkel angeprangert und verspottet wurde. Als ein Priester in Philadelphia Ted einen Mann nannte, »der es nicht verdiente, Präsident zu werden«, brach Kara, Teds Tochter, in Tränen aus und floh aus dem Raum.

Die jungen Kennedys hatten keine Vorstellung davon, wie schwer das Vermächtnis von Joe und John F. auf Teds Schultern lastete. Als

Kennedy durfte er nicht zugeben, daß weniger die Angst vor einer Wahlniederlage an seinen Nerven zerrte als vielmehr die Angst vor einem Attentat. Er hatte zahlreiche Morddrohungen erhalten, die jedoch größtenteils geheimgehalten worden waren. Während der endlosen Wahlkampagne gab er ein leichtes Ziel ab. Jede Hand, die sich ihm entgegenstreckte, konnte eine Pistole halten, jeder Klaps auf den Rücken konnte ein Messerstich sein.

Welcher Impuls ihn in Chappaquiddick auch zur Flucht bewegt haben mochte, diesmal gab er ihm nicht nach. »Was ich an ihm bewundere, ist sein außerordentlicher persönlicher Mut«, sagte Melody Miller, eine Senatsassistentin, die länger für die Kennedys gearbeitet hatte als irgend jemand sonst in Washington. »Ich gehörte zu den Leuten, die ihn beschworen, sich nicht zur Wahl aufstellen zu lassen. Wir wußten von den Morddrohungen und fürchteten um sein Leben. Aber er erwiderte nur, daß er keine Lust verspüre, sein Leben damit zu verbringen, sich über die Schulter zu sehen. Er verdrängte die Gefahr, aber vergessen konnte er sie nicht. Er war der einzige Kandidat, für den der Secret Service an jedem Auftrittsort einen gepanzerten Wagen bereithielt. Manchmal baten sie ihn sogar, eine kugelsichere Weste zu tragen.«

Am Tag vor den Vorwahlen in Illinois beschloß Ted, in Chicago bei der Parade zum St. Patrick's Day mitzumarschieren. Beim Secret Service raufte man sich die Haare bei der Vorstellung, daß Ted Kennedy inmitten einer ausgelassenen Menge irischstämmiger Amerikaner durch die Straßen ziehen wollte, aber es war nichts zu machen, er bestand darauf. Über der Parade kreiste ein Hubschrauber, und die Menge der Schaulustigen war mit Leuten vom Secret Service gespickt. Joan, ihre drei Kinder, Eunice und Maria begleiteten Ted, aber er war der einzige, der eine kugelsichere Weste trug.

Es gab keine treueren Kennedy-Anhänger als die irischstämmigen Amerikaner, und Ted wurde mit Hurrarufen und lautem Beifall begrüßt, Sympathiebezeigungen, mit denen er in den letzten Wochen nicht gerade überschüttet worden war. Er und Joan winkten in die Menge, als plötzlich vier dumpfe Explosionen ertönten. Ted fiel auf den Boden, und sofort bildeten die Agenten vom Secret Service einen Ring um ihn. Doch die Aufregung war umsonst. Wie sich herausstellte, hatte jemand ein paar Feuerwerkskörper hochgehen lassen. Wenn Patrick, wie in Chicago, nicht mit auf Tour war, rief Ted ihn jeden

Abend an. Wenn er zu spät anrief oder einmal vergaß, anzurufen, machte Patrick sich große Sorgen und dachte schon, sein Vater sei tot.

Ted gewann in Illinois 14 Delegierte, Carter 165. In Iowa, wo Ted die gesamte Familie im Wahlkampf eingespannt hatte, errang er kaum mehr als die Hälfte der Stimmen, die Carter für sich verbuchen konnte. Die Kennedys hatten keine Erfahrung mit Niederlagen, und schon gar nicht mit so vernichtenden Niederlagen, wie sie Ted in Illinois oder Iowa einstecken mußte. Aber Eunice und Jean arbeiteten verbissen weiter und hielten ihrem Bruder bis zum bitteren Ende die Treue. Am Vorabend der Vorwahl in New York legten sie ihm dar, wie sie seine Chancen einschätzten. »So, und wie lauten die guten Nachrichten?« fragte Ted, eine Bemerkung, die die gedrückte Stimmung etwas aufheiterte.

Ted gewann die Vorwahl in New York mit einem deutlichen Vorsprung. Er errang zwar noch weitere Siege, aber Carter konnte weit mehr Delegiertenstimmen auf sich vereinigen als er, und schon vor dem Parteikonvent der Demokraten im August in New York war klar, daß Ted keine Chance auf eine Nominierung hatte. Für die Kennedy-Frauen begann damit eine Zeit der Unsicherheit, insbesondere für Joan. Sie hatte sich mit der vagen Hoffnung auf eine neue, gemeinsame Zukunft mit Ted im Wahlkampf engagiert und davon geträumt, mit ihm ins Weiße Haus einzuziehen. Ted konnte nach seiner Niederlage wenigstens in den Senat zurückkehren, doch vor Joan gähnte die Zukunft wie ein dunkler, bodenloser Abgrund, und sie fing an, maßlos zu essen.

Beim New Yorker Parteikonvent wartete Joan in einem Zimmer hinter dem Podium, während Ted zu den Delegierten sprach. In den letzten Wochen des Wahlkampfs hatte er sich als Liberaler reinsten Wassers präsentiert, und dieser Linie blieb er auch mit seiner letzten Rede treu. »Eines Tages, lange nach diesem Konvent, lange, nachdem die Wahlkampfplakate abgehängt worden sind, die Massen nicht mehr jubeln und die Marschkapellen nicht mehr spielen, wird man von unserer Kampagne vielleicht sagen, daß wir unseren Grundsätzen treu geblieben sind.« Seine Leidenschaft und sein Idealismus rissen die Delegierten mit, und 32 Minuten lang stand die Zeit still. Tränen flossen, Hochrufe ertönten, und etliche unter den Anwesenden seufzten bei dem Gedanken daran, was vielleicht hätte sein können und was vielleicht noch möglich war. »Für mich endete dieser Wahlkampf vor ein paar Stunden. Aber für alle, die an unsere Sache glauben, geht die Arbeit, geht der Kampf weiter. Die Hoffnung lebt weiter, und unser Traum wird niemals sterben.«

Die Versammlung brach in frenetischen Applaus aus, und Wogen der Begeisterung brandeten über Ted hinweg, der allein im Scheinwerferlicht auf dem Podium stand. Joan kam nach vorne, küßte ihn, und sie umarmten sich. Dann war es vorbei. Joan kehrte in ihr Zimmer im Waldorf-Astoria zurück, und Ted ging seine eigenen Wege.

Für den nächsten Tag hatten sie sich zum Mittagessen verabredet. Nervös wie ein Schulmädchen vor seiner ersten Verabredung bereitete sich Joan auf das Treffen vor und zog ein Kleid mit Rüschen und Puffärmeln an. Ted, mit seinen 48 Jahren immer noch ein gutaussehender Mann, holte sie ab und fuhr mit ihr hinüber auf die East Side. Während der Fahrt sprach Joan, die sich auf ein paar ungestörte Stunden mit Ted freute, wenig. Doch sie hatten kaum an ihrem Tisch im The Box Tree Platz genommen, als sich das Restaurant mit Journalisten füllte.

Joan fühlte sich von Ted verraten, hintergangen, zum Objekt eines Fototermins degradiert. Daß sie ihm zutraute, die Reporter herbestellt zu haben, deutete darauf hin, wie wenig von dem Gefühl gegenseitigen Vertrauens übriggeblieben war. Doch Ted hatte sich ebensosehr wie sie auf ein paar Stunden des Alleinseins gefreut und mit ihr über ihre Ehe und ihre Kinder sprechen wollen. Er hatte nicht gewußt, daß sich die Reporter an seine Fersen geheftet hatten.

Obwohl Joan furchtbar enttäuscht war, flog sie mit ihm zurück nach McLean, wo sie die Wahlhelfer und die Leute vom Secret Service zu einer Abschiedsparty einluden. Als das Fest noch in vollem Gange war, teilte Ted seiner Frau mit, daß sie beide auf der Stelle nach Cape Cod zurückfliegen würden. Joan dämmerte im Halbschlaf vor sich hin, als Teds Privatflugzeug auf einem ihr unbekannten Flugplatz landete. Er erklärte ihr, daß sie auf Montauk Point an der äußersten Spitze von Long Island seien und daß er sie hier verlasse. Der Pilot habe Anweisung, sie nach Hyannis zu bringen. Und so flog sie allein durch den dunklen Nachthimmel zurück in eine Welt, die nicht mehr die ihre war.

* * *

Als die Familie sich zwei Jahre später zum Erntedankfest in Hyannis Port versammelte, fehlte Joan. Wie Rosemarys Lobotomie war auch Teds Scheidung ein Thema, über das nicht gesprochen wurde. Die Familie kam unter anderem deswegen zusammen, um darüber zu diskutieren, ob Ted sich 1984 erneut für die Präsidentschaftskandidatur bewerben sollte. Die Antwort lautete nein. Niemand glaubte daran, daß die Erfolge der Vergangenheit wiederholt werden konnten.

Rose war 92 Jahre alt. Es gab Tage, an denen sie in einem Dämmerzustand versank, und andere, an denen sie wie eine alte Seherin von längst vergangenen Ereignissen sprach. Sie besaß immer noch einen ausgeprägten Sinn für besondere Anlässe, und als sie an diesem Abend in die Runde blickte, fühlte sie sich plötzlich wieder wie die junge Hausherrin. »Seid ihr alle satt geworden?« fragte sie, obwohl das nie ein Problem an diesem Tisch gewesen war.

»Ja, Mutter, vielen Dank«, antwortete Pat mit jener seltsamen Formalität, die so typisch für die familiären Treffen der Kennedys war. »Wir sind alle satt.«

Ted stand auf und erhob sein Glas zu einem Trinkspruch auf seine Mutter. Dann bat er sie, ebenfalls einen Toast auszubringen.

Rose, gestützt von Ted, erhob sich. »Ich möchte euch daran erinnern, daß ihr nicht nur Kennedys seid«, sagte sie, wobei sie jedes Wort betonte. »Ihr seid auch Fitzgeralds.« Sie sorgte sich um ihre eigene Geschichte, um die Geschichte der Fitzgeralds, und sie wollte, daß ihre Kinder und Enkelkinder wußten, wo ihre Wurzeln lagen.

»Und wer war der bedeutendste Bürgermeister von Boston?« rief sie aus, und in ihrer Stimme lag plötzlich eine Kraft und Stärke, die ihr niemand mehr zugetraut hätte. »Honey Fitz!« riefen ihre Kinder und Enkelkinder zurück.

Wie Rose so vor ihnen stand, schienen die Fesseln des Alters von ihr abzufallen. Sie erzählte dieselben alten Geschichten, die sie alle schon so oft gehört hatten, von Honey Fitz' Leben und Kampf, von dem Tag, an dem sie Joe begegnet war, von ihrem Debüt, von den wunderbaren Tagen ihrer Jugend.

»Und wer war das schönste Mädchen von Boston?« fragte sie. »Du!« schallte es unisono zurück.

»Zuerst mochte ich Mr. Kennedy nur, aber ich liebte ihn nicht«, erzählte sie. »Doch mit der Zeit lernte ich ihn lieben, und zwar sehr.«

Die weniger angenehmen Erinnerungen an Joe hatte sie bereits vor langer Zeit in sich vergraben. Rose präsentierte die Geschichte der Kennedys wie eine Kette kostbarer Juwelen, die sie aus der Schatzkiste der Erinnerung ausgrub, das wertvollste Erbe, das sie an ihre Kinder weitergeben konnte. Schließlich verlor sie sich in der Zeit, und das Gedächtnis ließ sie im Stich. Sie sah zu Ted hin, suchte Stärke und Verständnis in seinen Augen. »Ich bin so glücklich, wenn du hier bist«, sagte sie endlich.

Später am Abend begab sich die Gesellschaft in den Salon. Jeder hielt ein Glas Champagner in der Hand. Rose setzte sich ans Klavier und spielte »Süße Adeline«, das Lied, das ihr Vater ihr vor 72 Jahren beigebracht hatte. Ihre Stimme klang dünn und wie aus weiter Ferne, als werde sie von einer alten Schallplatte abgespielt, eine Stimme voller Sentimentalität, voller Erinnerung. Es war ein stiller Novemberabend, und der Klang ihrer Stimme schwebte durch das Haus und hinaus zum Strand, bis er sich in dem ewigen Rauschen der Brandung verlor.

26

Das Reich des Möglichen

Sydney Lawford hatte mehr als genug vom Leben ihrer Eltern gesehen, um sich weder für Ruhm noch für Berühmtheiten zu interessieren. Wenn es nach ihr gegangen wäre, hätte sie James Peter McKelvy, einem Fernsehproduzenten aus Boston, wohl in aller Stille das Ja-Wort gegeben. Aber sie war eine Kennedy, und das bedeutete, daß ihre Hochzeit unweigerlich ein großes gesellschaftliches Ereignis werden würde.

Doch das war nicht die einzige Sorge, die Sydney vor der Hochzeit am 17. September 1983 umtrieb. Sie wünschte sich, daß ihr Vater der Zeremonie beiwohnte, aber er war in einem schrecklichen Zustand. Trotz seines oft rücksichtslosen Verhaltens hatte sie immer Kontakt zu ihm gehalten, ihm geschrieben, ihn angerufen oder gelegentlich besucht. An ihrem 20. Geburtstag hatte Peter sie und ihren Bruder Christopher zum Essen ins Trader Vic's in New York eingeladen. Aber selbst zu diesem Anlaß erschien er mit einem jungen Fotomodell als Begleiterin und brachte es fertig, beiden Frauen Schmuck von Van Cleef & Arpels zu schenken.

In den 20 Jahren seit seiner Scheidung von Pat war der inzwischen 60jährige Peter mit zwei sehr viel jüngeren Frauen verheiratet gewesen. Zur Zeit lebte er mit Patricia Seaton zusammen, einer Frau, die zwei Jahre jünger war als Sydney. Doch all das konnte Sydneys Liebe zu ihrem Vater nicht beeinträchtigen, zumal auch Pat ihre Kinder immer wieder daran erinnerte, ihm zu seinem Geburtstag und aus dem Urlaub zu schreiben. Über die Jahre hatte Sydney ihrem Vater zahlreiche Telegramme, Postkarten und Briefe geschickt, in denen sie ihn immer wieder bat, ihr zu antworten oder sie zu besuchen, und ihm beteuerte, wie stolz sie auf ihn sei. In einem Brief vom März 1980 schrieb sie, damals gerade 23 Jahre alt: »Wenn ich vorgestellt werde, heißt es nicht ›Die Nichte Senator Kennedys‹, sondern ›Peter Lawfords Tochter‹. Die Leute kippen fast aus den Latschen, wenn sie das hören. Daddy, Du wirst von so vielen Menschen geliebt und bewundert. Ich bin so stolz auf Dich.«

***

Peter wußte, wie sehr seine älteste Tochter ihn liebte, und er wußte, daß er bei ihrer Hochzeit neben ihr stehen sollte. Aber er zögerte, weil er sich von den Kennedys als Versager abgestempelt fühlte. Pat Seaton mußte ihre ganze Überredungskunst aufbieten, um ihn umzustimmen, und ein paar Tage lang schaffte er es, die Finger von Drogen und Alkohol zu lassen. Er wollte nicht nur als Brautvater erscheinen, sondern auch als Peter Lawford, der Film- und Fernsehstar, an den sich Sydney so gern erinnerte.

Sydney sah ihn am Abend vor der Feier beim Probe-Dinner. Obwohl er stark zugenommen und der jahrelange Drogen- und Alkoholmißbrauch seinen Körper und Geist ziemlich in Mitleidenschaft gezogen hatte, konnte man noch erkennen, daß er einmal blendend ausgesehen hatte. Er hatte eines jener Gesichter, die einem bekannt vorkamen, wenn man sie in einer Hotellobby erblickte. Die Leute erkannten, daß er einmal jemand gewesen sein mußte, auch wenn sie sich nicht sicher waren, woher sie ihn kannten. Peter war bis zu diesem Abend trocken geblieben, aber jetzt, in Gegenwart der Kennedys, fühlte er sich extrem angespannt. Die alte Scham, in den Augen von Pats Familie versagt zu haben, stieg in ihm hoch, und er griff wieder zur Flasche. Am nächsten Morgen, am Hochzeitstag, stand er auf, zog seinen grauen Anzug an und schenkte sich ein Glas Wodka ein.

Später kam Sydney vorbei, um ihn abzuholen. Sie saß in einer Limousine vor dem Hotel und wartete, als er gestikulierend und sichtlich erregt aus der Lobby trat – gefolgt von einem Laufburschen des örtlichen Smokingverleihers, der darauf bestand, daß er, der Brautvater, im voraus bezahlte. Aber kaum erblickte er seine Tochter, da hatte er die Sache auch schon vergessen. Sydney hatte die große, dünne Gestalt ihrer Mutter, tiefliegende Augen, ein scheues, sympathisches Lächeln und strahlte eine gewisse androgyne Attraktivität aus. Für die

Hochzeit hatte sie sich ein atemberaubendes Kleid aus aufgesetzten Spitzen von Jean-Louis Scherrer fertigen lassen, dem französischen Modeschöpfer, den Pat so sehr bewunderte. Das Kleid paßte hervorragend zu Sydneys schlanker Figur, und sie hätte sich darin auf dem Laufsteg ebensogut gemacht wie vor dem Altar.

Als sie vor der Kirche aus der langen, grauen Limousine stieg, hielten die Schaulustigen den Atem an, dann applaudierten sie. Normalerweise flüchtete Sydney schon, wenn sie nur einen Journalisten in ihrer Nähe erblickte. An diesem Tag aber posierte sie mit größter Bereitwilligkeit vor den Fotografen. Dann nahm ihr Vater sie am Arm und geleitete sie den Gang der kleinen, weißen Kirche hinunter.

Die Kirche war schon voll besetzt, fast die gesamte Familie Kennedy und viele Freunde hatten sich eingefunden. Joan war, am Arm von Ted jr., als eine der ersten eingetroffen. Auf einem Ehrenplatz in der dritten Reihe saß Jackie, die inzwischen mit großem Erfolg als Lektorin für einen Buchverlag arbeitete. Sie trug, passend zu ihrer neuen Stellung, ein geschäftsmäßiges, zweiteiliges Kostüm, das aus einem weißen, mit schwarzen Borden eingefaßten Jackett und einem weißen Rock bestand. In der Reihe vor ihr saß Pat in einem fast ätherischen, königsblauen Seidenkleid und mit rotgefärbtem Haar. Auf ihrem Gesicht lag ein seltsam freudiger Ausdruck, der alle Gefühlsregungen verdeckte. Jean und Eunice saßen neben ihren Ehemännern. Ethel war ebenfalls gekommen, hatte aber etwas anderes im Kopf als die Hochzeit ihrer Nichte, denn eine Woche zuvor war Bobby jr. auf dem Flug nach South Dakota wegen Heroinbesitzes verhaftet worden. Eine Stewardess hatte ihn auf der Toilette gefunden – »weiß wie ein Blatt Papier, kalt wie ein Eiswürfel, mit dicken Schweißtropfen auf der Stirn, weit aufgerissenen Augen und stark geweiteten Pupillen«.

Die inzwischen 93jährige Rose schien immer mehr zu schrumpfen und war so schwach geworden, daß Ted und Pat ihr die Kirchenstufen hatten hinaufhelfen müssen. Die junge Kennedy-Generation war ebenfalls zahlreich vertreten. Caroline, Maria sowie Syndeys Schwestern Robin und Victoria standen als Brautjungfern bereit. Sie alle waren über 20 Jahre alt, aber mit ihren hellblauen Kleidern und ihren Sträußchen wirkten sie wie High-School-Absolventinnen aus den fünfziger Jahren.

Die Hochzeiten Pats und ihrer Schwestern waren herausragende gesellschaftliche Ereignisse gewesen, die im Beisein prominenter Politiker von hohen Würdenträgern der Kirche zelebriert worden waren. Obwohl auch Sydneys Trauung zahlreiche berühmte Gäste von Oleg Cassini bis Norman Mailer beiwohnten, war dies unverkennbar die Hochzeit von Vertretern der neuen Generation.

Während der Zeremonie kam Sydneys Bruder Chris nach vorn und las eine Stelle aus der Bibel vor, die Braut und Bräutigam gemeinsam ausgewählt hatten. Seine gebeugte Haltung ließ ihn älter erscheinen, als er tatsächlich war, aber seine Stimme klang frisch und jungenhaft.

»Und hätte ich allen Glauben, so daß ich Berge versetzte, und hätte der Liebe nicht, so wäre ich nichts.«

Sydney und McKelvy stammten beide aus zerrütteten Familien und kannten sich seit sieben Jahren. Ihre Freunde glaubten, daß sie mit der Heirat deshalb so lange gewartet hatten, weil sie möglichst sicher sein wollten, daß ihre Ehe nicht genauso wie die ihrer Eltern enden würde.

»Die Liebe ist langmütig und freundlich, die Liebe eifert nicht.«

Unter den Ehepaaren, die sich in der Kirche versammelt hatten, fand sich kaum ein Beispiel, das den beiden Mut hätte machen können, an eine Liebe »bis daß der Tod euch scheidet« oder auch nur bis zur Lebensmitte zu glauben. Rose saß vollkommen reglos in ihrer Bank. Sie hatte Sydney Lektionen in Moral und gutem Benehmen erteilt, aber jedes ihrer Enkelkinder wußte, wie ihre eigene Ehe ausgesehen hatte. Ihr Leben ließ den Schluß zu, daß eine Frau, die alles zu erreichen suchte, am Ende mit weniger als nichts dastehen konnte. Auch Joan lauschte Chris' Worten mit ausdruckslosem Gesicht. Ihr Leben mit Ted war vorüber. Nach dem Parteikonvent der Demokraten 1980 hatten sie sich scheiden lassen, und obwohl sie immer noch zu Familientreffen eingeladen wurde, war sie formell keine Kennedy mehr. Trotz allem hatte sie Ted immer geliebt, und sie liebte ihn immer noch. Ted hatte die Fassade ihrer Ehe, in der beide schon lange ihre eigenen Wege gegangen waren, aufrechterhalten wollen, aber sie hatte im Interesse »ihres geistigen Wohlergehens« keine andere Lösung gesehen, als die Beziehung aufzulösen.

Auch Jeans Ehe war zerrüttet. Die zahlreichen Affären Steves sprachen den hehren Worten Hohn, die Chris vor dem Altar rezitierte. Wenn man es genau nahm, waren die meisten Kennedy-Frauen, die sich an diesem Tag in der Kirche versammelt hatten, mit Männern verheiratet, die ihren Namen als Freischein für sexuelle Eskapaden betrachteten und von ihren Frauen erwarteten, daß sie das Haus hüteten und die Werte der Familie hochhielten.

»Sie suchet nicht das Ihre, sie läßt sich nicht erbittern, sie rechnet das Böse nicht zu.«

Jackie hörte zu, und ihre Lippen verzogen sich zu einem schwachen Lächeln. Sie wußte soviel über Liebe wie jeder hier. Da war zunächst John F. gewesen, dann Onassis und jetzt Maurice Tempelsman. Doch Tempelsman war verheiratet, und die Liebe, von der Chris sprach, war eine andere Liebe als die, die sie empfand.

»Die Liebe hoffet alles, und sie duldet alles.«

Als Sydney vor dem Priester stand, gelobte sie nicht, ihren Mann stets zu lieben, zu ehren und ihm zu gehorchen, wie es ihre Mutter und alle ihre Tanten getan hatten. Sydney und Peter McKelvy leisteten einen anderen Schwur.

»Ich, Peter, nehme dich, Sydney, zu meiner Frau«, fing er an. »Ich gelobe, dir die Treue zu halten in guten wie in schlechten Zeiten, in Krankheit und in Gesundheit. Ich werde dich jeden Tag meines Lebens lieben und in Ehre halten.«

Sydney wiederholte den Schwur, und als sie geendet hatte, applaudierten die Gäste. Seite an Seite schritten die Frischvermählten den Mittelgang entlang. Als sie an ihrem Vater vorbeikamen, blieb Sydney kurz stehen und küßte ihn, doch ihre Mutter ignorierte sie, ein in der Familie Kennedy altbekanntes Verhalten.

Es war ein wunderschöner Spätsommertag, und die Gäste versammelten sich auf dem Rasen des Anwesens zu einem Empfang. Eine Band spielte, und in zwei weißblau gestreiften Zelten wurde das Hochzeitsessen serviert. Jackie wollte neben Peter Lawford sitzen und tauschte kurzerhand die Platzkarten aus, was Pat in Rage brachte. Sie als Brautmutter hatte ein Anrecht darauf, neben Peter zu sitzen, und konnte Jackies Dreistigkeit kaum fassen. Erst spät am Abend fand sie die Gelegenheit, sich mit Peter zu unterhalten.

»Und welchen Rat gibst du dem frischvermählten Paar mit auf den Weg?« fragte sie ihn.

»Daß sie sich lieben und möglichst gut vertragen, daß sie glücklich werden«, erwiderte er, während Pat mit ausdruckslosem Gesicht zuhörte. »Ich wünsche ihnen Liebe und Glück. Freude. Was sonst könnte ich ihnen noch wünschen?«

Nach und nach verschwanden die Gäste, und es war fast niemand mehr da, als der Bandleader ankündigte, ein Lied zu Ehren von Rose zu spielen. Die Familienmutter hatte sich zu schwach gefühlt, dem Empfang beizuwohnen. Während die Klänge von »When Irish Eyes Are Smiling« durch das alte Haus schwebten, mischte sich die erste Kühle des nahen Herbstes in die Nachtluft.

* * *

Drei Monate nach Sydneys Hochzeit ließ sich Peter in das Betty-Ford-Zentrum im kalifornischen Rancho Mirage einliefern, angeblich, um seine Drogensucht in den Griff zu bekommen. Doch das einzige, was in seinem Leben noch zu funktionieren schien, war sein von der Sucht angetriebener Erfindungsreichtum, mit dem es ihm sogar gelang, die Therapeuten hinters Licht zu führen. Er unternahm ausgedehnte Wanderungen in die Wüste, wo an einem versteckten Ort ein Hubschrauber mit einer frischen Lieferung Kokain auf ihn wartete. Als Bestandteil seiner Therapie sollte er aufrichtige Briefe an die Menschen schreiben, denen er in seinem Leben Leid zugefügt hatte. Er hätte an Sydney oder seine anderen Kinder schreiben können, aber es gab niemanden, der dringender einen Brief von ihm nötig gehabt hätte als Pat. Sie, die ihn bereits 20 Jahre zuvor vor dem Alkohol gewarnt und ihm erklärt hatte, wie er ihre Ehe zerstörte, drohte jetzt selbst, dem Alkohol zu verfallen. Aber Peter brachte es nicht über sich, ihr zu schreiben, denn die Wahrheit hätte ihn zu sehr geschmerzt. Statt dessen verfaßte er einen Brief an John F., in dem er ihm mitteilte, daß er das Zentrum nicht ausstehen könne, weil »meilenweit keine hübschen Mädchen« zu finden seien, und ihn fragte, wie es Marilyn und Bobby gehe.

Als Peter das Zentrum nach fünf Wochen verließ, sah er erstaunlich fit aus. Drei Tage später betrank er sich in einer Bar, bis er sich nicht mehr auf den Beinen halten konnte und nach Hause gebracht werden mußte.

* * *

Im April 1984 flog Sydney nach Palm Beach und besuchte ihre Großmutter. Rose hatte sich seit Sydneys Hochzeit nicht mehr in der Öffentlichkeit gezeigt. Sie war inzwischen so gebrechlich, daß sie nicht einmal in der Lage gewesen war, die Gedenkfeiern zum 20. Todestag ihres Sohnes John F. im November 1983 zu besuchen.

Die Krankenschwestern, die Rose betreuten, stellten besorgt fest, daß ihre drei Töchter sich darum stritten, wer über ihre Pflege zu bestimmen hatte. Wenn es um Rose ging, hatte jede ihren eigenen Kopf, doch sie schienen nicht zu verstehen, wie dramatisch sich der Zustand ihrer Mutter verschlechtert hatte. Die Krankenschwestern und Ärzte wußten, daß Rose nie wieder die großartige Frau sein würde, die sie einmal gewesen war, aber ihre Kinder konnten sich mit der Wahrheit einfach nicht abfinden.

Als Eunice, die an die heilsame Wirkung körperlicher Bewegung glaubte, darauf bestand, daß Rose im Rollstuhl zum Pool geschoben und dann durch das Wasser hin und her geführt werden sollte, protestierte eine der Krankenschwestern. »Wollen Sie Ihre Mutter umbringen? Sie braucht Bettruhe. Lassen Sie sie in Ruhe.«

Schließlich rief die Schwester Ted in Washington an. »Senator, wenn Sie Ihren Schwestern nicht Einhalt gebieten, werden sie Ihre Mutter noch umbringen.«

»In Ordnung«, sagte Ted, der als letzter Sohn das letzte Wort hatte. »Sie bestimmen, was getan wird.«

Am Karfreitag brach Rose beim Essen zusammen. Eine der Krankenschwestern gab ihr Sauerstoff und brachte sie zu Bett. Die ganze Nacht über stand ein Notarztwagen vor dem Haus, aber Rose erholte sich wieder und konnte sich sogar mit Eunice, Sydney und Ted unterhalten.

Rose hatte ihren Kindern einen Optimismus eingeflößt, der mit der Zeit zu einem undurchdringlichen Schutzschild geworden war, und so konnten sie jetzt einfach nicht glauben, daß ihre Mutter nie wieder sie selbst werden würde. Dann, am Ostersonntag, erlitt Rose einen Schlaganfall, und es sah ganz danach aus, als ob sie sterben würde. Der Priester versah sie mit den Sterbesakramenten, während Eunice und die anderen danebenstanden und Rosenkränze beteten. Dann blieb ihr Herz stehen, aber die Krankenschwester, die für solche Notfälle ausgebildet war, gab ihr eine Spritze, und ihr Herz fing wieder an zu schlagen.

An diesem Osterwochenende hielten sich auch zwei ihrer Enkel in Palm Beach auf, David und Douglas. Während Douglas im Haus der Kennedys willkommen geheißen worden wäre, war David zur unerwünschten Person erklärt worden. Er war mehrmals dabei erwischt worden, wie er in Roses New Yorker Apartment die Lampenkabel abgeschnitten hatte, um sich beim Spritzen von Rauschgift den Arm damit abzubinden.

Aus diesem Grund waren David und sein jüngerer Bruder im Brazilian Court, einem Luxushotel im Stadtzentrum, abgestiegen. Am Montagnachmittag fuhren sie zum Kennedy-Haus am North Ocean Boulevard hinaus und besuchten ihre kranke Großmutter. Doch sie hatten nicht die Stärke ihrer Schwestern und Cousinen und waren entsetzt, Rose so hilflos und klein auf ihrem Bett liegen zu sehen.

Es dauerte keine zwei Minuten, bis David weinend aus dem Zimmer flüchtete. David war ein 28jähriger drogensüchtiger Studienabbrecher mit einem bescheidenen Vermögensfonds und einem berühmten Namen. Er hatte alles versucht, um sein Leben auf die Reihe zu bekommen, hatte sich bei Psychiatern auf die Couch gelegt, Gruppentherapien mitgemacht, Methadon genommen und sich einer »neuroelektrischen Therapie« unterzogen. Er hatte sogar mit dem Journalisten David Horowitz gesprochen, der zu der Zeit an einem Buch über die Familie arbeitete, weil er hoffte, sich dadurch von der Bürde, die sein Name für ihn bedeutete, befreien zu können. Als er jedoch die ersten schriftlichen Ausflüsse dieser Form der Therapie in der April-Ausgabe des *Playboy* nachlesen konnte, fühlte er sich abgestoßen. Plötzlich empfand er den Gang an die Öffentlichkeit nicht mehr als heilsamen Exorzismus, sondern als einen Verrat an der Familie, der seine Schuld und sein Gefühl, versagt zu haben, noch verstärkte.

Sein Verhalten seit seiner Ankunft in Palm Beach hatte die Hoffnung der Familie, daß er nach einer gerade erst abgeschlossenen Therapie seine Sucht in den Griff bekommen habe, zunichte gemacht. Er zog durch die Clubs und Bars von Palm Beach, ließ sich mit Wodka vollaufen und schnupfte Kokain.

Am Montagabend, als Douglas bereits abgereist war, traf sich David mit Marion Niemann, einer 41jährigen Deutschen, im Restaurant Rain Dancer in West Palm Beach zum Essen. Er rührte sein Essen kaum an, trank dafür, wie die Deutsche mitzählte, nicht weniger als sieben Wodkas. Später gingen sie in seine Suite im Brazilian Court, und David erzählte ihr vom Tod seines Vaters: »Ich kann die Bilder von meinem Vater im Fernsehen einfach nicht vergessen, ich kann keinen Frieden finden, ich bin so voller Schmerz ...«

Am Nachmittag des darauffolgenden Tages wollte sich David von der Kassiererin des Hotels einen Scheck über 100 Dollar auszahlen lassen. Da er völlig heruntergekommen aussah und lallte, hielt sie ihn für einen Penner von der Straße und wollte ihn abweisen, aber als er seinen Namen nannte, löste sie den Scheck doch ein. David nahm ein Taxi und ließ sich zum Kennedy-Anwesen fahren. Er wollte seine Großmutter besuchen, war aber so voller Drogen, daß der Wächter ihn wegschickte.

Kurz nachdem David gegangen war, rief Ethel bei dem Anwalt Howell VanGerbig jr. an. VanGerbig hatte Ethel nie zuvor gesehen, was sie aber nicht daran hinderte, ihm ihr Herz auszuschütten. Sie vertraute ihm an, daß ihr Sohn sich in einer sehr schlechten Verfassung befinde und sie nicht mehr wisse, was sie tun solle, daß er seine Verwandten ausgenutzt und gegen sich aufgebracht habe ...

Am selben Abend fuhr Sydney zum West Palm Beach Airport hinaus, um Caroline abzuholen, die Rose, der die Ärzte nicht mehr viel Zeit gaben, ein letztes Mal sehen wollte. Das Gespräch beim Abendessen drehte sich nicht nur um Roses Krankheit, sondern auch um David und dessen verzweifelte Lage.

Caroline und Sydney waren dazu erzogen worden, das Ansehen der Familie hochzuhalten. Sie standen David sehr nahe, und sie hielten es für ihre Pflicht, nicht nur ihn, sondern auch den Namen der Familie zu schützen, eine Haltung, die sich in der Familie über drei Generationen zurückverfolgen ließ. Rose war die erste gewesen, die ihr Leben der Aufgabe gewidmet hatte, den Ruf der Familie zu bewahren, und jetzt, da sie hilflos im Bett lag, fiel diese Aufgabe ihren Töchtern und Enkeltöchtern zu.

Am nächsten Morgen gegen halb elf stand Caroline in der Lobby des Brazilian Court und rief in Davids Zimmer an. Niemand antwortete. Eine Stunde später rief eine Frau im Hotel an, gab sich als »Mrs. Kennedy aus Boston« aus und bat die Telefonistin, nach ihrem Sohn David zu sehen.

Die Angestellten des Hotels wußten nicht, daß es keine »Mrs. Kennedy aus Boston« gab. Douglas Moschiano, der Leiter des Pagendienstes, und die Sekretärin Betty Barnett gingen in den Südflügel, wo Zimmer 107 lag. Sie zögerten, als sie das Schild »Bitte nicht stören« am Türknauf hängen sahen, öffneten dann aber doch. Die Rollos waren heruntergelassen, und das Lämpchen am Anrufbeantworter blinkte. Die beiden Betten sahen unbenutzt aus. Auf den Bettdecken und auf dem Boden verstreut lagen mehrere Geldscheine. Dann entdeckten sie David. Er lag mit dem Gesicht nach unten zwischen den Betten. Er trug ein langärmeliges Hemd, eine kurze Hose und Schuhe. Er war tot.

Kurz darauf kehrten Caroline und Sydney in Roses Cadillac zurück, um sich nochmals nach David zu erkundigen. Offensichtlich waren sie Schwimmen gewesen, denn sie trugen Strandkleidung und waren barfuß. Im Hotel trat ein Polizeibeamter auf sie zu und teilte ihnen mit, daß David tot sei. Sydney brach in Tränen aus, aber Caroline zeigte keine Regung.

Nach Bekanntwerden des Todesfalls versuchte die Familie alles, um die Tragödie zu vertuschen. Ted rief den zuständigen Leichenbeschauer Bill Miller an und verlangte, daß Davids Leichnam »unverzüglich in ein Krankenhaus überführt wird, um die Untersuchung in einer weniger öffentlichen Umgebung durchzuführen«. Miller versuchte, mit Caroline und Sydney zu reden, aber die beiden zeigten wenig Neigung, seine Fragen zu beantworten. Kurz darauf verließen sie das Hotel. Sie waren immer noch barfuß, als sie zusammen mit ihrer Tante Jean das Büro des Leichenbeschauers aufsuchten und David identifizierten.

Am nächsten Tag flogen Caroline und Sydney zusammen mit Joe II. nach Hickory Hill. Ebenfalls im Flugzeug war Davids Leichnam. Er sollte in Hickory Hill für die Totenmesse aufgebahrt und anschließend im Familiengrab in Brookline beerdigt werden. Unterdessen fuhr Ethel mit einer kleinen Gruppe von Freunden auf den Nationalfriedhof Arlington. Dort verbrachte sie eine halbe Stunde schweigend vor den Gräbern von Bobby und John F.

Zwei Wochen später wurde Rose auf einer Krankentrage aus dem Haus getragen, in einen Krankenwagen geschoben und zum internationalen Flughafen von Palm Beach gefahren, wo ein Ambulanzflugzeug darauf wartete, sie nach Cape Cod zu fliegen. Auf dieser Reise, die auf unheimliche Weise an die Flüge erinnerte, die sie mit Joe nach seinem Schlaganfall unternommen hatte, begleiteten sie Sydney, Ted und Jean. Aber während Joe trotz seiner Krankheit geistig hellwach gewesen war, konnte Rose nur noch selten klar denken und erfaßte wenig von dem, was um sie herum vorging.

Nach der Landung auf dem Barnstable Municipal Airport auf Cape

Cod brachte ein Krankenwagen sie nach Hyannis Port, wo ihr Zimmer hergerichtet worden war und ein Team von Krankenpflegerinnen für sie bereitstand.

***

Davids Tod hinterließ einen häßlichen Kratzer im glänzenden Bild der Kennedy-Saga. Er war der erste Kennedy, der nicht auf dem Schlachtfeld oder durch die Kugel eines Attentäters ums Leben gekommen war, sondern seinen Tod selbst verschuldet hatte. Sein Leben wurde weder in einem Buch verewigt noch durch eine Stiftung, die seinen Namen trug. Es war eine Episode gewesen, die Caroline und die gesamte Familie so schnell wie möglich vergessen wollten.

In Palm Beach hatte der Todesfall ein Nachspiel. Zwei Hotelpagen, David Lindwood Dorr und Peter Merchant, wurden unter dem Verdacht, David Kokain verkauft zu haben, verhaftet, ein Vergehen, das mit Gefängnis bis zu 20 Jahren bestraft werden konnte. Die beiden waren nicht als Drogenhändler bekannt, und sie hatten vor allem aus dem Antrieb gehandelt, dem jungen Kennedy näherzukommen. Dorr hatte sich zuvor schon als Handlanger der Kennedys in Hyannis Port und in Ethels Haus in McLean verdingt. Obwohl David sich nicht an ihn erinnert hatte, war Dorr sofort bereit gewesen, ihm Kokain zu besorgen.

Die Strafe, die den beiden drohte, war drakonisch, zumal die Autopsie ergab, daß David nicht an einer Überdosis Kokain gestorben war, sondern an einem Gemisch aus Kokain, dem Schmerzmittel Demerol und dem Beruhigungsmittel Mellaril, das er sich in die Leiste gespritzt hatte. Das Beruhigungsmittel war David verschrieben worden, nicht aber das Demerol. Die Spur des starken Schmerzmittels, das wahrscheinlich am meisten zu seinem Tod beigetragen hatte, führte direkt in das Haus der Kennedys in Palm Beach. Rose war wegen ihres Herzleidens Demerol verschrieben worden, und ein paar Tage vor Davids Tod war eine große Flasche des Medikaments vom Tisch der Krankenschwester verschwunden.

Ein Jahr später, als das öffentliche Interesse an dem Fall erloschen war, wurden die beiden Hotelpagen zu jeweils 200 Dollar Geldstrafe und 18 Monaten Gefängnis auf Bewährung verurteilt.

Bei der ersten Spurensicherung in Davids Hotelzimmer hatte die

Polizei zwar das Beruhigungsmittel Mellaril gefunden, aber keine illegalen Drogen bis auf ein kleines Tütchen Kokain, das in Davids Brieftasche in der Schublade eines Nachtschränkchens versteckt lag. Bei einer Analyse des Wassers in der Toilettenschüssel konnte man jedoch erhebliche Rückstände von Kokain und Demerol nachweisen. Darüber hinaus wurde festgestellt, daß die Socke an Davids linkem Fuß falsch herum angezogen war. Diese Umstände nährten bei den Ermittlern des Bezirksstaatsanwalts den Verdacht, daß jemand versucht hatte, »Spuren zu verwischen«. Sie vermuteten, daß jemand in das Zimmer eingedrungen war, die nackte oder halbnackte Leiche Davids auf dem Boden gefunden, ihn angekleidet, die Spritze und die anderen Drogen in der Toilette hinuntergespült und sich schleunigst wieder aus dem Staub gemacht hatte.

»Wissen Sie, ob jemand vor Ihnen und Mrs. Barnett das Zimmer betreten hat?« wurde Douglas Moschiano von einem Ermittler gefragt.

»Höchstens Caroline Kennedy«, antwortete Moschiano. »Sie rief im Zimmer an, und da sich niemand meldete, ging sie nach hinten und klopfte an der Zimmertür. Zumindest habe ich das gehört. Gesehen habe ich sie nur einmal, und zwar als sie aus dem Südflügel des Hotels zurückkam.«

Caroline hingegen gab zu Protokoll, daß sie zu keinem Zeitpunkt in die Nähe des Zimmers gekommen sei. Trotz der gegen sie vorliegenden Verdachtsmomente wurden sie und Sydney nie ernsthaft vernommen, und mit der Verurteilung der beiden Pagen wurde der Fall endgültig zu den Akten gelegt. Doch die Angelegenheit zog nicht nur das Ansehen der Kennedys in Mitleidenschaft, sondern auch das des Bezirksstaatsanwalts von Palm Beach, David Bludworth, der sich lange gesträubt hatte, die Vernehmungsprotokolle und andere Gerichtsdokumente der Öffentlichkeit zugänglich zu machen. »Die Art und Weise, wie Sie Ihr Amt ausüben, legt den Verdacht nahe, daß Sie sich an dem orientieren, was die Kennedys von Ihnen erwarten«, mußte sich Bludsworth von Bezirksrichter John Born vorwerfen lassen.

* * *

Jackie hatte Caroline und John von dem verderblichen Einfluß der jungen Kennedy-Männer so gut es ging ferngehalten. Caroline wuchs in dem Selbstverständnis auf, das Vermächtnis ihres Vaters fortzuführen. Doch im Gegensatz zu David empfand sie dieses Erbe nicht als unerträgliche Last, sondern als Herausforderung.

Caroline besaß nur schöne Erinnerungen an ihren Vater, an die Zeit, als sie sich mit ihrem Bruder unter seinem Tisch im Weißen Haus versteckt hatte, als sie zugesehen hatte, wenn er in seinen Hubschrauber stieg und davonflog, oder an die Geschichten, die er ihr abends vor dem Schlafengehen erzählt hatte. Seit seinem Tod hatte sie zahllose Bilder und Filme von ihm gesehen, und manches von dem, woran sie sich zu erinnern glaubte, ging wahrscheinlich auf diese Eindrücke zurück. Auch die ehemaligen Freunde und Mitarbeiter ihres Vaters hatten ihr alle möglichen Geschichten über ihn erzählt, Geschichten über sein Heldentum und seinen Edelmut, seine politische Courage, seine Intelligenz und seine Tugenden, und aus diesen Erinnerungen, Bildern und Berichten hatte sie den John F. Kennedy geformt, der in ihrem Gedächtnis fortlebte.

In den Jahren seit dem Tod ihres Vaters hatten die Medien die glänzende Fassade seines Lebens heruntergerissen und durch Enthüllungen beschmutzt. Aber nichts und niemand hatte die Verehrung, die Caroline für ihn empfand, mindern können. Jackie hatte sie gelehrt, das makellose Bild von ihrem Vater in sich zu bewahren, und dieses Bild bestimmte ihr junges Leben. Sie hatte sich später als die meisten ihrer Klassenkameradinnen für Jungs interessiert, was teilweise damit zusammenhing, daß sie vor den damit verbundenen Intimitäten zurückschreckte, teilweise aber auch damit, daß keiner der möglichen Kandidaten ihrem Vater das Wasser reichen konnte.

Obwohl es von Concord nach Hyannis Port nicht weit war, besuchte sie Rose nur selten, und wenn, dann wurde sie von ihr mit Ratschlägen und Ermahnungen überhäuft. »Jedesmal, wenn ich sie sehe, schlägt sie irgendeine Zeitschrift mit einem Foto von mir auf und erklärt mir, was ich falsch mache«, erzählte Caroline. »Zum Beispiel, daß ich mir nicht auf die Lippen beißen soll, weil man davon Hasenzähne bekommt, oder daß man die Arme nicht am Körper anlegen soll, weil das dick macht. Aber sie kann auch nett sein. Jedesmal, wenn ich ihr ein Gedicht schicke, sagt sie: ›Wir wissen, daß du nicht nur eine Künstlerin, sondern auch eine Poetin bist.‹«

Das Bewußtsein, daß sie die Beachtung, die ihr zuteil wurde, nicht ihren Leistungen, sondern ihrem Namen verdankte, hatte sie durch ihre ganze Jugend begleitet. Noch der zaghafteste Schritt, den sie in der Öffentlichkeit unternahm, wurde mit einem solchen Applaus bedacht, daß sie sich sofort wieder zurückzog. Schon früh begann sie, das Leben jenseits der Grenzen des Reichtums zu erforschen. Mit 15 verbrachte sie sechs Wochen in den Kohlebergbaugebieten von Ost-Tennessee und drehte, auf Schritt und Tritt von drei Agenten des Secret Service bewacht, einen Dokumentarfilm über die dort lebenden Menschen. Sie interviewte »Bergarbeiter, ihre Frauen, ihre Witwen. Viele von ihnen, Kinder, Minenarbeiter und Büroangestellte, hatten eine Staublunge«. Außerdem fotografierte sie den ganzen Sommer über. Im Februar des darauffolgenden Jahres meldete die *Washington Post,* daß Associated Press einige der Bilder für angeblich 10000 Dollar gekauft habe und Caroline eine eigene Ausstellung in der Lexington Art Gallery in Manhattan bekommen werde.

Nach der Meldung erstickte die Telefonzentrale der Concord Academy in Anrufen von Agenten und Verlegern, die aus Carolines bescheidener Fotosammlung Kapital schlagen wollten. Obwohl der 16jährigen klar war, daß AP nicht ihre Bilder, sondern ihren Namen gekauft hatte, drohte ihr der Erfolg zu Kopf zu steigen, und so schmerzlich es auch sein mochte – Jackie beschloß, den Verkauf der Bilder rückgängig zu machen und die Ausstellung abzusagen. Sie wollte Caroline vor der verderblichen Wirkung allzu frühen Ruhms bewahren.

Im Sommer darauf reiste Caroline nach Hongkong, wo sie Entzugskliniken für Drogensüchtige besichtigte und sich über das Gerichtswesen in der Kronkolonie informierte. Nach ihrer Rückkehr arbeitete sie bis zum Ende der Ferien als Praktikantin in Teds Washingtoner Büro. In ihrem letzten Schuljahr arbeitete sie für NBC an Dokumentarfilmen über den Nahen Osten und Schweden. Natürlich verdankte sie die Jobs vor allem ihrem Namen, aber sobald sie vor Ort war, bestand sie darauf, wie alle anderen behandelt zu werden.

Das Erstaunlichste an ihr war nicht, daß sie ein Anspruchsdenken hatte, sondern daß dieses Gefühl nicht sehr viel stärker ausgeprägt war. Sie litt an derselben sozialen Schizophrenie wie alle jungen Kennedys, doch bei ihr zeigte sie sich am deutlichsten. Sie wollte Prinzessin und Bettlerin sein, sie wollte ein Leben voller Privilegien und ein Leben voller Entbehrungen führen. Sie litt unter der Angst, daß die Leute sie nur wegen ihres Namens mochten, und sie litt unter der

Angst, daß die Leute sie wegen ihres Namens *nicht* mochten. »Alle hassen mich, alle halten mich für einen Snob«, klagte sie gegenüber einer Freundin. Sie war keine Schönheit wie ihre Mutter, und auch darunter litt sie. Einmal, als sie mit ihrem Aussehen besonders unzufrieden war, rasierte sie sich sogar eine Augenbraue ab.

***

Nach Abschluß ihrer Schulausbildung in Concord ging sie für ein Jahr nach London, wo sie sich bei Sothebys zur Kunstschätzerin ausbilden ließ. Sie wohnte bei Hugh Fraser, einem Parlamentsabgeordneten und früheren Freund ihres Vaters. Fraser stand im Kreuzfeuer der Kritik, weil er wiederholt die Todesstrafe für Terroristen gefordert hatte, und im Oktober 1975 entging Caroline nur knapp dem Tod, als eine in Frasers Auto deponierte Bombe frühzeitig explodierte und einen Passanten tötete. Viele andere hätten daraufhin schleunigst die Koffer gepackt und wären abgereist, aber Caroline blieb in London.

Wenn man jung und reich ist, gibt es keinen besseren Ort auf der Welt als London, denn dort verursacht Reichtum weder quälende Schuldgefühle, noch bringt er irgendwelche Verpflichtungen mit sich. Eine Zeitlang genoß Caroline die zahllosen Bälle und Parties und tanzte mit jungen Adligen ganze Nächte hindurch. Das war das Leben, in dem ihre Tante Kathleen so brilliert hatte. Doch Caroline gehörte einer anderen Generation an, und sie dachte nicht im Traum daran, sich in England niederzulassen.

Sie folgte dem Beispiel ihres Vaters und schrieb sich am Radcliffe Harvard College ein. Dort erging es ihr wie ihrer Cousine Kathleen, die sich ebenfalls niemals darüber im klaren war, ob jemand ihre Freundschaft nur deswegen suchte, weil sie Kennedy hieß. Caroline strebte wie ihre Mutter eine Karriere als Journalistin an und arbeitete im Sommer nach ihrem ersten Studienjahr als Praktikantin bei der *New York Daily News*.

Als sie nach mehreren Anläufen im Journalismus feststellen mußte, daß ihre Person mehr Interesse erregte als ihre Themen, begriff sie, daß sie sich einen anderen Beruf suchen mußte. Nach Abschluß ihres Studiums in Radcliffe nahm sie eine Stelle im Metropolitan Museum of Modern Art an, wo sie an Fernseh- und Medienprojekten arbeitete. Dort lernte sie Edwin Schlossberg kennen, einen Kulturhistoriker, der

13 Jahre älter war als sie. Schlossberg hatte an der Columbia University mit einer Doktorarbeit promoviert, in der er Albert Einstein und Samuel Beckett ein imaginäres Gespräch führen ließ, und leitete inzwischen ein Unternehmen, das für Museen und Industriebetriebe Multimedia-Projekte entwickelte. Er erschloß Caroline eine neue, intellektuelle Welt – und er war Jude. Zu Zeiten ihrer Mutter wäre kaum eine wohlerzogene junge Katholikin auf den Gedanken verfallen, mit einem jüdischen Mann auszugehen, geschweige denn an Heirat zu denken. Aber die Zeiten hatten sich geändert, und mit ihnen die Menschen. Jackie lebte mit Maurice Tempelsman zusammen, und der war nicht nur Jude, sondern darüber hinaus auch noch verheiratet. Es konnte also kaum verwundern, daß sie gegen Schlossberg nichts einzuwenden hatte, sondern, im Gegenteil, die Verbindung aus ganzem Herzen begrüßte.

Im Juli 1986 gaben sich Caroline Kennedy und Edwin Schlossberg auf Cape Cod das Ja-Wort. Jackie hatte die Zeremonie geplant, und alles, von dem Carolina-Herrera-Kleid der Braut bis zu dem blaugrauen Leinenanzug des Bräutigams, strahlte eine angenehme Schlichtheit aus. Nach der Trauung trat das frischvermählte Paar, gefolgt von vielen Weggefährten John F. Kennedys aus New-Frontier-Zeiten, aus der Kirche und winkte den jubelnden Schaulustigen zu. Hinter ihnen ging Jackie in einem sehr eleganten limonengrünen Kleid. Auch sie lächelte, aber als sie in die gleißende Sonne trat, konnte man sehen, daß sie Tränen in den Augen hatte.

***

Seit der frühen Kindheit verband Caroline und ihre Cousine Maria Shriver eine besondere Beziehung. In ihrer Jugend war Caroline das am meisten bewunderte Kennedy-Mädchen ihrer Generation gewesen, sehr zum Mißfallen Marias. Nicht daß Caroline Publicity gesucht oder Interviews gegeben hätte, die Medien interessierten sich einfach für sie und für alles, was sie tat. Als sie 17 wurde, zierte ihr Bild die Titelseite von *McCall's*, doch in dem dazugehörigen Artikel wurde nicht sie, sondern Maria zitiert: »Obwohl Maria nicht glaubt, daß Caroline sich jemals selbst um ein Amt bewerben wird, wird sie ihrer Ansicht nach sicherlich andere unterstützen, die sich aufstellen lassen.«

Caroline besaß von ihrem Vater nicht mehr als ihre Erinnerungen, Maria dagegen hatte zwei Eltern, die sie abgöttisch liebten. Obwohl sie unendlich stolz auf sie war, wollte sie – und darin glich sie Caroline – selbst Erfolge erzielen und nicht nur dank ihrer Eltern und ihres Namens über die Masse hinausgehoben werden. Wie ihre Mutter hielt Maria es nur ein Jahr am College von Manhattanville aus, dann schrieb sie sich an der Georgetown University für das Fach Amerikanische Studien ein. Sie hatte zwar eine katholische Ausbildung genossen und besuchte sonntags regelmäßig die Messe, aber sie war bei weitem nicht so gläubig wie ihre Brüder. Religion war in der jungen Kennedy-Generation demnach keine Frauensache mehr, sondern eine Frage des persönlichen Glaubens.

Maria hatte abgenommen und sah phantastisch aus. Was Männer anging, führte sie ein weit weniger enthaltsames Leben als ihre Cousine und fand auch nichts dabei, ihre Freunde über Nacht mit in das Haus ihrer Großmutter in Palm Beach zu bringen.

Nach Abschluß ihres Studiums beschloß sie, im Fernsehjournalismus ihr Glück zu versuchen. »Ich sah, welchen Einfluß das Fernsehen auf die Politik hatte«, erklärte sie diesen Schritt. »In unserer Familie scheint zwar jeder darauf getrimmt zu sein, in die Politik zu gehen und sich für soziale Gerechtigkeit oder etwas in der Richtung zu engagieren. Aber ich habe schon immer das Bedürfnis verspürt, gegen den Strom zu schwimmen, etwas anderes zu tun.«

Sie fing als Produktionsassistentin bei einer kleinen Fernsehstation in Philadelphia an und wechselte dann zu WJZ-TV nach Baltimore. Dort freundete sie sich mit ihrer Kollegin Oprah Winfrey an. Eine neue Generation von Frauen drängte zum Fernsehen, Frauen, die an nichts weniger glaubten als an das Vorurteil, daß sie den Männern in puncto Ehrgeiz, Initiative, Ausdauer und Zähigkeit unterlegen seien. Sie arbeiteten ebensolange wie ihre männlichen Kollegen und opferten mehr von ihrem Privatleben als die meisten Männer.

Im Herbst 1977, kurz nach ihrem Einstieg in den Fernsehjournalismus, lernte sie beim Robert-F.-Kennedy-Tennisturnier in New York Arnold Schwarzenegger kennen. Der gefeierte Bodybuilder, der mit seinen rudimentären Tenniskenntnissen wild fuchtelnd über den Centre Court hüpfte und zusammen mit seiner Partnerin Rosie Grier gegen zwei Zehnjährige verlor, gehörte mit zu den Attraktionen des Turniers. Maria fand Gefallen an Schwarzenegger und lud ihn ein, mit ihr nach Hyannis Port zurückzufliegen. Schwarzenegger war nicht nur Republikaner und Ausländer, sondern auch Champion in einer Disziplin, die der tennisspielenden und segelnden High-Society so fremd war wie Moto-Cross oder Kegeln. Der ehemalige Mr. Universum war der berühmteste Muskelmann der Welt und verstand es hervorragend, seine Karriere zu fördern. Schwarzenegger, ein gebürtiger Österreicher, träumte trotz seines starken Akzents, seines langen Nachnamens und seiner nach Kritikermeinung nur ansatzweise vorhandenen schauspielerischen Fähigkeiten von einer Hollywood-Karriere.

Zuerst war Eunice etwas schockiert über die riesenhafte Gestalt an der Seite ihrer Tochter, aber wenn sie eine Eigenschaft auszeichnete, dann war es ihr Realitätssinn. Sie wollte »in« sein, und je näher sie Arnold kennenlernte, desto mehr gelangte sie zu der Überzeugung, daß er der Prototyp des »modernen« Menschen der frühen achtziger Jahre sein könnte. Er war nicht nur ehrgeizig, sondern auch intelligent und fügte sich hervorragend in das Haus und den Lebensstil der Shrivers ein. Sein Ehrgeiz war so gewaltig, daß er von allen Kennedy-Männern am ehesten noch Eunices Vater Joe glich. Im selben Jahr – Schwarzenegger hatte bislang nur als Bodybuilder Lorbeeren geerntet – erklärte er in einem Interview: »Wenn man Geld hat, wird es eines Tages langweilig. Und wenn man der beste Schauspieler ist, was kann einen dann noch reizen? Vielleicht Macht. Also geht man in die Politik und wird Gouverneur oder Präsident oder etwas in der Art.«

Eunice verpflichtete Arnold als Trainer für die Gewichtheber, die bei den Special Olympics teilnehmen sollten. Weit davon entfernt, sich die Verpflichtung lediglich als Beweis seines wachsenden Ruhms ans Revers zu heften, nahm er die Aufgabe sehr ernst, arbeitete mit einzelnen Athleten zusammen und stellte ein komplettes Trainingsprogramm auf. Obwohl er inzwischen die meiste Zeit in Hollywood lebte, blieb Maria, die ihre Karriere ebenso ernst nahm wie Arnold, in Baltimore. Erst als er mit *Conan der Barbar* den Erfolg erntete, den er Maria versprochen hatte, zog sie nach Los Angeles. Aber nicht, um an seiner Seite die Früchte seines Ruhms zu genießen, sondern als Live-Moderatorin und Interviewerin für das auf die Welt der Reichen und Schönen spezialisierte *PM-Magazine* zu arbeiten. Später interviewte sie auch Prominente für *CBS Morning News*. Eunice fragte sich, wie ihre einzige Tochter Karriere und Familie unter einen Hut bringen wollte, ein Problem, das den Frauen zu ihrer Zeit völlig fremd gewesen war. Kurz nach der Bekanntgabe ihrer Verlobung mit Arnold flog die 29jährige Maria im August 1985 zurück nach New York: *CBS Morning News* hatte sie als Komoderatorin verpflichtet. Praktisch ihre gesamte Familie hatte sich in die Verhandlungen mit dem Sender eingemischt. Sarge hatte ihr geraten, sich nicht mit einem 500 000-Dollar-Vertrag abspeisen zu lassen, sondern darüber hinaus auch noch zu verlangen, daß der Sender ihr ein eigenes Apartment kaufte.

Maria wußte, daß sie sich auf ein riskantes Abenteuer einließ. *CBS Morning News* rangierte in der Zuschauergunst ganz unten. Die Sendung war ein solcher Flop, daß CBS sich in seiner Not bei der Auswahl der Moderatoren auf einige recht bizarre Experimente eingelassen hatte. Die Liste von Marias Vorgängern reichte von Sally Quinn, einer mit beißendem Humor ausgestatteten Journalistin von der *Washington Post*, die dem Begriff »Amateur«-Moderator eine gänzlich neue Bedeutung verliehen hatte, bis zu der erst kurz zuvor gefeuerten Phyllis George, einer ehemaligen Miss America. Diese Personalpolitik deutete darauf hin, daß die CBS-Verantwortlichen den Posten der Komoderatorin weniger nach professionellen Gesichtspunkten denn nach schauspielerischen Kriterien besetzten. Maria war fast ebenso hoffnungslos unerfahren in diesem Metier wie ihre Vorgängerinnen, aber sie arbeitete mit großem Eifer bis zu 18 Stunden pro Tag. »Maria konnte zwar hervorragend mit Menschen umgehen, aber manchmal erfaßte sie einen bestimmten Standpunkt einfach nicht oder betrachtete ihn nur von der Warte einer privilegierten Katholikin aus«, kritisierte sie der Produzent Peter McCabe. »Jeden Morgen nach der Sendung telefonierte sie mit Eunice, und gelegentlich hatte ich den Eindruck, daß wir hier Ratschläge bekamen, auf die wir leicht verzichten konnten.«

Bei den Grabenkämpfen im Umfeld der glücklosen Sendung waren Gerüchte eine beliebte Waffe. Maria hatte nie ein Geheimnis daraus gemacht, daß sie sich eines Tages Kinder wünschte, und dieses Eingeständnis machte sie in der karrierebesessenen Welt des Fernsehens sehr verwundbar. Kurz vor ihrer Hochzeit im April 1986 wurde hinter vorgehaltener Hand gemunkelt, daß sie schwanger sei und ihren Posten aufgeben wolle, um sich ihren Pflichten als Ehefrau und Mutter zu widmen.

Maria hätte ihre bevorstehende Hochzeit mit Arnold Schwarzenegger ohne weiteres für Publicity-Zwecke ausschlachten können. Aber genausowenig, wie sie jemals mit dem Pfund ihres Namens gewuchert hatte, um sich einen Vorteil zu verschaffen, opferte sie jetzt ihre Beziehung zu Arnold dem Kommerz. »Die Sache nahm fast schon lächerliche Ausmaße an«, sagte sie später. »Aber ich wollte alles tun, um mich gegen den Verdacht zu wehren, ich bekäme nur wegen meines Namens oder meines Aussehens einen Job. Deshalb war es wichtig für mich, daß ich doppelt so hart arbeitete wie die anderen und in eine Branche ging, in der meine Familie wenig Verbindungen besaß.«

Marias Hochzeit in der Kirche St. Francis Xavier in Hyannis war seit langem wieder einmal ein Anlaß, zu dem sich praktisch die gesamte Familie versammelte. Tausende von Schaulustigen drängten sich hinter den Absperrungen und versuchten, einen Blick auf Maria in ihrem Kleid des Dior-Designers Marc Bohan und Arnold Schwarzenegger zu erhaschen. Waren zu der Hochzeit von Marias Eltern noch die Spitzen aus Politik und Wirtschaft erschienen, so las sich die Gästeliste diesmal wie ein Auszug aus dem Who's Who Hollywoods und der neuen amerikanischen Medienelite: Tom Brokas, Quincy Jones, Diane Sawyer, Professor Laurence Tribe, Oprah Winfrey, Edward Bennett William, Barbara Walters, Andy Warhol ... Ein Name war berühmter als der andere, und sie alle waren erschienen, um die Hochzeit eines der potentiell mächtigsten Paare des modernen Amerika zu feiern.

***

Innerhalb der jungen Kennedy-Generation lehnte Kathleen die in ihrer Familie und ihrer Generation geltenden Werte am radikalsten ab. Sie wollte sich selbst verwirklichen, sie wollte ihr eigenes Leben leben und sich mit den moralischen und geistigen Herausforderungen ihrer Generation, ihres Geschlechts und ihrer Schicht auseinandersetzen. Ihr Leben war ein einziges Abenteuer, und sie brauchte weder eine Spritze mit Rauschgift noch einen Hofberichterstatter, der jeden ihrer Schritte kommentierte.

Nach dem Abschluß ihres Studiums in Radcliffe zog sie mit ihrem Mann David nach Santa Fe. David unterrichtete am St. Johns College klassische Philologie, während Kathleen zwischen Santa Fe und Albuquerque hin- und herpendelte, wo sie an der University of New Mexico Jura studierte. David entsprach ganz und gar nicht dem Kennedy-

Ideal. Als Sohn eines Grundschulrektors hatte er seine Jugend nicht mit Football oder anderen populären Sportarten verbracht, sondern »folgte Eisenbahnschienen oder einem Bach bis zur Quelle, fing Schildkröten und Schlangen und versuchte dabei, mich zu bilden und zu lernen, die Dinge, die mir am Herzen lagen, zu respektieren.« Auch er verstand das Leben vor allem als Abenteuer, und die Vorstellungen von den Geschlechterrollen, von Männlichkeit und Weiblichkeit, waren nicht mehr als das: Vorstellungen. Man konnte sich Gedanken über sie machen und sie erfahren – und mit ihnen, wie mit allen anderen Dingen im Leben, herumexperimentieren.

David gehörte einer Spezies an, die man im modernen Wissenschaftszirkus nur noch selten findet: Er war ein wahrer Intellektueller. Er buhlte weder um die Anerkennung seiner Kollegen, noch war er versessen darauf, seinen Namen auf Buchrücken zu lesen. Er strebte einzig und allein nach Wissen. Das war ein legitimes Bemühen in St. Johns, einem ungewöhnlichen College, dessen Lehrplan auf der Lektüre der großen Werke der Weltliteratur in weitgehend chronologischer Reihenfolge basierte.

Als Kathleen schwanger wurde, beschlossen die beiden, das erste Kind der neuen Kennedy-Generation nach den Grundsätzen einer natürlichen Geburt bei sich zu Hause auf die Welt zu bringen, assistiert von einem Arzt und zwei Hebammen. Diese Entscheidung hatte nichts mit Opposition oder verspäteter Hippie-Romantik zu tun. »Ich wollte einfach nicht bewußtlos daliegen, wenn ich eine der großartigsten Erfahrungen mache, die eine Frau überhaupt machen kann«, erklärte sie. »Außerdem kann ich es nicht ausstehen, wenn man mir sagt, was ich tun soll. Und in Krankenhäusern schreiben sie einem immer vor, was man tun soll.« Im Verlauf von zwei Generationen hatten sich die Kennedys daran gewöhnt, immer mehr Entscheidungen Spezialisten zu überlassen. Kathleens Entscheidung war der Versuch, den Akt der Geburt in die Vertrautheit des eigenen Zuhauses zurückzuholen und die Kontrolle über den Vorgang wieder selbst in die Hand zu nehmen.

Kathleen erzählte Ethel von der Hausgeburt erst, nachdem sie einer gesunden Tochter, Meaghan, das Leben geschenkt hatte. Die frischgebackene Großmutter flog sofort nach New Mexico und nahm ihr Enkelkind in Augenschein. David und Kathleen lebten in einem einfachen, primitiven Haus in den Bergen oberhalb von Santa Fe. Als Ethel den Kühlschrank öffnete, um etwas Milch zu holen, schrie sie entsetzt auf: »Was ist denn das?«

»Der Mutterkuchen«, erwiderte Kathleen.

»Und was hat der hinter der Milch zu suchen?«

Kathleen erklärte ihr, daß es in New Mexico Tradition war, den Mutterkuchen zu vergraben und an der Stelle einen Baum zu pflanzen. Ethel kaufte sofort eine Kiefer, vergrub den Mutterkuchen und pflanzte den Baum ein.

Vier Jahre später zogen Kathleen und David nach New Haven. Kathleen beendete ihr Jurastudium, und David schrieb sich an der Yale Law School ein. Kathleen wurde wieder schwanger, aber sie konnten in ganz New Haven keinen Arzt finden, der sich bereit erklärte, bei einer Hausgeburt zu assistieren. Schließlich machten sie eine Hebamme ausfindig, aber noch bevor sie eintraf, setzten bei Kathleen die Wehen ein. Glücklicherweise hatte David ein Geburtshilfehandbuch für Polizisten gelesen und wußte, was zu tun war. Als das Baby in der Fruchtblase auf die Welt kam, biß David sie mit den Zähnen durch. Dann kam der nächste Schreck: das Baby atmete nicht. »David massierte es so, wie es in dem Buch beschrieben war, und es fing an zu atmen«, berichtete Kathleen. »Etwas später traf der Kinderarzt ein, und ich muß sagen, wir waren leicht hysterisch.«

Nachdem David 1981 seinen Abschluß in Jura gemacht hatte, siedelten die Townsends nach Boston über. Kathleen versuchte jetzt, eine aktivere Rolle auf der politischen Bühne zu übernehmen. Gemäß der Familientradition wurde der hoffnungsvolle Nachwuchs in die höheren Weihen der Politik eingeführt, indem er den Wahlkampf eines älteren Familienmitglieds organisierte. Diese Praxis hatte mit Kathleens Vater begonnen, der seinerzeit die Kampagne von John F. geleitet hatte. Kathleen hatte bereits 1976 den Wahlkampf ihres Onkels Ted übernehmen wollen, doch damals war ihr jüngerer Bruder Joe II. vorgezogen worden. Jetzt, sechs Jahre später, war sie an der Reihe, mußte sie an der Reihe sein. Ted focht zwar im Senat leidenschaftlich für die Sache der Frauen, aber das hieß noch lange nicht, daß er eine Frau, geschweige denn seine eigene Nichte, an die Spitze seines Wahlkampfkomitees stellen wollte. Aber Kathleen hatte ihren Wunsch geäußert, und er konnte es sich kaum leisten, ihn abzuschlagen. »Bis sich Einstellungen ändern, dauert es eben seine Zeit«, bemerkte Kathleen zurückblickend. »In dieser Familie haben, wie in vielen irisch-katholischen Familien, die Männer das Sagen. Aber sie müssen sich ändern. Interessanterweise scheinen die Männer aus der Familie, die in die Politik gegangen sind, also Teddy und mein Bruder Joe, fortschrittlicher als die anderen zu denken. Warum? Weil sie sich Ignoranz nicht leisten können.«

Kathleen erwies sich als fähige Wahlkampfleiterin und hatte das Lob voll und ganz verdient, das ihr Ted nach der gewonnenen Wahl aussprach. Nach diesem Sieg arbeitete sie als politische Beraterin für Gouverneur Michael Dukakis. David blieb zu Hause, kümmerte sich um Meaghan und Maeve und schrieb an einem Roman. Kathleen versuchte sich ebenfalls als Schriftstellerin und veröffentlichte eine Reihe von intelligenten, vorausschauenden Artikeln in *The Washington Monthly,* jener Zeitschrift, die ihren Onkel Ted wegen seiner Einstellung zu Frauen so heftig angegriffen hatte.

Sie war eine der ersten, die bereits 1982 erkannte, daß die amerikanische Rechte den Themenkomplex Moral, Patriotismus und Religiosität besetzt hatte, und forderte eine »Wiedergeburt der Tugend«, ein Appell, der vielen Vertretern ihrer Generation peinlich vorkam. Die frühen achtziger Jahre, das war die Reagan-Ära des vermeintlich aufgeklärten Egoismus, und Kathleen stellte fest, daß auch ihre Generation nach dem Schlag dieser Trommel marschierte. »Wenn ein Professor mit einem Harvard-Abschluß an einem kleinen College für 11 000 Dollar lehrt«, schrieb sie über David, ohne ihn jedoch namentlich zu erwähnen, »wird er als Außenseiter, als abnormal abgestempelt. Dann beschließt er, an der juristischen Fakultät von Yale zu studieren, und plötzlich wird seine Meinung nachgefragt und sein Rat geschätzt. Jetzt hat er beste Aussichten auf ein dickes Gehalt, also muß er smart sein. Die Vorstellung von einem Ehepaar, daß selbstlos füreinander und für ihre Kinder aufkommt, ist fast schon ein Anachronismus.«

In ihrem Essay mit dem Titel »The Forgotten Virtue of Voluntarism« (Die vergessene Tugend der ehrenamtlichen Arbeit) wandte sie sich an eine demokratische Leserschaft, die ehrenamtliche Arbeit als einen Trick der Rechten betrachtete, staatliche Leistungen zu beschneiden, und an karriereorientierte Frauen, die darin vornehmlich eine Beschäftigungstherapie für gelangweilte Ehefrauen sahen. Auch in diesem Essay versuchte sie, einen der edleren Züge der amerikanischen Gesellschaft zu retten und als Mittelpunkt eines modernen Wertesystems zu etablieren. Charles Peters, der Herausgeber des *Washing-*

ton Monthly, zeigte sich von Kathleen so beeindruckt, daß er sich zu der Äußerung hinreißen ließ, sie habe das Zeug zur »ersten Präsidentin der Vereinigten Staaten«.

Weder in der Familie noch außerhalb schenkte jemand dem Gedanken, daß Kathleen sich um ein politisches Amt bewerben könnte, ernsthaft Beachtung. »Meine Mutter glaubte noch, daß Frauen keine politischen Ämter anstreben sollten«, sagte Kathleen. »Genau hier hat uns die Frauenbewegung sehr viel geholfen.« Daß Kathleen lange Zeit gar nicht in Erwägung gezogen wurde, lag zum Teil auch an ihrer eigenen Zurückhaltung, daran, daß sie sich von dem überkommenen Rollenbild noch nicht ganz hatte losmachen können. »Ich brauchte einige Zeit, um mir darüber klarzuwerden, worin ich gut war und daß ich das auch tun sollte. Mein Vater war Justizminister und Politiker gewesen, aber ich entdeckte meine Begabung und meine Talente auf diesem Gebiet erst nach Abschluß meines Studiums.«

Kathleen und David teilten sich die Verantwortung für die Kinder und versuchten, einander den Rücken für ihre Karrieren freizuhalten. Sie taten dies nicht wie viele andere moderne Paare, die sich gegenseitig überwachen und peinlich darauf achten, daß alle Pflichten genau geteilt werden, sondern mit Rücksicht auf das Leben des anderen. Wie sich zeigte, war David weder für ein Leben als Schriftsteller noch für den kometenhaften Aufstieg in einer Anwaltskanzlei bestimmt. Seine eigentliche Begabung lag im Unterrichten, und als ihm das St. Johns College in Annapolis eine Stelle anbot, beschlossen Kathleen und er, daß er die Stelle annehmen sollte. Im Sommer 1984 bezogen sie ein 70 Jahre altes Haus im Norden von Baltimore, das bald vor Büchern, Familienfotos und – vor allem nach der Geburt ihrer dritten Tochter Katherine – Kinderspielzeug überquoll.

Kathleen war alt genug gewesen, um ihren Vater bewußt zu erleben, eine Erfahrung, die sie ihren jüngeren Geschwistern voraus hatte, und sie fühlte sich verpflichtet, sein Erbe weiterzutragen. Wie ihre Tante Eunice war sie bereit, über alles zu diskutieren, ausgenommen über ihren Glauben und ihren Vater. Sein Leben und sein Vermächtnis waren ihr heilig, und sie setzte sich vehement für die Schaffung des Robert-F.-Kennedy-Menschenrechtspreises ein. Der erste Preis wurde im November 1984 an die Co-Madres (Das Komitee der Mütter und Verwandten politischer Gefangener, Verschwundener und Ermordeter in El Salvador) vergeben, eine Gruppe von Frauen, die, größtenteils des Lesens und Schreibens unkundig, gegen die Gewalt in ihrer Heimat kämpften. Im Amerika Reagans galten die Co-Madres als gefährliche, subversive Gruppe, und bei der feierlichen Preisverleihung an der Georgetown University blieben auf dem Podium vier Stühle frei: Das US-Außenministerium hatte vier Vertreterinnen der Gruppe wegen »der Unterstützung von Gewaltakten und der aktiven Teilnahme an terroristischen Aktivitäten in El Salvador« die Einreise verweigert. Der Preis ging häufig an Menschen, die mit ihren Taten die selbstgefällige Überzeugung der Amerikaner, ihre Regierung stelle in der Außenpolitik die Achtung der Menschenrechte über alles andere, als Lüge entlarvten.

Aber Kathleen wollte sich nicht damit begnügen, die Leistungen anderer Menschen zu honorieren. Am 1. Februar 1986 gab sie bekannt, daß sie sich im zweiten Wahlkreis des Bundesstaates Maryland um einen Sitz im Repräsentantenhaus bewerben wolle. Zuvor hatte bereits ihr Bruder Joe in Boston angekündigt, sich für die Wahl zum Repräsentantenhaus aufstellen zu lassen. Er hatte seine Entscheidung so früh bekanntgegeben, um seinen Gegnern bei den demokratischen Vorwahlen von vornherein den Wind aus den Segeln zu nehmen. Die anderen demokratischen Bewerber verfügten weder über seinen Namen noch über vergleichbare finanzielle Mittel, und zeitweise behandelte die Bostoner Presse ihn so, als werde er ernannt, nicht gewählt. Kathleen hingegen mußte sich mit dem Vorwurf herumschlagen, daß sie erst seit kurzem in Maryland lebe, und die Tatsache, daß sie bei den Vorwahlen kaum auf Opposition stieß, lag weniger an ihrer persönlichen Machtbasis als vielmehr an der Stärke der republikanischen Abgeordneten des Wahlkreises, Helen Bentley, einer 62jährigen ehemaligen Journalistin, die kein Blatt vor den Mund nahm.

Kathleen trat in Gewerkschaftshäusern, Studentenwohnheimen, Kneipen und Versammlungssälen auf. Sie versuchte, die Tonlage ihrer Stimme zu senken, und übte sogar mit einem Korken im Mund. Trotzdem überschlug sich ihre Stimme immer wieder, und nach wie vor neigte sie dazu, viel zu schnell zu sprechen. Diejenigen, die mit dem Bild ihres Vaters und ihres Onkels im Kopf zu ihren Veranstaltungen kamen, zeigten sich hinterher meist enttäuscht. Als Frau wurde ihr Äußeres auf eine Art und Weise unter die Lupe genommen, wie es einem männlichen Kandidaten nie passiert wäre. Mit ihrer Brille, ihrem kurzgeschnittenen Haar und ihrer dezenten Kleidung sah sie mehr nach Akademikerin aus als ihr Mann.

Kathleen kümmerte sich einfach nicht um ihr Aussehen, und sie brachte es ohne weiteres fertig, ein neues Kostüm mit Turnschuhen zu kombinieren. Um so mehr störte das Ethel, deren Wahlkampfbeitrag hauptsächlich darin bestand, vor wichtigen Auftritten aufzutauchen und das desolate Aussehen ihrer Tochter dadurch zu mildern, daß sie ihr eine Perlenkette umlegte.

Als Idealistin hatte Kathleen erhebliche Schwierigkeiten, sich mit den Realitäten des Wahlkampfs abzufinden. Sie fühlte sich weder im Lager der katholischen Abtreibungsgegnerinnen noch bei den militanten Kämpferinnen für das Recht auf Abtreibung wohl. Doch als Kandidatin mußte sie sich einen Schlachtruf zu eigen machen, um am Ende nicht zwischen allen Stühlen zu sitzen. Schließlich schlug sie sich auf die Seite der Abtreibungsbefürworterinnen – gegen die Überzeugung ihrer Mutter und aller Kennedy-Frauen der alten Generation. Kathleen hängte ihre Haltung nicht an die große Glocke. »Ich bin für das Recht auf Abtreibung, aber die Sache liegt mir nicht sehr am Herzen«, erklärte sie Jahre später. »Ich bin katholisch, und die Kirche wendet sich strikt gegen Abtreibung. Wie gesagt, ich verspüre zwar kein Bedürfnis, meine Einstellung laut hinauszuposaunen, aber ich glaube nicht, daß die Regierung den Frauen vorschreiben darf, was sie tun sollen.«

Helen Bentley nannte Kathleen eine politische Glücksritterin, die keine Beziehung zu Maryland habe. Dieser Vorwurf blieb hängen, obwohl Kathleen zu Recht darauf hinwies, daß sie der Karriere ihres Mannes zuliebe nach Baltimore gezogen war, ein Opfer, dem die konservativen Republikaner eigentlich Beifall spenden müßten. Andere hielten es für wenig passend, daß eine Mutter von drei Kindern sich um ein politisches Amt bewarb, insbesondere wenn sie immer wieder die überragende Rolle der Familie hervorhob. Gegen einen männlichen Kandidaten wäre ein solcher Vorwurf wohl nie erhoben worden.

In den langen Wahlkampfmonaten sahen Kathleens Töchter ihre Mutter nur selten, aber sie selbst schien die Schuldgefühle, die viele berufstätige Mütter plagten, nicht zu kennen. »Vor ein paar Tagen sagte jemand zu meiner ältesten Tochter: ›Meaghan, du bist wirklich tapfer‹«, erzählte sie. »Und was hat sie geantwortet? ›Ja, genau wie meine Mom.‹ Ist das nicht großartig? Ich habe mich wie im siebten Himmel gefühlt.«

Im Wahlkampf verstrickte sie sich zusehends in den Widersprüchen zwischen ihrer Familie, ihrem Geschlecht und ihrem eigenen Leben. In manchen Reden versuchte sie, diese Widersprüche hinter Rhetorik zu verstecken, aber sich selbst konnte sie auf Dauer nichts vormachen. Sie wußte, daß sie ein privilegiertes Leben führte. Die abschätzigen Blicke, die viele Feministinnen Frauen zuwarfen, die zu Hause blieben und ihre Kinder großzogen, störten sie. Sie glaubte, daß nicht die Frau, sondern die Familie das Herz der Frauenbewegung ausmachte. »Was wir brauchen und wünschen, ist eine Moral und ein Umfeld, die es beiden Elternteilen ermöglichen, zwischen Arbeit und Kindererziehung zu wählen«, erklärte sie bei einer Wahlkampfveranstaltung. »Nur wenn die Frauen sich der Frage stellen, wer Amerikas Kinder aufziehen soll, können wir als Frauen Macht übernehmen.«

Kathleen wußte, daß sie ihre Nominierung dem Umstand verdankte, daß sie eine Kennedy war, und doch mußte sie sich gegen den Vorwurf zur Wehr setzen, daß allein ihr Name zähle. So sehr sie sich auch dagegen sträubte, mit einem Familieneinkommen in Höhe von 174434 Dollar aus Vermögensanlagen und Beteiligungen allein 1985 war sie zumindest oberflächlich eine typische Yuppie-Kandidatin. Diese Einschätzung kam auch in einem Artikel in *Vogue* zum Ausdruck, wo es hieß: »Kathleen Kennedy Townsend muß bei dieser Wahl gewinnen, damit die jungen und erfolgreichen Mütter, die auf ihrer Seite stehen, endlich über eine laute und vernehmliche Stimme im Kongreß verfügen.« Das stimmte, aber was auch stimmte, war, daß Kathleen sich ihrer Privilegien schmerzlich bewußt war und ihr ganzes Leben lang versucht hatte, aus dem goldenen Käfig, in den sie hineingeboren worden war, zu entfliehen.

In den Vorstädten von Baltimore eilte sie, einen Troß von Mitarbeitern und Reportern im Schlepptau, von Haus zu Haus. Ihrer eigenen Schätzung zufolge klopfte sie an mehr als 10000 Türen. Auf dem Weg zu einer Wohltätigkeitsveranstaltung des Women's Campaign Fund in Washington blieb ihr keine Zeit, das Kostüm zu wechseln. »Vergiß es, ich ziehe mich im Wagen um«, sagte sie zu ihrer Begleiterin und knöpfte bereits ihre Bluse auf. »Eine Nichte von Eunice Shriver muß in der Lage sein, sich auf dem Beifahrersitz umzuziehen. Eunice macht das nichts aus – sie streckt der Welt ihr blankes Hinterteil entgegen.«

Mitte September gewannen Kathleen und ihre Mitarbeiter den Eindruck, daß Helen Bentleys Vorsprung schmolz. Hoffnung keimte, daß ihnen das Husarenstück vielleicht doch noch gelingen könnte. Doch nach Joes Sieg bei den Vorwahlen in Massachusetts strömte seine zusammengewürfelte Armee von Wahlhelfern nach Maryland, um Kathleen zu helfen. Die meisten von ihnen wußten wenig von dem Staat außer seinem Namen, und es gelang ihnen, einen Teil der Wähler abzuschrecken. Kathleen konnte das bevorstehende Ende ihres Traumes an den sinkenden Prozentzahlen ablesen, die sie in den Umfragen für sich verbuchen konnte. Zwei Wochen vor dem Wahltag lag Helen Bentley uneinholbar vorn, und Kathleen mußte sich eingestehen, daß sie nicht nur die erste Kennedy war, die sich um ein Amt beworben hatte, sondern auch das erste Familienmitglied, das eine allgemeine Wahl verloren hatte.

27

Familiengedenktag

Die Kennedys planten anläßlich von Roses 100. Geburtstag im Juli 1990 ein großes Fest, mit dem sie nicht nur ihre Mutter, sondern auch die Familie ehren wollten. Der Kongreß verabschiedete eine Resolution, mit der der 22. Juli zum »Rose Fitzgerald Kennedy Familiengedenktag« erklärt wurde. In den Tagen und Wochen vor dem Geburtstag zierten Bilder der jungen Rose die Titelseiten mehrerer großer Zeitschriften. Das war die Rose Kennedy, wie sie Amerika, wie sie ihre Familie im Gedächtnis behalten wollte. Ihre Töchter und ihr Sohn sahen in ihr nach wie vor das Familienoberhaupt, das seine schützende Hand über sie hielt, und verschlossen die Augen vor ihrem sich stetig verschlechternden Gesundheitszustand.

Rose mußte inzwischen künstlich ernährt werden. Doch als Pat sie kurz nach ihrer Rückkehr nach Hyannis Port besuchte, bestand sie darauf, mit einem Löffel gefüttert zu werden und so zu tun, als schlukke sie das Essen. Hinterher schob die Krankenschwester Rose zurück in ihr Zimmer und schloß sie wieder an die Schläuche an, über die sie mit einer Nährlösung versorgt wurde.

Rose wußte nichts von Davids Tod, und es war unklar, was sie von den Ereignissen der letzten Jahre noch mitbekommen hatte. »Wir haben ihr nichts von unserer Scheidung erzählt«, sagte Joan. »Sie hatte mich immer so gern. Ich glaube nicht, daß sie etwas ahnte. Auch nach ihren Schlaganfällen und nach der Scheidung verbrachte ich viel Zeit in Hyannis Port, aß mit Ted und besuchte ihn und die Kinder jedes Jahr zu Thanksgiving und an Weihnachten.«

Ted und Eunice nahmen Rose in ihrem Rollstuhl oft mit auf Spaziergänge auf den alten, vertrauten Straßen und Wegen. Nach wie vor gaben sie zu jedem ihrer Geburtstage ein großes Familienfest, was für Ted stets eine willkommene Gelegenheit war, der Presse einen markigen Ausspruch unterzujubeln, den sie angeblich getan hatte. Kurz vor ihrem 100. Geburtstag erzählte Ted einem Reporter, daß seine Mutter, als sie sah, wie er seinen Tennisschläger aus dem Schrank holte, zu ihm gesagt habe: »Bist du sicher, daß das deiner ist, Teddy? Ich habe bereits das ganze Haus nach meinem abgesucht.«

Ted hatte ein sentimentales Verhältnis zu seiner Familie, vor allem zu seiner Mutter. Und er war es auch, der diese Zitate erfand. »Diese Sprüche stammten von Ted«, sagte Eunice. »Ich hatte damit nichts zu tun.« Dabei ging es ihm nicht darum, irgendein dunkles Geheimnis vor den Medien zu verstecken, sondern sein Bild von seiner Mutter am Leben zu erhalten.

»Sie hat eine besondere Ausstrahlung«, erzählte Ted. »Eine Ausstrahlung, die auf andere Menschen, und insbesondere auf Kinder, ganz außerordentlich wirkt.« Ted konnte ein Murmeln von ihr in einen Satz verwandeln, ein Aufleuchten in ihren Augen als Zeichen des Verstehens, eine Bewegung ihres Kopfes als Zustimmung interpretieren. Aber nicht nur Ted, sie alle, seine Schwestern, seine Kinder, seine Nichten und Neffen beteiligten sich an diesen Täuschungsmanövern und spielten der Welt – und sich selbst – etwas vor. »Ich bin wie ein alter Wein – man holt mich nicht oft hervor, aber ich habe mich gut gehalten«, war ein weiteres dieser Bonmots, das Ted seiner Mutter kurz vor ihrem 100. Geburtstag in den Mund legte.

Am Abend vor den öffentlichen Feierlichkeiten traf sich die Familie mit guten Freunden zu einem Essen im kleinen Kreis. Alle fünf noch lebenden Kinder von Rose und Joe, 28 Enkel und 22 Urenkel und die meisten angeheirateten Kennedys hatten sich eingefunden. Es war das größte Familientreffen seit Bobbys Beerdigung. 12 der Enkelkinder waren Frauen, und wie ihre Großmutter waren sie in dem Glauben an die Familie aufgewachsen, aber im Gegensatz zu ihr wußten sie, daß sie auch außerhalb der Familie leben konnten. Kathleen, Maria und Caroline versuchten, Karriere und Familie unter einen Hut zu bringen, nur Sydney hatte beschlossen, zu Hause bei ihren drei Kindern zu bleiben.

Kathleen war die erste gewesen, die Kinder bekam, und sie brachte ihren drei Töchtern bei, daß sie alles tun konnten, was ein Mann tun konnte. Caroline war die zweite ihrer Generation, die Rose Urenkel geschenkt hatte, die zweijährige Rose und die kleine Tatiana. Neben ihrer Rolle als Mutter schrieb sie an einem Buch über die Bill of Rights, saß im Verwaltungsrat der Kennedy-Bibliothek und engagierte sich für den neuen »Profile in Courage Award«, der jedes Jahr an einen Amerikaner vergeben wurde, der am besten die von ihrem Vater in seinem Buch geforderte Zivilcourage verkörperte. Kerry leitete das Robert F. Kennedy Memorial Center for Human Rights. Sie gab sich nicht damit zufrieden, die jährlichen Preisverleihungen vorzunehmen, sondern versuchte, weltweit Verstöße gegen die Menschenrechte an den Pranger zu stellen und zu unterbinden. Neben Caroline war Maria die bekannteste Kennedy ihrer Generation. *CBS Morning News* hatte kurz nach ihrer Hochzeit mit Schwarzenegger auf ihre weitere Mitarbeit verzichtet. Inzwischen lebte sie in Los Angeles, war Mutter von zwei Kindern, Katherine Eunice und Christina, und arbeitete als Komoderatorin für die NBC-Sendung *Sunday Today*.

* * *

Zu der Geburtstagsfeier am nächsten Tag versammelten sich 370 Gäste auf dem Rasen vor dem Haus in Hyannis Port. Eunice regte sich furchtbar darüber auf, daß es in dem Zelt auf dem Rasen zu hell war, um einen Film über das Leben ihrer Mutter zu zeigen, und schalt im Beisein der Gäste den für den Aufbau zuständigen Herb Kramer, ihren langjährigen Mitarbeiter bei den Special Olympics, der unheilbar an Krebs erkrankt war. Schließlich konnte der Film doch noch gezeigt werden. Er war ein bewegendes Dokument über Roses Leben, das viele der Gäste zu Tränen rührte. Tränen flossen auch, als Maureen McGovern »My Wild Irish Rose« und »The Rose of Tralee« sang und der Behindertensportler Mark Swiconek eine Lobrede auf Rose hielt.

Ted hatte, wie auch Pat, wieder einmal zu tief ins Glas geschaut. Joan hingegen war nüchtern. Seit sie zwei Jahre zuvor in der Nähe von Hyannis Port betrunken in einen Zaun gerast war, hatte sie ihren Alkoholkonsum eingeschränkt. Ted gehörte nicht zu der Spezies Mensch, die herumsaß und wartete, bis alle Reden gehalten und alle Glückwunschbotschaften verlesen waren, und noch am Nachmittag fuhr er mit zwei Frauen auf seinem Boot aufs Meer hinaus. Als er zurückkehrte, brachen gerade einige Gäste auf. Er verabschiedete sie und versuchte eine der Frauen auf den Mund zu küssen, eine Geste, die sowohl die Frau wie auch ihren Ehemann sehr empörte. Rose saß die meiste Zeit in ihrem Rollstuhl am Fenster ihres Zimmers im zweiten Stock und sah dem Treiben unter ihr zu.

***

Wäre sie noch in der Lage gewesen, das Leben ihrer Töchter zu verfolgen, hätte sie wohl zugleich Stolz und Trauer empfunden. Pat brauchte ihr nicht länger vorzuspielen, was sie nicht war. Sie, die sich immer künstlerisch hatte betätigen wollen, beließ es inzwischen dabei, ihre Freunde unter Künstlern zu suchen. Bei Wohltätigkeitsauktionen, Sponsorenveranstaltungen zugunsten der Künste und anderen gesellschaftlichen Top-Ereignissen in Manhattan war sie stets präsent. »Pat bewundert talentierte, erfolgreiche Menschen«, erzählte der Journalist Dotson Rader, einer ihrer engsten Freunde. »Sie kennt alle möglichen reichen Leute, aber sie hat sehr wenig Freunde, die wirklich Geld haben. Sie umgibt sich gern mit Schriftstellern und Malern.«

Pats Name fiel regelmäßig, wenn die Klatschreporter über Parties und Veranstaltungen der High-Society berichteten. Sie lebte in einem alten Apartmenthaus am Sutton Place South, dessen Eingang von einem Portier bewacht wurde. Ihr großzügiges Apartment blickte über den East River, und hier wurden ebensooft rauschende Feste gefeiert wie in ihrem Sommerhaus im vornehmen Southampton auf Long Island.

Wer in der Zeitung über sie las, konnte leicht den Eindruck gewinnen, ihr Leben bestehe nur aus süßem Nichtstun und aus einer endlosen Folge mondäner Parties. Worüber man nichts las, war die Einsamkeit, die sie erwartete, wenn sie nach solchen Festen in ihr Apartment auf der East Side zurückkehrte. Und man las auch nichts über die langen Nachmittage und Abende, an denen sie, nach Wodka stinkend, wirres Zeug vor sich hinlallte.

Pat war die sanfteste von Roses Töchtern, doch hatte sie schon vor langer Zeit gelernt, ihre Schüchternheit und Verletzlichkeit zu verbergen. Wie ihre Mutter war sie besessen von dem Gedanken, ihr jugendliches Gesicht und ihre jugendliche Figur mit allen Mitteln der Kosmetik und Wissenschaft zu bewahren. Einmal wurde sie zu einer Dinner-Party eingeladen, die Judith Green zu Ehren von Frank Sinatra gab. Es wurden riesige Mengen an italienischen Nudelgerichten aufgetischt, und nach dem Essen stand Sinatra auf und sang, während ihn Peter Duchin am Klavier begleitete. Es war ein wunderbarer Abend, aber Pat verließ den Saal, ging nach oben in ihr Gästezimmer, zog sich einen Badeanzug an und schwamm zum Ausgleich für das üppige Mahl mehrere Runden im Pool.

Peter war im Dezember 1984 an Leber- und Nierenversagen gestorben. Er war ein Opfer seines übermäßigen Alkoholkonsums geworden, doch Pat hatte keine Lehren daraus gezogen. Ihre Kinder liebten und verehrten sie, und soweit es in ihrer Macht stand, suchten sie ihr auch zu helfen. In ihrem kleinen Freundeskreis galt Pat als eine ungemein großzügige Frau, die nicht nach öffentlicher Beachtung strebte, sondern den Menschen helfen wollte, deren Schicksal ihr am Herzen lag. Rose hatte nicht gewollt, daß sie noch einmal heiratete, eine mittlerweile überflüssig gewordene Sorge, denn für eine Frau in den Sechzigern gab es nur wenige Männer, die in Frage gekommen wären, und sie hatte eine Reihe von platonischen Freunden um sich geschart, zu denen auch Rader gehörte.

Rader, ein alter Freund von Tennessee Williams, hatte Pat zu der Premiere von Williams' letztem Stück, *Clothes for a Summer Hotel,* begleitet. Auf der Premierenfeier versuchte sie dem 69jährigen Schriftsteller Mut zuzusprechen, aber er ließ sich nicht davon abbringen, in den ersten, wenig gnädigen Kritiken des Stücks einen Abgesang auf seine Karriere zu sehen. »Wir müssen ihm irgendwie helfen«, sagte sie zu Rader. »Was hältst du davon, wenn wir ein paar Leute zu einer Party in meiner Wohnung zusammentrommeln und versuchen, ihn aufzuheitern?«

Ihre Verbundenheit zu ihm erklärte sich aus der Tatsache, daß beide eine schreckliche Erfahrung teilten. An Williams' Schwester Rose war, wie an Rosemary, als junger Frau eine der ersten Lobotomien vorgenommen worden, eine Tragödie, die ihn zu dem bissigen Drama *Plötzlich letzten Sommer* inspiriert hatte. Pat konnte sein Leid nachempfinden, und deshalb versuchte sie, ihm auf ihre Art zu helfen: mit einer Dinnerparty.

Pat trug kräftige Farben und färbte ihr Haar rot, als reiche allein das schon aus, die dunklen Seiten des Lebens zu bannen. Für die Dinnerparty bestellte sie so viele Blumen, daß ihr Apartment wie ein blühender Garten aussah, und im Foyer ließ sie einen riesigen Luftballon mit der Aufschrift »Ein Hoch auf Tennessee!« aufhängen.

Zu den Gästen gehörten Williams' Theaterfreunde, unter anderem Eli Wallach, und Freunde aus der Gesellschaft wie Jane Cushing. Die Gespräche verliefen in einer seltsamen Anonymität, und auch Pat fühlte sich wohler, sich an den in diesen Kreisen üblichen Smalltalk zu halten, statt mit jemandem zu reden, der womöglich wirklich etwas sagen wollte. Den Gästen war mitgeteilt worden, daß Williams an Depressionen litt und daß sie versuchen sollten, ihn aufzuheitern. Noch während Cocktails gereicht wurden, rannte Williams auf den Balkon hinaus und wollte sich aus dem siebten Stock in den East River stürzen, doch Wallach kam im letzten Moment hinzu und zog ihn zurück.

Wie Pat suchte auch Williams Trost im Alkohol, und je mehr Drinks er hinunterkippte, desto besser wurde seine Laune. Pat, die am Tisch rechts neben ihm saß, vermochte ihr Leiden zwar nicht wie er in Kunst umzusetzen, aber sie konnte seine Gefühle ebenso klar lesen wie die Falten auf ihren Händen, konnte mit ihm fühlen und einfach für ihn da sein. Williams spürte ihre Anteilnahme und wandte sich ihr zu, streichelte ihr Haar und sagte ihr, wie schön sie sei.

»Wir sind alle verdammt«, sagte er zu ihr. »Verdammt. Sterbende Schwäne in der Kälte des Winters.«

Pat gehörte zu den Gründungsmitgliedern des Nationalkomitees für die literarischen Künste, das Lesungen veranstaltete und Stipendien an Autoren vergab. Daneben half sie mit, Ausstellungen für die Kennedy-Bibliothek zu organisieren, doch diese Aktivitäten konnten die Leere, die in ihrem Privatleben herrschte, nicht ausfüllen. Nach der Trennung von Peter hatte sie keinen Mann gefunden, mit dem sie auch nur daran denken konnte, ein neues Leben aufzubauen. Ende der achtziger Jahre fing sie eine Beziehung mit einem Fernsehproduzenten an, einem überaus unterhaltsamen und schlagfertigen Mann. Doch er nahm auf Pats Gefühle keinerlei Rücksicht und raubte ihr das letzte bißchen Selbstbewußtsein, das ihr geblieben war. Wenn er sie in ihrem Haus auf Long Island besuchte, stahl er sich oft mitten in der Nacht davon, um, wie Pat mit der Zeit vermutete, nach jüngeren Frauen Ausschau zu halten. Sie fing an zu trinken, und mit der Zeit wurde es so schlimm, daß sogar Ted und ihre Kinder drohten, sie nicht mehr zu besuchen, bis sie ihren Alkoholkonsum wieder unter Kontrolle bekam. Sie hatten fast alles versucht, um ihr zu helfen, und befanden sich jetzt in einem schrecklichen Dilemma. Pat, soviel stand fest, mußte sich in irgendeiner Anstalt einer Therapie unterziehen, aber gleichzeitig fürchteten sie, daß es nicht lange dauern würde, bis einer ihrer Mitpatienten oder ein Pfleger versuchen würde, die Geschichte an die Klatschpresse zu verkaufen. So war es Joan seinerzeit ergangen, und so sollte es auch anderen Familienmitgliedern ergehen. Die Familie fürchtete, daß Pat noch mehr leiden würde, wenn die Sache an die Öffentlichkeit käme, und das Ende vom Lied war, daß sie die meiste Zeit bei sich zu Hause saß. Im Sommer 1988 war sie in einem so beklagenswerten Zustand, daß Jean sie bat, ihrer Party am 4. Juli fernzubleiben. Im Juni des darauffolgenden Jahres fuhr sie auf der Hampton Road auf Long Island, ganz in der Nähe ihres Hauses, gegen einen Telefonmasten. Die Polizei ließ sie ins Röhrchen blasen und nahm sie wegen Trunkenheit am Steuer fest.

Dieser kleine Unfall bewirkte, was Verwandte und Freunde mit ihren gutgemeinten Vorhaltungen nicht geschafft hatten: Pat versuchte ernsthaft, ihren Alkoholkonsum unter Kontrolle zu bekommen. Für die Familie gab es kaum eine größere Schande, als in aller Öffentlichkeit bloßgestellt zu werden, und Pat verspürte kein Bedürfnis, sich wie Joan zum Objekt der Klatschreporter zu degradieren. Sie hörte auf, exzessiv zu trinken, und obwohl sie auch weiterhin dem Alkohol zugetan blieb, stellte sie bei weitem keine so große Gefahr mehr für andere und für sich selbst dar.

Von allen Kennedy-Töchtern war Jean die einzige gewesen, die Rose die Schuld für die Probleme gab, die ihr als erwachsener Frau das Leben so schwer gemacht hatten. Um so mehr hätte es Rose jetzt mit Stolz erfüllt zu sehen, wie ihre Jüngste ihr Leben in den Griff bekam. Jean hatte Eunice oft um ihre Führungsrolle unter den Frauen in der Familie beneidet. Sie hatte immer selbst etwas schaffen wollen, dabei aber immer Eunice vor Augen gehabt, und als sie 1974 die Stiftung »Very Special Arts« ins Leben rief, die sich der Förderung von Behindertenkunst verschrieb, hatte sie sich in voller Absicht an den Special Olympics orientiert. Doch im Gegensatz zu den Special Olympics finanzierte sich Very Special Arts vor allem über Regierungszuschüsse, die sich zwischen 1976 und 1980 auf insgesamt sechs Millionen Dollar beliefen, und insbesondere in den ersten Jahren kam es dabei zu ziemlichen Auswüchsen. Im Herbst 1979 etwa ließ sich das Nationalkomitee für Behindertenkunst, das die Schirmherrschaft über Very Special Arts übernommen hatte, sein Jahrestreffen in Washington rund 60 000 Dollar kosten. Höhepunkt der zweitägigen Konferenz mit über 200 Teilnehmern war ein Dinner im Kennedy Center, bei dem pochierter Lachs und zum Dessert Pfirsiche in Cassis gereicht wurden. Das nationale Special Arts Festival, das im selben Jahr stattfand, kostete, wie Kritiker anmerkten, sogar mehr als das Vierfache der ursprünglich veranschlagten 60 000 Dollar.

»Die Kritik schoß am Ziel vorbei«, wiegelte Jean ab. »Dahinter steckte ein ehemaliger Aufsichtsrat, der sauer war, weil wir ihn entlassen hatten. Die ganze Sache war ein Sturm im Wasserglas.« In den folgenden Jahren baute Jean Very Special Arts zu einem landesweiten Programm aus und knüpfte Kontakte ins Ausland. Der Erfolg des Programms stellte nicht nur eindrucksvoll unter Beweis, was Behinderte zu leisten imstande waren, sondern auch, was eine Frau in den Fünfzigern auf die Beine stellen konnte, eine Frau, die bislang ausschließlich für ihre Familie gelebt hatte. Jean hatte es jetzt aus eigener Kraft zu etwas gebracht. Bei den Wahlkämpfen ihrer Brüder hatte sie keine Reden gehalten, sondern sich stets darauf beschränkt, ihr Sprüchlein von einem Spickzettel abzulesen und Hände zu schütteln. »Ich bin nicht zur Rednerin erzogen worden, und ich mochte es nie, Reden zu halten«, sagte sie zurückblickend. »Aber für Very Special Arts mache ich es gerne.«

Jean strahlte ein völlig neues Selbstbewußtsein aus. »Es ist viel Arbeit und harte Arbeit«, sagte sie. »Arbeit, die mich inspiriert und herausfordert.« Zwar stand ihr in Washington ein Stab von Mitarbeitern zur Verfügung, aber sie war der Motor der Organisation und schaffte es, zahlreiche Prominente aus dem Bereich der Kultur für eine Mitarbeit zu gewinnen. Die Organisation wurde immer größer. Sie flog zur Gründungsfeier des irischen Ablegers nach Irland, und in Paris besuchte sie eine Benefizveranstaltung zugunsten von Very Special Arts, bei der die Pariser Philharmoniker spielten. Der Abend stand unter der Schirmherrschaft von Danielle Mitterrand, der Frau des französischen Präsidenten.

Im Juni 1989 kamen zum ersten internationalen Very Special Arts Festival über 1000 Behinderte aus 50 Bundesstaaten und 51 Ländern zusammen. Präsident George Bush lud die Gruppe zu einem Empfang ins Weiße Haus ein. NBC brachte eine einstündige Zusammenfassung von der Schlußgala, über die es in der *New York Times* hieß, sie sei »eine gesunde Dosis eines guten, altbewährten Aufmunterers … und eine ermutigende Erinnerung daran, daß es in diesem Land immer noch außergewöhnlich edle und großzügige Regungen gibt«.

Jean, die so viele schwere Zeiten durchgemacht und Tragödien miterlebt hatte, hätte nun endlich glücklich sein können. Aber wieder einmal kam ihr das Schicksal in die Quere: Steve war unheilbar an Krebs erkrankt, und seine Krankheit und das Siechtum ihrer Mutter hingen selbst in den glücklichsten Momenten wie ein dunkler Schatten über ihr. So sehr sie es auch immer verleugnet hatte: Steve hatte ein Doppelleben geführt und andere Frauen gehabt. Das Bild der glücklichen Familie, das die Smiths der Öffentlichkeit vorgegaukelt hatten, war eine Fassade gewesen, hinter der sie getrennte Wege gegangen waren. Doch je mehr er verfiel, desto mehr entdeckte sie, wie viel in ihrem Leben sich um ihn gedreht hatte, und in seinen letzten Monaten war sie für ihn da. Sie spazierte mit ihm über die leeren Strände in der Karibik, saß neben seinem Krankenbett, spielte nicht mehr nur die ergebene Ehefrau, sondern war sie auch. In der Familie war Steve immer derjenige gewesen, den man angerufen hatte, wenn Not am Mann war, und irgendwie hatte er immer alles wieder ins Lot gebracht. Und je mehr es jetzt mit ihm bergab ging, desto mehr ging nicht nur Jean, sondern der gesamten Familie auf, wie wichtig er für sie alle gewesen war. Im August 1990, einen Monat nach Roses 100. Geburtstag, starb Steve Smith.

***

Jackie, die schon immer vor dem hektischen und lauten Treiben im Kennedy-Stammsitz geflüchtet war, kam nur noch selten nach Hyannis Port. Das Haus, das sie sich 1981 in einer entlegenen Ecke auf Martha's Vineyard für rund 3 Millionen Dollar hatte bauen lassen, wurde ihr eigentliches Zuhause und lag auf einem 250 Hektar großen Grundstück, geschützt vor den Blicken zudringlicher Zeitgenossen. Ihr Kontakt zu den Kennedys beschränkte sich weitgehend auf die Feste, zu denen sie sie allsommerlich in ihr 2800 Quadratmeter großes Haus einlud, und auf öffentliche Anlässe wie Wohltätigkeitsveranstaltungen oder Auftritte in der Kennedy-Bibliothek.

Jackie und Maurice Tempelsman sprachen zwar von Heirat, doch obwohl er sich von seiner Frau getrennt hatte, wagte er diesen Schritt nicht. Gleichwohl zog er Ende der achtziger Jahre zu ihr hinaus.

Jackie war seit Jahren in psychotherapeutischer Behandlung, aber erst im Zusammenleben mit Maurice und in ihrer Arbeit als Lektorin bei Doubleday fand sie den Frieden und die Sicherheit, nach der sie sich so lange gesehnt hatte. Sie genoß ihr Leben, die Eleganz des Schlichten und Einfachen, genoß jeden Moment, sei es ein Spaziergang mit ihren Enkelkindern am Strand, eine Passage in einem Buch, das sie lektorierte, oder ein gelungener Scherz. Sie gab sogar das Kettenrauchen auf.

In der Bibliothek ihrer New Yorker Wohnung hatte sie ein starkes Fernrohr aufgestellt, mit dem sie das hektische Leben in der Stadt unter ihr, im Central Park und auf der Fifth Avenue beobachten konnte. Auf Cape Cod zog sie oft mit Maurice los, um Vögel zu beobachten, stapfte durch die Dünen und das Gestrüpp und hoffte, einen exotischen Vogel zu entdecken und für einen kurzen Moment mit dem Fernglas einzufangen, so wie sie oft von anderen eingefangen worden war.

* * *

Eunice und Sarge pilgerten jeden Morgen in die Kirche. Als Anthony seinen Vater einmal fragte, warum er so oft in die Kirche gehe, bekam er zur Antwort: »Ich bin schwach und brauche viel Beistand.«

Sie bauten sich ein großes Haus in einem Außenbezirk von Washington, ihr, wie sie wußten, letztes Haus. Sarge hatte eine Schwäche für moderne Kunst, und die Wände in dem Haus waren mit abstrakten Bildern gepflastert. Die antiken Madonnen und andere Zeugnisse katholischer Kunst, die sich in dem Haus fanden, hatte Eunice zusammengetragen, die religiöse Kunst bevorzugte. Daneben hingen gerahmte Briefe von John F., ein lebensgroßes Porträt von Joe jr. und alle möglichen Familienfotos in Silberrahmen. Dagegen fand sich kaum ein Hinweis auf die zahllosen Preise und Ehrendoktorwürden, die Eunice im Laufe ihres Lebens erhalten hatte, darunter auch die Freiheitsmedaille des Präsidenten, die höchste zivile Auszeichnung der Vereinigten Staaten, die ihr 1984 von Ronald Reagan verliehen worden war. Als ihr die Pläne für den Swimmingpool des Hauses vorgelegt wurden, änderte sie sie so ab, daß der Pool für Behinderte zugänglich wurde, und fügte Duschen für die Behindertensportler hinzu, die sie später einladen wollte.

Sarge mußte sich einer Bypass-Operation unterziehen und litt an Prostata-Krebs, was ihn aber nicht davon abhielt, weiter den Tennisschläger zu schwingen oder mit seinen Söhnen Baseball zu spielen. Eunice war ebenfalls eine gute Tennisspielerin, und beide zusammen gaben ein gutes Doppel ab. Noch besser allerdings klappte ihr Zusammenspiel im Vorstand von Special Olympics. Sarge, der den Vorsitz im Verwaltungsrat der Special Olympics International übernommen hatte, sprühte nur so vor Ideen und Tatendrang und jettete kreuz und quer über den Globus. Eunice fungierte offiziell zwar nur als Ehrenvorsitzende, aber ihr Engagement im Büro der Organisation an der New York Avenue hatte nichts Ehrenamtliches an sich. Sie hatte zwar gelobt, sich aus der aktiven Arbeit bei Special Olympics, die formal der Joseph-P.-Kennedy-Stiftung unterstand, zurückzuziehen, aber im Prinzip führten sie und Sarge die Organisation nach wie vor wie ein Familienunternehmen.

Eunice arbeitete wie eine Besessene, aber manchmal ließ sie neuerdings ihr sonst so verläßliches Gedächtnis im Stich – eine neue Bürde für ihre bemitleidenswerten Sekretärinnen, die es oft nur solange bei ihr aushielten, wie eine Packung Papiertaschentücher reichte. Ihre Mitarbeiter wunderten sich darüber, daß sie bei wichtigen Dingen so großmütig und bei unwichtigen Dingen so kleinlich sein konnte. Mit dem Aufbau von Special Olympics hatte sie etwas Großartiges vollbracht, doch sie schien unfähig, eine neue Führungsriege neben sich zu dulden. Fast nie zeigte sie sich in den Büros ihrer Mitarbeiter, und ihr Kontakt zu ihnen beschränkte sich in der Hauptsache auf knappe, keinen Widerspruch duldende Anweisungen, die sie per Telefon weitergab.

* * *

Im Mittelpunkt ihres Lebens stand die Familie, und die Früchte dieses Lebens waren ihre Kinder. Anthony, ihren jüngsten Sohn, sah sie fast täglich. Er war Mitte 20 und sah ebensogut aus wie seine Schwester Maria. Er verfügte über ein eigenes Büro bei Special Olympics und baute unter dem Namen »Best Buddies« ein Programm auf, das Freundschaften zwischen jungen College-Studenten und Behinderten vermittelte. Sein bester »Buddy« war Rosemary. Er besuchte sie regelmäßig, und mit seinem Programm wollte er Studenten an Hunderten von Colleges und Universitäten ähnliche Erfahrungen ermöglichen.

Anthony hatte wenig Sinn fürs Details, und in seinem kleinem Büro herrschte das absolute Chaos. Aber er hatte einen unbändigen Tatendrang und verstand es, seine Altersgenossen zu begeistern, und das »Best Buddies«-Programm wuchs rasant. Eunice war sehr stolz auf ihren jüngsten Sohn, der sich sehr bewußt war, welchen immensen Einfluß seine Eltern auf seine Wertvorstellungen und seine Lebenseinstellung ausübten, und mitunter hatte er das Gefühl, daß der Blick seiner Mutter, deren Büro kaum zwanzig Meter von seinem entfernt lag, ihm auf Schritt und Tritt folgte.

Eunice stand auch mit ihren drei anderen Söhnen in engem Kontakt. Timmy arbeitete in einer Ghetto-Schule in New Haven und war dort für Drogen-, Schwangerschafts- und Aidsberatung zuständig, Mark leitete Choice, ein Sozialhilfeprogramm in Boston.

Ihr ältester Sohn Bobby hatte sich bereits in verschiedenen Branchen und Berufen versucht. Er war Mitte 20 und lebte in Los Angeles, wo er für Special Olympics arbeitete. Er hatte das Verkäufertalent seines Vaters geerbt und trug entscheidend dazu bei, daß viele bekannte Sänger Lieder für ein Weihnachtsalbum aufnahmen. Das Album wurde ein Verkaufsschlager und brachte Special Olympics 20 Millionen Dollar ein. Obwohl Bobby für diesen Erfolg ein dickes Lob einheimste, war er im Washingtoner Büro der Organisation außerordentlich unbeliebt. Mit seiner Arroganz brachte er selbst die treuesten Anhänger der Familie gegen sich auf. Für böses Blut sorgte auch der Umstand, daß ihm für seine Aufgaben in Los Angeles ein Budget von über einer halben Million Dollar pro Jahr zur Verfügung stand und er mit einem Jahressalär von 150 000 Dollar das zweithöchste Gehalt aller Mitarbeiter bezog. Eunice war gewarnt worden, daß diese Großzügigkeit Vorwürfe der Vetternwirtschaft und des Mißbrauchs von Spendengeldern geradezu herausfordern mußte. Doch sie war der Überzeugung, daß ihr Sohn sich sein luxuriöses Büro und sein Salär verdient habe, und meinte, daß jeder andere, der ebensoviel Geld auftreiben könne wie er, ein noch höheres Gehalt bekomme. Sie widersetzte sich allen Forderungen, sein Budget zu kürzen, und ihre Mitarbeiter mußten einsehen, daß sie ihren Sohn mehr liebte als Special Olympics. Ende 1993 wurde Bobby durch einen neuen – und weniger generös entlohnten – Angestellten ersetzt.

Maria war Eunices einzige Tochter, und sie sprach mit ihr jeden Tag. »Was Maria antreibt, ist ihre Mutter, auch wenn sie sich dessen vielleicht gar nicht bewußt ist«, sagte Theo Hayes, ihr ältester Freund. »Sie will vor allem ihrer Mutter gefallen, mehr als jedem anderen.« Maria hatte inzwischen begonnen, Prominente fürs Fernsehen zu interviewen, und Eunice begnügte sich nicht damit, jeden ihrer Auftritte am Bildschirm zu verfolgen, sondern forderte auch ihre Freunde auf, die Sendungen anzusehen und zu bewerten, und gab ihre Kritik an Maria weiter.

Seit ihrer Heirat mit Arnold Schwarzenegger hatte sie praktisch zu allen Berühmtheiten in Amerika Zugang, und diese Kontakte hätte sie beim Fernsehen problemlos zu ihren Gunsten ausschlachten können. Aber Maria hatte von Eunice gelernt, daß Ruhm allein nichts bedeutet. Zu ihren einstündigen Sendungen lud sie zwar diejenigen ein, deren Stern im Moment am hellsten strahlte und die die Menschen in Massen vor die Bildschirme lockten, aber in derselben Sendung brachte sie dann auch Beiträge über soziale Themen, zu denen sie namhafte Politiker und andere Persönlichkeiten interviewte. »Als ich mit diesen Specials zur besten Sendezeit anfing, dachte ich mir: Wenn ich Michael Jordan oder Danny DeVito in die Show hole, schalten die Leute ein«, erzählte Maria. »Aber ich konnte auch ein oder zwei Beiträge bringen, die man zur besten Sendezeit normalerweise nie sehen würde, und die Leute sozusagen über das Hintertürchen für soziale Themen interessieren.«

Maria gehörte einer neuen Generation politisch aktiver Frauen an, die ihren Einfluß und ihre Bekanntheit sehr subtil einsetzten. Sie und Arnold verkehrten in den höchsten Kreisen Hollywoods, und in der NBC-Kantine in Burbank saß sie oft mit Brandon Tartikoff, dem damaligen NBC-Präsidenten, an einem Tisch. Wäre sie ein Mann gewesen, hätte sie ihren Einfluß vielleicht dazu benutzt, mehr Sendezeit – und damit mehr Ruhm – für sich herauszuschlagen. Statt dessen handelte sie einen Kontrakt aus, der es ihr erlaubte, nur gelegentlich Specials zu produzieren, zu Hause zu arbeiten und Mutter und Journalistin zugleich zu sein.

Gelegentlich jedoch wurde sie ein Opfer ihres Enthusiasmus und ihrer Leichtgläubigkeit, die sie dazu verleiteten, das, was ihre Interviewpartner von sich gaben, mit der Wahrheit gleichzusetzen. Lyle Alzado etwa, ein ehemaliger Footballspieler der Los Angeles Raiders, stritt in einem Interview mit ihr ab, jemals Steroide genommen zu haben. Arnold hatte seine Muskelberge mit Hilfe von Steroiden aufgebaut, und sie hätte nicht lange recherchieren müssen, um herauszufinden, in welchem Ausmaß Profisportler die gefährlichen Drogen schluckten. Ein Jahr später saß Alzado erneut bei ihr in der Sendung. Er war unheilbar an einem Hirntumor erkrankt und machte dafür die Steroide verantwortlich, die er über Jahre hinweg in hohen Dosen eingenommen hatte. »Ich dachte, ich würde Schwierigkeiten kriegen«, entschuldigte er sich bei Maria. »Ich habe Sie angelogen, weil ich Angst hatte.«

Obwohl Eunice inzwischen fast 70 Jahre alt war, dachte sie nicht im Traum daran, sich auf die faule Haut zu legen, wenn sie ihre Tochter in ihrem 720 Quadratmeter großen Haus in Malibu besuchte. Maria bewunderte die Energie, mit der sich ihre Mutter immer wieder in neue Unternehmungen stürzte. Wenn Eunice bei ihr zu Besuch war, stand sie morgens um fünf Uhr auf, rief ihr Büro in New York an, verschickte Faxe an Gott und die Welt und verfaßte Zeitungsartikel. Um halb neun schnappte sie sich Marias Töchter und zog mit ihnen los. Hinterher informierte sie sich über irgendein Sozialprogramm oder die lokalen Aktivitäten von Special Olympics. Nachmittags ging sie, wenn sie die Zeit fand, mit den beiden Mädchen schwimmen, und an den Abenden drängte sie Maria, irgendeinen interessanten Bekannten zum Cocktail oder zum Essen einzuladen.

Am meisten aber liebte Maria es, Eunice in der Rolle der Großmutter zu beobachten. Wenn sie Katherine Eunice und Christina in ihrer Obhut zurückließ, konnte es vorkommen, daß sie bei ihrer Rückkehr ein riesiges, aus übereinandergestapelten Gartenmöbeln und Kissen bestehendes Spielhaus auf dem Rasen vorfand. Und in dem Haus saß Eunice und spielte mit ihren beiden Enkelinnen.

Eunice hatte sich dagegen gewehrt, daß Marias erste Tochter nach ihr benannt wurde. »Das kannst du dem Kind nicht antun«, hatte sie sehr bestimmt erklärt, und Maria hatte sich damit zufriedengegeben, ihrer Tochter »Eunice« als zweiten Namen zu geben.

Einmal, als Maria mit Katherine im Auto fuhr, sagte das Mädchen plötzlich: »Mammi, schau mich an. Wer bin ich?«

Maria blickte zu ihr hinüber und sah, wie sie die furchtbarsten Grimassen zog und die Zähne bleckte. »Keine Ahnung. Wer bist du?«

»Ich bin Großmama.«

Je älter Maria wurde, desto häufiger stellte sie fest, daß sie mehr und mehr ihrer Mutter glich. Eunice war so oft krank gewesen, daß ihre Geschwister sie damit aufgezogen hatten, was nicht alles aus ihr hätte werden können, wenn sie gesund gewesen wäre. Auch Maria zog sich die verschiedensten Krankheiten zu, unter anderem eine Hirnhautentzündung. Aber sie rappelte sich immer wieder auf und tat so, als könne sie nichts erschüttern.

Eines Abends war sie zu einem Elternabend an Katherines Schule eingeladen. Wie üblich versuchte sie, Privat- und Berufsleben unter einen Hut zu bringen, und verspätete sich. In der Eile blieb ihr keine Zeit mehr, sich Gedanken über ihre Garderobe zu machen, und so zog sie einfach ein Paar Leggings, Kampfstiefel und eine Lederjacke an und fuhr los. Als sie in das Klassenzimmer stürmte und die anderen Eltern in ihren teuren Anzügen und Modekleidern erblickte, wurde ihr schlagartig bewußt, daß sie aussah wie eine Rockerbraut. Sie stockte, und plötzlich fiel ihr ein, wie peinlich es ihr immer gewesen war, wenn ihre hoffnungslos unmodische und zerzaust aussehende Mutter sie von der Schule abgeholt hatte, und sie sagte zu sich selbst: *Ich bin zu meiner Mutter geworden.*

***

Bei Eunice lag die Hauptverantwortung für Rosemary. Seit Roses Krankheit kam Rosemary wieder öfter zu Besuch nach Palm Beach, Hyannis Port, Washington oder New York, und Eunice flog normalerweise mindestens einmal jährlich hinaus nach Wisconsin, nahm sie mit ins Büro von Special Olympics, begleitete sie in die Kirche und unternahm mit ihr Ausflüge aufs Land.

Wer sich mit Rosemary verständigen wollte, mußte bereit sein, eine neue Sprache zu lernen, eine Sprache, die niemand in der Familie besser beherrschte als Anthony. Von den jungen Kennedys war er der einzige, der seine Tante besuchte, und als er die Zentrale von »Best Buddies« nach Miami verlegte, ließ er in seinem Haus ein Zimmer speziell für Rosemary herrichten. Auch Caroline hatte einen besonderen Draht zu Rosemary. Wenn sie und ihre beiden Töchter im Winter nach Palm Beach fuhren, buk sie ihr einen Geburtstagskuchen und belegte ihn mit Erdbeeren. Rosemary hatte zwar im September Geburtstag, aber sie liebte Feste, und die Familie feierte ihren Geburtstag jedes Jahr gleich mehrmals.

Rosemary war jetzt über 70, befand sich aber bei so guter Gesundheit und führte ein so enthaltsames Leben, daß sie gute Aussichten hatte, ihre Geschwister zu überleben. Wenn sie krank war oder Schmerzen hatte, fiel es Eunice und den Nonnen zunehmend schwerer, herauszufinden, woran genau sie litt. Eines Tages weigerte sie sich plötzlich zu laufen, und kurz darauf auch, ihr Essen zu schlucken. Erst Schwester Margaret Ann, die mit Rosemarys Eigenarten sehr vertraut war, kam darauf, daß sie Probleme mit ihrem Knie hatte. Daraufhin flogen die Nonnen und der Direktor des Alverno-Hauses, Alan K. Borsari, mit Rosemary nach Chicago, wo sie operiert werden sollte. Eunice eilte aus Washington herbei, und die drei blieben bei Rosemary, bis sie sich an das Krankenhaus und ihr Zimmer gewöhnt hatte, während eine Schwester aus St. Coletta im Bett neben ihr schlief. Nur wenige Behinderte kamen in den Genuß einer so intensiven und herzlichen Pflege, und Rosemary kam erstaunlich rasch wieder auf die Beine.

Schwester Margaret Ann besaß einen einfachen, tiefen Glauben. Bevor sie Rosemary zugeteilt worden war, hatte sie in der Cafeteria von St. Coletta gearbeitet. Rosemary hatte ein ganzes Jahr gebraucht, um sich in ihrer Gegenwart wohl zu fühlen, aber jetzt, nach über einem Jahrzehnt, hatten sie ein tiefes und oftmals blindes Verständnis füreinander entwickelt. In den über 40 Jahren, die Rosemary nun schon in St. Coletta lebte, hatte sich die Einrichtung sehr gewandelt. Die Zahl der Nonnen war auf 30 geschrumpft, die Schule wurde von Laien geleitet und war weitgehend auf staatliche Zuschüsse angewiesen. 1983 stellten die Kennedys St. Coletta eine Million Dollar zur Renovierung des Alverno-Hauses bereit, bei der unter anderem ein therapeutisches Schwimmbecken eingebaut und die Kapelle vergrößert wurde.

Dank ihres Vermögenfonds konnte sich Rosemary die bestmögliche Pflege leisten. Von den vier Frauen, die sie betreuten, verbrachte Schwester Margaret Ann am meisten Zeit mit ihr. Schwester Leona, die in Rosemarys Haus wohnte, kümmerte sich stundenweise um sie, hatte daneben aber auch andere Pflichten. Eine College-Studentin war abends und frühmorgens für sie da, und eine vierte Frau töpferte mit ihr an drei Abenden in der Woche und leistete ihr Gesellschaft beim Essen. Beaufsichtigt wurde das Team von Alan Borsari, der, wenn nötig, Ärzte und Krankenschwestern hinzuzog.

Rosemary hatte einen geregelten Tagesablauf. »Morgens um halb sieben gehe ich in ihr Zimmer und knipse das Licht an«, erzählte Schwester Margaret Ann. »Rosemary ist sehr kooperativ. Ich helfe ihr aus dem Bett, und normalerweise ziehe ich ihr sofort Schuhe an, und sie steckt ihre Füße von allein hinein. Dann gehen wir ins Badezimmer, und ich wasche sie. Bevor ich sie anziehe, lege ich ein paar zueinander passende Kleidungsstücke heraus und lasse sie auswählen. Wenn etwas Neues dabei ist, kann ich darauf gehen, daß sie das anziehen will. Sie liebt schöne Kleider, und sie liebt Schmuck. Sie kann sich zwar nicht selbst anziehen, aber sie hilft mir, streckt die Arme und Beine von sich, und hinterher knöpft sie sich selbst die Bluse zu. Rosemary hat wirklich eine anziehende Persönlichkeit. Wenn ich ohne sie ins Mutterhaus gehe, fragen mich alle: ›Wo ist Rosemary?‹«

Rosemary wurde nicht mehr so oft wütend. Borsari war der Ansicht, daß sie andere Wege gefunden habe, die Aufmerksamkeit der Menschen auf sich zu lenken. Aber vielleicht war sie im Alter auch einfach ruhiger geworden und hatte Sicherheit in der täglichen Routine gefunden. Nach der Messe blieb sie stets sitzen, bis eine andere Patientin an ihrer Bankreihe vorbeikam, erst dann stand sie auf und verließ an ihrer Seite die Kapelle. »Sie kann die Gebete auswendig«, berichtete Schwester Margaret Ann. »Ich glaube, daß solche Erinnerungen aus der Zeit vor ihrer Operation stammen. Die Messe und das Wort ›Jesus‹ bedeuten ihr sehr viel.«

Nach der Messe wurden verschiedene Aktivitäten angeboten, und Rosemary spielte Volleyball mit einem Luftballon oder warf Ringe auf einen Pfosten. Zum Mittagessen ging sie meistens in ihr Haus, aber wenn sie in der Cafeteria aß, bestand sie darauf, immer mit denselben Frauen an einem Tisch zu sitzen. Nach dem Essen hielten sie sich oft an den Händen oder saßen einfach da und betrachteten Postkarten.

Nach dem Essen lud sie manchmal eine andere Patientin zu sich ein oder ging zurück ins Alverno-Haus und nahm am Tagesprogramm für die erwachsenen Patienten teil. Abends blieb sie meistens zu Hause und sah fern, aber manchmal nahm Schwester Margaret Ann sie mit zum Essen in die Stadt oder ging mit ihr ins Kino.

»Sie liebt Musik, und sie tanzt gern«, sagte die Nonne. »Wenn man sie fragt, ob sie tanzen will, verneint sie, aber wenn man sie ein bißchen anstachelt, fängt sie doch an. Ich besitze mehrere Fotografien, auf denen sie mit verschiedenen Leuten tanzt. An der Wand in ihrem Haus hängt ein Bild von ihr und ihrer Mutter. Sie trägt ein langes

Kleid und wartet darauf, dem König vorgestellt zu werden. Ich glaube, sie erinnert sich daran, aber sicher bin ich mir nicht.«

* * *

Die Vorbereitungen auf die internationalen Special Olympics im Sommer 1991 in Minneapolis beanspruchten Eunices ganze Aufmerksamkeit. Die Spiele hatten inzwischen ein gigantisches Ausmaß angenommen und waren nach Meinung vieler das größte Sportereignis in diesem Jahr. Die Mitarbeiter von Special Olympics wußten, daß Eunice und Sarge bei weitem nicht so gesund waren, wie sie vorgaben, und gingen davon aus, daß dies die letzten internationalen Spiele waren, bei deren Organisation die Shrivers das Sagen hatten.

Eunice arbeitete härter als jemals zuvor. Mit ihren Forderungen brachte sie ihre Sekretärinnen zum Weinen und die übrigen Mitarbeiter mehr als einmal zur Verzweiflung. Für Eunice konnte der Tag niemals lange genug dauern, und daß eine Stunde nur 60 Minuten hatte, erschien ihr völlig willkürlich und ungerecht. Den Shrivers stand zwar ein Fahrer zur Verfügung, aber Eunice zog es oft vor, sich selbst ans Steuer zu setzen. Sie pflegte einen sehr rasanten Fahrstil, rauschte über eine orangerote Ampel nach der anderen, scheuchte langsamere Autofahrer mit der Hupe zur Seite und nahm nur selten den Fuß vom Gaspedal. Der kürzeste Weg von ihrem Haus zu dem Büro im Stadtzentrum führte über die Canal Road, eine enge, kurvenreiche und von großen Bäumen beschattete Straße. Für viele Fahrer war diese Straße eine willkommene Abwechslung nach der Hektik auf den großen Durchgangsstraßen, aber Eunice jagte die Straße hinunter, als nehme sie an einer Rallye teil. Mitte Januar passierte es. Sie saß alleine im Auto, als sie plötzlich, wohl um ein langsameres Auto zu überholen, ausscherte und beschleunigte. In der Hektik übersah sie einen entgegenkommenden Kleinbus und stieß frontal mit ihm zusammen.

Der Fahrer des anderen Wagens blieb unverletzt, aber Eunice mußte mit einer Blechschere aus ihrem Auto befreit werden. Ihr Zustand war so ernst, daß Sarge, als er am Telefon von dem Unfall unterrichtet wurde, zuerst annahm, sie sei tot oder liege im Sterben. Bei dem Aufprall hatte sie sich beide Arme gebrochen, einen Ellbogen zerschmettert und zahlreiche Schnittwunden sowie diverse andere Verletzungen zugezogen. Eunice wurde ins Sibley Hospital eingeliefert, bestand aber darauf, mit einem Hubschrauber in die John-Hopkins-Klinik nach Baltimore verlegt zu werden. Sie wußte, welch hervorragenden Ruf das John Hopkins genoß, und fand es nur recht und billig, dort behandelt zu werden – immerhin hatte das Krankenhaus, in dem sich auch das nach John F. benannte renommierte Kennedy-Institut für behinderte Kinder befand, über Jahre hinweg sehr von der Großzügigkeit der Kennedys profitiert.

Die Ärzte eröffneten Eunice, daß sie sich mindestens zwei größeren Operationen unterziehen müsse. Sie war 69 Jahre alt, und es stand zu befürchten, daß sie bleibende Schäden davontragen würde oder sich in Zukunft zumindest erheblich würde einschränken müssen. Aber schon ein paar Tage später schallte den Angestellten im Büro von Special Olympics wieder die vertraute, leicht näselnde Stimme von Eunice entgegen, wenn sie den Telefonhörer abhoben. Die Shrivers ließen so gut wie keine Informationen über den Unfall nach außen dringen. Viele Leute wußten nicht einmal, daß Eunice verunglückt war, und von denen, die es wußten, ahnten nur wenige, wie nahe sie dem Tod gewesen war.

***

Ende der achtziger und Anfang der neunziger Jahre ging kaum ein Frühling ins Land, in dem die Familie nicht anläßlich einer Hochzeit zusammenkam. Bereits 1987 hatte Pats zweite Tochter Victoria den Washingtoner Anwalt Robert Pender geheiratet. Wie ihre ältere Schwester Sydney führte sie ein unauffälliges Leben als Ehefrau und Mutter dreier Kinder. Ihre Cousine Kerry hingegen stand im Rampenlicht des öffentlichen Interesses, und als sie 1990 Andrew Cuomo, den Sohn des Gouverneurs von New York, heiratete, war das die spektakulärste Hochzeit seit der von Maria oder Caroline. Die Zeremonie fand in der St. Matthew's Cathedral statt, derselben Kirche, in der auch der Trauergottesdienst für John F. abgehalten worden war. »Die Kennedys haben bislang dazu geneigt, ihre angeheirateten Verwandten zu vereinnahmen, doch in den Cuomos dürften sie ebenbürtige Partner gefunden haben«, schrieb Mary McGrory in der *Washington Post.* »Diese Hochzeit ist ein Zusammenschluß, keine Übernahme.« Für eine Kennedy war Andrew, politisch gesehen, ein Märchenprinz, ein ernsthafter junger Mann, der vor Ideen nur so sprühte und in New York ein Wohnungsprojekt für Bedürftige namens HELP aufgezogen hatte. Nach den Flitterwochen richteten sich die beiden in zwei Bürosuiten in Manhattan ein. Andrew koordinierte von seiner Etage aus HELP, während Kerry im Stockwerk darüber das Menschenrechtsprogramm der nach ihrem Vater benannten Stiftung leitete.

Im September desselben Jahres gab die 30jährige Kara dem Architekten Michael Allen aus Washington das Ja-Wort. Als einzige Tochter Ted Kennedys hatte sie oft im Mittelpunkt des öffentlichen Interesses gestanden, und wie ihre beiden Brüder hatte sie eine schwierige Jugend durchlebt. Sie hatte als Produzentin für das Abendmagazin von WBZ-TV in Boston gearbeitet; da Allen sein Büro aber in Washington hatte, zog sie in die Hauptstadt und fing als Direktorin für Medienbeziehungen bei Very Special Arts an.

Scheidung wäre für Rose und ihre Töchter absolut undenkbar gewesen, aber die nachrückende Generation fühlte und dachte anders. 1990 trennten sich Joe II. und Sheila nach zehnjähriger Ehe, und sie reichte die Scheidung ein. Auch Courtneys Ehe mit Jeff Ruhe hielt nur zehn Jahre und wurde ebenfalls 1990 geschieden.

***

Ende März 1991, eine Woche vor Ostern, flog Jean mit ihrer jüngsten Tochter Kym nach Palm Beach, wo sie sich mit ihren anderen Kindern traf. Die sechs Kennedy-Familien teilten sich das Haus in Palm Beach im Winter. Jeans Kinder führten, mit Ausnahme von Kym, längst ein selbständiges Leben, und sie freute sich auf die seltene Gelegenheit, ein paar ruhige Tage mit ihnen zu verbringen.

Jean richtete sich in Roses ehemaligen Schlafzimmer im zweiten Stock des alten Hauses ein, einem großen Zimmer, das einen herrlichen Blick auf das Meer bot. Mitte der Woche fuhr Kym mit ein paar Freunden für einige Tage nach Disney World, und auch Steve, ihr ältester Sohn, reiste frühzeitig ab. Zurück blieben Amanda und Willie, der im letzten Jahr Medizin an der Georgetown Medical School studierte. Jean hatte auch die Barrys eingeladen. Bill Barry war Bobbys Leibwächter gewesen, hatte aber auch nach dessen Tod den Kontakt zur Familie aufrechterhalten und noch vor ein paar Jahren Ted als Sicherheitsbeauftragter auf einer Reise in den Nahen Osten begleitet.

Er brachte seine Frau Mary Lou, seinen Sohn Stephen und dessen Frau Carol mit.

Am Mittwochabend traf Ted in Palm Beach ein, und etwas später sein jüngster Sohn Patrick. Patrick kam direkt aus Rhode Island, wo er 1988 als 21jähriger in das Parlament des Bundesstaates gewählt worden war. Ted hatte sich, was Frauen anging, nicht geändert, und obwohl er seine Lieblingsschwester seit einiger Zeit nicht mehr gesehen hatte, zog er noch am selben Abend mit Patrick und den beiden Barrys los.

Die vier fuhren in die Au Bar, einen Nachtklub, der zu Palm Beachs beliebtestem Single-Treffpunkt avanciert war. Patrick kehrte gegen Mitternacht nach Hause zurück, später folgte sein Vater in Begleitung von zwei jungen Frauen. Irgendwann in den frühen Morgenstunden bestellte Patrick ein Taxi für eine der beiden Frauen. Die andere war so betrunken, daß Dennis Spear, der Hausmeister, sie in ihrem eigenen Wagen nach Hause fahren mußte.

Jean nahm an den Eskapaden ihres Bruders keinen Anstoß, und die Tatsache, daß er und sein Sohn Frauen ins Haus brachten, während sie anwesend war, befremdete sie kein bißchen, obwohl sie allein der Gedanke, einen Fuß in die Au Bar zu setzen, erschaudern ließ.

Nach dem Abendessen am Karfreitag gingen die Jüngeren in den Hof hinaus und vertrieben sich die Zeit mit Scharade und anderen Wortspielen. Jean blieb mit Ted und den Barrys im Haus. Sie und Ted hatten sich seit Steves Tod kaum gesehen, und so kamen sie fast automatisch auf Steve zu sprechen. Jean war eine Frau, die ihre Gefühle in sich verschloß, und nach Steves Tod hatte sie sich, um zu vergessen, in die Arbeit für Very Special Arts und in das gesellschaftliche Leben gestürzt. Ted schien den Verlust noch intensiver zu empfinden. Er war immer der letzte Bruder genannt worden, aber solange Steve noch am Leben gewesen war, hatte er das nicht so empfunden. Steve war ihm wie ein Bruder ans Herz gewachsen und hatte mit ihm die Last der familiären Pflichten geteilt. Ted hatte ihm vertraut, ihm, der immer einen Ausweg sah, der immer da war. Doch seit seiner Scheidung von Joan und Steves Tod schien Ted zuweilen den Halt zu verlieren und flüchtete sich in wüste Trinkgelage und wilde Affären.

Nach einem langen, ernsten Gespräch mit Ted ging Jean zu Bett. Am nächsten Morgen stand sie sehr früh auf und unternahm einen langen Spaziergang am Strand, der bis auf ein paar vereinzelte Menschen vollkommen verlassen war. Rose hatte ihr Leben lang bei solchen einsamen Spaziergängen Ruhe und Entspannung gesucht, und Jean mußte sich eingestehen, daß sie, die ihrer Mutter so heftige Vorwürfe gemacht hatte, im Alter immer mehr ihrer Gewohnheiten übernahm. Nach dem Mittagessen fuhr sie in die Stadt einkaufen, und hinterher sah sie Ted beim Tennisspielen zu. Am Ostersonntag besuchte sie die Frühmesse und spielte Tennis mit Willie, Patrick und Ted. Nach dem Essen fuhr sie Willie zum Flughafen, und am Nachmittag spazierte sie mit Bill Barry, Ted und Patrick am Strand entlang. Davon, daß die Polizei ins Haus gekommen war und sich nach ihrem Sohn erkundigt hatte, erfuhr sie nichts. Am Montagmorgen flog sie nach New York zu einer Wohltätigkeitsveranstaltung zugunsten von Very Special Arts, zu der auch ihre Schwester Pat, Ted jr., Lauren Bacall, Tom Brokaw, Norman Mailer und E. L. Doctorow erwartet wurden.

Bei ihrer Ankunft erfuhr sie, daß Willie beschuldigt wurde, am späten Karfreitagabend eine Frau mit nach Hause gebracht und vergewaltigt zu haben. Sie selbst war an diesem Abend früh zu Bett gegangen und hatte nicht mitbekommen, daß Willie, Ted und Patrick noch in die Au Bar gegangen waren. Und obgleich sie an dem Wochenende viel Zeit mit Willie und Ted verbracht hatte, hatte ihr, wie sie bei der Polizei zu Protokoll gab, niemand etwas von den Vorgängen in jener Nacht erzählt.

Willie hatte in der besagten Nacht Patricia Bowman in der Au Bar kennengelernt, sie mit nach Hause genommen und mit ihr geschlafen. Nachdem sie gegangen war, hatte er zwar seinem Cousin Patrick erzählt, daß sie sich seltsam aufgeführt und gedroht habe, ihn wegen Vergewaltigung anzuzeigen, doch gegenüber seiner Mutter hatte er die Sache mit keinem Wort erwähnt.

Für die Boulevardpresse war die Angelegenheit natürlich ein gefundenes Fressen. Schlagzeilen wie »Junggesellenabend!« und »Teddys Sex-Spiele!« prangten auf den ersten Seiten. Ted und seine Berater mußten mit Entsetzen feststellen, daß er zusammen mit seinem Neffen in den Schmutz gezogen wurde, und in seiner ersten Stellungnahme versuchte er, sich von Willie zu distanzieren. Jean tobte und warf ihm vor, er behandele ihren Sohn lediglich als politischen Problemfall. Kurz darauf schob er eine zweite Erklärung nach, in der er sich hinter Willie stellte.

Obwohl Jean mit der ganzen Sache nichts zu tun hatte, wurde auch sie in den Strudel der Ereignisse mit hineingezogen und mußte eine Aussage machen. Sie wurde von Moira Lasch vernommen, einer verbissenen Staatsanwältin, die alle Kennedys für notorische Lügner hielt. Die Beweise, die Lasch und ihre Mitarbeiter zusammentrugen, reichten aus, um gegen Willie Anklage wegen sexueller Körperverletzung, der in Florida gängigen Umschreibung für Vergewaltigung, und Körperverletzung zu erheben. Anfang Mai stellte sich Willie der Polizei in Palm Beach, und mit Jean an seiner Seite bahnte er sich einen Weg durch eine dichte Traube von Reportern, die vor dem Gebäude Stellung bezogen hatten.

Jean stellte ihre sonstigen Pflichten und Interessen zurück und widmete sich voll und ganz Willies Verteidigung, heuerte Anwälte an, beauftragte Privatdetektive, im Vorleben der Klägerin nach belastenden Details zu suchen, und verfolgte die Berichterstattung in den Medien. »Ich bin schockiert, daß jemand versucht, Willies Leben und Karriere zu ruinieren«, erklärte sie vor der Presse. »Willie ist ein Mensch, dem nur daran liegt, anderen zu helfen.« Jeans Erklärung änderte nichts daran, daß die Angehörigen – und zahlreiche Frauen – Willie von einer ganz anderen Seite kannten. Innerhalb der nächsten Wochen traten mehrere junge Frauen an die Öffentlichkeit und berichteten über ihre Erfahrungen mit Willie. Einige wollten ihren Namen nicht beschmutzen oder hatten ganz einfach Angst und beschuldigten Willie aus der schützenden Anonymität heraus, sie sexuell belästigt oder vergewaltigt zu haben. Aber drei Frauen gaben ihre Aussagen zu Protokoll und wurden damit zu möglichen Zeuginnen in dem bevorstehenden Prozeß. Jean blieb unerschütterlich in ihrer Haltung und warf den Frauen vor, um der Publicity willen alles zu tun und zu sagen, und tat ihre Aussagen als Racheakte enttäuschter Liebhaberinnen ab.

Jean mochte denken, was sie wollte, die Aussagen dieser drei Frauen – einer Ärztin, einer Medizin- und einer Jurastudentin – warfen ein bezeichnendes Licht auf das Privatleben ihres jüngsten Sohnes. Sie wußten, die Anwälte der Kennedys würden alles daran setzen, ihre Glaubwürdigkeit zu erschüttern, und jeden Fehltritt in ihrer Vergangenheit ausgraben. Sie schlugen lukrative Angebote aus, ihre Geschichte an die Klatschpresse zu verkaufen, und legten es zu keinem Zeitpunkt darauf an, sich selbst ins Rampenlicht zu rücken. Sie hatten nichts zu gewinnen – und doch sagten sie aus.

Was die Frauen Willie vorwarfen, waren keine Vergewaltigungen, wie sie nach Verabredungen häufig vorkommen, wenn der Mann nach den ersten Zärtlichkeiten plötzlich mehr fordert – und es sich holt. Willie hatte sich, schenkte man ihren Aussagen Glauben, ohne nennenswertes Vorspiel auf sie geworfen.

Natürlich wußten sie, daß Willies Verteidiger versuchen würden, ihre Glaubwürdigkeit zu zerstören, aber sie hatten wohl kaum damit gerechnet, wie schnell sie damit beginnen würden. Bei der Befragung durch seine Anwälte erhielten sie einen ersten Vorgeschmack davon, was ihnen bevorstand, wenn sie sich jemals in den Gerichtssaal in West Palm Beach wagten. Eine der Frauen sagte aus, daß Willie sie während ihrer Studienzeit in Georgetown zu einer Pool-Party in sein Haus eingeladen habe. Als sie hinkam, sei er allein gewesen. Er habe sie an den Handgelenken gepackt, auf die Couch geworfen und sich dann auf sie gestürzt. Die Frau, die über einen tadellosen Leumund verfügte, arbeitete inzwischen als Ärztin und war verheiratet. Mark Seiden, einer von Willies Anwälten, fragte sie, ob sie »beim Geschlechtsverkehr jemals körperlich aggressiv« gewesen sei und ob sie »in der Vorführkabine eines Unterrichtsraums in Georgetown Sex gehabt« habe. Die zweite Frau war mit Ethels zweitjüngstem Sohn Matthew befreundet gewesen, als Willie ihr angeboten hatte, im Haus der Smiths in Manhattan zu übernachten. Dort war er ihrer Aussage zufolge über sie hergefallen, hatte versucht, sie zu küssen, und ihr bei dem anschließenden Kampf die Hände auf die Brüste gelegt und das Kleid hochgeschoben. Die Frau, die inzwischen ebenfalls verheiratet war, hatte in den vergangenen Jahren mehrere verantwortungsvolle Posten bekleidet und studierte jetzt in Boston Jura. Seiden fragte sie unter Eid, ob sie seit ihrem 16. Geburtstag jemals »der Unaufrichtigkeit bezichtigt« worden sei oder ob sie jemals etwas von »einem Familienmitglied gestohlen habe, um es zu versetzen und sich von dem Geld Drogen zu kaufen?« Sie verneinte. Die dritte Frau, die Willie bezichtigte, sie vergewaltigt zu haben, während sie sich betrunken in ihrem Apartment aufhielt, wurde gefragt, ob sie »jemals am ersten Abend mit einem Mann Geschlechtsverkehr gehabt« oder »in angetrunkenem Zustand mit einem Mann geschlafen« habe.

***

Die Kennedy-Frauen standen geschlossen hinter Willie, auch Joan, die sich nach wie vor über ihre Beziehung zu den Kennedys definierte. Nach der Scheidung hatte sie das Haus auf Squaw Island behalten, das nicht weit von dem alten Familienstammsitz entfernt lag, der jetzt von Ted bewohnt wurde. Sie war außerordentlich stolz darauf, daß sie und Ted inzwischen wieder gut miteinander auskamen und sie immer noch zur Familie gehörte. Joan war in die Familie geschwebt wie ein schöner, exotischer Schmetterling, der von dem hellen Licht, das die Kennedys ausstrahlten, magisch angezogen wurde und der, ganz gleich wie oft er sich die Flügel versengte, immer wieder zurückkehrte, weil er die Dunkelheit jenseits des Lichtscheins nicht ertragen konnte.

Es war Willie, dem zur Last gelegt wurde, eine Frau vergewaltigt zu haben. Doch Ted wurde in den Medien angeprangert und von den Karikaturisten als alternder Lüstling aufs Korn genommen, der mit Willie durch die Nachtklubs zog. Aber auch Patrick, ein asthmatischer junger Mann, der sich mit Drogenproblemen herumschlug, bekam sein Fett ab und wurde in den Skandal mit hineingezogen. Hinter den Büschen am Privatstrand lauerten Fotografen, auf den Straßen im Dorf lungerten Reporter herum, und alles was Ted oder einer der anderen tat oder sagte, wurde als Versuch ausgelegt, die öffentliche Meinung in ihrem Sinn zu manipulieren.

Am Muttertag gingen Ted und Teddy mit Rose im Rollstuhl spazieren, als ein Reporter aus einem geparkten Auto sprang und die Gruppe fotografierte. Einen Tag später erschien das Foto in praktisch allen amerikanischen Zeitungen. Ted nahm seine Mutter immer mit hinaus zu einem Spaziergang, wenn er zu Hause war, aber einige Leute argwöhnten nun, daß die Kennedys selbst den simpelsten Akt der Nächstenliebe aus purer Berechnung unternahmen.

»Wenn die Sache wirklich brisant wird, muß Rose, die Mutter, herhalten«, schrieb Margery Eagan im *Boston Herald.* »Was für ein Bild: ein lachender Senator und Ted jr. hinter ihrem Rollstuhl. Aber hat das nicht schon beinahe etwas Grausames, die Hilflosigkeit und Gebrechlichkeit dieser alten, in eine Decke gehüllten Frau zu entblößen, dieser einst so stolzen und eleganten Frau?«

***

Mitte Mai fuhr Joan vom Kap nach Boston. Sie war die Strecke schon unzählige Male gefahren, aber nicht mit einer offenen Flasche Wodka neben sich auf dem Beifahrersitz. Als sie die Außenbezirke von Boston erreichte, war sie so betrunken, daß sie in Schlangenlinien über die dreispurige Interstate 93 kurvte. Die Fahrer in den Autos hinter ihr trauten sich nicht, sie zu überholen, und nach kurzer Zeit staute sich der Verkehr hinter ihr meilenweit. Schließlich wurde sie von zwei Streifenwagen der Polizei gestoppt. Die anschließende Blutprobe ergab, daß sie einen Alkoholspiegel von 1,8 Promille hatte.

Joan war schon einmal wegen Trunkenheit am Steuer verhaftet worden, aber diesmal war es wie ein verzweifelter Schrei in der Nacht, eine flehentliche Bitte um Hilfe, so laut und mitleiderregend, daß sie eigentlich nicht überhört werden konnte. Doch als sie am nächsten Tag vor dem Gericht in Quincy erschien, war weder Ted noch eines ihrer Kinder bei ihr, nur ihr Anwalt. Sie wurde zu 90 Tagen Haft auf Bewährung verurteilt, mit der Auflage, sich einer Entziehungskur von mindestens zweiwöchiger Dauer zu unterziehen.

Ted machte selbst eine sehr schwere Zeit durch. Im August 1991, eine halbe Stunde, bevor der Hurrikan Bob die Küste von Massachusetts erreichte, segelte er mit seinem Boot hinaus. »Ich konnte es nicht fassen«, erzählte Larry Newman. »Der einzige Reim, den ich mir darauf machen konnte, war, daß er sich nach dem Tod sehnte, daß er sterben wollte.«

28

Wir haben es versucht

Am 20. Juli 1991 saß Eunice hoch oben auf der Tribüne des Metrodome in Minneapolis und sah auf die über 6000 Athleten aus 101 Ländern hinunter, welche die internationalen Special Olympic Games eröffneten. Ihr Gesicht, durch den Unfall entstellt, war immer noch sehr blaß. Sarge und die anderen Prominenten hatten sich von den Sitzen erhoben und applaudierten den Teams, die durch das Stadion marschierten. Eunice hingegen war gezwungen, sitzenzubleiben. Sie ging seit einigen Monaten wieder ins Büro, doch sie hatte sich immer noch nicht völlig erholt. Es war ein Wunder, daß sie überhaupt hier sein konnte, doch ihrer Meinung nach war das nichts im Vergleich zu dem, was sich dort unten im Stadion abspielte.

Obwohl noch kein Wettkampf stattgefunden hatte und keine Medaille überreicht worden war, begleitete stürmischer Applaus den Einzug der geistig behinderten Sportler. Eunice und Sarge hatten mit Hilfe prominenter Namen die öffentliche Aufmerksamkeit auf die Spiele gelenkt, und neben den Sportlern marschierten jetzt so berühmte Leute wie Evander Holyfield, Warren Beatty, Wayne Gretzky oder Don Johnson.

Besonders begeistert applaudierte Eunice Chris Burke, der nun mit der New Yorker Delegation die Laufbahn betrat. Er litt am Down-Syndrom und hatte früher selbst bei den Spielen mitgewirkt. Durch seine Rolle in der Fernsehserie *Life Goes On* war er noch bekannter geworden. Für Tausende junge Leute war er ein Idol. Sein Erfolg zeigte, wie stark sich das Bewußtsein der Amerikaner seit den ersten Special Olympics verändert hatte. Er war der erste behinderte Amerikaner, der für das gefeiert wurde, was er war. Das Magazin *Life,* das sich einst geweigert hatte, über die ersten Spiele zu berichten, hatte Burke 1989 auf der Titelseite gebracht.

Eunice applaudierte auch ihren Söhnen Timmy und Mark, die mit den Teams aus Connecticut und Maryland marschierten. Ihr Schwiegersohn Arnold war bei der Delegation aus Kalifornien dabei und winkte ihr, Sarge und der schwangeren Maria zu. Bei der Vorstellung der Ehrengäste wurde Eunice vom Publikum mit Ovationen bedacht. Unter den 44 000 Zuschauern waren auch viele Eltern, Verwandte und Freunde der behinderten Sportler, die der mittlerweile 70jährigen Eunice dafür danken wollten, was sie alles für die geistig Behinderten in Amerika und in der ganzen Welt getan hatte. Auch wenn Eunice solche Anerkennung suchte, war ihr diese Ehrung doch peinlich, und kaum hatte der Applaus eingesetzt, bedeutete sie dem Publikum auch schon, wieder Platz zu nehmen.

***

Für Eunice stand bei dieser Olympiade die Familie im Mittelpunkt, ihre eigene, die Familie der Sportler und die aller anderen. Die Spiele waren ein Meilenstein in ihrem Leben, ein Symbol für das, was sie getan hatte, um das Vertrauen zu rechtfertigen, das ihr Vater in sie gesetzt hatte. Wären nicht die Anklagen gegen Willie gewesen, hätte sich das Medieninteresse stärker auf die Spiele als auf die Kennedys gerichtet. Es war sehr schmerzlich für sie, daß die Familie erneut auf so häßliche Weise in die Schlagzeilen gekommen war. Sie konnte nicht verstehen, daß die Kennedys immer wieder als gestörte Familie bezeichnet wurden und daß Außenstehende und Kritiker behaupteten, sie liebten einander nicht.

Am zweiten Tag der Spiele hielt Eunice auf dem Empfang für die Angehörigen der Teilnehmer eine kurze Ansprache. In Abwesenheit der Presse sprach sie so gefühlvoll, wie sie es in der Öffentlichkeit selten tat.

> Wenn ich Sie alle so sehe, denke ich daran, wie stolz meine Eltern heute abend gewesen wären. Sie haben uns großgezogen und beigebracht, unser Bestes zu geben, so wie Sie dies Ihren Kindern beibringen. Wir haben es versucht. Im Dienst an der Öffentlichkeit, in der Rechtsprechung, in der Wirtschaft und auch bei die-

ser Arbeit. Wie stolz mein Vater wäre, wenn er sehen könnte, daß seine Stiftung dazu beigetragen hat, diese Bewegung ins Leben zu rufen! Und meine Mutter, die heute ihren 101. Geburtstag feiert, würde sich besonders freuen, mit all den Eltern hier zu sein, denn auch sie hatte ein besonderes Kind, meine Schwester Rosemary. Meine drei Brüder, die im Dienst an der Allgemeinheit starben, würden diese Wettkämpfe lieben und sich daran erinnern, daß Rosemary eine ausgezeichnete Schwimmerin war, aber vor allem wären sie glücklich darüber, daß wir alle hier wie eine große Familie zusammensein können. Der einzelne kann ohne ein Team, ohne eine Familie, keinen Erfolg haben. Heute abend ist jeder hier Teil der großen Familie dieser Spiele, denn jeder glaubt an das Team. Jeder von uns weiß, daß Opfer nötig waren, um soweit zu kommen – und nur dank der Liebe zu dieser Familie wird es uns gelingen, das Erreichte zu behaupten.

Wir erleben hier ein Wunder im wahrsten Sinne des Wortes, und das verdanken wir der Zähigkeit, der Wut und der Entschlossenheit von Eltern. Sie, als Eltern, haben sich mit ganzem Herzen für die Gründung dieser Bewegung eingesetzt. Vor 25 Jahren packten Sie die Chance beim Schopf und nutzten sie. Und heute sehen wir überall in der Welt gefüllte Spielfelder und Stadien. Das ist Ihr Wunder. Meine Damen und Herren, der heutige Abend ist das schönste Geschenk, das man sich vorstellen kann. Ich möchte Ihnen meine Bewunderung und meinen Dank aussprechen.

Die Schlußfeier der internationalen Special Olympic Games fand vor dem Kapitol in St. Paul, Minnesota, statt. Auf dem Rasen vor der Behelfsbühne saßen die Sportler. Die Griechen trugen blauweiße Trainingsanzüge, das Team aus Guadeloupe leuchtend rote, die Österreicher violette, und während sie auf den Beginn der Zeremonie warteten, tauschten sie Anstecknadeln, Jacken und Hosen und wanderten durch die Menge, um sich von Freunden zu verabschieden, so daß sich alle Farben zu einem bunten Mosaik vermischten.

Der Abschlußabend wurde mit Aaron Coplands »Fanfare for the Common Man« eingeleitet. Die Bühne war voll mit Männern des öffentlichen Lebens, und nur Eunice brachte mit ihrem grünen Kleid etwas Farbe in das Einerlei der dunklen Anzüge. Dies wäre der richtige Zeitpunkt für sie gewesen, eine Rede zu halten, doch statt dessen trat Sarge ans Mikrofon, gefolgt von Teddy. Teddy hatte so gut wie gar nichts mit den Spielen zu tun, und sein Auftritt löste unter den Organisatoren Befremden aus. Doch Eunice wußte, daß er einen positiven Auftritt in den Medien brauchte. Er war ihr Bruder, und die Kennedys kamen immer noch vor der olympischen Familie.

»Heute abend«, begann Teddy, »überbringe ich Grüße von der Großmutter der Special Olympics, der Mutter meiner Schwester Eunice, die diese Spiele ins Leben gerufen hat, und der Mutter von Rosemary, die geistig behindert ist und den Anstoß zu diesen Spielen gab. Meine Mutter, Rose Fitzgerald Kennedy, wurde am letzten Montag 101 Jahre alt. Sie fragte mich: ›Was machst du heute, Teddy?‹ Ich antwortete: ›Ich werde ins Flugzeug steigen und nach Minnesota fliegen. Ich werde einige der besten Sportler der Welt sehen.‹ Und sie sagte: ›Du wirst also mit den Sportlern der Special Olympics sprechen.‹«

Nichts davon stimmte, und selbst wenn es wahr gewesen wäre, hätte es den Sportlern nicht viel bedeutet. Die meisten kamen aus dem Ausland und wußten nur wenig über die Kennedys. Sie waren wegen der Wettkämpfe hierhergekommen.

* * *

Am 2. Dezember 1991 fuhr Jean morgens vor dem Gerichtsgebäude in Palm Springs vor. Sie begleitete ihren Sohn Willie zu seinem ersten Verhandlungstag. Ihr anderer Sohn, Steve, und ihre Töchter Kym und Amanda saßen ebenfalls im Wagen. An der Ecke standen Straßenhändler, die unter anderem T-Shirts mit der Aufschrift *Heiße Zeiten! Heißer Prozeß!* verkauften. Der Schriftzug stand über einer Karikatur von Willie und Ted, die nackt in einer Bratpfanne saßen.

Jean galt unter ihren Freunden als schüchtern, doch der Spießrutenlauf durch die Meute der Reporter, die »Will! Will!« riefen, hätte auch normale Menschen irritiert. Die Kameraleute drängten sich um den Eingang, andere filmten vom zweiten und dritten Stock aus, und die Gänge zum Gerichtssaal waren mit Berichterstattern überfüllt.

Jean trug ein zartgrünes Kleid, weiße Pumps und Perlenohrringe und wirkte, als sei sie auf dem Weg zu einem Lunch. Im Gerichtssaal nahm sie mit ihren Angehörigen hinter dem 33jährigen Willie Platz. Alle wirkten sehr blaß. Willie sah seiner Mutter nicht besonders ähnlich.

Seine schmalen, mandelförmigen Augen mit den langen Wimpern verliehen ihm ein katzenartiges Aussehen, und sein schmallippiger Mund verschwand unter der ausgeprägten Nase. Jean wirkte mit ihren 63 Jahren maskuliner als in ihrer Jugend. Im Gerichtssaal war ihr kaum eine Gefühlsregung anzusehen. Sie gähnte, als Staatsanwältin Lasch Willies vermeintliche Verbrechen schilderte. Sie erwähnte seinen Marihuanakonsum und beschrieb, wie er »sie [Patricia Bowman] in sein Haus gelockt hatte«. Ihre Darstellung schien sie zu amüsieren.

In Jeans Jugend wäre es undenkbar gewesen, daß eine junge Frau einen Mann nachts nach Hause begleitete und ihn dann der Vergewaltigung bezichtigte. Mit der Emanzipation der Frauen hatte sich dies geändert. Drei Kennedy-Frauen, Kathleen, Caroline und Kerry, hatten Abschlüsse in Jura und waren mit der Rechtslage bei Sexualverbrechen vertraut, und auch Rory kam in ihrem Studium an der Brown University häufig mit solchen Themen in Berührung. Der wachsende Einfluß der Frauen hatte Willie auf die Anklagebank gebracht, und nun würden Frauen über sein Schicksal entscheiden.

Die Richterin, die den Fall verhandelte, war die 43jährige Mary E. Lupo. Sie hatte wie Jean am Manhattanville College des Heilig-Herz-Ordens studiert. Mit ihrem langen, schwarzen Haar, ihrem hellen Teint, ihren rot geschminkten Lippen und ihrer schwarzen Richterrobe war sie eine eindrucksvolle Erscheinung. Staatsanwältin Moira Lasch hatte ebenfalls an einem Heilig-Herz-College studiert und wirkte trotz ihrer 44 Jahre wie ein scheues französisches Schulmädchen. Ihre Assistentin war Ellen Roberts. Willie wurde von Roy E. Black verteidigt, doch die Auswahl der Jurymitglieder nahm dessen Kollegin Cathy E. Bennett vor. Sie war unheilbar an Krebs erkrankt, jedoch so fest von Willies Unschuld überzeugt, daß sie seiner Verteidigung einige ihrer letzten, kostbaren Monate widmete. Ungefähr die Hälfte der Reporter, die über den Prozeß berichteten, waren Frauen. Auch unter den Polizisten und Gutachtern befanden sich viele Frauen, und vier der sechs Geschworenen, die am Ende über Willies Schuld oder Unschuld befinden mußten, waren ebenfalls Frauen.

Richterin Lupo vereidigte die Mitglieder der Jury. Die Anklage mußte einen Rückschlag einstecken, als das Gericht drei Zeuginnen ablehnte, die über frühere sexuelle Belästigungen durch Willie aussagen sollten. Ferner erging der Beschluß, daß Jean als mögliche Zeugin nicht im Zuschauerraum anwesend sein durfte.

Am Abend des ersten Verhandlungstages trafen sich die Kennedy-Frauen in dem alten Haus am North Ocean Boulevard. Eunice, Pat und Ethel waren nach Palm Springs geflogen, um Jean und Willie beizustehen. Kym und Amanda waren ebenfalls da, und auch Chris Lawford und einige andere Cousins kamen für ein paar Tage. Jean und ihre Schwestern führten lange Gespräche. Die allgemeine Stimmung war nicht bedrückt, sondern im Gegenteil sehr entspannt. Es wurde viel geredet und gelacht. Nach Aussagen eines Beobachters, der Zugang zum Haus hatte, legten die Frauen ein »arrogantes Selbstbewußtsein« an den Tag. Jean war überzeugt, daß die Geschworenen Willie für unschuldig erklären würden. Die Zeitungsartikel zu dem Prozeß lasen sie mit lebhaftem Interesse. Die Bemerkung eines Reporters, daß Eunice und Ethel nachlässig gekleidete Damen seien, entlockte Jean nur ein trockenes Lachen.

An den Verhandlungstagen fuhr Jean stets mit Willie zum Gerichtsgebäude und begleitete ihn in den Verhandlungssaal. Damit konnte sie zwar keinen Einfluß auf das Urteil der Geschworenen nehmen, doch sie demonstrierte ihr Vertrauen in ihren Sohn. Sie war für ihn da, sie stand hinter ihm.

Die anderen Kennedy-Frauen wechselten sich auf den drei reservierten Stühlen im Zuschauerraum ab. Sie unterstützten einen Kennedy – eine Rolle, die den Frauen in der Familie seit Generationen zufiel. Ethel schlief häufig ein und erwachte erst, wenn ihr der Kopf auf die Schulter fiel. Kym und Amanda standen an den Verhandlungstagen sehr früh auf und stellten sich in die Schlange vor dem Gerichtsgebäude, um einen der Plätze im Zuschauerraum zu ergattern. Sie bevorzugten die hinteren Reihen, da sie möglichst wenig Aufmerksamkeit auf sich lenken wollten.

Am dritten Verhandlungstag blieb Willie vor den Kameras und Mikrofonen stehen und stellte den zahlreichen Reportern und Schaulustigen seine Tante Eunice vor. Bislang hatte es kaum Versuche seitens der Medien gegeben, Eunice, Ethel und Pat zu interviewen. »Ich freue mich, mit meiner Schwester Jean hier sein zu können«, sagte Eunice. »Sie ist eine sehr mutige Frau und hat vier wundervolle Kinder großgezogen. Und sie hat das Programm *Kunst für Behinderte* ins Leben gerufen, das die Kunst allen Behinderten zugänglich macht. Ich bin froh, daß ich für sie dasein kann.«

Jean stand nicht vor Gericht, und die Worte von Eunice wirkten seltsam zusammenhanglos. »Willie wird ebenso von seinen Cousins unterstützt«, fuhr sie fort. »Die meisten sind hierher gereist, damit sie bei ihm sein können. Diese Loyalität wurde uns von unseren Eltern beigebracht, und so möchte ich allen, die den Prozeß in den kommenden zwei Wochen mitverfolgen, ein frohes Weihnachtsfest und ein glückliches neues Jahr wünschen. Vielen Dank.«

Für Eunice stand nicht Willie, sondern ihre Familie vor Gericht, und sie wollte nicht einfach nur die Unschuld der Kennedys beteuern, sondern auch auf ihre Rechtschaffenheit hinweisen. In den Ohren vieler klang ihre kurze Rede recht schulmeisterlich. Sie waren mehr daran interessiert, was in jener Freitagnacht vor acht Monaten geschehen war.

Eunices Erklärung hätte vielleicht mehr Beachtung in der Presse gefunden, wenn nicht am gleichen Tag Patricia Bowman in den Zeugenstand gerufen worden wäre. Die Medien hatten ihre Identität weitgehend geheimgehalten, und das Fernsehen hatte ihr Gesicht auf gezeigten Fotos unkenntlich gemacht. Die Boulevardblätter schilderten sie als eine Erbin, die sowohl reich als auch sexy sei, und berichteten, daß sie am fraglichen Abend in der Au Bar nur knappe Shorts und einen Büstenhalter getragen habe. Die Frau, die im Gerichtssaal auftrat, entsprach diesem Bild überhaupt nicht. Sie war kaum geschminkt und trug ein konservatives, blaues Kostüm. Sie sah älter als 31 aus und wirkte unglücklich, wie eine Frau, die zuviel über das Leben und die Männer erfahren mußte.

Patricia Bowmans Aussage erinnerte anfangs an einen monotonen Vortrag, doch gegen Ende konnte sie die Tränen nicht mehr zurückhalten. Willie starrte sie unverwandt an, während Eunice und Ethel zu Boden blickten, als sie die Vergewaltigung mit Worten beschrieb, die ihnen bis dahin selten zu Ohren gekommen waren.

Patricia Bowman war eine alleinerziehende Mutter mit einem kranken Kind. Für den Abend in der Stadt hatte sie sich ein neues Kleid gekauft. In der Au Bar war sie Willie buchstäblich in die Arme gelaufen. Er machte auf sie einen wesentlich anständigeren Eindruck als die Leute, die man sonst in Palm Beach traf und die sie zur Genüge kannte. Als er erwähnte, daß er Medizin studiere, erzählte sie ihm von ihrer Tochter. Schließlich fuhr sie ihn nach Hause. Sie sah in ihm keinen möglichen Liebhaber, sondern nur einen platonischen Freund.

Nach Bowmans Aussage schlug Willie vor, ihr das Anwesen zu zeigen. Am Strand zog er sich aus, um nackt zu baden. »Er stürzte sich auf mich, und ich lag auf dem Boden und er auf mir«, erzählte sie mit zitternder Stimme. »Er drückte mich zu Boden, und ich versuchte, unter ihm wegzukommen, denn er zerquetschte mich fast und hielt meine Arme fest. Ich schrie ›Nein‹ und ›Stop‹ und bog meinen Rücken durch, um ihn abzuschütteln, doch er stieß mich zurück, und dann schob er mein Kleid hoch und vergewaltigte mich. Ich dachte, er würde mich umbringen.«

Bei der anschließenden Befragung versuchte Black, Patricia Bowmans Geschichte zu entkräften, indem er immer wieder nach denselben Details fragte und ihr mit abfälligen Bemerkungen zusetzte. Ihre Aussage wies jedoch nur die kleinen Unstimmigkeiten auf, die in jeder Darstellung einer Extremsituation zu finden sind, und sie wehrte sich gegen Black mit tief empfundener Empörung. »Was er mir angetan hat, war falsch!« rief sie aus. »Ich will nicht den Rest meines Lebens mit der Furcht vor diesem Mann leben! Und ich will nicht dafür verantwortlich sein, daß er es einer anderen antut!«

Jean war auf Fernsehberichte und Schilderungen ihrer Verwandten angewiesen, die ihr beschrieben, wie Bowman aussah und wie die Vernehmung verlaufen war. An dem Nachmittag, an dem Ted seine Aussage machte, blieb sie auf dem Anwesen, während Pat den reservierten Platz im Gerichtssaal einnahm.

Jean wußte, welchen Preis Ted für seine unbedeutende Rolle in diesem Drama zahlen mußte. Sein Ansehen hatte so gelitten, daß er bei der Senatsanhörung, bei der über Anita F. Hills Vorwurf der sexuellen Belästigung gegen den für den Obersten Gerichtshof nominierten Richter Clarence Thomas verhandelt wurde, kaum ein Wort gesagt hatte. Er hatte gewußt, daß er für jede Bemerkung von den Republikanern und der Presse abfällige Kommentare ernten würde. Er hatte sogar eine Rede gehalten, in der er »Fehler in meinem Privatleben« eingestand.

Ted kannte Willies schlechten Ruf und war erbost darüber, daß er ihn in diesen Skandal hineingezogen und zum Gespött der Öffentlichkeit gemacht hatte. An erster Stelle stand jedoch seine Loyalität gegenüber der Familie, und er fühlte sich verpflichtet, Willie beizustehen, und somit auch Jean, Pat und Eunice. Als er den Gerichtssaal betrat, war er bereit, dem Gericht, den Geschworenen und auch seiner Familie seine Rolle in diesem Drama vorzuspielen. »Steve Smith war

Willies Vater. Als er und Jean heirateten, erhielten wir einen weiteren Bruder, und als er starb und wir ihn begruben, erlitten wir einen Verlust.« Ted konnte nur schwer über seine Gefühle sprechen, am wenigsten in der Öffentlichkeit vor laufender Kamera. Doch für seine Familie war er dazu bereit. Im weiteren Verlauf der Vernehmung schilderte er, was er an jenem Karfreitag getan hatte. Er erklärte, warum er Patrick und Willie geweckt und aufgefordert hatte, mit ihm in die Stadt zu fahren. Er beschrieb, wie er mit Jean und William Barry auf der Veranda gesessen und über die Vergangenheit gesprochen hatte. »Es war ein sehr bewegendes Gespräch, das viele besondere Erinnerungen in mir wachrief«, sagte er mit belegter Stimme. »Danach konnte ich keinen Schlaf finden.«

Black wollte Ted dazu bewegen, mehr über das Gespräch zu sagen. Ted war an öffentliche Auftritte gewöhnt, doch jetzt konnte er nicht weiterreden, ohne Gefahr zu laufen, zusammenzubrechen. Er machte eine kurze Pause, faßte sich wieder und sagte dann: »Ich denke, ich habe das bereits geschildert.«

* * *

Jean hatte an jenem Osterwochenende nur eine Nebenrolle gespielt, und ihre Aussage in der Verhandlung hatte keine besondere Bedeutung. Sie trug eine leicht zerknitterte blaue Leinenjacke und eine große Brille, die ihr ein etwas eulenhaftes Aussehen verlieh. Im Gegensatz zu Ted, der selbstsicher aufgetreten und respektvoll behandelt worden war, wirkte sie nervös. Sie sagte, Willie sei auf ihre Bitte hin nach Palm Beach gekommen, denn »es war der erste Urlaub ohne meinen Mann«. Über die Ereignisse am Freitag abend wußte sie nichts. Sie konnte nur bezeugen, daß sie keine Schreie gehört hatte.

Nach ihrer Vernehmung kehrte Jean auf das Anwesen zurück und verfolgte Willies Aussage im Rundfunk. Jean war aufgrund ihrer Erziehung sehr zurückhaltend in bezug auf sexuelle Dinge, und nun hörte sie, wie ihr Sohn in unmißverständlichen Worten über jene Nacht sprach. Er beschrieb, wie er Bowman in der Bar kennengelernt hatte. Sie habe sich beim Tanzen in aufreizender Weise bewegt, und sie hätten sich auf der Tanzfläche geküßt. Jean war nie in solchen Bars gewesen. Sie war der Auffassung, daß man dort vor allem Frauen fand, die hinter Männern her waren.

Willie erzählte, daß Bowman sich erboten habe, ihn nach Hause zu fahren. Noch im Wagen habe sie ihren Slip ausgezogen – ebenfalls etwas, das für eine Frau wie Jean undenkbar war. Am Strand hatten sie dann angeblich zum erstenmal Sex. »Sie knöpfte meine Hose auf, ich zog ihr den Slip aus ... mit ihrer Hilfe«, sagte er. »Ich berührte sie, und sie war, äh, erregt.« Nachdem Willie im Meer geschwommen war, kehrten sie zum Haus zurück und hatten im Garten angeblich nochmals Sex. »Ich weiß, daß Roy Black das Wort ›Liebesakt‹ verwendet hat. Ich hätte vermutlich ›Sex‹ gesagt.« Im Garten nannte Willie Bowman aus Versehen ›Cathie‹ und nicht ›Patricia‹. »Im selben Moment, als ich das sagte, wußte ich, daß es ein Fehler war. Sie wurde wütend und sagte, ich solle verdammt nochmal sofort aus ihr heraus.« Erst jetzt war Bowman aufgebracht und begann, Drohungen auszustoßen, wobei sie ihn Michael nannte. »Zuerst sagte sie, ich sei ein netter Typ, und es sei ein schöner Abend gewesen, ein wirklich toller Abend. Dann sagte sie: ›Es hätte jede an meiner Stelle sein können.‹ Sie fing an zu zittern und zu weinen, und dann sagte sie: ›Du willst mich ja gar nicht.‹ Und dann: ›Michael, du hast mich vergewaltigt.‹«

In Jeans Augen wimmelte die Welt außerhalb ihrer Familie und ihres Freundeskreises von Betrügern, Verführern und habgierigen Leuten. Für sie war Patricia Bowman nur eine von vielen Fremden, die ihre Familie bedrohten. Willies Aussage klang ebenso glaubwürdig wie ihre, doch was er berichtet hatte, war keinesfalls gutzuheißen. Seine Mutter war noch in Trauer, und er hatte unter ihrem Schlafzimmerfenster mit einer Frau geschlafen.

Jean war anwesend, als die Jury am nächsten Tag nach nur 77minütiger Beratung zu einem Urteil gelangte. Es gab so gut wie keine klaren Beweise, und am Ende stand Wort gegen Wort. Wenn Willies Unschuld auch fraglich war, so stand seine Schuld doch nicht fest, und deshalb sprach die Jury ihn frei. »Ich bin glücklich und erleichtert«, sagte Jean beim Verlassen des Saals. Vor dem Gerichtsgebäude sprach Willie mit den Reportern, während sie neben ihm stand. »Vor allem möchte ich meiner Mutter danken. Ich glaube nicht, daß ein Kind seinen Eltern jemals zurückzahlen kann, was es ihnen schuldet. Ich kann nur hoffen, daß ich für meine Kinder einmal das sein kann, was meine Mutter für mich ist.«

* * *

Nach der Verhandlung flogen die Kennedys zurück in den Norden. Einige Zeit später erzählte Eunice Ted, daß die nächsten Special Olympics 1995 in Dallas stattfinden würden. Ted war, wie die meisten Kennedys, nach der Ermordung von John F. nie mehr nach Dallas zurückgekehrt, das William Manchester in seinem Buch über das Attentat als eine Stadt bezeichnet hatte, aus der »die Huren und Gauner verschwunden waren«, in der »die Zahl der Mörder sich jedoch vervielfacht hatte«. In Dallas gab es, wie in jeder Stadt, Fanatiker, doch es war klar, daß der Mord überall hätte geschehen können, ob in Chicago oder New Orleans.

Der schlechte Ruf von Dallas war nicht gerechtfertigt, doch für die meisten blieb es die Stadt, in der John F. ermordet worden war. Die Spiele würden eine versöhnliche Geste gegenüber den Kennedys darstellen und nebenbei auch das Image von Dallas aufpolieren. Die Stadtväter hatten einen großzügigen Plan für die nächsten Spiele erstellt und waren bereit, sie mit mehreren Millionen Dollar zu unterstützen. Eunice erkannte, daß sie zu einem Höhepunkt in der Geschichte der Special Olympics werden konnten.

Ted war über den Film *JFK* von Oliver Stone sehr aufgebracht, vor allem über die Bilder von der Autopsie, die durch die Medien gingen. Die furchtbaren Erinnerungen wurden wieder wach, und er konnte den Gedanken nicht ertragen, nach Dallas zurückzukehren, auch nicht, daß die anderen Kennedys in diese Stadt reisten. Die Spiele der geistig Behinderten waren für ihn vor allem eine Wohltätigkeitsveranstaltung der Kennedys. Er würde nicht zulassen, daß sie in Dallas stattfanden. »Er drohte, den Spielen seine Unterstützung zu entziehen, und auch die der Familie«, erinnerte sich ein Mitarbeiter des Organisationskomitees. »Das brachte uns in eine schwierige Lage, doch er ließ nicht mit sich reden, er war unnachgiebig.« Eunice sah sich wieder einmal vor die Wahl zwischen der olympischen Familie und ihrer eigenen Familie gestellt. Sie hätte Ted zwingen können, Farbe zu bekennen, doch das war nicht ihre Art. Sie gab nach und nahm ihn gegen Vorwürfe in Schutz, er sei für die Entscheidung gegen Dallas verantwortlich. Die Organisatoren der Spiele machten sich wieder auf die Suche nach einem Austragungsort und entschieden sich schließlich für New Haven in Connecticut.

***

Eunice war nicht erfreut darüber, daß Ted ihre Pläne durchkreuzt hatte, doch sie konnte verstehen, daß er immer noch um John F. trauerte und daß jede Erinnerung ihn von neuem schmerzte. In den letzten Jahren hatte Ted ein sehr einsames Leben geführt, und seine Versuche, sich unbeschwert zu geben, hatten die Familie nicht täuschen können. Wohin er auch kam, überall gab es Menschen, die etwas von ihm wollten. Er verhielt sich so, als sei er ununterbrochen im Wahlkampf, hier ein Lächeln, dort ein Händeschütteln oder ein paar Worte, und dann weiter zum nächsten Ort, immer auf Achse, immer auf der Flucht vor seinen düsteren Gedanken. Manchmal trat er mit der Arroganz eines alten Politikers auf und zuweilen fuhr er seine Mitarbeiter barsch an, doch gegenüber Angehörigen und Freunden zeigte er fürsorgliche Zuwendung. Er trank sehr viel, stand aber jeden Morgen pünktlich auf. Lange Zeit war er der Meinung, er würde nie wieder heiraten. Dann allerdings begann er, sich regelmäßig mit der 38jährigen Victoria »Vickie« Anne Reggie zu verabreden.

Vickie war eine geschiedene Anwältin mit zwei kleinen Kindern. Als Freundin der Familie hatte sie Ted schon vor längerer Zeit kennengelernt, doch im vergangenen Jahr waren sie sich nähergekommen, und seitdem sahen sie sich regelmäßig. Zu dieser Zeit wurde ihr Vater, ein Richter im Ruhestand, beschuldigt, illegale Profite durch Kreditgeschäfte mit einer maroden Bank gemacht zu haben. In früheren Jahren wäre Ted nie auf die Idee gekommen, eine Frau zu heiraten, deren Familie durch einen solchen Skandal belastet war.

Mit ihrem attraktiven Äußeren und ihrem munteren Lächeln entsprach die dunkelhaarige Vickie nicht dem landläufigen Bild einer Washingtoner Anwältin. Aber sie war eine willensstarke Frau. Sie war nicht hinter Ted hergewesen, und er stellte schnell fest, daß sie sich nicht so leicht hinters Licht führen ließ. Nach einiger Zeit bat er sie, ihn zu heiraten. Im Juli wurden sie getraut – nicht vor dem Altar einer prachtvollen Kirche, sondern vor dem Kamin in Teds Haus in McLean. Kein hoher Würdenträger der Kirche nahm die Trauung vor, sondern ein Freund der Familie, der Bezirksrichter A. David Mazzone.

Teds Heirat mit Vickie war nicht gerade typisch für einen Kennedy seiner Generation. Viele hielten sie für einen politischen Schachzug im Hinblick auf seine Wiederwahl im Jahr 1994. Seine Angehörigen und Freunde jedoch erlebten mit, wie er sie häufig um Rat fragte, sie mehrmals am Tag im Büro anrief, oft in einer Ecke mit ihr flüsterte. Er stützte sich auf ihre Kraft und genoß die Geborgenheit, die er bei ihr fand. Er hörte zwar nicht auf zu trinken und flüchtete weiter vor den Schatten der Vergangenheit, doch wenn er nun segeln ging, suchte er sich nicht die stürmischen, sondern die sonnigen Tage aus. Und er nahm seine Frau mit.

Ted war seit Jahren daran gewöhnt, nie den Arm um eine Frau zu legen oder sie zu küssen, wenn ein Fotograf in der Nähe war. Jetzt war er wieder verheiratet, doch auch seine neue Frau behandelte er in der Öffentlichkeit so, als sei Zuneigung ein Verbrechen. Ein Mitarbeiter konnte ihn schließlich davon überzeugen, daß es gut und normal war, auf dem Weg zum Bootssteg den Arm um Vickie zu legen oder sie zu küssen, wenn ihm danach war.

Im Sommer 1992 unternahm Jean eine ausgedehnte Reise durch Irland, in deren Verlauf sie auch die amerikanische Botschaft in Dublin besuchte. Nach ihrer Rückkehr erzählte sie Ted von der Reise. Bei dem Gespräch fiel irgendwann der Satz, Jean könne ja als amerikanische Botschafterin nach Irland zurückkehren. Anfangs hielten sie die Idee für bloße Spinnerei. »Zunächst war es nur so ein Gedanke«, erinnerte sich Ted. »Wir alle waren irgendwann einmal in Irland gewesen, und wir hatten über das Haus [die amerikanische Botschaft] gesprochen, und wie wundervoll es sein müsse, dort zu leben. Wir redeten darüber, als sei es nur ein Traum.«

»Es war ein Gedankenblitz«, sagte Jean. »Ich glaube, die Idee kam von meinem Mann. Es war eine Art Eingebung. Ich war damals an einem Punkt in meinem Leben angelangt, wo es mir wirklich gut vorkam. Es paßte irgendwie, wissen Sie. Ich wußte, wie stolz die Iren auf John F. gewesen waren, und ich dachte, warum sollte ich es nicht versuchen? Ich machte mir aber keine großen Hoffnungen. Es gab bestimmt viele Leute, die sich im Wahlkampf für Clinton ins Zeug gelegt hatten und an dem Posten interessiert waren.«

Jean hatte gerade den demütigenden Prozeß gegen Willie hinter sich gebracht, eine Erfahrung, die viele zum Rückzug aus der Öffentlichkeit bewogen hätte. Statt dessen begann sie, sich ernsthaft um einen Posten in der irischen Botschaft zu bemühen. Durch ihr Interesse für Kunst und ihr Engagement in der Behindertenkunst war sie für den Posten des Kulturattachés eigentlich prädestiniert. Allerdings hatte sie bislang wenig Interesse für die Außenpolitik oder ihre irischen Wurzeln gezeigt. Die Kritik, sie sei nichts anderes als eine Dilettantin aus einer einflußreichen Familie, empörte sie. »Sie behaupten, alles, was ich tue, sei Wohltätigkeitsarbeit«, sagte sie. »Wäre ich ein Mann, würden sie sagen, ich leitete eine internationale Organisation. Ich meine, das alles muß doch geplant werden.«

Ted war Politiker und wußte, daß er durch die Unterstützung seiner Schwester einen Sturm der Kritik entfachen konnte. Der *Boston Globe* favorisierte Elizabeth Shannon, eine gute Freundin Teds und Witwe des früheren Botschafters in Irland. Sie war Autorin oder Co-Autorin dreier Bücher über Irland und seit Jahren dort aktiv. Der andere Bewerber war der frühere Kongreßabgeordnete Brian Donnelly, der unter den irischstämmigen Amerikanern in Boston viele Anhänger hatte. Im Kongreß hatte er sich immer für irische Interessen stark gemacht. Seine größte Errungenschaft war das »Donnelly-Visum«, das den Iren bezüglich der Einwanderungsquote einen besonderen Status verlieh. Nach Meinung seiner Anhänger verdiente er den Posten als Krönung seiner Laufbahn. Daß Ted seine Schwester unterstützte, stempelte ihn in ihren Augen zum Verräter.

Ted war sich bewußt, daß er politisch so angreifbar war wie noch nie. Seine parlamentarischen Verdienste waren unbestritten, doch eine Umfrage des *Boston Globe* ergab, daß er nur noch 41 Prozent der Wähler hinter sich hatte, während 40 Prozent sich gegen ihn aussprachen. Wollte er die Wiederwahl gewinnen, konnte er es sich nicht leisten, einen Großteil der irischstämmigen Amerikaner zu verlieren. Trotzdem stand er zu seiner Jean. Er machte seinen ganzen Einfluß auf Präsident Clinton geltend. Als dieser schließlich zustimmte, Jean zur Botschafterin in Irland zu ernennen, suchte er seine Kollegen im Senatsausschuß für auswärtige Beziehungen auf und wirkte darauf hin, daß sie bei den Anhörungen, bei denen ihre Ernennung bestätigt werden mußte, vor laufenden Kameras keiner allzu harten Befragung durch die Republikaner ausgesetzt wurde.

In den Wochen, in denen über Jeans Ernennung diskutiert wurde, mied sie die Medien, als habe sie Angst, durch ein falsches Wort alles zunichte zu machen. Ted war die ganze Zeit an ihrer Seite. Er war auch dabei, als Präsident Clinton sie am St. Patrick's Day im Weißen Haus offiziell ernannte, und er wohnte mit Pat und Eunice auch der Befragung im Senat bei.

Jean hatte sich sorgfältig auf die Anhörung vorbereitet und legte nicht die peinliche Unwissenheit so mancher Amtsanwärter an den Tag. Die 65jährige präsentierte sich selbstsicher und redegewandt. »Ihr Leben war von Trauer überschattet«, sagte Senator Claiborne Pell. »Es ist schön zu sehen, wie jetzt Freude und Herausforderung an ihre Stelle treten.«

Jean konnte von allen Kennedy-Schwestern ihre Gefühle am besten verbergen und versteckte sie hinter einer Mauer aus Ironie, Witz und Mißtrauen. Sie wußte, daß sie etwas erreicht hatte, was bisher keine Kennedy geschafft hatte, nicht einmal Eunice. Sie hatte wie ihre Schwestern ein bewegtes Leben geführt, das von vielen Tragödien geprägt war. Sie hatte alles ertragen, so wie der Rest der Familie es ertragen hatte.

Jean wußte fast nichts über ihre irischen Wurzeln oder über die erste Kennedy, Bridget Murphy Kennedy, die vor 143 Jahren von Liverpool nach Boston gekommen war. Wie die meisten Frauen ihrer Zeit hatte Bridget ein zurückgezogenes Leben geführt. Sie hatte als Hausmädchen gearbeitet, und der Erfolg ihres einzigen Sohnes, P. J. Kennedy, war ihr größter Stolz gewesen. Jeans Vater hatte sich von seiner irischen Herkunft distanziert und die Geschichten über seine Vorfahren als sentimentales Geschwätz abgetan. Von allen Geschwistern hatte nur John F. Irland geliebt, die grünen Weiden, die melodische Sprache, die alten Geschichten.

Jeans Rückkehr nach Irland als Botschafterin war ein Triumph, nicht nur für sie oder Ted, sondern für vier Generationen von Kennedy-Frauen. Wenn Jean an die Vergangenheit zurückdachte, erinnerte sie sich nur an das Schöne, genau wie ihre Mutter. »Ich denke immer wieder daran, was für eine wundervolle Jugend wir hatten«, sagte sie. »Die Leute reden über die Tragödien in unserer Familie, aber wir hatten ein glückliches Familienleben. Wir halfen einander. Es gab feste Regeln. Wir waren nicht so orientierungslos wie die Frauen von heute. Sie können zwischen verschiedenen Möglichkeiten wählen, doch gleichzeitig fürchten sie sich davor. Das ist sehr verwirrend. Ich fand meine Kindheit wunderbar und interessant. Wir hatten viel Spaß. Wir wurden geliebt und umsorgt, und wir hatten viele gute Menschen um uns. Es hätte nicht besser sein können. Und schauen Sie, wo ich heute stehe. Ich verstehe nicht, wie jemand das Leben meiner Familie kritisieren kann. Wenn ich zurückblicke, sehe ich nichts, was kritisiert werden müßte.«

Die meisten Kennedy-Frauen der nächsten Generation waren berufstätig. Kathleen hatte auf einen guten Posten in der Clinton-Administration spekuliert, doch am Ende mußte sie sich mit einer untergeordneten Stellung im Justizministerium zufriedengeben. Mit 42 Jahren strebte sie immer noch nach einem politischen Amt. Nur widerstrebend nahm sie davon Abstand, in Maryland nochmals für einen Sitz im Kongreß zu kandidieren. Maryland war fest in der Hand der Republikaner, und ihre Chancen standen schlecht. So mußte sie sich mit dem Gedanken vertraut machen, daß »dies nicht der richtige Zeitpunkt ist«. Sie hatte von allen Kennedys ihrer Generation die größten politischen Ambitionen, doch nicht sie, sondern ihr Bruder Joe saß im Kongreß. Ihre Tochter Meaghan war mit 16 Jahren alt genug, im Kongreß als Parlamentsdienerin zu arbeiten, ein Umstand, der Kathleen mit Stolz erfüllte. Anders als sie war Meaghan in dem Bewußtsein erzogen worden, alles zu können, was ein Junge konnte. Und wenn sie eines Tages mit dem Gedanken spielen sollte, sich für ein politisches Amt zu bewerben, würde ihr das eine große Hilfe sein.

Maria erwog nach der Geburt ihres dritten Kindes, sich aus dem Berufsleben zurückzuziehen, doch am Ende entschied sie sich für den Versuch, Familie und Karriere miteinander zu verbinden. Carolines Buch über die Bill of Rights mit dem Titel *In Our Defense* war eine bewundernswert ernsthafte Arbeit, in der sie an die Grundlagen der amerikanischen Freiheitsrechte erinnerte. Auch sie kümmerte sich ganztags um ihre Kinder, während sie gleichzeitig der Kennedy Library Foundation präsidierte, im Vorstand des Profile in Courage Award saß und zudem noch an einem Buch über den ersten Verfassungszusatz arbeitete.

Die beiden ältesten Töchter von Pat, Sydney und Victoria, entschieden sich für ein Leben als Hausfrau und Mutter, doch sie taten das aus freien Stücken, und nicht, weil sie keine andere Wahl hatten. Ihre jüngere Schwester Robin engagierte sich im Umweltschutz und arbeitete in New York an einer Theaterproduktion mit. Ihre Cousine Courtney war wieder verheiratet, diesmal mit dem Iren Paul Hill. Er hatte 15 Jahre lang im Gefängnis gesessen für ein Verbrechen, das er nie begangen hatte: einen Bombenanschlag von IRA-Terroristen auf einen Pub im englischen Guildford. Courtneys Schwester Kerry lebte inzwischen in Washington, war führende Aktivistin in internationalen Menschenrechtsfragen und Leiterin des JFK Memorial Center for

Human Rights. Jeans Adoptivtochter Amanda zeigte das größte Interesse an der Familiengeschichte der Kennedys und schrieb an einem Buch über ihren Großvater väterlicherseits. Außerdem brachte sie ihre Doktorarbeit in Pädagogik in Harvard zum Abschluß. Kym, ihre jüngste Schwester, studierte an der Brown University.

Rory war die erste Feministin in der Familie. Sie betrachtete ihren Feminismus nicht als Bruch mit der Vergangenheit, sondern als logische Fortsetzung. »Ich habe eine andere Sichtweise als Eunice«, sagte sie, »und Eunice wiederum sieht die Dinge anders als ihre Mutter. Dennoch respektiere ich die Leute, die den Weg für diese Veränderung freigemacht haben. Es ist den Frauen in der Familie zu verdanken, daß sich Positionen verändert haben. Auch die Männer haben einen Teil beigetragen, doch es war immer ein Kampf, und dieser Kampf muß fortgesetzt werden.«

Rory arbeitete in Washington an einer Reihe von Videos über Themen wie die Kriminalisierung von cracksüchtigen Müttern. Sie wurde, wie einige ihrer Cousinen, von der Kennedy-Stiftung unterstützt. Die Idee dazu kam von Eunice. Sie hatte Mittel bereitgestellt, um die nächste Generation in sinnvolle Projekte mit einzubeziehen.

In Rorys Videos stand der Feminismus ebenso im Vordergrund wie in ihrem Leben. »Die Jungs in meiner Familie waren nicht gerade unerträglich, aber sie standen doch stellvertretend für ein breiteres soziales Phänomen. Die Kämpfe in unserer Familie gelten nicht der Sitzordnung oder der Frage, wer die Tischrede an Thanksgiving hält. Es geht um alte Regeln, die die Frauen einschränken. Wir wollen erreichen, daß den Frauen die Wege zur Macht nicht versperrt werden, daß die Kirche mehr Respekt für Frauen zeigt, daß Frauen Priesterinnen werden können, daß wir darüber bestimmen können, ob und wann wir Kinder haben wollen. Darum geht es, und das betrifft nicht nur die Frauen in meiner Familie, sondern alle.«

* * *

Joan lebte in einem schönen Apartment in Boston mit Blick auf den Charles River. Im März 1993 hatte sie einen Rückfall erlitten, doch inzwischen war sie wieder trocken. Sie war nicht die einzige Alkoholikerin unter den Kennedy-Frauen, und manchmal fragte sie sich, warum gerade sie in der Öffentlichkeit dafür angeprangert wurde. In den vergangenen Jahren hatten sie sieben oder acht Neffen und Nichten um Hilfe gebeten, weil sie selbst süchtig waren. Sie hoffte immer noch, eines Tages als Musiklehrerin arbeiten zu können, und absolvierte gerade ein Praktikum an der Boston Latin School, die Joe und Fitzgerald einst besucht hatten. Ihre Tochter Kara war schwanger, ebenso wie die Frau von Teddy jr., Katherine »Kiki« Gershman Kennedy. Joan freute sich über die Aussicht, bald zweifache Großmutter zu werden. Ihre Enkel sollten sie nicht als bemitleidenswertes Opfer einer patriarchischen Familie kennenlernen, sondern als starke Frau, die sich ihr eigenes Leben aufgebaut hatte. Mitte April 1994 flog sie nach Washington, um ein Wochenende mit Kara und ihrem Mann Michael Allen zu verbringen. An einem Abend sahen sie sich zusammen den neuen Film *Das Geisterhaus* an, und Joan war begeistert von den starken Frauen, die in dem Film dargestellt wurden. Als sie aus dem Kino gingen, umarmte Kara ihre Mutter und sagte: »Das ist es, was wir sind, Mom, starke Frauen.« – »Was quatscht ihr Mädchen denn da?« fragte Michael, und die beiden Frauen gingen Arm in Arm die Straße hinunter.

Die Kennedy-Frauen waren auf vielerlei Weise mit der Vergangenheit ihrer Familie verbunden. Bridgets Leben hatte dem von Millionen Einwanderern geähnelt, und auch das Leben von Mary Augusta war in vielerlei Hinsicht typisch für ihre Generation gewesen. Josie hatte sich auf Heim und Herd beschränkt, und Rose war darin aufgegangen, ihre Kinder großzuziehen. Fast alle ihre Töchter und Schwiegertöchter hatten in den fünfziger Jahren geheiratet und sich, wie damals üblich, auf die Karriere ihrer Männer konzentriert. Die Freiheiten und Möglichkeiten der Kennedy-Frauen der nächsten Generation waren das Ergebnis einer Entwicklung, die sich über mehr als 100 Jahre hingezogen hatte. Sie waren nicht nur durch Forderungen nach mehr Rechten und Demonstrationen erkämpft worden, sondern auch durch die Veränderungen im Alltag jeder Familie. Die meisten Frauen hatten die historischen Ereignisse ihrer Zeit nie miterlebt, aber sie hatten ihre Kinder und ihre Umgebung nachhaltig geprägt.

Die jungen Kennedy-Frauen lebten immer noch in einer Gesellschaft, in der die Männer auf bestimmte Vorrechte pochten. Die Beziehung zwischen John und Daryl Hannah litt unter den Zweifeln der Schauspielerin, ob ihr Mann wie sein Vater unfähig sei, einer einzigen Frau treu zu sein. Joe heiratete nach einer langjährigen Beziehung seine Mitarbeiterin Elizabeth Kelly und versuchte, seine erste, geschiedene Ehe mit Sheila Rauch von der Kirche annullieren zu lassen. Er war ein sehr ehrgeiziger Mann, der sich lieber der Kritik von Feministinnen und Traditionalisten – die hier ironischerweise am gleichen Strang zogen – aussetzte, als einen großen Teil der Stimmen seiner katholischen Wähler zu verlieren und in den Augen der Kirche in Sünde zu leben. Keine Kennedy hatte sich in der Öffentlichkeit negativ über ihren Mann geäußert, doch Sheila Rauch wehrte sich verbissen und war fest entschlossen, um ihren Namen und den Namen ihrer Kinder zu kämpfen und sich gegen diejenigen zu wehren, die in ihren Augen »vor Gott logen«.

Jean gehörte einer anderen Generation an. Den größten Teil ihres Lebens war sie im Hintergrund geblieben, während die Männer der Familie auf der Bühne standen. Das hatte sich nun geändert. Ende Juni des Jahres 1993 flog sie nach Irland, um ihr Amt als Botschafterin anzutreten. Sie hatte sich kaum eingerichtet, als sie die Nachricht erhielt, Willie habe in einer Bar in Arlington, Virginia, eine Schlägerei angezettelt, weil ihn jemand angeblich als Vergewaltiger beschimpft hatte. Sie genoß ihre neue Position, doch sie vermißte die Nähe zu ihrer Familie. An Weihnachten bat sie Ted, nach Irland zu kommen und ein paar Tage mit ihr zu verbringen.

***

Jackie war immer noch eine Kennedy und eine prominente Persönlichkeit. Sie wurde zu wichtigen Veranstaltungen der Kennedy-Stiftung eingeladen, traf sich mit Hillary Rodham Clinton zum Lunch in New York und ging mit dem Präsidenten und seiner Frau zum Segeln.

Die Weihnachtsfeiertage des Jahres 1993 verbrachte Jackie auf einem Segeltörn in der Karibik. Sie hatte einen lästigen Husten und bemerkte, daß ihre Lymphknoten geschwollen waren. Außerdem spürte sie immer wieder einen stechenden Schmerz im Unterleib. Sie flog zurück nach Manhattan, wo die Ärzte bei ihr eine Krebsform feststellten, die als Non-Hodgkin-Lymphom bezeichnet wird. Sie mußte sich einer Chemotherapie unterziehen und wurde außerdem mit Steroiden behandelt. Trotzdem arbeitete sie weiterhin drei Tage in der Woche als Lektorin.

Jackie wollte die ganze Sache verheimlichen, doch sie wußte, daß die Boulevardzeitungen früher oder später von ihrer Krankheit erfahren und in fetten Schlagzeilen über sie berichten würden. Also wurde die Meldung an die *New York Times* weitergegeben und die Ernsthaftigkeit der Erkrankung stark heruntergespielt. Die Frau, die in ihrer Jugend um die Gesundheit ihres Mannes gerungen hatte, kämpfte nun, mit Maurice, Caroline und John an ihrer Seite, gegen ihre eigene Krankheit.

Nach einiger Zeit wurden Metastasen im Gehirn und im Rückenmark festgestellt, und die Folgen der Bestrahlung und die Chemotherapie waren fast ebenso unerträglich wie die Krankheit selbst. Maurice war stets für sie da und kümmerte sich um sie, wie es noch kein Mann getan hatte. John F. hatte sie um ihrer Schönheit, ihrer Anmut und ihres Stiles willen geheiratet, Onassis wegen ihres großen Namens und ihres Einflusses. Maurice liebte sie um ihrer selbst willen. Er hatte kein Gelübde abgelegt, sie in guten wie in schlechten Zeiten zu lieben, doch er war so hingebungsvoll um sie bemüht, daß jeder Treueschwur überflüssig war. Als deutlich wurde, wie ernst ihre Krankheit war, zog er sich aus fast allen seinen Geschäften zurück und verlegte sein Büro in ihr Apartment an der Fifth Avenue. Beide wollten ihre Krankheit möglichst geheimhalten, und so war es häufig er, der Spezialisten aufsuchte, um ihre Meinung einzuholen und Informationen zu sammeln. Auf diese Weise wurde unnötiges Aufsehen vermieden.

Jackie hatte immer versucht, trotz ihrer Bekanntheit ein Mindestmaß an Privatsphäre zu behalten. Am dritten Sonntag im Mai wollte sie mit Caroline und Maurice ausgehen und einen Spaziergang durch den Central Park machen, obwohl sie wußte, daß überall Fotografen und Reporter lauerten. Maurice hatte schon vor langer Zeit feststellen müssen, daß Berühmtheit auch ihre Schattenseiten hatte und daß der Preis, den er für sein Zusammensein mit Jackie bezahlen mußte, ständige Belästigungen durch die Presse waren. Es ärgerte ihn, daß jedesmal, wenn er die Wohnung in der Fifth Avenue Nr. 1040 verließ, eine Meute von Reportern auf ihn wartete, die dort ihr Lager aufgeschlagen hatten. In seinen Augen waren sie Voyeure, die nur darauf lauerten, daß Jackie sich eine Blöße gab.

Jackie wußte, daß dieser Spaziergang durch den Central Park vermutlich ihr letzter sein würde. Sie trug braune Hosen und einen rosafarbenen Pullover, dazu einen Schal, eine dunkelbraune Perücke und eine große Sonnenbrille. Sie hielt sich an Maurices Arm fest, während Caroline in Jeans und Turnschuhen einige Schritte vorausging, auf dem Arm ihren einjährigen Sohn John. Jackie hatte es immer geliebt, um den See zu joggen, dort mit ihren Enkeln zu spielen oder mit Maurice auf einer Bank zu sitzen. Die Fotografen und Klatschreporter folgten ihnen in den Park, hielten sich aber im Hintergrund, als ob sie sich der Unschicklichkeit ihres Verhaltens bewußt wären. Die Kameras hatten Jackie immer geliebt, und auch heute fingen sie weder ihre stolpernden Schritte noch ihr schmerzverzerrtes Gesicht ein. Auf den später veröffentlichten Fotos wirkten Maurice und Jackie wie ein in die Jahre gekommenes Paar, das einen der ersten schönen Frühlingstage im Park verbrachte.

Jackie war geschwächt und verwirrt, und am nächsten Tag wurde sie mit einer Lungenentzündung in das New Yorker Hospital Cornell Medical Center eingewiesen. Bei den Untersuchungen stellten die Ärzte fest, daß der Krebs nun auch die Leber befallen hatte. Das hieß, daß man nichts mehr für sie tun konnte, außer ihre Schmerzen zu lindern und ihre Lungenentzündung zu behandeln. Jackie liebte das Leben, nicht einen Teil davon, sondern das ganze Leben, und so bat sie darum, die Behandlung einzustellen und sie zu entlassen. Am Mittwoch kehrte sie zum letztenmal nach Hause zurück. Die Familie versammelte sich, während draußen vor dem Haus, hinter den Absperrungen der Polizei, eine Menschenmenge wartete. Am Donnerstag kamen Eunice, Pat und Ethel, um sie ein letztes Mal zu sehen. Und am Abend starb sie, während Caroline, John und Maurice an ihrem Bett saßen.

***

Am Samstag, zwei Tage nach Jackies Tod, hielt Eunice am Loyola College in Baltimore eine Rede. Die Rede war schon vor Jackies Tod verfaßt worden, und sie fügte eigene Worte über Jackie hinzu. Doch es waren die großen Themen ihres Lebens, über die sie sprach:

> Jackie hat uns – und meine wundervolle, große Familie – stets daran erinnert, daß gegenseitige Loyalität immer und überall behütet und verteidigt werden muß. Für Amerika verkörperte sie die Schönheit der Kunst und der Musik, und – mehr als alles andere – die Schönheit der Familie. Dies war ihr Geschenk an uns und an die Welt ... Wir wissen, daß Gott eine Familie erwählt hat, um allen Menschen seine Botschaft der Liebe, der Er-

> lösung und des Friedens zu bringen ... Ich hoffe, daß sich jede der anwesenden Damen Maria, die Mutter Gottes, zum Vorbild nimmt. Sie war eine wahre Revolutionärin. Sie erwartete ein uneheliches Kind. Sie brachte es in einem Stall zur Welt. Ihr einziger Beistand waren ihr Mann Joseph, Hirten und Tiere. Sie zog ihren Sohn im jüdischen Glauben groß und erlebte mit, wie er seine Landsleute davon überzeugte, daß er Gott auf Erden war ... Beten Sie zu ihr ... Wenn wir Gott fragen: ›Was willst du von mir?‹, dann erhalten wir oft eine Antwort, die uns nicht gefällt, weil sie uns Opfer abverlangt. Sie verlangt von uns, daß wir handeln, daß wir unser Gewissen befragen ... Es ist unmöglich, Gott einen angemessenen Platz in unserem irdischen Leben zu geben oder unsere geistigen Werte hochzuhalten, wenn wir nicht bereit sind, uns dem Gebet, dem Dienst am anderen, der Familie und der Liebe hinzugeben.

Caroline wollte eine Beerdigung im engsten Familienkreis. Sie wollte nicht das Klicken Hunderter von Kameras hören. Sie wollte keine Fotos der trauernden Angehörigen auf jeder Titelseite sehen. John erledigte die Formalitäten. Der Trauergottesdienst fand am frühen Montagmorgen in der katholischen Kirche St. Ignatius Loyola statt, in der Jackie getauft und gefirmt worden war. Die Familie gestattete, daß der Trauergottesdienst mit Lautsprechern nach draußen übertragen wurde.

31 Jahre zuvor hatte Jackie sich bei der Beerdigung von John F. an all die guten, edlen und aufrichtigen Seiten ihres Mannes erinnert, und an diesem Morgen taten Caroline und John das gleiche für ihre Mutter. Jackie hatte wenig Verfügungen für ihre Beerdigung getroffen, doch ihre Kinder wußten, was sie zu tun hatten und wie sie dem Andenken ihrer Mutter gerecht werden konnten. Jackie hatte für die Schönheit gelebt, für die Schönheit ihrer Kinder, ihrer Familie, ihrer Freunde, für die Schönheit des Glaubens, für die Erhaltung der Schönheit in der Welt um sie herum, und auch für die Erhaltung ihrer eigenen Schönheit.

In dem 80minütigen Trauergottesdienst wurden tiefempfundene Worte und Gebete gesprochen, und es erklang Musik von ergreifender Schönheit, doch nichts fing die Erinnerung an Jackie so ein wie Maurice, der mit tiefer gefühlvoller Stimme ein Gedicht von C. P. Cavafy mit dem Titel »Ithaka« vortrug.

Wenn Ihr aufbrecht nach Ithaka,
hofft auf eine lange Reise
voller Abenteuer und Entdeckungen.
Die Laistrygonier und Zyklopen,
den zornigen Poseidon – fürchtet sie nicht:
Ihr werdet ihnen nicht begegnen,
solange Eure Gedanken fliegen,
solange die Abenteuerlust
Euch jung erhält an Geist und Körper.
Die Laistrygonier und Zyklopen,
der wilde Poseidon – Ihr werdet ihnen nicht begegnen,
es sei denn, Ihr tragt sie in Euch,
in Eurer Seele,
es sei denn, Eure Seele
stellt sie vor Euch hin.

Alle Kennedy-Frauen waren zu der Beerdigung gekommen. Jean war aus Irland eingeflogen, Maria von Los Angeles. Während Maurice das Gedicht vorlas, dachte Eunice an die vielen Beerdigungen, die sie miterlebt hatte, an all die Frauen und Männer, die zuvor gestorben waren. Noch nie hatte sie erlebt, daß das Leben einer Frau so gepriesen worden war und ihr Tod eine solche Anteilnahme ausgelöst hatte. Auf einmal waren all der Groll und all die Belanglosigkeiten, die bei fast allen öffentlichen Ereignissen zu finden waren, verschwunden. Sie fragte sich, warum es erst eines solchen Anlasses bedurfte, um die Leute an das Gute und Edle im Menschen zu erinnern.

Joan saß neben Eunice, die immer noch versuchte, sie in den warmen Schoß der Familie zurückzuführen. Joan hatte sich stärker als jede andere Kennedy mit Jackie identifiziert, und an diesem Morgen dachte sie daran, wie gut sie zu ihr gewesen war und wie viele Gemeinsamkeiten sie gehabt hatten. Sie schaute hinüber zu ihrem Ex-Mann, der neben seiner neuen Frau saß, und sie dachte an die Jahre ihrer Ehe zurück. Sie war stolz darauf, daß sie in der Öffentlichkeit nie ein schlechtes Wort über ihn gesagt hatte, und sie dachte daran, daß auch Jackie sich nie negativ über John F. geäußert hatte. Auch das hatte sie miteinander verbunden.

Hofft auf eine lange Reise,
hofft auf viele Sommermorgen,
an denen Ihr vergnügt
in Häfen kommt, die Ihr noch nie gesehen.
Mögt Ihr bei den Phoeniziern
die seltensten Dinge finden – Elfenbein
und Bernstein, Perlmutt und Korallen,
und duftende Essenzen.
Mögt Ihr die Städte Ägyptens bereisen
und dort die Schätze der Weisheit finden.

Caroline war überwältigt, wie tief die Welt um ihre Mutter trauerte. Sie hatte ihre Mutter geliebt, doch ihr war nie klar gewesen, daß auch andere Menschen sie so verehrt hatten. Vor der Kirche standen Hunderte und lauschten schweigend der Übertragung des Gottesdienstes. In ganz Amerika verfolgten Millionen von Menschen die Trauerfeier an ihren Fernsehern und Radios, zu Hause und im Büro. Und die Zeitungen übertrafen sich gegenseitig in Huldigungen.

Doch denkt stets an Ithaka,
denn Ithaka gilt Eure Reise.
Übereilt die Reise nicht,
laßt sie ruhig Jahre dauern,
so seid Ihr alt,
wenn Ihr das Ziel erreicht,
beladen mit all den Schätzen, die Ihr gesammelt
auf Eurem Weg,
und erwartet nicht,
daß Ithaka Euch reich macht.

Für Kathleen galt die Trauerfeier nicht einer großen Persönlichkeit des öffentlichen Lebens, sondern ihrer Tante Jackie. Sie dachte an ihren Vater, und daran, wie nahe er und Jackie sich nach dem Tod von John F. gekommen waren, und wie tröstlich das für ihn gewesen war. Sie erinnerte sich daran, wie er versprochen hatte, sie nach der High School mit nach Europa zu nehmen, doch dann war er ermordet worden. In jenem Sommer hatte Jackie sie nach Griechenland eingeladen. Sie dachte an all das und vieles andere, doch am stärksten empfand sie die unermeßliche Traurigkeit dieses Tages. Sie hatte die Artikel gelesen und die Fernsehberichte gesehen, all das Gerede über das Ende des Kennedy-Traums. Für sie waren diese Tage schon längst vorüber. Es hatte so viele Beerdigungen gegeben, so viel Trauer in der Familie, und manchmal war das alles zuviel.

Ithaka hat Euch diese wunderbare Reise geschenkt,
zu der Ihr sonst nie aufgebrochen wärt,
Jetzt kann Euch die Insel nichts mehr geben.
Doch wenn Ihr sie kärglich findet,
ist es nicht sie, die Euch enttäuscht.
Mit all der Weisheit, all den Erfahrungen,
die Ihr gesammelt,
werdet Ihr verstehen,
was Ithaka bedeutet.

So endete das Gedicht, doch Maurice hatte seine eigenen Abschiedsworte für Jackie an den Schluß gesetzt.

Und nun ist die Reise vorüber.
Zu kurz, mein Gott, ist sie gewesen.
Sie war voller Abenteuer und Weisheit,
voller Gelächter, Liebe und Mut.
So lebe denn wohl, leb wohl.

Die Größe und die Feierlichkeit des Begräbnisses von John F. hatte die Macht eines Landes symbolisiert, das seine großen Söhne würdig zu Grabe trug. Jackies Begräbnis symbolisierte den tiefen Respekt einer Nation vor einer Frau, deren Lebenszweck die Schönheit gewesen war. Sie hatte keine großen Armeen geführt, keine unvergeßlichen Reden gehalten, keine unsterblichen Kunstwerke geschaffen, keine gigantischen Konzerne regiert. Sie hatte für die Schönheit gelebt, sie hatte dem Weißen Haus ihren Stempel aufgedrückt, und sie hatte das Verhältnis ihrer Mitmenschen zu ihrer eigenen Kultur verändert. Vor allem jedoch war sie Mutter gewesen. Sie war in einer Zeit aufgewachsen, in der die Aufgabe einer Frau darin bestanden hatte, eine gute Partie zu machen, und sie hatte ihr Leben als erfolgreiche Lektorin beendet, die mit einem verheirateten Mann zusammenlebte, den sie liebte und der sie liebte – und die meisten Amerikaner hatten dies als gut und richtig empfunden.

Jackie war durch ihre Heirat zu einer Kennedy geworden. Und nun würde sie für ewig eine bleiben. Sie wurde auf dem Arlington-Friedhof neben John F. zur letzten Ruhe gebettet. Das ewige Licht, das sie 30 Jahre zuvor an seinem Grab entzündet hatte, würde fortan auch für sie brennen. Wenn die Amerikaner nach Arlington kamen, um den Großen ihres Landes die Ehre zu erweisen, würden sie vor diesem ewigen Licht stehen und nicht nur an John F. denken, sondern auch an Jackie, an das, was gewesen war, und an das, was hätte sein können.

***

Rose war inzwischen 103 Jahre alt. Die Familie hatte ihr Jackies Tod verheimlicht, doch zweifellos spürte sie, daß etwas geschehen war. Sie konnte nicht mehr sprechen, kein Wort, aber einige Familienmitglieder konnten am Ausdruck ihrer Augen oder an der Art, wie sie zustimmend oder ablehnend den Kopf bewegte, ablesen, was sie dachte. Die Familie hatte für Rose eine Reihe von Dokumentarfilmen über die Kennedys anfertigen lassen, aus denen alle Unglücksfälle und Tragödien herausgeschnitten worden waren. Die Pflegerinnen spielten ihr die Bänder immer wieder auf dem Videorecorder vor, und sie wendete die Augen keinen Augenblick vom Bildschirm ab. Rosemary war jung und schön und zeigte ein strahlendes Lächeln. Das Flugzeug von Joe jr. war nie über England explodiert. Kathleen lebte ewig und war immer jung, ihr Lachen blieb über Jahrzehnte hinweg froh und unbeschwert. John F. flog nie nach Dallas, und Bobby kam als Bewerber um die Präsidentschaftskandidatur nie nach Los Angeles. Teddy fuhr nie über die kleine Brücke auf Chappaquiddick. Joe war immer treu, stark und gut. Dies waren die Zeiten, an die sich Rose erinnern sollte, die guten Zeiten, in denen das Leben voller Verheißungen war. Die Filme wiesen Lücken und Unstimmigkeiten auf, doch Rose schien das nicht zu bemerken. Wenn sie auf den Bildschirm blickte, schien sich in ihrem Kopf eine weitere Filmrolle abzuspulen, auf der alle Szenen vollständig waren.

Eines Tages schaute Eunices Freundin Nancy Coleman aus einem Fenster ihres Hauses in Hyannis Port und bemerkte eine kleine Gruppe von Menschen, die langsam die Straße entlangkamen. Sie erkannte die hagere, hochgewachsene Gestalt von Eunice, die sich ihren energischen Schritt bewahrt hatte. Sie schob einen Rollstuhl vor sich her, in dem die zusammengesunkene Rose saß, eingehüllt in Decken und Tücher. Dann bemerkte sie, daß Rosemary neben Eunice herging und sich an ihrem Arm festhielt. Sie wirkte ruhig, fast phlegmatisch. Jemand sprach, und als die Gruppe am Haus vorüberging, sah Nancy, daß Eunice mit ihrer Mutter und ihrer Schwester redete, als könnten diese noch verstehen, was sie sagte. Sie gingen die Straße weiter, fort in eine andere Welt.

Danksagung

In den letzten Jahren hat sich eine ganze Reihe von Kennedy-Biographen aufgemacht, die ehrwürdigen Mauern Camelots zu erklimmen, sich den Weg an den intellektuellen Eunuchen und anderen treuen Gefolgsmännern der Familie vorbei in die heiligen Hallen des Wissens zu erkämpfen, die Archive der Familie zu plündern und sich mit einem Sack voller dunklen Wahrheiten unter dem Arm wieder in die Nacht hinaus zu stehlen. Auch ich machte mich auf den Weg nach Camelot, aber als ich dort ankam, mußte ich feststellen, daß die Mauern brüchig geworden waren, die Zugbrücke heruntergelassen war und die Hüter der Mythen unter der Erde lagen oder ihre Schwerter aus der Hand gelegt hatten. Vergeblich suchte ich nach Spuren jener mächtigen, mythenproduzierenden Maschine, die, wie man mir immer wieder versichert hatte, irgendwo in dem alten Gemäuer verborgen sein mußte, und manchmal fühlte ich mich mehr wie Dorothy vor dem Zauberer im Juwelenpalast denn wie ein wißbegieriger Schriftsteller, der die ehrwürdigen Hallen Camelots durchmaß.

Es lag nicht in meiner Absicht, ein weiteres verwittertes Denkmal von seinem Sockel zu stoßen oder Camelot in alter Herrlichkeit wieder auferstehen zu lassen, sondern schlicht und einfach einen Blick auf das Leben der Kennedy-Frauen zu werfen, zu erkennen, wie sie waren und wie sie sind.

Im generationenumspannenden Kontext der Kennedys werden viele der Binsenwahrheiten des psychologischen Determinismus als unzutreffend entlarvt. Wer zum Beispiel davon ausgeht, daß Rose und Joseph P. Kennedy – sie die angeblich frigide Mutter, er der skrupellose Vater – den Charakter ihrer Töchter (und Söhne) geformt haben, muß auch davon ausgehen, daß Rose und Joe in ihrer Persönlichkeitsentwicklung ebenso von *ihren* Eltern bestimmt wurden. Was da zum Vorschein kommt, ist ein subtiles Netz an Beziehungen zwischen dem Umfeld, das diese Frauen umgab – also dem sozialen, kulturellen und historischen Kontext ihres Lebens –, und ihrem Familienerbe, sowohl in genetischer wie in sozialer Hinsicht. Überrascht stellt man fest, wie rein sich die familientypischen Charakter- und Persönlichkeitsmerkmale von Generation zu Generation erhalten haben und wie oft die Frauen der nachfolgenden Generation mit denselben Problemen zu kämpfen hatten wie ihre Mütter.

Ich habe mich nicht gescheut, persönliche und heikle Themen anzusprechen, doch ich habe immer versucht, den Menschen zu sehen und zu respektieren.

Zweifellos werden mir viele Bewunderer der Familie vorwerfen, mich allzu sehr auf die dunklen, die negativen Seiten der Familiengeschichte konzentriert zu haben. Und von ihren Kritikern werde ich wahrscheinlich zu hören bekommen, ich hätte sie zu nachsichtig behandelt, ich hätte ebenso oft zurückgesteckt wie ausgeteilt. Ich kann nur hoffen, daß es mir in diesem Buch gelungen ist, etwas von der Faszination zu vermitteln, die diese Frauen und ihr Leben auf mich ausüben. Die fünf Jahre, die ich an *Die Frauen der Kennedys* gearbeitet habe, waren die erfüllendsten meines bisherigen Berufslebens. Ich habe viel über die Kämpfe gelernt, die eine beispiellose Gruppe amerikanischer Frauen in den letzten eineinhalb Jahrhunderten geführt hat, und ich hoffe, mit diesem Buch zum besseren Verständnis der oft übersehenen Geschichte des weiblichen Teils der Menschheit beigetragen zu haben.

***

Kurz nachdem ich mit den Recherchen zu dem Buch begonnen hatte, traf ich mich mit Melody Miller, die viele Jahre als Sprecherin für Ted Kennedy gearbeitet hat, und erzählte ihr von meinem Vorhaben. Melody Miller kennt die Familie seit ihrer Jugend. Nach dem Tod John F. Kennedys half sie Jacqueline, die Beileidsschreiben zu beantworten, und sie gehörte im Senat den Mitarbeiterstäben Robert und Edward Kennedys an. Mit der Zeit ist sie gewissermaßen zum wandelnden Gedächtnis der Familie geworden. Einen Großteil ihrer Zeit widmet sie der Aufgabe, die positiveren Seiten der Kennedys entschieden und aufrichtig darzustellen. »Alles, worum ich Sie bitte, ist, eine Meile in ihren Mokassins zu laufen«, sagte Miller.

Das war mein Ziel bei der jahrelangen Arbeit an diesem Buch. Was ich anderen verdanke, läßt sich in Worten kaum ausdrücken. Michael Foster, ein außerordentlich tatkräftiger und kreativer junger Historiker von der Northeastern University, half mir in Boston, die Familiengeschichte der Kennedys zu recherchieren. Er hat dieses Buch zu seinem eigenen gemacht. Mit unglaublichem Arbeitseifer und Engelsgeduld durchforstete er zahllose Archive und half mir bei den Interviews. Es erwies sich als außerordentlich schwierig, Informationen über Menschen zu beschaffen, an deren Leben die bisherige Geschichtschreibung kaum mehr als beiläufiges Interesse gezeigt hat, und es gab viele Tage, an denen wir nicht mehr als ein oder zwei Körnchen Wahrheit über Bridget Murphy Kennedy, Josie Hannon Fitzgerald oder Mary Augusta Hickey Kennedy ausgruben. Meine Frau, Vesna Obradovic Leamer, verbrachte zahllose Stunden in Bibliotheken, sichtete Zeitungsarchive und sammelte anderes Material. Jeder, der uns kennt, weiß, daß ohne ihre Unterstützung und Liebe und ohne die Anregungen unserer Tochter Daniela dieses Buch niemals geschrieben worden wäre.

Großen Dank schulde ich auch den Mitarbeitern der John-F.-Kennedy-Bibliothek in Dorchester, die uns bei unseren Recherchen mit großer Zuvorkommenheit und Hilfsbereitschaft zur Seite standen, insbesondere Maura Porter, Susan D'Entrement, Ron Whealan, dem Leiter des audiovisuellen Archivs Allan Goldrich, dem Chefarchivar William Johnson und der Historikerin Sheldon Stern. In den Archiven der Erzdiözese Boston erwies sich Ronald Patkis als überaus hilfsbereiter Führer, dasselbe gilt für Richard Wolfe von der medizinischen Bibliothek Countway. In Washington genoß ich die Unterstützung des inzwischen verstorbenen Dr. Richard Wolfe, damals Pressechef und Assistent des Präsidenten der Joseph-P.-Kennedy-jr.-Stiftung und von Special Olympics International. Herbert Kramer, der sich sehr für die Special Olympics und die Arbeit der Stiftung zugunsten geistig Behinderter einsetzte, half mir sehr weiter, und zwischen ihm und mir entwickelte sich eine enge Freundschaft. Sein Vermächtnis ragt weit über das Buch *Conversations at Midnight* hinaus, das er, schon vom Tod gezeichnet, gemeinsam mit seiner Frau Kay geschrieben hat, und lebt fort in der Arbeit von Special Olympics International.

Die Frauen der Kennedys ist zwar das Werk eines Historikers, doch nach wie vor hänge ich der unter Journalisten weit verbreiteten Überzeugung an, daß man am meisten über seine Zeitgenossen lernen kann, wenn man mit ihnen spricht, und so beschloß ich, nach Brookline, Riverdale und Bronxville zu fahren, jeden noch lebenden Zeitzeugen aus den frühen Jahren der Kennedys aufzuspüren und zu interviewen. Obwohl diese Menschen über intime Kenntnisse der Familie verfügten, mußte ich überrascht feststellen, daß so gut wie keiner von ihnen jemals interviewt worden war. *Die Frauen der Kennedys* enthält also zahlreiche Interviews mit Menschen, die zum ersten Mal über ihre Erfahrungen mit den Kennedys sprechen. Kein einziger Dialog in diesem Buch ist erfunden, und genausowenig habe ich vorgegeben, die Gedanken eines anderen lesen zu können. Sollte dieser Eindruck an manchen Stellen entstehen, dann nur deshalb, weil ich die betreffenden Personen nach ihren Empfindungen oder Gedanken in einem bestimmten Moment gefragt habe oder Zugang zu entsprechenden schriftlichen Unterlagen hatte. Doch ich habe nicht nur versucht, jeden noch lebenden Zeitzeugen zu interviewen, sondern auch den sozialen, kulturellen und historischen Kontext darzustellen, in dem die Kennedy-Frauen gelebt haben, ein Unterfangen, bei dem ich von den hervorragenden Arbeiten einer ganzen Reihe von Historikern und Wissenschaftlern profitiert habe. Die entsprechenden Beiträge sind in den Anmerkungen und der Bibliographie vermerkt.

Ich hatte das große Glück, Mary Lou und Kerry McCarthy kennenzulernen, die sich mit großer Sorgfalt und mit großem Sachverstand der Aufgabe verschrieben haben, das Familienvermächtnis lebendig zu erhalten. Kerry McCarthy hat mir freundlicherweise gestattet, sehr ausführlich aus ihren zwei exzellenten, unveröffentlichten Büchern über P. J. Kennedy und ihre Großmutter Rose Kennedy zu zitieren. Ich führte zahllose Interviews mit Luella Hennessey-Donovan, die vier Jahrzehnte lang als Krankenschwester für die Kennedys gearbeitet hat. Zweifelsohne weiß Luella, sieht man einmal von den Verwandten ab, mehr über die Familie als jeder andere. Niemals zuvor hat sie so ausführlich und mit so großer Offenheit über die Kennedys gesprochen, und ich bin ihr sehr dankbar dafür, daß sie mir so großes Vertrauen entgegengebracht hat.

Zu Beginn meiner Arbeit an diesem Buch hatte ich keinen Zugang zu den Kennedys und hegte auch keine großen Hoffnungen, daran etwas ändern zu können. Und dennoch: Als ich den Kennedys schrieb und um Interviews bat, tat ich das nicht nur der Form halber. Es ging mir nicht nur darum, beim Erscheinen des Buches verkünden zu können, ich sei von ihnen abgewiesen worden, sondern ich hoffte wirklich darauf, sie interviewen zu können, und wurde nicht müde, meine Bitte zu wiederholen.

Ich hatte bereits den Großteil meiner ersten Forschungen abgeschlossen, als Eunice Kennedy Shriver sich einverstanden erklärte, mit mir zu sprechen. Ich traf mich mit ihr mehrmals in Washington und in Orlando, und sie war es auch, die mir Zugang zu Kathleen Kennedys unveröffentlichten Briefen verschaffte.

Am Ende konnte ich mit den meisten Mitgliedern der Familie, um die sich dieses Buch hauptsächlich dreht, sprechen, und ich bin ihnen sehr dankbar, daß sie meine Fragen beantworteten, obwohl ihnen einige sicherlich ungehörig und aufdringlich vorkamen oder einfach nur schmerzliche Erinnerungen wachriefen. Dies ist eines der zentralen Themen dieses Buches: Den Kennedys fällt es schwer, über sich und ihre Vergangenheit zu reden, eben weil das Schweigen darüber ein wesentlicher Bestandteil ihrer psychologischen Überlebensstrategie geworden ist.

Senator Edward Kennedy, den ich in seinem Büro auf dem Capitol besuchte, erzählte auf eine Art und Weise von seiner Mutter und seinem Leben, wie er es selten zuvor getan hatte. Patricia Kennedy Lawford lud mich zu sich nach Hause ein und stand mir Rede und Antwort, Jean Kennedy Smith empfing mich in ihrem Büro bei Very Special Arts in Washington, und auch sie ließ sich auf Themen ein, über die zu reden ihr teilweise sehr schwer fiel. Als ich Joan Kennedy das erste Mal am Telefon interviewte, war sie verständlicherweise sehr zurückhaltend. Doch als ich sie in ihrer Wohnung in der Beacon Street in Boston besuchte, überraschte sie mich mit ihrer Offenheit. Was Rosemary Kennedy betraf, so war ich der erste Autor oder Journalist, der nach St. Colleta in Wisconsin fuhr und mit den Menschen sprach, die sie dort betreuten.

Die jungen Kennedys erwiesen sich ebenfalls als auskunftsfreudig. Kathleen Kennedy Townsend suchte ich häufig in ihrem Büro in Baltimore auf, und sie beantwortete mir jede Frage. Kerry Kennedy Cuomo erzählte bereitwillig von ihrer Arbeit, ebenso wie Rory Kennedy. Maria Shriver, selbst eine erfahrene Interviewerin, schenkte mir, als sie endlich Zeit fand, mich zu empfangen, nicht nur ihre Zeit, sondern auch ihre ungeteilte Aufmerksamkeit und reicherte ihre Antworten mit zahlreichen Anekdoten aus dem Familienleben an. Auch ihre Brüder Robert und Anthony Shriver zeigten sich sehr hilfsbereit.

Doch dieses Buch ist keine autorisierte Geschichte der Familie Kennedy. Kein Familienmitglied oder irgendeiner ihrer Berater hat das Manuskript gelesen oder Einfluß auf seinen Inhalt genommen.

An dieser Stelle möchte ich auch Patrica Coughlan danken, der Witwe Robert Coughlans. Robert Coughlan, Autor der Biographie Rose Kennedys, war ein wundervoller Erzähler und ein glänzender Autor und Stilist, und Mrs. Coughlan ließ mich die Unterlagen ihres Mannes einsehen, die mir bei meiner Arbeit sehr hilfreich waren.

Neben der Kennedy-Bibliothek bin ich folgenden Institutionen zu großem Dank verpflichtet: Mugar Library, Boston University; George-H.-Beebe-Communication-Reference-Library, Boston University; O'Neill Library, Boston College; Burns Library, Boston College Archiv; Massachusetts Historical Society; Countway Library of Medicine; Archiv des Holy Cross College; öffentliche Bibliothek Concord; New England Konservatorium; Standesamt Suffolk County; Nachlaßgericht Norfolk County; Rosemont College Library; Schlesinger-Bibliothek; Archive der Schwestern von Notre Dame de Namur; Zentrale des Boston School Committee; Historische Gesellschaft Acton; öffentliche Bibliothek Boston; öffentliche Bibliothek Barnstable; Bibliothek der *Cape Cod Times;* Archiv der University of Notre Dame; Archiv des Manhattanville College Archiv; Archiv der Tagesschule in Riverdale County; Library of Congress; District-of-Columbia-Library; Harvard University Library; Palm-Beach-County-Library; Bibliothek von Santa Monica, Kalifornien; UCLA Graduate Research Library; Bibliothek des American Film Institute; Archiv der Erzdiözese Boston; Seeley-G.-Mudd-Manuscript-Library an der Princeton University; Spezialsammlung an der Bibliothek der Arizona State University; Archiv der Choate School; Wellesley College Archiv; Columbia University Oral History Project; Franklin-D.-RooseveltBibliothek; Abteilung für Spezialsammlungen in der Bibliothek der Stanford University; British Museum; Irische Nationalbibliothek, Wexford; Ireland Library; Französische Nationalbibliothek; Bibliothek der Zeitschrift *Paris-Match,* Paris, die Bibliotheken des *Boston Globe* und des *Boston Herald.* Ferner danke ich CompuServe.

In London gab mir Angela Lambert nicht nur ein sehr aufschlußreiches Interview und Dutzende von Namen und Telefonnummern, sondern erlaubte mir auch, Recherchematerial zu kopieren, das sie für ihr Buch *The Last Season of Peace* zusammengetragen hatte. Zu den anderen Schriftstellern und Journalisten, die mir halfen, gehören: Robert

Andrews, Stephen Banker, Charles Bartlett, Ed Becker, Paul Ciotti, Robert Coughlan, Doris Kearns Goodwin, John Greenya, Nigel Hamilton, Carter Harrison, V. V. Harrison, Burton Hersh, Murray Kempton, Ronni Kern, Barbara Kevles, Flechter Knebel, Eirik Knudsen, Doug Kriegel, Betty Lasky, Suzannah Lessard, Axel Madsen, Barbara Matusow, Lynne McTaggart, Dan Moldea, Joseph Morgenstern, Khoi Nguyen, Dotson Rader, Kristina Rebelo, Arthur Schlesinger jr., Ted Schwartz, James Seymore, Dick Shea, David Shumacher, Hugh Sidey, James Spada, Baroness Garnett Stackelberg, Gore Vidal, Frank Waldrop, Richard Whalen und Craig Wolf. Meine Freunde Diane Hoffman, Kerry McCarthy und Maco Stewart lasen das Manuskript und machten wertvolle Vorschläge. Auch meine Mutter, Helen Leamer, las das Manuskript aufmerksam durch.

Viele der zahllosen Interviews, die ich führte, erscheinen nicht im Text, habe mir aber dennoch wertvolle Informationen geliefert. Einige der Menschen, mit denen ich sprach, baten um die Wahrung ihrer Anonymität, aus Gründen, die ich in den meisten Fällen für legitim halte, und auch ihnen gilt mein Dank. Viele, sehr viele Menschen trugen auf die eine oder anderer Weise zu *Die Frauen der Kennedys* bei, und sie verdienen es, genannt zu werden: Mollie Acland, Dr. Ray Adams, Mikki Ansin, Jan Amory, Manuel Angullo, Dani Asher, Larry Ashmead, Simon Audrey, Elizabeth Augenblick, Larry Baker, Mary Battis, Harriot Benoist, Mrs. Peter Bensen, Mutter Binney, Joey Bishop, Danny Blaney, Brad Blank, Marvin Blank, Elizabeth Boggs, Peter Bonventre, Alan K. Borsari, Patrica Breen, Mrs. Emilie Bregy, Dr. Ruth Brenner, Patrica Broderick, Diane Broughton, Ann Brown, Lady Browne, Ann Buchwald, Robert Bunshaft, Charles Burke, Ada Burns, Dan Burns, Harmon Burns III., Andrea Chan, Winifred Campbell, Virginia Carpenter, Mary Boylana Carter, Patsy White Carter, Oleg Cassini, Mary Lyon Chatfield-Taylor, Loretta Claiborne, Anne Coffey, Fred Cohen, Martha Cole, Nancy Coleman, Jane Kenyon-Stanley Compton, James Connor, William Connors, Dr. Robert Cooke, Marion Coolen, Barbara Cooper, Dorothy Costabile, Pat Coughlan, Francis Cowden, Marcia Coyle, David Crockett, Mary Mann Cummins, Ann Curtin, John Henry Cutler, Gloria Somborn Daly, Mrs. Wilfred Daly, Bob Davidoff, Renee de la Chapelle Perna, Dorothy Dunn Dempsey, Ann Denove, Jacqueline Desobury, Joanna Despotopoulou, Margaret Louise »Marne« Devine, Wyatt Dickerson,

Audrey Dines, Janet Donovan, William Douglas-Home, Joan Dreifus, Margaret Driscoll, George Duff, Andrew, Herzog von Devonshire, die Herzogin von Northumberland, Gunnar Dybwad, Milt Ebbins, Richard Edwards, Tom Egerton, Barbara Eccles Eggert, June Emery, Jay Emmett, Ann Fitzgerald Farrell, Paul »Red« Fay, Mike Feldman, Lady Maureen Fellowes, Joe Finneran, Fred Fitzgerald, Charlotte Fitzgibbon, Lady Virginia Ford, Robert Fosdal, Sarah Foster, Harry Fowler, Frank Fox, Schwester Joanne Frey, Madeleine Furth, Alan Gage, Buddy Galon, Barbara Gamarekian, Betty Gargan, Joseph Gargan, Elinor Gates, Jeremy Gilmore, Lady Elizabeth Glendevon, Delayne Gold, Fred Good, Barbara Goodman, Frederika Goodman, Milton Gould, Arthur Grace, Flo Grace, Dorothy Grandfield, Wendy Grassi, Mary Gravolos, Judith Green, Florence Grossenbacher, Nancy Lane Gulliver, Edwin Guthman, Lisa Gwirtzman, Lord Haig, Kay Halle, Marrose Hanavan, Geraldine Hannon, Alice Harreys, Pamela Harriman, Ruth-Ann M. Harris, Jane Hennelly, Barbara Hicks, Sally Roche Higgins, Charlotte Hogan, Lady Hood, Claude Hooton jr., Maria Hooton, Mary Hubbard, Marian Hunt, Dick Hurley, Herbert Hurwitz, Schwester Gabrielle Husson, Doris Hutchings, Margaret Hutchinson, Eddie Jaffe, Constance Metcalfe Jaggi, Cynthia Jay, Shirley Jobe, Mrs. M. C. Johnson, Virginia Johnston, Mrs. Thomas Joyce, Arthur Kassel, Marilyn Katleman, Nancy Keefe, Dot Keegan, Betty Kelly, Fran Kelly, Tom Killefer, Phyllis Kirk, Harvey Klemmer, Dr. Edward Kolodny, Mirko Kontic, Kay Kramer, Paul R. Leahy, Janet Leigh, Peter Levathes, Flor Lewis, Evelyn Lincoln, Dick Livingston, Mary Lou Linhart, Ernest Macaneany, Lady MacMillan, Schwester Joan Magnetti, James Mahoney, Royal Marcher, Schwester Margaret Ann, Leonard Mayo, Kerry Mazzone, Cynthia McAdoo, Francis McAdoo, Peter McCabe, Virginia McCann, Schwester Caritas McCarthy, Peggy MdDonald, Marceille McFarland, Eleanor McGrath, Elizabeth McInerny, Mildred »Brownie« McLean, Thede McKinstery, Chris McNickle, Colette McNickle, Bruce McPherson, Mrs. John Miller, Chris Montague, General Robert Montague, Paul Morgaan, Suzanne Morton, Joan Mulgrew, Joe Naar, Mrs. Robert Nagle, Larry Newman, Sancy Newman, Wendy Oates, Dejan and Alexander Obradovic, Mirko Obradovic, Jack O'Brien, John J. O'Connell jr., Schwester Elizabeth O'Connor, Justine O'Donnell, Dorothy Ogilvie, Chrystal O'Hagan, Ivanka Ostojie, Fred Otash, Jim

O'Toole, Dr. John Pearce, Charley Peters, Esther Peterson, Rhona Peyton-Jones, David Phelps, Chuck Pick, David Powers, Mrs. Roderick Pratt, Schwester Mary Quinlan, Schwester Jane Rederdy, Coates Redmon, Jewel Reed, Amie Reichert, Marilyn Riesman, Sandy Richardson, Marie Ridder, Raleigh Robinson, Professor Ray Robinson, Terri Robinson, Wayne Rosso, Leonie Rudd, John Ryan, Mary Ryan, Peter Sabiston, Chuck Sachs, Miriam Sargon, Mrs. Edward Schmidt, Ilya Schneider, Del Sharbutt, John Sheehan, Paul Shefrin, Mrs. Eileen Sherwin, Dutch Shutler, Bob Slatzer, George Smatherss, Robin Smith, Ned Spellman, Mickey Spillane, Nancy Steiner, Patricia Seaton Stewart, Helen Steverman, Glenn Stout, Mimi Strong, Margaret Sullivan, Gräfin von Sutherland, Bill Sutton, Lee Tomic, Michael Tomic, Margaret Tracy, Dorothy Tubridy, Dick Tuck, Dr. Elliot Valenstein, Margaret Van den Heuval, Linda Vandergraft, Willia Volin, Helga Wagner, Mary Ward, Paul Wasserman, Betty Wertenbaker, John White, Bonnie Williams, Page Wilson, Kelly Wolfington, Jim Wright, Paul Wurtzel, Marilyn Wurzburger, Ursula Wyndham-Quin und George Zitnay.

Bei der Arbeit an diesem Buch profitierte ich von der hervorragenden professionellen Betreuung, die mir zuteil wurde. Mein Anwalt Kenneth Norwick hat mich über Jahre hinweg mit guten Ratschlägen versorgt, und auch mein britischer Agent, Abner Stein, leistete exzellente Arbeit. Don Spencer zeichnete sich durch seine Transkriptionstalente aus, und Pam McClintock half mir bei meinen Recherchen in New York. Die Idee für dieses Buch stammte von meiner Literaturagentin Joy Harris. Sie war es auch, die das Projekt Diane Reverand von Villard Books vorlegte, die sich als Lektorin und Herausgeberin mit größter Sorgfalt darum kümmerte. Hether Kilpatrick sah das Buch auf mögliche rechtliche Probleme hin durch.

Dieses Buch ist zu gleichen Teilen Joy Harris und ihrem Ehemann, Bob Tavetian, gewidmet. Bob ist ein außergewöhnlicher Künstler, dessen Bilder jedem, der sie gesehen hat, im Gedächtnis haften bleiben. Er verdient diese Widmung schlicht und einfach für die Engelsgeduld, mit der er die zahllosen Essen aussaß, zu denen ich mich mit Joy traf, um über das Projekt zu sprechen. Aber darüber hinaus besitzt er auch eine eigene, sehr besondere literarische Sensibilität, und ich schätzte sein Urteil und seine Freundschaft sehr.

Anmerkungen

Abkürzungen

AKP	Arthur-Krock-Papiere, Seeley G. Mudd Manuscript Library.
ALP	Angela-Lambert-Papiere. Mit freundlicher Genehmigung von Angela Lambert.
AS	Arthur Schlesinger jr.,*Robert Kennedy and His Times,* Boston 1978.
ASK	Arthur Schlesinger jr., *A Thousand Days: John F. Kennedy in the White House,* Boston 1965; dt. *Die Tausend Tage Kennedys,* Darmstadt 1966.
ASP	Arthur-Schlesinger-jr.-Dokumente in der John-F.-Kennedy-Bibliothek.
ASU	Peter-Lawford-Dokumente in der Spezialsammlung der Bibliothek der Arizona State University. Mit freundlicher Genehmigung der Bibliothek der Arizona State University.
BA	*Boston America.*
BCA	Boston College Archives.
BG	*Boston Globe.*
BH	*Boston Herald.*
BHCL	Boston Herald Cuttings Library.
BK	Barbara-Lynne-Kevles-Dokumente und andere historische Materialien der John-F.-Kennedy-Bibliothek. Mit freundlicher Genehmigung von Barbara Lynne Kevles durften diese Dokumente erstmals ausgewertet werden.
BP	*Boston Post.*
BSP	*Boston Sunday Post.*
BT	*Boston Traveler.*
BUCL	George-H.-Beebe-Communication-Reference-Library an der Universität Boston.
BUH	Burton Hersh, *The Education of Edward Kennedy,* New York 1972.
CA	Gail Cameron, *Rose. A Biography of Rose Fitzgerald Kennedy,* London, 1972.
CH	Peter Collier und David Horowitz, *The Kennedys,* New York 1972; dt. *Die Kennedys,* Berlin 1985.
CSA	The Choate School, Andrew-Mallon-Bibliothek, John-F.-Kennedy-Sammlung.
CU	Columbia University, mündliche Berichte.
DEK	David E. Koskoff, *Joseph P. Kennedy,* Englewood Cliffs, New Jersey, 1974.
DKG	Doris Kearns Goodwin, *The Fitzgeralds and the Kennedys,* New York 1987.
EKS	Eunice Kennedy Shriver.
FBIFOI	Federal Bureau of Information, Freedom of Information Files.

FC Reverend John J. Cavanaugh CSC, mündliche Berichte, 1973, gefunden in der Sammlung (UORL) des Archivs der Notre Dame University. Mit freundlicher Genehmigung des Notre-Dame-Archivs.
FDRPL Franklin D. Roosevelt Public Library, Hyde Park, New York.
GA Edward L. Galvin, »The Kennedys of Massachusetts«, in: *The Irish in New England*, Boston 1985, New England Historic Genealogical Society.
GS Gloria Swanson, *Swanson on Swanson*, New York 1980.
HCA Zeitungsausschnitte über John F. Kennedy, Holy Cross Archives, College of the Holy Cross.
HCL Henry-Cabot-Lodge-II.-Dokumente, Massachusetts Historical Society.
HS Hank Searls, *The Lost Prince. Young Joe, The Forgotten Kennedy*, New York 1969.
JCB Joan und Clay Blair, *The Search for JFK*, New York 1976.
JFKPL John F. Kennedy Public Library.
JMB James MacGregor Burns, *John Kennedy, A Political Profile*, New York 1960.
JPK Joseph P. Kennedy.
JPKJR Joseph P. Kennedy jr.
KK Kathleen Kennedy.
KKT Kathleen Kennedy Townsend.
KMPK Kerry McCarthy, *P.J. Kennedy: The First Senator Kennedy* (Manuskript). Mit freundlicher Genehmigung von Kerry McCarthy.
KMRK Kerry McCarthy, *Summers with My Aunt* (Manuskript). Mit freundlicher Genehmigung von Kerry McCarthy.
LB Laura-Bergquist-Knebel-Dokumente an der Boston University. Mit freundlicher Genehmigung von Flechter Knebel.
LMT Lynne McTaggart, *Kathleen Kennedy*, New York 1983.
MB Michael Beschloss, *Kennedy and Roosevelt*, New York 1980.
MCA Manhattanville College Archives.
NH Nigel Hamilton, *JFK: Reckless Youth*, New York 1992; dt. *John F. Kennedy – Wilde Jugend. Leben und Tod eines Präsidenten*, Bd. 1, Frankfurt am Main 1993.
NPS National Park Service, mündliche Berichte von Rose Kennedy.
NYT *The New York Times.*
PBF Paul B. Fray, *The Pleasure of his Company*, New York 1966.
PFP Paul-B.-Fray-Papiere, Abteilung für Spezialsammlungen, Stanford University Library, Stanford, Kalifornien. Mit freundlicher Genehmigung von Paul B. Fray.
RCA Rosemont College Archives.
RCP Robert-Coughlan-Dokumente. Mit freundlicher Genehmigung von Patricia Coughlan.
REFK Rose Elizabeth Fitzgerald Kennedy.
RK Rose Fitzgerald Kennedy, *Times to Remember*, New York, 1974; dt. *Alles hat seine Stunde. Meine Lebenserinnerungen*, Stuttgart 1975.
RW Richard J. Whalen, *The Founding Father. The Story of Joseph P. Kennedy*, New York 1964; dt. *Der Kennedy-Clan*, Düsseldorf 1965.
RWP Richard-J.-Whalen-Dokumente in der John-F.-Kennedy-Bibliothek. Mit freundlicher Genehmigung von Richard J. Whalen.
SU Stanford University Archives, Stanford, Kalifornien.
WCA Wellesley College Archives, Wellesley, Massachusetts.

Außer den hier angeführten Quellen konnte der Autor auf Interviews mit Familienmitgliedern zurückgreifen sowie Einsicht in Briefe und persönliche Aufzeichnungen nehmen, die ihm freundlicherweise zur Verfügung gestellt wurden von Patricia Coughlan, JFKPL, Eunice Kennedy Shriver, Fletcher Knebel, Angela Lambert, Hank Searles und Richard J. Whalen.

Kapitel 2

S. 11 »... in Strickschals gehüllte Frauen ...« Nicholas Furlong und John Hayes, *County Wexford in the Rare Oul' Times*, Bd. 1, 1985, S. 16.3.

S. 11 »... 30 000 Männer aus der Grafschaft ...« Robert Kee, *The Green Flag*, Bd. 1, *The Most Distressful Country*, 1972, S. 115.

S. 12 »... als Sklaven verkauft ...« Ebenda, S. 124f.

S. 12 »... glich einem grünen Flickenteppich ...« Kerby A. Miller, *Emigrants and Exiles: Ireland and the Irish Exodus to North America*, 1985, S. 9.

S. 12 »... Dezimierung der Bevölkerung ...« R. F. Foster, *Modern Ireland 1600–1972*, S.320.

S. 12 »... starben damals ungefähr eine Million ...« Ebenda, S.324.

S. 12 »Junge und Alte sterben wie die Fliegen ...« Miller, S. 285ff.

S. 12 »... mittellos in die Welt hinausgejagt ...« Ebenda.

S. 13 »Nur wenige kosteten von dem süßen Gift ...« Hasia R. Diner, *Erin's Daughters in America: Irish Women in the Nineteenth Century*, 1983, S. 21f.

S. 14 »... das alles war Frauenarbeit ...« Robert E. Kennedy jr., *The Irish: Emigration, Marriage and Fertility*, 1973, S. 54.

S. 14 »Frauen werden in Irland ...« Zur Geschichte der Frauen in Irland siehe Margaret MacCurtain und Donncha O'Corrain (Hrsg.), *Women in Irish Society: The Historical Dimension*, 1979, S. 28.

S. 14 »Mit einer guten Schulbildung ...« Diner, S. 11f. Siehe auch Miller, S. 57.

S. 14 »Am 20. März 1849 schiffte sich Bridget ...« KMPK. Gemäß der mündlichen Überlieferung der Kennedys, wie in Kerry McCarthys Arbeit über Patrick Joseph Kennedy festgehalten, soll Bridget ihren künftigen Ehemann Patrick auf der Überfahrt nach Amerika kennengelernt haben. In den umfangreichen Passagierlisten der Boston Public Library wird allerdings im fraglichen Zeitraum nur ein Patrick Kennedy aufgeführt, der mit der *Washington Irving* fuhr, und keine Bridget Murphy. Die Darstellung auf diesen Seiten gibt den wahrscheinlichen Hergang wieder.

S. 14 »Während aus den anderen europäischen Ländern ...« Diner, S. 31, und Foster, S. 351ff.

S. 15 »... die Frauen im Laderaum zu belästigen ...« Diese Gefahr war so bekannt, daß der Kongreß zehn Jahre später ein Gesetz erließ, um Frauen wie Bridget zu schützen. Danach machte sich jeder Seemann eines Vergehens schuldig, der »durch Heiratsversprechungen, Drohungen oder Anwendung von Gewalt, durch Belästigung oder Geschenke sich einen weiblichen Passagier gefügig macht«. Reverend John Francis Maguire *The Irish in America*, 1868, S. 181f.

S. 15 »Schiffsfieber ...« Marcus Lee Hansen, *The Atlantic Migration 1607–1860*, 1940, S. 256.

S. 16 »Er war groß, sah gut aus ...« KMPK.

S. 16 »Im Unterschied zu ihr konnte er nicht nur lesen ...« Bei der Bostoner Volkszählung von 1870 gab Bridget Murphy Kennedy an, daß sie zwar lesen, aber nicht schreiben könne. GA, S. 26.

S. 16 »Das alte Boston ...« Samuel Eliot Morison, *The Maritime History of Massachusetts 1783–1860,* 1979, S. 225.

S. 16 »Lagerhäuser, Speicher, Gebäude aus Quincy-Granit ...« Ebenda.

S. 16 »... Cousin Patrick Barron ...« KMPK.

S. 16 »... Dröhnen von Ambossen ...« William H. Sumner, *A History of East Boston,* 1858, S. 503.

S. 17 »Bleibt nicht an der Küste ...« Die Iren lebten »zusammengepfercht in engen Wohnungen und Kellern – oft ganze Familien in einem Zimmer. Wenn sie Luft holen, atmen sie Krankheit und Tod ein. Sie finden oft nur vorübergehend Arbeit. Eine Woche arbeiten sie, die nächste sitzen sie untätig herum. Hunderte oder gar Tausende fühlen sich nutzlos und verarmen. Sie können sich nicht mehr selber helfen und verzweifeln.« *Boston Pilot,* 8. September 1849, S. 15.

S. 17 »Inzwischen war ihre Zahl auf 34 000 angestiegen ...« Andrew Buni und Alan Rodgers, *City on a Hill,* 1984, S. 76.

S. 18 »... 14 Stunden am Tag schuften ...« KMPK.

S. 18 »... sobald sie verheiratet waren ...« Timothy J. Meagher »Sweet Mothers and Young Women out in the World: The Roles of Irish American Women in Late Nineteenth and Early Twentieth Century Worcester, Massachusetts«, in: *U. S. Catholic Historian,* 5 (3–4) 1984, S. 326.

S. 18 »Er starb am 24. September 1854 ...« Es gab damals in Ost-Boston keinen katholischen Friedhof, und Bridget und Patrick kauften ein Grab auf dem katholischen Friedhof von Cambridge, das groß genug für mindestens einen weiteren Kennedy war.

S. 19 »... eine nette Spazierfahrt nach ...« *East Boston Argus-Advocate,* 24. Juli 1879.

S. 20 »... 900 Kilo schwere Glocke ...« Sumner, S. 657.

S. 21 »... Schwindsucht selbst zwar nicht erblich ...« Selman A. Waksman, *The Conquest of Tuberculosis,* 1964, S. 38f.

S. 21 »... ohnehin nur 14 Jahre ...« Handlin, S. 115, und Robert E. Kennedy jr., S. 47.

S. 21 »Wenn in Ost-Boston ein Mann starb ...« William Shannon, *The American Irish,* 1963, S. 37.

S. 22 »... geistig und körperlich gesunde Jungen ...« Holloran, S. 182.

S. 22 »... die Fäden statt mit der Schere ...« Ryan, S. 51.

S. 22 »Da sie mit sieben anderen Familien ...« Laut Volksbefragung von 1860, GA, S. 26.

S. 23 »... zum Dienen geboren ...« Barbara Miller Solomon, *Ancestors and Immigrants: A Changing New England Tradition,* 1956, S. 57.

S. 23 »... kam auf jede dritte Familie ein Dienstbote ...« Daniel Sutherland, *Americans and their Servants,* 1981, S. 47.

S. 23 »Wenn die wohlhabenden Bürger ...« Potter, S. 513.

S. 23 »Lizzie ähnelte den Haussklaven ...« Samuel Eliot Morison, *One Boy's Boston, 1887–1901,* 1962, S. 16.

S. 23 »... unter ihrer Einsamkeit litten« David M. Katzman, *Seven Days a Week: Women and Domestic Service,* 1978, S. 15f.

S. 23 »Noch 1908 ... bevölkerten mehr Iren ...« Diner, S. 110.

S. 24 »... viermal so viel Nonnen wie Priester ...« Mary Owens O. P., »The Leadership of Nuns in Immigrant Catholicism«, in: Rosemary Radford Ruether und Rosemary Skinner Keller (Hrsg.), *Women and Religion in America: Vol. 1: The Nineteenth Century,* 1981, S. 101.

S. 24 »... mehr Whiskey als Brot ...« Viele arme Witwen verkauften Whiskey in sogenannten »shebeens«, ohne eine Lizenz zu besitzen. Obwohl strafbar, wurde dies von den irischstämmigen Polizisten normalerweise toleriert. Der Brauch stammte aus Irland und gehörte zum Leben der irischen Immigranten. Sh. Roy Rosenzweig, *Eight hours for what we will: Workers and leisure in an industrial City, 1870–1920*, 1983, S. 43, und Perry R. Duis, *The Saloon: Public Drinking in Chicago and Boston: 1880–1920*. 1993, S. 60.

S. 25 »Betrachtet den Jungen ...« *Boston Pilot*, 1. Dezember 1849, S. 1.

S. 26 »Mary wurde Schneiderin ...« Volksbefragung von 1870, GA, S. 26ff. Es gibt keine Unterlagen darüber, welcher Beschäftigung Margaret M. Kennedy nachging.

S. 26 »In einer noblen Gegend ...« Robert A. Woods und Albert J. Kennedy, *The Zone of Emergence: Observations of the Lower Middle and Upper Working Class Communities of Boston, 1905–1914*, 1962, S. 189.

S. 26 »Das Glück des Ehemannes fördern ...« George Deshon, *Guide for Young Women, Especially for Those Who Earn Their Own Living*, 1897, S. 151ff.

S. 27 »Pats Junge ...« KMPK und Interview mit Kerry McCarthy.

S. 28 »...las beim Bierzapfen Bücher ...« KMPK.

S. 28 »Notre Dame Academy ...« *Winthrop Sun*, 1. Juni 1923.

S. 29 »Ihr Tod ist ein schmerzlicher Verlust ...« *East Boston Argus-Advocate*, 29. Dezember 1888, S. 8.

Kapitel 3

S. 30 »... mühsam ihren Lebensunterhalt verdienten ...« Als Josie sieben Jahre alt war, besaßen 17 Männer in Acton über 10 000 Dollar, während der Besitz ihres Vaters, bestehend aus einem Haus, einem kleinen Stück Land und zwei Schweinen, insgesamt nur 225 Dollar wert war. Zahlen nach einer offiziellen Schätzung vom 1. September 1872.

S. 31 »Zwei Kinder der Hannons ...« DKG, S. 81.

S. 31 »Jahre später begleitete ...« Ebenda, S. 82.

S. 31 »Edmond heiratete später ...« Ebenda, S. 83.

S. 31 »Eines Sonntags im Herbst 1878 ...« Ebenda, S. 77.

S. 31 » ...das herablassende Verhalten des Städters ...« BP, 5. September 1907.

S. 31 »Ich wußte gleich ...« John Henry Cutler, *Honey Fitz: Three Steps to the White House*, 1962, S. 43.

S. 31 »Fitzgerald war am 11. Februar 1863 ...« Ebenda S. 35.

S. 32 »Ich saß vor unserem Haus ...« BP, 11. November 1915, S. 34.

S. 32 »Neun Monate später starb ...« Harvey Rachlin, *The Kennedys: A Chronological History 1823-Present*, 1986, S. 14.

S. 32 »Ich fühlte mich für meine Brüder verantwortlich ...« BP, 21. Dezember 1913.

S. 32 »... sechs Brüder versorgte ...« Cutler, S. 42.

S. 33 »Einiges deutet darauf hin ...« Rose schrieb Jahrzehnte später: »Ich habe nie erfahren, warum die beiden älteren Brüder nicht mehr Verantwortung übernahmen. Tatsache aber ist, daß mein Vater die wichtigste Stütze der Familie war und es auch blieb, bis die jüngeren Brüder selbst für sich sorgen konnten.« RK, S. 9.

S. 33 »... geringfügige Ehehindernisse ...« Reverend Joseph J. C. Petrovits, *The New Church Law of Matrimony*, 1919, S. 225.

S. 34 »Jede Woche, wenn er zu Besuch kam ...« DKG, S. 88f.

S. 34 »Es dauerte etwa zwei Jahre ...« DKG, S. 88.

S. 34 »Ich glaube, ich kam ihm wie ein Wunder vor ...« RK, S. 11.
S. 35 »Fitzgerald gehörte ...« Cutler, S. 42.
S. 35 »... eine vollkommene Schönheit ...« RK, S. 14.
S. 36 »Statt dessen hielt er sich ...« Cutler, S. 57.
S. 36 »Jedesmal wenn ich zu ihnen ...« George Kibber Turner, »The Mayor of Boston« in:*Collier's*, S. 16.
S. 38 »Im Jahr 1880 waren bereits ...« Arthur Mann, *Yankee Reformers in the Urban Age*, 1954, S. 3.
S. 38 »... mehr Italiener als Iren ...« Die Zahl der irischstämmigen Einwohner hatte bereits 1895 zu sinken begonnen. Damals lebten dort 6800 Iren, 7700 Italiener und 6200 Juden. Paula J. Todisco, *Boston's First Neighborhood: The North End*, 1976, S. 29.
S. 38 »Als sich meine Mutter ...« DKG, S. 103.
S. 39 »Vater sagt dieses ...« CA, S. 38.
S. 39 »Junge Frauen zogen ...« Nancy M. Theriot, *The Biosocial Construction of Femininity: Mothers and Daughters in Nineteenth-Century America* 1988, S. 79.
S. 39 »Die Kirche war von Universalisten erbaut ...« Townsend Scudder, *Concord: American Town*, 1947, S. 289.
S. 39 »Anfangs hatten die Farmer ...« Ebenda, S. 289.
S. 40 »Ein protestantischer Geistlicher ...« Ebenda, S. 291.
S. 40 »Der Besuch des Gottesdienstes ...« RK, S. 14.
S. 40 »Rose kam sich vor ...« Ebenda, S. 16.
S. 41 »Ich möchte diese Blume ...« BG, 14. Januar 1914, S. 35.
S. 41 »Ich wußte schon damals ...« CA, S. 35.
S. 41 »... Atmosphäre der Selbstzufriedenheit ...« Albert Lane, *Concord Authors at Home*, 1902, S. 11.
S. 41 »Es waren wundervolle Jahre ...« RK, S. 11.
S. 42 »Ihr wundervolles langes Haar ...« Erinnerungen von Rose Kennedy an ihre frühe Kindheit, RCP.
S. 43 »Manchmal fragte ich mich ...« RK, S. 14.
S. 43 »Urbilder, die mich Gott ...« Denise L. Carmody und John T. Carmody, *Roman Catholicism: An Introduction*, 1990, S. 202.
S. 45 »Er kam selten zum Essen ...« Erinnerungen von Rose Kennedy an ihre Kindheit, RCP.
S. 46 »... ihr gegenüber standen die Lehrerinnen ...« Lawrence J. McCafrey, »Irish America« in: *The Wilson Quarterly*, Frühjahr 1985, S. 83.
S. 47 »Aber ich durfte nicht ...« RK, S. 27.
S. 47 »Wußten Sie, daß mein Vater ...« BT, 10. Oktober 1952.
S. 48 »Ich kümmere mich überhaupt nicht ...« BP, 30. September 1906.
S. 48 »Sein Geld erhalte er von der Industrie ...« BP 11. Nov. 1905, S. 8.
S. 48 »... schwunghaften Handel mit dem Katholizismus ...« Cutler, S. 93.
S. 49 »Nein, kommt nicht in Frage ...« BA, 15. November 1905, S. 3a.
S. 50 »... in der politischen Versenkung zu verschwinden ...« BP, 19. November 1905, S. 34B.
S. 50 »Papa wird Bürgermeister ...« Ebenda.
S. 50 »... ideale amerikanische Familie ...« BP, 19. Nov. 1905, S. 34B.
S. 51 »Ich bin froh, daß es vorbei ist ...« BP, 13. Dezember 1905, S. 7.
S. 51 »1500 Tanzveranstaltungen ...« CA, S. 46
S. 52 »... besetzt mit einer lemurenhaften Gruppe ...« BP, 22. November 1906, S. 9.
S. 52 »Ich mag hübsche Mädchen ...« BP, 2. Oktober 1907.
S. 52 »Die Damen alter Schule ...« BP, 3. Juli 1906.

S. 53 »Inzwischen lebten mehr Iren in Boston ...« Cutler, S. 83.

S. 54 »Über 2 000 Frauen ...« BH, 19. April 1906, und BG, 19.April 1906.

S. 55 »Schönste Schulabgängerin ...« RK, S. 28.

S. 55 »... Old Orchard Beach ...« Die Fitzgeralds scheinen erstmals 1901 nach Old Orchard gereist zu sein. In der Gesellschaftsspalte des *Concord Enterprise* wird am 4. September 1901 darüber berichtet.

S. 55 »... eines der schönsten Ferienhäuser ...« *Biddeford Daily Journal,* 19. Juli 1906, S. 3.

S. 56 »... in einem großen Schaukelstuhl ...« DKG, S. 124.

S. 57 »Old Orchard wird in meiner Erinnerung ...« DGK, S. 124.

S. 59 »Aber das war doch gar nichts ...« Nicht zu identifizierender Zeitungsausschnitt von 1911, BUCL.

S. 60 »... ihre Hauptsorge galt den jungen Frauen ...« Anfang 1907 erzählte der New Yorker Erzbischof Farley die Geschichte einer jungen Frau, die sich nach sechs Monaten auf dem College geweigert hatte, mit ihrer Mutter am Gründonnerstag zur Beichte zu gehen. Die Kirche gab aber nicht allein der Tochter die Schuld: »Katholische Eltern, die ihre Tochter so der Gefahr aussetzen, das wertvolle Geschenk des Glaubens zu verlieren, sind indirekt schuld daran, wenn sie der Religion ihrer Väter abtrünnig wird.«

S. 60 »... eine christliche Gesinnung zu fördern ...« John Tetlow, »The Eastern Colleges for Women: Their Aims, Means and Methods«, in: *Education,* 1. Juli 1881, S. 548.

S. 62 »Es ist fürchterlich ...« *Boston Journal,* 16. August 1907.

S. 62 »Als die Flut kam ...« Robert A. Dominique, *Greetings from Old Orchard: A Picture Postcard* 191, S. 52.

S. 63 »... so sprach sie immer nur von einem ›angenehmen Ort‹ ...« RK, S. 17.

Kapitel 4

S. 64 »... O'Connell hatte durchblicken lassen ...« Robert O'Leary, »Brahmins and Bullboys: William Henry Cardinal O'Connell and Massachusetts Politics«, in: *Historical Journal of Massachusetts,* Januar 1982, S. 9.

S. 66 »Sie hätten mich in Wellesley ...« Zitiert in CA, S. 46.

S. 66 »Am meisten bedauere ich ...« Zitiert in DKG, S. 144.

S. 66 »Viel prominente Katholiken ...« Louise Callan, *The Society of the Sacred Heart in North America,* 1937, S. 615.

S. 67 »Die Klassen bestanden aus ...« Callan, S. 614.

S. 67 »... dem Katholizismus feindlich gesonnen ...« *100 Years of Continuous Sacred Heart Education in Boston and Newton*

S. 67 »... für junge Katholikinnen dasselbe zu leisten ...« Callan, S. 614.

S. 67 »Ich hätte Vater nie Vorhaltungen gemacht ...« Zitiert nach DGK, S. 146.

S. 68 »... großer, gemütlicher Teddybär ...« DKG, S. 138.

S. 69 »Wir hatten kürzlich eine Besprechung ...« Cutler, S. 119.

S. 69 »Tausende von Bürgern ...« *The Finance Commission of the City of Boston, Reports and Communications,* 1909, S. 254–258.

S. 70 »Fitzgerald schaute abends ...« RK, S. 55.

S. 71 »... zahlreiche Töchter bekannter Familien ...« BP, 17. Juli 1908.

S. 72 »Rose und Agnes wedelten ...« BP, 18. Juli 1908.

S. 73 »... niederländische Maler ...« Mary O'Leary, *Education with a Tra-*

dition: An Account of the Educational Work of the Society of the Sacred Heart, 1936, S. 249.

S. 73 »Andere Frauen …« V. V. Harrison, S. 19; Mary Colum, *Life and the Dream,* 1947, S. 17; Antonia White, *Frost in May,* 1933, S. 8 u. S. 30.

S. 74 »… Freifräulein oder Durchlaucht …« Colum, S. 46.

S. 74 »Sie dürfen dieses Buch nicht …« Colum, S. 20.

S. 74 »Rose schmückte den kahlen Raum …« RK, S. 35.

S. 74 »Wir unterhalten uns abends …« RK, S. 36.

S. 75 »Cœur sacré …« Vgl. *Règlement des Pensionats et Plan d'Etudes de la Societé Du Sacre-Cœur de Jésus,* 1852, S. 18.

S. 75 »… Badekleider aus Baumwolle …« Colum, S. 25.

S. 75 »Anstand und Sittsamkeit …« *Règlement* …, S. 20. Dort heißt es in der Hausordnung: »Elles se lavent les pieds tous les quinze jours« (Sie waschen sich alle vierzehn Tage die Füße).

S. 76 »… den Gepflogenheiten in St. Cyr nachempfunden« Im Lehrplan von 1805 heißt es: »Wir haben die Methode übernommen, die Racine in der Schule von St. Cyr so bewunderte, nämlich die Methode des unsterblichen Fénelon, dessen Lehre so erfreulich einfach ist und auf immer alle modernen Theorien übertreffen wird.«

S. 77 »Ich weiß, daß wir eine englische Ausgabe …« DKG, S. 183.

S. 77 »Ein Jahr dauert ja nicht ewig …« RK, S. 36

S. 77 »… das Gefühl der Einsamkeit …« DKG, S. 177.

S. 77 »Im Winter war es morgens so kalt …« DKG, S. 176.

S. 77 »Fast alle kämpften …« Colum, S. 24

S. 78 »Zu Weihnachten schickten wir …« Undatierter Zeitungsausschnitt, vermutlich von 1911, BUCL.

S. 78 »Wenn ich mich wie ein Engel …« RK, S. 37.

S. 79 »...hüpften vor Freude …« RK, S. 38.

S. 79 »Es entsprach nicht meinem Naturell …« DKG, S. 185.

S. 79 »Nun, da ich von allem getrennt …« DKG, S. 186.

S. 80 »Alle Mädchen – und auch die Kochlehrerin …« Nicht zu identifizierender Zeitungsausschnitt von 1911, BUCL.

S. 80 »… wie Rose eine Stunde lang beichtete …« CA, S. 55.

S. 81 »Neben den Gebeten …« Rede Rose Kennedys bei der Grundsteinlegung der Turnhalle des Manhattanville College am 11. März 1956. MCA.

S. 81 »Jede, die den Orden liebt …« Zitiert in Margaret Williams, *The Society of the Sacred Heart: History of a Spirit 1800–1975,* 1978, S. 184.

S. 81 »Es wäre ein zu großes Opfer …« RK, S. 39.

S. 82 »… nichts anzuziehen …« RK, S. 40.

S. 82 »Ich könnte zu Hause eine Menge lernen …« DKG, S. 188. Miriam und Margaret Finnegan waren ein weiteres Schwesternpaar aus Boston, das das Internat in Blumenthal besuchte. RK, S. 32.

S. 82 »… mit Tränen in den Augen …« RK, S. 41.

S. 82 »Es klingt vielleicht paradox …« John F. Fitzgerald, »Recollections«, BP, 18. Januar 1914, S. 42.

S. 83 »Unsere Mutter hatte Tränen …« RK, S. 43.

S. 83 »… wie sie ihn aufheitern konnte …« *The Sacred Heart Review,* 29. März 1890, S. 6.

S. 83 »Auf Außenstehende wirkten die Fitzgeralds …« Dr. John K. Pearce und Monica McGoldrick Orfanidis, die beide viel mit irisch-amerikanischen Familien gearbeitet haben, schreiben: »Wenn es den Mitgliedern einer Familie unmöglich ist, ihre Gefühle in den Therapiestunden auszudrücken, ist das oft nicht nur ein Zeichen des Widerstandes gegen die Therapie, sondern spiegelt wider, daß sie ihre innersten Gefühle auch vor sich selbst verbergen ... Aggressionen innerhalb der Familie werden nicht ausgetragen und stauen sich im einzelnen an, bis schließlich die Beziehung zum anderen verlorengeht; zwischenmenschliche Verhaltensfehler werden mit einer Art sozialer Ächtung bestraft ... Die wahren Gefühle zueinander können manchmal so tief verschüttet sein, daß sich in der Familie eine Mißstimmung breitmacht und mit puritanischer Strenge vorgegangen wird, die auf versteckte Ressentiments schließen läßt.« Sh. Dr. John K. Pearce und Monica McGoldrick Orfanidis, »Familiy Therapy with Irish Americans«, in: *Working Papers in Irish Studies presented at a Colloquium, Northeastern University, 27. Januar 1983, Nr. 83:1*, S. 43 und 47.

S. 84 »Sie nannten sie ein ›Ekel‹ ...« CA, S. 39.

S. 84 »Ich fand mich damit ab ...« RK, S. 44.

S. 85 »... gottlose Modeerscheinung ...« Ryan, S. 73.

S. 85 »Wenn ein neugieriges Mädchen fragte ...« Ryan, S. 73.

S. 85 »Laßt den Bürgermeister den Refrain allein singen ...« BP, 8. Januar 1914, S. 42.

S. 86 »... in vollem Umfang ...« RK, S. 45.

S. 87 »... private gemeinnützige Einrichtungen ...« Nathan C. Chiverick in: Alexander Williams, *A Social History of the Greater Boston Clubs*, 1970, S. 129f.

S. 87 »Ein Besucher aus London ...« RK, S. 45.

S. 88 »Bei einer anderen Festivität ...« Cleveland Armory, *The Proper Bostonians*, 1947, S. 277.

S. 88 »Oh, ich bin schon 20 ...« Undatierter Zeitungsausschnitt, BUCL.

S. 91 »Roses Einführung in die Gesellschaft ...« Berichte in folgenden Zeitungen: BP, BG, BA, *Boston Evening Record*, *Boston Journal* und *Boston Evening Transcript* vom 1.-3. Januar 1911; ferner ein Zeitungsausschnitt unbekannter Herkunft mit einem Interview vom 1. Januar, BUCL.

S. 91 »Außerdem half sie ...« RK, S. 47.

S. 92 »... eine größere Katastrophe ...« RK, S. 60.

S. 92 »... hier endlich mal aufzuräumen ...« Zeitungsausschnitt in den HCA vom 3. Februar 1911

S. 93 »Noch bevor der Zug ...« *Boston Journal*, 18. Februar 1911.

S. 93 »Ich habe nicht allzuoft das Vergnügen ...« BG, 19. Februar 1911.

S. 94 »... seinen gesamten Hausrat ...« BA, 17. Februar 1911.

S. 94 »Seine neue Garderobe umfaßte ...« BP, 17. Februar 1911.

S. 94 »Das ist der tollste Ball ...« BP, 23. Februar 1911.

S. 95 »... trug sie sogar einen Schleier ...« CA, S. 65.

S. 95 »Die anderen Tänze ließen wir aus ...« RK, S. 64.

Kapitel 5

S. 96 »... eine erstaunlich kluge Frau ...« zitiert in DKG, S. 227.

S. 96 »... hinter ihm her war ...« KMPK.

S. 97 »Ich habe nie geheiratet ...« zitiert in Diner, S. 58.

S. 97 »Am 6. Dezember 1857 ...« GA, S. 30.

S. 97 »Die Amerikanerinnen ihrer Generation ...« Harvey Green, *The Light of the Home: An Intimate View of the Lives of Women in Victorian America*, 1983, S. 21.

S. 97 »... eine glänzende Zukunft ...« KMPK.

S. 97 »... hielt sie sich stets kerzengerade ...« KMPK.
S. 98 »In irischen Familien ...« Ebenda.
S. 98 »... einen typisch irischen Namen aufbürden ...« Ebenda.
S. 98 »Er erhielt den Namen Francis Benedict ...« GA, S. 31.
S. 98 »Zu ihren Nachbarn gehörten ...« BP, 12. Dezember 1937, S. 2A.
S. 100 »P. J. erzählte, er sei ...« KMPK.
S. 100 »... Herzklappenfehler ...« Massachusetts Vital Records 1902, Bd. 53, S. 196.
S. 100 »... eine vornehme Welt ...« KMPK.
S. 101 »Barron machte unzählige Überstunden ...« CH, S.460.
S. 102 »Von 1889 an ...« Die Karriere von P. J. als Immobilienmakler zeigt auf faszinierende Weise die enge Verquickung von Politik und Geschäft in Boston. So kaufte Kennedy am 26. Juni 1889 für 1300 Dollar ein Grundstück von Charles F. Quigley, das dieser selbst erst am selben Tag für 8000 Dollar erworben hatte. Was Quigley zu diesem Verlustgeschäft bewegte, ist nicht bekannt.
S. 102 »Ich habe heute schon 128mal gewählt ...« JMB, S. 17.
S. 102 »... einer der mächtigsten Wirtschaftsführer ...« *East Boston Argus-Advocate*, Sonderausgabe Mai 1897, S. 53f. BPL, Zweigstelle Ost-Boston.
S. 103 »... ein gütiges Lächeln ...« KMPK.
S. 103 »Gemeinsam lasen sie ...« Ebenda.
S. 104 »Folge einer ›nachlässigen Erziehung‹ ...« *Course of Study in the Academies and Parochial Schools of the Sisters of Notre Dame*, 1895, S. 130. Archive der Schwestern von Notre Dame de Namur, Ispwich, Massachusetts.
S. 104 »Außerdem trichterte man ihm ein ...« The Brothers of Mary, *The Polite Pupil: For the Use of Catholic Parochial and High Schools,* 1912, S. 9ff.
S. 105 »Wenn Dich jemand nach Deinem Namen ...« KMPK.
S. 105 »... Welt der Zeitungsjungen ...« David Nasaw, *Children of the City,* 1985, S. 150ff.
S. 105 »Jede Gruppe von Einwanderern ...« JMB, S. 7.
S. 105 »Am 4. Juli 1845 ... marschierten ...« BP, 5. Juli 1845.
S. 105 »... Taubenzucht ...« RW, S. 21.
S. 106 »... auf höchst ungewöhnliche Weise ...« Ebenda.
S. 106 »... katholische junge Männer ...« RW, S. 25.
S. 107 »... strebte auch nach gesellschaftlicher Anerkennung ...« Ebenda.
S. 107 »Sein Zimmergenosse Bob Fisher ...« RW, S. 26.
S. 108 »Die Kennedys kauften ...« Das genaue Datum des Umzugs ist nicht feststellbar.
S. 108 »Stätten des Triumphs ...« Duis, S. 204.
S. 109 »... jüdische Straßenhändler ...« Sari Roboff, *East Boston,* 1976, S. 26.
S. 109 »... während Loretta sie begleitete ...« KMPK.
S. 109 »... das Musical zusammen mit Kommilitonen gesehen ...« Edward M. Kennedy (Hrsg.), *The Fruitful Bough: A Tribute to Joseph P. Kennedy,* 1965, S. 11.

Kapitel 6

S. 110 »Ein Gerücht drang nach Boston ...« BG, 17. August 1911.
S. 111 »... Meinung über die englischen Frauen ...« Ebenda, S. 1.
S. 111 »Was wollt Ihr Suffragetten ...« Cutler, S. 147.
S. 112 »Eine Frau, die an die niederen Instinkte ...« Zitiert nach Eileen Mary Brewer, *Nuns an the Education of American Catholic Women, 1860–1920*, 1987, S. 107.
S. 112 »Wünschen Sie sich manchmal ...« BP, 12. November 1911.
S. 114 »... Corned Beef und Kohl ...« Cutler, S. 160.
S. 114 »Junge Frauen aus der Oberschicht ...« Amory, S. 354f.
S. 115 »Sie war ein wichtiges Mitglied ... CA, S. 61.
S. 115 »... den ›Ace of Clubs‹ gegründet ...« Der Club nannte sich ursprünglich Lenox Club und traf sich montag nachmittags im Hotel Lenox. Der erste Artikel über den Verein bezieht sich noch auf den Lenox Club. BP, 12. November 1911.
S. 115 »Vida Scudder ...« BP, 7. April 1912, S. 1b.
S. 116 »Nach den Vorträgen trinken wir Tee ...« BP, 12. November 1911.
S. 116 »Ich habe genug von den Bridgeclubs ...« Ebenda.
S. 116 »Wie war ich ...« CA, S. 64.
S. 116 »Selbst ein Kreis ...« RK, S. 48.
S. 117 »... Tanzveranstaltungen im Hotel Somerset ...« DKG, S. 203.
S. 117 » ... begrüßten ihn ...« Rose Fitzgeralds Kindheitserinnerungen. RCP.
S. 117 »Diese vortrefflichen Frauen kennen die Opfer ...« »Catholic Mothers«, Rede vom 10. Juni 1912 in: *Sermons and Addresses of His Eminence William Cardinal O'Connell, Archbishop of Boston,* Bd. IV.
S. 118 »... Ehre, den Vorsitz zu übernehmen ...« BP, 28. Januar 1912.
S. 118 »Jede Christin sollte zwei Dinge ...« BH, 18. Februar 1912.
S. 119 »Die Obszönität der Bewegungen ...« Zitiert in Kathy Peiss, *Cheap Amusements: Working Women and Leisure in Turn-of-the-Century New York,* 1986, S. 102.
S. 119 »Joe kannte diese verpönten Tänze ...« RK, S. 69.
S. 120 »... Oscar Wildes Stück ›Salomé‹ abgesetzt ...« Zeitungsausschnitt vom 8. Januar 1914, HCA.
S. 120 »... mißfiel ihm ein Stück namens ...« Zeitungsausschnitt vom 3. Dezember 1913, HCA.
S. 120 »... in Boston einen ähnlichen Skandal auslösen ...« BG, 17. November 1911, S. 9.
S. 120 »Wenn sie anfangen, die Bühne ...« BP, 17. November 1911, S. 1.
S. 121 »Der Bürgermeister hatte ...« BG, 16. November 1911, S. 13.
S. 121 »... erniedrigendes Schauspiel ...« BP, 17. November 1911, S. 1.
S. 122 »Es war einfach großartig ...« BP, 17. November 1911.
S. 124 »... bemerkte sie ›den harten Gesichtausdruck‹ ...« DKG, S. 200.
S. 125 »... schämte sich für das Benehmen ...« Ebenda.
S. 125 »Gewinn für die Stadt ...« BP, 25. Mai 1913.
S. 126 »Statt wie Napoleon ...« RK, S. 62f.
S. 128 »An einem Herbstmorgen ...« *The Republic*, 10. November 1914.
S. 129 »Ich wollte immer von einem Kardinal ...« BG, 28. September 1944, zitiert in DEK, S. 22.
S. 129 »... das neuvermählte Paar ...« CA, S. 69.
S. 129 »... fast nur ›Verwandte‹ ...« BA, 4. Oktober 1914, S. 30.

S. 130 »... schönste Liebesgeschichte des Jahrzehnts ...« BP, 4. Oktober 1914.
S. 130 »... Feier im kleineren Kreis ...« RK, S. 69.
S. 130 »... unterhielt sich Fitzgerald ›ausgelassen‹ ...« BP, 8. Oktober 1914, S. 11.
S. 131 »... der wohlhabendsten Stadt ...« Bruce A. Phillips, *Brookline: The Evolution of an American Jewish Suburb*, 1990, S. 3.
S. 131 »... für 6500 Dollar ...« RW, S. 42.
S. 131 »... eine gelungene Synthese ...« Bruce Phillips, S. 2.
S. 131 »Die Küche war das Reich ...« Fünfzig Jahre später konnte Rose zwar noch genau beschreiben, was für Bilder im Wohnzimmer hingen und welche Verzierung das Silberbesteck im Eßzimmer hatte. Doch von der Küche wußte sie nur noch, daß der weiße Vorhang mit kleinen roten Herzen bedruckt war.
S. 134 »Am Morgen des 25. Juli 1915 ...« In ihrer Autobiographie gibt Rose ein falsches Datum für die Geburt ihres ersten Sohnes an, nämlich den 28. Juli 1915; RK, S. 177.
S. 135 »Ich fühle mich so wohl ...« BG, 26. Juli 1915, S. 1.
S. 135 »Natürlich wird er ...« *Boston Journal*, 26. Juli 1915, S. 4.
S. 135 »Wenn eine Mutter ihr erstes ...« RCP.
S. 135 »... unangefochtene Autorität auf diesem Gebiet ...« Das erstmals 1894 erschienene Buch *The Care and Feeding of Children* von L. Emmett Holt erlebte bis 1915 acht Auflagen; Sheldon Stern, der Historiker der Kennedy Library, bestätigte, daß Rose das Buch benutzte.
S. 136 »... die neuesten Tips von Kinderpsychologen ...« *Reader's Digest*, April 1939, S. 84.
S. 136 »... waren damals genauso Allgemeingut ...« Mary Cable, *The Little Darlings: A History of Child Rearing*, 1975, S. 165.
S. 136 »Mangelnde Genauigkeit der Mutter ...« Mrs. Burton Chance, *The Care of the Child*, 1909, S. 20f.
S. 136 »... tagsüber alle zwei Stunden« Holt, Ausgabe 1894, S. 35.
S. 136 »Die junge amerikanische Mutter ...« Katherine G. Busbey, *Home Life in America*, 1910, S. 32.
S. 136 »Sie werden nervös und reizbar ...« Holt, Ausgabe 1894, S. 57.
S. 137 »... mehr im Freien bewegen ...« Ebenda, Ausgabe 1923, S. 57.
S. 138 »... und sich dabei ein Magengeschwür holte ...« RK, S. 80.
S. 138 »... zum Umfallen müde ...« Ebenda.
S. 140 »Absprachen und Pools ...« *Fortune*, September 1937, S. 140.
S. 140 »Die amerikanische Frau hat ...« Zitiert in Frederick Lewis Allen, *Only Yesterday*, 1931, S. 74.
S. 140 »In Amerika habe es ›Sex‹ geschlagen ...« Steven Mint und Susan Kellog, *Domestic Revolution: A Social History of American Family Life*, 1988, S. 111.
S. 140 »Ich hoffe, du hast gutaussehende Mädchen ...« Zitiert in DKG, S. 304.
S. 141 »Schau Rose, deine Vorstellung ...« Zitiert in DKG, S. 392.
S. 142 »... sich möglichst wenig anzustrengen ...« BP, 22. September 1918, S. 4.
S. 142 »Rose Marie Kennedy ...« Geburtsurkunde vom 13. September 1918.
S. 143 »Ich versuchte, geduldig zu sein ...« RK, S. 151.
S. 143 »... Mittelpunkt des gesellschaftlichen Lebens ...« BP, 25. März 1917, S. 11.
S. 144 »... Triumph für die amerikanische Frauenbewegung ...« Jack S.

Blocker jr., *American Temperance Movement: Cycles of Reform,* 1989, und Ruth Bordin, *Francis Willard: A Biography,* 1986.

S. 146 »Du bist eine Bindung eingegangen …« Zitiert in DKG, S. 307.

S. 147 »Eine ihrer Freundinnen hatte sich scheiden lassen …« Felicia Warburg Roosevelt, *Doers and Dowagers,* 1975, S. 90.

Kapitel 7

S. 148 »… panische Angst …« DKG, S. 309.
S. 148 »Ich hätte nie erwartet …« DKG, S. 310.
S. 149 »Ihre frühen Briefe kamen … « Aus »Notes for Diary«, mit freundlicher Genehmigung von Eunice Kennedy Shriver.
S. 149 »Wir hatten sehr viel Freude …« RK, S. 92.
S. 149 »Mit ihnen verbrachte ich …« KMRK.
S. 149 »Tanz mit mir …« RK, S. 91.
S. 150 »… einschließlich Chauffeur …« CA, S. 92.
S. 150 »… jedes Jahr am selben Ort …« RK, S. 91.
S. 150 »Mann, du bist mir eine schöne Mutter …« RK, S. 93f.
S. 151 »Eine Mutter weiß …« RCP.
S. 151 »Ich betrachtete Kindererziehung …« Ebenda.
S. 152 »… außergewöhnliche Leistungen …« RK, S. 143.
S. 152 »In einer großen Familie …« RCP.
S. 152 »Meiner Meinung nach …« John F. Kennedy, *As We Remember Joe,* 1945, S. 3f.
S. 154 »Die Kinderfrau Katherine Conboy …« LMT, S. 8.
S. 155 »Ich sah es als meine Pflicht an …« NPS, S. 19.
S. 155 »Manchmal sind Schläge …« RCP.
S. 155 »… wie ›grausam‹ ihre Mutter gewesen sei …« RK, S. 133.
S. 156 »Meine Mutter hat mich nie …« Thomas C. Reeves, *A Question of Character: A Life of John F. Kennedy,* 1991, S. 32.
S. 156 »… aus kennedyscher Verzweiflung …« RK, S. 84.
S. 156 »Bei uns war wirklich …« Zitiert in RK, S.135.
S. 158 »… an den schönen Grauwerkpelz …« *Brookline Citizen,*, 17. November 1988.
S. 159 »Mit hochrotem Kopf …« BG, 6. November 1922, S. 11.
S. 159 »Sagen Sie den Leuten …« BG, 8. November 1922, S. 12.
S. 159 »Die Frauenclubs … sollten …« BP, 8. November 1922.
S. 159 »Meine Kinder haben Politik …« BUH, S. 20.
S. 160 »Im September … starb Eunice …« BP, 26. September 1923.
S. 160 »… daß die Auseinandersetzung mit Kindern …« RCP.
S. 160 »… angezogen wie Straßenjungen …« RK, S. 119.
S. 161 »Er wollte nicht mit Kleinigkeiten …« Rose in den RCP.
S. 161 »… fuhr nach dem Telefonat selbst …« RK, S. 79.
S. 161 »… mit Stecknadeln gespickt …« RK, S. 93.
S. 161 »… kleine Teufel …« *Brookline Citizens,* 17. November 1988.
S. 162 »… beaufsichtigte Spielstunden …« RK, S. 97.
S. 162 »Was die Jungen anbetraf …« RCP.
S. 162 »Ich wußte, daß er …« RK S. 79.
S. 163 »Ein Kind zu gebären …« RCP.
S. 163 »Eines Morgens wachte ich erschöpft auf …« DEK, S. 26.
S. 164 »Ich finde es ganz normal …« RK, S. 122.
S. 164 »… von ihrer Anmut beeindruckt …« HS, S. 40.

S. 164 »Rosemary mußte den Binet-Intelligenztest ...« Ein Gesetz des Staates Massachusetts von 1919 schrieb vor, daß alle Schüler, die mehr als drei Jahre hinter den ihrem Alter entsprechenden Fähigkeiten zurückblieben, sich einer Überprüfung ihres Geisteszustandes zu unterziehen hatten. Dr. George M. Kline, »Accomplishments and Immediate Aims in Massachusetts in Community Care of the Feeble-Minded«, in: *American Association for the Study of the Feeble Minded Proceedings and Addresses of the Forty-Eighth Annual Session*, 1924, S. 35.

S. 164 »Ein niedriger Intelligenzquotient wurde ...« Diese verbreitete Meinung schien durch eine berühmte Studie bestätigt zu werden. Henry Herbert Goddard, der Direktor der Forschungsabteilung der Schule für schwachsinnige Kinder in Vineland, New Jersey, hatte 1912 ein elfjähriges Mädchen untersucht und als »hochgradig schwachsinnig« eingestuft. Er beschrieb ihre Abstammung in einer Studie und gab dabei ihrer Familie den Namen »Kallikak«, nach dem griechischen »gut« und »böse«. Anscheinend konnte er die Spur der Familie bis zu einem jungen Mann aus gutem Hause namens Martin zurückverfolgen, der zur Zeit der amerikanischen Revolution nach einer durchzechten Nacht ein »schwachsinniges Mädchen« schwängerte, nach dem Krieg aber eine andere Frau heiratete. Die beiden Linien der »Familie« waren sehr unterschiedlich. Der zufälligen Verbindung entsprang ein kränklicher Menschenschlag mit zweifelhafter moralischer Einstellung, darunter Prostituierte, Alkoholiker, Epileptiker, Schwachsinnige, Kriminelle und Bordellbesitzer. Die Abbildungen in dem Buch, die das illustrieren sollten, zeigten bösartig wirkende Gesichter mit buschigen Augenbrauen, zusammengekniffenen Augen und wulstigen Lippen. Die andere Hälfte der Familie bestand dagegen aus Doktoren, Rechtsanwälten, Richtern und Geschäftsleuten; nur zwei Alkoholiker waren darunter.

Goddard rückte 1928 selbst von einigen seiner extremen Positionen ab. So räumte er gegenüber der Amerikanischen Gesellschaft zur Untersuchung Schwachsinniger ein, daß »die Gefahr wohl vernachlässigbar sei«, daß »debile Eltern mit größerer Wahrscheinlichkeit imbezile oder idiotische Kinder zeugen«. Doch es dauerte noch weitere fünfzig Jahre, bis Professor Stephen Jay Gould von der Universität Harvard und sein Kollege Steven Selden herausfanden, daß Goddard die Fotos der Kallikaks retuschiert hatte, damit sie negativ wirkten. 1985 wies J. David Smith in *Minds Made Feeble: The Myth and Legacy of the Kallikaks* nach, daß Goddards Ergebnisse ebenso manipuliert waren wie seine Fotos und daß »die Kallikak-Studie eine erfundene Geschichte ist, die sich als sozialwissenschaftliche Untersuchung ausgibt«.

S. 165 »Da waren zunächst die ›Debilen‹ ...« Walter E. Fernald, »Thirty Years Progress in the Care of the Feeble-Minded«, in: *American Association for the Study of the Feeble Minded Proceedings and Addresses of the Forty-Eighth Annual Session Held at Washington D.C.*, 30. Mai bis 2. Juni 1914. Nachdruck von 1924, S. 206.

S. 165 »Wer sich mit Schwachsinnigen auskennt ...« Henry Herbert Goddard, *Feeble-Mindedness: Its Causes and Consquences*, 1914, S. 14.

S. 165 »... körperliche Attraktivität und ein sonniges Gemüt ...« Walter E. Fernald, »The Growth of Provision for the Feeble-Minded in the United States«, in: *Mental Hygiene*, Bd. I, Nr. 1, Januar 1917, S. 42.

S. 166 »... auf der Grundlage neuer Gesetze ...« Harry H. Lauglin, »The Eugenical Sterilization of the Feeble-Minded«, in: *American Association for the Study of the Feeble Minded Proceedings and Addresses of the Fiftieth Annual Session Held at Toronto, Canada*, 3.–5. Juni 1926. Nachdruck von 1926, S. 214.

S. 166 »Er war leicht erregbar ...« RK, S. 152.

S. 166 »... andersgearteter Kinder Leute ...« M. A. Hare, »The Value of the Private School in the Training of Sub-Normal Children« in: *American Association for the Study of the Feeble Minded Proceedings and Addresses of the Forty-Seventh Annual Session Held at Detroit, Michigan,* 15.–18. Juni, 1923, S. 84.

S. 166 »So etwas kam für mich ...« RK, S. 154.

S. 167 »Meiner Meinung nach ...« RK, S. 154.

S. 168 »... rund zehn Millionen Dollar ...« RW, S. 74.

S. 168 »Wir hielten sie finanziell ...« RK, S. 114.

S. 168 »... zehn Cents Taschengeld ...« Ebenda, S. 114.

S. 171 »Der Vorstand des Clubs ...« DKG, S. 326.

S. 171 »Es war kleinlich und gemein ...« Zitiert in RW, S. 59.

Kapitel 8

S. 174 »Was Filme anbelangte ...« GS, S. 351.

S. 175 »... ein Zirkusdirektor ...« Ebenda, S. 366.

S. 175 »Er war so schnell bei mir ...« GS, S. 366.

S. 176 »Was um Himmels willen ...« RK, S. 76.

S. 179 »Eine Abhörwanze in der Decke ...« Betty Lasky, S. 55f, und Roland Flamini, *Scarlett, Rhett, and a Cast of Thousands,* 1975, S. 146.

S. 180 »Wenn er sich etwas in den Kopf gesetzt hatte ...« GS, S. 381.

S. 180 »... wahrscheinlich größte Summe ...« *The Bronxville Review,* 20. April 1929.

S. 180 »... zwanzig Schlafzimmer ...« CA, S. 107, und HS, S. 52.

S. 183 »Das weitläufige Haus der Kennedys ...« Rose und Joe kauften das Haus laut Kaufvertrag am 31. Oktober 1928. Nach und nach erwarben sie und andere Familienmitglieder angrenzende Grundstücke, so daß ein größeres Gemeinschaftsareal entstand.

S. 185 »Aber natürlich wußte sie alles ...« In ihrer Autobiographie und in allen öffentlichen Stellungnahmen behauptete Rose, Gloria Swanson sei nur eine Geschäftsfreundin ihres Mannes gewesen. Nur bei einem unveröffentlichten Gespräch mit der Journalistin Laura Bergquist, einer Freundin der Familie, äußerte sie sich aufrichtiger über die Beziehung ihres Mannes zu der Schauspielerin. LB.

S. 185 »Sieh doch ein, du Närrin ...« Zitiert in DKG, S. 396.

S. 187 »... in jeder Hinsicht liebenswürdig ...« GS, S. 400.

S. 187 »Joe Kennedy hatte uns beide damit bestochen ...« GS, S. 403.

S. 187 »Später erzählte Rose ...« RK, S. 202f, und DKG, S. 415.

S. 187 »Joe war sprachlos ...« RCP.

S. 188 »Es ist möglich, daß sich dieses Treffen ...« Ein Hinweis auf dieses Treffen findet sich weder in den umfangreichen Akten der Erzdiözese Boston noch in den persönlichen Aufzeichnungen William O'Connells, die in der St. John's Seminary Library aufbewahrt werden. Allerdings sind gewisse Dokumente nicht einsehbar.

S. 188 »... gewisse Schritte unternommen ...« Lasky, S. 55ff.

S. 188 »Er hatte fast 30 Pfund Gewicht verloren ...« RW, S. 97.

S. 188 »Schließlich ließ er sich sogar ...« CH, S. 55.

S. 188 »Aber das macht doch jede ...« Axel Madsen, *Gloria and Joe,* 1988, S. 207; Ralph Martin, *A Hero For Our Time,* 1984, S. 31.

S. 188 »... von einigen der schönsten Frauen ...« RK, S. 187.

S. 189 »... 17mal nach Paris ...« HS, S. 55, und Nancy Gager Clinch, *The Kennedy Neurosis,* 1973, S. 77.
S. 189 »Mein Mann meinte damals ...« RCP.
S. 189 »Keiner glaubte ihr ...« RK, S. 117.
S. 193 »Danke. Zwanzig Jahre ...« DKG, S. 426.
S. 194 »Pat und Eunice sagten ständig ...« Zitiert nach CH, S. 58.
S. 195 »Als wir klein waren ...« RK, S. 80f.
S. 195 »Kurz gefaßt war Joe der Meinung ...« RW, S. 166.
S. 196 »Ich verstehe aber, wenn du ...« HS, S. 66.
S. 197 »Joe und ich hatten uns darauf geeinigt ...« RK, S. 167.
S. 201 »Joe hatte ... zehn Dollar gewonnen ...« HS, S. 66f.
S. 201 »... eine sehr gute Einstellung ...« DKG, S. 485.
S. 202 »Sie hält Dich wirklich für einen großartigen Kerl ...« Zitiert in DKG, S. 486.
S. 202 »Die Gruppe mit der größten Anziehungskraft ...« Janet Erskine Stuart, *The Education of Catholic Girls,* 1911, S. 26ff.
S. 203 »Der Auftrag der Schule war ...« Stephen Birmingham, *Real Lace: America's Irish Rich,* 1973, S. 241.
S. 204 »Für uns waren sie Helden ...« RK, S. 167.
S. 205 »Ich hatte ein ernstes Gespräch ...« DKG, S. 497.
S. 205 »Ich tue alles ...« Ebenda.
S. 205 »Betet fest ...« Ebenda.

Kapitel 9

S. 207 »Vor Jahren nahmen wir uns ...« The Reader's Digest, April 1939.
S. 207 »Kitt, der die Familie ...« RK, S. 150.
S. 208 »Joe wußte, was er wollte ...« Interview N. Byran mit Thomas Corcoran, *Time,* 18. November 1962, RWP.
S. 208 »... klopfte er einfach mit dem Schuh ...« CA, S. 12.
S. 208 »Wir wollen keine Verlierer ...« RK, S. 143.
S. 208 »Kommt mir nicht als Zweiter ...« Ebenda.
S. 209 »Wartet nur ab. Wenn wir lange genug ...« Mündliche Aufzeichnung von Eddie Dowling, CU.
S. 210 »... nannte er sie ›Darling‹ ...« HS, S. 97.
S. 210 »Rose hängte ein Schwarzes Brett ...« RK, S. 104.
S. 211 »Doch keine segelte mit solcher Verbissenheit ...« HS, S. 59.
S. 213 »Die Kennedys segelten ...« The Barnstable Patriot, 5. September 1940, S. 6.
S. 213 »Damals war Joe bereit ...« JPK, *I'm for Roosevelt,* S. 3., zitiert in RW, S. 112.
S. 213 »Ich tue alles, was in meiner Macht steht ...« Louis Lyons, »Joe Kennedy Sticks His Head Out«, *The Boston Sunday Post,* undatierter Zeitungsausschnitt, FDRPL.
S. 214 »Ich weiß noch genau ...« REFK, Betrachtungen über das Eheleben, RCP.
S. 214 »Es ist der schönste Besitz ...« Zitiert in Margaret Truman, *Bess W. Truman,* 1982, S. 142.
S. 214 »Rose blieb im konservativ-republikanischen Bronxville ...« Bronxville war eine republikanische Hochburg; 1933 gab es im Wahlbezirk der Kennedys 330 eingetragene Republikaner und nur 62 Demokraten, darunter Joe, Rose und drei ihrer Bediensteten.

S. 220 »Sie sah hübsch und sehr ...« zitiert in DKG, S. 493.
S. 221 »Mit Kathleen zu reisen ...« Ebenda.
S. 221 »Reisen nach Moskau ...« *McCall's,* Mai 1961, S. 105.
S. 221 »Der breiten Masse geht es ...« RK, S. 209f.
S. 222 »Mein Liebling, ich vermisse Dich ...« zitiert in DKG, S. 493.
S. 223 »... wagte er nicht einmal, ihr einen Abschiedskuß ...« HS, S. 8.
S. 224 »John F. ist ein sehr unanständiger ...« Zitiert in *McCall's,* Mai 1961, S. 196.
S. 224 »... Unschuld an eine weiße Prostituierte verloren ...« JCB, S. 34.
S. 225 »Will Hays kam herein ...« LMT, S. 19, und JCB, S. 72f.
S. 226 »Würde ihr Vater so etwas ...« Zitiert in LMT, S. 19.
S. 227 »... zum ersten in Irland geborenen Bürgermeister ...« Birmingham, *Real Lace,* S. 192.
S. 228 »... flog zu den Feierlichkeiten...« *Hyannis Patriot,* Juli 1937, S. 6.
S. 229 »Alle meine Entchen sind ...« zitiert in Peter Collier und David Horowitz, »The Kennedy Kick«, *Vanity Fair,* Juli 1983, S. 50.
S. 229 »Eunice war zwar nur ein Jahr ...« Erinnerungen von Rose Kennedy, RCP.
S. 230 »Puny Eunie ...« LMT, S. 14.
S. 230 »Ten, glaubst du nicht ...« Ebenda.
S. 230 »Okay, und jetzt alle ...« CA, S. 95.
S. 230 »Im Sommer 1937 nahm sie ...« BP, 20. März 1938, S. 16.
S. 231 »... ihren Anteil am Erfolg ...« *Los Angeles Times,* 20. November, Teil 5, S. 12.
S. 231 »Ab und zu nahm ich sie ...« EKS, »Hope for Retarded Children«, *Saturday Evening Post,* 22. September 1962, S. 71
S. 232 »... die Mutter eines behinderten Kindes ...« Associated Press, 31. Oktober 1963.
S. 232 »Rosemary, du hast von uns allen ...« Rose Kennedy, »Rosemary Brought Us Strength«, *Catholic Digest,* März 1976, S. 36.
S. 232 »... zwanzig Liter Milch ...« CA, S. 91.
S. 233 »Er sagte dem Vorführer ...« RK, S. 117.
S. 234 »... zwickte er Kathleens Freundinnen ...« LMT, S. 18.
S. 234 »Ich glaube, nur ein Katholik ...« Zitiert in JCB, S. 16.
S. 235 »... nach einem Aufenthalt in Europa ...« BP, 22. September 1936.
S. 235 »... Kardinal Eugenio Pacelli ...« RK, S. 204.
S. 236 »... einer der führenden katholischen Laien ...« Ebenda.
S. 236 »Wer hätte je gedacht ...« Autobiographische Sammlung, RCP.
S. 237 »Patricia war ein äußerst ...« »My Happy Life with 17 Kennedy Babies«, von Luella R. Hennessy nach Margot Murphy, *Good Housekeeping,* August 1961, S. 55.
S. 237 »Luella Hennessy stammte aus ...« BP, 20. März 1938, S. 28.
S. 238 »Eine Entlassung Henrys ...« RK, S. 211.
S. 238 »Aber Rose war sich auch ...« REFK, Betrachtungen über das Eheleben, RCP.
S. 238 »Wie hat der Präsident reagiert ...« RK, S. 212.
S. 240 »Blaublütige Bostonerinnen ...« BG, 12. Dezember 1937.
S. 240 »Ich muß jedes Jahr 200 Kleider ...« Ebenda.
S. 241 »Natürlich sind wir begeistert ...« BG, 25. Januar 1938.
S. 241 »Ein paar Tage nach diesem denkwürdigen ...« *New York Times,* 9. Februar 1938.
S. 242 »... im Interesse der Gesundheit der Kinder ...« *Good Housekeeping,* S. 114.

S. 242 »... für Kico, die treue irische Seele ...« REFK, Betrachtungen über das Eheleben, RCP.
S. 242 »Von all den überraschenden Vorfällen ...« zitiert in RK, S. 216.

Kapitel 10

S. 243 »Als im März 1938 ...« RK, S. 217.
S. 243 »Bei der Abreise aus New York ...« NYT, 9. März 1938.
S. 243 »... dort drüben ganz natürlich verhalten ...« AP, 9. März 1938.
S. 244 »Ich scheue mich nicht ...« RK, S. 217.
S. 244 »London wird einfach großartig...« Daily Express, 16. März 1938.
S. 245 »Charisma eines Filmstars ...« Zitiert in CA, S. 115.
S. 245 »Die Männer wußten normalerweise ...« Zitiert in DEK, S. 126.
S. 245 »Der erste Stock beherbergte zwei ...« *Vogue,* 3. August 1938, S. 43.
S. 246 »Eunice und Rosemary trafen ...« AP, 19. April 1938, BUCL.
S. 246 »Sie erschienen uns wie Paradiesvögel ...« CH, S. 84.
S. 246 »In ihrem ersten Hockeymatch ...« Ebenda.
S. 246 »... schneiderte einen Mantel ...« *Parents Magazine,* September 1939, S. 67.
S. 247 »... zum beliebtesten Mädchen ... gewählt ...« Anne Elizabeth, »Chatter«, *New Bedford Standard Times,* 11. Juni 1939.
S. 247 »... aber in Algebra und Geometrie ...« *Parents,* op. cit.
S. 247 »Nun, in Amerika kann man neun ...« Ebenda.
S. 247 »Auch Rosemary, die eine Montessori-Schule ...« DKG, S. 539.
S. 247 »... auf die Gibbs-Jungenschule ...« BT, 14. April 1938, BUCL.
S. 248 »... zwischen hier und Ost-Boston ...« RK, S. 221.
S. 249 »Irgend etwas an diesem Bild ...« DKG, S. 527.
S. 250 »Chamberlains Sprache sprechen ...« MB, S. 163.
S. 250 »Joe sagte zu mir ...« RK, S. 224.
S. 251 »... in ihrem schwarzen Organdy-Kleid von Patou ...« RK, S. 231.
S. 253 »... Sonntagnachmittag in Gesellschaft eines Vulkans ...« Christopher Sykes, *The Life of Lady Astor,* 1972, Frontispiz.
S. 254 »Wie könnt ihr nur ...« Ebenda, S. 248.
S. 254 »Sehr gesellig, sehr lustig ...« Zitiert in DKG, S. 541.
S. 255 »... als Held in die Geschichte ...« Dewitt MacKenzie, »Kennedys Daring Ends Nightmare«, SP, 11. April 1938, BUCL.
S. 257 »... in eine psychiatrische Klinik abgeschoben ...« »Windsor Knot« von Christopher Hitchens, NYT *Magazine,* 12. Mai 1991, S. 28.
S. 258 »... übten sie dieselbe Bewegung ...« Anne de Courcy. Angela Lambert, *1939 – The Last Season of Peace,* 1989.
S. 258 »Muß meinen Knicks ...« zitiert in DKG, S. 543.
S. 259 »... Rose wurde die Befürchtung nicht los ...« ebenda.
S. 259 »... ein bißchen wie Aschenputtel ...« RK, S. 228.
S. 260 »... ein kurzes Stirnrunzeln ...« RW, S. 212.
S. 261 »... genau 45 Zentimeter hinter ...« De Courcy, S. 38.
S. 262 »... mit der Erkennungsmelodie ...« De Courcy, S. 18.
S. 263 »... einfach wunderbar ...« Zitiert in DKG, S. 544.
S. 263 »So sind die Männer ...« Zitiert in LMT, S. 62.
S. 264 »Dummheiten machten ...«, LMT, S. 156.
S. 265 »Wenn jemand anderes ...« *Vanity Fair,* Juli 1983, S. 51.
S. 265 »Eines Nachts soll sie ...« LMT, S. 43f.

S. 265 »Mein Gott, wie ich sie ...« Helen Long, *Change into Uniform,* 1978, S. 18.

S. 266 »Peter Grace ist verrückt ...« DKG, S. 543.

S. 267 »Der erste Cavendish, Herzog William ...« Herzogin von Devonshire, *The House: A Portrait of Chatsworth,* 1982; Peter Brown und Karl W. Schweizer (Hrsg.), *The Devonshire Diary,* 1982.

S. 267 »... ein einfacher Mann ...« Herzogin von Devonshire, S. 44.

S. 268 »... die Familie machte es sich zur Gewohnheit ...« Herzogin von Devonshire, S. 24.

S. 268 »Er war ein frustrierter Mann ...« Sir Henry Channon, *Chips: The Diaries of Sir Henry Channon,* 1967, S. 547.

Kapitel 11

S. 271 »... die deutsche Nationalhymne gesungen ...« RK, S. 39.

S. 272 »... 400 000 deutschen Sozialdemokraten ...« William Manchester, *The Last Lion: Alone: 1932–1940,* 1988, S. 339.

S. 272 »Stimme, die von Trauer ...« RK, S. 238.

S. 273 »... an einen der schwarzen Geier ...« William L. Shirer, *Berlin Diary: The Journal of a Foreign Correspondent 1934–1941,* 1988, S. 144f.

S. 273 »Alle sind glücklich ...« REFK Tagebuch, RCP und RK, S. 239.

S. 273 »... für ein großartiger Mann ...« DKG, S. 562.

S. 274 »... in ein- und derselben Welt ...« Zitiert in RW, S. 248.

S. 274 »Hast du darüber nachgedacht ...« Ebenda.

S. 274 »Der Trafalgar Day war der Anfang ...« RK, S. 243.

S. 274 »... verstauchte sich Bobby ...« *Daily Telegraph,* 30. Dezember 1938.

S. 275 »Wir hoffen, daß wir noch lange ...« Zitiert in RW, S. 258.

S. 276 »Warum muß Joe mitkommen ...« Zitiert in CH, S. 115.

S. 276 »... Ausbildung als Kindergärtnerin ...« *Woman's Day, Reader's Digest,* April 1939, S. 83.

S. 276 »Ich interessiere mich seit jeher ...« DKG, S. 594.

S. 276 »Ich gehe nach Ägypten ...« Zitiert in »Rose RK« von Marguerite Higgins, *McCall's,* Mai 1961, S. 102.

S. 277 »... auf einem Fetzen braunen Packpapiers ...« CA, S. 102.

S. 277 »... seine Liebenswürdigkeit und Weisheit ...« RK, S. 244.

S. 278 »Wird Joe es denn nie ...« William Phillips Tagebuch, MS, Eintrag vom 6. März 1939, zitiert in DEK, S. 190.

S. 278 »Der Minister tobte ...« JCB, S. 61f.

S. 278 »Ich hatte überhaupt keine Angst ...« NYT, 14. März 1939.

S. 279 »Seht ihr das ...« Zitiert in CH, S. 101.

S. 279 »Du darfst ihn nicht ernst nehmen ...« Ebenda.

S. 279 »... einen Kennedy ermordeten ...« DKG, S. 585.

S. 280 »Sie ließ eigens Maifisch-Roggen ...« AP, 4. Mai 1939, BUCL.

S. 280 »... als um 8.33 Uhr der Wagen ...« RK, S. 246.

S. 280 »Ich war von den beiden sehr beeindruckt ...« *The David Frost Show,* Westinghouse Broadcasting Company, 5. Juli 1971, Interview mit Mrs. Joseph P. Kennedy, Transkript S. 15.

S. 281 »Die Majestäten waren entzückt ...« RK, S. 249.

S. 282 »Eunice mußte ihre ersten Schritte ...« *Daily Express,* 19. Juni 1939.

S. 282 »Trotz der schlechten Nachrichten ...« *The Tatler,* 12. Juli 1939.

S. 283 »Die Kennedys strahlten eine ...« Lambert, S. 133.
S. 284 »... als einen ›gesprächigen und aufmerksamen Gastgeber‹ beschrieb ...« Ebenda.
S. 284 »... hühnereigroßen Juwelen ...« Mündliche Aufzeichnung, Admiral und Mrs. Alan G. Kirk, CU.
S. 284 »Ich bin untröstlich, Madame ...« Ebenda.
S. 285 »Es war phantastisch ...« JFK, *As We Remember Joe*, S. 53.
S. 286 »... seinem Sohn befohlen ...« Zitiert in DKG, S. 585.
S. 286 »... bekam Joe jr. Probleme ...« NYT, 1. August 1939.
S. 286 »... einer der prächtigsten Rosengärten ...« NYT, 22. Juli 1939.
S. 286 »... zweitägigen Fest in Chatsworth ...« *Daily Express*, 16. und 17. August 1939.
S. 287 »... mit ihrem schrottreifen Mietwagen überschlagen ...« NH, S. 270.
S. 288 »Zwei Tage später gaben in London ...« UPI, 4. September 1939, BUCL.
S. 288 »Als die Sirenen ...« Zeitungsausschnitt vom 18. September 1939 in den Akten der *New Bedford Standard Times*.
S. 288 »Das ist das Ende ...« Zitiert in MB, S. 190.
S. 288 »... trugen ihre Gasmasken so lässig ...« *The New York Book of War Pieces*, 1947, S. 3.
S. 289 »Als sich ihre Augen ...« RK, S. 252.
S. 289 »... das Haus in eine Mädchenschule ...« Herzogin von Devonshire, S. 68.
S. 290 »Eunice trug an ihrem linken Arm ...« Zeitungsausschnitt vom 18. September 1939 in den Akten der *New Bedford Standard Times*.
S. 290 »... großen Spaß ...« RK, S. 256.

Kapitel 12

S. 291 »... in ein Haus zurückkehrt ...« *Vanity Fair*, Juli 1983, S. 53.
S. 291 »... Hilfsarbeiter in Sachen Moral ...« Birmingham, *Real Lace*, S. 97.
S. 291 »... anläßlich ihres 25. Hochzeitstages ...« NYT, 8. Oktober 1939, S. 9.
S. 292 »... Ende September, als Rose ...« RK, S. 257.
S. 292 »... Schirmherrin bei mehreren Wohltätigkeitsbällen ...« Zeitungsausschnitt vom 27. November 1939, *Cape Cod Times*, Bibliothek.
S. 293 »Doch Pat hatte ...« RK, S. 168f.
S. 293 »Nach Mutters Ansicht ...« Ebenda.
S. 294 »Rose wußte, wie sehr ...« DKG, S. 595.
S. 296 »... die ersten grauen Strähnen ...« BG, 11. Dezember 1939.
S. 296 »... feinen Restaurants von Mayfair ...« DEK, S. 233.
S. 296 »... eher auf einer grundsätzlichen ...« J. Victor Perowne, 29. Januar 1940, Britisches Außenministerium 371, PRO, zitiert in MB, S. 192.
S. 298 »... in aller Deutlichkeit ...« zitiert in RK, S. 157.
S. 298 »... Am 6. Dezember 1939 ...« United Press, 6. Dezember 1939, JPK-Akten, BUCL.
S. 298 »In der Halle zog sie ...« BG, 7. Dezember 1939.
S. 299 »Du wärst überrascht ...« zitiert in AS, Taschenbuchausgabe, S. 35.
S. 301 »... sprach sich in einem Artikel ...« NH, S. 290.
S. 301 »... Kunststudium fortzusetzen ...« BG, 28. Mai 1940.

S. 302 »John F. kommt später ...« CH, S. 92.
S. 303 »Hochzeit des Jahrhunderts ...« Birmingham, *Real Lace*, S. 96.
S. 304 »... jedem erzählte, daß die Briten ...« Zitiert in DKG, S. 607.
S. 305 »Rose schickte sie ...« RK, S. 266.
S. 305 »... an den Füßen blutete ...« CA, englische Ausgabe, S. 84.
S. 306 »... seit mehreren Tagen vergessen ...« Zitiert in RK, S. 273.
S. 306 »... nur rund 30 Meter entfernt ...« John W. Wheeler-Bennet, *King George VI: His Life and Reign*, 1958, S. 468.
S. 307 »... Reduzierung des Botschaftspersonals ...« Tagebucheintrag vom 13. September 1941, zitiert in James Leutze, Hrg., *The London Journal of General Raymond E. Lee*, 1971, S. 55f.
S. 307 »... die Nerven verloren ...« DEK, S. 257.
S. 307 »Kennedy besitzt die Schläue ...« Leutze, S. 62.
S. 308 »Joe hatte das Gefühl ...« REFK, Betrachtungen über das Eheleben, RCP.
S. 308 »Joe Kennedy war ein ...« DEK, S. 269.
S. 308 »Kennedy wütend auf Präsidenten ...« BP, 24. Oktober 1940.
S. 309 »... einen großen Einfluß ...« Zitiert in MB, S. 217.
S. 309 »Enttäuscht über Roosevelts ...« Ebenda, S. 213.
S. 310 »... nach Rom geschickt ...« Arthur Krock, privates Memorandum, 1. Dezember 1940, AKP.
S. 310 »... der Chauffeur hielt für Joe ...« *Time*-Artikel, 28. Oktober 1940, in RWP.
S. 310 »Der katholisch erzogene ...« James F. Byrnes, *All In My Lifetime*, 1958, S. 16.
S. 310 »... Roosevelt die Sache ...« Krock, op. cit.
S. 310 »Das ist unser Abschied ...« Landis MS, zitiert in NH, S. 364.
S. 311 »Joe war der einzige ...« AS, S. 38.
S. 311 »... jetzt noch zu seiner Verteidigung ...« Byrnes, S. 126.
S. 312 »... weder unsere noch Ihre Söhne ...« RK, S. 275.
S. 313 »England praktisch besiegt ...« BT, 26. November 1940.
S. 314 »Ich will diesen Scheißkerl ...« nach DEK, S. 229.
S. 314 »... Magengeschichte ...« JCB, S. 109.

Kapitel 13

S. 316 »Doch Joe ließ seine Beziehungen spielen ...« NH, S. 400.
S. 316 »John F. wurde ins Büro des Marinenachrichtendienstes versetzt ...« Ebenda, S. 403.
S. 318 »Sie nannte ihn einen ›großen Schwätzer‹ ...« LMT, S. 97.
S. 320 »Trotz eindringlicher Warnungen ...« DKG, S. 640.
S. 322 »350 bis 500 Lobotomien ...« Elliot S. Valenstein, Hrg., *The Psychosurgery Debate: Scientific, Legal and Ethical Perspektives*, 1980, S. 25.
S. 322 »... wie ein Marktschreier ...« Ebenda, S. 22.
S. 322 »Nach leidenschaftlichen Gegnern ...« Viele verantwortungsbewußte Wissenschaftler warnten damals: »Wenn wir die Psychochirurgie in Anspruch nehmen, müssen wir ... uns bewußt sein, daß wir dadurch lediglich eine Krankheit durch eine andere ersetzen, und obwohl dies in schwerwiegenden Fällen völlig gerechtfertigt sein mag, so kann sie bei Patienten, denen wir eine Rückkehr in ein relativ normales Leben und an einen ihnen angemessenen Arbeitsplatz wünschen, keinesfalls angewendet werden.« Andere äußerten weit massivere Einwände. So war im *Medical Record* von 1940 zu lesen: »Im

Namen von Frau Roland, die gegen die vielen himmelschreienden Verbrechen, die im Namen der ›Freiheit‹ begangen werden, verzweifelt protestierte, möchten wir die Verstümmelungschirurgen an den hippokratischen Eid erinnern.« Zitiert in: Ebenda, S. 30.

S. 323 »Freeman führte gewissenhaft Buch ...« Dr. Walter Freeman und Dr. James W. Watts, *Psychosurgery: Intelligence, Emotion, and Social Behavior Following Prefrontal Lobotomy for Mental Disorders*, 1942.

S. 323 »Bis auf eine Ausnahme ...« Ebenda.

S. 323 »Selbst Freeman führte die Lobotomie ...« Ebenda.

S. 323 »... größere Sorgen über den Haarverlust ...« Ebenda.

S. 324 »... Präzisionsoperation ...« Elliot S. Valenstein, *Great and Desperate Cures: The Rise and Decline of Psychosurgery and Other Radical Treatments for Mental Illness*, 1986, S. 149.

S. 324 »... die Gefahr einer dramatischen Veränderung ...« Ebenda, S. 151.

S. 324 »... mit schwarzen Seidenfäden ...« Freeman und Watts, S. 85.

S. 325 »Bobby war in die Portsmouth-Priorei geschickt worden ...« AS, S. 44.

S. 330 »... eine schriftliche Bestätigung ...« NH, S. 427.

S. 330 »Kathleen überredete John White ...« LMT, S. 107.

S. 330 »Am 12. Januar 1942 ...« NH, S. 438.

S. 334 »Sie regte sich furchtbar auf ...« LMT, S. 112.

S. 334 »Manchmal glaube ich ...« Ebenda, S. 91.

S. 334 »Als er Kathleen so in ihrem Flanellnachthemd ...« LMT, S. 110.

S. 337 »... die Fähigkeit ...« Lyn Mikel Brown und Carol Gilligan, *Meeting at the Crossroads: Women's Psychology and Girls' Development*, 1992, S. 215.

S. 338 »Bitte sprechen Sie mit niemandem darüber ...« DKG, S. 639.

S. 340 »... gar keine beruflichen Ambitionen ...« JCB, S. 128.

S. 340 »Kathleen zeigte Betty Briefe ...« Ebenda.

S. 341 »Dann gehen wir eben ...« LMT, S. 87.

S. 342 »... daß George ›sich nicht anmerken ließ ...‹« JCB, S. 155.

S. 343 »Die Gäste sagten George Lebewohl ...« Richard B. Frank, *Guadalcanal: The Definitive Account of the Landmark Battle*, 1992, S. 48.

S. 344 »Schon am nächsten Morgen wurde Mead ...« JCB, S. 155.

S. 344 »Die Liebe, die wir stets ...« LMT, S. 120.

S. 344 »Ihre Worte bedeuten uns mehr ...« Ebenda.

Kapitel 14

S. 345 »... einen mitleiderregenden Anblick ...« RK, S. 289.

S. 345 »... oder der 5000 Soldaten ...« Neil Potter und Jack Frost, *The Mary: The Inevitable Ship*, 1961, S. 155.

S. 346 »... den persönlichen Dienst ...« LMT, S. 129.

S. 347 »Eigentlich ist dieser Job ...« DKG, S. 650.

S. 347 »Und Joe jr. hatte inzwischen seine Fliegerausbildung ...« HS, S. 196.

S. 348 »Die meisten der 2700 ausgebildeten Rotkreuzhelferinnen ...« George Korson, *At His Side: The Story of the American Red Cross*, 1945, S. 259.

S. 348 »... bei einigen Leuten Druck zu machen ...« DKG, S. 665.

S. 348 »Da wir jede Woche anderthalb Tage ...« LMT, S. 135.

S. 348 »Du würdest die alte Kick ...« DKG, S. 667.

S. 349 »... auf einem der 1500 Feldbetten ...« BG vom 7. Mai 1944, S. 5.

S. 352 »... mit Tony Rosslyn ...« DKG, S. 667.
S. 352 »... nur alle zwei Wochen ein freier Tag ...« LMT, S. 136.
S. 352 »Sie haben doch gesagt ...« Ebenda.
S. 352 »Denk daran, daß die Fotos ...« DKG, S. 666f.
S. 353 »... wie sie sich selbst fühlte ...« Ebenda, S. 667.
S. 353 »Paß gut auf Dich auf ...« RK, S. 292.
S. 354 »... zu Tode geängstigt ...« Ebenda, S. 293.
S. 354 »... im Oktober trat der 17jährige Bobby ...« AS, S. 56f.
S. 354 »In ganz Amerika beteiligten sich ...« David Hinshaw, *The Home Front,* 1943, S. 43.
S. 355 »Die konservativen Kirchenführer ...« Joseph B. Schuyler jr., »Women at Work« in: *The Catholic World,* April 1943, S. 29.
S. 357 »Ted und ich waren Nachzügler ...« Ralph Martin, *Hero,* S. 30.
S. 359 »Auf Botschafter Joe Kennedy ...« HS, S. 203.
S. 360 »... 1937 wurde ihre Ehe offiziell aufgelöst ...« David Williamson und Patricia Ellis (Hrsg.), *Debrett's Distinguished People of Today,* 1988, S. 616.
S. 362 »Wir konnten uns vor Gästen ...« RH, S. 294.
S. 362 »Kick lief wie gewöhnlich ...« HS, S. 217.
S. 364 »Ich möchte unbedingt das Richtige tun ...« DKG, S. 674.
S. 364 »Pfeift einfach auf das ...« Ebenda, S. 676.
S. 364 »Es ist schon eine Ironie ...« Ebenda, S. 675.
S. 365 »Sie glaubt, Du seist dagegen ...« Ebenda.
S. 365 »Ich glaube, wenn nicht bald ...« Ebenda.
S. 367 »Junger Mann ...« *London Sunday Express* vom 13. Februar 1944.
S. 367 »Können Sie eine Kuh melken ...« *Evening Standard* vom 9. Februar 1944.
S. 367 »Lord Hartington wird den Eltern ...« HS, S. 224.
S. 368 »Es war ein erbitterter Kampf ...« *London Express* vom 19. Februar 1944 sowie HS, S. 225.
S. 369 »Er [Joe jr.] besaß viel moralischen Mut ...« John F. Kennedy, *As We Remember Joe,* S. 54.
S. 370 »Fünfzehn Jahre zuvor ...« DKG, S. 680.
S. 370 »... dem anglikanischen Mönch Father Torbert ...« LMT, S. 155.
S. 371 »... einer routinemäßigen Untersuchung ...« NYT vom 7. Mai 1944, sowie Meldung der Associated Press vom 6. Mai 1944.
S. 371 »Es bricht mir das Herz ...« DKG, S. 677.
S. 372 »Ich dachte, die Sache ...« Ebenda.
S. 372 »Was Kicks Seele betrifft ...« Ebenda, S. 678.
S. 372 »Am Morgen des 6. Mai 1944 ...« NYT vom 7. Mai 1944, S. 44.
S. 374 »... und liefen vom dortigen Bahnhof aus zu Fuß ...« BG vom 7. Mai 1944, S. 1.
S. 374 »Ihre heidnischen Freunde ...« LMT, S. 164.
S. 375 »Ich bedaure ...« BG vom 6. Mai 1944, S. 1f.
S. 375 »Jemand mit Deinem starken Glauben ...« DKG, S. 680.
S. 375 »Jetzt erhalte ich jeden Morgen Briefe...« Ebenda.
S. 376 »... ein Soldatenliebchen ...« LMT, S. 165.
S. 377 »... eine schreckliche neue Waffe ...« DKG, S. 686.
S. 377 »... der vollkommenste Monat ...« Ebenda, S. 682.
S. 378 »In den nächsten drei Wochen ... Ebenda, S. 686.
S. 379 »... eine verlorene, junge Frau ...« Ralph G. Martin, *Henry and Clare: An Intimate Portrait of the Luces,* 1991, S. 133ff.
S. 379 »Im Januar fuhr Ann ...« NYT vom 12. Januar 1944, S. 25.

S. 379 »In den Schaufenstern der Läden …« Damore, S. 66.
S. 380 »Das Leben muß weitergehen …« RK, S. 301.
S. 381 »… in tausend Stücke gerissen …« DKG, S. 691.
S. 381 »Es tut mir leid …« LMT, S. 175.
S. 382 »Einen Augenblick lang …« BG vom 17. August 1944.
S. 382 »… an seinen Abdominalsymptomen …« NH, S. 664.
S. 382 »Es ist eine wahre Wonne …« LMT, S. 176.
S. 383 »Ich erinnere mich noch …« JCB, S. 345.
S. 386 »Ich spüre bereits Papis Blick …« PBF, Taschenbuchausgabe, S. 132.
S. 386 »Der Amerikaner investiert seine Kraft …« NH, S. 616.
S. 386 »Ich sehe immer noch …« Leserbrief in der *London Times* vom 23. September 1944.
S. 387 »Vorwärts, Jungs, Kopf hoch! …« DKG, S. 695.
S. 388 »Er trug einen weißen Regenmantel …« NH, 862.
S. 388 »Weitgeschnittene Röcke …« Richard R. Lingeman, *Don't You Know There's A War On?* 1970, S. 120f.
S. 389 »Was hast du denn gemacht …« LMT, S. 186.
S. 390 »So endet die Geschichte …« DKG, S. 696.
S. 391 »… einem so verzweifelten und unglücklichen Menschen …« *Vanity Fair*, Juli 1983, S. 60.
S. 391 »Ich nehme an …« RW, S. 375.
S. 392 »… die Fähigkeit …« DKG, S. 697.

Kapitel 15

S. 394 »In der Veteranenhalle …« RK, S. 315.
S. 394 »Während er seine Rede hielt …« JCB, S. 469.
S. 395 »Wäre sie ein wenig älter gewesen …« Ebenda, S. 524.
S. 395 »Die Frauen stellen die Mehrheit …« BG vom 11. November 1945.
S. 395 »… der erste weibliche Kriegsveteran …« *Greenfield Recorder* vom 12. April 1946.
S. 395 »… ins Parlament von Massachusetts …« Meldung von *Associated Press* vom 11. April 1946.
S. 397 »Sie waren soziale Aufsteiger …« JCB, S. 472.
S. 397 »… kamen ihm doch gewisse Zweifel …« RK, S. 319.
S. 398 »… am Wahlabend …« BP vom 3. November 1946, S. 12.
S. 399 »… an Joe jr. und das Familienerbe …« Damore, S. 91f.
S. 399 »… in einem starren Stützkorsett …« Dineen, S. 85.
S. 400 »… eine Karikatur der Kennedys …« AS, S. 95.
S. 401 »… mitten in einem Teich …« David Lester, *Ethel: The Story of Mrs. Robert F. Kennedy*, New York 1971, S. 6f.
S. 405 »Wäre das Mädchen …« CH, S. 159.
S. 406 »… die schimmeligen Reste …« Ebenda, S. 158.
S. 406 »John F. ernährte sich …« JCB, S. 515.
S. 406 »Sie brachte junge Mädchen …« Joseph F. Dinneen, *The Kennedy Family*, Boston 1959, S. 126.
S. 409 »… völlig hingerissen …« Robert A. Liston, *Sargent Shriver: A Candid Portrait*, 1964, S. 55.
S. 409 »… mitten in der Nacht …« Ebenda.
S. 409 »Jetzt sind wir schon so alt …« Barbara Kevles, »The Kennedy Who Could be President« in: *Ladies' Home Journal*, März 1976, S. 156.
S. 410 »Er hatte Frauen …« DKG, S. 724.

S. 410 »Doch sonst war nichts …« JCB, S. 521f..
S. 412 »… mager und knochig …« Ebenda, S. 558.
S. 413 »Heiterkeit ist …« Angela Lambert, *Unquiet Souls: The Indian Summer of the British Aristocracy,* 1985, S. 21.
S. 413 »… Oberdandy und menschlichen Abschaum …« LMT, S.207.
S. 414 »Als Vorsitzende …« *Daily Express* vom 13. Juni 1946.
S. 416 »Du kennst ihn einfach nicht …« LMT, S. 217.
S. 416 »Er war wie Joseph Kennedy …« CH, S. 166.
S. 416 »… ein wenig neidisch …« DKG, S. 734.
S. 416 »Als Rose und Pat …« *Evening Standard* vom 25. September 1947.
S. 417 »… das Cortison …« Russell L. Cecil (Hrsg.), *A Textbook of Medicine,* 1947, S. 1357.
S. 417 »Ihr junger amerikanischer Freund …« DKG, S. 734.
S. 425 »Niemand, der je von Amerika …« Ebenda, S. 239.

Kapitel 16

S. 426 »… seinen Freund Erzbischof …« DKG, S. 642.
S. 426 »In Jefferson gab es …« Schwester Mary Theodore Hegeman, *A History of St. Coletta School,* St. Coletta School, Jefferson, S. 11.
S. 427 »Die Lösung von Rosemarys Problem …« DKG, S. 643.
S. 428 »Beim Junggesellenabend vor …« AS, S. 96.
S. 428 »Joe hieß seine …« Lester David, *Ethel. The Story of Mrs. Robert Kennedy,* 1971, S. 48.
S. 428 »Nach einem Bericht …« BP, 5. Oktober 1950.
S. 429 »Trotz seines Alters …« DKG, S. 784.
S. 430 »Ursprünglich hatte sie …« *Boston Daily Record,* 11. Mai 1950, S. 4.
S. 431 »Im Mai 1950 …« BG, 10. Mai 1950.
S. 434 »... und trennten sich …« James Spada, *Peter Lawford. The Man Who Knew Too Much,* 1991, S. 161.
S. 434 »Er lud McCarthy …« Roy Cohn, *McCarthy,* 1968, S. 66.
S. 435 »… Ringkämpfe mit weiblichen Kriminellen …« Joseph Dinneen, *The Kennedy Family,* Boston 1959, S. 136.
S. 436 »Ich bin begeistert von John F. …« *Providence Standard-Times,* 18. Oktober 1952.
S. 437 »… Mütter der Soldaten …« *Boston Adviser,* 2. November 1952.
S. 437 »… von ihren Zuhörerinnen …« Irvin Ross, »The Senator Women Elected«, *Cosmopolitan,* Dezember 1953, S. 81.
S. 437 »Seht mal, die Kennedy-Schwestern …« *East Boston Leader,* 11. Juli 1952.
S. 438 »Bei allen 33 Nachmittagstees …« DKG, S. 766.
S. 438 »… exklusive Parties …« DKG, S. 766.
S. 438 »… Regierung auf die Finger zu sehen …« *Worcester Telegram,* 9. Juni 1952.
S. 438 »… mit den Teeparties aufzuhören …« *Holyoke Democrat,* 20. September 1952.
S. 438 »Kennedys Kampagne war …« *Congressional Quarterly News Feature,* 3. Oktober 1952, S. 964 ff.
S. 439 »Viele Zuschauerinnen riefen an …« *The Standard-Times,* 16. Oktober 1952.
S. 439 »General Dwight Eisenhower …« NYT, 6. November 1952.

S. 440 »Nach Meinung des ...« BG, 24. Mai 1953.
S. 445 »Wo willst du denn hingehen ...« RK, S. 347.
S. 446 »Meine Schwestern sind ...« LB.
S. 449 »... Treffen mit Jackies Mutter ...« RK, S. 350.
S. 450 »Nach der Zeremonie ...« PFP.
S. 452 »... in ihrer Gegenwart ...« KMRK.
S. 452 »Je mehr ich John F. ...« *Holyoke Transcript-Telegram*, 20. April 1954.
S. 453 »Jackie drehte sich um ...« FC.
S. 454 »Lem Billings, der ...« DKG, S. 776.
S. 456 »Hören Sie zu, Oleg ...« Oleg Cassini, *In My Own Fashion: An Autobiographie*, 1987, S. 305.

Kapitel 17

S. 460 »Im Jahr 1954 ...« NYT, 12. August 1954, S. 12.
S. 461 »... Geschäfte mit Leichtigkeit ...« *New York Herald Tribune*, 12. Dezember 1960.
S. 461 »... einer der reinsten Menschen ...« Zitiert in Spada, S. 162.
S. 462 »Nachdem Peter wieder gegangen ...« Zitiert in Spada, S. 163.
S. 463 »... nicht die Absicht ...« BH, 15. Februar 1954.
S. 464 »... in Mädchenunterwäsche ...« Spada, S. 31.
S. 464 »... ungefähr zehn Jahre alt ...« Ebenda, S. 46.
S. 464 »Wenn es jemanden gibt ...« Ebenda, S. 164, und in Peter Lawfords unveröffentlichter Autobiographie, ASU.
S. 465 »... begeistert von Joe ...« Peter Lawfords unveröffentlichte Autobiographie, ASU.
S. 466 »Glauben Sie, Peter ...« Spada, S. 166.
S. 467 »Sei froh, daß ich ...« Ebenda, S. 173.
S. 471 »... hört sich gut an, Peter ...« Ebenda, S. 176f.
S. 472 »Wir verließen Rußland ...« BG, 13. Oktober 1955.
S. 472 »Vater ließ mir ...« CH, S. 215f.
S. 473 »Als Jean in ihrem langen ...« BP, 20. Mai 1956, S. 1.
S. 474 »Ich finde, er macht sich als Präsident ...« *Chicago Daily News*, 3. August 1965, JFKPL.
S. 475 »Keine Sorge um ...« BH, 8. August 1956.
S. 475 »... besonders aufdringliche Journalistin ...« Maxine Cheshire und John Greenya, *Maxine Cheshire, Reporter*, 1978, S. 35.
S. 475 »Jackie flog weiter ...« *New Bedford Standard Times*, 19. August 1956.
S. 475 »Smathers erinnerte sich ...« DKG, S. 785.
S. 476 »Auf Bobby war Verlaß ...« Zitiert in AS, S. 143.
S. 478 »... daß er für Eisenhower stimmte ...« Ebenda, S. 146.
S. 478 »John F. hielt in 26 Staaten Reden ...« JMB, S. 193.
S. 478 »Du bist besser als Elvis ...« *San Francisco Chronicle*, 5. Oktober 1956.
S. 479 »Also gut, Vater ...« DKG, S. 787f.

Kapitel 18

S. 482 »Ich muß mich viermal ...« BUH, S. 100.

S. 482 »... harmlos wie ein junges Kätzchen ...« Ebenda, S. 104.

S. 490 »Mit 73,6 Prozent ...« DKG, S. 793.

S. 496 »... an die falsche Adresse ...« Unveröffentlichte Autobiographie von Peter Lawford, ASU.

S. 496 »Rate, was passiert ist ...« Ebenda.

S. 498 »Ihre katholische Erziehung ...« Patricia Seaton Lawford und Teddy Schwarz *The Peter Lawford Story.* New York 1988, S. 147.

S. 501 »... wie Scarlett O'Hara ...« Judith Exner *My Story,* 1977, S. 602.

S. 501 »Es standen eine Menge Bimbos ...« David C. Heymann, *A Woman Named Jackie,* 1989, S. 231.

S. 501 »... es dauerte fast eineinhalb Jahre ...« Exner, S. 142.

S. 502 »Falls Pat Lawford ...« Ebenda, S. 113.

Kapitel 19

S. 503 »Das Wichtigste für ...« Robert J. Levin, »Senator Kennedy's Wife: If He Wins, How Much Does She Lose?«, *Redbook,* April 1960.

S. 503 »Sie arbeitete hart ...« Associated Press, 20. Mai 1960.

S. 504 »Diese kleine Hexe ...« Manuskript von Red Fay. PFP.

S. 504 »... viel aus Politik macht ...« Robert J. Levin, »Senator Kennedy's Wife«.

S. 504 »Zu schade, daß ...« Zeitungsausschnitt vom 16. Mai 1960. BUCL.

S. 505 »... Sturm widerstreitender Gefühle ...« Robert J. Levin, »Senator Kennedy's Wife«.

S. 507 »Ich hätte damit Schwierigkeiten ...« *Washington Star,* 26. Februar 1960.

S. 507 »Dieses massive Aufgebot ...« »Family Campaign Strategy for '60«, *The Washington Evening Star,* 4. März 1960.

S. 508 »Jetzt schau' dir ...« *Rochester Democrat & Chronicle,* 14. Oktober 1960, MCA.

S. 508 »Diesen Bezirk haben ...« Unterlagen der *Time,* 3. Juni 1960. RWP.

S. 512 »Beim Empfang für ...« BT, 11. Juli 1960. MCA.

S. 512 »Pat und Jean ...« *Lowell Sun,* 11. Juli 1960. BUCL.

S. 512 »Sie schüttelten Hände ...« Associated Press, 11. Juli 1960. BUCL.

S. 513 »Als der Butler ...« PBF, S. 48.

S. 513 »Hyannis Port war ...« Associated Press, 11. August 1960.

S. 515 »... in seiner Nominierungsrede ...« Joan Braden, *Just Enough Rope,* 1989, S. 109.

S. 515 »Ich gebe weniger Geld ...« Associated Press, 15. September 1960.

S. 515 »Abgesehen von den Prominenten ...« *The Christian Science Monitor,* 27. September 1960.

S. 515 »Die Frauen wollten ...« Zitiert in C. Heyman, *A Woman Named Jackie.* 1989, S. 220.

S. 516 »Im September besuchte ...« *Chicago News,* 13. September 1960.

S. 517 »Sie weigerte sich ...« Braden, S. 110.

S. 518 »Die Clique hielt ...« Spada, S. 228.

S. 518 »Vielleicht halten Sie ...« »The Kennedywomen«, *Look Magazine,* 11. Oktober 1960.

S. 518 »Sie trägt ihr Haar ...« *Newark News,* 11. Oktober 1960.
S. 518 »Ich bin nicht hier ...« *Tampa Times,* 20. Oktober 1960.
S. 519 »Ich liebe Ihren Sohn ...« BG, 2. November 1960.
S. 519 »Ein Reporter berichtete ...« Theodore H. White, *America in Search of Itself. The Making of the President 1956 – 1980,* 1982, S. 18.
S. 519 »Oh, Schatz ...« Ebenda, S. 18.
S. 519 »Gute Nacht, Herr Präsident ...« RK, S. 377.
S. 519 »... die längste Nacht ...« NYT, 10. November 1960.
S. 520 »... mit nur 112 881 Stimmen ...« White, S. 350.
S. 520 »... Elvis in der Politik ...« Jane Jaquette (Hrsg.), *Women in Politics,* 1974, S. 15.
S. 520 »Unsere Kleider würden ...« NYT, 10. November 1960.
S. 522 »... sechs Pfund schweren Sohn ...« *Washington Star,* 25. November 1960.
S. 523 »Hof-Couturier ...« Cassini, S. 299.
S. 524 »Schicken Sie mir am ...« Ebenda, S. 308.
S. 525 »... mit John F. zum traditionellen Kirchgang ...« ASK, S. 161.
S. 525 »Ich wollte ihr und den Kindern ...« U. E. Baughman, »Kennedys Closest Call«, *Washington Post,* 17. Februar 1962.
S. 525 »Wenn ich ins Arbeitszimmer ...« RK, S. 382.
S. 526 »Ein tiefer Ausschnitt ...« RK, S. 382.
S. 527 »... in diesem trostlosen Maison Blanche ...« Cassini, S. 311.
S. 527 »Sie spielte Cassini ...« Ebenda S. 309.
S. 528 »Also, Gentlemen, das wär's ...« CH, S. 257.
S. 528 »Sie flog allein zurück ...« »First-Lady-To-Be Flies to Capital«, *Palm Beach Post,* 19. Januar 1961.

Kapitel 20

S. 529 »... nur grün angemalt ...« Herbert S. Parmet, *J.F.K.: The Presidency of John F. Kennedy,* 1983, S. 82.
S. 530 »Denn welchem viel gegeben ist ...« RK, S. 388.
S. 533 »... den Knöchel verstaucht ...« AP, 17. Januar 1961.
S. 533 »Eigentlich hätte auch Jackie ...« BG, 19. Januar 1961.
S. 533 »Am Abend vor der großen Gala ...« BG, 18. Januar 1961.
S. 534 »Gerüchten zufolge ...« Lawford und Schwarz, S. 137f.
S. 535 »Margaret Price ...« Cynthia E. Harrison, »A ›New Frontier‹ For Women: The Public Policy of the Kennedy Administration« in: *The Journal of American History,* Dezember 1980, S. 635.
S. 535 »Manche Männer ...« Patricia G. Zelman, *Women, Work, and National Policy: The Kennedy-Johnson Years,* 1982, S. 25.
S. 535 »... ausschließlich als Sexualobjekte ...« Ebenda, S. 27.
S. 535 »Mr. Eisenhower schenkte acht Frauen ...« BG, 9. März 1961.
S. 536 »Er nannte die Kommission ...« Harrison, »A ›New Frontier‹«, S. 644.
S. 537 »John Hersey ...« CH, S. 282.
S. 539 »So sehen Sie also aus ...« Ebenda.
S. 546 »... das Konzert des 85jährigen Pablo Casals ...« Philip B. Kunhardt jr. (Hrsg.), *Life in Camelot: The Kennedy Years,* 1988, S. 196.
S. 548 »Sie hat mit ihrem Charme ...« BT, 18. Mai 1961.
S. 549 »Vive Jacqui! ...« Carl Sferrazza Anthony, *First Ladies,* Band II (1991), S. 41.

S. 549 »... über Ludwig XVI. ...« ASK, S. 350.
S. 550 »... in einem Abendkleid von Givenchy ...« Ebenda, S. 354.
S. 550 »Ich habe jetzt mehr Vertrauen ...« Anthony, S. 42.
S. 550 »... flog sie von England aus ...« *Washington Post*, 7. Juni 1961.
S. 557 »Von Washington aus reiste sie ...« RK, S. 410.
S. 557 »Als sie am 16. August ...« BH, 17. August 1961.
S. 558 »Anstatt wie geplant ...« BH, 18. August 1961.
S. 558 »Kommen Sie, Pat ...« Spada, S. 275.
S. 558 »Am 26. September ...« BH, 27. September 1961.
S. 559 »... wenn sie einen lebendigen Fisch ...« BT, 12. Januar 1961.
S. 559 »Das ganze Grundstück war ...« Ethel Kennedy, »Keep Fit!« in: *This Week*, 17. Dezember 1961.
S. 559 »... wie sie ihr geliehenes, haselnußbraunes Pferd ...« *Washington Star*, 25. Oktober 1961.
S. 560 »Rose redete John F. in der Öffentlichkeit ...« RK, S. 398f.
S. 562 »Oft trug mir Mrs. Kennedy etwas auf ...« Frank Saunders mit James Southwood, *Torn Lace Curtain*, 1982, S. 153.
S. 563 »Mitte Dezember fuhr Joe ...« *Palm Beach Post*, 16. Dezember 1961.
S. 563 »... an Multipler Sklerose erkrankt ...« Edward Kennedy (Hrsg.), *The Fruitful Bough*, S. 268.
S. 563 »War er in der Lage ...« Saunders, S. 119.
S. 566 »... er erkannte sie nicht ...« *New York Daily News*, 20. Dezember 1961.
S. 567 »Ich geh ja schon ...« Saunders, S. 135.
S. 568 »Rose, die nichts mitbekommen hatte ...« Rita Dallas mit Jeanira Ratcliffe, *The Kennedy Case*, 1973, S. 56f.
S. 568 »Was habe ich denn getan ...« Ebenda, S. 57.
S. 570 »Ich bete jeden Tag für dich ...« Ebenda, S. 87.
S. 570 »Oh, Daddy ...« Ebenda, S. 106.
S. 571 »Großpapa, weißt du noch ...« Ebenda, S. 103.
S. 571 »Nebenbei hielt Rose wieder Vorträge ...« *Worcester Gazette*, 1. Februar 1962, sowie *Fitchburg Sentinel*, 20. Januar 1962.
S. 572 »... zu einem Einkaufsbummel nach Paris ...« BG, 6. Mai 1962.
S. 572 »Ich verstehe das nicht ...« Dallas, S. 113.
S. 573 »Nein! Nein! Nein! ...« Ebenda, S. 115.
S. 574 »... in zwangloser Kleidung ...« Ebenda, S. 150.

Kapitel 21

S. 576 »... ins Wasser purzelte ...« BG, 21. Juni 1962.
S. 577 »... den Wahlkampf alleine zu führen ...« *Boston Record*, 22. Oktober 1962.
S. 578 »Das war das Ende ...« *Boston Record*, 23. Oktober 1962.
S. 579 »Seine Ähnlichkeit ...« BT, 5. November 1962.
S. 579 »Zieh hierher ...« BT, 16. Januar 1963.
S. 580 »Ich kann es einfach nicht fassen ...« BT, 23. Januar 1963, S. 16.
S. 581 »Fred Otash und zwei seiner Mitarbeiter ...« Spada, S. 3ff. und 286f.
S. 584 »Sie speisten gemeinsam ...« Ebenda, S. 282.
S. 584 »Hallo Pat ...« Ebenda, S. 283.
S. 587 »Don Pack ...« Ebenda, S. 314.

S. 588 »Das Trio wurde ...« Anthony Summers, *Goddess: The Secret Lives of Marilyn Monroe,* 1985, S. 284.

S. 589 »Pat ist in Hyannis Port ...« Earl Wilson, »Peter Lawford Certain Marilyn Not a Suicide« in: BH, 7. August 1962.

S. 589 »Doch Peter war so besorgt ...« Spada, S. 323.

S. 590 »Ich bin schockiert ...« BH, 9. August 1962.

Kapitel 22

S. 596 »Schließlich geschah, was Mayo ...« Mitschrift einer Konferenz der JFKPL vom 14. November 1983, JFKPL.

S. 596 »Es gibt keinen Hinweis darauf ...« *Washington Post,* 10. Mai 1963.

S. 596 »Du solltest mehr Feuer ...« *Washington Post,* 10. Mai 1963.

S. 596 »Ein guter Gedanke ...« Mündlicher Bericht, JFKPL.

S. 597 »Hackett schlug ein Komitee ...« AS, S. 445.

S. 597 »Bobby übernahm die Idee ...« Eunice hatte sich für ein Freiwilligen-Programm stark gemacht, das zum Vorläufer des unter Johnson ins Leben gerufenen Programmes VISTA wurde. Sarge Shriver übernahm die Führungsrolle von VISTA, und Eunices Rolle bei dieser Gründung geriet darüber weitgehend in Vergessenheit.

S. 597 »... schilderte er haarsträubende Zustände ...« AS, S. 445.

S. 599 »Shriver macht sich nichts aus Menschen ...« *Washington Post,* 6. August 1972.

S. 599 »... besuchte Eunice ein Heim für geistig Behinderte ...« BG, 29. Juni 1963.

S. 600 »Wußtest du, daß der Bostoner Somerset Club ...« Manuskript von Red Fay, in: Myrick E. Land Papers, Box 5, Boston University Department of Special Collections.

S. 600 »Er stand stellvertretend für die Millionen ...« Mündlicher Bericht des irischen Botschafters in Washington, Dr. Thomas J. Kiernan, JFKPL.

S. 600 »Sie begrüßte John F. ...« BG, 28. Juni 1963.

S. 602 »Er war wie verzaubert ...« Saunders, S. 210.

S. 602 »Gespanntes Schweigen herrschte ...« Dallas, S. 143.

S. 603 »Besuche bei Josie ...« BG, 1. November 1963.

S. 603 »... Pat habe am Morgen eine ganze Flasche Wein ...« Saunders, S. 195.

S. 603 »Im Mai hatte sie im fünften Monat der Schwangerschaft ...« BG, 17. Mai 1963.

S. 603 »Die 33jährige Jackie hatte ...« *Washington Star,* 21. April 1963.

S. 604 »Von Squaw Island aus ...« J. B. West und Mary Lynn Kotz, *Upstairs at the White House: My Life with the First Ladies,* 1973, S. 271f.

S. 604 »Drei Tage nach der Geburt ...« Mitschrift einer Pressekonferenz mit Pierre Salinger vom 9. August 1963, Salinger Papers, JFKPL.

S. 604 »In der zweiten Septemberwoche ...« BG, 9. September.

S. 606 »... koordinierte jetzt den Wahlkampf ...« AP-Meldung, BG, 17. Januar 1963.

S. 607 »Ich weiß nicht ...« BT, 25. April 1963.

S. 607 »Er würde einen hervorragenden Gouverneur ...« BG, 22. April 1963.

S. 608 »Als sie in der vierten Septemberwoche ...« BG, 23. September 1963.

S. 608 »Auf dem Rückweg nach Washington ...« Ebenda.
S. 610 »Sie warfen die Frage auf ...« *Newsweek,* 28. Oktober 1963.
S. 610 »Bei der Kreuzfahrt mit ihrer Schwester ...« BG, 29. Oktober 1963.
S. 610 »... schwärmte sie von ihrem Gastgeber ...« Ben Bradlee, *Conversations with Kennedy,* 1975, S. 219.
S. 612 »Gestern abend muß die Hölle ...« William Manchester, *The Death of a President: November 20-November 25, 1963,* 1967, S. 120.
S. 612 »Als sich vor ihnen ...« Ebenda, S. 154.
S. 612 »Rosemary saß in ihrem Haus ...« *New York Herald Tribune,* 23. November 1963.
S. 613 »John F. ist etwas passiert ...« Manchester, S. 208.
S. 614 »Mach dir keine Sorgen ...« Dallas, S. 14.
S. 614 »John F. hat bestimmt Glück ...« RK, S. 442.
S. 614 »Es sieht schlecht aus ...« Manchester, S. 206.
S. 614 »Ihrer achtjährigen Maria ...« Marie Brenner, »Growing Up Kennedy«, in: *Vanity Fair,* Februar 1986, S. 58.
S. 615 »Er war unruhig ...« Manchester, S. 199.
S. 615 »Pat hatte sich von dem Mädchen ...« Manchester, S. 145 und 256.
S. 615 »Peter war am Lake Tahoe ...« Spada, S. 344.
S. 615 »Eine Gruppe von Leuten ...« Ebenda, S. 348.
S. 616 »Als der Chauffeur ...« Saunders, S. 232.
S. 616 »Dann korrigierte sie ...« Dallas, S. 19.
S. 616 »Ihr Vater war allerdings ...« FC.
S. 616 »Eunice legte ihr Gesicht ...« Es gibt unterschiedliche Berichte darüber, wie Joseph P. Kennedy vom Tod John F. Kennedys erfuhr. Der vorliegende beruht vornehmlich auf Robert Coughlans Tonbandaufzeichnungen mit Rose Kennedy. Rose berichtete ihrem Biographen, Eunice habe ihrem Mann die Todesnachricht überbracht. Nach ihrer Biographie und William Manchesters Buch wird Joe dagegen am nächsten Morgen von Ted Kennedy aufgeklärt. Roses ursprüngliche Darstellung wird von Rita Dallas Erinnerungen in *The Kennedy Case* und von Frank Saunders *Torn Lace Curtain* gestützt. Saunders gibt auch die Gründe für die später abweichende Darstellung an. Offenbar hielten es Senator Kennedy und seine Familie für blamabel, daß er zunächst nicht in der Lage war, seinem Vater die Wahrheit zu sagen. Die Autorin bat Eunice Shriver um eine persönliche Stellungnahme und teilte ihr mit, sie werde bei der hier abgedruckten Darstellung bleiben, wenn sie keine direkten Einwände erhebe. Mrs. Shriver lehnte daraufhin jeden Kommentar ab.
S. 617 »Ich denke, Mrs. Shaw ...« Mündlicher Bericht, Mrs. Janet Auchincloss, JFKPL.
S. 618 »Wer ist das? ...« Ebenda.
S. 618 »Was kann ich für Sie tun ...« FC.
S. 619 »Bobby machte Onassis ...« Manchester, S. 555.
S. 619 »Jackies Beispiel war ihr ...« Ebenda, S. 540.
S. 620 »Obwohl sie am Rande des Zusammenbruchs ...« Ebenda, S. 582.
S. 620 »Er hatte für sie etwas ...« Ebenda, S. 586.
S. 620 »... jetzt darfst du salutieren ...« Ebenda, S. 590.
S. 621 »Zum Andenken gab sie ...« Dave Powers versicherte, Mary Ryan habe eines der beiden Hundemaskottchen erhalten. Das zweite ging an Richard Kardinal Cushing. Siehe den mündlichen Bericht des Kardinals, JFKPL.
S. 621 »Mommy, war Daddy beliebt? ...« FC.

Kapitel 23

S. 622 »Jackie flog mit den Kindern ...« RK, S. 448.

S. 623 »Geschichte ist doch etwas ...« Theodore H. White, *In Search of History: A Personal Adventure*, 1978, S. 523.

S. 624 »Sie brachte viel Zeit ...« RK, S. 455.

S. 626 »Mit Jackie tauschte er ...« Die Lyndon Baines Johnson Presidential Library enthält eine Sammlung verschiedener Dokumente zu Jacqueline und anderen Kennedys. Sie stammen auch aus obskuren Zeitungen wie dem *National Enquirer*, einem Sensationsblatt, das gewöhnlich nicht zur Lektüre eines Präsidenten gezählt wird.

S. 627 »Die drei kleinen Mädchen ...«, BG, 16. September 1964.

S. 627 »Im April flogen beide ...« BG, 11. April 1964.

S. 628 »Mach dir keine Sorgen ...« James MacGregor Burns, *Edward Kennedy and the Camelot Legacy*, 1976, S. 121.

S. 628 »Sie ist die erste Frau ...« Jane Clancy, »The Phenomenal Joan«, Artikel vom 8. November 1964, BUCL.

S. 629 »Im Juli nach dem Sommerlager ...« BG, 23. Juli 1964.

S. 629 »Im August besuchte sie ...« BG, 21. 1964.

S. 629 »... eine Erkenntnis, die sie dem Umgang ...« BG, 7. November 1965.

S. 629 »Nach wenigen Tagen war sie wieder ...« BG, 24. August 1964.

S. 629 »Für die Presse war er ...« *New York World Telegram*, Ausschnitt in den Unterlagen zu Robert Kennedy, Datum unlesbar. JFKPL.

S. 630 »Robert F. Kennedy wünscht keine breite ...« Nicht unterzeichnete Pressemitteilung in der Akte zum Wahlkampf für das Amt des Senators, Unterlagen zu Robert Kennedy, JFKPL.

S. 631 »Und dann bekommt man immer nur ...« *New York Post*, 30. September 1964.

S. 632 »Soll das heißen ...« Spada, S. 364.

S. 635 »Frances ist bislang ...« Doris Shapiro, *We Danced All Night: My Life Behind the Scenes with Alan Jay Lerner*, 1990, S. 73.

S. 636 »... zu einem höhnischen Grinsen gefror ...« Ebenda, S. 198.

S. 636 »Lerner leistete sich ...« Ebenda, S. 110.

S. 636 »Ich glaube, es war Robert Kennedy ...« Ebenda, S. 162.

S. 637 »Und bei der anschließenden Feier ...« Gene Lee, *Inventing Champagne: The World of Lerner and Lowe*, 1990, S. 239.

S. 637 »... von seinen mitternächtlichen Anrufen ...« Ebenda, S. 240.

S. 638 »Jean erhielt die schlichte Mitteilung ...« Der Bericht zu den Beziehungen zwischen Jean Smith und Alan Jay Lerner beruht auf Interviews mit Milt Ebbins, einem inoffiziellen Interview mit einem nahen Beobachter der Ereignisse, vier weiteren inoffiziellen Interviews und den bereits erwähnten Büchern von Doris Shapiro und Gene Lee.

S. 639 »Bei ihrer Ankunft auf dem Flughafen ...« BG, 2. Juli 1965.

S. 640 » ...schlug Liz Carpenter unter anderem vor ...« Vertrauliche Mitteilung an den Präsidenten vom 1. April 1966, LBJPL.

S. 640 »Zerreißen Sie das ...« Mitteilung von Johnson, 1. April 1966, LBJPL.

S. 641 »... ließ sie bei der Durchsicht des Textes ...« ASK, S. 103.

S. 641 »Er antwortete darauf ...« Das Manuskript zu *Die Tausend Tage Kennedys* befindet sich in den Unterlagen zu Arthur Schlesinger jr. in der JFKPL. Schlesinger wählte im gedruckten Buch eine neutralere Formulierung: »Es machte ihm nichts aus, er liebte sie so, wie sie war.« ASK, S. 103.

S. 642 »Bobby und Jackie wußten ...« Am 9. Mai 1966 schrieb Fays Lektor Evan Thomas Robert Kennedy, er sei einverstanden, den Kennedys das fertige Manuskript vorzulegen. Er gehe davon aus, daß Fay die Übereinkunft bekannt sei. PFP.

S. 642 »Er schlug dem Reporter vor ...« PFP.

S. 642 »Laß es stehen ...« Fays Manuskript, in Myrick Land Papers, Box 5, File 20, Boston University.

S. 642 »Man kann Jacqueline Kennedy ...« BH, 18. Dezember 1966.

S. 644 »Ich bin zu einer der zehn ...« Mary Cremmen, »Chic Rose, 76, Fashion First«, in: BG, 4. Januar 1967.

S. 644 »Sie reiste in mehrere ...« Helen Keyes, »Europe Remembers«, in: *This Week*, 23. Mai 1965.

S. 644 »Und die kleine Caroline ...« Gedicht von Caroline Kennedy, RCP.

S. 646 »Er konnte sie nicht überzeugen ...« AS, S. 901.

S. 646 »Und selbst die unpolitische Jean ...« Ebenda, 902.

S. 646 »Weniger wortreich ...« Jack Newfield, *Robert Kennedy: A Memoir*, 1969, S. 195.

S. 646 »Das wird euch sehr viel ...« Ebenda, S. 203.

S. 646 »Auch Jackie meldete sich ... AS, S. 907.

S. 647 »Es geht nicht einfach nur um die Führung ...« Zitiert nach AS, S. 918.

S. 647 »Es sieht so aus ...« Dallas, S. 301.

S. 648 »Als Georges älteste Tochter ...« Peter Hamill, »The Woman Behind Bobby Kennedy«, in: *Good Housekeeping*, April 1968, S. 164 und AP, 19. Mai 1967.

S. 649 »So mußte sie manchmal auch ...« *Washington Daily News*, 17. April 1968.

S. 649 »Mrs. Kennedy sollte vielleicht ...« *D. C. Examinor*, 2.–4. Mai 1968.

S. 649 »Einige Wochen nach Kopsons ...« AP, 2. Mai 1968, und *New York Post*, 3. Mai 1968.

S. 650 »Die meisten Damen ...« James J. Kilpatrick, »Matching up at Bobby's«, unidentifizierter Zeitungsausschnitt vom 23. April 1968. JFKPL.

S. 650 »Sarge war von Präsident Johnson ...« NYT, 20. April 1968.

S. 651 »Jean war in Salt Lake City ...« Pat Lawford (Hg.), *That Shining Hour* (Privater Druck), S. 282.

S. 652 »... änderten das Wahlkampfkonzept für die Schlußphase ...« Newfield, S. 274.

S. 653 »Jean drückte mich regelrecht ...« Diane Broughton, »William Kennedy Smith, the Accused«, *Thumber*, November/Dezember 1991, S. 3.

S. 653 »Obwohl noch sehr abgespannt ...« AS, S. 980.

S. 654 »Um Himmels willen ...« David, S. 187.

S. 654 »Und jetzt nach Chicago ...« Robert Blair Kaiser, »R.F.K. Must Die«, 1970.

S. 654 »Bevor er wieder in die Menge ...« Warren Rogers, *When I Think of Bobby: A Personal Memoir of the Kennedy Years*, 1993, S. 154.

S. 655 »Diane legte ihm eine Decke ...« Nach einem Interview mit Diane Broughton in der *Los Angeles Times* vom 2. Mai 1984, Teil V; *Los Angeles Herald Examiner*, 29. April 1984. Theodore White berichtete 1968 der United Press International, als er den jungen David im Hotelzimmer vorgefunden habe, habe dieser wach und völlig erschüttert über die Nachricht vom Tod seines Vaters vor dem Fernsehschirm gesessen. Die Schilderung Whites, der einen ausgezeichneten Ruf hatte, ging in verschiedenen Versionen in mehrere

Bücher über die Kennedys ein. Als David Kennedy im April 1984 starb, wurde seine Darstellung von verschiedenen Zeitungen, Zeitschriften und dem Fernsehen wieder aufgegriffen. Diane Broughton wurde wegen ihrer abweichenden Darstellung dagegen heftig angegriffen. Steve Smith, der als einer der wenigen die Wahrheit kannte, dankte ihr am 24. Mai 1984 in einem Brief für ihre »Richtigstellung«. Die Autorin ist im Besitz dieses Briefes. David wurde aus dem Bungalow in ein Zimmer im Hotel Beverly Hills umquartiert, wo auch Freunde der Kennedys untergebracht waren. Als White ihn entdeckte, glaubte er irrtümlich, man habe David ganz allein gelassen.

S. 655 »Jean bahnte sich ...« Rogers, S. 163.

S. 656 »Ethel geriet außer sich ...« Rogers, S. 165.

S. 656 »Fühlen Sie sich genauso elend ...« Saunders, S. 321.

S. 657 »Eunice nahm in Paris ...« *Le Monde,* 7. Juni 1968.

S. 657 »Joan dachte ...« *Good Housekeeping,* September 1969, S. 77.

S. 657 »Das kann doch nicht wahr sein ...« Francine Klagsbrun und David Whitney (Hrsg.), *Assassination: Robert F. Kennedy: 1925–1968,* 1969, S. 47.

S. 657 »Die Kirche ...« zitiert nach AS, S. 983.

S. 657 »Während sie tranken ...« Jean Stein und George Plimpton (Hrsg.), *American Journey: The Times of Robert Kennedy,* 1970, S. 340.

S. 658 »Mein Bruder muß nicht ...« Zitiert nach James MacGregor Burns, *Edward Kennedy and the Camelot Legacy,* 1976, S. 147f.

Kapitel 24

S. 661 »... wo David erste sexuelle Erfahrungen ...« CH, S. 361.

S. 662 »... und sie hatte mit gewohnter Voraussicht ...« Eunice Shriver wird der Ruf als Begründerin der Special Olympics von Anne Burke streitig gemacht: »Eunice hat die Spiele nicht begründet«, teilte sie der *Chicago Tribune* am 22. August 1991 mit. Herbert Kramer, der für die Stiftung lange Zeit die Werbetrommel rührte, erinnerte sich daran, daß Anne Burkes Plan Anfang 1968 auf einer Sitzung der Stifung diskutiert wurde. Eunice Shriver erweiterte ihr Konzept zu einem weitaus ehrgeizigeren Vorhaben. Eine ebenso entscheidende Rolle bei der Gründung der Special Olympics spielte der kanadische Universitätsangehörige Dr. Frank Hayden, der für die Kennedy-Stiftung als Berater tätig war. In politischer Hinsicht kann trotzdem Eunice Shriver als Begründerin der Spiele gelten. Sie machte die Gelder in der Kennedy-Stiftung locker und hatte zudem auf dem Gebiet der Behindertenarbeit genug Autorität, um Medien und Freiwillige zu mobilisieren. Ohne ihre Mitwirkung hätten die Spiele unmöglich ihre Bedeutung erlangt.

S. 664 »Obwohl schon im sechsten Monat ...« *Time,* 25. April 1969, S. 47.

S. 664 »Nach dem Meinungsforschungsinstitut Gallup ...« Ebenda.

S. 665 »So, und jetzt ein Rennen ...« *Time,* 26. April 1969, S. 47.

S. 667 »Ich weiß es seit einiger Zeit ...« Saunders, S. 332.

S. 668 »Zur Hochzeit verehrte er ihr ...« *Washington Post,* 24. Oktober 1968.

S. 668 »Über diesen Aspekt der Heirat ...« *Ari: The Life of Aristoteles Onassis,* 1986, S. 170.

S. 670 »Robert F. Kennedy war für sie ...« Pat Lawford (Hrsg.), *That Shining Hour,* Widmung ohne Seitenangabe.

S. 671 »Man wird mir den Arsch ...« Zitiert nach BUH, S. 378.

S. 672 »Ich sage die Wahrheit ...« Dallas, S. 338.

S. 673 »Der Taucher ...« Damore, S. 214f.
S. 673 »Eunice lief ins Haus ...« Dallas, S. 340.
S. 674 »So ging sie mit ihrem verstörten Sohn ...« Dallas, S. 339.
S. 674 »Ich verstand kein Wort ...« Damore, S. 142.
S. 675 »Auf was plädieren Sie ...« Ebenda, S. 191.
S. 675 »Sie blickte in die Runde ...« Dallas, S. 342.
S. 675 »Rasch schickte er sie ...« Damore, S. 203.
S. 676 »Keine drei Wochen nach ...« BH, 6. August 1969, BUCL.
S. 676 »Später erklärte sie ...« BG, 6. August 1969, BUCL.
S. 677 »Ende August erlitt Joan ...« BG, 29. August 1969.
S. 679 »Joes Ende war nahe ...« Dallas S. 350ff.
S. 680 »Jackie war ohne Schuhe ...« Ebenda, S. 351.
S. 681 »Voller Inbrunst sprach ...« Ebenda, S. 352.
S. 685 »... daß sie meistens zu spät ...« *Washington Star,* 9. November 1969.
S. 685 »Man darf davon ausgehen ...« Ebenda.
S. 685 »Wir wohnten in dem imposanten ...« Marie Brenner, »Growing Up Kennedy«, in: *Vanity Fair,* Februar 1986, S. 114.
S. 686 »Die meisten bekamen gar nicht mit ...« *Paris Match,* 6. Juni 1969, S. 12.
S. 687 »... so Chris Lawford ...« CH, S. 373.
S. 687 »Sie banden vertäute Jachten ...« Ebenda, S. 373.
S. 689 »Du hast den Namen ...« Ebenda, S. 382.
S. 689 »Bobby hörte seinem Vater ...« Ebenda, S. 383.
S. 690 »Jovial bat Pat ...« Lawford und Schwartz, S. 235.
S. 694 »Das mag ja sein ...« LB.
S. 695 »Es freut mich ...« Laura Bergquist, »Kathleen Kennedy: Here Comes a Whole New Generation of Kennedys«, LBP.
S. 697 »... wenn auch erst als siebte Wahl ...« »Acceptance Speech by Sargent Shriver«, in: *Vital Speeches,* 8. August 1972.
S. 697 »Abgesehen von einigen eigenen ...« *Washington Star,* 8. September 1972.
S. 697 »... mit einem Fünfzehnstundentag ...« *US News and World Report,* 30. Oktober 1972.
S. 697 »Er stürmt durchs Land ...« *Washington Star,* 15. Oktober 1972.
S. 697 »... die ihre modebewußten Freundinnen ...« BG, 8. August 1972.
S. 698 »Ich bin noch nicht fertig ...« BG, 9. Oktober 1972.
S. 698 »Das wird eine Nacht werden ...« *Washington Star,* 8. November 1972.
S. 698 »... bekam sie als ›Staszak-Preis‹ ...« *Washington Star,* 8. November 1972.

Kapitel 25

S. 703 »Manchmal war es so schlimm ...« Harrison Rainie und John Quinn, *Growing Up Kennedy: The Third Wave Comes of Age,* 1983, S. 234.
S. 704 »Es ist seltsam ...« Joan Braden, »Joan Kennedy Tells Her Own Story«, *McCall's,* August 1978.
S. 706 »... die alten Familienfotos ...« BG, 17. März 1974.
S. 706 »... als sie aus Paris ...« Gibson, S. 69.
S. 709 »Kerry, sieh dir Rosies Haar an ...« KRMK.
S. 709 »... abhängig von den Schlafmitteln ...« Gibson, S. 45.

S. 710 »Ich muß auf meine Haltung achten …« KMRK.
S. 710 »Ich freue mich über Ihr Interesse …« Ebenda.
S. 712 »… seine frühere Frau Athina starb …« Peter Evans, *Ari: The Life and Times of Aristoteles Onassis,* 1986, S. 293.
S. 713 »Er traf sich in New York …« Ebenda, S. 263.
S. 714 »Manchmal will ich Pat einfach packen und schütteln …« KMRK.
S. 715 »Was hätte ich tun sollen …« Gibson, S. 40.
S. 715 »Stell dir vor …« KRMK.
S. 716 »… Spiegelbild der Persönlichkeit …« Gibson, S. 102.
S. 717 »Freunde der Familie behaupten …« BH, 9. September 1975.
S. 718 »Wenn du dich schon nicht bewirbst …« BG, 18. August 1975.
S. 718 »Armer Sarge, ich hoffe …« CH, S. 415.
S. 718 »Teddy hat 1976 keinen Finger …« Ebenda.
S. 721 »Meine Tochter wünscht sich einen Rock …« Babara Kevles, »The Kennedy Who Could Be President«, *Ladies' Home Journal,* März 1976, S. 156.
S. 724 »Der Junge sieht völlig überanstrengt …« KMRK.
S. 725 »Ich versuchte, darüber zu reden …« Joan Braden, S. 190.
S. 725 »… erschien sie in einem silbrigen …« *Washington Star,* 23. September 1970.
S. 725 »… Hot Pants …« *Washington Evening Star,* 16. März 1971.
S. 726 »Wenn man mit dem Gefühl aufwächst …« Joan Braden, S. 193.
S. 727 »… im Oktober 1974 rammte Joan …« *Washington Star-News,* 10. Oktober und 6. November 1974.
S. 728 »Also wirklich, können die …« KRMK.
S. 729 »… nach den Mahlzeiten sogar bei Joan …« *National Enquirer,* 13. April 1976.
S. 730 »Im Herbst 1977 mietete Joan …« Joan Braden, S. 193.
S. 730 »Sie ließ keinen Zweifel …« Lester David, »Joan Kennedy: Her Search for Herself«, *Ladies' Home Journal,* Mai 1979.
S. 731 »Doch als der Artikel im August 1978 …« *Time,* 5. Oktober 1979, S. 19.
S. 732 »Wenn sie gesund werden will …« Richard E. Burke, *Ted Kennedy und die Macht eines Clans,* 1992, S. 221.
S. 734 »Eines Tages werden hier andere Zustände …« Raine, S. 20.
S. 736 »Das ist doch schon Urzeiten her …« BG, 6. Dezember 1979.
S. 738 »Ungeachtet ihres hohen Alters …« BG, 21. Juli 1980.
S. 738 »Ich gewann den Eindruck …« Chellis, S. 122.
S. 739 »Ich möchte, daß Eunice in Iowa …« Burke, S. 259.
S. 740 »… nicht einmal eine echte Kennedy …« Davis, S. 762.
S. 740 »Im September 1979 fuhr …« *New York Post,* 7. September 1979, *Miami Herald,* 18. September 1979.
S. 740 »… White James …« *New York Post,* 7. September 1979.
S. 740 »… in einem schäbigen Zimmer in Sacramento …« und folgende Beschreibung der Drogenprobleme der jungen Kennedys: CH, S. 424, 438, 440.
S. 740 »… der es nicht verdiente, Präsident …« Ebenda, S. 437.
S. 742 »So, und wie lauten die guten Nachrichten? …« ebenda, S. 442.

Kapitel 26

S. 748 »… weiß wie ein Blatt Papier …« *Washington Post,* 26. September 1983.

S. 752 »Am Karfreitag brach Rose beim Essen …« *Miami Herald,* 21. April 1984.

S. 753 »… neuro-elektrischen Therapie …« Gibson und Schwarz, S. 195.

S. 753 »… von der Bürde …« *Palm Beach Times,* 3. Mai 1984.

S. 753 »Ich kann die Bilder von meinem Vater …« BH, 13. Oktober 1984.

S. 754 »Da er völlig heruntergekommen aussah …« *Palm Beach Times,* 24. Mai 1985, und *Palm Beach Daily News,* 25. Mai 1985.

S. 754 »… so voller Drogen, daß der Wächter …« *Palm Beach Daily News,* 25. Oktober 1984.

S. 754 »… in einer sehr schlechten Verfassung …« Aussage von Howell VanGerbig jr., zitiert in MH, 15. Januar 1985.

S. 754 »Das Gespräch beim Abendessen …« Aussage von Caroline Kennedy, zitiert in MH 15. Januar 1985.

S. 754 »… Mrs. Kennedy aus Boston …« *Sun-Sentinel,* 26. April 1984, und *Palm Beach Daily News,* 20. Februar 1985.

S. 755 »Kurz darauf kehrten Caroline und Sydney …« *Palm Beach Times,* 15. Januar 1985.

S. 755 »Sydney brach in Tränen aus …« BG, 27. April 1984.

S. 755 »Nach Bekanntwerden des Todesfalls …« *Palm Beach Daily News,* 25. Oktober 1984.

S. 756 »… war Dorr sofort bereit gewesen …« *Palm Beach Daily News,* 4. Dezember 1985.

S. 756 »… nicht an einer Überdosis Kokain gestorben …« *Orlando Sun Sentinel,* 25. Mai 1984.

S. 756 »Ein Jahr später, als das öffentliche Interesse …« *Palm Beach Daily News,* 4. Dezember 1985.

S. 757 »Bei einer Analyse des Wassers …« *Palm Beach Post,* 25. April 1985.

S. 757 »… Spuren zu verwischen …« MH 16. Oktober 1984.

S. 757 »Wissen Sie, ob jemand das Zimmer vor Ihnen …« MH 16. Oktober 1984.

S. 757 »Die Art und Weise, wie Sie Ihr Amt ausüben …« *Orlando Sun Sentinel,* 15. Januar 1985.

S. 759 »Mit 15 verbrachte sie sechs Wochen …« BG, 2. Juli 1983.

S. 759 »Sie interviewte Bergarbeiter …« Lebenslauf von Caroline Bouvier Kennedy in der Bibliothek des BG.

S. 759 »… Jackie beschloß, den Verkauf der Bilder …« *Washington Post,* 3. März 1974.

S. 760 »Alle hassen mich …« *Chicago Tribune,* 23. November 1975.

S. 760 »… entging Caroline nur knapp dem Tod …« BG, 25. Oktober 1975.

S. 761 »Hinter ihnen ging Jackie …« *Chicago Tribune,* 20. Juli 1986.

S. 762 »Maria fand Gefallen …« Nancy Lloyd, »Maria Shriver: Up Close and Personal«, *Good Housekeeping,* Februar 1993, S. 102.

S. 764 »… flog die 29jährige Maria im August 1985 …« *Los Angeles Times,* 31. August 1985.

S. 764 »Maria konnte zwar hervorragend …« Peter McCabe, *Bad News at Black Rock,* 1987, S. 235.

S. 764 »Kurz vor ihrer Hochzeit im April 1986 ...« Marvin Kitman, »Blues at ›The CBS Morning News‹«, *The New Leader,* 14. Juli 1986.

S. 766 »... folgte Eisenbahnschienen ...« *People,* 6. Juni 1983.

S. 766 »Ich wollte einfach nicht ...« Ebenda.

S. 767 »David massierte es so ...« Susan Issaacs, »What's It Really Like to Be a Kennedy«, *Parents,* November 1981, S. 91.

S. 768 »... Lob voll und ganz verdient ...« Zitiert in Harrison Rainie, »To Be Young, Female and Kennedy«, *Women's Day,* 2. April 1985.

S. 768 »Wenn ein Professor mit einem Harvard-Abschluß ...« KKT, »A Rebirth of Virtue: Religion and Liberal Renewal«, *Washington Monthly,* Februar 1982, S. 23.

S. 768 »The Forgotten Virtue of Voluntarism ...« KKT, »The Forgotten Virtue of Voluntarism«, *Washington Monthly,* Oktober 1983, S. 10–16 und 48 ff.

S. 769 »Meine Mutter glaubte noch ...« Barbara Matusow, »Move Over, Teddy«, *Washingtonian,* November 1988, S. 161.

S. 770 »... der Unterstützung von Gewaltakten ...« *Philadelphia Inquirer,* 21. November 1984.

S. 770 »Als Frau wurde ihr Äußeres ...« *Washington Post,* 5. März 1986.

S. 771 »Vor ein paar Tagen sagte ...« Sara Martin, »A New Kennedy on the Campaign Trail«, *The Washington Women,* August 1986, S. 22.

S. 772 »Was wir brauchen und wünschen ...« Maureen Orth, »Carrying the Thorch«, *Vogue,* Juli 1986, S. 88.

S. 772 »... mit einem Familieneinkommen ...« *Washington Post,* 24. April 1986.

S. 772 »Ihrer eigenen Schätzung zufolge ...« *Washington Post,* 24. April 1986.

S. 772 »Vergiß es, ich ziehe mich ...« *Vogue,* S. 91.

Kapitel 27

S. 774 »Rose Fitzgerald Kennedy Familiengedenktag ...« *USA Today,* 14. Juli 1990, S. 10a.

S. 775 »Bist du sicher, daß das deiner ist, Teddy? ...« NYT, 13. Juli 1990.

S. 775 »Ich bin wie ein alter Wein ...« *Washington Post,* 16. Juli 1990.

S. 776 »Schließlich konnte der Film doch noch gezeigt werden ...« BG, 16. Juli 1990.

S. 776 »Tränen flossen auch, als Maureen McGovern ...« NYT, 16. Juli 1990, S. B5.

S. 780 »Im Juni des darauffolgenden Jahres ...« *Newsday,* 27. Juni 1989.

S. 781 »Das nationale Special Arts Festival kostete ...« *Washington Post,* 30. November 1980.

S. 781 »... zahlreiche Prominente ...« PR Newswire, 12. September 1989, Compuserve.

S. 781 »Sie flog zur Gründungsfeier ...« *Irish Times,* 1. November 1984.

S. 781 »Im Juni 1989 kamen zum ersten ...« *Newsday,* 21. Juni 1989, S. 2.

S. 782 »Das Haus, das sie sich 1981 ...« *New Bedford Standard Times,* 15. November 1981.

S. 785 »Was Maria antreibt ...« Nancy J. Perry, »Hail Maria«; *L. A. Style,* Mai 1993.

S. 787 »Ich dachte, ich würde Schwierigkeiten ...« *Los Angeles Times,* 28. Juni 1991.

S. 788 »... Ich bin zu meiner Mutter ...« L. A. Style, Mai 1993.

S. 789 »1983 stellten die Kennedys St. Coletta eine Million ...« BG, 25. Juli 1983.

S. 791 »... stieß frontal mit ihm zusammen ...« *Washington Times*, 17. und 20. Januar 1991.

S. 791 »Bei dem Aufprall hatte sie sich beide Arme ...« *Washington Times*, 20. Januar 1991.

S. 793 »Sie hatte als Produzentin für das Abendmagazin ...« BG, 9. September 1990.

S. 795 »... wie sie bei der Polizei ...« Die nachfolgende Darstellung der Ereignisse und die in diesem Zusammenhang wiedergegebenen Zitate beruhen, soweit nicht anders angegeben, auf den Aussagen, die die beteiligten Personen am 5. bzw. 26. Oktober 1991 in der Sache Florida gegen William Kennedy Smith zu Protokoll gegeben haben.

S. 796 »Ich bin schockiert, daß jemand versucht ...« *Chicago Tribune*, 12. Mai 1991.

Kapitel 28

S. 800 »... die internationalen Special Olympic Games ...« *Saint Paul Pioneer Press*, 21. Juli 1991, S. 1.

S. 800 »Das Magazin *Life* ...« *Life*, November 1991.

S. 804 »Die Richterin, die den Fall ...« NYT, 6. Dezember 1991.

S. 804 »Staatsanwältin Moira Lasch ...« NYT, 8. Dezember 1991.

S. 805 »Ich bin froh ...« *The Miami Herald*, 5. Dezember 1991.

S. 807 »Er stürzte sich auf mich ...« *The Miami Herald*, 5. Dezember 1991.

S. 807 »Was er mir angetan hat ...« *Sun-Sentinel*, 6. Dezember 1991.

S. 810 »... die Zahl der Mörder ...« William Manchester, *The Glory and the Dream. A Narrative History of America, 1932 – 1972*, 1980, S. 43.

S. 810 »Die Stadtväter hatten ...« *The Houston Post*, 9. Februar 1992.

S. 811 »... nie wieder heiraten ...« NYT, 1. Oktober 1992.

S. 813 »Der *Boston Globe* favorisierte ...« BG, 14. Dezember 1992.

S. 814 »Ihr Leben war von Trauer ...« BG, 10. Juni 1993.

S. 818 »... flog sie nach Irland ...« *Chicago Tribune*, 24. Juni 1993.

S. 819 »... Metastasen im Gehirn ...« NYT, 20. Mai 1994.

Bibliographie

Abbott, Edith, *Historical Aspects of the Immigration Problem.* New York 1969.
– *Immigration: Select Documents and Case Records.* New York 1969.
Adams, William Forbes, *Ireland and Irish Immigration to the New World from 1815 to the Famine.* New Haven 1932.
Ainley, Leslie G., *Boston Mahatma. A Biography of Martin Lomasney.* Boston 1949.
Akenson, Donald, *Being Had. Historians, Evidence and the Irish in North America.* Port Credit 1985.
Aldrich, Nelson W., *Old Money. The Mythology of America's Upper Class.* New York 1988.
Allen, Frederick Lewis, *Only Yesterday.* New York 1931.
Alsop, Joseph, *FDR, 1882–1945. A Centenary Remembrance.* New York 1982.
– und Robert Kintner, *American White Paper. The Story of American Diplomacy and the Second World War.* New York 1940.
Amory, Cleveland, *The Proper Bostonians.* New York 1947.
Anderson, Bonnie S., und Judith P. Zinser, *Eine eigene Geschichte. Frauen in Europa. Bd. 2: Aufbruch. Vom Absolutismus zur Gegenwart.* Zürich 1993.
Anthony, Carl Sferrazza, *First Ladies. Bd. 2.* New York 1990.
Anthony, Katharine, *Who Must Earn.* New York 1914.
Arensberg, Conrad und Solon Kimball, *Family and Community in Ireland.* Cambridge, Mass. 1940.
Aries, Phillipe, *Centuries of Childhood. A Social History of Family Life.* New York 1962.
Associated Press, *Triumph and Tragedy. The Story of the Kennedys.* New York 1968.
Atkinson, Clarissa W., Constance H. Buchanan und Margaret R. Miles, Hgg. *Immaculate and Powerful. The Female in Sacred Image and Social Reality.* Boston 1968.
Baldridge, Letitia, *Of Diamonds and Diplomats.* Boston 1968.
Banks, Joseph Ambrose, *Victorian Values. Secularism and the Size of the Families.* London 1981.
Banks, Olive, *Becoming a Feminist. The Social Origins of »First Wave« Feminism.* Athens, GA 1987.
Beckett, James Camlin, *Geschichte Irlands.* Stuttgart 1982.
Beebe, Lucius, *Boston and the Boston Legend.* New York 1935.
Bergquist, Laura, und Stanley Tretick, *A Very Special President.* New York 1965.
Beschloss, Michael R., *Kennedy and Roosevelt. The Uneasy Alliance.* New York 1980.
Birmingham, Stephen, *Jacqueline Bouvier Kennedy Onassis.* New York 1978.
– *Real Lace. America's Irish Rich.* New York 1973.
– *The Right People.* Boston 1958.
Bishop, James, *The Day Kennedy Was Shot.* New York 1968.

Blanc, Marie Thérèse, *The Conditon of Women in the United States. A Traveler's Notes*. Boston 1895.
Bliss, Edward Jr., Hg. *In Search of Light. The Broadcasts of Edward R. Murrow. 1938–1961*. New York 1967.
Blocker, Jack S., *American Temperance Movements. Cycles of Reform*. Boston 1989.
Blythe, Ronald, *The Age of Illusion. Glimpses of Britain Between the Wars. 1919–1940*. Oxford 1983.
Bordin, Ruth, *Francis Willard. A Biography*. Chapel Hill 1986.
– *Women and Temperance. The Quest for Power and Liberty. 1873–1900*. Philadelphia 1981.
Braden, Joan, *Just Enough Rope*. New York 1989.
Bradlee, Ben, *Conversations with Kennedy*. New York 1975.
Brady, Anna, Hg. *Women in Ireland. An Annotated Bibliography*. Westport 1988.
Braun-Ronsdorf, Margarete, *Modische Eleganz. Europäische Kostümgeschichte von 1789 bis 1929*. München 1963.
Bremscheid, Matthias von, *Die christliche Jungfrau in ihrem Tugendschmukke*. Mainz 1891.
Brewer, Eileen Mary, *Nuns and the Education of American Catholic Women. 1860–1920*. Chicago 1987.
The Brothers of Mary, *The Polite Pupil. For the Use of Catholic Parochial and High Schools*. Dayton 1912.
Brown, Dorothy M., *Setting a Course. American Women in the 1920s*. Boston 1987.
Brown, Lyn Mikel, und Carol Gilligan, *Meeting at the Crossroads. Women's Psychology and Girls' Development*. Cambridge, Mass. 1992.
Brown, Peter D., und Karl W. Schweizer, Hgg. *The Devonshire Diary. William Cavendish Fourth Duke of Devonshire Memoranda on State of Affairs. 1759–1762*. London 1982.
Brown, Thomas, *JFK. History of an Image*. Bloomington 1988.
Buck, Pearl S., *Die Frauen des Hauses K*. Bern 1972.
Buetow, Harold A., *A Singular Benefit. The Story of Catholic Education in the United States*. New York 1970.
Bugg, Lelia Hardin, *The People of Our Parish. Being Chronicle and Comment of Katharine Fitzgerald, Pew Holder in the Church of St. Paul the Apostle*. Boston 1900.
Buni, Andrew, und Alan Rogers, *City on a Hill*. Boston 1984.
Burke, Richard E., William Hoffer und Marilyn Hoffer, *Ted Kennedy und die Macht eines Clans. Ein Insiderbericht*. Bergisch Gladbach 1993.
Burns, James MacGregor, *Edward Kennedy and the Camelot Legacy*. New York 1976.
– *John Kennedy. A Political Profile*. New York 1960.
Busbey, Katherine G., *Home Life in America*. New York 1910.
Busey, Samuel C., *Immigration. Its Evils and Consequences*. New York 1856.
Byrnes, James F., *All In My Lifetime*. New York 1958.
Cable, Mary, *The Little Darlings. A History of Child Rearing*. New York 1975.
Calhoun, Arthur W., *A Social History of the American Family. Bd. 3*. Cleveland 1919.
Callan, Louise, *The Society of the Sacred Heart in North America*. London 1937.
Cameron, Gail, *Rose. A Biography of Rose Fitzgerald Kennedy*. Putnam 1971.

Carmody, DeniseL., und John T. Carmody, *Roman Catholicism. An Introduction.* New York 1990.
Carr, William H., *Those Fabulous Kennedy Women.* New York 1961.
Cassini, Oleg, *In My Own Fashion. An Autobiography.* New York 1987.
Cecil, Russell L., Hg. *A Textbook of Medicine.* Philadelphia, London 1947.
Chance, Mrs. Burton, *The Care of the Child.* Philadelphia 1909.
Chellis, Marcia, *The Joan Kennedy Story. Living with the Kennedys.* New York 1985.
Cheshire, Maxine, *Maxine Cheshire, Reporter.* Boston 1978.
Churchill, Winston S., *Der zweite Weltkrieg.* 3 Bde. Bern 1948–1950.
– *Reden. Gesammelt von Randolph S. Churchill u. a.* 7 Bde. Zürich 1946–1950.
Cita-Malard, Suzanne, *Religious Orders of Women.* New York 1964.
Clarke, Edward Hammond, *Sex in Education. A Fair Chance for the Girls.* Boston 1873.
Clinch, Nancy Gager, *The Kennedy Neurosis.* New York 1973.
Cole, Wayne S., *America First. The Battle Against Intervention. 1940–1941.* Madison 1953.
– *Charles A. Lindbergh and the Battle Against American Intervention in World War II.* New York 1974.
Collier, Peter, und David Horowitz, *Die Kennedys. Ein amerikanisches Drama.* Berlin 1985.
Collier, Richard, *Eagle Day. The Battle of Britain. August 6 – September 15, 1940.* New York 1966.
Colum, Mary, *Life and the Dream.* Garden City 1947.
Condren, Mary, *The Serpent and the Goddess. Women, Religion, and Power in Celtic England.* New York 1989.
Cook, Blanche Wiesen, *Eleanor Roosevelt. Bd. 1. 1884–1933.* New York 1992.
Corry, John, *Golden Clan. The Murrays, the McDonnells, and the Irish American Aristocracy.* Boston 1977.
Cott, Nancy F., *The Bonds of Womanhood.* New Haven 1977.
– und Elizabeth H. Pleck, *A Heritage of Her Own. Toward a New Social History of American Women.* New York 1979.
Course of Study in the Academies and Parochial Schools of the Sisters of Notre Dame. Cincinnati 1895.
Craig, Gordon A., und Felix Gilbert, Hgg. *The Diplomats. 1919–1939.* Princeton 1953.
Cramer, W[ilhelm] Dr., *Die christliche Mutter in der Erziehung und ihrem Gebete.* Dülmen 1903.
Crewe, Quentin, *The Frontiers of Privilege.* London 1961.
Cross, Robert D., *The Emergence of Liberal Catholicism in America.* Cambridge, Mass. 1958.
Cullinan, Elizabeth, *House of Gold.* Boston 1970.
Curran, Robert, *The Kennedy Women. Their Triumphs and Tragedies.* New York 1964.
Cutler, John Henry, *»Honey Fitz«. Three Steps to the White House.* Indianapolis, New York 1962.
The Dallas Morning News, November 22. The Day Remembered As Reported By. Dallas 1990.
Dallas, Rita, mit Jeanira Ratcliffe, *The Kennedy Case.* New York 1973.
Dally, Ann, *Mothers. Their Power and Influence.* London 1976.
Daly, Mary, *The Church and The Second Sex.* New York 1975.

Damore, Leo, *The Cape Cod Years of John Fitzgerald Kennedy.* Englewood Cliffs 1967.
– *Senatorial Privilege. The Chappaquiddick Cover-Up.* Washington D.C. 1988.
David, Lester, *Ethel. The Story of Mrs. Robert F. Kennedy.* New York 1971.
Davies, Marion, *The Times We Had.* Indianapolis 1975.
Davis, John, *The Bouviers. Portrait of an American Family.* New York 1969.
– *Siegen! Siegen um jeden Preis. Die Kennedys – ihre wahre Geschichte.* Zürich 1987.
Davis, Kenneth S., *The Hero. Charles A. Lindbergh and the American Dream.* Garden City 1959.
De Bedts, Ralph F., *Ambassador Joseph Kennedy 1938–1940. An Anatomy of Appeasement.* New York 1985.
De Courcy, Anne, *1939. The Last Season.* London 1989.
Dehey, Elinor Tong, *Religious Orders of Women in the United States.* Hammond 1913.
Deshon, George, *Guide for Catholic Young Women, Especially for Those Who Earn Their Own Living.* New York 1897.
Devonshire, Herzogin von, *The House. A Portrait of Chatsworth.* London 1982.
Diner, Hasia R., *Erin's Daughter in America. Irish Immigrant Women in the Nineteenth Century.* Baltimore 1983.
Dinneen, Joseph, *The Kennedy Family.* Boston 1959.
Dinneen, Joseph F., *The Purple Shamrock. The Hon James Michael Curley of Boston.* New York 1949.
Ditzion, Sydney, *Marriage Moral and Sex in America. A History of Ideas.* New York 1975.
Dominque, Robert A., *Greetings from Old Orchard Me. A Picture Post Card History.* Wilmington 1981.
Donnelly, Mabel Collins, *The American Victorian Woman. The Myth and the Reality.* New York 1986.
Drudy, P. J., *The Irish in America. Emigration, Assimilation and Impact.* Cambridge 1985.
Dublin, T., *Women at Work.* New York 1979.
Duff, John B., *The Irish in America.* Belmont 1971.
Duis, Perry R., *The Saloon. Public Drinking in Chicago and Boston. 1880–1920.* Chicago 1983.
Evans, E. Estyn, *Irish Folk Ways.* London 1957.
– *The Personality of Ireland.* Cambridge 1973.
Evans, Peter, *Aristoteles Onassis.* Düsseldorf, Wien, New York 1987.
Evans, Sara M., *Born to Liberty. A History of Women in America.* New York 1989.
Exner, Judith, *My Story.* New York 1977.
Faderman, Lillian, *Köstlicher als die Liebe der Männer. Romantische Freundschaft und Liebe zwischen Frauen von der Renaissance bis heute.* Zürich 1990.
Fay, Paul B. Jr., *The Pleasure of His Company.* New York 1966.
Fellman, Anita Clair, und Michael Fellman, *Making Sense of Self. Medical Advice Literature in Late Nineteenth-Century America.* Philadelphia 1981.
Fields, Suzanne, *Like Father, Like Daughter. How Father Shapes the Woman His Daughter Becomes.* Boston 1983.
Fitzgerald, John F., *Letters and Speeches of the Honorable John F. Fitzgerald Mayor of Boston. 1906–07, 1910–13.* Boston 1914.

Fitzpatrick, Brendan, *Seventeenth-Century Ireland. The Wars of Religion.* Dublin 1988.
Fitzpatrick, David, *Irish Emigration. 1801–1921.* Dundalk 1984.
Flamini, Roland, *Scarlett, Rhett, and A Cast of Thousands.* New York 1975.
Forbes, A., und J. W. Greene, *The Rich Men of Massachusetts.* Boston 1851.
Forbes, Ann McCarthy, *West Concord. Survey of Historical and Architectural Resources, Concord, Massachusetts.* Concord 1989.
Foster, R. F., *Modern Ireland 1600–1972.* New York 1988.
Fowler, Marian, *Blenheim. Biography of a Palace.* New York 1990.
Frank, Richard, *Guadalcanal. The Definite Account of the Landmark Battle.* New York 1990.
Frederick, Christine, *Die rationelle Haushaltsführung. Betriebswissenschaftliche Studien.* Berlin 1922.
Freeman, Walter, und James W. Watts, *Psychochirurgie, Intelligenz, Gefühlsleben und soziales Verhalten nach praefrontaler Lobatomie bei Geistesstörungen.* Stuttgart 1949.
Frischauer, Willi, *Jackie.* London 1976.
– *Onassis.* New York 1968.
Furlong, Nicholas, *County Wexford in the Rare Oul' Times. Bd. 1.* Wexford 1985.
Gallagher, Mary Barell, *My Life with Jacqueline Kennedy.* New York 1969.
Gay, Peter, *Erziehung der Sinne. Sexualität im bürgerlichen Zeitalter.* München 1986.
– *Die zarte Leidenschaft. Liebe im bürgerlichen Zeitalter.* München 1987.
Gentry, Curt, *J. Edgar Hoover. The Man and the Secrets.* New York 1991.
Gibson, Barbara, mit Caroline Latham, *Life with Rose Kennedy.* New York 1986.
Gibson, William, *A Mass for the Dead.* New York 1968.
Gilbert, Martin, und Richard Gott, *Der gescheiterte Frieden. Europa 1933–1939.* Stuttgart 1964.
Goddard, Henry Herbert Ph. D., *Feeble-Mindedness. Its Causes and Consequences.* New York 1914.
Goodwin, Doris Kearns, *The Fitzgeralds and the Kennedys.* New York 1987.
Greeley, Andrew M., *The Catholic Experience. An Interpretation of the History of American Catholicism.* New York 1967.
– *That Most Distressful Nation.* Chicago 1972.
Green, Constance McLaughlin, *Holyoke, Massachusetts. A Case History of the Industrial Revolution in America.* New Haven 1939.
Green, Harvey, *The Light of the Home. An Intimate View of the Life of Women in Victorian America.* New York 1983.
Green, Martin, *The Problem of Boston. Some Readings in Cultural History.* New York 1966.
Halbert, Stephen, und Brenda Halpert, Hgg. *Brahmins and Bullboys. G. Frank Radway's Boston Album.* Boston 1973.
Hamilton, Nigel, *John F. Kennedy – Wilde Jugend. Leben und Tod eines Präsidenten.* Bd. 1. Frankfurt/Main 1993.
Handlin, Oscar, *Boston's Immigrants. A Study in Acculturation.* Cambridge, Mass. 1941, 1959.
– *The Uprooted.* Boston 1951.
Hansen, Marcus Lee, *The Atlantic Migration 1607–1860.* Cambridge, Mass. 1940.
Hareven, Tamara K., *Familiy and Kin in Urban Communities 1700–1930.* New York 1977.

Harris, Barbara J., *Beyond Her Sphere. Women and the Professions in American History.* Westport 1978.
Harrison, V. V., *Changing Habits. A Memoir of the Society of Sacred Heart.* New York 1988.
Harrisson, Tom, *Living Through the Blitz.* New York 1976.
Hecht, Ben, *A Child of the Century.* New York 1954.
Hersh, Burton, *The Education of Edward Kennedy.* New York 1972.
Heymann, C. David, *Eine Frau namens Jackie.* München 1992.
Hinshaw, David, *The Home Front.* New York 1943.
Hitchcock, James, *Catholicism and Modernity.* New York 1979.
Holt, L. Emmett, *The Care and Feeding of Children. A Catechism for the Use of Mother's and Children's Nurses.* New York 1894.
Hopper, Hedda, *From Under My Hat.* Garden City 1952.
Horney, Karen, *Der neurotische Mensch unserer Zeit.* München 1964.
Horowitz, Helen Lefkowitz, *Campus Life. Undergraduates Cultures from the End of the Eighteenth Century to the Present.* New York 1987.
Hough, Richard, und Denis Richards, *The Battle of Britain. The Greatest Air Battle of World War II.* New York 1989.
Howard, Brett, *Boston. A Social History.* New York 1976.
Jaquette, Jane, Hg. *Women in Politics.* New York 1974.
Jenkins, Alan, *The Forties.* New York 1977.
Jones, Kenneth Paul, Hg. *U. S. Diplomats in Europe, 1919–1941.* Santa Barbara 1981.
Jullian, Marcel, *The Battle of Britain.* New York 1967.
Kaiser, Robert Blair, *R. F. K. Must Die.* New York 1970.
Kantor, David, und William Lehr, *Inside the Family. Toward a Theory of Family Process.* San Francisco 1976.
Katzman, David M., *Seven Days a Week. Women and Domestic Service in Industrializing America.* New York 1978.
Kee, Robert, *The Green Flag. Bd. 1: The Most Distressful Country.* London 1972.
– *In the Shadow of War.* Boston 1984.
Kenneally, James J., *The History of American Catholic Women.* New York 1990.
Kennedy, Caroline, und Ellen Alderman, *In Our Defense. The Bill of Rights in Action.* New York 1991.
Kennedy, Edward M., Hg. *The Fruitful Bough. A Tribute to Joseph P. Kennedy.* Privat gedruckt 1965.
Kennedy, John F., Hg. *As We Remember Joe.* Cambridge, Mass. 1945.
–*Zivilcourage.* Wien, Stuttgart, Zürich 1960.
Kennedy, Jospeh P., *I'm for Roosevelt.* New York 1936.
Kennedy, Robert E. Jr., *The Irish. Emigration, Marriage, and Fertility.* Berkeley 1973.
Kennedy, Robert F., *Gangster drängen zur Macht.* Bern, München, Wien 1964.
Kennedy, Rose Fitzgerald, *Alles hat seine Stunde. Meine Lebenserinnerungen.* Stuttgart 1975.
Klagsbrun, Francine, und David C. Whitney, Hgg. *Assassination. Robert F. Kennedy. 1925–1968.* New York 1969.
Korson, George, *At His Side. The Story of the American Red Cross.* New York 1945.
Koskoff, David E., *Joseph P. Kennedy. A Life and Times.* Englewood Cliffs 1974.

Krock, Arthur, *In the Nation. 1932–1966*. New York 1969.
– *Memoirs. Sixty Years on the Firing Line*. New York 1968.
Kunhardt, Philip B. Jr., Hg. *Life in Camelot*. Boston 1988.
Lambert, Angela, *The Last Season of Peace*. New York 1989.
– *Unquiet Souls. The Indian Summer of the British Aristocracy*. London 1984.
Lane, Albert, *Concord Authors at Home*. Concord 1902.
Lash, Jospeh P., *Eleanor and Franklin*. New York 1971.
Lasky, Betty, *R. K. O. The Biggest Little Major of Them All*. Englewood 1984.
Lasky, Victor, *J. F. K. The Man and the Myth*. New York 1963.
Latham, Caroline, und Jeanne Sakol, *The Kennedy Encyclopedia*. New York 1989.
Lawford, May, und Buddy Falon, *Bitch! The Autobiography of Lady Lawford*. Brookline 1986.
Lawford, Patricia Seaton, mit Ted Schwarz, *The Peter Lawford Story*. New York 1988.
Lees, Gene, *Inventing Champagne. The Worlds of Lerner and Lowe*. New York 1990.
Leigh, Wendy, *Arnold*. New York 1990.
Leutze, James, Hg. *The London Journal of General Raymond E. Lee. 1940–1941*. Boston 1971.
Lidz, Theodore, *The Person. His and Her Development Throughout the Life Cycle*. New York 1968.
Lindbergh, Charles L., *The Wartime Journals of Charles A. Lindbergh*. New York 1970.
Lingeman, Richard R., *Don't You Know There's a War on?* New York 1970.
Lippman, Theo Jr., *Senator Ted Kennedy. The Career Behaind the Image*. New York 1976.
Liston, Robert A., *Sargent Shriver. A Candidat Portrait*. New York 1964.
Long, Helen, *Change into Uniform*. London 1978.
Longford, Lord, *Kennedy*. London 1976.
Mac Curtain, Margaret, und Donncha O. Corráin, *Women in Irish Society. The Historical Dimension*. Westport 1979.
MacPherson, Myra, *The Power Lovers. An Intimate Look at Politicians and Their Marriages*. New York 1975.
Madson, Axel, *Gloria and Jack*. New York 1988.
Maguire, Reverend John Francis, *The Irish in America*. New York 1969.
Malzberg, B., *Social and Biological Aspects of Mental Disease*. Utica 1940.
Manchester, William, *The Glory and the Dream. A Narrative History of America, 1932–1972*. New York 1980.
– *Portrait of a President. John F. Kennedy in Profile*. Boston, Toronto 1962.
– *Der Tod des Präsidenten. 20.–25. November 1963*. Stuttgart 1969.
– *Winston Churchill. Allein gegen Hitler. 1932–1940*. München 1990.
Mann, Arthur, *Yankee Reformers in the Urban Age*. Cambridge, Mass. 1954.
Martin, Ralph, *A Hero For Our Time*. New York 1984.
Martin Ralph G., *Henry and Clare. An Intimate Portrait of the Luces*. New York 1991.
– und Ed Plaut, *Front Runner, Dark Horse*. Garden City 1960.
McCaffrey, Lawrence J., *The Irish Diaspora in America*. Washington, D. C. 1984.
McCarthy, Joe, *The Remarkable Kennedys*. New York 1960.
McCarthy, Mary, *Memories of a Catholic Girlhood*. New York 1957.
McCluskey, Neil G., Hg. *Catholic Education in America. A Documentary History*. New York 1964.

McTaggart, Lynne, *Kathleen Kennedy. Her Life and Times.* New York 1983.
Meagher, Timothy J., *From Paddy to Studs. Irish-American Communities in the Turn of the Century Era, 1880 to 1920.* New York 1986.
Meyers, Joan, Hg. *John Fitzgerald Kennedy. As We Remember Him.* New York 1965.
Miller, Kerby A., *Emigrants and Exiles. Ireland and the Irish Exodus to North America.* New York 1985.
Mintz, Steven, und Susan Kellogg, *Domestic Revolutions. A Social History of American Family Life.* New York 1988.
Morison, Samuel Eliot, *The Maritime History of Massachusetts 1783–1860.* Boston 1921.
– *One Boy's Boston, 1887–1901.* Boston 1962.
Muggeridge, Malcolm, *The Thirties.* London 1940.
Myerson, Abraham, *The Nervous Housewife.* New York 1972.
Nasaw, David, *Children of the City.* Garden City 1985.
Nation at War. Shaping Victory on the Home Front. Nachdruck aus Compton's Pictured Encyclopedia, 1942.
Newfield, Jack, *Robert Kennedy. A Memoir.* New York 1969.
The New Yorker Book of War Pieces. New York 1947.
Nicolson, Harold, *Diaries and Letters 1930–1964.* London 1984.
Nunnerly, David, *President Kennedy and Britain.* London 1972.
O'Connell, D. D., Most Rev., *Souvenir or Receptions and Banquets to Most Rev. William H. O'Connell, D.D. as Coadjutor Archbishop of Boston.* Boston 1906.
O'Connell, William, *Recollections of Seventy Years.* Boston 1934.
– *The Letters of His Eminence Archbishop of Boston.* Cambridge, Mass. 1915.
O'Connor, Edwin, *Ein Hauch Traurigkeit.* Stuttgart 1966.
– *The Last Hurrah.* New York 1970.
O'Connor, Thomas H., *Bibles, Brahmins and Bosses. A Short History of Boston.* Boston 1984.
– *Fitzpatrick's Boston 1846–1866.* Boston 1984.
O'Donnell, Kennedy P., und David F. Powers, *Johnny, We Hardly Knew Ye. Memories of John Fitzgerald Kennedy.* Boston 1972.
O'Leary, Mary, *Education with a Tradition. An Account of the Educational Work of the Society of the Sacred Heart.* New York 1936.
O'Toole, James, *Guide to the Archives of the Archdiocese of Boston.* New York 1982.
– *Militant and Triumphant. William O'Connell and the Catholic Church in Boston, 1859–1944.* Notre Dame 1992.
Oates, Mary J., *Higher Education for Catholic Women. An Historical Anthology.* New York 1987.
Ogden, Annegret S., *The Great American Housewife. From Helpmate to Wage Earner, 1776–1986.* Westport 1986.
Pagels, Elaine, *Adam, Eva und die Schlange. Die Theologie der Sünde.* Reinbek 1991.
Parmet, Herbert S., *Jack: The Struggles of John F. Kennedy.* New York 1980.
– *J. F. K. The Presidency of John F. Kennedy.* New York 1983.
Peiss, Kathy, *Cheap Amusements. Working Women and Leisure in Turn-of-the-Century New York.* Philadelphia 1986.
Petrovits, Rev. Joseph J. C., *The New Church Law of Matrimony.* Philadelphia 1919.
Phillips, Bruce A., *Brookline: The Evolution of an American Jewish Suburb.* New York 1990.

Phillips, Cabell, *From the Crash to the Blitz, 1929–1939*. New York 1975.
– *The 1940s. Decade of Triumph and Trouble*. New York 1975.
Pilat, Oliver, *Drew Pearson. An Unauthorized Biography*. New York 1973.
Plimpton, George, und Jean Stein, Hgg. *American Journey. The Times of Robert Kennedy*. New York 1970.
Post, Emily, *Etiquette*. New York 1942.
Potter, George, *To The Golden Door. The Story of the Irish in Ireland and America*. Boston 1960.
Potter, Jeffrey, *Men, Money and Magic. The Story of Dorothy Schiff*. New York 1976.
Potter, Neil, und Jack Frost, *The Mary. The Inevitable Ship*. London 1961.
President's Committe on Mental Retardation, *Changing Patterns in Residential Services for the Mentally Retarded*. Washington, D. C. 1976.
– *Report to the President. Mental Retardation. Century of Decision*. Washington, D. C. 1976.
Rachlin, Harvey, *The Kennedys. A Chronological History 1823 – Present*. New York 1986.
Rainie, Harrison, und John Quinn, *Growing Up Kennedy. The Third Wave Comes of Age*. New York 1983.
Ranke-Heinemann, Uta, *Eunuchen für das Himmelreich. Katholische Kirche und Sexualität*. Hamburg 1988.
Reeves, Thomas C., *John F. Kennedy. Die Entzauberung eines Mythos – Biographie*. Hamburg 1992.
Reglément des Pensinnats and Plan D'Études de la Société Du Sacré-Coeur. Orléans 1852.
Roboff, Sari, *East Boston*. Boston 1976.
Rogers, Warren, *When I Think of Bobby. A Personal Memoir of the Kennedy Years*. New York 1993.
Roosevelt, Felicia Warburg, *Doers and Dowagers*. New York 1975.
Rosenzweig, Roy, *Eight Hours For What We Will. Workers and Leisure in an Industrial City, 1870–1920*. Cambridge 1983.
Ross, Margorie Drake, *The Book of Boston. The Victorian Period 1837 to 1901*. New York 1964.
Ruether, Rosemary Radford, und Rosemary Skinner Keller, Hgg. *Women and Religion in America. Bd. 1: The Nineteenth Century*. 1981.
Rumbarger, John J., *Profits Power and Prohibition*. Albany 1989.
Russell, Francis, *The President Makers. From Hanna to Joseph P. Kennedy*. Boston 1976.
Ryan, Dennis, *Beyond the Ballot Box. A Social History of the Boston Irish, 1845–1917*. Eats Brunswick 1983.
Ryan, Dorothy, und Louis J. Ryan, *The Kennedy Family of Massachusetts. A Bibliography*. Westport 1981.
Sainte-Foi, Charles, *Ernste Stunden für junge Mädchen*. Köln 1902.
– *The Perfect Woman*. Boston 1901.
Salinger, Pierre, *With Kennedy*. New York 1966.
Saunders, Frank, mit James Southwood, *Torn Lace Curtain*. New York 1982.
Scheerenberger, R. C., *A History of Mental Retardation*. Baltimore 1987.
Scheper-Hughes, Nancy, *Saints, Scholars, and Schizophrenics. Mental Illness in Rural Ireland*. Berkeley 1979.
Schlesinger, Arthur M. Jr., *The Age of Roosevelt*. 3 Bde. Boston 1957– 1960.
– *Robert Kennedy and His Times*. Boston 1978.
– *Die Tausend Tage Kennedys*. Darmstadt 1966.
Schoor, Gene, *The Young Kennedy*. New York 1963.

Scudder, Townsend, *Concord. American Town*. Boston 1947.
Searls, Hank, *The Lost Prince. Young Joe, the Forgotten Kennedy*. New York 1969.
Seidenberg, Robert, *Marriage Between Equals*. Garden City 1973. Ursprüngl. *Marriage in Life and Literature*. New York 1970.
Sexton, John E., *Cardinal O'Connell. A Biographical Sketch*. Boston 1927.
Shackleton, Robert, *The Book of Boston*. Philadelphia 1916.
Shannon, William V., *The American Irish*. New York 1963.
– *The Heir Apparent. Robert Kennedy and the Struggle for Power*. New York 1967.
Shapiro, Doris, *We Danced All Night. My Life Behind the Scenes with Alan Jay Lerner*. New York 1990.
Sherwood, Robert E., *Roosevelt und Hopkins*. München 1950.
Shirer, William L., *Aufstieg und Fall des Dritten Reiches*. Köln, Berlin 1961.
– *Berlin Diary. The Journal of a Foreign Correspondent, 1934–1941*. Boston 1988.
Shkolnik, Ester, *Leading Ladies. A Study of Eight Late Victorian and Edwardian Political Wives*. New York 1987.
Shulman, Irving, *Jackie! The Exploitation of a First Lady*. New York 1970.
Sidney, Margaret, *Old Concord. Her Highways and Byways*. Boston 1892.
Slatzer, Robert F., *The Life and Curious Death of Marilyn Monroe*. Los Angeles 1975.
Slevin, Jonathan, und Maureen Spagnolo, *Kennedys. The Next Generation*. Bethesda 1990.
Smith, Gene, *Dark Summer. An Intimate History of the Events That Led to World War II*. New York 1987.
Smith-Rosenberg, Carroll, *Disorderly Conduct. Visions of Gender in Victorian America*. New York 1985.
Solomon, Barbara Miller, *Ancestors and Immigrants. A Changing New England Tradition*. Chicago 1972.
Sorensen, Theodore C., *Kennedy*. Frankfurt 1967.
Spada, James, *Peter Lawford. The Man Who Knew Too Much*. New York 1991.
Spalding, John Lancaster, *The Religious Mission of the Irish People and Catholic Colonization*. New York 1880 (Nachdruck: 1978).
Spoto, Donald, *Marilyn Monroe. Die Biographie*. München 1993.
Stage, Sarah, *Female Complaints. Lydia Pinkham and the Business of Women's Medicine*. New York 1979.
Stock, Phyllis, *Better Than Rubies. A History of Women Education*. New York 1978.
Story, Ronald, *Harvard and the Boston Upper Class, The Forging of an Aristocracy 1800–1870*. Middletown 1985.
Strasser, Susan, *Never Done. A History of American Housework*. New York 1982.
Stuart, Janet Erskine, *Die Ordensgenossenschaft der Frauen vom heiligsten Herzen Jesu*. Freiburg 1922.
– *Über die Erziehung katholischer Mädchen*. Freiburg 1914.
Sullivan, Rev. John F., *The Fundamentals of Catholic Belief*. New York 1925.
Sullivan, Robert E., und James O'Toole, Hgg. *Catholic Boston. Studies in Religion and Community, 1870–1970*. Boston 1985.
Summers, Anthony, *J. Edgar Hoover. Der Pate im FBI*. München 1993.
– *Marilyn Monroe. Die Wahrheit über ihr Leben und Sterben*. Düsseldorf 1986.

– *Die Wahrheit über den Kennedy-Mord*. Berlin 1992.
Sumner, William H., *A History of East Boston*. Boston 1858.
Sutherland, Daniel, *Americans and their Servants*. Baton Rouge 1981.
Sykes, Christopher, *Nancy. The Life of Lady Astor*. Lodon 1972.
Tannen, Deborah, *Du kannst mich nicht verstehen. Warum Männer und Frauen aneinander vorbeireden*. München 1993.
Taylor, Telford, *The Breaking Wave. The Second World War in the Summer of 1940*. New York 1967.
– *Munich. The Price of Peace*. Garden City 1979.
Thayer, Mary Van Resselar, *Jacqueline Bouvier Kennedy*. New York 1961.
Theriot, Nancy M., *The Biosocial Construction of Feminity. Mothers and Daughters in Nineteenth-Century America*. New York 1988.
Thernstrom, Stephan, *The Other Bostonians. Poverty and Progress in the American Metropolis, 1860–1870*. Cambridge, Mass. 1964.
– *Poverty and Progress. Social Mobility in a Nineteenth-Century City*. Cambridge, Mass. 1964.
Thompson, Robert E., und Hortense Myers, *Robert F. Kennedy. The Brother Within*. New York 1962.
Thornton, Tamara Plakins, *Cultivating Gentleman. The Meaning of Country Life Among the Boston Elite, 1785–1860*. New Haven 1989.
Tierney, Gene, *Self-Portrait*. New York 1979.
Todisco, Paula J., *Boston's First Neighborhood. The North End*. Boston 1976.
Travell, Janet, *Office Hours. Day and Night*. New York 1968.
Trout, Charles, H., *Boston. The Great Depression and the New Deal*. New York 1977.
Truman, Margaret, *Bess W. Truman*. New York 1982.
Tull, Charles, *Father Coughlin and the New Deal*. Syracuse 1965.
Turner, E. S., *The Phoney War*. New York 1961.
Tyack, David B., *One Best System. A History of American Urban Education*. Cambridge, Mass. 1974.
Valenstein, Elliot S., *Great and Desperate Cures. The Rise and Decline of Psychosurgery and Other Radical Treatments for Mental Illness*. New York 1986.
– Hg. *The Psychosurgery Debate. Scientific, Legal and Ethical Perspectives*. San Francisco 1980.
Verbrugge, Martha, *Able-bodied Womenhood. Personal Health and Social Change in Nineteenth Century Boston*. New York 1988.
Vogel, Morris J., *The Invention of the Modern Hospital. Boston 1870–1930*. Chicago 1980.
Waksman, Selman A., *The Conquest of Tuberculosis*. Berkeley 1966.
Ward, David, *Cities and Immigrants. A Geography of Change in Nineteenth-Century America*. New York 1971.
Ward, Margaret, *Unmanageable Revolutionaries. Women and Irish Nationalism*. London 1983.
Ware, Susan, *Holding Their Own. American Women in the 1930s*. Boston 1982.
– *Modern American Women. A Documentary History*. Chicago 1989.
Watt, Donald Cameron, *Why War Came. The Immediate Origins of the Second World War, 1938–1939*. New York 1989.
Wayman, Dorothy G., *Cardinal O'Connell of Boston. A Biography of William Henry O'Connell 1859–1944*. New York 1954.
Weatherford, Doris, *Foreign and Female. Immigrant Women in America, 1840–1930*. New York 1986.

Weller, Rev. Philip T., Hg. *The Roman Ritual. Bd. 2: Christian Burial, Exorcism, Reserved Blessings, Etc.* Milwaukee 1952.
Wertz, Richard, und Dorothy Wertz, *Lying-In. A History of Childbirth in America.* New York 1977.
West, J. B., mit Mary Lynn Kotz, *Upstairs at the White House. My Life with the First Ladies.* New York 1973.
Whalen, Richard J., *Der Kennedy-Clan. Joseph P. Kennedy und seine Söhne.* Düsseldorf 1965.
Wheeler-Bennett, John W., *King George VI. His Life and Reign.* New York 1958.
White, Antonia, *Maifrost.* München 1983.
White, Theodore H., *America in Search of Itself. The Making of the President 1956–1980.* New York 1982.
– *In Search of History. A Personal Adventure.* New York 1978.
– *Der Präsident wird gemacht.* Köln, Berlin 1963.
Whitehall, Walter Muir, *Boston in the Age of John Fitzgerald Kennedy.* Norman 1966.
Wicker, Tom, *Kennedy Without Tears.* New York 1964.
Williams, Alexander W., *A Social History of the Greater Boston Clubs.* Boston 1970.
Williams, Margaret, RSCJ, *The Society of the Sacred Heart. History of a Spirit 1800–1975.* London 1978.
Williamson, David and Patricia Ellis, Hgg. *Debrett's Distinguished People of Today.* London 1988.
Wills, Garry, *The Kennedy Imprisonment. A Meditation on Power.* Boston 1981.
Winsor, Justin, Hg. *The Memorial History of Boston, 1630–1880.* 5 Bde. Boston 1880.
Winter, C. W. R., *The Queen Mary. Her Early Years Recalled.* New York 1986.
Wittke, Carl, *We Who Built America. The Saga of the Immigrant.* New York 1940.
– *The Irish in America.* Baton Rouge 1956.
Wolf, Albert Benedict, *The Lodging House Problem in Boston.* Cambridge, Mass. 1913.
Woodham-Smith, Cecil, *The Great Hunger. Ireland 1845–1849.* London 1962.
Woods, Robert A., Hg. *Americans in Process. A Settlement Study.* New York 1902.
– *The City Wilderness. A Settlement Study.* New York 1979 (Erstveröff. 1898).
Woods, Robert A., und Albert J. Kennedy, *The Zone of Emergence.* 2. Aufl. Cambridge, Mass. 1962.
Workers of the Writers' Program of the Work Projects Administration in the State of Massachusetts, *Boston Looks Seaward. The Story of the Port 1630–1940.* Boston 1941.
Wright, R. L., *Irish Emigrant Ballads and Songs.* Bowling Green 1975.
Wright, Carroll D., *The Working Girls of Boston.* Boston 1884.
Zelman, Patricia G., *Women, Work, and National Policy. The Kennedy-Johnson Years.* Ann Arbor 1982.

Register